<韓國考古學 研究의 諸 問題> 개정증보판

韓國 考古學 研究

- 世界史 속에서의 韓國 -

崔夢龍

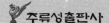

주류성출판사

서 문

　　필자가 死後 남길 수 있는 연구업적으로『인류문명발달사』5판 −고고학으로 본 세계문화사−(2013, 서울: 주류성)와 이 책『韓國 考古學 硏究』−世界史 속에서의 韓國−(서울: 주류성)의 두 권을 들 수 있을 것이다. 이 책들은 한국고고학계의 연구방향을 적어도 10여년 앞서 내다보고 쓴 것이기 때문이다.『韓國 考古學 硏究』는 서기 2011년 9월 13일(화)에 출간한『韓國 考古學 硏究의 諸 問題』란 책에 6장 驪州 欣岩里 遺蹟의 새로운 編年, 7장 松坡區 可樂洞과 江南區 驛三洞 遺蹟의 새로운 編年, 9장 韓國考古學·古代史에서 宗敎·祭祀유적의 意義−環壕(蘇塗)와 岩刻畵−, 12장 高句麗 積石塚과 百濟의 國家形成, 15장 考古學으로 본 河南市의 歷史와 文化를 새로이 넣고, 11장에서는 湖南의 考古學 −철기시대 전·후기와 마한−을 馬韓−硏究 現況과 課題−로 바꾸어 넣은 개정과 보완작업 끝에 새로이 만들어진 것이다. 그만큼 이 두 책에 들인 努力과 愛着이 많다고 할 수 있다.

　　이 책『韓國 考古學 硏究』에 실린 글들은 필자가 서기 2010년부터 서기 2013년 현재까지 약 3년간 외부로부터 부탁받은 17편의 기조강연과 권두논문을 모아본 것이다. 그 목록과 출처는 아래와 같다.

1. 江과 文明—인류문명발달사—, 국토해양부 4대강 살리기 추진본부: 전상인·박양호 공편, 강과 한국인의 삶, 서울: 나남(2012년 11월 30일), pp.181−115

2. 고고학, 韓國學中央研究院 한국민족문화대백과사전(2011년, 7월 30일, 토)

3. 선사시대, 韓國學中央研究院 한국민족문화대백과사전(2011년, 7월 30일, 토)

4. 청동기·철기시대와 한국문화, 2011년 11월 11일(금), 단국대학교 동양학연구소 설립 40주년 기념 동아시아의 문명교류(Ⅱ), 동아시아의 문명기원과 교류, pp.1−28

5. 한국문화기원의 다양성—구석기시대에서 철기시대까지 동아시아의 제 문화·문명으로부터 전파—, 2010년 10월 29일(금), 단국대 동양학 연구소 설립 40주년 기념 동아시아의 문명교류(Ⅰ), 동아시아의 문명기원과 교류, pp.1−46

6. 驪州 欣岩里 遺蹟의 새로운 編年, 여주 흔암리의 선사유적, 2013년 9월 4일 (수), 서울대 박물관, pp.5−28

7. 松坡區 可樂洞과 江南區 驛三洞 遺蹟의 새로운 編年, 제 1회 강남역사문화의 재조명, 서초동 강남문화원, 2014년 4월 11일(금), pp.1−50

8. 扶餘 松菊里 遺蹟의 새로운 編年, 2010년 10월 1일(금), 제 38회 한국상고사학회 학술발표대회 기조강연, 부여 송국리로 본 한국 청동기사회, pp.7−14 및 한국고고학연구의 제 문제(최몽룡, 2011, 주류성), pp.207−223

9. 한국고고학·고대사에서 종교·제사유적의 의의—환호와 암각화—, 제 40회 한국상고사학회 학술발표대회(2012년 10월 26일, 금), 한국 동남해안의 선사와 고대문화, 포항시 청소년 수련관, pp.7−43, 하남문화원 제 4회 학술대회(2012년 12월 20일, 목), 한국의 고대신앙과 백제불교, 하

남시 문화원, pp.1–38 및 하남시 문화원, 위례문화, 2012, 15호, pp.79–118

10. 昌原 城山貝塚 발굴의 회고, 전망과 재평가, 창원시·창원문화원: 동·철 산지인 창원의 역사적 배경, 야철 제례 학술회의[2011년 7월 1일(금)], pp.1–16

11. 馬韓–研究 現況과 課題–(원제목은 '호남고고학연구의 새로운 방향–철기시대 전·후기와 마한'임), 제 17회 호남고고학회 학술발표회, 호남고고학에서 바라본 생산과 유통[2009년 5월 8일(금)], pp.9–50 및 21세기의 한국 고고학 Ⅲ(최몽룡 편저, 2010, 서울: 주류성), pp.19–88 및 원광대학교 마한·백제문화연구소 개소 40주년 기념–益山, 마한·백제연구의 새로운 중심, 2013년 11월 8일(금), pp.9–29 및 馬韓·百濟文化 22집, 故 全榮來敎授 追慕 特輯, 원광대학교 마한·백제문화연구소, pp.57–114

12. 高句麗 積石塚과 百濟의 國家形成(최몽룡·백종오), 21세기의 한국 고고학 Ⅴ(최몽룡 편저, 2012, 서울: 주류성), pp.67–107

13. 고고학으로 본 중원문화, 한국고대학회·충주대박물관, 중원 문화재 발굴–100년 회고와 전망–[2010년 11월 2일(화)], pp.29–46

14. 二聖山城과 百濟(하남시 문화원 2011년 10월 7일, 금), pp.11–37 및 위례문화 14호(2011, 하남시: 하남문화원), pp.89–118

15. 考古學으로 본 河南市의 歷史와 文化, 하남문화원 제5회 학술대회, 백제 하남인들은 어떻게 살았는가?, 하남시 문화원, 2013.10.11.(금), pp.1–24 및 2014 위례문화 16호, pp.71–98

16. 한국에서 토기의 자연과학적 분석과 전망, 국립나주문화재연구소, 제3회 고대 옹관 연구 학술대회 자연과학에서의 대형옹관 제작기법[2011년 4월 22일(금)], pp.9–28

17. 고등학교 국사교과서 지도서, 21세기의 한국 고고학 Ⅳ(최몽룡 편저, 2009, 서울: 주류성), pp.27-130

이제까지 著書 또는 編著로서 서기 2008년 8월 13일(수)에 출간한 『韓國上古史研究餘滴』이 마지막으로 생각되었으나 그래도 앞으로 『高句麗와 中原文化』(2014, 서울: 주류성)와 『古稀論叢』(2016)을 비롯한 여러 권의 책들이 나올 수 있는 기회가 마련될 것으로 보인다. 필자는 여러 學會나 有關團體/機關들로부터 基調講演과 원고 집필의 부탁을 받을 때 마다 과거에 관심을 가져 발표했던 글이라도 최근에 나온 새로운 자료를 보완하고 현재 고고학계의 수준에 맞추어 해석하고자 노력하면서 과거 40여 년간 필자가 벌려놓은 학문의 마무리(整理)를 짓고 있다. 그것은 학자로 해야 할 義務이면서 후세에 남길 수 있는 業績을 만들 수 있는 좋은 기회가 되는 셈이다. '옛사람들의 명성이 후세에 전해지는 것은 그들의 말을 글로 만들어 놓았기 때문이다'("古人之所以自表見於後也者 以有言語文章也", 蘇軾). 나도 이제까지 쓴 글 중 좋은 글이 있어 後學들에게 膾炙되어 조그만 이름이라도 남았으면 하는 부질없는 욕심을 버리지 못하고 있다. 그러나 막스 베버(Max Weber, 서기 1864년 4월 21일-서기 1920년 6월 14일, 독일의 사회학자·경제학자)는 『직업으로서의 학문』(Wissenschaft als Beruf, 1919)에서 학문하는 사람이 자기가 원하는 직장에서 일하는 것과 그가 쓴 논문의 수명이 10년을 넘기면 행운에 속한다고 하였다. 나에게도 그러한 행운이 쉽게 찾아오려는지 두렵다. 그리고 중국의 속담처럼 질병은 고쳐도 운명은 고칠 수 없을 것이다("治得了病 治不了命"). 나는 그러한 행운을 포기한지 오래다. 이는 '스스로 옳다고 하는 사람은 들어나지 않으며 스스로 뽐내는 사람은 공이 없다. 자기를 알면 자신을 들어내지 말고 사랑을 받으려면 자신을 귀하게 여기지 말아야 된다.'["自見者不明 自是者不彰(24장 跂自不立), …是以聖人自知不自見 自愛不自貴"(72장 民不畏威), 老子]라는 생각 때문이기도 하다. 이 책의 발간도 그러한 노력 중의 하나이다. 배우기를 다 하지 못하고 배운 것마저 잃어버릴 처지가 되었는데도("學如不及 惟恐失之", 論語 泰伯), 學問(學文)이란 정말 끝이 없고 손에서 떠나서는 안 되나 보다("手不釋卷", 三國志·魏文帝紀論, 裴松之 註引 典論·自叙). 하루하루 꾸준히 노력해나가다 보면("業精於勤, 荒於嬉", 韓愈의 進學解) 자기 자신만이 느낄 수 있는 기쁨의 결과를 맛 볼 수 있다. 『韓國上古史硏究餘滴』을 마지막으로 집필을 더 이상 하지 않으려고 작정을 하였지만 공부와 연구를 직업으로 택하다보니 이마저 생각대로 되지 않는다. 아직도 나를 필요로 하는 곳이 적지 않아 한편으로는 무척 다행으로 여겨진다. 지난 서기 2012년 2월 29일(수) 停年 후에도 기회가 되면 좋은 글들을 꾸준히 발표할 생각이다. 이 책의 편집을 하다 보니 내용도 기조강연과 원고를 통한 것이기는 하지만 한국고고학계가 앞으로 志向해야 할 編年과 用語統一, 自然科學의 應用, 考古學·人類學·古代史의 學際的 硏究에서 나타날 수 있는 문제점들이 눈에 보인다. 그래서 책의 제목을 『韓國 考古學 硏究』라 하였다. 그리고 이 책은 서기 2011년 9월 13일(화)에 발간된 『韓國 考古學 硏究의 諸 問題』의 개정·증보판이라 할 수 있겠다. 그러나 이들은 각기 독립적으로 발표된 원고라 내용상 본문과 각주의 일부 중복이 불가피하게 되었다. 이 점 독자의 양해를 구한다. 그리고 마지막 17장은 '韓國 考古學 槪說書'로도 활용될 수 있겠다. '명성은 까닭 없이 나오는 것이 아니고 공적은 절로 이루어지지 않는다'("名不徒立 功不自成", 呂氏春秋). 그렇게 생각해도 요즘 '공부할 시간이 없다고 말하면서 시간이 나도 공부하지 않는'("謂學不暇者 雖暇亦不能學", 淮南子) 나는 스스로 생각해도 한심할 따름이다. 다행히 이 책을 준비하면서 정년 후에도 나이가 들었다고 공부하는데 한 치의 게으름도 피워서도 안 되며 좀 더 책을 가까이 해야 하지 않으면 안 된다는 생각이 문득 들었다. 과거 해왔던 대로 또 다시 自身과의 愚直한 약속을 실천에 옮겨야 할 때가 되었나보다. 停年 이후면 董遇(季直)의 '三餘의 讀書'는 아니더라도 忙中閑의 여유가 생겨 한 편의 글이라도 백번을 계속 읽어 뜻이 통할 수 있도록 해야겠다("讀書百遍 其義自見", 三國志 魏書). 눈도 침침하고, 귀도 잘 안 들리며, 기억력도 점차 감퇴해가는 요즈음의 현실에서도 꼭 실행해야 할 이야기이다. 그렇게만 된다면 이제 앞으로 학문하는 데에서 내리막길과 후회만이 있게 될 "亢龍有悔 盈不可久也"(易經 上經 乾卦 第 1)의 현실도 사라질 것이다. 그리고 72세에 周 文王에 발탁되고 그의 아들 武王을 도와 商(기원전 1750년−기원전 1100/1046년)의 마지막 왕인 帝辛(紂王)을 무너뜨린 대업을 이룩한 姜子牙(太公望 呂尙, 姜太公, 姜尙)의 老益壯 古事도 아울러 기억해 두어야 할 때이다. 그리고 이제 평소 생각해왔던 고고학의 여러 문제들을 하나하나 정리해둠으로써 학자로서 몸담았던 40여년의 기나긴 기간에 마음을 졸여왔던 學問的·學者的 義務를 서서히 마쳐가고 있어 정말 多幸으로 생각한다. 그리고 지난 14년간 필자의 책들을 출간하는데 묵묵히 도와준 주류성 출판사의 李美善 양에게 이 자리를 빌려 감사를 표한다.

2013년 9월 13일(금)
68세를 시작하며
希正 崔夢龍 謹書

개정판
서 문

　이 책은 서기 2011년 9월 13일(화) 주류성 출판사에서 나온『韓國 考古學 研究의 諸 問題』란 책에 '驪州 欣岩里 遺蹟의 새로운 編年', '韓國考古學·古代史에서 宗敎·祭祀유적의 意義-環壕(蘇塗)와 岩刻畵-', '高句麗 積石塚과 百濟의 建國' 등 새로운 글들을 추가하여 모두 17편의 논문을 수록하여『韓國 考古學 研究』란 제목으로 바꾼 것이다. 앞선 제목의 책은 서기 2011년 2학기 단국대 대학원과 서울대 학부 강의용 교재를 위해 급히 만든 것이지만 내용은 필자가 고고학이란 학문을 시작하면서 관심을 두어왔던 韓國上古史와 韓國考古學에서 미해결의 분야를 40년 만에 마무리 지은 본격적인 研究書이기 때문이다. 이 책의 주된 흐름은 考古學, 古代史와 人類學의 學際的연구에 바탕을 두어 '한국의 植民地史觀(事大, 他律, 半島性과 停滯性)에서 脫皮, 進化論과 通時論的 觀點의 維持, 世界史속에서 바라본 韓國史의 座標認識'을 항상 염두에 두어 一貫性 있는 자세로 서술한 것이다. 그리고 이 책을 교재로 강의하면서 나타난 오자도 바로 잡고 최근 새로운 자료도 많이 추가해 넣었다. 정년이후라 할지라도 필자를 대표할 수 있는 좋은 책의 출간이 필요하다. 이는 이 책이 만들어진 가장 중요한 원인이기도 하다. 그리고 이 책의 교정과 편집을 마감하면서 이제부터는 나도 死後의 일을 생각해 두어야 한다. 遺書의 일환으로 미리 작성해둔 나의 自撰墓誌銘(서울대학교 명예교수회보 2013, 제9호, pp.124-6)을 이 책의 서문에서

미리 소개하면 다음과 같다.

自撰墓誌銘

영국의 극작가 죠지 버나드 쇼(George Bernard Shaw, 서기 1856년 7월 26일 -서기 1950년 11월 2일)의 자찬묘지명 "I knew if I stayed around long enough, something like this would happen"('우물쭈물 하다가 내 이럴 줄 알았지', 그러나 〈국제영어경시대회〉클럽의 좀 더 고급스런 번역은 '나는 알았지. 무덤근처에 머물 만큼 머물다보면 이런 일이 일어날 것이라는 것을'이라고 되어 있다)과 茶山 丁若鏞 先生(서기 1762년 음력 6월 16일, 英祖 38년, 京畿道 廣州-서기 1836년 음력 2월 22일, 憲宗 2년)이 回甲을 맞아 쓴 自撰墓誌銘을 기억하면서 나도 이제 현실생활에 맞는 '우물쭈물 하다가 죽음을 맞다', 또는 "나는 지금 도리어 어렵게 살면서 묵어버린 땅을 빌려 농사짓고 있으니 거북의 등을 긁어 얻은 털로 언제나 담요를 짜려나…. 했다는 어리석은 행보를 후회(東坡八首중 '….我今反累生 借耕輟玆田 刮毛龜背上 何時得成氈…' 蘇軾/東坡居士, 서기 1037年/宋 仁宗 景祐 4년 1月8日-서기 1101年/宋 徽宗赵佶의 年号인 建中靖國 元年 8月24日)"하는 표현대로 아무런 마음의 준비도 없이 죽음을 맞이한 후 남들로부터 흔한 묘지명 하나 힘들게 써 받기 전에 스스로 '자찬묘지명'이라도 미리 미리 준비해야 두어야겠다. 이래야 '우물쭈물 하다가….'라는 부끄러운 생활 방식은 면하겠다.

물론 서기 2009년 5월 15일(금) 스승의 날을 기해 서울대학교 병원 장기기증원(국립장기이식관리센터, KONOS, 2009.05.15, 등록번호 512594)에 나의 모든 육신을 기증하기로 서약했으니 肉身이 공중 분해된 후 나의 무덤, 墓碑(headstone, tombstone)와 墓誌(epitaph)가 만들어 질 수 없겠다. 현재로서는 무척 疏略하지만 나의 墓誌銘을 남이 읽을 수 있는 기록자체만이라도 남길 수 있는 것으로 만족해야 할 것이다.

다산은 자신의 묘지명을 '이 墓(경기도 남양주시 조안면 능내리 마현 부락 팔당 댐 인근에 위치한 다산 유적지로 경기도 기념물 7호임)는 열수 정약용의 묘이다. 본 이름은 약용이고 자는 미용 호는 사암이고 당호는 여유당이다. 겨울 내를 건너고 이웃이 두렵다는 의미를 따서 지었다. 아버지의 이름은 재원이며 음사(蔭官)로 진주목사까지 지냈고 어머니는 숙인 해남 윤씨이다. 영조 임오년(서기 1762년) 6월 16일 열수변의 마현리(馬峴里)에서 태어났다'['此洌水丁鏞之墓也. 本名曰若鏞. 字曰美庸. 又曰頌甫. 號曰俟菴. 堂號曰與猶. 取冬涉畏鄰之義也. 父諱載遠. 蔭仕至晉州牧使. 母淑人海南尹氏. 以英宗壬午(英祖 38년, 서기 1762년)六月十六日. 生鏞于洌水之上馬峴之里. 時惟乾隆二十七年(淸 高宗 弘歷 27년, 서기 1762년)也…']로 시작하고 있다.

그러나 나는 자랑할 家系도 학문적 業績도 별로 없다. 특히 나에게는 俗世의 因緣도 그리 중요하지 않기 때문에 애써 내세울 필요도 없다. 그리고 이는 이제부터 나의 마지막 삶은 모든 血緣을 끊고 우물쭈물하다가 그렇게 죽게 되는 날을 기다리는 我執의 '獨居老人'과 같은 현실이 다가오게 되리라는 것을 잘 알고 있기 때문이기도 하다. 그래서 家系를 언급하는 대신 좋은 스승을 모셨던 것으로 자위하곤 한다. 오늘을 있게 해준 나의 스승님은 金元龍(서기 1922년 8월 24일 목―서기 1993년 11월 14일 일), 張光直(Chang Kwang-chih, 서기 1931년 4월 15일 수―서기 2001년 1월 3일 수), 金哲埈(서기 1923년―서기 1989년 1월 17일), 賀川光夫(かかわみつお, 서기 1923년 1월 5일 금―서기 2001년 3월 9일 금), 高柄翊(鹿村, 芸人, 1924년 3월 5일―2004년 5월 19일)과 중국 北京대학 李伯謙(北京大學震旦古代文明研究中心主任) 교수들이다.

그러나 나의 死後 200년 후에도 남아 학자와 일반 독자들에게 膾炙되기를 바라는 마음 간절한 책으로서는 『인류문명발달사 ―고고학으로 본 세계문화사―』(2013, 주류성, 개정 5판, 986쪽)와 『韓國考古學硏究』(2014, 주류성, 787쪽)가 있으며 전자는 한국의 고고학자가 세계의 역사와 문화를 대상으로 하여 학문적

으로 쓴 책이고, 후자의『韓國考古學研究』–世界史 속에서의 韓國–은 고고학
계에 몸을 담근 이후 학문적인 업적을 정리한 '나름대로 오래 고민했던 結者解
之'의 책이기 때문이다. 그리고 로렉스(Rolex)의 최고급시계의 상표가 따온 첼
리니[Benvenuto Cellini, 서기 1500년 11월 1일–서기 1571년 2월 13일]의 自敍傳
(서기 1562년경 작이나 死後 출판됨, The Autobiography of Benvenuto Cellini),
서머셋 모음(William Somerset Maugham, 서기 1874년 1월 25일–서기 1965년 12
월 16일)의 자서전인 The Summing Up(1938), 막스 베버(Max Weber, 서기
1864년 4월 21일–서기 1920년 6월14일, 독일의 사회학자·경제학자)의 강연집인『직
업으로서의 학문』(Wissenschaft als Beruf, 1919)과 같은 좋은 책을 만들어 보
고 싶다. 현재『韓國上古史研究 餘滴 –希正 崔夢龍敎授 散稿集–』(2008, 주류
성)이 있으나 그 이후에 쓴 글들을 합쳐『希正 自敍傳』이 출간'되었으면 한다.
그러나 이럴 시간적 여유가 있을지 모르겠다.

　　그리고 아쉬운 점은 이기적이긴 하지만 이제까지 나 자신에게만 穿鑿을 해
왔지 목숨을 바칠 만큼 현대판 큰 어른/윗사람인 훌륭한 主君을 만나지 못했
던 아쉬움이 남는다. "선비는 자기를 알아주는 사람을 위해 목숨을 버리고 여
자는 자기를 사랑하는 사람을 위해 화장을 한다('士爲知己者死, 女爲悅己者容', 戰
國策·趙策一, 司馬遷 報任安書)"고 한다. 사람마다 갈 길과 타고난 운명이 달라서
그랬던가 보다. 결과적으로 한 눈 팔지 않은 것이 되어 다행이다.

　　愛憎이 교차하는 人間事에서 매사가 그렇듯이 因緣이 다해 헤어질 때 아
무런 미련과 후회 없이 깨끗하게 마무리 짓는 것이 좋을 것이다. 학문을 평생
의 직업으로 택해 공부하는데 있어서도 마찬가지이다. 나는 남이 해나간 길을
뒤따라 아무런 마찰도 없이 쉽게 이름을 얻는 賢明함을 택하는 것보다, 오히
려 남들이 나의 생각에 同調하도록 시간이 걸리더라도 노력하고 기다리는 愚
直함을 택해왔었다. 특히 내 생각이 옳다고 생각하면 더욱 그러하다. 다행히
도 요사이 모든 것이 정보화시대가 되어 기다림에 한계가 없이 當代에 좋은 소

식을 기대할 수 있겠다. 그저 꾹 참고 인정받을 때까지 기다리면 된다고 생각한다.

돌이켜 생각해 보건데 별것 아닌 인생을 살아오느라 고생만 한 것 같다. 다시 말해 나의 人生史는 貪慾·瞋恚·愚癡의 三毒, 어리석음, 無知, 失手와 施行錯誤의 연속이었고 한마디로 "잘못된 因緣"으로 세상에 나온 것으로 생각하고 있다. 世俗人의 平凡한 삶이었지만 그래도 이곳이 極樂이라는 생각을 버리지 않고 즐겁게 살아보려고 노력해 왔었다. "내가 온 곳도 잘 모르는데 어디로 가야할지." 그래도 輪回의 사슬을 끊지 못하고 業障을 지닌 채 운이 좋아 내세에 다시 인간으로 還生한다 하더라도 나는 學緣, 地緣, 性別과 年齡差를 고려하지 않고 현재 살아온 世俗의 因緣을 다시 이어 마음의 極樂世界를 꾸려볼 생각이다. 이제부터는 대개 이 나이의 다른 분들이 그러하듯이 外部로부터 특별한 因緣이 없다면 또 죄를 더 지어 빌 곳이 없어지기 전에(論語 八佾편, '獲罪於天 無所禱也') 조용하게 사라져갈 생각이다. 그리고 이제까지 살아온 동안 혹시라도 나로 인해 精神的·物質的 苦痛과 被害를 받은 분들이 계시다면 이 자리를 빌려 너그러운 容恕를 구하고자 한다.

그래도 다행인 것은 佛家의 '생사 없는 경지를 내 마음대로 받아쓰는 佛家의 用無生死'의 경지에 들어서 生과 死에 대한 苦惱의 고리는 이미 끊었고 平素 어리석을 정도의 嬰兒行을 계속할 만큼 때가 덜 묻은 凡常心을 유지하고 있다는 점이다. 涅槃寂靜.

서기 2014년 甲午年 1월 1일(수)

希正 崔夢龍 謹書

차 례

I. 江과 文明
- 인류문명 발달사 -

　　큰 강 유역에서 관개농업(irrigation)에 의존하여 발생하였다 하여 칼 빗트호겔(Karl Wittfogel)에 의해 불려진, "관개문명" 또는 "4대 하천문명(hydraulic theory)"을 포함한 일차적인 고대문명(primary civilization)은 4개나 된다. 이들은 시간과 공간에 관계없이 전 세계적으로 발생하였는데, 티그리스와 유프라테스 강 사이에서 발생한 수메르, 나일 강의 이집트, 인더스 강의 인더스와 黃河의 商문명이다. 여기에 큰 강이 아닌 하천, 호수와 계곡 근처에서 발생한 마야, 잉카와 아즈텍의 中·南美문명을 더해 모두 7개의 고대문명이 언급된다. 이들은 수메르(기원전 3100년-기원전 2370년 아카드의 사르곤 왕의 통치 이후 기원전 1720년까지 우르 3왕조가 존속), 이집트(기원전 3000년경-기원전 30년, 기원전 2993년 상·하이집트가 통일되었다는 설도 있음), 인더스(기원전 2500년-기원전 1800년), 상(기원전 1750년-기원전 1100년 또는 기원전 1046년), 마야(기원전 200년-서기 900년, 기원전 200년-서기 300년: 先古典期, 서기 300년-서기 900년: 古典期, 서기 900년-서기 1541년 스페인군의 유카탄 반도의 침입 때까지 後古典期임), 아즈텍(後古典期: 서기 1325년-서기 1521년 8월 13일)과 잉카(後古典期: 서기 1438년-서기 1532년 11월 16일)가 바로 그들이다.[1] 여기에는 인구증가(人口壓, population

---

1) 고고학의 서술에 있어서 문화(culture)와 문명(civilization)의 구분은 필수적이다. 이를 토대로 국가(state), 도시(city)란 개념도 정의할 수 있다. 1960년대 이래 미국과 유럽

pressure)에 대처한 강, 계곡과 호수를 최대한으로 이용하여 단위 소출 양을 늘리는 관개농업과 집약농경(intensive agriculture)이 필수적으로 수반된다. 수메르 농부들의 집은 티그리스와 유프라테스 강이 만나는 하류지점 바스라 항구 가까이에 위치한 늪지에 점점이 떠있는 조그만 섬 위에 갈대(marsh dwelling with reed-building mudhif)로 만든 마단(Ma'adan)이라는 집에서 생

에서 고고학연구의 주제로, "농업의 기원"과 마찬가지로 "문명의 발생"이 커다란 주류를 형성해 왔다. 최근에는 생태학적인 연구에 힘입어 그들의 발생은 독립적인 것보다 오히려 상호 보완적인 점에서 찾는 쪽으로 나아가고 있다. 고고학의 연구목적은 衣·食·住를 포함하는 생활양식의 복원, 문화과정과 문화사의 복원에 있다. 문화는 인간이 환경에 적응해서 나타난 결과인 모든 생활양식의 표현이며, 衣·食·住로 대표된다. 생태학적으로 문화란 인간이 환경에 적응해 살아남자고 하는 전략이라고도 할 수 있다. 반면에 문명의 정의는 故 張光直(Chang Kwang-Chih, 1931-2001) 교수의 이야기대로 "기념물이나 종교적 예술과 같은 고고학적 자료 즉 물질문화에서 특징적으로 대표되는 양식(style)이며 하나의 질(quality)"이라고 할 수 있다. 문명이란 사전적인 용어의 해석대로 인류역사상 문화발전의 한 단계이며 엄밀한 의미에서 도시와 문자의 사용을 필요·충분조건으로 삼고, 여기에 고고학상의 특징적인 문화인 공공건물(기념물), 시장, 장거리무역, 전쟁, 인구증가와 기술의 발전 같은 것에 근거를 두게 된다. 이들 상호작용에 의한 乘數효과(multiplier effect)가 都市, 文明과 國家를 형성하게 된다. 이들의 연구는 歐美학계에서 서기 1960년대 이후 신고고학(New Archaeology)에서 Leslie White와 Julian Steward의 新進化論(neo-evolutionary approach; a systems view of culture)과 체계이론(system theory)을 받아들임으로써 더욱더 발전하게 된다. 이들 연구의 주제는 農耕의 起源과 文明의 發生으로 대표된다. 이들의 관점은 生態學的인 接近에서 나타난 自然全體觀(holistic view)으로 物理的環境(physical environ-ment), 生物相(biota; fauna, flora)과 文化(culture)와의 相互적응하는 생태체계(ecosystem)로 이루어진다. 즉 文化는 환경에 적응해 나타난 結果이다. 보편적인 문화에서 量的·質的으로 變化하는 다음 段階, 즉 都市와 文字가 나타나면 文明인 것이다. 여기에 武力을 合法的으로 使用하고 中央集權體制가 갖추어져 있거나, 힘/武力(power), 경제(economy)와 이념(ideology)이 함께 나타나면 國家段階의 出現을 이야기한다. 따라서 都市, 文明과 國家는 거의 동시에 나타난다고 본다.
Elman Service의 모델인 統合論(Integration theory)에서는 인류사회는 경제나 기술이 아닌 조직이나 구조에 기반을 두어 군집사회(band)-부족사회(tribe)-족장사회

활하였던 것으로 추측된다. 그리고 이집트 나일 강 하구의 水草로 형성된 케미스(Chemmis)라는 호수 주변의 습지를 개간해 인공섬을 만들었는데 이는 아즈텍 문명에서 보이는 치남파(Chinampa, floating garden)와 버마/미얀마의 인레(Inle, Inlay) 호수의 인타(Intha)족의 '쮼모'라는 수경농경방법과 같은 맥락에서 볼 수 있다. 그리고 강안충적토(沖積土)에 일구어 놓은 올멕의 레비

(chiefdom)−고대국가(ancient state)로 구분하고 있다. 그리고 기본자원에 대한 불평등한 접근에서 일어나는 갈등에 기반을 둔 Morton Fried의 갈등론(Conflict theory)의 도식인 평등사회(egalitarian society)−서열사회(ranked society)−계층사회(stratified society)−국가(state)라는 발전단계도 만들어진다. 서비스는 국가단계에 앞선 족장사회를 잉여생산에 기반을 둔 어느 정도 전문화된 세습지위들로 조직된 위계사회이며 재분배체계를 경제의 근간으로 한다고 규정한 바 있다. 족장사회에서는 부족사회 이래 계승된 전통적이며 정기적인 의식행위(calendric ritual, ritual ceremony, ritualism)가 중요한 역할을 하는데, 의식(ritualism)과 상징(symbolism)은 최근 후기/탈과정주의 고고학(post−processual archaeology)의 주요 주제이기도 하다.

국가단계 사회에 이르면 권력(power), 경제(economy)와 함께 종교형태를 띤 이념(ideology)이 발전하게 된다. Timothy Earle은 국가를 '무력을 합법적으로 사용하고 통치권을 행사할 수 있는 지배체제의 존재와 힘/무력(power)·경제(economy)와 이념(ideology, 또는 religion)을 바탕으로 한 중앙집권화 되고 전문화된 정부제도'라 정의하였다. 한편 Kent Flannery는 법률, 도시, 직업의 분화, 징병제도, 세금징수, 왕권과 사회신분의 계층화를 국가를 특징짓는 요소들로 추가하였다. 국가에는 Jonathan Haas, Timothy Earle, Yale Ferguson과 같은 절충론(eclecticism)자들도 "경제·이념·무력의 중앙화, 그리고 새로운 영역(new territorial bounds)과 정부의 공식적인 제도로 특징지어지는 정치진화 발전상 뚜렷한 단계"가 있는 것으로 정의한다. 도시(city, urban)는 Clyde Kluckhohn이 언급하듯이 약 5,000명 이상 주민, 문자와 기념비적인 종교중심지 중 두 가지만 있어도 정의할 수 있다고 한다. 또 그들 사이에 있어 노동의 분화, 복잡한 계급제도와 사회계층의 분화, 중앙집권화 된 정부구조, 기념비적인 건물의 존재, 그리고 문자가 없는 경우 부호화된 상징체계나 당시 풍미했던 미술양식과 지역 간의 교역의 존재를 통해 찾아질 수 있다. 그리고 이를 유지해 나가기 위해 사회신분의 계층화를 비롯해 조세와 징병제도, 법률의 제정과 아울러 혈연을 기반으로 하지 않는 왕의 존재와 왕권, 그의 집무소, 공공건물 등이 상징적으로 부가된다.

따라서 도시, 국가와 문명은 상호 有機體的이고 補完的인 것으로, 이것들은 따로 떼어

(lévee), 페루 2,430m 높이의 우르밤바 계곡에 위치한 잉카의 마추피추(Machu Picchu)[2]에서 보이는 계단식(terrace) 농경, 필립핀 루손(Luzon) 섬에 살던 이푸가오(Ifugao)족들이 과거 2,000년 동안 해발 1,500m에 이르는 코르디에라스 산맥의 높은 구릉을 깎아 이모작(二毛作)을 하던 계단식(terrace) 농지, 중국 云南省 紅河區 元陽県 哈尼梯田(紅河 哈尼族의 계단상의 논으로 기원은 하니족이 이곳에 처음으로 정착하던 唐나라 때까지 거슬러 올라간다고 한다. 그 기록은 唐 樊綽 撰 『蠻書』에 나와 있으며 明나라 徐光啓은 『農政全書』에서 梯田에 관한 구체적인 정의를 내리기도 하였다. 세계문화유산에 등재)과 廣西省 桂林市 龍勝県 龍勝各族自治県 (和平乡 平安村, 龍脊村 및 古壯寨里, 广西壮族自治区 东北部로 桂林市 西北部에 위치하며 桂林市에서 관할) 龍脊梯田(壯族, 瑤族이 해발 1,180m에서 元朝이래 700년간 농사를 지어옴), 기원전 2500년까지 거슬러 올라가는 사막지대 오만의 아플라지 관개시설(Aflaj Irrigation Systems of Oman)[3]과 廣西莊族自治區 兴安县 桂林

내서 독립적으로 연구할 수 없는 불가분의 것이다(최몽룡 2013, 인류문명발달사 개정5판, pp.40-43).

2) 페루의 마추피추(Machu Picchu)는 미국 예일 대학 하이램 빙햄 3세(Hiram Bingham Ⅲ) 교수가 서기 1911년 7월 24일에 발견한 유적으로, 쿠스코에서 서북향 80㎞ 떨어진 페루의 우루밤바(Urubamba) 계곡 해발 2,430m 능선 위에 위치한다. 마추피추는 서기 1438년 9대 파챠쿠티 왕[서기 1438년-서기 1471년, 8대 비라코차의 아들로 잉카제국(서기 1438년-서기 1532년 11월 16일)의 기원을 이 파차쿠티 왕으로부터 시작한다.]이 만든 곳으로 왕족의 은신처로 밝혀졌다. 이곳은 夏至날을 가장 중시하던 잉카족의 자연숭배사상 (animism)의 태양숭배지[태양을 끌어들이는 곳이라는 의미의 '인티우아타나'(Intihuatana, hitching post of the sun)라는 聖所가 중심]로서 계단식 집약농경지인 테라스(terrace)에서 산출되는 풍부한 잉여생산물로 자급자족을 누리고 나머지는 수도 쿠스코로 보내기도 한 교역과 무역의 중심지 역할을 했었던, 제사장·귀족들과 함께 잉카 왕족들이 머물던 최상급의 은신처였음이 밝혀지고 있다.

3) 서기 2006년 세계문화유산으로 등재된 아플라지 관개시설 유적지는 서기 500년까지 거슬러 올라가며 현재도 사용되는 3,000개의 관개수로 중 중요한 5개소가 문화유산으로 지정되었다. 그들은 팔라지 알 카트멘(Falaj Al-Khatmeen), 파라이 알-말키(Falaj

市의 靈渠[4]도 집약농경에 포함된다.

역사시대 이전의 인류의 선사고고학의 편년은 기술과 경제행위에 의해 설정된다. 다시 말하여 구석기시대는 타제석기를 사용하고 수렵과 채집경제 행위가 주이고, 신석기시대는 마제석기의 사용과 정착농경생활, 청동기시대는

Al-Malki), 팔라지 다리스(Falaj Daris), 팔라지 알-제라(Falaj Al-Jeela), 팔라지 알-무야사르(Falaj Al-Muyassar)이다. 아프라지(Aflaj)란 사람이 살아가기 위해 필요한 관개시설을 말한다. 고고학적 증거는 이 관개시설이 기원전 2500년까지도 올라간다고 한다. 오만의 바닷가에서 내륙 쪽으로 조금만 들어가면 물이 없는 사막지대가 된다. 그러나 오만 사람들은 해발 3,000m의 산꼭대기에서 重力을 이용해 깊이 20-60m에 이르는 지하수로나 샘으로부터 물을 끌어 올리고 또 물길을 만들어 아래로 흘려 내려보내는데 마을에서는 물을 사용하고 관리하는데 지도자격의 존경받는 관리인(water-master)이 선정되어 상호의존과 효율적인 관리 하에 공평하게 일을 처리하도록 한다. 물길 주위에는 물길을 관리하기 위한 감시탑도 세워진다. 6시간마다 물길의 방향을 바꿀 때에도 해, 달과 별의 천문적인 운행에 따른다. 이 관개수로를 통해 농사를 지어 식량을 생산해 자급자족하면서 척박한 자연환경도 슬기롭게 극복해나간다. 이 관개수로의 관리에서 자연을 거슬리지 않고 자연과 조화를 이루어 순응해나가는 오만인들의 슬기를 엿볼 수 있다.

4) 기원전 221년 戰國의 통일 후 秦나라는 점령한 5국과 북쪽 유목민인 匈奴족에 대항해 전국적으로 도로를 정비하고 교통체계를 강화하여 새로운 마차길(馳道, 폭 67m), 五尺道를 만들었다. 그중 "北有長城 南有靈渠"라고 할 정도로 秦始皇 때(秦始皇 20년/기원전 219년-秦始皇 23년/기원전 215년) 史祿(監御史祿, 水利家)을 파견하여 벌린 가장 규모가 큰 토목공사의 하나가 현 廣西莊族自治區 興安县 桂林市에 위치하는 揚子江 水系인 湘江과 珠江 수계의 漓江 사이 전장 36.4km를 잇는 人工運河인 靈渠(秦凿渠, 秦堤, 湘桂运河, 兴安运河로도 불리움)의 축조를 들 수 있다. 이 水利工事에는 分水를 위한 人字坝(인자댐)의 형태를 만든 铧嘴(영거의 分水시설로 興安县 城东南 2.5km의 상강 가운데 있으며 큰 돌로 둘레를 쌓아 석축을 형성함, 높이 약 6m, 폭 23m, 길이 90m), 大小天平坝의 石堤(天平分水原理를 이용한 "湘七漓三"로 상강에 7, 이강에 3할의 물이 흐르도록 함, 大天平과 小天平의 두 石堤는 수량을 조절하는 목적으로 만듦), 泄水天平, 南渠, 北渠, 秦堤와 陡門 등이 포함된다. 그리고 두 강의 水差인 1.5m를 극복하기 위해 板石을 박아 魚鱗石모양으로 경사진 댐을 쌓고 또 陡門(원래 36곳이 있었음, 폭 5.5m-5.9m, "天下第一陡"란 말을 붙임)을 설치해 급류를 억제하면서 배가 드나들도록 하였다. 이 靈渠는 秦代의 3대 수리공사(都

청동기의 제작, 관계농업 그리고 계급의 발생, 철기시대 전기에는 앞선 청동기시대보다 철기제작과 같은 좀 더 복잡한 경제 행위의 추가와 아울러 정교하고 복잡한 기술과 사회조직을 갖는다는 식으로 이해된다. 유럽에서는 技術과 經濟行爲에 바탕을 둔 구석기(Palaeolithic age)·신석기(Neolithic age)·청동기(Bronze age)·철기시대(Iron age)라는 편년의 명칭을 사용한다.[5] 그러나 신대륙 중 중미(中美)의 고고학편년은 "horizon과 tradition"(공간과 시간)을 포함하는 "stage"(단계)라는 개념의 용어를 사용하고 있다.[6] 다시 말해 리식(石期

江堰, 鄭國渠, 靈渠) 중의 하나로, 식량을 운반("鑿渠運糧")하는 목적으로 만들어진 것이다. 이 영거는 中國古代의 水利工程이며 이로 인해 만들어진 運河는 世界에서 가장 연대가 올라가는 것 중의 하나이다. 영거의 운하가 흐르는 계림시의 약 1km의 水街에는 陡南靈渠(天下第一陡, 陡南口)를 비롯하여 후일 만들어진 萬里橋, 馬嘶橋, 娘娘橋, 接龍橋, 粟家橋 등의 다리가 놓여 주변에 아름다운 景觀을 만들어준다. 북쪽에 萬里長城을 쌓았는데 그 이후에도 만리장성을 경계로 토착농경민과 유목민의 끊임없는 대항의 역사를 보여준다.

5) Prehistoric times, Stone age, Palaeolithic period, Chellean epoch라는 식의 종래 사용되던 명칭대로 하면 Palaeolithic age보다 Palaeolithic period가 올바른 사용법이나 현재는 관용대로 Palaeolithic age로 그대로 쓰고 있다.

6) 고고학에서 공간의 개념을 알려주는 Horizon의 정의는 "Spatial continuity represented by cultural traits and assemblages"이며, 시간의 개념을 나타내는 Tradition의 정의는 "Temporal continuity represented by persistent configurations in single technologies or other systems of related forms"이다(Gordon Willey & Philip Phillips 1958, Method and Theory in American Archaeology, Chicago & London: The University of Chicago Press, pp. 33-37). 그리고 기술과 경제행위를 바탕으로 하는 편년인 구라파의 "age"개념과는 달리 신대륙에서는 기술과 경제행위 이외에도 "horizon과 tradition"(공간과 시간)을 포함하는 "stage"라는 개념의 용어를 사용하고 있다. 여기에는 문화의 최소단위(unit)인 각 "component"가 결합하여 다음의 고급 단계인 "phase"로 되고 이들이 "horizon과 tradition"(공간과 시간)의 기본적인 구성요소가 된다. horizon과 tradition의 결합이 "climax(the type or types of maximum intensity and individuality of an archaeological horizon or tradition)"를 이루어 각 stage의 문화사(culture-history) 즉 문화와 문명의 단계를 결정하게 된다. 그래서

Lithic: 후기 구석기시대: 기원전 20000년-기원전 7000년)-아케익(古期 Archaic: 중
석기시대: 기원전 7000년-기원전 2000년)-퍼마티브(形成期 Formative: 신석기시
대: 기원전 2000년-서기 300년)-크라식(古典期시대 Classic: 서기 300년-서기 900
년: 마야 古典期)-포스트크라식(後古典期시대 Post-classic: 서기 900년-서기 1521
년/1532년/1541년: 아즈텍, 잉카 제국과 마야)라는 용어를 사용한다. 이곳에서 冶
金術의 시작은 古典期시대부터 나타난다. 그리고 남미(南美)는 '문화 특성이나
유물복합체에 의해 대표되는 공간적 지속'이란 Horizon(공간)개념을 사용하고
있는데, 막스 울(Max Uhle, 서기 1856년-서기 1944년)은 예술양식의 분포와 문
화적 특질'에 바탕을 한 새로운 편년을 설정하였다. 그는 南美의 문화를,

1) 綿과 無土器時代(Cotton pre-ceramic period/stage, 기원전 2500년-기원
   전 1800년)
2) 早期(Initial period)
3) 초기 호라이존(Early Horizon, 차빈)
4) 초기 중간시대(Early intermediate period)
5) 중기 호라이존(Middle Horizon, 티아우아나코)
6) 후기 중간시대(Late intermediate period)
7) 말기 호라이존(Late Horizon, 잉카, 서기 1438년-서기 1532년)

등 7시기로 나누었다.

그래서 영어로 표현할 때에 구석기시대는 palaeolithic age이나 이에 해

Lithic, Archaic과 Formative의 maximum units on all stages에 문화(culture),
Classic(古典期)과 Post-classic(後古典期)에는 문명(civilization), 국가(state), 제국
(empire)이라는 단계의 이름이 주어진다.

당되는 신대륙의 편년은 時代나 文化段階를 의미하는 lithic stage(석기시대)로 기록한다. 이는 유럽의 구석기시대에 비해 중남미의 석기시대는 늦은 유럽의 후기 구석기시대 말기에 나타나기 때문이다. 선사시대(prehistory)는 문자로 역사적 사실들을 기록하기 시작한 이전의 시대로 문자를 사용하고 있는 역사시대(history)라는 용어와 대칭되는 개념으로 유럽과 신대륙을 언급할 때 시간과 공간을 비교해서 살펴야 한다.[7] 그리고 경제가 사회변동의 가장 중요한 원동력(Economy as a prime mover in social evolution)으로 보는 唯物史觀論

---

7) 고고학에서 연구대상이 되는 시기는 문자기록이 없는 선사시대(prehistory)와 문자기록이 있는 역사시대(history)이다. 선사시대란 말은 영국의 에브버리 경(Avbery 경, Sir Lord Lubbock)의 『Prehistoric Times』(서기 1865~서기 1913년 7판)로부터 비롯되어 이러한 개념의 용어가 최초로 사용되어 공인 받게 되었다. 그러나 실제 문헌상으로 실제 이보다 앞선 서기 1851년 스콧틀랜드-캐나다 계인 윌슨(Daniel Wilson, The Archaeology and Prehistoric Annals of Scotland)이 'Prehistory'를, 프랑스에서는 서기 1831년 투흐날(Paul Tournal)이 처음으로 'Préhistorique'란 용어를 사용했었다. 그리고 선사시대와 역사시대 사이의 과도기 시대를 原史時代(protohistory)라고 설정한다. 그러나 선사시대뿐만 아니라 선사시대에서 역사시대로 넘어가는 과도기시대인 원사시대도 중요하게 다루며 또 역사시대에 있어서도 일반 문헌을 다루는 역사학자들의 영역이외의 물질문화 분야도 연구대상으로 한다. 원사시대는 기록이나 고문서가 나오기 이전으로 거슬러 올라가는 인류역사의 일부를 지칭하기 위해 만들어진 것인데 프랑스의 투흐날의 '선사시대' 개념에서 비롯되었다. 원사시대란 한 문화집단이 자체의 문자를 가지고 있지 못할 때 주변의 선진문화집단이 외부의 입장에서 역사기록을 남겨놓는 과도기적인 경우이다. 예를 들어 문자가 없는 집단인 삼한(三韓)에 대해 중국 측에서 삼국지『三國志』魏志 東夷傳을 기술한 것이 이 경우에 해당한다.
선사시대의 종말과 역사시대의 발생은 도시·문명·국가의 발생(도시혁명, Urban revolution)과 아울러 문자의 출현을 기준으로 할 때, 가장 이른 지역은 중동지역으로서 세계 최초의 수메르 문명이 나타나는 기원전 3000년경이다. 중국은 기원전 1750년대인 상(商), 영국은 로마(시저의 기원전 56년, 클라우디우스의 서기 43년 등)가 침입하는 서력기원 전후시기, 신대륙은 유럽인들이 들어온 서기 14세기 이후(아즈텍은 에르난 코르테즈/Hernan Cortez의 서기 1521년 8월 13일, 잉카는 프란시스코 피자로/Francisco Pizzaro가 서기 1532년 11월 16일에 침입)가 역사시대로 된다.

에 입각하는 편년에 따르면,

Pre-class society(원시무리사회 primitive society): pre-clan(亂婚 promiscuity)−母系(matriarchal clan)−父系(patriarchal clan)− terminal clan stages(씨족제도의 분해)

Class society: 奴隷制社會(slave society)−封建社會(feudal society)−資本 主義社會(capitalism)[8]

Classless society: 社會主義(socialism)−共産主義社會(communism)

의 발전 순이 된다.[9]

---

8) 엥겔스에 의하면 고대국가는 노예소유자들이 노예를 압박하기 위한 국가, 봉건국가는 農奴와 隷農을 압박하기 위한 귀족들의 기관, 현대의 자본주의 국가는 자본이 임금노동을 착취하기 위한 도구로 보고 있다(Friedrich Engels·김대웅 옮김 1987, 가족 사유재산 국가의 기원, 서울: 아침, p.193). 그리고 Pre-class society(원시무리사회 primitive society)를 난혼−모계−부계−씨족제의 분해로 세분하는 것은 모간(Louis Henry Morgan 1877 Ancient Society, New York: Holt)의 생각에 기초하였다.

9) 북한에서는 원시사회(원시무리사회−모계씨족사회−부계씨족사회)−노예사회−봉건사회−공산사회의 순으로 하고 있다(사회과학원 역사연구소·고고학연구소 1979, 조선전사 I, 평양: 과학백과사전). 中國에서는 최근 구석기−신석기시대라는 용어도 병행하지만 기본적인 편년 안은 북한과 마찬가지로 유물사관론에 입각하고 있다. 즉 북경 중국 역사박물관(중국국가박물관)에서는 Primitive Society(ca. 170만년−4000년 전)−Slave Society (夏, 商, 西周, 春秋時代, 기원전 21세기−기원전 475년)−Establishment of the United Multi−National State and the Development of Feudal Economy and Culture (秦, 漢, 기원전 221년−서기 220년)−Social and Economic Development in the South and Amalgamation of various Nationalities in the North(魏, 蜀, 漢, 吳, 西晉, 東晉, 16國, 南北朝, 서기 220년−서기 580년)−Development of a Unified Multi−National Country and the Ascendancy of Feudal Economy and Culture(隋, 唐과 5代10國, 서기 581년−서기 960년)−Co−existence of Political Powers of various Nationalities

여기에서 보면 노예제사회 단계부터 청동기시대와 고대국가가 형성된다. 이 때 도시·문명·국가도 함께 나타난다. 이러한 문명이란 사전적인 용어의 해석대로 인류역사상 문화발전의 한 단계이며 엄밀한 의미에서 도시(都市)와 문자(文字)의 사용을 필요·충분조건으로 삼고, 여기에 고고학상의 특징적인 문화인 공공건물(기념물), 시장, 장거리무역, 전쟁, 인구증가와 기술의 발전 같은 것에 근거를 두게 된다. 이들 상호작용에 의한 乘數效과(multiplier effect)가 都市, 文明과 國家를 형성하게 된다.

인류문명발달사에서 청동기시대란 고돈 촤일드(Vere Godon Childe)가 唯物史觀에 따라 命名한 都市革命(Urban revolution)[10]으로 혈연을 기반으로 하지 않은 계급·계층사회를 바탕으로 전문장인이 존재하면서 동시에 도시·문명·국가가 나타나는 시대를 말한다. 그리고 이 시대에서는 구리와 주석, 아연, 납과 비소 등을 합금으로 한 청동제무기를 사용하고 있다. 가장 빠른 청동기시대는 기원전 3000년경이다. [11] 전문화된 야금술에서 중요시하는 금속의 용융

---

and their Unification; Later Period of the Feudal Society(北宋, 遼, 南宋, 金, 元, 西夏, 서기 916년 –서기 1368년)–Consolidation of a Unified, Multi-National Country, Gradual decline of the Feudal System and Rudiment of Capitalism(明, 清, 서기 1368년–서기 1840년)으로 편년하고 있다(中國歷史博物館/現 中國國家博物館 The National Museum of China 1990, 北京).

10) Vere Gordon Childe는 도시와 국가의 발생, 장거리 외국무역과 도시혁명(Urban Revolution)이 발생하는 제 요인들을 추구한 결과 19개의 기본적인 발견물과 과학의 응용이 바탕이 된다고 한다. 19개의 항목은 관개, 쟁기, 축력의 이용, 범선, 수래, 과수재배, 양조, 구리의 생산과 이용, 벽돌제조, 궁륭, 沙器와 유리제품, 印章, 태양력, 기록, 숫자(기수법), 청동, 철, 알파벳, 도시 물 공급의 수도관이다(최몽룡 1990, 고고학에의 접근–문명의 성장과 멸망–, 서울: 신서원, p.146).

11) 직립(bipedal locomotion)을 하고 양팔(brachiation)을 쓰는 인류가 지구상에 처음 나타난 사건 이후 농업의 발생(식량생산), 도시의 발생(urbanism)과 아울러 산업혁명(서기 1760년경 시작)이 가장 큰 사건으로 꼽히고 있다. 그중 도시의 발생 또는 도시혁명

점(melting point)은 유리질(silica, SiO₂) 1712℃, 철(Fe) 1525/1537℃, 구리(Cu) 1083℃, 금(Au) 1063℃, 은(Ag) 960℃, 아연(Zn/Zinc) 420℃, 납(Pb) 327℃, 주석(Sn/Tin) 232℃, 청동(bronze)은 950℃이다.[12] 그리고 청동기의 제작에서 비소(As/Arsenic)는 2~3% 합금되며, 최종 합금에서 견고성의 효과를 보기 위해서는 비소가 3% 정도 들어간다. 중국 青銅祭器의 경우를 보더라도 器表面의 光澤을 위해 구리에 납을, 그리고 兵器의 경우 堅固性을 위해 주석이나 아연을 합금했음이 밝혀졌다. 다시 말해 야금술을 포함한 고도로 발달한 기술의 축적은 전쟁을 수행할 수 있는 國力을 나타낸다.

유럽에는 신석기시대로 LBK(Linear Band Keramik) 문화가 있다. 유럽을 관통하는 다뉴브 강의 명칭을 따서 다뉴브 I 문화(Danubian I Culture)라고 불리는 이 문화는 유럽 중앙과 동부에서 기원전 5000년대부터 쉽게 경작할 수

(urban revolution)은 국가와 문명과 같이 청동기시대에 나타난다. 도시, 국가 그리고 문명의 발생은 계란과 닭의 관계처럼 그 순서를 밝히기가 매우 어렵고 복잡하다. 도시와 국가는 문명 발생의 부산물로 보는 학자도 있을 정도로 문명의 발생은 매우 중요하다. 그래서 서기 1960년대 이래 미국과 유럽에서 고고학연구의 주제로, "농업의 기원"과 마찬가지로 "문명의 발생"이 커다란 주류를 형성해 왔다. 최근에는 생태학적인 연구에 힘입어 그들의 발생은 독립적인 것보다 오히려 상호 보완적인 점에서 찾는 쪽으로 나아가고 있다. 고고학의 연구목적은 衣·食·住를 포함하는 생활양식의 복원, 문화과정과 문화사의 복원에 있다.

12) 이와 같은 관점은 토기, 도기에도 적용된다. 토기, 도기류를 통칭하는 쎄라믹(ceramic)이란 말은 어원상 "불에 타버린 물질"을 뜻한다. Prudence M. Rice(1987, p.5)는 Terra-cotta(1000℃ 이하), Earthenware(폭넓게 900℃~1200℃ 사이), China(1100℃~1200℃), Stoneware(약 1200℃~1350℃), Porcelain(1300℃~1450℃)으로 구분해 사용한다. 우리나라에서는 土器(500℃~850℃)-陶器(1100℃ 전후)-炻器(stoneware 1200℃ 전후)-磁器(청자/celadon, 백자/white porcelain, 1300℃ 전후)로 분류하며 無文土器, 樂浪陶器, 新羅炻器, 高麗青瓷. 朝鮮白磁 등으로 부른다. 燒成度는 지붕이 없는 仰天窯(open kiln)에서 지붕이 있는 登窯(tunnel kiln, climbing oven)에 이르는 가마(窯)제작의 기술적인 발달과정에 따른다.

있는 황토지대에 화전민식 농경(slash and burn agricultural cultivation, bush-fallow cultivation)을 행하였고 또 서쪽으로 전파해 나갔는데, 이 문화에서 나타나고 있는 토기의 문양이 우리의 빗살문(櫛文/櫛目文)토기와 유사하여 "線土器文化(Linear Pottery culture)"라 한다. 이것의 獨譯이 Kamm keramik(comb pottery)으로 번역하면 櫛文(櫛目文)土器 즉 우리말로는 빗살문토기이다. 일찍부터 이 문양의 토기들은 우리나라 신석기시대 빗살문토기의 기원과 관련지어 주목을 받아왔다. 이후에 "Corded ware(繩文土器文化, 東方文化複合體)"와 "Beaker cup culture"(비커컵토기문화, 일본에서는 鐘狀杯로 번역함, 西方文化複合體)"가 유럽의 북부 독일지역과 남쪽 스페인에서부터 시작하여 유럽을 휩쓸었다. 그리고 스톤헨지 축조의 마지막 시기는 기원전 2500년-기원전 2400년경으로, 이때 유럽 본토에서 기원전 2400년-기원전 2200년경 이곳으로 이주해온 비커컵족(Beaker cup race)들의 靑銅器와 冶金術의 소개로 인해 농업에 바탕을 두던 영국의 신석기시대의 종말이 도래하게 된 것이다. 이 시기를 民族移動期(기원전 3500년-기원전 2000년)라고 한다. 印歐語(인도-유러피안 언어)를 쓰며, 폴란드, 체코와 북부 독일의 비스툴라(Vistula)와 엘베(Elbe)강 유역에 살던 繩文土器文化(Corded ware culture)에서 기원하여 기원전 2400년-기원전 2200년경 동쪽 유라시아 고원으로 들어가 쿠르간(kurgan) 봉토분을 형성하던 스키타이(Scythia)종족, 인더스 문명을 파괴한 아리안족(Aryan race)이나 남쪽으로 그리스에 들어간 아카이아(Achaea/Achaia, 아카이아인의 나라 아키야와 Akhkhyawa)나 도리아(Doria)족과 같은 일파로 생각된다. 그 이후 "Urnfield culture(火葬文化)"를 지난 다음 할슈타트(Hallstatt)와 라떼느(La Tène)의 철기문화[13]가 이어졌다. 그 이후 이탈리아에서는 에트루스칸

---

13) 세계문화유산으로 등재된 할슈타트-다하슈타인 문화경관(Hallstatt-Dachstein Salzkammergut Cultural Landscape : 문화, 1997): 기원전 2000년경 岩鹽을 채취하고

(Etruscan)에 이어 로마로, 그리고 서기 476년경이면 게르만, 고트[동고트 (Ostrogoth), 서고트(Visigoth)], 골, 훈, 반달(Vandal), 롬바르드(Lombard) 등 의 異民族이 세력을 팽창해 서로마제국의 滅亡을 가져오게 된다. 여기에 아리 안족(Aryan race)의 계통인 노르딕족(Nordic race)이 힛틀러(Adolf Hitler, 서기 1889년-서기 1945년)의 나치(Nazi) 정권 때 게르만족의 원형으로 여겨져 폴란드 아우슈비츠 수용소(Auschwitz Concentration Camp) 유태인 수용소의 경우처 럼 나치에 의해 유태인 약 400만 명이 학살(Holocaust)된 사건도 덧붙일 수 있 다. 즉 서기 1665년 칼뱅주의자인 이삭 페이레르의 인간의 다원발생설에서 유 태인만이 아담의 자손이며 이외의 다른 인간들은 신의 미숙한 연습결과물이라

벌목하던 시절부터 유럽의 철기시대(기원전 12세기-기원전 6세기: A-기원전 12세기-기 원전 11세기, B-기원전 10세기-기원전 8세기, C-기원전 7세기, D-기원전 6세기의 4기)를 거쳐 서기 20세기 중반에 이르기까지 번영을 누린 할슈타드 호반(Hallstätter See)에 자리한 서기 19세기-서기 20세기의 풍족하고 고풍스런 주택들로 들어찬 할슈타트 시, 이 시를 둘러싸고 있는 알프스 산록의 풍경과 고사우 계곡의 수려한 환경을 지닌 잘쯔캄머구트(Salzkammergut) 지역을 포함한다. 이곳은 잘쯔캄머구트(estate of the salt chamber) 말이 의미하듯이 소금 광산의 채굴로 인해 이 시를 부유하게 유지해 왔 으며 이것은 할슈타트 시의 건축물에서도 잘 반영된다.

합스부르그 왕가(Habsburg/Hapsburg, 서기 1278년-서기 1918년)에서도 독자적으로 운 영할 만큼 'Imperial Salt Chamber'란 말도 만들어진다. 기원전 500년경 켈트(Celt) 족의 선조인 할슈타트인들은 주거의 흔적도 없이 자취를 감추었으나 그들이 쓴 분묘 와 그 속에서 나온 철검 손잡이의 안테나식 장식은 멀리 우리나라의 세형동검(韓國式 銅劍)에까지 영향을 미친다. 즉 英國 大英博物館 소장의 '鳥形柄頭 細形銅劍'이 우리 나라에서 철기시대 전기(기원전 400년-기원전 1년)의 대표적인 유물인 세형동검의 자 루 끝에 '鳥形안테나'가 장식된 안테나식 검(Antennenschwert, Antennae sword)으로 보고, 그것이 오스트리아 잘쯔캄머구트 유적에서 시작하여 유럽의 철기시대의 대명 사로 된 할슈탓트 문화에서 나타나는 소위 'winged chape'(날개달린 물미)에 스키타 이(Scyths)식 동물문양이 가미되어 나타난 것으로 보인다. 이러한 예는 대구 비산동 유물(국보 137호)을 포함해 4점에 이른다. 그리고 오늘날 그곳에 살고 있는 주민들은 현재 二次葬을 하면서 조상의 두개골을 따로 한 곳에 보관하고 있다.

는 견해를 언급하고 있다. 이에 반대하여 계몽주의자인 루소는 원시인들은 세계와 조화를 이루고 살아 유럽인들의 부러움을 살 정도의 "고귀한 야만인(the noble savage)들"이란 생각을 통해 이러한 선민사상을 불식시키려고 노력했다. 죠셉 아루트르 고비노(Count Joseph-Arthur Gobineau)는 문명을 창조하고 축복받은 10개의 민족을 선정하였는데, 중국, 이집트, 아시리아, 인도, 희랍, 로마, 멕시코, 페루, 알리게니 인디안[현 미국 미시시피 강 유역의 오하이오와 테네시 근처에 서기 1200년-서기 1700년 거대한 피라미드를 형성한 족장사회의 마운드빌 인디안을 칭함. Middle Woodland(기원전 100년-서기 300년) 또는 Burial Mound Ⅰ기(기원전 300년-서기 300년, Adena 문화) 때인 기원전 300년-서기 300년 또는 기원전 200년-서기 500년경 사이에는 호프웰리안 통상권인 Hopewellian Interaction Sphere/Hope wellian Exchange System이 존재함]과 게르만인을 포함시켰다. 불행하게도 어느 정도 이집트와 같은 흑인 햄족(Ham)의 피가 섞여 있다고 여겨지고 거대한 피라미드를 만들어내지 못한 유태인은 끼지 못하였다. 게르만인의 우월성을 언급한 고비노의 생각은 형질인류학자인 한스 귄터(Hans Günter)와 고고학자인 구스타프 코시나(Gustav Kossinna)에 이어져 더 상위 개념인 아리안족의 일파인 노르딕인의 순수혈통을 찾고 게르만족(German race)의 주거유형이 신석기시대까지 거슬러 올라간다고 고고학적으로 증명까지 하게 되었다. 노르딕인(Nordic race)이란 Mediterranean, Dinaric(east of Alps, 옛 Yugoslavia 지역, 로마 당시의 스위스는 Helvetia로 불림), Alpine과 East Baltic인들과 같이 유럽의 순수한 종족의 하나로 서로 간에 혼혈이 이루어진(pure and crossed), 스칸디나비아에 살며, 長頭, 키가 크고, 금발(blond)의 머리칼을 가진 백인종(Caucasoid)을 지칭한다. 이는 게르만민족 우월론으로 발전하게 되어 유태인의 대량학살을 불러오게 되었다. 특히 나치독일의 2인자인 하인리히 히믈러(Heinrich Himmler)가 그 주역을 담당하게 되었다. 히틀러(Adolf Hitler)도 그가 권좌에 오르기 50년 전에 이미 사망한

심한 반유대주의적 사상(anti-Semitism)을 가졌던 바그너(Richard Wagner)의 글을 게르만민족의 순수혈통(Germanic racial purity)에 대한 이론정립과정에서 많이 인용한 사실은 잘 알려져 있다. 민족의 우월성은 유전인자를 통한 신체적인 편차에 의해 가능하게 되지만, 그렇지 못한 경우 고고학적 유물이 이를 담당하게 된다. 민족의 우월성은 유전인자를 통한 신체적인 편차에 의해 가능하게 되지만, 그렇지 못한 경우 고고학적 유물이 이를 담당하게 된다.

세계 최초로 나타난 문명은 수메르(기원전 3100년-기원전 1720년까지 우르 3왕조의 존속)에서부터 시작한다. 농업의 발생은 레반트, 아나톨리아와 자그로스산록의 세 지대에서이다. 그중 수메르는 로버트 브레이드우드(Robert Braidwood)가 이야기한 비옥한 반월형지대(fertile crescent)라고 불리는 자그로스 산맥에 기반을 두고 있다. 수메르 문명은 티그리스와 유프라테스 강 연안에서 발생한 세계 최초의 관개문명이다. 이는 나투프와 카림 샤히르 유적에서 보이는 기원전 10000년에서 기원전 8000년경의 초기농경과, 그 다음의 자르모, 제리코와 촤탈 휘윅 유적이 나타나는 기원전 8000년에서 기원전 5000년의 정착농경단계를 거쳐, 마지막으로 메소포타미아의 저지대에 나타나는 관개농업단계인 것이다. 여기에는 밀과 보리가 재배되고, 염소와 양이 사육되었다. 그래서 편년 상 마지막 문화단계의 하나인 우르크기(기원전 3500년-기원전 3100년)가 되면 앞선 시기들과 구별되는 도시중심지가 뚜렷이 나타난다. 우르크란 이름은 남부 메소포타미아의 한 유적으로부터 따왔는데, 기원전 2000년대 초기에는 수메르 문명의 5대 도시중심지 중의 하나로 점토판문서에 기록되어 있다. 그리고 이 지역의 중요성은 문명의 발생지보다 오히려 기원전 13세기경 포로로 잡혀간 유대인 율법사들에 의해 바빌로니아에서 쓰여졌을 것으로 추측되는 구약성서(창세기 16장-25장)의 무대와 배경을 이루는 것에서 더 찾아지기도 한다.

수메르에 이어 세계 4대 하천문명 혹은 관개문명의 하나인 이집트는 초기

왕조의 제1왕조가 성립하는 기원전 3100년경에 문명이 시작되었다고 한다. 이집트 문명의 발생에는 아시아인의 침입, 나일 강가의 관개농업, 메소포타미아 지역과의 무역, 祭式과 행정 등이 그 원인으로 이야기된다. 그리고 페르디난트 브라우델(Ferdinand Braudel)이 언급한 지리적 획일성(geographical uniformity)나 개방적 환경(open system)에 기인하는 것으로도 보인다. 즉 이는 광활한 충적평원(alluvial plains)에서 중앙집권화 된 국가가 탄생하였다는 이야기이다. 그러나 이집트 문명의 발생 전에 점차 증가하는 권력의 제도화, 부와 신분의 차이, 노동전문화, 시장경제의 형성, 군사력의 증강, 귀족이나 상류층의 부와 지위의 강화, 도시국가의 발전 등이 눈에 띄게 두드러지는 현상도 간과해서는 안 된다. 그리고 이집트 문명에는 파라오라는 神聖 王權·지리·정치적 통일과 상형문자체계의 발전이 가장 중요하다. 제1왕조의 파라오인 메네스(나머 혹은 전갈왕)에 의해 나일 강의 상류(남쪽)와 하류(북쪽)에 독립해 있던 이집트의 통일(상·하이집트의 통일은 기원전 2993년에 이루어졌다는 설도 있음)이 이루어졌다. 그리고 고대의 이집트인들은 사후의 세계를 믿었다. 冥府, 부활과 재생의 오시리스, 死者의 수호신이며 오시리스의 부인인 이시스, 그들의 아들인 호루스, 그리고 재칼 머리모양을 한 아비누스 신 등이 존재한다. 늦여름 푸른 나일 강[Blue Nile, 여기에 대하여 중앙아프리카의 Great Lake-탄자니아-빅토리아호-우간다와 수단을 지나는 나일 강은 흰 나일 강(White Nile)이라 부른다. 서기 1861년 빅토리아 호의 발견에는 우간다 왕국의 무테사 Ⅰ세의 도움을 받았다]의 상류인 이디오피아의 3,500㎢ 넓이의 타나(Tana) 호수의 우기로 7·8·9·10월 4개월간 나일 강의 홍수와 범람, 그에 따른 풍요한 수확 그리고 가뭄이 이어지는 나일 강변 식량생산주기(Vegetation cycle)와 관련지어 인간·자연·초자연의 조화를 이들 신들이 대행한다고 보고 있다. 매년 일어나는 나일 강의 홍수의 측정은 카이로의 로다(Rhoda) 섬(서기 861년까지 거슬러 올라감), 아스완의 악어신을 모신 콤 옴보(Kom Ombo) 사원과 엘레판틴(Elephantine) 섬에 남아 있는 나일로메터(Nilometer)를 이용했을 것이다. 그래서 최근 고왕조(기원전 2686년-기원전 2181년: 3-6 왕조)의 멸망은 기원전 2200년경 이디오피아의 가뭄에 의한 나일 강의 범람중지로 비옥한 흑토가 형성되지 않아 농사가 망한 결과에 기인하는 것으로 해석되고 있다. 이 시기의 가뭄은 북대서양의 대순환 해류의 변동으로 이집트뿐만 아니라 이란, 팔레스타인과 북아프리카와 근동 전역에서 영향을 받은 것으로 보고 있다. 그리고 미라화된 파라오가 피라미드 속에서 오리온좌(Orion belt; Betelgeuse, Rigel, Bellatrix, Meissa, Mintaka, Alnilam, Saiph, Alnitak 등으로 이루어져 있으며 그중 알니타크를 오시리스 신으로 봄) 등의 별의 도움으로 내세에서도 부활·재생은 이런 믿음과도 관련이 있기 때문이다.[14] 이집트인은 死者는 비록 무덤 안에서 거처하지만 멀리 떨어진 축복받은 내세에서 여러 신들과 교류하면서 산다고 믿고 있었다. 이러한 생각은

---

14) Subsaharan 기원 또는 Nilo-Saharan 언어계통을 가진 최초 유목민 흔적과 함께 기원전 5000년 선사시대 종교와 이집트 하토르(Hathor) 신의 상징인 소(cattle)를 숭배하던 증거가 나타난다. 천체를 알려주는 환상열석(stone circle)의 연대는 기원전 6270년경으로 기원전 6400년-기원전 4900년 사이에 이미 오리온 좌와의 관계가 환상열석에 보인다. 그리고 기원전 4500년-기원전 3600년 사이 좀 더 복잡해진 인류 최고 天文을 확인할 수 있는 구조들이 확인되었으며, 이들은 Sirius(天狼星, Dog Star), Arctrus(大角星, 목동좌의 주성), Alpha Centauri(人馬座 중 가장 밝은 별, Rigel Kent), Belt of Orion(오리온성좌의 세 별)과 같은 방향을 하고 있다고 천체물리학자 Thomas G. Brophy와 P.A. Rosen(2005)이 언급하고 있다. 그 이유로는 거석, 비석(stele), 환 이집트 수도 카이로 남쪽 800km, 아부 심벨(Abu Simbel) 서쪽 100km 떨어진 누비아 사막(Nubian Desert) 한 가운데에서 고고학자 Fred Wendorf와 역사학자 Christoper Ehret(2003, University of Colorado at Boulder)가 발견한 나브타 플라야(Nabta Playa) 유적에서 기원전 9000년-기원전 7000년 당시 이곳에 살던 상열석(cromlech), 사람과 가축의 무덤이 북쪽을 향하고 있다. 이는 피라미드의 배치와도 관련이 있을 것으로 추측된다. 고고학적 유적으로 보아도 지상과 지하 석조물, 앞서 구획된 마을, 일 년 내 물이 마르지 않는 깊은 샘도 발견되고 있어 이 시기 이웃 유적들보다는 좀 더 높은 수준의 조직적인 생활을 했던 것 같다.

당시 어떤 문명권에도 없었던 이집트인들만이 갖고 있던 독특한 사자에 대한 내세관이었다. 고대 이집트인들은 내세에서 신과 교류하며 살려면 자신의 시신은 땅 위에서 휴식처가 필요하다고 보았고, 따라서 시신을 썩지 않은 미라의 상태로 보존하려 하였다. 미라하면 당장 떠오르는 것은 이집트의 파라오이다. 그들은 왜 미라를 만들려고 했을까? 그것은 바로 그들이 굳게 믿었던 종교관에 있다. 고대의 이집트인들은 사후의 세계를 믿었다. 冥府, 부활과 재생의 오시리스, 死者의 수호신이며 오시리스의 부인인 이시스, 그들의 아들인 호루스, 그리고 재칼 머리모양을 한 아비누스 신 등이 존재한다. 늦여름 7·8·9·10월 4개월의 나일 강의 홍수와 범람, 그에 따른 풍요한 수확 그리고 가뭄이 이어지는 나일 강변 식량생산주기(Vegetation cycle)와 관련지어 인간·자연·초자연의 조화를 이들 신들이 대행한다고 보고 있다. 미라화된 파라오가 내세에서도 부활·재생은 이런 믿음과도 관련이 있기 때문이다. 이집트인은 死者는 비록 무덤 안에서 거처하지만 멀리 떨어진 축복받은 내세에서 여러 신들과 교류하면서 산다고 믿고 있었다. 이러한 생각은 당시 어떤 문명권에도 없었던 이집트인들만이 갖고 있던 독특한 사자에 대한 내세관이었다. 고대 이집트인들은 내세에서 신과 교류하며 살려면 자신의 시신은 땅 위에서 휴식처가 필요하다고 보았고, 따라서 시신을 썩지 않은 상태로 보존하려 하였다. 피라미드의 축조도 미라의 보존을 위한 것이었다. 고왕조 피라미드의 축조도 우기에 일거리가 없던 백성들에 대한 사회복지대책과 더불어 미라의 보존을 위한 것이었다. 나일 강은 남쪽에서 북쪽으로 흐르고 바람은 북쪽에서 남쪽으로 분다. 이러한 기후 환경이 남쪽 상이집트에 의한 상·하이집트의 통일과도 무관하지 않다. 그래서 환경을 이집트 문명 발생의 중요한 원인의 하나로 삼기도 한다. 이것은 수메르와 거의 비슷한 시기에 이루어진 세계 두 번째 문명의 탄생이다. 이집트 문명의 탄생은 나일 강 유역의 관개농업과 수메르와의 장거리 무역에 의존한다. 그러나 이 문명의 중요한 도읍지와 유적은 지중해에서부터 나일 강을 따라 상류로 가면서 알렉산드리아, 로제타, 타니스(Tanis), 헬리오폴리스(Heliopolis), 기자, 사카라(Saqqara), 멤피스, 아마르나, 아비도스(Abydos), 덴데라, 테베(룩소르), 히에라콘폴리스(Hierakonpolis, 기원전 3000년/기원전 2993년의 상·하이집트의 통일 왕 Namer의 정치적 기록인 石版이 발견된 첫 번째 도읍지), 아스완 댐 옆의 아부 심벨까지 이른다. 현재에도 고고학적 유물이 뚜렷이 남아있는 이집트는 성벽이 있는 각 왕조의 도읍지를 비롯하여, 혈연이나 재산권과 같은 간단한 파피루스의 기록으로부터 출발하였던 기원전 3100년경의 초기 상형문자뿐만 아니라 신전, 피라미드, 미라, 서기 1799년 로제타 비석의 발견, 그리고 서기 1922년 투탕카멘왕 묘의 발굴에 이르기까지의 고고학자료로도 유명하다.

이제까지 발굴·조사된 인더스 문명과 관련된 6개의 중요한 중심지(urban centers)는 파키스탄의 하라파(Harappa), 모헨조다로(Mohenjo Daro), 가네리와라(Ganeriwala) 유적, 인도의 라키가리(Rakhigarh), 로탈(Lothal)과 돌라비라(Dhollavira) 유적이다. 돌라비라 유적은 구자라트(Gujarat) 주 쿠치(Kutch) 지구의 카디르(Khadir) 섬에 위치하며 지금은 수로가 변경되거나 말라붙은 카하하크라(Khahakra: 간지스, 인더스 강과 함께 삼대 강 중의 하나임) 강의 지류이며 7월 몬슨(monsoon) 雨期 때만 강물이 생기는 만사르(Mansar, 북)와 만하르(Manhar, 남)에 둘러싸여 있다. 이 유적은 기원전 2900년에 처음 나타나며 기원전 2100년경부터 망하기 시작하여 기원전 1450년경 이후에는 폐허가 되었다. 기원전 2300년-기원전 2000년경이 이 유적의 전성기로 보인다. 이 유적은 현지에 사는 샴부단 가다비(Shambhudan Gadhavi) 박사에 의해 발견되었으며, 그의 꾸준한 유적의 중요성이 강조되어 발굴은 서기 1989년 비시트(Lal. R. S. Bisht) 박사의 지휘 하에 인도 고고학 연구소(Archaeological Survey of India)에서 수행하였다. 이곳은 구자라트, 신드(Sindh), 펀잡(Punjab)과 서부 아시아의 무역중심지였다. 특히 이곳 工房에서 발견되는 완성된 홍옥수

(carnelian) 장신구들은 아랍 에미리트(United Arab Emirates: U.A.E)의 아부 다비(Abu Dhabi, 화이라카)와 바레인(딜문) 지역으로 팔려나갔다. 물론 공방과 무역은 國營/專賣로 운영되었을 것이다. 아라비아와 바레인에서는 돌라비라 산의 홍옥수로 만든 장신구와 함께 印章이 발견되고 있다. 유적의 규모는 넓이 100㏊, 폭 771m, 길이 616m에 이른다. 유구는 성채, 중간마을과 아래 마을의 세 지구이며 높은 성채는 이중으로 요새화되었다. 그리고 이 성채 안에는 'bailey'(성채의 안마당)라 부르는 곳이 있어 신분이 높은 고위층이 살았던 것으로 짐작된다. 높이 15m의 석벽으로 이루어진 성벽 안은 48㏊에 이르며 그 안에서 직경 4.2m의 우물과 목욕탕도 발견된다. 이 성채에는 빗물까지도 받아 모을 수 있는 수로를 포함한 여러가지 장치도 발견되었다. 이는 모헨조다로 유적의 목욕탕, 라쟈스탄(Rajasthan) 주 푸시카르(Pushkar) 호수의 브라마 가트(Brahma Ghat, 물가의 계단), 바나라시(Vanarasi) 시 간지스(Ganges) 강가의 다사와메드 가트(Dasaswamed/Dasaswameth Ghat), 마니카르니카 가트(Manikarnika Ghat), 다르산 가트(Darshan Ghat), 그리고 카트만두의 파슈파티나트(Pashupatinath) 등이 인더스 문명 이래 지금까지 내려오는 물에 대한 일관된 숭배인 沐浴과 火葬風習에 대해 잘 알려주고 있다. 正門으로 생각되는 북벽에는 아직 해독되지 않은 3m 폭 안에 수정으로 조각해 붙인 10개의 글자가 든 문자판이 발견되었다. 이제까지 인더스 문자는 모두 386개(자)가 확인되었으나 지금까지 해독이 되지 않고 있다. 성채 주위에서 발굴된 16개의 인공 저수조는 암반을 폭 25m를 파 만든 것으로 몬슨 우기 때 내린 빗물을 받아 저장하였던 곳으로 여겨진다. 이 돌라비라 유적은 멀리서 보면 한마디로 湖上住居의 형태를 취했을 것이다. 전체적으로 보면 이 저수조는 빗물을 받아 저장하기 위한 高低의 차가 13m에 이르는 정교한 시설이다. 이 돌라비라 유적의 멸망은 지금은 사라진 카하하크라 강의 수원지가 마르거나 水路의 변경 때문일 것으로 추측된다. 그리고 이들에 대해서는 최근에도 꾸준히 발굴조사가 되

어오고 있다. 왜냐하면 인더스 문명의 기원과 성장을 밝힐 수 있는 유일의 최대 유적이기 때문이다. 그래도 인더스 강 저지대 신드 지방에 있는 모헨조다로와 고지대 편잡 지방의 하라파의 두 유적이 가장 중요한 수도이며, 이들은 돌라비라 유적과 달리 현 행정구역상 파키스탄에 위치하고 있다. 그리고 이제까지 발굴·조사된 150여 개의 유적들은 모두 그들의 頂点에서 神殿의 祭司長이 神政政治(theocracy)를 행하던 모헨조다로 시의 통제를 받은 통합된 제국의 일원으로 인더스 문명을 형성하였던 것 같다. 모헨조다로에서 발견된 석회암제의 神殿祭司長像이 이를 말해주고 있다. 인더스 문명을 칭하는 멜루하(Meluhha)란 이름은 기원전 1800년 이후 메소포타미아의 점토판문서에서 사라진다.

그리고 로탈은 남부지역 인더스(멜루하, Meluhha) 문명 중 항구유적(47,500 ㎡의 면적과 20,000–25,000명의 인구를 가짐)으로, 인도 봄베이(현 뭄바이 Mumbai)의 북쪽 캄베이만 어구에 있다. 여기에는 성벽이 있는 요새, 곡물창고, 배수구와 방격(方格)형의 도시구획과 같은 인더스 문명 특유의 건축물 이외에 구운 벽돌로 둘러친 부두가 만들어져 있다. 이곳의 중요성은 페르시아 만 유역에서 흔히 발견되는 원통형 도장(cylinder seal)이 발견되는 것으로 보아 딜문(바레인), 화이라카(Failaka, 아랍 에미리트의 아부다비/Abu Dhabi 지역)와 마칸(Markan)을 경유하는 수메르와 인더스 지역, 즉 다시 말하여 현 걸프 만의 호르무즈(Hormuz) 해협, 아라비아 해와 인도의 말라바(Malava/Mawa) 지역 사이에 빈번했던 해상무역의 역할에서 찾아져야 할 것이다. 또 이곳에서는 데카 반도의 金石并用器時代(Eneolithic Age 또는 Chalcolithic Age)문화와의 접촉과 동쪽에서부터 소개된 쌀의 재배 흔적도 보이는데, 이 중 가장 오랜 것은 기원전 18세기까지 거슬러 올라간다. 현 파키스탄에 속하는 모헨조다로 함께 인더스 문명 중 가장 중요한 두 도시 중의 하나인 하라파(Harappa)는 모헨조다로 시로부터 동북쪽 400마일 떨어진 편잡 지방의 라비 강가에 자리하고 있다. 서기 1920년대와 서기 1946년의 마샬과 휠러 경의 발굴에 의해 약 15m 이상의 높이를 가지고 구운 벽돌을 앞면에 쌓은 두께 약 12m 둘레가 183m×386m 규모의 서쪽 요새가 밝혀졌다. 북쪽에는 인부들의 작업구역과 도시인의 식량창고, 그리고 남쪽에서는 이 도시의 말기에 만들어진 공동묘지도 발견되었다. 이 도시의 아래층에서는 코트 디지와 죠브 계곡의 유적과 연대가 비슷한 인더스 문명 전기의 문화층이 발견되었다. 코트 디지(Kot Diji) 유적은 서파키스탄의 모헨조다로 유적에서부터 동쪽으로 25마일 떨어진 지점에 위치하고 있다. 이 유적은 서기 1955년-서기 1957년 칸(Dera Ismail Khan)에 의해 발굴되어 요새화한 마을로 확인되었으나 이곳은 기원전 2100년경 인더스 문명에 의해 파괴된 인더스 문명이 발생하기 직전의 단계에 속했던 유적으로 밝혀졌다. 모헨조다로 유적은 현재 파키스탄에 속하며 인더스 문명 중 30,000-40,000명의 인구를 가진 가장 중요한 도시이다. 또 이곳은 인더스 문명-제국을 통솔하던 수도이기도 하다. 모헨조다로는 서기 1920년대 마샬, 서기 1930년대에 멕케이, 서기 1940년대와 최근까지 휠러와 데일스에 의해 발굴되어 왔다. 약 1평방 마일 면적의 이 도시는 이제까지 알려진 가장 오랜 방격법으로 구획되어 있다. 정교한 배수구와 넓은 도로에 의해 둘러싸인 커다란 구획들은 다시 세분되고 그 안에는 벽돌집이 밀집되어 있다. 서쪽지구 중간에 있는 구획은 약 11m 정도의 높이를 형성하는 요새로 다른 지역보다 높다. 그 주위에는 진흙과 벽돌담의 흔적이 발견되었는데 이 구역 안에서 대학, 목욕탕, 창고와 僧院 등이 발굴되었다. 가장 높은 곳에는 인더스 문명과 직접 관련이 없는 후일 불교사원의 탑이 세워져 있다. 높은 강수면 때문에 이 이상 깊이 발굴해 나갈 수 없었다. 강의 홍수 때문에 형성된 도시 밑의 진흙층은 약 12m나 된다. 이 도시의 가장 마지막 층은 인더스 문명의 마지막 멸망단계를 보여준다. 이것이 인더스 문명의 멸망 중의 하나가 인더스 강의 홍수에 원인이 있다는 가설의 하나가 되게 된 것이다.

黃河, 揚子江(長江)과 메콩 강의 발원지인 티베트 靑海省 三江源(36만㎢내에 玉樹, 果洛, 海南, 黃南藏族自治州와 海西蒙古族自治州가 있음)에서 발원하여 靑海省, 甘肅省(蘭州), 內蒙古自治區(包頭), 陝西省, 河南省과 山東省을 관통해 흐르는 黃河(黃河의 지류인 渭河도 포함)는 函谷關(東, 하남성 靈寶縣), 隴關(西), 武關(南, 섬서성 商縣)과 蕭關(北) 사이의 關中平原을 비롯해 咸陽(秦)―西安(섬서성 長安, 前漢, 隋, 唐)―三門峽市―洛陽(하남성, 東周, 後漢, 魏, 西晉, 唐)―鄭州(하남성, 商 두 번째 도읍지)―開封(하남성, 전국시대의 魏, 北宋)―安陽(하남성, 殷墟)과 濟南 등지를 지나 산동성 渤海灣 東營區 孤東과 友林村 사이의 현재 油田이 개발 중인 東營市 黃河口(서기 1853년 이후―현재까지의 하구임)로 빠져나간다. 이들은 모두 고대 도읍지로 황하문명의 발생지이다. 특히 세 번째 수도인 安陽의 殷墟를 포함하는 商나라[15]는 황하의 生態·氣候의 변화로 망했다고 할 정도

---

15) 商나라는 그 다음의 周나라에서 성벽으로 둘러싸인 도시(walled capital towns)에 살던 지배자를 商이라고 불렀듯이 상이란 말은 조상들이 살던 수도(ancestral capital town)를 의미한다(陳夢家 1956, 殷墟卜辭綜述, pp.255-258, K. C. Chang 1980, p.1). 상나라 이전은 三皇(太昊/伏羲·神農/炎帝·女媧)과 五帝(黃帝/軒轅 또는 少昊·顓頊/전욱·帝嚳/제곡·堯·舜)시대와 夏이다. 그러나 三皇五帝시절 중 堯임금(天子) 때부터 성이 축조된 것으로 알려지고 있다. 최근 黃河 中·下流 一帶 陝西省 神木県 石峁村에서 灰반죽(mortar)을 이용해 石城을 쌓은 龍山文化(기원전 2500년-기원전 2200년) 말기-夏(기원전 2200년-기원전 1750년)시대에 속하는 4300-4000년 전 다시 말해 기원전 2350년-기원전 1950년경의 석성이 발굴되었는데 이는 中國 最大의 史前石城 遺址이며 서기 2012년에 행한 중국 10대 발굴의 하나로 꼽는다. 이 발굴은 최대 장 108.5m로 石城牆, 墩臺 "門塾", 內外 "瓮城"(馬面, 甕, 雉) 등 皇城臺, 內城과 外城(현재 2.84㎞ 정도가 남아있다고 함), 祭祀臺(樊庄子祭壇, 皇城臺夯土基址, 池苑 遺址)이 잘 갖추어져 있음을 확인하였다. 出土유물은 玉器, 壁畫(용산시기에 속하는 것으로 성벽 하단부에 圖案의 형태로 남아있다) 등 龍山 晩期에서 夏 時期에 걸치는 陶器, 石器, 骨器 등이다. 陝西省博物院에서 수집한 옥기는 모두 127件으로 刀, 璋, 鏟, 斧, 鉞, 璧, 璜, 人頭像, 玉蠶, 玉鷹, 虎頭 등이다. 옥기 중에는 최대 길이 56㎝에 달하는 牙璋이 있으며 玉鏟과 玉璜 등 완전한 형태의 옥기도 6점이 된다. 牙璋禮器의 盛行은 石峁玉文化의 特色을 보여준

로 황하의 환경변화가 중국문명의 발생과 성장 그리고 멸망에 막대한 영향을 끼쳤다. 기원전 2278년–기원전 602년, 기원전 602년–서기 11년, 서기 1048년–서기 1194년, 서기 1194년–서기 1289년, 서기 1324년–서기 1853년, 서기 1939년–서기 1947년 등의 水路變更을 지칭할 정도로 하남성과 산동성 사이의 황하가 1590회 정도 범람하고 서기 1855년–서기 1899년 사이에 10회, 서기 1953년 이후 3회를 포함하여 적어도 수 십 회 이상 물줄기가 바뀌어 왔다. 특히 開封의 범람이 가장 심했으며 北宋 때 궁전 터가 현재의 明나라의 궁전(明太祖 아들이 있던 朱王府) 밑 수 미터 아래에서 확인되는 것도 이러한 것을 입증

다. 그 외에도 石雕人头像이 발견되었다. 龍山 晩期에서 夏時期에 걸치는 陶器 중 瓮形罋는 客省庄(陝西省 西安市)文化 最晩期에 속하는데 그 연대는 기원전 2000년–기원전 1900년에 속하며 C¹⁴연대측정으로 보면 4030±120 B.P., 3940±120 B.P.가 된다. 또 石峁村에서 灰를 이용해 石城을 쌓고 있는데 萬里長城 축조 시 나타난 것보다 훨씬 오래된 수법으로 확인된다. 이곳에는 벽화, 제단과 제사유구도 보인다. 어떤 제사유구 내에는 두개골이 한꺼번에 24구가 나오고 전체 80여구의 두개골이 발견되는데 이는 이곳을 공격하다가 포로로 잡힌 사람들을 죽여 묻은 犧牲坑으로 보인다. 이곳의 연대는 夏代年代인 기원전 2070경에서 陶寺晩期의 下限년대인 기원전 1900년 사이로 보고 있다. 이 성은 약 4300年 전(龍山 中期 혹은 晩期에 세워졌으며 龍山 晩期에는 매우 흥성하였던 것으로 보인다)에 세워졌고 夏代에 폐기된 것으로 추정된다. 그래서 이곳의 발굴은 약 400여만㎡로 상나라 이전 三皇五帝 중 堯임금과 관련된 都邑(『史記』 권 1, 五帝本紀 제 1, '…命和叔住在幽都(幽州)…')으로도 추정하고 있다. 신석기시대에 성이나 제단이 나온 곳은 良渚(浙江省 杭州市 余杭區 良渚鎮, 기원전 3350년경–기원전 2350년경, 300여만㎡) 유적과 陶寺 遺蹟(山西省 襄汾県 기원전 2500년–기원전 1900年, 270여만㎡)을 들 수 있다(中國評論新聞網 서기 2013년 4월 28일, 光明網 서기 2013년 8월 14일, 新華網 西安 서기 2014년 2月 20日자 등).
그 다음 夏나라의 禹임금은 곤(鯀)의 아들로 治水를 잘한 덕에 舜을 이어 임금이 되었다. 하나라는 서기 1957년 河南省 언사(偃師) 이리두(二里頭: 亳)에서 발견된 유적을 제외하고는 별다른 증거가 없는 전설상의 국가였다. 그러나 최근 이 이리두 유적에 나타나는 층위와 유물에 대한 새로운 해석을 한 결과 하나라는 상나라에 앞서 실재했던 역사상의 나라로 여겨지고 있다.

해주는 한 예다. 그리고 이 황하가 관통하는 섬서성 黃陵縣 橋山 黃帝陵을 중심으로 현재의 夏華族(漢族)이 모두 신화·전설상의 炎(神農)黃帝(이미 높이 106m의 炎黃帝像을 세웠음)의 同系子孫이라는 中華文明探原大工程이라는 운동을 벌려 종전의 중국의 역사가 기원전 2200년경 禹임금이 세운 夏나라보다 약 1000년 더 올라가는 三皇五帝의 시절까지 소급시키려 하고 있다. 중국에서는 황하를 중심으로 神話를 歷史로 점차 탈바꿈시키고 있다.[16]

그리고 남미의 모체는 고도의 중앙집권화가 이루어지고 또 공격적인 군국

---

16) 서기 1991년 세계문화유산으로 등재된 프랑스 파리의 센느 강변(Banks of the Seine in Paris)도 江의 중요성을 잘 표현하고 있다. 북 프랑스 디종(Dijon)에서 출발하여 파리를 관통해 영국 해협으로 흘러가는 총길이 127km의 센느 강변을 따라 나있는 파리의 역사와 발전과정을 보여주는 다리와 여러 문화재 건축물을 말한다. 37개의 다리 중 파리 시내에 있는 퐁 루이 필립(Pont Louis-Philipp)과 퐁네프(Pon Neuf, 서기 1607년), 콩코르드 다리와 오벨리스크[테베 룩소르에 있던 람세스 II세의 쌍둥이 오벨리스크 중 하나이며 1829년 이집트 총독 메메트 알리(Mehmet Ali)에 의해 기증받아 현재 파리의 콩코르드(Concorde) 광장에 세워져 있음], 알렉산더 3세 다리, 퐁데자르(예술가의 다리)가 유명하며 그 외에도 노트르담 대성당(고딕성당, 서기 1163년 루이 7세 때 시작하여 서기 1345년 완공하였다. 나폴레옹 황제의 대관식이 거행됨), 오페라 가르니에(오페라좌), 나폴레옹의 궁전이었던 루브르 미술관(레오나르도 다빈치의 모나리자와 미로의 비너스 상 등이 전시되고 있다. 나폴레옹의 조카인 나폴레옹 III세의 거실이 있음)과 앵발리드[돔 성당, 나폴레옹 황제(서기 1769년-서기 1821년)관이 모셔 있음], 몽테뉴 거리, 개선문이 있는 상제리제 거리, 파사쥬 데 파노라마 골목길/상업지구, 노트르담 시장, 베르사이유 궁전과 정원 [루이 14세(Louis XIV, 서기 1638년-서기 1715년)부터 루이 16세(서기 1754년 8월 23일-서기 1793년 1월 21일)까지 거주했던 궁전으로 서기 1661년에 착공하여 서기 1682년 5월 6일 완성함. 베르사이유 성(Château de Versailles)으로 알려져 있다], 마리 앙트와네트(Marie Antoinette, 서기 1775년 11월 2일-서기 1793년 10월 16일, 단두대에서 사라진 2,782명의 명단이 있음)가 단두대에 살아지기 전 유폐되었던 콩시에르쥐리(Conciergerie궁, 루이 16세와 마리 앙트와네트의 예배당과 근위병 대기실이 있음)과 탕플르탑(Tower of Temple in the Marais) 등도 포함된다. 그중 만국박람회(Universal exposition)와 프랑스혁명 100주년 기념을 계기로 서기 1889년 3월 31일 관람을 시작한 철근만으로 만들어진 에펠탑(iron lattice tower, Gustave Eiffel의 설계)은 높이 324m(서기 1930년까지 세계에서 제일

주의를 표방하는 국가의 단계에 이른 것으로 여겨진다. 나스카(Nazca)의 경우 팜파 콜로라다(Pampa Colorada, Red Plain) 사막의 공중에서 보아야만 확인될 수 있는 엘 아스트로노토(El Astronoto)라고 불리우는 인물상을 비롯해 원숭이, 거미, 날개, 새, 동물, 도마뱀, 나무, 개, 꽃, 사다리꼴, 별, 야마, 펠리칸과 宇宙人을 비롯한 고래, 물고기, 바닷새 등과 같은 325여 개의 불가사의한 그림 유적이 유명하다. 이는 나스카 地上畵/岩刻畵('Nazca Lines'나 'Geoglyphs')로 불린다. 이것은 산화철(FeO, Iron oxide)이나 검게 된 붉은 암반을 파낸 것으로 그 밑의 가벼운 모래(또는 진흙)로 윤곽이 형성되어 여러 가지 문양이 남겨진 것인데, 규모가 하도 커 하늘에서만 윤곽을 확인할 수 있다. 이것은 기원전 200년에서 서기 700년 사이에 만들어진 것으로 보고 있다. 마리아 라이케(Maria Reiche)는 이의 용도를 콘돌(condor) 독수리의 출현과 함께 비가 내리는 물과 관련된 천체달력으로 또 요한 라인하르트(Johan Reinhard) 같은 문화인류학자는 볼리비아의 민속축제인 인티라이미(Intiraimi festival)나 祈雨祭와 관련되어 오늘날의 매스게임(mass game)처럼 한두 사람의 지휘 아래 만들어진 것으로도 보고 있다. 최근의 연구결과도 물과 관련을 맺고 있다. 즉 기원전 100년경 종전까지 습지였던 지역이 사막화되면서 나스카 주민들이 부족한 물을 구하게 되고 서기 400년경 푸키오(Pukio, Mahamaes cultivation)라는 인공지하 샘과 수로를 개발하면서 점차 불모지와 같은 척박한 환경을 극복해 나갔는데 이 지하 샘의 확보를 둘러싸고 이웃 부족과의 전쟁이 끊이지 않았던 모양이다. 물을 구하는 과정에서 40개가 넘는 카우아키(Cahuachi, 儀禮중심지)라는 피라미드신전 구역에 신분이 높은 사람을 犧牲하여 坐葬하여 묻고 머리만 떼어내 구멍을 뚫어 신전에 받쳤던 모양이다. 그리고 'Nazca Lines'

높음), 현재 전망대와 방송통신용 탑으로 이용되고 있다. 파리와 프랑스를 대표하는 가장 중요한 상징으로 여겨지고 있다.

이나 'Geoglyphs'로 불리는 野外神殿을 조영하였는데 이 地上畵는 비와 풍요를 기원하는 종교적 목적이 있었다고 한다. 지상화를 조성하고 난 후 그 주위에 여러 동물과 사람을 그린 도기와 그 속에 옥수수나 제물을 넣어 하늘에 제사를 지낸 모양이다. 다시 말해 나스카 문화의 특징인 지상화는 비를 내리거나 풍작을 祈願하는 野外神殿의 기능을 가지고 있었다고 보인다. 그러나 나스카는 서기 700년경 북쪽 고지에서 내려온 와리족에 멸망을 당하였다. 그러나 에리히 폰 다니켄(Erich von Daniken/Däniken)같은 사람들은 "천체고고학" 또는 "우주고고학"이라는 용어를 만들어 이를 지구와 화성 사이에 존재해 있다가 멸망한 위성에 살던 외계인이 지구를 식민지로 이용할 때 만든 활주로라고 주장하고 있다. 즉 미확인 비행물체(unidentified flying object: UFO)와 관련하에 재미있는 이야기를 만들어내고 있다. 그리고 쥬세프 오레휘치(Giuseppe Orefici)가 발굴한 나스카 문화의 초기인 서기 60년경 儀禮중심지 카우아키(Cahuachi, 서기 1년-서기 500년) 피라미드제단 근처에서 머리만 따로 떼어내 머리에 구멍을 뚫어 밧줄에 꿰어 祭物로 바쳐진 4명의 人身犧牲들이 발견되었는데, 이들 두개골에서 델타동위원소(neutron activation analysis)의 분석결과 나스카인들이 즐겨먹던 옥수수성분이 나오지 않아 이들은 옥수수를 주식으로 먹지 않던 이웃 부족으로부터 잡혀온 전쟁포로임이 밝혀졌다. 이 유적은 팜파콜로라다(Pampa Colorada)의 지상화(Nazca Lines)를 굽어 볼 수 있는 의례중심지이다. 이는 뼈에서 육식은 아연(zinc, Zn), 채식은 스트론튬(strontium, Sr)이 나오는 델타동위원소분석에 의한 것으로, 단테(Alighieri Dante, 서기 1265년-서기 1321년)의 神曲(III-28)에 나오는 피사의 宰相으로 있다가 70세에 죽은 우골리노(Ugolino della Gheradesca, 서기 1200년경-서기 1289년)가 政敵에 의해 아들들과 함께 감금이 되었을 때 아들의 人肉을 먹고 버티었다는 억울한 누명도 최근 이 분석 결과로 벗을 수 있었다. 그리고 또 미라의 형질인류학적 분석(Mummy Forensics)에서 머리카락 끝부분에서 질소(N)가 검출되면 단백질을 탄소(C)가 나오면 곡물을 죽기 전 최근 1개월 내 섭취했음도 알 수 있다. 즉 검사에서 질소(N)와 아연(Zn)이 나타나면 육식을 탄소(C)와 스트론튬(Sr)은 채식했다는 것을 의미한다. 또 기원전 6000년경 칠레 북부의 아타카마 사막(Atacama desert)과 해안가 근처 일로(Ilo, 페루), 아리카(Arica), 이퀴크에(Iquique), 안토화가스타(Antofagasta)(이상 칠레) 마을에서 사냥과 채집으로 생활을 영위하던 친초로(Chinchorro)인들이 아이를 진흙상으로 미라(children's mummy)로 만들었는데 이는 세계 최초로 만들어진 인공미라가 된다. 페루와 칠레 해안가는 사막성 기후로 매장된 시체가 자연히 미라화 되는데 서기 1995년 페루 투르히요 대학의 산티아고 우체다(Santiago Uceda)와 미국 텍사스 오스틴 대학 스티브 부르게트(Steve Bourget) 교수 합동팀이 페루의 북쪽 모체(Moche) 왕국의 Jequetepeque 계곡 내 도스 카베쟈스(Dos Cabezas) 유적 [Huaca de La Luna(Pyramid of the Moon) 사원 근처]에서 비와 관련된 종교적 의식으로 서기 500년경 희생된 16-65세 사이의 모체의 미라화 된 시체 60구를 발굴하였다. 서기 2005년 엘 브로호(El Brujo) 외곽 우아카 카오 비에호(Huaca Cao Viejo)에서 서기 450년경에 속하는 모체의 女戰士 미라가 곤봉과 창과 함께 발굴되기도 하였다. 그리고 서기 2003년 페루의 수도 리마의 아르마탐보(Armatambo) 마을이 건설계획으로 철거되었는데 이 마을은 잉카제국의 지배 이전인 서기 1200년경에 이츠마(Ichma)족들이 살던 곳이다. 그들은 聖地인 파챠카막(Pachacamac) 신전 옆에 시체를 묻었는데 180여구가 미라화 되어 남아있었다.

한국선사고고학의 편년은 서기 1988년-서기 2012년의 제5·6·7차 고등학교 국사교과서에서부터 서기 1997년-서기 2002년 국사편찬위원회에서 간행한 『한국사』 1·3과 4권에 이르기까지 초기 철기시대와 원삼국시대란 용어[17] 대신 새로운 編年을 設定해 사용해오고 있다. 한반도의 경우, 유럽의 고고학편년을 적용하고 또 이러한 선사시대의 개념을 적용시킨다면 구석기시대·신석기시대·청동기시대(기원전 2000/1500년-기원전 400년)[18]가 선사시대에 속하며 그 다음에 오는 철기시대 전기(기원전 400년-기원전 1년)는 선사시대-역사시대에, 철기시대 후기(서기 1년-서기 300년, 삼국시대 전기, 삼한시대)는 原史시대(protohistory)-역사시대에 해당한다고 할 수 있다. 그러나 철기시대 전기에

---

17) 원삼국시대란 용어를 삼국시대 전기(또는 철기시대 후기, 서기 1년-서기 300년)라는 용어로 대체해 사용하자는 주장은 서기 1987년부터이다(최몽룡 1987, 한국고고학의 시대구분에 대한 약간의 제언, 최영희 선생 회갑기념 한국사학논총, 서울: 탐구당, pp.783-788). 그리고 국립중앙박물관에서도 서기 2009년 11월 3일(화)부터 이 용어를 공식적으로 사용하지 않기로 결정하였다. 그리고 衛滿朝鮮(기원전 194년-기원전 108년)을 포함한 古朝鮮을 인정하면 原三國時代 대신 三國時代 前期라는 용어가 타당하며 현재 고고학과 역사학계는 그렇게 인식해나가고 있는 추세이다. 서기 2012년 2월 21일(화)에 열린 국립문화재연구소 주최 한국사 시대구분론-외부전문가 초청포럼-학술대회에도 그러한 경향을 보이고 있다. 특히 송호정은 '청동기시대에서 철기시대에로의 이행시기에 대한 역사서술과 연구방법론'에서 고대를 고조선(시대)-삼국시대-남북국시대 순으로 보고 있다(p.25).

18) 최근 북한 학자들은 평양시 삼석구역 호남리 표대유적의 팽이그릇 집자리를 4기로 나누어 본다(Ⅰ-기원전 3282년±777년/3306년±696년, Ⅱ-기원전 2668±649년/2980±540년/2415±718년/2650±510년, Ⅲ-기원전2140±390년/2450±380년, Ⅳ-기원전 1774±592년/1150±240년, 조선고고연구 2003년 2호). 그중 Ⅱ에서 Ⅳ문화기 즉 기원전 3천 년 기 전반기에서 기원전 2천 년 기에 해당하는 연대를 단군조선(고조선)국가성립을 전후한 시기로 보고 있다(조선고고연구 2002년 2호). 그리고 북한학자들은 아직 학계에서 인정을 받지 못하고 있지만 서기 1993년 10월 2일 평양 근교 강동군 강동읍 대박산 기슭에서 단군릉을 발굴하고 단군릉에서 나온 인골의 연대(electron spin resonance: 전자스핀공명법 연대)인 기원전 3018년을 토대로 하여, 근처 성천군 용산리 순장묘와 지석묘(5069±426 B.P./3119 B.C.), 대동강 근처 덕천군 남양유적 3층 16호 집자리(5796 B.P./3846 B.C.)와 평양시 강동군 남강 노동자구 黃岱부락의 土石混築의 城까지 묶어 기원전 30세기에 존재한 '대동강문명'이란 말을 만들어냈다(최몽룡 1997, 북한의 단군릉 발굴과 그 문제점 1 및 2, 1997 도시·문명·국가-고고학에의 접근-, 서울: 서울대 출판부, pp.103-116 및 Ri Sun Jin et al, 2001, Taedonggang Culture, Pyongyang: Foregin Languages Publishing House).

우리나라 최초의 고대국가인 위만조선(衛滿朝鮮, 기원전 194년-기원전 108년)이 들어서서, 실제 역사시대의 시작은 철기시대 전기 말인 기원전 194년부터라고 할 수 있다. 한반도의 선사시대는 각 시대별로 시기가 세분되어 있다. 구석기시대는 전기·중기·후기로, 신석기시대는 조기·전기·중기·후기로, 그리고 청동기시대는 조기·전기·중기·후기로, 철기시대는 전기(초기 철기시대)와 후기(삼국시대 전기)로 각각 구분되고 있다. 그래서 한국고고학편년은 구석기시대-신석기시대-청동기시대(기원전 2000년-기원전 400년)-철기시대 전기(기원전 400년-기원전 1년)-철기시대 후기(삼국시대 전기 또는 삼한시대: 서기 1년-서기 300년: 종래의 원삼국시대)-삼국시대 후기(서기 300년-서기 660/668년)-통일신라시대(서기 668년-서기 918년)-고려(서기 918년-서기 1392년)-조선시대(서기 1392년-서기 1910년)로 설정된다. 한국고고학의 시대구분 및 그 실제 연대는 다음과 같이 정리된다.

◇ 구석기시대: 구석기시대를 전기·중기·후기로 구분하는 데에는 별다른 이견이 없으나 전기 구석기시대의 상한에 대해서는 연구자들 사이에 상당한 이견이 있다. 전기 구석기시대 유적들로는 평양 상원 검은모루, 경기도 연천 전곡리[서기 2003년 5월 5일 日本 同志社大學 松藤和人 교수팀에 의해 최하층이 30만 년-35만 년 전으로 측정됨. 산소동위원소층서/단계(Oxygen Istope Stage) 또는 해양동위원소층서/단계(Marine Istope Stage)로는 9기(334000년 B.P.-301000 B.P.)에 해당함, 사적 268호], 충북 단양 금굴과 청원 강외면 만수리, 파주 교하읍 와동유적 등이 있으나 그 상한은 학자에 따라 70-20만 년 전으로 보는 등 상당한 이견이 있다. 최근 충청북도 청원군 강외면 만수리(오송 만수리) 4지점의 제5문화층의 연대가 우주기원 핵종을 이용한 연대측정[dating by cosmogenic nuclides 26Al/10Be(Aluminium/Beryllium)]으로 479000±153000년 전, 407000±119000년 전으로 측정되어 만수리 유적 구석기제작 연대가 50만 년 전 가

까이 올라갈 수 있음이 추정되고 있다. 그리고 아직 발표가 확실하지 않지만 만수리의 석기가 나온 층은 산소동위원소층서/단계(Oxygen Isotope Stage, 有孔蟲의 O¹⁶/O¹⁸ 포함으로 결정), 또는 해양동위원소층서/단계(Marine Isotope Stage, MIS)로는 14기(568000–528000년 B.P.)에 해당한다고도 한다. 그러나 광학여기형광법[OSL(Optically Stimulated Luminescence)]에 의한 연대는 103000±8000년 B.P.로 측정되어 구석기시대의 상한연대는 아직도 미해결로 남아있다. 그리고 후기에 속하는 남양주 호평동에서는 벽옥(jasper), 옥수(chalcedony)를 비롯한 흑요석(obsidian)으로 만들어진 석기들이 많이 출토되었으며, 유적의 연대는 30000 B.P.–16000 B.P.로 후기 구석기시대에 속하는데 응회암제 돌날, 석영제 밀개가 나오는 1문화층(30000년 B.P.–27000년 B.P.)과 흑요석제석기와 좀돌날 제작이 이루어진 2문화층(24000년 B.P.–16000 B.P.)의 두 층으로 나누어진다. 그리고 지금까지 사적으로 지정된 구석기시대유적은 연천 전곡리(사적 268호), 공주 석장리(사적 334호), 파주 가월리·주월리(사적 389호)와 단양 수양개(사적 398호)[19]가 있다.

◇ 신석기시대: 기원전 10000/8000년–기원전 2000년. 신석기시대의 경우 제주도 한경면 고산리유적(사적 제412호)에서 우리나라에서 가장 연대가 올라가는 기원전 8000년(10500 B.P.)이란 연대측정결과가 나왔는데, 이 유적에서는 융기문토기와 유경삼각석촉이 공반되고 있다(또 이와 유사한 성격의 유적이 제주시 오등동 병문천 제4저류지에서도 발견되고 있다). 강원도 고성 문암리(사적 제426

---

19) 단양 수양개 유적을 발굴했던 충북대 이용조 교수가 서기 1981년–서기 1982년 충북 청원군 문의면 노현리 흥수굴에서 발굴해 충북대 박물관에 구석기시대 후기에 속하는 "흥수굴아이"라는 명칭으로 전시하고 있는 5–6세의 어린아이의 인골은 肋骨에서 채취한 시료로 C¹⁴연대측정을 해본 결과 서기 1630년–서기 1891년 사이에 속하는 것으로 밝혀졌다(Henry de Lumley et al. 2011, p.271, p.497 및 p.571).

호)와 양양 오산리유적(사적 394호, 기원전 6000년/기원전 5200년)은 이와 비슷한 시기에 속한다. 부산 동삼동(사적 266호)의 최하층(Ⅰ층, 조기)의 연대는 기원전 6000년-기원전 5000년에 속한다(조기층은 5910±50, 6910±60 B.C./기원전 5785년, 기원전 5650년임, 그리고 그 다음의 전기층은 5640±90, 5540±40 B.C./기원전 4450년, 기원전 4395년임). 그리고 전형적인 빗살문토기가 나오는 서울 암사동(사적 267호)유적의 연대는 기원전 4000년경이다. 신석기시대는,

1. 기원전 8000년-기원전 6000년: 원시무문/민무늬토기(原始無文土器: 高山里유적)
2. 기원전 6000년-기원전 5000년: 돋을무늬토기(隆起文土器: 牛峰里유적)
3. 기원전 5000년-기원전 4000년: 누름무늬토기(押印文土器: 蘊山里유적)
4. 기원전 4000년-기원전 3000년: 빗살무늬토기(櫛目文土器: 東三洞유적)
5. 기원전 3000년-기원전 2000년: 부분빗살무늬(部分櫛目文土器: 鳳溪里유적)
6. 기원전 2000년-기원전 1500년: 부분빗살문토기와 청동기시대의 돌대문토기(突帶文土器: 春城 內坪里유적)

가 공존하는 과도기인 청동기시대 조기로 편년한다.

그러나 이 유적들은 아무르 강 중부 평원 북부의 범위에 있는 11000 B.P.-12000 B.P.(기원전 10000년 전후)의 오시포프카 문화에 속하는 가샤 유적(12960±120 B.P.), 우스티-울마 Ⅰ, 훔미 유적(13260±120 B.P.), 바이칼 호 근처의 우스트 카랭카(기원전 7000년경), 그리고 일본 長崎縣 北松浦郡 吉井町 福井동굴(12700 B.P., 10750 B.P.), 佐世保市 泉福寺동굴이나 愛媛縣 上浮穴郡 美川村 上黑岩(1216 B.P., 10125 B.P.) 岩陰 유적들의 細石器(최말기에는 豆粒, 隆起, 爪文 土器가 출현)와 隆起文土器/平底條痕文土器의 결합과 비교해 볼 때 한반도 내에서도 상한연대가 비슷한 유적들이 출현할 가능성이 많다 하겠다.

◇ 청동기시대: 기원전 2000년-기원전 400년. 기원전 1500년은 남북한 모두에 적용되는 청동기시대 전기의 상한이며, 연해주지방(자이사노프카, 리도프카 유적 등)-아무르 하류지역, 만주지방과 한반도 내의 최근 유적 발굴조사의 성과에 따라 이에 앞서는 청동기시대 조기는 기원전 2000년까지 올라간다. 이 시기에는 빗살문토기와 무문토기의 결합으로 과도기적인 토기가 나오고 있는데 인천 옹진 백령도 말등 패총, 시흥 능곡동, 가평 청평면 대성리와 산청 단성면 소남리가 대표적이다. 또 현재까지 확인된 고고학 자료에 따르면 빗살문토기시대 말기에 약 500년간 청동기시대의 시작을 알려주는 돌대문토기가 공반하며[청동기시대 조기: 기원전 2000년-기원전 1500년, 돌대문/각목돌대문(덧띠새김무늬)토기의 경우 중국 요령 신석기문화 후기인 소주산(小珠山)문화 유적의 상층에 해당하는 大連市 石灰窯村, 交流島 蛤皮地, 辽宁省 瓦房店市 長興島 三堂村유적(이상 기원전 2450년-기원전 2040년), 吉林省 和龍県 東城乡 興城村 三社(早期 興城三期, 기원전 2050년-기원전 1750년)에서, 그리고 연해주의 신석기 문화인 보이즈만의 말기 자이사노프카의 올레니와 시니가이 유적(이상 기원전 3420년-기원전 1550년)과 아무르 강의 보즈네세노프까, 리도프카(기원전 10세기-기원전 5세기, 강원도 춘천 우두동 등지에서 자주 보이는 주걱칼이 나옴)와 우릴 문화(우릴 문화는 철기시대로 기원전 15세기까지 올라가는 연대가 나오고 있어 주목을 받고 있다)], 그리고 우리나라에서는 돌대문토기가 강원도 춘성군 내평, 정선 북면 여량 2리(아우라지), 춘천 천전리(기원전 1440년), 춘천 하중도, 홍천 두촌면 철정리, 홍천 화촌면 외삼포리(기원전 1330년, 기원전 1350년), 평창 천동리, 경주 충효동, 경기도 가평 상면 연하리와 인천 계양구 동양동, 충청남도 연기군 금남면 대평리(기원전 1300년-기원전 1120년), 대전시 용산동을 비롯한 여러 곳에서 새로이 나타나고 있기 때문이다.[20] 그리고 지석묘는 기원전 1500년에서부터 시작하여 철기시대 전기 말, 기원전 1년까지 존속한 한국토착사회의 묘제이다. 현재까지 확인된 고고학 자료에 따르면 櫛文土器시대 말기에 약 500년간 청동기시대의 시작을 알려주는 突

帶文(덧띠새김무늬)토기가 공반하며(청동기시대 조기: 기원전 2000년-기원전 1500
년), 그 다음 單斜線文이 있는 二重口緣토기(청동기시대 전기: 기원전 1500년-기
원전 1000년), 구순각목이 있는 孔列토기(청동기시대 중기: 기원전 1000년-기원전
600년)와 硬質무문토기(청동기시대 후기: 기원전 600년-기원전 400년)로의 이행과

---

20) 최근의 자료는 철기시대의 상한이 점토대토기의 출현과 관련이 있고 늦어도 기원전
5세기로 올라가고 있다. 최근의 가속질량연대분석(AMS: Accelerator Mass Spec-
trometry)에 의한 결과 강릉 송림리유적이 기원전 700년-기원전 400년경, 안성 원곡
반제리의 경우 기원전 875년-기원전 450년, 양양 지리의 경우 기원전 480년-기원전
420년(2430±50 B.P, 2370±50 B.P.), 횡성군 갑천면 중금리 기원전 800년-기원전 600
년 그리고 홍천 두촌면 철정리(A-58호 단조 철편, 55호 단면 직사각형 점토대토기)의 경
우 기원전 640년과 기원전 620년이 나오고 있기 때문이다. 그리고 최근의 고고학적
자료에 의하면 철기시대의 기원지로 연해주의 끄로우노프까(北沃沮, 黑龍省 東宁県
団結村 團結文化)와 挹婁(뽈체, 철기시대로 그 상한은 기원전 7세기까지 올라간다)도 들 수 있
다. 철기시대문화의 기원은 청동기시대와 마찬가지로 多元的이라고 말할 수 있다.
그리고 필자는 서기 1971년 5-6월에 있었던 강원도 춘성군 내평 2리의 발굴을 기반
으로 하여, 서기 2004년 12월 17일(금) 한양대 주최 〈선사와 고대의 의례고고학〉이란
학술대회에서 발표된 기조강연「부천 고강동 유적 발굴조사를 통해본 청기시대·철기
시대 전기와 후기의 새로운 연구방향」이란 글에서 한국 청동기시대 부期의 새로운 편
년설정과 아울러 상한의 연대를 기원전 2000년-기원전 1500년으로 주장할 수 있게
되었다. 이 유적은 한반도 청동기시대 상한문제와 아울러, 앞선 전면 또는 부분빗살
문토기와 부분적으로 공반하는 돌대문토기로 신석기시대에서 청동기시대에로 이행
과정 중에 나타나는 계승성문제도 새로운 연구방향이 되었다. 최근의 발굴 조사에 의
하면 한반도의 청동기시대의 시작이 기원전 20세기-기원전 15세기를 오른다. 이는
청동기시대 전기(기원전 1500년-기원전 1000년)의 이중구연토기와 중기(기원전 1000년-
기원전 600년)의 공렬토기에 앞서는 돌대문(덧띠새김무늬)토기가 강원도 춘성 내평, 춘
천 천전리(기원전 1440년), 춘천 하중도 D-E지구, 정선 북면 여량 2리(아우라지, 기원
전 1240년), 강릉시 초당동 391번지 허균·허난설헌 자료관 건립부지, 홍천 두촌면 철
정리, 홍천 화촌면 외삼포리, 경기도 가평 상면 연하리, 인천 계양구 동양동, 충청남
도 연기군 금남면 대평리, 대전시 용산동(단사선문이 있는 돌대문토기로 조기 말), 경상
남도 진주 남강댐 내 옥방 5지구(동아대·선문대 등 조사단 구역, 기원전 1590년-기원전
1310년, 기원전 1620년-기원전 1400년의 연대가 나왔으나 돌대문토기와의 관련은 아직 부정확

정이 나타나고 있다. 그리고 지석묘는 기원전 1500년에서부터 시작하여 철기시대 전기 말, 기원전 1년까지 존속한 한국토착사회의 묘제로서 이 시기의 多源(元)的인 문화요소를 수용하고 있다. 우리나라에서 사적으로 지정된 지석묘(고인돌)는 강원도 속초 조양동(사적 376호), 경기도 강화도 부근리(사적 137호), 경기도 파주군 덕은리/옥석리(玉石里)(기원전 640년, 사적 148호), 경상남도 마산 진동리(사적 472호), 전라남도 화순 춘양면 대신리와 도산 효산리(기원전 555년, 사적 410호), 전라북도 하서면 구암리(사적 103호), 고창지방(고창읍 죽림리, 상갑리와 도산리 일대의 고인돌군은 현재 사적 391호)이며, 그중 강화도, 고창과 화순의 고인돌들은 세계문화유산으로 지정되어 있다. 지석묘의 기원과 전파에 대하여는 연대와 형식의 문제점 때문에 현재로서는 유럽 쪽에서 전파된 것으로보다 '韓半島 自生說' 쪽으로 기울어지고 있는 실정이다. 시베리아, 극동의 대표적인 암각화로는 러시아에서도 암각화의 연대에 대하여 이론이 많지만 대개 청동기시대의 대표적인 암각화유적은 예니세이 강의 상류인 손두기와 고르노알타이 우코크의 베르텍과 아무르 강의 사카치(시카치) 알리안 등을 들 수 있다. 이에 상응하는 우리나라의 대표적인 암각화는 울주군 두동면 천전리 각석(국보 147호), 울주 언양면 대곡리 반구대(국보 285호), 고령 양전동(보물 605호) 등을 들 수 있으며, 그 외에도 함안 도항리, 영일 인비동, 칠포리, 남해 양하리, 상주리, 벽연리, 영주 가흥리, 여수 오림동과 남원 대곡리 등지를 들 수 있

함)와 경주 충효동유적을 비롯한 여러 곳에서 새로이 나타나고 있기 때문이다. 각목돌대문(덧띠새김무늬)토기의 경우 中國 辽宁省 小珠山유적의 상층(신석기 후기)과 같거나 약간 앞서는 것으로 생각되는 大连市 郊區 石灰窯村, 辽東彎연안 交流島 蛤皮址, 長興島 三堂유적(기원전 2450년~기원전 1950년경으로 여겨짐), 吉林省 和龍県 東城乡 興城村 三社(早期 興城三期, 기원전 2050년~기원전 1750년), 그리고 연해주 보이즈만 신석기 말기의 자이사노프카의 올레니와 시니가이 유적(이상 기원전 3420년~기원전 1550년)에서 발견되고 있어 서쪽과 동쪽 중국과 연해주의 두 군데에서 영향을 받았을 가능성이 많다. 이들 유적들은 모두 신석기시대 말기에서 청동기시대 조기에 속한다.

다. 울주 천전리의 경우 人頭(무당의 얼굴)를 비롯해 동심원문, 뇌문, 능형문(그물문)과 쪼아파기(탁각, pecking technique)로 된 사슴 등의 동물이 보인다. 이들은 앞서 언급한 러시아의 손두기, 베르텍, 키르(하바로브스크 시 동남쪽 키어/Kir 강의 얕은 곳이라는 의미의 초루도보 쁘레소에 위치)와 사카치(시카치) 알리안의 암각화에서도 보인다. 이의 의미는 선사시대의 일반적인 사냥에 대한 염원, 어로, 풍요와 多産에 관계가 있을 것이다. 또 그들의 신화도 반영된다. 사카치 알리안 암각화의 동심원은 '아무르의 나선문(Amur spiral)으로 태양과 위대한 뱀 무두르(mudur)의 숭배와 관련이 있으며 뱀의 숭배 또한 지그재그(갈 '之' 字文)문으로 반영된다. 하늘의 뱀과 그의 자손들이 지상에 내려올 때 수직상의 지그재그로 표현된다. 이 두 가지 문양은 선의 이념(idea of good)과 행복의 꿈(dream of happiness)을 구현하는 동시에, 선사인들의 염원을 반영한다. 그리고 그물문(Amur net pattern)은 곰이 살해되기 전 儀式 과정 중에 묶인 끈이나 사슬을 묘사하며 이것은 최근의 아무르의 예술에도 사용되고 있다. 현재 이곳에 살고 있는 나나이(Nanai, Goldi, 허저/赫哲)족의 조상이 만든 것으로 여겨지며 그 연대는 기원전 4000년-기원전 3000년경(이 연대는 그보다 후의 청동기시대로 여겨짐)으로 추론된다고 한다. 이들은 挹婁-肅愼-勿吉-靺鞨-黑水靺鞨-生女眞-女眞/金(서기 1115년-서기 1234년)-後金(서기 1616년-서기 1626년)-滿洲/淸(1626년-서기 1636년)-大淸(서기 1636년-서기 1911년)으로 발전하는[21] 역사상에 나타나는 種族名의 한 갈래로 현재 말갈이나 여진과 가까운 것으

---

21) 중국 북방의 유목민족은 匈奴-東胡-烏桓-鮮卑-突厥(투쥐에, 튀르크, 타쉬티크: 서기 552년 柔然을 격파하고 유목국가를 건설. 돌궐 제2제국은 서기 682년-서기 745년임, 서기 7세기-서기 8세기)-吐藩(티베트, t'u fan: 38대 치송데짼[赤松德贊 서기 754년-서기 791년]이 서기 763과 서기 767년의 두 번에 걸쳐 唐의 長安을 함락함)-위굴(維吾爾, 回紇: 위굴 제국은 서기 744년-서기 840년임, 위굴 제국은 키르기스/點憂斯에 망하며 키르기스는 서기 9세기 말-서기 10세기경까지 존재)-契丹(遼, 서기 907년-서기 1125년)-蒙古(元, 서기 1206년-서기

로 여겨지고 있다. 이들은 청동기시대에서 철기시대 전기에 속하는 것으로 볼 수 있다. 그리고 영일만(포항, 형산강구)에서부터 시작하여 남원에 이르는 내륙으로 전파되었음을 본다. 아마도 이들은 아무르 강(중국 黑龍江과 松花江이 哈爾濱에서 그리고 沿海州의 우수리 강이 하바로브스크에서 모두 합친다)의 암각화문화가 海路로 동해안을 거쳐 바로 영일만 근처로 들어온 모양이며 이것이 내륙으로 전파되어 남원에까지 이른 모양이다. 청동기시대의 석관묘, 지석묘와 비파형동검의 전파와는 다른 루트를 가지고 있으며, 문화계통도 달랐던 것으로 짐작이 된다. 아무르 강 유역 하바로프스크 시 근처 사카치 알리안 등지에서 발견되는 암각화가 울산 두동면 천전리 석각(국보 제147호)과 밀양 상동 신안 고래리 지석묘 등에서 많이 확인되었다. 특히 여성의 음부 묘사가 천전리 석각과 밀양 상동 신안 고래리 지석묘 개석에서 확인된 바 있다. 후기 구석기시대 이후의 암각화나 민족지에서 성년식(Initiation ceremony) 때 소녀의 음핵을 잡아 늘리는 의식(girl's clitoris-stretching ceremony)이 확인되는데, 이는 여성의 생식력이나 성년식과 관계가 깊다고 본다. 제사유적으로도 양평 양서 신원리, 하남시 덕풍동과 울산시 북구 연암동 등에서 발견되어 열등종교 중 多靈敎(polydemonism)에 속하는 精靈崇拜(animism), 토테미즘(totemism), 샤마니즘(巫敎, shamanism), 祖上崇拜(ancestor worship)와 蘇塗(asylum)와 같은 종교적 모습이 점차 들어나고 있다. 그리고 울주 언양면 대곡리 반구대의 암각화(국보 285호)에 그려져 있는 고래는 지금은 울주 근해에 잘 나타나지 않는 흑등고래(humpback whale) 중 귀신고래(Korean specimen whale, gray whale,

---

1368년)—金(서기 1115년-서기 1234년)—後金[서기 1616년-서기 1626년, 서기 1601년 누르하치/愛新覺羅 努爾哈赤/努尔哈赤(清太祖 서기 1616년-서기 1626년 재위)]—滿洲/清(清太宗, 홍타이지/皇太極, 서기 1626년-서기 1636년 재위)—大淸/皇太極(서기 1636년-서기 1643년 재위, 서기 1636년-서기 1911년)로 발전한다.

克鯨, 12월 24일−1월 6일 사이 사할린 필튼만으로 회귀)로 당시 바닷가에 면하고 있던 청동기시대 중기(공렬토기, 기원전 1000년−기원전 600년) 반구대사람들의 고래잡이나 고래와 관련된 주술과 의식을 보여준다. 최근 동해 송정동에서 반구대보다 6−700년이 늦은 철기시대 전기(기원전 400년−기원전 1년) 東濊의 凸자형 집자리유적(Ⅱ−3호 집자리, 기원전 2세기경)에서 고래잡이를 하던 철제 작살(삼지창)과 갈고리, 고래뼈(Ⅱ−3 저장공)가 출토되고 있어 고래잡이가 꾸준히 이어져 왔음을 뒷받침해준다.

◇ 철기시대 전기: 기원전 400년−기원전 1년. 종래의 초기 철기시대. 최근 粘土帶토기 관계 유적의 출현과 관련하여 기원전 400년으로 상한을 잡는다. 이 시기는 점토대토기의 단면 형태 즉 원형, 방형(타원형)과 삼각형에 따라 Ⅰ기(전기), Ⅱ기(중기)와 Ⅲ기(후기)의 세 시기로 나누어진다. 그리고 마지막 Ⅲ기(후기)에 구연부 斷面 三角形 粘土帶토기와 함께 다리가 짧고 굵은 豆形토기가 나오는데 이 시기에게 新羅와 같은 古代國家가 형성된다. 이 중 우리나라 최초의 고대국가와 문명의 형성을 이루는 衛滿朝鮮(기원전 194년−기원전 108년)은 철기시대 전기 중 Ⅲ기(후기)에 속한다.

◇ 삼국시대 전기(철기시대 후기): 서기 1년−서기 300년. 삼한시대이며 신라(기원전 57년),고구려(기원전 37년), 백제(기원전 18년)과 가야(서기 42년)가 성립한다. 그중 당시 백제는『三國史記』溫祚王 13년(기원전 6년)의 기록에서 보이는 바와 같이 동으로는 주양(走壤, 춘천), 남으로는 웅천(熊川, 안성천), 북으로는 패하(浿河, 예성강)에까지 세력을 확보하고 있었음을 확인시켜준다. 한성시대의 백제의 영역은 13대 近肖古王(서기 346년−서기 375년) 때가 가장 강성했으며 그 영역도 경기도 여주 연양리와 하거리, 진천 석장리, 삼용리(사적 344호)와 산수리(사적 325호)를 넘어 충청북도 충주시 금릉동(백제 초기 유적), 칠금동

탄금대(백제토성과 철 생산 유적), 장미산성(사적 400호), 가금면 탑평리(백제시대의 집자리), 강원도 홍천 하화계리, 원주 법천리, 춘천 천전리, 화천군 하남 원천리(백제시대의 집자리)에서 발견되고 있어『三國史記』의 기록을 뒷받침해주고 있다.[22]

◇ 삼국시대 후기: 서기 300년—서기 600/668년: 우리나라의 경우 漢江은 문명의 발달에 중요한 위치를 차지하고 있다. 백제는 13대 近肖古王, 고구려는 19대 廣開土王(서기 391년—서기 413년)과 20대 長壽王(서기 413년—서기 491년), 그리고 신라는 24대 眞興王(서기 540—서기 576년 재위) 때 가장 활발한 영토 확장을 꾀한다. 신라는 진흥왕 12년(서기 551년) 또는 14년(서기 553년) 한강유역에 진출하여 新州를 형성한다. 백제는 근초고왕 때(서기 369년경) 천안 龍院里에 있던 馬韓의 目支國세력을 남쪽으로 몰아내고, 북으로 평양에서 16대 고국원왕을 전사시킨다. 그 보복으로 고구려의 광개토왕—장수왕은 海路로 강화도 대룡리에 있던 것으로 추정되는 華蓋山城과 寅火里 分水嶺과 백제시대의 인천 영종도 퇴뫼재 토성을 거쳐 한강과 臨津江이 서로 만나는 지점인 해발 119m, 길이 620m의 퇴뫼식 산성인 關彌城(사적 351호 坡州 烏頭山城 또는 華蓋山城으로 추정, 사적 351호, 서기 392년 고구려 광개토왕에 의해 함락됨)을 접수한다. 강화도 교동 대룡리 華蓋山城 앞 갯벌에서 백제와 고구려시대의 유물이 발굴·조사되었으며, 이는『三國史記』百濟本紀 제3, 16대 辰斯王 8년(阿莘王 元年 서기 392

---

22) 백제 초기의 유적은 충청북도 충주시 금릉동 백제 초기 유적, 칠금동 탄금대 백제토성(철 생산유적), 장미산성(사적 400호), 가금면 탑평리 집자리(서기 355년, 365년, 380년)와 강원도 홍천 하화계리, 원주 법천리, 춘천 천전리, 화천군 하남 원천리에서 발견되고 있는데, 이들은『三國史記』百濟本紀 I, 溫祚王 13년條(기원전 6년)의 '…遣使馬韓 告遷都 遂畫疆場 北至浿河 南限熊川 西窮大海 東極走壤…'이란 기록을 뒷받침해주고 있다.

년, 고구려 광개토왕 2년) "冬十月高句麗攻拔關彌城"(겨울 10월 고구려가 관미성을 쳐서 함락시켰다)의 기록과 관련이 있다.

그리고 中原文化의 중심지로 인식되는 충주 일원은 수로로는 南漢江을 통해 경기도 양평 兩水里(두물머리)를 거쳐 서울─강원도(남한강의 상류는 강원도 오대산 西臺 于洞水/于筒水임)의 영월로 연결되고, 뭍으로는 鳥嶺(문경─충주사적, 조령 3관문은 사적 147호)街道와 竹嶺街道(丹陽─제천, 명승 30호)와도 이어지는 교통의 요지였다. 이는 조선시대까지 이용되던 당시의 高速道路인 남한강 수로를 이용한 漕運과 漕倉(고려 13조창의 하나인 德興倉과 조선의 可興倉이 있었음)의 경영으로 증명된다. 따라서 충주 일원은 일찍이 삼국시대부터 그 전략적 중요성이 인식되어 잦은 분쟁이 있어 왔다. 즉 삼국 초기에는 한강 이남을 중심으로 한 백제가 이 일대를 점령하였으나, 서기 475년(장수왕 63년) 고구려의 남하이후 國原城이 설치되어 영남지방 진출의 교두보 역할을 수행하다가, 24대 진흥왕이 丹陽 赤城碑(국보 198호, 진흥왕 12년 서기 551년)를 설립한 이후 이 일대를 점유해 오면서 통일신라시대로 이어지게 된다. 이곳에서의 삼국의 관계는 백제 13대 근초고왕, 고구려 20대 장수왕(서기 413년─서기 491년)과 신라 24대 진흥왕(서기 540년─서기 576년)대 서기 369년에서 서기 551년 사이에 가장 활발하였다. 신라는 이곳에 中原京(9州5小京 중의 하나, 진흥왕 18년 557년 국원소경에서 중원경으로 바뀜)을 설치하여 삼국통일의 기반을 마련하는 근거가 되었다. 그러나 고구려가 국원성을 포함한 이 지역의 중요성을 다시 인식해 25대 平原王(서기 59년─서기 589년) 사위인 溫達장군으로 탈환하게끔 노력하였으나 온달장군의 전사로 실패를 하였다. 악사인 于勒과 문장가인 强首도 이곳을 중심으로 활약을 하였다. 충주시 칠금동 彈琴臺(명승 42호)를 중심으로 하는 中原 지역은 남한강의 중심지로 백제·고구려와 신라의 鐵의 生産과 確保, 그리고 이에 따른 領土擴張에 대한 시발점이다. 한강은 경기도 양평군 兩水里(두물머리)를 기점으로 북한강과 남한강으로 나누어진다. 그중 한강과 臨津江을 포함하고 있는 경기도는 한국고고학편년상 철기시대 전기(기원전 400년-기원전 1년) 중에 나타나는 한국 최초의 국가이며 역사시대의 시작이 되는 衛滿朝鮮(기원전 194년~기원전 108년)부터 한반도에 있어서 중요한 무대가 된다. 특히 그 다음의 삼국시대가 되면 父子之間의 나라로 알려진 高句麗와 百濟의 각축전이 전개된다. 이러한 관계는 백제는 13대 近肖古王(서기 346-서기 375년) 때, 고구려에서는 가장 강성한 왕인 19대 광개토왕과 20대 장수왕, 그리고 신라는 서기 553년 24대 진흥왕 14년 한강유역에 진출할 때까지 지속된다.

강과 인류문명의 발달은 구석기와 신석기시대를 지나 사회가 점차 복잡하게 발전하면서 나타나는 인구증가와 이에 대처하는 관개·집약농경의 채택 등과 밀접한 관련을 맺고 있다. 특히 청동기시대가 그러하다. 이 시기에는 문명, 도시와 국가가 처음으로 형성된다. 그리고 자원의 확보에 대한 전쟁과 영토의 확장으로 인해 세계는 국경선 없이 하나로 이어지고 있다. 페르시아제국(기원전 559년-기원전 331년, 아케메니드 왕조)의 마지막 왕인 다리우스 Ⅲ세가 기원전 331년 10월 1일 가우가메라(Battle of Gaugamela/Battle of Arbela, 북부 이라크 모술의 동쪽) 전투에서 알렉산더대왕(기원전 356년-기원전 323년 6월 10일 헬레보레/hellebore 중독사함. 또는 학질/malaria에 걸려 사망하였다는 설도 있다.)에게 패함으로써 마케도니아제국(기원전 338년-기원전 146년)에 합병되었다. 그리고 이어 그리스계 박트리아 왕국(기원전 256년-기원전 135년)에 의해 인더스 남쪽 파키스탄의 페샤와르(Peshawar), 탁실라와 마니키알라 지역에 그리스풍의 헬레니즘 문화(The Hellenistic Age, 기원전 304년-기원전 30년)를 전파하여 세속적이고 국제적인 문화를 형성하였는데, 여기에 챤드라 굽타의 마우리아 왕조(기원전 317년-기원전 186년) 중 아쇼카 왕(기원전 268년-기원전 232년)이 간다라 지역(현 페샤와르)에 佛敎를 전래함으로써[23] 간다라(Gandhara)미술양식이 탄생하게 되었다. 간다라미술의 탄생과 이에 따른 大乘佛敎의 佛像樣式은 멀리 한국과 일본에까지 전파되었다. 그래서 인류문명발달사는 佛家에서 이야기하듯 虛空(時·空)을 끈 삼아 모두 이어져 있음을 알게 된다. 다시 말해 지구에서 일어난 모든 사건들을 좀 더 시야를 넓혀보면 脈絡으로 다 이어져 있음을 알게 된다. 정말 세계는 하나[We are the world/They are the world, Alle Menschen werden Brüder wo dein sanfter Flügel weilt(신의 부드러운 날개 아래 모든 인류는 동포이어라, An die Freude, Friedlich von Schiller), 그리고 Disney-land의 It is a small world, CNN의 선전 문구처럼 'world one', 'beyond the borders, 'connect the world', 'global connections' 또는 四海之內 皆兄弟也, 論語(顏淵편)]임을 實感할 수 있다. 한국도 국토해양부 '4대강 살리기 추진본부'에서 漢江, 錦江, 榮山江과 洛東江의 4대강 정비 사업[24]을 서기 2008년 하반기부터

---

23) 서기 1898년 1월 Uttar Pradesh, Basti District 동북의 Birdpur Estate 부동산회사의 매니저인 W. C. Peppe에 의해 네팔에 가까운 피파라와(Piparahwa Stupa)에서 부처님의 화장된 유골이 滑石으로 만들어진 骨壺에서 발견되었다는 발표가 있었다. 그리고 후일 부처님 사후 150년이 지난 아쇼카 왕(기원전 304년경-기원전 232년경, 기원전 269년경-기원전 232년경) 재위 20년경(서기 245년) 때 원래의 매장지였던 그 자리에서 移葬되고 유골(舍利)은 길이 132㎝의 사암제 석관에 옮겨졌음도 확인되었다. 이 유골(舍利)은 부처님 사후 8개국에 나누어진 것 중의 하나가 부처님의 탄생지인 룸비니(Lumbini)와 가깝고 샤카족(Sakays)의 중심지인 피피라와에 매장된 것이었다. 부처님 사후 만들어진 최초의 무덤도 서기 1970년 바로 석관 밑에서 확인되었다. 이 移葬을 아쇼카왕 때로 보는 이유는 골호의 어깨에 새겨진 산스크리트어 중 브라미어(Sanscrit/Sanskrit, 梵語)로 새겨진 "This relic deposit of the Lord Buddha is the share of this renowned Sakya brethren, his own sister's children and his own son(이 골호에 샤카족의 일원인 붓다의 사리/재가 담기다)"라는 글, 사암제 석관, 산치대탑과 사암제 石柱의 건조 등이 같은 시기에 만들어졌다고 생각되기 때문이다. 서기 2006년 영국 Yorkshire, Harewood House에서 개최된 'Piparahwa Stupa and its inscription' 회의에서 이 골호와 석관이 진품으로 판정되었다. 그러나 서기 1956년을 佛紀 2500년으로 하고 부처님의 탄생은 기원전 623년 4월 8일, 입적은 기원전 544년 2월 15일이 된다는 네팔 세계 4차 불교대회의 공식발표에 따른다면 이 무덤의 연대도 기원전 245년보다 좀 더 올라갈 수 있을 것으로 여겨진다.

추진하고 있는데 이는 한국형 뉴딜 사업으로 볼 수 있겠다. 그러나 江이 人類
發達에 미치는 영향과 중요성을 고려하여 정비 사업과 이에 따른 문화재의 조
사와 성과를 재인식할 때가 되었다.

---

24) 문화재청이 '국토해양부 4대강 살리기' 작업 당시 작성한 보고서를 보면, 금강유역에
서 국가가 지정한 문화재는 국보와 보물을 합쳐 29곳, 조사를 하면 중요한 문화재가
발굴될 매장문화재 분포 지역은 40곳이다. 현재 발굴·조사된 곳은 168개소로서 그중
강원도 춘천 하중도(청동기시대 조기와 중기의 집자리), 화천 하남면 원천리(백제시대 초
기 집자리)와 거례리(청동기시대 중기 집자리), 원주시 문막읍 문막리(섬강, 청동기시대 중
기·철기시대 전기 집자리), 경상남도 양산시 증산리(고려시대 서기 12세기경의 堤堰인 西大
堤種竹이 위치함), 원동면 용당리(고려시대 밭 경작지, 伽倻津祠: 공주·웅진과 함께 南瀆의
하나로 나라에서 中祀를 지내며 봄과 가을에 香祝과 칙사를 보내 제사지냄), 합천군 청덕면
삼학리 교통통신유적(조선시대 후기 삼가마), 합천군 청덕면 삼가면 소오리(삼국시대 삼
가고분군, 경남 기념물 8호), 의성 단밀면 생송리 낙단보 용바우(고려시대 전기의 마애불),
밀양 삼랑진읍 검세리(處子橋, 서기 1642년/仁祖 20년 석교에서 목교로 중수하여 鵲院津石
橋/大橋로 부르다가 조선 말에 處子橋란 명칭으로 바뀜), 광주 광산구 본덕동(조선시대 경작
유구), 광주 남구 승촌동(고려-조선시대의 경작유구), 나주시 삼영동 택촌(고려와 조선시
대의 기와 가마), 나주시 진포동 포두마을(고려와 조선시대의 경작유구), 나주 다시면 회
진리(고려시대 樹枝文/松葉文樣의 기와 가마), 나주 다시면 회진리 백하(청동기시대 유구
및 조선시대 기와 가마), 순창 유등면 무수리(청동기시대 무덤과 마한과 삼국시대 집자리) 등
이 학술적 가치가 있는 새로운 유적으로 밝혀졌다.

참고문헌

강원고고문화연구원

    2010   4대강(북한강) 살리기 사업 춘천 중도동 하중도 C지구 발굴조사 현황

    2011   4대강 살리기(북한강) 화천 거례리 1지구 유물산포지 3구간 정밀발굴조사 학술자문회의 자료

강원문화재연구소

    2010   4대강(북한강) 살리기 사업 춘천 중도동 하중도지구 문화재발굴(시굴)조사 지도위원회의 자료집

    2011   4대강(북한강) 살리기 사업 춘천 하중도 D-E지구 문화재발굴조사 학술자문회의 자료집

국립문화재연구소 고고연구실(유적조사실)

    1994   연천 삼곶리 백제적석총

    2007   남한의 고구려유적

    2007   아차산 4보루 성벽 발굴조사

    2007   남한의 고구려유적

    2010   풍납동 토성-2010년 풍납동 197번지 일대 발굴조사 현장설명회자료-

    2011   풍납동 토성-2011년 풍납동 197번지 일대 발굴조사 현장설명회자료-

국립중원문화재연구소

    2010   충주 탑평리 유적(중원경 추정지)제 3차 시굴조사

대한문화유산연구센터

    2010   영산강 살리기 사업 구간 내 승촌동유적 문화유적 정밀발굴조사 지도위원회의 자료

동북아지석묘연구소

2010 4대강(영산강) 살리기 사업구간 내 나주 진포동 포두 유물 산포지
      발굴조사

2011 4대강(영산강) 살리기 사업구간 내 나주 회진리 백하 유적 발굴조사

동아세아문화재연구원

2010 4대강(낙동강) 살리기 하천 환경 정비사업구간 내(양산 증산리 유물
      산포지 1구간)문화유적 발굴조사

마한문화재연구원

2011 4대강(영산강) 살리기 사업구간 내 나주 택촌 유물산포지 문화유적
      발굴(및 추가시굴)조사

예맥문화재연구원

2010 화천 원천리 유적

2010 4대강 살리기 사업 춘천 중도동 하중도 F지구 발굴조사 지도위원회
      의 자료

2010 화천 원천리 2지구 유물산포지 내 유적 발굴조사 3차 지도위원회의
      자료

2011 4대강 살리기 북한강 12공구 거레 1지구 4구간 내 유적(B구역) 발굴
      조사 학술자문회의 자료

우리문화재연구원

2011 밀양 삼량진 처자교지 유적 문화재 발굴·시굴조사 전문가 검토회
      자료집

울산문화재연구원

2010 4대강(낙동강, 경남구간) 살리기 사업구간 내 양산 용당리 유물산포
      지 Ⅱ유적 발굴(표본시굴)조사 지도위원회 자료집

전남문화재연구원

2011 4대강(영산강) 살리기 사업구간 내 유적 나주 복암리·백하유적 A구

간 발굴조사 결과서

전북문화재연구원

2011 4대강(섬진강) 살리기 사업구산 내 순창 무수유물산포지 1 발굴(표본시굴)조사 결과서

최몽룡

1994 단군릉발굴에 대한 몇 가지 이견, 한국상고사학보 15집, pp.455-457

1997 북한의 단군릉 발굴과 문제점(1)및 (2), 도시·문명·국가 -고고학에의 접근-, 서울: 서울대학교출판부, pp.103-116 및 윤이흠 외, 2001, 단군 -그 이해와 자료-, 서울: 서울대학교출판부, pp.290-301

1997 청동기시대 개요, 한국사 3 -청동기문화와 철기문화-, 서울: 국사편찬위원회, pp.1-31

1997 고조선의 사회와 문화, 한국사 4 -초기국가-고조선·부여-, 서울: 국사편찬위원회, pp.115-146

2002 고고학으로 본 문화계통 -문화계통의 다원론적 입장-, 한국사 1 -총설-, pp.89-110

2004 朝鮮半島の文明化, 千葉: 國立歷史民俗博物館 研究報告, 東アジアにぉける農耕社會の形成と文明への道, 第119集, pp.231-246

2006 최근의 고고학 자료로 본 한국고고학·고대사의 신 연구 서울: 주류성

2008 한국 청동기·철기시대와 고대사회의 복원, 서울: 주류성

2008 동북아시아적 관점에서 본 한국청동기·철기시대 연구의 신경향, 최몽룡 편저, 21세기의 한국고고학 vol.Ⅰ, 서울: 주류성, pp.13-96

2009 남한강 중원문화와 고구려 -탄금대의 철 생산과 삼국의 각축-, 최몽룡 편저, 21세기의 한국고고학 vol.Ⅱ, 서울: 주류성, pp.13-40

2010 호남의 고고학 -철기시대 전·후기와 마한-, 최몽룡 편저, 21세기
의 한국고고학 vol.Ⅲ, 서울: 주류성, pp.19-87

2010 고고학으로 본 중원문화, 중원 문화재 발굴 100년 회고와 전망, 한
국고대학회·충주대학교 박물관, pp.29-46

2010 韓國 文化起源의 多元性 -구석기시대에서 철기시대까지 동아시아
의 諸 文化·文明으로부터 傳播-, 동아시아의 문명 기원과 교류, 단
국대학교 동양학연구소, 제 40회 동양학 국제학술대회, pp.1-45

2011 한국에서 토기의 자연과학적 분석과 전망, 자연과학에서의 대형옹
관 제작법, 국립나주문화재연구소 제 3회 고대옹관연구 학술대회
pp.9-25

2011 창원 성산패총 발굴의 회고, 전망과 재평가, 동·철산지인 창원의 역
사적 배경(야철제례의 학술세미나), 창원시·창원문화원, pp.1-16

2011 고등학교 국사교과서 교사용 지도서 -Ⅱ. 선사시대의 문화와 국가
의 형성(고등학교)-, 최몽룡 편저, 21세기의 한국고고학 vol.Ⅳ, 서
울: 주류성, pp.27-130

2011 부여 송국리 유적의 새로운 편년, 한국고고학연구의 제 문제, 서울:
주류성, pp.207-223

2011 二聖山城과 百濟 -고고학으로 본 한성시대 백제-, 하남시 문화원
학술대회, pp.1-24 및 위례문화 14호, pp.89-118

2013 인류문명발달사(개정 5판), 서울: 주류성

충청남도 역사문화연구원

2010 행정중심복합도시 지방행정지역 생활권 3-1·2 내 C지점 연기 대평
리 유적

한강문화재연구원

2010 4대강 살리기 사업 원주 섬강 13공구 유적 추정지 2 내 유적(문막리

유적) 발굴조사 현황

2010 4대강(북한강) 살리기 화천 거례리 1지구 1구간 내 발굴(시굴)조사 지도위원회의자료집

2011 4대강(북한강) 살리기 사업 춘천 중도동 하중도 B지구 문화재 발굴 조사 학술자문회의

한국문물연구원

2010 4대강(낙동강) 살리기 사업구간 내 양산 용당리 유물산포지 Ⅲ 유적 발굴(정밀시굴)조사 1차 자문회의 자료

한백문화재연구원

2011 4대강 살리기 북한강 12공구 거례 1지구 4구간 내 화천 거례리 유적 발굴조사 학술자문회의 자료

Fagan 著·崔夢龍 譯

1987 人類의 先史時代, 서울: 을유문화사

Fagan Brian M.

1989 *People of the Earth*, Glenview: Scott, Foresman and Co.

Friedrich Engels·김대웅 옮김

1987 가족 사유재산 국가의 기원, 서울: 아침

Ned J. Woodal 저·최몽룡 역

1984 신고고학개요, 서울: 동성사

Gordon Willey & Philip Phillips

1958 *Method and Theory in American Archaeology*, Chicago & London: University of Chicago Press

Gordon Willey & Jeremy A. Sabloff

1993 *A History of American Archaeology*, San Francisco: W.H. Freeman & Co.

Hole and Heizer

 1973 *An Introduction to Prehistoric Archeology*, New York: Holt, Rinehart and Winston

Glyn E. Daniel

 1950 *A Hundred Years of Archaeology*, London: Gerald Dukworth & Co.

Trigger Bruce

 1989 *A History of archaeological thought*, Cambridge: Cambridge Univ. Press

Vere Gordon Childe

 1930 *Bronze Age*, New York: Macmillan co.

 1942 *What happened in History*, Harmondsworth: Pelican Books

 1946 *Man Makes Himself*, New York: Mentor Books

角田文衞

 1962 考古學史－ヨーロツパ·アメリカ－, 世界考古學大系 16, 東京: 平凡社

孫祖初

 1991 論小珠山中層文化的分期及各地比較, 辽海文物學刊 1

陳全家·陳國慶

 1992 三堂新石器時代遺址分期及相關問題, 考古 3

辽宁省文物考古研究所 編

 1994 辽東半島石棚, 辽寧: 辽宁科學技術出版社

辽宁省文物考古研究所·吉林大學考古系·旅順博物館

 1992 辽宁省瓦房店市長興島三堂村新石器時代遺址, 考古 2

吉林省文物考古研究所·延邊朝鮮族自治區博物館

 2001 和龍興城, 北京: 文物出版社

藤尾愼一郎

    2002   朝鮮半島의 突帶文土器, 韓半島考古學論叢, 東京: すずさわ書店,
           pp.89-123

中山淸隆

    1993   朝鮮·中國東北の突帶文土器, 古代 第95號, pp.451-464

    2002   繩文文化と大陸系文物, 繩文時代の渡來文化, 東京: 雄山閣,
           pp.214-233

    2004   朝鮮半島の先史玉器と玉作り關聯資料, 季刊考古學 89, pp.89-91

    2004   朝鮮半島出土の玦狀耳飾について, 玉文化, 創刊號, pp.73-77

Ⅱ. 고고학

　　인류가 생활의 증거로 땅위나 물밑에 남긴 일체의 유적·유물의 발굴, 수집과 분석을 통해서 인류의 역사·문화·생활방법 등을 연구·복원·해석하는 학문으로 고대 생활양식의 복원, 문화사의 연구 및 문화과정의 설명을 목적으로 한다. 고고학에서 연구대상이 되는 시기는 문자기록이 없는 선사시대(prehistory)와 문자기록이 있는 역사시대(history)이다. 선사시대란 말은 영국의 에브버리 경(Avbery 경, Sir Lord Lubbock)의 『Prehistoric Times』(1865-1913년 7판)로부터 비롯되어 이러한 개념의 용어가 최초로 사용되어 공인받게 되었다. 그러나 실제 문헌상으로 이보다 앞선 서기 1851년 스콧틀랜드-캐나다계인 윌슨(Daniel Wilson, The Archaeology and Prehistoric Annals of Scotland)이 'Prehistory'를, 프랑스에서는 서기 1831년 투흐날(Paul Tournal)이 처음으로 'Préhistorique'란 용어를 사용했었다. 그러나 선사시대뿐만 아니라 선사시대에서 역사시대로 넘어가는 과도기시대인 원사시대(protohistory)도 중요하게 다루며 또 역사시대에 있어서도 일반 문헌을 다루는 역사학자들의 영역 이외의 물질문화분야도 연구대상으로 한다. 원사시대는 기록이나 고문서가 나오기 이전으로 거슬러 올라가는 인류역사의 일부를 지칭하기 위해 만들어진 것인데 프랑스의 투흐날의 '선사시대' 개념에서 비롯되었다. '원사시대(原史時代)'란 한 문화집단이 자체의 문자를 가지고 있지 못할 때 주변의 선진문화집단이 외부의 입장에서 역사기록을 남겨놓는 과도기적인 경우이다. 예를 들어 문자가 없는 집단인 삼한(三韓)에 대해 중국 측에서『三國志』魏志 東夷傳을 기술한 것이 이 경우에 해당한다.

고고학의 연구자료는 유적과 유물이 주가 된다. 유적은 사람의 생활과 활동의 흔적이 남아 있는 자리로서 건축물·집자리·무덤·제사자리·야영자리 등 움직이거나 들고 다닐 수 없는 것을 말한다. 유물은 사람이 만들었거나 쓴 흔적이 남아 있는 돌·그릇·나무토막·뼈, 또는 사람이 먹고 버린 짐승의 뼈, 사람이 길렀거나 채집한 곡물과 식물의 열매 등 사람과 관계를 가졌던 일체의 인공·자연물을 포함한다. 고고학에서는 이러한 연구자료를 찾아내기 위해 발굴을 한다. 발굴기술과 발굴결과의 분석기술은 고고학자의 과학적·학문적 능력을 평가하는 1차적 기준이 된다. 발굴은 단지 유적을 찾아내고 유물을 채집하는 것만이 아니다. 유적의 원상, 유물의 존재방법, 유물과 유물 사이의 공반(共伴) 관계 등을 통해서 이미 없어진 그 당시 사람들의 행동이나 생활방식의 증거·연대 및 시간적 선후관계 등 '살아 있었던 문화조직체'를 복원(復元)해내는 것이다. 따라서 발굴자의 문제의식·발굴방법·분석방법의 여하에 따라 얻어낼 수 있는 정보의 양이나 질은 얼마든지 달라질 수 있다. 발굴을 통해 획득된 자료를 가지고 시작하는 고고학연구에 있어서 가장 기초가 되는 것은 유물의 기능·형태 또는 재료에 의해 분류하는 형식분류(typology)를 바탕으로 하여 그것들이 가지는 문화적 성격과 아울러 발전서열·연대관계 등이 고찰될 수 있다.

고고학에서 유물·유적의 연대를 결정하는 편년(chronology)에는 상대연대(relative date)와 절대연대(absolute date)의 두 가지가 있다. 상대연대는 두 개 이상의 유적·유물 사이의 연대 선후를 말한다. 층위상의 상하관계로 신고(新古)를 비교하는 층서법(層序法)이 가장 기본이 된다. 대표적인 상대연대 결정법은 형식학적 고찰과 교차연대법·순서배열법 등이다. 자료를 통계적으로 처리하는 방법이 개발되고, 특히 컴퓨터의 사용 등을 통해 최근에 많이 쓰는 방법은 순서배열법(順序配列法: seriation)이다. 이것은 하나의 형식이 생겨나는 '발생'순서와 그 형식의 유행이 일정기간 지속되는 동안의 '빈도'에 초점을 맞추어 자료를 처리, 연대를 결정하는 방법이다. 절대연대는 연대를 가졌거나 그것을 알 수 있는 유물과의 공존관계 또는 형식학적 고찰을 통해 얻어낼 수 있다. 그러나 서기 1949년 이래로 방사성탄소연대결정법(Radiocarbon dating, 또는 C¹⁴ dating method)을 비롯한 여러 가지 방사능이나 자기(磁氣)를 이용한 과학적인 연대결정법이 발견되어 고고학의 발전에 큰 도움이 되고 있다.

고대 유적·유물에 대한 흥미와 관심은 동서양을 막론하고 이미 오랜 역사를 가지고 지속되어 왔다. 그러나 유물의 체계적인 수집과 고찰이 시작된 것은 동양에서는 송대(宋代) 이후이고 서양에서는 르네상스 무렵부터이다. 동양에서는 유물의 수집과 유물에 써진 명문(銘文)을 연구하는 금석학으로 시종일관하였다. 그러나 서양에서는 서기 18세기에 들어서면서 유적의 발굴이 시작되고, 서기 19세기에는 진화론의 인정과 함께 구석기시대의 존재가 알려지게 되었다. 영국의 피트 리버스(Pitt-Rivers) 등에 의한 체계적인 층위학적 발굴법이 발전되어 근대적 고고학이 탄생되었다. 서기 20세기에 들어서면서 고고학의 연구방법은 크게 과학화해 자연과학적 방법과 이론이 많이 도입되었고, 문화해석상의 이론들이 개발되었다.

서기 1960년대 초반 무렵, 전통적인 고고학의 두 기본 방법인 형식분류(形式分流)와 편년(編年)에 바탕을 둔 연구로부터 완전히 선회해, 문화(변동)과정에 대한 설명을 주목적으로 하는 신고고학(또는 과정고고학: The New Archaeology 또는 Processual Archaeology)이 제창되었다. 이는 미국의 빈포드 등이 주도하였다. 그러나 서기 1970년대 중반 이후 신고고학도 방법론상 많은 허점이 있다는 비판과 함께, 과거의 문화 복원에 대한 과도한 낙관주의, 개인 역할의 간과 등 많은 문제점들을 지적받았다. 이러한 가운데 서기 1980년대 중반 이후 후기과정고고학(Post-processual Archaeology)이 등장하게 되었다. 후기과정고고학은 아직 어떤 통일된 방법론이 제기되지는 않았다. 그러나 과정고고학에서 외면해왔던 상징(symbolism)과 의식(ritualism)과 함께 사회 속의 개인이나 여성의 역할, 제3세계의 고고학 등 상징성이나 역사성 등에 주목하고 있다. 오늘날의 고고학은 문화사와 문화과정의 복원을 위해 과정고고학적 토대 위에 후기과정고고학자들이 주창하는 이념과 상징행위까지 포함하는 총체적인 접근방법을 취하는 추세이다.

우리나라 고려시대에는 익산(益山)지역에서 지석(支石)이란 용어를 처음 사용한 이규보(李奎報), 조선시대 후기에 김정희(金正喜)·조인영(趙寅永)·이우(李俁) 등 금석학자들이 비문연구를 한 일이 있다. 특히 秋史 金正喜의 海東碑攷에 나오는 신라 30대 文武王(서기 661년-서기 681년 재위)의 비문(서기 2009년 9월 4일, 金, 碑의 상부가 다시 발견됨)에 의하면 慶州 金氏는 匈奴의 후예이고 碑文에 보이는 星漢王(15대조, 金閼智, 서기 65년- ?)은 흉노 休屠王의 태자 祭天之胤 秅侯(투후) 金日磾(김일제, 기원전 135년-기원전 86/85년)로부터 7대손이 된다. 그리고 13대 味鄒王(서기 262년-서기 284년, 金閼智-勢漢-阿道-首留-郁甫-仇道-味鄒王, 『三國史記』 제2, 新羅本紀 제2)은 경주 김씨 김알지의 7대손으로 이야기된다. 따라서 경주 김씨의 出自는 "匈奴[1]-東胡-烏桓-鮮卑 등의 유목민족과 같은 복잡한 배경을 가진다. 휴도왕의 나라는 본래 중국 북서부 현 甘肅省 武威市(漢 武威郡 休屠縣, 현 甘肅省 民勤縣)로, 이는 新羅 積石木槨墳의 기원도 중국 辽宁省 朝陽에서 보이는 鮮卑族의 무덤·출토유물과 관련하여 생각해

---

1) 이곳 유목민족은 匈奴-東胡-烏桓-鮮卑-突厥(투쥐에, 튀르크, 타쉬티크: 서기 552년 柔然을 격파하고 유목국가를 건설. 돌궐 제2제국은 서기 682년-서기 745년임, 서기 7세기-서기 8세기)-吐藩(티베트, t'u fan: 38대 치송데젠[赤松德贊 서기 754년-서기 791년]이 서기 763과 서기 767년의 두 번에 걸쳐 唐의 長安을 함락함)-위굴(維吾爾, 回紇: 위굴 제국은 서기 744년-서기 840년임, 위굴 제국은 키르기스/點戛斯에 망하며 키르기스는 서기 9세기 말-서기 10세기경까지 존재)-契丹(辽, 서기 907년-서기 1125년)-蒙古(元, 서기 1206년-서기 1368년)-金(서기 1115년-서기 1234년)-後金(서기 1616년-서기 1626년)-滿洲/淸(서기 1626년-서기 1636년)-大淸(서기 1636년-서기 1911년)으로 발전한다.

볼 가능성이 열리게 되었다. 결국 초원의 스키타이인들이 쓰던 쿠르간 封土墳과의 관련도 배제할 수 없게 되었다. 경주 조양동 38호분, 사라리 130호분 경주 오릉(사적 172호) 근처에서 발견된 목곽묘들도 신라의 건국연대가 올라갈 수 있음을 입증해준다.

그러나 근대적 고고학은 일본의 침략과 함께 시작되었다고 할 수 있다. 조선총독부 주도하에 유적·유물조사가 연차적으로 실시되고, 서기 1920년대에 들어서는 금관총·금령총·서봉총·호우총 등 신라고분과 평양 부근의 낙랑고분의 발굴을 통해서 한국고고학의 활동과 내용이 국내외로 알려지게 되었다. 광복 이전의 이러한 총독부 주도하의 고고학 결과는 『조선고적도보』·『고적조사보고서』와 같은 간행물과 고고학자들에 의해 발표된 저서·논문 등에 의해 정리되어 있다. 그러나 고고학 방법의 미발달, 체계적인 조사·연구계획의 미비, 연구상의 편견 또는 선입견 때문에 문화사와 문화과정과의 복원과는 거리가 멀었다. 즉, 전체 역사와 유리된 유적·유물 그 자체의 단순한 기술에 그치거나 문화성격의 피상적 해석 또는 그릇된 파악으로 이해되는 경우가 적지 않아 많은 문제점을 내포하였다. 광복 후부터 서기 1950년대 말까지 정식훈련을 받은 고고학자의 부재와 연구시설의 미비, 6·25전쟁 등으로 국립박물관이 중심이 된 고고학연구는 광복 전의 구태를 벗어나지 못하는 형편이었다. 그러나 서기 1960년대에 들어서면서 서울대학교의 고고인류학과 신설(1961), 각 대학 박물관들의 고고학조사사업 참여 등으로 고고학연구는 차츰 궤도에 오르기 시작하였다. 서기 1970년대에는 문화재관리국 산하의 문화재연구소가 새로이 발족(1975)하고, 또 원자력연구소의 방사성탄소연대결정[1965, 현재는 서울대학교 기초과학공동기기원에 가속질량연대분석(Accelerator Mass Spectrometry: AMS)]시설의 설치와 함께 공업단지·댐·주택 건설, 사적지의 정화작업 등과 관련된 대규모 발굴이 실시되었다. 이로써 우리나라 고고학은 연구방법과 성과에서 급속한 발전을 보게 되었다.

특히, 광복 전에는 그 존재가 부인되었거나 모르고 있던 구석기시대와 청동기시대문화의 유적들이 남·북한에서 속속 발견되었다. 또한 신석기시대·청동기시대·철기시대 전기(초기 철기시대)와 후기(삼국시대 전기 또는 원삼국시대)[2]·삼국시대·고려·조선시대의 편년이 설정되었으며, 각 시기의 문화내용도 크게 달라지거나 확대·보완되었다. 그중 원삼국시대란 용어는 삼국시대 전기(또는 철기시대 후기, 서기 1년–300년)라는 용어로 대체해 사용하자는 주장이 제기되어 왔다. 원삼국시대라는 용어는 원사단계(原史段階)의 선삼국(先三國)이라는 뜻이며 이는『三國史記』와 같은 문헌의 초기 기록들을 신빙하지 않는 데에서 비롯된다. 이는 일제시대 서기 1932년–서기 1938년 조선사편수회(朝鮮史編修會)가『조선사(朝鮮史)』본 책 35권을 만들어내기까지의 과정에서 만들어진 한국의 문화의 半島性, 他律性, 停滯性과 事大性에 기반을 두어 한반도 통치의 적법성·정당성을 찾아가겠다는 식민지사관(植民地史觀)에 뿌리를 두고 있다. 여기에는 내선일체(內鮮一體)와 만선사관(滿鮮史觀)도 가미된다. 일본의 東京大와 京都大學校 출신의 黑板勝美(くろいた かつみ), 稻葉岩吉(いなば いゎきち), 池內宏(いけうち ひろし), 今西龍(いまにし りゅう)을 비롯해 末松保和(すえまつ

---

2) 원삼국시대란 용어를 삼국시대 전기(또는 철기시대 후기, 서기 1년–서기 300년)라는 용어로 대체해 사용하자는 주장은 서기 1987년부터이다(최몽룡 1987, 한국고고학의 시대구분에 대한 약간의 제언, 최영희 선생 회갑기념 한국사학논총, 서울: 탐구당, pp.783-788). 그리고 국립중앙박물관에서도 서기 2009년 11월 3일(화)부터 이 용어를 공식적으로 사용하지 않기로 결정하였다. 그리고 衛滿朝鮮(기원전 194년–기원전 108년)을 포함한 古朝鮮을 인정하면 原三國時代 대신 三國時代 前期라는 용어가 타당하며 현재 고고학과 역사학계는 그렇게 인식해나가고 있는 추세이다. 서기 2012년 2월 21일(화)에 열린 국립문화재연구소 주최 한국사 시대구분론–외부전문가 초청포럼–학술대회에도 그러한 경향을 보이고 있다. 특히 송호정은 '청동기시대에서 철기시대에로의 이행시기에 대한 역사서술과 연구방법론'에서 고대를 고조선(시대)–삼국시대–남북국시대 순으로 보고 있다(p.25).

やすかず), 白鳥庫吉(しらとり くらきち), 津田左右吉(つだ そうきち), 濱田耕作(はまだ こうさく)과 梅原末治(うめはら すえじ) 등이 中心役割을 하였다. 그러나 최근에는 한국상고사의 올바른 이해를 위해『三國史記』기록과 삼한시대를 포함하는 긍정적인 역사관에 의해 삼국시대 초기의 기록들이 인정되고 있는 추세이다.

서기 1980년대에 들어오면서 우리나라 고고학은 형질인류학·언어학·고고학 심지어는 생화학·지질학·지구물리학·식물학·동물학 등 자연과학과의 협력이 점차 활발해지고 있다. 그러나 고고학의 전문인력과 연구시설, 작업의 현대화가 아직도 충분하지 못한 형편이다.

한국고고학에서는 시대구분(편년)은 보통 과거 인류가 사용했던 도구의 재료에 의한 덴마크인 톰젠(C. J. Thomsen)과 워소(J. J. A. Worsaae)의 3시기 구분법을 따르고 있다. 서기 1988년-서기 2012년에 발간된 제5·6·7차 고등학교 국사교과서에서부터 서기 1997년-서기 2002년 국사편찬위원회에서 간행한『한국사』1-4권에 이르기까지 표현된 한국고고학의 편년은 구석기시대-신석기시대-청동기시대(기원전 2000년-기원전 400년)-철기시대 전기(기원전 400년-기원전 1년, 초기 철기시대)-철기시대 후기(삼국시대 전기 또는 삼한시대: 서기 1년-서기 300년: 종래의 원삼국시대)-삼국시대 후기(서기 300년-서기 660/668년)로 설정되고 있다. 그 편년과 문화내용은 다음과 같다.

◇ 구석기시대: 5-20명 정도 무리(band, 군집/무리사회)를 이루어 사냥과 채집으로 생활을 영위해나갔으며 구석기시대를 전기·중기·후기의 세 시기로 또는 이른 시기(전기)와 늦은 시기(후기)의 두 시기로 구분하는 데에는 별다른 이견이 없으나 전기 구석기시대의 상한에 대해서는 연구자들 사이에 상당한 이견이 있다. 전기 구석기시대 유적들로는 평양 상원 검은모루, 경기도 연천 전곡리(사적 268호)와 충북 단양 금굴 등이 있으나 그 상한은 학자에 따라 70만 년

−20만 년 전으로 보는 등 상당한 이견을 보인다. 경기도 연천 전곡리(사적 286호)의 최하층의 연대는 35만 년 전까지 올라가는데 종전까지는 포타슘−아르곤(K−Ar) 연대결정법에 의해 27만 년 전이었으나, 최근 산소동위원소층서/단계(Oxygen Isotope Stage, 有孔蟲의 O¹⁶/O¹⁸ 포함으로 결정), 또는 해양동위원소층서/단계(Marine Isotope Stage, MIS)로 35만 년 전까지 올라간다[서기 2003년 5월 5일 日本 同志社大學 松藤和人 교수팀에 의해 최하층이 30만 년−35만 년 전으로 측정됨. 산소동위원소층서/단계(Oxygen Istope Stage) 또는 해양동위원소층서/단계(Marine Istope Stage)로는 9기(334000−301000년 B.P.)에 해당함]. 최근 충청북도 청원군 강외면 만수리(오송 만수리) 4지점의 제5문화층의 연대가 우주기원 핵종을 이용한 연대측정[dating by cosmogenic nuclides 26Al/10Be (Aluminium/Beryllium)]으로 479000±153000년 전, 407000±119000년 전으로 측정되어 만수리 유적 구석기제작 연대가 50만 년 전 가까이 올라갈 수 있음이 추정되고 있다. 그리고 아직 발표가 확실하지 않지만 만수리의 석기가 나온 층은 산소동위원소층서/단계(Oxygen Isotope Stage, 有孔蟲의 O¹⁶/O¹⁸ 포함으로 결정), 또는 해양동위원소층서/단계(Marine Isotope Stage, MIS)로는 14기(568000−528000년 B.P.)에 해당한다고도 한다. 그러나 광학여기형광법 [OSL(Optically Stimulated Luminescence)]에 의한 연대는 103000±8000년 B.P.로 측정되어 구석기시대의 상한연대는 아직도 미해결로 남아있다. 그리고 후기에 속하는 남양주 호평동에서는 벽옥(jasper), 옥수(chalcedony)를 비롯한 흑요석(obsidian)으로 만들어진 석기들이 많이 출토되었으며, 유적의 연대는 30000−16000년 B.P.로 후기 구석기시대에 속하는데 응회암제 돌날과 슴베찌르개 그리고 석영제 밀개가 나오는 1문화층(30000−27000년 B.P.)과 흑요석제석기와 좀돌날 제작이 이루어진 2문화층(24000−16000년 B.P.)의 두 층으로 나누어진다. 지금까지 사적으로 지정된 구석기시대유적은 연천 전곡리(사적 268호), 공주 석장리(사적 334호), 파주 가월리·주월리(사적 389호)와 단양 수양

개(사적 398호)[3]가 있다.

빙하기에 해당되는 전기 구석기시대는 해수면의 하강으로 황해와 대한해협은 육지로 되기 때문에, 아시아 내륙지방과의 교통은 해수면이 상승한 간빙기보다 더 편리하였다. 이 시기에 우리나라에는 동굴 곰·하이에나·코끼리·큰쌍코뿔소·물소·상원말·원숭이같은 지금은 절멸됐거나 우리나라에서는 살지 않는 동물들이 살고 있었다. 동물상은 화북지방과 큰 차이가 없었다. 검은 모루 유적에서는 다량의 동물뼈가 발견되어 그 시대가 홍적세(洪積世) 중기, 즉 구석기시대 전기임을 알 수 있다. 석기는 규질석회암 또는 석영암 계통의 것을 던져떼기(anvil-hurling)를 하거나 돌망치를 사용해 직접떼기로 만든 찍개(chopper)와 주먹도끼(handaxe, biface) 및 긁개(scraper) 등이 발견된다. 한탄강유역의 분출 현무암층위 점토층(粘土層)에 형성된 전곡리유적에서는 석기들이 다량으로 발견되는데 석기는 질 좋은 석영암에서 던져떼기나 망치 떼기로 떼어낸 두꺼운 격지나 몸돌(core)에 망치로 간단한 손질을 하여 만든 주먹도끼·자르개·찍개·밀개·긁개 등이다. 주먹도끼와 자르개는 아프리카·유럽의 아슐리안 석기공작(Acheulian 石器工作)과 매우 닮아, 그 계보와 성격에 관해서 큰 관심을 끌고 있다.

중기 구석기시대에는 이 시기에 평안남도 덕천 승리산 동굴에서 살았던 것으로 생각되는 사람의 어금니와 쇄골(鎖骨)조각이 발견되어 덕천인(德川人)으로 명명되었다. 또한 평양시 역포구(力浦區) 대현동(大峴洞) 동굴에서는 7-8세 가량의 어린이 뼈가 뼈 연모(도구)와 함께 발견되어 역포인으로 명명되었다.

---

3) 단양 수양개 유적을 발굴했던 충북대 이융조 교수가 서기 1981년-서기 1982년 충북 청원군 문의면 노현리 흥수굴에서 발굴해 충북대 박물관에 구석기시대 후기에 속하는 "흥수굴아이"라는 명칭으로 전시하고 있는 5-6세의 어린아이의 인골은 肋骨에서 채취한 시료로 C[14]연대측정을 해본 결과 서기 1630년-서기 1891년 사이에 속하는 것으로 밝혀졌다(Henry de Lumley et al. 2011, p.271, p.497 및 p.571).

이 시기부터 우리나라에는 유적의 수가 많아지게 된다. 석영으로 만든 둥근 긁개와 격지석기들이 발견된 함경북도 선봉 굴포리(屈浦里)유적 외에도 연천 전곡리, 공주 석장리, 양구 상무룡리, 양평 병산리유적 등이 있다.

제4빙기에 해당되는 후기 구석기시대에는 우리나라와 일본 구주(九州)가 연결되어 있었고, 맴머스·동굴 곰 같은 한대성 동물이 살고 있었다. 공주 석장리(사적 334호)에서는 반암(斑岩)·분암(玢岩)·유문암(流紋岩) 등으로 만든 돌날·밀개·새기개 등 전형적인 중기−후기 구석기의 유물이 나타나고, 단양 애곡리 수양개(사적 398호)에서는 갓 만들어진 석기들이 흩어져 있는 석기 제작소가 발견되었다. 한편, 북한의 덕천 승리산에서는 후기 구석기시대 사람의 턱뼈도 나와 승리산인으로 명명되었다. 경기 남양주 호평동유적의 연대는 3만년−16000년 전(1문화층은 30000년−27000년 전, 2 문화층은 24000년−16000년 전)으로 나오고 있다.

◇중석기시대: 우리나라에서는 유럽의 편년체계를 받아들여 구석기시대의 석기제작이 점점 발달하여 그 정점에 달하는 것이 후기 구석기시대이며 그 다음 시기를 중석기시대라고 불렀다. 이 시기는 구석기문화에 이어지면서 신석기로 넘어가는 과도기로 파악되는데 빙하기가 물러가고 기후가 따뜻해지자 사람들이 새로운 자연환경에 대응하는 생활방법을 찾으려 노력하는 가운데 이루어진 것이다. 후빙기가 되면서 종래의 추운 기후에 적응해있던 털코뿔소, 털코끼리 등의 짐승군이 북방으로 이동하게 되자 사람들은 그 대신 따뜻한 기후에 번성하는 작은 짐승들과 식물자원에 주목하게 되었고 이러는 동안에 주위 환경에 대해 재적응(readaptation)하게 되었다. 다시 말해 광범위한 경제행위(broad spectrum)에서 계절성(seasonality)과 계획성(scheduling)이 바탕이 되는 보리, 밀, 옥수수 등 몇 가지 식용자원의 개발에 국한하는 좁은 경제행위(narrow spectrum)로 바뀌었다. 이 재적응 과정에서 문화양상도 다양하게 변

화하였다. 이러한 생활방식의 결과로 나타난 문화를 중석기시대문화라고 한다. 최근 들어 우리나라에서 중석기시대의 존재여부에 대해서 두 가지 주장이 있다. 북한에서는 웅기 부포리와 평양 만달리유적을 중석기시대로 보고 있으며, 남한에서는 홍천 하화계리를 필두로 하여 통영의 상노대도 최하층, 거창 임불리, 공주 석장리 최상층 등지에 중석기층이 있다고 보고되고 있다. 그리고 최근에 작은 석기들이 출토되는 경우가 많아 앞으로 '중석기'시대로 보고되는 유적이 늘어날 전망이다. 그러나 우리나라에서 중석기시대 자체를 설정하는 것이 아직 문제로 남아 있다.

◇신석기시대(기원전 10000년/8000년 전-기원전 2000년/기원전 1500년): 후빙기의 처음 약 2000년 동안은 기후가 점점 따뜻해지다가 기원전 6000년에서 기원전 3000년까지의 약 3000년 동안은 기온이 매우 높아졌다. 이런 기후변화를 pre-Boreal, Boreal, Atlantic, sub-Boreal, sub-Atlantic의 5기로 나누어 설명하기도 한다. 신석기인들은 주로 강가나 바닷가에 정착해 사냥을 하거나 물고기를 잡아 생활하는 한편 농사를 짓고 가축을 기르며 생활하였다. 대표적인 유적은 제주도 한경면 고산리(사적 제412호), 고성 문암리(사적 제426호), 부산 동삼동(사적 266호), 양양 오산리(사적 394호)와 서울 암사동(사적 267호) 등이다. 이 시기에 주로 쓰인 도구로는 돌괭이, 돌삽, 돌 갈판과 같은 농경도구가 있는데, 이것을 이용하여 조나 피 등의 농사를 짓고 음식을 조리하였다.[4]

---

4) 중국의 신석기시대의 중요한 浙江省 余姚県 河姆渡유적은 기원전 5000년-기원전 3300년경에 속하며, 早期와 晩期의 두 시기로 나누어지며 한반도 쌀 경작의 기원과 밀접한 관련을 맺고 있다.
　早期문화(제4·3층) 기원전 5000년-기원전 4000년경: 태토의 많은 식물분말이 소성시 타서 까맣게 된 夾碳黒陶 위주로 건축유구가 잘 남아 있음.
　晩期문화(제2·1층)기원전 4000년-기원전 3300년경: 사질의 陶器인 夾砂紅陶, 紅灰

이때부터 사람들은 돌을 갈아서 여러 가지의 형태와 용도를 가진 간석기(마제
석기)를 만들어 사용하였다. 그리하여 부러지거나 무디어진 도구도 다시 갈아
손쉽게 쓸 수 있게 되었으며, 단단한 돌이나 무른 석질의 돌을 이용하게 되었
다. 또, 진흙을 불에 구워서 만든 토기를 사용하여 음식물을 조리하거나 저장
할 수 있게 됨에 따라 생활이 보다 나아지게 되었다. 신석기시대의 경우 제주
도 한경면 고산리유적에서 우리나라에서 가장 연대가 올라가는 기원전 8000

陶가 위주임.
그러나 이 유적을 달리 제1기, 2기와 3기의 세 문화기로 나누기도 한다.
제1기(제4문화층, 기원전 5000년-기원전 4500년경): 건축유구, 골각기, 목기가 대량
으로 발견됨.
제2기(제3문화층, 기원전 4500년-기원전 4000년경): 10여 기의 무덤, 土坑, 솥, 盃
와 高杯 등의 陶器類, 木胎漆椀가 발견됨.
제3기(제2문화층, 기원전 3500년-기원전 3000년경): 三足器, 외반구연의 솥, 동체부
가 원형인 솥, 鉢형의 杯와 나팔모양의 다리를 가진 豆(器臺), 盃 등이 발견됨.
이 유적에서 가장 중요한 것은 대량의 벼가 발견되고 있는 점이다. 재배된 벼는
Oryza Sativa Indica 종류이며 장강(양자강) 하류유역이 벼의 기원지 중의 하나임을
알려준다. 그 연대는 기원전 5000년경이다. 이곳에서는 소의 肩胛骨로 만든 골제농기
구가 다량으로 출토하고 있다. 또 이 유적에서 두 번째로 중요한 것은 周禮 春官 大宗
伯에 보이는 六器(蒼壁, 黃琮, 靑圭, 赤璋, 白琥, 玄璜) 중 琮·璧과 璜의 세 가지 祭禮重器
라는 玉器 이외에 鉞이 이미 앞선 良渚文化(기원전 3350년경-기원전 2350년경)에서 나타
나고 있는데, 良渚文化보다 약 1650년이 앞서는 이 유적에서 이미 璜이외에도 玦玉이
발견된다는 점이다. 이 옥결은 우리나라 고성 문암리(사적 제426호)와 파주 주월리에서
도 나타나고 있어 앞으로의 연구과제이다. 그리고 현재 중국에서의 옥산지는 河南省
南陽 獨山 및 密県, 辽宁省 鞍山市 岫岩(滿族自治縣), 甘肅省 酒泉, 陝西省 藍田, 江蘇
省 栗陽 小梅岑과 멀리 新疆省 和田 등을 들 수 있는데 당시 신분의 과시에 필요한 玉
과 翡翠의 수입같은 장거리무역도 형성되었던 것 같다. 하모도류의 유적의 주요 분포
지는 杭州灣 이남의 寧紹平原과 舟山群島 일대이다. 그리고 최근 근처 田螺山에서 기
원전 5050년-기원전 3550년에 해당하는 하모도류와 성격이 비슷한 유적이 발굴되고
있어 주목받고 있다. 그리고 최근의 다양한 발굴성과는 皀市下層-彭頭山-玉蟾岩으
로, 그리고 河姆渡-跨湖橋-上山문화로 발전하는 양상까지도 아울러 보여주고 있다.

년(10500 B.P.)이란 연대측정결과가 나왔는데, 이 유적에서는 융기문토기와 유경삼각석촉이 공반되고 있다. 강원도 고성 문암리유적도 이와 비슷한 시기에 속한다. 그리고 양양 오산리의 유적은 최근의 가속질량연대분석(AMS)으로 기원전 6000년-기원전 5200년이 나왔다. 그리고 전형적인 빗살문토기가 나오는 암사동유적은 기원전 4000년-기원전 3000년경에 해당한다. 신석기시대 사람들의 종교의식은 그들의 실제 생활과 밀착되어 있다. 그리하여 농사에 큰 영향을 끼치는 자연현상이나 자연물에도 정령이 있다고 믿는 애니미즘이 생겨나게 되었다. 풍요(豊饒)와 다산(多産)이 그 중심에 자리잡고 있다 하겠다. 그중에서도 태양과 물에 대한 숭배가 으뜸이 되었다. 또 사람이 죽어도 영혼은 없어지지 않는다고 생각하여 영혼숭배와 조상숭배가 나타났고, 인간과 영혼 또는 하늘을 연결시켜주는 존재인 무당과 그 주술을 믿는 샤머니즘도 있었다. 그리고 자기 부족의 기원을 특정 동식물과 연결시켜 그것을 숭배하는 토테미즘도 있었다. 이러한 신앙형태는 애니미즘(정령 숭배신앙, animism), 샤머니즘(巫敎, shamanism), 토테미즘(토템 숭배신앙, totemism)과 조상숭배(ancestor worship) 등으로 나타나게 되었다. 이들은 부적과 같은 호신부, 치레걸이 등에는 여성을 상징한 것, 사람 얼굴(혹은 가면), 뱀, 망아지 등으로 표현되었다. 여성을 나타낸 것은 풍요와 다산에 대한 기원으로 보아진다. 이 시대의 예술품으로는 주로 흙으로 빚어 구운 얼굴모습이나 동물의 모양을 새긴 조각품, 조개껍데기 가면, 조가비로 만든 치레걸이, 짐승의 뼈나 이빨로 만든 장신구 등이 있었다. 구석기시대 사람들이 이동하면서 수렵과 식량채집의 생활을 영위한 것과는 달리, 신석기시대 사람들은 정착으로 농경과 목축의 시작, 간석기와 토기의 사용, 촌락공동체의 형성 등을 특징으로 하였다. 특히 신석기시대 사람들은 농경과 목축을 시작하여 자급자족하는 식량생산의 경제 활동을 전개함으로써 인류의 생활양식은 크게 변하였다. 이를 신석기혁명(Neolithic Revolution)이라고도 한다. 신석기시대에 들어와서는 강가나 바닷가로 나와 움집을 짓고 살았다. 한편 웅기 굴포리 서포항유적에서처럼 때로는 굳어진 조개더미를 다져서 그 안에다 집을 짓는 경우도 나타나게 되었다. 그러나 대개는 둥근 모양으로 깊이 1−0.5m 정도의 움을 파고 바닥을 다진 후 벽체와 지붕을 올려 집을 지었던 것으로 보인다. 집의 크기는 직경 5m 정도가 보편적이며 한 집에서 대개 다섯 사람 정도가 살 수 있었을 것으로 여겨진다. 서포항이나 암사동, 그밖에 여러 대규모 취락지들을 보면 한 유적에서 10여 기 이상씩 발견되나 이들도 전체를 다 나타낸 것은 아니다. 한편 신석기시대에도 여전히 동굴생활을 한 사람들이 있는데 그들의 자취는 예상보다 많은 편이다. 발굴된 유적만 하더라도 평북 의주 미송리, 평양 용곡 동굴, 춘천 교동, 단양 금굴, 단양 상시, 춘천 교동, 부산 금곡동 율리 등이 있다. 인공 동굴에 해당하는 교동의 예만 빼면 이들은 대개 석회암동굴이 발달한 평양지역이나 충북 쪽에 위치하고 있어 환경에 적응한 신석기시대 사람들의 삶을 그려볼 수 있다. 신석기시대라 하더라도 동굴생활을 하던 사람들의 살림살이는 사냥과 채집에 의존했을 것으로 보인다. 이 사회는 계급사회가 아닌 평등사회로 나이와 경험이 많은 어른(우두머리)이 부족의 중요한 일을 맡아 운영해나갔다. 신석기시대에는 부족사회(tribe)를 이루었는데 부족은 씨족을 기본 구성단위로 하며 씨족은 혈연을 바탕으로 하고 있다. 씨족은 각각 폐쇄적인 독립사회를 이루고 있었으며, 점차 다른 씨족과의 족외혼을 통하여 부족을 이루었다. 부족사회는 평등사회라고는 하나 집단 내에서의 출생에 따른 지위 같은 것이 있어서 서열사회(ranked society)라고도 한다. 신석기시대 부족의 규모가 얼마나 되었는가 하는 것은 시기나 환경에 따라, 그리고 생업의 종류에 따라 편차가 무척 클 것으로 보인다. 지금까지 한반도에서 발견된 신석기시대 유적들의 시대구분(편년)은 다음과 같이 되겠다.

1. 기원전 8000년−기원전 6000년: 원시무문/민무늬토기(原始無文土器: 高

山里)

2. 기원전 6000년-기원전 5000년: 돋을무늬토기(隆起文土器: 牛峰里)

3. 기원전 5000년-기원전 4000년: 누름무늬토기(押印文土器: 蘊山里)

4. 기원전 4000년-기원전 3000년: 빗살무늬토기(櫛目文土器: 東三洞)

5. 기원전 3000년-기원전 2000년: 부분빗살무늬토기(部分櫛目文土器: 鳳溪
里)

6. 기원전 2000년-기원전 1500년: 부분빗살문토기와 청동기시대의 돌대
문토기(突帶文土器가 공존하는 과도기: 春城 內評里)

◇청동기시대(기원전 2000년/1500년-기원전 400년): 기원전 1500년은 남북한 모두에 적용되는 청동기시대의 상한이며 연해주지방(자이사노프카 등), 아무르 하류지역, 만주지방과 한반도내의 최근 유적 발굴조사의 성과에 따라 청동기 시대 조기는 기원전 2000년까지 올라간다. 현재까지 확인된 고고학 자료에 따르면 빗살문토기시대 말기에 약 500년간 청동기시대의 시작을 알려주는 돌대 문토기/각목돌대문/덧띠새김무늬토기가 공반한다.

청동기시대 조기(기원전 2000년-기원전 1500년)의 돌대문토기의 경우 중국 요령 소주산(小珠山) 신석기문화 유적의 상층(신석기시대 후기)에 해당하는 대련 합피지(大連市 石灰窯村, 交流島 蛤皮地), 장흥 삼당(長興島 三堂)유적(이상 기원전 2450년-기원전 2040년), 길림 흥성(吉林省 和龍県 東城乡 興城村 三社, 기원전 2050 년-기원전 1750년)에서, 그리고 연해주 보이즈만 신석기시대 말기의 자이사노 프카의 올레니와 시니가이 유적(이상 기원전 3420년-기원전 1550년)과 아무르 강의 보즈네세노프까, 리도프카와 우릴 문화에서 나타난다. 우리나라에서는 돌 대문토기가 정선 북면 여량 2리(아우라지), 춘천 춘성 내평, 천전리(기원전 1440 년), 춘천 산천리, 춘천 신매리, 춘천 우두동, 춘천 현암리, 하중도, 강릉시 초 당동 391번지 허균·허난설헌 자료관 건립부지, 홍천 두촌면 철정리, 홍천 화

촌면 외삼포리(기원전 1330년, 기원전 1350년), 평창 평창읍 천동리, 진주 남강댐 내 옥방(기원전 1590년-기원전 1310년, 기원전 1620년-기원전 1400년), 경주 충효 동, 충남 연기 금남 대평리유적(기원전 1300년-기원전 1120년), 충청남도 대전시 용산동(단사선문이 있는 돌대문토기로 조기 말-전기 초), 경기도 가평 상면 연하 리와 인천 계양구 동양동유적을 비롯한 여러 곳에서 새로이 나타나고 있다. 그 다음 청동기시대 전기(기원전 1500년-기원전 1000년)에는 단사선문(單斜線文)이 있는 이중구연토기(二重口緣土器)가, 청동기시대 중기(기원전 1000년-기원전 600 년)에는 구순각목이 있는 공렬문토기(孔列文土器)가, 청동기시대 후기(기원전 600년-기원전 400년)에는 경질(硬質)무문토기가 나타나고 있다. 우리나라 청동 기시대 중기에 나타나는 공렬문토기와 구순각목토기는 시베리아의 이자코보 (Isakovo, 기원전 4000년-기원전 3000년)와 세르보(Servo, 기원전 3000년-기원전 2000년)기에서 이미 나타나고 있다. 신석기문화의 종말은 새로운 유문토기(有 文土器)의 출현으로 시작된다. 이것이 평안북도 용천군 신암리의 채색 또는 새 긴 무늬의 목항아리(長頸壺)이며, 채색무늬토기는 함경도 웅기·나진지방에서 도 나타나고 있다. 이 새로운 토기의 담당자들은 오늘날 요령성·길림성지방에 퍼져 있던 퉁구스족(Neosiberian, Neoasiatic people, Tungus: 에벤키, 에벤, 라 무트, 사모에드, 우에지, 브리야트 등)[5]의 일파로서, 그들이 바로 우리의 직계조 상(조선인의 옛 유형)인 예맥족이었다고 생각된다. 신석기시대 말기에 남만주 일대에 퍼져 있던 예맥족문화의 특징은 청동기로는 요령식 동검, 동부(銅斧), 거친 무늬의 다뉴조문경, 석기로는 반달칼·별도끼, 토기로는 유문토기, 화분

---

5) 시베리아의 황인종(Mongoloid)에는 고아시아/고시베리아족(Palaeoasiatic people, Palaeosiberian)과 퉁구스/신아시아족(Tungus, Neoasiatic people)족이 있다. 고아시아 /고시베리아족에는 축치, 꼬략, 캄차달, 유카기르, 이텔만, 켓트, 길랴끄(니비크)가, 퉁 구스/신아시아족에는 골디(Goldi, a Nanai clan name, 허저/赫哲), 에벤키(鄂溫克), 에 벤, 라무트, 부리야트, 우에지, 사모예드 등이 있다.

형 또는 목이 벌어지는 무문토기, 무덤으로는 돌널무덤·돌곽무덤·고인돌 등을 들 수 있다. 그들은 차츰 남쪽으로 뻗어 내려와 빗살무늬토기를 사용하던 원주민(Palaeosiberian, Palaeoasiatic people)을 흡수, 동화하였다. 그리하여 대동강유역에서는 신암리토기·공귀리토기(公貴里土器)·미송리토기(美松里土器)·팽이토기 등 새로운 무문토기들이 만들어진다. 또한 두만강유역에서는 붉은간토기·구멍무늬토기(孔列文土器)가 나타나 빗살문토기는 완전히 소멸한다. 또한 함경도 토기도 한강유역으로 내려와 한강 이남의 무문토기 발전에 영향을 준다. 농경은 쌀을 포함한 콩·팥·조·수수·기장 등 곡식이 경작되었다. 탄화미는 여주 흔암리, 부여 송국리(사적 249호)뿐만 아니라 평양시 남경(南京, 기원전 992년, 기원전 1024년)에서도 발견되고 있다. 그러나 우리나라의 경우는 그러한 개념을 그대로 적용하기 어렵다. 일반적으로 한국에서는 '청동기시대=무문토기시대'라는 생각이 통용되고 있는데, 무문토기가 사용됨과 동시에 청동기가 사용되었다는 증거는 거의 없다. 북한에서는 팽이형토기 유적인 평양시 사동구역 금탄리 8호주거지에서 청동 끌이 출토되었고, 평안북도 용천군 신암리에서 칼과 청동단추, 황해북도 봉산군 봉산읍 신흥동 7호집자리에서 청동단추가 출토되었으며, 함경북도 나진 초도에서는 청동방울과 원판형기가 출토되었으며, 북한학자들은 이들 유적이 북한의 청동기의 시작이라고 보고 그 연대를 기원전 2000년 초반으로 잡고 있다. 청동기시대의 유적 가운데 비슷한 성격의 유물군이 요령, 길림성지방을 포함하는 중국 동북 지역으로부터 한반도에 걸쳐 널리 분포되어 있다. 이 시기의 전형적인 유물로는 반달돌칼, 바퀴날도끼를 포함하는 석기와 비파형동검, 거친무늬거울, 화살촉 등의 청동제품, 그리고 미송리식 토기나 각 지역에 따라 특징적인 민무늬토기 등이 있으며, 이들은 고인돌, 돌무지무덤, 돌널무덤 등에서 나오고 있다. 비파형동검은 중국 동북부로부터 한반도 전역에 걸쳐 분포하며, 이러한 동검의 분포는 이 지역이 청동기시대에 같은 문화권에 속하고 있었음을 보여준다. 청동기시대의 대표적인 토기인 무문토기는 지역에 따라 다른 모양을 보이고 있으나, 밑바닥이 좁은 팽이형과 밑바닥이 판판한 원통모양의 화분형이 기본적인 것이며 빛깔은 적갈색이다. 이 시기의 전형적 유물 가운데 특히 비파형동검은 요령, 길림성 지방을 포함한 중국 동북부와 한반도 전역에 걸쳐 나오고 있어, 이 지역은 청동기시대에 하나의 문화권을 이루고 있었음을 보여준다. 청동기시대가 혈연을 기반으로 하는 계급사회(族長社會, chiefdom society)라는 것은 고인돌을 통해서 잘 알 수 있다. 그리고 지석묘는 기원전 1500년에서부터 시작하여 철기시대 전기 말, 즉 기원전 1년까지 존속한 한국토착사회의 묘제로서 이 시기 북에서부터 오는 다원적(多源的)인 문화요소를 수용하고 있다. 이 지석묘사회가 철기시대까지 이어지다가 철기시대 전기 말(기원전 3세기-기원전 2세기경)에 해체되어 마한으로 대표되는 삼한사회로 이행된다. 우리나라에서 사적으로 지정된 지석묘(고인돌)는 강원도 속초 조양동(사적 376호), 경기도 강화도 부근리(사적 137호), 경기도 파주군 덕은리/옥석리(玉石里)(기원전 640년, 사적 148호), 경상남도 마산 진동리(사적 472호), 전라남도 화순 춘양면 대신리와 도산 효산리(기원전 555년, 사적 410호), 전라북도 하서면 구암리(사적 103호), 고창지방(고창읍 죽림리, 상갑리와 도산리 일대의 고인돌군은 현재 사적 391호)이며, 그중 강화도, 고창과 화순의 고인돌들은 세계문화유산으로 등재되어 있다. 지석묘의 기원과 전파에 대하여는 연대와 형식의 문제점 때문에 현재로서는 유럽 쪽에서 전파된 것으로 보다 '한반도 자생설(韓半島 自生說)' 쪽으로 기울어지고 있는 실정이다. 청동기시대에는 생산경제가 더욱 발달하고 직업의 전문화나 분업이 이루어지면서 사유재산과 계급이 나타나게 되었다. 이에 따라 사회 전반에 걸쳐 큰 변화가 일어나게 되었다. 이 시대의 지배자는 정치, 경제, 군사와 하늘에 제사를 지내는 종교 의식도 주관하면서 강한 권력을 가지게 되었다. 이때 신을 접견하고(見灵者), 예언하며 의술도 행하는 巫敎(샤머니즘)가 시베리아로부터 들어오고 여기에 조상숭배(ancestor worship)가 함께 나타나 철기시대 전기에까지 이어진다. 이와 같이 청동기시대라고 하면 일반적으로는 청동기가 제작되고 사용되는 사회를 의미한다. 고인돌은 한반도 전역에 걸쳐 있으며 그 형태도 다양하다. 규모가 큰 수십 톤 이상의 덮개돌은 채석에서부터 운반하고 설치하기까지에 많은 인력이 필요하였다. 그러므로 고인돌은 경제력이 있거나, 정치권력과 경제력을 가진 상류지배층 및 가족들의 무덤으로서, 당시의 사회구조를 잘 반영해준다고 보는 것이다. 최근의 고인돌 연구는 고인돌을 만드는데 소요되는 노동력, 사람 수, 거기에 따른 취락 규모의 추정 등으로 고인돌 만드는 사회의 복원 쪽으로 관심의 방향과 폭을 넓혀가고 있다. 계급의 분화는 사후에까지 영향을 끼쳐 무덤의 크기와 껴묻거리의 내용에도 반영되었다. 그 형태는 보통 북방식에서 보는 바와 같이 4개의 판석 형태의 굄돌을 세워 돌방을 만들고 그 위에 거대하고 편평한 덮개돌을 얹어 놓은 것이 전형적이다. 이 고인돌은 덮개돌과 돌방이 지상에 나타나 있으면 북방식, 덮개돌과 괨돌은 지상에 돌방이 지하에 숨어 있으면 남방식, 그리고 덮개돌밑 굄돌이 없이 돌방이 그대로 지하에 묻혀 있으면 개석식으로 불린다. 이러한 북방식이 남쪽으로 내려가면서, 또 시대가 내려오면서 돌방이 지하로 숨어 들어가는 남방식과 개석식으로 바뀐다. 그리고 여러 개의 받침돌이나 돌무지로 덮개돌을 받친 형태도 나타났다.

◇철기시대 전기(기원전 400년-기원전 1년): 최근의 가속질량연대분석(AMS)에 의한 결과 강릉 송림리유적이 기원전 700년−기원전 400년경, 안성 원곡 반제리의 경우 기원전 875년−기원전 450년, 양양 지리의 경우 기원전 480년−기원전 420년(2430±50 B.P., 2370±50 B.P.), 횡성군 갑천면 중금리 기원전 800년−기원전 600년 그리고 홍천 두촌면 철정리(A−58호 단조 철편, 55호 단면 직사각형 점토대토기)의 경우 기원전 640년과 기원전 620년이 나오고 있어 철기시대 전기의 상한 연대가 기원전 5세기에서 더욱 더 올라갈 가능성도 있다는 것이

다. 철기시대는 점토대토기의 등장과 함께 시작되는데, 현재까지 가장 이른 유적은 중국 요령의 심양 정가와자유적이며 그 연대는 기원전 5세기까지 올라간다. 이 시기는 점토대토기의 단면의 원형, 직사각형과 삼각형의 형태에 따라 Ⅰ기(전기), Ⅱ기(중기)와 Ⅲ기(후기)의 세 시기로 나누어진다. 그리고 마지막 Ⅲ기(후기)에 구연부 단면 삼각형의 점토대토기(斷面 三角形 粘土帶土器)와 함께 다리가 짧고 굵은 豆形土器가 나오는데 이 시기에 新羅와 같은 古代國家가 형성된다. 이의 기원은 중국의 요령성과 러시아의 아무르 강 유역의 끄로우노프까(北沃沮, 黑龍江省 東宁県 団結村 團結文化)와 挹婁(뽈체, 철기시대로 그 상한은 기원전 7세기까지 올라간다) 문화로부터이다. 고조선의 마지막 단계이면서 한반도 최초의 고대국가인 衛滿朝鮮(기원전 194년-기원전 108년)은 철기시대 전기 중 Ⅲ기(중-후기)에 속한다. 비파형동검(요령식, 만주식, 고조선식 동검), 거친무늬거울(조문경), 평북 의주 미송리식 토기와 고인돌(지석묘)을 기반으로 하던 고조선은 초기에는 요령지방에 중심을 두었으나, 후에 와서 대동강유역의 왕검성을 중심으로 독자적인 문화를 이룩하면서 발전하였다. 고조선은 연나라의 침입을 받아 한때 세력이 약해지기도 하였다. 그러나 기원전 3세기경에는 부왕(否王), 준왕(準王)과 같은 강력한 왕이 등장하여 왕위를 세습하였으며, 그 밑에 상(相), 대부(大夫), 장군(將軍) 등의 관직도 두었다. 또, 요하를 경계선으로 하여 중국의 연(燕)과 대립할 만큼 강성하였다. 한국정치진화의 마지막 발전단계인 한반도 최초의 고대국가(ancient state)인 위만조선(衛滿朝鮮)은 위만에서 이름이 전해지지 않는 아들을 거쳐 손자인 우거(右渠)에 이르는 4대 87년간 존속했던 혈연에 의한 세습왕권이었다. 위만과 우거 이외에 기록에 나타나는 비왕 장(裨王 長), 조선상 노인(朝鮮相 路人), 상 한도/한음(相 韓陶/韓陰), 대신 성기(大臣 成己), 니계상 삼(尼鷄相 參), 장군 왕겹(將軍 王唊), 역계경(歷谿卿), 예군 남려(濊君 南閭) 등은 그러한 세습왕권을 유지하는 고위각료들이었던 것으로 생각되며 이들이 곧 전문화된 군사·행정집단인 것으로 보인다. 또한 조선상

노인 아들 최(最)가 등장하는 것으로 보아 왕위와 마찬가지로 상류층에서도 지위세습이 존재했으며 그러한 상위계층에 대응하는 하나 이상의 하위 신분계층이 더 존재했을 가능성을 시사해주고 있다. 이러한 신분체계와 아울러 기록을 통해서 알 수 있는 위만조선의 사회구조에 관한 것은 내부의 부족구성과 인구수 등이다. 위만조선의 인구규모는 『漢書』와 『後漢書』의 기록을 종합해 볼 때 약 50만에 이른 것으로 추정된다. 족장단계(chiefdom society)를 넘어서는 이러한 인구규모를 통제하기 위해서는 경제적 배경이나 영토, 이외에 법령과 치안을 담당할 군대도 필요하다. 『漢書』地理志에는 한의 풍속이 영향을 미친 이후 80여 조에 달하는 法令이 제정되었다는 기록이 있고, 『後漢書』 東夷傳 濊條에도 역시 그와 유사한 기록이 있다. 국가 이전단계의 계급사회인 청동기시대와 철기시대에 부족을 통솔하는 族長의 명칭으로 『三國志』 魏志 東夷傳에 나와 있는 삼한(三韓)의 거수(渠帥), 신지(臣智), 검측(險側), 번예(樊濊), 살계(殺奚)와 읍차(邑借) 沃沮의 삼노(三老), 동옥저(東沃沮)의 장수(將帥), 濊(東濊)의 후(侯), 읍군(邑君)과 삼노(三老), 읍루(挹婁)의 대인(大人), 숙신(肅愼)의 군장(君長, 唐, 房喬/玄齡 등 撰의 『晉書』) 등을 들 수 있다. 이 시기의 종교는 예산 동서리, 아산 남성리, 대전 괴정동에서 발견된 기하학무늬나 사슴·사람 얼굴·사람 손·농경무늬 등으로 장식된 방패형토기, 검파형동기 등에서 볼 수 있다. 즉 샤마니즘과 조상숭배가 중심을 이룬다. 토기는 무문토기가 기본이지만 검은간토기(黑陶), 아가리에 덧띠를 돌린 띠아가리토기(突帶粘土帶土器)도 만들어진다. 철기시대 전기에 세형동검, 주조 철부 등과 공반되는 점토대토기는 철기시대 전기의 400년간 사용된 경질무문토기(700℃−850℃ 사이에 소성됨)의 일종이다. 석기로는 반달칼·대팻날 등과 함께 홈도끼(有溝石斧)와 석검이 많아진다. 움집은 20㎡ 정도의 장방형이 유행했으나, 지역에 따라서는 신석기시대 전통의 원형도 남아 있다. 무덤으로는 새로이 독널(甕棺)이 쓰이기도 한다. 철기시대 전기에는 이와 같이 청동기가 크게 발달한 시기였다. 그러나 이미 철기가 시베리아나 중국으로부터 들어오기 시작했고, 특히 낙랑군 설치 후로는 단조(鍛造)에 앞선 주조(鑄造)철기가 보급되어 청동기의 급격한 쇠퇴 또는 장식품화와 함께 삼국시대 전기를 맞게 된다.

◇철기시대 후기(서기 1년-서기 300년): 이 시기는 '삼국시대 전기'로 종래의 원 삼국시대/삼한시대로 신라, 고구려와 백제가 고대국가로서의 위상이 더욱더 뚜렷해진다. 그런데 이 시기를 원삼국시대라는 한국고대사기록과 부합되지 않 는 애매한 시기설정 대신에 마한과 백제라는 시기구분이 등장하여 이 시기의 성격이 명확하게 설명되고 있음은 최근 우리 고고학계의 성과 중의 하나이다. 그리고 철기시대 후기는 철기시대 전기의 위만조선과 마찬가지로 역사시대로 편입된다. 신라 30대 문무왕의 비문에서처럼 경주 김씨의 출자가 흉노이며 신 라 적석목곽분의 기원과 아울러 경주 조양동 38호분, 사라리 130호분 경주 오 릉(사적 172호) 근처에서 발견된 목곽묘들도 신라의 건국연대가 기원전 57년으 로 올라갈 수 있음을 입증해준다.

◇삼국시대 후기(서기 300년-서기 660/668년): 국내외 고고학에서 삼국시대 후 기라고 하는 것은 서기 300년경부터 삼국이 통일되는 서기 668년까지의 약 4 세기간을 말한다. 이 시기는 신라·백제에서 왕국의 성립을 반영하는 고총(高 塚)의 발생, 신라토기의 완성과 대량 부장(副葬)이 개시된 때이다. 신라와 가야 는 삼국시대 전기 이래 돌곽무덤이 기본이었다. 그것이 차차 커져 지배자의 무 덤에는 부곽이 만들어지기도 하였다. 신라·가야 묘제의 공통적인 특성은 봉토 주위의 둘레돌, 여러널(多槨墓)이라는 가족묘, 순장의 관습을 들 수 있다. 그러 나 경주에서는 조양동 이래의 덧널무덤전통이 돌무지덧널무덤으로 발전하였 다. 한편, 고구려·백제식의 돌방무덤은 신라·가야지방으로 퍼지면서 4세기 중 엽에는 일본으로 건너갔다. 그러나 경주에서는 서기 6세기 후반이 되서야 비

로소 나타난다. 그리하여 이 돌방무덤형식이 규모가 커져 통일신라·고려·조선시대의 왕족무덤으로 남게 되었다.

◇통일신라시대(서기 668년-서기 918년): 로마의 유리제품이 실크로드를 따라 신라까지 전파되어 금관총, 서봉총, 황남대총 남분과 북분(155호분, 鳳首形 유리병), 황남동 98호분(남·북분) 등 멀리 신라의 적석목곽분에서도 발견되기도 한다. 경주 월성군 외동리 소재 신라 38대 원성왕(元聖王)의 괘릉(掛陵, 사적 26호, 서기 785년-서기 798년)의 석상(보물 1427호), 41대 헌덕왕릉(憲德王陵, 서기 809-서기 826년, 사적 29호), 42대 흥덕왕릉(興德王陵, 서기 826년-서기 836년, 사적 30호)의 무인석상과 경주 용강동고분(사적 328호) 출토 도용(陶俑)도 실크로드를 따라 중국 수(隋, 서기 581년-서기 618년)와 당(唐, 서기 618년-서기 907년) 나라 때의 호상(胡商)인 소그드(Sogd/Soghd)와 그 이후 이슬람인들의 영향으로 만들어진 것으로 생각된다. 삼국시대 후기와 통일신라시대는 고구려·신라·백제·가야의 고분·산성 및 초기 불교유적·생활도구 등을 연구대상으로 한다. 그러나 불교유적·유물은 미술사학에서 주로 다루고, 생활도구 중에서도 장신구는 보통 미술사의 공예부문에서 다루고 있다. 통일신라시대·고려시대·조선시대에 대해서도 고분은 유적의 성격상 고고학에서 다루지만, 그 밖의 분야는 모두 미술사의 영역으로 되어 있다. 묘제를 보면, 고구려는 원래 돌무지무덤이다가 4세기부터 중국식의 봉토분을 겸용하였다. 봉토분의 석실 중에는 중국식으로 벽화를 그리기도 하였다. 또 감숙 정가갑묘(甘肅省 酒泉 丁家閘墓, 東晋 서기 317년-서기 418년)에는 황해도 안악군 유설리 3호분(冬壽墓, 永和 13년 서기 357년) 내의 것과 비슷한 벽화가 그려져 있어 고구려와 선비족(鮮卑族)과의 관련도 시사해주고 있다. 백제는 고구려의 전통을 이어받아 돌무지무덤과 돌방무덤들을 겸용했으나, 공주시대(서기 475년-서기 538년)에는 돌무지무덤은 없어지고 새로이 벽돌무덤이 축조되었다. 그러나 부여시대(서기 538년-서기 660

년)에는 벽돌무덤은 없어지고 돌방무덤만 남았고, 전라도지방에서는 돌무덤이
지역에 따라 성행하기도 하였다.

　그리고 우리나라에서 고고학과 역사학이 결합할 수 있는 부분은 단군조선
(檀君朝鮮)시대부터이지만 『三國遺事』·『帝王韻記』·『朝鮮王朝實錄地理志』에 실
린 기록은 神話의 차원에만 머무를 뿐 실제 역사학과 고고학에서 활용되지는
못하고 있다. 단군조선의 존재연대를 살펴보면 『三國遺事』 紀異編 古朝鮮條에
인용된 『魏書』에는 단군조선이 阿斯達에 건국한 때는 唐古, 堯와 동시기이며,
같은 책의 고기에는 당고가 즉위한 지 50년인 해가 庚寅年(실지 그 해는 丁巳年
임)이라 하고 있어 실제 단군조선이 있었다면 현재까지의 문헌상으로 보아 기
원전 2333년에서 은(殷/商)의 箕子가 武王 때 조선으로 온 해인 기원전 1122년
(周武王 元年 乙卯年)까지이다. 그러나 董作賓의 견해에 따르면 武王 11년 즉 기
원전 1111년에 해당한다. 그래서 만약 기자조선이 실재하여 고고학과 결부된
다면 이 시기는 우리나라의 고고학 편년상 신석기시대 후기–말기에 해당된다.
그러나 최근의 러시아와 중국의 고고학 자료들에 의해서 청동기시대 조기(기
원전 2000년–기원전 1500년)가 이 시기까지 거슬러 올라갈 수 있음이 밝혀졌다.
따라서 단군조선 시기에 있어서 역사학과 고고학의 결합은 현재까지 어려운
실정이나 앞으로 학제적 연구 등에 의해 더 나아질 가능성이 많다. 그러나 북
한의 사회과학원에서는 평양 근교 江東郡 강동읍의 서북쪽 大朴山기슭에서 檀
君陵을 발굴하고 조선중앙방송과 조선통신을 통해 무덤구조, 金銅冠편과 단군
의 뼈(5011년 B.P., 기원전 3018년)라고 주장하는 인골을 공개하고, 이에 입각하
여 집안에 있는 광개토왕릉과 유사한 대규모의 단군릉을 복원하는 등의 거국
적인 사업을 시행하고 있다. 이를 살펴보면, 고조선의 중심지는 평양 강동군
대박산 단군릉을 중심으로 하는 평양 일대이며, 평양 근처에는 검은모루봉인
(원인)–역포인과 덕천인(고인)–승리산인(신인)–만달인(중석기인)–신석기인(조
선 옛 유형인)이 발견되는데, 이로 알 수 있듯이 평양은 옛날부터 인류의 조상

이 계속 살아온 유구한 전통을 지니고 있다는 것이다. 또한 고조선의 문화는 지석묘(고인돌), 거친무늬거울, 미송리식 단지와 비파형동검으로 대표되는데, 고인돌과 비파형동검의 연대로 볼 때 고조선의 시작이 기원전 30세기로 거슬러 올라간다고 한다. 그리고 고조선사회를 종전의 주장대로 노예제사회(고대국가, 또는 대동강문명)로 보고 있으며, 이의 증거로 평안남도 성천군 용산리(5069년 B.P.)의 순장묘를 들고 있다. 이러한 주장은 일견 논지가 일관되어 합리적인 것으로 보이지만 다음과 같은 문제점을 가지고 있다. 첫째는 연대문제로 기원전 2333년에서 기원전 194년까지 존속했던 단군-기자조선이 실존했었는지의 여부도 파악하기 힘들며, 실존했다 하더라도 그 연대가 한국고고학편년에 대입시켜보면 신석기 말기 즉 기원전 2000년에서 기원전 1500년으로 청동기시대 조기와 겹친다. 둘째는 지리적인 문제로 고조선의 대표적인 유물인 고인돌과 비파형동검의 출토지역을 중심으로 살펴보면 중심지는 오늘날 행정구역상 요령성과 길림성 일대로 평양이 고조선의 중심지일 가능성은 거의 없다는 것이다. 세 번째는 단군릉에서 발굴된 인골의 연대적용문제이다. 출토 인골의 연대분석으로 기원전 3018년이란 연대가 나왔는데, 이는 단군의 건국연대인 기원전 2333년[6]보다 685년(1993년 기준)이나 앞선다는 문제점과 함께 연대측정에 이용된 池谷元司(いけやもとじ)가 開發한 電子스핀共鳴年代測定法(electron spin resonance: ESR)은 수십에서 수 백 만년 이전의 유물인 경우에 정확한 연

---

6) 檀君朝鮮의 건국연대는 徐居正의『東國通鑑』, 劉恕의『資治通鑑外紀』, 安鼎福의『東史綱目』과 李承休의『帝王韻紀』東國君王開國年代 前朝鮮紀(卷下)에서 기원전 2333년(戊辰년의 건국연대는 기원전 2313년이나 殷/商나라 武丁8년 乙未년까지 단군이 다스리던 기간이 1,028년이 아닌 1,048년으로 본다면 20년이 올라간 기원전 2333년이 된다), 그리고『三國遺事』에서 건국연대는 기원전 2311년(唐高, 堯 즉위 후 50년 庚寅/丁巳년. 皇甫謐의 설에 따르면 기원전 2307년이 된다) 등 그 설도 다양하다. 이는『史記』五帝 本紀 주석에서 皇甫謐이 唐堯(帝堯)가 甲申년(기원전 2377년)에 태어나서 甲辰년에 즉위(기원전 2357년)했다고 하는 여러 설에서 기인되기도 한다.

대를 측정하는 것으로 알려져 있다. 넷째로 인골이 출토된 유구가 평행삼각고인 천정에 연도가 중심에 위치한 돌칸흙무덤(石室封土墳)이라고 하는데, 그 시기의 대표적인 무덤형식은 적석총이나 고인돌이다. 따라서 무덤 자체의 형식으로 보아서는 이 단군릉이 고구려 하대의 무덤이지 그보다 연대가 앞서는 단군의 무덤이라고 할 수 없다는 것이다. 다섯째는 유구 내부에서 출토되었다고 하는 도금된 금동관편으로 이는 무덤의 구조와 마찬가지로 고구려의 유물일 가능성이 큰 것이다. 따라서 이 유구에 묻힌 인골은 기자조선 또는 단군조선시대의 인물과는 거리가 먼 것으로 보아야 할 것이다. 여섯째는 단군의 실존 여부의 문제이다. 단군이 실재했는지는 현재로서는 알 수 없고, 단군 그 자체는 단지 몽고 침입이 잦았던 고려 말이나 일제 침입이 있었던 조선 말 민족의 구원자겸 구심점으로 三韓一統的인 민족의 상징적인 역할을 했던 것으로 보인다. 이런 점을 고려할 때 단군릉은 주인공의 존재를 잊어버린 고구려의 무덤이 후대에 단군릉으로 변조된 것으로 볼 수 있을 것이다. 이와 같이 단군릉의 발굴에 대한 북한 측의 견해는 학문적이라기보다는 그들의 정통성 확보를 위한 정치적인 면을 보이는 것이라 할 수 있을 것이다.

참고문헌

金廷鶴

  1972　韓國の考古學, 東京: 河出書房新社

金元龍 監修

  1989　韓國の考古學, 동경: 講談社

金元龍

  1986　韓國考古學槪說, 서울: 一志社

  1974　韓國의 古墳, 서울: 세종대왕기념사업회

  1976　韓國文化의 起源, 서울: 探求堂

  1982　韓國의 壁畵古墳, 서울: 同和出版公社

윤이흠 외

  2001　단군 -그 이해와 자료-, 서울: 서울대학교출판부

최몽룡

  1987　한국고고학의 시대구분에 대한 약간의 제언, 최영희선생 회갑기념
　　　한국사학논총, 서울: 탐구당, pp.783-788

  1991　考古學에의 接近, 서울: 신서원

  1994　단군릉발굴에 대한 몇 가지 이견, 한국상고사학보 15집, pp.455-457

  1997　북한의 단군릉 발굴과 문제점(1)및 (2), 도시·문명·국가 -고고학에
　　　의 접근-, 서울: 서울대학교출판부, pp.103-116 및 윤이흠 외,
　　　2001, 단군 -그 이해와 자료-, 서울: 서울대학교출판부, pp.290-
　　　301

  1997　청동기시대 개요, 한국사 3 -청동기문화와 철기문화-, 서울: 국사
　　　편찬위원회, pp.1-31

1997 고조선의 사회와 문화, 한국사 4 -초기국가-고조선·부여-, 서울: 국사편찬위원회, pp.115-146

2002 고고학으로 본 문화계통 -문화계통의 다원론적 입장-, 한국사 1 -총설-, pp.89-110

2004 朝鮮半島の文明化, 千葉: 國立歷史民俗博物館 硏究報告, 東アジアにぉける農耕社會の形成と文明への道, 第119集, pp.231-246

2008 한국 청동기·철기시대와 고대사회의 복원, 서울: 주류성

2010 한국 문화기원의 다양성 -구석기시대에서 철기시대가지 동아시아의 제 문화·문명으로부터의 전파-, 단국대학교 동양학연구소, 동아시아 문명 기원과 교류, pp.1-45

2011 고등학교 국사교과서 교사용 지도서 -Ⅱ. 선사시대의 문화와 국가의 형성(고등학교)-, 최몽룡 편저, 21세기의 한국고고학 Ⅳ, 서울: 주류성, pp.27-130

2013 인류문명발달사(개정 5판), 서울: 주류성

최몽룡 외

1992 韓國先史考古學史, 서울: 까치

1996 考古學과 自然科學, 서울: 서울대학교출판부

1997 人物로 본 考古學史, 서울: 한울

1997 韓國古代國家形成論, 서울: 서울대학교출판부

1997 한국사 1·2·3, 서울: 國史編纂委員會

1998 考古學研究方法論, 서울: 서울대학교출판부

Fagan Brian 著·崔夢龍 譯

1987 人類의 先史時代, 서울: 을유문화사

Binford, Luis

1972 *An Archaeological Perspective*, New York: Seminar Press

Choi, Mong—Lyong

    1985   *A Study of the Yŏngsan River Valley Culture—The Rise of Chiefdom Society and State in Ancient Korea—*, Seoul: Dong Sŏng Sa

Deetz, James

    1967   *Invitation to Archaeology* New York: The Natural History Press

Eddy, F.

    1984   *Archaeology*, N. J.: Prentice Hall

Hole, Frank, and Robesrt F. Heizer

    1973   *An Introduction to Prehistoric Archaeology*, New York: Holt, Rinehart and Winston

池谷元司

    1986   ESR(電子スピン共鳴年代測定), 山口県: アイオニクス株式會社

Ⅲ. 선사시대

　　선사시대(prehistory)는 문자로 역사적 사실들을 기록하기 시작한 이전의 시대로 문자를 사용하고 있는 역사시대(history)라는 용어와 대칭되는 개념이다. 그리고 선사시대와 역사시대 사이의 과도기시대를 원사시대(protohistory)라고 설정한다. 이러한 개념의 용어가 최초로 사용되어 학계에 공인 받게 된 것은 영국의 지질학자 찰스 라이엘(Lyell, Sir Charles)이 서기 1968년 지질학개론(Principles of Geology, 1868년 10판)에서 에브버리 경(Avbury 경, Sir Lord Lubbock)의 『Prehistoric Times』(1865-1913년 7판)의 'Palaeolithic과 Neolithic'란 용어를 채택하는데서부터 비롯되었다. 그러나 실제 이보다 앞선 서기 1851년 스콧틀랜드-캐나다계인 윌슨(Daniel Wilson, The Archaeology and Prehistoric Annals of Scotland)이 'Prehistory'를, 프랑스에서는 서기 1831년 투흐날(Paul Tournal)이 처음으로 'Préhistorique'란 단어를 사용했었다. 그리고 선사시대에서 역사시대로 넘어가는 과도기시대인 원사시대(原史時代, protohistory)도 중요하게 다루어지며, 또 역사시대에 있어서도 일반문헌을 다루는 역사학자들이 다룰 수 없는 물질문화의 분야도 중요한 연구대상이 된다. 원사시대는 기록이나 고문서가 나오기 이전으로 거슬러 올라가는 인류역사의 일부를 지칭하기 위해 만들어진 것인데 프랑스의 투흐날의 '선사시대' 개념에서 비롯되었다. 원사시대란 한 문화집단이 자체의 문자를 가지고 있지 못할 때 주변의 선진문화집단이 외부의 입장에서 역사기록을 남겨놓는 과도기적인 경우이다. 예를 들어 문자가 없는 집단인 삼한(三韓)에 대해 중국 측에서 『三國志』 魏志 東夷傳을 기술한 것이 이 경우에 해당한다.

선사시대의 종말과 역사시대의 발생은 도시·문명·국가의 발생(도시혁명, Urban revolution)과 아울러 문자의 출현을 기준으로 할 때, 가장 이른 지역은 중동지역으로서 세계 최초의 수메르 문명이 나타나는 기원전 3000년경이다. 중국은 기원전 1750년대인 상(商), 영국은 로마(시저의 기원전 56년, 클라우디우스의 서기 43년 등)가 침입하는 서력기원 전후시기, 신대륙은 유럽인들이 들어온 서기 14세기 이후(아즈텍은 서기 1325년에 시작하여 에르난 코르테즈/Hernan Cortez의 서기 1521년 8월 13일 침입, 잉카는 서기 1438년에 시작하여 프란시스코 피자로/Francisco Pizzaro의 서기 1432년 11월 16일 침입에 의하여 멸망함)가 역사시대로 된다.

한반도의 경우, 이런 선사시대의 개념을 적용시킨다면 구석기시대·신석기시대·청동기시대(기원전 2000/1500년-기원전 400년)가 선사시대에 속하며 그 다음에 오는 철기시대 전기(기원전 400년-기원전 1년)는 선사시대-역사시대에, 철기시대 후기(서기 1년-서기 300년, 삼국시대 전기, 삼한시대)는 원사시대-역사시대에 해당한다고 할 수 있다. 그러나 철기시대 전기에 우리나라 최초의 고대국가인 위만조선(衛滿朝鮮, 기원전 194년-기원전 108년)이 들어서서, 실제 역사시대의 시작은 철기시대 전기 말인 기원전 194년부터라고 할 수 있다.

고고학에 있어서 선사시대를 다루는 연구 분야를 선사학 또는 선사고고학이라 하며 이는 선사고고학자가 담당하고 있다. 이와 대비해 문자기록이 나타난 이후의 시기를 다루는 분야를 역사고고학자라 칭한다. 그러나 역사시대에 들어와서도 문자로만 사회·문화 변동을 해석할 수 없을 때 당시의 유물을 가지고 연구하는 고고학자들의 도움을 받기도 한다. 선사시대에 대한 연구는 문자가 없으므로 거의 전적으로 지상 또는 물밑에 남겨진 유적과 유물을 중심으로 진행할 수밖에 없다. 연구방법으로는 유적·유물의 형태적 분석, 분포관계를 밝히는 지리적 분석, 선사시대와 비슷한 상황에서 도구를 제작해보는 실험적 분석, 현존 미개·원시집단의 생활자료로부터 선사시대의 생활을 추정하는 민족지적(民族誌的)인 유추방법 등이 있다. 또한 선사시대 인간들은 자연환경에 적응해 살아나가기 때문에 당시의 의·식·주가 중심이 되는 문화를 복원하는데 있어 당시의 환경을 다루는 생태학적 연구도 자연히 중요한 자리를 차지하고 있다. 이에는 지질학·고생물학·물리학과 생화학 등의 자연과학적 뒷받침이 절대적으로 필요하다.

한반도의 선사시대는 각 시대별로 시기가 세분되어 있다. 구석기시대는 전기·중기·후기로, 신석기시대는 조기·전기·중기·후기로, 그리고 청동기시대는 조기·전기·중기·후기로, 철기시대는 전기(초기 철기시대)와 후기(삼국시대 전기)로 각각 구분되고 있다. 현재까지의 전기 구석기유적의 연대는 단양 금굴이 70만년, 충북 청원(강외면) 만수리가 55만 년 전, 경기 연천 전곡리가 35-30만 년 전, 후기 구석기시대 유적인 경기 남양주 호평동이 3만년-16000년 전(1문화층은 30000년-27000년 전, 2문화층은 24000년-16000년 전)으로 나오고 있다. 그리고 신석기시대는 1. 기원전 8000년-기원전 6000년: 원시무문/민무늬토기(原始無文土器: 高山里), 2. 기원전 6000년-기원전 5000년: 돋을무늬토기(隆起文土器: 牛峰里), 3. 기원전 5000년-기원전 4000년: 누름무늬토기(押印文土器: 蘊山里), 4. 기원전 4000년-기원전 3000년: 빗살무늬토기(櫛目文土器: 東三洞), 5. 기원전 3000년-기원전 2000년: 부분빗살무늬(部分櫛目文土器: 鳳溪里), 6. 기원전 2000년-기원전 1500년: 부분빗살문토기와 청동기시대의 돌대문토기(突帶文土器: 春城 內坪里)가 공존하는 과도기인 청동기시대 조기로 편년한다.

참고문헌

金元龍

    1986   韓國考古學槪說, 서울: 一志社

최몽룡

    2008   한국 청동기·철기시대와 고대사회의 복원, 서울: 주류성

    2011   고등학교 국사교과서 교사용 지도서 −Ⅱ. 선사시대의 문화와 국가의 형성(고등학교)−, 최몽룡 편저, 21세기의 한국고고학 Ⅳ, 서울: 주류성, pp.27−130

    2013   인류문명발달사(개정 5판), 서울: 주류성

최몽룡·최성락

    1997   人物로 본 考古學史, 서울: 한울

Fagan Brian 著·崔夢龍 譯

    1987   人類의 先史時代, 서울: 을유문화사

Glyn E. Daniel

    1950   *A Hundred Years of Archaeology*, London: Gerald Dukworth & Co.

Gordon Willey & Jeremy A. Sabloff, W.H.

    1993   *A History of American Archaeology*, New York: Freeman & Co.

Gordon Willey & Philip Phillips

    1958   *Method and Theory in American Archaeology*, Chicago & London: University of Chicago Press

Hole, Frank, and Robesrt F. Heizer

    1973   *An Introduction to Prehistoric Archaeology*, New York: Holt,

Rinehart and Winston

楊建華

　1995　外國考古學史, 長春: 吉林大學校出版社

角田文衡

　1962　考古學史－ヨーロツパ・アメリカ－, 世界考古學大系 16, 東京: 平凡

　　　社, pp.182-218

Ⅳ. 청동기·철기시대와 한국문화

유럽에서는 技術과 經濟行爲에 바탕을 둔 구석기(Palaeolithic age)·신석기(Neolithic age)·청동기(Bronze age)·철기시대(Iron age)라는 편년의 명칭을 사용한다.[1] 그러나 신대륙 중 中美의 고고학 편년은 "horizon과 tradition"(공간과 시간)을 포함하는 "stage"(단계)라는 개념의 용어를 사용하고 있다.[2] 다시

---

[1] Prehistoric times, Stone age, Palaeolithic period, Chellean epoch라는 식의 종래 사용되던 명칭대로 하면 Palaeolithic age보다 Palaeolithic period가 올바른 사용법이나 현재는 관용대로 Palaeolithic age로 그대로 쓰고 있다.

[2] 고고학에서 공간의 개념을 알려주는 Horizon의 정의는 "Spatial continuity represented by cultural traits and assemblages"이며, 시간의 개념을 나타내는 Tradition의 정의는 "Temporal continuity represented by persistent configurations in single technologies or other systems of related forms"이다(Gordon Willey & Philip Phillips 1958, Method and Theory in American Archaeology, Chicago & London: The University of Chicago Press, pp.33-37). 그리고 기술과 경제행위를 바탕으로 하는 편년인 구라파의 "age"개념과는 달리 신대륙에서는 기술과 경제행위 이외에도 "horizon과 tradition"(공간과 시간)을 포함하는 "stage"라는 개념의 용어를 사용하고 있다. 여기에는 문화의 최소단위(unit)인 각 "component"가 결합하여 다음의 고급 단계인 "phase"로 되고 이들이 "horizon과 tradition"(공간과 시간)의 기본적인 구성요소가 된다. horizon과 tradition의 결합이 "climax(the type or types of maximum intensity and individuality of an archaeological horizon or tradition)"를 이루어 각 stage의 문화사(culture-history) 즉 문화와 문명의 단계를 결정하게 된다. 그래서 Lithic, Archaic과 Formative의 maximum units on all stages에 문화(culture),

말해 리식(石期 Lithic: 후기 구석기시대: 기원전 20000년-기원전 7000년)-아케익 (古期 Archaic: 중석기시대: 기원전 7000년-기원전 2000년)-퍼마티브(形成期 Formative: 신석기시대: 기원전 2000년-서기 300년)-크라식(古典期시대 Classic: 서기 300년-서기 900년: 마야 古典期)-포스트크라식(後古典期시대 Post-classic: 서기 900년-서기 1521년 8월 13일/1532년 11월 16일/1541년: 아즈텍, 잉카제국과 마야)라는 용어를 사용한다. 冶金術의 시작은 古典期시대부터 나타난다. 그리고 南美는 '문화 특성이나 유물복합체에 의해 대표되는 공간적 지속'이란 Horizon(공간)개념을 원용하여, 막스 울(Max Uhle)은 '예술양식의 분포와 문화적 특질'에 바탕을 한 새로운 편년을 설정하였다. 그는 南美의 문화를,

1) 綿과 無土器時代(Cotton pre-ceramic period/stage, 기원전 2500년-기원전 1800년)

2) 早期(Initial period)

3) Early Horizon(차빈, 形成期 중기인 기원전 750년-기원전 400년)

4) Early intermediate Horizon

5) Middle Horizon(티아우아나코, 잉카 이전의 문명으로 Ⅳ와 Ⅴ기를 중심으로 한 연대는 서기 300년-서기 1000년임)

6) Late intermediate period

7) Late Horizon(잉카, 서기 1438년-서기 1532년 11월 16일)

등의 7시기로 나누었다.

그래서 영어로 표현할 때에도 구석기시대는 palaeolithic age이나 이에

Classic(古典期)과 Postclassic(後古典期)에는 문명(civilization), 국가(state), 제국 (empire)이라는 단계의 이름이 주어진다.

해당되는 신대륙의 편년은 時代나 文化段階를 의미하는 lithic stage(석기시대)로 기록한다. 이는 유럽의 구석기시대에 비해 중남미의 석기시대는 늦은 유럽의 후기 구석기시대 말기에 나타나기 때문이다. 선사시대(prehistory)는 문자로 역사적 사실들을 기록하기 시작한 이전의 시대로 문자를 사용하고 있는 역사시대(history)라는 용어와 대칭되는 개념으로 유럽과 신대륙을 언급할 때 시간과 공간을 비교해서 살펴야 한다.[3]

---

3) 고고학에서 연구대상이 되는 시기는 문자기록이 없는 선사시대(prehistory)와 문자기록이 있는 역사시대(history)이다. 선사시대란 말은 영국의 에브버리 경(Avbery 경, Sir Lord Lubbock)의 『Prehistoric Times』(서기 1865-서기 1913년 7판)로부터 비롯되어 이러한 개념의 용어가 최초로 사용되어 공인받게 되었다. 그러나 실제 문헌상으로 실제 이보다 앞선 서기 1851년 스콧틀랜드-캐나다계인 윌슨(Daniel Wilson, The Archaeology and Prehistoric Annals of Scotland)이 'Prehistory'를, 프랑스에서는 서기 1831년 투흐날(Paul Tournal)이 처음으로 'Préhistorique'란 용어를 사용했었다. 그리고 선사시대와 역사시대 사이의 과도기 시대를 원사시대(protohistory)라고 설정한다. 그러나 선사시대뿐만 아니라 선사시대에서 역사시대로 넘어가는 과도기시대인 원사시대(protohistory)도 중요하게 다루며 또 역사시대에 있어서도 일반문헌을 다루는 역사학자들의 영역이외의 물질문화분야도 연구대상으로 한다. 원사시대는 기록이나 고문서가 나오기 이전으로 거슬러 올라가는 인류역사의 일부를 지칭하기 위해 만들어진 것인데 프랑스의 투흐날의 '선사시대' 개념에서 비롯되었다. 원사시대란 한 문화집단이 자체의 문자를 가지고 있지 못할 때 주변의 선진문화집단이 외부의 입장에서 역사기록을 남겨놓는 과도기적인 경우이다. 예를 들어 문자가 없는 집단인 삼한(三韓)에 대해 중국 측에서 『삼국지(三國志)』 위지 동이전을 기술한 것이 이 경우에 해당한다.
선사시대의 종말과 역사시대의 발생은 도시·문명·국가의 발생(도시혁명, Urban revolution)과 아울러 문자의 출현을 기준으로 할 때, 가장 이른 지역은 중동지역으로서 세계 최초의 수메르 문명이 나타나는 기원전 3000년경이다. 중국은 기원전 1750년대인 상(商), 영국은 로마(시저의 기원전 56년, 클라우디우스의 서기 43년 등)가 침입하는 서력기원 전후시기, 신대륙은 유럽인들이 들어온 서기 16세기 이후 즉 아즈텍(서기 1325년-서기 1521년 8월 13일)은 에르난 코르테즈/Hernan Cortez, 그리고 잉카(서기 1438년-서기 1532년 11월 16일, 카하마르카 Cajamarca전투의 승리)는 프란시스코 피자로/Francisco Pizzaro의 정복시기 이후부터 역사시대로 된다.

그리고 경제가 사회변동의 가장 중요한 원동력(Economy as a prime mover in social evolution)으로 보는 唯物史觀論에 입각하는 편년에 따르면,

> Pre-class society(원시무리사회 primitive society): pre-clan(亂婚 promis-cuity)−母系(matriarchal clan)−父系(patriarchal clan)−terminal clan stages(씨족제도의 분해)
> Class society: 奴隷制社會(slave society)−封建社會(feudal society)−資本主義社會(capitalism)[4]
> Classless society: 社會主義(socialism)−共産主義社會(communism)

의 발전 순이 된다.[5]

---

4) 엥겔스에 의하면 고대국가는 노예소유자들이 노예를 압박하기 위한 국가, 봉건국가는 농노와 예농을 압박하기 위한 귀족들의 기관, 현대의 자본주의 국가는 자본이 임금노동을 착취하기 위한 도구로 보고 있다(Friedrich Engels·김대웅 옮김 1987, 가족 사유재산 국가의 기원, 서울: 아침, p.193). Pre-class society(원시무리사회 primitive society)를 난혼−모계−부계−씨족제의 분해로 세분하는 것은 모간(Louis Henry Morgan 1877, Ancient Society, New York: Holt)의 생각에 기초하였다. 그리고 경제가 사회진화의 원동력(prime mover in social evolution)이며 경제적인 富의 평등한 분배(equal distribution of economic goods)나 자원에 대한 不平等한 접근의 해소를 위한 無産者·無階級者의 共産社會(classless and stateless society)는 혁명(revolution)이나 독재(dictatorship of the proletariat, dictatorial government)에 의해서 성취되어질 수 있다는 요지의 개념은 서기 1848년 Karl Marx와 Friedrich Engels에 의해 써진 Communist Manifesto[공산당선언, 원제목은 Manifesto of the Communist Party(Manifest der Kommunistischen Partei)]에 잘 나타난다.

5) 북한에서는 원시사회(원시무리사회−모계씨족사회−부계씨족사회)−노예사회−봉건사회−공산사회의 순으로 하고 있다(사회과학원 역사연구소·고고학연구소 1979, 조선전사 Ⅰ, 평양: 과학백과사전). 中國에서는 최근 구석기−신석기시대라는 용어도 병행하지만 기본적인 編年 案은 북한과 마찬가지로 유물사관론에 입각하고 있다. 즉 북경 중국 역사

여기에서 보면 노예제사회단계부터 청동기시대와 고대국가가 형성된다. 이때 도시·문명·국가[6]도 함께 나타난다.

박물관에서는 Primitive Society(ca. 170만년-4000년 전)-Slave Society(夏, 商, 西周, 春秋時代, 기원전 21세기-기원전 475년)-Establishment of the United Multi-National State and the Development of Feudal Economy and Culture(秦, 漢, 기원전 221년-서기 220년)-Social and Economic Development in the South and Amalgamation of various Nationalities in the North(魏, 蜀, 漢, 吳, 西晉, 東晉, 16 國, 南北朝, 서기 220년-서기 580년)-Development of a Unified Multi-National Country and the Ascendancy of Feudal Economy and Culture(隋, 唐과 5代10國, 서기 581년-서기 960년)-Co-existence of Political Powers of various Nationalities and their Unification; Later Period of the Feudal Society(北宋, 辽, 南宋, 金, 元, 西夏, 서기 916년-서기 1368년)-Consolidation of a Unified, Multi-National Country, Gradual decline of the Feudal System and Rudiment of Capitalism(明, 淸, 서기 1368년-서기 1840년)으로 편년하고 있다(中國歷史博物館 1990, 北京).

6) 문명이란 사전적인 용어의 해석대로 인류역사상 문화발전의 한 단계이며 엄밀한 의미에서 도시와 문자의 사용을 필요·충분조건으로 삼고, 여기에 고고학상의 특징적인 문화인 공공건물(기념물), 시장, 장거리무역, 전쟁, 인구증가와 기술의 발전같은 것에 근거를 두게 된다. 이들 상호작용에 의한 乘數효과(multiplier effect)가 都市, 文明과 國家를 형성하게 된다. 이들의 연구는 歐美학계에서 서기 1960년대 이후 신고고학(New Archaeology)에서 Leslie White와 Julian Steward의 新進化論(neo-evolutionary approach; a systems view of culture)과 체계이론(system theory)을 받아들임으로써 더욱더 발전하게 된다. 이들 연구의 주제는 農耕의 起源과 文明의 發生으로 대표된다. 이들의 관점은 生態學的인 接近에서 나타난 自然全體觀(holistic view)으로 物理的環境(physical environment), 生物相(biota; fauna, flora)과 文化(culture)와의 相互 적용하는 생태체계(ecosystem)로 이루어진다. 즉 文化는 환경에 적응해 나타난 結果이다. 보편적인 문화에서 量的 質的으로 變化하는 다음 段階, 즉 都市와 文字가 나타나면 文明인 것이다. 여기에 武力을 合法的으로 使用하고 中央集權體制가 갖추어져 있거나, 힘/武力(power), 경제(economy)와 이념(ideology)이 함께 나타나면 國家段階의 出現을 이야기한다. 따라서 都市, 文明과 國家는 거의 동시에 나타난다고 본다.
국가단계 사회에 이르면, 이는 권력(power)과 경제(economy)와 함께 종교형태를 띤 이념(ideology)으로 발전한다. Jonathan Haas, Timothy Earle, Yale Ferguson과 같은 절충론(eclecticism)자들은 "무력을 합법적으로 사용하고 통치권을 행사할 수 있는 인류문명발달사에서 청동기시대란 고돈 촤일드(Vere Godon Childe)가 唯物史觀에 따라 命名한 都市革命(Urban revolution)[7]으로 혈연을 기반으로 하지 않은 계급·계층사회[8]를 바탕으로 전문장인이 존재하면서 동시에 도시·문명·국가가 나타나는 시대를 말한다. 그리고 이 시대에서는 구리와 주석, 아연, 납과 비소 등을 합금으로 한 청동제무기를 사용하고 있다. 가장 빠른 청동기시대는 기원전 3000년경이다.[9] 한반도의 경우, 유럽의 고고학편년을 적용하

지배체제의 존재 힘/무력(power)·경제(economy)와 이념(ideology, 또는 religion)을 바탕으로 한 중앙집권화되고 전문화된 정부제도", 또는 "경제·이념·무력의 중앙화, 그리고 새로운 영역(new territorial bounds)과 정부의 공식적인 제도로 특징지어지는 정치진화 발전상 뚜렷한 단계"가 있는 것으로 정의한다. Clyde Kluckhohn은 약 5000명 이상 주민, 문자와 기념비적인 종교중심지 중 두 가지만 있어도 도시(city, urban)라 정의할 수 있다고 한다. 그리고 이를 유지해 나가기 위해 사회신분의 계층화를 비롯해 조세와 징병제도, 법률의 제정과 아울러 혈연을 기반으로 하지 않는 왕의 존재와 왕권, 그의 집무소, 공공건물 등이 상징적으로 부가된다. 따라서 도시, 국가와 문명은 상호 유기체적이고 보완적인 것으로, 이것들을 따로 떼어내서 독립적으로 연구할 수 없는 불가분의 것이다.

7) Vere Gordon Childe는 도시와 국가의 발생, 장거리 외국무역과 도시혁명(Urban Revolution)이 발생하는 제 요인들을 추구한 결과 19개의 기본적인 발견물과 과학의 응용이 바탕이 된다고 한다. 19개의 항목은 관개, 쟁기, 축력의 이용, 범선, 수레, 과수재배, 양조, 구리의 생산과 이용, 벽돌제조, 궁륭, 沙器와 유리제품, 印章, 태양력, 기록, 숫자(기수법), 청동, 철, 알파벳, 도시 물 공급의 수도관이다(최몽룡 1990, 고고학에의 접근–문명의 성장과 멸망–, 서울: 신서원, p.146).

8) 청동기시대에 계급사회가 존재하는 것은 Michael Brian Schiffer의 Cultural transformation theory나 Roberts Lewis Binford의 Upper level theory와 같이 해석이 가능하고(interpretations), 보편적인(generalizations) 법칙(law)의 수준에 속하는 명제이다(Gordon Willey & Jeremy A. Sabloff 1993, pp.250~253). 이는 한국고고학계에서 고대사와 고고학이 구체적인 역사적 사실과 맥락(context)으로 연결됨을 미루어 볼 때 아직도 잘 못 사용되고 있는 原三國時代라는 용어에도 적용될 수 있을 것이다.

9) 직립(bipedal locomotion)을 하고 양팔(brachiation)을 쓰는 인류가 지구상에 처음 나타난 사건 이후 농업의 발생(식량생산), 도시의 발생(urbanism)과 아울러 산업혁명(서기

고 또 이러한 선사시대의 개념을 적용시킨다면 구석기시대·신석기시대·청동기시대(기원전 2000/1500년-기원전 400년)[10]가 선사시대에 속하며 그 다음에 오는 철기시대 전기(기원전 400년-기원전 1년)는 선사시대-역사시대에, 철기시대 후기(서기 1년-서기 300년, 삼국시대 전기, 삼한시대)는 원사시대-역사시대에 해당한다고 할 수 있다. 그러나 철기시대 전기에 우리나라 최초의 고대국가인 위만조선(衛滿朝鮮, 기원전 194년-기원전 108년)이 들어서서, 실제 역사시대의 시

1760년경 시작)이 가장 큰 사건으로 꼽히고 있다. 그중 도시의 발생 또는 도시혁명(urban revolution)은 국가와 문명과 같이 청동기시대에 나타난다. 도시, 국가 그리고 문명의 발생은 계란과 닭의 관계처럼 그 순서를 밝히기가 매우 어렵고 복잡하다. 도시와 국가는 문명발생의 부산물로 보는 학자도 있을 정도로 문명의 발생은 매우 중요하다. 그래서 서기 1960년대 이래 미국과 유럽에서 고고학연구의 주제로, "농업의 기원"과 마찬가지로 "문명의 발생"이 커다란 주류를 형성해 왔다. 최근에는 생태학적인 연구에 힘입어 그들의 발생은 독립적인 것보다 오히려 상호 보완적인 점에서 찾는 쪽으로 나아가고 있다. 고고학의 연구목적은 衣·食·住를 포함하는 생활양식의 복원, 문화과정과 문화사의 복원에 있다.

10) 최근 북한학자들은 평양시 삼석구역 호남리 표대유적의 팽이그릇 집자리를 4기로 나누어 본다(I-기원전 3282년±777년/3306년±696년, II-기원전 2668±649년/2980±540년/2415±718년/2650±510년, III-기원전2140±390년/2450±380년, IV-기원전 1774±592년/1150±240년, 조선고고연구 2003년 2호). 그중 II에서 IV문화기 즉 기원전 3천 년 기 전반기에서 기원전 2천 년 기에 해당하는 연대를 단군조선(고조선) 국가성립을 전후한 시기로 보고 있다(조선고고연구 2002년 2호). 그리고 북한학자들은 아직 학계에서 인정을 받지 못하고 있지만 서기 1993년 10월 2일 평양 근교 강동군 강동읍 대박산 기슭에서 단군릉을 발굴하고 단군릉에서 나온 인골의 연대(electron spin resonance: 전자스핀공명법 연대)인 기원전 3018년을 토대로 하여, 근처 성천군 용산리 순장묘와 지석묘(5069± 426 B.P./3119 B.C.), 대동강 근처 덕천군 남양유적 3층 16호 집자리(5796 B.P./3846 B.C.)와 평양시 강동군 남강 노동자구 黃垈부락의 土石混築의 城까지 묶어 기원전 30세기에 존재한 '대동강문명'이란 말을 만들어냈다(최몽룡 1997, 북한의 단군릉 발굴과 그 문제점 1 및 2, 1997 도시·문명·국가, -고고학에의 접근-, 서울: 서울대학교 출판부, pp.103-116 및 Ri Sun Jin et al, 2001, Taedonggang Culture, Pyongyang: Foregin Languages Publishing House).

작은 철기시대 전기 말인 기원전 194년부터라고 할 수 있다.

한반도의 선사시대는 각 시대별로 시기가 세분되어 있다. 구석기시대는 전기·중기·후기로, 신석기시대는 조기·전기·중기·후기로, 그리고 청동기시대는 조기·전기·중기·후기로, 철기시대는 전기(초기 철기시대)와 후기(삼국시대 전기)로 각각 구분되고 있다. 현재까지의 전기 구석기 유적의 연대는 단양 금굴이 70만년[池谷元司(いけやもとじ)가 開發한 電子스핀共鳴年代測定(electron spin resonance: ESR)], 충북 청원(강외면) 만수리가 55만 년 전, 경기 연천 전곡리(사적 268호)가 35-30만 년 전에 속한다. 이는 경기도 연천 전곡리 유적이 서기 2003년 5월 5일 日本 同志社大學 松藤和人 교수팀에 의해 최하층이 有孔蟲의 O¹⁶/O¹⁸ 포함으로 결정되는 산소동위원소층서/단계(Oxygen Istope Stage, 사적 268호) 또는 해양동위원소층서/단계(Marine Istope Stage)로는 9기(334000년 B.P.−301000 B.P.) 30만 년-35만 년 전으로 측정되고, 충북 단양 금굴과 청원 강외면 만수리(오송 만수리)유적의 해양동위원소층서/단계(Marine Istope Stage)가 14기로 55만 년 전의 연대가 나오기 때문이다. 최근 충청북도 청원군 강외면 만수리(오송 만수리) 4지점의 제5문화층의 연대가 우주기원 핵종을 이용한 연대측정[dating by cosmogenic nuclides 26Al/10Be(Aluminium/Beryllium)]으로 479000±153000년 전, 407000±119000년 전으로 측정되어 만수리 유적 구석기제작 연대가 50만 년 전 가까이 올라갈 수 있음이 추정되고 있다. 그리고 아직 발표가 확실하지 않지만 만수리의 석기가 나온 층은 산소동위원소층서/단계(Oxygen Isotope Stage, 有孔蟲의 O¹⁶/O¹⁸ 포함으로 결정), 또는 해양동위원소층서/단계(Marine Isotope Stage, MIS)로는 14기(568000−528000년 B.P.)에 해당한다고도 한다. 그러나 광학여기형광법[OSL(Optically Stimulated Luminescence)]에 의한 연대는 103000±8000년 B.P.로 측정되어 구석기시대의 상한연대는 아직도 미해결로 남아있다. 후기 구석기시대 유적인 경기 남양주 호평동이 3만년-16000년 전(1문화층은 30000년-27000년 전, 2문

화층은 24000년-16000년 전)으로 나오고 있다. 그리고 신석기시대는 1. 기원전 8000년-기원전 6000년: 원시무문/민무늬토기(原始無文土器: 高山里), 2. 기원전 6000년-기원전 5000년: 돋을무늬토기(隆起文土器: 牛峰里), 3. 기원전 5000년-기원전 4000년: 누름무늬토기(押印文土器: 蘊山里), 4. 기원전 4000년-기원전 3000년: 빗살무늬토기(櫛目文土器: 東三洞), 5. 기원전 3000년-기원전 2000년: 부분빗살무늬(部分櫛目文土器: 鳳溪里), 6. 기원전 2000년-기원전 1500년: 부분빗살문토기와 청동기시대의 돌대문토기(突帶文土器: 春城 內坪里)가 공존하는 과도기인 청동기시대 조기로 편년한다.

구리 장신구로서 최초의 금속은 이미 샤니다르(기원전 8700년), 챠이외뉘(기원전 7200년), 알리 코쉬(기원전 6500년), 챠탈 휘윅(기원전 6500년-기원전 5650년), 그리고 하순나(Hassuna, 야림 테페 유적, 기원전 6000년-기원전 5250년) 유적 등지에서 확인된다. 이렇게 단순히 구리만으로 간단한 장신구 등을 만들어 사용한 일은 신석기시대부터 있었다. 그러나 세계적으로 볼 때 구리와 주석(또는 약간의 비소와 아연)의 합금인 청동이 나타나는 청동기시대는 대략 기원전 3000년경 전후에서 기원전 1000년 사이에 시작되었다. 용융점에 관해서 살펴보면 유리질(silica, SiO₂) 1712℃, 철(Fe) 1525/1537℃, 구리(Cu) 1083℃도, 금(Au) 1063℃, 은(Ag) 960℃, 아연(Zn/Zinc) 420℃, 납(Pb) 327℃, 주석(Sn/Tin) 232℃, 청동(bronze)은 950℃이다. 그리고 보통 청동기의 제작에서 비소(As/Arsenic)는 2-3% 합금되나, 최종 합금에서 견고성의 효과를 보기 위해서는 비소가 3% 정도 들어간다. 中國 靑銅祭器의 경우 器表面의 光澤을 위해 구리에 납을, 그리고 兵器의 경우 堅固性을 위해 주석이나 아연을 합금했음이 밝혀졌다.

청동기의 제작이 가장 먼저 시작된 곳은 기원전 3000년경의 이란 고원 근처이며 터키나 메소포타미아 지역도 대략 이와 비슷한 시기에 시작되었다. 이집트는 중왕조(기원전 2050년-기원전 1786년: 실제는 15·16왕조 힉소스의 침입 이

후 본격화되었다고 한다.) 시기에 청동기가 제작되기 시작하였으며, 기원전 2500
년경 모헨죠다로나 하라파같은 발달된 도시를 이루고 있던 인더스 문명에서도
이미 청동기를 사용하고 있었다. 또한 최근에 주목받는 태국의 논녹타(Non
Nok Tha) 유적은 기원전 2700년, 그리고 반창(Ban Chiang) 유적은 기원전
2000년경부터 청동기가 시작된 것이 확인됨으로써 동남아시아지역에서도 다
른 문명 못지않게 일찍부터 청동기가 제작·발달되었음을 알 수 있다.

유럽의 경우 에게 해 크레테 섬의 미노아 문명[초기 미노아 문명기 기원전
3400년-기원전 2100년, 초기 청동기시대(pre-palatial Minoan period)-기원전 2200
년경]은 기원전 3000년경에 청동기시대로 진입해 있었으며, 아프리카의 경우
북아프리카는 기원전 10세기부터 청동기시대가 발달했으나 다른 지역에서는
유럽인 침투 이전까지 석기시대로 남아 있는 경우도 있었다. 아메리카대륙에
서는 중남미의 페루에서 서기 11세기부터 청동 주조기술이 사용되어 칠레·멕
시코 등에 전파되었으며, 대부분의 북미 인디안들은 서기 13세기-서기 15세
기까지도 대량의 청동기를 제작·사용하지 못하였다.

중국은 龍山文化나 齊家(甘肅省 廣河県 齊家坪)文化와 같이 신석기시대 말
기에 홍동(순동) 및 청동 야금기술이 발달했다. 즉 甘肅省 東鄕 林家(馬家窯期)
에서 기원전 2500년까지 올라가는 鑄造칼이 나오고 있다. 서기 1973년-서기
1985년 河北省 藁城県 臺西 商代遺址의 발굴조사에서 鐵刃銅鉞이 나왔는데
날은 隕鐵로 제작되었고 연대는 상나라 말 기원전 12세기경에 해당한다. 상나
라 말기에도 철을 사용할 줄 알았던 모양이다. 그러나 본격적인 청동기시대로
진입한 것은 二里頭(毫)文化 때이다. 이리두문화의 연대는 기원전 2080년-기
원전 1580년 사이이며(방사성탄소연대 기준) 山東省과 河北省의 后李/青蓮崗(北
辛)-大汶口文化를 이은 岳石文化, 요서와 내몽고 일대의 夏家店 下層文化도
거의 동시기에 청동기시대로 진입했다고 보인다.[11] 이러한 청동기 개시연대가
기록상의 夏代(기원전 2200년-기원전 1750년)와 대략 일치하므로 청동기의 시작

과 夏문화를 동일시하는 주장도 있다. 한편 최근 遼寧省 凌源县, 建平县의 牛河梁과 喀左县의 東山嘴에서 보이는 紅山(기원전 3000년–기원전 2500년경)문화와 四川省 廣漢县 興鎭 三星堆 祭祀坑[기원전 1200년–기원전 1000년: 1호坑은 商晩期, 2호坑은 殷墟(기원전 1388년–기원전 1122/1046년)晩期] 및 蜀國初期都城[成都 龍馬寶墩 古城, 기원전 2750년–기원전 1050년이나 기원전 16세기가 중심: 商代 早期] 등과 같이 중국문명의 중심지역이 아니라 주변지역으로 여겨왔던 곳에서도 청동기의 제작이 일찍부터 시작되었다는 새로운 사실들이 밝혀지고 있어 중국 청동기 문화의 시작에 대한 연구를 매우 복잡하게 만들고 있다. 앞으로 중국의 중심 문명뿐만 아니라 주변지역에 대한 청동기문화연구가 진행됨에 따라 청동기의 제작과 사용에 대한 이해는 점차 바뀌어 나갈 것으로 보인다. 이와 같이 청동기시대라고 하면 일반적으로는 청동기가 제작되고 사용되는 사회를 의미한다. 그러나 우리나라의 경우는 그러한 개념을 그대로 적용하기 어렵다. 일반적으로 한국에서는 '청동기시대=무문토기시대'라는 생각이 통용되고 있는데, 무문토기가 사용됨과 동시에 청동기가 사용되었다는 증거는 많지 않다. 북한에서는 팽이형토기 유적인 평양시 사동구역 금탄리 8호 주거지에서 청동끌이, 평안북도 용천 신암리에서 칼과 청동단추, 황해북도 봉산군 봉산읍 신흥동 7호 집자리에서 청동단추가, 그리고 함경북도 나진 초도에서는 청동방울과 원판형기가 출토되었으나, 북한학자들은 이들 유적은 북한의 청동기의

---

11) 중국 동북지방 內蒙古自治區 昭烏達盟, 哲里木盟, 遼寧省 朝陽, 河北省 承德지구에서 발견되는 기원전 1000년–기원전 300년경의 청동기시대 후기에 속하며 燕나라를 포함하는 戰國시대(기원전 771년–기원전 221년)시대보다는 빠른 것으로 나타나고 東胡 또는 山戎의 문화로 생각되며 또 같은 시기의 西團山문화와도 접촉이 활발했다고 보여진다. 최근 內蒙古 赤峰市 宁城県 小黑石溝유적의 최종 발굴 보고서의 간행을 통해(內蒙古自治區 文物考古研究所·宁城県遼中京博物館 2009, 小黑石溝–夏家店 上層文化遺址 發掘報告, 北京: 科學出版社) 그들의 제사유구, 청동야금술과 豆形토기 등이 자세히 알려지고 있다.

시작이라고 보고 그 연대를 기원전 2000년 초반으로 잡고 있다.

신석기시대에 이어 한반도와 만주에서는 기원전 2000년-기원전 1500년경
부터 청동기가 시작되었다. 그 시기는 신석기시대와 청동기시대 早期인들이
약 500년간 공존하면서 신석기인들이 내륙으로 들어와 농사를 짓거나 즐문토
기의 태토나 기형에 무문토기의 特徵이 가미되는 또는 그 반대의 문화적 복합
양상이 나타기도 한다. 이는 通婚圈(intermarrige circle, marriage ties or links)
과 通商圈(interaction shpere)의 결과에 기인한다. 최근의 발굴조사에 의하면
한반도의 청동기시대의 시작이 기원전 2000년-기원전 1500년을 오를 가능성
이 한층 높아졌다. 이는 이중구연토기와 공렬토기에 앞서는 돌대문(덧띠새김무
늬)토기가 강원도 춘성 내평, 강릉시 초당동 391번지 허균·허난설헌 자료관 건
립부지, 정선 북면 여량 2리(아우라지, 기원전 1240년), 춘천 천전리(기원전 1440
년), 홍천 두촌면 철정리, 홍천 화촌면 외삼포리(기원전 1330년, 기원전 1250년),
평창 천동리, 충청남도 연기군 금남면 대평리(기원전 1300년-기원전 1120년), 진
주 남강댐내 옥방지구, 경기도 가평 상면 연하리, 인천 계양구 동양동과 경주
충효동유적을 비롯한 여러 곳에서 새로이 나타나고 있기 때문이다.[12] 각목돌

---

12) 청동기시대의 편년에 대해서는 서기 2004년 12월 17일(금) 부천시와 한양대학교 문
화재연구소의 공동 주최로 행한 국제학술대회「선사와 고대의 의례고고학」에서 발표
한 기조강연 "부천 고강동 유적 발굴을 통해 본 청동기·철기시대 전기와 후기의 새로
운 연구방향"(pp.15-36)에서 처음 언급하였다. 이 기조강연을 토대로 하여 "동북아시
아적 관점에서 본 한국 청동기·철기시대의 연구방향-한국 문화 기원의 다원성과 새
로운 편년 설정-", 한국 청동기·철기시대와 고대사회의 복원(최몽룡 2008, 서울: 주류
성, pp.85-148)이란 글이 만들어졌다. 그리고 필자는 서기 1971년 5-6월에 있었던 강
원도 춘성군 내평 2리의 발굴을 기반으로 하여, 서기 2004년 12월 17일(금) 한양대
주최〈선사와 고대의 의례고고학〉이란 학술대회에서 발표된 기조강연 "부천 고강동
유적 발굴조사를 통해 본 청기시대·철기시대 전기와 후기의 새로운 연구방향"이란
글에서 한국청동기시대 早期의 새로운 편년설정과 아울러 상한의 연대를 기원전
2000년-기원전 1500년으로 올려 새로이 주장할 수 있게 되었다. 이 유적들은 한반

대문(덧띠새김무늬)토기의 경우 中國 辽宁省 小珠山유적의 상층(신석기시대 후기)과 같거나 약간 앞서는 것으로 생각되는 大連市 郊區 石灰窯村, 辽東彎연안 交流島 蛤皮址, 辽宁省 瓦房店市 長興島 三堂유적(기원전 2450년-기원전 1950년경으로 여겨짐), 吉林省 和龍县 東城乡 興城村 三社(早期 興城三期, 기원전

도 청동기시대 상한문제와 아울러, 앞선 전면 또는 부분빗살문토기와 부분적으로 공반하는 돌대문토기로 신석기시대에서 청동기시대에로 이행과정 중에 나타나는 계승성문제도 새로운 연구방향이 되었다. 최근의 발굴조사에 의하면 한반도의 청동기시대의 시작이 기원전 20세기-기원전 15세기를 오른다. 이들 유적들은 모두 신석기시대 말기에서 청동기시대 조기에 속한다.

청동기시대의 조기(기원전 2000년-기원전 1500년: 돌대문토기) 유적들은 다음과 같다.

강원도 강릉시 초당동 391(허균·허난설헌 자료관 건립부지)

강원도 춘천 천전리 샘밭 막국수집(기원전 1440년, 한림대박물관)

강원도 춘천 천전리(A-9호, 10호 주거지, 7호 수혈유구, 예맥문화재연구원)

강원도 춘천 산천리(강원대학교 박물관)

강원도 춘천 신매리(한림대학교 박물관)

강원도 춘천 우두동 직업훈련원 진입도로

강원도 춘천 하중도 D-E지구

강원도 춘천 현암리(예맥문화재연구원)

강원도 춘성군 내평 2리(현 소양강댐 내 수몰지구)

강원도 춘천 현암리(예맥문화재연구원)

강원도 춘성군 내평리(현 소양강댐내 수몰지구)

강원도 영월 남면 연당 2리 피난굴[쌍굴, 신석기층의 연대는 기원전 2230년, 2270년, 청동기시대층의 연대는 기원전 2010년이나 강원도 정선 북면 여량 2리(아우라지 1호 주거지: 기원전 1240년)]

강원도 원주 가현동 국군병원

강원도 홍천 두촌면 철정리 Ⅱ(철기시대 유물은 기원전 620년/640년이 나옴)

강원도 홍천 화촌면 외삼포리(기원전 1350년, 기원전 1330년)

강원도 평창 평창읍 천동리 220번지(강원문화재연구소)

강원도 평창 평창읍 천동리 평창강 수계 복구지역(예맥문화재연구원)

강원도 화천 하남 원천리(예맥문화재연구원)

경기도 가평 청평면(외서면) 대성리

2050년-기원전 1750년),[13] 그리고 연해주의 신석기 문화인 보이즈만의 말기(신석기시대 말기) 자이사노프카의 올레니와 시니가이 유적(이상 기원전 3420년-기원전 1550년)에서 발견되고 있어 서쪽과 동쪽의 두 군데에서 영향을 받았을 가능성이 많다. 이들 유적들은 모두 신석기시대 말기에서 청동기시대 조기에 속

경기도 가평 상면 덕현리
경기도 가평 상면 연하리
경기도 파주 주월리 육계토성
경기도 시흥시 능곡동
인천광역시 계양구 동양동
인천광역시 중구 용유도
인천광역시 옹진군 백령도 말등패총
인천광역시 옹진군 연평 모이도(2790±60 B.P., 기원전 1180년-기원전 820년)
충청북도 제천 신월리(3760±50 B.P., 기원전 2050년)
충청남도 대전시 용산동(단사선문이 있는 돌대문토기로 조기 말)
충청남도 서산군 해미면 기지리
충청남도 연기군 금남면 대평리(2970±150 B.P., 기원전 1300년-기원전 1120년)
충청남도 부여 구룡면 구봉리(1450±50 B.C., 돌대문 토기가 없는 논유적(수전경작지)
　　로 청동기시대 전기에 속할 가능성이 많다.)
대구광역시 달서구 대천동(기원전 3090년-기원전 2900년, 기원전 3020년-기원전 2910년)
경상북도 경주 신당동 희망촌
경상북도 경주 충효동 640번지와 100-41번지 일원
경상북도 금릉 송죽리
경상남도 산청 단성면 소남리
경상남도 진주 남강댐내 옥방 5지구 등(동아대학교·선문대학교 등 조사단 구역, 기원
　　전 1590년-기원전 1310년, 기원전 1620년-기원전 1400년의 연대가 나왔으나 돌대문토
　　기와의 관련은 아직 부정확함)
13) 이제까지 알려진 夏(기원전 2200년-기원전 1750년)나라보다 약 800년이나 앞서는 紅山
　　(기원전 3600년-기원전 3000년)문화는 1935년 초 赤峰市 紅山后에서 발견된 것으로 그
　　범위는 내몽고 동남부를 중심으로 遼寧 서남, 河北 북부, 吉林서부까지 미친다.
　　경제생활은 농업과 어로가 위주이고 석기는 타제와 마제석기를 사용하였다. 주요 유
　　적들은 內蒙古 那斯臺村, 遼寧 喀左 東山嘴 沖水溝(기원전 3000년-기원전 2500년경)와

한다. 이중구연토기와 공렬토기가 나오는 강원도 춘천시 서면 신매리 주거지 17호 유적[서기 1996년 한림대학교 발굴, 서울대학교 '가속질량연대분석(AMS)'결과 3200±50 B.P. 기원전 1510년, 문화재연구소 방사성탄소연대측정결과는 2840±50 B.P., 기원전 1120년-기원전 840년이라는 연대가 나옴], 경기도 평택 지제동(기원

建平을 비롯하여 蜘蛛山, 西水泉, 敖漢旗三道灣子, 四棱山, 巴林左旗南楊家營子들이다. 특히 辽宁 喀左 東山嘴와 建平 牛河梁유적에서는 祭壇(三重圓形), 女神廟[東山嘴 冲水溝의 泥塑像, 여기에서 나온 紅銅/純銅의 FT(Fission Track)연대는 4298±345 B.P., 3899±555 B.P. C¹⁴의 연대는 5000±130B.P.가 나오고 있다], 積石塚(牛河梁 馬家溝 14-1, 1-7호, 1-4호, 祭器로서 彩陶圓筒形器가 보임], 石棺墓(2호), 禮器로서의 鞍山 岫岩玉(滿族自治縣)으로 만들어진 玉器[龍, 渚(멧돼지), 매, 매미, 거북 자라 등의 動物, 상투(結髮, 魋結)를 위한 馬啼形玉器(14-a), 環, 璧, 玦 등 100건 이상], 紅陶와 黑陶가 생산된 橫穴式 窯와 一·二次葬을 포함하는 土坑竪穴墓(水葬·風葬·火葬) 등이 알려져 있다. 이 홍산문화에서 興隆窪(8000 B.P.-7600 B.P.)에서 보이는 玉渚龍이 사슴·새-멧돼지용(玉渚龍)에서 龍(C形의 玉雕龍으로 비와 농경의 기원)으로 발전하는 圖上의 확인뿐만 아니라 紅山岩畵에서 보이는 종교적 무당 신분의 王(神政政治, theocracy)에 가까운 최소한 족장 (chief) 이상의 우두머리가 다스리는 階級社會 또는 文明社會를 보여주고 있다. 토기 문양 중 갈 '之'문양은 평북 의주 미송리와 경남 통영 상노대노에서, 玉玦은 경기도 파주 주월리와 강원도 고성 문암리에서 나타난다. 해자가 돌린 성역화된 적석총/석관(周溝石棺墓)은 강원도 홍천 두촌면 철정리, 강원도 춘천 천전리, 강원도 중도, 충남 서천 오석리와 경상남도 진주대평 옥방 8지구 등에서 보여 홍산문화와 한국의 선사 문화의 관련성이 점차 증가하는 추세이다.

그리고 赤峰市 紅山과 浙江省 杭州市 余杭區 良渚 이외에도 陝西省 神木県 石峁村에 서도 옥기가 다량으로 발굴되었다. 최근 黃河 中·下流 一帶 陝西省 神木県 石峁村에서 灰반죽(mortar)을 이용해 石城을 쌓은 龍山文化(기원전 2500년-기원전 2200년) 말기 -夏(기원전 2200년-기원전 1750년)시대에 속하는 4300-4000년 전 다시 말해 기원전 2350년-기원전 1950년경의 석성이 발굴되었는데 이는 中國 最大의 史前石城 遺址이 며 서기 2012년에 행한 중국 10대 발굴의 하나로 꼽는다. 이 발굴은 최대 장 108.5.m 로 石城牆, 墩臺"門塾", 內外"瓮城"(馬面, 甕, 雉) 등 皇城臺, 內城과 外城(현재 2.84km 정도가 남아있다고 함), 祭祀臺(樊庄子祭壇, 皇城臺夯土基址, 池苑 遺址)이 잘 갖추어져 있음을 확인하였다. 出土유물은 玉器, 壁畵(용산시기에 속하는 것으로 성벽 하단부에 圖案의 형태로 남아있다) 등 龍山 晚期에서 夏 時期에 걸치는 陶器, 石器, 骨器 등이다. 陝

전 830년, 기원전 789년), 청주 용암동(기원전 1119년), 경주시 내남면 월산리(기원전 970년－기원전 540년, 기원전 1530년－기원전 1070년 사이의 두 개의 측정연대가 나왔으나 공반유물로 보아 기원전 10세기－기원전 8세기에 속할 가능성이 높다. 실제 중간연대도 기원전 809년과 기원전 1328년이 나왔다), 충주 동량면 조동리(1호 집자리 2700±165 B.P., 1호 집자리 불땐 자리 2995±135 B.P. 기원전 10세기경), 대구시 수성구 상동 우방 아파트(구 정화여중·고)와 속초시 조양동유적(사적 376호)들이 기원전 10세기－기원전 7세기경으로, 그리고 강릉시 교동의 집자리 경우 청동기시대 전기에서 중기로 넘어오는 과도기적인 것으로 방사성탄소측정연대도 기원전 1130년－기원전 840년 사이에 해당한다. 여기에서는 구연부에 短斜線文이나 孔列[14]과 口脣刻目文이 장식된 二重口緣·孔列土器가 주류를 이루고 있

西 省博物院에서 수집한 옥기는 모두 127件으로 刀, 璋, 鏟, 斧, 鉞, 璧, 璜, 人頭像, 玉簪, 玉鷹, 虎頭 등이다. 옥기 중에는 최대길이 56㎝에 달하는 牙璋이 있으며 玉鏟과 玉璜 등 완전한 형태의 옥기도 6점이 된다. 牙璋禮器의 盛行은 石峁玉文化의 特色을 보여준다. 그 외에도 石雕人头像이 발견되었다. 龍山 晚期에서 夏時期에 걸치는 陶器 중 瓮形斝는 客省庄(陝西省 西安市)文化最晚期에 속하는데 그 연대는 기원전 2000년－기원전 1900년에 속하며 C[14]연대측정으로 보면 4030±120 B.P., 3940±120 B.P.가 된다. 또 石峁村에서 灰를 이용해 石城을 쌓고 있는데 萬里長城 축조 시 나타난 것보다 훨씬 오래된 수법으로 확인된다. 이곳에는 벽화, 제단과 제사유구도 보인다. 어떤 제사유구 내에는 두개골이 한꺼번에 24구가 나오고 전체 80여구의 두개골이 발견되는데 이는 이곳을 공격하다가 포로로 잡힌 사람들을 죽여 묻은 犧牲坑으로 보인다. 이곳의 연대는 夏代 年代인 기원전 2070경에서 陶寺晚期의 下限년대인 기원전 1900년 사이로 보고 있다. 이 성은 약 4300년 전(龍山 中期 혹은 晚期에 세워졌으며 龍山 晚期에는 매우 흥성하였던 것으로 보인다)에 세워졌고 夏代에 폐기된 것으로 추정된다. 그래서 이곳의 발굴은 약 400여만㎡로 상나라 이전 三皇五帝 중 堯임금과 관련된 都邑(『史記』 권 1, 五帝本紀 제 1, '...命和叔住在幽都(幽州)...')으로도 추정하고 있다.

14) 부여 송국리(사적 249호)와 가까운 충남 연기 금남 대평리유적에서는 청동기시대 조기의 돌대문토기 이외에도 청동기시대 중기에 속하는 토기 바닥에 직경 3㎝ 내외의 구멍이 하나 뚫린 것이 나타나는데 이는 러시아 우수리 강의 Yankovsky/얀콥프스키(기원전 8세기－기원전 1세기)나 Lidovka/리도프카(기원전 10세기－기원전 5세기, 강원도

어 서북계의 角形土器와 동북계의 공렬토기가 복합된 양상을 보여준다. 이는 하바로프스크 고고학박물관에서 볼 수 있다시피 얀꼽스키나 리도프카와 같은 연해주지방의 청동기문화에 기원한다 하겠다. 최초의 예로 이제까지 청동기시대 전기(기원전 1500년-기원전 1000년) 말에서 청동기시대 중기(기원전 1000년

춘천 우두동 등지에서 자주 발견되는 주걱칼이 나옴) 문화에서 보이는 것들이다. 최근 다른 청동기시대 중기의 유적에서 공렬토기와 함께 공반하는 경우가 많다. 러시아 동부시베리아(프리바이칼 지역)의 신석기시대-청동기시대-철기시대 편년은 Kitoi-Isakovo(기원전 4000년-기원전 3000년)-Servo(기원전 3000년-기원전 2000년)-Affanasievo-Okunevo-Andronovo-Karasuk(기원전 9세기)-Tagar(기원전 700년-기원전 200년)의 순으로 되는데 우리나라에서 기원전 1000년-기원전 600년의 청동기시대 중기에 나타나는 공렬토기와 구순각목토기는 Isakovo와 Servo에서 이미 나타나고 있다(최몽룡·이헌종·강인욱 2003, 시베리아의 선사고고학, 서울: 주류성, pp.170-177). 그리고 충청남도 아산 탕정면 용두리, 경기도 가평 외서면 청평 4리, 경기도 광주시 장지동, 경기도 가평 설악면 신천리, 강원도 횡성 공근면 학담리와 춘천 거두리와 천전리에서 출토된 해무리굽과 유사한 바닥을 지닌 경질무문토기는 아무르 강 중류 Kronovsky/끄로우노프까(北沃沮, 黑龍江省 東宁県 団結村 團結文化, 기원전 5세기-기원전 2세기)-폴체(Poltze, 挹婁, 기원전 7세기-기원전 4세기) 문화에서도 보이고 그 연대도 기원전 5세기-기원전 2세기 정도가 된다. 한반도의 청동기와 철기시대에 러시아 문화의 영향을 고려할 필요가 있다.

유럽의 신석기시대로 LBK(Linear Band Keramik)문화가 있다. 다뉴브 I 문화(Danubian I Culture)라고 불리는 이 문화는 유럽 중앙과 동부에서 기원전 5000년대부터 쉽게 경작할 수 있는 황토지대에 화전민식 농경(slash and burn agricultural cultivation, bush-fallow cultivation)을 행하였고 또 서쪽으로 전파해 나갔는데, 이 문화에서 나타나고 있는 토기의 문양이 우리의 빗살문(櫛文/櫛目文)토기와 유사하여 "線土器文化(Linear Pottery culture)"라 한다. 이것의 獨譯이 Kamm keramik(comb pottery)으로 번역하면 櫛文(櫛目文)土器 즉 우리말로는 빗살문 토기이다. 일찍부터 이 문양의 토기들은 우리나라 신석기시대 빗살문토기의 기원과 관련지어 주목을 받아왔다. 그 다음 "Corded ware(繩文土器文化, 東方文化複合體)"와 "Beaker cup culture"(비커컵토기문화, 일본에서는 鐘狀杯로 번역함, 西方文化複合體)가 유럽의 북부독일지역과 남쪽 스페인에서부터 시작하여 유럽을 휩쓸었다. 그리고 스톤헨지의 축조의 마지막 시기는 기원전 2500년-기원전 2400년경으로, 이때 유럽 본토에서 기원전

-기원전 600년)에 걸치는 유적으로 여겨져 왔던 경기도 여주군 점동면 흔암리 유적(경기도 기념물 155호)을 들었으나 이곳 강릉 교동 유적이 앞서는 것으로 밝혀졌다. 서북계와 동북계의 양계의 문화가 복합된 최초의 지역이 남한강유역이라기보다는 태백산맥의 동안인 강릉일 가능성은 앞으로 문화 계통의 연구에 있어 많은 시사점을 제공해준다. 또 속초시 조양동(사적 376호)에서 나온 扇形銅斧는 북한에서 평안북도 의주군 미송리, 황해북도 신계군 정봉리와 봉산군 송산리, 함경남도 북청군 토성리 등지에서 출토 례가 보고되어 있지만 남한에서는 유일한 것이다. 청동기시대의 시작은 기원전 2000년까지 올라가나 청동기와 지석묘의의 수용은 그 연대가 약간 늦다. 이는 청동기시대 전기와 중기

2400년-기원전 2200년경 이곳으로 이주해온 비커컵족들의 靑銅器와 冶金術의 소개로 인해 농업에 바탕을 두던 영국의 신석기시대의 종말이 도래하게 된 것이다. 이 시기를 民族移動期(기원전 3500년-기원전 2000년)라고 한다. 印歐語(인도-유러피안 언어)를 쓰며, 폴란드, 체코와 북부 독일의 비스툴라(Vistula)와 엘베(Elbe) 강 유역에 살던 繩文土器文化(Corded ware culture)에서 기원하여 기원전 2400년-기원전 2200년경 동쪽 유라시아 고원으로 들어가 쿠르간(kurgan) 봉토분을 형성하던 스키타이(Scythia, 기원전 7세기-기원전 2세기경에 전성기로 무기, 마구와 동물문 장식으로 잘 알려져 있음)종족, 인더스 문명을 파괴한 아리안족(Aryan race)이나 남쪽으로 그리스에 들어간 아카이아(Achaea/Achaia, 아카이아인의 나라 아키야와 Akhkhyawa)나 도리아(Doria)족과 같은 일파로 생각된다. 그 이후 "Urnfield culture(火葬文化)"를 지난 다음 할슈타트(Hallstatt)와 라떼느(La Tène)의 철기문화가 이어졌다. 기원전 500년경 켈트(Celt)족의 선조인 할슈타트인들은 주거의 흔적도 없이 자취를 감추었으나 그들이 쓴 분묘와 그 속에서 나온 철검 손잡이의 안테나식 장식은 멀리 우리나라의 세형동검(韓國式銅劍)에까지 영향을 미쳤다. 즉 英國 大英博物館 소장의 '鳥形柄頭 細形銅劍'이 우리나라에서 철기시대 전기(기원전 400년-기원전 1년)의 대표적인 유물인 세형동검의 자루 끝에 '鳥形 안테나'가 장식된 안테나식 검(Antennenschwert, Antennae sword)으로 보고, 그것이 오스트리아 잘쯔캄머구트 유적에서 시작하여 유럽의 철기시대의 대명사로 된 할슈탓트 문화에서 나타나는 소위 'winged chape'(날개달린 물미)에 스키타이(Scyths)식 동물문양이 가미되어 나타난 것으로 보인다. 이러한 예는 대구 비산동 유물(국보 137호)을 포함해 4점에 이른다.

이중구연토기와 공렬토기의 사용과 함께 청동기가 북으로부터 받아들여졌다고 보기 때문이다. 속초 조양동의 경우 바로 위쪽의 함경남도의 동북 지방에서 전래되었을 가능성이 많다.

우리나라의 거석문화는 지석묘(고인돌)와 입석(선돌)의 두 가지로 대표된다. 그러나 기원전 4500년 전후 세계에서 제일 빠른 거석문화의 발생지로 여겨지는 유럽에서는 지석묘(dolmen), 입석(menhir), 스톤써클(stone circle : 영국의 Stonehenge가 대표), 열석(alignment, 불란서의 Carnac이 대표)과 연도(널길) 있는 석실분(passage grave, access passage), 羨道(널길) 없는 석실분(gallery grave, allée couverte)의 5종 여섯 가지 형태가 나타난다. 이 중 거친 割石으로 만들어지고 죽은 사람을 위한 무덤의 기능을 가진 지석묘는 우리나라에서만 약 29,000기가 발견되고 있다. 중국의 요령성과 절강성의 것들을 합하면 더욱 더 많아질 것이다. 남한의 고인돌은 北方式, 南方式과 蓋石式의 셋으로 구분하고 발달 순서도 북방식-남방식-개석식으로 생각되고 있다. 그러나 북한의 지석묘는 황주 침촌리와 연탄 오덕리의 두 형식으로 대별되고, 그 발달 순서도 변형의 침촌리식(황해도 황주 침촌리)에서 전형적인 오덕리(황해도 연탄 오덕리)식으로 보고 있다. 이들은 마지막으로 개별적인 무덤구역을 가지고 구조도 수혈식에서 횡혈식으로 바뀌어 나가거나 이중 개석을 가진 평안남도 개천 묵방리식으로 발전하게 된다. 우리나라의 지석묘사회는 일반적으로 전문직의 발생, 재분배 경제, 조상 숭배와 혈연을 기반으로 하는 계급 사회로 인식되고 있다. 그리고 우리나라의 지석묘(고인돌)가 만들어진 연대는 기원전 1500년-기원전 400년의 청동기시대이나 전라남도나 제주도 등지에서는 기원전 400년-기원전 1년의 철기시대 전기에까지 토착인들의 묘제로 사용되고 있었다. 최근의 고고학적 자료는 전남지방의 청동기시대는 전기(기원전 1500년-기원전 1000년)까지 거슬러 올라감을 알 수 있다. 그에 대한 자료는 광주광역시 북구 동림동 2택지개발지구, 여천 적량동 상적 지석묘(청동기시대 전기 말-중기 초, 기원전 11세기경, 이중구연 단사선문, 구순각목, 공렬토기, 비파형동검/고조선식 동검 6점), 여수시 월내동 상촌 Ⅱ 지석묘(이중구연에 단사선문이 있는 토기, 공렬토기, 비파형동검 3점, 청동기시대 전기 말-중기 초, 기원전 11세기경), 고흥 두원면 운대리 전라남도 高興 豆原面 雲垈里 支石墓(1926, 11월 朝鮮總督府博物館), 중대 지석묘(비파형동검, 광주박물관), 전라남도 여천 화장동 고인돌(비파형동검, 기원전 1005년) 등에서 나타난다. 그러나 전남지방에 많은 수의 지석묘(고인돌)는 철기시대까지 사용된 정치·경제적 상류층의 무덤이며 그곳이 당시 농경을 기반으로 하는 청동기·철기시대의 가장 좋은 생태적 환경이었던 것이다. 이 토착사회가 해체되면서 마한사회[15]가 나타나게 된 것이다. 최근 여수 화양면 화

---

15) 이 마한사회(기원전 3세기-기원전 2세기에서 서기 6세기 말-서기 7세기 초까지 존재)라는 용어의 사용은 종래의 원삼국시대란 말을 대신한 삼국시대 전기(또는 철기시대 후기 또는 삼한시대, 서기 1년-서기 300년)로부터이다(최몽룡 1987, 한국고고학의 시대구분에 대한 약간의 제언, 최영희 선생 회갑기념 한국사학논총, 서울: 탐구당, pp.783-788). 그리고 국립중앙박물관에서도 2009년 11월 3일(화)부터 이 용어를 공식적으로 사용하지 않기로 결정하였다. 한국고고학에 있어 馬韓에 대한 고고학적 연구는 이제 시작이라고 해도 과언이 아니다. 이는 약간의 단편적인 文獻資料 이외에는 고고학적 자료가 극히 적기 때문이다. 필자가 「전남지방 소재 지석묘의 형식과 분류」(최몽룡 1978, 역사학보 78집), 「고고학 측면에서 본 마한」(최몽룡 1986, 원광대학교 마한·백제연구소, 백제연구 9)과 「考古學上으로 본 馬韓研究」(최몽룡 1994, 원광대학교 마한·백제문화연구소 주최 학술 심포지엄)라는 글에서 "한국청동기·철기시대 土着人들의 支石墓사회는 鐵器시대가 해체되면서 점차 馬韓사회로 바뀌어 나갔다."는 요지를 처음 발표할 때만 하더라도 한국고고학계에서 '馬韓'이란 용어는 그리 익숙한 표현이 아니었다. 그러나 최근 경기도, 충청남북도 및 전라남북도 지역에서 확인되고 있는 고고학적 유적 및 문화의 설명에 있어 지난 수십 년간 명확한 개념정의 없이 통용되어 오던 原三國時代란 용어가 '馬韓時代' 또는 '馬韓文化'란 용어로 대체되는 경향이 생겨나고 있는데, 이는 마한을 포함한 三韓社會 및 문화에 대한 학계의 관심이 증폭되고, 또 이를 뒷받침할 만한 고고학 자료가 많아졌음에 따른 것이다. 지석묘사회의 해체 시기는 철기시대 전기로 기원전 400년-기원전 1년 사이에 속한다. 최근에 발굴 조사된 철기시대 전기에 속하는 유적으로 전라남도 여수 화양면 화동리 안골과 영암 서호면 엄길리 지석묘를 들 수

동리 안골 고인돌의 축조가 기원전 480년-기원전 70년이라는 사실과 영암 엄길리의 이중개석 고인돌하에서 출토한 철기시대 전기(기원전 400년-기원전 1년)에 속하는 두 점의 흑도 장경호는 이를 입증해주는 좋은 자료이다. 일찍이 충청북도 제천 황석리 고인돌의 축조도 기원전 410년이란 연대로 밝혀진 바 있다. 우리나라에서 사적으로 지정된 지석묘(고인돌)는 강원도 속초 조양동(사적 376호), 경기도 강화도 부근리(사적 137호), 경기도 파주군 덕은리/옥석리(玉石里)(기원전 640년, 사적 148호), 경상남도 마산 진동리(사적 472호), 전라남도 화순 춘양면 대신리와 도산 효산리(기원전 555년, 사적 410호), 전라북도 하서면 구암리(사적 103호), 고창지방(고창읍 죽림리, 상갑리와 도산리 일대의 고인돌군은 현재 사적 391호)이며, 그중 강화도, 고창과 화순의 고인돌들은 세계문화유산으로 지정되어 있다. 지석묘의 기원과 전파에 대하여는 연대와 형식의 문제점 때문에 현재로서는 유럽 쪽에서 전파된 것으로 보다 '韓半島 自生說' 쪽으로 기울어지고 있는 실정이다.[16]

있다. 여천 화양면 화동리 안골 지석묘는 기원전 480년~기원전 70년 사이에 축조되었다. 그리고 영암 엄길리의 경우 이중의 개석구조를 가진 지석묘로 그 아래에서 흑도장경호가 나오고 있어 그 연대는 기원전 3세기-기원전 2세기경으로 추정된다. 그리고 부여 송국리 유적(사적 249호)의 경우도 청동기시대 후기에서 철기시대 전기로 넘어오면서 마한사회에로 이행이 되고 있다. 馬韓사회는 고고학 상으로 기원전 3세기-기원전 2세기에서 서기 5세기 말 6세기 초에 속하는 것으로 보인다. 이는 전남 영광군 군동리, 충남 보령군 관창리과 당진군 도성리의 周溝墓의 周溝에서 粘土帶土器가 나타나는 것으로도 입증된다. 마한은 한국고고학 편년 상 철기시대 전기에서 삼국시대 후기(서기 300년-서기 600년)까지 걸치며, 百濟보다 앞서 나타나서 백제와 거의 같은 시기에 共存하다가 마지막에 백제에 행정적으로 흡수·통합되었다.

16) 우리에게 전파를 해주었을 런지도 모를 인도의 거석문화 중 지석묘에 대하여는 인더스 문명에 관한 유적들의 발굴이 시작되던 1920년대부터 알려져 왔으며 서기 1959년 Sir Mortimer Wheeler, C. I. E.의 책에서도 구체적으로 소개되어 있다. 그 유적의 중심연대는 기원전 200년-서기 1세기경으로 추정되고 있다. 그러나 최근의 견해

여기에 비해 한 장씩의 판석으로 짠 상자모양으로 만든 石棺墓 또는 돌널무덤(石箱墳)의 형식이 있다. 이러한 석상분은 시베리아 청동기시대 안드로노보기에서부터 나타나 다음의 카라숙-타가르기에 성행하며 頭廣足狹의 형식과 屈葬法을 가지며 우리나라에 전파되어 청동기시대 지석묘에 선행하는 형식이다 그리고 이 분묘는 확장되어 북방식 지석묘로 그리고 지하에 들어가 남방식 지석묘로 발전해 나가는 한편 영남지방에서는 石槨墓로 발전해 삼국시대의 기본 분묘형식으로 굳히게 된다. 즉 석관묘(석상분)-지석묘(북방식/남방식)-석곽묘로 발전한다고 생각되며, 대표적인 석관묘의 유적으로 銅泡와 검은 긴 목 항아리가 나온 江界市 豊龍里, 鳳山郡 德岩里, 丹陽 安東里를 들고 있다. 석관묘(석상분)와 지석묘의 기원과 전파에 대하여는 선후문제, 문화계통 등에 대해 아직 연구의 여지가 많다. 그러나 석관묘는 포항 인비동과 여수 오림동에서 보

는 기원전 1000년경에서 지석묘가 처음 보이며 그 중심연대는 기원전 250년경 정도로 언급되고 있다. 마우리아 왕조(기원전 317년-기원전 186년) 중 아쇼카 왕(기원전 268년-기원전 232년) 때와 그 하한연대가 겹치고 있다. 거석문화는 칭레푸트의 만두란타캄 타루크(Mandurantakam taluk)의 스톤서클(stone circle)을 비롯하여 치투르의 티루베란가두(Tiruvelangadu), 북 아르코트의 벤구파투(Vengupattu), 치탈드루그의 브라마기리(Brahmagiri), 케랄라의 마라유르(Marayur/Marayoor Munnar, Kerala state, South India, 4매의 판석으로 개석을 지탱하는 한국의 북방식과 닮은 여러 기의 지석묘) 등 주로 남부지방에서 발견되며 이들의 재료는 花崗岩(hard granite)이다. 이들의 연대는 석기시대에서 철기시대 사이로 추정된다. 그중 지석묘는 크게 1) 큰 원형의 封土下에 板石으로 짜여진 石室形(megalithic cist)인데, 입구 쪽의 판석에는 銃眼과 같은 구멍(port-hole)과 연도(passage)가 있으며, 또 석실 내에는 二次葬으로 인한 여러 體分의 人骨이 들어가 있는 형식과, 2) 큰 板石으로 짜여진 記念物로 그 안에는 테라코타(terra-cotta, 1000℃이하에서 구워짐)로 만들어진 관(sarcophagus)이 놓여 있는 두 가지의 형식이 존재한다. 전자의 총안이 있는 판석이 달린 석실은 요르단의 알라 사파트(Ala-safat)와 코카사스(Caucasus) 지역의 파차계곡(Pacha valley)에서 그 기원을 확인할 수 있다. 그래서 인도의 지석묘를 우리 것과 비교해보면 형식과 시기가 달라 한국 지석묘의 自生과 起源說은 앞으로의 연구과제이다.

는 바와 같이 우리나라에 들어온 기존의 청동기(古朝鮮式銅劍/비파형 또는 세형 동검/韓國式銅劍)와 마제석검을 사용하던 청동기시대 전기-철기시대 전기(기원 전 400년-기원전 1년)의 한국토착사회를 이루던 지석묘사회에 쉽게 융화되었던 모양이다. 우리의 암각화에서 보여주는 사회의 상징과 표현된 신화의 해독이 아무르 강의 사카치 알리안(또는 시카치 알리안)의 암각화와 기타지역의 암각화 와의 비교연구, 그리고 결과에 따른 문화계통의 확인이 현재 한국문화의 기원 을 연구하는데 필수적이다. 이들은 한반도의 동북지방의 유물들과 많은 연관 성을 가지고 있다. 극동지역 및 서시베리아의 암각화도 최근에 남한에서 암각 화의 발견이 많아지면서 그 관련성이 주목된다. 시베리아, 극동의 대표적인 암각화로는 러시아에서도 암각화의 연대에 대하여 이론이 많지만 대개 청동기 시대의 대표적인 암각화유적은 예니세이 강의 상류인 손두기와 고르노알타이 우코크의 베르텍과 아무르 강의 사카치 알리안 등을 들 수 있다. 이에 상응하 는 우리나라의 대표적인 암각화는 울주군 두동면 천전리 각석(국보 147호), 울 주 언양면 대곡리 반구대(국보 285호), 고령 양전동(보물 605호) 등을 들 수 있으 며, 그 외에도 함안 도항리, 영일 인비동, 칠포리, 남해 양하리, 상주리, 벽연 리, 영주 가흥리, 여수 오림동과 남원 대곡리 등지를 들 수 있다. 울주 천전리 의 경우 人頭(무당의 얼굴)를 비롯해 동심원문, 뇌문, 능형문(그물문)과 쪼아파 기(탁각, pecking technique)로 된 사슴 등의 동물이 보인다. 이들은 앞서 언급 한 러시아의 손두기, 베르텍, 키르(하바로브스크 시 동남쪽 Kir 강의 얕은 곳이라 는 의미의 초루도보 쁘레소에 위치)와 사카치(시카치) 알리안의 암각화에서도 보 인다. 이의 의미는 선사시대의 일반적인 사냥에 대한 염원, 어로, 풍요와 多産 에 관계가 있을 것이다. 또 그들의 신화도 반영된다. 사카치 알리안 암각화의 동심원은 아무르의 나선문(Amur spiral)으로 태양과 위대한 뱀 무두르(mudur) 의 숭배와 관련이 있으며 뱀의 숭배 또한 지그재그(갈之'字文)문으로 반영된다. 하늘의 뱀과 그의 자손들이 지상에 내려올 때 수직상의 지그재그(이때는 번개를 상징)로 표현된다. 이 두 가지 문양은 선의 이념(idea of good)과 행복의 꿈 (dream of happiness)을 구현하는 동시에, 선사인들의 염원을 반영한다. 그리 고 그물문(Amur net pattern)은 곰이 살해되기 전 儀式 과정 중에 묶인 끈이나 사슬을 묘사하며 이것은 최근의 아무르의 예술에도 사용되고 있다. 현재 이곳 에 살고 있는 나나이(Nanai, Goldi)족의 조상이 만든 것으로 여겨지며 그 연대 는 기원전 4000년-기원전 3000년경(이 연대는 그보다 후의 청동기시대로 여겨짐) 으로 추론된다고 한다. 이들은 挹婁-肅愼-勿吉-靺鞨-黑水靺鞨-生女眞-金 (서기 1115년-서기 1234년)-後金(서기 1616년-서기 1626년)-滿州/淸(서기 1616년 -서기 1636년)-大淸(서기 1636년-서기 1911년)[17]으로 이어지는 역사상에 나타나 는 種族名의 한 갈래로 현재 말갈이나 여진과 가까운 것으로 여겨지고 있다. 이들은 청동기시대에서 철기시대 전기에 속하는 것으로 볼 수 있다. 그리고 영 일만(포항, 형산강구)에서부터 시작하여 남원에 이르는 내륙으로 전파되었음을 본다. 아마도 이들은 아무르 강의 암각화문화가 海路로 동해안을 거쳐 바로 영 일만 근처로 들어온 모양이며 이것이 내륙으로 전파되어 남원에까지 이른 모 양이다. 청동기시대의 석관묘, 지석묘와 비파형동검의 전파와는 다른 루트를 가지고 있으며, 문화계통도 달랐던 것으로 짐작이 된다.

---

17) 그리고 중국 북방의 유목민족은 匈奴-東胡-烏桓-鮮卑-突厥(투쥐에, 튀르크, 타쉬티 크: 서기 552년 柔然을 격파하고 유목국가를 건설. 돌궐 제2제국은 서기 682년-서기 745년임, 서기 7-서기 8세기)-吐蕃[티베트, t'u fan: 38대 치송데짼(赤松德贊 서기 754년-서기 791년) 이 서기 763과 서기 767의 두 번에 걸쳐 唐의 長安을 함락함]-위굴(維吾爾, 回紇: 위굴 제국 은 서기 744년-840년임, 위굴 제국은 키르기스 黠戛斯에 망하며 키르기스는 서기 9세기 말-서 기 10세기경까지 존재)-契丹(辽, 서기 907년-서기 1125년)-蒙古(元, 서기 1206년-서기 1368 년)-金-後金[서기 1601년 누르하치/羅努爾哈赤(淸太祖 서기 1616년-서기 1626년 재위)]-滿 洲/淸(淸太宗, 홍타이지/皇太極, 서기 1626년-서기 1636년 재위)-大淸/皇太極(서기 1636년 -서기 1643년 재위, 서기 1636년-서기 1911년)-順治(福臨, 淸世祖, 서기 1643년-서기 1661 년 재위)로 발전한다.

아무르 강 유역 하바로프스크 시 근처 사카치 알리안 등지에서 발견되는 암각화가 울산 두동면 천전리 석각(국보 제147호)과 밀양 상동 신안 고래리 지석묘 등에서 많이 확인되었다. 특히 여성의 음부 묘사가 천전리 석각과 밀양 상동 신안 고래리 지석묘 개석에서 확인된 바 있다. 후기 구석기시대 이후의 암각화나 민족지에서 성년식(Initiation ceremony) 때 소녀의 음핵을 잡아 늘리는 의식(girl's clitoris-stretching ceremony)이 확인되는데, 이는 여성의 생식력이나 성년식과 관계가 깊다고 본다. 제사유적으로도 양평 양서 신원리, 하남시 덕풍동과 울산시 북구 연암동 등에서 발견되어 열등종교 중 多靈敎(polydemonism)에 속하는 精靈崇拜(animism), 토테미즘(totemism), 샤마니즘(巫敎, shamanism), 祖上崇拜(ancestor worship)와 蘇塗(asylum)와 같은 종교적 모습이 점차 들어나고 있다. 그리고 울주 언양면 대곡리 반구대의 암각화(국보 285호)에 그려져 있는 고래는 지금은 울주 근해에 잘 나타나지 않는 흑등고래(humpback whale) 중 귀신고래(Korean specimen whale, gray whale, 克鯨, 12월 24일-1월 6일 사이 사할린 필튼 만으로 회귀)로 당시 바닷가에 면하고 있던 청동기시대 중기(공렬토기, 기원전 1000년-기원전 600년) 반구대사람들의 고래잡이나 고래와 관련된 주술과 의식을 보여준다. 최근 동해 송정동에서 반구대보다 6-700년이 늦은 철기시대 전기(기원전 400년-기원전 1년) 東濊의 凸자형 집자리 유적(Ⅱ-3호 집자리, 기원전 2세기경)에서 고래잡이를 하던 철제 작살(삼지창)과 갈고리, 고래뼈(Ⅱ-3 저장공)가 출토되고 있어 고래잡이가 꾸준히 이어져 왔음을 뒷받침해준다.

그리고 인류문명의 발달사를 보면 청동기시대에 국가가 발생하는 것이 일반적인데, 한반도의 경우는 이와는 달리 철기시대 전기에 이르러 衛滿朝鮮(기원전 194년-기원전 108년)이라는 최초의 국가가 등장한다.[18] 참고로 우리나라에서의 국가 발생은 연대적으로는 수메르보다는 2800년, 중국의 상(商)보다는 약 1500년이 늦다. 현재 북한에서는 우리나라 청동기시대의 개시에 대해, 최초의 국가이자 노예소유주 국가인 古朝鮮(단군조선: 唐古, 堯 즉위 50년 庚寅年, 기원전 2333년)을 중심으로 하여 기원전 30세기에 시작되었다고 보고 있다. 즉 청동기 시대가 되면서 여러 가지 사회적인 변화를 거치는데, 그러한 변화상이 고조선 이라는 국가의 발생까지 이어지는 것으로 본 것이다. 한편 남한에서는 대체로

---

18) 청동기문화의 발전과 함께 족장이 지배하는 사회가 출현하였다. 이들 중에서 강한 족 장은 주변의 여러 족장사회를 통합하고 점차 권력을 강화하여 갔다. 기원전 3세기- 기원전 2세기부터의 단순 족장사회에서 좀 더 발달한 복합족장사회로 나아갔다. 마 한이 그 예이다. 이는『三國志』魏志 東夷傳 弁辰條에 族長격인 渠帥(또는 長帥, 主帥라 도 함)가 있으며 이는 격이나 규모에 따라 신지(臣智, 또는 秦支·踧支라고도 함), 검측(險 側), 번예(樊濊), 살계(殺奚)와 읍차(邑借)로 불리고 있었음을 알 수 있다. 이는 정치 진 화상 같은 시기의 沃沮의 三老, 東濊의 侯, 邑長, 三老, 挹婁의 大人, 肅愼의 君長과 같은 國邑이나 邑落을 다스리던 혈연을 기반으로 하는 계급사회의 行政의 우두머리 인 族長(chief)에 해당된다. 가장 먼저 나라로 발전하였다고 이야기되는 것은 고조선 중 단군조선이다. 고조선은 단군왕검(檀君王儉)에 의하여 건국되었다고 한다(기원전 2333년). 단군왕검은 당시 지배자의 칭호였다. 그러나 고조선은 랴오닝 지방을 중심 으로 성장하여, 점차 인접한 족장 사회들을 통합하면서 한반도로까지 발전하였다고 보는데, 이와 같은 사실은 출토되는 비파형동검의 분포로서 알 수 있다. 고조선의 세 력범위는 청동기시대를 특징짓는 유물의 하나인 비파형동검(고조선식 동검)이 나오는 지역과 거의 일치하고 있다. 이러한 내용은 신석기시대 말에서 청동기시대로 발전하 는 시기에 계급의 분화와 함께 지배자가 등장하면서 새로운 사회질서가 성립되는 것 을 잘 보여준다. "널리 인간을 이롭게 한다(弘益人間)"는 것도 새로운 질서의 성립을 의미하는 것이다. 이 시기에는 사람들이 구릉지대에 거주하면서 농경생활을 하고 있 었다. 이때, 환웅 부족은 태백산의 신시를 중심으로 세력을 이루었고, 이들은 하늘의 자손임을 내세워 자기 부족의 우월성을 과시하였다. 또, 풍백, 우사, 운사를 두어 바 람, 비, 구름 등 농경에 관계되는 것을 주관하게 하였으며, 사유재산의 성립과 계급 의 분화에 따라 지배계급은 농사와 형벌 등의 사회생활을 주도 하였다. 선진적 환웅 부족은 주위의 다른 부족을 통합하고 지배하여 갔다. 곰을 숭배하는 부족은 환웅부 족과 연합하여 고조선을 형성하였으나, 호랑이를 숭배하는 부족은 연합에서 배제되 었다. 단군은 제정일치의 지배자로 고조선의 성장과 더불어 주변의 부족을 통합하고 지배하기 위해 자신들의 조상을 하늘에 연결시켰다. 즉, 각 부족 고유의 신앙체계를 총괄하면서 주변 부족을 지배하고자 하였던 것이다. 고조선은 초기에는 랴오닝 지방

기원전 2000년−기원전 1500년을 전후하여 청동기시대가 시작되었다고 보고 있다. 그리고 남한은 鐵器時代前期의 衛滿朝鮮이 이제까지 문헌상의 최초의 국가로 보고 있다.

이처럼 남북한에서 각자 보고 있는 청동기시대의 상한과 최초의 국가 등

에 중심을 두었으나, 후에 와서 대동강유역의 왕검성을 중심으로 독자적인 문화를 이룩하면서 발전하였다. 고조선은 연나라의 침입을 받아 한때 세력이 약해지기도 하였다. 그러나 기원전 3세기경에는 부왕(否王), 준왕(準王)과 같은 강력한 왕이 등장하여 왕위를 세습하였으며, 그 밑에 상(相), 대부(大夫), 장군(將軍) 등의 관직도 두었다. 또, 요하를 경계선으로 하여 중국의 연(燕)과 대립할 만큼 강성하였다. 漢 高祖 12년(기원전 195년) 燕王 盧綰이 漢나라에 叛하여 匈奴로 도망감에 따라 부하였던 衛滿은 입국할 때에 상투를 틀고 조선인의 옷을 입고 있었던 것으로 보아 연나라에서 살던 조선인으로 생각된다. 위만은 나라 이름 그대로 조선이라 하였고, 그의 정권에는 토착민 출신으로 높은 지위에 오른 자가 많았다. 따라서 위만의 고조선은 단군의 고조선을 계승한 것으로 볼 수 있다. 4대 87년간을 존속했던 위만조선은 衛滿에서 이름이 전해지지 않는 아들을 거쳐 손자인 右渠에 이르는 혈연에 의한 세습왕권이었다. 위만과 우거 이외에 기록에 나타나는 裨王長, 朝鮮相 路人, 相 韓陶(韓陰), 大臣 成己, 尼鷄相 參, 將軍 王唊, 歷谿卿, 濊君 南閭 등은 그러한 세습왕권을 유지하는 고위각료들이었던 것으로 생각되며 이들이 곧 전문화된 군사·행정집단인 것으로 보인다. 또한 朝鮮相 路人의 아들 最가 등장하는 것으로 보아 왕위와 마찬가지로 상류층에서도 지위세습이 존재했으며 그러한 상위계층에 대응하는 하나 이상의 하위신분계층이 더 존재했을 가능성을 시사해주고 있다. 이러한 신분체계와 아울러 기록을 통해서 알 수 있는 위만조선의 사회구조에 관한 것은 내부의 부족구성와 인구수 등이다. 위만조선의 인구규모는 『漢書』와 『後漢書』의 기록을 종합해 볼 때 약 50만에 이른 것으로 추정된다. 족장단계(chiefdom society)를 넘어서는 이러한 인구규모를 통제하기 위해서는 경제적 배경이나 영토, 이외에 법령과 치안을 담당할 군대도 필요하다. 『漢書』 지리지에는 한의 풍속이 영향을 미친 이후 80여 조에 달하는 法令이 제정되었다는 기록이 있고, 『後漢書』 「東夷傳」 濊條에도 역시 그와 유사한 기록이 있다. 그래서 한반도 최초의 고대국가는 위만조선(기원전 194년−기원전 108년)이다. 국가는 무력, 경제력과 이념(종교)이 바탕이 되며, 무력을 합법적으로 사용하고 중앙집권적이고 전문화된 정부조직을 갖고 있다. 세계에서 도시·문명·국가는 청동기시대에 나타나는데 우리나라의 경우 중국의 영향하에 성립되는 이차적인 국가가 되며, 또 세계적인 추세에 비해

장 및 그 주체 등이 매우 다르기는 하나 우리나라의 청동기문화상은 비파형 단검(古朝鮮式銅劍, 요령식 또는 만주식 동검), 거친무늬거울, 고인돌과 미송리식 토기로 대표되는데, 이들은 한반도뿐만 아니라 요동·길림지방에까지 널리 분포되어 있어 우리나라 청동기문화의 기원에 대한 여러 가지 시사를 준다. 이후 비파형동검문화는 세형동검(韓國式銅劍)문화와 점토대토기문화로 이어지게 되면서 기원전 400년부터 철기의 사용이 시작되었다.

현재까지 청동기시대의 문화상에 대해 합의된 점을 꼽아 보자면, 청동기시대가 되면 전 세계적으로 사회의 조직 및 문화가 발전되며, 청동기의 제작

훨씬 늦은 철기시대 전기에 나타난다. 고인돌은 기원전 1500년에서부터 시작하여 경상남도, 전라남도와 제주도에서는 철기시대기 말까지 존속한 한국토착사회의 묘제로서 그 사회는 혈연을 기반으로 하는 계급사회인 족장사회로, 교역, 재분배 경제, 직업의 전문화, 조상숭배 등을 바탕으로 하고 있었다. 그리고 그 다음에 오는 고대국가의 기원은 앞으로 고고학적인 자료의 증가에 따라 단군조선에까지 더욱 더 소급될 수도 있으나, 문헌에 나타나는 사회조직, 직업적인 행정관료, 조직화된 군사력, 신분의 계층화, 행정중심지로서의 왕검성(평양 일대로 추정)의 존재, 왕권의 세습화, 전문적인 직업인의 존재 등의 기록으로 보아서 위만조선이 현재로는 한반도내 최초의 국가체제를 유지하고 있었던 것으로 보인다. 또한 국가형성에 중요한 역할을 차지하는 시장경제와 무역의 경우 위만조선 이전의 고조선에서도 교역이었으며, 변진과 마한, 왜, 예 등은 철을 중심으로 교역이 행해졌던 것으로 보인다.
위만조선의 경우 한반도 북쪽의 지리적인 요충지에 자리잡음으로 해서, 그 지리적인 이점을 최대한으로 이용한 '중심지무역'으로 이익을 얻고, 이것이 국가를 성립시키고 성장하는데 중요한 요인이 되었을 것이다. 위만은 입국할 때에 상투를 틀고 조선인의 옷을 입고 있었던 것으로 보아 연나라에서 살던 조선인으로 생각된다. 위만은 나라 이름 그대로 조선이라 하였고, 그의 정권에는 토착민출신으로 높은 지위에 오른 자가 많았다. 따라서 위만의 고조선은 단군의 고조선을 계승한 것으로 볼 수 있다. 그리고 국가가 되기 위해서는 '무력의 합법적인 사용과 중앙관료체제의 확립'이나 '전문화된 정부체제를 지닌 사회'라는 조건을 갖추어야 하는데 위만조선의 경우 이에 해당한다고 하겠다. 따라서 위만조선은 중국의 『사기(史記)』와 『한서(漢書)』 등의 기록에 의하면 우리나라에서 처음으로 확실한 국가의 체제를 갖추었다고 하겠다.

과 이에 따른 기술의 발달, 그리고 전문직의 발생, 관개농업과 잉여생산의 축적, 이를 통한 무역의 발달과 궁극적으로 나타나는 계급발생과 국가의 형성 등이 대표적인 특징이 된다. 이들은 결국 도시·문명·국가의 발생으로 축약된다.

철은 세계 곳곳에 赤鐵鑛이나 黃鐵鑛 등의 광석으로 존재한다. 그리고 금속철로는 還元鐵을 제외하고는 그린란드(Greenland)에 있는 에스키모인들이 그대로 사용하고 있는 화산 분출물인 塊狀의 隕鐵(meteorites, meteoric iron)이 있다. 이 운철에는 니켈이 10% 가량 포함되어 있어 쉽게 두들겨 펼 수 있어 그대로 도구로 사용되어 왔다. 철은 청동보다 단단하여 무기나 도구로 제작하는데 적합하다. 그래서 일단 그 존재가 알려지게 되면서 철은 매우 널리 이용되어 왔으며 인류 문화발달상 철기시대(Iron Age)가 형성되었다. 철기의 제작방법에는 鍛造(forging iron)와 鑄造(casting iron)의 두 가지가 있다. 단조는 철을 半鎔融 상태로 달구어 두드리는 과정에서 불순물을 제거하고 철을 강하게 만드는 방법으로 鎔鑛爐, 풀무, 망치, 집게, 모루 등의 장비가 필요하다. 한편 주조는 銑鐵을 녹여 틀(鑄型, 鎔范)에 부어 제품을 생산하는 방법으로 청동기시대(Bronze Age)의 武器와 道具의 제작방식과 유사하다. 철광석의 종류에는 黃鐵鑛(pyrite, FeS_2), 磁鐵鑛(magnetite, $FeFe_2O_4$), 赤鐵鑛(hematite, Fe_2O_3), 褐鐵鑛(limonite, $FeO(OH)\cdot nH_2O$)이 있다. 이외에서 砂鐵이 있는데 냇가나 해안가에서 주로 얻어진다. 고대에는 자연 選鑛이 되는 냇가 철(川砂鐵)이나 바닷가 철(濱砂鐵)이 採鑛의 중심이 되었다. 그리고 사철은 자철광·적철광·티탄과 같은 광물 등으로부터도 얻어진다. 철광석과 사철을 목탄을 연료로 사용해 철을 생산해내는 공정을 製鍊(smelting)이라 한다. 철에는 鍊鐵(wrought), 鋼鐵(steel)과 銑鐵(pig iron)이 있다. 연철은 鍛打(forging iron)에 의해 만들어지며 탄소 함유량이 1% 이하로 손으로 구부릴 정도로 약해 利器의 제작에 적합하지 않다. 강철은 탄소 함유량이 0.1−0.7%로 강하지만 展性이 있어 단타에 의해 성형이 가능하여 농기구와 무기류의 제작에 널리 이용된다. 선철은 탄소함유량이 1.7~4.5%로 강하지만 부스러지기 쉬우며 틀(鑄型)에 의해 제작된다. 그리고 炭素가 함유되지 않은 純鐵이 있으나 실제 이용되지 않는다. 철은 加炭과 脫炭에 의해 연철에서 강철로, 선철에서 강철 또는 연철로 변화되기도 한다(최몽룡 1989, pp.1-2).

기원전 2000년경 청동기를 제작하던 근동지방의 주민들은 隕鐵을 두들겨펴서 소형의 도구를 제작하였으나, 본격적인 철의 생산은 기원전 1500년경 터키의 아나톨리아 고원에 살던 히타이트(Hittite)족에 의해서이며 기원전 1200년경부터는 농기구도 철기로 대체된다. 철기의 생산은 아시리아는 기원전 1200년-기원전 1100년, 유럽의 할슈타트(Hallstatt)는 기원전 12세기-기원전 6세기, 이집트에서는 기원전 700년경, 중국에서는 春秋時代(기원전 771년-기원전 475년)末-戰國時代(기원전 475년-기원전 221년) 初인 기원전 500년 전후에 나타나며 중국의 경우 鑄造(casting iron)에 의한 생산이 먼저 나타난다. 秦始皇때는 鐵官을 두어 철의 생산과 소비를 관장하기도 하였다.

우리나라의 철기시대는 기원전 400년경부터 시작된다.[19] 청동기시대 다음으로는 철기시대가 이어진다. 전 세계적으로 가장 오래된 철기는 서남아시아의 아나톨리아(Anatolia)를 중심으로 한 주변지역에서 발견되는데, 그 연대는

---

19) 최근의 자료는 철기시대의 상한이 점토대토기의 출현과 관련이 있고 늦어도 기원전 5세기로 올라가고 있다. 최근의 가속질량연대분석(AMS: Accelerator Mass Spectrometry)에 의한 결과 강릉 송림리유적이 기원전 700년-기원전 400년경, 안성 원곡 반제리의 경우 기원전 875년-기원전 450년, 양양 지리의 경우 기원전 480년-기원전 420년(2430±50 B.P, 2370±50 B.P.), 횡성군 갑천면 중금리는 기원전 800년-기원전 600년 그리고 홍천 두촌면 철정리(A-58호 단조 철편, 55호 단면 직사각형 점토대토기)의 경우 기원전 640년과 기원전 620년이 나오고 있기 때문이다. 그리고 최근의 고고학적 자료에 의하면 철기시대의 기원지로 연해주의 뽈체(挹婁)와 끄로우노브까(北沃沮, 黑龍江省 東寧縣 團結村 團結文化) 문화도 들 수 있다. 철기시대문화의 기원은 청동기시대와 마찬가지로 多元的이라고 말할 수 있다.

대략 기원전 3000년–기원전 2000년 무렵이며, 그 분포 범위는 이후 고대문명이 발생한 비옥한 초생달지역보다도 넓다. 그런데 최초의 철기들은 주로 隕鐵(meteorites)製로서 隕石으로부터 추출되는 自然鐵이라는 재료의 성격상 수량이 매우 적고 제작도 산발적이었다. 또한 제작된 도구의 종류나 장신구나 칼(刀子) 정도에 지나지 않는다. 다시 말해 야철 기술을 개발하여 인류가 본격적으로 人工鐵 즉, 鋼鐵(steeling iron)을 제작하여 이를 사용함으로써 철기가 청동기와 동등해지거나 그보다 우월해져 청동기를 대체하기 시작한 것은 히타이트(Hittite) 제국(기원전 1450년–기원전 1200년) 때부터이며, 제국이 멸망하는 기원전 1200년경부터는 서남아시아 각지로 전파되었다. 대체로 메소포타미아 지방에는 기원전 13세기, 이집트와 이란 지역은 기원전 10세기, 유럽은 기원전 9세기–기원전 8세기에 들어와서 철이 보급되었다.

동아시아 철기문화 발생과 관련이 있다고 생각되는 스키타이 문화(Scythian culture)는 기원전 8세기 무렵 흑해 연안에 존재한 스키타이 주민들의 騎馬遊牧文化를 통해 그들의 철기제조기술을 동쪽으로 이동시킨 결과로 나타난 것이다. 그리고 철기시대의 사회·정치적 특징은 종전의 청동기시대에 발생한 국가단위에서 벗어나 국가연합체인 제국이 출현하는데 있다. 이는 사회가 그만큼 더 발전했다는 이야기가 된다.

중국의 경우 商·周 時代에 운철로 제작된 철기가 몇 개 발견된 예는 있으나 인공철의 제작은 春秋時代 말에서 戰國時代 초기에 이르러서야 이루어진다. 전국시대 후반이 되면 철기의 보급이 현저해지는데, 주류는 鑄造技術로 제작된 농기구류이다. 우리나라의 철기시대의 상한은 러시아의 아무르 강 유역과 연해주의 끄로우노프까(北沃沮, 黑龍江省 東宁県 団結村 團結文化)와 挹婁(뽈체, 철기시대로 그 상한은 기원전 7세기까지 올라간다)의 영향하에 늦어도 기원전 5세기경으로 올라간다. 그리고 중국 전국시대 철기의 영향을 받아 중국과 마찬가지로 鑄造鐵斧를 위시한 농공구류가 우세하였다. 이는 최근 홍천 두촌면 철정리의 철기시대 연대가 기원전 620년과 기원전 640년의 연대가 나옴으로 더욱 더 신빙성을 갖게 된다. 戰國계 철기의 영향을 받았던 우리나라 철기문화가 본격적으로 자체생산이 가능하고 원재료를 수출할 정도의 단계에 이른 것은 기원전 4세기에서 기원전 2세기를 전후한 무렵부터인데, 이때부터는 鍛造鐵器가 제작되기 시작하였다. 철기생산의 본격화, 현지화 및 제조기술의 발전은 다른 부분에까지 영향을 끼쳐 새로운 토기문화를 출현시켰으며 나아가 생산력의 증대를 가져왔다. 이를 바탕으로 사회통합이 가속화되니 그 결과 우리나라 최초의 고대국가인 衛滿朝鮮(기원전 194년~기원전 108년)이 등장하게 되었다. 다시 말하여 위만조선이라는 국가는 철기시대 전기(종래의 초기 철기시대)에 성립된 것이다.

필자는 청동기, 철기시대 전기와 후기(삼국시대 전기)의 고고학과 고대사의 흐름의 일관성에 무척 관심을 가져 몇 편의 글을 발표한 바 있다. 서기 1988년 −서기 2012년의 제5·6·7차 고등학교 국사교과서에서부터 서기 1997년−서기 2002년 국사편찬위원회에서 간행한 『한국사』 1·3과 4권에 이르기까지 초기 철기시대와 원삼국시대란 용어 대신 새로운 編年을 設定해 사용해오고 있다. 한국고고학편년은 구석기시대−신석기시대−청동기시대(기원전 2000년−기원전 400년)−철기시대 전기(기원전 400년−기원전 1년)−철기시대 후기(삼국시대 전기 또는 삼한시대: 서기 1년−서기 300년: 종래의 원삼국시대)−삼국시대 후기(서기 300년−서기 660/668년)로 설정된다.

참고문헌

강원문화재연구소

  2010 4대강(북한강) 살리기 사업 춘천 중도동 하중도지구 문화재발굴(시
      굴)조사 지도위원회의 자료집

경남문화재연구원

  2011 부산 기장군 월드컵 빌리지 및 에코파크 조성사업구간 내 문화유적
      발굴조사 자문위원회의 자료(3차)

  2011 4대강(북한강) 살리기 사업 춘천 하중도 D-E지구 문화재발굴조사
      학술자문회의 자료집

金元龍

  1986 韓國考古學槪論, 서울: 一志社

사회과학원 역사연구소 · 고고학연구소

  1971 조선원시고고학개요, 평양: 김일성종합대학출판사

  1979 조선전사 Ⅰ, 평양: 과학백과사전출판사

사회과학원 고고학연구소

  1977 조선고고학개요, 평양: 과학백과사전출판사

  1977 조선고고학개요, 서울: 새날

윤이흠 외

  2001 단군 -그 이해와 자료-, 서울: 서울대학교출판부

최몽룡

  1976 西南區 패총 발굴조사보고서, 마산 외동 성산패총 발굴조사보고, 서
      울: 문화공보부문화재관리국

  1981 도시·문명·국가 -미국고고학 연구의 일 동향-, 역사학보 92집,

pp.175-184

1987 한국고고학의 시대구분에 대한 약간의 제언, 최영희 선생 회갑기념 한국사학논총, 서울: 탐구당, pp.783-788

1989 인류와 철, 철강문명발달사 연구보고서 포항: 포항제철주식회사, pp.1-4

1990 고고학에의 접근 -문명의 성장과 멸망-, 서울: 신서원

1994 단군릉발굴에 대한 몇 가지 이견, 한국상고사학보 15집, pp.455-457

1997 북한의 단군릉 발굴과 문제점(1) 및 (2), 도시·문명·국가 -고고학에의 접근-, 서울: 서울대학교출판부

1997 청동기시대 개요, 한국사 3 -청동기문화와 철기문화-, 서울: 국사편찬위원회, pp.1-31

1997 철기시대, 한국사 3 -청동기문화와 철기문화-, 서울: 국사편찬위원회, pp.325-342

1997 고조선의 사회와 문화, 한국사 4 -초기국가-고조선·부여-, 서울: 국사편찬위원회, pp.115-146

2002 고고학으로 본 문화계통 -문화계통의 다원론적 입장-, 한국사 1-총설-, pp.89-110

2004 朝鮮半島の文明化, 千葉: 國立歷史民俗博物館 研究報告, 東アジアにぉける農耕社會の形成と文明への道, 第119集, pp.231-246

1997 도시·문명·국가 -고고학에의 접근-, 대학교양총서 70, 서울: 서울대학교 출판부

2006 최근의 고고학 자료로 본 한국고고학·고대사의 신 연구, 서울: 주류성

2007 경기도의 고고학, 서울: 주류성

2008 한국 청동기·철기시대와 고대사회의 복원, 서울: 주류성

2008 동북아시아적 관점에서 본 한국청동기·철기시대의 신경향 -다원론
   적 입장에서 본 한국문화의 기원과 편년설정-, 21세기의 한국 고고
   학 vol. I, 서울: 주류성, pp.19-90

2009 마한 연구의 새로운 방향과 과제, 박물관에서 만나는 우리문화, 세
   계문화, 전주: 국립전주박물관, pp.30-74 및 2009, 마한 -숨쉬는
   기록-, 서울: 통천문화사, pp.199-214

2010 호남의 고고학 -철기시대 전·후기와 마한-, 21세기의 한국 고고학
   vol. III, 서울: 주류성, pp.19-87

2010 한국 문화기원의 다양성 -구석기시대에서 철기시대까지 동아시아
   의 제 문화·문명으로부터의 전파-, 단국대학교 동양학연구소, 동
   아시아 문명 기원과 교류, pp.1-45

2011 부여 송국리 유적의 새로운 편년, 한국고고학연구의 제 문제, 서울:
   주류성, pp.207-223

2011 고등학교 국사교과서 교사용 지도서 -II. 선사시대의 문화와 국가
   의 형성(고등학교)-, 21세기의 한국고고학 vol. IV, 주류성, pp.27-
   130

2011 한국에서 토기의 자연과학적 분석과 전망, 국립나주문화재연구소
   의 학술대회 제1주제 "자연과학에서의 대형옹관과 제작기법",
   pp.9-25

2011 창원 성산 패총 발굴의 회고, 전망과 재평가, 창원: 창원문화원,
   pp.1-16

2011 한국 고고학연구의 제 문제, 서울: 주류성

2013 인류문명발달사 -고고학으로 본 세계문화사-(개정 5판), 서울: 주
   류성

최몽룡·이헌종·강인욱

　　2003　시베리아의 선사고고학, 서울: 주류성

충청남도 역사문화원(2007년 9월부터 충청남도 역사문화연구원으로 개칭)

　　2010　행정중심복합도시 지방행정지역 생활권 3-1·2내 C지점 연기 대평
　　　　　리 유적

Fagan 著, 崔夢龍 譯

　　1987　人類의 先史時代, 서울: 을유문화사

Fagan Brian M.

　　1989　*People of the Earth*, Glenview: Scott, Foresman and Co.

Friedrich Engels·김대웅 옮김

　　1987　가족 사유재산 국가의 기원, 서울: 아침

Ned J. Woodal 저·최몽룡 역

　　1984　신고고학개요, 서울: 동성사

Gordon Willey & Philip Phillips

　　1958　*Method and Theory in American Archaeology*, Chicago &
　　　　　London: University of Chicago Press

Gordon Willey & Jeremy A. Sabloff

　　1993　*A History of American Archaeology*, San Francisco: W.H.
　　　　　Freeman & Co.

Hole and Heizer

　　1973　An *Introduction to Prehistoric Archeology*, New York: Holt,
　　　　　Rinehart and Winston

Glyn E. Daniel

　　1950　*A Hundred Years of Archaeology*, London: Gerald Dukworth &
　　　　　Co.

Trigger Bruce

1989   *A History of archaeological thought*, Cambridge: Cambridge Univ. Press

Vere Gordon Childe

1930   *Bronze Age*, New York: Macmillan co.

1942   *What happened in History*, Harmondsworth: Pelican Books

1946   *Man Makes Himself*, New York: Mentor Books

角田文衛

1962   考古學史 -ヨーロツパ·アメリカ-, 世界考古學大系 16, 東京: 平凡社

孫祖初

1991   論小珠山中層文化的分期及各地比較, 辽海文物學刊 1

陳全家·陳國慶

1992   三堂新石器時代遺址分期及相關問題, 考古 3

辽宁省文物考古研究所 編

1994   辽東半島石棚, 辽宁: 辽宁科學技術出版社

辽宁省文物考古研究所·吉林大學考古系·旅順博物館

1992   辽宁省瓦房店市長興島三堂村新石器時代遺址, 考古 2

辽宁省文物考古研究所

2012   牛河梁-红山文化遗址发掘报告(1983-2003年度) 제1판, 北京: 文物出版社

Bronze and Iron Age, and Korean Culture
- A brief chronology of the Korean ancient history -

Bronze Age which is equivalent to the 'Urban Revolution'(都市革命) coined by Vere Gordon Childe or the 'Slave society'(奴隷制社會) out of 'materialistic conception of history'(唯物史觀), and Classic(古典期)-Postclassic(後古典期) Stages of American chronology based upon the 'tradition/temporal continuity concept' represented by persistent configurations in single technologies or other systems of related forms, and 'horizon/spatial continuity concept' represented by cultural traits and assemblages, begins from the Sumer civilization appeared near the Tigris and Euphrates rivers in the Iraqi region around 3000 B.C.(BCE). But a city, civilization and state simultaneously appear in the world history and their foundation lies in food-producing subsistence of the Neolithic Revolution. New archaeology since 1960 defines culture as the means of adaptation to environments, and civilization is characterized by the presence of city and writing system. A state may be defined as 'the legitimatized use of force and centralization of power', or 'the centralized and specialized institution of government with the background of the cohesion of power, economy and ideology' and 'end-product of multiplier effect'. The beginning of the Former Iron Age(鐵器時代 前期, 400 B.C.-1 B.C.) marks the civilization in the Korean Peninsula. The state of Wiman Choson/Joseon(衛滿朝鮮, 194 B.C.-108 B.C.) had established during this period. Historical documents from Shizi Ch'ao-hsienliezhuan(史記朝鮮列

傳) indicate several factors characterizing civilization, such as, the use of Chinese writing system, the distribution of coinage(knife-money, 明刀錢) and the presence of military in the Wiman Joseon/Chosŏn State(古朝鮮).

Since the normalization of diplomatic relations between Korea and Russia, and China according to the treaty on September 30, 1990, and on August 24, 1992 respectively, a lot of archaeological information flow has been made it possible for Korean archaeologists confirm the origin and diffusion of Korean culture and establish new chronology of Korea Bronze and Iron Ages in terms of polyhedral theory. And the origins of the Korean culture are thought to have been applied with polyhedral or polyphyletic theory as far as Northeast Asia centering on Siberia is concerned. Siberia, northeastern China(Manchuria, 滿洲) and Mongolia(蒙古) are the most important melting places from which various cultural elements regardless time and space are diffused according to the chronology of Korean archaeology. Such archaeological evidence based upon relics and artefacts as comb-patterned pottery, plain-coarse pottery with band appliqué, stone cist, antennae sword, petroglyph et al. are representative for identifying the cultural diffusion and relationship between Northeast Asia and Korean peninsula, and especially the origin of Korean culture through the Palaeolithic/Mesolithic Age(700000 ? B.C.-8000 B.C.), Neolithic Age (8000 B.C.-2000 B.C.), Bronze Age(2000/1,500 B.C.-400 B.C.) and the Former Iron Age(400 B.C.-1 B.C.) during the prehistoric times of Korea. They can be traced back to such northern places adjacent to the Korean peninsula as the Amur river valley region and the Maritime Province of Siberia including the Ussuri river basin, Mongolia), and the Manchuria(the northeastern three provinces) of northern China, which means that surrounding northern part of the Korean peninsula is to be revalued as the places of the origin and diffusion of Korean culture, as already shown from the recently found archeological remains and artefacts in the whole Korean territory.

And also new perspectives in the Bronze and Iron Age of Korean Archaeology in terms of polyhedral theory has made it possible that analysis and synthesis of archaeological data from the various sites so far excavated by several institutes nationwide and abroad provided a critical opportunity to reconsider archaeological cultures and chronology of Korean Bronze, Iron Ages and Former Three Kingdoms Period(三國時代 前期), and I have tried to present my own chronology and sub-periodization(epoch) of Korean Bronze and Iron Ages with some suggestions, including a new perspective for future studies in this field.

The chronology newly established in the Korean archaeology today is as follows:

Palaeolithic Age: between 700,000 and 16,000 years ago

Mesolitic Age (transitional age/period between palaeolithic and neolithic age, 16,000-10,000 years ago)

Neolithic Age

1. 8000 B.C.-6000 B.C. (10.000-8,000 years ago) - primitive plain coarse pottery

2. 6000 B.C.-5000 B.C. - appliqué decoration pottery

3. 5000 B.C.-4000 B.C. - stamped and pressed decoration pottery

4. 4000 B.C.-3000 B.C. - Jeulmun comb pattern pottery

5. 3000 B.C.- 2000 B.C. - partial-Julmun comb pattern pottery

6. 2000 B.C.-1500 B.C. - coexistance period of partial-Julmun comb

pattern pottery and plain coarse pottery with band appliqué decoration

on the rim (突帶文土器)

Bronze Age

Though it is still a hypothesis under consideration, the Korean Bronze Age(2000/1500 B.C.-400 B.C.) can be divided into four phases based on distinctive pottery types as follows :

1. Initial Bronze Age(早期, 2000 B.C.-1500 B.C.) : a pottery type in the transitional stage from Jeulmun comb pattern pottery to plain coarse pottery with band appliqué decoration on the rim (突帶文土器) and Jeulmun pottery without having any decoration.

2. Early Bronze Age(前期, 1500 B.C.-1000 B.C.) : double rimmed plain coarse pottery with incised short slant line design on the rim.

3. Middle Bronze Age(中期, 1,000 B.C.-600 B.C.) : pottery with a chain of hole-shaped decoration on the rim and pottery with dentate design on the rim.

4. Late Bronze Age(後期, 600 B.C.-400 B.C.) : high temperature fired plain coarse pottery(700℃-850℃).

Iron Age

The Former Iron Age(400 B.C.-1 B.C.) can be divided into two phases based on distinctive set of artifacts as follows as well :

1. Iron Age A(前期, earlier phase) : pottery types such as high temperature fired plain coarse pottery(700℃-850℃) and pottery with clay strip decoration on the rim(section: round), mould-made iron implements and bronze implements such as phase Ⅰ Korean style dagger, dagger-axe, fine liner design mirror, ax, spear and chisel.

2. Iron Age B(後期, later phase) : bronze implements such as type Ⅱ Korean style dagger, horse equipments and chariots, forged iron implements and pottery with clay strip decoration on the rim(section: triangle).

Since 1500 B.C./BCE, dolmens in Korea has been constructed not only as representing aboriginal culture during the Bronze(2000-400 B.C./BCE) and Iron(400 B.C.-1 B.C./BCE)Age, but also as graves of high classes during the stratified/hierarchical chiefdom stage based upon clan, craft specialization, and redistributional economic system during the Korean prehistory. Presence of children's graves among Panchon-ni dolmens in Naju suggests an inherited social status within a stratified society marking clan based hierarchcal society. Also, in association with the Misong-ni type pottery, bronze mirrors with coarse decorations, and the Liaoning type bronze daggers, the Korean dolmens play an important role in the study of Ko Chosŏn's(Old Chosŏn, 古朝鮮) territory and culture. North Korean scholars, according to their own socio-political perspectives, consider the Korean dolmens to be the graves of military commanders or chiefly leaders, and regard the dolmen builders as the people of Ko Chosŏn(Old Chosŏn). In 1993 they claimed to have discovered the grave of Tangun(檀君, Ko Chosŏn's Old Chosŏn) founding father, at Mt. Daebak(大朴山) in Kangdong-ku(江東區) of P'yŏngyang(平壤), and dated it to 3,000 B.C.

Accordingly, they hold that Tangun or Ko Chosŏn was founded as early as 3,000 B.C. Thus North Korean scholars discuss the dolmen society in terms of Tangun or Ko Chosŏn, the beginning of Korea's Bronze Age, Korea's ancient 'Slavery' Society, and the Korea's earliest state formation. These are scholarly issues requiring further study. Recently, Korean archaeologists have begun to pay more attention to the Indigenous Origin Theory regarding the origin of the Korean dolmens. As already mentioned, however, there remains a number of unresolved issues in regard to Korean dolmens. They include the question of their origin, the temporal sequence of different dolmen types, dating and chronology of dolmens, and the relationships between the dolmen chronology and their associated artifacts. We expect that more archaeological evidence from other regions such as Siberia, China, and Japan will help clarify these issues.

And Korean academic circles have to fully accept a record illustrated in the Samguksagi(三國史記) as a historical fact that King Onjo, the first king of Baekje Kingdom, founded Baekje(百濟) in the territory of Mahan in 18 B.C. during the Later Iron Age, or Former Three Kingdoms Period, Baekje had been coexisted with Lolang(樂浪) and Mahan(馬韓) in the Korean Peninsula with close and active interrelations forming an interaction sphere. Without full acceptance of the early records of the Samguksagi, it is impossible to obtain any productive scholarly outcome in the study of ancient Korea. For quite a long time period, Korean archaeological circles have used a concept and term of Proto-Three Kingdom Period. However, it is time to replace the inappropriate and illogical term and concept, the Proto-Three Kingdom Period with Later Iron Age or Former Three Kingdoms Period(1 A.D.- 300 A.D.). Mahan(馬韓), which was established in the Gyeonggi-do, Chungcheong-do and Jeolla-do provinces around 3 B.C. - 2 B.C. about 1-2 centuries earlier than the Baekje state formation in 18 B.C on the territory of Mahan, has been annihilated and annexed by the Baekje dynasty later between the late of 5 cen. A.D. and the early of 6 cen. A.D. according to the expansion of territory and the transfer of the final capital to Buyeo(538-660 A.D.) from Gongju of Baekje dynasty(475 A.D.-538 A.D.) in 538 A.D. We can say that the chronology of Mahan is based mainly upon between the period of the Iron Age(400 B.C. - 1 B.C.), Former Three Kingdoms period(1 A.D.- 300 A.D) and Later Three Kingdoms Period(300 A.D.- 660/668 A.D.) according to the Korean Archaeological Chronology, and it can be divided into three periods to the movement of its socio-political center(capital). They are as follows: Cheonan(天安)/稷山(Jiksan)/成歡(Seonghwan), Iksan(益山) and Naju(羅州) Period. The transfer of Mahan's socio-political center is closely related to the military power and territorial expansion of the Baekje dynasty(18 B.C. - 660 A.D.). Mahan and Baekje had coexisted for a about 5-600 years long, and the recent increase of archaeological evidence made it possible for both Korean archaeologists and ancient historians together to begin Mahan study with full-scale. Mahan culture is characterized such archaeological traits as deep subterranean pit house named 'Tosil'(土室), whose bottom can be reached by ladder from the mound-shaped ceiling with entrance similar to the 'flat roofed building of Çatal Hüyük' of Anatolia, Turkey in addition to the Jugumyo(周溝墓) burial site with moat around it, wooden building with post holes stuck into the ground(堀立柱, 四柱式建物), saw-teethed wheel designs on the surface of pottery(鋸齒文) and bird's footprint designs(鳥足文). Chinese Historical books(後漢書, 三國志 魏志 東夷傳 韓傳) tell us the religious aspect of the Mahan society in which Sodo(蘇塗) with its apex of Cheongun(天君) religious leader, was the ancient asylum as a culmination of Mahan people's shamanism and ancestor worship religions indicating separating between state and church forming a theocracy during the Iron Age(400 B.C.-1 B.C.). Their secular leaders as chiefs of Samhan(三韓) chiefdom society based upon clan and hierarchy are Geosu·, Sinji(臣 智), Geomcheuk(險 側), Beonye(樊 濊), Salgye(殺 奚), and finally Eupcha(邑借) as orders in terms of each status and territory controlled. We believe that all the names of Samno(三老) of Okjeo(沃沮), Jangsu(將帥) of Dongokjeo(東沃沮), Hu(侯), Eupgun(邑君), Samno(三老) of Ye(濊)/東濊 (Dongye), Daein(大人) of Eupnu(挹婁), and Gunjang(君長) of Suksin(肅愼) did as same status of chief in their chiefdoms as in Samhan(三韓). The Iron Age(400 B.C.-1 B.C.) representing Mahan and Baekje(百濟) set Korean academic circles have to fully accept a record illustrated in the Samguksagi(三國史記) as a historical fact that King Onjo(溫祖), the first king of Baekje Kingdom, had found Baekje(百濟) in the territory of Mahan in 18 B.C. During the Later Iron Age, or Former Three Kingdoms Period, Baekje had been coexisted with Lolang(樂浪) and Mahan(馬韓) in the Korean peninsula with forming close and active interrelationships within an interaction sphere of Korean peninsula. Without full acceptance of the early records of the Samguksagi, it is impossible to obtain any scholarly productive outcomes in the study of the ancient Korea. Quite for a long time, Korean archaeological circles have used a concept and term of Proto-Three Kingdom Period(原三國時代), whose term had been fortunately abolished by the National Museum of Korea since November 13(Tuesday), 2009. However, it is time to replace the inappropriate and illogical term and concept, the Proto-Three Kingdom Period with the Later Iron Age or Former Three

Kingdoms Period. Mahan had been not only making the domestic interaction sphere among Mahan's 54 chiefdoms each other, but also forming international interaction sphere between Mahan and surrounding foreign states such as Sunwu(孫吳), Dongjin(東晋), Liang(梁) of 6 Nanchao(南朝) Dinasties, Wiman-joseon(衛滿朝鮮, 194 B.C. - 108　B.C.), Koguryo(高句麗, 37 B.C.-A.D 668), Baekje(百濟) states and even chiefdoms like Okjeo(沃沮), 東沃沮(Dongokjeo), Ye(濊)/Dongye(東濊), Byeonjin(弁辰), Kronovsky(北沃沮, 團結) and Poltze(挹婁), forming itself "Horizon" based upon "spatial continuity represented by cultural traits and assemblages" as in the Chavin and Tiahuanaco Horizons in South America. It was natural process that Mahan had adapted to its environmental niches and tried to seek the survival strategies among the international relationships with chaotic conditions in those days. However, further studies and archaeological evidence are needed to confirm the rise and fall of the Mahan in association with the historical documents in Korean peninsula.

Ⅴ. 韓國 文化起源의 多元性[*]
- 구석기시대에서 철기시대까지 동아시아의 諸 文化·文明으로부터 傳播-

考古學으로 보는 世界文化史 중에서도 文明發達史[1]는 佛家에서 이야기하듯 虛空(時·空)을 끈 삼아 모두 이어져 있음을 알게 된다. 다시 말해 지구에서 일어난 모든 사건들을 좀 더 시야를 넓혀보면 다 脈絡(context)으로 이어져 있음을 알게 된다. 이 글에서도 시대(時間/tradition/time/temporal/diachronic/lineal)와 장소(空間/horizon/space/spatial/synchronic/collateral)를 각각 독립

---

* 이 글은 필자가 2002년에 쓴『고고학으로 본 문화계통-문화계통의 다원론적 입장-』(한국사 1 총설, 서울 :국사편찬위원회, pp.89~110)과 동북아시아적 관점에서 본『한국 청동기·철기시대연구의 신경향-다원론적 입장에서 본 한국문화의 기원과 편년설정-』(21세기의 한국고고학 vol. Ⅰ, pp.13~96)의 확대·개편에 해당한다. 이는 2002년 그 당시보다 청동기시대의 기원이 기원전 2000년-기원전 1500년으로 상향·조정되고 이에 해당하는 돌대문토기도 전국 각지에서 나와 신석기시대 말기에 빗살문토기와 공반하고 있는 청동기시대 早期의 설정이 불가피하게 되었고, 철기시대의 기원도 기원전 400년으로 올라가게 되었다. 그리고 중국과 러시아에서 발굴·보고되는 새로운 고고학 자료가 한국문화의 기원과 다원적인 폭에 대한 생각을 더욱 더 深化시켜주고 있기 때문이다. 그러나 이러한 글과 생각은 이제 시작에 불과하다. 앞으로 계속 나올 새로운 자료에 따라 한국문화의 기원이 좀더 多樣·多元化될 것으로 믿기 때문이다. 이는 필자가 쓴『인류문명발달사-고고학으로 본 세계문화사-(개정 5판)』(2013, 서울: 주류성)의 계속적인 보완에 따라 필연적으로 얻어진 생각이다.

1) 고고학의 서술에 있어서 문화(culture)와 문명(civilization)의 구분이 필요하다. 이를 토대로 국가(state), 도시(city)란 개념도 정의할 수 있다. 그러나 우리나라를 포함한 동북아시아의 문화와 전파를 설명하는데 이러한 개념설정이 없어 서술해 나가기가 무척

시켜 따로 따로 떼어내서 설명하기보다는 가능하면 서로 연결될 수 있는 고리를 찾아 이어보고자 하였다.

필자는 청동기, 철기시대 전기와 후기(삼국시대 전기)의 고고학과 고대사의 흐름의 일관성에 무척 관심을 가져 몇 편의 글을 발표한 바 있다. 서기 1988년

어렵다. 따라서 이에 대한 개념설정이 중요하다. 고고학의 연구목적은 衣·食·住를 포함하는 생활양식의 복원, 문화과정과 문화사의 복원에 있다. 문화는 인간이 환경에 적응해서 나타난 결과인 모든 생활양식의 표현이며, 衣·食·住로 대표된다. 생태학적으로 문화란 인간이 환경에 적응해 살아남자고 하는 전략이라고도 할 수 있다. 반면에 문명의 정의는 故 張光直(Chang Kwang-Chih, 1931-2001) 교수의 이야기대로 "기념물이나 종교적 예술과 같은 고고학적 자료 즉 물질문화에서 특징적으로 대표되는 양식(style)이며 하나의 질(quality)"이라고 할 수 있다. 큰 강 유역에서 관개농업에 의존하여 발생하였다 하여 Karl Wittfogel에 의해 불려진, "관개문명" 또는 "4대 하천문명"을 포함한 일차적인 고대문명(primary civilization)은 7개나 된다. 이들은 시간과 공간에 관계없이 전 세계적으로 발생하였는데, 수메르(기원전 3000년-기원전 2370년 아카드의 사르곤 왕의 통치 이후 기원전 1720년까지 우르 3왕조가 존속), 이집트(기원전 3000년경-기원전 30년, 기원전 2993년 상·하 이집트가 통일되었다는 설도 있음), 인더스(기원전 2500년-기원전 1800년), 商(기원전 1750년-기원전 1100년 또는 기원전 1046년), 마야(고전기: 서기 300년-서기 700년), 아즈텍(후기고전기: 서기 1325년-서기 1521년 8월 13일)과 잉카(후기고전기: 서기 1438년-서기 1532년 11월 16일)가 바로 그들이다. 이러한 문명이란 사전적인 용어의 해석대로 인류역사상 문화발전의 한 단계이며 엄밀한 의미에서 도시와 문자의 사용을 필요·충분조건으로 삼고, 여기에 고고학상의 특징적인 문화인 공공건물(기념물), 시장, 장거리무역, 전쟁, 인구증가와 기술의 발전 같은 것에 근거를 두게 된다. 이들 상호작용에 의한 승수효과(multiplier effect)가 都市, 文明과 國家를 형성하게 된다. 이들의 관점은 生態學的인 接近에서 나타난 自然全體觀(holistic view)으로 物理的環境(physical environment), 生物相(biota; fauna, flora)과 文化(culture)와의 相互 적응하는 생태체계(ecosystem)로 이루어진다. 즉 文化는 환경에 적응해 나타난 結果이다. 보편적인 문화에서 量的·質的으로 變化하는 다음 段階, 즉 都市와 文字가 나타나면 文明인 것이다. 여기에 武力을 合法的으로 使用하고 中央集權體制가 갖추어져 있거나, 힘/武力(power), 경제(economy)와 이념(ideology)이 함께 나타나면 國家段階의 出現을 이야기한다. 따라서 都市, 文明과 國家는 거의 동시에 나타난다고 본다. 이 시기를 世界 考古學의 일반적인 通念으로 靑銅器時代로 언급한다. 이상에서 본 바와 같이 우리

-서기 2012년의 제5·6·7차 고등학교 국사교과서에서부터 서기 1997년-서기 2002년 국사편찬위원회에서 간행한『한국사』1·3과 4권에 이르기까지 초기 철기시대와 원삼국시대란 용어대신 새로운 編年을 設定해 사용해오고 있다. 한국고고학편년은 구석기시대-신석기시대-청동기시대(기원전 2000년-기원전 400년)-철기시대 전기(기원전 400년-기원전 1년)-철기시대 후기(삼국시대전기 또는 삼한시대: 서기 1년-서기 300년: 종래의 원삼국시대)-삼국시대 후기(서기 300년-서기 660/668년)로 설정된다.

◇ 구석기시대: 구석기시대를 전기·중기·후기로 구분하는 데에는 별다른 이견이 없으나 전기 구석기시대의 상한에 대해서는 연구자들 사이에 상당한 이견이 있다. 전기 구석기시대 유적들로는 평양 상원 검은 모루, 경기도 연천 전곡리[사적 268호. 서기 2003년 5월 5일 日本 同志社大學 松藤和人 교수팀에 의해 최하층이 30만 년-35만 년 전으로 측정됨. 산소동위원소층서/단계(Oxygen Istope Stage) 또는 해양동위원소층서/단계(Marine Istope Stage)로는 9기(334000-301000년 B.P.)에 해당함], 충북 단양 금굴과 청원 강외면 만수리 등이 있으나 그 상한은 학자에 따라 70-20만 년 전으로 보는 등 상당한 이견이 있다. 최근 충청북도 청원군 강외면 만수리(오송 만수리) 4지점의 제5문화층의 연대가 우주기원 핵종을 이용한 연대측정[dating by cosmogenic nuclides 26Al/10Be(Aluminium/Beryllium)]으로 479000±153000년 전, 407000±119000년 전으로 측정되어 만수리 유적 구석기 제작 연대가 50만 년 전 가까이 올라갈 수 있음이 추정되고 있다. 그리고 아직 발표가 확실하지 않지만 만수리의 석기가 나온 층은 산소

는 앞으로 文明이나 國家라는 用語를 韓國 포함하는 東亞細亞의 考古學에 적용할 때 비록 西歐的인 것은 아닐지 몰라도 나름대로의 說得力있는 定義를 하고 理論의 틀을 갖추고 언급하는 것이 바람직하다(최몽룡 2013, 인류문명발달사 개정 5판, pp.40-43).

동위원소층서/단계(Oxygen Isotope Stage, 有孔蟲의 O¹⁶/O¹⁸ 포함으로 결정), 또는 해양동위원소층서/단계(Marine Isotope Stage, MIS)로는 14기(568000–528000년 B.P.)에 해당한다고도 한다. 그러나 광학여기형광법[OSL(Optically Stimulated Luminescence)]에 의한 연대는 103000±8000년 B.P.로 측정되어 구석기시대의 상한연대는 아직도 미해결로 남아있다. 그리고 후기에 속하는 남양주 호평동에서는 벽옥(jasper), 옥수(chalcedony)를 비롯한 흑요석(obsidian)으로 만들어진 석기들이 많이 출토되었으며, 유적의 연대는 30000–16000년 B.P.로 후기 구석기시대에 속하는데 응회암제 돌날과 슴베찌르개 그리고 석영제 밀개가 나오는 1문화층(30000–27000년 B.P.)과 흑요석제석기와 좀돌날 제작이 이루어진 2문화층(24000–16000년 B.P.)의 두 층으로 나누어진다. 지금까지 사적으로 지정된 구석기시대유적은 연천 전곡리(사적 268호), 공주 석장리(사적 334호), 파주 가월리·주월리(사적 389호)와 단양 수양개(사적 398호)[2] 가 있다. 그리고 후기에 속하는 남양주 호평동에서는 벽옥(jasper), 옥수(chalcedony)를 비롯한 흑요석(obsidian)으로 만들어진 석기들이 많이 출토되었으며, 유적의 연대는 30000 B.P.–16000 B.P.로 후기 구석기시대에 속하는데 응회암제 돌날, 석영제 밀개가 나오는 1문화층(30000 B.P.–27000 B.P.)과 흑요석제 석기와 좀돌날제작이 이루어진 2문화층(24000 B.P.–16000 B.P.)의 두 층으로 나누어진다. 다음의 중석기시대는 구석기시대에서 신석기시대로 넘어오는 과도기시대(transitional period)로 이 시기는 기원전 8300년경 빙하의 후퇴로 나타나는 새로운 환경에도 여전히 구석기시대의 수렵과 채집의 생활을 영위하

---

2) 단양 수양개 유적을 발굴했던 충북대 이융조 교수가 서기 1981년–서기 1982년 충북 청원군 문의면 노현리 흥수굴에서 발굴해 충북대 박물관에 구석기시대 후기에 속하는 "흥수굴아이"라는 명칭으로 전시하고 있는 5–6세의 어린아이의 인골은 肋骨에서 채취한 시료로 C¹⁴연대측정을 해본 결과 서기 1630년–서기 1891년 사이에 속하는 것으로 밝혀졌다(Henry de Lumley et al. 2011, p.271, p.497 및 p.571).

고 도구로서 세석기가 많이 나타나며, 신석기시대의 농경과 사육의 점진적인 보급으로 끝난다. 지속되는 기간은 각 지방마다 달라 빙하기와 관련이 없던 근동지방의 경우 갱신세(홍적세)가 끝나자마자 농경이 시작되었으며 영국의 경우 기원전 3000년경까지도 전환이 이루어지지 않았다. 우리나라에서는 유럽의 편년체계를 받아들여 중석기시대의 존재의 가능성을 이야기하게 되었으며 통영 상노대도, 공주 석장리, 거창 임불리, 홍천 하화계리 등의 유적이 증가함에 따라 고등학교 국사교과서에서도 주로 그 존재 가능성을 언급하게 되었다. 북한에서도 종래 후기 구석기시대의 늦은 시기로 보던 평양시 승호구역 만달리와 웅기 부포리유적도 중석기시대에 포함할 수 있게 되었다. 그러나 유럽의 중석기시대의 개념이 동북아시아 전역에서 보편적인 것으로 수용될 수 있는지에 대하여는 회의적인 견해도 있다. 하나의 시대로 보기보다는 구석기시대에서 신석기시대로 넘어가는 과도기적인 것으로 보는 견해도 있다. 그 이유는 전형적인 유럽식 석기문화가 나타나지 않으며 극동지역에서 가장 연대가 올라가는 하바로브스크 시 근처 아무르 강 유역의 오시포프카(이와 동시기의 문화로 노보뻬트로프스카, 가샤와 그라마뚜하 문화를 들 수 있다) 문화의 토기와 비교될 수 있는 토기가 제주도 한경면 고산리(사적 412호)에서 나오고 있는 점도 들 수 있다. 오시포프카 문화의 대표적인 유적은 아무르 강 사카치 알리안 근처에 있으며, 이들은 갱신세 최말기에 속한다는 점도 들 수 있다. 여기에 비해 근동지방의 경우 토기의 출현은 간즈다레 유적이 처음으로 그 연대도 기원전 7000년에 해당한다. 만약에 극동지방에서 가장 연대가 올라가는 오시포프카 문화의 설정을 보류한다 하더라도 지금부터 7,000-8,000년 전 극동지역 신석기-청동기시대를 아우르는 大貫静夫의 平底의 深鉢形土器를 煮沸具로 갖고 竪穴住居에 살고 있던 독자적인 고고학문화인 '極東平底土器'문화권이나 그에 해당하는 문화 설정도 가능한 시점에 이르고 있다. 그리고 구석기시대의 낮은 해수면의 시기로부터 빙하가 서서히 소멸되기 시작하면서 해수면도 따라서 상승하기 시작하였으며 지난 10,000년 전에는 현재보다 약 20m 아래에 위치하였다. 결과적으로 15,000년 전에서 10,000년까지의 약 5,000년 사이에 약 100m의 해수면 급상승이 일어났던 것이다. 10,000년 전부터는 해수면의 상승속도는 점차 줄어들었으며 지난 5,000년 전에는 현재와 유사한 위치까지 해수면이 올라오면서 경사가 낮은 구릉들 사이의 계곡들이나 해안지역에서는 충적층이 형성되기 시작하여 현재와 유사한 지형을 만들었던 것이다. 그래서 Blytt와 Sernander의 빙하기 이후의 식물에 의한 해안선과 기후대의 거시적인 연구결과(macroscopic study)인 pre-Boreal, Boreal, Atlantic, Subboreal과 Subatlantic의 다섯가지 期는 이 시기를 연구하는데 매우 도움이 된다.

◇ 신석기시대: 기원전 10000/8000년-기원전 2000년. 신석기시대의 경우 제주도 한경면 고산리 유적(사적 제412호, 제주시 오등동 병문천 제4저류지에서도 나옴)에서 우리나라에서 가장 연대가 올라가는 기원전 9000년(10500 B.P.)[3]에서 우리나라에서 가장 연대가 올라가는 기원전 8000년(10180±65 B.P.)이란 연대측정결과가 나왔는데, 이 유적에서는 융기문토기와 유경삼각석촉이 공반한다. 강원도 고성 문암리 유적[사적 제 426호. 이곳에서 5,000년-5,600년 전 신석기시대 중기에 속하는 이랑(45-150㎝)과 고랑(40-87㎝)을 갖춘 밭이 빗살문토기. 화살촉, 조(粟)와 함께 서기 2012년 6월 27일(목) 국립문화재연구소 유적조사실의 발굴에 의해 확인되었다.]은 이와 비슷한 시기에 속한다. 그리고 양양 오산리(사적 394

---

3) 서기 2012년 7월 25일 제주문화유산연구원이 시행하고 있는 '제주 고산리 선사유적지'(사적 제412호) 학술발굴조사 결과 원형주거지 10여 기, 수혈유구 80여 기, 집석유구(추정 야외 노지) 10여 기 등의 유구가 확인됐다. 유구 내부에서는 태토(胎土·바탕흙)에 갈대류 등 유기물이 첨가된 저화도 소성 토기인 고산리식 토기, 융기문토기 등의 토기류와 함께 화살촉, 찌르개, 밀개, 돌날, 망치돌 등 다양한 석기류가 출토됐다고 밝히고 있다.

호)유적의 연대는 B.C. 6000년/B.C. 5200년이다. 부산 동삼동(사적 266호)의 최하층(Ⅰ층, 조기)의 연대는 기원전 6000년-기원전 5000년에 속한다(조기층은 5910±50, 6910±60 B.C./기원전 5785년, 기원전 5650년임, 그리고 그 다음의 전기층은 5640±90, 5540±40 B.C./기원전 4450년, 기원전 4395년임). 암사동(사적 267호)은 신석기시대 중기의 전형적인 빗살문토기시대로 기원전 4000년-기원전 3000년경에 해당한다.

◇ 청동기시대: 기원전 2000/1500년-기원전 400년. 기원전 1500년은 남북한 모두에 적용되는 청동기시대 전기의 상한이며, 연해주지방(자이사노프카, 리도프카 유적 등)-아무르 하류지역, 만주지방과 한반도 내의 최근 유적 발굴조사의 성과에 따라 이에 앞서는 청동기시대 조기의 상한은 기원전 2000년까지 올라간다. 이 시기에는 빗살문토기와 무문토기의 결합으로 과도기적인 토기가 나오고 있는데 인천 옹진 백령도 말등패총, 시흥 능곡동, 가평 청평면 대성리와 산청 단성면 소남리가 대표적이다. 또 현재까지 확인된 고고학 자료에 따르면 빗살문토기시대 말기에 약 500년간 청동기시대의 시작을 알려주는 돌대문토기가 공반한다[청동기시대 조기: 기원전 2000년-기원전 1500년, 돌대문/각목돌대문(덧띠새김무늬)토기의 경우 小珠山 신석기시대 유적의 상층(신석기시대 후기)에 해당하는 大連市 石灰窯村, 交流島 蛤皮地, 辽宁省 瓦房店市 長興島 三堂村유적(이상 기원전 2450년-기원전 2040년), 吉林省 和龍県 東城乡 興城村 三社(早期 興城三期, 기원전 2050년-기원전 1750년)에서, 그리고 연해주 보이즈만 신석기시대 말기의 자이사노프카의 올레니와 시니가이 유적(이상 기원전 3420년-기원전 1550년)과 아무르 강의 보즈네세노프까, 리도프카와 우릴 문화(우릴 문화는 철기시대로 기원전 15세기까지 올라가는 연대가 나오고 있어 주목을 받고 있다)]. 한국에서는 돌대문토기가 강원도 춘성군 내평(현 소양강댐내 수몰지구), 춘천 산천리, 정선 북면 여량 2리(아우라지), 춘천 천전리(기원전 1440년), 춘천 현암리, 춘천 신매리, 춘천 우두동 직

업훈련원 진입도로, 홍천 두촌면 철정리, 홍천 화촌면 외삼포리(기원전 1330년, 기원전 1350년), 평창 평창읍 천동리, 강릉시 초당동 391번지 허균·허난설헌 자료관 건립부지, 경상북도 경주 충효동, 경기도 가평 상면 연하리, 인천 계양구 동양동, 경상남도 진주 남강댐내 옥방 5지구 등(동아대·선문대 등 조사단 구역, 기원전 1590년-기원전 1310년, 기원전 1620년-기원전 1400년), 충남 연기 금남 대평리유적(기원전 1300년-기원전 1120년), 충청남도 대전시 용산동(단사선문이 있는 돌대문토기로 조기 말-전기 초)을 비롯한 여러 곳에서 새로이 나타나고 있기 때문이다. 현재까지 확인된 고고학자료에 따르면 櫛文土器시대 말기에 약 500년간 청동기시대의 시작을 알려주는 突帶文(덧띠새김무늬)토기가 공반하며(청동기시대 조기: 기원전 2000년-기원전 1500년), 그 다음 單斜線文이 있는 二重口緣토기(청동기시대 전기: 기원전 1500년-기원전 1000년), 구순각목이 있는 孔列토기(청동기시대 중기: 기원전 1000년-기원전 600년)와 硬質무문토기(청동기시대 후기: 기원전 600년-기원전 400년)로의 이행과정이 나타나고 있다. 공렬토기와 구순각목토기는 러시아의 동부시베리아(프리바이칼 지역)의 신석기시대인 이사코보(Isakovo, 기원전 4000년-기원전 3000년)와 세르보(Servo, 기원전 3000년-기원전 2000년)에 나타나기 시작한다. 이들은 현재까지 우리나라의 청동기 중기에 나타나는 공렬토기와 구순각목토기로는 시대가 가장 올라간다. 그 기원이 될 가능성이 매우 높다. 그리고 비파형동검(고조선식 동검)을 포함하는 支石墓는 기원전 1500년에서부터 시작하여 철기시대 전기 말, 기원전 1년까지 존속한 한국토착사회의 묘제[4]로서 이 시기의 外來의 多源(元)的인 문화요소를 수용하

---

4) 大連 于家村 砣頭 積石塚(3505±135 B.P, 1555 B.C./3555±105 B.P, 1605 B.C, 文物 83-9)와 辽宁 新金県 雙房 6號 石棺墓(于家村上層 3280±85 B.P. 1330 B.C., 上馬石 上層 3130±100 B.P., 1180 B.C. 3440±155 B.P., 1490±155 B.C.에 속한다고 한다. 考古 83년 4호), 이외에도 관련 유적에서 연대가 나온 辽宁 岡上 積石塚(1565±135 B.C), 雙坨子 3기층 (1355±155 B.C.), 上馬石 上層(1415±195 B.C., 1370±160 B.C.), 吉林省 星星肖 石棺墓

고 있다. 북한에서는 팽이형토기유적인 평양시 사동구역 금탄리 8호 주거지에
서 청동끌이 출토되었고, 평안북도 용천 신암리에서 칼과 청동단추, 황해북도
봉산군 봉산읍 신흥동 7호 집자리에서 청동단추가 출토되었으며, 함경북도 나
진 초도에서는 청동방울과 원판형기가 출토되었으나, 북한학자들은 이들 유
적은 북한 청동기의 시작이라고 보고 그 연대를 기원전 2000년 초반으로 잡고

(3055±100 B.P. 1105 B.C. 이상 유태용, 2010의 글 참조)의 예들과 같이 이제까지 남한에
서 출토한 비파형(요령식/만주식/고조선식)동검의 연대도 이중구연 단사선문, 구순각목,
공렬토기와 같이 출토하고 있어 그 연대도 청동기시대 전기 말–중기 초로 종전에 생
각했던 것보다 빠른 기원전 11세기–기원전 9세기 사이에 나타나고 있음을 보여준다.
    전라남도 여천 적량동 상적 지석묘(청동기시대 전기 말–중기 초, 기원전11–10세기경, 이
        중구연 단사선문, 구순각목, 공렬토기, 비파형동검 6점)
    전라남도 여수시 월내동 상촌 Ⅱ지석묘(이중구연 단사선문, 공렬토기, 비파형동검 3점,
        청동기시대 전기 말–중기 초, 기원전 10세기경)
    전라남도 高興 豆原面 雲垈里 支石墓(1926, 11월 朝鮮總督府博物館)
    전라남도 고흥 두원면 운대리 중대 지석묘(비파형동검, 光州博物館)
    전라남도 고흥 두원면 운대리 중대 지석묘(재활용된 비파형동검, 光州博物館)
    전라남도 여천 화장동 고인돌(비파형동검, 기원전 1005년)
    전라남도 순천 우산리 내우 지석묘(비파형동검)와 곡천
    강원도 춘천 우두동 직업훈련원 진입도로(비파형동검)
    충청남도 대전 대덕구 비래동 고인돌(기원전 825, 795, 685년)
    충청남도 부여군 송국리(사적 249호)
    경기도 광주시 역동(세장방형 집자리, 공렬토기, 기원전 10세기경)
    경상남도 마산 진동리(사적 472호)
    경상남도 마산 동면 덕천리(재활용된 비파형동검)
5) 최근 북한학자들은 평양시 삼석구역 호남리 표대유적의 팽이그릇 집자리를 4기로 나
누어 본다(Ⅰ–기원전 3282년±777년/3306년±696년, Ⅱ–기원전 2668±649년/2980±540년
/2415±718년/2650±510년, Ⅲ–기원전2140±390년/2450±380년, Ⅳ–기원전 1774±592년
/1150±240년, 조선고고연구 2003년 2호). 그중 Ⅱ에서 Ⅳ문화기 즉 기원전 3천 년 기 전
반기에서 기원전 2천 년 기에 해당하는 연대를 단군조선(고조선)국가성립을 전후한 시
기로 보고 있다(조선고고연구 2002년 2호). 그리고 북한학자들은 아직 학계에서 인정을

있다.[5] 또한 철기시대 전기에 세형동검, 주조철부 등과 공반되는 점토대토기는 철기시대 전기(기원전 400년-기원전 1년)의 400년간 사용된 경질무문토기(700℃-850℃도 사이에 소성됨)의 일종이다. 그리고 청동기시대의 편년도 연구자의 관심에 따라서 토기를 중심으로 하는지, 청동기를 중심으로 하는지에 따라 편년에 큰 차이가 생기게 된다. 청동기시대에 대한 가장 일반적인 편년은 청동기를 중심으로 하는 것이다. 그 편년은 기본적으로 비파형동검의 출토시기를 청동기시대 전기 말-중기 초(기원전 11기-기원전 9세기)로, 세형동검의 출현시기를 철기시대 전기(기원전 5세기)로 보는 것이다. 특히 청동기시대에는 시대가 떨어질수록 사회는 복잡해지고 발전속도도 빨라진다. 그래서 편년설정 기간도 갈수록 짧아지고 문화내용도 복합적이고 다원성이 강조된다. 다원적인 문화기원의 검토가 필요하다.

◇ 철기시대 전기: 기원전 400년-기원전 1년. 종래의 초기 철기시대. 최근 粘土帶토기 관계 유적의 출현과 관련하여 기원전 400년으로 상한을 잡는다. 이 시기는 점토대토기의 단면 형태 즉 원형, 방형(타원형)과 삼각형에 따라 Ⅰ기(전기), Ⅱ기(중기)와 Ⅲ기(후기)의 세 시기로 나누어진다. 그리고 마지막 Ⅲ기(후기)에 구연부 斷面 三角形 粘土帶토기와 함께 다리가 짧고 굵은 豆形토기가 나오는데 이 시기에게 新羅와 같은 古代國家가 형성된다.[6] 이 중 우리나라

받지 못하고 있지만 서기 1993년 10월 2일 평양 근교 강동군 강동읍 대박산 기슭에서 단군릉을 발굴하고 단군릉에서 나온 인골의 연대(electron spin resonance: 전자스핀공명법 연대)인 기원전 3018년을 토대로 하여, 근처 성천군 용산리 순장묘와 지석묘(5069±426 B.P./3119 B.C.), 대동강 근처 덕천군 남양유적 3층 16호 집자리(5796 B.P./3846 B.C.)와 평양시 강동군 남강 노동자구 黃岱부락의 土石混築의 城까지 묶어 기원전 30세기에 존재한 '대동강문명'이란 말을 만들어냈다(최몽룡 1997, 북한의 단군릉 발굴과 그 문제점 1 및 2, 도시·문명·국가, 서울: 서울대 출판부, pp.103-116 및 Ri Sun Jin et al, 2001, Taedonggang Culture, Pyongyang: Foregin Languages Publishing House).

최초의 고대국가와 문명의 형성을 이루는 衛滿朝鮮(기원전 194년-기원전 108년)[7]은 철기시대 전기 중 Ⅲ기(후기)에 속한다.

---

6) 경주 蘿井(사적 245호)의 경우 구연부 단면 삼각형의 점토대토기와 함께 다리가 굵고 짧은 豆形토기가 나오고 있으며 이 시기는 기원전 57년 朴赫居世의 新羅建國과 밀접한 관련을 맺고 있기 때문이다. 그래서 최근 발견되고 있는 경기도 가평 달전 2리, 경기도 광주시 장지동, 충청남도 아산 탕정면 명암리, 전라북도 완주 이서면 반교리 갈동과 경상북도 성주군 성주읍 예산리 유적 등은 매우 중요하다.

7) 한반도 최초의 고대국가는 衛滿朝鮮(기원전 194년-기원전 108년)이다. 국가는 무력, 경제력과 이념(종교)이 바탕이 되며, 무력을 합법적으로 사용하고 중앙집권적이고 전문화된 정부조직을 갖고 있다. 세계에서 도시·문명·국가는 청동기시대에 나타나는데 우리나라의 경우 중국의 영향 하에 성립되는 二次的인 국가가 되며, 또 세계적인 추세에 비해 훨씬 늦은 철기시대 전기에 나타난다. 고인돌은 기원전 1500년에서부터 시작하여 경상남도, 전라남도와 제주도에서는 철기시대기 말까지 존속한 한국토착사회의 묘제로서 그 사회는 혈연을 기반으로 하는 계급사회인 족장사회로, 교역, 재분배 경제, 직업의 전문화, 조상숭배 등을 바탕으로 하고 있다. 그리고 그 다음에 오는 고대국가의 기원은 앞으로 고고학적인 자료의 증가에 따라 단군조선으로까지 더욱더 소급될 수도 있으나, 문헌에 나타나는 사회조직, 직업적인 행정관료, 조직화된 군사력, 신분의 계층화, 행정중심지로서의 왕검성(평양 일대로 추정)의 존재, 왕권의 세습화, 전문적인 직업인의 존재 등의 기록으로 보아서 위만조선이 현재로는 한반도 내 최초의 국가체제를 유지하고 있었던 것으로 보인다. 또한 국가형성에 중요한 역할을 차지하는 시장경제와 무역의 경우 위만조선 이전의 고조선에서도 교역이 있었으며, 변진과 마한, 왜, 예 등은 철을 중심으로 교역이 행해졌던 것으로 보인다. 위만조선의 경우 한반도 북쪽의 지리적인 요충지에 자리잡음으로 해서, 그 지리적인 이점을 최대한으로 이용한 '中心地貿易'으로 이익을 얻고, 이것이 국가를 성립시키고 성장하는데 중요한 요인이 되었을 것이다. 漢 高祖 12년(기원전 195년) 燕王 盧綰이 漢나라에 叛하여 匈奴로 도망감에 따라 부하였던 위만은 입국할 때에 상투(魋結/結髮)를 틀고 조선인의 옷을 입고 있었던 것으로 보아 燕나라에서 살던 조선인으로 생각된다. 위만은 나라 이름 그대로 조선이라 하였고, 그의 정권에는 토착민출신으로 높은 지위에 오른 자가 많았다. 따라서 위만의 고조선은 단군의 고조선을 계승한 것으로 볼 수 있다. 그리고 국가가 되기 위해서는 '무력의 합법적인 사용과 중앙관료체제의 확립'이나 '전문화나 '전문화된 정부체제를 지닌 사회'라는 조건을 갖추어야 하는데 위만조선의 경우 이에 해당한다고 하겠다. 따라서 위만조선은 중국의 『史記』와 『漢書』 등의 기록에 의하면 우리나라에서

◇ 철기시대 후기: 서기 1년−서기 300년 또는 삼국시대 전기/삼한시대

◇ 삼국시대 후기: 서기 300년−서기 600/668년

◇ 통일신라시대: 서기 668년−서기 918년(고고학상 신라와 통일신라와의 구분
   이 필요)

처음으로 확실한 국가의 체제를 갖추었다고 하겠다. 고조선의 발전과 관련하여 기자조선에 대한 기록이 있다. 중국 사서에는 周의 武王이 箕子를 조선에 봉하였다고 되어 있다. 그리고 그 연대를 기원전 12 세기경으로 추정하기도 한다. 그러나 기자조선을 조선의 발전과정에서 사회내부에 등장한 새로운 지배세력을 가리키는 것으로, 또는 동이족의 이동과정에서 기자로 상징되는 어떤 부족이 고조선의 변방에서 정치세력을 잡은 것으로 보는 견해가 많다. 위만은 입국할 때에 상투를 틀고 조선인의 옷을 입고 있었던 것으로 보아 연나라에서 살던 조선인으로 생각된다. 위만은 나라 이름 그대로 조선이라 하였고, 그의 정권에는 토착민출신으로 높은 지위에 오른 자가 많았다. 4대 87년간은 존속했던 위만조선은 衛滿에서 이름이 전해지지 않는 아들을 거쳐 손자인 右渠에 이르는 혈연에 의한 세습왕권이었다. 위만과 우거 이외에 기록에 나타나는 裨王長, 朝鮮相 路人, 相 韓陶(韓陰), 大臣 成己, 尼鷄相 參, 將軍 王唊, 歷谿卿, 濊君 南閭 등은 그러한 세습왕권을 유지하는 고위각료들이었던 것으로 생각되며 이들이 곧 전문화된 군사·행정집단인 것으로 보인다. 또한 朝鮮相 路人의 아들 最가 등장하는 것으로 보아 왕위와 마찬가지로 상류층에서도 지위세습이 존재했으며 그러한 상위계층에 대응하는 하나 이상의 하위 신분계층이 더 존재했을 가능성을 시사해주고 있다. 이러한 신분체계와 아울러 기록을 통해서 알 수 있는 위만조선의 사회구조에 관한 것은 내부의 부족구성와 인구수 등이다. 위만조선의 인구규모는 『漢書』와 『後漢書』의 기록을 종합해 볼 때 약 50만에 이른 것으로 추정된다. 족장단계(chiefdom society)를 넘어서는 이러한 인구규모를 통제하기 위해서는 경제적 배경이나 영토, 이외에 법령과 치안을 담당할 군대도 필요하다. 『漢書』 지리지에는 한의 풍속이 영향을 미친 이후 80여 조에 달하는 法令이 제정되었다는 기록이 있고, 『後漢書』 「東夷傳」 濊條에도 역시 그와 유사한 기록이 있다.

지금까지 사적으로 지정된 구석기시대유적은 연천 전곡리(사적 268호), 공주 석장리(사적 334호), 파주 가월리·주월리(사적 389호)와 단양 수양개(사적 398호)가 있다. 그러나 그 다음 단계인 20만 년 전 전후가 되면 우리 민족과 문화의 기원에 대한 약간의 실마리가 풀리고 있다. 경기도 연천군 전곡리에서 나오는 우리의 역석기문화 전통을 예니세이 강 상류의 카멘니로그와 라즈로그 II(이 유적은 민델―리스 간빙기층으로 20~40만 년 전까지 거슬러 올라갈 수 있다) 유적, 몽고령의 고르노 알타이 지역 사간 아부이 동굴, 내몽고자치구 大窯읍 투얼산 사도구 유적, 辽宁省 榮口 金牛山유적과 비교해 볼 수도 있을 것이다. 그렇다면 이제까지 구석기시대 우리가 알지 못했던 시베리아의 예니세이 강 상류―몽고(알타이)―내몽고―요령(만주)―연천 전곡리로 이어지는 문화루트도 현재 새로운 가설로도 이야기할 수 있겠다. 그리고 동쪽 아시아에로의 전파시발점은 1991년 구소련공화국의 하나였던 그루지아(Georgia)의 드마니시(Dmanisi) 유적에서 발견된 180만 년 전의 Homo ergaster(Koobi Fora, Kenya에서 발견된 working men의 의미를 가진 170만―150만 년 전의 화석인류로 추정되며 아프리카에서 발견된 가장 오래된 Homo erectus로 여겨진다. 현재의 새로운 학명은 Homo georgicus임)들이 될 가능성이 많겠다. 최근 발굴·조사된 중국 산서성(山西省) 벽관(薛關) 하천(下川), 산서성(山西省) 치욕(峙峪, 28135 B.P.)과 내몽고 사라오소(薩拉鳥蘇)골, 러시아의 알단 강 유역, 자바이칼의 우스티까라꼴(Ustikaracol) 등의 유적들이 한국(남양주 호평동 I층 30000―27000년 B.P., II층 24000년―16000년 B.P., II층에서 슴베찌르개가 나타남)과 일본으로의 전파와 관련이 있을 것으로 추정되고 있다. 특히 세형석기들 가운데 특히 세형몸돌은 그 모양이 배(舟)처럼 생겼다고 하여 배모양석기로 불린다. 이것은 밀개/자르개 몸돌의 역할을 다하며 우리나라에서는 단양 수양개(사적 398호)를 필두로 하여 그 이남 지방에서 자주 출현하는데 똑같은 것들이 일본의 유우베스(湧別), 북해도의 시라다끼(白龍) 및 도께시다(峠下) 등지에서 나타나며, 그 연대는 우리나라가 더 앞서 이 제작수법이 한국을 거쳐 일본으로 간 것으로 추측하게 한다. 이는 일본의 구석기시대라고 할 수 있는 선토기시대(先土器時代)의 경우 일본열도에 최종 빙하기인 Würm기(일반적으로 홍적세 중기로 부르는 신생대 제4기)에 해수면이 80-140m 낮아져 宗谷(소야), 津輕(쓰가루)와 大韓海峽이 連陸되어 당시 일본은 대륙과 연결되어 있었으며, 이 연륙(連陸: land bridge)의 증거는 일본 전역에서 나타나는 화석으로 입증되고 있다.

한반도 주위의 태평양을 중심으로 하는 신석기시대유적들은 아무르 강 중부 평원 북부의 범위에 있는 11000 B.P.-12000 B.P.(기원전 10000년 전후)의 오시포프카 문화에 속하는 가샤 유적(12960±120 B.P.), 우스티-울마 Ⅰ, 훔미 유적(13260±120 B.P.), 바이칼 호 근처의 우스트 카랭카(기원전 7000년경), 그리고 일본 長崎県 北松浦郡 吉井町 福井동굴(12700, 10750 B.P.), 佐世保市 泉福寺동굴이나 愛媛県 上浮穴郡 美川村 上黒岩(12165, 10125 B.P.)岩陰유적들이 있다. 이들은 러시아 연해주 쪽에서는 아무르 강 유역의 오시포프카 문화의 가샤 지역이나, 노보페트로브스카와 그라마뚜하와 문화 그리고 우스트 울마 등지에서 세석기와 약 350℃ 정도에 구워진 연질무문토기 隆起文土器/平底條痕文土器가 나타나며, 일본의 경우도 細石器와 최말기에는 豆粒, 隆起, 爪文 土器와 결합하는 것과 비교해 볼 때 한반도 내에서도 상한연대가 비슷한 유적들이 출현할 가능성이 많다 하겠다. 우리나라에서는 그간 신석기시대의 토기와 공반하는 세석기가 출현하지 않아 의문을 가져왔으나 최근에 제주도 한경면 고산리(사적 412호)와 제주시 오등동 병문천 제4저류지에서 덧무늬토기와 함께 세석기가 나오고 있으며, 그 연대는 적어도 기원전 9000년경(10500 B.P.)으로 올라간다. 덧무늬토기는 앞에서 이야기 한 제주도 한경면 고산리를 비롯한 강원도 양양군 오산리(鰲山里, 사적 394호, 기원전 6000년-기원전 5200년), 고성 문암리(사적 426호)유적과 부산 동삼동[사적 266호: 최하층(Ⅰ층, 조기)의 연대는 기원전 6000년-기원전 5000년에 속한다] 등지에서도 나오는데 모두 동해 바닷가로서 환태평양문화권이라는 거시적인 문화해석에 대한 기대를 걸게 한다. 동삼동의 덧무늬토기는 일본 쓰시마 고시다카(對馬島 越高) 유적에서 나온 것과도 매우 닮았는데, 쓰시마의 고시다카 유적은 서기 1976년 벳푸(別府) 대학의 사카다 구니지로(坂田邦洋) 교수에 의하여 발굴되었고 그 시기는 약간 늦어서 기원전 5000년-기원전 4500년에 해당한다. 고대한일 문화교류관계는 여러 가지 고고학적인 증거로 알려지기 시작하였지만, 그 연구는 이제 한일고고학연구의 실마리를 제공해 주는 정도이다. 그러나 先土器시대에서 시작하여 죠몽(繩文)시대를 거쳐 야요이(彌生)와 고분시대가 되면 고고학적 자료가 양적 및 질적으로 눈에 띄게 증가하고 있다. 이는 당시에 한일문화교류가 긴밀히 이루어지고 있었음을 잘 반영해 주고 있다.

유럽에는 신석기시대로 LBK(Linear Band Keramik)문화가 있다. 유럽을 관통하는 다뉴브 강의 이름을 따 다뉴브 I 문화(Danubian I Culture)라고 불리는 이 문화는 유럽 중앙과 동부에서 기원전 5000년대부터 쉽게 경작할 수 있는 황토지대에 화전민식 농경(slash and burn agricultural cultivation)을 행하였고 또 서쪽으로 전파해 나갔는데, 이 문화에서 나타나고 있는 토기의 문양이 우리의 빗살문(櫛文/櫛目文)토기와 유사하여 "線土器文化(Linear Pottery culture)"라 한다. 이것의 獨譯이 Kamm keramik(comb pottery)으로 번역하면 櫛文(櫛目文)土器 즉 우리말로는 빗살문토기이다. 일찍부터 이 문양의 토기들은 우리나라 신석기시대 빗살문토기의 기원과 관련지어 주목을 받아왔다. 해방 전 藤田亮策은 아마도 이 LBK의 토기들을 우리나라의 신석기시대 토기들의 조형으로 생각하고 이들이 스칸디나비아를 포함하는 북유럽으로부터 시베리아를 거쳐 북위 55도의 환북극지대를 따라 한반도에 들어왔다고 주장하였다. 이와 같은 견해는 金元龍에 이어져 "북유럽의 토기는 핀란드, 스웨덴,

북독일, 서북러시아의 카렐리아 지방에서 흑해 북안의 오카, 볼가 강 상류지
방에 걸쳐 유행한 뾰족밑 또는 둥근밑의 半卵形 토기이다. 표면은 빗 같은 多
齒具의 빗살 끝으로 누른 점렬(密集斜短線列)과 뼈송곳의 끝을 가로 잘라 버린
것 같은 것으로 찌른 둥글고 깊은 점(pit)列을 서로 교체해 가며 ....이를
영어로는 Comb-pit ware라고 부르며..........북부 시베리아의 환북극권 신
석기문화의 대표적 유물로 되어 있다". 이러한 견해는 후일 시베리아 흑룡강
상류 쉴카 강 북안의 석회굴에서 나온 빗살문토기(흑룡강 상류의 수렵 어로인으
로 기원전 2000년-기원전 1000년경 거주)를 우리의 빗살문토기가 바이칼 지구를
포함하는 범시베리아 신석기문화에 포함시키게 된다. 그리고 한강유역의 첨
저토기와 함경도의 평저토기도 원래는 한 뿌리로 알타이 지역을 포함하는 바
이칼 호 주변이 그 기원지가 될 가능성이 많다는 수정된 견해도 만들어지고 있
다. 이후에 "Corded ware(繩文土器文化, 東方文化複合體)"와 "Beaker cup
culture"(비커컵토기문화, 일본에서는 鐘狀杯로 번역함, 西方文化複合體)"가 유럽의
북부독일지역과 남쪽 스페인에서부터 시작하여 유럽을 휩쓸었다. 그리고 스
톤헨지의 축조의 마지막 시기는 기원전 2500년-기원전 2400년경으로, 이때
유럽 본토에서 기원전 2400년-기원전 2200년경 이곳으로 이주해온 비커컵족
들의 靑銅器와 冶金術의 소개로 인해 농업에 바탕을 두던 영국의 신석기시대
의 종말이 도래하게 된 것이다. 이 시기를 民族移動期(기원전 3500년-기원전
2000년)라고 한다. 印歐語(인도-유러피안 언어)를 쓰며, 폴란드, 체코와 북부 독
일의 비스툴라(Vistula)와 엘베(Elbe) 강 유역에 살던 繩文土器文化(Corded
ware culture)에서 기원하여 기원전 2400년-기원전 2200년경 동쪽 유라시아
고원으로 들어가 쿠르간(kurgan) 봉토분을 형성하던 스키타이(Scythia)종족,
인더스 문명을 파괴한 아리안족(Aryan race)이나 남쪽으로 그리스에 들어간
아카이아(Achaea/Achaia, 아카이아인의 나라 아키야와 Akhkhyawa)나 도리아
(Doria)족과 같은 일파로 생각된다. 그 이후 "Urnfield culture(火葬文化)"를

지난 다음 할슈타트(Hallstatt)와 라떼느(La Tène)의 철기문화가 이어졌다. 기원전 500년경 켈트(Celt)족의 선조인 할슈타트인들은 주거의 흔적도 없이 자취를 감추었으나 그들이 쓴 분묘와 그 속에서 나온 철검손잡이의 안테나식 장식은 멀리 우리나라의 세형동검(韓國式銅劍)에까지 영향을 미쳤다. 즉 英國 大英博物館 소장의 '鳥形柄頭 細形銅劍'이 우리나라에서 철기시대 전기(기원전 400년-기원전 1년)의 대표적인 유물인 세형동검의 자루 끝에 '鳥形 안테나'가 장식된 안테나식 검(Antennenschwert, Antennae sword)으로 보고, 그것이 오스트리아 잘쯔캄머구트 유적에서 시작하여 유럽의 철기시대의 대명사로 된 할슈탓트 문화에서 나타나는 소위 'winged chape'(날개달린 물미)에 스키타이(Scyths)식 동물문양이 가미되어 나타난 것으로 보인다. 이러한 예는 대구 비산동 유물(국보 137호)을 포함해 4점에 이른다. 그 이후 이탈리아에서는 에트루스칸(Etruscan)에 이어 로마로, 그리고 서기 476년경이면 게르만, 고트, 서고트(Visigoth), 동고트(Ostrogoth), 골, 훈, 반달(Vandal), 롬바르드(Lombard) 등의 異民族이 세력을 팽창해 서로마제국의 滅亡을 가져오게 된다. 여기에 아리안족(Aryan race)의 계통인 노르딕족(Nordic race)이 힛틀러(Adolf Hitler, 1889년-1945년)의 나치(Nazi) 정권 때 게르만족의 원형으로 여겨져 폴란드 아우슈비츠 수용소(Auschwitz Concen tration Camp) 유태인 수용소의 경우처럼 나치에 의해 유태인 400만 명이 학살(Holocaust)된 사건도 덧붙일 수 있다.

중국의 辽宁지방의 신석기시대를 보면 요서지방의 內蒙古 阜新県 沙羅乡 査海(기원전 6000년), 興隆洼文化(8000 B.P.-7600 B.P.), 內蒙古 敖漢小山 趙寶溝(7400 B.P.-6700 B.P.), 內蒙古 赤峰의 紅山文化(6500 B.P.-5000 B.P.)와 辽東 長山列島 小河沿文化(기원전 3000년 이후), 요중지방의 新樂文化(기원전 4500년), 辽宁 新民 扁保子文化(기원전 3000년), 요동지방의 小珠山과 丹東 後洼文化(기원전 4000년-기원전 2500년) 등 기원전 4000년-기원전 3000년경의 우리의

櫛文(빗살무늬)토기와 관계되는 주요 유적들이 발굴되고 그 편년 또한 잘 정리되고 있다. 그중 신락유적에서 나타나는 토기 표면의 연속호선문(갈'之'자문), 金州市 城內 제2유치원 근처의 즐문토기편, 그리고 河北省 武安 磁山(기원전 5300년)과 遷西 西寨 등지의 즐문토기들은 우리의 즐문토기문화 형성에 많은 영향을 주었을 것이다. 농경의 기원문제 역시 또 다른 한국문화의 계통과 관련된 문제점이다. 벼농사의 경우 중국 호남성 풍현 팽두산의 기원전 7000년경의 벼(물벼)와 浙江省 余姚県 河姆渡(기원전 5000년-기원전 4600년, 5008년)의 인디카와 야생종의 중간형의 벼를 비롯하여 극동아시아에 있어서 벼의 기원이 중국이라고 인정할 정도의 많은 자료가 나오고 있다.[8] 우리나라의 경우 신석

---

8) 중국 浙江省 余姚県 河姆渡유적은 기원전 5000년-기원전 3300년경에 속하며, 早期와 晩期의 두 시기로 나누어진다.

早期문화(제4·3층) 기원전 5000년-기원전 4000년경: 태토의 많은 식물분말이 소성시 타서 까맣게 된 夾碳黑陶 위주로 건축유구가 잘 남아 있음.

晩期문화(제2·1층)기원전 4000년-기원전 3300년경: 사질의 陶器인 夾砂紅陶, 紅灰陶가 위주임.

그러나 이 유적을 달리 제1기, 2기와 3기의 세 문화기로 나누기도 한다.

제1기(제4문화층, 기원전 5000년-기원전 4500년경): 건축유구, 골각기, 목기가 대량으로 발견됨.

제2기(제3문화층, 기원전 4500년-기원전 4000년경): 10여 기의 무덤, 土坑, 솥, 盃와 高杯 등의 陶器류, 木胎漆椀가 발견됨.

제3기(제2문화층, 기원전 3500년-기원전 3000년경): 三足器, 외반구연의 솥, 동체부가 원형인 솥, 鉢형의 杯와 나팔모양의 다리를 가진 豆(器臺), 盃 등이 발견됨.

이 유적에서 가장 중요한 것은 대량의 벼가 발견되고 있는 점이다. 재배된 벼는 Oryza Sativa Indica 종류이며 장강(양자강) 하류유역이 벼의 기원지 중의 하나임을 알려준다. 그 연대는 기원전 5000년경이다. 이곳에서는 소의 肩胛骨로 만든 골제농기구가 다량으로 출토하고 있다. 또 이 유적에서 두 번째로 중요한 것은 周禮 春官 大宗伯에 보이는 六器(蒼璧, 黃琮, 靑圭, 赤璋, 白琥, 玄璜) 중 琮·璧과 璜의 세 가지 祭禮重器라는 玉器 이외에 鉞이 이미 앞선 良渚文化(기원전 3350년경-기원전 2350년경)에서 나타나고 있는데, 良渚文化보다 약 1650년이 앞서는 이 유적에서 이미 璜 이외에도 玦玉

기시대 최말기에 속하는 경기도 우도, 김포 가현리와 일산을 비롯하여 평남시 남경 호남리(기원전 992±172년, 기원전 1024±70년), 여주 흔암리(기원전 1260년 -기원전 670년)와 전남 무안 가흥리(기원전 1050년)의 청동기시대의 유적에서 보고되고 있다.

이 발견된다는 점이다. 이 옥결은 우리나라 고성 문암리(사적 제426호)와 파주 주월리에서도 나타나고 있어 앞으로의 연구과제이다. 최근 黃河 中·下流 一帶 陝西省 神木縣 石峁村에서 灰반죽(mortar)을 이용해 石城을 쌓은 龍山文化(기원전 2500년-기원전 2200년) 말기-夏(기원전 2200년-기원전 1750년)시대에 속하는 4300-4000년 전 다시 말해 기원전 2350년-기원전 1950년경의 석성이 발굴되었는데 이는 中國 最大의 史前石城 遺址이며 서기 2012년에 행한 중국 10대 발굴의 하나로 꼽는다. 이 발굴은 최대 장 108.5m로 石城牆, 墩臺 "門塾", 內外 "瓮城"(馬面, 甕, 雉) 등 皇城臺, 內城과 外城(현재 2.84㎞ 정도가 남아있다고 함), 祭祀臺(樊庄子祭壇, 皇城臺夯土基址, 池苑 遺址)이 잘 갖추어져 있음을 확인하였다. 出土遺物은 玉器, 壁畫(용산시기에 속하는 것으로 성벽 하단부에 圖案의 형태로 남아있다) 등 龍山 晩期에서 夏時期에 걸치는 陶器, 石器, 骨器 등이다. 陝西省博物院에서 수집한 옥기는 모두 127件으로 刀, 璋, 鏟, 斧, 鉞, 璧, 璜, 人頭像, 玉蠶, 玉鷹, 虎頭 등이다. 옥기 중에는 최대 길이 56㎝에 달하는 牙璋이 있으며 玉鏟과 玉璜 등 완전한 형태의 옥기도 6점이 된다. 牙璋禮器의 盛行은 石峁玉文化의 特色을 보여준다. 그 외에도 石雕人头像이 발견되었다. 龍山 晩期에서 夏 時期에 걸치는 陶器 中 瓮形斝는 客省庄(陝西省 西安市)文化 最晩期에 속하는데 그 연대는 기원전 2000년-기원전 1900년에 속하며 C¹⁴연대측정으로 보면 4030±120 B.P., 3940±120 B.P.가 된다. 또 石峁村에서 灰를 이용해 石城을 쌓고 있는데 萬里長城 축조 시 나타난 것보다 훨씬 오래된 수법으로 확인된다. 이곳에는 벽화, 제단과 제사유구도 보인다. 어떤 제사유구 내에는 두개골이 한꺼번에 24구가 나오고 전체 80여구의 두개골이 발견되는데 이는 이곳을 공격하다가 포로로 잡힌 사람들을 죽여 묻은 犧牲坑으로 보인다. 이곳의 연대는 夏代 年代인 기원전 2070경에서 陶寺 晩期의 下限년대인 기원전 1900년 사이로 보고 있다. 이 성은 약 4300年 전(龍山 中期 혹은 晩期에 세워졌으며 龍山 晩期에는 매우 흥성하였던 것을오 보인다)에 세워졌고 夏代에 폐기된 것으로 추정된다. 그래서 이곳의 발굴은 약 400여만㎡로 상나라 이전 三皇五帝 중 堯임금과 관련된 都邑(『史記』 권 1, 五帝本紀 제 1, '…命和叔住在幽都(幽州)…')으로도 추정하고 있다. 그리고 현재 중국에서의 옥산지는 河南省 南陽 獨山 및 密縣, 辽宁省 鞍山市 岫岩(滿族自治県), 甘肅省 酒泉, 陝西省 藍田, 江蘇省 栗陽 小梅岑과 멀리 新疆省 和田 등을 들 수 있는데

일본의 전형적인 신석기시대는 죠몽시대(繩文時代)로 그 죠몽토기 가운데 소바타(曾畑)토기가 우리나라의 즐문토기와 비슷하다. 나가사키현 후쿠에시의 에고 패총(江湖貝塚)이나 도도로끼 패총(長崎県 轟貝塚) 등에서 발견되며, 그 연대는 기원전 3000년경이다. 이들은 쓰시마 섬의 아소오 만(淺茅灣)이나 이키(壹岐)의 가마자키(鎌崎) 유적에서까지 발견된다. 이 토기는 우리나라 신석기시대 즐문토기인들이 고기잡이를 나갔다가 직접 교역 또는 내왕하여 죠몽토기에 영향을 주어, 쓰시마·큐슈 등지에서 만들어진 것으로 생각된다. 해양성 어업은 결합식 낚시바늘·돌톱(石鋸)을 사용한 낚시의 존재로 입증된다. 일본에서 발견된 낚시바늘 가운데 사가현 가라쯔 시(佐賀県 唐津市) 나바타(菜畑) 유적에서 소바타토기와 함께 출토되고 있는 결합식 낚시바늘(서북큐슈형)은, 우리나라에서는 양양 오산리·부산 동삼동·김해 농소리·경남 상노대도 등 4군데에서 출토되고 있다. 오산리에서는 47점이나 출토되고 있으며, 그 가운데 40점이 기원전 6000년－기원전 4500년에 해당하는 조기의 제1문화층에서 나오고 있어 서북큐슈형의 원류가 한국에 있을 가능성이 있다. 돌톱(石鋸)은 흑요석(黑曜石)을 이용하여 톱날을 만든 것으로, 일본에서는 죠몽시대 후기에 나타나며 서북큐슈형 결합식 낚시바늘과 같은 분포를 보여주고 있다. 그런데 한국에서는 함북 무산·웅기 굴포리·농포·부산 동삼동·경남의 상노대도 패총(조개더미)에서 발견되고 있고, 또 한국 측의 연대가 일본의 것보다 앞서고 있어, 그 원류도 역시 한국으로 보아야 할 것 같다.

당시 신분의 과시에 필요한 玉과 翡翠의 수입같은 장거리무역도 형성되었던 것 같다. 하모도류의 유적의 주요 분포지는 杭州灣 이남의 寧紹平原과 舟山群島 일대이다. 그리고 최근 근처 田螺山에서 기원전 5050년－기원전 3550년에 해당하는 하모도류와 성격이 비슷한 유적이 발굴되고 있어 주목받고 있다. 그리고 최근의 다양한 발굴성과는 皀市下層－彭頭山－玉蟾岩으로, 그리고 河姆渡－跨湖橋－上山문화로 발전하는 양상까지도 아울러 보여주고 있다.

우리나라의 거석문화는 지석묘(고인돌)와 입석(선돌)의 두 가지로 대표된다. 그러나 기원전 4500년 전후 세계에서 제일 빠른 거석문화의 발생지로 여겨지는 유럽에서는 지석묘(dolmen), 입석(menhir), 스톤써클(stone circle : 영국의 Stonehenge가 대표), 羨道(널길) 있는 석실분(passage grave, access passage), 羨道(널길) 없는 석실분(gallery grave, allée couverte)의 5종 여섯 가지 형태가 나타난다. 이 중 거친 활석으로 만들어지고 죽은 사람을 위한 무덤의 기능을 가진 지석묘는 우리나라에서만 약 29,000기가 발견되고 있다. 중국의 요령성·절강성의 것들을 합하면 더욱 더 많아질 것이다. 한반도의 청동기시대와 철기시대 전기의 토착인은 지석묘를 축조하던 사람들로 이들은 중국 요령성·길림성과 한반도 전역에서 기원전 1500년에서 기원을 전후로 한 시기까지 약 1500년 동안에 걸쳐 북방식, 남방식, 그리고 개석식 지석묘를 축조하였다. 남한의 고인돌은 北方式, 南方式과 蓋石式의 셋으로 구분하고 발달 순서도 북방식—남방식—개석식으로 생각되고 있다. 그러나 북한의 지석묘는 황주 침촌리와 연탄 오덕리의 두 형식으로 대별되고, 그 발달순서도 변형의 침촌리식(황해도 황주 침촌리)에서 전형적인 오덕리(황해도 연탄 오덕리)식으로 보고 있다. 여기에 가장 늦은 것으로 개천 묵방리식이 추가된다. 우리나라의 지석묘 사회는 청동기시대—철기시대 전기의 토착사회로 전문직의 발생, 재분배 경제, 조상숭배와 혈연을 기반으로 하는 계급사회로 인식되고 있다. 그러나 지석묘의 기원과 전파에 대하여는 연대와 형식의 문제점 때문에 현재로서는 유럽 쪽에서 전파된 것으로 보다 '韓半島 自生說' 쪽으로 기울어지고 있는 실정이다. 여기에 비해 한 장씩의 판석으로 짜 상자모양으로 만든 石棺墓 또는 돌널무덤(石箱墳)의 형식이 있다. 이들은 처음 지석묘사회와 공존하다가 점차로 지석묘사회에로 흡수·동화된 듯하다. 석관묘(석상분)와 지석묘의 기원과 전파에 대하여는 선후문제, 문화계통 등에 대해 아직 연구의 여지가 많다.

岩刻畵는 포항 인비동과 여수 오림동에서 보는 바와 같이 우리나라에 들어온 기존의 청동기(비파형 또는 세형동검)와 마제석검을 사용하던 청동기-철기시대 전기의 한국토착사회를 이루던 지석묘사회에 쉽게 융화되었던 모양이다. 우리의 암각화에서 보여주는 사회의 상징과 표현된 신화의 해독이 아무르 강의 사카치 알리안의 암각화와 기타지역의 암각화와의 비교연구, 그리고 결과에 따른 문화계통의 확인이 현재 한국문화의 기원을 연구하는데 필수적이다. 이들은 한반도의 동북지방의 유물들과 많은 연관성을 가지고 있다. 극동 지역 및 서시베리아의 암각화도 최근에 남한에서 암각화의 발견이 많아지면서 그 관련성이 주목된다. 시베리아, 극동의 대표적인 암각화로는 러시아에서도 암각화의 연대에 대하여 이론이 많지만 대개 청동기시대의 대표적인 암각화유적은 예니세이 강의 상류인 손두기와 고르노알타이 우코크의 베르텍과 아무르 강의 사카치(시카치) 알리안 등을 들 수 있다. 이에 상응하는 우리나라의 대표적인 암각화는 울주군 두동면 천전리 각석(국보 147호), 울주 언양면 대곡리 반구대(국보 285호), 고령 양전동(보물 605호) 등을 들 수 있으며, 그 외에도 함안 도항리, 영일 인비동, 칠포리, 남해 양하리, 상주리, 벽연리, 영주 가흥리, 여수 오림동과 남원 대곡리 등지를 들 수 있다. 울주 천전리의 경우 人頭(무당의 얼굴)를 비롯해 동심원문, 뇌문, 능형문(그물문)과 쪼아파기(탁각, pecking technique)로 된 사슴 등의 동물이 보인다. 이들은 앞서 언급한 러시아의 손두기, 베르텍, 키아(하바로브스크 시 동남쪽 Kir 강의 얕은 곳이라는 의미의 초루도보 쁘레소에 위치)와 사카치 알리안의 암각화에서도 보인다. 이의 의미는 선사시대의 일반적인 사냥에 대한 염원, 어로, 풍요와 多産에 관계가 있을 것이다. 또 그들의 신화도 반영된다. 사카치 알리안 암각화의 동심원은 '아무르의 나선문(Amur spiral)으로 태양과 위대한 뱀 무두르(mudur)의 숭배와 관련이 있으며 뱀의 숭배 또한 지그재그(갈'之'字文)문으로 반영된다. 하늘의 뱀과 그의 자손들이 지상에 내려올 때 수직상의 지그재그(이때는 번개를 상징)로 표현된다.

이 두 가지 문양은 선의 이념(idea of good)과 행복의 꿈(dream of happiness)을 구현하는 동시에 선사인들의 염원을 반영한다. 그리고 그물문(Amur net pattern)은 곰이 살해되기 전 儀式 과정 중에 묶인 끈이나 사슬을 묘사하며 이것은 최근의 아무르의 예술에도 사용되고 있다. 현재 이곳에 살고 있는 나나이(Nanai, Goldi, Ulchi)족의 조상이 만든 것으로 여겨지며 그 연대는 기원전 4–3000년경(이 연대는 그보다 후의 청동기시대로 여겨짐)으로 추론된다고 한다. 이들은 挹婁–肅愼–勿吉–靺鞨–黑水靺鞨–女眞–生女眞–金(서기 1115년–서기 1234년, 阿骨打)–後金(서기 1616년–서기 1626년)–滿州/淸(서기 1616년–서기 1636년)–大淸(서기 1636년–서기 1911년, 太祖 天命–宣統帝 宣統)으로 이어지는 역사상에 나타나는 種族名의 한 갈래로 현재 말갈이나 여진과 가까운 것으로 여겨지고 있다. 이들은 청동기시대에서 철기시대 전기에 속하는 것으로 볼 수 있다. 그리고 영일만(포항)에서부터 시작하여 남원에 이르는 내륙으로 전파되었음을 본다. 아마도 이들은 아무르 강의 암각화문화가 海路로 동해안을 거쳐 바로 영일만 근처로 들어온 모양이며 이것이 내륙으로 전파되어 남원에까지 이른 모양이다. 청동기시대의 석관묘, 지석묘와 비파형동검의 전파와는 다른 루트를 가지고 있으며, 문화계통도 달랐던 것으로 짐작이 된다. 중요한 것은 아무르 강 유역 하바로프스크 시 근처 사카치 알리안 등지에서 발견되는 암각화가 울산 두동면 천전리 석각(국보 제147호)과 밀양 상동 신안 고래리 지석묘 등에서 많이 확인되었다는 것이다. 특히 여성의 음부 묘사가 천전리 석각과 밀양 상동 신안 고래리 지석묘 개석에서 확인된 바 있다. 후기 구석기시대 이후의 암각화나 민족지에서 성년식(Initiation ceremony) 때 소녀의 음핵을 잡아 늘리는 의식(girl's clitoris–stretching ceremony)이 확인되는데, 이는 여성의 생식력이나 성년식과 관계가 깊다고 본다. 제사유적으로도 양평 양서 신원리, 하남시 덕풍동과 울산시 북구 연암동 등에서 발견되어 劣等宗敎 중 多靈敎(polydemonism)에 속하는 精靈崇拜(animism), 토테미즘(totemism), 샤마니즘

(巫敎, shamanism), 祖上崇拜(ancestor worship)와 蘇塗(別邑, asylum)와 같은
종교적 모습이 점차 들어나고 있다. 그리고 울주 언양면 대곡리 반구대의 암
각화(국보 285호)에 그려져 있는 고래는 지금은 울주 근해에 잘 나타나지 않는
흑등고래(humpback whale) 중 귀신고래(Korean specimen, Korean gray
whale, Asian gray whale)로 당시 바닷가에 면하고 있던 반구대사람들의 고래
잡이나 고래와 관련된 주술과 의식을 보여준다. 울주 언양면 대곡리 반구대의
암각화(국보 285호)에 그려져 있는 고래는 지금은 울주 근해에 잘 나타나지 않
고 알라스카 일대에서 살고 있는 흑등고래 중 귀신고래로 당시 바닷가에 면하
고 있던 반구대 사람들의 고래잡이나 고래와 관련된 주술과 의식을 보여준다.
한반도 울산 앞바다(방어진과 기장 등)에서 한국귀신고래의 사할린 필튼 만으로
의 회유가 12월 24일에서 1월 6일경 사이라는 것을 비롯해, 캘리포니아 귀신
고래가 7월-9월 축치 해(Chukchi Sea)와 베링 해(Bering Sea)에로의 회유를
끝내고 10월 다시 출발점인 멕시코 바하(Baja California)까지 남하하기 전 주
위 꼬략, 축치와 에스키모와 같은 원주민의 고래잡이와 관련된 축제, 그리고
고래의 출산시기 등을 고려하면 고래새끼를 등에 업은 모습이 생생한 반구대
의 암각화는 고고학적으로 많은 시사를 준다. 이는 미국과 캐나다와 국경을 접
하고 있는 벤쿠버 섬과 니아 만 바로 아래의 태평양 연안에서 1970년 발굴 조
사된 오젯타의 마카족과도 비교된다. 그들은 주로 고래잡이에 생계를 의존했
으며, 예술장식의 주제에도 고래의 모습을 자주 올릴 정도였다.

内蒙古 阜新 沙羅乡 査海(기원전 6000년경)-興隆洼[8000 B.P.-7600 B.P.-
趙寶溝(7400 B.P-6700 B.P)-富河]-紅山(6500 B.P.-5000 B.P. / 기원전 3600년-기
원전 3000년)-小河沿(기원전 3000년경 이후), 小珠山-後洼, 新樂(기원전 4500년
경)-偏堡子(辽宁 新民, 기원전 3000년경)와 彭頭山-河姆渡-馬家浜-崧澤-良渚
-楚로 이어지는 문화계통들도 고려된다. 여기에는 内蒙古 赤峰市 夏家店문화
도 언급된다. 하가점下層문화는 商(기원전 1750년-기원전 110년/기원전 1046년)

나라 말기이며 上層문화는 商나라 말-西周(기원전 1100년-기원전 771년)나라 초에 속한다. 하층문화는 동쪽으로 朝陽시 魏營子문화(기원전 14세기-기원전 7세기)-凌河문화(기원전 10세기-기원전 4세기, 十二台營子)로 발전한다고 알려지고 있는데 여기에는 古朝鮮式(琵琶形/辽宁式/滿洲式)동검이 나와 우리 고조선 문화와의 관련도 이야기된다. 이제까지 알려진 夏(기원전 2200년-기원전 1750년)나라보다 약 800년이나 앞서는 紅山(기원전 3600년-기원전 3000년)문화는 1935년 초 赤峰市 紅山后에서 발견된 것으로 그 범위는 내몽고 동남부를 중심으로 辽宁省 서남, 河北 북부, 吉林서부에까지 미친다. 경제생활은 농업과 어로가 위주이고 석기는 타제와 마제석기를 사용하였다. 주요 유적들은 內蒙古 那斯臺村, 喀左 東山嘴 冲水溝(기원전 3000년-기원전 2500년경)와 建平 牛河梁 유적을 비롯하여 蜘蛛山, 西水泉, 敖漢旗三道灣子, 四棱山, 巴林左旗南楊家營子들이다. 특히 辽宁 喀左 東山嘴와 建平 牛河梁유적에서는 祭壇(三重圓形), 女神廟[東山嘴 冲水溝의 泥塑像, 여기에서 나온 紅銅/純銅의 FT(Fission Track)연대는 4298±345 B.P., 3899±555 B.P. C¹⁴의 연대는 5000±130 B.P.가 나오고 있다], 積石塚(牛河梁 馬家溝 14-1, 1-7호, 1-4호, 祭器로서 彩陶圓筒形器가 보임), 石棺墓(2호), 禮器로서의 鞍山 岫岩玉(滿族自治縣)으로 만들어진 玉器[龍, 渚(묏돼지), 매, 매미, 거북 자라 등의 動物, 상투(結髮, 魋結)를 위한 馬蹄形玉器(14-a), 環, 璧, 玦 등 100건 이상], 紅陶와 黑陶가 생산된 橫穴式 窯와 一·二次葬을 포함하는 土坑竪穴墓(水葬·風葬·火葬) 등이 알려져 있다. 이 홍산문화에서 興隆洼(8000 B.P.-7600 B.P.)에서 보이는 玉渚龍이 사슴·새-묏돼지용(玉渚龍)에서 龍(C形의 玉雕龍으로 비와 농경의 기원)으로 발전하는 圖上의 확인뿐만 아니라 紅山岩畵에서 보이는 종교적 무당 신분의 王(神政政治, theocracy)에 가까운 최소한 족장(chief) 이상의 우두머리가 다스리는 階級社會 또는 文明社會를 보여주고 있다. 토기문양 중 갈 '之' 문양은 평북 의주 미송리와 경남 통영 상노대노에서, 玉玦은 경기도 파주 주월리와 강원도 고성 문암리에서 나타난다. 해자가 돌린 성역화된 적석총/석관(周溝石棺墓)은 강원도 홍천 두촌면 철정리, 강원도 춘천 천전리, 충남 서천 오석리와 경남 진주대평 옥방 8지구 등에서 보여 홍산문화와 한국의 선사문화의 관련성이 점차 증가하는 추세이다.

商나라(상문명)의 競爭者인 四川省의 羌族(理县 桃坪에는 기원전 100년경 西漢의 古堡인 桃坪羌寨가 남아있음)의 것으로 추정되는 四川省 廣漢県 興鎮 三星堆 祭祀坑[기원전 1200년-기원전 1000년경: 1호 坑은 商晚期, 2호 坑은 殷墟(기원전 1388년-기원전 1122/1046년)晚期] 및 蜀國初期都城(四川省 成都 龍馬寶墩 古城, 기원전 2750년-기원전 1050년이나 기원전 16세기가 중심: 商代早期)의 國政을 점치거나 또는 제사용으로 사용되었을 것으로 추정되는 청동기와 土壇유적 등도 종래 생각해오던 중국문명의 중심지역뿐만 아니라 상의 영향을 받아 주변지역에서도 청동기의 제작이 일찍부터 시작되었다는 새로운 사실들이 밝혀지고 있어 중국 청동기문화와 文明의 다원화에 대한 연구를 가능하게 만들고 있다. 최근 殷墟출토와 三星堆의 청동기 假面의 아연(zinc, Zn)의 동위원소를 분석한 결과 産地가 같다는 결론도 나오고 있어 신석기시대 이래 청동기시대문화의 多元性과 아울러 상나라의 지배와 영향 등의 새로운 해석도 가능해진다.

그리고 紅山문화와 마찬가지로 玉器의 제작으로 유명한 良渚(浙江省 杭州市 余杭區 良渚鎮)문화(기원전 3350년경-기원전 2350년경)에 속하는 余杭 瓶窯鎮 匯觀山 제단을 비롯한 余杭 反山과 瑤山에서 출토한 玉으로 만든 琮·璧·鉞은 神權·財權·軍權을 상징하는 것으로 정치권력과 군사통수권을 가진 족장사회(chiefdom)를 넘어선 국가와 같은 수준의 정치적 기반을 갖춘 정부조직이 있었으리라는 추정도 가능하게 한다. 후일 周禮 春官 大宗伯에 보이는 "以玉作六器 以禮天地四方 以蒼璧禮天 以黃琮禮地 以靑圭禮東方 以赤璋禮南方 以白琥禮西方 以玄璜禮北方 皆有牲幣 各放其器之色"라는 六器 중 琮·璧·璜과 유적에서 나오는 鉞의 네 가지 祭禮重器라는 玉器가 이미 앞선 良渚文化에서 나타나고 있다. 그리고 이곳에서 사용된 玉器의 재료는 江蘇省 栗陽 小梅岭에서 가져온 것으로 보인다. 玉玦은 이미 경기도 파주 주월리와 강원도 고성 문암리에서, 叉와 비슷한 것은 경기도 연천 군남면 강내리, 圭는 황해도 봉산 지탑리유적[CXX(120)-14]과 경기도 연천 중면 횡산리에서 출도되고 있다. 그리고 여기에 '王'자에 가까운 刻畫文字, 莫角山의 土城(堆筑土의 古城), 瑤山 7호와 反山 23호의 王墓, 滙觀山의 祭壇 등의 발굴 자료는 良渚文化가 이미 족장사회를 넘어선 古代國家 또는 文明의 단계로 인식되고 있는 실정이다. 이미 요새화한 版築城은 河南省 安陽 後崗, 登封 王城崗, 淮陽 平糧臺, 山東省 章丘 龍山鎭 城子崖 등 龍山문화에서부터 이미 나타나기 시작하였다. 여하튼 넓은 지역의 중국에서 夏·商·周(기원전 2200년-기원전 771년)의 범위를 넘어선 文明의 多原論(polyhedral, polyphyletic theory)이 제기될 수 있는 것은 가능하며, 이 점은 앞으로 중국고고학에서 해결되어야 할 문제점이다.

그리고 충청남도 아산 탕정면 용두리, 경기도 가평 외서면 청평 4리, 경기도 광주시 장지동, 경기도 가평 설악면 신천리, 강원도 횡성 공근면 학담리와 춘천 거두리와 천전리에서 출토된 해무리굽과 유사한 바닥을 지닌 경질무문토기는 아무르 강 중류 리도프카 문화와 끄로우노프까(北沃沮, 団結) 문화에서도 보이고 그 연대도 기원전 3세-서기 1세기 정도가 된다. 한반도의 철기시대에 러시아 문화의 영향을 고려할 필요가 있다. 여기에 추가하여 춘천 천전리, 신매리와 우두동 등지에서 최근 발견되는 따가르의 鐵刀子(고리칼)도 이와 관련해 주목을 받아야 한다. 최근 凸자형 집자리가 올레니 A에서, 그리고 '吕'자형 집자리가 끄로우노프까 유적에서 발굴되어 이러한 문화적 관계를 구체화시켜 주고 있다. 연해주지역에는 얀코브카기(페스찬느이 유적, 말라야 파투웨치카 유적 등), 끄로우노프까기(크로우노프까 유적, 알레니 A, 페트로브 섬 유적, 세미파트노이유 유적 등), 라즈돌리기 등의 여러 문화기들이 있다. 위에서 열거한 초기 철기시대의 유적들은 서로 문화적인 상관관계를 가지고 있다. 그리고 미래마을 197번지 일대(영어체험마을)의 발굴조사에서 경질무문토기 3점과 함께 기체 표면에 원점을 여러 줄 압인한 뽈체(挹婁)의 단지형토기도 나오고 있어 주목된다. 이는 백제의 초기문화기원을 알려주는 중요한 단서가 된다. 또한 이 유적들의 주거양식 및 다양한 유물군은 비슷한 시기의 한반도 선사시대문화상과 유사한 것들이 많아, 앞으로 활발한 연구가 기대된다. 데레비안코는 아무르지역에 형성된 우릴기와 뽈체기의 골각기, 석기, 방추차, 철부 등을 근거로 會寧 五洞유적 및 羅津 草島유적과의 관련성을 밝혔다. 실제로 뽈체(挹婁)−우릴 문화는 우리나라 동북지역과 지리적으로도 인접해 있어서 비슷한 문화를 영위할 수 있었던 것으로 보인다. 단, 우리나라에서는 청동기시대 전기에 해당하는 시기를 러시아에서는 초기 철기시대로 규정하고 있어서 이와 같은 시대구분의 문제에도 양국 간의 토론 및 연구가 심화되어야 할 것이다. 또한 이 유적들의 주거양식 및 다양한 유물군은 비슷한 시기의 한반도 선사시대 문화상과 유사한 것들이 많아, 앞으로 활발한 연구가 기대된다. 그리고 金元龍은 현 英國 大英博物館 소장의 '鳥形柄頭 細形銅劍'이 우리나라에서 철기시대 전기의 대표적인 유물인 세형동검의 자루 끝에 '鳥形 안테나'가 장식된 안테나식 검(An-tennenschwert, Antennae sword)으로 보고, 그것이 오스트리아 잘쯔캄머구트 유적에서 시작하여 유럽의 철기시대의 대명사로 된 할슈탓트(Hallstat, 기원전 12세기−기원전 6세기) 문화에서 나타나는 소위 'winged chape'(날개달린 물미)에 스키타이식 동물문양이 가미되어 나타난 것으로 보았다. 이러한 예는 대구 비산동 유물(국보 137호)을 포함해 4점에 이른다. 이는 현재로서는 스키타이식 銅鍑(동복)과 靑銅製 馬形帶鉤가 金海 大成洞, 永川 漁隱洞과 金海 良洞里에서 나타나는 점을 보아 앞으로 우리 문화의 전파와 수용에 있어서 의외로 다양한 가능성이 있을 것으로 보인다. 특히 銅鍑의 경우 러시아 시베리아의 우코크에서 발견된 스키타이 고분, 드네프로페트로프스크 주 오르쥬노키제 시

톨스타야 모길라 쿠르간 봉토분(서기 1971년 모죠레브스키 발굴)과 로스토프 지역 노보체르카스크 소코로프스키 계곡 5형제 3호분(서기 1970년 라에프 발굴), 카스피 해 북안의 사브라마트, 세미레치에, 투바의 우육과 미누신스크 분지의 카카르 문화 등과 중국 辽宁省 北票市 章吉 菅子乡 西沟村(喇嘛洞) 古墓(서기 1973년 발굴, 鮮卑문화)과 등지에서 볼 수 있는 북방계 유물인 것이다. 우리 문화에서 나타나는 북방계 요소는 철기시대 전기(기원전 400-기원전 1년) 이후 동물형 문양의 帶鉤나 銅鍑의 예에서와 같이 뚜렷해진다. 울릉도 북면 현포 1리의 제단은 적석으로 만들어진 직사각형의 기단 위에 3열 15개의 입석으로 이루어져 있다. 입석의 높이는 1.5-2m이며 이 중 두 개는 이곳에서 빼내 이웃 현포 초등학교 건물입구의 계단 양측에 세워놓았다. 이런 종류의 제단은 한국 최초의 발견이다. 그러나 이와 유사한 제단은 몽고지방 청동기시대 중 까라숙 문화에서 이미 발견되고 있다. 이들은 사슴돌, 제단, 케렉수르로 불리며 울릉도의 것과 비슷한 예로는 우쉬키인-우베르 제단 등을 들 수 있다.[9] 울릉도에서는 현포 1리, 서면 남서리와 울릉읍 저동리에서 새로이 발견된 고인돌들, 그리고 현포 1리에서 발견된 무문토기, 紅陶편, 갈돌판과 갈돌들을 볼 때 입석이 서있는 제단유적은 이들과 같은 시기에 이용된 적어도 철기시대 전기(기원전 400년~기원전 1년)에 속할 수 있다고 추정된다. 그러나 주의해야 될 점도 있다.

---

9) 특히 오르혼 계곡 문화유산지역(Orkhon Valley Cultural Landscape)은 청동기시대 카라숙(Karasuk, 기원전 13세기-기원전 8세기)의 사슴돌(Stagstone), 板石墓를 비롯하 여 위굴 제국(維吾爾, 回紇: 위굴 제국은 서기 744년-서기 840년임, 위굴 제국은 키르기스 點戛斯에 망하며 키르기스는 9세기 말-서기 10세기경까지 존재)의 수도 칼라코토(Khara khoto)의 흔적도 보인다. 그리고 서기 13세기-서기 14세기 칭기즈칸이 세운 몽골제국(서기 1206년-1368년)의 수도였던 카라코룸(Karakorum/Kharkhorum/하라호룸/카르호림)의 궁전터, 돌거북, 티베트의 샤카파[Sakya 샤카 사원에서 유래. 1267년 이후 팍파국사가 元 蒙古(元, 서기 1206년-서기 1368년) 쿠빌라이 世祖의 스승으로 티베트 불교가 원의 국교로 됨]불교의 영향하에 만들어진 에르벤쥬 사원(서기 1586년)도 포함된다.

우리의 청동기시대와 철기시대 전기의 문화계통을 논할 때 빠질 수 없는 것이
미누신스크 청동기문화 중 안드로노보(기원전 1700년–기원전 1200년), 까라숙
(기원전 1200년–기원전 700년)과 따가르(기원전 700년–기원전 200년) 문화기이다.
그중 까라숙 문화에서 돌널무덤(석상분, 석관묘, cist)이 받아들여진 것으로 생
각된다. 그리고 그 다음의 따가르 문화는 전기의 청동기시대(기원전 7세기–기
원전 5세기)와 후기의 철기시대(기원전 4세기–기원전 3세기)가 되는데 그곳 철기
시대에도 우리의 철기시대 전기와 마찬가지로 청동거울을 쓰고 있다. 그런데
청동거울의 배면에 있는 꼭지가 우리 것은 둘인 多鈕細文鏡(잔무늬거울)으로
불리고 있는데 반해 따가르의 것은 하나인 單鈕鏡인 것이며, 또 칼도 곡검(琵
琶形)이 아닌 날이 가운데가 휜, 彎入된 것이다. 따가르 문화의 청동검과 거울
은 실제 만주와 한반도에서 보이는 비파형(古朝鮮式, 요령식, 만주식)동검이나
거친무늬와 잔무늬거울과는 다르다. 이는 우리가 종래 생각해오던 청동기와
철기시대의 기원과 직접 관련지어 생각할 때 고려의 여지를 두어야 할 것이다.

신석기시대의 죠몽(繩文)시대 다음에 우리나라의 청동기, 철기시대 전기와
삼국시대 전기에 해당하는 야요이(彌生)시대가 이어진다. 그리고 하루나리 히
데지(春成秀爾), 이마무라 미네오(今村峯雄)와 후지오 신이찌로(藤尾愼一郞)를 중
심으로 야요이시대의 상한연대도 종전의 기원전 300년에서 최근 福崗의 雀居
(사사이)유적에서 나오는 돌대문(덧띠새김무늬, 각목돌대문)토기의 재검토로 상
한을 기원전 10세기경으로 조정하고 있다. 이 시기에는 한반도에서 청동기를
비롯하여 무문토기·쌀·고인돌(支石墓) 등이 일본으로 전파되었다고 한다. 잘
알려진 연구에 의하면 이들은 九州大 가나세끼 다께오(金關丈夫) 교수가 언급
한 繩文末期 農耕論과 같이 高身長의 稻作人이 한반도에서 九州에 들어오고
이때 도래한 집단인 기내인(畿內人)들에 의해서 전래되었을 가능성이 크다고
보고 있다. 그리고 고하마 모도쯔구(小濱基次), 하니하라 가즈로(埴原和郞)와 이

노우에 다까오(井上貴央) 등이 형질인류학과 유전자 검사로 한반도인의 도래를 구체적으로 입증하고 있다. 야요이시대 유적으로는 후구오까 이마까와[福岡 今川, 동촉 및 슴베(莖部)를 재가공한 고조선식 동검이 출토됨], 사가현 우기군덴(佐賀縣, 宇木汲田) 18호 옹관(김해식 토기와 한국식 동검 출토), 후꾸오까 요시다께다까기(福岡 吉武高木) 3호 목관묘[동검, 동모, 동과, 다뉴세문경, 죠노고식(城の越式) 토기 출토]가 있고, 곧 이어 후꾸오까 시가현 오오따니(福岡 志賀島 大谷), 사가현 소자(佐賀縣 惣座)에서 동검이, 佐賀縣 神埼町(간자기쵸), 三田川町(미다가와쵸), 東背振村(히가시세부리손)에 걸쳐 있는 요시노가리(吉野ケ里, 卑彌呼·臺與 또는 壹與의 邪馬臺國, 히미코는 서기 248년 死)에서 동모가 발견되었다.[10] 이 무렵

10) 『三國志』 魏志 東夷傳 弁辰條 및 倭人傳 里程記事로 볼 때, 대략 서기 3세기경이면 海(水)路萬里의 무역로(通商圈/trade route, exchange system, interaction spheres, barter, logistics)를 통해 한국·중국·일본 간에 활발한 교역관계가 이루어지고 있었음을 알 수 있다. 이의 대표적 예들이 서기 57년(『後漢書』 光武帝 第1下 中元二年, 서기 1784년 福岡에서 발견)의 "漢倭奴國王", 서기 239년(魏 明帝 景初 3년) 히미코(卑弥呼)의 "親魏(倭)王"의 책봉과 金印이다. 그리고 요시노가리(佐賀縣 神埼郡 神埼町, 三田川町, 東背振村의 吉野里)에 위치한 卑彌呼(ひみこ, 서기 158년경-서기 248年), 臺與(서기 235年?-?)가 다스리던 邪馬臺國(やまたいこく)은 당시 이러한 국제적 교역관계의 종착점인 양상을 띠고 있었다. 이키 섬[壹岐島] 하라노쓰지[原ノ辻] 유적에서 발견된 철제품을 비롯하여 후한경(後漢鏡)·왕망전(王莽錢)·김해토기(金海土器; 九州大 所藏), 제주시 산지항(山地港), 구좌읍 終達里패총, 애월읍 금성리와 해남 군곡리 출토의 화천(貨泉), 고성(固城)패총과 骨浦國(今合浦也)으로 알려진 창원시 외동 城山 貝塚에서 발견된 후한경과 오수전 등은 이러한 양상을 잘 입증해 준다. 동아대학교 박물관이 발굴한 경상남도 四川 勒島에서는 경질무문토기, 일본 야요이(彌生)土器, 樂浪陶器, 漢式硬質陶器 등과 함께 반량전이 같은 층위에서 출토되었다. 半兩錢은 기원전 221년 진시황의 중국 통일 이후 주조되어 기원전 118년(7대 漢武帝 5년)까지 사용된 중국화폐로 알려져 있다. 사천 늑도는 당시 낙랑·대방과 일본 야마다이고꾸(邪馬臺國)를 잇는 중요한 항구였다. 『三國志』 魏志 東夷傳 弁辰條의 '國出鐵 韓濊倭皆從取之 諸市買皆用鐵 如中國用錢又以供給二郡'의 기사와 倭人傳에 보이는 海(水)路萬里의 무역로를 감안해 볼 때 樂浪(帶方)-海南 郡谷里-泗川 勒島(史勿國)-固城(古史浦)-昌原 城山(骨浦

이면 청동을 부어 만드는 틀(鎔范)이 출토되어 자체 제작이 가능했던 것으로 보인다. 죠몽 만기의 구로카와식(黑川式) 토기의 최종단계에서 우리나라의 무문토기가 나타나기 시작하며, 그 다음의 유우스(夜臼)단계에는 한국무문토기 계통의 홍도(紅陶)가 출현한다. 온대성기후인 일본에는 조생종인 단립미(短粒米: 작고 둥글며 찰기가 있는)만 존재하는데, 이는 고인돌·석관묘·마제석기·홍도가 출현하는 유우스식 단계, 즉 실연대로 기원전 5세기-기원전 4세기경에 한반도에서 전래된 것으로 보인다. 고인돌의 경우 한반도에 존재하는 남방식과 개석식이 함께 나타나며, 그 연대는 기원전 4세기-기원전 3세기경으로 추정된다. 그러나 앞으로 突帶文토기의 기원전 10세기 상한설과 관련하여 그 연대의 상한은 좀 더 올라갈 것으로 보인다. 그리고 『三國志』魏志 東夷傳 弁辰條 및 倭人傳의 몇몇 기록으로 볼 때, 대략 서기 3세기경이면 한국·중국·일본 간에 활발한 교역관계가 이루어지고 있었음을 알 수 있다. 이의 대표적 예들이 서기 57년(『後漢書』光武帝 第 1下 中元二年, 서기 1784년 福岡에서 발견)의 "漢倭奴國王", 서기 239년 히미코(卑弥呼)의 "親魏(倭)王"의 책봉과 金印이다. 당시 이러한 교역관계는 국제적인 양상을 띠고 있었으며, 이키 섬(壹岐島) 하라노쓰지(原ノ辻) 유적에서 발견된 철제품을 비롯하여 후한경(後漢鏡)·왕망전(王莽錢)·김해토기(金海土器; 九州大 所藏), 제주시 산지항(山地港), 구좌읍 終達里패총, 애월읍 금성리와 해남 군곡리 출토의 화천(貨泉), 고성(固城)패총에서 발견된 후한경 등은 이러한 양상을 잘 입증해 준다. 동아대학교 박물관이 발굴한 경상남도 四川 勒島에서는 경질무문토기, 일본 야요이(彌生)土器, 樂浪陶

國)−金海(狗邪韓國)−제주도 山地港/삼양동(사적 416호)−對馬島(國)−壹岐國(一支國)−末廬國−伊都國−奴國−邪馬臺國으로 이어지는 바닷길이 예상될 것이다. 한국 무문토기·쌀·지석묘(고인돌)·청동기가 일본에 많이 나타나고 있는 점은 당시 이러한 교역관계에서 이해되어야 한다.

器, 漢式硬質陶器 등과 함께 반량전이 같은 층위에서 출토되었다. 半兩錢은 기원전 221년 진시황의 중국 통일 이후 주조되어 기원전 118년(7대 漢武帝 5년)까지 사용된 중국화폐로 알려져 있다. 사천 늑도는 당시 낙랑·대방과 일본 야마다이고꾸(邪馬臺國)를 잇는 중요한 항구였다. 한국무문토기·쌀·지석묘(고인돌)·청동기가 일본에 많이 나타나고 있는 점은 당시 이러한 교역관계에서 이해되어야 한다. 그리고 순천 서면 운평리와 여천 화장동유적의 경우 서기 470년(개로왕 16년)−서기 512년(무령왕 12년) 사이 馬韓과 大伽倻(서기 42년−서기 562년)가 서로 공존하고 있었음이 밝혀지고 있다. 그리고 이 지역은 『日本書紀』 卷17 繼體天皇 6년(서기 512년)條에 나오는 백제 25대 武寧王(서기 501년−서기 523년)이 사신을 보내 요구한 任那(大伽倻) 4県(上哆唎·下哆唎·娑陀·牟婁) 중 娑陀로 추정하고 있다. 이 기록 또한 나주 오량동(사적 456호)과 금천면 신가리 당가요지와 함께 마한 존속연대의 하한이 서기 6세기 초경임을 알려주고 있다. 다시 말해 나주에서 목지국이 완전히 멸망한 연대는 서기 5세기 말이나 서기 6세기 초가 된다. 이와 같은 문화의 전래는 이보다 앞선 우리의 신석기, 청동기, 철기시대에 해당하는 繩文, 彌生文化와 그 다음에 오는, 삼국시대 초기에 해당하는 고훈(古墳)시대에 이루어졌던 것과는 비교할 수 없을 정도로 질적, 양적으로 발전한 것이었다. 특히 아스카 문화 시대는 일본 역사시대의 시작으로, 그 연대는 고고학상의 편년인 고훈시대와 일부 겹치고 있어 종말기 고훈시대라고 부른다. 이 시대는 서기 538년 불교가 전래된 이래 서기 584년 새로운 불교중흥정책과 더불어 정치질서가 확립되고 율령정치가 시작되는 것으로 특징지어지기도 한다. 불교가 공인되는 과정에 소가우지(蘇我氏)가 권력을 잡았는데, 소가노우마꼬(蘇我馬子)의 외손이며 사위인 쇼도쿠(聖德/厩戸/우마야도노미꼬 皇子) 태자(서기 573년−서기 622년, 22대 用明/崇峻 천황의 맏아들로 서기 593년 황태자에 책봉됨)가 섭정하게 되면서 불교는 더욱 더 융성해졌을 뿐만 아니라 전체적인 질서의 확립에도 커다란 기여를 하였다. 이것은 삼국시대 중 특히 백제의 영향으로 이루어졌다. 그리고 이 시대를 수도인 아스카(飛鳥 또는 明日香)를 따라 아스카 문화라 한다. 우리나라에서 일본에 전래된 문화내용은 일본문화의 사상적 기반을 마련해 준 유교와 불교를 비롯하여 천문, 지리, 역법, 토기제작기술, 조선술, 축성술, 회화, 종이, 붓 만들기에 이르기까지 다양하다. 이는 일본의 史書『古事記』와 『日本書紀』에 나타나는 王仁으로 대표된다. 그가 실재했던 역사적 인물이라면 백제 14대 근구수왕(서기 375년-서기 384년) 때의 학자로 일본에서 파견한 아라다와께(荒田別)와 가가와께(鹿野別) 장군 등의 요청에 응해 論語와 千字文을 갖고 가서 일본의 조정에 봉사하면서 문화발전에 공헌을 하였던 것으로 보는 것이 좋겠다[『古事記』의 원문: 百濟國 若有賢人者貢上 故 受命以貢上人名 和邇吉師 即論語十卷 千字文一卷 幷十一卷付是人即貢進 (이는 확실치 않지만 15대 應神天皇時로 왕의 재위는 현재 서기 270년-서기 310년경으로 보고 있다)]. 아라다와께(荒田別)와 가가와께(鹿野別) 장군 등의 명칭은 『日本書紀』神功紀 49년(己巳年, 近肖古王 24년 서기 369년)조에 나오는데 이 기사를 馬韓의 멸망과 관련지어 이야기하기도 한다.

아스카 기간 중에는 일본 최고의 사찰인 아스카지(飛鳥寺; 원래는 法興寺 서기 596년 완성)가 스순(崇峻) 천황대인 서기 588년부터 스이고(推古) 천황대인 서기 596년에 이르는 동안의 8년에 걸쳐 건립된 것으로부터 사천왕사(四天王寺), 藥師寺(서기 680년 창건), 호류지(法隆寺, 오층목탑은 서기 711년 건조) 등이 창건되는 등 사찰건립이 활발하였다. 그리고 최근 臨海殿址(雁鴨池, 사적 18호)가 범본이 되는 庭園이 아스카에서 발견되고 있다. 이러한 아스카, 하꾸호, 나라의 문화는 일본고대문화의 성립뿐만 아니라 한일문화의 교류, 특히 삼국시대 연구에 중요한 역할을 하고 있다. 고대한일 문화교류관계는 여러 가지 고고학적인 증거로 알려지기 시작하였지만, 그 연구는 이제 한일 고고학연구의 실마리를 제공해 주는 정도이다. 그러나 선토기시대(구석기시대)에서 시작하여 죠몽시대를 거쳐 야요이와 古墳시대가 되면 고고학적 자료가 양적 및 질적으로 눈에 띄게 증가하고 있다. 이는 시기가 갈수록 한일문화교류가 긴밀히 이루어지고 있었음을 잘 반영해 주는 것이다.

『三國史記』 초기 기록대로 한성시대 백제(기원전 18년-서기 475년)는 마한의 영역을 잠식해 들어갔는데, 이는 최근 파주 주월리, 자작리, 여주 하거리 언양리, 진천 산수리·삼룡리, 진주 석장리와 원주 법천리, 화천 원천리 등 백제초기 강역에서 확인된 유적들을 통해서 잘 드러난다. 백제보다 앞선 馬韓의 중심지는 오늘날 천안 용원리 일대였는데 백제가 강성해짐에 따라 마한의 영역은 축소되어 전라남도 나주시 반남면 대안리, 덕산리, 신촌리(사적 76·77·78호)와 복암리(사적 404호) 일대로 밀려났다. 그리고 目支國이란 국가체제를 갖춘 사회로 대표되던 마한 잔여세력은 서기 5세기 말/6세기 초에 백제로 편입되었던 것 같다. 이는 나주시 금천면 당가리 요지에 의해서도 확인된다. 청주 정북동 토성(사적 415호)은 대표적인 마한의 토성인데, 그 연대는 서기 130년(서문터: 서기 40년-서기 220년)경이 중심이 된다. 백제는 풍납동토성(사적 11호)과 몽촌토성(사적 297호)의 경우에서 보이듯이 판축토성을 축조했으나 근초고왕이 漢山城(서기 371-서기 391년, 근초고왕 21년-진사왕 1년)으로 도읍을 옮긴 서기 371년부터는 석성을 처음 축조했던 것 같다. 그 대표적인 예가 하남시 二聖山城(사적 422호)이며, 이천 설봉산성(사적 423호)도 그러한 예로 볼 수 있다. 이성산성하의 하남시 광암동 산 26-6번지 일원에서 발굴된 4세기 백제의 횡혈식 석실묘가 이를 잘 입증해준다. 아직 가설적인 수준이기는 하지만, 백제와 마한의 고고학적 차이도 언급할 수 있다. 즉, 한성시대의 백제는 판축토성을 축조하다가 서기 371년경부터 석성을 축조하기 시작했고, 기원전부터 사용되었던 중도계 경질무문토기와 타날문토기를 주로 사용했던 반면에 마한은 판축을 하지 않은 토성과 굴립주, 鳥足文과 鋸齒文이 보이는 회청색연질토기, 경질토기와 타날문토기 등을 사용했고, 묘제로는 토광묘(청주 송절동)와 周溝墓(익산 영등동) 등을 채택하였다. 특히 경기도, 충청남북도와 전라북도서 발견되는 馬韓지역의 토실은 북쪽 읍루와의 관련성이 있다. 『三國志』魏志 東夷傳 挹婁조에 보면 "...常穴居大家深九梯以多爲好土氣寒...(...큰 집은 사다리가 9계단 높이의 깊이이며 깊이가 깊을수록 좋다...)"라는 기록에서 사다리를 타고 내려가 사는 토실에 대한 언급이 나온다. 또 서기 1755년 Stepan Krasheninnikov나 서기 1778년 James Cook의 탐험대에 의해 보고된 바로는 멀리 북쪽 베링 해(Bering Sea) 근처 캄챠카(Kamtschatka)에 살고 있는 에스키모인 꼬략(Koryak)족과 오날라쉬카(Oonalaschka)의 원주민인 알류산(Aleut)인들은 수혈 또는 반수혈의 움집을 만들고 지붕에서부터 사다리를 타고 내려가 그 속에서 살고 있다고 한다. 이들 모두 기후환경에 대한 적응의 결과로 볼 수 있다. 아울러 우리 문화의 원류도 짐작하게 한다.

한반도의 청동기시대와 철기시대 전기의 토착인은 지석묘를 축조하던 사람들로 이들은 중국 辽宁省·吉林省과 한반도 전역에서 기원전 1500년에서 기원을 전후로 한 시기까지 약 1500년 동안에 걸쳐 북방식, 남방식, 그리고 개석식 지석묘를 축조하였다. 요령성과 길림성의 북방식 지석묘사회는 미송리식단지, 비파형동검, 거친무늬거울 등을 標識遺物로 하는 문화를 지닌 고조선의 주체세력으로 알려져 있다. 이들은 전문직, 재분배경제, 조상숭배[사천 이금동, 마산 덕천리와 진동리 지석묘(사적 472호)가 대표적임]와 혈연을 기반으로 하는 계급사회를 형성했으며, 이러한 계급사회를 바탕으로 철기시대 전기에 이르러 우리나라의 최초의 국가인 위만조선(기원전 194년-기원전 108년)이 등장하게 되었다. 지석묘는 조상숭배(ancestor worhip)의 성역화 장소이다. 특히 창원 동면 덕천리, 마산 진동리(사적 472호), 사천 이금동, 보성 조성면 동촌리, 무안 성동리, 용담 여의곡, 광주 충효동 등, 그리고 최근 밝혀지고 있는 춘천 천전리, 홍천 두촌면 철정리, 서천 오석리와 진주 대평 옥방 8지구의 주구 석관묘 등은 무덤 주위를 구획 또는 성역화한 특별한 구조를 만들면서 祖上崇拜를 잘 보여준다. 이것도 중국 辽宁 喀左 東山嘴와 建平 牛河梁유적의 紅山문화가 그 기원으로 보인다. 이 시기에 계급사회도 발전하게 된다. 우리나라에서 고인돌 축조사회를 족장사회 단계로 보거나 위만조선을 최초의 고대국가로 설정하는 것은 신진화론의 정치진화모델을 한국사에 적용해 본 사례라 할 수 있다. 그렇게 보면 경남 창원 동면 덕천리, 마산 진동리, 사천 이금동, 여수 화동리 안골과 보성 조성리에서 조사된 고인돌은 조상숭배를 위한 성역화된 기념물로 당시 복합족장사회의 성격(complex chiefdom)을 잘 보여준다 하겠다. 철기시대는 점토대토기의 등장과 함께 시작되는데, 가장 이른 유적은 沈阳 郑家洼子유적이며 그 연대는 기원전 5세기까지 올라간다. 그러나 앞으로 철기시대연구의 문제점은 최근의 가속질량연대분석(AMS)에 의한 결과 강릉 송림리유적이 기원전 700년–기원전 400년경, 안성 원곡 반제리의 경우 기원전 875년–기원전 450년, 양양 지리의 경우 기원전 480년–기원전 420년(2430±50 B.P., 2370±50 B.P.), 횡성군 갑천면 중금리 기원전 800년–기원전 600년 그리고 홍천 두촌면 철정리(A-58호 단조 철편, 55호 단면 직사각형 점토대토기)의 경우 기원전 640년과 기원전 620년이 나오고 있어 철기시대 전기의 상한 연대가 기원전 5세기에서 더욱 더 올라갈 가능성이 있다는 것이다. 그리고 함경북도와 연해주에서는 이와 비슷한 시기에 끄로우노프까 문화와 뽈체 문화가 나타나는데 이들은 北沃沮(團結)와 挹婁에 해당한다. 같은 문화가 서로 다른 명칭으로 불리고 있는데, 이런 문제는 앞으로 한국과 러시아의 공동연구를 통해 해결되어나갈 것이다. 따라서 한국의 철기시대의 시작은 현재 통용되는 기원전 4세기 보다 1세기 정도 상향 조정될 수 있는데, 이는 신석기시대 후기에 청동기시대의 문화양상 중 국지적으로 전면/부분빗살문토기와 돌대문토기의 결합과 같은 것과 같은 맥락에서 이해될 수 있다. 매우 이른 시기 철기시대의 유적의 예로 강원도 강릉 사천 방동리 과학일반 지방 산업단지에서 확인된 유적을 들 수 있다. 점토대토기의 단면 형태는 원형, 직사각형, 삼각형의 순으로 변화한 것 같다. 원형에서 삼각형으로 바뀌는 과도기에 해당하는 점토대토기 가마가 경상남도 사천 방지리, 아산 탕정면 명암리와 강릉 사천 방동리유적에서 확인된 바 있다. 단면 직사각형의 점토대토기는 원형에서 삼각형으로 바뀌는 과도기적 중간단계 토기로 화성 동학산 및 안성 공도 만정리, 홍천 두촌면 철정리와 제주도 제주시 삼양동(사적 416호, 이곳에는 단면 원형과 방형의 두 가지가 나타난다)에서도 확인된다. 최근 경주 금장리와 견곡 하구리, 경기도 부천 고강동, 화성 동탄 감배산, 안성 원곡 반제리와 공도 만정리, 오산시 가장동, 양평 용문 원덕리, 강릉 송림리, 완주 갈동 등 이 시기에 해당하는 점토대토기유적들이 확인되었다. 철기시대 전기는 두 시기로 구분할 수 있다. 다시 말해서 동과와 동검, 그리고 점토대토기의 단면형태를 고려한다면 철기시대 전기를 두 시기가 아닌 세 시기로 구분할 수도 있다. 다시 말해서 동과와 동검 그리고 점토대토기의 단면형태를 고려한다면 철기시대 전기를 두 시기가 아닌 Ⅰ기(前, 단면원형)·Ⅱ기(中, 단면장방형)·Ⅲ기(後, 단면삼각형) 세 시기의 구분이 가능할 수 있겠다. 최근 발견된 유적을 보면 완주 이서면 반교리 갈동에서는 동과동검의 용범과 단면 원형 점토대토기가, 그리고 공주 의당면 수촌리에서 세형동검, 동모, 동부(도끼, 斧), 동사와 동착(끌, 鑿)이 토광묘에서 나왔는데, 이들은 논산 원북리, 가평 달전 2리와 함께 철기시대 전기 중 Ⅰ기(전기)의 전형적인 유적 유물들이다. 다시 말해 세형동검 일괄유물, 끌을 비롯한 용범(거푸집), 토광묘 등은 점토대토기(구연부 단면원형)와 함께 철기시대의 시작을 알려준다. 특히 이들이 토광묘에서 출토되었다는 사실은 세형동검이 나오는 辽陽 河欄 二道 河子, 旅大市 旅順口區 尹家村, 沈阳 郑家洼子, 황해도 재령 高山里를 비롯해 衛滿朝鮮(기원전 194년-기원전 108년) 시기와 밀접한 관련이 있는 것으로 볼 수 있다. 그리고 화성 동학산에서는 철제 끌의 용범과 단면 직사각형의 점토대토기가, 안성 공도 만정리의 토광묘에서는 세형동검과 함께 단면 직사각형의 점토대토기가 나왔는데 이들은 철기시대 전기 중 Ⅱ기(중기)의 유물들이다. 여기에는 제주도 삼양동과 홍성 두촌면 철정리유적도 포함된다. 철기시대 전기 중 후기(Ⅲ기)에는 구연의 단면이 삼각형인 점토대토기와 다리가 굵고 짧은 豆形토기가 나오는데 여기에는 경주 蘿井(사적 245호), 月城(사적 16호), 파주 탄현면 갈현리, 수원 고색동유적 등이 포함된다. 그중 안성 반제리와 부천 고강동유적은 환호로 둘러싸여 있어 제사유적으로 추측되고 있다. 철기시대 전기, 즉 기원전 400년에서 기원전 1년까지의 400년의 기간은 한국고고학과 고대사에 있어서 매우 복잡하고 중요한 시기이다. 이 기간 중에 중국으로부터 漢文이 전래되었고, 국가가 형성되는 등 역사시대가 시작되었다. 한반도의 역사시대는 衛滿朝鮮(기원전 194년-기원전 108년)으로부터 시작된다. 중국에서는 춘추시대(기원전 771년-기원전 475년)에서 전국시대(기원전 475년-기원전 221년)로 전환이 이루어졌고, 한반도의 경우는 기자조선(기원전 1122년-기원전 194년)에서 위만조선(기원전 194년-기원전 108년)으로 넘어가 고대국가가 시작되었다. 국제적으로도 정치적 유이민이 생기는 등 매우 복잡한 시기였으며, 한나라의 원정군은 위만조선을 멸망시킨 후 과거 위만조선의 영토에 낙랑·대방·임둔·현도군을 설치했다. 한반도에는 이미 마한이 존재하고 있었으며, 이어 辰韓과 弁韓 그리고 沃沮와 東濊가 등장하였다. 현재까지 확인된 고고학 자료와 문헌을 검토해 보았을 때 위만조선과 目支國을 중심으로 하는 마한은 정치진화상 이미 국가(state)단계에 진입하였으며 나머지 사회들은 그보다 한 단계 낮은 계급사회인 족장단계(chiefdom society)에 머물러 있었다고 여겨진다. 당시 한반도에 존재하던 이들 사회들은 서로 通商圈(interaction sphere; Joseph Caldwell이 제안한 개념)을 형성하여 활발한 교류를 가졌으며, 특히 위만조선은 중심지무역을 통해 국가의 부를 축적하였고, 이는 漢武帝의 침공을 야기해 결국 멸망에 이르게 되었다. 그리고 청동기시대에서 철기시대 전기에 걸치는 환호는 크기에 관계없이 시대가 떨어질수록 늘어나 셋까지 나타난다. 그들의 수로 하나에서 셋까지 발전해 나가는 편년을 잡을 수도 있겠다. 울산 북구 연암동, 파주 탄현 갈현리, 안성 원곡 반제리, 부천 고강동, 강릉 사천 방동리, 화성 동탄 동학산 등 환호유적으로는 안성 원곡 반제리의 제사유적이 대표된다. 壕는 하나이며 시기는 단면원형의 점토대토기시대에 속한다. 연대도 기원전 5-기원전 3세기경 철기시대 전기 초에 해당한다. 이제까지 환호는 경남지역이 조사가 많이 되어 울산 검단리(사적 332호), 진주 대평리 옥방 1·4·7지구 창원 남산을 포함하여 17여 개소에 이른다. 청동기시대부터 이어져 철기시대에도 경기-강원도 지역에만 파주 탄현 갈현리, 화성 동탄 동학산, 강릉 사천 방동리, 부천 고강동, 송파 풍납토성(사적 11호)과 순천 덕암동 등에서 발견된다. 그중에서 이곳 안성 반제리의 것은 철기시대 전기 중 앞선 것으로 보인다. 청동기시대의 것으로 제사유적으로 언급된 것은 울산시 북구 연암동이나, 철기시대의 것들 중 구릉에 위치한 것은 거의 대부분 종교제사유적으로 보인다. 그리고 이는 울주 검단리, 진주 옥방과 창원 서상동에서 확인된 청동기시대 주거지 주위에 설치된 환호(環壕)는 계급사회의 특징 중의 하나인 방어시설로 국가사회 형성 이전의 족장사회의 특징을 보여주며 청동기시대의 전통에 이어 철기시대에는 환호와 관련된 지역이 주거지로 보다 종교제사유적과 관계된 특수지구인 別邑인 蘇塗로 형성된 것 같다. 다시 말해 신석기와 청동기시대의 精靈崇拜(animism)와 토테미즘(totemism)을 거쳐, 그리고 철기시대의 巫敎(shamanism)와 祖上崇拜(ancestor worship)와 함께 환호를 중심으로 전문 제사장인 天君이 다스리는 蘇塗가 나타난다. 소도도 일종의 무교의 형태를 띤 것으로 보인다. 이는 종교의 전문가인 제사장 즉 天君의 무덤으로 여겨지는 토광묘에서 나오는 청동방울, 거울과 세형동검을 비롯한 여러 巫具들로 보아 이 시기의 종교가 巫敎(shamanism)의 일종이었을 것으로 짐작된다. 이는『三國志』魏志 東夷傳 弁辰條에 族長격인 渠帥가 있으며 이는 격이나 규모에 따라 거수(渠帥), 신지(臣智), 검측(險側), 번예(樊濊), 살계(殺奚)와 읍차(邑借)로 불리고 있었음을 알 수 있다. 그리고 이들을 대표하는 王이 다스리는 국가단계의 目支國도 있었다. 이는 정치진화상 같은 시기의 沃沮의 三老, 東濊의 侯, 邑長, 三老, 挹婁의 大人, 그리고 肅愼의 君長(唐, 房喬 등 撰의『晉書』)과 같은 國邑이나 邑落을 다스리던 혈연을 기반으로 하는 계급사회의 行政의 우두머리인 族長(chief)에 해당된다. 그러나 蘇塗는 당시의 복합단순족장사회의 우두머리인 세속정치 지도자인 신지, 검측, 번예, 살계와 읍차가 다스리는 영역과는 별개의 것으로 보인다. 울주 검단리, 진주 옥방과 창원 서상동에서 확인된 청동기시대 주거지 주위에 설치된 환호(環壕)는 계급사회의 특징 중의 하나인 방어시설로 국가사회형성 이전의 족장사회의 특징으로 볼 수 있겠다. 이러한 별읍 또는 소도의 전신으로 생각되는 환호 또는 별읍을 중심으로 하여 직업적인 제사장이 다스리던 신정정치(theocracy)도 가능했을 것이다. 그 다음 삼국시대 전기에는 세속왕권정치(secularism)가 당연히 이어졌을 것이다. 즉 고고학자료로 본 한국의 종교는 정령숭배(anim ism)-토테미즘(totemism)-巫敎(shamanism)-조상숭배(ancestor worship)로 이어지면서 별읍의 환호와 같은 전문 종교인인 천군이 이 다스리는 소도의 형태로 발전한다. 앞으로 계급사회의 성장과 발전에 따른 종교적인 측면도 고려해야 될 때이다. 최근 양평 신월리에서 발견 조사된 청동기시대 중기(기원전 10세기-기원전 7세기)의 환상열석도 환호와 관련지어 생각하면 앞으로 제사유적의 발전관계를 설명하는데 도움을 줄 것이다. 이런 유적은 하남시 덕풍동과 마찬가지로 우리나라에서 처음 타나는 것이다. 유사한 환상의 제사유적과 제단은 중국 辽宁 喀左 東山嘴와 建平 牛河梁유적의 紅山문화에서 보이며, 그 연대는 기원전 3600년-기원전 3000년경이다. 일본에서도 이러한 성격의 環狀列石이 繩文時代後期末에 北海道 小樽市 忍路, 靑森県 小牧野, 秋田県 鹿角市 大湯, 野中堂과 万座, 鷹巣町 伊勢堂岱, 岩木山 大森, 岩手県 西田와 風張, 靜岡県 上白岩 등 동북지역에서 발굴조사된 바 있다. 그중 秋田県 伊勢堂岱유적이 양평 신월리 것과 비슷하나 앞으로 유적의 기원, 성격 및 선후관계를 밝힐 조사연구가 필요하다.

　철기시대 전기는 점토대토기의 단면이 원형, 직사각형과 삼각형의 형태에 따라 Ⅰ기(전기, 원형), Ⅱ기(중기, 방형)와 Ⅲ(후기, 삼각형)의 세 시기로 나누어진다. 그리고 마지막 Ⅲ기(후기)에 구연부 斷面 三角形 粘土帶토기와 함께 다리가 짧고 굵은 豆形토기가 나오는데 이 시기에 新羅와 같은 古代國家가 형성된다. 이 중 한반도 최초의 고대국가인 衛滿朝鮮(기원전 194년-기원전 108년)은 철기시대 전기 중 Ⅲ기(중-후기)에 속한다. 그 기원으로는 중국의 심양 정가와자유적과 아울러 러시아 연해주의 뽈체(挹婁) 문화가 주목된다. 그리고 이 시기는 청천강 이북을 포함한 요동지역에 분포하는 영변 細竹里-요령 무순 蓮花堡유형의 유적들과도 관련이 있다. 이들 유적에서는 구들시설을 가진 지상가옥의 흔적이 발견되었으며, 또한 호미, 괭이, 삽, 낫, 도끼, 손칼 등의 철제농공구류와 함께 회색의 태토에 승석문을 打捺한 토기가 나타났다. 주조철부를 비롯한 鐵製利器들은 대체로 중국계인 것으로 보이는데 중국에서도 초기의 주조기술에 의해 제작된 농공구류가 먼저 발달한 양상은 양자의 공통점을 보여주는 일례라 할 수 있다. 무엇보다도 중국 철기문화의 영향을 잘 보여주는 적극적인 증거는 이들 유적에서 많을 경우 1,000매 이상씩 발견되는 明刀錢이다. 이는 戰國時代 燕나라 때의 화폐로 그 출토범위는 요령지역에서부터 압록강 중류유역 및 독로강 유역을 거쳐 청천강유역에 이른다. 화살촉, 비수, 창끝 등 철제 무기류의 예가 일부 보이기는 하지만 이 시기에는 전반적으로 농공구류는 철기로 대체된 반면 무기류는 여전히 청동제가 주류를 이룬다. 세형동검, 세문경을 비롯하여 동모, 동과, 팔령구, 동물형 대구, 농경문 청동기 등 정교한 청동기가 제작되는 등 전술한 바와 같이 철기시대 전기의 대부분에 걸쳐 청동기가 성용하게 된다. 그런 중에 세형동검과 세문경은 이 시기의 표식적인 유물로 이해되고 있다. 이러한 철기시대 전기는 세형동검의 형식변화와 철기제조기술의 발전에 주목하여 두 시기로 나누어 볼 수 있다. 먼저 1기는 Ⅰ식의 세형동검, 정문식(잔무늬)세문경, 동부, 동과, 동모, 동착 등의 청동기류, 철부를 비롯한 주조철제 농공구류, 토기로는 단면원형의 점토대토기를 그 대표적인 문화적 특색으로 하는데, 그 연대는 기원전 5세기부터 기원전 1년경을 전후한 시기에 해당된다. 그리고 2기가 되면 Ⅱ식의 세형동검과 단조철기가 등장하며, 세문경을 대신하여 車馬具가 부장되고, 점토대토기의 단면의 형태가 삼각형으로 변하게 된다. 이 시기에는 청동기와 고인돌 등 청동기시대의 몇몇 문화요소들이 소멸되는 반면, 자체 수요를 넘어서 잉여를 생산할 정도로 철기 생산이 본격화되고 새로운 토기가 나타나게 된다. 이외에도 석곽묘의 발전, 상류계급층의 목곽묘의 발달, 농경, 특히 稻作의 발달 등이 철기시대 후기의 문화적인 특색으로 꼽힐 수 있다. 또한 『三國史記』의 초기 기록을 신뢰하지 않더라도 이미 이 시기에는 북부지역에서 고구려가 온전한 고대국가의 형태를 가지게 되며, 자강도에 積石塚이 축조되게 된다. 고구려계통의 적석총이 남하하면서 임진강, 남한강, 북한강유역에 적석총이 축조되며 백제의 건국과 밀접한 관련을 맺는다. 그 대표적인 예로 경기도 연천 군남면 우정리, 중면 삼곶리와 횡산리(橫山里), 백학면 학곡리, 충북 제원군 청풍면 도화리(堤原 淸風面 桃花里)의 기원전 2세기−기원전 1세기경의 적석총을 들 수 있다.[11] 한편 남부지

---

11) 압록강과 한강유역에 보이는 고구려와 백제의 돌무지무덤은 형태상 무기단식 적석총(돌각담무덤, 적석총)−다곽식 무기단식 적석총이다. 그런데 무기단식의 경우 기원전 3−기원전 1세기부터, 기단식은 서력 기원전후부터 발생하며, 연도와 석실이 있는 기단식 적석총을 석실묘에로의 이행과정양식으로 설명한다. 이러한 적석총의 축조자들은 고구려를 세운 장본인으로 보고 있다. 이러한 적석총의 기원이 고구려지역에 있다고 하더라도, 한강유역에서 나타나는 것은 고구려의 영향을 받은 백제시대의 것으로 볼 수 있다. 이들은 석촌동 3호분과 같이 고식으로 백제 건국자들이 남하했던 역사적 사실을 뒷받침해준다. 이 적석총은 백제의 건국자는 주몽(朱蒙, 高朱蒙/東明聖王)의 셋째 아들인 온조(溫祚, 기원전 18년−서기 28년 재위)의 남하신화(南下神話)와도 연결

역에서 三韓社會가 古代國家로 발돋움하게 된다. 변한, 진한, 동예와 옥저는
혈연을 기반으로 하는 계급사회인 족장사회였으며(삼한사회의 경우 청동기와 철
기시대 전기와 달리 복합족장사회인 complex chiefdom이란 의미에서 君長사회란 용
어를 사용해도 무방하다), 위만조선과 마한을 대표하는 목지국의 경우는 혈연을
기반으로 하지 않는 국가 단계의 사회였다.

　한반도에 관한 최고의 民族誌(ethnography)라 할 수 있는『三國志』魏志
東夷傳(晋初 陳壽 撰 서기 233년–서기 297년)에 실린 중국 측의 기록 이외에는 아
직 이 시기의 문화를 구체적으로 논할 자료가 없다. 그러나 최근 확인된 고고
학자료를 통해 보건데 중국과의 대등한 전쟁을 수행했던 위만조선을 제외한
한반도 내의 다른 세력들은 중국과 상당한 문화적 격차가 있었던 것으로 짐작
된다. 한사군 설치 이후 한반도 내에서 중국문화의 일방적 수용이 있었다고 해
도 과언은 아닐 것 같다. 이와 같은 배경을 고려하면 부천 고강동 제사유적은
울산 남구 야음동의 제사유적(반원형의 구상유구, 토기 埋納 유구), 안성 원곡 반
제리, 강릉 사천 방동리의 경우처럼 혈연을 기반으로 하는 청동기–철기시대
의 족장사회를 형성하는 필수불가결의 요소로 볼 수 있겠다. 시간적으로 고강
동제사유적보다 2,000년 이상 앞서고 규모도 훨씬 큰 紅山문화에 속하는 중국
辽宁 喀左 東山嘴와 建平 牛河梁유적의 제사장이 주관하던 계급사회인 종교
유적이 외관상 매우 비슷함은 많은 점을 시사해 준다. 이는 파주 주월리유적에
서 확인된 신석기시대 옥장식품이 멀리 능원 우하량과 喀左 東山嘴에서 왔을

된다. 이제까지 남한에서 발굴된 적석총은 경기도 양평 서종면 문호리(발굴 연도는
1974년), 충청북도 제원군 청풍면 양평리(1983)와 도화리(1983, 현재 출토유물은 청주박
물관에 전시되어 있음), 경기도 연천 중면 삼곶리(1994, 이음식 돌무지무덤과 제단, 桓仁 古
力墓子村 M19와 유사, 경기도 기념물 126호), 연천 군남면 우정리(2001), 연천 백학면 학
곡리(2004), 양평 양서면 신월리(2007)와 연천 중면 횡산리(2009, 다곽식 무기단식 적석
총)의 8개소이다.

것이며, 옥산지는 辽宁 鞍山市 岫岩(滿族自治県)이 될 것이라는 시사와도 맥을 같이 한다.

통상권을 형성하고 있던 한반도 내의 사회들은 중국과의 국제 무역 및 한반도 내부 나라(國)들 사이의 교역을 행하였다. 『三國志』魏志 東夷傳 弁辰條와 倭人傳 里程 記事에는 낙랑·대방에서 출발하여 『三國志』魏志 東夷傳 弁辰條의 '國出鐵 韓濊倭皆從取之 諸市買皆用鐵如中國用錢又以供給二郡'의 기사와 함께 倭人傳에 보이는 海(水)路萬里의 무역로(trade route, exchange system, interaction spheres, barter, logistics)를 감안해 볼 때 樂浪(帶方)-海南 郡谷里 -泗川 勒島(史勿國)-固城(古史浦)-昌原 城山(骨浦國)-金海(狗邪韓國)-제주도 山地港/삼양동(사적 416호)-對馬島(國)-壹岐國(一支國)-末廬國-伊都國-奴國 -邪馬臺國[12]으로 이어지는 바닷길이 예상될 것이다. 이외에도 국가 발생의 원동력 중의 하나인 무역에 관한 고고학증거는 계속 증가하고 있다. 즉, 중국 하남성 南陽 獨山 또는 密県의 玉과 半兩錢(기원전 221년-기원전 118년 사용)과 五洙錢을 포함한 중국 秦-漢대의 화폐는 오늘날의 달라(美貨)에 해당하는 당시 교역수단으로 당시 활발했던 국제무역에 관한 고고학적 증거들이다. 기원전 1세기경으로 편년되는 사천 늑도 유적(史勿國)은 당대의 국제 무역과 관련해 특히 중요한 유적이다. 동아대학교 박물관이 발굴한 지역에서는 경질무문토기, 일본 彌生토기, 낙랑도기, 한식경질도기 등과 함께 반량전이 같은 층위에서 출토되었다. 반량전은 기원전 221년 진시황의 중국 통일 이후 주조되어 기원

---

12) 奴國은 서기 57년 後漢 光武帝로부터 '漢倭奴國'이란 金印을, 邪馬臺國은 서기 239년 魏의 齊王으로부터 '親魏倭王'란 칭호를 下賜받으며 九州 佐賀県 神埼郡 神埼町·三田川町 東村振村 吉野ケ里(요시노가리)에 위치한 일본 최초의 고대국가인 邪馬臺國의 卑彌乎(히미꼬)女王은 서기 248년에 죽고 宗女 臺與(壹與)가 그 자리를 계승한다.

전 118년(7대 漢武帝 5년)까지 사용된 동전으로 알려져 있다. 중국 화폐는 해남 군곡리, 나주 오량동 시량, 강릉시 강릉고등학교, 제주 산지항, 금성리, 고성 과 창원 성산패총 등지에서도 출토되었다. 이외에도 국가 발생의 원동력중의 하나인 무역에 관한 고고학증거는 계속 증가하고 있다. 한편 역시 늑도유적을 조사한 부산대 박물관 조사지역에서는 중국 서안에 소재한 진시황(기원전 246 년-기원전 210년 재위)의 무덤인 兵馬俑坑에서 보이는 三翼有莖銅鏃가 출토되 었는데 이와 같은 것이 양평군 양수리 상석정에서는 두 점이나 출토된 바 있 다. 진시황의 무덤에 부장된 이 동촉은 진시황릉 축조 이전에 제작된 것으로 보인다. 또 흥미로운 사실은 사천 늑도에서 출토된 일본 彌生토기편의 경우 형 태는 일본의 야요이토기이지만 토기의 태토(바탕흙)는 현지, 즉 한국산임이 밝 혀졌다. 사천 늑도는 당시 낙랑·대방과 일본 邪馬臺國을 잇는 중요한 항구였 다. 김해 예안리와 사천 늑도에서 나온 인골들의 DNA 분석을 실시해 보면 코 캐소이드인으로 추정되어 우리가 생각하고 있는 것보다 훨씬 더 복잡하고 대 양한 인종교류가 있었음이 밝혀질 것으로 추측되며, 이들에 의한 무역-통상 권 역시 상당히 국제적이었을 것으로 여겨진다. 이들 유적보다는 다소 시기가 떨어지는 마한유적으로 이해되는 전남 함평군 해보면 大倉里 倉西에서 출토된 토기 바닥에 묘사된 코캐소이드(caucasoid)인의 모습은 이러한 맥락에서 이해 할 수 있다. 그리고 최근 관동대학교에서 발굴한 동해 추암동 6세기대의 신라 고분에서 나온 인골은 페르시아인으로 밝혀지고 있다. 이는 페르시아 사산 왕 조(서기 224년-서기 652년)대의 印文陶가 신라토기에 나타나고 있는 것과 무관 하지 않다. 최근 김해 봉황동(사적 2호) 주변 발굴에서는 목책시설이 확인되었 을 뿐 아니라 바다로 이어지는 부두·접안·창고와 관련된 여러 유구가 조사되 었다. 그리고 사천 늑도와 김해패총의 경우처럼 橫走短斜線文이 시문된 회청 색경질 토기(석기)가 출토되는데, 이는 중국제로 무역을 통한 것으로 보인다. 가락국(가야)은 서기 42년 건국되었는데, 그중 금관가야는 서기 532년(법흥왕

19년)에 신라에 합병되었다. 최근 사천 늑도 유적에서 고대 한·일 간의 무역의 증거가 확인되었는데, 철 생산을 통한 교역의 중심이었던 김해에서는 서기 1세기경 이래의 고고학 자료가 많이 확인될 것으로 기대된다. 낙랑의 영향 하에 제작되었을 것으로 추정되는 회청색경질토기(종래의 김해식 회청색경질토기)가 출토되었는데, 그 연대는 기원전 1세기경까지 올라간다. 가속질량연대분석(AMS)장치를 이용해 목책의 연대를 낸다면 현재 추정되고 있는 서기 4세기-서기 5세기보다는 건국연대 가까이로 올라갈 가능성이 많다. 한편 서울 풍납동 풍납토성(사적 11호)의 동벽과 서벽에서 성벽축조와 관련된 埋納 의식의 일환으로 매장된 무문토기들은 성벽의 축조가 온조왕 41년, 즉 서기 23년 이루어졌다는 『三國史記』기록을 고려할 때 그 하한연대가 서기 1세기 이후까지 내려가지 않을 것으로 생각된다. 이는 사적 11호 풍납동 197번지에서 발굴된 뿔체(絬婁) 토기도 그 연대를 설정하는데 도움을 준다. 참고로 전라남도 완도 장도의 청해진(사적 308호) 주위에서 발견된 목책의 연대는 서기 840년경으로 측정되어 진을 설치한 연대인 서기 828년(흥덕왕 3년)에 매우 근사하게 나왔다. 이는 한국의 연대편년의 설정은 가속기질량연대분석(AMS)에 의해서도 무관하다는 이야기이다. 지석묘의 형식상 후기형식으로 이해되는 개석식 지석묘의 단계가 지나고, 토광묘가 이 시기의 주 묘제가 되었다. 가평 달전 2리, 안성 공도 만정리, 공주 의당면 수촌리, 논산 원북리, 완주 갈동, 예천의 성주리 토광묘가 이에 해당된다. 또 자강도에서 보이는 적석총이 연천 중면 삼곶리, 연천 백학면 학곡리와 군남면 우정리 등지에서 확인되었는데 특히 학곡리의 경우는 기원전 2-기원전 1세기대의 중국제 유리장식품과 한나라의 도기편이 출토되었다. 이들 묘제는 백제의 국가형성의 주체세력이 되었다. 이 시대에 이르면 청동기시대 후기(또는 말기) 이래의 평면 원형 수혈주거지에 '凸'字 및 '呂'字형의 주거지가 추가된다. 그리고 삼국시대 전기(철기시대 후기)가 되면 풍납동(사적 11호), 몽촌토성(사적 297호)밖 미술관 부지, 포천 자작리와 영중면 금주리 등지에서 보이는 육각형의 집자리가 나타난다. 漢/樂浪의 영향 하에 등장한 지상가옥, 즉 개와집은 백제 초기에 보이기 시작한다. 온조왕 15년(기원전 4년)에 보이는 "儉而不陋 華而不侈"라는 기록은 풍납토성 내에 기와집 구조의 궁궐을 지었음을 뒷받침해 준다. 그리고 집락지 주위에는 垓子가 돌려졌다. 청동기시대 유적들인 울주 검단리, 창원 서상동 남산이나 진주 대평리의 경우보다는 좀더 복잡한 삼중의 해자가 돌려지는데, 이는 서울 풍납토성이나 수원 화성 동학산의 점토대토기유적에서 확인된다. 완주 이서면 반교리 갈동에서는 동과·동검의 용범과 단면 원형점토대토기가, 화성 동학산에서는 철제끌 용범과 단면 직사각형의 점토대토기가, 그리고 공주 수촌리에서 세형동검, 동모, 동부(도끼), 동사와 동착(끌)이 그리고 안성 공도 만정리에서는 세형동검이 토광묘에서 나왔는데, 이들은 철기시대 전기의 전형적인 유물들이다. 특히 이들이 토광묘에서 출토되었다는 사실은 위만조선 시기와 밀접한 관련이 있는 것으로 볼 수 있다. 그래서 최근 발견되고 있는 경기도 가평 달전 2리, 경기도 광주시 장지동, 충청남도 아산 탕정면 명암리, 전라북도 완주 이서면 반교리 갈동과 경상북도 성주군 성주읍 예산리유적 등은 매우 중요하다. 낙랑의 묘제는 토광묘, 귀틀묘, 전축분의 순으로 발전해 나갔는데, 토광묘의 경우는 평양 대성리의 경우처럼 위만조선시대의 것으로 볼 수 있다. 한 무제의 한사군 설치를 계기로 낙랑과 대방을 통해 고도로 발달한 한의 문물이 한반도로 도입되었다. 500℃–850℃(엄밀한 의미에서 경질무문토기의 화도는 700℃–850℃이다)의 화도에서 소성된 무문토기 또는 경질토기를 사용하던 철기시대 전기의 주민들에게 화도가 1000℃–1100℃에 이르는 陶器와 炻器(stoneware)는 상당한 문화적 충격이었을 것이다. 송파구 풍납토성, 경기도 양평 양수리 상석정, 가평 대성리, 화성 기안리, 가평 달전 2리와 외서면 대성리, 춘천 율문리와 거두리, 강릉 안인리와 병산동, 동해 송정동과 횡성 공근면 학담리에서 확인된 한나라와 낙랑의 토기들을 통해 무문토기사회에 여과되지 않은 채 직수입된 중국의 문물을 엿볼 수 있다. 특히 강원도지역의 낙랑도기의 연대는 漢四郡 중 臨屯의 설치(기원전 108년–기원전 82년)와 무관하지 않은 기원전 2세기–기원전 1세기경으로 볼 수 있다. 진천 삼룡리(사적 344호)와 산수리(사적 325호)에서 확인되는 중국식 가마구조의 차용과 그 곳에서 발견되는 한식 토기의 모방품에서 확인되듯이 토기제작의 기술적 차이를 극복하는데 적어도 100–200년간이 걸렸을 것이다. 한반도 주민들은 당시 사천 방지리나 안성 공도 만정리에서 확인되듯이 물레의 사용없이 손으로 빚은 토기를 앙천요(open kiln)에서 구워내고 있었다. 특히 경남 사천 방지리, 아산 탕정 명암리와 강릉 사천 방동리의 경우 전자 앙천요보다 한층 발전한 원형의 반수혈요에서 점토대토기를 구운 것으로 확인된다. 서기 3세기–서기 4세기 마한과 백제유적에서 흔히 보이는 토기표면에 격자문, 횡주단사선문, 타날문 또는 승석문이 시문된 회청색 연질 또는 경질토기(陶器로 보는 것이 좋음)들이 토기제작기술의 극복 결과인 것이다. 따라서 漢式陶器 또는 樂浪陶器가 공반되는 무문토기유적의 연대는 낙랑이 설치되는 기원전 108년에서 가까운 시기가 될 것이다. 가평 달전리 토광묘에서 한식도기와 西安 소재 陝西省歷史博物館 전시품과 똑같은 한대의 戈가 출토되었고, 양평 상석정에서는 한대의 도기가 우리나라의 철기시대 전기 말에 등장하는 '凸'자형 집자리에서 무문토기와 공반되는 것으로 보아 그 연대는 기원전 1세기를 내려오지 않을 것이다. 최근 한식도기(낙랑도기)가 나오는 유적은 풍납토성(사적 11호), 경기도 연천 초성리와 삼곶리, 가평 대성리, 달전 2리와 상면 덕현리, 양주 양수리 상석정, 하남시, 하남시 이성산성(사적 422호), 화성 기안리, 광주읍 장지동, 강원도 강릉 안인리와 병산동, 동해 송정동, 정선 예미리, 춘천 거두리와 율문리, 충청남도 아산 탕정 명암리와 경상남도 사천 늑도 등 십여 군데에 이른다. 주로 강원도와 경기도 지역에 집중해서 漢式陶器가 나오고 있다. 이 점은 樂浪과 臨屯·玄菟[臨屯 漢 武帝 元封 3년(기원전 108년) 설치–기원전 82년 임둔을 파하여 현도에 합침, 玄菟(기원전 107년–기원전 75년) 興京·老城지방으로 옮김]의 影響圈을 잘 보여주고 있다 하겠다. 철기시대 전기의 말기에 해당하는 기원전 108년 낙랑군이 설치된 이후 그 영향하에 한식도기가 무문토기 사회에 유입되는데 漢式陶器 또는 樂浪陶器의 공반여부를 기준으로 시기구분을 설정할 수도 있다. 일반적으로 통용되는 土器(pottery 또는 terra-cotta)라는 용어 대신 陶器(earthenware)란 용어를 사용한 것은 토기는 소성온도의 차이에 따라 土器-陶器(earthenware)-炻器(stoneware)-磁器(백자 white porcelain, 청자 celadon)로 구분되기 때문이다. 한나라 도기의 소성온도는 1000℃를 넘고 석기의 경우는 1200℃ 전후에 달하는데 소성온도는 토기의 제작기술을 반영하는 중요한 요소이다. 중국에서는 500℃-700℃ 정도 구워진 선사시대의 그릇을 土器라 부르고 춘추-전국시대와 한나라의 그릇은 이와 구분하여 도기라 지칭한다. 백제나 마한의 연질·경질의 토기는 陶器로, 회청색 신라토기는 炻器로 지칭되는 것이 보다 타당하다. 과학적 분석에 근거한 적확한 용어 선택은 우리 고고학계의 시급한 과제 중의 하나이다. 특히 시대구분의 표지가 되는 토기, 도기, 석기의 구분문제는 보다 중요한데, 이는 이들을 구워 내는 가마를 포함한 제작기술상의 문제와 이에 따른 사회발달상과 깊은 관련을 맺고 있기 때문이다.

그리고 중국의 문명과 인종의 기원을 밝히는 연구가 실크로드(비단길)에서도 확인된다. 실크로드(비단길, 絲綢之路)란 용어는 19세기 독일의 지리학자 바론 폰 리히트호펜(Baron von Richthoffen)이 처음 언급하였는데 이는 중국의 비단이 서방세계로 전래되었음을 밝히는 데서 비롯된다. 이 길이 처음 개척된 것은 기원전 139년-기원전 126년 사이 前漢(기원전 206년-서기 8년) 7대 武帝(기원전 141년-기원전 87년)의 사신으로 月氏, 匈奴, 烏孫, 大宛, 康居 등을 거쳐 西域에 다녀온 張騫(?-기원전 114년)에 의해서이다. 그 지역들은 훼르가나, 소그디아나, 박트리아, 파르티아와 북부 인디아 등지로 여겨진다.

'오아시스 길'은 天山北路와 天山南路 그리고 西域南路 등 세 경로가 있다.

1. 天山北路: 西安(長安)—蘭州—武威—張掖—嘉峪關—敦煌—哈密(Hami, Kumul)—乌鲁木齐(Urimqi, Urumqi, Ürümqi)—伊寧(Yining)—伊犁河(Yili He/Ili River)—알마타(Alma-Ata, Kazakhstan의 수도)—타시켄트(Tashikent, Uzbekistan의 수도)—아랄해—카스피해—黑海—동로마의 비잔티움(콘스탄티노플/이스탄불)

2. 西域北路(天山南路): 西安(長安)—蘭州—武威—張掖—嘉峪關—敦煌—哈密(Hami, Kumul)—吐鲁番(Turfan)—焉耆—庫尔勒—庫车—阿克苏—喀什(Kashi)—파미르高原(帕米尔高詢, Pamir Mountians)—중앙아시아(中亚)

3. 西域南路: 西安(長安)—蘭州—武威—張掖—嘉峪關—敦煌—楼兰—若羌(Ruòqiang)—且末—尼雅—和田(Hotan)—喀什(Kashi)—파미르高原(帕米尔高詢, Pamir Mountians)—중앙아시아(中亚)—서아시아(西亚)

이 길도 중국 陝西省의 長安(西安의 西市)에서 宁夏回族自治區 黄河와 渭河의 서쪽 蘭州, 武威, 張掖과 嘉峪關을 거치는 河西走(迴)廊을 지나 실크로드(絲綢之路)가 시작하는 요충지인 甘肅省 敦煌 莫高窟에서 시작한다. 敦煌에서 哈密—乌鲁木齐—伊犁河—알마타—타시켄트—동로마로 가면 天山(Tian Shan)北路, 西安—敦煌—哈密—吐鲁番(高昌國의 수도)—焉耆—庫尔勒—庫車(龜玆國)—阿克苏—喀什(Kashi/Kashkar/Kashgar)을 가면 西域北路(天山南路), 西安—敦煌—楼兰—若羌—且末—尼雅—和田—喀什으로 가면 西域南路가 된다. 喀什(Kashi)에서는 파미르 고원(Pamir Mountians)을 지나면 터키의 비잔티움(콘스탄티노플/이스탄불), 이란과 인도의 세 방향으로 나아갈 수 있다. 이들은 모두 新疆省 維吾尔自治區와 甘肅省에 위치하며 天山山脈(최고봉은 公格尔山으로 海拔 7,719m임), 타림 분지(塔里木盆地, Tarim Basin)와 타크라마칸 사막(塔克拉瑪干沙漠. Takla Makan Desert)을 피하거나 우회해야 하기 때문에 만들어진 것이다.

다시 말해 이 길은 옛 소련의 중앙아시아 초원지대·외몽고·중국을 잇는 북위 35°-45° 부근을 지나는데 이를 통해서 기원전 7세기-기원전 2세기경 동물문양, 무기와 마구로 대표되는 스키타이 기마민족들에 의해 메소포타미아와 흑해연안의 문화가 동쪽으로 전래되었다. 우리나라의 김해 대성동과 양동리, 영천 어은동 등에서 나온 청동제 銅鍑(cauldron)과 동물문양의 허리띠(馬形帶鉤 등)장식 등이 대표적이다. 또 이들에 의해 남겨진 耳飾, 파지리크와 알타이 유적들은 積石木槨墳의 구조를 갖고 있어 烏丸(烏桓)과 鮮卑문화를 사이에 둔 신라고분과의 친연성도 제기되고 있다. 秋史 金正喜의 海東碑攷에 나오는 신라 30대 文武王(서기 661년-서기 681년 재위)의 비문에 의하면 慶州 金氏는 匈奴의 후예이고 碑文에 보이는 星漢王(15대조, 金閼智, 서기 65년-?)은 匈奴 休屠王의 太子 祭天之胤 秺侯(투후) 金日磾(김일제, 기원전 135년-기원전 85년)로부터 7대손이 된다. 그리고 13대 味鄒王(서기 262년-서기 284년, 金閼智-勢漢-阿道-首留-郁甫-仇道-味鄒王, 『三國史記』 제2, 新羅本紀 제2)은 경주 김씨 김알지의 7대손으로 이야기된다. 따라서 경주 김씨의 出自는 "匈奴-東胡-烏桓-鮮卑[13] 등의 유목민족과 같은 복잡한 배경을 가진다. 휴도왕의 나라는 본래 중국 북서부 현 甘肅省 武威市로, 이는 新羅 積石木槨墳의 기원도 중국 辽宁省 朝陽

---

13) 이곳 유목민족은 匈奴-東胡-烏桓-鮮卑-突厥(투쥐에, 튀르크, 타쉬티크: 서기 552년 柔然을 격파하고 유목국가를 건설. 돌궐 제2제국은 서기 682년-서기 745년임, 서기 7-서기 8세기)-吐藩[티베트, t'u fan: 38대 치송데쩬(赤松德贊 서기 754년-서기 791년)이 서기 763과 서기 767년의 두 번에 걸쳐 唐의 長安을 함락함]-위굴(維吾爾, 回紇: 위굴 제국은 서기 744년-서기 840년임, 위굴 제국은 키르기스 黠戛斯에 망하며 키르기스는 9세기 말-서기 10세기경까지 존재)-契丹(辽, 서기 907년-서기 1125년)-蒙古(元, 서기 1206년-서기 1368년)-金(서기 1112년-서기 1234년)-後金[(서기 1601년 누르하치/羅努爾哈赤(淸太祖 서기 1616년-서기 1626년 재위)]-滿洲/淸(淸太宗, 홍타이지/皇太極, 서기 1626년-서기 1636년 재위)-大淸/皇太極(서기 1636년-서기 1643년 재위)-順治(福臨, 淸世祖, 서기 1643년-서기 1661년 재위, 서기 1636년-서기 1911년)로 발전한다.

에서 보이는 鮮卑族의 무덤·출토유물과 관련하여 생각해 볼 가능성이 열리게
되었다. 결국 초원의 스키타이인들이 쓰던 쿠르간 封土墳과의 관련도 배제할
수 없게 되었다. 경주 조양동 38호분, 사라리 130호분 경주 오릉(사적 172호) 근
처에서 발견된 목곽묘들도 신라의 건국연대가 올라갈 수 있음을 입증해준다.
또 甘肅省 酒泉 丁家閘墓(東晉 317년-418년)에는 황해도 안악군 유설리 3호분
(冬壽墓, 永和 13년 서기 357년) 내의 것과 비슷한 벽화가 그려져 있어 고구려와
鮮卑族과의 관련도 시사해주고 있다. 그리스 청동기시대의 대명사인 미케네
의 무덤은 토광이나 석관묘에서 수혈식 석곽으로 그리고 마지막으로 아트레우
스(Treasury of Atreus)의 무덤 내부에서 보이는 맞졸임천장의 구조와 연도
(dromos)를 가진 솔로이(tholoi)라고 부르는 石室墓로 발전한다. 이러한 그리
스 미케네(기원전 1600년-기원전 1200년, 또는 기원전 1550년-기원전 1100년)의 아
트레우스(Atreus)의 맞졸임천장(또는 귀죽임천장, 투팔천장, 抹角藻井이라고도함)
의 기원인 연도(널길)가 달린 솔로스 무덤(tholos tomb with dromos)은 後漢(서
기 25년-서기 220년) 말 3세기경의 山東省 沂南 石墓를 거쳐 高句麗의 고분구조
에 영향을 끼쳤다. 그리고 서기 1972년-서기 1974년에 湖南省 長沙市(漢나라
당시의 이름은 臨湘임) 東郊 馬王堆路 馬王堆 省馬王堆療養阮 옆에서 발견된 마
왕퇴무덤이 있다. 이곳은 중국 前漢(기원전 206년-서기 8년) 장사국의 재상(長沙
丞相)이며 700戶를 分封받은 초대 軑侯인 利蒼(2호, 呂后 2년 기원전 186년에 죽
음), 이창의 부인 辛追의 무덤(1호, 2대 대후인 利豨년간인 기원전 160년경에 50세
전후로 죽음)과 그들의 아들 무덤(3호, 30세 가량의 利蒼과 辛追의 아들로 文帝 12년
기원전 168년에 죽음. 5대 文帝 15년 기원전 165년에 죽은 2대 대후인 利豨의 동생으
로 여겨짐)의 세 무덤으로 이루어지고 있다. 무덤축조는 초대 대후 利蒼의 무덤
(2호)-이창의 아들인 2대 대후 利豨의 동생의 무덤(3호)-이창의 부인 辛追의
무덤(1호)의 순서이다. 발굴보고자들은 이 셋의 무덤이 기원전 186년에서 기원
전 160년경 사이에 축조된 것으로 보고 있다. 軑侯의 순서는 초대 利蒼-2대

利豨-3대 利彭祖-4대 利秩이다. 그런데 중요한 것은 이창의 부인 辛追의 무덤(1호)과 그들의 아들 무덤(3호)에서 나온 T자형 帛畵 좌우에 삼족오(三足鳥)가 들어있는 태양과, 두꺼비와 토끼를 태우고 있는 달(上弦이나 下弦달의 모습)이 그려진 점이다. 그래서 마왕퇴고분 帛畵의 삼족오는 우리 고구려고분벽화의 삼족오 제작연대와 시간적으로 너무 차이가 난다. 馬王堆 漢墓와 적어도 500년 이상의 시차가 있다. 그러나 三皇五帝 시절부터 내려오던 중국인의 神話와 來世觀이 고구려고분벽화에 끼친 영향은 너무나 뚜렷하다. 그리고 기원전 247년부터 만들기 시작해 38년이 걸린 전체 면적 56.25㎢내 封土墳만 25만㎡의 범위를 가진 秦始皇陵의 地下高樓(궁전, 무덤)를 찾기 위한 물리적 탐사가 1981년 水銀의 함유량 조사 이후 계속 진행되고 있는데 2002년부터 836물리탐사계획 탐사(단장은 劉土毅, 考古隊長은 段淸波임)에서 진시황릉의 槨室(墓室) 주위에 보안과 봉토를 쉽게 쌓기 위한 동서 145m, 남북 120m, 높이 30m의 담장을 두르고 그 위에 전체 三段의 구획에 각 단 3개의 계단을 갖은 모두 9개의 層段(무덤 하변의 폭 500m, 묘실바닥에서 봉토까지 전체높이 115m, 계단 한 층의 높이 3m, 각 계단 폭 2.5m)을 갖고 각 계단의 끝에는 개와를 덮은 極數인 9층의 樓閣지붕을 가진 목조건물의 피라미드 구조가 확인되고 있다. 그 구조 위에는 6-7cm로 다진 版築의 細夯土(封土下 30-40cm에서 발견됨, 묘실 위에는 40-60cm의 두께의 粗夯土로 덮여있음)로 다진 후 봉토로 덮고 그 위에 享堂(王堂)의 祭祀用 목조건물을 세운 것으로 밝혀지고 있다. 이는 中國社會科學院 考古研究所 楊鴻勛 研究員의 생각이기도 하다. 이와 같은 형태는 기원전 323년의 河北省 平山県 城北 靈山下에서 서기 1974년-서기 1978년에 발굴된 戰國말기 中山國 5대 중산왕릉에서 그 기원을 찾아볼 수 있다고 한다. 이 중산왕릉이 만들어진 50년 후 진시황릉이 만들어지게 된다. 그렇다면 高句麗 輯安의 將軍塚의 기원도 밝혀질 수 있을 것이다. 그리고 '오아시스 길'은 天山北路와 天山南路(西域北路) 그리고 西域南路 등 세 경로가 있다. 이들은 모두 新疆省 維吾爾自治

區와 甘肅省에 위치한다. 중국의 漢·唐 나라와 로마제국과의 만남은 필연적이다. 다시 말해 비잔티움(콘스탄티노플/이스탄불)과 西安(長安, 西市)이 시발점과 종착역이 된다. 실크로드의 가장 중요한 상품 중의 하나는 비단이다. 세레스 지역에서 전래된 비단으로 만든 토가라는 옷[그리스의 긴 옷인 페프로스(peplos)와 비슷한 것으로 로마에서는 이를 토가(toga)나 세리카(sarica/serica, silken garments)로 부른다]은 로마시민의 마음을 사로잡았다. 비단길을 통해 중국에서 서역으로 제지술, 인쇄활자프린트, 도자기, 나침판과 화약이 가고, 서역에서는 유약, 유리제조술, 유향, 몰약(myrrh, 향기 있는 樹脂), 말, 쪽빛나는 靑華 白磁 顔料(cobalt blue), 호도, 복숭아, 면화, 후추와 백단향 등이 들어왔다. 이 비단길을 통해 교역뿐만 아니라 인도의 불교, 동로마제국(비잔틴 제국)의 기독교(景敎), 페르시아의 마니교(페르시아의 마니가 3세기경 제창한 종교)와 조로아스터교(拜火敎), 그리고 이슬람교(回敎)까지 들어와 예술과학과 철학을 포함하는 문화의 교류도 함께 있었다. 로마(漢나라에서는 大秦으로 부름)—인도(Maha-rashtra 주의 Kārli 동굴사원 石柱에 새겨진 로마상인의 흔적)—베트남(오케오와 겟티 유적에서 나타난 로마상인의 흔적)—중국(漢과 唐의 西市)을 잇는 해상비단교역로도 최근 밝혀지고 있다. 베트남의 롱수엔(Long Xuen)에서 30㎞ 떨어진 안기안(An Gian) 주, 토이(Thoi) 현, 사파바(Sap-ba) 산록의 오케오(Oc Eo) 유적의 발굴결과 이곳에서 로마의 주화와 중국의 거울이 나오고 있다. 그래서 이곳이 서기 50년—서기 500년 사이의 부남 왕국(Phu Nam/Funan 왕국, 베트남 남쪽과 캄보디아의 扶南王國)의 항구도시로서 인도와 중국의 중계무역이 이루어지고 있었음을 확인할 수 있다. 그리고 2003년 新疆省 타림 분지 내 樓蘭의 小河유적(小河뿐만 아니라 근처 靑海省 民和縣 喇家村유적에서는 기원전 2000년경의 세계 최초의 국수가 발견됨)의 발굴조사에서 얻은 12구의 미라들을 上海 复旦대학교 펠릭스 진(Fellics Jin)과 Spencer Wells 등이 실시한 DNA 분석결과 이들이 코카사스의 체첸(Chechen) 계통의 사람들일 가능성이 높다고 발표하는 데에서도 나타나고 있다. 또 吉林대학 고고유전자연구팀의 연구결과는 이들이 동양과 서양의 混血人들로 밝히고 있다. 기원전 8세기–기원전 4세기경에는 초원지대를 사이에 두고 끊임없이 東西의 접촉이 있어왔고 스키타이 (Scythian)/匈奴가 대표적이다. 이들은 오늘날 중국을 구성하는 55개의 소수 민족 중의 하나가 될 것이다. 그리고 인도네시아 자바의 키리반 해역에서 서기 960년(宋 太祖 建隆 원년)경에 침몰한 중국 5代 10國(서기 907년–서기 960년)의 주로 도자기 50만 점의 화물을 실은 商船이 조사되어 당시 중국, 자바, 싱가포르의 북부, 말라카(Malacca, 말레이시아), 샹후와 하노이[吳權(고구엔)의 吳朝 서기 938년–968년(최초의 독립왕조)와 丁朝 서기 968년–서기 980년]를 잇는 당시 동남아시아 사회, 종교, 경제와 초기역사를 알려주는 자료도 계속 나타나고 있어 주목을 받고있다. 또 明 3대 成祖(朱棣 永樂 서기 1403년–서기 1424년, 서기 1420년 紫禁城을 완공) 때 宦官 鄭和(云南省 昆陽人, 서기 1371년/1375년–서기 1433년/1435년)에 의해 서기 1403년 南京 龍조선소에서 제작된 300여 척의 배로 조직된 선단으로 서기 1405년–서기 1423년의 18년 동안 7차에 걸쳐 개척된 뱃길은 江蘇省 蘇州 劉家河 太倉市를 기점으로 자바, 말라카(Malacca, 말레이시아), 수마트라, 세이론, 인도의 말라바[캘리컷(Calicut), 페르시아만의 Hormuz], 짐바브웨를 거쳐 오늘날의 아프리카와 紅海(Red Sea) 입구인 예멘의 아덴 (Aden)과 케냐의 말린디(Malindi)까지 왔던 것으로 추측된다. 서기 2013년 3월 13일(수) 챠푸르카 쿠심바(Chapurukha Kusimba, The Field Museum)와 슬로안 윌리엄스(Sloan Williams, the University of Illinois–Chicago)가 이끄는 합동조사단이 케냐의 만다 섬(Kenyan island of Manda)에서 중국 명나라 때의 永樂通寶[서기 1408年(永樂六年) 南京과 北京에서 錢局을 설치하여 永樂通寶의 주조를 시작하고 서기 1411年(永樂九年) 浙江, 江西, 廣東, 福建에도 錢局을 설치·발행하여 明나라 전역에서 사용하게 함]를 발견하였다는 미국 일리노이 주의 시카고 필드박물관(The Field Museum in Chicago)의 발표가 있었다. 그리고 서기 1428년경 세계지도가 제작된 것으로 추측되기도 한다. 중국 明나라에서 이슬람 세계로 나가는 중요한 교역품은 비단과 함께 靑華白磁였다. 이는 이슬람 지역으로부터 얻어온 코발트(1300℃에서 용융) 안료, 당초문이 중국의 질 좋은 高嶺土와 결합해서 나타난 문화복합의 結晶體이다. 중국의 漢·唐과 明 나라 사이에서의 국제무역의 증거는 계속 나타나고 있는데, 이는 당시 국제적 필요에 의한 필연적인 결과였다. 그리고 로마의 유리는 납을 많이 섞는 중국의 것과 달리 가성소다를 넣어 특색있으며, 이러한 로마의 유리제품이 실크로드를 따라 신라까지 전파되어 금관총, 서봉총, 황남대총 남분과 북분(155호분, 鳳首形 유리병), 황남동 98호분(남·북분) 등 멀리 新羅의 積石木槨墳에서도 발견되기도 한다. 慶州 월성군 외동리 소재 新羅 38대 元聖王의 掛陵(사적 26호, 서기 785년–서기 798년)의 石像(보물 1427호), 41대 憲德王陵(서기 809–서기 826년, 사적 29호), 42대 興德王陵(서기 826년–서기 836년, 사적 30호)의 무인석상과 경주 용강동고분(사적 328호) 출토 土俑도 실크로드를 따라 중국隋(서기 581년–서기 618년)와 唐(서기 618년–서기 907년)나라 때의 胡商인 소그드(Sogd/Soghd)[14]인들의 영향으

---

14) 우즈베키스탄(Uzbekistan) 사마르칸트(Samarkand)의 동쪽 펜지켄트(Pendzhikent, 1946년 러시아인 Boris Marshak이 발굴, 서기 719년–서기 739년 아랍인의 침공으로 멸망)의 조그만 도시국가에 중심을 둔 소그드인들은 그들의 습관이 중국의『舊唐書』胡書에 기록으로 남아있을 정도로 카라반(隊商)을 형성하여 중국의 수와 당나라 때 활발한 무역을 했었다. 당나라 때에는 西安과 高昌에 정착을 하여 그들의 우두머리가 관리 책임자인 薩寶라는 직을 맡기도 하였다. 그들의 무역활동 흔적은 벨기후이 성당과 일본 正倉院/法隆寺의 비단(소그드의 씨실비단직조법과 사산 왕조의 영향을 받은 문양), 그리고 甘肅省 敦煌 莫高窟 45호와 西安 北周의 安伽墓(2004, 陝西省考古研究所)와 史君墓(펜지켄트 근처 부하라와 키쉬 출신으로 성을 '安', '康', '史', '石' 등으로 삼음)의 石槨표면에 보이는 벽화를 들 수 있다. 그들의 후손으로 여겨지는 安祿山의 亂(唐 玄宗, 서기 755년–서기 763년)의 실패로 소그드인의 활동이 약화되었다. 그들의 문화는 앞선 페르시아의 사산(Sassan, 서기 224년–서기 652년)과 그 이후의 이슬람 문화의 영향을 많이 받았다.

로 생각된다. 그들의 문화는 앞선 페르시아의 사산(Sassan, 서기 224년-서기 652년) 왕조와 이슬람 문화의 영향을 많이 받았다. 특히 慶州 월성군 외동리 소재 新羅 38대 元聖王의 掛陵의 石像, 41대 憲德王陵, 42대 興德王陵의 무인석상과 경주 용강동고분 출토 土俑이 그러할 것으로 추측된다.

기원전 2000년에서 서기 300년 사이의 기간에 최초 새로이 발견·조사된 고고학 자료들을 동아시아적 관점에서 본 한국고고학의 시대구분상 청동기, 철기시대 전기와 후기(삼국시대 전기)에 대한 필자의 견해는 아래와 같이 정리될 수 있겠으며 이와 같은 생각들이 밑받침되어야 앞으로의 개별적이고 구체적인 연구에 대한 새로운 방향과 전망이 이루어질 수 있겠다.

1) 한국고고학과 고대사의 연구는 통시적 관점, 진화론적 입장, 역사적 맥락 및 통상권의 바탕 위에서 이루어져야 한다. 여기에는 구석기시대부터 철기시대에 이르기까지 한국문화기원과 관련된 제 문화·문명으로부터의 다원적 전파가 고려되어야 한다. 그리고 이에는 문화와 문명의 구분과 정의가 전제조건이 되어야 한다. 즉 한국문화의 계통은 각 시대에 따라 서로 다른 多元(源)的인 입장에서 파악되어야 한다. 최근 확인된 고고학 자료들은 유럽, 중국(요령성, 길림성, 흑룡강성 등 동북삼성 포함), 몽고와 시베리아의 연해주 우수리 강과 아무르 강 유역 등 한국문화의 기원이 매우 다양했음을 보여준다.

2) 남한의 청동기시대는 요령성과 북한지역의 경우처럼 기원전 2000년경까지 거슬러 올라가는데 그 시발점은 기원전 2000년-기원전 1500년경인 신석기시대 후기(말기)의 빗살-부분빗살문토기가 나타는 유적들, 즉 강원도 춘성군 내평(소양강 수몰지구), 춘천 천전리, 경기도 가평 상면 연하리, 인천 계양구 동양동, 강원도 홍천 두촌면 철정리와 화촌면 외삼포리, 경상북도 경주 충효

동과 경상남도 진주 남강댐내의 옥방유적, 충청남도 연기군 금남 대평리, 대전 용산동 등 전국에 걸쳐 나타나는 돌대문(덧띠새김무늬)토기가 공반되는 빗살문토기유적까지 거슬러 올라간다. 그리고 그 다음에 나타나는 이중구연토기, 공렬문토기/구순각목토기와 경질무문토기의 편년과 공반관계, 문화적 주체와 수용, 다양한 기원 등은 앞으로 학계의 중요한 연구방향이 될 것이다.

3) 신석기시대에서 청동기시대에로의 이행은 문화계통의 다원적 기원과 함께 국지적인 문화의 수용 내지는 통합을 통해 이루어졌으며, 문화의 자연스런 계승도 엿보인다. 이러한 양상은 인천광역시 백령도·용유도, 경기도 가평 대성리(驛숙부지), 경기도 시흥 능곡동, 강원도 원주 가현동, 영월 남면 연당 쌍굴, 경남 산청 소남리, 그리고 대구 북구 서변동유적을 포함한 내륙지역에서 확인되는 전면/부분 빗살문토기유적들에서 확인된다.

4) 한국문화의 주체를 형성한 토착인들은 한국고고학 시대구분상 청동기시대와 철기시대 전기, 즉 기원전 1500년경에서 기원전 1년까지 한반도 전역에 산재해 있던 지석묘(고인돌) 축조인들이다. 지석묘는 그 형식상 북방식, 남방식과 개석식으로 나누어지는데, 각 형식은 서로 다른 문화수용현상을 보인다. 즉, 북방식과 남방식 지석묘사회는 최근 발굴조사된 마산 진동리의 지석묘(사적 472호)처럼 한반도 북쪽의 카라숙에서 내려온 석관묘나 중국계의 토광묘문화를 수용하기도 했으며, 한반도 남부의 지석묘 사회에서는 보다 늦게 등장한 개석식 지석묘를 기반으로 馬韓이 형성되기도 했다.

5) 신석기와 청동기시대의 精靈崇拜(animism)와 토테미즘(totemism)를 거쳐, 철기시대에는 巫敎(shamanism)와 조상숭배(ancestor worship)와 함께 환호를 중심으로 전문제사장인 天君이 다스리는 별읍(別邑)인 蘇塗가 나타난다.

이것도 일종의 무교의 형태를 띤 것으로 보이며 여기에는 조상숭배(ancestor worship)의 믿음이 종교의 형태로 강화된다. 마한의 고지에는 기원전 3-기원전 2세기부터의 단순족장사회에서 좀더 발달한 복합족장사회인 마한이 있었다. 이는 『三國志』魏志 弁辰條에 族長격인 渠帥(또는 長帥, 主帥라도 함)가 있으며 이는 격이나 규모에 따라 신지(臣智, 또는 秦支·踧支라고도 함), 검측(險側), 번예(樊濊), 살계(殺奚)와 읍차(邑借)로 불리고 있었음을 알 수 있다. 이는 정치 진화상 같은 시기의 沃沮의 三老, 東濊의 侯, 邑長, 三老, 挹婁의 大人, 肅愼의 君長과 같은 國邑이나 邑落을 다스리던 혈연을 기반으로 하는 계급사회의 行政의 우두머리인 族長(chief)에 해당된다. 그러나 蘇塗는 당시의 복합·단순 족장사회의 우두머리인 세속정치 지도자인 신지, 검측, 번예, 살계와 읍차가 다스리는 영역과는 별개의 것으로 보인다. 그리고 마한에도 마찬가지 경우로 생각되나, 이들을 대표하는 王이 다스리는 국가단계의 目支國도 있었다. 그러나 天君이 다스리는 종교적 別邑인 蘇塗는, 당시의 복합단순족장사회의 우두머리인 渠帥의 격이나 규모에 따른 이름인 신지, 검측, 번예, 살계와 읍차가 다스리는 세속적 영역과는 별개의 것으로 보인다.

6) 철기시대의 상한은 기원전 5세기경까지 올라가며 이 시기에는 점토대토기가 사용된다. 철기시대 전기 중 말기인 기원전 1세기경에는 다리가 짧고 두터운 두형(豆形)토기가 나타나며, 이 시기 남쪽 신라에서는 蘿井(사적 245호)에서 보여주는 바와 같이 기원전 57년 국가가 형성된다. 철기시대 전기와 후기(삼국시대 전기)에 보이는 粘土帶土器·黑陶·土室과 周溝墓를 포함한 여러 가지 고고학자료와 문헌에 보이는 역사적 기록들은 당시의 정치·사회·문화가 매우 복잡했음을 보여준다. 이 시기의 역사 서술은 이들을 바탕으로 이루어져야 하는데, 이는 일찍부터 기정사실로 인식되고 있는 고구려사와 같은 역사적 맥락에서 파악되어야 한다.

7) 한반도의 歷史時代가 시작되는 衛滿朝鮮의 멸망과 漢四郡의 설치는『史記』의 편찬자인 司馬遷(기원전 145년–기원전 87년)이 37세에 일어난 사건으로, 위만조선과 樂浪·臨屯·帶方대방의 존재는 역사적 사실로 인정되어야 한다. 위만조선의 王儉城과 樂浪은 오늘날의 平壤 일대로 보아야 한다.

8) 百濟는 기원전 3세기–기원전 2세기에 이미 성립된 馬韓의 바탕 위에서 성립되었으므로 백제 초기의 문화적 양상은 마한의 경우와 그리 다르지 않다. 백제의 건국연대는『三國史記』百濟本紀의 기록대로 기원전 18년으로 보아야 한다. 마한으로부터 할양받은 한강유역에서 출발한 백제가 강성해져 그 영역을 漢城→熊津(公州)→泗比(扶餘)로 확장해나감에 따라 마한의 세력범위는 오히려 축소되어 천안–익산–나주로 그 중심지가 이동되어졌다. 백제 건국연대를 포함한『三國史記』의 초기기록을 인정해야만 한국고대사를 무리없이 풀어나갈 수 있다. 그래야만 최근 문제가 되고 있는 고구려와 신라·백제와의 초기 관계사를 제대로 파악해 나갈 수 있다. 따라서『三國史記』의 신라, 고구려와 백제의 국가형성연대는 그대로 인정해도 무방하다 하겠다. 그리고 앞으로 이들 국가 형성에 미친 漢/樂浪의 영향도 고려해야 한다. 따라서『三國史記』의 초기기록을 무시하고 만든 원삼국시대란 용어의 적용은 적합하지 않다. 여기에 대해 三國時代 前期(서기 1년–서기 300년)란 용어를 대체해 쓰는 것이 좋겠다. 최근 고구려사의 연구가 활발하며『三國史記』에 기록된 고구려 관계 기사는 그대로 인정이 되고 있다. 고구려, 백제와 사의 연구가 활발하며『三國史記』에 기록된 고구려 관계 기사는 그대로 인정이 되고 있다. 고구려, 백제와 신라의 역사적 맥락으로 볼 때 고구려의 主敵은 백제와 신라의 개별적인 국가이지 原三國時代가 아니라는 점이다.

9) 한성시대 백제(기원전 18년–서기 475년)도 석성을 축조했는데, 하남 이성

산성(사적 422호), 이천 설봉산성(사적 423호)과 설성산성(경기도 기념물 76호), 그리고 안성 죽주산성(경기도 기념물 69호) 등이 그 좋은 예들이다. 그 석성 축조의 기원은 제13대 근초고왕대인 서기 371년 고구려 고국원왕과의 평양전투에서 찾을 수 있다. 고구려는 일찍이 제 2대 유리왕 22년(서기 3년) 즙안의 國內城을 축조했고, 제10대 산상왕 2년(서기 198년)에는 丸都山城을 축조한 바 있음으로 이들은 역사적 기정사실로 받아들여지고 있다. 이 시기는 三國時代 後期(서기 300년—서기 668년)初에 속하나 고구려와 관련지어 볼 때 삼국시대 전기의 문화상과 무관하지 않다.

10) 앞으로 慶州 金씨의 조상인 匈奴족과 積石木槨墳의 기원, 춘천시 근화동 출토의 新羅土器와 토기와 사산왕조의 영향, 新羅 38대 元聖王의 掛陵(사적 26호, 서기 785년—서기 798년)의 石像(보물 1427호), 41대 憲德王陵(서기 809—서기 826년, 사적 29호), 42대 興德王陵(서기 826년—서기 836년, 사적 30호)의 무인석상과 경주 용강동고분(사적 328호) 출토 土俑도 사산 왕조(Sassan, 서기 224년—서기 652년)에서 영향을 받은 소그드인의 문화전파관계 등 역사시대에서 시대에 따른 문화의 기원과 전파의 관점에서 다양하게 논의될 수 있겠다. 이들 문화는 앞선 페르시아의 사산 왕조와 그 이후의 이슬람 문화의 영향을 많이 받았다.

참고문헌

강인욱·천선행

　　2003　러시아 연해주 세형동검 관계유적의 고찰, 한국상고사학보 42집

국립문화재연구소

　　2006　아무르·연해주의 신비, 한·러 공동발굴 특별전, 대전: 문화재청

국립중앙박물관

　　2010　우즈베키스탄의 고대문화 전시도록, 서울: 국립중앙박물관

김종혁·전영수

　　2003　표대유적 팽이그릇 집자리들의 편년, 조선고고연구 제2호

림용국

　　2002　팽이그릇시기 집자리의 연원, 조선고고연구 제2호

　　2002　팽이그릇 집자리 짜임새의 특성, 조선고고연구 제3호

대전선사박물관·중앙문화재연구원

　　2010　용산동 유적 속의 청동기문화, 대전선사박물관 특별전

민병훈

　　2010　소그드의 역사와 문화, 서울: 국립중앙박물관

서울대학교 박물관

　　2005　초원의 지배자 시베리아고대문화 특별전, 서울: 서울대박물관

유태용

　　2010　요동지방 지석묘의 성격 검토, 21세기의 한국고고학 vol. Ⅲ －희정
　　　　　최몽룡교수 정년퇴임 논총 Ⅲ－, pp.353-450

鄭漢德

　　2000　중국고고학 연구, 서울: 學研文化社

2002 日本의 考古學, 서울: 學研文化社

최몽룡

1985 考古分野, 對馬·壹岐島의 先史遺蹟, 日本 對馬島·壹岐島 綜合學術 調査報告書, 서울: 서울신문사, pp.115-124

1986 邪馬臺國の實態と古代のの韓日交流, 東京: 歷史讀本 臨時增刊 86-3, pp.214-220

1997 청동기시대 개요, 한국사 3 −청동기문화와 철기문화−, 서울: 국사 편찬위원회, pp.1-31

1997 고조선의 사회와 문화, 한국사 4 −초기국가−고조선·부여−, 서울: 국사편찬위원회

1989 靑銅器時代, 韓國の考古學(공저), 東京: 講談社, pp.65-76

2000 흙과 인류, 서울: 주류성

2004 朝鮮半島の文明化, 千葉: 國立歷史民俗博物館 研究報告, 東アジア にぉける農耕社會の形成と文明への道, 第119集, pp.231-246

2006 최근의 고고학 자료로 본 한국고고학·고대사의 신 연구, 서울: 주류성

2007 경기도의 고고학, 서울: 주류성

2007 중국 청동기시대의 문화사적 배경, 상하이 박물관 소장 중국고대 청동기·옥기 및 동아시아의 청동기문화(2007 국제학술강연회), 부산: 부산박물관

2008 한국 청동기·철기시대와 고대사회의 복원, 서울: 주류성

2008 동북 아시아적 관점에서 본 한국청동기·철기시대의 신경향 −다원 론적 입장에서 본 한국문화의 기원과 편년설정−, 21세기의 한국 고 고학 vol. I, 서울: 주류성

2009 마한 연구의 새로운 방향과 과제, 박물관에서 만나는 우리문화, 세 계문화, 전주: 국립전주박물관

2009 마한 −숨쉬는 기록−, 서울: 통천문화사, pp.199−214

2010 호남의 고고학 −철기시대 전·후기와 마한−, 21세기의 한국 고고학 vol.Ⅲ, 서울: 주류성

2011 부여 송국리 유적의 새로운 편년, 한국고고학연구의 제 문제, 서울: 주류성, pp.207−223

2011 고등학교 국사교과서 교사용 지도서 −Ⅱ. 선사시대의 문화와 국가의 형성−, 21세기의 한국 고고학 vol.Ⅳ, 서울: 주류성

2013 인류문명발달사 −고고학으로 본 세계문화사−(개정 5판), 서울: 주류성

최몽룡·김선우

2000 한국지석묘 연구이론과 방법, 서울: 주류성

최몽룡·이헌종·강인욱

2003 시베리아의 선사고고학, 서울: 주류성

최몽룡·김경택·홍형우

2004 동북아 청동기시대 문화연구, 서울: 주류성

충청남도역사문화연구원

2010 행정중심복합도시 지방행정지역 생활권 3−1·2내 C지점 연기 대평리 유적

한얼문화재연구원

2010 광주시 역동 e−편한세상 아파트 신축 부지 내(가·마 지점)유적 발굴조사−가 지점 1차 지도위원회 자료

孫祖初

1991 論小珠山中層文化的分期及各地比較, 辽海文物學刊 1

陳全家·陳國慶

1992 三堂新石器時代遺址分期及相關問題, 考古 3

辽宁省文物考古研究所 編

　　1994　辽東半島石棚, 辽宁: 辽宁科學技術出版社

辽宁省文物考古研究所·吉林大學考古系·旅順博物館

　　1992　辽宁省瓦房店市長興島三堂村新石器時代遺址, 考古 2

吉林省文物考古研究所·延邊朝鮮族自治區博物館

　　2001　和龍興城, 北京: 文物出版社

田廣金·郭泰新

　　1986　鄂爾多斯式青銅器, 北京: 文物出版社

藤尾愼一郎

　　2002　朝鮮半島의 突帶文土器, 韓半島考古學論叢, 東京: すずさわ書店

中山淸隆

　　1993　朝鮮·中國東北の突帶文土器, 古代 第95號

　　2002　繩文文化と大陸系文物, 繩文時代の渡來文化, 東京: 雄山閣

　　2004　朝鮮半島の先史玉器と玉作り關聯資料, 季刊考古學 89

　　2004　朝鮮半島出土の玦狀耳飾について, 玉文化, 創刊號

齊藤忠

　　1982　日本考古學槪論, 東京: 吉川弘文館

東京國立博物館

　　1988　特別展: 日本の考古學─その歩みと成果, 東京: 東京國立博物館

Aikens C.Melvin

　　1982　*Prehistory of Japan*, New York: Academic Press

Keiji Imamura

　　1996　*Prehistoric Japan*, Honolulu: University of Hawai'i Press

E.A. 노브고라도바·정석배 역

　　1995　몽고의 선사시대, 서울: 학연문화사

델.엘 브로댠스키·정석배 역

　　1996　연해주의 고고학 서울: 學硏文化社

魏凡 編

　　1990　辽宁重大文化事迹, 辽宁: 辽宁美術出版社

孫祖初

　　1991　論小珠山中層文化的分期及各地比較, 辽海文物學刊 1

陳全家·陳國慶

　　1992　三堂新石器時代遺址分期及相關問題, 考古 3

田廣金·郭泰新

　　1986　鄂爾多斯式靑銅器, 北京: 文物出版社

祖友義編

　　1991　西安, 香港: 中外文化出版

薛錫編輯

　　1987　半岥遺址, 西安: 人民美術出版社

辽宁省文物考古硏究所

　　2012　牛河梁−紅山文化遺址发掘报告(1983−2003年度) 제1판, 北京: 文
　　　　　物出版社

辽宁省 文物保護與長城基金會 및 辽宁省文物考古硏究所

　　1990　辽宁省重大文化史迹, 辽宁: 辽宁美術出版社

朝陽市博物館編

　　1995　朝陽歷史與文物, 沈陽: 辽宁大學出版社

崔琰·趙菡編輯

　　2000　河南博物院, 鄭州: 大象出版社

內蒙古博物館

　　1987　內蒙古歷史文物−內蒙古博物館建館三十周年紀念−, 北京: 人民美

術出版社

吉林省文物考古研究所編

1987 榆樹老河深, 北京: 文物出版社

松丸道雄編

1980 西周靑銅器とその國家, 東京: 東京大學出版會

陳全家·陳國慶

1992 三堂新石器時代遺址分期及相關問題, 考古 3

辽宁省文物考古研究所·吉林大學考古系·旅順博物館

1992 辽宁省瓦房店市長興島三堂村新石器時代遺址, 考古 2

辽宁省文物考古研究所 編

1994 辽東半島石棚, 辽宁: 辽宁科學技術出版社

辽宁省文物考古研究所

2012 牛河梁-红山文化遺址发掘报告(1983-2003年度) 제1판, 北京: 文
物出版社

吉林省文物考古研究所·延邊朝鮮族自治區博物館

2001 和龍興城, 北京: 文物出版社

田廣金·郭泰新

1986 鄂爾多斯式靑銅器, 北京: 文物出版社

王巍

1993 商周時期辽東半島與朝鮮大同江流域考古文化的相互關係, 靑果集,
吉林大學考古學專攻成立20周年記念論文集

河姆渡遺址博物館編

2002 河姆渡文化精粹, 北京: 文物出版社

周新華

2002 稻米部族, 杭州: 浙江省文藝出版社

孫國平

　　2008　遠古江南−河姆渡遺址−, 天津: 天津古籍出版社

李安軍 主編

　　2009　田螺山遺址−河姆渡文化新視窓−, 杭州: 西冷印刷出版社

藤尾愼一郎

　　2002　朝鮮半島の突帶文土器, 韓半島考古學論叢, 東京: すずさわ書店

中山淸隆

　　1993　朝鮮·中國東北の突帶文土器, 古代 第95號

　　2002　繩文文化と大陸系文物, 繩文時代の渡來文化, 雄山閣

　　2004　朝鮮半島の先史玉器と玉作り關聯資料, 季刊考古學 89

　　2004　朝鮮半島出土の玦狀耳飾について, 玉文化, 創刊號

大貫靜夫

　　1992　豆滿江流域お中心とする日本海沿岸の極東平底土器, 先史考古學論
　　　　　集 제2집

　　1998　東北あじあの考古學, 同成社

藤田亮策

　　1930　櫛目文土器の分布に就いて, 靑丘學叢 2號

ユーリ·M.リシリエフ

　　2000　キア遺跡の岩面刻畵, 民族藝術 vol.16, 民族藝術學會

Alexei Okladnikov

　　1981　*Art of Amur*, Harry N. Abrams, INC., Pb. New York

Arxeologia USSR

　　1987　*Bronze Period of Forest Region in USSR*, Moskva

A. P. Derevianko

　　1973　*Early Iron Age in Priamurie*, Novosibirsk

1976   *Priamurie*—B.C.1st Millenium, Novosibirsk

K.C. Chang

1980   Shang Civilization, New Haven: Yale University Press

1983   *Art, Myth, and Ritual—The Path to Political Authority in Ancient China—*, Cambridge: Harvard University Press

1986   *The Archaeology of Ancient China*, New Haven; Yale University Press

E. I. Derevianko

1994   *Cultural Ties in the Past and the Development cultures in the Far Eastern Area*, 韓國上古史學報 第16號

Eric Deldon et al. ed.

2000   *Encyclopedia of Human Evolution and Prehistory*, Garland Pb. co., New York & London

Glyn Daniel

1970   *A Hundred Years of Archaeology*, Gerald Duckworth & Co. Ltd

Rice Prudence M.

1987   *Pottery Analysis—A source book—*. Chicago & London: University of Chicago Press

Sulimirsky Tadeusz

1970   *Prehistoric Russia*, New York: Humanities Press Inc.

Timothy Taylor

1996   *The Prehistory of Sex*, Bantam Books, New York Toronto

Yves Coppens & Henry de Lumley(Préface)

2001   *Histoire D'ancêtres*, Paris: Artcom

V. Medvedev

　1994　ガシャ遺跡とロシア地區東部における土器出現の問題について, 小
　　　野昭·鈴木俊成編 環日本海地域の土器出現の様相, 東京: 雄山閣

Ⅵ. 驪州 欣岩里 遺蹟의 새로운 編年

　　京畿道 驪州郡 占東面 欣岩里 선사유적(경기도 기념물 155호, 청동기시대 전기 말−중기, 二重口緣＋短斜線文土器와 孔列土器＋口脣刻目土器가 함께 나옴)은 부여 송국리(사적 제249호, 청동기시대 중기−후기, 孔列土器, 口脣刻目土器와 硬質無文土器가 함께 나옴)와 함께 한국 청동기시대의 대표적인 聚落址로 서기 1962년에 처음 알려졌다. 서기 1972년−서기 1978년 사이 7차에 걸쳐 서울대학교 박물관과 서울대학교 문리과대학 고고인류학과가 공동으로 발굴·조사하였다. 이 조사에서 모두 16기의 住居址(집자리)들이 발굴되었다.

　　보고서와 필자가 중심이 되어 정리해 본 이 관계 글들은 아래와 같다.

서울대학교 博物館·서울대 文理大 考古人類學科
　　1973　欣岩里 주거지 1, 서울大學校 考古人類學叢刊 제 4책, 서울: 서울
　　　　　대학교 출판부
　　1974　흔암리 주거지 2, 서울대학교 고고인류학 총간 제 5책, 서울: 天
　　　　　豊인쇄주식회사
　　1975　흔암리 주거지 3, 서울대학교 고고인류학 총간 제 7책, 서울: 서
　　　　　울대학교 출판부
서울대학교 博物館·서울대 人文大 考古學科
　　1978　흔암리 주거지 4, 서울대학교 고고인류학 총간 제 8책, 서울: 서

울대학교 출판부

서울대학교 박물관

    2004·2005 흔암리 유적 출토 석기 보고서, 서울대학교 博物館 叢書 13,
        서울: 서울대학교박물관

崔夢龍·朴洋震

    1984 여주 흔암리의 선사취락지, 정신문화연구, 서울: 한국정신문화연
        구원, pp.149-169

    1984 여주 흔암리 토기의 과학적 분석, 고문화 25집, pp.3-8

崔夢龍·李泳南·朴淳發·朴洋震

    1985 여주 흔암리 선사취락지 출토 석기류 I, 邊太燮박사 회갑기념 사
        학논총, 서울: 삼영사, pp.11-39

崔夢龍·朴淳發

    1984 여주 흔암리 선사취락지, 정신문화연구 21, pp.149-169

    1985 여주 흔암리 선사취락지 출토 석기류 II, 고문화 26, pp. 1-29

崔夢龍

    1986 흔암리 선사취락지의 특성, 한일고대문화의 제 문제 심포지움(11
        월 7일-11월 9일), pp.1-66

    1987 驪州 欣岩里 先史聚落址의 性格, 三佛 金元龍 교수 정년퇴임 기
        념논총 (I), 서울: 일지사, pp.85-102

    1987 欣岩里 先史聚落址の特性, 한국고고학보 제 20집, pp.5-21

崔夢龍 編著

    1986 欣岩里 先史 聚落址, 서울: 三和社

위 글들은 필자가 서기 1972년 전남대학교에서 전임교수(서기 1972년 12월
10일-서기 1981년 11월 28일)가 되기 전 서울대 고고인류학과 조교(서기 1968년 3

월 15일-서기 1972년 12월 10일)로 근무하면서 서기 1971년부터 서기 1975년까지 시간이 나는 대로 발굴에 참여하게 되고 다시 서기 1981년 11월 28일 서울대학교로 자리를 옮긴 후 꾸준히 관심을 두어 이를 정리한 것들이다. 그 후 한국청동기와 철기시대의 편년을 다시 설정하게 됨과 동시에 필자가 40년 동안 꾸준히 관심을 두어온 扶餘 松菊里(사적 249호)[1], 昌原 城山 貝塚(사적 240호),

---

1) 필자가 설정한 새로운 편년으로 扶餘 松菊里(사적 제249호) 유적을 재검토한 결과 이 유적은 청동기시대 중기 공렬토기의 다음 단계인 경질무문토기로 대표되는 청동기시대 후기가 중심이 되는 것을 확인하였다. 부여 송국리(1992년 6월 23일 발굴 定礎石을 세움) 유형의 집자리 발굴은 1977년 전남대학교 박물관에서 행한 光州 松岩里 유적에서부터 시작한다. 충청남도 부여 송국리(사적 제249호)유적의 연대는 이제까지 발표된 여러 군데의 연대결정 자료에 의하면 기원전 750년에서 기원전 150년경에 속한다. 그리고 Nelson(1982)과 中村俊夫(1980)에 의하면 이 유적의 연대는 기원전 980년-기원전 750년, 기원전 690년-기원전 660년, 기원전 900년-870년, 기원전 850년-기원전 400년, 기원전 800년-기원전 400년으로 기원전 980년-기원전 400년에 속한다. 이는 청동기시대 중기-청동기시대 후기-철기시대 전기 초까지 해당한다(손준호 2010, 송국리 취락의 시기 성격, 부여 송국리 유적으로부터 본 한국 청동기시대사회 제38회 한국상고사학회 학술발표대회, p.51). 이곳에서 수습·발굴된 유물들로 보아 송국리 유적은 청동기시대 중기(孔列土器, 기원전 1000년-기원전 600년)와 후기(경질무문토기, 기원전 600년-기원전 400년), 그리고 철기시대 전기(기원전 400년-기원전 1년, 마한 초기), 삼국시대 후기(서기 538년-서기 660년, 扶餘시대)의 네 시기로 나눌 수 있다. 청동기시대 중기의 경우 50지구에서 지표 채집한 孔列土器(송국리 Ⅲ, p.32, 그림 46 및 사진 69, 송국리 Ⅴ, p.179 도판 47의 사진 3, 송국리 Ⅵ, p.101 도판 13의 사진 1), 口脣刻目土器(송국리 Ⅵ, p.101 도판 13의 사진 9, p.121 도판 37의 사진 2)와 같이 극소수의 공렬토기가 발견되고 있다. 그래도 서기 1974년 석관에서 발견된 琵琶形/辽宁式/滿洲式/古朝鮮式(有溝莖式 동검으로 有莖式石鏃과 공반)은 최근 전라남도 여수시 월내동 상촌 Ⅱ 지석묘에서 이중구연에 단사선문이 있는 청동기시대 전기 말의 토기, 중기의 공렬토기와 함께 출토한 비파형동검 3점(청동기시대 전기 말-중기 초 즉 기원전 11세기-기원전 10세기경으로 추정)으로 미루어 보아 공렬토기로 대표되는 청동기시대 중기에 속하는 것으로 보아도 되겠다. 한국전통문화학교에서 2008년 봄과 가을 2회에 걸쳐 발굴한 바 있던 54지구 12·13차 발굴에서는 원형집자리와 환호(격벽시설)의 청동기시대 후기와 목책과 방형의 집자리로 대표되는 철기시대 전기(기원전 400년-기원전 1년)의 두 시기가 뚜렷이 확인된다. 그리고 새로이 발굴

하남 二聖山城(사적 422호)[2] 유적들에 관해서도 기회가 되는대로 結者解之하는 심정으로 마무리 지어왔다. 여주 흔암리 선사유적의 정리도 앞선 유적들과 마찬가지로 최근의 새로운 편년의 설정과 자료를 비교하여 再檢討·再解釋하게 되었다.

여주 흔암리 선사 취락지의 發掘史는 다음과 같다.

서기 1962년 金元龍 교수 麗州 欣岩里 打製石器 遺蹟(考古美術 제 1호–제

된 제 28호 방형 집자리에서 삼각형석도가 출토하고 있다. 그리고 서기 2012년 10월 10일(수) 제 15차 발굴조사에서 서기 3세기–서기 4세기에 속하는 마한의 분구묘 3호 및 4호의 2기도 새로이 확인되었다. 현재까지의 자료로 보면 송국리 유적의 중심시기는 청동기 후기–철기시대 전기 즉 실연대로 기원전 600년–기원전 1년 사이로 볼 수 있겠다. 현재까지 나타난 유물로 본 송국리 유적의 연대는 모두 네 시기가 된다.

1) 청동기시대 중기(기원전 1000년–기원전 600년, 공렬토기 단계의 석관묘, 有溝莖式 辽宁式 동검, 有莖式石鏃, 碧玉製 管玉, 天下石製 裝飾玉과 공반)
2) 청동기시대 후기(기원전 600년–기원전 400년, 송국리형 집자리 및 토기)
3) 철기시대 전기(기원전 400년–기원전 1년, 馬韓, 방형 집자리, 삼각형석도, 마한의 중심연대는 기원전 3세기–기원전 2세기에서 서기 5세기 말–서기 6세기 초인 철기시대 전기에서 삼국시대 전기–후기에까지 걸친다.)
4) 삼국시대 후기(서기 538년–서기 660년, 扶餘시대의 百濟 石室墓 및 窯址)

그러나 중심 연대는 2)의 청동기시대 후기와 3)의 철기시대 전기(마한)이다(최몽룡 2010, 扶餘 松菊里 遺蹟의 새로운 編年, 38회 한국상고사학회 학술발표대회(10월 1일, 금), 부여 송국리로 본 한국 청동기사회, pp.7–14 및 2011, 부여 송국리 유적의 새로운 편년, 한국고고학 연구의 제 문제, 서울: 주류성, pp.207–223).

2) 최몽룡 2011, 昌原 城山 貝塚 발굴의 회고, 전망과 재평가, "동·철산지인 창원의 역사적 배경" 〈야철제례의 학술세미나〉(서기 2011년 7월 1일, 금), 창원시·창원문화원, pp.1–16 및 韓國考古學 研究의 諸 問題, 서울: 주류성, pp.225–248.
   최몽룡 2011, 二聖山城과 百濟, 이성산성에 관한 학술대회, 하남시 문화원 제 3회 학술대회(서기 2011년 10월 7일, 금), pp.11–37, 韓國考古學 研究의 諸 問題, 서울: 주류성, pp.341–388.

100호 합집, 1979, 상권, pp.219-221)

서기 1972년 5월 1차 발굴 故 金元龍, 任孝宰, 崔夢龍, 呂重哲, 郭乘熏, 서울대학교博物館·서울대 文理大 考古人類學科, 1-,3호 주거지 발굴

서기 1973년 2차 발굴(Ⅰ권, 1차, 2차 발굴·조사보고서), 최몽룡, 呂重哲, 郭乘熏, 故 藤口健二, 武末純一, 4-5호 주거지 발굴

서기 1974년 3차 발굴(Ⅱ권, 3차 발굴·조사 보고서), 김원용, 최몽룡, 여중철, 곽승훈, 李鍾宣, 배기동, 故 韓永熙, 6-7호 주거지 발굴

서기 1975년 4차 발굴(Ⅲ권, 4차 발굴·조사보고서), 김원용, 여중철, 곽승훈, 이종선, 裵基同, 李淸圭, 盧爀眞, 8-11호 주거지 발굴

서기 1976년 5차 발굴, 임효재, 이종선, 윤덕향, 윤대인, 배기동, 이청규, 노혁진, 자연과학자 李春寧(서울대 농대 학장), 朴泰植(농업진흥청), 崔德根(서울대 지질학과), 洪淳徹(서울대 생물학과), 故 梁京隣(원자력연구소), 江坂輝彌(慶應大), 小片(新瀉大) 등 참가, 12-14호 주거지 발굴

서기 1977년 6차 발굴, 임효재, 이종선, 윤덕향, 윤대인, 배기동, 이청규, 노혁진, 故 權鶴秀, 자연과학자 李春寧(서울대 농대 학장), 朴泰植(농업진흥청), 崔德根(서울대 지질학과), 洪淳徹(서울대 생물학과), 故 梁京隣(원자력연구소), 江坂輝彌(慶應大), 小片(新瀉大)先生 등 참가, 12-14호 주거지 발굴

서기 1978년 7차 발굴(Ⅳ권, 5차, 6차 발굴·조사보고서, 7차 발굴조사보고서는 미간), 임효재, 이종선, 윤덕향, 高和淑, 윤대인, 배기동, 이청규, 노혁진, 고 권학수 등, 15-16호 주거지 발굴

서기 2004-서기 2005년 발굴된 3,000여점의 석기 자료 정리로 '흔암리 출토 석기보고서' 출간, 여기에서 1-16호 주거지의 간략 보고문을 볼 수 있다(pp.47-105).

여주 흔암리 선사유적(경기도 기념물 155호)은 여주읍에서 남한강 상류를 따라 약 10㎞ 떨어진 해발 123m의 구릉과 같은 야산에 위치한다. 주거지는 구릉의 경사면을 'L'자로 깎아 만들어 졌으며 1-3호 주거지는 남북으로 뻗은 산 사면에, 4-16호는 동서로 뻗은 능선에 자리하고 있다. 주거지의 평면 형태는 장방형이며, 면적은 11.6㎡-42㎡, 竪穴의 깊이는 15㎝-120㎝이다. 주거지는 출입구, 화덕(爐址), 貯藏穴, 그리고 주거지의 어깨 턱에 다락과 같은 기능의 선반(懸盤)시설이 있다. 불씨보관소인 爐址는 한쪽으로 치우쳐 있는데 이는 격벽시설에 의해 기능상 구획된 방에 위치한 것으로 보이며 노지의 평면 형태는 타원형이다. 이 유적에서 출토하는 토기는, 구순각목토기(口脣刻目土器, 골아가리토기), 공렬토기(孔列文, 구멍무늬토기, 자강도 강계 공귀리에서 乳頭형 꼭지가 있는 토기의 아가리 부분에서 이 문양이 함께 나타난다)와 紅陶(붉은간토기)이다. 그리고 평양 남경유적에서 발견되는 팽이형토기(角形土器)의 변형도 보인다. 토기의 선후는 二重口緣+短斜線文土器가 앞서고 孔列土器+口脣刻目土器가 늦은 것으로 생각된다. 석기로는 一段柄과 二段柄의 磨製石劍, 長舟形 半月形石刀, 蛤刃石斧, 扁平逆刺式石鏃, 有莖石鏃, 재료가 귀해 有溝莖式 琵琶形/辽宁式/滿洲式/古朝鮮式 銅劍[3]을 모방하였지만 청동기시대에 속하는 石劍片(1호·12

---

3) 부여 송국리 석관에서 출토한 동검과 아울러 이제까지 남한에서 출토한 비파형동검은 아래와 같다.

전라남도 여천 적량동 상적 지석묘(청동기시대 전기 말-중기 초, 기원전 11세기-기원전 10세기경, 이중구연 단사선문, 구순각목, 공렬토기, 비파형동검 6점)

전라남도 여수시 월내동 상촌 Ⅱ 지석묘(이중구연 단사선문, 공렬토기, 비파형동검 3점, 청동기시대 전기 말-중기 초, 기원전 10세기경)

전라남도 高興 豆原面 雲坮里 支石墓(1926년, 11월 朝鮮總督府博物館)

전라남도 고흥 두원면 운대리 중대 지석묘(재활용된 비파형동검, 光州博物館)

전라남도 여천 화장동 고인돌(비파형동검, 기원전 1005년)

전라남도 순천 우산리 내우 지석묘(비파형동검)와 곡천 지석묘

호집자리), 돌보습, 갈돌(磨石)과 石棒이 출토하였다. 이곳에서 보리, 콩, 조 등을 비롯해 12호에서는 炭火米가 출토하였다. 이는 팽이형토기(角形土器, 이 토기에도 이중구연에 단사선문이 있음)가 나오는 평양시 삼석구역 湖南里 南京 36호 주거지의 경우와 비슷하다.

흔암리 주거지의 성격과 출토유물을 간략하게 설명하면 다음과 같다.

가. 주거지

주거지들은 모두 16기로 평면구조는 장방형이다. 산 구릉의 방향을 따라 'ㄴ'자형(이것은 원래 竪穴움집의 주거지가 폐기되고 위에 쌓인 表土가 구릉의 斜面을 따라 자연히 깎여져 나갔기 때문으로 생각된다)으로 깎아 지었기 때문에 집자리 장축의 방향도 동서(2·3·4·8호)와 남북방향(5·6·7·9·10·11·13·14·15·16호)이다. 그 외 북서-남동(1호), 북동-남서(12호)가 있다. 장축의 길이는 7호 9.6m, 12호 9.7m, 14호 10m로 가장 긴 것이 10m 정도이고 작은 것은 5호 4.7m, 13호 7m 정도이다. 다시 말해 청동기시대 전기에서 많이 보이는 細長方形의 주거지는 없고 대신 청동기시대 중기의 長方形의 주거지가 대신한다. 이는 이 유적의 연대는 청동기시대 중기가 중심이 된다는 이야기가 된다. 그리고 바닥은 대부분 진흙이고 4호는 회백색 점토, 5호는 돗자리를 깐 것으로 추정된다. 불씨를 저장하고 음식을 익혀 먹고, 겨울을 나기 위한 난방용 爐址는 중앙, 서남쪽, 동쪽과 서쪽에 격벽을 해서 필요에 따라 생활상 편의대로 설치하였다. 이곳에서

강원도 춘천 우두동 직업훈련원 진입도로(비파형동검)
충청남도 부여 송국리(사적 249호, 비파형동검)
충청남도 대전 대덕구 비래동 고인돌(기원전 825년, 기원전 795년, 기원전 685년)
경기도 광주시 역동(세장방형집자리, 공렬토기, 기원전 10세기경)
경상남도 마산 진동리(사적 472호, 재활용된 비파형 동검)
경상남도 마산 동면 덕천리(재활용된 비파형 동검)

오랜 기간 생활하였기 때문에 중복되거나 앞에 것을 폐기하고 바로 뒤에 이어
지은 주거지들이 생겨났으며 그들은 2호와 3호(중복), 4호와 5호, 9호와 10호
(뒤에 건설)이다. 주거지의 기능은 주거용이며, 16호의 경우 석기제작을 겸하
던 工房이기도 하다. 이 주거지들을 복원해보면 '一'자형으로 맞배 지붕을 하고
용도와 기능에 따라 隔壁시설이 있었다고 여겨지며 출입구는 背山臨水의 지형
을 택해 강 쪽으로 향한 것으로 생각된다. 흔암리 주거지는 주거지당 인구수
를 5㎡ 기준 4.8명, 3㎡ 기준 8.1명으로 보면 4호와 12호가 각기 7−11명, 7−
12명 정도가 된다. 나머지 집자리들은 2호 4−7명, 5호 4−6명, 9호 5−8명 정
도로 가부장적인 大家族制가 아니라 오히려 單婚的 小家族體制(一夫一妻制的
小家族父系制度/patriarchal clan, 앞선 이중구연에 단사선문토기가 나오는 길이가
20m 전후되는 細長方形의 경우 母系社會/matriarchal clan의 집자리일 가능성이 많
다)가 될 가능성이 많다. 해발 123m의 구릉 정상에 지은 것은 防禦用을 겸하
기도 한 것으로 생각된다. 이것은 環壕[4]나 垓字가 만들어지기 전 자연지형의

---

4) 이제까지 환호는 경남지역이 조사가 많이 되어 울산 검단리(사적 332호), 진주 대평리
옥방 1·4·7지구, 창원 남산을 포함하여 17여 개소에 이른다. 청동기시대부터 이어져
철기시대에도 경기−강원도 지역에만 파주 탄현 갈현리, 화성 동탄 동학산, 강릉 사천
방동리, 부천 고강동, 서울 송파구 풍납토성(사적 11호)과 순천 덕암동 등지에서 발견된
다. 그중에서 이곳 안성 반제리의 것은 철기시대 전기 중 앞선 것으로 보인다. 청동기
시대의 것으로 제사유적으로 언급된 것은 울산시 북구 연암동이나, 철기시대의 것들
중 구릉에 위치한 것은 거의 대부분 종교·제사유적으로 보인다. 이는 청동기시대 중기
(기원전 1000년−기원전 600년, 공렬토기 단계)부터 족장사회(chiefdom society)의 주거로
형성되어온 環壕가 말기(기원전 600년−기원전 400년, 경질무문토기단계)가 되면 평지로 주
거를 옮기고 재래의 구릉 지대에 남아있는 환호는 퉁구스족들의 巫敎(shamanism)가
들어오면서 天君이라는 제사장이 다스리는 蘇塗로 바뀌고 또 철기시대 전기(기원전 400
년−기원전 1년)까지 토착사회의 묘제로 남아있던 지석묘의 조상숭배(ancestor worship)
와 결합이 본격화되고 있다. 다시 말해 청동기시대 환호가 철기시대에는 주거지로서
보다 종교·제사유적과 관계된 특수지구인 別邑인 蘇塗로 발전되어 나간 것 같다.

여건을 이용한 것이다.

나. 토기

토기는 종래의 보고서에서 크게 孔列土器(3·4·6·7·9·11·12·14호)[5], 口脣刻
目土器(5·7·11호), 短斜線文土器(9·11·12호), 孔列土器+口脣刻目(1·12호), 孔
列+斜線文(2·5·9호), 口脣刻目+短斜線文土器(14호)로 나누었으나 최근에는
크게 1. 二重口緣+短斜線文土器(1·9·11호) 2. 孔列土器(孔列文, 구멍무늬토
기)+口脣刻目土器(골아가리토기)의 두 가지로 나누어 볼 수 있다. 이런 토기의
형식분류는 1. 二重口緣+短斜線文土器(1·9·11호)→2. 孔列土器(2·3·4·6·7·9
호)→2a 孔列+口脣刻目土器(1·2·6·7·12호)→2b 孔列+短斜線文土器(2·5·9
호)→2c 口脣刻目+短斜線文土器(14호)로 재분류 해 볼 수 있을 것이다. 연대
가 올라가는 二重口緣+短斜線文土器가 나오는 주거지는 1·9·11호이며 연대

---

5) 부여 송국리와 충남 연기 금남 대평리 유적에서는 청동기시대 조기의 돌대문토기이외
에도 청동기시대 중기에 속하는 토기 바닥에 직경 3㎝ 내외의 구멍이 하나 뚫린 것이
나타나는데 이는 러시아 우수리강의 얀콥프카나 리도프카 문화에서 보이는 것들이다.
최근 다른 청동기시대 중기의 유적에서 공렬토기와 함께 공반하는 경우가 많다. 러시
아 동부시베리아(프리바이칼 지역)의 신석기-청동기시대 편년은 Kitoi-Isakovo(기원
전 4000년-기원전 3000년)-Servo(기원전 3000년-기원전 2000년)-Affanasievo-
Okunevo-Andronovo의 순으로 되는데 우리나라에서 기원전 1000년-기원전 600
년의 청동기시대 중기에 나타나는 공열토기와 구순각목토기는 Isakovo와 Servo에서
이미 나타나고 있다(최몽룡·이헌종·강인욱, 2003 시베리아의 선사고고학, 서울: 주류성,
pp.170-177). 그리고 충청남도 아산 탕정면 용두리, 경기도 가평 외서면 청평 4리, 경
기도 광주시 장지동, 경기도 가평 설악면 신천리, 강원도 횡성 공근면 학담리와 춘천
거두리와 천전리에서 출토된 해무리굽과 유사한 바닥을 지닌 경질무문토기는 아무르
강 중류 리도프카 문화(기원전 10세기-기원전 5세기, 강원도 춘천 우두동 등지에서 자주 나
타나는 주걱칼이 나옴)와 끄로우노프까(北沃沮, 黑龍江省 東寧縣 團結村 團結文化) 문화에서
도 보이고 그 연대도 기원전 3세기-서기 1세기 정도가 된다. 한반도의 철기시대에 러
시아문화의 영향을 고려할 필요가 있다.

가 늦다고 생각되는 口脣刻目+短斜線文土器가 나오는 주거지는 14호이다. 그러나 1·9·11호 주거지의 방사성탄소연대(C¹⁴)측정치는 없다. 그리고 14호 주거지의 연대는 기원전 195년, 기원전 270년으로 주거지 출토 토기의 연대와 비교해 볼 때 너무 낮다. 이와 같은 연대는 최근 새로이 발굴·조사된 여러 유적들과 비교해 보았을 때 큰 차이가 난다. 二重口緣+短斜線文土器에서 孔列土器(孔列文, 구멍무늬토기)+口脣刻目土器(골아가리토기)+斜線文에로의 이행 과정에서 필자가 임의로 붙인 2a, 2b, 2c의 형식은 특별한 선후가 있는 것이 아니라 여러 유적에서 흔히 나타나는 孔列土器의 變形이나 亞流로 볼 수 있는 과도기식 형식이 되겠다. 이는 토기제작자가 여성으로 좁은 지역에 국한한 通婚圈(intermarrige circle or network, intermarrige area)에 따라 생겨나는 것으로 볼 수 있다. 이러한 예는 미국 노스 다코타(North Dakota)주의 아리카라 인디언(Arikara, Sahnish)부족에서도 볼 수 있다(James Deetz, 1965. The Dynamics of Stylistic Change in Arikara Ceramics, Chicago: University of Illinois Press 및 1967 Invitation to Archaeology, American Museum Science Books D10, New York: the Natural History Press). 문양의 조합에서 크게 보면 기원전 1500년 이후 기원전 600년까지 약 900년간으로 볼 수 있으나 이 유적에서 실제 중심이 되는 토기는 二重口緣+短斜線文土器보다도 孔列土器+口脣刻目土器으로 청동기시대 전기 말—중기가 된다. 實年代는 기원전 12세기/11세기경—기원전 7세기경 사이의 400—500년 전후가 될 것이다. 흔암리 유적과 같은 청동기시대의 전기와 중기 유적들의 예들은 아래와 같다. 그리고 이를 바탕으로 한 필자의 글들은 註3에 언급하였다.[6]

---

6) 2004 富川 古康洞 유적 발굴을 통해 본 청동기시대, 철기시대 전기와 후기의 새로운 연구방향, 선사와 고대의 의례고고학, 한양대 문화재연구소 2004년 제1회 부천 고강동 선사유적 국제학술회의(12월 17일), pp.15-36.

그 외 특히 다른 청동기 중기의 유적에서 나오는 紅陶(1·2·4·5·11·12호)와 高杯(1·2·4·5·9·12호, 이는 후일 철기시대 전기 초 기원전 400년경 이후 기원전 1년까지 구연부 단면 원형, 방형과 삼각형의 粘土帶土器와 공반하는 굽이 낮은 豆形土器로 발전한다)형 토기도 보이며 1·2·4·5·12호에서 공반하고 있다. 토기의 과학적 분석결과 紅陶는 다른 토기들에 비해 정선된 胎土를 사용하고, 石英(quartz)

2008 한국 청동기·철기시대와 고대사회의 복원, 서울: 주류성.

2010 韓國 文化起源의 多元性—구석기시대에서 철기시대까지 동아시아의 諸 文化·文明으로부터 傳播—, 동아시아의 문명 기원과 교류, 단국대학교 동양학연구소, 제 40회 동양학 국제학술대회, pp.1—45 및 2011 韓國 文化起源의 多元성—구석기시대에서 철기시대까지 동아시아의 제 문화·문명으로부터 전승, 동북아시아의 문명 기원과 교류, 단국대학교동양학연구원 엮음, 동아시아 문명교류사 1. 동아시아 청동기문화의 교류와 국가형성, 학연문화사, pp.21—88(ISBN 9—788955—082500).

2010 扶餘 松菊里 遺蹟의 새로운 編年, 38회 한국상고사학회 학술발표대회(10월 1일, 금), 부여 송국리로 본 한국 청동기사회, pp.7—14 및 2011 부여 송국리 유적의 새로운 편년, 한국고고학 연구의 제 문제, 서울: 주류성, pp.207—223.

2011 韓國 考古學 研究의 諸 問題, 서울: 주류성.

2011 청동기·철기시대와 한국문화, 동아시아 청동기문화의 교류와 국가형성, 단국대교 동양학연구소, 제 41회 동양학 국제학술대회단국대학교 동양학연구원, pp.1—28 및 2012, 청동기·철기시대와 한국문화, 단국대학교 동양학연구원 엮음, 동아시아 문명교류사 2, 동아시아 청동기문화의 교류와 국가형성, 학연문화사, pp.147—185(ISBN 978—89—5508—287—694910).

2012 강과 문명—인류문명발달사—, 전상인·박양호 공편, 강과 한국인의 삶, 서울: 나남신서 1624, pp.81—115.

2012 스키타이, 흉노와 한국고대문화 —한국문화기원의 다양성—, 국립중앙박물관·부경대학교 인문사회과학연구소, 흉노와 그 동쪽의 이웃들, pp. 7—31.

2012 한국고고학·고대사에서 종교·제사유적의 의의—환호와 암각화—, 제 40회 한국상고사학회 학술발표대회, 한국 동남해안의 선사와 고대문화, 포항시 청소년 수련관, pp.7—43 및 하남문화원 제 4회 학술대회, 한국의 고대신앙과 백제불교, 하남시 문화원, pp.1—38(하남시 문화원, 위례문화, 2012, 15호, pp.79—118).

이 長石(feldspar)보다 많이 섞였음을 알 수 있다. 이는 충청북도 제원군 陽坪里 주거지(2785±165 B.P., 835±165 B.C.) 출토 홍도의 胎土와 비슷하다. 그리고 공렬토기와 다른 토기들 사이의 胎土성분에서 뚜렷한 차이가 없으나, 조직에서 보이는 미세한 차이는 女性으로 추정되는 토기제작자(4·8·9·10·11호의 바닥에서 胴部로 이어지는 縮約된 부분의 손비짐 흔적)가 시기적으로 달리 胎土를 선택할 때 생겨난 것으로 보인다. 흔암리의 토기는 다른 곳들의 청동기시대의 無文土器들과 크게 차이가 없고, 火度는 석영의 變移로 보아 573℃ 전후인데 이는 오랫동안 같은 곳에서 비슷한 태토를 선택해 仰天窯(open kiln)에서 구워진 결과로 보인다. 이외에도 그물문이 있는 빗살무늬토기 편(1·3·14호), 口緣部의 단면이 圓形인 粘土帶土器片(9호), 豆形土器(1호)도 보인다. 그리고 土製紡錘車(3호)의 표면은 紅陶, 花莖形土器와 逆刺式 磨製石鏃이 중심이 되고 기장과 수수가 함께 나온 함경북도 무산읍 범의 구석(虎谷) 15호 주거지(제 Ⅱ기 청동기시대, 기원전 2000년 기 후반의 장방형 수혈 움집 8.5m×5.5m) 출토 석제방추차와 같이 표면에 신석기대 전통의 기하학문이 새겨져 있다(황기덕, 1975, 무산 범의 구석 발굴보고, 고고민속논문집 6집 pp.158-165).

다. 석기

석기는 농경의 존재를 알려주는 반월형석도 중 長舟形(12호), 短舟形(2·5·9·12·13·15호), 魚形(11·14호)과 長方形(1·11호)石刀가 보이나 그중 단주형석도가 가장 많다. 그리고 南漢江에서 고기를 잡던 그물추(漁網錘, 1·3·4·5·7·9·11·12·13호), 옷감을 짤 때 필요한 紡錘車(1·2·4·7·9·11·12·13호), 扁平(8·12호)逆刺式(4·5·8·9·11·12·14호)과 有莖式(1·2·4·5·6·9·11·12·13·14호)의 사냥·무기용 石鏃, 식물의 粉碎用인 敲石(공이, 2·3·4·6·9·11호), 石棒(갈돌, 4·14호), 碾石(갈판, 2·4호), 石劍(1·3·8·12호), 有溝莖式 琵琶形/辽宁式/滿洲式/古朝鮮式銅劍을 모방한 血溝 있는 石劍片(1호·12호), 石槍(14호), 兩刃磨製石斧(1·6·9·12호), 單刃

磨製石斧(1·4·7호), 打製石斧(4·5·6·7·8·11·12·14호), 石鑿(끌, 1·9호), 石核(9호), 보습(12호), 가래형 석기(11호), 괭이형 석기(5호), 화살대를 똑바로 펴는 矢柄調整機(12호), 砥石(숫돌, 4·6·8·9호), 環狀石斧(12호, 이곳에서 출토한 環狀石斧(棍棒頭)는 모두 5점으로 15와 16호 각 1점, 표토채집 3점), 목걸이용 裝飾品(12호), 碧玉製管玉(11호) 등 모두 348점이 출토하였다. 12호 주거지에서 양인마제석부 6점, 단인 마제석부 15점, 타제석부 35점, 石鑿(끌, 2·12·15·16호), 석검 12점, 방추차 4점, 숫돌 8점, 고석 1점, 석도 2점, 보습 1점, 기타 4점과 함께 환상석부 1점 등 다른 주거지에 비해 월등 많은 94점이 나왔다. 이 집의 기능은 많은 수의 석기가 출토하였음에 비추어 볼 때 부족원들이 모이는 집회소/공회당이나 창고 같은 생각도 드나 신분의 과시용인 環狀石斧의 존재로 볼 때 血緣을 기반으로 하는 階級社會인 族長社會(chiefdom)의 우두머리인 族長(chief)이 살던 집으로 보는 것이 타당할 듯하다. 開墾用 마제석부, 반월형석도, 석착(끌), 보습(12호), 괭이형 석기(5호)와 가래형 석기(11호)는 이곳에서 농경을 했던 증거들이고, 농경은 火田民式 農耕(slash and burn cultivation), 밭농사를 했고 저수지와 관개수리시설이 있고 공렬토기와 절구 공이가 나오는 경상북도 안동시 서후면 저전리 유적과 같이 일부 水田耕作도 가능했을 것으로 보여진다.

라. 기타유물

흔암리에서는 보리, 조, 수수 등의 탄화곡물과 함께 炭火米(12호)가 대량으로 출토하였다. 이는 쌀(벼), 콩, 수수, 조, 기장 등 五穀이 나오는 평양시 삼석구역 湖南里 南京유적 Ⅰ기에 속하는 36호[기원전 2000년기 말-기원전 1000년기 초, 이곳 청동기시대 Ⅰ기에 속하는 팽이그릇(角形土器, 이중구연에 단사선문이 있음)과 어깨가 있는 變形팽이그릇(기원전 992±172년, 기원전 1024년±70년)]와 청동기시대 Ⅱ기에 속하는 11호 집자리에서 나오는 기장과 같이 농경이 본격화되었음을 보여준다. 평양시 삼석구역 湖南里 南京유적은 이웃 삼석구역 호남리

표대유적의 팽이그릇(角形土器) 집자리의 편년에 따르면 IV기(기원전 1774±592년/1150±240년)에 속한다.[7] 그 다음 중기의 공렬토기 단계와 후기의 경질무문토기 단계(부여 송국리)에는 五穀의 농사과 함께 火田, 밭농사와 水田耕作이 전국적으로 확산되었다.[8]

마. 연대

여주 점동면 흔암리 선사유적(경기도 기념물 155호)의 연대는 방사성탄소연대(C14)에 의하여 기원전 1650년−기원전 1490년(12호), 기원전 1390년−기원전 1170년(12호), 기원전 1300년−기원전1030년(12호) 기원전 930년−기원전 780년(12호), 기원전 1100년−기원전 780년(8호), 기원전 470년−기원전 400년(13호, 이 유적에 맞지 않는 가장 늦은 연대이나 시료 채취 상 문제가 있는 것으로 생각됨)

---

7) 최근 북한 학자들은 평양시 삼석구역 호남리 표대유적의 팽이그릇(角形土器) 집자리를 4기로 나누어 본다(Ⅰ−기원전 3282년±777년/3306년±696년, Ⅱ−기원전 2668±649년/2980±540년/2415±718년/2650±510년, Ⅲ−기원전 2140±390년/2450±380년, Ⅳ−기원전 1774±592년/1150±240년, 조선고고연구 2003−2). 그중 Ⅱ에서 Ⅳ문화기 즉 기원전 3천 년기 전반기에서 기원전 2천 년 기에 해당하는 연대를 단군조선(고조선)국가성립을 전후한 시기로 보고 있다. 그리고 북한 학자들은 아직 학계에서 인정을 받지 못하고 있지만 서기 1993년 10월 2일 평양 근교 강동군 강동읍 대박산 기슭에서 단군릉을 발굴하고 단군릉에서 나온 인골의 연대(electron spin resonance: 전자스핀공명법 연대)인 기원전 3018년을 토대로 하여, 근처 성천군 용산리 순장묘와 지석묘(5069±426 B.P./3119 B.C.), 대동강 근처 덕천군 남양 유적 3층 16호 집자리(5796 B.P./3846 B.C.)와 평양시 강동군 남강 노동자구 黃岱부락의 土石混築의 城까지 묶어 기원전 30세기에 존재한 '대동강 문명'이란 말을 만들어냈다
8) 1984 농경문화의 기원·전파 그리고 문제점, 계간경향 사상과 정책, 겨울호, pp.30−37.
   1997 쌀 이야기−재배, 기원 및 전파−, 도시·문명·국가−고고학에의 접근−, 서울: 서울대학교출판부, pp.270−277.
   1989 靑銅器時代, 韓國の考古學(공저), 東京: 講談社, pp.65−76.

등이나 기원전 1650년-기원전 780년 사이에 속한다. 한국 청동기시대 중 전기(기원전 1500년-기원전 1000년)에는 二重口緣+短斜線文土器가 중기(기원전 1000년-기원전 600년)에는 孔列土器+口脣刻目土器가 나타난다. 그러나 흔암리 유적에서 長方形 주거지가 많고 孔列土器와 口脣刻目, 短斜線文과 결합된 공렬토기의 변형·아류의 토기들이 많은 점은 이 유적이 청동기시대 전기 말에서 청동기시대 중기에 걸치고 있다는 것을 알려준다. 이 유적이 존속했던 實年代는 기원전 12세기/11세기경-기원전 7세기경 사이의 400-500년 전후가 될 것이다.

이와 비슷한 시기의 유적은 강원도 춘천시 우두동 82번지 유치원 부지, 강원도 평창 평창읍 천동리 220번지(구순각목, 이중구연, 단사선문, 반관통 공렬문: 기원전 11세기-기원전 10세기경), 경기도 하남시 덕풍골(종교·제사유적, 기원전 1065년-기원전 665년), 경기도 강화도 내가면 오상리 고인돌(인천광역시 기념물 제5호), 가평 가평읍 달전 2리(가평역사부지), 안성 원곡 반제리, 연천군 삼거리 주거지(기원전 1130년, 이중구연과 공렬이 한 토기에 같이 보임, 청동기시대 전기 말 -중기 초), 양평군 양수리(기전문화재연구원 2001년 3월 26일 발굴회의, 공렬 및 구순각목토기 출토), 용인시 수지읍 죽전 5리 현대아파트 및 어린이 공원 부지(기전문화재연구원 2001년 3월 26일 및 12월 6일 발굴회의, 공렬 및 구순각목토기 출토), 평택 현곡 토진리, 충청남도 서산군 음암 부장리, 공주시 장기면 제천리, 공주시 장기면 당암리, 계룡시 두마면 두계리, 광주광역시 북구 동림동 2택지개발지구, 전라남도 여수시 월내동 상촌 Ⅱ 지석묘(이중구연 단사선문, 공렬토기, 비파형동검 3점, 청동기시대 전기 말-중기 초, 기원전 10세기경), 여천 적량동 상적 지석묘(청동기시대 전기 말-중기 초, 기원전 10세기경, 이중구연 단사선문, 구순각목, 공렬토기, 비파형동검 6점), 해남 현산 분토리 836번지(구순각목, 공렬토기) 등이 될 것이다.

여주 흔암리 주거지에서 나온 시료의 방사성탄소연대와 보정연대는 다음과 같다.

주거지명	시료번호(연구소)	C¹⁴연대 반감기		보정연대(Ralph) B.C.
		5568년 B.P	5730년 B.P.	
흔암리 7호	원자력연구소	2520±220		
	원자력연구소	1810±190		
흔암리 8호	원자력연구소	2696±160	2776±160	780−1110(945)
	원자력연구소	2696±160	2739±160	760−1000(930)
	원자력연구소	2540±150	2616±150	470−900(685)
흔암리 12호	원자력연구소	3210±70	3306±70	1490−1650(1570)
	日本 理化學研	2920±70	3007±70	1030−1300(1165)
	원자력연구소	2620±100	2698±100	780−930(855)
	日本 理化學研	2980±70	3069±70	1170−1390(1280)
흔암리 13호	원자력연구소	2290±60	2358±60	400−470(435)
	원자력연구소	2110±60	2173±60	70−390(230)
흔암리 14호	원자력연구소	2145±60	2209±60	140−400(270)
	원자력연구소	2089±60	2151±60	10−380(195)

여주 흔암리와 같은 시기의 청동기시대 전기와 중기의 유적들은 다음과 같다.

가. 전기(기원전 1500년−기원전 1000년: 二重口緣+短斜線文土器)

　　서울 송파구 가락동

　　강원도 춘천 신매리(17호: 기원전 1510년, 기원전 1120년−기원전 840년)

　　강원도 춘천 우두동 82번지 유치원 부지(기원전 12세기경)

　　강원도 강릉 교동(1호: 기원전 1878년−기원전 1521년/2호: 기원전 1495년−

　　　　기원전 1219년/3호: 기원전 1676년−기원전 1408년)

　　강원도 원주 가현동 국군병원

　　강원도 고성 현내면 송현리

　　강원도 속초 대포동

강원도 평창 평창읍 천동리 220번지(구순각목, 이중구연, 단사선문, 반관

　　통 공렬문: 기원전 11세기-기원전 10세기경)

경기도 강화도 내가면 오상리 고인돌(인천광역시 기념물 제5호)

경기도 가평 가평읍 달전 2리(가평역사부지)

경기도 김포시 양촌면 양곡리·구례리

경기도 성남시 분당구 판교동

경기도 평택 현곡 토진리

경기도 안성 원곡 반제리

경기도 안성 공도면 만정리

경기도 여주 점동면 흔암리[경기도 기념물 155호, 기원전 1650년-기원전

　　1490년(12호), 기원전 1390년-기원전 1170년(12호) 기원전 1100년-기원전

　　780년(8호) 등]

경기도 연천 군남면 강내리(고려문화재연구원)

경기도 파주 교하읍 운정리

경기도 화성시 동화리

인천광역시 서구 검단 2지구

인천광역시 옹진군 덕적면 소야도(기원전 2085년, 기원전 2500년-기원전

　　1650년)

대전광역시 유성구 궁동 및 장대동

충청북도 충주 동량면 조동리(1호: 2700±165 B.P., 2995±135; 기원전 11

　　세기경)

충청북도 청주 내곡동

충청남도 부여 구봉면 구봉리 논 유적(기원전 1450년)

충청남도 청주 용암동

충청남도 서산군 음암 부장리

충청남도 공주시 장기면 제천리

충청남도 공주시 장기면 당암리

충청남도 계룡시 두마면 두계리

충청남도 천안 백석동 고재미골

충청남도 아산 탕정면 LCD 단지 1지점

충청남도 아산 탕정면 용두리

충청남도 연기군 남면 중촌리 도림말

충청남도 연기군 남면 송담 2리

충청남도 연기군 남면 송원리

충청남도 연기군 남면 연기리 임천

경상남도 울산광역시 북구 신천동

경상남도 진주 대평 옥방지구(기원전 1590년-기원전 1310년, 기원전 1620
년-기원전 1400년)

경상남도 밀양 산외면 금천리

경상북도 대구 수성구 상동

경상북도 경주 충효동 640번지 일원

경상북도 포항시 남구 구룡포읍 삼정리

전라북도 군산시 내흥동 군산역사

전라북도 익산 영등동(1-3호)

광주광역시 북구 동림동 2택지개발지구

전라남도 여천 적량동 상적 지석묘(청동기시대 전기 말-중기 초, 기원전
10세기경, 이중구연 단사선문, 구순각목, 공렬토기, 비파형동검 6점)

전라남도 여수시 월내동 상촌 Ⅱ 지석묘(이중구연 단사선문, 공렬토기, 비
파형동검 3점, 청동기시대 전기 말-중기 초, 기원전 10세기경)

전라남도 고흥 두원면 운대리 중대 지석묘(비파형동검)

전라남도 여천 화장동 고인돌(비파형동검, 기원전 1005년)

제주도 서귀포시 대정읍 하모리

나. 중기(기원전 1000년-기원전 600년: 孔列土器+口脣刻目土器)

서울 강남구 역삼동

서울 강동구 명일동(역자식 석촉과 유경식 석촉이 공존)

강원도 강릉 입압동

강원도 속초 조양동(사적 제376호)

강원도 양구군 양구읍 하리 및 고대리

강원도 정선 북면 여량 2리(아우라지, 기원전 970년)

강원도 영월 남면 연당 2리 피난굴(쌍굴, 공렬토기)

강원도 정선 신동읍 예미리

강원도 원주 가현동(국군병원) 및 태장동 4지구

강원도 춘성군 내평리[현 소양강댐 내 수몰지구, 2930±60 B.P.(기원전 980
년), 2590±60 B.P.(기원전 640년), 2290±60 B.P.(기원전 340년)]

강원도 춘천 거두리(1리 및 2리)

강원도 춘천 우두동 82번지 유치원 부지

강원도 춘천 신매리

강원도 춘천 율문리

강원도 춘천 하중도 D-E지구

강원도 춘천 천전리

강원도 화천 용암리

강원도 화천 하남 원천리(예맥문화재연구원)

강원도 화천 하남면 거례리

강원도 홍천 화촌면 외삼포리

강원도 홍천 화촌면 성산리

강원도 춘천 우두동 직업훈련원 진입도로(비파형동검)

강원도 춘천 삼천동

경기도 하남시(옛 경기도 廣州읍 동부면 미사리) 渼沙里(사적 제269호)

경기도 하남시 德豊 1洞 덕풍골(제사유구)

경기도 하남시 望月洞 龜山

경기도 가평 청평면(외서면) 대성리

경기도 가평 설악면 신천리

경기도 광주시 역동(비파형동검)

경기도 광주시 장지동

경기도 군포 부곡지구

경기도 가평 설악면 신천리

경기도 김포시 양촌면 양곡리·구례리

경기도 성남시 분당구 판교동

경기도 여주 점동면 흔암리(경기도 기념물 155호)

경기도 파주 옥석리 고인돌(기원전 640년경)

경기도 파주 교하읍 운정리

경기도 하남시 덕풍골(종교·제사유적, 기원전 1065년–기원전 665년)

경기도 하남시 미사동(사적 제269호 옆)

경기도 부천 고강동

경기도 시흥 논곡동 목감중학교

경기도 시흥 능곡동

경기도 안성 공도 만정리

경기도 안성 공도 마정리

경기도 안양 관양동(1호 주거지: 기원전 1276년–기원전 1047년, 기원전

1375년-기원전 945년/5호 주거지: 기원전 1185년-940년, 기원전 1255년-
기원전 903년)

경기도 의왕시 고천동 의왕 ICD 부근(기원전 990년-기원전 870년)

경기도 양평군 개군면 공세리 대명콘도 앞

경기도 양평군 개군면 상자포리

경기도 양평군 양서면 도곡리

경기도 양평군 양수리(기전문화재연구원 2001년 3월 26일 발굴회의, 공렬
및 구순각목토기 출토)

경기도 연천 통현리·은대리·학곡리 지석묘

경기도 연천 삼거리 주거지(기원전 1130년, 이중구연과 공렬이 한 토기에
같이 나옴, 청동기시대 전기 말 중기 초)

경기도 연천 군남면 강내리(고려문화재연구원)

경기도 용인시 수지읍 죽전 5리 현대아파트 및 어린이 공원 부지(기전
문화재연구원 2001년 3월 26일 및 12월 6일 발굴, 공렬 및 구순각목토기 출
토)

경기도 평택 지제동(기원전 830년, 기원전 789년)

경기도 평택 토진 현곡동

경기도 평택 서탄면 수월암리(북방식 지석묘)

경기도 화성 천천리(공렬토기가 나오는 7호 주거지는 기원전 950년-기원전
820년에 속함, 11호 주거지는 기원전 1190년으로 연대가 가장 올라감)

경기도 화성 동탄 동학산

경기도 화성군 마도면 쌍송리(환호, 소도)

인천광역시 연수구 선학동 문학산

인천광역시 서구 검단 2지구

인천광역시 서구 원당 4지구(풍산 김씨 묘역)

인천광역시 서구 불로지구(4구역)

충청북도 청주 용암동(기원전 1119년)

충청북도 충주 동량면 조동리(7호, 기원전 750년)

충청북도 제원 양평리(홍도, 기원전 835년±165년)

충청남도 천안 백석동(94-B: 기원전 900년-기원전 600년, 95-B: 기원전
890년-기원전 840년)

충청남도 천안 백석동 고재미골

충청남도 천안 운전리

충청남도 천안 입장리 1호 고속국도 IC

충청남도 공주시 장기면 제천리 감나무골

충청남도 운산 여미리

충청남도 아산 명암리(기원전 1040년-기원전 940년, 기원전 780년-기원전
520년)

충청남도 아산 탕정면 LCD 단지 2지점

충청남도 아산 탕정면 제2 일반 지방산업단지 1지역 1지점

충청남도 아산 탕정면 용두리(기원전 11세기-기원전 10세기경)

충청남도 당진 석문면 통정리(기원전 11세기-기원전 10세기경)

충청남도 청양 학암리

충청남도 보령시 웅천면 구룡리

충청남도 대전 대덕구 비래동 고인돌(기원전 825년, 기원전 795년, 기원전
685년)

충청남도 대전 유성구 관평동·용산동

충청남도 대전 유성구 서둔동·궁동·장대동

충청남도 유성구 자운동·추목동

충청남도 대전 동구 가오동·대성동 일원

충청남도 아산 신창면 남성리

충청남도 서산군 해미면 기지리

대구광역시 달서구 진천동(사적 제411호 옆)

대구광역시 달서구 상인동, 대천동

대구광역시 수성구 상동

경상북도 경주 川北洞 新堂里(황기덕, 1964, 우리나라 동북지방의 청동기
시대 주민과 남녘의 주민과의 관계, 고고민속 64-1, pp.15-19)

경상북도 경주 내남면 월산동(기원전 1530년-기원전 1070년, 기원전 970
년-기원전 540년)

경상북도 경주 충효동 640번지와 100-41번지 일원(기원전 1010년-기원
전 800년, 기원전 920년-기원전 810년)

경상북도 경주 덕천리

경상북도 경주 충효동

경상북도 안동시 서후면 저전리(저수지, 관개수리시설, 절구 공이)

경북 영주시 가흥동

경상북도 포항시 남구 지곡동

경상북도 포항 호동

경상북도 흥해읍 북구 대련리

경상북도 청도 송읍리

경상북도 청도 화양 진라리

울산광역시 북구 연암동(환호가 있는 종교·제사유적)

울산광역시 북구 신천동

울산광역시 남구 야음동

경상남도 울주 두동면 천전리(국보 제147호), 언양 반구대(국보 제285호)
진입로

경상남도 울주 검단리(사적 제332호)

경상남도 밀양 상동 신안 고래리

전라북도 군산 내흥동

전라북도 진안 오라동

전라북도 진안 모정리 여의곡

전라북도 진안 삼락리 풍암

광주광역시 북구 동림 2 택지

전라남도 고흥 과역 석북리

전라남도 곡성 겸면 현정리

전라남도 광양 원월리

전라남도 구례군 구례읍 봉북리

전라남도 승주 대곡리

전라남도 승주 죽내리

전라남도 여수 적량동

전라남도 여수 봉계동 월암

전라남도 여수 월내동

전라남도 여천 화장동 화산

전라남도 순천 우산리 내우 지석묘(비파형동검)와 곡천

전라남도 해남 현산 분토리 836번지(공렬토기, 구순각목)

제주도 남제주군 신천리 마장굴

제주고 서귀포시 대정읍 상모리

제주시 삼화지구(비파형 동검편)

제주시 삼양동

이 유적들을 바탕으로 필자가 새로이 만든 우리나라의 청동기시대(기원전

2000년-기원전 400년)의 편년은 조기, 전기, 중기, 후기의 4기로 나누어지며 그들은 다음과 같다.

　가. 조기(기원전 2000년-기원전 1500년): 신석기시대에 이어 한반도와 만주에서는 기원전 20세기-기원전 15세기경부터 청동기가 시작되었다. 그 시기는 신석기시대와 청동기시대 조기 인들이 약 500년간 공존하면서 신석기인들이 내륙으로 들어와 농사를 짓거나 즐문토기의 태토나 기형에 무문토기의 특징이 가미되는 또는 그 반대의 문화적 복합양상이 나타기도 한다. 이는 通婚圈(사회나 계급·신분에 따라 intermarrige circle or network, intermarrige area로 번역될 수 있다)과 通商圈(interaction sphere)의 결과에 기인한다. 최근의 발굴 조사에 의하면 한반도의 청동기시대의 시작이 기원전 2000년-기원전 1500년으로 오르고 관계 유적들도 전국적인 분포를 보인다. 이는 이중구연토기와 공렬토기에 앞서는 돌대문토기가 강원도 춘성군 내평(현 소양강댐 내 수몰지구), 춘천 산천리, 정선 북면 여량 2리(아우라지), 춘천 천전리(기원전 1440년), 춘천 현암리, 춘천 신매리, 춘천 우두동 직업훈련원 진입도로, 홍천 두촌면 철정리, 홍천 화촌면 외삼포리(기원전 1330년, 기원전 1350년), 평창 평창읍 천동리, 강릉시 초당동 391번지 허균·허난설헌 자료관 건립부지, 경상북도 경주 충효동, 경기도 가평 상면 연하리, 인천 계양구 동양동, 경상남도 진주 남강댐 내 옥방 5지구 등(동아대·선문대 등 조사단 구역, 기원전 1590년-기원전 1310년, 기원전 1620년-기원전 1400년), 충남 연기 금남 대평리(2970±150 B.P., 기원전 1300년-기원전 1120년) 유적, 충청남도 대전시 용산동(단사선문이 있는 돌대문토기로 조기 말-전기 초)을 비롯한 여러 곳에서 새로이 나타나고 있기 때문이다. 현재까지 확인된 고고학 자료에 따르면 櫛文土器시대 말기에 약 500년간 청동기시대의 시작을 알려주는 突帶文(각목돌대문, 덧띠새김무늬)토기가 공반하며(청동기시대 조기: 기원전 2000년-기원전 1500년), 각목돌대문(덧띠새김무늬)토기의 경우 中國

辽宁省 小珠山유적의 상층(신석기시대 후기)과 같거나 약간 앞서는 것으로 생각되는 大連市 郊區 石灰窯村, 辽東彎연안 交流島 蛤皮地, 長興島 三堂유적(기원전 2450년–기원전 1950년경으로 여겨짐), 吉林省 和龍縣 東城乡 興城村 三社(早期 興城三期, 기원전 2050년–기원전 1750년), 그리고 연해주의 보이즈만 신석기시대 말기인 자이사노프카의 올레니와 시니가이 유적(이상 기원전 3420년–기원전 1550년)에서 발견되고 있어 서쪽과 동쪽의 두 군데에서 영향을 받았을 가능성이 많다. 이들 유적들은 모두 신석기시대 말기에서 청동기시대 조기에 속한다. 그리고 지석묘는 기원전 1500년에서부터 시작하여 철기시대 전기 말, 기원전 1년까지 존속한 한국토착사회의 묘제로서 이 시기의 多源(元)的인 문화요소를 수용하고 있다.[9] 아마 석관묘사회도 지석묘사회와 공존하다가 토착

---

9) 우리나라의 거석문화는 지석묘(고인돌)와 입석(선돌)의 두 가지로 대표된다. 그러나 기원전 4500년 전후 세계에서 제일 빠른 거석문화의 발생지로 여겨지는 구라파에서는 지석묘(dolmen), 입석(menhir), 스톤써클(stone circle: 영국의 Stonehenge가 대표), 열석(alignment, 불란서의 Carnac이 대표)과 연도(널길) 있는 석실분(collective tomb: passage grave, 또는 access passage), 연도(널길) 없는 석실분(gallery grave 또는 allée couverte)의 5종 여섯 가지 형태가 나타난다. 이 중 거친 할석으로 만들어지고 죽은 사람을 위한 무덤의 기능을 가진 지석묘는 우리나라에서만 약 29,000기가 발견되고 있다. 중국의 요녕성 절강성의 것들을 합하면 더욱 더 많아질 것이다. 남한의 고인돌은 北方式, 南方式과 蓋石式의 셋으로 구분하고 발달 순서도 북방식–남방식–개석식으로 생각되고 있다. 그러나 북한의 지석묘는 황주 침촌리와 연탄 오덕리의 두 형식으로 대별되고, 그 발달 순서도 변형의 침촌리식(황해도 황주 침촌리)에서 전형적인 오덕리(황해도 연탄 오덕리)식으로 보고 있다. 여기에 마지막으로 개천 묵방리식이 추가된다. 우리나라의 지석묘 사회는 청동기시대–철기시대 전기 토착사회의 무덤으로 전문직의 발생, 재분배 경제, 조상 숭배와 혈연을 기반으로 하는 계급 사회로 인식되고 있다. 그러나 지석묘의 기원과 전파에 대하여는 연대와 형식의 문제점 때문에 현재로서는 구라파 쪽에서 전파된 것이라기보다는 '韓半島 自生說'쪽으로 기울어지고 있는 실정이다. 여기에 비해 한 장씩의 판석으로 짜 상자모양으로 만든 石棺墓 또는 돌널무덤(石箱墳)의 형식이 있다. 아마 이들은 처음 지석묘사회와 공존하다가 차츰 지석묘사회에로 흡수된 것으로 여겨진다. 석관묘(석상분)와 지석묘의 기원과 전파에 대하여는 선후

사회인 지석묘사회에 흡수되었을 것이다.[10]

　나. 전기(기원전 1500년-기원전 1000년): 二重口緣＋單斜線文土器와 孔列土器
가 함께 나오는 강원도 춘천시 서면 신매리 주거지 17호 유적(1996년 한림대학
교 발굴, 서울대학교 '가속기질량연대분석(AMS)'결과 3200±50 B.P. 기원전 1510년,

문제, 문화 계통 등에 대해 아직 연구의 여지가 많다. 최근 끄로우노프가 강변에서 발
견된 얀꼽스키문화(기원전 8세기-기원전 4세기)에서도 고인돌과 유사한 구조와 그 속에
서 한반도에서 나오는 석검, 관옥 등 비슷한 유물들이 확인되고 있다.

10) 이제까지 알려진 夏(기원전 2200년-기원전 1750년)나라보다 약 800년이나 앞서는 紅山
　　(기원전 3600년-기원전 3000년)문화는 1935년 초 赤峰市 紅山后에서 발견된 것으로 그
　　범위는 내몽고 동남부를 중심으로 辽宁 서남, 河北 북부, 吉林 서부에까지 미친다.
　　경제생활은 농업과 어로가 위주이고 석기는 타제와 마제석기를 사용하였다. 주요 유
　　적들은 內蒙古 那斯臺村, 辽宁 喀左 東山嘴 冲水溝(기원전 3000년-기원전 2500년경)와
　　建平을 비롯하여 蜘蛛山, 西水泉, 敖漢旗三道灣子, 四棱山, 巴林左旗南楊家營子들
　　이다. 특히 辽宁 喀左 東山嘴와 建平 牛河梁유적에서는 祭壇(三重圓形), 女神廟(東山
　　嘴 冲水溝의 泥塑像, 여기에서 나온 紅銅/純銅의 FT(Fission Track)연대는 4298±345 B.P.,
　　3899±555 B.P. C14의 연대는 5000±130 B.P.가 나오고 있다), 積石塚(牛河梁 馬家溝 14-1,
　　1-7호, 1-4호, 祭器로서 彩陶圓筒形器가 보임), 石棺墓(2호), 禮器로서의 鞍山 岫岩玉(滿
　　族自治県)으로 만들어진 玉器[龍, 渚(묏/멧돼지), 매, 매미, 거북 자라 등의 動物, 상투(結髮,
　　魋結)를 위한 馬啼形玉器(14-a), 環, 璧, 玦 등 100건 이상], 紅陶와 黑陶가 생산된 橫穴式
　　窯와 一·二次葬을 포함하는 土坑竪穴墓(水葬·風葬·火葬) 등이 알려져 있다. 이 홍산
　　문화에서 興隆窪(8000-7600 B.P.)에서 보이는 玉渚龍이 사슴·새-묏/멧돼지용(玉渚龍)
　　에서 龍(C形의 玉雕龍으로 비와 농경의 기원)으로 발전하는 圖上의 확인뿐만 아니라 紅
　　山岩畵에서 보이는 종교적 무당 신분의 王(神政政治, theocracy)에 가까운 최소한 족
　　장(chief) 이상의 우두머리가 다스리는 階級社會 또는 文明社會를 보여주고있다. 토
　　기문양 중 갈 '之' 문양은 평북 의주 미송리와 경남 통영 상노대노에서, 玉玦은 경기
　　도 파주 주월리와 강원도 고성 문암리에서 나타난다. 해자가 돌린 성역화된 적석총/
　　석관(周溝石棺墓)은 강원도 홍천 두촌면 철정리, 강원도 춘천 천전리, 충남 서천 오석
　　리와 경남 진주대평 옥방 8지구 등에서 보여 홍산문화와 한국의 선사문화의 관련성
　　이 점차 증가하는 추세이다.

문화재연구소 방사성탄소연대측정결과는 2840±50 B.P. 기원전 1120년-기원전 840
년이라는 연대가 나옴)과 강릉시 교동의 주거지가 이에 속하며 강릉의 경우 청
동기시대 전기에서 중기로 넘어오는 과도기적인 것으로 방사성 탄소측정 연대
도 기원전 1130년-기원전 840년 사이에 해당한다.

　다. 중기(기원전 1000년-기원전 600년): 二重口緣＋單斜線文土器와 孔列土
器＋口脣刻目土器가 함께 나와 연대가 청동기시대 전기(기원전 1500년-기원전
1000년) 말에서 청동기시대 중기(기원전 1000년-기원전 600년)에 걸치는 경기도
여주군 점동면 欣岩里 유적(경기도 기념물 155호)이 이에 포함된다.

　라. 후기(기원전 600년-기원전 400년): 孔列土器와 口脣刻目土器, 硬質無文土
器(700℃-850℃)가 함께 보이나 후자 경질무문토기가 중심이 되는 부여 송국리
유적(사적 249호)이 대표적이다. 그리고 바로 철기시대로 이행한다.[11]

---

11) 철기시대(기원전 400년-서기 300년)의 편년은 전기와 후기의 2기로 나눌 수 있다.
　가. 철기시대 전기(기원전 400년-기원전 1년): 최근 粘土帶토기 관계 유적의 출현과 관
　　련하여 기원전 400년으로 상한을 100년 더 올려 잡는다. 이 시기는 점토대토기의
　　단면의 형태에 따라 Ⅰ기(전기, 원형), Ⅱ기(중기, 방형)와 Ⅲ기(후기, 삼각형)의 세 시
　　기로 나누어진다. 마지막 Ⅲ기(후기)에 구연부 斷面 三角形 粘土帶토기와 함께 다
　　리가 짧고 굵은 豆形토기가 나오는데 이 시기에 新羅 蘿井에서 보이는 바와 같이
　　古代國家가 형성된다. 이 중 衛滿朝鮮(기원전 194년-기원전 108년)은 철기시대 전
　　기 중 Ⅲ기(후기)에 속한다. 점토대 토기의 출현은 철기시대의 시작과 관련이 있
　　다. 최근의 질량가속연대측정(AMS)에 의한 결과 강릉 송림리 유적이 기원전 700
　　년-기원전 400년경, 안성 원곡 반제리의 경우 기원전 875년-기원전 450년, 양
　　양 지리의 경우 기원전 480년-기원전 420년(2430±50 BP, 2370±50 BP), 횡성군
　　갑천면 중금리 기원전 800년-기원전 600년 그리고 홍천 두촌면 철정리(A-58호
　　단조 철편, 55호 단면 직사각형 점토대토기)의 경우 기원전 640년과 기원전 620년이
　　나오고 있어 철기시대 전기의 상한 연대가 기원전 5세기에서 더욱 더 올라갈 가

앞서 본 바와 같이 청동기시대[12] 중기의 특징적인 공렬토기가 나오는 유적은 전국에 분포한다. 청동기시대 중기의 특징은 다음과 같이 정리될 수 있겠다.

능성도 있다는 것이다. 그 기원으로는 중국의 沈阳 郑家洼子 유적과 아울러 러시아 연해주의 뽈체(挹婁)문화가 주목된다. 러시아 연해주의 올레니 A와 끄로우노프까(北沃沮, 黑龍江省 東寧県 團結村 團結文化)에서 凸자형과 呂자형 집자리가 나와 앞으로 한국에서 발굴되는 凸자형과 呂자형 집자리들의 기원과 연대문제가 새로운 주목을 받고 있다. 그리고 마이헤 강변 이즈웨스또프카 유적에서 발견된 석관묘에서 한국식 세형동검(말기형), 조문경과 끌(동사)이 나왔는데 우리의 편년으로는 기원전 2세기에서 기원전 1세기경에 속한다. 철기시대 전기(기원전 400년-기원전 1년)는 衛滿朝鮮(기원전 194년-기원전 108년)의 국가 형성과 낙랑군의 설치(기원전 108년-서기 313년)가 중복되어 있어 한국에 있어 歷史考古學의 시작 단계이다. 英國 大英博物館 소장의 '鳥形柄頭 細形銅劍'을 우리나라에서 철기시대 전기의 대표적인 유물인 세형동검의 자루 끝에 '鳥形 안테나'가 장식된 안테나식 검(Antennenschwert, Antennae sword)으로 보는데, 이는 오스트리아 잘쯔캄머구트 유적에서 시작하여 구라파의 철기시대의 대명사로 된 할슈탓트(Hallstat : A-기원전 12세기-기원전 11세기, B-기원전 10세기-기원전 8세기, C-기원전 7세기, D-기원전 6세기) 문화에서 나타나는 소위 'winged chape'(날개달린 물미)에 스키타이식 동물문양이 가미되어 나타난 것이다. 이러한 예는 대구 비산동 유물(국보 137호)을 포함해 4점에 이른다. 또한 스키타이식 銅鍑과 靑銅製 馬形帶鉤가 金海 大成洞, 永川 漁隱洞과 金海 良洞里에서 나타나는 것으로 보아 앞으로 우리 문화의 전파와 수용에 있어서 의외로 다양한 가능성이 있을 것으로 보인다. 특히 銅鍑(동복)의 경우 러시아 시베리아의 우코크에서 발견된 스키타이 고분, 드네프로페트로프스크주 오르쥬노키제시 톨스타야 모길라 쿠르간 봉토분(1971년 모죠레브스키 발굴)과 로스토프지역 노보체르카스크 소코로프스키 계곡 5형제 3호분(1970년 라에프 발굴), 카스피해 북안의 사브라마트, 세미레치에, 투바의 우육과 미누신스크 분지의 카카르 문화 등과 중국 辽宁省 北票市 章吉 菅子乡 西河村(喇嘛洞) 古墓(1973년 발굴, 鮮卑문화) 등지에서 볼 수 있는 북방계 유물인 것이다. 우리 문화에서 나타나는 북방계 요소는 철기시대 전기(기원전 400년-기원전 1년) 이후 동물형 문양의 帶鉤나 銅鍑(동복)의 예에서와 같이 뚜렷해진다.
나. 철기시대 후기(삼국시대 전기) : 서기 1년-서기 300년. 또는 삼국시대 전기/삼한시대(마한). 삼국시대 전기에 속하는 경기도, 충청남북도와 전라북도에서 발견되는 馬韓지역의 토실은 북쪽 挹婁와 관련성이 있다. 『三國志』 魏志 東夷傳 挹婁조

1) 청동기시대 중기가 되면 孔列土器(+口脣刻目土器)文化는 지역적인 국한된 모습을 벗어나 한반도 전체(현재로서는 以南地域)로 확산된다. 중기의 공렬토기 단계(여주 흔암리)와 후기의 경질무문토기 단계(부여 송국리)에는 五穀의 농사과 함께 火田, 밭농사와 水田耕作이 전국적으로 확산되며 韓國化된 同一

에 보면 …常穴居大家深九梯以多爲好土氣寒…(…큰 집은 사다리가 9계단 높이의 깊이이며 깊이가 깊을수록 좋다…)라는 기록에서 사다리를 타고 내려가 사는 토실에 대한 언급이 나온다. 또 1755년 Krasheninnikov나 1778년 James Cook의 탐험대에 의해 보고된 바로는 멀리 북쪽 베링해(Bering Sea) 근처 캄챠카(Kamtschatka)에 살고 있는 에스키모인 꼬략(Koryak)족과 오날라쉬카(Oonalaschka)의 원주민인 알류산(Aleut)인들은 수혈 또는 반수혈의 움집을 만들고 지붕에서부터 사다리를 타고 내려가 그 속에서 살고 있다고 한다. 이들 모두 기후환경에 대한 적응의 결과로 볼 수 있다. 아울러 우리 문화의 원류도 짐작하게 한다.

12) 인류문명발달사에서 청동기시대란 고돈 촤일드(Vere Godon Childe)가 唯物史觀에 따라 命名한 都市革命(Urban revolution)으로 혈연을 기반으로 하지 않은 계급·계층사회를 바탕으로 전문장인이 존재하면서 동시에 도시·문명·국가가 나타나는 시대를 말한다. 그리고 이 시대에서는 구리와 주석, 아연, 납과 비소 등을 합금으로 한 청동제 무기를 사용하고 있다. 가장 빠른 청동기 시대는 기원전 3000년경이다. 한반도의 경우, 구라파의 고고학 편년을 적용하고 또 이러한 선사시대의 개념을 적용시킨다면 구석기시대·신석기시대·청동기시대(기원전 2000/1500년-기원전 400년)가 선사시대에 속하며 그 다음에 오는 철기시대 전기(기원전 400년-기원전 1년)는 선사시대-역사시대에, 철기시대 후기(서기 1년-서기 300년, 삼국시대 전기, 삼한시대)는 원사시대-역사시대에 해당한다고 할 수 있다. 그러나 철기시대 전기에 우리나라 최초의 고대국가인 위만조선(衛滿朝鮮, 기원전 194년-기원전 108년)이 들어서서, 실제 역사시대의 시작은 철기시대 전기 말인 기원전 194년부터라고 할 수 있다.

문명이란 사전적인 용어의 해석대로 인류역사상 문화발전의 한 단계이며 엄밀한 의미에서 도시와 문자의 사용을 필요·충분조건으로 삼고, 여기에 고고학상의 특징적인 문화인 공공건물(기념물), 시장, 장거리무역, 전쟁, 인구증가와 기술의 발전 같은 것에 근거를 두게 된다. 이들 상호작용에 의한 乘數효과(multiplier effect)가 都市, 文明과 國家를 형성하게 된다. 이들의 연구는 歐美학계에서 서기 1960년대 이후 신고고학(New Archaeology)에서 Leslie White와 Julian Steward의 新進化論(neo-evolutionary approach; a systems view of culture)과 체계이론(system theory)을 받아들

性과 正體性(identity)도 이 시기부터 나타난다.

2) 기원전 1500년-기원전 1년 한국의 土着勢力이며 血緣을 기반으로 하는 階級社會인 支石墓社會가 북에서 내려오는 琵琶形/辽宁式/滿洲式/古朝鮮式

임으로써 더욱 더 발전하게 된다. 이들 연구의 주제는 農耕의 起源과 文明의 發生으로 대표된다. 이들의 관점은 生態學的인 接近에서 나타난 自然全體觀(holistic view)으로 物理的環境(physical environment), 生物相(biota; fauna, flora)과 文化(culture)와의 相互 적응하는 생태체계(ecosystem)로 이루어진다. 즉 文化는 환경에 적응해 나타난 結果이다. 보편적인 문화에서 量的 質的으로 變化하는 다음 段階, 즉 都市와 文字가 나타나면 文明인 것이다. 여기에 武力을 合法的으로 使用하고 中央集權體制가 갖추어져 있거나, 힘/武力(power), 경제(economy)와 이념(ideology)이 함께 나타나면 國家段階의 出現을 이야기한다. 따라서 都市, 文明과 國家는 거의 동시에 나타난다고 본다.

국가단계 사회에 이르면, 이는 권력(power)과 경제(economy)와 함께 종교형태를 띤 이념(ideology)으로 발전한다. Jonathan Haas나 Timothy Earle과 같은 절충론(eclecticism)자들은 "무력을 합법적으로 사용하고 통치권을 행사할 수 있는 지배체제의 존재 힘/무력(power)·경제(economy)와 이념(ideology, 또는 religion)을 바탕으로 한 중앙집권화되고 전문화된 정부제도", 또는 "경제·이념·무력의 중앙화, 그리고 새로운 영역(new territorial bounds)과 정부의 공식적인 제도로 특징지어지는 정치진화 발전상 뚜렷한 단계"가 있는 것으로 정의한다. Clyde Kluckhohn은 약 5,000명 이상 주민, 문자와 기념비적인 종교 중심지 중 두 가지만 있어도 도시(city, urban)라 정의할 수 있다고 한다. 그리고 이를 유지해 나가기 위해 사회신분의 계층화를 비롯해 조세와 징병제도, 법률의 제정과 아울러 혈연을 기반으로 하지 않는 왕의 존재와 왕권, 그의 집무소, 공공건물 등이 상징적으로 부가된다. 따라서 도시, 국가와 문명은 상호 유기체적이고 보완적인 것으로, 이것들을 따로 떼어내서 독립적으로 연구할 수 없는 불가분의 것이다.

유럽에서는 技術과 經濟行爲에 바탕을 둔 구석기(Palaeolithic age)·신석기(Neolithic age)·청동기(Bronze age)·철기시대(Iron age)라는 편년의 명칭을 사용한다.

그러나 신대륙 중 中美의 고고학 편년은 "horizon과 tradition"(공간과 시간)을 포함하는 "stage"(단계)라는 개념의 용어를 사용하고 있다. 다시 말해, "리식(石期 Lithic: 후기 구석기시대: 기원전 20000년-기원전 7000년)→아케익(古期 Archaic: 중석기시대: 기원

銅劍문화와 石棺墓文化를 받아들이는 모습에서 한국문화의 多源(元)的 文化
要素를 보여준다. 우리나라에서 지석묘 축조사회를 족장사회(chiefdom
society) 단계로 그리고 다음 단계인 衛滿朝鮮(기원전 194년-기원전 108년)을 최
초의 고대국가(ancient state)로 설정하는 것은 신진화론의 정치 진화모델(in-

전 7000년-기원전 2000년)→퍼마티브(形成期 Formative: 신석기시대: 기원전 2000년-서기
300년)→크라식(古典期시대 Classic: 서기 300년-서기 900년: 마야 古典期)→포스트크라식
(後古典期시대 Post-classic: 서기 900년-서기 1521년 8월 13일/1532년 11월 16일/1541년: 아
즈텍, 잉카제국과 마야)"라는 용어를 사용한다. 冶金術의 시작은 古典期시대부터 나타
난다.

南美에서는 중미의 고고학편년과 함께 '문화 특성이나 유물복합체에 의해 대표되는
공간적 지속(Spatial continuity represented by cultural traits and assemblages)'이란
Horizon(공간)개념을 원용하여 막스 울(Max Uhle, 서기 1856년-서기 1944년)은 '예술양
식의 분포와 문화적 특질'에 바탕을 한 새로운 편년을 설정하여 南美(페루)의 문화를.
  1) 綿과 無土器時代(Cotton pre-ceramic period/stage, 기원전 2500년-기원전 1800년)
  2) 早期(Initial period)
  3) 초기 호라이존(Early Horizon, 차빈)
  4) 초기 중간 시대(Early intermediate period)
  5) 중기 호라이존(Middle Horizon, 티아우아나코)
  6) 후기 중간 시대(Late intermediate period)
  7) 말기 호라이존(Late Horizon, 잉카, 서기 1438년-서기 1532년)의 7 시기로 나누어
    쓰기도 한다.
그리고 경제가 사회변동의 가장 중요한 원동력(Economy as a prime mover in social
evolution)으로 보는 唯物史觀論에 입각하는 편년에 따르면,
Pre-class society(원시무리사회 primitive society):pre-clan(亂婚 promiscuity)→母
    系(matriarchal clan)→父系(patriarchal clan)→terminal clan stages(씨족제도
    의 분해)
Class society: 奴隷制社會(slave society)→封建社會(feudal society)→資本主義社會
    (capitalism)
Classless society: 社會主義(socialism)→共産主義社會(communism)"의 발전 순이
된다.
Vere Gordon Childe는 도시와 국가의 발생, 장거리 외국무역과 도시혁명(Urban

tegration theory, 統合論)을 한국사에 적용해 본 사례라 할 수 있다. 그렇게 보면 경남 창원 동면 덕천리, 마산 진동리(사적 472호), 사천 이금동, 여수 화동리 안골과 보성 조성리에서 조사된 지석묘들은 조상숭배를 위한 성역화 된 기념물로 당시 단순족장사회(simple chiefdom)에서 좀 더 발달한 복합족장사회의 성격(complex chiefdom)을 보여준다 하겠다. 그리고 한반도 남부의 지석묘 사회에서는 가장 늦게 등장한 蓋石式 지석묘사회가 해체되면서 기원전 3세기-기원전 2세기경 馬韓과 같은 三韓社會가 형성되었다.

　　3) 신석기시대의 精靈崇拜(animism)→청동기시대의 토테미즘(totemism)→철기시대의 巫敎(shamanism, 薩滿敎)와 祖上崇拜(ancestor worship)[13]와 함

　　Revolution)이 발생하는 제 요인들을 추구한 결과 19개의 기본적인 발견물과 과학의 응용이 바탕이 된다고 한다. 19개의 항목은 관개, 쟁기, 축력의 이용, 범선, 수레, 과수재배, 양조, 구리의 생산과 이용, 벽돌제조, 궁륭, 沙器와 유리제품, 印章, 태양력, 기록, 숫자(기수법), 청동, 철, 알파벳, 도시 물 공급의 수도관이다(최몽룡 1990 고고학에의 접근-문명의 성장과 멸망-, 서울: 신서원, p.146).

13) 세계의 宗敎를 통관하면 唯一神敎(monotheism, unitarianism)의 발생에 앞서 나타난 원시종교는 劣等自然敎와 高等自然敎로 나누며 이들을 각기 多靈敎期와 多神敎期로 칭하기도 한다. "그중 열등자연교인 多靈敎는 神이라고 이름 할 수 없는 물건을 숭배의 대상으로 하여 그 本尊目的物로 하는 종교로, 魂魄崇拜 혹은 精靈崇拜라고도 한다. 이는 인간에 길흉화복을 주는 힘이 있는 것으로 사람의 혼백과 같은 영혼을 숭배의 대상으로 삼는 것이다. 이것을 polydemonism이라 한다. 여기에서 더 나아간 것을 多神敎(polytheism)라고 한다."(서경보, 1969) 열등자연교 또는 다령교에는 천연숭배, 주물숭배(fetishism), 정령숭배(animism), 토테미즘(totemism)과 원시적 유일신교 등이 속한다. 정령의 힘을 통제할 수 있는 방법을 기준으로 주술의 유형은 呪物崇拜(fetishism), 巫敎/샤마니즘(shamanism, 薩滿敎)과 민간주술(popular magic)의 셋으로 나뉜다. 주물숭배는 "不活性의 사물에도 어떤 힘이 존재한다고 생각하고 그 힘에 의지하려는 태도"를 말한다. 巫敎(샤마니즘)는 "신에 들린 사람이 정령을 마음대로 다루는 힘을 갖게 되어 필요에 따라 정령을 사람의 몸속으로 들어가거나 몸 밖으로 빠져 나가게 한다." 그리고 민간주술은 "개인이나 집단에 정령이 해를 끼치지 못하도록

께 환호를 중심으로 전문제사장인 天君이 다스리는 別邑인 蘇塗가 나타난다. 이것도 일종의 무교의 형태를 띤 것으로 보인다.

  4) 쌀(벼), 콩, 수수, 조, 기장 등 5곡이 나오는 평양시 남경유적 36호[기원

방지하거나 개인이나 집단의 이익을 위해 그 정령의 도움을 받기 위한 것이며……속죄 양, 풍요와 다산을 위한 생산주술 등이 포함된다."(J. B. Noss, 윤이흠 역 1986, 세계종교사 上, 서울: 현음사). 즉 종교는 劣等自然敎[多靈敎期: 精靈崇拜(animism)→토테미즘(totemism)→巫敎(shamanism)→祖上崇拜(ancestor worship)]→高等自然敎(多神敎, polytheism)→一神敎(monotheism)로 발전한다.

최근 고고학 상으로 최근 발견·조사된 종교·제사유적은 종래 문헌에 의거한 제천의례, 시조묘제사와 산천제사의 분류와는 달리 고고학적 측면에서 시대 순으로 보면 다음과 같이 분류된다. 이것은 최근 발견된 영세한 고고학 자료에 의거한 시작 단계에 불과하다. 그리고 좀 더 발전된 분류체계를 얻기 위해서는 문화의 기원의 다원성과 다양화가 반드시 고려되어야 한다.

1. 야외 자연 지형물을 이용한 산천제사: 정령숭배(animism)의 장소, 경기도 강화 삼산면 석모리 해골바위, 하남시 德豊 1洞 덕풍골(德豊谷), 화성 마도면 쌍송리, 서울 강남구 내곡동 대모산(산정 해발 150m 알바위)
2. 암각화: 多産기원의 주술적 聖所 또는 成年式(initiation ceremony)場, 고령 양전동 (보물 605호), 울주 두동면 천전리 각석[국보 147호, 이 중 書石은 신라 23대 法興王 12년 (乙巳) 서기 525년 때부터의 기록임], 울주 언양 대곡리 반구대(국보 285호), 밀양 상동 신안 고래리의 경우 지석묘이면서 성년식의 장소로도 활용
3. 환상열석: 지석묘와 결합된 원형의 의식장소: 양평 신원리
4. 지석묘: 지석묘는 조상숭배(ancestor worship)의 성역화 장소, 창원 동면 덕천리, 마산 진동리(사적 472호), 사천 이금동, 보성 조성면 동촌리, 무안 성동리, 용담 여의곡, 광주 충효동 등
5. 환호: 청동기시대에서 철기시대 전기에 걸친다. 환호는 크기에 관계없이 시대가 떨어질수록 늘어나 셋까지 나타난다. 그들의 수로 하나에서 셋까지 발전해 나가는 편년을 잡을 수도 있겠다. 경기도 파주 탄현 갈현리, 안성 원곡 반제리, 부천 고강동, 화성 동탄 동학산, 화성 마도면 쌍송리, 강원도 강릉 사천 방동리, 부산 기장 일광면 청광리, 울산 북구 연암동, 진주 中川里(Ⅱ-32호 수혈유구, 테라코타/Terracotta 人頭形 土器), 전라남도 순천 덕암동(蘇塗, 曲玉과 器臺), 충청남도 부여읍 논치

전 2000년 기 말-기원전 1000년 기 초, 이곳 청동기시대 I 기에 속하는 팽이그릇(角形土器, 이 토기에도 이중구연에 단사선문이 있음)과 어깨가 있는 變形팽이그릇, 기원전 992±172년, 기원전 1024년±70년, 김용간·석광준, 1984, 남경유적에 관한 연구, 평양: 과학, 백과사전 출판사, pp.92-108 및 p.191]와 같이 그 다음 중기의 공렬토기 단계와 후기의 경질무문토기 단계(부여 송국리, 기원전 600년-기원전 400년)에는 五穀의 농사와 함께 火田(slash and burn agriculture, bush-fallow cultivation), 밭농사(dry field farming)와 水田耕作(rice paddy cultivation)이 전국적으로 확산되었다. 이는 농기구로 보아 굴경(掘耕, digging stick system)→초경(鍬耕, hoe system)→려경(犁耕, 쟁기, 보습, plough system)으로 발전해 왔음을 알 수 있다.

5) 청동기 시대 중기(기원전 1000년-기원전 600년) 공렬토기 단계가 되면 족장사회와 같은 계급사회가 발전하고 한국화 된 최초의 文化正體性(cultural identity)이 형성된다. 이러한 정체성은 그 다음 철기시대 전기(기원전 400년-기원전 1년)가 되면 더욱 더 뚜렷해진다. 『三國志』魏志 弁辰條(晋 陳壽撰)와 『後漢書』東夷傳 韓條(宋 范曄撰)에 族長격인 渠帥가 있으며 격이나 다스리는 규모에 따라 신지(臣智), 검측(險側), 번예(樊濊), 살계(殺奚)와 읍차(邑借)로 불리고

리(제사유적, 철정, 남근상) 등

6. 건물지(신전): 철기시대 전기의 지석묘 단계부터 나타나며 대부분 삼국시대 이후의 것들이다. 경주 나정[蘿井, 사적 245호, 박혁거세의 신당(神堂), 또는 서술성모의 신궁으로 추정되는 팔각(八角)형태의 건물], 경남 사천시 이금동. 하남시 이성산성(사적 422호), 광양 馬老山城(전남기념물 173호/사적 제492호로 승격), 안성 망이산성(경기도 기념물 138호) 등

7. 기타: 완도 장도 청해진유적(신라 제 42대 興德王 3년 서기 828년 설진, 신라 제 46대 文聖王 13년 서기 851년 폐지, 사적 308호) 매납유구, 제주도 용담시, 부안 죽막동 수성당(지방유형문화재 58호), 서울 풍납동 토성(사적 11호) 경당지구 등이다.

있었음을 알 수 있다. 이는 정치 진화상 같은 시기에 존재했던 沃沮의 三老(東沃沮의 將帥), 濊의 侯, 邑君, 三老, 그리고 挹婁(晋 陳壽 撰『三國志』魏志 東夷傳)[14]의 大人과 그 다음에 나타나는 肅愼(唐 房玄齡/房喬 等 撰『晋書』四夷傳)의 君長도 같은 行政의 우두머리인 族長(chief)에 해당한다. 그러나 蘇塗를 관장하는 天君은 당시의 복합·단순 족장사회의 우두머리며 세속 정치 지도자인 신지, 검측, 번예, 살계와 읍차가 다스리는 영역과는 별개의 것으로 보인다. 울주 검단리(사적 제332호), 진주 옥방과 창원 서상동에서 확인된 청동기시대 주거지 주위에 설치된 환호(環壕)는 계급사회의 특징 중의 하나인 방어시설로 국가사회 형성 이전의 族長社會(chiefdom society)의 특징으로 볼 수 있겠다.

---

14) 시베리아와 만주(요녕성, 길림성과 흑룡강성)에서는 역사적으로, 가) 挹婁−肅愼−勿吉−靺鞨−黑水靺鞨−女眞−生女眞−金−後金[서기 1601년 누르하치/羅努爾哈赤(淸太祖 서기 1616년−서기 1626년 재위)]−滿洲/淸(淸太宗, 홍타이지/皇太極, 서기 1626년−서기 1636년 재위)−大淸/皇太極(서기 1636년−서기 1643년 재위)−順治(福臨, 淸世祖, 서기 1643년−서기 1661년 재위, 서기 1636년−서기 1911년), 나) 匈奴−東胡−烏桓−鮮卑−突厥−吐藩−위굴(回紇, 維吾爾)−契丹−蒙古/元, 다) 濊−古朝鮮, 貊−夫餘−高句麗−百濟−新羅 로 이어진다. 이곳 유목민족은 匈奴−東胡−烏桓−鮮卑−突厥(투쥐에, 튀르크/Türk, 타쉬트익/Tashityk: 서기 552년 柔然을 격파하고 유목국가를 건설. 돌궐 제2제국은 서기 682년−서기 745년임, 서기 7세기−서기 8세기)−吐藩(티베트, t'u fan: 38대 치송데짼[赤松德贊, 서기 754년−서기 791년]이 서기 763년과 서기 767년의 두 번에 걸쳐 唐의 長安을 함락함)−위굴(維吾爾, 回紇: 위굴 제국은 서기 744년−서기 840년임, 위굴 제국은 키르기스 點戛斯에 망하며 키르기스는 서기 9세기 말−서기 10세기경까지 존재)−契丹(辽, 서기 907년−서기 1125년)−蒙古(元, 서기 1206년−서기 1368년)로 발전한다. 스키타이인들의 東進에 따라 종족 간의 혼혈이 자연스럽게 이루어지게 되었다. 최근 여러 곳에서 발견된 문신이 있는 미라들이 이를 입증한다. 기원전 700년−기원전 600년경 스키타이인들이 이 광활한 초원을 왕래하면서 백인종과 황인종의 공존을 가져왔다. 기원전 700년−기원전 300년경에는 초원지대를 사이에 두고 끊임없이 東西의 접촉이 있어 왔는데 스키타이(Scythian)−오르도스(Ordos/Erdos, 鄂尔多斯沙漠, 河套/河南)−匈奴가 대표적이다.

참고문헌

김용간

    1959   강계 공귀리 원시유적 발굴 보고, 평양: 과학원출판사, p.42 및 도
          판 LVII-토기 1

김용간·석광준

    1984   남경유적에 관한 연구, 평양: 과학, 백과사전 출판사, pp.92-108
          및 p.191

김종혁·전영수

    2003   표대유적 팽이그릇 집자리들의 편년, 조선고고연구 2003-2, 사회
          과학원 고고학연구소, pp.5-10

최몽룡

    1997   북한의 단군릉 발굴과 그 문제점 1 및 2, 도시·문명·국가, 서울: 서
          울대 출판부, pp.103-116

    2006   최근의 고고학 자료로 본 한국고고학·고대사의 신 연구, 서울: 주류성

    2008   한국 청동기·철기시대와 고대사회의 복원, 서울: 주류성

    2012   한국고고학·고대사에서 종교·제사유적의 의의 -환호와 암각화-,
          제 40회 한국상고사학회 학술발표대회, 한국 동남해안의 선사와 고
          대문화, 포항시 청소년 수련관, pp.7-43 및 하남문화원 제 4회 학
          술대회, 한국의 고대신앙과 백제불교, 하남시문화원, pp.1-38 및
          하남시 문화원, 2012, 위례문화, 15호, pp.79-118

    2013   인류문명발달사 -고고학으로 본 세계문화사-(개정 5판), 서울: 주
          류성

Ester Boserup

1965 The Condition of Agricultural Growth, Chicago: Aldine·
      Athrerton

Ri Sun Jin et. alii

2001 Taedonggang Culture, Pyongyang: Foregin Languages
      Publishing House

Ⅶ. 松坡區 可樂洞과 江南區 驛三洞 遺蹟의 새로운 編年

　　필자는 정년퇴임 전후 한국청동기와 철기시대의 편년을 다시 설정하게 됨과 동시에 필자가 40년 동안 꾸준히 관심을 두어온 扶餘 松菊里(사적 249호)[1]와

---

1) 최몽룡 2010, 扶餘 松菊里 遺蹟의 새로운 編年, 38회 한국상고사학회 학술발표대회(10월 1일, 금), 부여 송국리로 본 한국 청동기사회, pp.7-14 및 2011, 부여 송국리 유적의 새로운 편년, 한국고고학 연구의 제 문제, 서울: 주류성, pp.207-223.

　　필자가 설정한 새로운 편년으로 扶餘 松菊里(사적 제249호) 유적을 재검토한 결과 이 유적은 청동기시대 중기 공렬토기의 다음 단계인 경질무문토기로 대표되는 청동기시대 후기가 중심이 되는 것을 확인하였다. 부여 송국리(1992년 6월 23일 발굴 定礎石을 세움) 유형의 집자리 발굴은 1977년 전남대학교 박물관에서 행한 光州 松岩里 유적에서부터 시작한다. 충청남도 부여 송국리(사적 제249호) 유적의 연대는 이제까지 발표된 여러 군데의 연대결정 자료에 의하면 기원전 750년에서 기원전 150년경에 속한다. 그리고 Nelson(1982)과 中村俊夫(1980)에 의하면 이 유적의 연대는 기원전 980년-기원전 750년, 기원전 690년-기원전 660년, 기원전 900년-870년, 기원전 850년-기원전 400년, 기원전 800년-기원전 400년으로 기원전 980년-기원전 400년에 속한다. 이는 청동기시대 중기-청동기시대 후기-철기시대 전기 초까지 해당한다(손준호, 2010 송국리 취락의 시기 성격, 부여 송국리 유적으로부터 본 한국 청동기시대사회 제38회 한국상고사학회 학술발표대회, p.51). 이곳에서 수습·발굴된 유물들로 보아 송국리 유적은 청동기시대 중기(孔列土器, 기원전 1000년-기원전 600년)와 후기(경질무문토기, 기원전 600년-기원전 400년), 그리고 철기시대 전기(기원전 400년-기원전 1년, 마한 초기), 삼국시대 후기(서기 538년-서기 660년, 扶餘시대)의 네 시기로 나눌 수 있다. 청동기시대 중기의 경우 50지구에서 지표 채집한 孔列土器(송국리 Ⅲ, p.32, 그림 46 및 사진 69, 송국리 Ⅴ, p.179 도판 47의 사진 3, 송국리 Ⅵ, p.101 도판 13의 사진 1), 口脣刻目土器(송국리 Ⅵ, p.101 도판 13의 사진 9,

驪州 欣岩里 청동기시대 유적,[2] 昌原 城山 貝塚(사적 240호),[3] 河南 二聖山城
(사적 422호)[4] 유적들의 새로운 편년을 비롯하여 宗敎·祭祀遺蹟[5]과 馬韓[6]의 문
화사적 脈絡에 관해서도 기회가 되는대로 재해석을 하여 마무리지어 왔다. 이

---

p.121 도판 37의 사진 2)와 같이 극소수의 공렬토기가 발견되고 있다. 그래도 서기 1974
년 석관에서 발견된 琵琶形/辽宁式/滿洲式/古朝鮮式(有溝莖式 동검으로 有莖式石鏃과
공반)은 최근 전라남도 여수시 월내동 상촌 Ⅱ 지석묘에서 이중구연에 단사선문이 있
는 청동기시대 전기 말의 토기, 중기의 공렬토기와 함께 출토한 비파형동검 3점(청동
기시대 전기 말−중기 초 즉 기원전 11세기−기원전 10세기경으로 추정)으로 미루어 보아 공렬
토기로 대표되는 청동기시대 중기에 속하는 것으로 보아도 되겠다.
부여 송국리 석관에서 출토한 동검과 아울러 이제까지 남한에서 출토한 비파형동검은
아래와 같다.
　　전라남도 여천 적량동 상적 지석묘(청동기시대 전기 말−중기 초, 기원전 11세기−기원전
　　10세기경, 이중구연 단사선문, 구순각목, 공렬토기, 비파형동검 6점)
　　전라남도 여수시 월내동 상촌 Ⅱ 지석묘(이중구연 단사선문, 공렬토기, 비파형동검 3점,
　　청동기시대 전기 말−중기 초, 기원전 10세기경)
　　전라남도 高興 豆原面 雲垈里 支石墓(1926.11월 朝鮮總督府博物館)
　　전라남도 고흥 두원면 운대리 중대 지석묘(재활용된 비파형동검, 光州博物館)
　　전라남도 여천 화장동 고인돌(비파형동검, 기원전 1005년)
　　전라남도 순천 우산리 내우 지석묘(비파형동검)와 곡천
　　강원도 춘천 우두동 직업훈련원 진입도로(비파형동검)
　　충청남도 부여 송국리(사적 249호, 비파형동검)
　　충청남도 대전 대덕구 비래동 고인돌(기원전 825년, 기원전 795년, 기원전 685년)
　　경기도 광주시 역동(세장방형집자리, 공렬토기, 기원전 10세기경)
　　경상남도 마산 진동리(사적 472호)
　　경상남도 마산 동면 덕천리(재활용된 비파형동검)
그리고 한국전통문화학교에서 2008년 봄과 가을 2회에 걸쳐 발굴한 바 있던 54지구
12·13차 발굴에서는 원형 집자리와 환호(격벽시설)의 청동기시대 후기와 목책과 방형
의 집자리로 대표되는 철기시대 전기(기원전 400년−기원전 1년)의 두 시기가 뚜렷이 확
인된다. 그리고 새로이 발굴된 제 28호 방형 집자리에서 삼각형석도가 출토하고 있다.
그리고 서기 2012년 10월 10일(수) 제 15차 발굴조사에서 서기 3세기−서기 4세기에 속
하는 마한의 분구묘 3호 및 4호의 2기도 새로이 확인되었다. 현재까지의 자료로 보면

번의 松坡區 可樂洞과 江南區 驛三洞 유적들도 앞선 유적들과 마찬가지로 최근의 새로운 편년의 설정과 자료를 비교하여 再檢討·再解釋하게 되었다. 현행정구역상 송파구 가락동(구 경기도 廣州郡 中垈面 可樂里→서울 강동구 가락동)

송국리 유적의 중심 시기는 청동기 후기-철기시대 전기 즉 실연대로 기원전 600년-기원전 1년 사이로 볼 수 있겠다. 현재까지 나타난 유물로 본 송국리 유적의 연대는 모두 네 시기가 된다.

1) 청동기시대 중기(기원전 1000년-기원전 600년, 공렬토기 단계의 석관묘, 有溝莖式 辽宁式동검, 有莖式石鏃, 碧玉製 管玉, 天下石製 裝飾玉과 공반)
2) 청동기시대 후기(기원전 600년-기원전 400년, 송국리형 집자리 및 토기)
3) 철기시대 전기(기원전 400년-기원전 1년, 馬韓, 방형 집자리, 삼각형석도, 마한의 중심연대는 기원전 3세기-기원전 2세기에서 서기 5세기 말-서기 6세기 초인 철기시대 전기에서 삼국시대 전기-후기에까지 걸친다.)
4) 삼국시대 후기(서기 538년-서기 660년, 扶餘시대의 百濟 石室墓 및 窯址)

그러나 중심 연대는 2)의 청동기시대 후기와 3)의 철기시대 전기(마한)이다.

2) 최몽룡 2013, 여주 흔암리 유적의 새로운 편년, 여주 흔암리 유적과 쌀 문화의 재조명, 동방문화재연구원 부설 마을조사연구소, 서울대 박물관, pp.5-26.

여주 흔암리 유적(경기도 기념물 155호)은 여주읍에서 남한강 상류를 따라 약 10㎞ 떨어진 해발 123m의 구릉과 같은 야산에 위치한다. 주거지는 구릉의 경사면을 'L'자로 깎아 만들어졌으며 1-3호 주거지는 남북으로 뻗은 산 사면에, 4-16호는 동서로 뻗은 능선에 자리하고 있다. 주거지의 평면 형태는 장방형이며, 면적은 11.6㎡-42㎡, 竪穴의 깊이는 15㎝-120㎝이다. 주거지는 출입구, 화덕(爐址), 貯藏穴, 그리고 주거지의 어깨턱에 다락과 같은 기능의 선반(懸盤)시설이 있다. 불씨보관소인 爐址는 한쪽으로 치우쳐 있는데 이는 격벽시설에 의해 기능상 구획된 방에 위치한 것으로 보이며 노지의 평면 형태는 타원형이다. 이 유적에서 출토하는 토기는, 구순각목토기(口脣刻目土器, 골아가리토기), 공렬토기(孔列文, 구멍무늬토기, 자강도 강계 공귀리에서 乳頭形 꼭지가 있는 토기의 아가리 부분에서 이 문양이 함께 나타난다. 김용간 1959: 42 및 도판 LVII-토기 1)와 紅陶(붉은간토기)이다. 그리고 평양 남경유적에서 발견되는 팽이형토기(角形土器)의 변형도보인다. 토기의 선후는 二重口緣+短斜線文土器가 앞서고 孔列土器+口脣刻目土器가늦은 것으로 생각된다. 석기로는 一段柄과 二段柄의 磨製石劍, 長舟形 半月形石刀, 蛤刃石斧, 扁平逆刺式石鏃, 有莖石鏃, 재료가 귀해 有溝莖式 琵琶形/辽宁式/滿洲式/古朝鮮式 銅劍을 모방하였지만 청동기시대에 속하는 石劍片(1호, 12호집자리), 돌보습, 갈과 강남구 역삼동(구 廣州郡 彦州面 驛三里→서울 성동구 역삼동) 유적들은 각기 고려대학교(人類·考古會)에 의해 1963년에 발굴된 청동기시대 전기(기원전 1500년–기원전 1000년)와 1965년 숭실대학교 사학과에 의해 발굴·조사된 청동기시대 중기(기원전 1000년–기원전 600년)의 유적이다. 최근 필자는 驪州 欣岩里(경기도 기념물 155호)와 扶餘 松菊里 유적(사적 249호)을 필자가 만들어본 편년에 도입하여 새로운 편년을 설정한 바 있다.[7] 그 결과 여주 흔암리 유적은 청동기

돌(碾石)과 石棒이 출토하였다. 이곳에서 보리, 콩, 조 등을 비롯해 12호에서는 炭火米가 출토하였다. 이는 팽이형토기(角形土器, 이 토기에도 이중구연에 단사선문이 있음)가 나오는 평양시 삼석구역 湖南里 南京 36호 주거지의 경우와 비슷하다. 흔암리 유적에서 長方形 주거지가 많고 孔列土器와 口脣刻目, 短斜線文과 결합된 공렬토기의 변형·아류의 토기들이 많은 점은 이 유적이 청동기시대 전기 말에서 청동기시대 중기에 걸치고 있다는 것을 알려준다. 이 유적이 존속했던 實年代는 기원전 12세기/11세기경–기원전 7세기경 사이의 400–500년 전후가 될 것이다.

3) 최몽룡 2011, 昌原 城山 貝塚 발굴의 회고, 전망과 재평가, "동·철산지인 창원의 역사적 배경"〈야철제례의 학술세미나〉(서기 2011년 7월 1일, 금), 창원시·창원문화원, pp.1–16 및 韓國考古學 硏究의 諸 問題, 서울: 주류성, pp.225–248.

4) 최몽룡 2011, 二聖山城과 百濟, 이성산성에 관한 학술대회, 하남시 문화원 제 3회 학술대회(서기 2011년 10월 7일, 금), pp.11–37, 韓國考古學 硏究의 諸 問題, 서울: 주류성, pp.341–388.

5) 한국고고학·고대사에서 종교·제사유적의 의의–환호와 암각화–, 제 40회 한국상고사학회 학술발표대회(2012년 10월 26일), 한국 동남해안의 선사와 고대문화, 포항시 청소년 수련관, pp.7–43, 하남문화원 제 4회 학술대회(2012년 12월 20일, 목), 한국의 고대신앙과 백제불교, 하남시 문화원, pp.1–38 및 하남시 문화원, 위례문화, 2012, 15호, pp.79–118.

6) 최몽룡 2013, 馬韓–硏究 現況과 課題–, 馬韓·百濟文化 22집, 故 全榮來敎授 追慕 特輯, 원광대학교 마한·백제문화연구소, pp.57–114.

7) 필자는 청동기, 철기시대 전기와 철기시대 후기(三國時代 前期)의 고고학과 고대사의 흐름의 일관성에 무척 관심을 가져 몇 편의 글을 발표한 바 있다. 서기 1988년–서기 2012년의 제5·6·7차 고등학교 국사교과서에서부터 서기 1997년–서기 2002년 국사편찬위원회에서 간행한 한국사 1, 3과 4권에 이르기까지 초기철기시대와 원삼국시대란

시대 전기 말에서 중기에 속하며 實年代는 기원전 12세기/11세기경-기원전 7세기경 사이의 400-500년 전후가 된다. 그리고 부여 송국리 유적은 현재까지 나타난 유물로 본 유적의 연대는 모두 네 시기가 된다. 그러나 이 유적의 중심 연대는 청동기시대 후기와 철기시대 전기(마한)로 청동기시대만 국한하자면 중기(기원전 1000년-기원전 600년, 공렬토기 단계의 석관묘, 有溝莖式 辽宁式동검, 有莖式石鏃, 碧玉製 管玉, 天下石製 裝飾玉과 공반)와 후기(기원전 600년-기원전 400년, 송국리형 집자리 및 경질무문토기), 그리고 마한시대(기원전 400년-기원전 1년, 馬韓, 방형 집자리, 삼각형석도, 마한의 중심연대는 기원전 3세기-기원전 2세기에서 서기 5세기 말-서기 6세기 초인 철기시대 전기에서 삼국시대 전기-후기에 까지 걸친다)에 속한다.[8]

용어대신 새로운 편년을 설정해 사용해오고 있다. 한국 고고학 편년은 구석기시대-신석기시대-청동기시대(기원전 2,000년-기원전 400년)-철기시대 전기(기원전 400년-기원전 1년)-철기시대 후기(삼국시대 전기 또는 삼한시대: 서기 1년-서기 300년)-삼국시대 후기(서기 300년-서기 660년/668년)로 설정된다.

8) 부여 송국리와 충남 연기 금남 대평리 유적에서는 청동기시대 조기의 돌대문토기이외에도 청동기시대 중기에 속하는 토기 바닥에 직경 3cm 내외의 구멍이 하나 뚫린 것이 나타나는데 이는 러시아 우수리강의 얀콥프카나 리도프카 문화에서 보이는 것들이다. 최근 다른 청동기시대 중기의 유적에서 공렬토기와 함께 공반하는 경우가 많다. 러시아 동부시베리아(프리바이칼 지역)의 신석기-청동기시대 편년은 Kitoi-Isakovo(기원전 4000년-기원전 3000년)-Servo(기원전 3000년-기원전 2000년)-Affanasievo-Okunevo-Andronovo의 순으로 되는데 우리나라에서 기원전 1000년-기원전 600년의 청동기시대 중기에 나타나는 공열토기와 구순각목토기는 Isakovo와 Servo에서 이미 나타나고 있다(최몽룡·이헌종·강인욱, 2003: 170-177). 그리고 충청남도 아산 탕정면 용두리, 경기도 가평 외서면 청평 4리, 경기도 광주시 장지동, 경기도 가평 설악면 신천리, 강원도 횡성 공근면 학담리와 춘천 거두리와 천전리에서 출토된 해무리굽과 유사한 바닥을 지닌 경질무문토기는 아무르강 중류 리도프카 문화와 끄로우노프까(北沃沮, 黑龍江省 東宁県 團結村 團結文化) 문화에서도 보이고 그 연대도 기원전 3세-서기 1세기 정도가 된다. 한반도의 철기시대에 러시아문화의 영향을 고려할 필요가 있다.

이 유적들을 설명했던 필자가 설정한 청동기시대(기원전 2000년-기원전 400년)의 편년은 다음과 같다.

기원전 1500년은 남북한 모두에 적용되는 청동기시대 전기의 상한이며, 연해주지방(자이사노프카, 리도프카 유적 등)-아무르 하류지역, 만주지방과 한반도 내의 최근 유적 발굴조사의 성과에 따라 이에 앞서는 청동기시대 조기는 기원전 2000년까지 올라간다.[9] 이 시기에는 빗살무늬토기와 무문토기의 결합으로 과도기적인 토기가 나오고 있는데 인천 옹진 백령도 말등패총, 시흥 능곡동, 가평 청평면 대성리와 산청 단성면 소남리가 대표적이다. 또 현재까지 확인된 고고학 자료에 따르면 빗살무늬토기시대 말기에 약 500년간 청동기시대의 시작을 알려주는 돌대문토기가 공반한다[청동기시대 조기: 기원전 2000년-기원전 1500년, 돌대문/각목돌대문(덧띠새김무늬)토기의 경우 小珠山유적의 상층(신석기시대 후기)에 해당하는 大連市 石灰窯村, 交流島 蛤皮地, 辽宁省 瓦房店市 長興島 三堂村유적(이상 기원전 2450년-기원전 2040년), 吉林省 和龍県 東城乡 興城村 三社

---

9) 최근 북한 학지들은 평양시 삼석구역 호남리 표대유적의 팽이그릇(角形土器) 집자리를 4기로 나누어 본다(Ⅰ-기원전 3282년±777년/3306년±696년, Ⅱ-기원전 2668±649년/2980±540년/2415±718년/2650±510년, Ⅲ-기원전 2140±390년/2450±380년, Ⅳ-기원전 1774±592년/1150±240년, 조선고고연구 2003-2). 그중 Ⅱ에서 Ⅳ문화기 즉 기원전 3천년 기 전반기에서 기원전 2천 년 기에 해당하는 연대를 단군조선(고조선)국가성립을 전후한 시기로 보고 있다(김종혁·전영수 2003: 5-10).
그리고 북한 학자들은 아직 학계에서 인정을 받지 못하고 있지만 서기 1993년 10월 2일 평양 근교 강동군 강동읍 대박산 기슭에서 단군릉을 발굴하고 단군릉에서 나온 인골의 연대(electron spin resonance: 전자스핀공명법 연대)인 기원전 3018년을 토대로 하여, 근처 성천군 용산리 순장묘와 지석묘(5069±426 B.P./3119 B.C.), 대동강 근처 덕천군 남양 유적 3층 16호 집자리(5796 B.P./3846 B.C.)와 평양시 강동군 남강 노동자구 黃岱부락의 土石混築의 城까지 묶어 기원전 30세기에 존재한 '대동강 문명'이란 말을 만들어냈다(최몽룡 1997, 북한의 단군릉 발굴과 그 문제점 1 및 2, 도시·문명·국가, 서울: 서울대 출판부, pp.103-116) 및 Ri Sun Jin et. alii, 2001, Taedongga).

(早期 興城三期, 기원전 2050년-기원전 1750년)에서, 그리고 연해주 보이즈만 신석기시대 말기의 자이사노프카의 올레니와 시니가이 유적(이상 기원전 3420년-기원전 1550년)과 아무르 강의 보즈네세노프까, 리도프카와 우릴 문화(우릴 문화는 철기시대로 기원전 15세기까지 올라가는 연대가 나오고 있어 주목을 받고 있다)]. 이와 같은 청동기시대 조기의 설정은 우리나라에서 돌대문토기가 강원도 춘성군 내평, 정선 북면 여량 2리(아우라지), 춘천 천전리(기원전 1440년), 홍천 두촌면 철정리, 홍천 화촌면 외삼포리(기원전 1330년, 기원전 1350년), 평창 천동리, 경주 충효동, 경기도 가평 상면 연하리와 인천 계양구 동양동유적을 비롯한 여러 곳에서 새로이 나타나고 있기 때문이다. 그리고 지석묘는 기원전 1500년에서부터 시작하여 철기시대 전기 말, 기원전 1년까지 존속한 한국토착사회의 묘제이다. 현재까지 확인된 고고학 자료에 따르면 櫛文土器시대 말기에 약 500년간 청동기시대의 시작을 알려주는 突帶文(덧띠새김무늬)토기가 공반하며(청동기시대 조기: 기원전 2000년-기원전 1500년), 그 다음 單斜線文이 있는 二重口緣토기(청동기시대 전기: 기원전 1500년-기원전 1000년), 구순각목이 있는 孔列토기(청동기시대 중기: 기원전 1000년-기원전 600년)와 硬質무문토기(청동기시대 후기: 기원전 600년-기원전 400년)로의 이행과정이 나타나고 있다. 그리고 지석묘는 기원전 1500년에서부터 시작하여 철기시대 전기 말, 기원전 1년까지 존속한 한국토착사회의 묘제이다. 기원전 1500년에서부터 시작하여 철기시대 전기 말, 기원전 1년까지 존속한 한국토착사회의 묘제로서 이 시기의 多源(元)的인 문화요소를 수용하고 있다.

필자가 현장 자료들을 토대로 만들어본 청동기시대[10]의 유적의 편년 試案

---

10) 인류문명발달사에서 청동기시대란 고돈 촤일드(Vere Godon Childe)가 唯物史觀에 따라 命名한 都市革命(Urban revolution)으로 혈연을 기반으로 하지 않은 계급·계층사회를 바탕으로 전문장인이 존재하면서 동시에 도시·문명·국가가 나타나는 시대를 말

은 다음과 같다.

가. 조기(기원전 2000년-기원전 1500년: 돌대문토기, 36개소)

강원도 강릉시 초당동 391(허균·허난설헌 자료관 건립부지)

한다. 그리고 이 시대에서는 구리와 주석, 아연, 납과 비소 등을 합금으로 한 청동제 무기를 사용하고 있다. 가장 빠른 청동기시대는 기원전 3000년경이다. 한반도의 경우, 구라파의 고고학 편년을 적용하고 또 이러한 선사시대의 개념을 적용시킨다면 구석기시대·신석기시대·청동기시대(기원전 2000/1500년-기원전 400년)가 선사시대에 속하며 그 다음에 오는 철기시대 전기(기원전 400년-기원전 1년)는 선사시대-역사시대에, 철기시대 후기(서기 1년-서기 300년, 삼국시대 전기, 삼한시대)는 원사시대-역사시대에 해당한다고 할 수 있다. 그러나 철기시대 전기에 우리나라 최초의 고대국가인 위만조선(衛滿朝鮮, 기원전 194년-기원전 108년)이 들어서서, 실제 역사시대의 시작은 철기시대 전기 말인 기원전 194년부터라고 할 수 있다.

문명이란 사전적인 용어의 해석대로 인류역사상 문화발전의 한 단계이며 엄밀한 의미에서 도시와 문자의 사용을 필요·충분조건으로 삼고, 여기에 고고학상의 특징적인 문화인 공공건물(기념물), 시장, 장거리무역, 전쟁, 인구증가와 기술의 발전 같은 것에 근거를 두게 된다. 이들 상호작용에 의한 乘數효과(multiplier effect)가 都市, 文明과 國家를 형성하게 된다. 이들의 연구는 歐美학계에서 서기 1960년대 이후 신고고학(New Archaeology)에서 Leslie White와 Julian Steward의 新進化論(neo-evolutionary approach; a systems view of culture)과 체계이론(system theory)을 받아들임으로써 더욱 더 발전하게 된다. 이들 연구의 주제는 農耕의 起源과 文明의 發生으로 대표된다. 이들의 관점은 生態學的인 接近에서 나타난 自然全體觀(holistic view)으로 物理的環境(physical environment), 生物相(biota; fauna, flora)과 文化(culture)와의 相互 적응하는 생태체계(ecosystem)로 이루어진다. 즉 文化는 환경에 적응해 나타난 結果이다. 보편적인 문화에서 量的 質的으로 變化하는 다음 段階, 즉 都市와 文字가 나타나면 文明인 것이다. 여기에 武力을 合法的으로 使用하고 中央集權體制가 갖추어져 있거나, 힘/武力(power), 경제(economy)와 이념(ideology)이 함께 나타나면 國家段階의 出現을 이야기한다. 따라서 都市, 文明과 國家는 거의 동시에 나타난다고 본다.

국가단계 사회에 이르면, 이는 권력(power)과 경제(economy)와 함께 종교형태를 띤 이념(ideology)으로 발전한다. Jonathan Haas나 Timothy Earle과 같은 절충론

강원도 춘천 천전리 샘밭 막국수 집(기원전 1440년, 한림대박물관)

강원도 춘천 천전리(A-9호, 10호 주거지, 7호 수혈유구, 예맥문화재연구원)

강원도 춘천 산천리(강원대 박물관)

강원도 춘천 신매리(한림대 박물관)

(eclecticism)자들은 "무력을 합법적으로 사용하고 통치권을 행사할 수 있는 지배체제의 존재 힘/무력(power)·경제(economy)와 이념(ideology, 또는 religion)을 바탕으로 한 중앙집권화되고 전문화된 정부제도", 또는 "경제·이념·무력의 중앙화, 그리고 새로운 영역(new territorial bounds)과 정부의 공식적인 제도로 특징지어지는 정치진화 발전상 뚜렷한 단계"가 있는 것으로 정의한다. Clyde Kluckhohn은 약 5,000명 이상 주민, 문자와 기념비적인 종교 중심지 중 두 가지만 있어도 도시(city, urban)라 정의할 수 있다고 한다. 그리고 이를 유지해 나가기 위해 사회신분의 계층화를 비롯해 조세와 징병제도, 법률의 제정과 아울러 혈연을 기반으로 하지 않는 왕의 존재와 왕권, 그의 집무소, 공공건물 등이 상징적으로 부가된다. 따라서 도시, 국가와 문명은 상호 유기체적이고 보완적인 것으로, 이것들을 따로 떼어내서 독립적으로 연구할 수 없는 불가분의 것이다[최몽룡 2013, 인류문명발달사(개정 5판), pp.4-43].

유럽에서는 技術과 經濟行爲에 바탕을 둔 구석기(Palaeolithic age)·신석기(Neolithic age)·청동기(Bronze age)·철기시대(Iron age)라는 편년의 명칭을 사용한다.

그러나 신대륙 중 中美의 고고학 편년은 "horizon과 tradition"(공간과 시간)을 포함하는 "stage"(단계)라는 개념의 용어를 사용하고 있다. 다시 말해, "리식(石期 Lithic: 후기 구석기시대: 기원전 20000년-기원전 7000년)→아케익(古期 Archaic: 중석기시대: 기원전 7000년~기원전 2000년)→퍼마티브(形成期 Formative: 신석기시대: 기원전 2000년-서기 300년)→크라식(古典期시대 Classic: 서기 300년-서기 900년: 마야 古典期)→포스트크라식(後古典期시대 Post-classic: 서기 900년-서기 1521년 8월 13일/1532년 11월 16일/1541년: 아즈텍, 잉카제국과 마야)"라는 용어를 사용한다. 冶金術의 시작은 古典期시대부터 나타난다.

南美에서는 중미의 고고학편년과 함께 '문화 특성이나 유물복합체에 의해 대표되는 공간적 지속(Spatial continuity represented by cultural traits and assemblages)'이란 Horizon(공간)개념을 원용하여 막스 울(Max Uhle, 서기 1856년-서기 1944년)은 '예술양식의 분포와 문화적 특질'에 바탕을 한 새로운 편년을 설정하여 南美(페루)의 문화를

1) 綿과 無土器時代(Cotton pre-ceramic period/stage, 기원전 2500년-기원전 1800년)

2) 早期(Initial period)

3) 초기 호라이존(Early Horizon, 차빈)

강원도 춘천 우두동 직업훈련원 진입도로

강원도 춘천 하중도 D-E지구

강원도 춘천 현암리(예맥문화재연구원)

강원도 춘성군 내평리(현 소양강댐 내 수몰지구)

---

4) 초기 중간 시대(Early intermediate period)

5) 중기 호라이존(Middle Horizon, 티아우아나코)

6) 후기 중간 시대(Late intermediate period)

7) 말기 호라이존(Late Horizon, 잉카, 서기 1438년-서기 1532년)의 7 시기로 나누어 쓰기도 한다.

그리고 경제가 사회변동의 가장 중요한 원동력(Economy as a prime mover in social evolution)으로 보는 唯物史觀論에 입각하는 편년에 따르면,

Pre-class society(원시무리사회 primitive society): pre-clan(亂婚 promiscuity)→ 母系(matriarchal clan)→父系(patriarchal clan)→terminal clan stages(씨족제도의 분해)

Class society: 奴隸制社會(slave society)→封建社會(feudal society)→資本主義社會(capitalism)

Classless society: 社會主義(socialism)→共産主義社會(communism)"의 발전 순이 된다.

Vere Gordon Childe는 도시와 국가의 발생, 장거리 외국무역과 도시혁명(Urban Revolution)이 발생하는 제 요인들을 추구한 결과 19개의 기본적인 발견물과 과학의 응용이 바탕이 된다고 한다. 19개의 항목은 관개, 쟁기, 축력의 이용, 범선, 수레, 과수재배, 양조, 구리의 생산과 이용, 벽돌제조, 궁륭, 沙器와 유리제품, 印章, 태양력, 기록, 숫자(기수법), 청동, 철, 알파벳, 도시 물 공급의 수도관이다(최몽룡 1990: 146).

그리고 이제까지 알려진 夏(기원전 2200년-기원전 1750년)나라보다 약 800년이나 앞서는 紅山(기원전 3600년-기원전 3000년)문화는 1935년 초 赤峰市 紅山后에서 발견된 것으로 그 범위는 내몽고 동남부를 중심으로 辽宁 서남, 河北 북부, 吉林서부에까지 미친다. 경제생활은 농업과 어로가 위주이고 석기는 타제와 마제석기를 사용하였다. 주요 유적들은 內蒙古 那斯臺村, 辽宁 喀左 東山嘴 冲水溝(기원전 3000년-기원전 2500년경)와 建平을 비롯하여 蜘蛛山, 西水泉, 敖漢旗三道灣子, 四棱山, 巴林左旗南楊家營子들이다. 특히 辽宁 喀左 東山嘴와 建平 牛河梁유적에서는 祭壇(三重圓形), 女神廟(東山嘴 冲水溝의 泥塑像, 여기에서 나온 紅銅/純銅의 FT(Fission Track)연대는 4298±345 B.P.,

강원도 영월 남면 연당2리 피난굴(쌍굴, 신석기층의 연대는 2230년, 2270

년, 청동기시대 층의 연대는 기원전 2010년이 나옴)

강원도 정선 북면 여량 2리(아우라지 1호 주거지: 기원전 1240년)

강원도 원주 가현동 국군병원

강원도 홍천 두촌면 철정리 Ⅱ(철기시대 유물은 기원전 620년/640년이 나옴)

강원도 홍천 화촌면 외삼포리(기원전 1350년, 기원전 1330년)

강원도 평창 평창읍 천동리 220번지(강원문화재연구소)

강원도 평창 평창읍 천동리 평창강 수계 복구지역(예맥문화재연구원)

강원도 화천 하남 원천리(예맥문화재연구원)

경기도 가평 청평면(외서면) 대성리

경기도 가평 상면 덕현리

경기도 가평 상면 연하리

경기도 파주 주월리 육계토성

3899±555 B.P. C¹⁴의 연대는 5000±130 B.P.가 나오고 있다), 積石塚(牛河梁 馬家溝 14-1,
1-7호, 1-4호, 祭器로서 彩陶圓筒形器가 보임), 石棺墓(2호), 禮器로서의 鞍山 岫岩玉(滿
族自治県)으로 만들어진 玉器[龍, 渚(묏/멧돼지), 매, 매미, 거북 자라 등의 動物, 상투(結髮,
魋結)를 위한 馬蹄形玉器(14-a), 環, 璧, 玦 등 100건 이상], 紅陶와 黑陶가 생산된 橫穴式
窯와 一·二次葬을 포함하는 土坑竪穴墓(水葬·風葬·火葬) 등이 알려져 있다. 이 홍산 문
화에서 興隆窪(8000-7600 B.P.)에서 보이는 玉渚龍이 사슴·새-묏/멧돼지용(玉渚龍)에
서 龍(C形의 玉雕龍으로 비와 농경의 기원)으로 발전하는 圖上의 확인뿐만 아니라 紅山
岩畵에서 보이는 종교적 무당 신분의 王(神政政治, theocracy)에 가까운 최소한 족장
(chief) 이상의 우두머리가 다스리는 階級社會 또는 文明社會를 보여주고 있다. 토기
문양 중 갈 '乙' 문양은 평북 의주 미송리와 경남 통영 상노대노에서, 玉玦은 경기도
파주 주월리와 강원도 고성 문암리에서 나타난다. 해자가 돌린 성역화된 적석총/석
관(周溝石棺墓)은 강원 홍천 두촌면 철정리, 강원도 춘천 천전리, 충남 서천 오석리
와 경남 진주대평 옥방 8지구 등에서 보여 홍산문화와 한국의 선사문화의 관련성이
점차 증가하는 추세이다.

경기도 시흥시 능곡동

인천광역시 계양구 동양동

인천광역시 중구 용유도

인천광역시 옹진군 백령도 말등패총

인천광역시 옹진군 연평 모이도(2790±60 B.P., 기원전 1180년-기원전 820년)

충청북도 제천 신월리(기원전 2050년)

충청남도 대전시 용산동(단사선문이 있는 돌대문토기로 조기 말)

충청남도 서산군 해미면 기지리

충청남도 연기군 금남면 대평리(2970±150 B.P., 기원전 1300년-기원전 1120년)

대구광역시 달서구 대천동(기원전 3090년-기원전 2900년, 기원전 3020년-기원전 2910년)

경상북도 경주 신당동 희망촌

경상북도 경주 충효동 640번지와 100-41번지 일원

경상북도 금릉 송죽리

경상남도 산청 단성면 소남리

경상남도 진주 남강댐 내 옥방 5지구 등(동아대·선문대 등 조사단 구역, 기원전 1590년-기원전 1310년, 기원전 1620년-기원전 1400년의 연대가 나왔으나 돌대문토기와의 관련은 아직 부정확함)

나. 전기(기원전 1500년-기원전 1000년: 단사선문이 있는 이중구연토기, 50개소)

서울 송파구 가락동

강원도 춘천 신매리(17호: 기원전 1510년, 기원전 1120년-기원전 840년)

강원도 춘천 우두동 82번지 유치원 부지(기원전 12세기경)

강원도 강릉 교동(1호: 기원전 1878–1521년/2호: 기원전 1495–기원전 1219

　년/3호: 기원전 1676년–기원전 1408년)

강원도 원주 가현동 국군병원

강원도 고성 현내면 송현리

강원도 속초 대포동

강원도 평창 평창읍 천동리 220번지(구순각목, 이중구연, 단사선문, 반관

　통 공렬문: 기원전 11세기–기원전 10세기경)

경기도 강화도 내가면 오상리 고인돌(인천광역시 기념물 제5호)

경기도 가평 가평읍 달전 2리(가평역사부지)

경기도 김포시 양촌면 양곡리·구례리

경기도 성남시 분당구 판교동

경기도 평택 현곡 토진리

경기도 안성 원곡 반제리

경기도 안성 공도면 만정리

경기도 여주 점동면 흔암리[경기도 기념물 155호, 기원전 1650년–기원전

　1490년(12호), 기원전 1390년–기원전 1170년(12호) 기원전 1100년–기원전

　780년(8호) 등]

경기도 연천 군남면 강내리(고려문화재연구원)

경기도 파주 교하읍 운정리

경기도 화성시 동화리

인천광역시 서구 검단 2지구

인천광역시 옹진군 덕적면 소야도(기원전 2085년, 기원전 2500년~기원전

　1650년)

대전광역시 유성구 궁동 및 장대동

충청북도 충주 동량면 조동리(1호: 2700±165 B.P., 2995±135 B.P.; 기

원전 11세기경)

충청북도 청주 내곡동

충청남도 부여 구봉면 구봉리(기원전 1450년)

충청남도 청주 용암동

충청남도 서산군 음암 부장리

충청남도 공주시 장기면 제천리

충청남도 공주시 장기면 당암리

충청남도 계룡시 두마면 두계리

충청남도 천안 백석동 고재미골

충청남도 아산 탕정면 LCD 단지 1지점

충청남도 아산 탕정면 용두리

충청남도 연기군 남면 증촌리 도림말

충청남도 연기군 남면 송담 2리

충청남도 연기군 남면 송원리

충청남도 연기군 남면 연기리 임천

경상남도 울산광역시 북구 신천동

경상남도 진주 대평 옥방지구(기원전 1590년-기원전 1310년, 기원전 1620

년-기원전 1400년)

경상남도 밀양 산외면 금천리

경상북도 대구 수성구 상동

경상북도 경주 충효동 640번지 일원

경상북도 포항시 남구 구룡포읍 삼정리

전라북도 군산시 내흥동 군산역사

전라북도 익산 영등동(1-3호)

광주광역시 북구 동림동 2택지개발지구

전라남도 여천 적량동 상적 지석묘(청동기시대 전기 말−중기 초, 기원전 10세기경, 이중구연 단사선문, 구순각목, 공렬토기, 비파형동검 6점)

전라남도 여수시 월내동 상촌 Ⅱ 지석묘(이중구연 단사선문, 공렬토기, 비파형동검 3점, 청동기시대 전기 말−중기 초, 기원전 10세기경)

전라남도 고흥 두원면 운대리 중대 지석묘(비파형동검)

전라남도 여천 화장동 고인돌(비파형동검, 기원전 1005년)

제주도 서귀포시 대정읍 하모리

다. 중기(기원전 1000년-기원전 600년: 공렬토기, 구순각목토기, 133개소)

서울 강남구 역삼동

서울 강동구 명일동(역자식 석촉과 유경식 석촉이 공존)

강원도 강릉 입압동

강원도 속초 조양동(사적 제376호)

강원도 양구군 양구읍 하리 및 고대리

강원도 정선 북면 여량 2리(아우라지, 기원전 970년)

강원도 영월 남면 연당 2리 피난굴(쌍굴, 공렬토기)

강원도 정선 신동읍 예미리

강원도 원주 가현동(국군병원) 및 태장동 4지구

강원도 춘성군 내평리(현 소양강댐 내 수몰지구, 기원전 980년, 기원전 640년)

강원도 춘천 거두리(1리 및 2리)

강원도 춘천 우두동 82번지 유치원 부지

강원도 춘천 신매리

강원도 춘천 율문리

강원도 춘천 하중도 D−E지구

강원도 춘천 천전리

강원도 화천 용암리

강원도 화천 하남 원천리(예맥문화재연구원)

강원도 화천 하남면 거례리

강원도 홍천 화촌면 외삼포리

강원도 홍천 화촌면 성산리

강원도 춘천 우두동 직업훈련원 진입도로(비파형동검)

강원도 춘천 삼천동

경기도 하남시(옛 경기도 廣州읍 동부면 미사리) 渼沙里(사적 제269호)

경기도 하남시 德豊 1洞 덕풍골(제사유구)

경기도 하남시 望月洞 龜山

경기도 가평 청평면(외서면) 대성리

경기도 가평 설악면 신천리

경기도 광주시 역동(비파형동검)

경기도 광주시 장지동

경기도 군포 부곡지구

경기도 가평 설악면 신천리

경기도 김포시 양촌면 양곡리·구례리

경기도 성남시 분당구 판교동

경기도 여주 점동면 흔암리(경기도 기념물 155호)

경기도 파주 옥석리(기원전 640년; 2590±105 B.P.)

경기도 파주 교하읍 운정리

경기도 하남시 덕풍골(종교·제사유적, 기원전 1065년-기원전 665년)

경기도 하남시 미사동(사적 제269호 옆)

경기도 부천 고강동

경기도 시흥 논곡동 목감중학교

경기도 시흥 능곡동

경기도 안성 공도 만정리

경기도 안성 공도 마정리

경기도 안양 관양동(1호 주거지: 기원전 1276년-기원전 1047년, 기원전
　1375년-기원전 945년/5호 주거지: 기원전 1185년-기원전 940년, 기원전
　1255년-기원전 903년)

경기도 의왕시 고천동 의왕 ICD 부근(기원전 990년-기원전 870년)

경기도 양평군 개군면 공세리 대명콘도 앞

경기도 양평군 개군면 상자포리

경기도 양평군 양서면 도곡리

경기도 양평군 양수리(기전문화재연구원 2001년 3월 26일 발굴, 공렬 및 구
　순각목)

경기도 연천 통현리·은대리·학곡리 지석묘

경기도 연천 삼거리 주거지(기원전 1130년, 이중구연과 공렬이 한 토기에
　같이 나옴, 청동기시대 전기 말 중기 초)

경기도 연천 군남면 강내리(고려문화재연구원)

경기도 용인시 수지읍 죽전 5리 현대아파트 및 어린이 공원 부지(기전
　문화재연구원 2001년 3월 26일 및 12월 6일 및 발굴, 공렬 및 구순각목)

경기도 평택 지제동(기원전 830년, 기원전 789년)

경기도 평택 토진 현곡동

경기도 평택 서탄면 수월암리(북방식 지석묘)

경기도 화성 천천리(공렬토기가 나오는 7호주거지는 기원전 950년-기원전
　820년에 속함, 11호주거지는 기원전 1190년으로 연대가 가장 올라감)

경기도 화성 동탄 동학산

경기도 화성군 마도면 쌍송리(환호, 소도)

인천광역시 연수구 선학동 문학산

인천광역시 서구 검단 2지구

인천광역시 서구 원당 4지구(풍산 김씨 묘역)

인천광역시 서구 불로지구(4구역)

대구광역시 달서구 진천동(사적 제411호 옆)

대구광역시 달서구 상인동, 대천동

대구광역시 수성구 상동

경상북도 경주 川北洞 新堂里(황기덕 1964: 15-19)

경상북도 경주 내남면 월산동(기원전 1530년-1070년, 기원전 970년-기원
전 540년)

경상북도 경주 충효동 640번지와 100-41번지 일원(기원전 1010년-기원
전 800년, 기원전 920년-기원전 810년)

경상북도 경주 덕천리

경상북도 경주 충효동

경상북도 안동시 서후면 저전리(저수지, 관개수리시설, 절구공이)

경북 영주시 가흥동

경상북도 포항시 남구 지곡동

경상북도 포항 호동

경상북도 흥해읍 북구 대련리

경상북도 청도 송읍리

경상북도 청도 화양 진라리

울산광역시 북구 연암동(환호가 있는 종교·제사유적)

울산광역시 북구 신천동

울산광역시 남구 야음동

경상남도 울주 두동면 천전리(국보 제147호), 언양 반구대(국보 제285호)

진입로

경상남도 울주 검단리(사적 제332호)

경상남도 밀양 상동 신안 고래리

전라북도 군산 내흥동

전라북도 진안 오라동

전라북도 진안 모정리 여의곡

전라북도 진안 삼락리 풍암

광주광역시 북구 동림 2택지

전라남도 고흥 과역 석북리

전라남도 곡성 겸면 현정리

전라남도 광양 원월리

전라남도 구례군 구례읍 봉북리

전라남도 승주 대곡리

전라남도 승주 죽내리

전라남도 여수 적량동

전라남도 여수 봉계동 월암

전라남도 여수 월내동

전라남도 여천 화장동 화산

전라남도 순천 우산리 내우 지석묘(비파형동검)와 곡천

전라남도 해남 현산 분토리 836번지(공렬토기, 구순각목)

충청북도 청주 용암동(기원전 1119년)

충청북도 충주 동량면 조동리(7호 기원전 750년)

충청북도 제원 양평리(홍도, 기원전 835±165)

충청남도 부여 규암면 나복리

충청남도 천안 백석동(94-B: 기원전 900년-기원전 600년, 95-B: 기원전

890년-기원전 840년)

충청남도 천안 백석동 고재미골

충청남도 천안 운전리

충청남도 천안 입장리 1호 고속국도 IC

충청남도 공주시 장기면 제천리 감나무골

충청남도 운산 여미리

충청남도 아산 명암리(기원전 1040-940년, 780-520년)

충청남도 아산 탕정면 LCD 단지 2지점

충청남도 아산 탕정면 제2일반지방산업단지 1지역 1지점

충청남도 아산 탕정면 용두리(기원전 11세기-기원전 10세기경)

충청남도 당진 석문면 통정리(기원전 11세기-기원전 10세기경)

충청남도 청양 학암리

충청남도 보령시 웅천면 구룡리

충청남도 대전 대덕구 비래동 고인돌(기원전 825, 795, 685년)

충청남도 대전 유성구 관평동·용산동

충청남도 대전 유성구 서둔동·궁동·장대동

충청남도 유성구 자운동·추목동

충청남도 대전 동구 가오동·대성동 일원

충청남도 아산 신창면 남성리

충청남도 서산군 해미면 기지리

제주도 남제주군 신천리 마장굴

제주고 서귀포시 대정읍 상모리

제주시 삼화지구(비파형 동검편)

제주시 삼양동

라. 후기(기원전 600년-기원전 400년: 경질무문토기, 38개소)

　　강원도 춘천시 신북읍 발산리(기원전 640년)

　　강원도 춘천 중도 지석묘(1935±90 B.P., 기원전 15±90년, 기원전 105년-

　　　서기 75년, 경질무문토기가 나오는 철기시대 전기에 속함)

　　강원도 춘천 하중도 D-E지구 소형 지석묘

　　경기도 성남 판교지구 9지점

　　경기도 양평 개군면 공세리

　　경기도 용인군 갈담리

　　경기도 파주 덕은리(사적 148호, 기원전 640년)

　　경기도 평택 서탄면 수월암리(개석식, 소형석곽 식 지석묘)

　　충청북도 제천 황석리 고인돌(기원전 410년)

　　충청남도 부여 송국리(사적 제249호, 장방형주거지의 목탄의 연대는 기원전

　　　750년에서 기원전 150년경에 속한다. 여기에는 원형집자리와 환호(격벽시

　　　설)의 청동기시대 후기와 목책과 방형의 집자리로 대표되는 철기시대 전기

　　　가 뚜렷이 확인된다. 그리고 새로이 발굴된 제 28호 방형집자리에서 삼각형

　　　석도가 출토하고 있다.)

　　충청남도 부여 규암면 나복리

　　충청남도 서산군 해미면 기지리

　　충청남도 서천 도삼리

　　충청남도 대전 대정동

　　충청남도 계룡시 입암리

　　충청남도 아산 신창면 남성리

　　전라남도 나주 노안면 안산리, 영천리

　　전라남도 나주 다도면 판촌리(철기시대 전기까지 내려가는 지석묘)

　　전라남도 나주 다도면 송학리(철기시대 전기까지 내려가는 지석묘)

전라남도 나주 다도면 마산리 2구 쟁기머리(철기시대 전기까지 내려가는
　지석묘)

전라남도 화순 춘양면 대신리 고인돌(기원전 555년)

전라남도 순천시 해룡면 복성리

전라남도 여수 화양면 소장지구

전라남도 여수 화양면 화동리 안골 고인돌(고인돌은 기원전 480년-기원
　전 70년 사이로 철기시대에 속함)

전라남도 영암군 엄길리 고인돌군(이중개석, 흑도장경호, 기원전 3세기-
　기원전 2세기)

전라남도 장흥 유치면 대리 상방촌

전라남도 장흥 유치면 오복동

전라남도 장흥 유치면 신풍리 마정(탐진댐 내 수몰지구)

전라남도 함평 학교면 월산리

전라남도 해남 현산 분토리 836번지

광주광역시 남구 송암동

대구광역시 달서구 월성동 리오에셋

대구광역시 달서구 대천동

경상남도 김해시 장유면 율하리(솟대, 소도)

부산광역시 기장군 일광면 청광리(철기시대의 환호가 나타남. 소도)

인천광역시 서구 원당 1구역

제주시 삼양동[사적 416호로 지정된 철기시대 전기(기원전 400년-기원전 1
　년)의 삼양동 유적 옆에서 공렬토기가 나오는 방형주거지가 37기가 새로이
　발굴·조사되었다. 이 공렬토기는 육지에서 영향을 받아 현지에 제작된 것으
　로 홍도가 공반하고 있다. 중심연대는 육지의 청동기시대 중기가 아닌 후기
　에 속하는 것으로 기원전 6세기-기원전 4세기이다.]

제주도 서귀포시 안덕면 화순리

송파구 가락동 유적은 한강지류 표고 약 40m의 낮은 구릉 위에 있으며 발굴결과 동서 장축 10m, 남북 장축 7m로 장축이 그리 크지 않은 정방형에 가까우면서 이 시기에 잘 보이지 않는 평면 장방형 반지하식 움집의 구조로 기둥구멍은 발견되지 않았다. 현재 발굴·조사된 집자리는 한 채에 불과하나 원래는 여주 흔암리나 부여 송국리 유적의 경우처럼 수십 채가 한 부락을 이루었을 것으로 짐작된다. 출토유물은 낫(鎌)과 같은 半月形石刀(1점), 石鎌, 逆刺式 석촉(1점)과 有莖式 석촉(1점), 尖頭器(송곳, 1점), 紡錘車(2점), 숫돌(1점), 四角形石器(숫돌, 1점)과 함께 二重口緣+短斜線文土器이 있는 鉢形土器(3점)와 壺形土器(2점), 무문토기 저부(1점)가 출토되었다. 집자리의 평면은 이 시기에서 흔히 보이는 細長方形이 아닌 장방형으로 시기가 늦은 감이 있다. 각 유적에서 확인된 최대 규모 집자리의 장축 길이를 보면 평택 현곡 17m, 화성 천천리 29m, 화성 동탄면 석우리 동학산 18m, 부천 고강동 19m, 화천 용암리 19.5m, 보령 관산 24m, 시흥 논곡동 목감 15m, 청도 송읍리 18m, 화양 진라리 18m, 천안 백석동 고재미골 2지구 23m, 아산 남성리 19.8m, 춘천 거두리 15m, 홍천 화촌면 성산리 12m 등 15m−29m에 이른다. 이 집자리의 조사 및 연구에서는 동과 서쪽에 치우쳐 토기기 발견되어 두 가족이 살던 집자리로 보고 있으나(김정학 1963: 21), 격벽시설의 유무 또는 격벽시설로 구분되는 각 방의 기능도 고려해볼 수 있으나 보고서에서는 언급이 없다. 토기는 평양시 삼석구역 湖南里 南京 36호 주거지 출토 이중구연에 단사선문이 있는 팽이형토기(角形土器, こま형 토기, こまっぶり/獨樂의 略形, 이 토기에도 이중구연에 단사선문이 있음) 계통으로 지름이 작고 곧은 목으로 보아 變形角形土器로도 볼 수 있겠다. 발굴자인 金廷鶴 교수는 이 유적의 연대를 발견된 역자식 석촉이 청동기를 모방한 것으로 청동기 사용 이후의 것이며 壺形토기는 福岡 板付유적으로 대표되는 彌生시대 전기(김정학, 1963: 23)로 전체적인 점에서 연대를 기원전 5세기경으로 잡고 있다(김정학 1963: 14 및 24).

그리고 여주 흔암리의 경우 크게 1. 二重口緣＋短斜線文土器(1·9·11호) 2. 孔列土器(孔列文, 구멍무늬토기)＋口脣刻目土器(골아가리토기)의 두 가지로 나누어 볼 수 있다. 이런 토기의 형식분류는 1. 二重口緣＋短斜線文土器(1·9·11호)→2. 孔列土器(2·3·4·6·7·9호)→2a 孔列＋口脣刻目土器(1·2·6·7·12호)→2b 孔列＋短斜線文土器(2·5·9호)→2c 口脣刻目＋短斜線文土器(14호)로 재분류 해 볼 수 있을 것이다. 연대가 올라가는 二重口緣＋短斜線文土器가 나오는 주거지는 1·9·11호이며 연대가 늦다고 생각되는 口脣刻目＋短斜線文土器가 나오는 주거지는 14호이다. 흔암리 12호의 연대는 기원전 1570년/기원전 1650년－기원전 1490년, 기원전 1280년/기원전 1390년－기원전 1170년, 기원전 1165년/기원전 1300년－기원전 1030년, 기원전 855년/기원전 930년－기원전 780년을 보여준다.

이곳 송파구 가락동의 경우 孔列土器보다 앞서는 二重口緣＋短斜線文土器만 나오고 있어 편년은 흔암리 주거지의 상한 연대와 비슷하다. 평양시 삼석구역 湖南里 南京유적 Ⅰ기에 속하는 36호[기원전 2000년 기 말－기원전 1000년 기 초, 이곳 청동기시대 Ⅰ기에 속하는 팽이그릇(角形土器, 이중구연에 단사선문이 있음)과 어깨가 있는 變形팽이그릇, 기원전 992±172년, 기원전 1024년±70년, 김용간·석광준 1984: 92－108 및 191]와 청동기시대 Ⅱ기에 속하는 11호 집자리에서 나오는 기장과 같이 농경이 본격화되었음을 보여준다. 평양시 삼석구역 湖南里 南京유적은 이웃 삼석구역 호남리 표대유적의 팽이그릇(角形土器) 집자리의 편년에 따르면 Ⅳ기(기원전 1774±592년/1150±240년)에 속한다.

이 팽이형토기의 분포는 대동강유역을 중심으로 평안북도 강계 공귀리 등 청천강 이남으로부터 한강 이북에 이르며(림용국 2002: 6－19) 주로 평안남북도와 황해도에 국한한다. 그리고 이중구연에 단사선문이 나타나면서 아가리를 겹 싸 넘기고 그 위에 그은 사선의 구연부, 배가 호선을 이룬 胴部, 밑굽이 도드라진 基底部(김용간·석광준 1984: 126–127 및 사진 11) 등 전형적인 대동강변의 각형토기(평양시 삼석구역 湖南里 南京유적의 청동기시대 2기)와 松坡區 可樂洞 출토의 것(김정학 1963: 19 제 8도)과 비교해보면 뚜렷한 차이가 보인다. 최근의 고고학 자료로 보면 이중구연에 단사선문이 나타나는 토기(또는 변형각형토기도 포함)는 한강 이남에서는 편년 상 청동기시대 전기(기원전 1500년–기원전 1000년경)에 속한다. 그러나 가락동 주거지에서 장방형주거지, 역자식 석촉과 이중구연에 단사선문이 나타나는 토기는 청동기시대 전기 말경으로 實年代는 여주 흔암리 유적의 상한인 기원전 12세기–기원전 11세기경과 비슷한 것으로 보인다.

흔암리 유적에서는 보리, 조, 수수 등의 탄화곡물과 함께 炭火米(12호)가 대량으로 출토하였다. 이는 쌀(벼), 콩, 수수, 조, 기장 등 五穀이 나오는 평양시 삼석구역 湖南里 南京 유적 Ⅰ기(36호)와 비교된다. 농경은 청동기시대 전기 말경부터 일부 시작되었으나 그 다음 중기의 공렬토기 단계와 후기의 경질무문토기 단계(부여 송국리)에는 五穀의 농사와 함께 火田, 밭농사와 水田耕作이 전국적으로 확산되었다. 가락동 주거민들도 생계의 일부 농경에 의존했던 것으로 추측된다.

가락동 주거지는 주거지당 인구수를 흔암리 유적 12호의 예인 34.9㎡/7명으로 환산하면 14명 정도가 되는데 현재의 계산으로는 필자가 언급한대로 2가구정도의 大家族이 될 가능성이 많다. 그러나 이중구연에 단사선문토기가 나오는 이 시기의 다른 유적에서 보이는 길이가 20m 전후되는 細長方形의 집자리 경우 기원전 5500년–기원전 5000년경의 유럽의 즐문토기문화(LBK, Linear Band Keramik)의 20m–40m의 장방형 주거지에서 보이듯이 單婚的 小家族體制보다 母系社會(matriarchal clan)의 집자리일 가능성이 많으며 그 다음 공렬토기의 단계에서는 가부장적인 大家族制가 아니라 오히려 單婚的 小家族體制

(一夫一妻制的 小家族父系制度/patriarchal clan)로 전환하는 과정이 집자리에서 나타난다. 다시 말해 우리나라 청동기시대 전기에는 모계사회의 세장방형 집자리, 중기에는 小家族父系制度의 장방형집자리가 특징으로 볼 수 있겠다.

강남구 역삼동 주거지는 한강중류 남쪽 4km 지점에 있는 해발 90m의 매봉산으로 불리었던 야산의 구릉에서 발굴되었는데 정북에서 약 45도 각도로 틀어진 동북−남서 장축 16m, 폭 3m, 수혈깊이 50cm−60cm의 세장방형 넓이 48㎡(실내 면적 12坪으로 추산), 벽면을 따라가면서 길이 1m 간격으로 기둥구멍이 나있으며 입구는 남서쪽으로 나있었던 것으로 추정된다. 벽에 기둥이 탄 흔적으로 보아 화재로 이 집이 소실된 것 같다. 화덕자리(爐址)는 확인되지 않았다. 이 유적도 역시 현재 발굴·조사된 집자리는 한 채에 불과하나 원래는 여주 흔암리나 부여 송국리 유적의 경우처럼 수십 채가 한 부락을 이루었을 것으로 짐작된다. 출토유물로는 兩刃石斧(3점), 石鑿(2점), 석촉(3점, 逆刺式 석촉2점, 有莖式 석촉1점), 半月形石刀(1점), 숫돌(6점), 碾石(1점), 망칫돌(敲石 3점), 미완성 燈盞과 비슷한 異形석기(1점), 石材들과 함께 孔列文과 口脣刻目이 있는 鉢(2점)과 口脣刻目만 나있는 壺形토기(1점), 紅陶(2점)과 기타 무문토기 저부들이 나오고 있다. 필자인 金良善과 林炳泰 교수는 같은 종류의 공렬문토기가 나온 坡州 月籠面 玉石里(기원전 640년/2590±105 B.P.)와 비교하여 기원전 7세기−기원전 4세기로 잡고 있다. 그러나 최근의 고고학 자료에 의하면 공렬문과 구순각목은 청동기시대 중기(기원전 1000년−기원전 600년)의 대표적 유물로 이 역삼동 유적도 그 연대에 속하며, 세장방형의 집자리와 역자식 석촉이 공반하는 것으로 보아 청동기시대의 중기 초기 즉 실연대로 기원전 10세기−기원전 9세기로 상향 조정될 수 있다. 이 수혈움집에는 5명의 핵가족이 3가구(15−16명 정도) 살았던 것으로 추정하고 있다(김양선·임병태 1968: 45). 그리고 출토유물은 대부분 농업과 개간에 필요한 것들이다. 역삼동 유적과 같이 장축 16m의 細長方形에 가까운 집자리의 경우 기원전 5500년−기원전 5000년경의 유럽의 즐문토기문화(LBK, Linear Band Keramik)의 20m-40m의 장방형 주거지에서 보이듯이 單婚的 小家族體制보다 母系社會/matriarchal clan가 아직 존재하거나 그렇지 않으면 혈연을 기반으로 하던 族長의 집일 가능성도 고려해 보아야 한다. 이 유적은 공렬토기가 나오는 河南市 渼沙里 先史遺蹟(옛 경기도 廣州읍 동부면 미사리)의 6·7층 청동기층과도 비교가 된다.[11]

  강동구 명일동(구 廣州郡 九川面 明逸里) 주거지는 해발 42m의 낮은 야산에 위치하며 고려대학교(인류·고고회)에서 1961년에 발굴·조사하였다. 이곳에서 발굴된 직경 6m의 타원형 주거지는 중심부에 爐址가 있으며 무문토기 저부와 함께 血溝가 없는 二段柄式 磨製石劍(2점, 미완성 1점 포함), 逆刺式 석촉(4점), 有莖式 석촉(1점), 숫돌과 敲石이 출토되었다. 편년을 할 수 있는 토기는 없고 토기 바닥만 나와 연대를 가늠하기가 어렵다. 그러나 역자식 석촉이 유경식 석촉에 비해 많은 4점이 출토하고 있어 이 유적의 연대는 청동기시대 전기까지

---

11) 이 유적은 신석기에서 백제시대 초기에 걸치는 중요한 유적으로 1979년 사적 제 269호로 지정되었다. 서기 1987년-서기 1992년 사이 숭실대학교 박물관의 주관 하에 세 차례에 걸쳐 선시시대부터 역사시대에 이르기까지 層位를 이루는 모두 466기의 유구가 발굴되었다. 전체 8개 층으로 위에서부터 3-8까지가 文化層이다. 3층은 고려시대, 4층은 백제 경작유구와 서기 4세기경의 六角形의 집자리, 5층은 馬韓/三韓時代, 6·7층은 청동기시대, 8층은 신석기시대에 속한다. 신석기시대 층에서는 타원형 내지 원형의 野外爐址가 많으며 빗살무늬토기(櫛文土器), 그물추(漁網錘), 화살촉(石鏃), 돌도끼(石斧)를 비롯한 생활도구와 불에 탄 도토리가 채집되었다. 신석기시대 층의 연대는 방사성 탄소연대(C14)측정결과 기원전 3303±140년(5253±140 B.P.)으로 나타났다. 청동기시대층에서는 住居址(집자리)와 貯藏孔이 많이 발굴되었으며 주거지의 평면은 모두 細長方形과 長方形이다. 토기는 청동기시대 중기에 속하는 孔列土器(孔列文, 구멍무늬토기)와 口脣刻目土器(골아가리토기)가 중심이 된다. 그리고 하남시 미사리 미사보금자리 주택단지 조성지구에서 기원전 10,000년의 후기 구석기시대의 몸돌과 격지가, 그리고 하남고등학교 뒤편 야산에서는 신석기와 청동기, 철기시대 전기의 생활유적이 한백문화재연구소에 의해 새로이 발견되었다(조선일보 2013년 10월 24일자).

올라갈 수 있으나 유경식 석촉(1점)이 공반하고 있어 청동기시대 중기(기원전 1000년–기원전 600년)로 보는 것이 무난하겠다. 그리고 집자리의 평면이 타원형(김정학 1962: 30)이라고 보고하고 있으나 최근 조사된 청동기시대 중기 집자리의 평면이 대부분 장방형인 점을 고려해 볼 때 이 유적이 6.25 때 군인들이 이곳에 참호를 많이 팠던 결과 攪亂에 기인한 듯하다.

이상 보고서에 근거하여 편년을 설정하면 송파구 가락동(구 경기도 廣州郡 中垈面 可樂里) 유적은 청동기시대 전기 말경으로 實年代는 여주 흔암리 유적의 상한인 기원전 12세기–기원전 11세기경으로 보인다. 강남구 역삼동(구 서울 성동구 역삼동 표고 90m 매봉 산록) 유적은 청동기시대의 중기 초기 즉 실연대로 기원전 10세기–기원전 9세기로 상향 조정될 수 있다. 그리고 교란이 심하고 연대를 알 수 있는 지표적인 토기가 출토되지 않은 강동구 명일동 유적은 청동기시대 중기로 보는 것이 무난하겠다. 가락동 유적은 청동기시대 전기 말, 역삼동 유적은 청동기시대 중기 초, 명일리 유적은 포괄적으로 보면 청동기시대 중기가 된다. 이와 비슷한 시기의 유적은 강원도 춘천시 우두동 82번지 유치원 부지, 강원도 평창군 평창읍 천동리 220번지(구순각목, 이중구연, 단사선문, 반관통 공렬문: 기원전 11세기–기원전 10세기경), 경기도 하남시 덕풍골(종교·제사 유적, 기원전 1065년–기원전 665년), 경기도 강화도 내가면 오상리 고인돌(인천광역시 기념물 제5호), 가평군 가평읍 달전 2리(가평역사부지), 안성 元谷면 盤諸리, 연천군 삼거리 주거지(기원전 1130년, 이중구연과 공렬이 한 토기에 같이 보임, 청동기시대 전기 말–중기 초), 양평군 양수리(기전문화재연구원 2001년 3월 26일 발굴회의, 공렬 및 구순각목토기 출토), 용인시 수지읍 죽전 5리 현대아파트 및 어린이 공원 부지(기전문화재연구원 2001년 3월 26일 및 12월 6일 발굴회의, 공렬 및 구순각목토기 출토), 평택군 현곡면 토진리, 충청남도 서산군 음암 부장리, 공주시 장기면 제천리, 공주시 장기면 당암리, 계룡시 두마면 두계리, 광주광역시 북구 동림동 2택지개발지구, 전라남도 여수시 월내동 상촌 Ⅱ 지석묘(이중구연 단사선문, 공렬토기, 비파형동검 3점, 청동기시대 전기 말-중기 초, 기원전 10세기 경), 여천 적량동 상적 지석묘(청동기시대 전기 말-중기 초, 기원전 10세기경, 이중 구연 단사선문, 구순각목, 공렬토기, 비파형동검 6점), 해남군 현산면 분토리 836번 지(구순각목, 공렬토기) 등이 될 것이다.

우리나라에서 청동기시대 전기의 토기의 특징은 二重口緣+短斜線文土器 가 청동기시대 중기가 되면 孔列土器(+口脣刻目土器)가 되며 이러한 청동기시 대 중기의 文化는 지역적인 국한된 모습을 벗어나 한반도 전체(현재로서는 以南 地域)로 확산된다. 중기의 공렬토기 단계(여주 흔암리)와 후기의 경질무문토기 단계(부여 송국리)에는 五穀의 농사과 함께 火田, 밭농사와 水田耕作이 전국적 으로 확산되며 韓國化된 同一性과 正體性(identity)도 이 시기부터 나타난다.
그리고 경제가 사회변동의 가장 중요한 원동력(Economy as a prime mover in social evolution)으로 보는 唯物史觀論에 입각하는 편년에 따르면,

Pre-class society(원시무리사회 primitive society): pre-clan(亂婚 promis-
    cuity)→母系(matriarchal clan)→父系(patriarchal clan)→terminal clan
    stages(씨족제도의 분해)
Class society: 奴隷制社會(slave society)→封建社會(feudal society)→資
    本主義社會(capitalism)
Classless society: 社會主義(socialism)→共産主義社會(communism)

의 발전 순이 된다.
이것을 집자리의 평면인 세장방형과 장방형에 대입시켜보면 이들 대형 세 장방형의 집자리의 조사 및 연구에서는 격벽시설의 유무와 격벽시설로 구분되

는 각 방의 기능도 고려해야 할 것이며, 이는 기원전 5500년-기원전 5000년경의 유럽의 즐문토기문화(LBK, Linear Band Keramik)의 20m-40m의 장방형 주거지에서 보이듯이 아직 모계사회의 잔재가 남아 있는 것으로 해석될 수 있다. 그런데 장방형주거지는 해발 60m-90m의 구릉 정상부에 자리하며 이들 집자리들은 부계사회의 시작으로 그중 대형의 집자리는 혈연을 기반으로 하는 청동기시대 族長社會(chiefdom)의 족장의 집 또는 그와 관련된 공공회의 장소/집무실 등으로 보는 것도 좋을 것 같으며, 이러한 예는 철기시대 전기로 편년되는 제주시 삼양동(사적 416호) 유적에서 확인된 바 있다.

기원전 1500년-기원전 1년 한국의 土着勢力이며 血緣을 기반으로 하는 階級社會인 支石墓社會[12]가 북에서 내려오는 琵琶形/辽宁式/滿洲式/古朝鮮式

---

12) 우리나라의 거석문화는 지석묘(고인돌)와 입석(선돌)의 두 가지로 대표된다. 그러나 기원전 4500년 전후 세계에서 제일 빠른 거석문화의 발생지로 여겨지는 구라파에서는 지석묘(dolmen), 입석(menhir), 스톤써클(stone circle: 영국의 Stonehenge가 대표), 열석(alignment, 불란서의 Carnac이 대표)과 연도(널길) 있는 석실분(collective tomb: passage grave, 또는 access passage), 연도(널길) 없는 석실분(gallery grave 또는 allée couverte)의 5종 여섯 가지 형태가 나타난다. 이 중 거친 할석으로 만들어지고 죽은 사람을 위한 무덤의 기능을 가진 지석묘는 우리나라에서만 약 29,000기가 발견되고 있다. 중국의 요녕성 절강성의 것들을 합하면 더욱더 많아질 것이다. 남한의 고인돌은 北方式, 南方式과 蓋石式의 셋으로 구분하고 발달 순서도 북방식-남방식-개석식으로 생각되고 있다. 그러나 북한의 지석묘는 황주 침촌리와 연탄 오덕리의 두 형식으로 대별되고, 그 발달 순서도 변형의 침촌리식(황해도 황주 침촌리)에서 전형적인 오덕리(황해도 연탄 오덕리)식으로 보고 있다. 여기에 마지막으로 개천 묵방리식이 추가된다. 여기에는 팽이형토기가 공반한다. 우리나라의 지석묘 사회는 청동기시대-철기시대 전기 토착사회의 무덤으로 전문직의 발생, 재분배 경제, 조상 숭배와 혈연을 기반으로 하는 계급 사회로 인식되고 있다. 그러나 지석묘의 기원과 전파에 대하여는 연대와 형식의 문제점 때문에 현재로서는 구라파 쪽에서 전파된 것이라기보다는 '韓半島 自生說'쪽으로 기울어지고 있는 실정이다. 여기에 비해 한 장씩의 판석으로 짜 상자모양으로 만든 石棺墓 또는 돌널무덤(石箱墳)의 형식이 있다. 아마 이들은 처음 지석묘사회와 공존하다가 차츰 지석묘사회에 흡수된 것으로 여겨진다. 석관

銅劍문화와 石棺墓 文化를 받아들이는 모습에서 한국문화의 多源(元)的 文化 要素를 보여준다. 우리나라에서 지석묘 축조사회를 족장사회(chiefdom society) 단계로 그리고 다음 단계인 衛滿朝鮮(기원전 194년-기원전 108년)을 최초의 고대국가(ancient state)로 설정하는 것은 신진화론의 정치 진화모델(in-

___

묘(석상분)와 지석묘의 기원과 전파에 대하여는 선후 문제, 문화 계통 등에 대해 아직 연구의 여지가 많다. 최근 끄로우노프까 강변에서 발견된 얀꼽스키문화(기원전 8세기 -기원전 4세기)에서도 고인돌과 유사한 구조와 그 속에서 한반도에서 나오는 석검, 관옥 등 비슷한 유물들이 확인되고 있다. 남쪽의 지석묘에는 북한에서 팽이형토기가 나오는 것과 달리 공렬토기가 나온다.

이 중 거친 割石으로 만들어지고 죽은 사람을 위한 무덤의 기능을 가진 지석묘는 우리나라에서만 약 29000기가 발견되고 있다. 중국의 요녕성과 절강성의 것들을 합하면 더욱 더 많아질 것이다. 남한의 고인돌은 北方式, 南方式과 蓋石式의 셋으로 구분하고 발달 순서도 북방식-남방식-개석식으로 생각되고 있다. 그러나 북한의 지석묘는 황주 침촌리와 연탄 오덕리의 두 형식으로 대별되고, 그 발달 순서도 변형의 침촌리식(황해도 황주 침촌리)에서 전형적인 오덕리(황해도 연탄 오덕리)식으로 보고 있다. 이들은 마지막으로 개별적인 무덤 구역을 가지고 구조도 수혈식에서 횡혈식으로 바뀌어 나가거나 이중 개석을 가진 평안남도 개천 묵방리식으로 발전하게 된다. 우리나라의 지석묘 사회는 일반적으로 전문직의 발생, 재분배 경제, 조상 숭배와 혈연을 기반으로 하는 계급 사회로 인식되고 있다. 그리고 우리나라의 지석묘(고인돌)가 만들어진 연대는 기원전 1500년-기원전 400년의 청동기시대이나 전라남도나 제주도 등지에서는 기원전 400년-기원전 1년의 철기시대 전기에까지 토착인들의 묘제로 사용되고 있었다. 최근의 고고학적 자료는 전남지방의 청동기시대는 전기(기원전 1500년-기원전 1000년)까지 거슬러 올라감을 알 수 있다. 그에 대한 자료는 광주광역시 북구 동림동 2택지개발지구, 여천 적량동 상적 지석묘(청동기시대 전기 말-중기 초, 기원전 11세기경, 이중구연 단사선문, 구순각목, 공렬토기, 비파형동검/고조선식동검 6점), 여수시 월내동 상촌 II 지석묘(이중구연에 단사선문이 있는 토기, 공렬토기, 비파형동검 3점, 청동기시대 전기 말-중기 초, 기원전 11세기경), 고흥 두원면 운대리 전라남도 高興 豆原面 雲垈里 支石墓(1926,11월 朝鮮總督府博物館), 중대 지석묘(비파형동검, 광주박물관), 전라남도 여천 화장동 고인돌(비파형동검, 기원전 1005년) 등에서 나타난다. 그러나 전남지방에 많은 수의 지석묘(고인돌)는 철기시대까지 사용된 정치·경제적 상류층의 무덤이며 그곳이 당시 농경을 기반으로 하는 청동기·철기시대의 가장 좋은 생태적 환경이었던

tegration theory, 統合論)을 한국사에 적용해 본 사례라 할 수 있다. 그렇게 보면 경남 창원 동면 덕천리, 마산 진동리(사적 472호), 사천 이금동, 여수 화동리 안골과 보성 조성리에서 조사된 지석묘들은 조상숭배를 위한 성역화 된 기념물로 당시 단순족장사회(simple chiefdom)에서 좀 더 발달한 복합족장사회의 성격(complex chiefdom)을 보여준다 하겠다. 그리고 한반도 남부의 지석묘 사회에서는 가장 늦게 등장한 蓋石式 지석묘사회가 해체되면서 기원전 3세기-기원전 2세기경 馬韓과 같은 三韓社會가 형성되었다.

공렬토기가 나오는 청동기시대 중기의 유적들인 포항 인비동과 여수 오림동에서 보는 바와 같이 우리나라에 들어온 기존의 청동기(비파형 또는 세형동검)와 마제석검을 사용하던 청동기-철기시대 전기의 한국 토착사회를 이루던 지석묘사회 사회에 쉽게 융화되었던 모양이다. 우리의 암각화에서 보여주는 사회의 상징과 표현된 신화의 해독이 아무르강의 사카치 알리안의 암각화와 기타지역의 암각화와의 비교 연구, 그리고 결과에 따른 문화계통의 확인이 현재 한국문화의 기원을 연구하는데 필수적이다. 이들은 한반도의 동북지방의 유물들과 많은 연관성을 가지고 있다. 극동지역 및 서시베리아의 암각화도 최근

것이다. 이 토착사회가 해체되면서 마한사회가 나타나게 된 것이다. 최근 여수 화양면 화동리 안골 고인돌의 축조가 기원전 480년-기원전 70년이라는 사실과 영암 엄길리의 이중개석 고인돌 하에서 출토한 철기시대 전기(기원전 400년-기원전 1년)에 속하는 두 점의 흑도 장경호는 이를 입증해주는 좋은 자료이다. 일찍이 충청북도 제천 황석리 고인돌의 축조도 기원전 410년이란 연대로 밝혀진 바 있다. 우리나라에서 사적으로 지정된 지석묘(고인돌)는 강원도 속초 조양동(사적 376호), 경기도 강화도 부근리(사적 137호), 경기도 파주군 덕은리/옥석리(玉石里)(기원전 640년, 사적 148호), 경상남도 마산 진동리(사적 472호), 전라남도 화순 춘양면 대신리와 도산 효산리(기원전 555년, 사적 410호), 전라북도 하서면 구암리(사적 103호), 고창지방(고창읍 죽림리, 상갑리와 도산리 일대의 고인돌군은 현재 사적 391호)이며, 그중 강화도, 고창과 화순의 고인돌들은 세계문화유산으로 지정되어 있다.

에 남한에서 암각화의 발견이 많아지면서 그 관련성이 주목된다. 시베리아, 극동의 대표적인 암각화로는 러시아에서도 암각화의 연대에 대하여 이론이 많지만 대개 청동기시대의 대표적인 암각화 유적은 예니세이강의 상류인 손두기와 고르노알타이 우코크의 베르텍과 아무르강의 사카치 알리안 등을 들 수 있다. 이에 상응하는 우리나라의 대표적인 암각화는 울주군 두동면 천전리 각석(국보 147호), 울주 언양면 대곡리 반구대(국보 285호), 고령 양전동(보물 605호) 등을 들 수 있으며, 그 외에도 함안 도항리, 영일 인비동, 칠포리, 남해 양하리, 상주리, 벽연리, 영주 가흥리, 여수 오림동과 남원 대곡리 등지를 들 수 있다. 울주 천전리의 경우 人頭(무당의 얼굴)를 비롯해 동심원문, 뇌문, 능형문(그물문)과 쪼아파기(탁각, pecking technique)로 된 사슴 등의 동물이 보인다. 이들은 앞서 언급한 러시아의 손두기, 베르텍, 키르(하바로브스크시 동남쪽 Kir강의 얕은 곳이라는 의미의 초루도보 쁘레소에 위치)와 사카치 알리안의 암각화에서도 보인다. 이의 의미는 선사시대의 일반적인 사냥에 대한 염원, 어로, 풍요와 多産에 관계가 있을 것이다. 또 그들의 신화도 반영된다. 사카치 알리안 암각화의 동심원은 '아무르의 나선문(Amur spiral)으로 태양과 위대한 뱀 무두르(mudur)의 숭배와 관련이 있으며 뱀의 숭배 또한 지그재그(갈 '之' 字文)문으로 반영된다. 하늘의 뱀과 그의 자손들이 지상에 내려올 때 수직상의 지그재그(이때는 번개를 상징)로 표현된다. 이 두 가지 문양은 선의 이념(idea of good)과 행복의 꿈(dream of happiness)을 구현하는 동시에, 선사인들의 염원을 반영한다. 그리고 그물문(Amur net pattern)은 곰이 살해되기 전 儀式 과정 중에 묶인 끈이나 사슬을 묘사하며 이것은 최근의 아무르의 예술에도 사용되고 있다. 현재 이곳에 살고 있는 나나이(Nanai, Golds/Goldie, 赫哲)족[13]의 조상이 만든

---

13) 언어학적으로 볼 때 한국어에는 두 가지 계통의 언어가 있다고 한다. 즉 원시 한반도어와 알타이어이다. 원시 한반도어는 아무르강의 길랴크/니비크(Nivkh, Gilyak), 유

것으로 여겨지며, 그 연대는 기원전 4000년-기원전 3000년경(이 연대는 그보다 후의 청동기시대로 여겨짐)으로 추론된다고 한다.

신석기시대의 精靈崇拜(animism)→청동기시대의 토테미즘(totemism)→ 철기시대의 巫敎(shamanism, 薩滿敎)와 祖上崇拜(ancestor worship)[14]와 함께

카키르, 이텔만, 캄챠달, 코략, 축치 등의 길랴크(니비크)인들의 것인데 이것이 우리 언어의 기층을 이루고 있었다. 그 후 알타이어의 한계통인 퉁구스어가 이를 대체하였다. 이들이 한국어, 만주어와 일본어의 모체가 된다. 언어 연대학에 의하면 이들 언어들의 형성은 지금으로부터 6,200년-5,500년 전이며, 오늘날 사용하는 일본어와 한국어의 직접 분리는 4,500년 전으로 추정된다고 한다. 또 이들 언어를 고고학적으로 비교해 볼 때 원시 한반도어는 櫛文土器가 널리 제작되어 사용되던 신석기시대로, 또 신시베리아/퉁구스[Neosiberian/Tungus: 예벤키(鄂溫克), 에벤, 라무트, 사모에드, 우에지(Udegey), 브리야트(Buryat), 골디(Golds/Goldie, Nanai, 赫哲) 등]어는 無文土器가 사용되던 청동기시대와 일치시켜 볼 수 있다. 따라서 한민족의 기원을 언급하려면 구석기, 신석기, 청동기시대(기원전 2000년-기원전 600년)와 철기시대 전기(기원전 400년-기원전 1년)의 문화내용을 잘 파악하고 있어야 한다. 그중 현 나나이족(The Nanai people)은 극동지역 퉁구스족(a Tungusic people of the Far East)의 하나로 스스로 Nani 또는 Hezhen이라 부르며 그 뜻은 'natives'와 'people of the Orient'를 의미한다. 러시아어로 nanaitsy/нанайцы, 중국어로 赫哲族(Hèzhézú)이며 Golds와 Samagir로도 알려져 왔다. 이들은 전통적으로 松花江(Songhuajiang, Sunggari), 黑龍江(Heilongjiang), 우수리(Usuri)와 아무르(Amur: 송화강, 흑룡강과 우수리강이 하바로브스크에서 합쳐져 아무르강의 본류를 이룬다.) 강가에서 살아왔다. 현재 나나이족의 자치주는 黑龍江省 双鸭山市 饶河县(四排赫哲族乡), 佳木斯市, 同江市(街津口赫哲族乡, 八岔赫哲族乡), 하바로브스크 크라이(Khabarovsk Krai) Nanaysky지구이다. 이들의 조상은 만주 북부의 女眞族(Jurchens: 挹婁-肅愼-勿吉-靺鞨-黑水靺鞨-女眞-生女眞-金-後金-滿洲/淸-大淸)으로 여겨진다. 그들의 언어는 알타이어의 갈래인 만주-퉁구스어(Manchu-Tungusic branch of the Altai languages)이며 그들의 종교는 샤마니즘(巫敎)으로 곰(Doonta)과 호랑이(Amba)를 대단히 숭상한다. 또 이들은 큰 뱀(great serpent)이 강 계곡을 파낼 때까지 땅은 편평했다고 믿는다. 그리고 태양, 달 물, 나무도 숭배한다. 그리고 우주의 만물은 각기 精氣를 가지고 있다고 믿는다. 불과 같이 정기가 없는 물질은 나이 먹은 여인인 휀드자 마마(Fadzya Mama)로 擬人化된다. 그래서 어린아이들은 불 곁에 가지 못하게 막고 남자는 불 앞에서 예의를 갖춘다, 祭儀

환호를 중심으로 전문제사장인 天君이 다스리는 別邑인 蘇塗가 나타난다. 이
것도 일종의 무교의 형태를 띤 것으로 보인다.

쌀(벼), 콩, 수수, 조, 기장 등 5곡이 나오는 평양시 남경유적 36호[기원전
2000년 기 말~기원전 1000년 기 초, 이곳 청동기시대 I 기에 속하는 팽이그릇(角形土

의 주관자인 샤만은 하늘과 통교하여 나쁜 기운을 쫓아내고 현세와 정신세계를 이어
주도록 주관한다. 샤만의 의복은 퉁구스어를 말하는 다른 부족의 샤만과 비슷하며 옷
에 거울(鏡)을 부착한다. 무덤은 地上에 만드나 한 살 전에 죽은 아이는 天葬(sky
burial)으로 자작자무껍질이나 천으로 시체를 싸서 나뭇가지 위에 올려놓는다
(Chisholm, Hugh, ed. 1911. Encyclopædia Britannica (11th ed.). Cambridge:
Cambridge University Press. 및 安俊 1986, 赫哲语简志, 北京: 民族出版社, p.1).

14) 세계의 宗敎를 통관하면 唯一神敎(monotheism, unitarianism)의 발생에 앞서 나타난
원시종교는 劣等自然敎와 高等自然敎로 나누며 이들을 각기 多靈敎期와 多神敎期로
칭하기도 한다. "그중 열등자연교인 多靈敎는 神이라고 이름 할 수 없는 물건을 숭배
의 대상으로 하여 그 本尊目의物로 하는 종교로, 魂魄崇拜 혹은 精靈崇拜라고도 한
다. 이는 인간에 길흉화복을 주는 힘이 있는 것으로 사람의 혼백과 같은 영혼을 숭배
의 대상으로 삼는 것이다. 이것을 polydemonism이라 한다. 여기에서 더 나아간 것
을 多神敎(polytheism)라고 한다(서경보, 1969)." 열등자연교 또는 다령교에는 천연숭
배, 주물숭배(fetishism), 정령숭배(animism), 토테미즘(totemism)과 원시적 유일신
교 등이 속한다. 정령의 힘을 통제할 수 있는 방법을 기준으로 주술의 유형은 呪物崇
拜(fetishism), 巫敎/샤머니즘(shamanism, 薩滿敎)과 민간주술(popular magic)의 셋으
로 나뉜다. 주물숭배는 "不活性의 사물에도 어떤 힘이 존재한다고 생각하고 그 힘에
의지하려는 태도"를 말한다. 巫敎(샤머니즘)는 "신에 들린 사람이 정령을 마음대로 다
루는 힘을 갖게 되어 필요에 따라 정령을 사람의 몸속으로 들어가거나 몸 밖으로 빠
져 나가게 한다." 그리고 민간주술은 "개인이나 집단에 정령이 해를 끼치지 못하도록
방지하거나 개인이나 집단의 이익을 위해 그 정령의 도움을 받기 위한 것이며……속
죄 양, 풍요와 다산을 위한 생산주술 등이 포함된다(J. B. Noss, 윤이흠 역 1986, 세계종
교사 上, 서울: 현음사)." 즉 종교는 劣等自然敎[多靈敎期: 精靈崇拜(animism)→토테미즘
(totemism)→巫敎(shamanism)→祖上崇拜(ancestor worship)]→高等自然敎(多神敎,
polytheism)→一神敎(monotheism)로 발전한다.
최근 고고학 상으로 최근 발견·조사된 종교·제사유적은 종래 문헌에 의거한 제천의
례, 시조묘제사와 산천제사의 분류와는 달리 고고학적 측면에서 시대 순으로 보면 다

器, 이 토기에도 이중구연에 단사선문이 있음)과 어깨가 있는 變形팽이그릇]와 같이
그 다음 중기의 공렬토기 단계와 후기의 경질무문토기 단계(부여 송국리, 기원
전 600년-기원전 400년)에는 五穀의 농사와 함께 火田(slash and burn agricul-
ture, bush-fallow cultivation), 밭농사(dry field farming)와 水田耕作(rice

---

음과 같이 분류된다. 이것은 최근 발견된 영세한 고고학 자료에 의거한 시작 단계에
불과하다. 그리고 좀 더 발전된 분류체계를 얻기 위해서는 문화의 기원의 다원성과
다양화가 반드시 고려되어야 한다.

1. 야외 자연 지형물을 이용한 산천제사: 정령숭배(animism)의 장소, 경기도 강화 삼
   산면 석모리 해골바위, 하남시 德豊 1洞 덕풍골(德豊谷), 화성 마도면 쌍송리, 서울
   강남구 내곡동 대모산(산정 해발 150m 알바위)

2. 암각화: 多産기원의 주술적 聖所 또는 成年式(initiation ceremony)場, 고령 양전동
   (보물 605호), 울주 두동면 천전리 각석[국보 147호, 이 중 書石은 신라 23대 法興王 12
   년(乙巳) 서기 525년 때부터의 기록임], 울주 언양 대곡리 반구대(국보 285호), 밀양 상
   동 신안 고래리의 경우 지석묘이면서 성년식의 장소로도 활용

3. 환상열석: 지석묘와 결합된 원형의 의식장소: 양평 신원리

4. 지석묘: 지석묘는 조상숭배(ancestor worship)의 성역화 장소, 창원 동면 덕천리,
   마산 진동리(사적 472호), 사천 이금동, 보성 조성면 동촌리, 무안 성동리, 용담 여
   의곡, 광주 충효동 등

5. 환호: 청동기시대에서 철기시대 전기에 걸친다. 환호는 크기에 관계없이 시대가
   떨어질수록 늘어나 셋까지 나타난다. 그들의 수로 하나에서 셋까지 발전해 나가는
   편년을 잡을 수도 있겠다. 경기도 파주 탄현 갈현리, 안성 元谷 盤諸리, 부천 고강
   동, 화성 동탄 동학산, 화성 마도면 쌍송리, 강원도 강릉 사천 방동리, 부산 기장
   일광면 청광리, 울산 북구 연암동, 진주 中川里(II-32호 수혈유구, 테라코타/Terra-
   cotta 人頭形 土器), 전라남도 순천 덕암동(蘇塗, 曲玉과 器臺), 충청남도 부여읍 논치
   리(제사유적, 철정, 남근상) 등

6. 건물지(신전): 철기시대 전기의 지석묘 단계부터 나타나며 대부분 삼국시대 이후
   의 것들이다. 경주 나정[蘿井, 사적 245호, 박혁거세의 신당(神堂), 또는 서술성모의 신궁
   으로 추정되는 팔각(八角)형태의 건물], 경남 사천시 이금동, 하남시 이성산성(사적 422
   호), 광양 馬老山城(전남기념물 173호/사적 제492호로 승격), 안성 망이산성(경기도 기
   념물 138호) 등

7. 기타: 완도 장도 청해진유적(신라 제 42대 興德王 3년 서기 828년 설진, 신라 제 46대 文

paddy cultivation)이 전국적으로 확산되었다. 이는 농기구로 보아 굴경(掘耕, digging stick system)→초경(鍬耕, hoe system)→려경(犁耕, 쟁기, 보습, plough system)으로 발전해 왔음을 알 수 있다.

무엇보다도 중요한 사실은 청동기 시대 중기(기원전 1000년-기원전 600년) 공렬토기 단계가 되면 족장사회와 같은 계급사회가 발전하고 한국화 된 최초의 文化正體性(cultural identity)이 형성된다. 이러한 정체성은 그 다음 철기시대 전기(기원전 400년-기원전 1년)가 되면 더욱 더 뚜렷해진다. 『三國志』魏志 弁辰條(晋 陳壽 撰)와 『後漢書』東夷傳 韓條(宋 范曄 撰)에 族長격인 渠帥가 있으며 격이나 다스리는 규모에 따라 신지(臣智), 검측(險側), 번예(樊濊), 살계(殺奚)와 읍차(邑借)로 불리고 있었음을 알 수 있다. 이는 정치 진화상 같은 시기에 존재했던 沃沮의 三老(東沃沮의 將帥), 濊의 侯, 邑君, 三老, 그리고 挹婁(晋 陳壽 撰 『三國志』魏志 東夷傳)[15]의 大人과 그 다음에 나타나는 肅愼(唐 房玄齡/房喬 等 撰

─────────

聖王 13년 서기 851년 폐지. 사적 308호) 매납유구, 제주도 용담시, 부안 죽막동 수성당(지방유형문화재 58호), 서울 풍납동 토성(사적 11호) 경당지구 등이다.

15) 시베리아와 만주(요녕성, 길림성과 흑룡강성)에서는 역사적으로, 가) 挹婁-肅愼-勿吉-靺鞨-黑水靺鞨-女眞-生女眞-金-後金[서기 1601년 누르하치/羅努爾哈赤(淸太祖 서기 1616년-서기 1626년 재위)]-滿洲/淸(淸太宗, 홍타이지/皇太極, 서기 1626년-서기 1636년 재위)-大淸/皇太極(서기 1636년-서기 1643년 재위)-順治(福臨, 淸世祖, 서기 1643년-서기 1661년 재위, 서기 1636년-서기 1911년), 나) 匈奴-東胡-烏桓-鮮卑-突厥-위굴(回紇, 維吾爾)-契丹-蒙古/元, 다) 濊-古朝鮮, 貊-夫餘-高句麗-百濟-新羅로 이어진다. 이곳 유목민족은 匈奴-東胡-烏桓-鮮卑-突厥(투쥐에, 뛰르크/Türk, 타쉬트익/Tashityk: 서기 552년 柔然을 격파하고 유목국가를 건설. 돌궐 제2제국은 서기 682년-서기 745년임, 서기 7세기-서기 8세기)-吐蕃(티베트, t'u fan: 38대 치송데쩬[赤松德贊, 서기 754년-서기 791년]이 서기 763년과 서기 767년의 두 번에 걸쳐 唐의 長安을 함락함)-위굴(維吾爾, 回紇: 위굴 제국은 서기 744년-서기 840년임, 위굴 제국은 키르기스 點戛斯에 망하며 키르기스는 서기 9세기 말-서기 10세기경까지 존재)-契丹(辽, 서기 907년-서기 1125년)-蒙古(元, 서기 1206년-서기 1368년)-女眞/金-後金[서기 1601년 누르하치/愛新覺羅 努爾哈赤/努尔哈赤(淸太祖 서기1616년-서기 1626년 재위)]-滿洲/淸(淸太宗, 홍타이지/皇太極, 서기

『晋書』四夷傳)의 君長도 같은 行政의 우두머리인 族長(chief)에 해당한다. 그러
나 蘇塗를 관장하는 天君은 당시의 복합·단순 족장사회의 우두머리며 세속 정
치 지도자인 신지, 검측, 번예, 살계와 읍차가 다스리는 영역과는 별개의 것으
로 보인다. 울주 검단리(사적 제332호), 진주 옥방과 창원 서상동에서 확인된 청

1626년-서기 1636년 재위)-大淸/皇太極(서기 1636년-서기 1643년 재위)으로 발전한다.
스키타이인들의 東進에 따라 종족 간의 혼혈이 자연스럽게 이루어지게 되었다. 최근
여러 곳에서 발견된 문신이 있는 미라들이 이를 입증한다. 기원전 700년-기원전 600
년경 스키타이인들이 이 광활한 초원을 왕래하면서 백인종과 황인종의 공존을 가져
왔다. 기원전 700년-기원전 300년경에는 초원지대를 사이에 두고 끊임없이 東西의
접촉이 있어 왔는데 스키타이(Scythian)-오르도스(Ordos/Erdos, 鄂尔多斯沙漠, 河套/
河南)-匈奴가 대표적이다.
흉노의 대표적 유적 중의 하나인 노인울라(몽고어 지명으로는 준-모데)는 울란바토르
에서 북쪽으로 100㎞ 정도에 위치해 있는 산악지대이며, 금광지대이다. 노인울라는
국내에 잘 알려진 대표적인 흉노의 고분으로 다른 흉노유적과는 달리 그 규모가 매
우 크며 출토유물이 매우 풍부하다. 전체적인 무덤구조로는 봉분이 잘 발달된 점과
봉토 내부의 중앙에 수혈토광을 만들고 목곽 및 목관이 설치되어 있는 형태이다. 서
기 1912년에 금광탐사업자에 의해서 처음 발견된 것도 이와 같은 구조의 특성으로 봉
분 상단부가 함몰되었기 때문이다. 무덤의 구조는 한대 목곽묘와 상당히 유사하며 자
바이칼(바이칼 동쪽) 및 중국 오르도스에서 발견된 기타 수혈토광목관묘와는 판이하
게 다른 것이다. 때문이다. 이후 수차에 걸쳐 조사가 되었지만 일부 발굴을 제외하고
는 체계적으로 조사되지 않은 채 유물만이 레닌그라드 에르미타주 박물관에 소장되
어있다. 기존의 여러 연구자에 의해 행해진 노인울라 발굴성과는 서기 1962년에 루
덴코에 의해 보고된다. 그들에 대한 종합적인 보고서를 루덴코가 1962년에 출판했
다. 그중 체계적으로 보고가 된 것은 24호(테플로우호프에 의해 발굴), 1호(일명 모크리
고분)고분 및 6·23·25호 등으로 모두 상트 페테르부르그 소재 에르미타주 박물관에
소장되어 있다. 중국 경내에서 匈奴문화는 오르도스 문화와 밀접한 관련을 가지고 있
다. 오르도스(Ordos/Erdos, 鄂尔多斯沙漠, 河套/河南) 지역을 비롯한 내몽고와 宁夏-
甘肅省 동부에서 발견되는 銅劍[기원전 12세기-기원전 6세기의 오스트리아 할슈타트
/Hallstatt 문화와 연관이 될 가능성이 높은 안테나식 또는 조형검파두식이 나오며 이는 한반
도의 철기시대전기(기원전 400년-기원전 1년)와도 무관하지 않을 것이다], 곡괭이형 銅斧,
동물장식 靑銅佩飾(주로 맹수가 사냥하는 모습), 立形 또는 臥形의 사슴 및 말장식과 같

동기시대 주거지 주위에 설치된 환호(環壕)는 계급사회의 특징 중의 하나인 방어시설로 국가사회형성 이전의 族長社會(chiefdom)의 특징으로 볼 수 있겠다.

그리고 청동기시대 조기(기원전 2000년-기원전 1500년)에 내륙지방으로 들어온 부분즐문토기와 돌대문 토기가 공반되며, 그 연대는 기원전 20세기-기원전 15세기 정도가 될 것이다. 이들은 한반도 청동기시대 상한문제와 아울러, 앞선 전면 또는 부분빗살문토기와 부분적으로 공반하는 돌대문토기, 그리고 그 다음에 오는 이중구연토기의 존재 등 신석기시대에서 청동기시대에로 이행 과정 중에 나타나는 계승성문제도 앞으로의 연구방향과 과제가 될 것이

은 動物裝飾 등은 흔히 '오르도스계' 또는 동물양식, 무기와 마구가 주된 '스키타이 문화'와는 다른 계통인 중국북부에서 자생한 '先匈奴文化'로도 부르기도 한다. 중국에서 흉노문화는 오르도스계 문화에서 커다란 차이를 보이지 않으며, 단지 漢代로 진입하면서 鐵器 및 金粧飾이 증가하며 이에 五銖錢, 漢鏡, 漆器 등이 새로 유물조합상에 추가되는 양상 정도이다. 묘제는 土壙墓가 주를 이루며 일부 木棺이나 木槨이 사용된다. 기타 頭向이나 單人葬 등 기본적인 묘제도 그대로 유지된다. 오르도스계의 흉노무덤은 크게 春秋末期-戰國時代와 漢代의 것으로 나눌 수 있다. 이 지역의 시기구분에 대해서는 크게 田廣金과 烏恩의 견해를 참조할 수 있다. 그러나 대부분의 학자는 戰國時代(기원전 475년-기원전 221년)에 들어오면 오르도스 문화와 흉노문화 사이의 연관성은 인정하나 시대적으로 앞선 商代까지 그리고 지역적으로 靑海, 甘肅, 寧夏回族自治區 이남지구와 연결시키고자 하지 않는다. 노인울라 이외에도 몽고경내에서 발견된 유적 중에서 일반적인 고분은 후니-홀을 꼽을 수 있다. 후니-홀의 소형석곽묘는 길이 1.8-2m이고 仰臥伸展葬이며 머리 근처에는 1-3개의 토기가 있으며 목 근처에는 구슬, 녹송석, 가슴 부위에는 직물의 흔적이 발견되었다. 허리 근처에는 철도와 철제 재갈, 漆耳杯도 발견되었다. 수지 강 중류의 이림 분지에는 목곽묘가 있다. 1-3개의 통나무로 장방형의 곽실을 만들었는데 길이는 1-3m로 다양하다. 돌수트에서도 목관이 발견되고 있으나 소련경내에만 한정된 것이다. 그리고 몽고경내에서 서부지역에서는 확실한 흉노유적이 발견되지 않았다. 그 시기에 해당하는 유적으로는 울란곰(Ulaangom) 고분군이 유일하다. 울란곰 고분군은 그 시기가 대부분 匈奴 이전 시기에 속하며 몽고 서부쪽은 흉노의 영향이 거의 영향이 미치지 않은 채 그 이전 시기인 카라숙의 문화가 계속 유지된다고 볼 수 있다.

다. 신석기시대에 이어 한반도와 만주에서는 기원전 2000년-기원전 1500년경
부터 청동기시대가 시작되었다. 그 시기는 신석기시대와 청동기시대 무期人
들이 약 500년간 공존하면서 신석기인들이 내륙으로 들어와 농사를 짓거나 즐
문토기의 태토나 기형에 무문토기의 특징이 가미되는 또는 그 반대의 문화적
복합양상이 나타기도 한다. 신석기시대에 이어 한반도와 만주에서는 기원전
20세기-기원전 15세기경부터 청동기시대가 시작되었다. 그 시기는 신석기시
대와 청동기시대 조기인들이 약 500년간 공존하면서 신석기인들이 내륙으로
들어와 농사를 짓거나 즐문토기의 태토나 기형에 무문토기의 특징이 가미되는
또는 그 반대의 문화적 복합양상이 나타기도 한다. 이는 通婚圈(사회나 계급·신
분에 따라 intermarrige circle or network, intermarrige area로 번역될 수 있다)
과 通商圈(interaction sphere)의 결과에 기인한다. 최근의 발굴 조사에 의하면
한반도의 청동기시대의 시작이 기원전 2000년-기원전 1500년으로 오르고 관
계 유적들도 전국적인 분포를 보인다. 그리고 아무르강 유역과 같은 지역에서
기원하는 청동기시대의 토기들에서 보이는 한국문화기원의 다원성 문제도 앞
으로의 연구과제가 된다. 청동기시대 다음의 철기시대로 들어오면 끄로우노
프까(北沃沮, 黑龍江省 東寧縣 團結村 團結文化)의 문화의 영향[16]도 그 한 예로 들

---

16) 철기시대(기원전 400년-서기 300년)의 편년은 전기와 후기의 2기로 나눌 수 있다.

　가. 철기시대 전기(기원전 400년-기원전 1년): 최근 粘土帶토기 관계 유적의 출현과 관
　　　련하여 기원전 400년으로 상한을 100년 더 올려 잡는다. 이 시기는 점토대토기의
　　　단면의 형태에 따라 Ⅰ기(전기, 원형), Ⅱ기(중기, 방형)와 Ⅲ기(후기, 삼각형)의 세
　　　시기로 나누어진다. 마지막 Ⅲ기(후기)에 구연부 斷面 三角形 粘土帶토기와 함께
　　　다리가 짧고 굵은 豆形토기가 나오는데 이 시기에 新羅 蘿井에서 보이는 바와 같
　　　이 古代國家가 형성된다. 이 중 衛滿朝鮮(기원전 194년-기원전 108년)은 철기시대
　　　전기 중 Ⅲ기(후기)에 속한다. 점토대 토기의 출현은 철기시대의 시작과 관련이
　　　있다. 최근의 질량가속연대측정(AMS)에 의한 결과 강릉 송림리 유적이 기원전
　　　700년-기원전 400년경, 안성 元谷 盤諸리의 경우 기원전 875년-기원전 450년,

수 있다.

양양 지리의 경우 기원전 480년–기원전 420년(2430±50 BP, 2370±50 BP), 횡성군 갑천면 중금리 기원전 800년–기원전 600년 그리고 홍천 두촌면 철정리(A–58호단조 철편, 55호 단면 직사각형 점토대토기)의 경우 기원전 640년과 기원전 620년이 나오고 있어 철기시대 전기의 상한 연대가 기원전 5세기에서 더욱 더 올라 갈 가능성도 있다는 것이다. 그 기원으로는 중국의 沈阳 郑家洼子 유적과 아울러 러시아 연해주의 뽈체(挹婁)문화가 주목된다. 러시아 연해주의 올레니 A와 끄로우노프까(北沃沮, 黑龍江省 東寧県 團結村 團結文化)에서 凸자형과 呂자형 집자리가 나와 앞으로 한국에서 발굴되는 凸자형과 呂자형 집자리들의 기원과 연대문제가 새로운 주목을 받고 있다. 그리고 마이헤 강변 이즈웨스포프카 유적에서 발견된 석관묘에서 한국식 세형동검(말기형), 조문경과 끌(동사)이 나왔는데 우리의 편년으로는 기원전 2세기에서 기원전 1세기경에 속한다. 철기시대 전기(기원전 400년–기원전 1년)는 衛滿朝鮮(기원전 194년–기원전 108년)의 국가 형성과 낙랑군의 설치(기원전 108년–서기 313년)가 중복되어 있어 한국에 있어 歷史考古學의 시작 단계이다. 英國 大英博物館 소장의 '鳥形柄頭 細形銅劍'을 우리나라에서 철기시대 전기의 대표적인 유물인 세형동검의 자루 끝에 '鳥形 안테나'가 장식된 안테나식 검(Anten-nenschwert, Antennae sword)으로 보는데, 이는 오스트리아 잘쯔캄머구트 유적에서 시작하여 구라파의 철기시대의 대명사로 된 할슈탓트(Hallstat : A–기원전 12세기–기원전 11세기, B–기원전 10세기–기원전 8세기, C–기원전 7세기, D–기원전 6세기) 문화에서 나타나는 소위 'winged chape'(날개달린 물미)에 스키타이식 동물문양이 가미되어 나타난 것이다. 이러한 예는 대구 비산동 유물(국보 137호)을 포함해 4점에 이른다. 또한 스키타이식 銅鍑과 靑銅製 馬形帶鉤가 金海 大成洞, 永川 漁隱洞과 金海 良洞里에서 나타나는 것으로 보아 앞으로 우리 문화의 전파와 수용에 있어서 의외로 다양한 가능성이 있을 것으로 보인다. 특히 銅鍑(동복)의 경우 러시아 시베리아의 우코크에서 발견된 스키타이 고분, 드네프로페트로프스크주 오르쥬노키제시 톨스타야 모길라 쿠르간 봉토분(1971년 모죠레브스키 발굴)과 로스토프지역 노보체르카스크 소코로프스키 계곡 5형제 3호분(1970년 라에프 발굴), 카스피해 북안의 사브라마트, 세미레치에, 투바의 우육과 미누신스크 분지의 카카르 문화 등과 중국 辽宁省 北票市 章吉 菅子乡 西泃村(喇嘛洞) 古墓(1973년 발굴, 鮮卑문화) 등지에서 볼 수 있는 북방계 유물인 것이다. 우리 문화에서 나타나는 북방계 요소는 철기시대 전기(기원전 400년–기원전 1년) 이후 동물형 문양의 帶鉤나 銅鍑(동복)의 예에서와 같이 뚜렷해진다.

나. 후기는 삼국시대 전기(서기 1년–서기 300년)로 신라·고구려·백제가 등장한다.

참고문헌

김양선·임병태

　　1968　역삼동 주거지 발굴보고, 한국사학회, 사학연구 20, 梅山 金良善敎
　　　　　 授 華甲紀念論叢, pp.23-51

김용간

　　1959　강계 공귀리 원시유적 발굴 보고, 평양: 과학원출판사

김용간·석광준

　　1984　남경유적에 관한 연구, 평양: 과학, 백과사전 출판사

김정학

　　1962　광주 명일리 집자리 발굴보고, 한국대학박물관협회, 고문화 1,
　　　　　 pp.26-30

　　1963　광주 가락리 주거지 발굴보고, 한국대학박물관협회, 고문화 2,
　　　　　 pp.11-25

김종혁·전영수

　　2003　표대유적 팽이그릇 집자리들의 편년, 조선고고연구 2003-2, 사회
　　　　　 과학원 고고학연구소

림용국

　　2002, 팽이그릇집자리 짜임새특성, 사회과학원 고고학연구소, 조선고고
　　　　　 연구 3호

미사리 선사유적발굴조사단·경기도 공영개발사업단

　　1994　미사리 1-5권

최몽룡

　　1990　고고학에의 접근 -문명의 성장과 멸망-, 서울: 신서원

1997 북한의 단군릉 발굴과 그 문제점 1 및 2, 도시·문명·국가, 서울: 서울대 출판부, pp.103-116

2004 富川 古康洞 유적 발굴을 통해 본 청동기시대, 철기시대 전기와 후기의 새로운 연구 방향, 선사와 고대의 의례고고학, 한양대 문화재연구소 2004년 제1회 부천 고강동 선사유적 국제학술회의(12월 17일), pp.15-36

2006 최근의 고고학 자료로 본 한국고고학·고대사의 신 연구, 서울: 주류성

2008 한국 청동기·철기시대와 고대사회의 복원, 서울: 주류성

2010 韓國 文化起源의 多元性 ─구석기시대에서 철기시대까지 동아시아의 諸 文化·文明으로부터 傳播─, 동아시아의 문명 기원과 교류, 단국대학교 동양학연구소, 제 40회 동양학 국제학술대회, pp.1-45 및 2011, 韓國 文化起源의 多元성 ─구석기시대에서 철기시대까지 동아시아의 제 문화·문명으로부터 전승─, 동북아시아의 문명기원과 교류, 단국대학교동양학연구원 엮음, 동아시아 문명교류사 1, 동아시아 청동기문화의 교류와 국가형성, 학연문화사, pp.21-88(ISBN 9-788955-082500)

2010 扶餘 松菊里 遺蹟의 새로운 編年, 38회 한국상고사학회 학술발표대회(10월 1일, 금), 부여 송국리로 본 한국 청동기사회, pp.7-14 및 2011, 부여 송국리 유적의 새로운 편년, 한국고고학 연구의 제 문제, 서울: 주류성, pp.207-223

2011 韓國 考古學 研究의 諸 問題, 서울: 주류성

2012 강과 문명 ─인류문명발달사─, 전상인·박양호 공편, 강과 한국인의 삶, 서울: 나남신서 1624, pp. 81-115

2012 한국고고학·고대사에서 종교·제사유적의 의의 ─환호와 암각화─, 제 40회 한국상고사학회 학술발표대회, 한국 동남해안의 선사와 고

대문화, 포항시 청소년 수련관, pp.7-43 및 하남문화원 제 4회 학
술대회, 한국의 고대신앙과 백제불교, 하남시문화원, pp.1-38(하
남시 문화원, 위례문화, 2012, 15호, pp.79-118)

2012   스키타이, 흉노와 한국고대문화 -한국문화기원의 다양성-, 국립중
앙박물관·부경대학교 인문사회과학연구소, 흉노와 그 동쪽의 이웃
들, pp.7-31

2013   여주 흔암리 유적의 새로운 편년, 여주 흔암리 유적과 쌀 문화의 재
조명, 동방문화재연구원 부설 마을조사연구소, 서울대 박물관,
2013.9.4.(수), pp.5-26

2013   고고학으로 본 하남시의 역사와 문화, 하남시문화원, 위례문화 16
호, pp.73-98

2013   인류문명발달사 -고고학으로 본 세계문화사-(개정 5판), 서울: 주
류성

최몽룡·이헌종·강인욱

2003   시베리아의 선사고고학, 서울: 주류성

황기덕

1964   우리나라 동북지방의 청동기시대 주민과 남녘의 주민과의 관계, 고
고민속 64-1, pp.15-19

Ester Boserup

1965   The Condition of Agricultural Growth, Chicago: Aldine·
Athrerton

Ri Sun Jin et. alii

2001   Taedonggang Culture, Pyongyang: Foregin Languages
Publishing House

孫祖初

1991　論小珠山中層文化的分期及各地比較, 辽海文物學刊 1

陳全家·陳國慶

　　1992　三堂新石器時代遺址分期及相關問題, 考古 3

辽宁省文物考古研究所 編

　　1994　辽東半島石棚, 辽寧: 辽宁科學技術出版社

辽宁省文物考古研究所·吉林大學考古系·旅順博物館

　　1992　辽宁省瓦房店市長興島三堂村新石器時代遺址, 考古 2

辽宁省文物考古研究所

　　2012　牛河梁－红山文化遗址发掘报告(1983-2003年度) 제1판, 北京: 文
　　　　　物出版社

吉林省文物考古研究所·延邊朝鮮族自治區博物館

　　2001　和龍興城, 北京: 文物出版社

藤尾愼一郎

　　2002　朝鮮半島의 突帶文土器, 韓半島考古學論叢, 東京: すずさわ書店,
　　　　　pp.89-123

中山淸隆

　　1993　朝鮮·中國東北の突帶文土器, 古代 第95號, pp.451-464

　　2002　繩文文化と大陸系文物, 繩文時代の渡來文化, 東京: 雄山閣,
　　　　　pp.214-233

　　2004　朝鮮半島の先史玉器と玉作り關聯資料, 季刊考古學 89, pp.89-91

　　2004　朝鮮半島出土の玦狀耳飾について, 玉文化, 創刊號, pp.73-77

Ⅷ. 扶餘 松菊里 遺蹟의 새로운 編年

    부여 송국리(사적 제249호, 1992년 6월 23일 발굴 定礎石을 세움)유형의 집자리 발굴은 1977년 전남대학교 박물관에서 행한 光州 松岩里유적에서부터 시작한다. 충청남도 부여 송국리(사적 제249호)유적의 연대는 이제까지 발표된 여러 군데의 연대결정 자료에 의하면 기원전 750년에서 기원전 150년경에 속한다.[1] 이곳에서 수습·발굴된 유물들로 보아 송국리유적은 청동기시대 중기(공렬토기, 기원전 1000년–기원전 600년)와 후기(경질무문토기, 기원전 600년–기원전 400년), 그리고 철기시대 전기(기원전 400년–기원전 1년, 마한 초기), 삼국시대 후기(서기 538년–660년, 扶餘시대)의 네 시기로 나눌 수 있다. 청동기시대 중기의 경우 50지구에서 지표채집한 공렬토기(송국리 Ⅲ, p.32, 그림 46 및 사진 69, 송국리 Ⅴ, p.179 도판 47의 사진 3, 송국리 Ⅵ, p.101 도판 13의 사진 1), 구순각목토기(송국리 Ⅵ, p.101 도판 13의 사진 9, p.121 도판 37의 사진 2)와 같이 극소수의 공렬토기가 발견되고 있다. 그래도 1974년 석관에서 발견된 비파형(有溝莖式 요령식/

---

1) Nelson(1982)과 中村俊夫(1980)에 의하면 이 유적의 연대는 기원전 980년–기원전 750년, 기원전 690년–기원전 660년, 기원전 900년–870년, 기원전 850년–기원전 400년, 기원전 800년–기원전 400년으로 기원전 980년–기원전 400년에 속한다. 이는 청동기시대 중기–청동기시대 후기–철기시대 전기 초까지 해당한다(손준호 2010, 송국리 취락의 시기 성격, 부여 송국리유적으로부터 본 한국 청동기시대사회 제38회 한국상고사학회 학술발표대회, p.51).

만주식/고조선식 동검으로 有莖式石鏃과 공반)은 최근 전라남도 여수시 월내동 상촌 Ⅱ 지석묘에서 이중구연에 단사선문이 있는 청동기시대 전기 말의 토기, 중기의 공렬토기와 함께 출토한 비파형동검 3점(청동기시대 전기 말-중기 초 즉 기원전 11세기-기원전 10세기경으로 추정)으로 미루어 보아 공렬토기로 대표되는 청동기시대 중기에 속하는 것으로 보아도 되겠다. 한국전통문화학교에서 2008년 봄과 가을 2회에 걸쳐 발굴한 바 있던 54지구 12·13차 발굴에서는 원형 집자리와 환호(격벽시설)의 청동기시대 후기와 목책과 방형의 집자리로 대표되는 철기시대 전기(기원전 400년-기원전 1년)의 두 시기가 뚜렷이 확인된다. 그리고 새로이 발굴된 제 28호 방형 집자리에서 삼각형석도가 출토하고 있다. 현재까지의 자료로 보면 송국리유적의 중심시기는 청동기시대 후기-철기시대 전기 즉 실연대로 기원전 600년-기원전 1년 사이로 볼 수 있겠다. 현재까지 나타난 유물로 본 송국리유적의 연대는 모두 네 시기가 된다.

1) 청동기시대 중기(기원전 1000년-기원전 600년, 공렬토기단계의 석관묘, 有溝莖式 辽宁式 동검, 有莖式石鏃, 碧玉製 管玉, 天下石製 裝飾玉과 공반)
2) 청동기시대 후기(기원전 600년-기원전 400년, 송국리형집자리 및 토기)
3) 철기시대 전기(기원전 400년-기원전 1년, 馬韓, 방형집자리, 삼각형석도, 마한의 중심연대는 기원전 3세기-기원전 2세기에서 서기 5세기 말-6세기 초인 철기시대 전기에서 삼국시대 전기-후기에까지 걸친다.)
4) 삼국시대 후기(서기 538년-660년, 扶餘시대의 百濟 石室墓 및 窯址)

그러나 중심연대는 2)의 청동기시대 후기와 3)의 철기시대 전기(마한)이다.
부여 송국리 출토와 아울러 이제까지 남한에서 출토한 비파형동검은 아래와 같다.

전라남도 여천 적량동 상적 지석묘(청동기시대 전기 말─중기 초, 기원전 11세
　　기─기원전 10세기경, 이중구연 단사선문, 구순각목, 공렬토기, 비파형동검 6점)
전라남도 여수시 월내동 상촌 Ⅱ 지석묘(이중구연 단사선문, 공렬토기, 비파형
　　동검 3점, 청동기시대 전기 말─중기 초, 기원전 10세기경)
전라남도 高興 豆原面 雲岱里 支石墓(1926, 11월 朝鮮總督府博物館)
전라남도 고흥 두원면 운대리 중대 지석묘(길이 18㎝의 재활용된 비파형동검,
　　光州博物館)
전라남도 여천 화장동 고인돌(비파형동검, 기원전 1005년)
전라남도 순천 우산리 내우 지석묘(비파형동검)와 곡천
강원도 춘천 우두동 직업훈련원 진입도로(비파형동검)
충청남도 부여 송국리(사적 249호, 비파형동검)
충청남도 대전 대덕구 비래동 고인돌(기원전 825년, 기원전 795년, 기원전 685년)
경기도 광주시 역동(세장방형집자리, 공렬토기, 기원전 10세기경)
경상남도 마산 진동리(사적 472호)
경상남도 마산 동면 덕천리(재활용된 비파형동검)

　　우리나라의 청동기와 철기시대의 편년은 다음과 같다.

1) 청동기시대(기원전 2000년─기원전 400년)

　　가. 조기(기원전 2000년─기원전 1500년): 신석기시대에 이어 한반도와 만주에
서는 기원전 20세기─기원전 15세기경부터 청동기가 시작되었다. 그 시기는
신석기시대와 청동기시대 조기 인들이 약 500년간 공존하면서 신석기인들이
내륙으로 들어와 농사를 짓거나 즐문토기의 태토나 기형에 무문토기의 특징이
가미되는 또는 그 반대의 문화적 복합양상이 나타기도 한다.[2] 이는 通婚圈(사

회나 계급·신분에 따라 intermarrige circle or network, intermarrige area로 번역될 수 있다)과 通商圈(interaction shpere)의 결과에 기인한다. 최근의 발굴 조사에 의하면 한반도의 청동기시대의 시작이 기원전 2000년-기원전 1500년을 오르고 전국적인 분포를 보인다. 이는 이중구연토기와 공렬토기에 앞서는 돌대문토기가 강원도 춘성군 내평(현 소양강댐내 수몰지구), 춘천 산천리, 정선 북면 여량 2리(아우라지), 춘천 천전리(기원전 1440년), 춘천 현암리, 춘천 신매리, 춘천 우두동 직업훈련원 진입도로, 홍천 두촌면 철정리, 홍천 화촌면 외삼포리(기원전 1330년, 기원전 1350년), 평창 평창읍 천동리, 강릉시 초당동 391번지 허균·허난설헌 자료관 건립부지, 경상북도 경주 충효동, 경기도 가평 상면 연하리, 인천 계양구 동양동, 경상남도 진주 남강댐내 옥방 5지구 등(동아대·선문대 등 조사단 구역, 기원전 1590년-기원전 1310년, 기원전 1620년-기원전 1400년), 충남 연기 금남 대평리유적(2970±150 B.P., 기원전 1300년-기원전 1120년), 충청

---

2) 최근 북한학자들은 평양시 삼석구역 호남리 표대유적의 팽이그릇 집자리를 4기로 나누어 본다(Ⅰ-기원전 3282년±777년/3306년±696년, Ⅱ-기원전 2668년±649년/2980년±540년/2415년±718년/2650년±510년, Ⅲ-기원전2140년±390년/2450년±380년, Ⅳ-기원전 1774년±592년/1150년±240년, 조선고고연구 2003년 2호). 그중 Ⅱ에서 Ⅳ문화기 즉 기원전 3천 년 기 전반기에서 기원전 2천 년 기에 해당하는 연대를 단군조선(고조선)국가성립을 전후한 시기로 보고 있다(김종혁·전영수 2003, 조선고고연구 2003-2, 표대유적 팽이그릇 집자리들의 편년, 사회과학원 고고학연구소, pp.5-10). 그리고 북한학자들은 아직 학계에서 인정을 받지 못하고 있지만 서기 1993년 10월 2일 평양 근교 강동군 강동읍 대박산 기슭에서 단군릉을 발굴하고 단군릉에서 나온 인골의 연대(electron spin resonance: 전자스핀공명법 연대)인 기원전 3018년을 토대로 하여, 근처 성천군 용산리 순장묘와 지석묘(5069±426 B.P./3119 B.C.), 대동강 근처 덕천군 남양유적 3층 16호 집자리(5796 B.P./3846 B.C.)와 평양시 강동군 남강 노동자구 黃岱부락의 土石混築의 城까지 묶어 기원전 30세기에 존재한 '대동강문명'이란 말을 만들어냈다(최몽룡 1997, 북한의 단군릉 발굴과 그 문제점 1 및 2, 도시·문명·국가, 서울: 서울대 출판부, pp.103-116 및 Ri Sun Jin et. alii, 2001, Taedonggang Culture, Pyongyang: Foregin Languages Publishing House).

남도 대전시 용산동(단사선문이 있는 돌대문토기로 조기 말–전기 초)을 비롯한 여러 곳에서 새로이 나타나고 있기 때문이다. 현재까지 확인된 고고학자료에 따르면 櫛文土器시대 말기에 약 500년간 청동기시대의 시작을 알려주는 突帶文(덧띠새김무늬)토기가 공반하며(청동기시대 조기: 기원전 2000년–기원전 1500년), 각목돌대문(덧띠새김무늬)토기의 경우 中國 辽宁省 小珠山유적의 상층(신석기시대 후기)과 같거나 약간 앞서는 것으로 생각되는 大連市 郊區 石灰窯村, 辽東彎연안 交流島 蛤皮地, 長興島 三堂유적(기원전 2450–기원전 1950년경으로 여겨짐), 吉林省 和龍県 東城乡 興城村 三社(早期 興城三期, 기원전 2050년–기원전 1750년), 그리고 연해주 보이즈만 신석기시대 말기 유적인 자이사노프카의 올레니와 시니가이 유적(이상 기원전 3420년–기원전 1550년)에서 발견되고 있어 서쪽과 동쪽의 두 군데에서 영향을 받았을 가능성이 많다. 이들 유적들은 모두 신석기시대 말기에서 청동기시대 조기에 속한다. 그리고 지석묘는 기원전

3) 우리나라의 거석문화는 지석묘(고인돌)와 입석(선돌)의 두 가지로 대표된다. 그러나 기원전 4500년 전후 세계에서 제일 빠른 거석문화의 발생지로 여겨지는 유럽에서는 지석묘(dolmen), 입석(menhir), 스톤써클(stone circle: 영국의 Stonehenge가 대표), 열석(alignment, 프랑스의 Carnac이 대표)과 羨道(널길) 있는 석실분(passage grave, 또는 access passage), 羨道(널길) 없는 석실분(gallery grave 또는 allée couverte)의 5종 여섯 가지 형태가 나타난다. 이 중 거친 할석으로 만들어지고 죽은 사람을 위한 무덤의 기능을 가진 지석묘는 우리나라에서만 약 29,000기가 발견되고 있다. 중국의 요령성과 절강성의 것들을 합하면 더욱 더 많아질 것이다. 남한의 고인돌은 北方式, 南方式과 蓋石式의 셋으로 구분하고 발달순서도 북방식–남방식–개석식으로 생각되고 있다. 그러나 북한의 지석묘는 황주 침촌리와 연탄 오덕리의 두 형식으로 대별되고, 그 발달 순서도 변형의 침촌리식(황해도 황주 침촌리)에서 전형적인 오덕리(황해도 연탄 오덕리)식으로 보고 있다. 여기에 마지막으로 개천 묵방리식이 추가된다. 우리나라의 지석묘사회는 청동기시대–철기시대 전기 토착사회의 무덤으로 전문직의 발생, 재분배경제, 조상숭배와 혈연을 기반으로 하는 계급사회로 인식되고 있다. 그러나 지석묘의 기원과 전파에 대하여는 연대와 형식의 문제점 때문에 현재로서는 유럽 쪽에서 전파된 것으로 보다 '韓半島 自生說' 쪽으로 기울어지고 있는 실정이다. 여기에 비해 한 장씩의

1500년에서부터 시작하여 철기시대 전기 말, 기원전 1년까지 존속한 한국토착사회의 묘제로서 이 시기의 多源(元)的인 문화요소를 수용하고 있다.[3] 아마 석관묘사회도 지석묘사회와 공존하다가 토착사회인 지석묘사회에 흡수 되었을 것이다.[4]

판석으로 짜 상자모양으로 만든 石棺墓 또는 돌널무덤(石箱墳)의 형식이 있다. 아마 이들은 처음 지석묘사회와 공존하다가 차츰 지석묘사회에로 흡수된 것으로 여겨진다. 석관묘(석상분)와 지석묘의 기원과 전파에 대하여는 선후문제, 문화계통 등에 대해 아직 연구의 여지가 많다. 최근 끄로우노프까 강변에서 발견된 얀꼽스키 문화(기원전 8세기–기원전 4세기)에서도 고인돌과 유사한 구조와 그 속에서 한반도에서 나오는 석검, 관옥 등 비슷한 유물들이 확인되고 있다.

4) 이제까지 알려진 夏(기원전 2200년–기원전 1750년)나라보다 약 800년이나 앞서는 紅山(기원전 3600년–기원전 3000년)문화는 1935년 초 赤峰市 紅山后에서 발견된 것으로 그 범위는 내몽고 동남부를 중심으로 辽宁 서남, 河北 북부, 吉林서부로까지 미친다. 경제생활은 농업과 어로가 위주이고 석기는 타제와 마제석기를 사용하였다. 주요 유적들은 內蒙古 那斯臺村, 辽宁 喀左 東山嘴 冲水溝(기원전 3000년–기원전 2500년경)와 建平을 비롯하여 蜘蛛山, 西水泉, 敖漢旗三道灣子, 四棱山, 巴林左旗南楊家營子들이다. 특히 辽宁 喀左 東山嘴와 建平 牛河梁유적에서는 祭壇(三重圓形), 女神廟[東山嘴 冲水溝의 泥塑像, 여기에서 나온 紅銅/純銅의 FT(Fission Track)연대는 4298±345 B.P., 3899±555 B.P. C14의 연대는 5000±130 B.P.가 나오고 있다], 積石塚(牛河梁 馬家溝 14–1, 1–7호, 1–4호, 祭器로서 彩陶圓筒形器가 보임), 石棺墓(2호), 禮器로서의 鞍山 岫岩玉(滿族自治県)으로 만들어진 玉器[龍, 渚(묏돼지), 매, 매미, 거북, 자라 등의 動物, 상투(結髮, 魋結)를 위한 馬啼形玉器(14–a), 環, 璧, 玦 등 100건 이상], 紅陶와 黑陶가 생산된 橫穴式 窯와 一·二次葬을 포함하는 土坑竪穴墓(水葬·風葬·火葬) 등이 알려져 있다. 이 홍산문화에서 興隆窪(8000 B.P.–7600 B.P.)에서 보이는 玉渚龍이 사슴·새–묏돼지용(玉渚龍)에서 龍(C形의 玉雕龍으로 비와 농경의 기원)으로 발전하는 圖上의 확인뿐만 아니라 紅山岩畵에서 보이는 종교적 무당 신분의 王(神政政治, theocracy)에 가까운 최소한 족장(chief) 이상의 우두머리가 다스리는 階級社會 또는 文明社會를 보여주고있다. 토기문양 중 갈 '之' 문양은 평북 의주 미송리와 경남 통영 상노대노에서, 玉玦은 경기도 파주 주월리와 강원도 고성 문암리에서 나타난다. 해자가 돌린 성역화된 적석총/석관(周溝石棺墓)은 강원도 홍천 두촌면 철정리, 강원도 춘천 천전리, 충남 서천 오석리와 경남 진주대평 옥방 8지구 등에서 보여 홍산문화와 한국의 선사문화의 관련성이 점차 증가하는 추세이다.

나. 전기(기원전 1500년-기원전 1000년): 單斜線文이 있는 二重口緣토기, 이중
구연토기와 공렬토기가 나오는 강원도 춘천시 서면 신매리 주거지 17호 유적
(1996년 한림대학교 발굴, 서울대학교 '가속질량연대분석(AMS)'결과 3200±50 B.P.
기원전 1510년, 문화재연구소 방사성탄소연대측정결과는 2840±50 B.P. 기원전 1120-
기원전 840년이라는 연대가 나옴)과 강릉시 교동의 집자리가 이에 속하며 강릉의
경우 청동기시대 전기에서 중기로 넘어오는 과도기적인 것으로 방사성탄소측
정연대도 기원전 1130년-기원전 840년 사이에 해당한다.

다. 중기(기원전 1000년-기원전 600년): 구순각목이 있는 孔列토기, 이제까지
청동기시대 전기(기원전 1500년-기원전 1000년) 말에서 청동기시대 중기(기원전
1000년-기원전 600년)에 걸치는 유적인 경기도 여주군 점동면 흔암리유적(경기
도 기념물 155호)이 이에 포함된다.

라. 후기(기원전 600년-기원전 400년): 硬質무문토기, 부여 송국리의 토기
(700℃-850℃)가 이에 해당한다.

2) 철기시대 전기(기원전 400년-기원전 1년)

최근 粘土帶토기 관계 유적의 출현과 관련하여 종래의 기원전 300년에서
기원전 400년으로 상한을 100년 더 올려잡는다. 이 시기는 점토대토기의 단면
의 형태에 따라 Ⅰ기(전기, 원형), Ⅱ기(중기, 방형)와 Ⅲ기(후기, 삼각형)의 세 시
기로 나누어진다. 그리고 마지막 Ⅲ기(후기)에 구연부 斷面 三角形 粘土帶토기
와 함께 다리가 짧고 굵은 豆形토기가 나오는데 이 시기에 新羅 蘿井5)에서 보

---

5) 경주 蘿井(사적 245호)은 발굴결과 철기시대 전기의 유적으로, 수원 고색동, 파주 탄현
갈현리 등지의 점토대토기유적에서 나오는 台脚에 굵은 豆形토기도 보이는 점토대토

이는 바와 같이 古代國家가 형성된다. 이 중 衛滿朝鮮(기원전 194년-기원전 108년)은 철기시대 전기 중 Ⅲ기(후기)에 속한다. 점토대토기의 출현은 철기시대의 시작과 관련이 있다. 최근의 가속질량연대분석(AMS)에 의한 결과 강릉 송림리유적이 기원전 700년-기원전 400년경, 안성 원곡 반제리의 경우 기원전 875년-기원전 450년, 양양 지리의 경우 기원전 480년-기원전 420년(2430±50 BP, 2370±50 BP), 횡성군 갑천면 중금리 기원전 800년-기원전 600년 그리고 홍천 두촌면 철정리(A-58호 단조 철편, 55호 단면 직사각형 점토대토기)의 경우 기원전 640년과 기원전 620년이 나오고 있어 철기시대 전기의 상한연대가 기원전 5세기에서 더욱 더 올라 갈 가능성도 있다는 것이다. 그 기원으로는 중국의 沈阳 郑家洼子유적과 아울러 러시아 연해주의 뽈체(挹婁) 문화가 주목된다. 러시아의 연해주의 올레니 A와 끄로우노프까(北沃沮, 黑龍江省 東宁县 團結村 團結文化)에서 凸자형과 呂자형집자리가 나와 앞으로의 한국에서 발굴되는 凸

기 문화가 바탕이 되었음이 드러났다. 따라서 기원전 57년 신라가 건국했던 연대도 이들의 시기와 일치한다. 또 실제 그곳에는 朴赫居世의 신당(神堂), 또는 서술성모의 신궁이 팔각(八角)형태의 건물로 지어져 있었음으로 신라의 개국연대가 기원전 57년이라는 것도 믿을 수 있게 되었다. 그리고 秋史 金正喜의 海東碑攷에 나오는 신라 30대 文武王(서기 661년-서기 681년 재위)의 비문(2009년 9월 4일, 金, 碑의 상부가 다시 발견됨)에 의하면 慶州 金氏는 匈奴의 후예이고 碑文에 보이는 星漢王(15대조, 金閼智, 서기 65년-?)은 흉노의 休屠王의 太子 祭天之胤 秺侯(투후) 金日磾(김일제, 기원전 135년-기원전 85년)로부터 7대손이 된다. 그리고 13대 味鄒王(서기 262년-284년, 金閼智-勢漢-阿道-首留-郁甫-仇道-味鄒王,『三國史記』제2, 新羅本紀 제2)은 경주 김씨 김알지의 7대손으로 이야기된다. 따라서 경주 김씨의 出自는 匈奴-東胡-烏桓-鮮卑 등의 유목민족과 같은 복잡한 배경을 가진다. 휴도왕의 나라는 본래 중국 북서부 현 甘肅省 武威市로, 이는 新羅 積石木槨墳의 기원도 중국 辽宁省 朝陽에서 보이는 鮮卑족의 무덤·출토유물과 관련하여 생각해 볼 가능성이 열리게 되었다. 결국 초원의 스키타이인들이 쓰던 쿠르간 封土墳과의 관련도 배제할 수 없게 되었다(최몽룡 1993, 한국문화의 원류를 찾아서, 서울: 학연문화사, p.134).

자형과 呂자형집자리들의 기원과 연대문제가 새로운 주목을 받고 있다. 그리고 마이헤 강변 이즈웨스또프카 유적에서 발견된 석관묘에서 韓國式銅劍(세형동검, 말기형), 조문경과 끌(동사)이 나왔는데 우리의 편년으로는 기원전 2세기에서 기원전 1세기경에 속한다. 철기시대 전기(기원전 400년-기원전 1년)는 衛滿朝鮮(기원전 194년-기원전 108년)의 국가형성과 낙랑군의 설치(기원전 108년-서기 313년)가 중복되어 있어 한국에 있어 歷史考古學의 시작 단계이다. 우리나라에서 철기시대 전기의 대표적인 유물인 세형동검의 자루 끝에 '鳥形안테나'가 장식된 안테나식 검(Antennenschwert, Antennae sword)은 英國 大英博物館 소장의 '鳥形柄頭 細形銅劍'으로 잘 알려져 있는데 이는 오스트리아 할슈탓트 문화(기원전 12세기-기원전 6세기)에서 나타나는 소위 'winged chape'(날개달린 물미)에 스키타이식 동물문양이 가미되어 나타난 것이다. 이러한 예는 대구 비산동 유물(국보 137호)을 포함해 4점에 이른다. 이는 현재로서는 스키타이식 銅鍑과 靑銅製 馬形帶鉤가 金海 大成洞, 永川 漁隱洞과 金海 良洞里에서 나타나는 점을 보아 앞으로 우리 문화의 전파와 수용에 있어서 의외로 다양한 가능성이 있을 것으로 보인다. 특히 銅鍑(동복)의 경우 러시아 시베리아의 우코크에서 발견된 스키타이 고분, 드네프로페트로프스크 주 오르쥬노키제 시톨스타야 모길라 쿠르간 봉토분(서기 1971년 모죠레브스키 발굴)과 로스토프 지역 노보체르카스크 소코로프스키 계곡 5형제 3호분(1970년 라에프 발굴), 카스피 해 북안의 사브라마트, 세미레치에, 투바의 우육과 미누신스크 분지의 카카르 문화 등과 중국 辽宁省 北票市 章吉 菅子乡 西沟村(喇嘛洞) 古墓(서기 1973년 발굴, 鮮卑문화)과 등지에서 볼 수 있는 북방계 유물인 것이다. 우리 문화에서 나타나는 북방계 요소는 철기시대 전기(기원전 400년-기원전 1년) 이후 동물형 문양의 帶鉤나 銅鍑(동복)의 예에서와 같이 뚜렷해진다.

3) 철기시대 후기(삼국시대 전기)

서기 1년-서기 300년. 또는 삼국시대 전기/삼한시대(마한)[6], 삼국시대 전기에 속하는 경기도, 충청남북도와 전라북도서 발견되는 馬韓지역의 토실은 현재 송국리유적과 관련은 없는 늦은 시기의 것이지만 북쪽 挹婁와의 관련성

---

6) 원삼국시대란 용어를 삼국시대 전기(또는 철기시대 후기, 서기 1년-서기 300년)라는 용어로 대체해 사용하자는 주장은 1987년부터이다(최몽룡 1987, 한국고고학의 시대구분에 대한 약간의 제언, 최영희 선생 회갑기념 한국사학논총, 서울: 탐구당, pp.783-788). 그리고 국립중앙박물관에서도 2009년 11월 3일(화)부터 이 용어를 공식적으로 사용하지 않기로 결정하였다. 그리고 衛滿朝鮮(기원전 194년-기원전 108년)을 포함한 古朝鮮을 인정하면 原三國時代 대신 三國時代 前期라는 용어가 타당하며 현재 고고학과 역사학계는 그렇게 인식해나가고 있는 추세이다. 서기 2012년 2월 21일(화)에 열린 국립문화재연구소 주최 한국사 시대구분론—외부전문가 초청포럼— 학술대회에도 그러한 경향을 보이고 있다. 특히 송호정은 '청동기시대에서 철기시대에로의 이행시기에 대한 역사서술과 연구방법론'에서 고대를 고조선(시대)—삼국시대—남북국시대 순으로 보고 있다(p.25). 한국고고학에 있어 馬韓에 대한 고고학적 연구는 이제 시작이라고 해도 과언이 아니다. 이는 약간의 단편적인 文獻資料 이외에는 고고학적 자료가 극히 적기 때문이다. 필자가 「전남지방 소재 지석묘의 형식과 분류」(최몽룡 1978, 역사학보 78집), 「고고학 측면에서 본 마한」(최몽룡 1986, 원광대학교 마한·백제연구소, 백제연구 9)과 「考古學上으로 본 馬韓研究」(최몽룡 1994, 원광대학교 마한·백제문화연구소 주최 학술 심포지엄)라는 글에서 "한국청동기·철기시대 土着人들의 支石墓사회는 鐵器시대가 해체되면서 점차 馬韓사회로 바뀌어 나갔다."는 요지를 처음 발표할 때만 하더라도 한국고고학계에서 '馬韓'이란 용어는 그리 익숙한 표현이 아니었다. 그러나 최근 경기도, 충청남북도 및 전라남북도지역에서 확인되고 있는 고고학적 유적 및 문화의 설명에 있어 지난 수십 년간 명확한 개념정의 없이 통용되어 오던 原三國時代란 용어가 '馬韓時代' 또는 '馬韓文化'란 용어로 대체되는 경향이 생겨나고 있는데, 이는 마한을 포함한 三韓社會 및 문화에 대한 학계의 관심이 증폭되고, 또 이를 뒷받침할 만한 고고학자료가 많아졌음에 따른 것이다. 지석묘사회의 해체시기는 철기시대 전기로 기원전 400년-기원전 1년 사이에 속한다. 최근에 발굴 조사된 철기시대 전기에 속하는 유적으로 전라남도 여수 화양면 화동리 안골과 영암 서호면 엄길리 지석묘를 들 수 있다. 여천 화양면 화동리 안골 지석묘는 기원전 480년~기원전 70년 사이에 축조되었다. 그리고 영암 엄길리의 경우 이중의 개석구조를 가진 지석묘로 그 아래에서 흑도장경호가 나오고 있어 그 연대는 기

이 있다. 『三國志』魏志 東夷傳 挹婁조에 보면 "...常穴居大家深九梯以多爲好
土氣寒...(...큰 집은 사다리가 9계단 높이의 깊이이며 깊이가 깊을수록 좋다...)"라는
기록에서 사다리를 타고 내려가 사는 토실에 대한 언급이 나온다. 또 1755년
Krasheninnikov나 1778년 James Cook의 탐험대에 의해 보고된 바로는 멀
리 북쪽 베링 해(Bering Sea) 근처 캄챠카(Kamtschatka)에 살고 있는 에스키
모인 꼬략(Koryak)족과 오날라쉬카(Oonalaschka)의 원주민인 알류산(Aleut)
인들은 수혈 또는 반수혈의 움집을 만들고 지붕에서부터 사다리를 타고 내려
가 그 속에서 살고 있다고 한다. 이들 모두 기후환경에 대한 적응의 결과로 볼
수 있다. 아울러 우리 문화의 원류도 짐작하게 한다.

부여 송국리 유적 출토 유물을 통해 한국청동기시대의 편년, 문화적 기원,
다음 시기의 마한과의 관계 등 다각도로 새로운 조명을 해야 할 때가 왔다. 즉
현재까지의 고고학 자료로 보면 부여 송국리 유적은 공렬토기의 청동기시대
중기(기원전 1000년-기원전 600년)에서 시작하여 경질무문토기가 출토하는 청
동기시대 후기(기원전 600년-기원전 400년)가 중심이 되며 여기에서부터 마한의
철기시대 전기(기원전 400년-기원전 1년)로 발전하는 양상을 보여줌을 알 수 있
다. 그러나 이곳 송국리 유적에서 보이는 청동기시대 중·후기의 기원과 충청
도, 전라도, 경상도(거창 대야리, 무릉리 포함), 제주도와 일본 구주지방에까지
나타나는 청동기시대 후기의 중심이 되는 소위 '송국리형집자리'의 문화적 전

원전 3세기-기원전 2세기경으로 추정된다. 그리고 부여 송국리 유적(사적 249호)의 경
우도 청동기시대 후기에서 철기시대 전기로 넘어오면서 마한사회로 이행이 되고 있
다. 馬韓사회는 고고학 상으로 기원전 3세기/기원전 2세기에서 서기 5세기 말/6세기
초에 속하는 것으로 보인다. 마한은 한국고고학 편년 상 철기시대 전기에서 삼국시대
후기(서기 300년-서기 600년)까지 걸치며, 百濟보다 앞서 나타나서 백제와 거의 같은 시
기에 共存하다가 마지막에 백제에 행정적으로 흡수·통합되었다.

개는 앞으로 좀더 많은 비교자료가 나오면 구체화 될 수 있을 것이다. 이는 돌 대문토기가 청동기시대 조기를 대표하는 것과 마찬가지로 송국리형 경질무문 토기도 지역적 분포범위를 넘어 청동기시대 후기의 주류를 이루는 것 중의 하 나이다. 그리고 러시아 연해주로부터 들어오는 청동기시대 중기-철기시대 전 기 토기와의 관련성[7]도 염두에 두어야 한다. 특히 청동기시대에는 시대가 내 려올수록 사회는 복잡해지고 발전 속도도 빨라진다. 그래서 편년설정기간도 내려올수록 짧아지고 문화내용도 복합적이고 다원성이 강조된다. 다원적인 문 화기원의 검토가 필요할 때이다.

---

7) 이곳 부여 송국리와 가까운 충남 연기 금남 대평리 유적에서는 청동기시대 조기의 돌 대문토기 이외에도 청동기시대 중기에 속하는 토기 바닥에 직경 3㎝ 내외의 구멍이 하 나 뚫린 것이 나타나는데 이는 러시아 우수리 강의 얀콥프카나 리도프카 문화(기원전 10세기-기원전 5세기, 강원도 춘천 우두동 등지 자주 나타나는 주걱칼이 나옴)에서 보이는 것 들이다. 최근 다른 청동기시대 중기의 유적에서 공렬토기와 함께 공반하는 경우가 많 다. 러시아 동부시베리아(프리바이칼 지역)의 신석기-청동기시대 편년은 Kitoi-Isakovo(기원전 4000년-기원전 3000년)-Servo(기원전 3000년-기원전 2000년)-Affanasievo-Okunevo-Andronovo의 순으로 되는데 우리나라에서 기원전 1000 년-기원전 600년의 청동기시대 중기에 나타나는 공렬토기와 구순각목토기는 Isakovo와 Servo에서 이미 나타나고 있다(최몽룡·이헌종·강인욱 2003, 시베리아의 선사 고고학, 서울: 주류성, pp.170-177). 그리고 충청남도 아산 탕정면 용두리, 경기도 가평 외서면 청평 4리, 경기도 광주시 장지동, 경기도 가평 설악면 신천리, 강원도 횡성 공 근면 학담리와 춘천 거두리와 천전리에서 출토된 해무리굽과 유사한 바닥을 지닌 경 질무문토기는 아무르 강 중류 리도프카 문화와 끄로우노프까(北沃沮, 黑龍江省 東宁県 團結村 團結文化) 문화에서도 보이고 그 연대도 기원전 3세기-서기 1세기 정도가 된다. 한반도의 철기시대에 러시아 문화의 영향을 고려할 필요가 있다.

참고문헌

국립중앙박물관

  1979, 1986, 1987, 1991, 1993, 2000 송국리 Ⅰ·Ⅱ·Ⅲ·Ⅳ·Ⅴ·Ⅵ

경남대학교 박물관

  1993 창원 덕천리유적 지도위원회의 및 현장설명회 자료

경남발전연구원 역사문화센터

  2005 마산 진동리유적

김경택·정치영·이건일

  2008 부여 송국리 제12차 발굴조사, 계간 한국의 고고학 제 10호

김민구

  2007 부여 송국리유적 장방형주거지 출토 탄화 목재의 연구, 한국상고사
        학보 55호

김영배·안승주

  1975 부여 송국리 요령식 동검 출토 석관묘, 백제문화 7·8집

최몽룡

  1975 전남고고학 지명표, 광주: 전남매일출판사 출판국

  1977 광주 송암동유적발굴조사 보고서, 광주: 전남대 박물관 및 한국고
        고학보 4집

  1997 청동기시대 개요, 한국사 3 ─청동기문화와 철기문화─, 서울: 국사
        편찬위원회

  2008 한국청동기·철기시대와 고대사회의 복원, 서울: 주류성

  2008 21세기의 한국 고고학 Ⅰ, 서울: 주류성

  2009 21세기의 한국 고고학 Ⅱ, 서울: 주류성

2009 마한 연구의 새로운 방향과 과제, 박물관에서 만나는 우리문화, 세계문화, 전주: 국립전주박물관, pp.30–74

2009 마한 −숨쉬는 기록−, 서울: 통천문화사

2010 호남의 고고학 −철기시대 전·후기와 마한−, 21세기의 한국 고고학 vol.Ⅲ, 서울: 주류성, pp.19–87 및 2013 馬韓·百濟文化 第22輯, 故 全榮來敎授 追慕 特輯, 원광대학교 마한백제문화연구소, pp.57–114

2013 인류문명발달사 −고고학으로 본 세계문화사−(개정 5판), 서울: 주류성

崔夢龍·金庚澤

1990 全南地方의 馬韓·百濟時代의 住居址硏究, 韓國上古史學報 4호

2005 한성시대 백제와 마한, 서울: 주류성

최몽룡·이헌종·강인욱

2003 시베리아의 선사고고학, 서울: 주류성

한국고고학회

1974 부여 송국리 출토 일괄유물, 고고학 3

한국전통문화연구소

2008 부여 송국리 선사취락지 유적정비를 위한 발굴조사(12차)지도위원회 자료 −송국리유적 54지구−

2008 부여 송국리 선사취락지 제 12차 발굴조사 2차 지도위원회 자료

2009 부여 송국리 선사취락지 제 13차 발굴조사 지도위원회 자료

한병삼

1968 개천 용흥리 출토 청동검과 반출유물, 고고학 1

한얼문화재연구원

2010 광주시 역동 e−편한 세상 아파트 신축 부지 내(가·마 지점)유적 발

굴조사—가 지점 1차지도위원회자료

小泉顯夫

1986 朝鮮古代遺蹟の遍歷, 東京: 六興出版社

有光敎一

1959 朝鮮磨製石劍の研究, 京都: 京都大學 文學部 考古學叢書 第 2冊

The New Chronological Orders of the Songgug-ni site in Buyeo

The chronological orders of the Songgug-ni(松菊里) site in Buyeo(扶餘), Chungcheong Namdo(忠淸南道, historical site no.249) can be divided into 4 sub-periods(epoch) in terms of C^{14}-dating, and typology of the lute-shaped knife named Liaonig(辽宁)-type discovered from stone cist and pottery, and cross-datings with other artefacts recently found in Korean peninsula.

They are namely;

1) Middle bronze age(1000 B.C.-600 B.C., pottery with a chain of hole-shaped decoration on the rim and pottery with dentate design on the rim)

2) Late bronze age(600 B.C.-400 B.C., high temperature fired plain coarse pottery with 700℃-850℃)

3) Former Iron age(400 B.C.-1 B.C.)

4) Buyeo period of the Baekje Dynasty(扶餘/泗沘百濟, 538 A.D.-660 A.D.)

But the main representative period with which a typical round settlement holding two post holes inside is included during the next Late bronze age following the Middle bronze age. And the rectangular shaped settlement and triangular shaped stone knife and high temperature fired plain coarse pottery is come under the Former Iron age from which the Mahan(3/2cen. B.C.- 5/6 cen. A.D.) had risen. 부여), Chungcheong Namdo(historical site no.249) can be divided into 4 sub-periods(epoch) in terms of C^{14}-dating, and typology of the lute-shaped knife named Liaonig(辽宁)-type discovered from stone cist and pottery, and cross-datings with other artefacts recently found in Korean peninsula.

They are namely;

1) Middle bronze age(1000 B.C.-600 B.C., pottery with a chain of hole-shaped decoration on the rim and pottery with dentate design on the rim)

2) Late bronze age(600 B.C.-400 B.C., high temperature fired plain coarse pottery with 700℃-850℃)

3) Former Iron age(400 B.C.-1 B.C.)

4) Buyeo period of the Baekje Dynasty(扶餘/泗沘百濟, 538 A.D.-660 A.D.)

But the main representative period with which a typical round settlement holding two post holes inside is included during the next Late bronze age following the Middle bronze age. And the rectangular shaped settlement and triangular shaped stone knife and high temperature fired plain coarse pottery is come under the Former Iron age from which the Mahan(3/2cen. B.C. 5/6 cen. A.D.) had risen.

IX. 한국고고학 · 고대사에서 宗敎 · 祭祀유적의 意義
- 環豪(蘇塗)와 岩刻畵 -

　　세계의 宗敎를 통관하면 唯一神敎(monotheism, unitarianism)의 발생에
앞서 나타난 원시종교는 劣等自然敎와 高等自然敎로 나누며 이들을 각기 多靈
敎期와 多神敎期로 칭하기도 한다. "그중 열등자연교인 多靈敎는 神이라고 이
름 할 수 없는 물건을 숭배의 대상으로 하여 그 本尊目的物로 하는 종교로, 魂
魄崇拜 혹은 精靈崇拜라고도 한다. 이는 인간에 길흉화복을 주는 힘이 있는 것
으로 사람의 혼백과 같은 영혼을 숭배의 대상으로 삼는 것이다. 이것을 poly-
demonism이라 한다. 여기에서 더 나아간 것을 多神敎(polytheism)라고 한다
(서경보, 1969)." 열등자연교 또는 다령교에는 천연숭배, 주물숭배(fetishism),
정령숭배(animism), 토테미즘(totemism)과 원시적 유일신교 등이 속한다. 정
령의 힘을 통제할 수 있는 방법을 기준으로 주술의 유형은 呪物崇拜
(fetishism), 巫敎/샤마니즘(shamanism)과 민간주술(popular magic)의 셋으로
나뉜다. 주물숭배는 "不活性의 사물에도 어떤 힘이 존재한다고 생각하고 그
힘에 의지하려는 태도"를 말한다. 巫敎(샤마니즘)는 "신에 들린 사람이 정령을
마음대로 다루는 힘을 갖게 되어 필요에 따라 정령을 사람의 몸속으로 들어가
거나 몸 밖으로 빠져 나가게 한다." 그리고 민간주술은 "개인이나 집단에 정령
이 해를 끼치지 못하도록 방지하거나 개인이나 집단의 이익을 위해 그 정령의
도움을 받기위한 것이며……속죄 양, 풍요와 다산을 위한 생산주술 등이 포함
된다(노스저, 윤이흠 역, 1986)." 즉 종교는 劣等自然敎[多靈敎期: 精靈崇拜

(animism)→토 테 미 즘 (totemism)→巫 敎 (shamanism)→祖上崇拜 (ancestor worship)]→高等自然敎(多神敎, polytheism)→一神敎(monotheism)로 발전한다.[1]

그리고 사회진화에 관한 인류학계의 성과 중에서 엘만 서비스(Elman Service)의 경제와 기술이 아닌 조직과 구조에 의한 사회발전 모델에 따르면 인류사회는 군집사회(band society)→부족사회(tribe society)→족장사회(chiefdom society)→고대국가(ancient state)로 발전해 나가는데, 서비스는 족

---

1) 國家(stste)와 帝國(empire)이 형성되어도 一神敎(monotheism)에 앞선 高等自然敎(多神敎, polotheism)단계가 성행하고 있었다. 수메르는 아누(하늘신), 엔키(甘露神과 지혜의 신), 에닐(토지신), 아나(달의 신), 에안나(사랑의 신), 로마제국은 쥬퍼터(제우스), 주노(헤라), 미네르바(아테네), 넵춘(포세이돈), 율리시스(오디세이) 등과 같은 다신교(高等自然敎, polythesism)의 만신전의 모습을 보여준다. 로마제국의 종교는 콘스탄티누스 대제(Constantine the Great 서기 272년 2월 27일—서기 337년 5월 22일)가 서기 313년 기독교의 공인 이후 一神敎가 되었다. 비옥한 반월형지대의 신화(Fertile Crescent mythology)에서 나타나는 여러 신들과 명칭은 다음과 같다. 1) 메소포타미아 지방 최초로부터 존재했던 신: Apsû와 Tiamat·Lahmu와 Lahamu·Anshar 와 Kishar·Mummu, 2) 布告된 일곱 분의 신: 가—네 분의 기본 신; Anu·Enlil·Ki·Enki 나—세 분의 하늘 신; Ishtar·Sin·Sama, 3) 위대한 신들: Adad·Anunnaki·Asaruludu·Ashnan·Enbilulu·Enkimdu·Ereshkigal·Inanna·Lahar·Nanshe·Nergal·Nidaba·Ningal·Ninkasi·Ninlil·Ninsun·Ninurta와 그의 철퇴와 같은 權標·Nusku·Uttu, 4) 신에 준하는 半神과 영웅들: Adapa·Enkidu·Enmerkar·Geshtinanna·Gilgamesh·Lugalbanda·Shamhat·Siduri·Tammuz·Utnapishtim, 5) 가. 善靈: 정령과 괴물 —Humbaba·Kingu·Kishar·Mamitu·Siris·Zu 나. 惡靈 —Asag·Edimmu·Hanbi·Kur·Lamashtu·Namtar·Pazuzu·Rabisu, 6) 바빌로니아지방의 설화상의 신들: Enûma Eliš·Atra—Hasis·Marduk와 Sarpanit·Agasaya·Bel·Kingu·Mami·Nabu, 7) 기타 아라비아, 레반트와 근동지방의 신들. 페르시아의 아케메니드(Achemenid)왕조(기원전 559년—기원전 331년)의 경우 아후라 마즈다(Ahura Masda)의 영향을 받은 교조인 조로아스터(기원전 660년경 태어났으며 본명은 자라수슈트라/Zarathustra)가 만든 조로아스터교(Zoroastrianism, 마즈다교/Mazdaism/拜火敎)로 일신교가 되었다.

장사회를 잉여생산에 기반을 둔 어느 정도 전문화된 세습지위들로 조직된 위계사회이며 재분배 체계를 경제의 근간으로 한다고 규정한 바 있다. 족장사회와 국가는 같은 계급사회이면서도 혈연을 기반으로 하면 족장사회 그렇지 않으면 국가단계로 한 단계 높이 간주한다. 족장사회에서는 '부족사회의 기회가될 때 임시로 갖는 특별한 의식(Ad hoc ritual)'을 계승한 전통적이며 계획적이고 지속적인 의미를 가진 정기적인 의식행위(calendaric ritual, ritual ceremony, ritualism)가 중요한 역할을 하는데, 의식(ritualism)과 상징(symbolism)은 최근 후기/탈과정주의 고고학(post-processual archaeology)의 주요 주제가 되기도 한다. 국가단계 사회에 이르면, 이는 권력(military power)과 경제(economy)와 함께 종교형태를 띤 이념(ideology)으로 발전한다. 족장사회는 혈연 및 지역공동체 개념을 기반으로 한다는 점에 있어서는 부족사회의 일면을 지니나 단순한 지도자(leader)가 아닌 지배자(ruler)의 지위가 존재하며 계급서열에 따른 불평등 사회라는 점에서는 국가 단계 사회의 일면도 아울러 지닌다. 족장사회는 하나의 정형화된 사회단계가 아니라 평등사회에서 국가사회로 나아가는 한 과정인 지역 정치체(regional polity)라는 유동적 형태로 파악된다. 그리고 여기에는 기념물(monument)과 위세품(prestige goods)등이 특징으로 나타난다(Timothy Earle 1997).

도시와 문자의 존재로 대표되는 문명의 발생에 神政政治(theocracy)와 그에 뒤이어 世俗王權政治(secularism)가 나타난다. 여기에는 만신전(pantheon of gods)과 함께 이에 필요한 공식적인 藝術樣式도 나타난다. "….Such a religion typically has a pantheon of gods with an hierarch and task-differentiation as complex as that of human society itself. In addition, many states use an 'official' art style to portray these gods(and secular rulers who serve them) throughout the area they control or influence, even when those areas are ethnically diverse(Kent Flannery, 1972)." 이

는 夏·商·周과 같은 고대 중국에 있어서 藝術(art), 神話(myth)와 儀式(ritual) 등은 모두 政治体 또는 정치적 권위에 이르는 과정을 언급한 張光直의 견해와 도 일치한다.

都市, 文明과 國家는 거의 동시에 발전하고 나타난다. 이들의 연구는 歐美 학계에서 서기 1960년 대 이후 신고고학[New Archaeology: Lewis Roberts Binford(서기 1931년 11월 21일-서기 2011년 4월 11일)]에서 Leslie White와 Julian Steward의 新進化論(neo-evolutionary approach; a systems view of culture)과 체계이론(system theory)을 받아들임으로써 더욱 더 발전하게 된 다. 이들 연구의 주제는 農耕의 起源과 文明의 發生으로 대표된다. 이들의 관 점은 生態學的인 接近에서 나타난 自然全體觀(holistic view)으로 物理的環境 (physical environment), 生物相(biota; fauna, flora)과 文化(culture)들이 相互 적응하는 생태체계(ecosystem)에 바탕을 둔다. 따라서 文化는 인간이 환경에 적응해 살아남기 위한 전략의 結果이다. 그리고 이러한 보편적인 문화에서 양 적·질적으로 한 단계 높아져 도시와 문자가 나타나는 文明의 發生은 수메르 (Sumer)로부터 잉카(Inca)에 이르기까지 時·空을 超越한다. 그 범위는 西亞細 亞 근동지방(Near East, Proche-Orient)에서 南美에 이르기까지 全世界的이 며, 時間도 기원전 3100년에서 서기 1325년까지 약 4,500년간의 時差가 있다. 즉 都市와 文字로 특징짓는 문명에서 武力을 合法的으로 使用하고 中央集權體 制가 갖추어져 있거나, 힘/武力(military power), 경제(economy)와 이념 (ideology, 또는 정보유통/information flow를 넣기도 한다)이 함께 나타나는 國 家段階의 出現을 엿볼 수 있다. 따라서 都市, 文明과 國家는 거의 동시에 나타 난다고 본다. Yale Ferguson은 국가를 '경제·이념·무력의 중앙화와 새로운 영역과 정부라는 공식적인 제도로 특징 지워지는 정치진화 발전상의 뚜렷한 단계'라 규정한 바 있으며, Timothy Earle(1991)은 국가를 '무력을 합법적으 로 사용하고 통치권을 행사할 수 있는 지배체제의 존재와 힘/무력, 경제와 이념을 바탕으로 한 중앙집권화 되고 전문화된 정부제도'라 정의하였다. 한편 Kent Flannery는 '법률, 도시, 직업의 분화, 징병제도, 세금징수, 왕권, 사회 신분의 계층화와 정기적인 제사(calendric ritual)'를 국가를 특징짓는 요소들로 언급하였다. 혈연을 기반으로 하는 계급사회인 족장사회와 그 다음의 발전된 국가단계에서 이념(ideology), 종교(religion)와 의식(ritual)은 사회를 유지하는 중요한 원동력(prime mover) 중의 하나였다.

　우리나라의 경우 한국의 청동기시대와 철기시대 전기는 족장사회에 해당 된다. 특히 기원전 1500년에서 기원전 1년까지의 약 1,500년간 한반도의 토착 사회를 이루던 지석묘사회는 혈연을 기반으로 하는 계급사회인 족장사회로서, 교역, 재분배(redistribution)경제, 직업의 전문화, 조상숭배(ancestor worship) 등을 바탕으로 하고 있었다. 그리고 그 다음의 고대국가의 기원은 앞으로 고 고학적인 자료의 증가에 따라 더욱 더 소급될 수 있으나, 현재로는 사회조직, 직업적인 행정관료, 조직화된 군사력, 신분의 계층화, 행정 중심지로서의 王 儉城(平壤 일대로 추정)의 존재, 왕권의 세습화, 전문적인 직업인의 존재 등으로 보아서 衛滿朝鮮(기원전 194년-기원전 108년)이 한반도내 최초의 국가체제를 유 지하고 있었던 것으로 보인다. 또한 국가형성에 중요한 역할을 차지하는 무역 의 경우를 보면 위만조선 이전의 고조선에서도 교역이 있었으며, 변진과 마 한, 왜, 예 등은 철을 중심으로 교역이 행해졌던 것으로 보여진다. 위만조선의 경우 한반도 북쪽의 지리적인 요충지에 자리잡음으로 해서, 그 지리적인 이점 을 최대한으로 이용한 '중심지무역'으로 이익을 얻고, 이것이 국가를 성립시키 고 성장하는데 중요한 요인이 되었을 것으로 추정된다. 그리고 衛滿朝鮮과 같 이 血緣을 기반으로 하지 않는 階級社會인 발전된 국가단계에서 나타나는 宗 敎 또는 理念은 아직 확실치는 않다. 그러나 漢 高祖 12년(기원전 195년) 燕王 盧綰이 漢나라에 叛하여 匈奴로 도망감에 따라 부하였던 衛滿은 입국할 때에 상투를 틀고 조선인의 옷을 입고 있었던 것으로 보아 燕나라에서 살던 조선인으로 생각되며, 그의 出自는 秦·漢이전의 戰國時代(기원전 475년-기원전 221년) 燕나라(기원전 222년 멸망) 지역으로, 그곳은 당시 劣等自然敎 단계를 벗어난 高等自然敎(多神敎期)나 一神敎 단계임이 확실하다. 그중에서도 道敎나 漢 제 7대 武帝(기원전 142년-기원전 87년) 때 董仲舒(기원전 179년-기원전 104년)의 기용(기원전 134년, 武帝 元光 원년) 이후 儒敎가 국가의 이념으로 되기 때문에 儒敎의 영향을 많이 받았을 것으로 추정된다. 중국에서 도교의 증거로는 湖南省 長沙市(漢나라 당시의 이름은 臨湘임) 東郊 馬王堆路 馬王堆에서 발견된 長沙丞相이며 700戶를 分封받은 초대 軑侯 利蒼의 무덤(2호, 기원전 186년경)→이창의 아들인 2대 대후 利豨의 동생의 무덤(3호, 기원전 168년경)→이창의 부인 辛追의 무덤(1호, 기원전 160년경) 중 3호와 2호에서 三足烏가 그려진 T자형 彩繪帛畵(彩色柏花, 오늘날 관 위에 덮는 붉은색의 影幀과 같은 덮개, 旋幡 또는 魂幡이라고도 함)의 발견을 들 수 있다. 우리나라에서 道敎의 유입은 백제 13대 近肖古王 26년경[2]으로 여겨지며 佛敎의 유입은 高句麗 372년(17대 小獸林王 2년), 百濟 384년(15대 枕流王 원년),[3] 新羅 527년(23대 法興王 14년)이다.

---

2) 『三國史記』百濟本紀 제13대 近肖古王二十六年(서기 371년) "高句麗擧兵來. 王聞之, 伏兵於浿河上, 俟其至, 急擊之, 高句麗兵敗北. 冬, 王與太子帥精兵三萬, 侵高句麗攻平壤城. 麗王斯由力戰拒之, 中流矢死, 王引軍退. 移都漢山"와 제14대 近仇首王(一云諱〈須〉)원년 조에 "高句麗 國岡王 斯由親來侵, 近肖古王 遣太者拒之. 至半乞壤, 將戰, 高句麗人斯紀本百濟人, 誤傷國馬蹄, 懼罪奔於彼. 至是, 環來, 告太子曰: 彼師雖多, 皆備數疑兵而已. 其驍勇唯赤旗, 若先破之, 其餘不攻自潰. 太子從之, 進擊, 大敗之, 追奔逐北, 至於水谷城之西北. 將軍莫古解諫曰: 嘗聞道家之言, 知足不辱, 知止不殆. 今所得多矣, 何必求多. 太子善之, 止焉. 乃積石爲表, 登其上, 顧左右曰: 今日之後, 疇克再至於此乎. 其地有嚴石磛若馬蹄者, 他人至今, 呼爲太子馬迹. 近肖古在位三十年薨, 卽位" 중 '知足不辱, 知止不殆'란 將軍 莫古解의 인용문은 老子의 道德經 제 44장 '名與身'으로부터이기 때문이다.

3) 『三國史記』百濟本紀에서 보이는 漢城時代 百濟(기원전 18년-서기 475년)의 都邑地 變遷은 河北慰禮城(溫祚王 元年, 기원전 18년, 중랑구 면목동과 광진구 중곡동의 中浪川 一帶에 比

필자는 청동기, 철기시대 전기와 후기(삼국시대 전기)의 고고학과 고대사의 흐름의 일관성에 무척 관심을 가져 몇 편의 글을 발표한 바 있다. 서기 1988년 ─서기 2012년의 제 5·6·7차 고등학교 국사교과서에서부터 서기 1997년─서기 2002년 국사편찬위원회에서 간행한 한국사 1·3·4권에 이르기까지 초기 철기시대와 원삼국시대[4]란 용어 대신 새로운 編年을 設定해 사용해오고 있다. 한

定)→河南慰禮城(온조왕 14년, 기원전 5년, 사적 11호 風納土城에 比定)→漢山(근초고왕 26년, 서기 371년, 사적 422호 二聖山城에 比定)→漢城(阿莘王 卽位年, 辰斯王 7년, 서기 391년, 하남시 春宮里 일대에 比定)으로 알려져 있다. 이는 기원전 18년에서 백제 21대 蓋鹵王(서기 455년─서기 475년 재위)이 고구려 20대 長壽王(서기 413년─서기 491년 재위)에 의해 패해 한성시대의 백제가 없어지고 22대 文周王(서기 475년─서기 477년 재위)이 公州로 遷都하는 서기 475년까지의 493년간의 漢城時代 百濟에 포함된 중요한 역사적 사건중의 하나이다.

한성시대 백제의 경우 漢山시대(서기 371년─서기 391년) 중 서기 384년 최초로 지어진 절로 河南市 下司倉洞 의 天王寺가 가장 유력하다. 이곳에는 현재 舍利孔이 보이는 木塔[통일신라시대로 추정하나 절터에서 발견된 二重蓮瓣이 표현된 막새는 武寧王陵 출토 銅托銀盞, 王興寺址 출토사리기의 문양과 서기 6세기 후반에서 7세기 전반으로 편년되는 부여 金剛寺址 출토품에서 나타나(노윤상 2012, 河南 天王寺址 出土 二重蓮瓣 막새의 제작시기 檢討, 新羅文化 第39輯, pp.207─237) 이 절의 初創이 늦어도 三國時代 후기 서기 6세기 후반에서 서기 7세기 전반으로 추정되기도 한다]의 하부구조, 보물 제 322호 철불(鐵佛. 국립중앙박물관 소장)이 원래 놓였던 臺座로 추정되는 돌 구조물과 건물터 1동, 담장 및 배수시설 등 모두 9기의 유구가 남아 있다. 그리고 하남시에서 천왕사 이외의 불교유적은 광주/하남시 春宮里 5層石塔(보물 12호, 고려, 사적 352호 하남 춘궁동 桐寺址), 광주/하남시 春宮里 3層石塔(보물 13호, 통일신라, 사적 352호 하남시 春宮洞 桐寺址), 太平 2年銘 磨崖藥師佛坐像(보물 981호, 고려 제 5대 景宗 2년, 서기 977년, 하남시 校山洞 善法寺), 春宮洞 鐵造釋迦如來坐像(보물 332호, 고려, 국립중앙박물관 소장) 등이 남아 있으며 그 외의 중요 유적은 하남시 春宮洞 二聖山城(사적 422호, 서기 371년─서기 391년의 漢山시대, 백제 13대 近肖古王 26년 서기 371년 初築)과 校山洞 客舍(서기 7세기─서기 9세기로 추정)이다.

4) 이 원삼국시대란 용어를 삼국시대 전기(또는 철기시대 후기, 서기 1년─서기 300년)라는 용어로 대체해 사용하자는 주장은 1987년부터이다(최몽룡 1987, 한국고고학의 시대구분에 대한 약간의 제언, 최영희 선생 회갑기념 한국사학논총, 서울: 탐구당, pp.783─788). 국립중앙

국고고학 편년은 구석기시대-신석기시대-청동기시대(기원전 2000년-기원전 400년)-철기시대 전기(기원전 400년-기원전 1년)-철기시대 후기(삼국시대 전기 또는 삼한시대: 서기 1년-서기 300년: 종래의 원삼국시대)-삼국시대 후기(서기 300년-서기 660/668년)로 설정된다. 그래서 새로이 설정한 한국고고학의 시대구분 및 실제 연대는 다음과 같이 정리된다.

◇ 구석기시대: 구석기시대를 전기·중기·후기의 세시기로 또는 이른 시기(전기)와 늦은 시기(후기)의 두 시기로 구분하는 데에는 별다른 이견이 없으나 전기 구석기시대의 상한에 대해서는 연구자들 사이에 상당한 이견이 있다. 전기 구석기시대 유적들로는 평양 상원 검은 모루, 경기도 연천 전곡리[사적 268호, 서기 2003년 5월 5일 日本 同志社大學 松藤和人 교수팀에 의해 최하층이 30만 년-35만 년 전으로 측정됨. 산소동위원소층서/단계(Oxygen Istope Stage) 또는 해양동위원소층서/단계(Marine Istope Stage)로는 9기(334000-301000년 B.P.)에 해당함], 충북 단양 금굴과 청원 강외면 만수리 등이 있으나 그 상한은 학자에 따라 70-20만 년 전으로 보는 등 상당한 이견이 있다. 최근 충청북도 청원군 강외면 만수리(오송 만수리) 4지점의 제5문화층의 연대가 우주기원 핵종을 이용한 연대측정[dating by cosmogenic nuclides 26Al/10Be(Aluminium/Beryllium)]으로 479000±153000년 전, 407000±119000년 전으로 측정되어 만수리 유적 구석

박물관에서도 서기 2009년 11월 3일(화)부터 이 용어를 공식적으로 사용하지 않기로 결정하였다. 그리고 衛滿朝鮮(기원전 194년-기원전 108년)을 포함한 古朝鮮을 인정하면 原三國時代 대신 三國時代 前期라는 용어가 타당하며 현재 고고학과 역사학계는 그렇게 인식해나가고 있는 추세이다. 서기 2012년 2월 21일(화)에 열린 국립문화재연구소 주최 한국사 시대구분론-외부전문가 초청포럼-학술대회에도 그러한 경향을 보이고 있다. 특히 송호정은 '청동기시대에서 철기시대에로의 이행시기에 대한 역사서술과 연구방법론'에서 고대를 고조선(시대)-삼국시대-남북국시대 순으로 보고 있다(p.25).

기제작 연대가 50만 년 전 가까이 올라갈 수 있음이 추정되고 있다. 그리고 아직 발표가 확실하지 않지만 만수리의 석기가 나온 층은 산소동위원소층서/단계(Oxygen Isotope Stage, 有孔蟲의 O¹⁶/O¹⁸ 포함으로 결정), 또는 해양동위원소층서/단계(Marine Isotope Stage, MIS)로는 14기(568000–528000년 B.P.)에 해당한다고도 한다. 그러나 광학여기형광법[OSL(Optically Stimulated Luminescence)]에 의한 연대는 103000±8000년 B.P.로 측정되어 구석기시대의 상한연대는 아직도 미해결로 남아있다. 그리고 후기에 속하는 남양주 호평동에서는 벽옥(jasper), 옥수(chalcedony)를 비롯한 흑요석(obsidian)으로 만들어진 석기들이 많이 출토되었으며, 유적의 연대는 30000–16000년 B.P.로 후기 구석기시대에 속하는데 응회암제 돌날과 슴베찌르개 그리고 석영제 밀개가 나오는 1문화층(30000–27000년 B.P.)과 흑요석제석기와 좀돌날 제작이 이루어진 2문화층(24000–16000년 B.P.)의 두 층으로 나누어진다. 지금까지 사적으로 지정된 구석기시대유적은 연천 전곡리(사적 268호), 공주 석장리(사적 334호), 파주 가월리·주월리(사적 389호)와 단양 수양개(사적 398호)⁵⁾가 있다.

◇ 신석기시대: 기원전 10000/8000년–기원전 2000년. 신석기시대의 경우 제주도 한경면 고산리 유적(사적 제412호)⁶⁾에서 우리나라에서 가장 연대가 올

---

5) 단양 수양개 유적을 발굴했던 충북대 이융조 교수가 서기 1981년–서기 1982년 충북 청원군 문의면 노현리 흥수굴에서 발굴해 충북대 박물관에 구석기시대 후기에 속하는 "흥수굴아이"라는 명칭으로 전시하고 있는 5–6세의 어린아이의 인골은 肋骨에서 채취한 시료로 C¹⁴연대측정을 해본 결과 서기 1630년–서기 1891년 사이에 속하는 것으로 밝혀졌다(Henry de Lumley et al. 2011, p.271, p.497 및 p.571).
6) 서기 2012년 7월 25일 제주문화유산연구원이 시행하고 있는 '제주 고산리 선사유적지'(사적 제412호) 학술발굴조사 결과 원형주거지 10여 기, 수혈유구 80여 기, 집석유구(추정 야외 노지) 10여 기 등의 유구가 확인됐다. 유구 내부에서는 태토(胎土·바탕흙)에 갈대류 등 유기물이 첨가된 저화도 소성 토기인 고산리식 토기, 융기문토기 등의 토기

라가는 기원전 8000년(10180±65 B.P.)이란 연대측정결과가 나왔는데, 이 유적에서는 융기문토기와 유경삼각석촉이 공반한다. 강원도 고성 문암리 유적[사적 제 426호, 이곳에서 5,000년–5,600년 전 신석기 시대 중기에 속하는 이랑(45–150㎝)과 고랑(40–87㎝)을 갖춘 밭이 빗살문토기. 화살촉, 조(粟)와 함께 서기 2012년 6월 27일(목) 국립문화재연구소 유적조사실의 발굴에 의해 확인되었다.]은 이와 비슷한 시기에 속한다. 그리고 양양 오산리(사적 394호)유적의 연대는 B.C. 6000년/B.C. 5200년이다. 부산 동삼동(사적 266호)의 최하층(Ⅰ층, 조기)의 연대는 기원전 6000년–기원전 5000년에 속한다(조기층은 5910±50, 6910±60 B.C./기원전 5785년, 기원전 5650년임. 그리고 그 다음의 전기층은 5640±90, 5540±40 B.C./기원전 4450년, 기원전 4395년임). 암사동(사적 267호)은 신석기시대 중기의 전형적인 빗살문토기시대로 기원전 4000년–기원전 3000년경에 해당한다.

◇ 청동기시대: 기원전 2000년–기원전 400년. 기원전 1500년은 남북한 모두에 적용되는 청동기시대의 상한이며 연해주지방(신석기시대 보이즈만문화의 후기 자이사노프카의 올레니와 시니가이 유적 등)–아무르 하류지역, 만주지방(신석기시대 小珠山 문화의 후기)과 한반도내의 최근 유적 발굴조사의 성과에 따라 청동기시대 조기는 기원전 2000년까지 올라간다. 현재까지 확인된 고고학 자료에 따르면 櫛文土器시대 말기에 약 500년간 청동기시대의 시작을 알려주는 突帶文토기가 공반하며(청동기시대 조기: 기원전 2000년–기원전 1500년), 그 다음 單斜線文이 있는 二重口緣토기(청동기시대 전기: 기원전 1500년–기원전 1000년),

---

류와 함께 화살촉, 찌르개, 밀개, 돌날, 망치돌 등 다양한 석기류가 출토됐다고 밝히고 있다. 저화도소성의 토기는 러시아 아무르강의 노보페트로브스카, 그라마투하, 오시포프카, 가샤, 사카치 알리안 등지에서 보이며 사카치 알리안 유적 출토 토기는 350℃에서 구워졌다.

구순각목이 있는 孔列토기(청동기시대 중기: 기원전 1000년-기원전 600년)와 硬質무문토기(청동기시대 후기: 기원전 600년-기원전 400년)에로의 이행과정이 나타나고 있다. 그리고 지석묘는 기원전 1500년에서부터 시작하여 철기시대 전기말, 기원전 1년까지 존속한 한국토착사회의 묘제로서 이 시기의 지석묘사회는 多源(元)的인 문화요소를 수용하고 있다.

◇ 철기시대 전기: 기원전 400년-기원전 1년. 종래의 초기 철기시대. 최근 粘土帶토기 관계 유적의 출현과 관련하여 상한을 기원전 400년으로 잡는다.[7] 이 시기는 점토대토기의 단면의 형태에 따라 Ⅰ기(전기), Ⅱ기(중기)와 Ⅲ기(후기)의 세 시기로 나누어진다. 그리고 마지막 Ⅲ기(후기)에 구연부 斷面 三角形 粘土帶토기와 함께 다리가 짧고 굵은 豆形토기가 나오는데 이 시기에 新羅와 같은 古代國家가 형성된다. 이 중 衛滿朝鮮(기원전 194년-기원전 108년)은 철기

---

7) 우리나라 철기시대의 시작을 알리는 지표로 인식되는 점토대토기는 기원전 5세기로 편년되는 중국 심양(沈陽) 정가와자(鄭家窪子) 토광묘에서 기원한 것으로 이해되는데, 최근 양평 미금리와 용문 삼성리, 강릉 사천 방동리와 송림리, 화성 동탄 동학산, 안성 원곡 반제리와 공도 만정리, 수원 고색동, 파주 탄현면 갈현리, 그리고 전라북도 완주 이서 반교리 갈동, 경남 사천 방지리 등 전국에서 이에 관련되는 유적들이 나타나고 있다. 최근의 자료도 철기시대의 상한이 점토대토기의 출현과 관련이 있고 늦어도 기원전 5세기로 올라가고 있다. 최근의 가속질량연대분석(AMS: Accelerator Mass Spectrometry)에 의한 결과 강릉 송림리 유적이 기원전 700년-기원전 400년경, 안성 원곡 반제리의 경우 기원전 875년-기원전 450년, 양양 지리의 경우 기원전 480년-기원전 420년(2430±50 B.P., 2370±50 B.P.), 횡성군 갑천면 중금리는 기원전 800년-기원전 600년 그리고 홍천 두촌면 철정리(A-58호 단조 철편, 55호 단면 직사각형 점토대토기)의 경우 기원전 640년과 기원전 620년이 나오고 있기 때문이다. 그리고 최근의 고고학적 자료에 의하면 철기시대의 기원지로 연해주의 뽈체(挹婁)와 끄로우노브까(北沃沮, 黑龍江省 東寧県 團結村 團結文化) 문화도 들 수 있다. 철기시대 문화의 기원도 청동기시대와 마찬가지로 多元的이라고 말할 수 있다.

시대 전기 중 Ⅲ기(후기)에 속한다.

◇ 철기시대 후기(삼국시대 전기): 서기 1년–서기 300년. 또는 삼국시대 전기
/삼한시대

◇ 삼국시대 후기: 서기 300년–서기 668년

◇ 통일신라시대: 서기 668년–서기 918년

문헌상으로 나타난 원시종교 적 측면에서 다루어진 한국의 종교는 고구려
의 제 17대 小獸林王 2년(서기 372년), 백제의 제 15대 枕流王 원년(서기 384년),
그리고 신라의 제 23대 法興王 14년(서기 527년) 불교를 공식적으로 수용하여
국가의 지배 이데올로기로 삼기 이전을 말한다. 한국의 토착신앙에 대한 제사
의례는 제천의례, 시조묘제사와 산천제사로 나누어 볼 수 있다(최광식 1994).

제천의례: 夫餘의 迎鼓, 高句麗의 東盟, 濊의 舞天, 三韓의 계절제/農耕儀
禮 및 別邑(蘇塗)[8]

---

8) 蒙古와 접경지대이며 몽고족들이 거주하는 사람호수(Saram/Sayaram Lake) 근처에
   위치하며 현재에도 5월–7월에 술, 피(血), 돈, 준 보석류 들을 바치며 제사하는 대상
   인 돌무더기(shamanistic cairn/heap/rock piles)인 오보(敖包/鄂博 áobāo, ovoo,
   Mongolian oвoo)는 산위나 고지대, 산길 옆, 라마교사원 경내에서 발견되는데 이는 가
   끔 경계석이나 여행 시 里程標로도 이용된다. 오보는 여름의 마지막 산이나 하늘을 대
   상으로 하는 제식용 제단으로 제사를 할 때 이 돌무더기에 나뭇가지를 얹혀 놓거나 의
   식용 비단 스카프인 푸른 천(blue khadag)을 걸어 놓는다. 이는 하늘의 영혼(祭神)인 텡
   그리(Tengri/Tengger)를 위한 것이다. 이때 제사자는 오보의 서북쪽에 앉으며 祭祀時
   불을 피우거나 의식용 춤을 추거나 기도를 드리기도 하며 제물(供物)로 받치고 남은 음

시조묘제사: 고구려 졸본의 시조묘, 백제의 동명묘와 구태묘, 신라의 시조묘, 국조묘, 선조묘, 조고묘, 오묘 등

산천제사: 고구려의 산천제사, 백제 무령왕의 매지권(국보 163호), 신라의 3산 5악 제사 등이다.

그러나 최근 고고학 상으로 최근 발견·조사된 종교·제사유적은 종래 문헌에 의거한 제천의례, 시조묘제사와 산천제사의 분류와는 달리 고고학적 측면

식물로 축제를 벌리기도 한다. 과거 공산주의 정권하에서는 이런 의식이 금지되었으나 몰래 거행되어 왔다. 이는 오늘날의 몽골인들에게 오보는 병과 재난을 막아 주고 가축의 번성을 돕는 수호신으로 변화되었지만 과거 공산치하의 종교와 미신의 말살 정책 속에서도 살아남은 민간신앙의 대표적인 것 중의 하나로 巫敎(薩滿敎, shamanim)의 한 형태를 보인다.

이러한 문화적 배경을 가진 오보를 우리나라의 서낭당(선황당, 城隍堂)이나 솟대(立木, 高墟)에 비교하는 경우가 있다. 이는 앞으로 한국문화기원의 다양성을 말해줄 수 있는 중요한 자료 중의 하나로 볼 수 있다. 『後漢書』東夷傳(宋 范曄 撰), 『三國志』魏志 東夷傳(晋 陳壽 撰)에서 보이는 우리나라의 蘇塗는 삼한시대 하늘에 제사를 지내던 특수한 聖地로 소도에는 큰 소나무를 세우고 神樂器인 방울과 북(鈴鼓)을 달아 神에 대하여 제사를 지내는 神域이며 죄인이 그곳에 들어가면 벌할 수 없는 聖域인 어사이럼(Asylum, 그리스어의 '불가침'을 의미하는 asylos에서 유래한 아실리 Asillie임)과 비슷하다고 할 수 있는 곳이다. 이곳은 天君이 다스리는 別邑으로 『三國志』魏志 弁辰條에 보이는 族長社會(chiefdom)의 우두머리격인 거수(渠帥)와 격이나 인구와 영역의 규모에 따라 신지(臣智), 검측(險側), 번예(樊濊), 살계(殺奚)와 읍차(邑借)라는 이름으로 나누어진 행정관할 구역의 大小 책임자들과는 다른 天君이 다스리는 神域(神聖祭祀處)이었다. 현재 우리나라에서도 대전시의 근방 동광교에 솟대가 하나 남아 있다. 古山子 金正浩가 서기 1861년 제작한 大東輿地圖(보물 제 850호)에 보이는 忠州 老隱面 水龍里의 蘇古라는 지명에서 冶鐵地와 더불어 蘇塗의 존재도 확인할 수도 있다. 그리고 김해 장유면 栗下里(B-14호)에서 청동기시대 솟대로 추정되는 수혈유구가 확인되고 있다. 율하리 유적의 축조 시기는 청동기시대 후기로 편년하고 있다(경남발전연구원 역사문화센터 2006, 金海 栗下 宅地 開發事業地區 內 I 地區 發掘調査 3次 指導委員會 資料集-A·D·E·F구역-).

에서 시대 순으로 보면 다음과 같이 분류된다. 이것은 최근 발견된 영세한 고고학 자료에 의거한 시작 단계에 불과하다. 그리고 좀 더 발전된 분류체계를 얻기 위해서는 문화의 기원의 다원성과 다양화가 반드시 고려되어야 한다.

1. 야외 자연 지형물을 이용한 산천제사: 정령숭배(animism)의 장소, 경기도 강화 삼산면 석모리 해골바위, 하남시 덕풍골, 화성 마도면 쌍송리, 서울 강남구 내곡동 대모산(산정 해발 150m 알바위)

2. 암각화: 多産기원의 주술적 聖所 또는 成年式(initiation ceremony)場, 고령 양전동(보물 605호), 울주 두동면 천전리 각석(국보 147호, 이 중 書石은 신라 23대 法興王 12년(乙巳) 서기 525년 때부터의 기록임), 울주 언양 대곡리 반구대(국보 285호), 밀양 상동 신안 고래리의 경우 지석묘이면서 성년식의 장소로도 활용

3. 환상열석: 지석묘와 결합된 원형의 의식장소: 양평 신원리

4. 지석묘: 지석묘는 조상숭배(ancestor worship)의 성역화 장소, 창원 동면 덕천리, 마산 진동리(사적 472호), 사천 이금동, 보성 조성면 동촌리, 무안 성동리, 용담 여의곡, 광주 충효동 등

5. 환호: 청동기시대에서 철기시대 전기에 걸친다. 환호는 크기에 관계없이 시대가 떨어질수록 늘어나 셋까지 나타난다. 그들의 수로 하나에서 셋까지 발전해 나가는 편년을 잡을 수도 있겠다.
경기도 파주 탄현 갈현리, 안성 元谷 盤諸里, 부천 고강동, 화성 동탄 동학산, 화성 마도면 쌍송리, 강원도 강릉 사천 방동리, 부산 기장 일광면 청광리, 울산 북구 연암동, 진주 中川里(Ⅱ-32호 수혈유구, 테라코타/Terra-cotta 人

頭形 土器),⁹⁾ 전라남도 순천 덕암동(蘇塗, 曲玉과 器臺), 충청남도 부여읍 논치리
(제사유적, 철정, 남근상) 등

6. 건물지(신전): 철기시대 전기의 지석묘 단계부터 나타나며 대부분 삼국
시대 이후의 것들이다. 경주 나정[蘿井, 사적 245호, 박혁거세의 신당(神堂), 또는
서술성모의 신궁으로 추정되는 팔각(八角)형태의 건물], 경남 사천시 이금동, 하남
시 이성산성(사적 422호), 광양 馬老山城(전남기념물 173호/사적 제492호로 승격),

---

9) 발굴자에 의하면 유구는 집자리와 고상건물지와 인접하여 혼재하지만 모두 일정한 규
   모 및 간격을 유지하고 있으며 Ⅱ−32호 내부 바닥에서 적갈색 연질소성의 인두형 토
   제품이 출토되었다고 한다. 또 Ⅱ구역에서 짐승이 매장된 수혈 5기가 확인되었는데,
   배치양상 및 출토상황으로 보아 제사와 관련된 성격이라 여겨지며 Ⅰ구역 구릉 동사
   면 말단부에서는 일정부위의 절단 후 근육과 가죽이 남겨진 상태에서 의도적으로 매
   장된 소가 매장되었다고 한다. 이 유구들은 출토된 헬멧(helmet)형 흙으로 빚은 투구
   (土胄)의 형태를 갖춘 人頭形 土器의 胎土로 보아 三國時代 前期(서기 1년−서기 300년)
   의 제사유적으로 보여진다(p.12). 이러한 人頭形 土器는 蘇塗와 관련된 샤만(薩滿, 巫敎
   의 祭司長)이 제사를 執行할 때 직접 쓰던 것(shaman's mask)으로도 추측된다(우리문화
   재연구원 2007, 진주 중천리 공동주택 유적발굴조사). 그리고 이 人頭形 土器는 河北省 滿
   城 陵山 1·2호 두 개의 무덤에서 발견된 中山靖王 劉勝(漢 6대 景帝의 아들이며 7대 武帝
   의 형, 前元 3년/기원전 154년−元鼎 4년/기원전 113년 在位)과 그의 부인 竇綰의 金縷玉衣
   壽衣 중 死面(death mask)과도 유사한 것으로도 보인다. 만든 재료는 中山靖王 劉勝
   과 竇綰의 것은 玉이고 人頭形 土器는 土製品으로 전혀 다르지만 그 外貌는 비슷하다.
   또 현재 파푸아 뉴기니(Papua New Guinea)의 동쪽 고르카(Gorka)고원에 살고 있는 구
   루룸바(Grurumba/wild man 또는 Asaro mudmen)족들이 사용하는 헬멧형 투구는 일
   년에 한번 열리는 싱싱(sing-sing)이라는 축제(Young Asaro mudmen at an annual
   festival called a sing-sing)에 이용되거나 또 적들에게 위협을 주려는 목적의 戰爭儀
   式用과 같은 성격으로 볼 수 있다(National Geography Photography, 1998 및 Grammont
   S. A. ed., 1975 Les indigènes de la vallée de l'Asaro Nouvelle-Guinée, Encyclopédie
   Alpha des Peuples du monde entier: Races, rites et coutumes des hommes, Vol. 3,
   Lausanne: Alpha, pp.76−79). 이들 여러 견해로 미루어 보아 진주 중천리의 人頭形 土
   器의 성격도 이러한 것 중의 하나로 미루어 짐작해 볼 수 있겠다.

안성 망이산성(경기도 기념물 138호) 등

　7. 기타: 완도 장도 청해진유적(신라 제 42대 興德王 3년 서기 828년 설진, 신라
제 46대 文聖王 13년 서기 851년 폐지. 사적 308호) 매납유구, 제주도 용담시, 부안
죽막동 수성당(지방유형문화재 58호), 서울 풍납동 토성(사적 11호) 경당지구 등

　이들을 좀 더 설명하면 다음과 같이 된다.

　1. 야외 자연 지형물을 이용한 산천제사: 精靈崇拜(animism)의 장소, 하남시
덕풍골, 강화 삼삼면 석모리 해골바위 당집 옆과 서울 강남구 세곡동 대모산
등이 포함된다. 이 시기에 충남 아산 탕정면 명암리에서와 같이 再生과 復活
을 상징하는 달(上弦달)모양의 목걸이 장신구가 나타난다. 하남시 덕풍골과 강
화도 삼산면 석모리는 우리나라에서는 처음 발견된 유적으로 정령숭배
(animism)를 잘 보여주는 바위유적으로 그 주위에 제사와 관련된 사람들이 살
던 사람들의 세장방형 집자리가 나오고 출토된 토기들도 공렬문과 구순각목이
있는 청동기시대 중기로 기원전 1000년에서 기원전 600년에 해당한다. 석모리
해골바위는 자연 암반에 성혈을 만들고 그 주위의 암반을 다듬어 인위적으로
성역을 조성한 흔적이 뚜렷하다. 하남시 덕풍골 집자리의 가속기질량분석
AMS연대측정도 기원전 1065년-기원전 665년(기원전 1065, 1045, 970, 960,
945, 855, 665년)으로 그 중심연대도 기존의 편년과 같이 청동기시대 중기의 기
원전 1000년-기원전 600년에 속한다. 우리나라에서는 처음 발견된 유적이다.
이 시기에 속하는 충청남도 아산군 탕정면 명암리 LCD단지에서 발견된 辽宁
鞍山市 岫岩 滿族自治縣의 岫岩玉(이외에도 新疆省 和田, 甘肅省 酒泉, 陝西省 藍
田과 河南省 密縣 獨山도 가능성이 있음)으로 추정되는 목걸이 장신구가 나왔는
데 上弦달을 모방했다. 그 의미는 재생과 부활을 상징했을 것이다. 이는 종전

의 동물의 송곳니(canine)를 어린아이의 목에 걸어 壽命長壽를 비는 呪術的인 것과는 다른 의미를 지니는 것으로 보인다. 이는 춘천 거두 2리를 거쳐 순천 덕암동에 이르면 점차 신라시대의 曲玉의 형태로 형성된다. 곡옥의 기원도 달 (月)에서 찾아야 할 것으로 보인다.

2. 암각화: 多産기원의 주술적 聖所 또는 成年式(initiation ceremony)場: 울주 두동면 川前里(국보 147호), 울주 언양 대곡리 盤龜臺(국보 285호), 고령 良田洞(보물 605호), 밀양 상동 신안 고래리의 경우 지석묘이면서 성년식의 장소로도 활용된 것으로 보인다. 반구대 유적의 경우 人面의 존재로 巫敎(샤마니즘)도 보여준다. 아무르강 유역 하바로브스크시 근처 사카치 알리안에서 발현한 암각화 문화는 울주 언양 대곡리(국보 제285호)와 울주 두동면 천전리 각석(국보 제147호), 고령 양전동(보물 제605호), 밀양 상동 신안 고래리, 함안 도항리, 포항 기계 인비리와 칠포리, 영천 보성리, 경주 안심리 광석마을과 석장리, 영주 가흥동, 남해 양하리, 상주리와 벽연리, 밀양 상동 신안 고래리, 여수 오림동을 거쳐 남원 대곡리에 이르면서 기존의 토착 지석묘사회에 융화되었다. 하바로브스크시 근처 사카치(시카치) 알리안 등지에서는 울산 두동면 천전리(국보 제147호) 암각화에서 보이는 요소가 많이 확인되었다. 여기에서 보이는 여성의 음부 묘사가 천전리 암각화와 최근 밀양 상동 신안 고래리 지석묘 개석에서도 확인된 바 있다. 후기 구석기시대 이후의 암각화나 민족지에서 성년식(Initiation ceremony) 때 소녀의 음핵을 잡아 늘리는 의식(girl's clitoris-stretching ceremony)이 확인되는데, 이는 여성의 생식력이나 성년식과 관계가 깊다고 한다. 그리고 울주 언양면 대곡리 반구대의 암각화(국보 285호)에 그려져 있는 고래는 지금은 蔚州 근해(浦項市 虎尾/장기곶과 울산 동구/機張 方魚津)에 잘 나타나지 않고 알라스카 일대에서 살고 있는 흑등고래(humpback whale) 중 귀신고래(Korean specimen whale, gray whale, 克鯨, 12월 24일-1월 6일 사이 사할린

필튼만으로 회귀)로 당시 바닷가에 면하고 있던 청동기시대 중기(공렬토기. 기원전 1000년-기원전 600년) 반구대 사람들의 고래잡이나 고래와 관련된 주술과 의식을 보여준다. 최근 동해 송정동에서 반구대보다 6-700년이 늦은 철기시대 전기(기원전 400년-기원전 1년) 東濊의 凸자형 집자리 유적(Ⅱ-3호 집자리, 기원전 2세기경)에서 고래잡이를 하던 철제 작살(삼지창)과 갈고리, 고래뼈(Ⅱ-3 저장공)가 출토되고 있어 고래잡이가 꾸준히 이어져 왔음을 뒷받침해준다. 이는 미국과 캐나다 국경을 접하고 있는 벤쿠버섬과 니아만 바로 아래의 태평양 연안에서 서기 1970년 발굴·조사된 오젯타의 마카족과도 비교된다. 그들은 주로 고래잡이에 생계를 의존했으며, 예술장식의 주제에도 고래의 모습을 자주 올릴 정도였다.

3. 환상열석: 지석묘와 결합된 원형의 의식장소: 양평 신원리 유적이 해당된다. 외경 16m와 그 내부의 내경 10m의 이중의 環狀 구조를 갖고 있는 유구가 경기도 양평 양서 신월리에서 발견되었다. 여기에서는 주위 이웃 양평 개군면 상자포리와 양평 양서 도곡리에서와 같이 공렬토기와 관련된 지석묘가 발견된다. 그 시기는 공열토기가 나타나는 청동기시대 중기로 기원전 1000년에서 기원전 600년에 속한다. 이런 유적은 하남시 덕풍동과 마찬가지로 우리나라에서 처음 타나는 것이다. 그리고 최근 계속된 조사로 이 유적은 정령숭배와 조상숭배가 병행하고 있는 곳으로 보인다. 하남시 덕풍동 유적의 정령숭배에서 마산 진동리, 덕천리와 사천 이금동 유적의 조상숭배로 넘어가는 과도기적인 것으로 볼 수 있다. 유사한 환상의 제사유적과 제단은 중국 辽宁省 凌源, 建平과 喀左県의 牛河梁과 東山嘴유적[10]의 紅山문화에서 보이며, 그 연대

---

10) 이제까지 알려진 夏(기원전 2200년-기원전 1750년)나라보다 약 800년이나 앞서는 紅山(기원전 3600년-기원전 3000년)문화는 서기 1935년 초 赤峰市 紅山后에서 발견된 것으

는 기원전 3600년–기원전 3000년경이다. 해자가 돌린 성역화된 적석총/석관 (周溝石棺墓)은 강원도 홍천 두촌면 철정리, 강원도 춘천 천전리, 강원도 중도, 충남 서천 오석리와 경상남도 진주 대평 옥방 8지구 등에서 보여 紅山문화와 한국의 선사문화의 관련성이 점차 증가하는 추세이다. 일본에서도 이러한 성격의 環狀列石이 繩文時代後期末에 北海道 小樽市 忍路, 青森県 小牧野, 秋田県 鹿角市 大湯, 野中堂과 万座, 鷹巢町 伊勢堂垈, 岩木山 大森, 岩手県 西田와 風張, 靜岡県 上白岩 등 동북지역에서 발굴·조사된 바 있다. 그중 秋田県 伊勢堂유적이 양평 신월리 것과 비슷하나 앞으로 유적의 성격 및 선후관계를 밝힐 조사연구가 필요하다.

로 그 범위는 내몽고 동남부를 중심으로 辽宁省 서남, 河北 북부, 吉林서부에까지 미친다. 경제생활은 농업과 어로가 위주이고 석기는 타제와 마제석기를 사용하였다. 주요 유적들은 內蒙古 那斯臺村, 辽宁県 喀左 東山嘴 冲水溝(기원전 3000년~기원전 2500년경)와 建平県을 비롯하여 蜘蛛山, 西水泉, 敖漢旗三道灣子, 四棱山, 巴林左旗 南楊家營子들이다. 특히 辽宁 喀左 東山嘴와 建平 牛河梁유적에서는 祭壇(三重圓形), 女神廟[東山嘴 冲水溝의 泥塑像, 여기에서 나온 紅銅/純銅의 FT(Fission Track)연대는 4298±345 B.P., 3899±555 B.P. C¹⁴의 연대는 5000±130B.P.가 나오고 있다], 積石塚(牛河梁 馬家溝 14-1, 1-7호, 1-4호, 祭器로서 彩陶圓筒形器가 보임), 石棺墓(2호), 禮器로서의 鞍山 岫岩玉(滿族自治県)으로 만들어진 玉器[龍, 渚(멧돼지), 매, 매미, 거북, 자라 등의 動物, 상투(結髮, 魋結)를 위한 馬啼形玉器(14-a), 環, 璧, 玦 등 100건 이상], 紅陶와 黑陶가 생산된 橫穴式 窯와 一·二次葬을 포함하는 土坑竪穴墓(水葬·風葬·火葬) 등이 알려져 있다. 이 紅山문화에서 興隆窪(8000 B.P.–7600 B.P.)에서 보이는 玉渚龍이 사슴·새– 멧돼지용(玉渚龍)에서 龍(C形의 玉雕龍으로 비와 농경의 기원)으로 발전하는 圖上의 확인뿐만 아니라 紅山岩畵에서 보이는 종교적 무당 신분의 王(神政政治, theocracy)에 가까운 최소한 족장(chief) 이상의 우두머리가 다스리는 階級社會 또는 文明社會를 보여주고 있다. 토기문양 중 갈 '之'문양은 평북 의주 미송리와 경남 통영 상노대노에서, 玉玦은 경기도 파주 주월리와 강원도 고성 문암리에서 나타난다. 그리고 해자가 돌린 성역화된 적석총/석관(周溝石棺墓)은 강원도 홍천 두촌면 철정리, 강원도 춘천 천전리, 강원도 중도, 충남 서천 오석리와 경상남도 진주 대평 옥방 8지구 등에서 보인다.

4. 지석묘: 지석묘는 조상숭배(ancestor worship)의 성역화 장소이다. 특히 창원 동면 덕천리, 마산 진동리(사적 472호), 사천 이금동, 보성 조성면 동촌리, 무안 성동리, 용담 여의곡, 광주 충효동 등, 그리고 최근 밝혀지고 있는 춘천 천전리, 홍천 두촌면 철정리, 평창 천동리, 서천 오석리와 진주 대평 옥방 8지 구의 주구석관묘 등은 무덤 주위를 구획 또는 성역화한 특별한 구조를 만들면서 祖上崇拜를 잘 보여준다. 이것도 중국 요녕성 凌源, 建平과 喀左縣의 牛河梁과 東山嘴유적의 紅山문화가 기원으로 보인다. 이 시기에 계급사회도 발전하게 된다. 우리나라에서 고인돌 축조사회를 족장사회 단계로 보거나 위만조선을 최초의 고대국가로 설정하는 것은 신진화론의 정치 진화 모델을 한국사에 적용해 본 사례라 할 수 있다. 그렇게 보면 경남 창원 동면 덕천리, 마산 진동리(사적 472호), 사천 이금동, 여수 화동리 안골과 보성 조성리에서 조사된 고인돌은 조상숭배를 위한 성역화 된 기념물로 당시 복합족장사회의 성격(complex chiefdom)을 잘 보여준다 하겠다.

5. 환호: 청동기시대에서 철기시대 전기에 걸친다. 환호는 크기에 관계없이 시대가 떨어질수록 늘어나 셋까지 나타난다. 그들의 수로 하나에서 셋까지 발전해 나가는 편년을 잡을 수도 있겠다. 이는 巫敎(shamanism)의 일종으로 보인다. 울산 북구 연암동, 파주 탄현 갈현리, 안성 원곡 반제리, 부천 고강동, 강릉 사천 방동리, 화성 동탄 동학산, 순천 덕암동 등이 속한다. 환호는 京畿道 安城 元谷 盤諸里의 제사유적(蘇塗)[11]이 대표된다. 壕는 하나이며 시기는 단

---

11) 이곳 安城 元谷 盤諸里의 유적은 해발 99m의 낙타 등(또는 말안장)과 같은 매봉산을 형성하는 두 구릉의 정상을 중심으로 형성되어 있다. 유적의 중심인 종교·제사유적은 현재까지의 발굴 결과에 의하면 북쪽 능선 정상에 위치하며 구릉 정상에 솟아오른 바위(하남시 덕풍골과 같은 자연 암반의 모습)를 중심으로 남북 장축 71m, 직경 약 38m의 폭 약 3m의 中心環壕와 밖으로 한 겹 더 두르다만 듯한 보조 환호가 하나 더

면원형의 점토대토기시대에 속한다. 연대도 기원전 5세기−기원전 3세기경 철기시대 전기 초에 해당한다. 이제까지 환호는 경남지역이 조사가 많이 되어 울산 검단리(사적 332호), 진주 대평리 옥방 1·4·7지구창원 남산을 포함하여 17

확인되고 있다. 그러나 중심의 환호는 하나로 볼 수 있다. 이곳에는 남양주 호평과 와부읍 덕소와 인천 서구 원당 4지구에서와 같은 33,200−16,500년 전의 연대가 나오는 후기 구석기시대의 석영제 석기 한 점(긁개)이 출토되고 조선시대의 토광묘가 발견되긴 하지만, 현재까지의 발굴결과로는 중심연대는 세장장방형 집자리와 청동기시대 전기−중기에의 이행과정의 토기가 나오는 시기, 방·장방형의 집자리와 점토대토기가 나오는 철기시대 전기, 그리고 6세기 후반의 신라시대의 모두 세 시기로 볼 수 있다.

1) 청동기시대 전기−중기: 전기의 이중구연에 단사선문이 있는 토기에서, 중기의 공렬과 구순각목이 있는 토기에로의 이행과정, 실 연대는 기원전 12 세기경−기원전 10세기경

2) 철기시대 전기: 단면원형의 점토대토기, 실 연대는 기원전 5세기경−기원전 3세기경

3) 삼국시대 후기: 신라 24대 진흥왕의 한강유역의 진출과 관련된 석곽묘, 횡혈식석실과 토기 및 아케메니드(기원전 559년−기원전 331년)와 파르티아왕조를 이은 사산왕조(서기 224년−서기 651년)의 영향을 받은 초기의 印文陶가 나옴.

안성 반제리 유적의 중심은 철기시대 전기(기원전 400년−기원전 1년)에 속한다. 여기에는 단면 원형의 점토대 토기가 나타난다. 최근 점토대토기의 상한 연대가 기원전 5세기까지 올라가나, 이곳 반제리에서는 강릉 송림동과 같이 기원전 8세기−기원전 7세기까지 좀 더 연대가 올라간다. 그리고 만약 그 상한 연대가 그대로 인정된다면 기원전 2000년−기원전 1500년경 신석기시대 말기에 청동기시대 조기와 약 500년간 공존했듯이 청동기시대 후기에도 철기시대 전기의 점토대토기와 공존했다고도 해석해 볼수 있겠다. 그렇다면 환호와 관련된 종교유적은 울산 북구 연암동의 경우와 같이 청동기시대부터 그대로 이어져 내려오는 전통으로 볼 수 있겠다. 이 점 앞으로 연구 과제로 현재로서는 기원전 5세기를 철기시대의 상한으로 보는 것이 무난하다. 또 그리고 환호 안밖에 형성된 집자리들은 전문직의 제사장과 제사에 관련된 사람들이 살던 특수구역인 別邑으로 이것이 삼국지 위지 동이전에 나오는 蘇塗일 가능성이 많다. 大木을 세운 蘇塗는 邑落의 경계표시이고, 신성지역인 別邑(asylum)으로 여겨져 왔으며, 天君을 중심으로 다스리던 祭政分離의 사회를 반영한다.

여 개소에 이른다. 청동기 시대부터 이어져 철기시대에도 경기–강원도 지역에만 파주 탄현 갈현리, 화성 동탄 동학산, 강릉 사천 방동리, 부천 고강동, 송파 풍납토성(사적 11호)과 순천 덕암동 등지에서 발견된다. 그중에서 이곳 안성 반제리의 것은 철기시대 전기 중 앞선 것으로 보인다. 청동기시대의 것으로 제사유적으로 언급된 것은 울산시 북구 연암동이나, 철기시대의 것들 중 구릉에 위치한 것은 거의 대부분 종교·제사유적으로 보인다. 이는 청동기시대 중기(기원전 1000년–기원전 600년, 공렬토기 단계)부터 족장사회(chiefdom society)의 주거로 형성되어온 環壕가 말기(기원전 600년–기원전 400년, 경질무문토기단계)가 되면 평지로 주거를 옮기고 재래의 구릉지대에 남아있는 환호는 퉁구스족들의 巫敎(shamanism)가 들어오면서 天君이라는 제사장이 다스리는 蘇塗로 바뀌고 철기시대(기원전 400년–기원전 1년)까지 토착사회의 묘제로 남아있던 지석묘의 조상숭배(ancestor worship)와 결합이 본격화되고 있다. 다시 말해 청동기시대 환호가 철기시대에는 주거지로서 보다 종교·제사유적과 관계된 특수지구인 別邑인 蘇塗로 발전되어 나간 것 같다. 즉 청동기시대의 종교는 劣等自然宗敎 중 精靈崇拜(animism), 토테미즘(totemism)이며, 철기시대에는 巫敎(shamanism)와 조상숭배(ancestor worship)가 중심이 된다. 이는 『三國志』魏志 東夷傳 弁辰條에 보이는 행정적 우두머리인 族長인 渠帥(長帥, 主帥)와 격이나 규모에 따라 下向名稱인 신지(臣智), 검측(險側), 번예(樊濊), 살계(殺奚)와 읍차(邑借) 그리고 沃沮의 三老(東沃沮의 將帥), 濊의 侯, 邑君, 三老, 그리고 挹婁의 大人과 그 다음에 나타나는 肅愼의 君長도 생활의 기반이 되는 농경과 함께 정치적 기반도 편의상 平地로 옮겨가기 때문이다.

Edward B. Tylor의 저서 『Primitive Culture』에서 언급한 미개사회에서 보편적인 초자연관인 정령숭배(animism)는 식물·무생물·자연적 현상에까지 靈이 있다는 것이다. 그리고 토테미즘(totemism)은 북아메리카 Superior 호수를 포함하는 오대호 북쪽 Algonquin 언어를 사용하는 Ojibwa 인디언들의

ototeman에서 따온 것으로 의미는 '나의 친척'("he is a relative of mine")을 의미한다. 모든 동물의 이름을 따서 집단을 분류하는데 둘 다 劣等自然敎 중 多靈敎(polydemonism)에 속한다. 계급사회가 심화되고 국가가 성립되면 이들 열등종교는 무교(shamanism)와 조상숭배로 바뀌고 나중에 고등자연교의 多神敎(polytheism)와 一神敎(monotheism/unitarianism)로 정착하게 된다. 이념·종교가 사회구조를 밝히는데 중요성이 여기에 있다. 소도도 일종의 무교의 형태를 띤 것으로 여기에는 조상숭배가 강화된다. 이는 종교의 전문가인 제사장 즉 天君의 무덤으로 여겨지는 토광묘에서 나오는 청동방울, 거울과 세형동검을 비롯한 여러 巫具들로 보아 이 시기의 종교가 巫敎(shamanism)의 일종이었을 것으로 짐작된다. 특히 샤만의 원형을 잘 유지하고 있다고 생각되는 고아시아족(Palaeoasiatic people, Palaeosibserian)의 축치족(러시아의 Chukotka에 사는 Chukchee/Chukchi족)에서는 샤만이 見靈者, 豫言者와 醫療者의 세 계급으로 나누어 설명한다. 세 번째의 계급이 마술적 禁厭 또는 醫療法으로 가장 존경을 받는다고 한다. 앞으로 한국의 샤만에도 적용될 수 있는 문제이다. 이는 『三國志』魏志 弁辰條(晋 陳壽 撰)와 『後漢書』 東夷傳 韓條(宋 范曄 撰)에 族長격인 渠帥(또는 長帥, 主帥라도 함)가 있으며 이는 격이나 규모에 따라 신지(臣智, 또는 秦支·踧支라고도 함), 검측(險側), 번예(樊濊), 살계(殺奚)와 읍차(邑借)로 불리고 있었음을 알 수 있다. 이는 정치 진화상 같은 시기에 존재했던 沃沮의 三老(東沃沮의 將帥), 濊의 侯, 邑君, 三老, 그리고 挹婁(晋 陳壽 撰 『三國志』魏志 東夷傳)의 大人과 그 다음에 나타나는 肅愼(唐 房喬/玄齡 等 撰 『晋書』四夷傳)의 君長도 같은 行政의 우두머리인 족장(chief)에 해당한다. 그러나 蘇塗는 당시의 복합·단순 족장사회의 우두머리인 세속 정치 지도자인 신지, 검측, 번예, 살계와 읍차가 다스리는 영역과는 별개의 것으로 보인다. 울주 검단리, 진주 옥방과 창원 서상동에서 확인된 청동기시대 주거지 주위에 설치된 환호(環壕)는 계급사회의 특징 중의 하나인 방어시설로 국가사회 형성 이전의 족장사회의 특징으로 볼 수 있겠다. 그러나 그 기능에 대하여는 앞으로의 연구과제이다.

6. 건물지(신전): 철기시대 전기의 지석묘 단계부터 나타나며 대부분 삼국시대 이후의 것들이다. 학계에서 僞書로 보고 있는 『桓檀古記』(桂延壽, 1911년)에는 신라의 건국에 대한 이야기가 수록되어 있다. 같은 책의 高句麗國本紀에 따르면 신라의 시조 赫居世는 仙桃山 聖母의 아들인데 扶餘帝室의 딸 파소(婆蘇)가 남편 없이 임신을 하여 남들의 의심을 받게 되자 눈수(嫩水)에서 동옥저(東沃沮)를 거쳐 배를 타고 진한(辰韓)의 내을촌(奈乙村)에 이르렀다. 그 곳에서 소벌도리(蘇伐都利)의 양육 하에 지내다가 13세에 이르러 서라벌에 도읍을 정하고 사로(斯盧)라는 나라를 세웠다. 이에 근거하여 혁거세를 도래신(渡來神)으로 보고 부여(夫餘)-동옥저(東沃沮)-형산강구(兄山江口, 포항 영일만)로 온 경로를 추정한 연구도 있었다. 이는 혁거세가 서술성모(西述聖母)가 낳은 아이라는 『三國遺事』 기록에 근거하여 파소(婆蘇)=서술(西述)로 보고 혁거세가 출현할 때 나정(蘿井, 사적 245호), 옆에 있던 백마를 북방계의 기마민족(騎馬民族)과 연결시켜 주몽신화와 같은 계열로 보는 입장이라 하겠다. 박혁거세는 유이민 세력과 토착 세력 사이의 일정한 관계 속에서 국가를 형성하고 임금이 된 것으로 여겨진다. 나정은 발굴 결과 철기시대 전기의 유적으로, 수원 고색동, 파주 탄현, 갈현리 등지의 점토대토기 유적에서 나오는 대각(台脚)에 굵은 두형(豆形)도 보이는 점토대토기 문화가 바탕 되었음이 들어났다. 따라서 기원전 57년 신라가 건국했던 연대도 이들의 시기와 일치한다. 또 실제 그곳에는 박혁거세의 신당(神堂), 또는 서술성모의 신궁이 팔각(八角)형태의 건물로 지어져 있었음으로 신라의 개국연대가 기원전 57년이라는 것도 새로이 믿을 수 있게 되었다. 신화에 가려져 있는 신라 초기의 역사가 점차 역사적 사실로 받아들여지고 있다. 그러나 박혁거세의 부인이 된 알영(閼英)은 사량리(沙梁里) 알영정[閼英井,

사적 172호 오능(五陵) 내]에 나타난 계룡(鷄龍)의 옆구리에서 나온 동녀(童女)라 전해지고 있다. 이로서 점토대토기 문화와 건국신화가 어떻게 이어지는지를 엿볼 수 있는 중요한 대목이다.

또 秋史 金正喜의 海東碑攷에 나오는 신라 30대 文武王(태종 무열왕의 맏아들 法敏, 서기 661년-서기 681년 재위)의 비문에 의해 慶州 金氏는 匈奴의 후예이고 碑文에 보이는 星漢王(15대조, 金閼智, 서기 65년 - ?)은 匈奴의 休屠王의 太子 祭天之胤 秺侯(투후) 金日磾(김일제, 기원전 135년-기원전 85년)로부터 7대손이 된다. 그리고 13대 味鄒王(서기 262년-284년, 金閼智-勢漢-阿道-首留-郁甫-仇道-味鄒王,『三國史記』 제2, 新羅本紀 제2)은 경주 김씨 김알지의 7대손으로 이야기된다. 따라서 경주 김씨의 出自는 匈奴-東胡-烏桓-鮮卑 등의 유목민족과 같은 복잡한 배경을 가진다. 휴도왕의 나라는 본래 중국 북서부 현 甘肅省 武威市로, 이는 新羅 積石木槨墳의 기원도 중국 辽宁省 朝陽에서 보이는 鮮卑族의 무덤·출토유물과 관련하여 생각해 볼 가능성이 열리게 되었다.[12] 결국 초

---

12) 鑄造되고 아가리에 동물문양이 부착된 스키타이문화 특징이 잘 나타나 있는 청동항아리(銅鍑)가 고분에서 자주 출토된다. 파지리크에서도 돌과 麻(삼)씨가 가득 담긴 청동항아리가 셋 또는 여섯 개의 지주로 지탱이 된 가죽 혹은 털담뇨의 텐트 밑에서 나왔는데, 그리스의 역사가인 기원전 440년경 헤로도투스(Herodotus)가 쓴 '역사(History)에 이것을 스키타이인의 정화의식(Scythian purification rite)용으로 만들어진 것이며 마씨를 태운 연기를 들여 마셔 뜨거운 돌에 뿜는다고 적어놓고 있다. 이 기록은 파지리크와 한국의 김해 대성동에 이르는 광범위한 분포지역의 고분에서 똑같은 것이 하나씩 발견될 때까지 전혀 이해가 되지 않았는데, 이것은 마씨가 타는 연기가 오늘날의 코카인이나 마약처럼 쾌락 때문에 들여 마시는 것이지 헤로도투스가 이야기하는 종교적인 것이 아니라는 설도 있을 정도이다. 스키타이와 관련된 匈奴의 유물은 春秋(기전 771년-기원전 475년) 말기부터 漢代(기원전 206년-서기 220년)에 이르기까지 중국의 여러 지역에서 발견되고 있다. 우리나라 永川 漁隱洞 출토의 虎形帶鉤와 함께 金海 大成洞 출토 청동항아리(銅鍑)와 良洞里 고분에서 발견된 鐵鍑(동의대 서기 1991년에 발굴된 토광목곽묘 162호 출토)과 靑銅鼎도 이러한 점에서 이해가 되어야

원의 스키타이인(Scythian)들이 쓰던 쿠르간 封土墳과의 관련도 배제할 수 없게 되었다.[13] 경주 조양동 38호분, 사라리 130호분 경주 오릉(사적 172호) 근처

한다. 아무튼 한국고대문화의 기원지 중의 하나가 스키타이와도 관련이 있다는 것은 매우 흥미 있다. 신라의 찬란한 금관의 경우도 나뭇가지 모양으로 장식했는데, 그러한 형태가 러시아 Tuzlov River과 Aksay River의 오른쪽 뚝에 위치한 Rostov Oblast시의 노보췌르카스크(Novocherkassk)에서 발견된 서기 1세기경의 스키타이의 왕관(The Khokhlach Kurgan/Burial Mound에서 출토한 Sarmatian gold diadem: 기원전 5세기–서기 4세기경의 현 우크라이나/Ukraina 지역에 위치한 사르마티안 문화)에도 보이며, 비교적 최근까지도 시베리아지역의 샤만들이 머리에 쓰던 관의 형태와도 비슷하다. 흉노 것으로는 서기 1972년 內蒙古 伊克昭盟 杭錦旗 阿魯紫登 출토의 금관 및 매(독수리)형 장식을 들 수 있다. 그밖에 신라의 금동제품에 쓰인 누금세공기법(filigree/filagree, 금으로 만든 세공품에 線條細工이나 象嵌을 한 것)도 스키타이의 금제품에 흔히 보이는 것이다.

13) 시베리아의 황인종(Mongoloid)에는 고아시아/고시베리아족(Palaeoasiatic people, Palaeosiberian)과 퉁구스/신아시아족(Tungus, Neoasiatic people)족이 있다. 고아시아/고시베리아족에는 축치, 꼬략, 캄차달, 유카기르, 이텔만, 켓트, 길랴끄(니비크)가, 퉁구스/신아시아족에는 골디(허저, 赫哲), 에벤키, 에벤, 라무트, 부리야트, 우에지, 사모예드 등이 있다. 그리고 시베리아와 만주(요녕성, 길림성과 흑룡강성)에서는 역사적으로, 가) 挹婁–肅愼–勿吉–靺鞨–黑水靺鞨–女眞–生女眞–金–後金[서기 1601년 누르하치/羅努爾哈赤(淸太祖 서기 1616년–서기 1626년 재위)]–滿洲/淸(淸太宗, 홍타이지/皇太極, 서기 1626년–서기 1636년 재위)–大淸/皇太極(서기 1636년–서기 1643년 재위)–順治(福臨, 淸世祖, 서기 1643년–서기 1661년 재위, 서기 1636년–서기 1911년), 나) 匈奴–東胡–烏桓–鮮卑–突厥–吐藩–위굴(回紇, 維吾爾)–契丹–蒙古/元, 다) 濊–古朝鮮, 貊–夫餘–高句麗–百濟–新羅로 이어진다. 이곳 유목민족은 匈奴–東胡–烏桓–鮮卑–突厥(투쥐에, 튀르크/Türk, 타쉬트익/Tashityk: 서기 552년 柔然을 격파하고 유목국가를 건설. 돌궐 제2제국은 서기 682년–서기 745년임, 서기 7세기–서기 8세기)–吐藩(티베트, t'u fan: 38대 치송데짼[赤松德贊 서기 754년–서기 791년]이 서기 763년과 서기 767년의 두 번에 걸쳐 唐의 長安을 함락함)–위굴(維吾爾, 回紇: 위굴 제국은 서기 744년–서기 840년임, 위굴 제국은 키르기스 點戛斯에 망하며 키르기스는 서기 9세기 말–서기 10세기경까지 존재)–契丹(辽, 서기 907년–서기 1125년)–蒙古(元, 서기 1206년–서기 1368년)로 발전한다. 스키타이인들의 東進에 따라 종족 간의 혼혈이 자연스럽게 이루어지게 되었다. 최근 여러 곳에서 발견된 문신이 있는 미라들이 이를 입증한다. 기원전 700년–기원전 600년경 스

에서 발견된 목곽묘들도 신라의 건국연대가 올라갈 수 있음을 입증해준다. 그리고 경남 사천시 이금동, 하남시 이성산성(사적 422호), 광양 마노산성(사적 475호, 전남 기념물 173호), 안성 망이산성(경기도 기념물 138호) 등이 속한다. 건물지(신전)는 처음 팔각형으로부터 시작되는 것 같다. 고구려의 경우 원오리 사지, 청암리 사지, 상오리 사지, 정릉사지, 토성리 사지와 환도산성내의 2호와 3호 건축지가 팔각형으로 알려지고 있다. 백제의 경우 순천 검단산성(사적 418호)과 하남시 이성산성(사적 422호, 이 경우 신라 24대 진흥왕이 신주를 세운 이후 서기 551년 이후의 것으로도 생각됨), 신라의 것은 경주 나정(사적 245호), 그리고 신라 말−고려 초의 것은 안성 망이산성(경기도 기념물 173호) 등이 알려지고 있다. 삼국시대부터 절, 기념물과 산성 등에서 신성시되는 제사유적으로 이용되어 온 것 같다. 여기에 산천제사도 포함된다. 강화도 마니산 塹星壇(사적 136호), 울릉도 聖人峯(서기 1988년 필자 확인), 영암 월출산 천황봉 등이 이에 해당한다. 그리고 산성 내 또는 산성의 기능과 무관하게 神堂을 짓고 그 안에 土馬나 鐵馬를 모셔놓은 예들이 하남시 이성산성, 성남시 분당 판교, 강화 삼산면 석모리 당집과 광양 마노산성(해발 208.9m)에서 발견된다. 마노산성의 경우 건물지는 뚜렷치 않지만 성이 폐기된 후 고려 말−조선조 초의 昇州牧(府)의 공식적인 제사를 위한 장소로 여겨지며, 그곳에서 204점의 토마, 한 점의 철마와

키타이인들이 이 광활한 초원을 왕래하면서 백인종과 황인종의 공존을 가져왔다. 기원전 700년−기원전 300년경에는 초원지대를 사이에 두고 끊임없이 東西의 접촉이 있어 왔고 이는 스키타이(Scythian)−오르도스(Ordos, 鄂尔多斯沙漠, 河套/河南)−匈奴가 대표적이다. 그리고 몽고에서 보는 바와 같이 동쪽에는 岩刻畵, 케렉수르(Kereksur/Kheregsuur/ Khirigsuur: Kurgan covered with stones)와 사슴의 돌(Stagstone)이 대표되는 카라숙(Karasuk, 기원전 1300년−기원전 700년)과 타가르(Tagar, 기원전 700년−기원전 200년), 서쪽에는 板石墓를 가지고 중국과 문화와 교류를 보이는 匈奴(훈, Huns)와 튀르크(Türk)인 등 황인종의 유목민족이 대두한다. 타가르와 흉노와의 同一性/正體性(identity) 비교가 중요하다.

6점의 청동마가 나왔다. 그리고 바닷길 편안을 위해 기도하는 제사 터는 부안 죽막동 수성당(전라북도 유형문화재 58호)과 제주 용담동 등지에서 발견된다. 이곳은 일본에서 '바다의 正倉院 또는 섬으로 된 정창원'으로 불리는 日本 九州 宗像(むなかた)의 沖島(おきのしま, 서기 7세기경)와 유사한 양상을 보인다. 이들은 모두 발견된 현재의 고고학자료 상 대부분 삼국시대를 오르지 못하고 통일신라—조선시대에 속한다.

7. 기타: 莞島 장도 청해진유적(興德王 3년 서기 828년 설진, 文聖王 13년 서기 851년 폐지. 사적 제 308호) 매납유구, 제주도 용담시 등이 속한다. 완도의 사당 서편 경사면 건물지 대지상에서 발견된 埋納遺溝는 지경 1m, 깊이 70㎝ 정동의 원형 구덩이 안에 경질 대옹을 똑바로 안치하고, 대옹과 수혈 벽과의 사이에 토기 偏瓶 한 점, 철제 솥 2점을 그리고 철제 반 1점, 청동병 한 점 그리고 용도 불명의 철기 2점을 각각 반으로 절단하여 매납하였다. 이들은 모두 제사용기로 특히 세발달린 솥은 고대국가에서 공식적인 제사에 사용된 祭器로 보인다. 이는 아마도『三國史記』권 32 雜誌 1 제사조에 언급된 淸海鎭 助音島의 中祀에 관한 기록을 반영한 것으로 보인다. 그리고 또 신라 문성왕 13년 서기 851년 청해진 폐기와 관련된 마지막 제사 흔적일 가능성도 있다. 大中 12년 명(신라 제 47대 憲安王 2년, 서기 858년)이 있는 편병이 익산 미륵사지에서, 그리고 그와 유사한 것이 영암 구림리 요지(사적 338호) 등지에서 발견된다. 그리고 제주시 용담동 제사유적은 바닷길의 안녕을 비는 제사뿐만 아니라 신라 30대 文武王 2년(서기 662년) 耽羅國이 신라의 속국이 된 후 일어난 신라의 국가제사와도 관련이 있을 것이다. 이는 日本 九州 宗像의 沖島와 마찬가지의 성격을 지닌 부안 죽막동 수성당(지방유형문화재 58호, 서기 5세기 전후시기) 등지에서도 확인할 수 있다.

그리고 한국 신학대학교에서 서기 1999년 12월—서기 2000년 5월에 발굴을 했던 경당지구를 2008년 5월에 다시 발굴을 재개 하였는데 이 발굴에서는 44호 유구의 확장과 우물의 발견이 매우 중요하였다. 44호는 처음 예견대로 宗廟의 正殿(국보 227호)과 永寧殿(보물 821호)과 마찬가지로 조상에 제사 드리던 곳으로 확실시 된다. 유구는 적어도 두 번 이상 重修했던 것으로 보인다. 이 유구는 『三國史記』 百濟本紀 1에 溫祚王이 기원전 18년 나라를 세우고 그해 5월 여름 아버지인 朱蒙을 위해 東明王廟를(元年夏五月. 立東明王廟), 또 17년 (기원전 2년) 어머니 召西奴의 묘를 세워(十七年夏四月. 立廟以祀國母) 제사 지내는 기록과 부합이 될 수도 있다고 추정된다. 그리고 우물은 아래 목제 틀을 짜맞추고 그 위에 석열을 네모지게(方形) 둘러 위로 쌓아 올라가면서 抹角의 형태를 취하고 있다. 우물 속에는 토기 병을 약 200점 채워 넣고 그 위에 큰 돌로 마구리를 하고 다시 강돌로 쌓아 판축을 하였다. 우물에서 판축 그리고 그 속에 넣은 4세기 말 5세기 초경 瑞山 餘美里를 포함하는 백제 영역에서 보내온 각종 瓶이 포함되어 있는 것은 인위적으로 조성된 記念物 또는 祭壇으로 추정된다. 다시 말해 백제의 왕실을 위한 會盟式의 장소였던 것으로 추정된다. 토기의 일부는 大加耶의 영향을 받은 것도 보이는데 이는 순천 서면 운평리와 여천 화장동 유적에서 서기 470년(개로왕 16년)-서기 512년(무령왕 12년) 사이 마한과 대가야(서기 42년-서기 562년)의 문화가 서로 공존해 있었고 이 유적이 『日本書紀』 卷 17 繼體天皇 6년(서기 512년)條에 나오는 백제 25대 武寧王(서기 501년-서기 523년)이 사신을 보내 요구한 任那(大伽耶) 4県(上哆唎·下哆唎·娑陀·牟婁) 중 娑陀로 추정되고 있음과 무관하지 않다(최몽룡 2009, 한국상고사연구여적, 서울: 주류성, p.289).

그리고 경상남북도에서 이제까지 발굴 조사된 종교 제사유적을 포함한 청동기시대(기원전 2000년-기원전 400년)유적과 아래와 같다.

◇ 조기(기원전 2000년-기원전 1500년: 돌대문토기)

　　대구광역시 달서구 대천동(기원전 3090년-기원전 2900년, 기원전 3020년-
　　　기원전 2910년)

　　경상북도 경주 신당동 희망촌

　　경상북도 경주 충효동 640번지와 100-41번지 일원

　　경상북도 금릉 송죽리

　　경상남도 산청 단성면 소남리

　　경상남도 진주 남강댐 내 옥방 5지구 등(동아대·선문대 등 조사단 구역, 기
　　　원전 1590년-기원전 1310년, 기원전 1620년-기원전 1400년의 연대가 나왔
　　　으나 돌대문 토기와의 관련은 아직 부정확함)

◇ 전기(기원전 1500년-기원전 1000년: 단사선문이 있는 이중구연토기)

　　경상남도 울산광역시 북구 신천동

　　경상남도 진주 대평 옥방지구(기원전 1590년-기원전 1310년, 기원전 1620
　　　년-기원전 1400년)

　　경상남도 밀양 산외면 금천리

　　경상북도 대구 수성구 상동

　　경상북도 경주 충효동 640번지 일원

　　경상북도 포항시 남구 구룡포읍 삼정리

◇ 중기(기원전 1000년-기원전 600년: 공렬토기, 구순각목토기)

　　대구광역시 달서구 진천동(사적 제411호 옆)

　　대구광역시 달서구 상인동, 대천동

　　대구광역시 수성구 상동

　　경상북도 경주 내남면 월산동(기원전 1530-기원전 1070년, 기원전 970년-

기원전 540년)

경상북도 경주 충효동 640번지와 100-41번지 일원(기원전 1010년-기원
전 800년, 기원전 920년-기원전 810년)

경상북도 경주 덕천리

경상북도 경주 충효동

경상북도 안동시 서후면 저전리(저수지, 관개수리시설, 절구공이)

경상북도 영주 가흥동

경상북도 포항시 남구 지곡동

경상북도 포항 호동

경상북도 흥해읍 북구 대련리

경상북도 청도 송읍리

경상북도 청도 화양 진라리

울산광역시 북구 연암동(환호가 있는 종교·제사유적)

울산광역시 북구 신천동

울산광역시 남구 야음동

경상남도 울주 두동면 천전리 각석(국보 제147호), 언양 반구대(국보 제
285호) 진입로

경상남도 울주 검단리(사적 제332호)

경상남도 밀양 상동 신안 고래리

◇ 후기(기원전 600년-기원전 400년: 경질무문토기)

대구광역시 달서구 월성동 리오에셋

대구광역시 달서구 대천동

경상남도 김해시 장유면 율하리(솟대, 소도)

부산광역시 기장군 일광면 청광리(철기시대의 환호가 나타남. 소도)

그리고 중국 압록강 유역, 러시아의 아무르강 유역과 연해주 지역에서 기원하는 청동기시대의 토기[14]들과 한구문화에서 나타나는 宗敎·祭祀(祭禮)와 관련된 한국문화 기원의 다원성도 앞으로의 연구과제가 된다. 그리고 청동기시대 중기(기원전 1000년-기원전 600년)에 해당하는 공열문[15]·구순각목 토기가

---

14) 櫛文土器시대 말기에 약 500년간 청동기시대의 시작을 알려주는 突帶文토기가 공반하며(청동기시대 조기: 기원전 2000년-기원전 1500년), 그 다음 單斜線文이 있는 二重口緣토기(청동기시대 전기: 기원전 1500년-기원전 1000년), 구순각목이 있는 孔列토기(청동기시대 중기: 기원전 1000년-기원전 600년)와 硬質무문토기(청동기시대 후기: 기원전 600년-기원전 400년)에로의 이행과정이 나타나고 있다. 그중 조기(기원전 2000년-기원전 1500년)에서는 신석기시대에 이어 한반도와 만주에서는 기원전 2000년-기원전 1500년경부터 청동기가 시작되었다. 그 시기는 신석기시대와 청동기시대 조기인들이 약 500년간 공존하면서 신석기인들이 내륙으로 들어와 농사를 짓거나 즐문토기의 태토나 기형에 무문토기의 특징이 가미되는 또는 그 반대의 문화적 복합양상이 나타기도 한다. 이는 通婚圈(사회나 계급·신분에 따라 intermarrige circle or network, intermarrige area로 번역될 수 있다)과 通商圈(interaction shpere/exchange system)의 결과에 기인한다. 최근의 발굴 조사에 의하면 한반도의 청동기시대의 시작이 기원전 2000년-기원전 1500년을 오르고 전국적인 분포를 보인다. 이는 이중구연토기와 공렬토기에 앞서는 돌대문토기가 강원도 춘성군 내평(현 소양강댐 내 수몰지구), 춘천 산천리, 정선 북면 여량 2리(아우라지), 춘천 천전리(기원전 1440년), 춘천 현암리, 춘천 신매리, 춘천 우두동 직업훈련원 진입도로, 홍천 두촌면 철정리, 홍천 화촌면 외삼포리(기원전 1330년, 기원전 1350년), 평창 평창읍 천동리, 강릉시 초당동 391번지 허균·허난설헌 자료관 건립부지, 경상북도 경주 충효동, 경기도 가평 상면 연하리, 인천 계양구 동양동, 경상남도 진주 남강댐 내 옥방 5지구 등(동아대·선문대 등 조사단 구역, 기원전 1590년-기원전 1310년, 기원전 1620년-기원전 1400년), 충남 연기 금남 대평리 유적, 충청남도 대전시 용산동(단사선문이 있는 돌대문토기로 조기 말-전기 초)을 비롯한 여러 곳에서 새로이 나타나고 있기 때문이다. 현재까지 확인된 고고학자료에 따르면 櫛文土器시대 말기에 약 500년간 청동기시대의 시작을 알려주는 突帶文(덧띠새김무늬)토기가 공반하며(청동기시대 조기: 기원전 2000년-기원전 1500년), 각목돌대문(덧띠새김무늬)토기의 경우 中國 辽宁省 小珠山유적의 상층(신석기시대 후기)과 같거나 약간 앞서는 것으로 생각되는 大連市 郊區 石灰窯村, 辽東彎연안 交流島 蛤皮地, 長興島 三堂유적(기원전 2450-기원전 1950년경으로 여겨짐), 吉林省 和龍県 東城乡 興城村 三社(早期 興城三期,

나오는 유적이 전국적으로 급증한다. 이는 이 시기에 인구 증가가 뚜렷이 확인된다는 이야기가 된다. 안동 서후면 저전리의 관개 수리 시설과 울산 야음동의 논이 나타나는 것도 모두 이 시기이다. 이는 집약 농경이 실시된 증거로도 볼 수 있다. 안성 원곡 반제리의 경우도 청동기시대 전기에서 중기로 이행하는 과정의 과도기적인 시대가 나타나며, 그 연대도 고성 송현리나 서산 부장리와 같이 기원전 12세기–기원전 10세기경이 되겠다. 한반도 청동기시대–

기원전 2050년–기원전 1750년), 그리고 연해주의 보이즈만 신석기시대 말기 자이사노프카의 올레니와 시니가이 유적(이상 기원전 3420년–기원전 1550년)에서 발견되고 있어 서쪽과 동쪽의 두 군데에서 영향을 받았을 가능성이 많다. 이들 유적들은 모두 신석기시대 말기에서 청동기시대 조기에 속한다. 그리고 지석묘는 기원전 1500년에서부터 시작하여 철기시대 전기 말, 기원전 1년까지 존속한 한국토착사회의 묘제로서 이 시기의 多源(元)的인 문화요소를 수용하고 있다. 아마 석관묘사회도 지석묘사회와 공존하다가 토착사회인 지석묘사회에 흡수되었을 것이다.

15) 이곳 부여 송국리(사적 제249호)와 가까운 충남 연기 금남 대평리 유적(기원전 1300년–기원전 1120년)에서는 청동기시대 조기의 돌대문토기 이외에도 청동기시대 중기에 속하는 토기 바닥에 직경 3㎝ 내외의 구멍이 하나 뚫린 것이 나타나는데 이는 러시아 우수리 강의 얀콥프카나 리도프카 문화에서 보이는 것들이다. 최근 다른 청동기시대 중기의 유적에서 공렬토기와 함께 공반하는 경우가 많다. 러시아 동부 시베리아(프리바이칼 지역)의 신석기–청동기시대 편년은 Kitoi–Isakovo(기원전 4000년–기원전 3000년)–Servo(기원전 3000년–기원전 2000년)–Affanasievo–Okunevo–Andronovo의 순으로 되는데 우리나라에서 기원전 1000년–기원전 600년의 청동기시대 중기에 나타나는 공렬토기와 구순각목토기는 Isakovo와 Servo에서 이미 나타나고 있다(최몽룡·이헌종·강인욱 2003, 시베리아의 선사고고학, 서울: 주류성, pp.170–177). 그리고 충청남도 아산 탕정면 용두리, 경기도 가평 외서면 청평 4리, 경기도 광주시 장지동, 경기도 가평 설악면 신천리, 강원도 횡성 공근면 학담리와 춘천 거두리와 천전리에서 출토된 해무리굽과 유사한 바닥을 지닌 경질무문토기는 아무르강 중류 리도프카 문화(기원전 10세기–기원전 5세기, 강원도 춘천 우두동 등지에서와 같이 주걱 칼이 나옴)와 끄로우노프카(北沃沮, 黑龍江省 東寧県 團結村 團結文化) 문화에서도 보이고 그 연대도 기원전 3세기–서기 1세기 정도가 된다. 한반도의 철기시대에 러시아 문화의 영향을 고려할 필요가 있다.

철기시대 전기의 토착세력인 지석묘 축조자들과 1,500여 년에 이르는 기간 동안 공존했거나, 이들이 동화시킨 여러 가지 다른 문화 계통의 묘제 다시 말해 석관묘, 석곽묘, 토광묘와 옹관묘 등과의 문화 접촉 관계도 앞으로 연구되어야 할 중요한 과제이다. 이는 마산 진동리 지석묘 발굴의 경우에서 잘 보인다. 창원 동면 덕천리, 보성 조동리, 사천 이금동과 마산 진동리에서 조사된 지석묘[16]들은 조상숭배를 위한 성역화 된 기념물로 당시 족장사회의 성격을 잘 보여준다 하겠다. 청동기시대의 세장방형-장방형-방형-원형의 수혈움집을 거

---

16) 우리나라의 지석묘를 포함하는 거석문화는 지석묘(고인돌)와 입석(선돌)의 두 가지로 대표된다. 그러나 기원전 4500년 전후 세계에서 제일 빠른 거석문화의 발생지로 여겨지는 유럽에서는 지석묘(dolmen), 입석(menhir), 스톤써클(stone circle: 영국의 Stonehenge가 대표), 열석(alignment, 프랑스의 Carnac이 대표)과 羨道(널길) 있는 석실분(passage grave, 또는 access passage), 羨道(널길) 없는 석실분(gallery grave 또는 allée couverte)의 5종 여섯 가지 형태가 나타난다. 이 중 거친 할석으로 만들어지고 죽은 사람을 위한 무덤의 기능을 가진 지석묘는 우리나라에서만 약 29,000기가 발견되고 있다. 중국의 요령성과 절강성의 것들을 합하면 더욱 더 많아질 것이다. 남한의 고인돌은 北方式, 南方式과 蓋石式의 셋으로 구분하고 발달순서도 북방식-남방식-개석식으로 생각되고 있다. 그러나 북한의 지석묘는 황주 침촌리와 연탄 오덕리의 두 형식으로 대별되고, 그 발달순서도 변형의 침촌리식(황해도 황주 침촌리)에서 전형적인 오덕리(황해도 연탄 오덕리)식으로 보고 있다. 여기에 마지막으로 개천 묵방리식이 추가된다. 우리나라의 지석묘사회는 청동기시대-철기시대 전기 토착사회의 무덤으로 전문직의 발생, 재분배경제, 조상숭배와 혈연을 기반으로 하는 계급사회로 인식되고 있다. 그러나 지석묘의 기원과 전파에 대하여는 연대와 형식의 문제점 때문에 현재로서는 유럽 쪽에서 전파된 것으로 보다 '韓半島 自生說' 쪽으로 기울어지고 있는 실정이다. 여기에 비해 한 장씩의 판석으로 짜 상자모양으로 만든 石棺墓 또는 돌널무덤(石箱墳)의 형식이 있다. 아마 이들은 처음 지석묘사회와 공존하다가 차츰 지석묘사회에로 흡수된 것으로 여겨진다. 석관묘(석상분)와 지석묘의 기원과 전파에 대하여는 선후문제, 문화계통 등에 대해 아직 연구의 여지가 많다. 최근 끄로우노프카 강변에서 발견된 얀꼽스키 문화(기원전 8세기-기원전 4세기)에서도 고인돌과 유사한 구조와 그 속에서 한반도에서 나오는 석검, 관옥 등 비슷한 유물들이 확인되고 있다.

쳐 나타나는 철기시대 전기-철기시대 후기(삼국시대 전기)의 '철(凸)'자형→'여
(呂)'자형→육각형 수혈움집[충주 탑평리, 凸자형 구조를 가진 백제의 집자리로 같은
철제무기, 鉗子, 물미, 낫, 도기 철촉, 작두와 낚시 바늘을 만들던 송풍관이 설치된 대
장간과 같은 工房으로 연대는 서기 355년, 서기 365년, 서기 385년이 나오며 이 연대는
百濟 13대 近肖古王(서기 346년-서기 375년), 14대 近仇首王(서기 375년-서기 384년)
과 15대 枕流王(서기 384년-서기 385년)에 해당하는 백제시대의 집자리]의 변천과정
과 아울러 토광묘→주구토광묘→옹관묘의 발달과정, 그리고 環壕→木柵→土
城→石城(하남시 二聖山城, 사적 422호, 백제 13대 근초고왕 26년 서기 371년 축조)
의 발전 순에서 비추어 『三國志』魏志 東夷傳 韓條에 馬韓...散在山海間無城
郭, 辰韓...有城柵, 弁辰...亦有城郭 등의 구절을 비교해보면 앞으로 國邑 또
는 천군이 다스리는 蘇塗의 別邑의 모습을 좀 더 구체적으로 이해할 수 있을
것이다. 그리고 최근 발굴 조사되고 그 수가 증가하고 있는 공주 탄천면 장선
리(사적 제433호), 가평 대성리, 기흥읍 구갈리, 논산 원북리, 화성 동탄지구 내
석우리 먹실, 화성 동탄 반월리, 안성 용두리 토실들과의 상호 문화적 관계를
좀 더 구체적으로 살펴보면 철기시대 전기와 후기에 걸쳐 나타나는 동예, 옥
저, 변한, 진한, 마한의 족장사회(chiefdom society) 그리고 이들을 기반으로
하여 형성된 高句麗, 百濟, 新羅와 伽倻 등 기록에 나타나는 구체적이고 역사
적인 고대국가(ancient state)의 형성과 발전도 고고학적으로 입증해 낼 수 있
을 것이다.

그리고 계급사회의 특징 중의 하나인 방어시설도 확인된 바 있는데 울주
검단리와 창원 서상동에서 확인된 청동기시대 주거지 주위에 설치된 環濠가
그 예이다. 청동기시대에서 철기시대 전기에 걸치는 환호는 크기에 관계없이
시대가 떨어질수록 늘어나 셋까지 나타난다. 그들의 수로 하나에서 셋까지 발
전해 나가는 편년을 잡을 수도 있겠다. 울산 북구 연암동, 파주 탄현 갈현리,
안성 원곡 반제리, 부천 고강동, 강릉 사천 방동리, 화성 동탄 동학산 등 환호

유적으로는 안성 원곡 반제리의 제사유적이 대표된다. 壕는 하나이며 시기는 단면원형의 점토대토기시대에 속한다. 연대도 기원전 5세기−기원전 3세기경 철기시대 전기 초에 해당한다. 이제까지 환호는 경남지역이 조사가 많이 되어 공렬토기가 나오는 기원전 10세기경 청동기시대 중기 초의 경기도 화성 마도면 쌍송리를 비롯하여, 울산 검단리(사적 332호), 진주 대평리 옥방 1·4·7지구 창원 남산을 포함하여 18여 개소에 이른다. 청동기시대부터 이어져 철기시대에도 경기−강원도 지역에만 파주 탄현 갈현리, 화성 동탄 동학산, 강릉 사천방동리, 부천 고강동, 송파 풍납토성(사적 11호)과 순천 덕암동, 부산 기장 일광면 청광리 등에서 발견된다. 그중에서 이곳 안성 반제리의 것은 철기시대 전기 중 앞선 것으로 보인다. 울산시 북구 연암동은 청동기시대의 것으로 祭祀 유적으로 언급될 수 있으며, 철기시대의 것들 중 구릉에 위치한 것은 거의 대부분 종교·제사유적인 蘇塗로 보인다. 이는 청동기시대의 주거전통에 이어 철기시대에는 환호와 관련된 지역이 주거지로 보다 종교·제사유적과 관계된 특수지구인 別邑으로 변화되어나간 것 같다. 울주 검단리, 진주 옥방과 창원 서상동에서 확인된 청동기시대 주거지 주위에 설치된 환호(環壕)는 계급사회의 특징 중의 하나인 방어시설로 국가사회 형성 이전의 족장사회의 특징을 보여준다. 이는 청동기시대의 전통에 이어 철기시대에는 환호와 관련된 지역이 주거지로 보다 종교·제사유적과 관계된 특수지구인 大木을 세운 蘇塗는 邑落의 경계표시로 신성지역인 別邑(asylum)으로 여겨져 왔으며, 天君을 중심으로 다스리던 祭政分離의 사회를 반영한다. 別邑인 蘇塗로 형성된 것 같다. 다시 말해 신석기시대의 精靈崇拜(animism, 하남시 덕풍동과 강화도 삼산면 석모리 해골바위), 청동기시대의 토테미즘(totemism), 철기시대에는 巫敎(shamanism)와 환호를 중심으로 전문 제사장인 天君이 다스리는 蘇塗가 나타난다. 소도도 일종의 무교의 형태를 띤 것으로 보인다. 이는 종교의 전문가인 제사장 즉 天君의 무덤으로 여겨지는 토광묘에서 나오는 청동방울, 거울과 세형동검을 비롯한 여러 巫具들로 보아 이 시기의 종교가 巫敎(shamanism)의 일종이었을 것으로 짐작된다. 이러한 유물들은 현존 시베리아의 샤만(巫堂, 무속인)들의 것들과 비교가 가능하며 따라서 한국 철기시대 전기에 나타나는 샤만의 출자를 추정해 볼 수 있다. 특히 샤만의 원형을 잘 유지하고 있다고 생각되는 고아시아족(Palaeoasiatic people, Palaeosibserian people)의 축치족(러시아의 Chukotka에 사는 Chukchee/Chukchi족)에서는 샤만이 見靈者, 豫言者와 醫療者의 세 계급으로 나누어 설명한다. 세 번째의 계급이 마술적 禁厭 또는 醫療法으로 가장 존경을 받는다고 한다. 앞으로 한국의 무당(샤만)에도 적용될 수 있는 문제이다. 『三國志』魏志 弁辰條에는 행정적 책임이 있는 族長격인 渠帥(또는 長帥, 主帥라도 함)가 있으며 이는 격이나 규모에 따라 신지(臣智, 또는 秦支·踧支라고도 함), 검측(險側), 번예(樊濊), 살계(殺奚)와 읍차(邑借)로 불리고 있었음을 알수 있다. 이는 정치 진화상 같은 시기의 沃沮의 三老(東沃沮의 將帥), 濊의 侯, 邑君, 三老, 그리고 挹婁의 大人과 肅愼의 君長[17]도 같은 國邑이나 邑落을 다스리던 혈연을 기반으로 하는 계급사회의 行政의 우두머리인 족장(chief)에 해당한다. 그러나 蘇塗는 당시의 복합·단순 족장사회의 우두머리인 세속정치 지

---

17) 그리고 弁韓, 辰韓, 東濊와 沃沮는 혈연을 기반으로 하는 계급사회인 족장사회였으며(삼한사회의 경우 청동기와 철기시대 전기와 달리 가장 늦게 역사서에 나타나는 肅愼(唐 房喬等撰『晋書』四夷傳)의 君長 경우 복합족장사회(complex chiefdom)란 의미에서 君長사회란 용어를 사용해도 무방할 것이다), 衛滿朝鮮과 馬韓을 대표하는 목지국의 경우는 혈연을 기반으로 하지 않는 국가 단계의 사회였다. 그중 위만조선은 무력정변, 즉 쿠테타(coup d'etat)를 통해 정권을 획득한 국가 단계의 사회였다. 이들 사회에는 청동기와 토기의 제작, 그리고 무역에 종사하는 상인 등의 전문직이 형성되어 있었다. 또 이미 정치와 종교의 분리가 이루어졌으며, 무역은 국가가 주도하는 중심지무역이 주를 이루었다. 양평 신월리, 울산 야음동, 안성 반제리, 강릉 사천 방동리, 부천 고강동의 제사유적도 이런 점에서 해석되어야 할 것이다. 또 위만조선에는 전문화된 관료가 중심이 되는 정부 및 국가 기관들이 설치되어 있었는데, 이러한 내용들은 『史記』와 『三國志』魏志 東夷傳의 여러 기록들을 통해 뒷받침된다.

도자인 신지, 검측, 번예, 살계와 읍차가 다스리는 영역과는 별개의 것으로 보인다. 울주 검단리, 진주 옥방과 창원 서상동에서 확인된 청동기시대 주거지 주위에 설치된 환호(環壕)는 계급사회의 특징 중의 하나인 방어시설로 국가사회 형성 이전의 족장사회의 특징으로 볼 수 있겠다. 이러한 別邑 또는 蘇塗의 전신으로 생각되는 환호 또는 별읍을 중심으로 하여 직업적인 제사장이 다스리던 神政政治(theocracy)도 가능했을 것이다. 그 다음 삼국시대 전기에는 世俗王權政治(secularism)가 당연히 이어졌을 것이다.

즉 고고학 자료로 본 한국의 종교는 精靈崇拜(animism)→토테미즘(totemism)→巫敎(shamanism)→祖上崇拜(ancestor worship)로 이어지면서 별읍의 환호와 같은 전문 종교인인 천군이 이 다스리는 소도의 형태로 발전한다. 앞으로 계급사회의 성장과 발전에 따른 종교적인 측면도 고려해야 한다.

한반도에 관한 최고의 民族誌(ethnography)라 할 수 있는 『三國志』魏志 東夷傳에 실린 중국 측의 기록 이외에는 아직 이 시기의 문화를 구체적으로 논할 자료가 없다. 그러나 최근 확인된 고고학 자료를 통해 보건데 중국과의 대등한 전쟁을 수행했던 위만조선을 제외한 한반도내의 다른 세력들은 중국과 상당한 문화적 격차가 있었던 것으로 짐작된다. 한사군 설치 이후 한반도 내에서 중국문화의 일방적 수용이 있었다고 해도 과언은 아닐 것 같다. 이와 같은 배경을 고려하면 부천 고강동 제사유적은 울산 남구 야음동의 제사유적(반원형의 구상유구, 토기 매납 유구), 안성 원곡 반제리, 강릉 사천 방동리의 경우처럼 혈연을 기반으로 하는 청동기−철기시대의 족장사회를 형성하는 필수 불가결의 요소로 볼 수 있겠다. 시간적으로 부천 고강동 제사 유적보다 2,000년 이상 앞서고 규모도 훨씬 큰 紅山문화에 속하는 辽宁 凌源 牛河梁의 제사장이 주관하던 계급사회인 종교유적이 외관상 매우 비슷함은 많은 점을 시사해 준다. 이는 파주 주월리 유적에서 확인된 신석기시대 옥장식품이 멀리 능원 우하량과 喀左 東山嘴에서 왔을 것이며, 옥산지는 辽宁 鞍山市 岫岩(滿族自治県)

이 될 것이라는 시사와도 맥을 같이 한다. 그 외에도 新疆省 和田, 甘肅省 酒泉, 陜西省 藍田과 河南省 密県 獨山의 玉도 시대를 달리하면서 한반도에 유입되었을 가능성이 있다.

그리고 이제까지 철기시대 전기는 두 시기로 구분되어 왔다. Ⅰ기(전기)는 Ⅰ식 세형동검(한국식 동검), 정문식 세문경, 동부, 동과, 동모, 동착 등의 청동기류와 철부를 비롯한 주조 철제 농·공구류 그리고 단면 원형의 점토대토기와 섭씨 700℃-850℃ 사이에서 구워진 경질무문토기를 특색으로 한다. 그 연대는 기원전 400년부터 기원전 200년 전후로 볼 수 있다. Ⅱ기(후기)에는 Ⅱ식 세형동검과 단조철기가 등장하고, 세문경 대신 차마구가 분묘에 부장되고 점토대토기의 단면 형태는 삼각형으로 바뀐다. 그리고 철기시대 전기는 동과와 동검의 형식분류에 따라 세 시기로 구분될 수도 있다. 그러나 최근의 자료로 보아 점토대토기의 아가리 단면 형태로는 원형, 직사각형 그리고 삼각형의 세 종류가 확인되는데, 제주도 삼양동(사적 416호), 서울 강남구 내곡동 대모산(서기 1999년 한양대 발굴, 원형과 함께 나옴), 안성 공도 만정리나 화성 동학산에서 발견된 단면 직사각형의 점토대토기는 원형에서 삼각형으로 넘어가는 과도기로 파악되고 있다. 다시 말해서 동과와 동검 그리고 점토대토기의 단면형태를 고려한다면 철기시대 전기를 두 시기가 아닌 세 시기의 구분이 가능 할 수 있겠다. 최근 발견된 철기시대의 유적을 보면 완주 이서면 반교리 갈동에서는 동과·동검의 용범과 단면 원형 점토대토기가, 화성 동학산에서는 철제 끌의 용범과 단면 직사각형의 점토대토기가, 논산 원북리, 가평 달전 2리와 안성 공도 만정리의 토광묘에서는 세형동검, 그리고 공주 수촌리에서 세형동검, 동모, 동부(도끼, 斧), 동사와 동착(끌, 鑿)이 토광묘에서 나왔는데, 이들은 철기시대 전기의 전형적인 유적·유물들이다. 특히 이들이 토광묘에서 출토되었다는 사실은 세형동검이 나오는 요양 하란 이도하자(辽陽 河欄 二道河子), 여대시 여순구구 윤가촌(旅大市 旅順口區 尹家村), 심양 정가와자(沈陽 鄭家窪子), 황해도 재령 고산리(高山里)를 비롯해 위만조선(기원전 194-기원전 108년) 시기와 밀접한 관련이 있는 것으로 볼 수 있다. 다시 말해 세형동검 일괄유물, 끌을 비롯한 용범(거푸집), 토광묘 등은 점토대토기(구연부 단면원형)와 함께 철기시대의 시작을 알려준다. 낙랑의 묘제는 토광묘, 귀틀묘, 전축분의 순으로 발전해 나갔는데, 토광묘의 경우는 평양 대성리의 경우처럼 樂浪에 앞선 위만조선 시대의 것으로 볼 수 있다. 토기제작[18]을 보면 한 무제의 한사군 설치를 계기로 낙랑과 대방을 통해 고도로 발달한 한의 문물이 한반도로 유입되었다. 앞선 청동기시대 전통의 500℃-700℃의 화도에서 소성된 무문토기와 700℃-850℃에서 구워진 경질무문토기를 함께 사용하던 철기시대 전기의 주민들에게 화도가 1,000℃-1,100℃에 이르는 陶器와 炻器(stoneware)는 한반도 철기시대 전기(기원전 400년-기원전 1년) 사회에 상당한 문화적 충격을 주었을 것이다. 문헌과 신화 상으로 볼 때 고구려 및 백제와 같은 계통이라는 추정이 가능하다. 이

18) 토기, 도기류를 통칭하는 쎄라믹(ceramic)이란 말은 어원상 "불에 타버린 물질"을 뜻한다. Prudence M. Rice(1987, p.5)는 Terra-cotta(1000℃ 이하), Earthenware(폭넓게 900℃-1200℃ 사이), China(1100℃-1200℃), Stoneware(약 1200℃-1350℃), Porcelain(1300℃-1450℃)으로 구분해 사용한다. 우리나라에서는 土器(500℃-850℃)-陶器(1100℃ 전후)-炻器(stoneware 1200℃ 전후)-磁器(1300℃ 전후)로 분류하며 無文土器, 樂浪陶器, 新羅炻器, 高麗靑瓷(celadon, 고려청자의 경우 1200℃에 구워졌으며, 철분 2-3%가 함유됨), 朝鮮白磁(white porcelain) 등으로 부른다. 燒成度는 지붕이 없는 仰天窯(open kiln)에서 지붕이 있는 登窯(tunnel kiln, climbing oven)에 이르는 가마(窯) 제작의 기술적인 발달과정에 따른다. 사천 勒島에서 출토된 일본 彌生土器의 胎土는 한국에서 얻은 원료로 구어졌음이 밝혀졌다(최몽룡·유한일 1986, 삼천포시 늑도 토기편의 과학적 분석, 제29회 전국역사학대회 발표요지 pp.231-232 및 1987, 삼불 김원용 교수 정년퇴임 기념논총(Ⅰ), pp.241-242). 그리고 전문화된 야금술에서 중요시하는 금속의 용융점(melting point)은 유리질(silica, SiO2) 1712℃, 철(Fe) 1525/1537℃, 구리(Cu) 1083℃, 금(Au) 1063℃, 은(Ag) 960℃, 아연(Zn/Zinc) 420℃, 납(Pb) 327℃, 주석(Sn/Tin) 232℃, 청동(bronze)은 950℃이다.

는 고고학 자료로도 입증된다.[19)]

　한성시대 백제(기원전 18년–서기 475년)는 마한의 바탕 위에서 성립하였다. 마한을 특징짓는 고고학 자료로는 토실과 주구묘, 조족문 및 거치문 등의 문양이 시문된 토기 등을 들 수 있다. 마한의 존속 시기는 기원전 3세기–기원전

---

19) 석촌동에서 제일 거대한 3호분은 방형 기단형식의 돌무덤이다. 계단은 3단까지 확인되었으며, 그 시기는 3세기 중엽에서 4세기에 축조된 것으로 보인다. 4호분은 방형으로 초층을 1면 세 개미만의 護石(받침돌, 보강제 등의 명칭)으로 받쳐놓아 將軍塚과 같은 고구려의 계단식 적석총 축조수법과 유사하다(신라의 경우 31대 신문왕릉〈사적 181호〉과 33대 성덕왕릉〈사적 28호〉에서 이와 같은 호석들이 보인다). 그러나 그 연대는 3호분과 비슷하거나 약간 늦은 것으로 추측된다. 왜냐하면 적석총보다 앞선 시기부터 존재했을 토광묘와 판축기법을 가미하여 축조했기 때문에 순수 고구려 양식에서 약간 벗어난 모습을 보여주기 때문이다. 여기에는 사적 11호 풍납토성의 경당지구에서 출토된 것과 같은 漢–樂浪 계통으로 보이는 기와 편이 많이 수습되었다. 이는 集安의 太王陵, 將軍塚과 千秋塚 등의 석실이 있는 계단식 적석총의 상부에서 발견된 건물터나 건물의 지붕에 얹은 기와 편들로 부터 구조상 상당한 유사점을 찾을 수 있다. 즉 고구려의 적석총은 무덤(墓)인 동시에 제사를 지낼 수 있는 廟의 기능인 享堂의 구조를 무덤의 상부에 가지고 있었다. 이런 점에서 연도가 있는 석실/석곽을 가진 석촌동 4호분 적석총도 축조 연대만 문제가 될 뿐 고구려의 적석총과 같은 기능을 가지고 있었던 고구려 계통의 무덤 양식인 것이다. 석촌동 1호분의 경우 왕릉급의 대형 쌍분임이 확인되었다. 그 쌍분 전통은 압록강 유역의 환인현 고력묘자촌에 보이는 이음식 돌무지무덤과 연결되고 있어 백제 지배세력이 고구려와 관계가 깊다는 것에 또 하나의 증거를 보태준다. 자강도 시중군 로남리, 집안 양민과 하치 등지의 고구려 초기의 무기단식 적석총과 그 다음에 나타나는 집안 통구 禹山下, 환도산성 하 洞溝와 자강도 자성군 서해리 등지의 기단식 적석총들은 서울 석촌동뿐만 아니라 남한강 및 북한강의 유역에서 많이 발견되고 있다. 남한강 상류에는 평창군 여만리와 응암리, 제천시 양평리와 도화리 등에서 발견된 바 있으며, 북한강 상류에서는 화천군 간척리와, 춘성군 천전리, 춘천 중도에서도 보고되었다. 또한 경기도 연천군 중면 삼곶리를 비롯해, 군남면 우정리와 백학면 학곡리에서도 백제시대의 초기 적석총이 발견되었다. 임진강변인 연천 중면 횡산리에서도 적석총이 발견되었다는 것은 백제 적석총이 북에서 남하했다는 설을 재삼 확인시켜주는 것이며, 아울러 백제 적석총에 대한 많은 시사를 한다고 볼 수 있다. 그러나 고구려인이 남한강을 따라 남하하면서 만든 것

2세기에서 서기 5세기 말—서기 6세기 초로 볼 수 있으며, 공간적으로는 경상도 지역을 제외한 한반도 중남부 지역, 즉 경기도에서 전남에 걸친 지역에 걸쳐 분포하는 것으로 알려져 있다. 구체적으로는 고양 멱절산, 화성 동탄 오산리 감배산, 남한산성 행궁지(사적 57호내 경기도 기념물 164호 옆), 용인 죽전과 보정리 수지 빌라트, 화성 태안읍 반월리 신영통과 동탄 석우리 능리, 안성 공도읍 용두리, 용인 구성면 마북리, 기흥 구갈리, 가평 대성리와 인천 계양구 동양동, 충남 부여 송국리(사적 249호) 등지에서 부터 멀리 군산 내흥동과 전북 익산 왕궁면 구덕리 사덕에 이르는 경기도, 충청도와 전라도의 전 지역에서 마한의 특징적인 土室과 주구묘(분구묘)가 확인되었다. 이들은 마한 54국을 대표하는 주거지와 묘제이다. 이들은 북쪽 읍루와도 관련성이 있다.『三國志』魏志 東夷傳 挹婁조에 보면 …常穴居大家深九梯以多爲好土氣寒…(…큰 집은 사다리가 9계단 높이의 깊이이며 깊이가 깊을수록 좋다…)라는 기록에서 사다리를 타고 내려가 사는 토실에 대한 언급이 나온다. 또 1755년 Krasheninnikov나 1778년 James Cook의 탐험대에 의해 보고된 바로는 멀리 북쪽 베링해(Bering Sea) 근처 캄챠카(Kamtschatka)에 살고 있는 에스키모인 꼬략(Koryak)족과

으로 추측되는 단양군 영춘면 사지원리〈傳 溫達 (?~서기 590년 영양왕 1년)장군묘〉의 적석총이 서기 2001년 11월 한양대학교 박물관에 의해 발굴되었는데 이것은 山淸에 소재한 가야의 마지막 왕인 仇衡王陵(사적 214호)의 기단식 적석구조와 같이 편년이나 계통에 대한 아직 학계의 정확한 고증을 받지 못하고 있다. 그러나 한강유역의 각지에 퍼져있는 적석총의 분포상황으로 볼 때 고구려에서 나타나는 무기단식, 기단식과 계단식 적석총이 모두 나오고 있다. 이들은 당시 백제는『三國史記』溫祚王代(13년, 기원전 6년)의 기록에서 보이는 바와 같이 동으로는 走壤(춘천), 남으로는 熊川(안성천), 북으로는 浿河(예성강, 현재는 臨津江으로 추정)에까지 세력을 확보하고 있었음을 확인시켜준다. 이와 같이 한강유역에 분포한 백제 초기의 적석총들은 이러한 백제초기의 영역을 알려주는 고고학적 자료의 하나이며, 이는 오히려 고구려와 백제와의 역사적 맥락에 대한 문헌과 신화의 기록을 보충해 주고 있다 하겠다.

오날라쉬카(Oonalaschka)의 원주민인 알류산(Aleut)인들은 수혈 또는 반수혈의 움집을 만들고 지붕에서부터 사다리를 타고 내려가 그 속에서 살고 있다고 한다. 이들 모두 기후환경에 대한 적응의 결과로 볼 수 있다.

시베리아의 청동기시대는 아화나시에보, 안드로노보, 카라숙(Karasuk, 기원전 1300년-기원전 700년), 타가르(Tagar, 기원전 700년-기원전 200년)로 편년된다. 한 장씩의 판석으로 짠 상자모양으로 만든 石棺墓 또는 돌널무덤(石箱墳)의 형식이 있다. 이러한 석상분은 시베리아 청동기시대 안드로노보기에서부터 나타나 다음의 카라숙-타가르기에 성행하며 頭廣足狹의 형식과 屈葬法을 가지며 우리나라에 전파되어 청동기시대 지석묘에 선행하는 형식이다 그리고 이 분묘는 확장되어 북방식 지석묘로 그리고 지하에 들어가 남방식 지석묘로 발전해 나가는 한편 영남지방에서는 石槨墓로 발전해 삼국시대의 기본 분묘형식으로 굳히게 된다. 즉 석관묘(석상분)-지석묘(북방식/남방식)-석곽묘로 발전한다고 생각되며, 대표적인 석관묘의 유적으로 銅泡와 검은 긴 목항아리가 나온 江界市 豊龍里, 鳳山郡 德岩里, 丹陽 安東里를 들고 있다. 석관묘(석상분)와 지석묘의 기원과 전파에 대하여는 선후문제, 문화계통 등에 대해 아직 연구의 여지가 많다. 그러나 석관묘는 포항 기계 인비리와 여수 오림동에서 보는 바와 같이 우리나라에 들어온 기존의 청동기(古朝鮮式銅劍/비파형 또는 韓國式銅劍/세형동검)와 마제석검을 사용하던 청동기시대 전기-철기시대 전기(기원전 400년-기원전 1년)의 한국토착사회를 이루던 지석묘사회에 쉽게 융화되었던 모양이다. 우리의 암각화에서 보여주는 사회의 상징과 표현된 신화의 해독이 사카치 알리안(또는 시카치 알리안)의 암각화와 기타지역의 암각화와의 비교연구, 그리고 결과에 따른 문화계통의 확인이 현재 한국문화의 기원을 연구하는데 필수적이다. 이들은 한반도의 동북지방의 유물들과 많은 연관성을 가지고 있다. 극동지역 및 서시베리아의 암각화도 최근에 남한에서 암각화의 발견이 많아지면서 그 관련성이 주목된다. 시베리아, 극동의 대표적인 암각화로는 러시아에서도 암각화의 연대에 대하여 이론이 많지만 대개 청동기 시대의 대표적인 암각화유적은 예니세이 강의 상류인 손두기와 고르노알타이 우코크의 베르텍과 아무르 강 하바로브스크시 근처 사카치 알리안 등을 들 수 있다. 이에 상응하는 우리나라의 대표적인 암각화는 울주군 두동면 천전리 각석[국보 147호, 이 중 書石은 신라 23대 法興王 12년(乙巳) 서기 525년 때부터의 기록임], 울주 언양면 대곡리 반구대(국보 285호), 고령 양전동(보물 605호) 등을 들 수 있으며, 그외에도 밀양 상동 신안 고래리, 함안 도항리, 포항 기계 인비리와 칠포리, 남해 양하리, 상주리, 벽연리, 영주 가흥리, 여수 오림동과 남원 대곡리 등지를 들 수 있다. 울주 천전리의 경우 人頭(무당의 얼굴)를 비롯해 동심원문, 뇌문, 능형문(그물문)과 쪼아파기(탁각, pecking technique)로 된 사슴 등의 동물이 보인다. 이들은 앞서 언급한 러시아의 손두기, 베르텍, 키르[하바로브스크 시 동남쪽 키르(Kir) 강의 얕은 곳이라는 의미의 초루도보 쁘레소에 위치]와 사카치(시카치) 알리안의 암각화에서도 보인다. 이의 의미는 선사시대의 일반적인 사냥에 대한 염원, 어로, 풍요와 多産에 관계가 있을 것이다. 또 그들의 신화도 반영된다. 사카치 알리안 암각화의 동심원은 아무르의 나선문(Amur spiral)으로 태양과 위대한 뱀 무두르(mudur)의 숭배와 관련이 있으며 뱀의 숭배 또한 지그재그(갈'之'字文)문으로 반영된다. 하늘의 뱀과 그의 자손들이 지상에 내려올 때 수직상의 지그재그(이때는 번개를 상징)로 표현된다. 이 두 가지 문양은 선의 이념(idea of good)과 행복의 꿈(dream of happiness)을 구현하는 동시에, 선사인들의 염원을 반영한다. 그리고 그물문(Amur net pattern)은 곰이 살해되기 전 儀式 과정 중에 묶인 끈이나 사슬을 묘사하며 이것은 최근의 아무르의 예술에도 사용되고 있다. 현재 이곳에 살고 있는 나나이(Goldi, a Nanai clan name, 赫哲/Hèzhé, nanaitsy/нанайцы)족[20]의 조상이 만든 것으로 여겨지며 그 연대는 기원전 4000년-기원전 3000년경(이 연대는 그보다 후의 청동기시대로 여겨짐,

그 옆에는 나나이족의 조상인 역사시대의 女眞族이 만든 암각화도 보인다)으로 추론
된다고 한다. 이들은 挹婁-肅愼-勿吉-靺鞨-黑水靺鞨-生女眞-金(서기 1115
년-서기 1234년)-後金(서기 1616년-서기 1626년)-滿州/淸(서기 1626년-서기 1636
년)-大淸(서기 1636년-서기 1911년)으로 이어지는 역사상에 나타나는 種族名의

---

20) 언어학적으로 볼 때 한국어에는 두 가지 계통의 언어가 있다고 한다. 즉 원시 한반도
어와 알타이어이다. 원시 한반도어는 아무르강의 길랴크/니비크(Nivkh, Gilyak), 유
카키르, 이텔만, 캄챠달, 코략, 축치 등의 길랴크(니비크)인들의 것인데 이것이 우리
언어의 기층을 이루고 있었다. 그 후 알타이어의 한계통인 퉁구스어가 이를 대체하
였다. 이들이 한국어, 만주어와 일본어의 모체가 된다. 언어 연대학에 의하면 이들
언어들의 형성은 지금으로부터 6,200년-5,500년 전이며, 오늘날 사용하는 일본어와
한국어의 직접 분리는 4,500년 전으로 추정된다고 한다. 또 이들 언어를 고고학적으
로 비교해 볼 때 원시 한반도어는 櫛文土器가 널리 제작되어 사용되던 신석기시대로,
또 신시베리아/퉁구스[Neosiberian/Tungus: 예벤키(鄂溫克), 에벤, 라무트, 사모에드, 우
에지(Udegey), 브리야트(Buryat), 골디(Golds/Goldie, Nanai, 赫哲) 등]어는 無文土器가
사용되던 청동기시대와 일치시켜 볼 수 있다. 따라서 한민족의 기원을 언급하려면 구
석기, 신석기, 청동기시대(기원전 2000년-기원전 600년)와 철기시대 전기(기원전 400년-
기원전 1년)의 문화내용을 잘 파악하고 있어야 한다. 그중 현 나나이족(The Nanai
people)은 극동지역 퉁구스족(a Tungusic people of the Far East)의 하나로 스스로
Nani 또는 Hezhen이라 부르며 그 뜻은 'natives'와 'people of the Orient'를 의미
한다. 러시아어로 nanaitsy/нанайцы, 중국어로 赫哲族(Hèzhézú)이며 Golds와
Samagir로도 알려져 왔다. 이들은 전통적으로 松花江(Songhuajiang, Sunggari), 黑
龍江(Heilongjiang), 우수리(Usuri)와 아무르(Amur: 송화강, 흑룡강과 우수리강이 하바로
브스크에서 합쳐져 아무르강의 본류를 이룬다.) 강가에서 살아왔다. 현재 나나이족의 자
치주는 黑龍江省 双鸭山市 饶河县(四排赫哲族乡), 佳木斯市, 同江市(街津口赫哲族乡,
八岔赫哲族乡), 하바로브스크 크라이(Khabarovsk Krai) Nanaysky지구이다. 이들의
조상은 만주 북부의 女眞族[Jurchens: 挹婁-肅愼-勿吉-靺鞨-黑水靺鞨-女眞-生女眞
-金(서기 1115년-서기 1234년)-後金(서기 1616년-서기 1626년)-滿洲/淸(서기 1616-서기
1636년)-大淸(서기 1636년-서기 1911년)]으로 여겨진다. 그들의 언어는 알타이어의 갈
래인 만주-퉁구스어(Manchu-Tungusic branch of the Altai languages)이며 그들의
종교는 샤마니즘(巫敎)으로 곰(Doonta)과 호랑이(Amba)를 대단히 숭상한다. 또 이들
은 큰 뱀(great serpent)이 강 계곡을 파낼 때까지 땅은 편평했다고 믿는다. 그리고 태

한 갈래로 현재 말갈이나 女眞과 가까운 것으로 여겨지고 있다. 이들은 청동기시대에서 철기시대 전기에 속하는 것으로 볼 수 있다. 그리고 영일만(포항, 동해로 흐르는 강 중 가장 긴 강으로 울산광역시 울주군 두동면 월평리의 배양골 못에서 발원하는 兄山江)에서부터 시작하여 남원에 이르는 내륙으로 전파되었음을 본다. 아마도 이들은 아무르 강의 암각화문화가 海路로 동해안을 거쳐 바로 太和江口인 蔚山灣(울주군 두동면 천전리 각석과 울주 언양면 대곡리 반구대 암각화 포함)과 兄山江口인 浦項 迎日灣 근처로 들어온 모양이며 이것이 내륙으로 전파되어 남원 대곡리에까지 이른 모양이다. 청동기시대의 석관묘, 지석묘와 비파형동검의 전파와는 다른 루트를 가지고 있으며, 문화계통도 달랐던 것으로 짐작이 된다.

아무르강 유역 하바로프스크 시 근처 사카치 알리안 등지에서 발견되는 암각화가 울산 두동면 천전리 석각(국보 제147호)과 밀양 상동 신안 고래리 지석묘 등에서 많이 확인되었다. 특히 여성의 음부 묘사가 천전리 석각과 밀양 고래리 지석묘 개석에서 확인된 바 있다. 후기 구석기시대 이후의 암각화나 민족지에서 성년식(Initiation ceremony) 때 소녀의 음핵을 잡아 늘리는 의식(girl's clitoris-stretching ceremony)이 확인되는데, 이는 여성의 생식력이나 성년식과 관계가 깊다고 본다. 제사유적으로도 강화도 삼산면 석모리 해골바

양, 달 물, 나무도 숭배한다. 그리고 우주의 만물은 각기 精氣를 가지고 있다고 믿는다. 불과 같이 정기가 없는 물질은 나이 먹은 여인인 훼드자 마마(Fadzya Mama)로 擬人化된다. 그래서 어린아이들은 불 곁에 가지 못하게 막고 남자는 불 앞에서 예의를 갖춘다. 祭儀의 주관자인 샤만은 하늘과 통교하여 나쁜 기운을 쫓아내고 현세와 정신세계를 이어주도록 주관한다. 샤만의 의복은 퉁구스어를 말하는 다른 부족의 샤만과 비슷하며 옷에 거울(鏡)을 부착한다. 무덤은 地上에 만드나 한 살 전에 죽은 아이는 天葬(sky burial)으로 자작나무껍질이나 천으로 시체를 싸서 나뭇가지 위에 올려놓는다(Chisholm, Hugh, ed. 1911, Encyclopædia Britannica(11th ed.), Cambridge: Cambridge University Press. 및 安俊 1986, 赫哲语简志, 北京: 民族出版社, p.1).

위[精靈崇拜(animism)], 양평 양서 신원리와 하남시 덕풍동[토테미즘 (totemism)], 화성 쌍송리[세장방형 주거지와 공렬토기가 나와 청동기시대 중기(기원전 1000년-기원전 600년)초로 기원전 10세기를 전후한 유적으로 보여 진다.], 울산시 북구 연암동과 부산 기장 일광면 청광리와 경기도 안성 원곡 반제리에서 2-3중 나있는 環壕-蘇塗[asylum, 巫敎(shamanism): 청동기시대 주거성격의 환호는 철기시대에 종교적 성격의 소도로 점차 바뀌어 간다.], 창원 동면 덕천리[祖上崇拜(ancestor worship)]와 같은 종교적 모습이 점차 드러나고 있다. 이들은 열등자연교 중 多靈敎(polydemonism)에 속한다. 그리고 울주 언양면 대곡리 반구대의 암각화(국보 285호)에 그려져 있는 고래는 지금은 울주 근해에 잘 나타나지 않는 흑등고래(humpback whale) 중 귀신고래(Korean specimen whale, gray whale, 克鯨, 12월 24일-1월 6일 사이 사할린 필튼 만으로 회귀)로 당시 바닷가에 면하고 있던 청동기시대 중기(공렬토기, 기원전 1000년-기원전 600년) 반구대사람들의 고래잡이나 고래와 관련된 주술과 의식을 보여준다. 최근 동해 송정동에서 반구대보다 6-700년이 늦은 철기시대 전기(기원전 400년-기원전 1년) 東濊의 凸자형 집자리 유적(Ⅱ-3호 집자리, 기원전 2세기경)에서 고래잡이를 하던 철제 작살(삼지창)과 갈고리, 고래뼈(Ⅱ-3 저장공)가 출토되고 있어 고래잡이가 꾸준히 이어져왔음을 뒷받침해준다.

그리고 인류문명의 발달사를 보면 청동기시대에 국가가 발생하는데, 한반도의 경우는 이와는 달리 철기시대 전기에 이르러 衛滿朝鮮(기원전 194년-기원전 108년)이라는 최초의 국가가 등장한다. 참고로 우리나라에서의 국가 발생은 연대적으로는 수메르보다는 2,800년, 중국의 상(商)보다는 약 1,500년이 늦다. 현재 북한에서는 우리나라 청동기시대의 개시에 대해, 최초의 국가이자 노예소유주 국가인 古朝鮮(단군조선: 唐高, 堯 즉위 50년 庚寅年, 기원전 2333년)[21]을 중심

---

21) 檀君朝鮮의 건국연대는 徐居正의 『東國通鑑』, 劉恕의 『資治通鑑』 外紀, 安鼎福의 『東

으로 하여 기원전 30세기에 시작되었다고 보고 있다. 즉 청동기시대가 되면서 여러 가지 사회적인 변화를 거치는데, 그러한 변화상이 고조선이라는 국가의 발생까지 이어지는 것으로 본 것이다. 한편 남한에서는 대체로 기원전 2000년 −기원전 1500년을 전후하여 청동기시대가 시작되었다고 보고 있다. 그리고 남한은 鐵器時代前期의 衛滿朝鮮이 이제까지 문헌상의 최초의 국가로 보고 있다.

이처럼 남북한에서 각자 보고 있는 청동기시대의 상한과 최초의 국가 등장 및 그 주체 등이 매우 다르기는 하나 우리나라의 청동기문화상은 비파형단검(古朝鮮式銅劍, 요령식 또는 만주식 동검), 거친무늬거울, 고인돌과 미송리식 토기로 대표되는데, 이들은 한반도뿐만 아니라 요동·길림지방에까지 널리 분포되어 있어 우리나라 청동기문화의 기원에 대한 여러 가지 시사를 준다. 이후 비파형동검문화는 세형동검(韓國式銅劍)문화와 점토대토기문화로 이어지게 되면서 기원전 400년부터 철기의 사용이 시작되었다.

결론적으로 기원전 2000년에서 서기 300년 사이의 기간, 즉 한국 고고학의 시대구분상 청동기, 철기시대 전기와 후기에 대한 연구는 아래와 같이 정리될 수 있겠으며 이와 같은 생각들이 밑받침되어야 앞으로의 宗敎와 祭祀(祭禮)의 연구에 대한 새로운 방향과 전망이 성립될 수 있겠다.

1) 한국 고고학과 고대사의 연구는 통시적 관점, 진화론적 입장, 역사적 맥

史綱目』과 李承休의『帝王韻紀』東國君王開國年代 前朝鮮紀(卷下)에서 기원전 2333년 (戊辰년의 건국연대는 기원전 2313년이나 殷/商나라 武丁 8년 乙未년까지 단군이 다스리던 기간이 1,028년이 아닌 1,048년으로 본다면 20년이 올라간 기원전 2333년이 된다), 그리고『三國遺事』에서 건국연대는 기원전 2311년(唐高, 堯 즉위 후 50년 庚寅/丁巳년. 皇甫謐의 설에 따르면 기원전 2307년이 된다) 등 그 설도 다양하다. 이는『史記』五帝 本紀 주석에서 皇甫謐이 唐堯(帝堯)가 甲申년(기원전 2377년)에 태어나서 甲辰년에 즉위(기원전 2357년)했다고 하는 여러 설에서 기인되기도 한다.

락 및 통상권의 바탕 위에서 이루어져야 한다.

2) 한국 문화의 계통은 각 시대에 따라 서로 다른 多元(源)的인 입장에서 파악되어야 한다. 최근 확인된 고고학 자료들은 유럽, 중국(요령성, 길림성, 흑룡강성 등 동북삼성 포함)과 시베리아 아무르강 유역 등 한국문화의 기원이 매우 다양했음을 보여준다.

3) 남한의 청동기시대는 요령성과 북한 지역의 경우처럼 기원전 1500년경까지 거슬러 올라가는데 그 시발점은 기원전 2000년-기원전 1500년경 신석기시대 후기(말기)의 빗살-부분빗살문토기가 나타는 유적들, 즉 진주 남강 옥방일대, 강원도 춘성군 내평(소양강 수몰지구), 춘천 천전리, 강릉 초당동 391번지 허균·허난설헌 자료관 건립부지, 정선 북면 여량2리(아우라지), 경기도 가평 상면 연하리와 인천 계양구 동양동 유적 등 돌대문토기가 공반되는 빗살문토기 유적까지 거슬러 올라간다. 그리고 그 다음에 나타나는 이중구연토기, 공렬문토기/구순각목토기와 경질무문토기의 편년과 공반관계, 문화적 주체와 수용, 다양한 기원 등은 앞으로 학계의 중요한 연구방향이 될 것이다.

4) 신석기시대에서 청동기시대에로의 이행은 문화 계통의 다원적 기원과 함께 국지적인 문화의 수용 내지는 통합을 통해 이루어졌으며, 문화의 자연스런 계승도 엿보인다. 이러한 양상은 인천광역시 백령도·용유도, 원주 가현동, 영월 남면 연당 쌍굴, 경남 산청 소남리, 시흥 능곡동 그리고 대구 북구 서변동 유적을 포함한 내륙지역에서 확인되는 전면/부분 빗살문토기 유적들에서 확인된다.

5) 우리 문화의 주체를 형성한 토착인들은 한국고고학 시대구분상 청동기시대와 철기시대 전기, 즉 기원전 1500년경에서 기원전 1년까지 한반도 전역에 산재해 있던 지석묘(고인돌) 축조인들이다. 지석묘는 그 형식상 북방식, 남방식과 개석식으로 나누어지는데, 각 형식은 서로 다른 문화

수용현상을 보인다. 즉, 북방식과 남방식 지석묘사회는 최근 발굴조사
된 마산 진동리(사적 472호)의 지석묘처럼 한반도 북쪽의 카라숙에서 내
려온 석관묘나 중국계의 토광묘문화를 수용하기도 했으며, 한반도 남부
의 지석묘 사회에서는 보다 늦게 등장한 개석식 지석묘를 기반으로 馬
韓이 형성되기도 했다.

6) 신석기시대의 精靈崇拜(animism)→청동기시대의 토테미즘(totemism)
→철기시대의 巫敎(shamanism)와 祖上崇拜(ancestor worship)와 함께
환호를 중심으로 전문제사장인 天君이 다스리는 別邑인 蘇塗가 나타난
다. 이것도 일종의 무교의 형태를 띤 것으로 보인다. 마한의 고지에는
기원전 3세기−기원전 2세기부터의 단순 족장사회에서 좀 더 발달한 복
합족장사회인 마한이 있었다. 이는『三國志』魏志 弁辰條에 族長격인 渠
帥 가 있으며 이는 인구수와 영토에 따라 신지(臣智), 검측(險側), 번예
(樊濊), 살계(殺奚)와 읍차(邑借)로 불리어지고 있었음을 알 수 있다. 그리
고 마한에도 마찬가지 경우로 생각되나, 이들을 대표하는 王이 다스리
는 국가단계의 目支國도 있었다. 동시기에 존재했던 沃沮의 三老(東沃沮
의 將帥), 濊의 侯, 邑君, 三老, 그리고 挹婁의 大人과 가장 늦게 나타나
는 肅愼의 君長도 같은 족장(chief)에 해당한다. 그러나 天君이 다스리
는 종교적 別邑인 蘇塗는, 당시의 복합·단순 족장사회의 우두머리인 渠
帥의 격이나 규모에 따른 이름인 신지, 검측, 번예, 살계와 읍차가 다스
리는 세속적 영역과는 별개 의 것으로 보인다.

7) 철기시대의 상한은 기원전 5세기경까지 올라가며 이 시기에는 점토대
토기가 사용된다. 철기시대 전기 중 말기인 기원전 1세기경에는 다리가
짧고 두터운 두형(豆形)토기가 나타나며, 이 시기 남쪽 신라에서는 나정
(사적 245호)에서 보여주는 바와 같이 국가가 형성된다. 철기시대 전기와
후기(삼국시대 전기)에 보이는 점토대토기·흑도·토실과 주구묘를 포함한

여러 가지 고고학 자료와 문헌에 보이는 역사적 기록들은 당시의 정치·
사회·문화가 매우 복잡했음을 보여준다. 이 시기의 역사 서술은 이들을
바탕으로 이루어져야 하는데, 이는 일찍부터 기정사실로 인식되고 있는
고구려사와 같은 역사적 맥락에서 파악되어야 한다.

8) 한반도의 歷史時代가 시작되는 衛滿朝鮮의 멸망과 漢四郡의 설치는 『史
記』의 편찬자인 司馬遷(기원전 145년-기원전 87년)이 37세에 일어난 사건
으로, 위만조선과 낙랑·대방의 존재는 역사적 사실로 인정되어야 한다.
위만조선의 王儉城과 樂浪은 오늘날의 평양 일대로 보아야 한다. 그리
고 衛滿朝鮮과 같이 血緣을 기반으로 하지 않는 階級社會인 발전된 국
가단계에서 나타나는 宗敎 또는 理念은 아직 확실치는 않으나 漢 高祖
12년(기원전 195년) 燕王 盧綰이 漢나라에 叛하여 匈奴로 도망감에 따라
부하였던 衛滿은 古朝鮮 지역으로 망명하였으며 그의 出自는 秦·漢이
전의 戰國時代(기원전 475년-기원전 221년) 燕나라(기원전 222년 멸망)지역
으로, 그곳은 당시 劣等自然敎 단계를 벗어난 高等自然敎(多神敎期)나
一神敎 단계임이 확실하다. 그중에서도 道敎나 漢 제7대 武帝(기원전 142
년-기원전 87년) 때 董仲舒(기원전 179年-기원전 104年)의 기용(기원전 134
년, 武帝 元光 원년)으로 이후 유교가 국가의 이념으로 되는 儒敎의 영향
을 많이 받았을 것으로 추정된다.

9) 백제는 기원전 3세기-기원전 2세기에 이미 성립된 마한의 바탕 위에서
성립되었으므로 백제초기의 문화적 양상은 마한의 경우와 그리 다르지
않다. 백제의 건국연대는 『三國史記』百濟本紀의 기록대로 기원전 18년
으로 보아야 한다. 마한으로부터 할양받은 한강유역에서 출발한 백제가
강성해져 그 영역을 확장해 나감에 따라 마한의 세력 범위는 오히려 축
소되어 천안-익산-나주로 그 중심지가 이동되어졌다. 백제 건국 연대
를 포함한 『三國史記』의 초기기록을 인정해야만 한국고대사를 무리 없

이 풀어나갈 수 있다. 그래야만 최근 문제가 되고 있는 고구려와 신라·백제와의 초기 관계사를 제대로 파악해 나갈 수 있다. 따라서『三國史記』의 신라, 고구려와 백제의 국가형성 연대는 그대로 인정해도 무방하다 하겠다. 그리고 앞으로 이들 국가 형성에 미친 漢/樂浪의 영향도 고려해야 한다. 따라서『三國史記』의 초기 기록을 무시하고 만든 원삼국시대란 용어의 적용은 적합하지 않다. 여기에 대해 삼국시대 전기(서기 1년-서기 300년)란 용어를 대체해 쓰는 것이 좋겠다. 최근 고구려사의 연구가 활발하며『三國史記』에 기록된 고구려 관계 기사는 그대로 인정이 되고 있다. 고구려, 백제와 신라의 연구가 활발하며『三國史記』에 기록된 고구려 관계 기사는 그대로 인정이 되고 있다. 고구려, 백제와 신라의 역사적 맥락으로 볼 때 고구려의 主敵은 백제와 신라이지 원삼국이 아니라는 점이다.

10) 한성시대 백제(기원전 18년-서기 475년)도 석성을 축조했는데, 하남 이성산성(사적 422호), 이천 설봉산성(사적 423호)과 설성산성(경기도 기념물 76호), 그리고 안성 죽주산성(경기도 기념물 69호) 등이 그 좋은 예들이다. 그 석성 축조의 기원은 제 13대 近肖古王대인 서기 371년 고구려 제 16대 故國原王과의 평양 전투에서 찾을 수 있다. 고구려는 일찍이 제 2대 瑠璃王 22년(서기 3년) 輯安의 國內城을 축조했고, 제 10대 山上王 2년(서기 198년)에는 丸都山城을 축조한 바 있음으로 이들은 역사적 기정사실로 받아들여지고 있다.

다시 말해 우리나라의 종교는 신석기시대의 精靈崇拜(animism), 청동기시대의 토테미즘(totemism), 철기시대에는 巫敎(shamanism, 薩滿敎)와 조상숭배(ancestor worship)와 함께 환호를 중심으로 발전해온 전문 제사장인 天君이 다스리는 蘇塗가 나타난다. 특히 청동기시대 중기(기원전 1000년-기원전 600

년) 공렬토기가 전국적으로 확산하는 나타나는 단계에서 저수지, 관개수리시설, 절구공이 등이 발견된 안동시 서후면 저전리 유적에서의 농경의 발전, 인구의 증가, 기원전 1500년 이후 한반도 토착세력인 지석묘의 확산 등의 정치·사회발전이 두드러지게 나타난다. 청동기시대 중기(기원전 1000년-기원전 600년, 공렬토기 단계)부터 족장사회(chiefdom society)의 주거로 형성되어온 環壕가 말기(기원전 600년-기원전 400년, 경질무문토기단계)가 되면 평지로 주거를 옮기고 재래의 구릉지대에 남아있는 환호는 巫敎(shamanism)적인 蘇塗의 형태를 띠면서 철기시대(기원전 400년-기원전 1년)까지 토착세력으로 남아있던 지석묘사회에서 보이는 조상숭배(ancestor worship)와의 결합이 본격화된다. 그 이후 劣等自然敎 단계를 벗어난 高等自然敎(多神敎期)나 一神敎 단계가 되는 宗敎와 理念(Ideology)을 갖춘 세속왕권(secularism), 군국주의(militarism), 도시화(urbanization)와 같은 사회·정치적인 요소가 더욱더 강조되어 고대국가(ancient state)의 틀을 갖추게 된다. 그 시작이 衛滿朝鮮(기원전 194년-기원전 108년)이다. 그래서 宗敎와 祭祀(祭禮)는 한국고고학과 고대사에서 社會·政治體의 진화 발전연구에 있어서 중요하다.

참고문헌

강봉원

    2012   반구대 암각화에 표출된 육지동물의 재인식 −동물사육 문제와 편년의 재검토−, 한국신석기연구 제 223호, pp.133−167

강인욱 외

    2008   바라바쉬−3 얀꼽스키 문화 주거지 발굴, 한국의 고고학 봄호 제 7호, pp.78−87

강창화

    2009   제주도 고산리 초기 신석기 문화의 성격과 위치설정, 최몽룡 편저, 21세기의 한국고고학 vol. II, 서울: 주류성, pp.117−154

국립경주문화재연구소

    2008   돌에 새긴 유목민의 삶과 꿈, 국립경주문화재연구소·직지성보박물관

국립광주박물관

    2001   보성 동촌리유적

국립문화재연구소 고고연구실

    1999   장도 청해진 유적 발굴조사 지도위원회자료

    2001   장도 청해진 유적 발굴조사보고서

    2012   한국사 시대구분론 −외부전문가 초청 포럼−

    2012   고성 문암리유적(사적 426호) 발굴조사 현장설명회 자료

국립전주박물관

    2003   용담, 2003년 추계기획특별전

강원문화재연구소

    2002   춘천 신북 천전리 유적

2002 춘천시 신북읍 발산리 253번지 유구확인조사 지도위원회자료

2004 강릉 과학 일반지방산업단지 문화유적 발굴조사

2006 춘천 우두동유적 −춘천 우두동 직업훈련원 진입도로 확장구간내 유적 발굴조사 3차 지도위원회자료−

2007 홍천 철정리 유적 Ⅱ −홍천 구성포−두촌간 도로·확포장공사내 유적 발굴조사 제4차 지도위원회자료−

경기대학교 박물관

2005 중앙선(덕소−원주)복선화전철구간내 4−2·3지구 문화유적 발굴조사 지도위원회 자료

경남고고학연구소

1999 사천 이금동 유적 회의자료

경남대학교 박물관

1993 창원 덕천리유적 지도위원회의 및 현장설명회 자료

경남문화재연구원

2004 울산 연암동 유적(대한문화재신문 2004년 11월 15일자 18−9면)

2011 부산 기장군 월드컵 빌리지 및 에코파크 조성사업구간 내 문화유적 발굴조사 자문위원회의 자료(3차)

2011 4대강(북한강) 살리기 사업 춘천 하중도 D−E지구 문화재발굴조사 학술자문회의 자료집

경남발전연구원 역사문화센터

2003 밀양−상동간 철도 전철화 사업구간 내 신안유적 발굴조사 지도위원회 자료집

2005 마산 진동리유적

2006 金海 栗下 宅地 開發事業地區 內 Ⅰ地區 發掘調査 3次 指導委員會 資料集 −A·D·E·F구역−

경상남도 남강유적 발굴조사단

    1998   남강선사유적

경주대학교 박물관

    2005   대구시 달서구 대천동 413번지 일대 오르젠 아파트 신축부지 내 문
             화재 시굴조사 지도위원회

기전문화재연구원

    2003/4 평택 현곡 지방산업단지 내 문화유적 발굴조사 2·3차 지도위원회
             자료집

    2004   화성 지방산업단지 내 동학산 유적 발굴조사

    2004   경춘선 복선전철 사업구간(제4공구)내 대성리 유적 발굴조사

    2005   안성 공도 택지개발 사업지구 내 유적 발굴조사 4차지도위원회자료
             (2지점)

기호문화재연구원

    2010   청동기시대 최고의 의례용 환혼가 확인된 마을 유적, 국립문화재연
             구소 고고연구실: 한국고고학 저널, pp.126-127

김두진

    1985   삼한 별읍사회의 소도신앙, 역사학회편 한국의 국가와 사회, 서울:
             일조각

김재윤

    2003   한반도 각목돌대문토기의 편년과 계보, 부산대학교 대학원 문학석
             사 학위논문

金貞培

    1973   韓國民族文化의 起源, 고려대학교 출판부

金貞培 외

    1998   몽골의 암각화, 서울: 열화당

김원용

　　1983　예술과 신앙, 한국사론 13, pp.306-333

金龍

　　2012　中部地域 環濠遺蹟 硏究, 白山學報 第92號, pp.35-81

남도문화재연구소

　　2006　순천 코아루 럭스 아파트 부지 내 문화유적 발굴조사

노윤상

　　2012　河南 天王寺址 出土 二重蓮瓣 막새의 제작시기 檢討, 新羅文化 第39輯

단국대하교 매장문화재연구소

　　2005　안성 망이산성 3차 발굴조사 지도위원회 자료집

대한민국 국립중앙박물관·몽골 국립역사박물관·몽골과학아카데미 역사연구소

　　2001　몽골 투브 아이막 알탄볼락 솜 모린 톨고이 유적, 몽골 모린 톨고이 흉노 무덤, 한-몽 공동학술조사보고 제2책

　　2003　몽골 호드긴 톨고이 흉노 무덤, 한-몽 공동학술조사보고 제3책

대한민국 문화재청 국립문화재연구소·러시아 과학원시베리아분소 고고민족학연구소

　　2000-3　러시아 아무르강 하류 수추섬 신석기시대 주거유적 발굴조사보고서

도유호

　　1960　조선원시고고학, 과학백과사전 출판사

문명대

　　1984　대곡리 암벽조각 반구대, 동국대학교

밀양대학교·동의대학교 박물관

　　2001　울산 야음동 유적

서경보

　　1969　세계의 종교, 을유문고 11, 을유문화사

서울대학교박물관

　　2005　초원의 지배자, 서울: 서울대학교 박물관

　　2008　몽골, 초원에 핀 고대문화, 서울: 서울대학교박물관

서울경기고고학회

　　2005　동북아시아의 청동기시대, 2005년 춘계학술대회

서울역사박물관·한신대학교

　　2008　서울 풍납토성 경당지구 2차 발굴조사 현장설명회 자료집

성균관대학교 박물관

　　2008　경기도 양평군 양수리 상석정 마을 발굴조사보고서(철기시대 전기 편)

세종대학교 박물관

　　2005　하남 덕풍골 유적 −청동기시대 집터·제의유적 및 고분조사−

　　2006　하남 덕풍골 유적: 시굴조사보고서, 서울: 세종대학교박물관

　　2007　하남 덕풍골 유적: 발굴조사보고서, 서울: 세종대학교박물관

송화섭

　　1992　남원 대곡리 기하문 암각화에 대하여, 백산학보 42, pp. 95−134

　　1994　선사시대 암각화에 나타난 석검·석촉의 양식과 상징, 한국고고학보
　　　　　31, pp.45−74

수보티나 아나스타샤

　　2005　철기시대 한국과 러시아 연해주의 토기문화 비교연구, 서울대학교
　　　　　대학원 석사학위 논문

순천대학교 박물관

　　2004　광양 마로산성 3차 발굴조사 현장설명회 자료

신라대학교 가야문화재연구소

　　1998　산청 소남리유적 발굴현장설명회

신라문화유산조사단

2007　경주시 충효동 도시개발 사업지구 내 문화재 발굴조사 –지도위원
　　　회자료집–

울산암각화박물관

2011　한국의 암각화 –부산 경남 전라 제주편–, 울산: 테이크엠

윤철중

1996　한국의 시조신화, 서울: 백산자료원

이강근

2005　고구려 팔각형 건물지에대한 연구, 선사와 고대 23, 한국고대학회

이병도

1979　한국고대사연구, 서울: 박영사

이영문·고영규

1996　영암 월출산 제사유적, 목포대학교 박물관

이은창

1971　고령 양전동 암각화조사보고, 고고미술 112, pp.24–40

임세권

1994　한국 선사시대 암각화의 성격, 단국대 박사학위논문

장명수

1992　영주 가흥동 암각화와 방패문 암각화의 성격고찰 택와 허선도선생
　　　정년기념 한국사학논총

장윤정

2012　古代 馬具로 본 東아시아사회, 서울: 학연

정동찬

1988 울주 대곡리 선사바위그림의 연구 손보기박사정년기념 고고인류학
　　　논총, pp.329–434

정한덕

2000 中國 考古學 硏究, 서울: 학연문화사

제주대학교 박물관

1993 제주시 용담동 유적

중앙문화재연구원

2004/5 경주 나정

2005 경주 나정, 제1회 중앙문화재연구원 학술대회

중원문화재연구원

2004 안성 반제리 유적 발굴조사

지·에프 주식회사

1996 징기스칸 -대몽고전-, 서울: 성인문화

최광식

1994 고대한국의 국가와 제사, 서울: 한길사

2004 한국 고대의 제사의례와 제사유적, 선사와 고대의 의례고고학, 한
양대학교 문화재연구소, pp.37-45

최몽룡

1973 원시채석문제에 관한 일소고, 고고미술 119, pp.18-21

1984 *A Study of the Yŏngsan River Valley Culture*, 서울: 동성사

1985 고대국가성장과 무역, 한국고대의 국가와 사회, 역사학회편

1988-2012 고등학교 국사교과서(국정교과서, 공저, 5·6·7차), 서울: 교
육부

1989 원시국가의 진화(번역), 서울: 민음사

1993 한국문화의 원류를 찾아서, 서울: 학연문화사

1994 백제의 祭祀유적, 한국상고사학보 17집崔淑卿 교수 화갑기념특집
호), pp.491-496

1994 고대의 암각화, 한솔 신년호, p.9

1995   문명의 발생(번역), 서울: 민음사

1997   백제의 향로, 제사유적 및 신화, 도시·문명·국가, 서울: 서울대학교
       출판부, pp.117-130

1997   오끼노시마(沖島)의 제사유적, 도시·문명·국가, 서울: 서울대학교
       출판부, pp.196-201

1997   한국문화기원과 관령된 시베리아와 극동의 주요 유적들, 도시·문
       명·국가, 서울: 서울대학교 출판부, pp.239-250

1997   한국고대국가 형성론(공저), 서울: 서울대학교 출판부

1998   백제를 다시 본다(편저), 서울: 주류성(2004년 百濟ぉもう一度考え
       る 번역판 출판)

2000   흙과 인류, 서울: 주류성

2000   한국지석묘 연구 이론과 방법(편저), 서울: 주류성

2001   단군(공저), 서울: 서울대학교 출판부

2002   고고학으로 본 문화계통 ―문화계통의 다원론적 입장―, 한국사 1,
       국사편찬위원회

2003   한성시대 백제와 마한, 문화재 36호

2003   시베리아의 선사고고학(공저), 서울: 주류성

2004   한국문화의 계통, 동북아 청동기문화연구, 주류성

2004   동북아 청동기시대 문화연구(공저), 서울: 주류성

2006   다원론의 입장에서 본 한국문화의 기원과 시베리아, 한·러 공동발
       굴특별전, 아무르·연해주의 신비, 대전: 국립문화재연구소, pp.137
       -154

2006   楊平 新院里 宗敎·祭祀遺蹟의 意義, 양평군 양서면 남한강 유역 문
       화유적, 수원: 경기대학 박물관, pp.399-430

2006   최근 경기도에서 발굴·조사된 고구려 유적과 그 역사적 맥락, 경기

도박물관 1월 19일(목) 우리 곁의 고구려전 기조강연

2006 철기시대의 새로운 연구방향, 강원고고학회 추계학술대회(12월 2
   일), 강원지역의 철기 문화, pp.9-35

2006 최근의 고고학 자료로 본 한국고고학·고대사의 신 연구, 서울: 주류
   성, pp.6-13

2006 마한연구의 새로운 방향과 과제, 충청남도역사문화원(12월 21일,
   목), pp.1-35

2006 衛滿朝鮮 硏究의 新局面을 맞아, 계간 한국의 고고학 창간호, 주류성

2006 최근 경기도에서 발굴·조사된 고구려유적과 그 역사적 맥락, 경기
   도의 고구려 문화유산(1월 19일), 경기도 박물관, pp.1-12

2007 경기도의 고고학(편저) -회갑기념논총-, 서울: 주류성

2007 동북아시아적 관점에서 본 한국청동기·철기시대 연구의 신경향 -
   다원론적 입장에서 본 한국문화의 기원과 편년설정-, 제 35회 한국
   상고사학회 학술발표회, pp.1-48

2007 한국의 청동기·철기시대와 지석묘, 경기도 고인돌, 용인: 경기도박
   물관, pp.586-631

2007 한국 고고학·고대사에서 안성원곡 반제리 종교·제사유적의 의의,
   安城 盤諸里 遺蹟, 청주: 중원문화재연구원, pp.663-687

2008 중원문화와 고구려 탄금대의 철 생산과 삼국의 각축, 제 2회 중원문
   화 학술회의(11월 25일), 중원과 한강, 충주: 충주대학교 박물관,
   pp.13-32

2008 한국 청동기·철기시대와 고대사회의 복원, 서울: 주류성

2009 한국상고사연구여적, 서울: 주류성

2008-2012 21세기의 한국 고고학 I·II·III·IV·V(편저) -정년퇴임기념
       논총-, 서울: 주류성

2009 馬韓研究의 새로운 方向과 課題, 전주박물관 마한전시회 도록, 마
      한-숨 쉬는 기록, 서울: 통천문화사, pp.4-19

2009 마한 연구의 새로운 방향과 과제, 박물관에서 만나는 우리문화, 세
      계문화, 전주: 국립전주박물관, pp.30-74

2010 고고학으로 본 중원문화, 중원 문화재 발굴 100년 회고와 전망, 한
      국고대학회·충주대학교 박물관, pp.29-46

2010 扶餘 松菊里 遺蹟의 새로운 編年, 38회 한국상고사학회 학술발표대
      회(10월 1일, 금), 부여 송국리로 본 한국 청동기사회, pp.7-14 및
      2011, 한국고고학 연구의 제 문제, 서울: 주류성, pp.207-223

2010 韓國 文化起源의 多元性 -구석기시대에서 철기시대까지 동아시아
      의 諸 文化·文明으로부터 傳播-, 동아시아의 문명 기원과 교류, 단
      국대학교 동양학연구소, 제 40회 동양학 국제학술대회, pp.1-45

2011 二聖山城과 百濟, 이성산성에 관한 학술대회, 하남시 문화원 제 3회
      학술대회(10월 7일, 금), pp.11-37

2011 高句麗 積石塚과 百濟의 국가형성(공저), 최몽룡 편저, 21세기의 한
      국고고학 vol. V, pp.1-41

2011 韓國 文化起源의 多元性 -구석기시대에서 철기시대까지 동아시아
      의 제 문화·문명으로부터 전승-, 동북아시아의 문명 기원과 교류,
      단국대학교 동양학연구원, pp.21-88

2011 청동기·철기시대와 한국문화, 동아시아 청동기문화의 교류와 국가
      형성, 단국대학교 동양학연구원, pp.1-28

2011 창원 성산패총 발굴의 회고, 전망과 재평가, 동·철산지인 창원의 역
      사적 배경〈야철제례의 학술세미나〉(7월 1일), 창원시·창원문화원,
      pp.1-16

2011 韓國 考古學 研究의 諸 問題, 서울: 주류성

2012 스키타이·匈奴와 한국 고대문화 −한국 문화기원의 다양성−, 국립
중앙박물관·부경대학교 2012년 국제학술대회(2012년 3월 30일,
금), 흉노와 그 동쪽의 이웃들, pp.7−31

2013 인류문명발달사(개정 5판), 서울: 주류성

최몽룡 외

1998 鬱陵島 −고고학적 조사연구−, 서울: 서울대학교 박물관

최몽룡·김선우

2000 한국 지석묘 연구 이론과 방법 −계급사회의 발생−, 주류성

최몽룡·이헌종·강인욱

2003 시베리아의 선사고고학, 주류성

최몽룡·김경택·홍형우

2004 동북아 청동기시대 문화연구, 주류성

최몽룡·김경택

2005 한성시대 백제와 마한, 서울: 주류성

최성락

2012 초기철기 시대론에 대한 비판적 검토, 최몽룡 편저, 21세기의 한국
고고학 vol. Ⅴ, 서울: 주류성, pp.233−254

2012 한국고고학의 시대구분은 변화되어야 한다, 계간 한국의 고고학
vol.19, 서울: 주류성, pp.50−53

한국상고사학회

2003 지석묘 조사의 새로운 성과, 제30회 한국상고사학회 학술발표대회

한양대학교 박물관

1999 대모산 문화유적 시굴조사보고서

한양대학교 문화재연구소

2000 부천 고강동 선사유적 제4차 발굴조사보고서

2004   선사와 고대의 의례고고학, 제1회 부천 고강동 선사유적 국제학술
       회의

韓國文化財保護財團

2001   河南 天王寺址 試掘調査 報告書, 서울: 韓國文化財保護財團

2002   河南 天王寺址 2次 試掘調査 報告書, 서울: 韓國文化財保護財團

한국선사문화연구원

2007   청원 오송생명과학단지 조성부지 내 문화유적(A-3구역) 만수리 구
       석기 유적 1-2(원평 I-가)지점 발굴조사 현장설명회(4차)자료

한국역사민속학회

1995   한국 암각화의 세계

한국전통문화대학교 고고학연구소

2012   부여 송국리 유적 제 15차 발굴조사 자문회의 자료

한림대학교 박물관

2006   춘천 천전리 121-16번지 내 문화유적 발굴조사 지도위원회 자료집

홍미영·니나 코노넨코

2005   남양주 호평동 유적의 흑요석제 석기와 그 사용, 한국구석기학보 제
       12호

홍미영·김종헌

2008   남양주 호평동 구석기유적, 기전문화재연구원·한국토지공사

홍형우

2006   아무르강 유역 및 연해주의 철기시대, 한·러공동발굴특별전 아무
       르·연해주의 신비 강연회 자료집

2008   두만강 유역 및 연해주의 철기시대 문화의 발생과 전개 -얀콥스키
       문화를 중심으로-, 최몽룡 편저, 21세기의 한국고고학, pp.259-
       324

황용훈

  1987 동북아시아의 암각화, 민음사

Avrorin, V. A.

  1959-61 Grammatika nanaiskogo iazyka: Fonetika i morfologiia,
        vols. 1-2, Russia: Moscow−Leningrad

J. B. Noss저, 윤이흠 역

  1986 세계종교사(상), 서울: 현음사

Jonathan Haas저, 최몽룡 옮김

  1989 원시국가의 진화, 민음사

E.V. 노브고라도바 저, 정석배 역

  1995 몽고의 선사시대, 서울: 학연문화사

Alexei Okladnikov

  1981 Art of Amur, New York: Harry N. Abrams, INC., Pb. p.92

Arxeologia USSR

  1987 Bronze Period of Forest Region in USSR, Moskva. p.357

A. P. Derevianko

  1973 Early Iron Age in Priamurie, Novosibirsk

  1976 Priamurie−BC 1st Millenium, Novosibirsk

C. Melvin Aikens and Takayasu Higuchi

  1982 Prehistory of Japan, New York: Academic Press

Dumond, Don E.

  1987 The Eskimos and Aleuts, London: Thames and Hudson

E. I. Derevianko

  1994 Cultural Ties in the Past and the Development cultures in
        the Far Eastern Area, 韓國上古史學報 第16號

Eric Deldon et al. ed.

    2000 Encyclopedia of Human Evolution and Prehistory, New York & London: Garland Pb. Co.

Fitzhugh, William W. and Crowell, Aron

    1988 *Crossroads of Continents*, Smithonian Institution: Smithonian Institution Press

Glyn Daniel

    1970 A Hundred Years of Archaeology, London: Gerald Duckworth & Co. Ltd

Timothy Taylor

    1996 The Prehistory of Sex, New York, Toronto: Bantam Books

Yves Coppens & Henry de Lumley(Préface)

    2001 Histoire D'ancêtres, Paris: Artcom

V. Medvedev

    1994 ガシャ遺跡とロシア地區東部における土器出現の問題について, 小野昭·鈴木俊成編, 環日本海地域の土器出現の様相, 雄山閣, pp.9-20

Keiji Imamura

    1996 *Prehistoric Japan*, University of Hawai'Press, Honolulu

Kent Flannery

    1972 The Cultural Evolytion of Civilization, *Annual Review of Ecology & Systematics* vol.3, pp.399-426

Melvin Aikens & Takyasu Higuchi

    1982 *Prehistory of Japan*, Academic Press

Okladnikov, Alexei

1981 Art of the Amur, Leningrad: Aurora Art Publishers

Surimirski, Tadeusz

1970 *Prehistoric Russia*, New York: John Baker/Humanities Press

Timothy Earle

1991 *Chiefdom: Power, Economy, and Ideology*, Cambridge University Press

1997 *How Chiefs come to power*, Stanford University Press

William Sanders & Joseph Marino

1970 *New World Prehistory Prentice*-Hall, INC, Englewood Cliffs New Jersey

William W. Fitzhugh & Aron Crowell

1988 *Crossroads of Continents*, Smithonian Institution Press

Chang K.C.

1980 Shang Civilization, Yale University Press

1983 Art, Myth, and Ritual, Harvard University Press

Colin Renfrew

1973 *Monument, mobilization and social organization in neolithic Wessex*, The Explanation of culture change: Models in prehistory, London, pp.539-558

孫祖初

1991 論小珠山中層文化的分期及各地比較, 辽海文物學刊 1

陳全家 · 陳國慶

1992 三堂新石器時代遺址分期及相關問題, 考古 3

辽宁省文物考古研究所 · 吉林大學考古系 · 旅順博物館

1992 辽宁省 瓦房店市 長興島 三堂村 新石器時代遺址, 考古 2

吉林省文物考古研究所·延邊朝鮮族自治州博物館

　　2001　和龍興城-新石器及青銅器時代遺址發掘報告-, 文物出版社

辽宁省文物考古研究所

　　1990　辽宁重大文化史迹

周菁葆編

　　1933　絲綢之路岩畵藝術, 新疆: 新疆人民出版社

盖山林

　　1986　陰山岩畵, 北京: 文物出版社

文物出版社

　　1983　中國岩畵, 北京: 文物出版社

武伯綸·武复興

　　1983　絲綢之路, 上海: 上海人民美術出版社

張之恒·黃建秋·吳建民

　　2002　中國舊石器時代考古, 南京: 南京大學校出版社

辽宁省文物考古研究所 編

　　1994　遼東半島石棚, 辽宁: 辽宁科學技術出版社

辽宁省文物考古研究所·吉林大學考古系·旅順博物館

　　1992　辽宁省瓦房店市長興島三堂村新石器時代遺址, 考古 2

吉林省文物考古研究所·延邊朝鮮族自治區博物館

　　2001　和龍興城, 北京: 文物出版社

田廣金·郭泰新

　　1986　鄂爾多斯式青銅器, 北京: 文物出版社

江上波夫·水野淸一

　　1935　內蒙古·長城地帶, 東京: 東亞考古學會

大貫靜夫

1992 豆滿江流域お中心とする日本海沿岸の極東平底土器, 先史考古學論集 제2집, pp.42-78

1998 東北あじあの考古學, 同成社 p.38

藤田亮策

1930 櫛目文土器の分布に就いて, 靑丘學叢 2號

檀原 徹

2007 韓國·中國の旧石器遺跡で検出された火山ガラスとそ広域テフラ対比の試み, 東アジアにおける古環境変遷と旧石器編年, 同志社大学

松藤和人·麻柄一志·中川和哉·津村宏臣·黃昭姫

2007 レス-古土壤編年による東アジア旧石器編年の再構?, 東アジアにおける古環境変遷と旧石器編年, 同志社大学

ユーリ·M.リシリエフ

2000 キア遺跡の岩面刻畫, 民族藝術 vol.16, 民族藝術學會, pp.71-78

岡村道雄

1997 ここまでわかった日本の先史時代, 角田書店

東京國立博物館

1999 日本の考古

齊藤忠

1982 日本考古學槪論, 吉川弘文館

藤尾愼一郎

2002 朝鮮半島의 突帶文土器, 韓半島考古學論叢, 東京: すずさわ書店, pp.89-123

中山淸隆

1993 朝鮮·中國東北の突帶文土器, 古代 第95號, pp.451-464

2002 繩文文化と大陸系文物, 繩文時代の渡來文化, 東京: 雄山閣,
    pp.214-233
2004 朝鮮半島の先史玉器と玉作り關聯資料, 季刊考古學 89, pp.89-91
2004 朝鮮半島出土の玦狀耳飾について, 玉文化, 創刊號, pp.73-77

X. 昌原 城山貝塚 발굴의 회고, 전망과 재평가

　철은 세계 곳곳에 赤鐵鑛이나 黃鐵鑛 등의 광석으로 존재한다. 그리고 금속철로는 還元鐵을 제외하고는 그린란드(Greenland)에 있는 에스키모인들이 그대로 사용하고 있는 화산 분출물인 塊狀의 隕鐵(meteorites, meteoric iron)이 있다. 이 운철에는 니켈이 10% 가량 포함되어 있어 쉽게 두들겨 펼 수 있어 그대로 도구로 사용되어 왔다. 철은 청동보다 단단하여 무기나 도구로 제작하는데 적합하다. 그래서 일단 그 존재가 알려지게 되면서 철은 매우 널리 이용되어 왔으며 인류문화발달상 철기시대(Iron Age)가 형성되었다. 철기의 제작방법에는 鍛造(forging iron)와 鑄造(casting iron)의 두 가지가 있다. 단조는 철을 半鎔融상태로 달구어 두드리는 과정에서 불순물을 제거하고 철을 강하게 만드는 방법으로 鎔鑛爐, 풀무, 망치, 집게, 모루 등의 장비가 필요하다. 한편 주조는 銑鐵을 녹여 틀(鑄型, 鎔范)에 부어 제품을 생산하는 방법으로 청동기시대(Bronze Age)의 武器와 道具의 제작방식과 유사하다. 철광석의 종류에는 黃鐵鑛(pyrite, FeS_2), 磁鐵鑛(magnetite, $FeFe_2O_4$), 赤鐵鑛 (hematite, Fe_2O_3), 褐鐵鑛(limonite, $FeO(OH) \cdot nH_2O$)이 있다. 이들 외에 砂鐵이 있는데 냇가나 해안가에서 주로 얻어진다. 고대에는 자연 選鑛이 되는 냇가철(川砂鐵)이나 바닷가 철(濱砂鐵)이 採鑛의 중심이 되었다. 그리고 사철은 자철광·적철광·티탄과 같은 광물 등으로부터도 얻어진다. 철광석과 사철을 목탄을 연료로 사용해 철을 생산해내는 공정을 製鍊(smelting)이라 한다. 철에는 鍊鐵(wrought), 鋼鐵

(steel)과 銑鐵(pig iron)이 있다. 연철은 鍛打(forging iron)에 의해 만들어지며 탄소 함유량이 1% 이하로 손으로 구부릴 정도로 약해 利器의 제작에 적합하지 않다. 강철은 탄소 함유량이 0.1–0.7%로 강하지만 展性이 있어 단타에 의해 성형이 가능하여 농기구와 무기류의 제작에 널리 이용된다. 선철은 탄소함유량이 1.7–4.5%로 강하지만 부스러지기 쉬우며 틀(鑄型)에 의해 제작된다. 그리고 炭素가 함유되지 않은 純鐵이 있으나 실제 이용되지 않는다. 철은 加炭과 脫炭에 의해 연철에서 강철로, 선철에서 강철 또는 연철로 변화되기도 한다(최몽룡 1989, pp.1–2).

기원전 2000년경 청동기를 제작하던 근동지방의 주민들은 隕鐵을 두들겨 펴서 소형의 도구를 제작하였으나, 본격적인 철의 생산은 기원전 1500년경 터키의 아나톨리아 고원에 살던 히타이트(Hittite)족에 의해서이며 기원전 1200년경부터는 농기구도 철기로 대체된다. 철기의 생산은 아시리아는 기원전 1200년–기원전 1100년, 유럽의 할슈타트(Hallstatt)는 기원전 12세기–기원전 6세기,[1] 이집트에서는 기원전 700년경, 중국에서는 春秋時代(기원전 771년–기

---

1) 세계문화유산으로 등재된 할슈타트–다하슈타인 문화경관(Hallstatt–Dachstein Salzkammergut Cultural Landscape : 문화, 1997): 기원전 2000년경 岩鹽을 채취하고 벌목하던 시절부터 유럽의 철기시대(기원전 12세기–기원전 6세기: A–기원전 12세기–기원전 11세기, B–기원전 10세기–기원전 8세기, C–기원전 7세기, D–기원전 6세기의 4기)를 거쳐 서기 20세기 중반에 이르기까지 번영을 누린 할슈타드 호반(Hallstätter See)에 자리한 서기 19세기–서기 20세기의 풍족하고 고풍스런 주택들로 들어찬 할슈타트시와 이 시를 둘러싸고 있는 알프스 산록의 풍경과 고사우 계곡의 수려한 환경을 지닌 잘쯔캄머구트(Salzkammergut) 지역을 포함한다. 이곳은 잘쯔캄머구트(estate of the salt chamber) 말이 의미하듯이 소금 광산의 채굴로 인해 이 시를 부유하게 유지해 왔으며 이것은 할슈타트 시의 건축물에서도 잘 반영된다.
합스부르그 왕가(Habsburg/Hapsburg, 서기 1278년–서기 1918년)에서도 독자적으로 운영할 만큼 'Imperial Salt Chamber'란 말도 만들어진다. 기원전 500년경 켈트(Celt)

원전 475년) 末-戰國時代(기원전 475년-기원전 221년) 初인 기원전 500년 전후에 나타나며 중국의 경우 鑄造(casting iron)에 의한 생산이 먼저 나타난다. 秦始皇때는 鐵官을 두어 철의 생산과 소비를 관장하기도 하였다. 우리나라의 철기시대는 기원전 400년경부터 시작된다.[2]

족의 선조인 할슈타트인들은 주거의 흔적도 없이 자취를 감추었으나 그들이 쓴 분묘와 그 속에서 나온 철검손잡이의 안테나식 장식은 멀리 우리나라의 세형동검(韓國式銅劍)에까지 영향을 미친다. 즉 英國 大英博物館 소장의 '鳥形柄頭 細形銅劍'이 우리나라에서 철기시대 전기(기원전 400년-기원전 1년)의 대표적인 유물인 세형동검의 자루 끝에 '鳥形안테나'가 장식된 안테나식 검(Antennenschwert, Antennae sword)으로 보고, 그것이 오스트리아 잘쯔캄머구트 유적에서 시작하여 유럽의 철기시대의 대명사로 된 할슈탓트 문화에서 나타나는 소위 'winged chape'(날개달린 물미)에 스키타이(Scyths)식 동물문양이 가미되어 나타난 것으로 보인다. 이러한 예는 대구 비산동 유물(국보 137호)을 포함해 4점에 이른다. 그리고 오늘날 그곳에 살고 있는 주민들은 현재 二次葬을 하면서 조상의 두개골을 따로 보관하고 있다.

2) 최근의 자료는 철기시대의 상한이 점토대토기의 출현과 관련이 있고 늦어도 기원전 5세기로 올라가고 있다. 최근의 가속질량분석연대(AMS: Accelerator Mass Spectrometry)에 의한 결과 강릉 송림리유적이 기원전 700년-기원전 400년경, 안성 원곡 반제리의 경우 기원전 875년-기원전 450년, 양양 지리의 경우 기원전 480년-기원전 420년(2430±50 BP, 2370±50 BP), 횡성군 갑천면 중금리 기원전 800년-기원전 600년 그리고 홍천 두촌면 철정리(A-58호 단조 철편, 55호 단면 직사각형 점토대토기)의 경우 기원전 640년과 기원전 620년이 나오고 있기 때문이다. 그리고 최근의 고고학적 자료에 의하면 철기시대의 기원지로 연해주의 뽈체(挹婁)와 끄로우노브까(北沃沮, 黑龍江省 東宁縣 團結村 團結文化團結沮) 문화도 들 수 있다. 철기시대문화의 기원은 청동기시대와 마찬가지로 多元的이라고 말할 수 있다. 그리고 필자는 서기 1971년 5-6월에 있었던 강원도 춘성군 내평 2리의 발굴을 기반으로 하여, 2004년 12월 17일(금) 한양대 주최 〈선사와 고대의 의례고고학〉이란 학술대회에서 발표된 기조강연「부천 고강동 유적 발굴조사를 통해본 청기시대·철기시대 전기와 후기의 새로운 연구방향」이란 글에서 한국청동기시대 부期의 새로운 편년설정과 아울러 상한의 연대를 기원전 2000년-기원전 1500년으로 주장할 수 있게 되었다. 이 유적은 한반도 청동기시대 상한문제와 아울러, 앞선 전면 또는 부분빗살문토기와 부분적으로 공반하는 돌대문토기로 신석기시대에서 청동기시대에로 이행과정 중에 나타나는 계승성문제도 새로운 연구방향이 되었다.

광물·금속성분의 熔融點(melting point)과 이를 제작하는 技術, 그리고 관계된 設備와 構造에 따라 당시 산업기술의 발전 수준을 짐작해볼 수 있다. 그래서 문화발전상 청동기시대와 철기시대로 나눈다. 즉 유리는 1712℃, 철 1525/1537℃, 구리 1083℃, 금 1063℃, 은 960℃, 주석 232℃, 납 327℃에서 용용되며, 구리에 아연, 주석, 비소를 가해 만들어지는 청동(bronze)은 950℃에서 용용된다. 철은 청동기의 제작에 이은 가장 발전된 단계로 기원전 1500년경 히타이트(Hittites) 제국에서 첫 선을 보인 이후 서기 1760년 産業革命의 시작과 더불어 전 세계에서 가장 광범위하게 사용되어온 물질이다. 영국의 콜부룩데일(Coalbrookdale)의 아이언 브리지(Iron Bridge Gorge, 1986년 세계문화유산으로 등재. 산업혁명시기의 상징으로 서기 1779년 세계 최초 철로 만들어진 다리)

최근의 발굴조사에 의하면 한반도의 청동기시대의 시작이 기원전 20세기-기원전 15세기를 오른다. 이는 청동기시대 전기(기원전 1500년-기원전 1000년)의 이중구연토기와 중기(기원전 1000년-기원전 600년)의 공렬토기에 앞서는 돌대문(덧띠새김무늬)토기가 강원도 춘성 내평, 춘천 천전리(기원전 1440년), 춘천 하중도 D-E지구, 정선 북면 여량 2리(아우라지, 기원전 1240년), 강릉시 초당동 391번지 허균·허난설헌 자료관 건립부지, 홍천 두촌면 철정리, 홍천 화촌면 외삼포리, 경기도 가평 상면 연하리, 인천 계양구 동양동, 충청남도 연기군 금남면 대평리, 대전시 용산동(단사선문이 있는 돌대문토기로 조기 말), 경상남도 진주 남강댐 내 옥방 5지구(동아대·선문대 등 조사단 구역, 기원전 1590년-기원전 1310년, 기원전 1620년-기원전 1400년의 연대가 나왔으나 돌대문토기와의 관련은 아직 부정확함)와 경주 충효동유적을 비롯한 여러 곳에서 새로이 나타나고 있기 때문이다. 각목돌대문(덧띠새김무늬)토기의 경우 中國 辽宁省 小珠山유적의 상층(신석기시대 후기)과 같거나 약간 앞서는 것으로 생각되는 大連市 郊區 石灰窯村, 辽東彎연안 交流島 蛤皮址, 長興島 三堂유적(기원전 2450년-기원전 1950년경으로 여겨짐), 吉林省 和龍県 東城乡 興城村 三社(早期 興城三期, 기원전 2050년-기원전 1750년), 그리고 연해주의 신석기 문화인 보이즈만의 말기(신석기시대 말기) 자이사노프카의 올레니와 시니가이 유적(이상 기원전 3420년-기원전 1550년)에서 발견되고 있어 서쪽과 동쪽 중국과 연해주의 두 군데에서 영향을 받았을 가능성이 많다. 이들 유적들은 모두 신석기시대 말기에서 청동기시대 조기에 속한다.

를 필두로 하여, 스페인의 비즈하이아(Bizjaia) 주의 비즈카야 다리[Vizcaya Bridge, 서기 2006년 세계문화유산으로 등재, 에펠(Gustave Eiffel)의 제자인 알베르토 데 팔라시오(Alberto de Palacio)가 서기 1893년 설계한 다리], 그리고 파리 만국박람회(Universal exposition)와 프랑스혁명 100주년 기념을 계기로 서기 1889년 3월 31일부터 관람을 시작한 鐵筋만으로 만들어진 에펠 탑(Iron lattice tower, Gustave Eiffel의 설계, 높이 324m, 서기 1930년까지 세계에서 제일 높았고, 서기 1991년 세계문화유산으로 등재가 되었다.)이 철로 만들어져 세계적인 철제 상징물을 대표한다.

그리고 半兩錢(기원전 221년-기원전 118년)과 五洙錢(기원전 118년, 7대 漢 武帝 5년 鑄造를 시작하여 後漢 光武帝 建武 6년 서기 30년까지 사용)을 포함한 중국 秦-漢대의 동전은 오늘날의 세계 基軸貨인 달라(美貨)에 해당하는 당시 교역수단으로 당시 활발했던 국제무역에 관한 고고학적 증거들이다. 기원전 1세기경으로 편년되는 경상남도 泗川 勒島(史勿國)유적에서는 경질무문토기, 일본 彌生土器, 樂浪陶器,[3] 漢式硬質陶器 등과 함께 半兩錢이 같은 층위에서 출토되었다. 반량전은 기원전 221년 진시황의 중국 통일 이후 주조되어 기원전 118

---

3) 토기, 도기류를 통칭하는 쎄라믹(ceramic)이란 말은 어원상 "불에 타버린 물질"을 뜻한다. Prudence M. Rice(1987, p.5)는 Terra-cotta(1000℃ 이하), Earthenware(폭넓게 900℃-1200℃ 사이), China(1100℃-1200℃), Stoneware(약 1200℃-1350℃), Porcelain(1300℃-1450℃)으로 구분해 사용한다. 우리나라에서는 土器(500℃-850℃)-陶器(1100℃ 전후)-炻器(stoneware 1200℃ 전후)-磁器(1300℃ 전후)로 분류하며 無文土器, 樂浪陶器, 新羅炻器, 高麗靑瓷(celadon), 朝鮮白磁(white porcelain) 등으로 부른다. 燒成度는 지붕이 없는 仰天窯(open kiln)에서 지붕이 있는 登窯(tunnel kiln, climbing oven)에 이르는 가마(窯)제작의 기술적인 발달과정에 따른다. 사천 늑도에서 출토된 일본 彌生土器의 胎土는 한국에서 얻은 원료로 구어졌음이 밝혀졌다(최몽룡·유한일 1986, 삼천포시 늑도 토기편의 과학적 분석, 제29회 전국역사학대회 발표요지, pp.231-232 및 1987, 삼불 김원용교수 정년퇴임 기념논총 (I), pp.241-242).

년까지 사용된 동전으로 알려져 있다. 이외에도 중국 동전은 해남 군곡리, 나주 오량동 시량, 제주 산지항, 금성리, 김해, 고성과 창원 성산패총 등지에서도 출토되었다. 이는 『三國志』魏志 東夷傳 弁辰條의 '國出鐵 韓濊倭皆從取之 諸市買皆用鐵如中國用錢又以供給二郡'의 기사와 倭人傳에 보이는 海(水)路萬里의 무역로(trade route, exchange system, interaction spheres, barter, logistics)를 감안해 볼 때 樂浪(帶方)−海南 郡谷里−泗川 勒島(史勿國)−固城(古史浦)−昌原 城山(骨浦國)−金海(狗邪韓國)−제주도 山地港−對馬島(國)−壹岐國(一支國)−末盧國−伊都國−奴國−邪馬臺國[4]으로 이어지는 바닷길이 예상될 것이다. 이외에도 국가 발생의 원동력 중의 하나인 무역에 관한 고고학증거는 계속 증가하고 있다. 역시 늑도 유적에서 중국 서안에 소재한 진시황(기원전 246년−기원전 210년 재위)의 무덤인 兵馬俑坑에서 보이는 三翼有莖銅鏃(鐵莖銅鏃)도 출토되었는데 이와 같은 것이 양평군 양수리 상석정(기원전 330년, 기원전 170년, 서기 90년)에서는 두 점이나 출토된 바 있다(문재범 2009, p.242) 진시황의 무덤에 부장된 이 동촉은 진시황릉 축조 이전에 제작된 것으로 보인다. 따라서 창원시 외동 城山貝塚은 伽倻시대[서기 42년−서기 532년(신라 法興王19년/가야 10대 仇衡王/仇亥王(서기 521년−서기 532년)의 서기 532년/서기 562년大伽倻의 멸망은 신라 眞興王 23년/대가야 16대 道設智王(서기 6세기 중엽−서기 562년) 서기 562년] 당시 貿易路의 중간 寄着港의 하나(浦上八國의 하나인 骨浦國)로 추정된다.[5]

---

4) 奴國은 서기 57년 後漢 光武帝로부터 '漢倭奴國'이란 金印을, 邪馬臺國은 서기 239년 魏의 齊王으로부터 '親魏倭王'란 칭호를 下賜받으며 九州 佐賀県 神埼郡 神埼町·三田川町 東村振村 吉野ケ里(요시노가리)에 위치한 일본 최초의 고대국가인 邪馬臺國의 卑彌乎(히미꼬)女王은 서기 248년에 죽고 宗女 臺與(壹與)가 그 자리를 계승한다.

5) 浦上八國에 대한 기록으로 『三國史記』와 『三國遺事』에서 찾아볼 수 있다. 『三國史記』新羅本紀 第二 奈解十四年(서기 209년)秋七月 浦上八國謀侵加羅 加羅王子來請救 王命太子于老與伊伐湌 利音將六部兵往救之 擊殺八國將軍奪所虜六千人還之. 『三國遺事』避隱第八 勿稽子條 第十奈解王卽位十七年(서기 212년)壬辰. 保羅國(今固城.) 史勿國(今

한국 청동기와 철기시대의 편년을 요약하면 다음과 같다.

청동기시대: 기원전 2000년/1500년–기원전 400년(조기는 신석기 말기의 부
　분빗살문토기와 공존)
철기시대 전기(종전의 초기 철기시대): 기원전 400년–기원전 1년
철기시대 후기/삼국시대 전기(三韓, 종래의 원삼국시대): 서기 1년–300년
삼국시대 후기: 서기 300년–서기 600년
통일신라시대: 서기 660/668년–서기 918년

　사적 240호인 당시 마산(현 창원) 외동 성산패총의 발굴에 대한 필자의 회
고는 다음과 같다.

　"고고학이란 학문을 업으로 삼아 온지도 어느새 50여 년이란 세월이 흘렀
다. 이 길을 택하면서 필연적으로 적지 않은 발굴현장을 경험하게 되었다. 기

泗州.) 等八國 倂力來侵邊境 王命太子㮶音 將軍一伐等 率兵拒之 八國皆降. 時勿稽子
軍功第一 然爲太子所嫌 不賞其功 或謂勿稽子 此戰之功 唯子而已 而賞不及子 太子之
嫌其怨乎 稽曰 國君在上 何怨人臣 或曰然則奏聞于王幸矣 稽曰 代功爭命 揚己掩
人 志士之所不爲也 勵之待時而已 十年乙未 骨浦國(今合浦也)等三國王 各率兵來攻竭火
(疑屈弗也今蔚州.)王親率禦之 三國皆敗 稽所獲數十級 而人不言稽之功 稽謂其妻曰 吾聞
仕君之道 見危致命 臨難忘身仗於節義 不顧死生之謂忠也 夫保羅(疑發羅今羅州) 竭火之
役 誠是國之難 君之危 而吾未曾有忘身致命之勇 此乃不忠甚也 旣以不忠而仕君 累及於
先人 可謂孝乎 旣失忠孝 何顔復遊朝市之中乎 乃被髮荷琴 入師彘山(未詳) 悲竹樹之性
病 寄托作歌 擬溪澗之咽響 扣琴制曲 隱居不復現世. 이 골포국의 정치진화단계는
Elman Service의 통합론(Integration theory)와 Timothy Earle의 절충론(Eclecti-
cism)에 의하면 고대국가 직전단계인 복합족장사회(complex chiefdom)에 속하며 2-
300년 후 왕이나 여왕이 다스리던 奴國과 邪馬臺國과의 교역(interaction sphere)을 통
해 정치가 더욱 더 복잡하게 발전하였다. 그때는 이미 伽倻王國으로 대표된다.

억을 되살려보면 발굴 하나 하나가 새롭지만 그중에서도 특히 잊지 못할 발굴을 꼽는다면 서기 1971년 5월 8일(토)-6월 3일(목)에 있었던 강원도 춘성군 내평 2리(현재는 소양강 댐 내 수몰) 소재 부분빗살문 토기, 돌대문토기와 공렬문토기가 나온 집자리유적의 발굴이고, 또 다른 하나는 서기 1974년 2월 14일-3월 10일(1차), 서기 1974년 3월 24일-5월 15일(2차)의 두 차례에 걸쳐 실시되었던 마산시 외동 성산패총(사적 240호, 현 창원시 외동 1공단 내 소재)의 발굴이다. 성산패총의 발굴은 수자원개발공사가 추진하던 마산기계기지공사의 일환으로 유적이 위치한 구릉이 공장부지조성을 위해 깎아 平地化 하려는 계획에 따라 사전에 실시하게 되었다. 그런데 2차에 걸친 발굴을 통해 유적의 중요성이 부각됨에 따라 당시 문화재관리국 연구소 소장이었던 金正基(한림대 교수) 박사와 서울대 金元龍 교수를 비롯한 여러 문화재위원들의 노력에 힘입어 주위 다른 지역은 계획대로 平地化되어 공단이 들어서게 되었으나 이곳만은 구릉 그대로 보존되기에 이르렀다. 또 같은 해 11월 2일에는 사적 240호로 지정되었고, 발굴종료 후에는 유물전시관이 설립되어 이곳에서 출토된 유물을 현장에서 전시하기에 이르렀다. 유적이 보존되는 과정에서 문화재관리국과 수자원개발공사는 각각의 異見도 많았는데, 이 문제는 당시 최고 권력자인 朴正熙 대통령에 의해 중재되는 해프닝도 있었다. 당시 대통령이 헬리콥터를 타고 현장에 도착하여 양측의 브리핑을 들었고, 또 발굴단원들과 일일이 악수를 한 일도 있었는데, 나는 이때 처음 대통령의 손을 잡아 보았다. 이 유적은 漢 王莽 天鳳 원년(서기 14년)에 해당하는 王莽錢(왕망전 중 貨泉이 출토, 서기 7년에 大泉五十·契刀·錯刀·國寶金直萬布, 서기 9년에 貨布, 서기 14년에 貨泉과 布泉이 주조됨)이 출토된 바 있던 김해 會峴里패총(사적 2호, 이곳에서 樂浪陶器인 灰靑色硬質土器가 나온다)과 쌍벽을 이룰 정도로 중요한 유적으로 생각된다. 층위는 위에서부터 표토층-흙갈색 점토층-貝殻層-흙갈색·황갈색 점토층으로 이루어져 있는데 각 층은 무문토기가 나오는 철기시대 전기, 김해토기가 나오는 삼국시대 전기, 그리고 판축으로 이루어진 土城과 石城의 흔적이 남아있는 신라시대에 이르는 약 천여 년에 걸친 문화상을 보여주고 있다. 北區의 석성은 서기 6-서기 7세기경에 축조된 것으로 나타났다. 그런데 駕洛國/金官伽倻의 멸망은 신라 法興王19년/가야 10대 仇衡王/仇亥王(서기 521년-서기 532년)의 서기 532년이고 大伽倻의 멸망은 신라 眞興王 23년/대가야 16대 道設智王(서기 6세기 중엽-서기 562년) 서기 562년으로, 이 성은 가야가 멸망 직후 축조된 新羅城일 가능성이 많다. 그러나 이 유적의 중심문화는 김해토기가 보이는 조개더미로, 그 시기는 貝殼層 바닥에서 출토된 漢代의 五銖錢(半兩錢은 기원전 221년 진시황이 통일을 하고 난 후 만들어져 7대 漢 武帝 5년 기원전 118년까지 사용되었으며, 오수전은 그 이후에 주조되었다)[6]과 무문토기로 보아 기원전 2-기원전 1세기에서 서기 3세기경까지로 보인다. 무문토기로 보아 아무리 늦어도 서력기원 전후가 중심연대가 될 것이다. 발굴 당시 출토된 동전은 표면에 말라카이트(孔雀石, malachite)와 아주라이트(藍銅鑛, azurite)의 파란 녹으로 인해 심하게 부식되어 있었는데, 수소문 끝에 지금은 고인이 되신 한양대학교의 趙宗秀 박사에게 의뢰해 還元처리한 결과 중국제 동전인 五銖錢임이 밝혀졌다. 이는 우리 고고학계에서 처음 실시된 환원처리였는데, 당시 예산이 부족하여 아무런 사례도 못한 것은 지금 생각해도 죄송스럽기 짝이 없다. 2차 발굴은 東區(韓炳三·鄭澄

---

6) 五銖錢은 漢 武帝 당시 도량형의 一標準으로 3.35g에 해당한다. 오수전은 동제와 철제의 두 가지가 있으며 銅製五銖錢은 그 기원이 한 무제 元狩 5년(기원전 118년)이며 鐵製五銖錢은 後漢 光武帝 建武 6년(興龍 6년, 서기 30년)에서부터 시작한다. 동제오수전의 종류로는 穿上橫文(神爵年間 기원전 61년-기원전 58년), 四角決文, 穿上半星, 穿下半星, 內好周郭, 四出文(後漢 靈帝 中平 3년, 서기 186년), 傳形과 大文의 五銖錢 등이 있다(水野淸一·小林行雄編 1959, 圖解考古學辭典, 東京: 創元社, pp.345-346). 성산패총 출토 오수전은 전면 穿上위에 두 개의 점(星點)이 있고 배면은 內好周郭과 흡사하다. 그러나 오수전이 발견된 층위의 방사성탄소연대가 기원전 250년, 기원전 175년이 나와 야철지의 연대는 銅製 五銖錢과 관계없이 기원전 2세기-기원전 1세기에 속한다고 말할 수 있다.

元), 北區(李浩官·趙由典), 西南區(필자)의 세 팀으로 나누어져 실시되었는데 1·2
차 발굴 때 참여했던 崔福奎(강원대 교수), 李鍾宣(경기도박물관 관장), 崔鍾圭(경
남고고학연구소 소장), 申敬徹(부산대 교수, 현 한국고고학회 회장) 제씨들은 현재
강원대박물관 관장, 호암미술관 부관장, 국립경주박물관 관장, 부산대 교수
등 학계의 중진으로 활약하고 있다. 필자 역시 당시 29세의 새파란 젊은이로
전남대학교 사학과에 재직하면서 한 팀의 책임을 맡아 발굴에 임했는데 지금
생각해보면 무모했던 점도 많은 것 같아 부끄러움이 앞선다. 당시 짧은 지식
과 경험으로 어쩔 수 없었으며, 그래도 최선을 다했었다고 자위하긴 하지만 좀
더 잘했으면 하는 아쉬움이 남는다. 발굴이 끝나고 15년이 지난 서기 1989년
우연히 그곳을 찾을 기회가 있었는데 아직도 많은 부분이 발굴되지 않은 상태
로 남아 있는 것을 확인했다. 후일 후배들에 의해 작업이 계속된다면 유적의
성격이 좀 더 자세히 파악될 것이라 믿어진다. 冶鐵址[7]라 생각되는 부분은 아
직도 많은 논의의 여지가 있다고 생각되는데, 이 점 역시 앞으로의 작업에 의
해 규명될 수 있을 것이다. 또 당시 연세대학교의 孫寶基 교수팀이 레이텍스
(Latex, 고무유액)로 冶鐵址가 있는 층위를 떠 보전했다. 그리고 야철지가 포함

---

7) 창원시 佛母山(火池)에 조선시대의 鐵鑛, 製鍊所, 爐址와 冶鐵址가 있었다는 口傳이 있
  고, 또 昌原府에서 銅鐵이, 창원 北背洞에서 구리가 섞인 生沿石이 생산되었다고 기록
  으로 전해온다(『朝鮮王朝實錄』 25권, 세종 6년, 서기 1424년 갑진년 9월 9일자, 26권 세종 6년
  서기 1424년 정해년 11월 16일자 등). 그리고 창원 봉림동과 의창 다호리 背寺洞(九龍路)에
  서 서기 1974년 무렵까지 철과 구리를 채광하던 흔적이 남아있다. 실제 경주 황성동
  소방도로, 경주 월성 毛火里(문화재관리국, 1987)와 충남 서산 해미읍성(사적 116호) 등지
  에서 삼국시대−조선시대의 야철지가 알려져 있다. 그리고 창원시 외동 昌原南中學校
  내의 지석묘(서기 1974년 지방문화재 5호로 지정됨), 그리고 가음정동과 토월동의 지석묘
  존재가 알려져 있다. 창원시 근처에는 마산 덕천리와 진동리지석묘(사적 472호), 의창
  多戶里고분군(走漕馬國, 사적 327호) 등 청동기시대 후기 말−철기시대 전기 초의 중요
  한 유적들이 많다. 당시에는 技術의 어려움 때문에 자연 選鑛이 되는 냇가철(川砂鐵)이
  나 바닷가철(濱砂鐵)이 採鑛의 중심이 되었을 것이다.

된 Ⅷ층에서 채취한 조개껍질의 방사성탄소연대가 기원전 250년(2200±100 B.P. YM-18, 당시 원자력연구소 梁京麟 박사가 연대측정을 함), Ⅴ층의 것이 기원전 175년(2125±100 B.P. YM-19)이라는 두 가지의 연대가 나옴을 밝혔다. 또 그곳에서 나온 조개의 종류를 모두 2강 6목 14과 21종으로 분류한 점 등은 고고학에 있어 필수적인 자연과학의 응용이란 측면에서 좋은 평가를 받게 될 것이다(손보기 외 1976, pp.302-304). 보고서를 다시 읽어보면 당시 어려운 여건 하에서도 모두가 자기가 맡은 분야에 있어서 최선을 다했던 것 같다. 그리고 시간이 경과함에 따라 이 유적의 중요성이 더욱 더 들어나는 것 같다. 앞으로 후배 고고학자들의 새로운 평가 작업을 통해 당시의 어쩔 수 없었던 제약도 함께 극복되었으면 하는 바람이 앞선다. 다시 한 번 발굴 당시를 생각해보면 광주와 마산의 발굴 현장 사이를 매주, 지금은 없어져 버린 그레이하운드 버스로 강의와 발굴로 분주하게 왔다 갔다 하던 일, 발굴 중 시간이 나면 가끔 들렸던 마산시내 오동동 술집에서 미더덕과 콩나물이 듬뿍 들어간 매운 아구찜과 함께 들었던 막걸리 한 잔은 지금도 잊을 수 없는 추억으로 남아있다(박물관 신문 1990년 7월 1일 227호 및 韓國上古史 研究餘滴, 2008, pp.419-424)."

　　성산패총이 포함되었던 중요한 시기는 고고학의 편년 상 무문토기와 冶鐵址가 나오는 철기시대 전기(기원전 400년에서 기원전 1년)에서 시작하여 김해패총(사적 2호) 출토유물과 같은 양상의 삼국시대 전기(철기시대 후기, 서기 1년-서기 300년)이다. 그리고 패총의 상층에 보이는 石城은 삼국시대 후기(서기 300년-서기 660/668년)에 해당한다. 한국에서 철기시대 전기의 특징있는 유물로서는 細形銅劍(韓國式 銅劍), 잔무늬거울을 포함하는 청동제유물이 주를 이루고 철제도끼와 같은 철제품을 들 수 있다. 그래서 종전에는 이 시기를 청동기시대 후기라고도 하였다. 아직 초기 철기시대라는 말을 그대로 사용하고 있지만 철기유물의 출토와 그 시대의 특징상 이제는 철기시대 전기로 쓰고 있다. 그리고 종전에 원삼국시대(서기 1년-서기 300년)는 철기시대의 후기, 또는 三國時代 前期라는 용어로 바뀌고 있다. 특히 三國時代 前期라는 용어가 최근에 자주 사용되는 듯하다. 사실 삼국시대 전기라고 해야 마한, 진한, 변한의 삼한뿐만 아니라 『삼국사기』 기록에 나타난 신라, 고구려, 백제의 건국시기도 함께 포함할 수 있기 때문이다. 백제도 기원전 18년 마한의 바탕 위에 건국하였다. 백제보다도 앞선 마한은 기원전 3세기-기원전 2세기경에 나타나 서기 5세기 말 6세기 초에 망하였다. 그 사이 마한과 백제는 공존하였다. 마한의 마지막 근거지는 나주 반남면 대안리, 덕산리, 신촌리(사적 76·77·78호)와 복암리(사적 404호) 일대가 된다.

우선 이 시기는 『三國史記』라는 문헌의 신빙여부가 문제점으로 남는다. 특히 고구려(기원전 37년), 백제(기원전 18년), 신라(기원전 57년), 가야(서기 42년)의 건국연대가 고고학적인 자료와 일치하는지가 문제점으로 남아 있다. 그러나 최근 서울 풍납토성(사적 11호) 최하층에 風納里式 조질 무문토기[8]가 삼중의 환호와 함께 나오고, 창원시 서상동 남산에서 三重環壕로 둘러싸인 청동기시대의 취락지, 김해 양동리와 경주 사라리유적에서는 청동제자루에 철제 칼이 붙어 있는 검이 나타나고 있어 삼국 개시를 전후해서 階級社會의 출현과 國家의 존재를 증명해 주는 자료가 속속 나타나고 있다.

---

8) 문화재연구소에서 1999년 실시한 발굴에서 확인한 서울 풍납토성(사적 11호)의 성벽 최하층에 제례용으로 埋納된 硬質無文土器의 연대는 『三國史記』 溫祚王 41년條(서기 23년) '…發漢水東北諸部落人年十五歲以上 修營慰禮城.'이란 기록으로 보아 성벽(동벽과 서벽)의 축조연대와 함께 서기 23년으로 추측된다. 그리고 이와 같은 春川 中島의 硬質(糟質)無文土器도 기원전 15±90년(1935±90 B.P.)으로 경질무문토기의 하한은 늦어도 기원전 1세기-서기 1세기경이 될 것이다. 그리고 '…十五年春正月 作新宮室 儉而不陋 華而不侈…'라는 궁궐의 신축은 溫祚王 15년(기원전 4년) 이루어졌다.

일본사람들은 金海貝塚(사적 2호)을 발굴하고 이를 통해 한국의 문화가 停滯性, 他律性, 半島性과 事大性으로 발전하지 못하였고 이를 통해 統治의 適法性·正當性을 주장하는 植民地史觀의 증거로 삼으려고 노력했다. 우리의 철기시대문화는 자발적으로 발생한 것이라기보다는 중국 영향(특히 燕나라)에 의한 것으로 특히 衛滿朝鮮(기원전 194년-기원전 108년)과 관련된 것으로 보고 있다. 한국철기시대의 上限은 점토대토기의 출현과 맞물려 적어도 기원전 400년으로 올라간다. 북한의 학자들도 이보다 앞서는 기원전 6세기-기원전 5세기경부터 시작된 것으로 올려보고 있다. 또 최근에는 당진 소소리, 부여 합송리 등지에서 철제품들이 나오고 있어 앞으로 철기시대 전기에 해당하는 유물들이 점점 많아질 것으로 보인다. 그리고 기술사적으로 볼 때 청동기는 합금의 주성분인 구리의 용융점이 1083℃(청동기는 950℃)인 반면에 철기의 경우는 1525/1537℃로 500도의 화도를 더 높이기 위해서는 송풍구를 비롯한 고도의 발달된 제철기술이 필요 된다. 이것은 당시의 정치사회와 기술발전의 뒷받침 없이는 되지 않는다. 비록 삼국시대 전기에 해당하지만 충북 진천군 덕산면 석장리에서 나온 백제 초기의 鐵斧 范芯片[9]을 비롯한 여러 가지 야철유구는 이를 증명해준다. 철기시대 전기의 독자적인 사회발전도 앞으로 고려해야 할 문제점이다.

철기시대 전기에는 삼국의 개시기와 아울러 북쪽에서는 衛滿朝鮮(기원전

---

9) 백제 초기의 유적은 충청북도 충주시 금릉동 백제 초기 유적, 칠금동 탄금대 백제토성(철 생산유적), 가금면 창동 철광산, 가금면 탑평리 집자리(凸자형 구조를 가진 집자리로 대장간과 같은 철제무기를 만들던 工房으로 연대는 서기 355·365·380년이 나옴)와 장미산성(사적 400호), 강원도 홍천 하화계리, 원주 법천리, 춘천 천전리, 화천군 하남 원천리에서 발견되고 있는데, 이들은 『三國史記』 溫祚王 13년條(기원전 6년)의 '...遣使馬韓 告遷都 遂畫疆場 北至浿河 南限熊川 西窮大海 東極走壤...'이란 기록을 뒷받침해주고 있다.

194-기원전 108년)이 중국의 漢나라(7대 武帝, 기원전 140년-기원전 87년)와 대치하고 있었다. 위만조선은 우리나라 최초의 고대국가로서 고구려, 백제, 신라의 건국에 영향을 주었을 것이다. 위만조선 때 중국으로부터 鐵製長劍, 土壙墓를 비롯해 漢字의 유입이 이루어졌다. 특히 漢字의 사용은 의창 다호리에서 출토한 붓의 존재, 해남 군곡리, 창원 성산, 제주 산지항 등에서 나타나는 중국의 화폐로써 그 가능성이 입증된다. 또 중국 북경 근처 연나라에서부터 난평-요양·무순-위원·강계를 지나 평양으로 이어지는 소위 무역루트에서 보이는 明刀錢은 당시의 빈번했던 교역관계와 아울러 한자사용의 가능성을 더한층 뒷받침해준다. 한편 최근 제주시 삼양동집자리(사적 416호)에서 발견된 중국제 環玉(河南省 南陽 獨山 및 密縣産 玉으로 만들어진 것으로 추정)도 이 시기의 활발한 무역의 존재를 보여준다. 위만조선이 들어선 시기는 소위 세죽리-연화보 시기로서 평북 寧邊 細竹里에서 요령성 撫順市 蓮花堡에 이르는 광범위한 지역이 철기시대 전기의 유적이 분포하는 것으로 볼 수 있다. 이들 유적에서는 호미, 괭이, 삽, 낫, 도끼, 손칼 등의 철제농공구류와 함께 승석문을 打捺한 회색토기가 나타났다. 주조철부를 비롯한 鐵製利器들은 대체로 중국계인 것으로 보인다. 그러나 이것이 단순히 중국제인지 아니면 우리나라에서 우리 기술로 자체 제작한 것인지에 대한 성분분석을 통한 기술적인 파악이 선행되어야 한다. 당시의 주거지 형태는 수혈식 주거가 일반적이지만 중강 토성리나 시중 노남리에서와 같이 외줄의 온돌구조가 보이기도 한다. 또한 이 시기에는 곡식 농사와 화전법이 실시되고 토기로는 흑색마연토기, 점토대토기가 나타나며 석기로는 유구석부, 반월형석도, 삼각형석촉, 마제석검, 편평단인석부 등이 여전히 사용되고 토광묘와 옹관묘가 묘제로서 채택되었다. 최근 발굴된 양양군 현남면 지경리, 강릉시 연곡면 동덕리, 횡성군 둔내리 등의 유적에서 집자리가 계속 발굴되고 있다. 특히 지경리에서는 길이 28.2m, 폭 8m의 대형의 집자리가 나왔는데 이는 우리나라 최대의 것으로 이 시기 계급사회의 발전이 한

층 더 이루어졌음을 시사해준다. 이 집자리들은 이 지역에 자리잡았을 것으로 추정되는 東濊·濊國(당시 漢 7대 武帝가 세운 玄菟郡은 기원전 107년-기원전 82년에 존재)과 관련해 검토대상이 된다. 그리고 유물을 통한 시기구분은 철기시대 전기 중 1기는 Ⅰ식 세형동검, 정문식 세문경, 동부, 동과, 동모, 동착 등의 청동기류와 철부를 비롯한 주조철제 농공구류, 토기로는 단면 원형의 점토대토기를 그 대표적인 문화적 특색으로 하는데, 그 연대는 기원전 400년부터 기원전 1년에 해당된다. 여기에는 점토대토기의 구연이 단면 원형-방형-삼각형[10]으로 발전해나가는 모습을 볼 수 있는데 이를 통해 철기시대의 편년을 설정해 볼 수 있을 것이다. 철기시대 전기 중 말기가 되면 Ⅱ식 세형동검과 鍛造철기가 등장하며, 세문경을 대신하여 차마구가 부장되고 점토대토기의 단면형태가 삼각형으로 변화하게 된다. 그중 세형동검은 좁은 놋단검 또는 韓國式銅劍으로 불리기도 하는데 가장 이른 시기의 것은 旅大市 旅順口區 尹家村 제12호 돌무덤, 沈阳 郑家洼子, 제2호무덤, 辽阳 河欄 二道河子 제 1·3호 무덤 및 황해도 재령 高山里토광묘 등에서 출토된 것들로서 그 상한은 기원전 5세기-기원전 4세기까지 올라가는 것으로 보고 있다. 그러나 실제 이들은 후일 한국화 된 동검과는 어느 정도 차이가 있다. 현재까지 세형동검의 발견은 약 400점에 이르며, 그 분포는 우리나라를 중심으로 東西로는 중국의 요하유적에서 연해주에, 북으로는 눈강 하류 및 송화강 동류 유역에 이른다고는 하지만 엄밀하게 한반도 특히 청천강 이남에 한정되고 있어 한반도에 그 분포범위가 국한되어 있다고 할 수 있다. 이 세형동검들은 이보다 앞선 비파형, 만주식 또는 요령식 동검(古朝鮮式 銅劍)들과 어떤 관계가 있는지, 이들을 사용하던 주인공

---

10) 경주 蘿井(사적 245호)의 경우 구연부 단면 삼각형의 점토대토기와 함께 다리가 굵고 짧은 豆形토기가 나오고 있으며 이 시기는 기원전 57년 朴赫居世의 新羅建國과 밀접한 관련을 맺고 있기 때문이다.

이 실제 문헌상에서 확인되는지가 중요한 연구대상이 된다. 그리고 세문경을 보면 이전 청동기시대의 조문식 동경을 조형으로 하며, 이 시기에 이르면 삼각형을 기본단위로 하는 특징적인 삼각형복합문으로 발전해 가는데 대전 괴정동, 부여 연화리 등의 단계를 거쳐 화순 대곡리 출토품이나 숭실대학교 소장품과 같은 정문식 세문경(잔무늬거울, 국보 141호)으로 된다. 이것도 세형동검과 마찬가지로 사용했던 종족의 확인이 문제가 된다. 최근에 발굴 조사된 광주시 광산구 신창동(사적 375호)의 유물은 이 시기의 문화상을 이해하는 중요하다. 기원전 1세기경으로 편년되는 이 유적은 저습지유적으로 특히 이 유적에서 발견된 현악기인 가야금(가야고)은 당시 사회의 예술문화의 일면까지도 알 수 있게 해 준다.

이상의 철기시대 전기(기원전 400년-기원전 1년)에는 우리나라 최초의 고대 국가인 衛滿朝鮮이 들어서고 그 마지막에는 三國時代의 建國이 이어진다. 그래서 철기시대 전기에는 우리나라에서 역사시대가 최초로 시작된다. 이의 배경은『三國史記』의 기록이 이야기해 준다. 그리고 이 시기는 세형동검, 잔무늬거울이 대표되는 청동제유물과 함께 나타나는 철제유물의 빈도수에 의해 그 성격이 더욱 더 뚜렷해질 것이다. 철기시대 전기의 중심지인 한반도는 비록 이웃의 中國이라는 거대한 문화중심지로부터 변방에 위치했지만 독자적인 철기문화를 가지고 있을 가능성도 많다. 鐵器時代 前期의 연구는 일본인이 만든 부정적인 植民地史觀을 극복하는 捷徑이기도 하다. 이들을 이해하기 위하여 한국상고사의 흐름뿐만 아니라 지질학·고생물학·민족지·형질인류학·언어학 등 인접학문의 성과까지도 구체적으로 파악하고 있어야 한다. 그렇다고『三國史記』나『三國遺事』등 문헌에 의거하여 다루어지는 역사시대와는 달리 한국의 선사시대의 내용전개는 어디까지나 여러 가지 긍정적이고 說得力있는 가설에 입각한 서술이지, 그 자체가 정설이라고 말할 수 없는 경우가 많다. 물론 역사시대 서술의 기본이 되는『三國史記』와 같은 문헌의 초기기록들의 신빙성에 관해 여러 가지 異見이 많아 상고사의 흐름을 이해하는데 많은 장애가 되어 오고 있는 것도 사실이다. 이는 日帝時代 서기 1932년–서기 1938년 朝鮮史編修會가『朝鮮史』(本冊 35권)를 만들어내기까지의 과정에서 만들어진 한국의 문화의 半島性, 他律性, 停滯性과 事大性에 기반을 두어 韓半島 統治의 適法性·正當性을 찾아가겠다는 植民地史觀 때문이다. 여기에는 內鮮一體, 滿鮮史觀도 가미되었다. 일본에서 東京大와 京都大學校 출신의 黑板勝美, 稻葉岩吉, 今西龍을 비롯해 末松保和, 白鳥庫吉, 津田左右吉, 濱田耕作과 梅原末治 등의 일본학자들이 中心役割을 하였다. 그러나 가설의 단계에 머무르고 있는 韓國上古史의 올바른 이해를 위해 형질인류학·언어학·고고학 심지어는 生化學과 金石文의 분야에서까지 꾸준한 학제적 연구를 계속해 오고 있다. 秋史 金正喜의 海東碑攷에 나오는 신라 30대 文武王(서기 661년–서기 681년 재위)의 비문(서기 2009년 9월 4일, 金, 碑의 상부가 다시 발견됨)에 의하면 慶州 金氏는 匈奴의 후예이고 碑文에 보이는 星漢王(15대조, 金閼智, 서기 65년– ?)은 흉노 休屠王의 태자 祭天之胤 秺侯(투후) 金日磾(김일제, 기원전 135년–기원전 85년)로부터 7대손이 된다. 그리고 13대 味鄒王(서기 262년–서기 284년, 金閼智–勢漢–阿道–首留–郁甫–仇道–味鄒王,『三國史記』제2, 新羅本紀 제2)은 경주 김씨 김알지의 7대손으로 이야기된다. 따라서 경주 김씨의 出自는 匈奴–東胡–烏桓–鮮卑 등의 유목민족과 같은 복잡한 배경을 가진다. 휴도왕의 나라는 본래 중국 북서부 현 甘肅省 武威市로, 이는 新羅 積石木槨墳의 기원도 중국 辽宁省 朝陽에서 보이는 鮮卑族의 무덤·출토유물과 관련하여 생각해 볼 가능성이 열리게 되었다. 결국 초원의 스키타이인들이 쓰던 쿠르간 封土墳과의 관련도 배제할 수 없게 되었다. 경주 조양동 38호분, 사라리 130호분 경주 오릉(사적 172호) 근처에서 발견된 목곽묘들도 신라의 건국연대가 올라갈 수 있음을 입증해준다. 앞으로 또 다른 철기시대 전기의 유적에서 야철 흔적의 확인 및 구체적인 연대를 알려주는 동전의 출토, 무역과 같은 文化的·政治的 發展段階와 進化의 脈絡[11] 등 이 시기에서 문제점으로 떠오르고 있는 諸般事項을 검토하는데 있어 발굴된지 37년이 지난 오늘날 昌原 城山貝塚에 대한 회고와 전망, 그리고 현재의 고고학 수준에 맞는 새로운 評價는 意味가 있다.

---

11) 『三國志』 魏志 東夷傳 弁辰條에 族長격인 渠帥(또는 長帥, 主帥라도 함)가 있으며 이는 격이나 규모에 따라 신지(臣智, 또는 秦支·踧支라고도 함), 검측(險側), 번예(樊濊), 살계(殺奚)와 읍차(邑借)로 불리고 있었음을 알 수 있다. 이는 정치진화상 같은 시기의 沃沮의 三老, 東濊의 侯, 邑長, 三老, 挹婁의 大人, 肅愼의 君長과 같은 國邑이나 邑落을 다스리던 혈연을 기반으로 하는 계급사회의 行政의 우두머리인 族長(chief)에 해당된다. 이곳 유목민족은 匈奴-東胡-烏桓-鮮卑-突厥(투쥐에, 튀르크, 타쉬티크: 서기 552년 柔然을 격파하고 유목국가를 건설. 돌궐 제2제국은 서기 682년-서기 745년임, 서기 7-서기 8세기)-吐藩[티베트, t'u fan: 38대 치송데짼(赤松德贊 서기 754년-서기 791년)이 서기 763과 서기 767년의 두 번에 걸쳐 唐의 長安을 함락함]-위굴(維吾爾, 回紇: 위굴 제국은 서기 744년-서기 840년임, 위굴 제국은 키르기스/點憂斯에 망하며 키르기스는 서기 9세기 말-서기 10세기경까지 존재)-契丹(辽, 서기 907년-서기 1125년)-蒙古(元, 서기 1206년-서기 1368년)-金(서기 1115년-서기 1234년)-後金(서기 1616년-서기 1626년)-滿洲/淸(서기1626-서기1636년)-大淸(서기 1636년-서기 1911년)으로 발전한다.

참고문헌

노태천

  2000   한국고대 야금기술사 연구, 서울: 학연문화사

문재범

  2009   양수리유적의 성격과 문화담당자, 21세기의 한국고고학 vol. Ⅱ, 서
         울: 주류성

문화재관리국

  1987   야철 유적지 조사보고서, 서울: 문화공보부 문화재관리국

민병훈

  2010   소그드의 역사와 문화, 서울: 국립중앙박물관

손보기·박영철·박선주

  1976   층위의 토양분석과 조가비 및 고동물 뼈의 감정, 마산 외동 성산패
         총 발굴조사보고, 서울: 문화공보부 문화재관리국

윤동석

  1985   한국 초기철기유물의 금속학적 연구, 서울: 고려대 출판부

  1988   철기유물의 과학적 분석, 한국고고학에 있어서 과학적분석의 검토,
         한국고고학전국대회(11월 5–6일, 유인물)

  1989   삼국시대 철기유물의 금속학적 연구, 서울: 고려대 출판부

윤동석·이남규

  1986   가야의 제철공정과 기술발전, 포항: 포항종합제철주식회사 기술연
         구소·고려대학교 생산기술연구소(유인물)

윤동석·신경환

  1982   한국 초기철기시대에 토광묘에서 출토된 철기유물의 금속학적 고

찰, 한국고고학보 13집

이남규

1982 남한 초기철기 문화의 일 고찰, 한국고고학보 13집

정동찬 외

1994 전통과학기술 조사연구(Ⅱ) −대장간·옹기·기와−, 대전: 국립중앙
과학관

최몽룡

1976 西南區 패총 발굴조사보고서, 마산 외동 성산패총 발굴조사보고, 서
울: 문화공보부 문화재관리국, pp.105−174

1985 對馬·壹岐島의 先史遺蹟, 日本 對馬島·壹岐島 綜合學術調査報告
書, 서울: 서울신문사, pp.115−124 및 1987, 한국고대사의 제 문제
서울: 관악사, pp.189−198

1985 고대국가성장과 무역 −위만조선의 예−, 한국고대의 국가와 사회,
서울: 일조각, pp.55−76

1986 邪馬臺國の實態と古代の韓日交流, 東京: 歷史讀本 臨時增刊 86−3,
pp.214−219

1989 인류와 철, 철강분명발달사 연구보고서 포항: 포항제철주식회사

1990 창원성산패총의 발굴 박물관 신문 1990년 7월 1일, 227호, 서울: 국
립중앙박물관

1997 철기시대전기의 문제점 1997년 10월 1일, 314호, 서울: 국립중앙박
물관

1997 철기시대, 한국사 3 −청동기문화와 철기문화−, 서울: 국사편찬위
원회

2002 고고학적으로 본 문화계통 −문화계통의 다원론적 입장−, 서울: 국
사편찬위원회

2004 朝鮮半島の文明化, 千葉: 國立歷史民俗博物館 研究報告, 東ぁじぁ
にぉける農耕社會の形成と文明への道, 第119集

2006 최근의 고고학 자료로 본 한국고고학·고대사의 신 연구, 서울: 주류성

2007 경기도의 고고학(편저) －회갑 기념논총－, 서울: 주류성

2008 한국 청동기·철기시대와 고대사회의 복원, 서울: 주류성

2008 한국상고사 연구여적, 서울: 주류성

2008－2011 21세기의 한국 고고학 Ⅰ·Ⅱ·Ⅲ·Ⅳ(편저) －정년퇴임 기념논
총－, 서울: 주류성

2010 한국 문화기원의 다원성 －구석기시대에서 철기시대가지 동아시아
제 문화·문명으로부터 전파－, 제40회 동양학 국제학술회의 동아시
아, 문명 기원과 교류, 단국대 동양학연구소, pp.1－45

2013 인류문명발달사(개정 5판), 서울: 주류성

최몽룡·유한일

1986 삼천포시 늑도 토기편의 과학적 분석, 제29회 전국역사학대회 발표
요지

1987 삼불 김원용교수 정년퇴임 기념논총(Ⅰ)

최몽룡·윤동석·이영남

1984 충북 제원 양평리·도화리 출토 홍도 및 철제품의 과학적 분석, 윤무
병박사 회갑기념 논총, 서울: 신흥인쇄주식회사

최종택·장은정·박장식

2001 삼국시대철기연구, 서울: 서울대학교 박물관

Maddin Robert

1988 *The Beginning of the Use of Metals & Alloys*, Ma.: Massa-
chusetts Institute Techniology

Rice Prudence M.

1987 *Pottery Analysis*, Chicago & London: University of Chicago Press

Tite, M. S.

1972 *Methods of Physical Examination in Archaeology*, London and New York: Seminar Press

Tylecote

1987 *The early history of metallurgy in Europe*, London & New York: Longman

楊寬

1982 中國古代冶鐵技術發展史, 上海: 人民出版社

華覺明 等著

1986 中國冶鑄史論集, 北京: 文物出版社

鐵器文化研究會

1997 東日本におけるる鐵器文化の受容と展開, 第4會 鐵器文化研究集會, 日本: 朝霞

Retrospect, Prospect and Revaluation of
the Seongsan Shell mound in Changweon

37-year has been passed since the excavation of Seongsan(城山) shell mound(kitchen midden) in Changwon(昌原, historical site no. 240), and the site is famous for the appearance of the Wushu coin(五銖錢), minted since the 118 before the common era(B.C.E./date before the year 1/before the Christian era) during the reign of Wuti(武帝), the 7th emperor of Han(漢) dynasty, replacing the Panliang coin(半兩錢) of the Chin(秦) dynasty. And so the date of this site can be mainly included during the period of the Former Iron Age(400 B.C.-1 B.C.) accompanying plain coarse pottery in terms of Korean chronology. In addition to the discovering of the Wushu coin, the trace of iron melting pot was discovered, which is not only indicating and identifying the historical record of manufacturing and trading(interaction spheres, exchange system, barter, logistics) of iron ore from Byeonjin(弁辰) area with Lolang(樂浪) and Wo(倭) as revealed from the Wei chih Tung-i Chuan in San kuo chi(三國志 魏志 東夷 傳) during the Former Iron Age in Korean peninsula, but also christening it Golpoguk(骨浦國) as one of clan based hierarchical chiefdoms among the Posangpalguk sates(浦上八國) later shown on the such historical records as the Samguksagi(三國史記) and the Samgukyusa(三國遺事) during the Later Iron Age(or the Former Three Kingdoms Period: 1 A.D.- 300 A.D.).It is very meaningful for archaeologists to retrospect, prospect and finally revaluate the result of the Seongsan shell mound in Changweon city excavated 37 years ago comparing with the results of Korean archaeology today.

XI. 馬韓*
- 研究 現況과 課題 -

1. 서언

한국고고학에 있어 馬韓에 대한 고고학·고대사의 연구는 이제 시작이라고 해도 과언이 아니다. 이는 약간의 단편적인 文獻資料 이외에는 考古學的 資料가 극히 적고 또 다른 분야에 비해 인식도 무척 낮기 때문이다. 筆者가,

'전남지방 소재 지석묘의 형식과 분류' (1978, 역사학보 78집, pp.1-50),

'고고학 측면에서 본 마한' (1986, 마한·백제문화 9집, 원광대학교 마한·백제문화연구소, pp.5-15),

'考古學上으로 본 馬韓硏究' (1987, 마한·백제문화의 성과와 과제, 제 9회 원광대학교 마한·백제문화 국제학술회의),

'마한·목지국연구의 제 문제' (1989, 한국상고사 —연구현황과 과제, 서울: 민음사, pp.129-136),

---

* 이 글의 출전은 崔夢龍 2008, 한국 청동기·철기시대와 고대사회의 복원, 서울: 주류성, pp.309-368과 2011, 湖南의 考古學—철기시대 전·후기와 馬韓—, 韓國考古學 硏究의 諸 問題, 서울: 주류성, pp.249-314이며, 여기에 최근의 새로운 자료를 추가·보완하였다. 그리고 서기 2009년 9월 26일(토) 전주박물관에서 행한 '馬韓展' 기조강연은 2009, 마한 연구의 새로운 방향과 과제, 박물관에서 만나는 우리문화, 세계문화, 전주: 국립전주박물관, pp.30-74에 수록되었다.

'馬韓-目支國 研究의 諸 問題-'(1991, 최몽룡·심정보 편저, 백제사의 이해, 서울: 학연문화사, pp.7-28)

'고고학 상으로 본 마한의 연구'(1994, 원광대학교 마한·백제문화연구소 주최 학술심포지엄, pp.71-98 및 문산 김삼룡 박사 고희기념논총: 마한·백제문화와 미륵사상(논총간행위원회 편), 익산: 원광대학교 출판국, pp.129-136)

'한성시대 백제의 도읍지와 영역'(1985, 한국 문화 심포지움-백제초기문화의 종합적 검토-, 서울: 진단학회 및 1985 진단학보 제 60호, pp.215-220)

'考古學으로 본 馬韓, 益山文化圈研究의 成果와 課題'[2003, 원광대학교 마한·백제문화연구소 창립 30주년 기념 학술대회, 16회 국제학술회의(5월 23일) 및 2004, 마한·백제문화 16집, 익산: 마한·백제문화연구소, pp.23-34]

'한성시대의 백제와 마한'(2003, 문화재 36호, 문화재연구소, pp.5-38)

'마한연구의 새로운 방향과 과제'[2006, 충청남도역사문화원(12월 21일, 목), pp.1-35]

'마한·백제문화의 성격'(2007, 목포대학교박물관·영암군, 마한·백제문화의 성격과 주거생활, pp.7-27)

'나주 반남면 고분군과 마한'(2007, 계간 한국의 고고학, 여름호, 주류성, pp.56-71)

'馬韓研究의 새로운 方向과 課題'(2009, 전주박물관 마한전시회 도록, 마한-숨 쉬는 기록, 서울: 통천문화사, pp.4-19)

'호남의 고고학-철기시대 전·후기와 마한-'(2010, 최몽룡 편저, 21세기의 한국고고학 vol.Ⅲ, 서울: 주류성, pp.19-87)

'高句麗 積石塚과 百濟의 建國(공저)'(2011, 최몽룡 편저, 21세기의 한국고고학 Ⅴ, 서울: 주류성, pp.1-41)

'마한-연구 방향과 과제-'(2013, 益山, 마한·백제연구의 새로운 중심-', 원광대학교마한·백제문화 연구소 설립 40년 기념학술대회, pp.9-29 및 馬韓·百濟文

化研究 第22輯, 故 全榮來敎授 追慕 特輯, pp.57-114)

라는 글에서 "한국청동기·철기시대 土着人들의 支石墓社會(기원전 1500년-기원전 1년)는 마지막 鐵器시대 전기(기원전 400년-기원전 1년)의 解體와 더불어 점차 馬韓사회로 바뀌어 나갔다."는 요지를 처음 발표할 때만 하더라도 한국 고고학계에서 '馬韓'이란 용어는 그리 익숙한 표현이 아니었다. 그러나 최근 경기도, 충청남북도 및 전라남북도 지역에서 확인되고 있는 고고학적 유적 및 문화의 설명에 있어 지난 수십 년간 명확한 개념정의 없이 통용되어 오던 原三國時代[1]란 용어가 '馬韓時代' 또는 '三韓時代', '馬韓文化'란 용어로 대체되는 경향이 생겨나고 있는데, 이는 마한을 포함한 三韓社會 및 문화에 대한 학계의 관심이 점차 증폭되고, 또 이를 뒷받침할 만한 고고학 자료가 많아졌음에 따른 것이다. 지석묘사회의 해체 시기는 철기시대 전기로 기원전 400년-기원전 1년 사이에 속한다. 최근에 발굴 조사된 철기시대 전기에 속하는 유적으로 전라남도 여수 화양면 화동리 안골과 영암 서호면 엄길리 지석묘를 들 수 있다. 여천 화양면 화동리 안골지석묘는 기원전 480년-기원전 70년 사이에 축조되었다. 그리고 영암 엄길리의 경우 이중의 개석구조를 가진 지석묘로 그 아

---

1) 이 원삼국시대란 용어를 삼국시대 전기(또는 철기시대 후기, 서기 1년-서기 300년)라는 용어로 대체해 사용하자는 주장은 1987년부터이다(최몽룡 1987, 한국고고학의 시대구분에 대한 약간의 제언, 최영희 선생 회갑기념 한국사학논총, 서울: 탐구당, pp.783-788). 국립중앙박물관에서도 서기 2009년 11월 3일(화)부터 이 용어를 공식적으로 사용하지 않기로 결정하였다. 그리고 衛滿朝鮮(기원전 194년-기원전 108년)을 포함한 古朝鮮을 인정하면 原三國時代 대신 三國時代 前期라는 용어가 타당하며 현재 고고학과 역사학계는 그렇게 인식해나가고 있는 추세이다. 서기 2012년 2월 21일(화)에 열린 국립문화재연구소 주최 한국사 시대구분론-외부전문가 초청포럼- 학술대회에도 그러한 경향을 보이고 있다. 특히 송호정은 '청동기시대에서 철기시대에로의 이행시기에 대한 역사서술과 연구방법론'에서 고대를 고조선(시대)-삼국시대-남북국시대 순으로 보고 있다(p.25).

래에서 흑도장경호가 나오고 있어 그 연대는 기원전 3세기-기원전 2세기경으로 추정된다. 그리고 부여 송국리 유적(사적 249호)의 경우도 청동기시대 후기에서 철기시대 전기로 넘어오면서 마한사회에로 이행이 되고 있다. 이는 부여 송국리(사적 249호)에서도 서기 2012년 10월 제 15차 발굴조사에서 서기 3세기-서기 4세기에 속하는 마한의 墳丘墓(周溝墓) 3호 및 4호의 2기도 새로이 확인되고 있기 때문이다.

馬韓(기원전 3세기/기원전 2세기-서기 5세기 말/6세기 초)은 한고국고고학 편년 상 철기시대 전기에서 삼국시대 후기에 걸치며, 百濟보다 앞서 나타나서 백제와 거의 같은 시기에 공존하다가 마지막에 백제에 행정적으로 흡수·통합되었다. 그러나 전라남도 羅州 潘南面 일대에서는 目支國이란 이름으로 토착세력을 형성하고 있었다. 그 내용도 『後漢書』 東夷傳[南北朝의 宋 范曄(서기 398년-서기 445년) 撰], 『三國志』 魏志 東夷傳[晋初 陳壽(서기 233년-서기 297년) 撰)]와 『晉書』 四夷傳(唐 房玄齡/房喬 等 撰)에 잘 보인다. 또 최근 土室과 같은 고고학 자료도 많이 나와 그 실체를 파악할 수 있게 되었다. 그래서 마한은 衛滿朝鮮(기원전 194년-기원전 108년)과 마찬가지로 한국고고학 상 역사고고학의 시작을 이룬다. 그러나 편년설정, 백제와 구분되는 특징적인 문화내용, 54국의 위치 비정과 상호 간의 通商圈(Interaction Sphere), 목지국의 위치와 이동, 정치체제와 종교문제 등 앞으로 연구해야 될 과제가 많다.

2. 한국고고학의 편년

필자는 청동기, 철기시대 전기와 철기시대 후기(三國時代 前期)의 고고학과 고대사의 흐름의 일관성에 무척 관심을 가져 몇 편의 글을 발표한 바 있다. 서기 1988년-서기 2012년의 제5·6·7차 고등학교 국사교과서에서부터 서기 1997년-서기 2002년 국사편찬위원회에서 간행한 한국사 1·3과 4권에 이르기까지 초기 철기시대와 원삼국시대란 용어 대신 새로운 편년을 설정해 사용해오고

있다. 한국고고학 편년은 구석기시대-신석기시대-청동기시대(기원전 2,000년
-기원전 400년)-철기시대 전기(기원전 400년-기원전 1년)-철기시대 후기(삼국시
대 전기 또는 삼한시대: 서기 1년-서기 300년)-삼국시대 후기(서기 300년-서기 660
년/668년)로 설정된다.

　　마한이 속하는 시기는 철기시대 전기와 후기이다. 기원전 400년-기원전 1
년. 종래의 초기 철기시대. 최근 粘土帶土器 관계 유적의 출현과 관련하여 기
원전 400년으로 상한을 올려 잡는다. 점토대토기의 출현은 철기시대의 시작과
관련이 있다. 최근의 가속질량연대분석(AMS: Accelerator Mass Spectrome-
try)에 의한 결과 강릉 송림리 유적이 기원전 700년-기원전 400년경, 안성 元
谷 盤諸里의 경우 기원전 875년-기원전 450년, 양양 지리의 경우 기원전 480
년-기원전 420년(2430±50 B.P., 2370±50 B.P.), 횡성군 갑천면 중금리의 경우
기원전 800년-기원전 600년 그리고 홍천 두촌면 철정리(A-58호 단조 철편, 55
호 단면 직사각형 점토대토기)의 경우 기원전 640년과 기원전 620년이 나오고 있
어 철기시대 전기의 상한 연대가 기원전 5세기에서 더욱 더 올라갈 가능성도
있다. 철기시대는 점토대토기의 등장과 함께 시작되는데, 현재까지 가장 이른
유적은 沈陽 鄭家窪子 유적이며 그 연대는 기원전 5세기까지 올라간다. 이 시
기는 점토대토기의 단면의 원형, 직사각형과 삼각형의 형태에 따라 Ⅰ기(전
기), Ⅱ기(중기)와 Ⅲ기(후기)의 세 시기로 나누어진다. 그리고 마지막 Ⅲ기(후
기)에 구연부 斷面 三角形 粘土帶토기와 함께 다리가 짧고 굵은 豆形토기(청동
기시대의 高杯形土器의 변형)가 나오는데 이 시기에 新羅와 같은 古代國家가 형
성된다. 이 중 한반도 최초의 고대국가인 衛滿朝鮮은 철기시대 전기 중 Ⅲ기
(중-후기)에 속한다. 그 기원으로는 중국의 중국 沈陽 鄭家窪子 유적과 아울러
러시아 연해주의 뽈체(挹婁)문화가 주목된다. 鐵器時代 後期는 서기 1년-서기
300년 또는 삼국시대 전기(종래의 원삼국시대/삼한시대)이며 신라, 고구려와 백
제가 국가로서의 위상이 더욱 더 뚜렷해진다.

3. 철기시대 전기와 후기

이제까지 철기시대 전기는 두 시기로 구분되어 왔다. Ⅰ기(전기)는 Ⅰ식 細形銅劍(韓國式銅劍), 精文式 細文鏡, 銅斧, 銅戈, 銅矛, 銅鑿 등의 청동기류와 鐵斧를 비롯한 鑄造 철제 농·공구류 그리고 단면 원형의 粘土帶土器와 섭씨 700℃-850℃ 사이에서 구워진 경질무문토기를 특색으로 한다. 그 연대는 기원전 400년부터 기원전 200년 전후로 볼 수 있다. Ⅱ기(후기)에는 Ⅱ식 세형동검과 鍛造鐵器가 등장하고, 세문경 대신 車馬具가 분묘에 부장되고 점토대토기의 단면 형태는 삼각형으로 바뀐다. 그리고 철기시대 전기는 동과와 동검의 형식분류에 따라 세 시기로 구분될 수도 있다. 그러나 최근의 자료로 보면 점토대토기의 아가리 단면 형태로 원형, 직사각형 그리고 삼각형의 세 종류가 확인되는데, 이들은 Ⅰ기(전기), Ⅱ기(중기)와 Ⅲ기(후기)의 세 시기로 구분된다. 점토대토기의 단면 형태로 보면 원형→직사각형(방형)→삼각형의 순으로 변화한 것 같다. 매우 이른 시기에 속하는 철기시대의 단면 원형의 점토대토기(Ⅰ기)유적의 예로 강원도 강릉 사천 방동리 과학일반 지방산업단지 등을 포함하여 경주 금장리와 현곡 하구리, 인천 서구 원당리, 수원 고색동, 울주 검단리, 경기도 부천 고강동, 화성 동탄 감배산과 동학산, 안성 공도면 만정리와 원곡면 반제리, 화성 봉담 동화리, 아산 배방면 갈매리, 양평 용문 원덕리, 삼성리, 강릉 송림리, 고성 현내면 송현리, 파주 탄현 갈현리, 완주 이서면 반교리 갈동과 순천 덕암동 등지에서 상당수 확인되고 있다. 단면 직사각형의 점토대토기는 원형에서 삼각형으로 바뀌는 과도기적 중간 단계 토기(중기 Ⅱ기)로 제주시 삼양동(사적 416호), 아산 탕정 명암리, 화성 동학산과 안성 공도 만정리, 강원도 춘천 거두 2리(2지구)와 홍천 두촌면 철정리 등지에서 확인된다. 원형에서 삼각형으로 바뀌는 과도기에 해당하는 점토대토기 가마가 경상남도 사천 방지리, 파주 탄현 갈현리와 이천 나종면 이치리 등지에서 확인된 바 있다. 그리고 삼각형 점토대토기 관계유물은 경주 蘿井(사적 245호) 근처에서 나온 바 있다. 다시 말해서 동과와 동검 그리고 점토대토기의 단면형태를 고려한다면 철기시대 전기를 두 시기가 아닌 세 시기의 구분이 가능할 수 있겠다.

그리고 최근 발견된 유적을 보면 완주 이서면 반교리 갈동에서는 동과·동검의 용범과 단면 원형 점토대토기(Ⅰ기)가, 화성 동학산에서는 철제 끌의 용범과 단면 직사각형의 점토대토기(Ⅱ기)가, 논산 원북리, 가평 달전 2리와 안성 공도 만정리의 토광묘에서는 세형동검, 그리고 공주 수촌리에서 세형동검, 동모, 동부(도끼, 斧), 동사와 동착(끌, 鑿)이 토광묘에서 나왔는데, 이들은 철기시대 전기의 전형적인 유적·유물들이다. 특히 이들이 토광묘에서 출토되었다는 사실은 세형동검이 나오는 요양 하란 이도하자(辽陽 河欄 二道河子), 여대시 여순구구 윤가촌(旅大市 旅順口區 尹家村), 심양 정가와자(沈陽 鄭家窪子), 황해도 재령 고산리(高山里)를 비롯해 衛滿朝鮮(기원전 194-기원전 108년) 시기와 밀접한 관련이 있는 것으로 볼 수 있다. 다시 말해 세형동검 일괄유물, 끌을 비롯한 鎔范(거푸집), 土壙墓 등은 점토대토기(구연부 단면원형)와 함께 철기시대의 시작을 알려준다. 낙랑의 묘제는 토광묘→귀틀묘→博築墳의 순으로 발전해 나갔는데, 토광묘의 경우는 평안남도 강서군 대(태)성리의 경우처럼 樂浪에 앞선 위만조선시대의 것으로 볼 수 있다. 이와 유사한 것은 경기도 가평 달전 2리, 완주 이서 반교리 갈동과 충남 아산 탕정면 명암리 등지에서 확인된다.

토기제작을 보면 한 무제의 한사군 설치를 계기로 낙랑과 대방을 통해 고도로 발달한 漢의 문물이 한반도로 유입되었다. 앞선 청동기시대 전통의 500℃-700℃의 화도에서 소성된 무문토기와 700℃-850℃에서 구워진 경질 무문토기를 함께 사용하던 철기시대 전기의 주민들에게 화도가 1,000℃-1,100℃에 이르는 陶器와 炻器(stoneware)는 상당한 문화적 충격이었을 것이다. 철기시대 전기의 말기에 해당하는 기원전 108년 낙랑군이 설치된 이후 그 영향 하에 한식 도기가 무문토기 사회에 유입되는데 한식도기(漢式陶器) 또는 낙랑도기(樂浪陶器)/토기의 공반 여부를 기준으로 시기구분을 설정할 수도 있다. 일반적으로 통용되는 토기(pottery 또는 Terra-cotta)라는 용어 대신 도기 (陶器, earthenware)란 용어를 사용한 것은 토기는 소성온도의 차이에 따라 土器→陶器→炻器(stoneware)→자기[磁器, 백자(white porcelain), 청자 (celadon)][2]로 구분되기 때문이다. 한나라 도기의 소성온도는 1,000℃를 넘고 석기의 경우는 1,200℃ 전후에 달하는데 소성온도는 토기의 제작기술을 반영 하는 중요한 요소이다. 중국에서는 500℃-700℃ 정도 구워진 선사시대의 그 릇을 토기라 부르고 춘추-전국시대와 한나라의 그릇은 이와 구분하여 도기라 지칭한다. 백제나 마한의 연질·경질의 토기는 도기로, 회청색 新羅土器는 炻 器라 지칭되는 것이 보다 타당하다. 과학적 분석에 근거한 적확한 용어 선택 은 우리 고고학계의 시급한 과제 중의 하나이다. 특히 시대구분의 표지가 되 는 토기, 도기, 석기의 구분 문제는 보다 중요한데, 이는 이들을 구워 내는 가 마를 포함한 제작기술상의 문제와 이에 따른 사회발달상과도 깊은 관련을 맺 고 있기 때문이다. 송파구 풍납동토성(사적 11호), 경기도 양평 양수리 상석정, 가평 상면 덕현리, 화성 기안리, 가평 달전 2리와 가평 대성리, 강원도 정선 신 동읍 예미리, 강릉 안인리와 병산동, 동해 송정동 등지에서 확인된 漢나라 또 는 樂浪의 도기들은 무문토기 사회에 여과되지 않은 채 직수입된 중국의 문물 이 끼친 영향이 어떠했는가를 엿볼 수 있는 좋은 자료들이다. 한반도 청동기 시대 주민들은 당시 안성 공도 만정리에서 확인되듯이 물레의 사용 없이 손으

---

2) 토기, 도기류를 통칭하는 쎄라믹(ceramic)이란 말은 어원상 "불에 타버린 물질"을 뜻 한다. Prudence M. Rice(1987, p.5)는 Terra-cotta(1000℃ 이하), Earthenware(폭넓 게 900℃-1200℃ 사이), China(1100℃-1200℃), Stoneware(약 1200℃-1350℃), Porce lain(1300℃-1450℃)으로 구분해 사용한다. 우리나라에서는 土器(500℃-850℃)-陶器 (1100℃ 전후)-炻器(stoneware 1200℃ 전후)-磁器(1300℃ 전후)로 분류하며 無文土器, 樂 浪陶器, 新羅炻器, 高麗靑瓷(celadon), 朝鮮白磁(white porcelain) 등으로 부른다, 燒成 度는 지붕이 없는 仰天窯(open kiln)에서 지붕이 있는 登窯(tunnel kiln, climbing oven) 에 이르는 가마(窯)제작의 기술적인 발달과정에 따른다.

로 빚은 경질무문토기를 앙천요(open kiln)에서 구워내었지만 그 후 철기시대가 되면 강릉 사천 방동리, 파주 탄현 갈현리와 경남 사천 방지리와 아산 탕정 명암리에서 보여주다시피 직경 1.5m 내외 원형의 반수혈(半竪穴)의 좀 더 발전한 가마에서 점토대토기를 구워내고 있었다. 진천 삼룡리(사적 제344호)와 산수리(사적 제325호)에서 확인되는 중국식 가마 구조의 차용과 그곳에서 발견되는 한식도기의 모방품에서 확인되듯이 도기제작의 기술적 차이를 극복하는데 적어도 200-300년의 기간이 걸렸을 것이다. 서기 3세기-서기 4세기 마한과 백제유적에서 흔히 보이는 토기 표면에 격자문, 횡주단사선문, 타날문 또는 승석문이 시문된 회청색 연질 또는 경질토기(도기로 보는 것이 좋음)들이 도기제작에 있어서 기술 극복의 결과로 볼 수 있을 것이다. 따라서 낙랑의 설치와 아울러 중국 漢나라 본토에서 직접 가져온 한식도기 또는 낙랑도기가 공반되는 무문토기 유적의 연대는 낙랑이 설치되는 기원전 108년과 가까운 시기가 될 것이다. 가평 달전 2리 토광묘에서 한식 도기와 중국 서안(西安) 소재 섬서성 역사박물관 전시품과 똑같은 한대의 과(戈)가 출토되었고, 가평 대성리와 양평 양수리 상석정의 '철(凸)'자와 '여(呂)'자형 집자리 유적의 경우도 마찬가지로 볼 수 있으며, 그 연대도 기원전 1세기를 내려오지 않을 것이다. 또 포천 영중면 금주리 유적에서도 기원전 20년-서기 10년이라는 연대가 확인되어 이들과 비슷한 시기의 유적임이 확인된 바 있다. 러시아의 연해주의 올레니 A와 끄로우노브까(北沃沮, 黑龍江省 東寧縣 團結村 團結文化)에서 기원하는 '凸'자형과 '呂'자형 주거지가 나와 앞으로의 기원과 연대문제도 정립되어야 한다. 최근 한식도기(낙랑도기)가 나오는 유적은 풍납동토성, 경기도 연천 초성리, 가평 대성리, 달전 2리와 상면 덕현리, 양주 양수리 상석정, 하남시 二聖山城(사적 422호), 화성 기안리, 광주읍 장지동, 강원도 강릉 안인리와 병산동, 동해 송정동, 정선 예미리, 춘천 근화동, 우두동, 거두 2리와 율문리, 충청남도 아산 탕정 명암리와 경상남도 사천 늑도 등 십여 군데에 이른다. 주로 강원도(臨屯, 기원전

108년~기원전 82년, 기원전 82년 임둔을 파하여 현도에 합침, 濊, 東濊 지역)와 경기도(樂浪, 기원전 108년~서기 313년, 帶方지역) 지역에 집중해서 漢式陶器가 나오고 있다. 이 점은 樂浪과 臨屯의 影響을 잘 보여주고 있다 하겠다. 이런 점에서 철기시대 전기 중 단면 삼각형 점토대토기가 나오는 Ⅲ기(후기) 기원전 2세기~기원전 1세기의 고고학적 유적과 유물의 검토가 필요하다. 그리고 경기도 가평 외서면 청평 4리, 경기도 광주시 장지동, 강원도 횡성 공근면 학담리와 춘천 거두리와 천전리에서 출토된 해무리굽과 유사한 바닥을 지닌 경질무문토기는 아무르강 중류 리도프카(기원전 10세기~기원전 5세기, 강원도 춘천 우두동 등지 자주 나타나는 주걱칼이 나옴)와 끄로우노프카 문화(北沃沮, 黑龍江省 東宁県 団結村 團結文化)에서도 보이므로 한반도의 철기시대에 러시아 문화의 영향을 고려할 필요가 있다. 그리고 춘천 천전리, 신매리와 우두동 등지에서 최근 발견되는 따가르의 鐵刀子도 이와 관련해 주목을 받아야 한다.

철기시대 전기의 중·후기(기원전 3세기~기원전 1년)에는 馬韓과 衛滿朝鮮, 百濟, 樂浪, 東濊, 沃沮(北沃沮, 團結, 끄로우노브까), 挹婁(뽈체), 肅愼, 六朝[吳/孫吳/东吳: 서기 222년~서기 280년[3], 東晉: 서기 317년~서기 418년, 宋: 서기 420년

---

3) 공주 의당 수촌리(사적 460호)유적은 현재 이곳에서 나온 5점의 중국도자기로 서기 4세기 후반~서기 5세기 중반으로 편년되고 있는 마한 54국 중의 하나로 여겨진다. 최근 같은 도자가가 나오는 南京 江寧 上坊 孫吳墓(전축분)가 서기 264년~서기 280년으로 편년되고 있어 적어도 1세기를 올리는 연대의 상향조정도 필요하리라 생각된다(南京市 博物館 2006 南京 上坊 孫吳墓, 南京: 南京市 博物館 및 2008 南京 江寧 上坊 孫吳墓 發掘簡報, 北京: 文物 2008년 12호, pp.4~34). 그리고 백제의 건국연대는『三國史記』의 기록대로 기원전 18년으로 올라간다. 이는 국립문화재연구소에서 서기 1999년 실시한 서울 풍납동 토성(사적 11호)의 성벽 발굴 최하층에서 확인한 제례용으로 埋納된 硬質無文土器의 연대는『三國史記』溫祚王 41년條(서기 23년) '...發漢水東北諸部落人年十五歲以上 修營慰禮城...'이란 성벽(동벽과 서벽)의 축조연대와 함께 기원전 1세기~서기 1세기경으로 추측할 수 있는 데에서도 알 수 있다. 그리고 春川 中島의 硬質(糟質)無文土器도 기원전 15±90년(1935±90 B.P., 기원전 105년~서기 75년)으로 경질무

-서기 479년, 齊: 서기 479년-서기 502년, 梁: 서기 502년-서기 557년, 陳: 서기 557 년-서기 589년), 北朝(東魏: 서기 534년-서기 550년, 北周: 서기 556년-서기 581년, 北齊: 서기 550년-서기 577년] 등과의 국제적 관계를 맺어 역사적 맥락(context) 을 형성하고 있다. 따라서 원삼국시대라는 한국 고대사 기록과 부합되지 않는 애매한 시기 설정 대신에 마한과 백제라는 시기와 지역의 구분이 등장하여 이 시기의 성격이 명확하게 설명되고 있다. 문헌으로 볼 때에도 高句麗, 百濟와 新羅는 신화와 역사적 사건으로 서로 얽히어 있다. 그러나 한국의 고대사에서 는 백제와 신라의 초기 역사를 인정하지 않고 있다. 그래서 삼국시대 초기에 대한 기본적인 서술은 通時的, 進化論的과 아울러 歷史的 脈絡을 고려해야 한 다. 한국의 역사고고학 시작은 衛滿朝鮮 때부터이다. 그중 철기시대 전기에 속하는 기원전 400년에서 기원전 1년까지의 약 400년의 기간은 한국고고학과 고대사에 있어서 매우 복잡하다. 이 시기에는 한국고대사에 있어서 중국의 영 향을 받아 漢字를 알게 되고 국가가 형성되는 등 역사시대가 시작되고 있다. 청동기시대에 도시·문명·국가가 발생하는 전 세계적인 추세에 비추어 우리나 라에서는 국가가 이보다 늦은 철기시대 전기에 나타난다. 최초의 고대국가인 衛滿朝鮮은 漢나라 7대 武帝(기원전 141년-기원전 87년)가 보낸 원정군에 의해 망한다. 이때는 사기의 저자인 司馬遷(기원전 145년-기원전 87년)의 나이 37세 이다. 그의 기록에 의하면 평양 근처의 왕검성에 자리하던 위만조선이 문헌상 에 뚜렷이 나타나는 한국 최초의 고대국가를 형성하고 있었다. 衛滿朝鮮은 衛 滿→이름을 알 수 없는 아들→손자 右渠→太子 長을 거치는 4대 87년간 존속

문토기의 하한은 늦어도 기원전 1세기-서기 1세기경이 될 것이다. 여기에 덧붙여 '... 十五年春正月 作新宮室 儉而不陋 華而不侈.'라는 溫祚王 15년(기원전 4년)에 궁궐의 신 축은 이 근처에서 孫吳(서기 222년-서기 280년)의 지역인 鎭江 근처에서 발견되는 獸面 文 수막새를 포함한 여러 종류의 개와의 출토 례를 보아 백제 건국의 연대가 올라갈 수 있는 증거가 된다.

하다가 중국 한나라에 의해 망한다. 그리고 樂浪(기원전 108년–서기 313년), 臨屯(기원전 108년–기원전 82년), 眞番(이상 기원전 108년 설치)과 玄菟(기원전 107년 설치)의 한사군이 들어서는데, 오늘날 평양 낙랑구역에 樂浪이, 그리고 황해도와 경기도 북부에 帶方(처음 낙랑군에 속하다가 獻帝 建安 서기 196년–서기 220년 간에 대방군이 됨)이 위치한다. 이들은 기원전 3세기–기원전 2세기경부터 존재하고 있던 마한과 기원전 18년 마한의 바탕 위에 나라가 선 백제, 그리고 동쪽의 東濊, 남쪽의 辰韓과 弁韓에 막대한 영향을 끼쳤다. 이러한 점에서 비추어 볼 때 최근 발굴 조사된 경기도 가평 달전 2리, 경기도 광주시 장지동, 충청남도 아산 탕정면 명암리, 전라북도 완주 이서면 반교리 갈동과 경상북도 성주군 성주읍 예산리 유적에서 나오는 토광묘, 화분형토기, 한식도기 등의 존재는 매우 중요하다. 이들은 이제까지 司馬遷의『史記』와 같은 문헌에 주로 의존하고 있었으며 고고학 자료는 매우 零細했던 衛滿朝鮮의 硏究에 新局面을 맞게 해주었다.

그 다음 시기인 철기시대 후기인 삼국시대 전기(서기 1년–서기 300년)에는『三國史記』초기 기록대로 漢城時代 百濟(기원전 18년–서기 475년)는 마한의 영역을 잠식해 들어갔는데, 이는 최근 경기도 강화 대룡리, 파주 주월리, 자작리, 여주 하거리와 연양리, 진천 산수리·삼룡리, 홍천 하화계리, 춘천 거두리, 진천 석장리와 원주 법천리 등 백제 초기 강역에서 확인된 유적들을 통해서 잘 드러난다. 백제보다 앞선 마한의 중심지는 오늘날 천안 용원리 일대였는데 백제가 강성해짐에 따라 마한의 영역은 축소되어 익산과 전라남도 나주시 반남면 대안리, 덕산리, 신촌리(사적 76·77·78호)와 복암리(사적 404호)일대로 밀려났다. 그리고 목지국이란 국가체제를 갖춘 사회로 대표되던 마한 잔여세력은 서기 5세기 말/6세기 초에 백제로 편입되었던 것 같다. 이는 동신대 박물관에 의해 발굴된 나주시 금천면 당가리 요지에 의해서도 확인된다. 청주 정북동 토성(사적 제415호)은 대표적인 마한의 토성인데, 그 연대는 서기 130년(서문 터:

서기 40년-서기 220년)경이 중심이 된다. 이 시대에 이르면 청동기시대 후기(또는 말기) 이래의 평면 원형 수혈주거지에 '철(凸)'자형 및 '여(呂)'자형 주거지가 추가된다. 그리고 삼국시대 전기(철기시대 후기)가 되면 풍납동토성(사적 제11호), 몽촌토성(사적 제297호) 밖 미술관 부지, 포천 자작리와 영중면 금주리, 충주 가금면 탑평리 1호(서기 355년, 365년, 385년) 등지에서 보이는 육각형의 집자리가 나타난다. 한/낙랑의 영향 하에 등장한 지상가옥, 즉 개와 집은 백제 초기에 보이기 시작한다. 溫祚王 15년(기원전 4년)에 보이는 '儉而不陋, 華而不侈'라는 기록은 풍납동토성 내에 塼을 바닥에 깐 기와집 구조의 궁궐을 지었음을 뒷받침해 준다. 그리고 집락지 주위에는 해자가 돌려졌다. 한편 700℃-850℃에서 소성된 경질무문토기는 청동기시대 후기에서 철기시대 전기에 사용되었으며 그 하한 연대는 철기시대 전기의 말인 서력기원 전후라 생각된다. 그 구체적인 연대는 風納土城을 처음 축조했던 溫祚王 41년, 즉 서기 23년으로 볼 수 있다. 이는 풍납토성 동벽과 서벽 바닥에서 출토된 매납용 경질무문토기의 존재를 통해 알 수 있다. 그리고 미래마을 197번지 일대(영어체험마을)의 발굴조사에서 경질무문토기 3점과 함께 기체 표면에 원점을 여러 줄 압인한 뽈체(挹婁)의 단지형 토기도 나오고 있어 주목된다. 이는 백제의 초기 문화 기원을 알려주는 중요한 단서가 된다. 청동기시대 유적들인 울주 검단리, 울산시 북구 연암리, 창원 서상동 남산이나 진주 대평리의 경우보다는 좀 더 복잡한 삼중의 垓字가 돌려지는데, 이는 서울 풍납동토성, 안성 원곡 반제리, 강릉 사천 방동리나 수원 화성 동학산의 점토대토기 유적에서 확인된다. 그리고 백제는 풍납동토성과 夢村土城(사적 제297호)의 경우에서 보이듯이 판축토성을 축조했으나 근초고왕이 漢山城(서기 371년-391년, 13대 近肖古王 26년-16대 辰斯王 1년)으로 도읍을 옮긴 서기 371년부터는 고구려의 영향을 받아 석성을 축조했던 것 같다. 그 대표적인 예가 하남시 二聖山城(사적 422호)이며, 이천 雪峰山城(경기도 기념물 76호, 서기 370년-서기 410년)과 雪城山城(사적 423호), 안성 죽주산성(경기도 기념물 69호)도 그러하다. 아직 가설적인 수준이기는 하지만, 백제와 마한의 고고학적 차이도 언급할 수 있겠다. 즉, 한성시대의 백제는 版築토성을 축조하다가 서기 371년 近肖古王 26년경부터 석성을 축조하기 시작했고, 기원전부터 사용되었던 경질무문토기와 타날문토기를 주로 사용했던 반면에, 마한은 판축을 하지 않은 토성과 굴립주, 조족문과 거치문이 보이는 회청색 연질토기, 경질무문토기와 타날문토기 등을 사용했고, 묘제로는 토광묘(청주 송절동)와 주구묘(익산 영등동) 등을 채택하였던 것으로 보인다. 앞으로 馬韓의 연구에 있어 環壕→木柵→土城→石城(고구려 10대 山上王 2년 서기 198년 丸都山城축조, 백제 13대 近肖古王 26년 서기 371년 二聖山城 축조)의 방어시설의 일반적인 발전 순서에 비추어 삼국지위지 동이전 韓조에 '馬韓…散在山海間無城郭, 辰韓…有城柵, 弁辰…亦有城郭' 등의 구절을 환호나 판축을 하지 않은 토성 등과 비교해보면 앞으로 國邑 또는 天君이 다스리는 蘇塗의 別邑의 모습을 좀 더 구체적으로 이해할 수 있을 것이다.

통상권을 형성하고 있던 한반도 내의 사회들은 중국과의 국제 무역 및 한반도 내부 나라(國)들 사이의 교역을 행하였다.『三國志』위지 동이전 弁辰條와 倭人傳 里程記事에는 樂浪·帶方에서 출발하여 對馬國(つしまのくに), 壹岐國(一支國, いきこく), 末廬國(まつろこく, まつらこく), 伊都國(いとこく), 奴國(なく, なのくに)[4]를 거쳐 요시노가리(吉野け里, 佐賀県 神埼 東背振 吉野け里)에 위치한 卑彌呼(ひみこ, 서기 158年경−서기 248年), 臺與(서기 235年?−?)가 다스리던 邪馬臺國(やまたいこく)에 이르는 무역루트 또는 通商圈이 잘 나타나 있다.

---

4) 奴國은 서기 57년 後漢 光武帝로부터 '漢倭奴國'이란 金印을, 邪馬臺國은 서기 239년 魏의 齊王으로부터 '親魏倭王'란 칭호를 下賜받으며 九州 佐賀県 神埼郡 神埼町·三田川町 東村振村 吉野ケ里(요시노가리)에 위치한 일본 최초의 고대국가인 邪馬臺國의 卑彌乎(히미꼬)女王은 서기 248년에 죽고 宗女 臺與(壹與)가 그 자리를 계승한다.

해남 군곡리-김해 봉황동(회현동, 사적 2호)-사천 늑도-제주도 삼양동(사적 제416호) 등 최근 확인된 유적들은 당시의 국제적인 통상권의 루트를 잘 보여주고 있다. 즉, 중국 하남성 남양 독산 또는 密縣의 玉, 半兩錢(기원전 221년-기원전 118년, 7대 武帝 元狩 원년)과 五銖錢[오수전은 동제와 철제의 두 가지가 있으며 銅製五銖錢은 그 기원이 한 무제 元狩 5년(기원전 118년)이며 鐵製五銖錢은 後漢 光武帝 建武 6년(興龍 6년, 서기 30년]에서부터 시작한다. 五銖錢을 포함한 중국 진나라와 한나라의 화폐는 오늘날의 달라[美貨]에 해당하는 당시 교역 수단으로 당시 활발했던 국제 무역에 관한 고고학적 증거들이다. 기원전 1세기경으로 편년되는 사천 늑도 유적은 당대의 국제 무역과 관련해 특히 중요한 유적이다. 동아대학교 박물관이 발굴한 지역에서는 경질무문토기, 일본 彌生時代(やよいじだい)토기, 낙랑도기, 한식경질도기 등과 함께 반량전이 같은 층위에서 출토되었다. 半兩錢은 기원전 221년 진시황의 중국 통일 이후 주조되어 기원전 118년(7대 漢武帝 5년)까지 사용된 중국화폐로 알려져 있다. 중국 화폐는 해남 군곡리, 제주 산지항·금성리, 고성과 骨浦國(今合浦也)으로 알려진 창원시 외동 城山 貝塚[5] 등지에서도 출토되었다. 사천 늑도는 『三國志』 魏志 東夷傳 弁辰條

---

5) 浦上八國에 대한 기록으로 『三國史記』와 『三國遺事』에서 찾아볼 수 있다. 『三國史記』 新羅本紀 第二 奈解十四年(서기 209년) 秋七月 浦上八國謀侵加羅 加羅王子來請救 王命 太子于老與伊伐湌 利音將六部兵往救之 擊殺八國將軍奪所虜六千人還之.『三國遺事』 避隱第八 勿稽子條 第十奈解王卽位十七年(서기 212년) 壬辰. 保羅國(今固城). 史勿國(今 泗州). 等八國 幷力來侵邊境 王命太子㮈音 將軍一伐等 率兵拒之 八國皆降. 時勿稽子 軍功第一 然爲太子所嫌 不賞其功 或謂勿稽子 此戰之功 唯而已 而賞不及子 太子之 嫌君其怨乎 稽曰 國君在上 何怨人臣 或曰然則奏聞于王幸矣 稽曰 代功爭命 命揚己掩 人 志士之所不爲也 勵之待時而已 十年乙未 骨浦國(今合浦也)等三國王 各率兵來攻竭火 (疑屈弗也今蔚州).王親率禦之 三國皆敗 稽所獲數十級 而人不言稽之功 稽謂其妻曰 吾聞 仕君之道 見危致命 臨難忘身仗於節義 不顧死生之謂忠也 夫保羅(疑發羅今羅州) 竭火之 役 誠是國之難 君之危 而吾未曾有忘身致命之勇 此乃不忠甚也 旣以不忠而仕君 累及於 先人 可謂孝乎 旣失忠孝 何顔復遊朝市之中乎 乃被髮荷琴 入師彘山(未詳) 悲竹樹之性

의 '國出鐵 韓濊倭皆從取之 諸市買皆用鐵如中國用錢又以供給二郡'의 기사와
倭人傳에 보이는 『三國志』魏志 東夷傳 弁辰條의 '國出鐵 韓濊倭皆從取之 諸市
買皆用鐵如中國用錢又以供給二郡'의 기사와 倭人傳에 보이는 海(水)路萬里의
무역로(trade route, exchange system, interaction spheres, barter, logistics[6])
를 감안해 볼 때 樂浪(帶方)-海南 郡谷里-泗川 勒島(史勿國)-固城(古史浦)-昌
原 城山(骨浦國)-金海(狗邪韓國)-제주도 山地港/삼양동(사적 416호)-對馬島
(國)-壹岐國(一支國)-末盧國-伊都國-奴國-邪馬臺國으로 이어지는 바닷길이
예상될 것이다. 이외에도 국가 발생의 원동력 중의 하나인 무역에 관한 고고
학 증거는 계속 증가하고 있다. 한편 역시 늑도 유적을 조사한 부산대학교 박
물관 조사 지역에서는 중국 서안에 소재한 秦始皇(재위: 기원전 246년-기원전
210년)의 무덤인 병마용갱(兵馬俑坑)에서 보이는 삼익유경동촉(三翼有莖銅鏃)이
출토되었는데 이와 같은 것이 양평군 양수리 상석정에서는 두 점, 가평 대성
리에서도 두 점이 출토된 바 있다. 진시황의 무덤에 부장된 이 동촉은 진시황
릉 축조 이전에 제작된 것으로 보인다. 또 흥미로운 사실은 사천 늑도에서 출
토된 일본 야요이 토기편의 경우 형태는 일본의 야요이 토기이지만 토기의 胎
土(바탕흙)는 현지, 즉 한국산임이 밝혀졌다. 사천 늑도는 당시 낙랑·대방과 일
본 邪馬臺國를 잇는 중요한 항구였다. 김해 예안리와 사천 늑도에서 나온 인

病 寄托作歌 擬溪澗之咽響 扣琴制曲 隱居不復現世. 이 골포국의 정치진화단계는
Elman Service의 통합론(Integration theory)와 Timothy Earle의 절충론(Eclecti-
cism)에 의하면 고대국가 직전단계인 복합족장사회(complex chiefdom)에 속하며 2-
300년 후 왕이나 여왕이 다스리던 奴國'과 邪馬臺國과의 교역(interaction sphere)을 통
해 정치가 더욱 더 복잡하게 발전하였다. 그때는 이미 伽倻 王國으로 대표된다.
6) Logistics 란 Wikipedia의 사전적 용어대로 해석하면 소비자의 필요에 따라 생산지
에서 소비지까지의 상품과 서비스의 이동 관리를 의미한다(the management of the
flow of goods and services between the point of origin and the point of consumption
in order to requirement of customers).

골들의 DNA 분석을 실시해 보면 우리가 생각하고 있는 것보다 훨씬 더 복잡하고 다양한 인종교류가 있었음이 밝혀질 것으로 추측되며, 이들에 의한 무역-통상권 역시 상당히 국제적이었을 것으로 여겨진다. 이들 유적보다는 다소 시기가 떨어지는 마한 유적으로 이해되는 전남 함평군 해보면 대창리 창서에서 출토된 토기 바닥에 묘사된 코캐소이드(caucasoid)인의 모습은 이러한 맥락에서 이해할 수 있다. 이 점은 경남 사천 늑도와 김해 예안리 인골에서도 충분히 보일 가능성이 있어 앞으로 선사시대의 국제화 문제도 염두에 두어야 할 것이다.

김해 봉황동(사적 제2호) 주변 발굴에서 가야의 항구인 목책시설과 바다로 이어지는 부두·접안·창고와 관련된 여러 유구가 조사되었다. 그리고 사천 늑도와 김해패총의 경우처럼 낙랑도기인 橫走短斜線文이 시문된 회청색경질도기가 출토되는데, 이는 중국제로 무역을 통한 것으로 보인다. 駕洛國(伽倻)은 서기 42년에 건국되었는데, 그중 金官伽倻는 서기 532년(法興王 19년), 대가야는 562년(眞興王 23년)에 신라에 합병되었다. 최근 사천 늑도 유적에서 고대 한·일 간의 무역의 증거가 확인되었는데, 철 생산을 통한 교역의 중심이었던 김해에서는 서기 1세기경 이래의 고고학 자료가 많이 확인될 것으로 기대된다. 낙랑의 영향 하에 제작되었을 것으로 추정되는 灰靑色 硬質陶器(종래의 김해식 회청색 경질토기)가 출토되었는데, 그 연대는 기원전 1세기경까지 올라간다. 가속질량연대분석(AMS)장치를 이용해 목책의 연대를 낸다면 현재 추정되고 있는 서기 4세기—서기 5세기보다는 건국 연대 가까이로 올라갈 가능성이 많다. 한편 서울 풍납동토성(사적 제11호)의 동벽과 서벽에서 성벽 축조와 관련된 埋納 의식의 일환으로 매장된 무문토기들은 성벽의 축조가 온조왕 41년, 즉 서기 23년 이루어졌다는 『三國史記』 기록을 고려할 때, 그 하한 연대가 서기 1세기 이후까지 내려가지 않을 것으로 생각된다. 참고로 전라남도 완도 장도의 청해진(사적 제308호) 주위에서 발견된 목책의 연대는 서기 840년경으로 측정되어 진을 설치한 연대인 828년(興德王 3년)에 매우 근사하게 나와 연대측정의 신빙성을 말해준다.

청동기시대-철기시대 전기에 걸쳐 한반도에 살던 토착세력, 즉 지석묘 축조자들과 1,500여 년에 이르는 지석묘 축조 기간 동안 공존했거나, 이들이 동화시킨 여러 가지 다른 문화 계통의 묘제 다시 말해 석관묘, 석곽묘, 토광묘와 옹관묘 등과의 문화 접촉 관계는 앞으로 연구되어야 할 중요한 과제이다. 이는 마산 진동리 지석묘 발굴의 경우에서 잘 보인다. 청동기시대의 細長方形→長方形→方形→圓形의 竪穴움집을 거쳐 나타나는 철기시대 전기-철기시대 후기(삼국시대 전기)의 '철(凸)'자형→'여(呂)'자형→육각형 수혈움집의 변천과정과 아울러 토광묘-주구토광묘-옹관묘의 발달과정, 그리고 최근 발굴 조사되고 그 수가 증가하고 있는 화성 동탄지구 내 석우리 먹실, 화성 동탄 반월리, 안성 용두리, 가평 대성리, 기흥읍 구갈리, 공주 탄천면 장선리(사적 제433호), 논산 원북리, 익산 배산리, 장신리와 모현리 토실들과의 상호 문화적 관계를 좀 더 구체적으로 살펴보면 철기시대 전기와 후기에 걸쳐 나타나는 동예, 옥저, 변한, 진한, 마한의 족장사회(chiefdom society) 그리고 이들을 기반으로 하여 형성된 고구려 백제, 신라와 가야 등 기록에 나타나는 구체적이고 역사적인 고대국가(ancient state)의 형성과 발전도 고고학적으로 입증해낼 수 있을 것이다. 최근 포천 반월성(사적 403호), 연천 호로고루성(瓠蘆古壘城, 사적 467호), 하남 二聖山城(사적 422호), 이천 雪峰山城(사적 423호), 연기 周留城과 청주 부용면 부강리 남성골 산성(서기 340년-서기 370년과 서기 470년-서기 490년의 두 연대가 나와 마한-백제-고구려의 관계를 파악할 수 있다) 등의 발굴은 백제 초축(13대 近肖古王 26년)-고구려 증축(서기 475년: 고구려 20대 長壽王 63년)-신라 보축(551년: 24대 眞興王 12년)-통일신라-고려-조선 등 여러 역사적 사건이 얽혀진 맥락을 보여준다. 다시 말하여 고고학 유적의 발굴 결과가 『삼국사기』

초기 기록의 신빙성을 더욱 더 높여주고 있다 하겠다.

　그리고 문헌과 신화 상으로 볼 때 고구려 및 백제와 같은 계통이라는 추정이 가능하다. 이는 고고학 자료로도 입증된다. 석촌동에서 제일 거대한 3호분은 방형 기단형식의 돌무덤이다. 계단은 3단까지 확인되었으며, 그 시기는 3세기 중엽에서 4세기에 축조된 것으로 보인다. 좀 더 정확히는 서기 198년(10대 山上王 2년)-서기 313년(15대 美川王 14년) 사이로 추정된다. 4호분은 방형으로 초층을 1면 세 개미만의 護石(받침돌, 보강제 등의 명칭)으로 받쳐놓아 將軍塚과 같은 고구려의 계단식 적석총 축조수법과 유사하다(신라의 경우 31대 신문왕릉〈사적 181호〉과 33대 성덕왕릉〈사적 28호〉에서 이와 같은 호석들이 보인다). 그러나 그 연대는 3호분과 비슷하거나 약간 늦은 것으로 추측된다. 왜냐하면 적석총보다 앞선 시기부터 존재했을 토광묘와 판축기법을 가미하여 축조했기 때문에 순수 고구려 양식에서 약간 벗어난 모습을 보여주기 때문이다. 여기에는 사적 11호 풍납토성의 경당지구에서 출토된 것과 같은 漢-樂浪 계통으로 보이는 기와 편이 많이 수습되었다. 이는 集安의 太王陵, 將軍塚과 千秋塚 등의 석실이 있는 계단식 적석총의 상부에서 발견된 건물터나 건물의 지붕에 얹은 기와 편들로부터 구조상 상당한 유사점을 찾을 수 있다. 즉 고구려의 적석총은 무덤(墓)인 동시에 제사를 지낼 수 있는 廟의 기능인 享堂의 구조를 무덤의 상부에 가지고 있었다. 이런 점에서 연도가 있는 석실/석곽을 가진 석촌동 4호분 적석총(서기 198년 산상왕-313년 미천왕 사이 축조) 축조 연대만 문제가 될 뿐 고구려의 적석총과 같은 기능을 가지고 있었던 고구려 계통의 무덤 양식인 것이다. 석촌동 1호분의 경우 왕릉급의 대형 쌍분임이 확인되었다. 그 쌍분 전통은 압록강 유역의 환인현 고력묘자촌에 보이는 이음식 돌무지무덤과 연결되고 있어 백제 지배세력이 고구려와 관계가 깊다는 것에 또 하나의 증거를 보태준다. 자강도 시중군 로남리, 집안 양민과 하치 등지의 고구려 초기의 무기단식 적석총과 그 다음에 나타나는 집안 통구 禹山下, 丸都山城下 洞溝와 자강도 자성군 서해리 등지의 기단식 적석총들은 서울 석촌동뿐만 아니라 남한 강 및 북한강의 유역에서 많이 발견되고 있다. 남한강 상류에는 평창군 여만리와 응암리, 제천시 양평리와 도화리 등에서 발견된 바 있으며, 북한강 상류에서는 화천군 간척리와, 춘성군 천전리, 춘천 중도에서도 보고되었다. 또한 경기도 연천군 중면 삼곶리를 비롯해, 군남면 우정리와 백학면 학곡리에서도 백제시대의 초기 적석총이 발견되었다. 임진강변인 연천 중면 횡산리에서도 적석총이 발견되었다는 것은 백제 적석총이 북에서 남하했다는 설을 재삼 확인시켜주는 것이며, 아울러 백제 적석총에 대한 많은 시사를 한다고 볼 수 있다. 그러나 고구려인이 남한강을 따라 남하하면서 만든 것으로 추측되는 단양군 영춘면 사지원리〈傳 溫達(? −서기 590년, 26대 嬰陽王(1년, 서기 590년−서기 618년)장군묘〉의 적석총이 발굴되었는데 이것은 山淸에 소재한 가야의 마지막 왕(서기 521년−서기 532년)인 仇衡王陵(사적 214호)의 기단식 적석구조와 같이 편년이나 계통에 대한 아직 학계의 정확한 고증을 받지 못하고 있다. 그러나 한강유역의 각지에 퍼져있는 적석총의 분포상황으로 볼 때 고구려에서 나타나는 무기단식, 기단식과 계단식 적석총이 모두 나오고 있다. 이들은 당시 백제는 『三國史記』 溫祚王代(온조왕 13년, 기원전 6년)의 기록에서 보이는 바와 같이 동으로는 走壤에까지 세력을 확보하고 있었음을 확인시켜준다.[7] 이와 같이 한

---

7) 『三國史記』 百濟本紀 第一 始祖溫祚王. 十三年(기원전 6년) 春二月, 王都老嫗化爲男. 五虎入城. 王母薨, 年六十一歲. 夏五月, 王謂臣下曰 國家東有樂浪 北有靺鞨 侵軼疆境 少有寧日 況今妖祥屢見 國母棄養 勢不自安 必將遷國. 予昨出巡 觀漢水之南 土壤膏腴 宜郡於彼 以圖久安之計 秋七月就漢山下立柵 移慰禮城民戶 八月遣使馬韓告遷都 遂畫 定疆場, 北至浿河 南限熊川 西窮大海 東極走壤 九月立城闕. 十四年(기원전 5년) 春正月. 遷都 二月王巡撫部落 務勸農事 秋九月 築城漢江西北 分漢城民. 이라는 기록에서 필자는 河北慰禮城은 中浪川(최몽룡 외 1985, '고고학 자료를 통해본 백제 초기의 영역고찰−도성 및 영역문제를 중심으로 본 한성시대 백제의 성장과정', 천관우 선생 환력기념 한국사학 논총, pp.83−120 및 '한성시대 백제의 도읍지와 영역', 최몽룡·심정보 편저 1991, 백제사의 이해, 서

강유역에 분포한 백제 초기의 적석총들은 이러한 백제 초기의 영역을 알려주는 고고학적 자료의 하나이며, 이는 오히려 고구려와 백제와의 역사적 맥락에 대한 문헌과 신화의 기록을 보충해 주고 있다 하겠다.

4. 고고학으로 본 마한

漢城百濟(기원전 18년–서기 475년)는 마한의 바탕 위에서 성립하였다. 마한을 특징짓는 고고학 자료로는 土室, 周溝墓, 掘立柱, 鳥足文 및 鋸齒文 등의 문양이 시문된 토기 등을 들 수 있다. 마한의 존속 시기는 기원전 3세기–기원전 2세기에서 서기 5세기 말–서기 6세기 초로 볼 수 있으며, 공간적으로는 경상도 지역을 제외한 한반도 중남부 지역, 즉 경기도에서 전남에 걸친 지역에 걸쳐 분포하는 것으로 알려져 있다. 구체적으로는 고양 멱절산(해발 30m, 곽산/藿山, 고양시 일산서구 대화동 멱절마을, 경기도 기념물 제195호), 화성 동탄 오산리 감배산, 남한산성 행궁지(사적 57호내 경기도 기념물 164호 옆), 용인 죽전과 보정리 수지 빌라트, 화성 태안읍 반월리 신영통과 동탄 석우리 능리, 안성 공도읍 용두리, 용인 구성면 마북리, 기흥 구갈리, 가평 대성리와 인천 계양구 동양동 등지에서부터 멀리 군산 내흥동과 전북 익산 왕궁면 구덕리 사덕과 모현동 외장, 순천 화장동에 이르는 경기도, 충청도와 전라도의 전 지역에서 마한의 특

올: 학연문화사, p.82)으로 비정하였는데 현재는 연천군 중면 삼곶리(1994년 발굴, 이음식 돌무지무덤과 제단. 桓仁 古力墓子村 M19와 유사), 연천 군남면 우정리(2001), 연천 백학면 학곡리(2004), 연천 중면 횡산리(2009)와 임진강변에 산재한 아직 조사되지 않은 많은 수의 적석총의 존재로 보아 臨津江변의 漣川郡 일대로 비정하려고 한다. 그리고 西窮 大海는 강화도 교동 華蓋山城, 東極走壤은 춘천을 넘어 화천 하남면 원촌리까지 이어지고, 南限熊川은 안성천, 평택, 성환과 직산보다는 천안 용원리, 공주 의당 수촌리(사적 460호)와 장선리(사적 433호), 서산 음암 부장리(사적 475호) 근처로 확대해석하고, 北至浿河는 예성강보다 臨津江으로 추정하고자 한다. 이는 현재 발굴·조사된 고고학 자료와 비교해 볼 때 가능하다.

징적인 土室과 주구묘(분구묘)가 확인되었다. 이들은 마한 54국을 대표하는 주거지와 묘제이다. 이들은 북쪽 읍루와도 관련성이 있다. 『三國志』魏志 東夷傳 挹婁條에 보면 '...常穴居大家深九梯以多爲好土氣寒...'(...큰 집은 사다리가 9계단 높이의 깊이이며 깊이가 깊을수록 좋다...)라는 기록에서 사다리를 타고 내려가 사는 토실에 대한 언급이 나온다. 또 서기 1755년 Stepan Krasheninnikov 나 서기 1778년 James Cook의 탐험대에 의해 보고된 바로는 멀리 북쪽 베링해(Bering Sea) 근처 캄챠카(Kamtschatka)에 살고 있는 에스키모인 꼬략(Koryak, 감챠카 반도 북위 62도선에 거주)족과 오날라쉬카(Oonalaschka)의 원주민인 알류산(Aleut)인들은 수혈 또는 반수혈의 움집을 만들고 지붕에서부터 사다리를 타고 내려가 그 속에서 살고 있다고 한다. 이들 모두 기후환경에 대한 적응의 결과로 볼 수 있다. 아울러 우리 문화의 원류도 짐작하게 한다. 한편 마한 54국 상호 간의 지역적 통상권 및 그 고고학적 증거를 확인하는 작업은 매우 중요하며, 또 그 내부에서 발전해 나온 백제와 마한과의 문화적 상사성과 상이성을 밝혀내는 작업 역시 매우 중요하다. 이러한 관점에서 볼 때 전남 함평 대창리 창서 유적에서 발견된 토기바닥에 그려진 인물도는 매우 흥미롭다. 그 인물은 우리 마한인의 전형적인 모습이라기보다는 코가 큰 백인종에 가까운데, 이는 당시 마한의 통상권이 한반도와 중국을 포함한 동북아시아에 국한되지는 않았음을 의미하며, 앞으로 이에 대한 연구가 진행되어야 할 것이다. 우리나라 철기시대의 시작을 알리는 지표로 인식되는 점토대토기는 기원전 5세기로 편년되는 중국 沈陽 鄭家窪子의 토광묘나 러시아 연해주의 뽈체(挹婁) 문화에서 기원한 것으로 이해되는데, 최근 양평 미금리와 용문 삼성리, 화성 동탄 동학산, 안성 元谷 盤諸里와 공도 만정리, 수원 고색동, 파주 탄현면 갈현리, 그리고 전라북도 완주 이서 반교리 갈동, 경기도 화성 봉담 동화리, 경남 사천 방지리에 이른다. 그리고 강원도만 국한해 보더라도 강릉 사천 방동리와 송림리, 홍천 철정리, 춘천 우두동과 칠전동, 양양 지리, 고성 송현리 등 여러 유적들이 나타나고 있다. 이러한 양상들을 통해 한반도의 청동기 및 철기시대 전기에 북방계통의 문화들이 폭넓게 수용되었음을 알 수 있다. 그러나 앞으로 철기시대연구의 문제점은 최근의 가속질량연대분석(AMS)에 의한 결과 강릉 송림리 유적이 기원전 700년-기원전 400년경, 안성 원곡 반제리의 경우 기원전 875년-기원전 450년, 그리고 양양 지리의 경우 기원전 480년-기원전 420년(2430±50 B.P., 2370±50 B.P.), 횡성군 갑천면 중금리의 경우 기원전 800년-기원전 600년 그리고 홍천 두촌면 철정리(A-58호 단조 철편, 55호 단면 직사각형 점토대토기)의 경우 기원전 640년과 기원전 620년이 나오고 있어 철기시대 전기의 상한 연대가 기원전 5세기에서 더욱 더 올라갈 가능성이 있다는 것이다. 철기시대는 점토대토기의 등장과 함께 시작되는데, 현재까지 가장 이른 유적은 심양 정가와자 유적이며 그 연대는 기원전 5세기까지 올라간다. 따라서 한국의 철기시대의 시작은 현재 통용되는 기원전 4세기보다 1세기 정도 상향 조정될 수 있는데, 이는 신석기시대 후기에 청동기시대의 문화 양상과 국지적으로 공존하는 것과 같은 맥락에서 이해될 수 있겠다.

『後漢書』東夷傳 韓條와 『三國志』魏志 東夷傳에 기록된 진한(辰韓) 노인에 관한 기사는 秦나라(기원전 249년-기원전 207년: 기원전 211년 秦始皇이 통일)의 고역(苦役)을 피해 한나라에 왔고, 마한에서 동쪽 국경의 땅을 분할하여 주었다는 내용인데(...辰韓在馬韓之東其耆老傳世自言古之亡人避秦役來適韓國馬韓割其東界地與之有城柵...), 이 기록은 馬韓의 上限(기원)이 늦어도 기원전 3세기-기원전 2세기까지는 소급될 수 있음을 보여준다. 그리고 『三國史記』권 제1 신라본기 시조 赫居世 居西干 38년(기원전 20년) 및 39년(기원전 19년)조에 보이는 마한왕(馬韓王) 혹은 서한왕(西韓王)의 기록(三十八年春二月, 遣瓠公聘於馬韓. 馬韓王讓瓠公日 辰卞二韓爲我屬國, 比年不輸職貢, 事大之禮, 其若是乎 對日我國自二聖肇興, 人事修, 天時和, 倉庾充實, 人民敬讓. 自辰韓遺民, 以至卞韓樂浪倭人, 無不畏懷, 而吾

王謙虛, 遣下臣修聘, 可謂過於禮矣. 而大王赫怒, 劫之以兵, 是何意耶 王憤欲殺之, 左右諫止, 乃許歸. 前此中國之人, 苦秦亂, 東來者衆. 多處馬韓東, 與辰韓雜居, 至是寢盛, 故馬韓忌之, 有責焉. 瓠公者未詳其族姓, 本倭人, 初以瓠繫腰, 度海而來, 故稱瓠公. 三十九年, 馬韓王薨. 或說上曰西韓王前辱我使, 今當其喪征之, 其國不足平也 上曰幸人之災, 不仁也 不從. 乃遣使弔慰.)과『三國史記』백제본기 권 제23 시조 溫祚王 13년조(기원전 6년)의 馬韓에게 사신을 보내 강역을 정했다는 기록(八月, 遣使馬韓告遷都. 遂畫定疆場, 北至浿河, 南限熊川, 西窮大海, 東極走壤) 등은 마한이 늦어도 기원전 1세기경에는 왕을 중심으로 하는 국가체계를 갖추었던, 신라와 백제보다 앞서 형성되었던 국가였음을 알려 준다.『三國志』東夷傳 韓조에 王莽(기원전 45년생–서기 23년 歿, 서기 9년–서기 23년 집권, 新나라는 25년까지 존속)時 辰의 右渠帥 廉斯鑡와 後漢 桓帝(서기 147년–서기 167년)와 靈帝(서기 168년–서기 188년)의 '…桓靈之末韓濊彊盛…'이란 기록으로 보아 기원전 108년 漢四郡의 설립 이후 서기 255년–서기 296년 후인 서기 147년–서기 188년에는 삼한이 매우 강성해지고 있음을 알 수 있다. 또 東夷傳에는 辰王이 통치했던 목지국[目支國,『三國志』魏志 東夷傳에서는 월지국(月支國)으로 쓰고 있으나 본고에서는 목지국으로 통일함]은 마한을 구성하는 54국이 공립하여 세운 나라였다는 기록이 있다. 다시 말해 마한의 상한은 기원전 3세기–2세기까지 거슬러 올라 갈 수 있으며,『三國史記』의 기록은 마한이 기원전 1세기대에 신라 및 백제와 통교했음을 알려 주고 있으므로, 마한의 중심연대는 기원전 2세기–기원전 1세기경이었다고 상정할 수 있겠다. 마한의 하한연대에 대하여는 적지 않은 이견이 있지만, 동신대학교 박물관이 발굴 조사한 나주 금천면 신가리 당가의 토기 가마를 통해 볼 때 서기 5세기 말 또는 6세기 초경이 아니었나 생각된다. 따라서 마한의 존속 시기는 기원전 3세기–기원전 2세기경부터 서기 5세기 말–서기 6세기 초까지 대략 700년 정도로 볼 수 있는데, 이 시간대는 한국고고학 편년상 철기시대 전기(기원전 400년–기원전 1년), 철기시대 후기 또는 삼국시대 전기(서기 1년-서기 300년) 그리고 삼국시대 후기(서기 300년-서기 660년/668년경)에 해당된다. 즉 시기상으로 어느 정도 차이가 있기는 하지만, 馬韓의 존속 시기는 백제의 역사와 그 궤를 같이 한다고 할 수 있다. 백제가 강성해져 그 영역이 확대됨에 따라 마한의 영역은 축소되었다. 그리고 서기 369년 근초고왕때의 마한세력의 정벌은 나주 일대의 마한세력이 아니라 천안 일대, 다시 말해 馬韓 I 기의 중심지였던 천안(용원리, 청당동과 운전리를 중심) 일대의 마한세력을 멸한 것으로, 마한의 중심세력은 다시 공주(사적 460호 공주 의당면 수촌리 일대) 익산으로 이동하였던 것으로 해석할 수 있겠다. 참고로 한성시대 백제의 강역이 가장 넓었던 시기는 제13대 근초고왕대로 여겨진다. 최근 확인된 고고학 자료를 통해 볼 때 당시 한성백제의 실제 영역은 서쪽으로 강화도 교동 대룡리 및 인천 문학산 일대까지, 동쪽으로는 여주 하거리와 연양리, 진천 석장리, 산수리(사적 제325호)와 삼룡리(사적 제344호)를 넘어 원주 법천리와 춘천 거두리, 홍천 하화계리와 충주 탄금대까지 확대되었으며, 북쪽으로는 포천 자작리와 파주 주월리(백제 육계토성 내)와 탄현 갈현리(토광묘) 일대까지 그리고 남쪽으로는 평택 자미산성과 천안 성남 용원리에 중심을 둔 마한과 경계를 두는 정도에 이르게 되었던 것으로 해석된다.

앞으로 보다 많은 고고학 자료를 통해 검증되어야 하는 가설 수준이기는 하지만, 지금까지의 고고학 자료를 통해 시기에 따른 마한의 중심지를 추정해 볼 수 있다. 즉 한성시대 백제(기원전 18년-서기 475년) 시기의 마한 영역은 천안 성남 용원리, 청당동 및 평택·성환·직산을 포함하는 지역이었을 것으로 추정되며, 백제의 공주 천도 이후(서기 475년-서기 538년) 마한의 중심지는 익산 영등동, 신동리와 여산면 유성, 모현동 외장, 전주 송천동과 평화동, 군산 내흥동과 산월리 그리고 남원 세전리, 고창 정읍 신정동 일대로 이동되었다. 마지막으로 부여 천도 후(서기 538년-서기 660년)에는 나주 반남면 대안리, 신촌리와 덕산리(사적 제76·77·78호)와 보성 조성면 조성리(금평 패총 포함)와 진도 고군면 오산리 일대가 마한의 중심지였던 것으로 추정된다. 다시 말해 그 중심 지역의 변천에 따라 마한은 천안-익산-나주의 세 시기로 구분하여 생각해 볼 수 있다. 『三國史記』溫祚王 27년(서기 9년) 4월 '마한의 두 성이 항복하자 그 곳의 백성들을 한산 북쪽으로 이주시켰으며, 마침내 마한이 멸망하였다(...二十七年夏四月, 二城圓山錦峴降, 移其民於漢山之北, 馬韓遂滅. 秋七月, 築大豆山城...) 라는 기사는 한성백제와 당시 천안을 중심으로 자리하고 있던 마한과의 영역 다툼과정에서 일어난 사건을 기술한 것으로 볼 수 있겠다. 한편 근초고왕 24년(서기 369년) 마한의 고지를 盡有했다는 기사는 종래 故 李丙燾의 견해대로 나주 일대의 마한세력을 멸망시킨 것이 아니라 천안 일대, 다시 말해 마한 Ⅰ기의 중심지였던 천안(용원리, 청당동과 운전리를 중심) 일대의 마한세력을 공주[의당면 수촌리(사적 460호)와 장선리(사적 433호)], 서산(음암면 부장리, 사적 475호)과 익산지역(전주 평화동과 송천동, 익산시 왕궁면 구덕리 사덕마을, 여산면 여산리 유성, 신동리, 모현동 외장과 배산·장신리, 군산시 내흥동)과 같은 남쪽으로 몰아냈던 사건을 기술한 것으로 해석하는 것이 보다 합리적이다. 이후 마한인이 공립하여 세운 진왕이 다스리던 辰王이 다스리던 目支國(『後漢書』魏志 韓傳....馬韓最大. 共立其種爲辰王. 都目支國. 辰王三韓之地..., 오늘날의 미국의 수도인 Washington D.C./District of Columbia와 같은 성격을 가진 것으로 보여짐)은 익산을 거쳐 최종적으로 나주 일대로 그 중심을 옮겨갔을 것이다. 따라서 종래의 입장, 즉 마한을 삼한시대 또는 삼국시대 전기에 존속했던 사회 정치 체제의 하나로만 인식했던 단편적이고 지역적이었던 시각 또는 관점에서 탈피하여 마한 사회를 전면적으로 재검토해야 할 시점에 다다른 것이다.

마한의 존재를 보여주는 고고학 자료로는 土室, 竪穴 움집, 掘立柱가 설치된 집자리, 토성, 鳥足文, 그리고 주구묘를 포함한 고분 등이 있으며, 또 승석문, 타날격자문, 조족문과 거치문 등은 마한의 특징적인 토기 문양들이다. 승석문과 타날격자문은 마한뿐 아니라 백제지역에서도 채택되었던 토기문양으로 인식되는데, 이러한 문양이 시문된 토기는 기원전 108년 한사군 설치와 함께 유입된 중국계 회청색 경질도기 및 印文陶器 등의 영향 하에 제작되었던 것으로 여겨진다. 이후 마한과 백제지역도 고온 소성이 가능한 가마를 수용하여 회청색 경질토기를 제작하게 되었다. 승석문 및 격자문이 시문된 연질 및 硬質土器는 재래의 토착적인 경질무문토기와 한때 같이 사용되기도 했다. 그러나 한반도에서 중국제 경질도기를 모방하기 시작하면서 이들이 한반도 전역으로 확산되었는데, 그 시기는 서기 1세기—서기 2세기경이었던 것으로 추정된다. 기전문화재연구원에서 발굴 조사한 용인 보정리 수지 빌라트지역(4지점) 남측 14호 貯藏孔에서 이들이 함께 출토되었는데, 그 하한연대는 서기 2세기—서기 3세기경으로 보고되었다.

이들 중 가장 두드러진 마한의 고고학적 자료는 토실[土室 또는 토옥(土屋)]인데, 이는 마한인들의 집이 마치 무덤과 같으며 입구가 위쪽에 있다는 『後漢書』東夷傳 韓條에 보이는 '邑落雜居亦無城郭作土室形如塚開戶在上'이라는 기록과 『三國志』魏志 東夷傳 韓條의 '居處作草屋土室形如塚其戶在上'이라는 기록과도 상통한다. 이러한 토실은 지금까지 37여 지점에서 확인되었는데, 종래에 竪穴坑 또는 貯藏孔으로 보고된 사례들을 포함하면 그 수는 훨씬 늘어날 것이다.

- 인천광역시 계양구 동양동
- 경기도 광주 남한산성(사적 57호) 내 행궁지 북 담 옆 1구역 5차 발굴 (경기도 기념물164호)
- 경기도 가평 대성리
- 경기도 기흥 구갈리
- 경기도 고양 멱절산성 내 토실
- 경기도 용인 구성 마북리

- 경기도 용인 기흥 영덕리(신갈–수지 도로구간 내)
- 경기도 용인 죽전 4지구
- 경기도 용인 보정리 수지빌라트 4지점
- 경기도 용인 구성읍 보정리(신갈–수지도로 확·포장공사 예정구간)
- 경기도 화성 상리
- 경기도 화성 동탄 감배산
- 경기도 화성 동탄 석우리 능리
- 경기도 화성 태안읍 반월리
- 경기도 수원 권선구 입북동
- 경기도 시흥 논곡동
- 경기도 이천 나정면 이치리 덕평 2차 물류창고부지
- 대전시 유성구 추목동 자운대
- 대전시 유성구 대정동
- 충청북도 충주 수룡리
- 충청남도 공주 탄현면 장선리(구 안영리, 사적 433호, 서기 220년–290년)
- 충청남도 의당 수촌리(사적 460호) 토실 9기(II형)
- 충청남도 공주 장원리
- 충청남도 공주 산의리
- 충청남도 아산 배방면 갈매리
- 충청남도 논산 원북리
- 충청남도 논산 마전리
- 전라북도 전주 송천동
- 전라북도 전주 평화동
- 전라북도 익산 왕궁면 구덕리 사덕마을
- 전라북도 익산 여산면 여산리 유성

- 전라북도 익산 신동리
- 전라북도 익산 모현동 외장
- 전라북도 익산 배산·장신리
- 전라북도 군산시 내흥동
- 전라남도 여천 화장동
- 전라남도 순천시 해룡면 성산리 대법마을(토실의 최 말기 형식으로 보여짐)

토실이 확인된 유적들은 경기도, 충청남북도 그리고 전라남북도 일대에 분포하는데, 이들 유적들은 앞서 언급한 마한의 세 시기 중 천안−익산의 두 시기에 속한다고 볼 수 있겠다. 토실은 단실(單室)과 두 개 이상을 장방형 수혈주거와 묶어 만든 두 형식으로 구분되는데, 전자의 예는 남한산성과 용인 죽전에서, 후자의 경우는 용인 보정리, 익산 사덕과 공주 장선리 등지에서 확인된 바 있다. 이는 토실들을 외형을 기준으로 형식 분류할 수 있음을 의미하며, 이외에도 암반을 깎아 판 것과 군산 내흥동의 경우처럼 저습지에 조성된 것도 있어, 토실을 분류할 때에는 지역에 따른 환경에의 적응 및 기능도 고려해야 한다. 용인 보정리와 익산 여산리 유성의 경우에서는 불을 피웠던 흔적이 확인되었고, 가구시설이 발견되었음을 고려할 때 토실의 주된 기능은 실제 주거였을 것이다. 현재 토실의 형식 분류는 토실의 깊이가 깊은 것(Ⅰ형: 單室形, Ⅱ형: 두개이상의 토실이 합쳐져 연결된 複合形, Ⅲ형: 원형의 토실과 장방형 수혈주거와의 결합형)→토실의 깊이가 얕은 것→백제 초기의 福주머니형태의 순으로 발전하는 것으로 추측된다.

토실 이외의 마한의 고고학 자료로 고분이 있는데, 마한의 고분은 아직 그 기원 및 편년에 있어 상당한 이론이 있다. 마한 고분이 토광묘, 주구묘, 옹관묘의 순서로 편년된다는 점에 있어서는 별다른 이의가 없다. 즉, 토광묘는 천안시기에, 주구묘는 天安→益山→羅州의 전 시기에 걸쳐, 그리고 옹관묘는 나주시기에 주로 조성된 것으로 볼 수 있다. 흔히 낙랑고분은 토광묘, 귀틀묘, 전축분의 순으로 발생했던 것으로 인식되고 있는데, 청주 송절동 토광묘와 고창 봉덕리 만동 주구묘에서 이들이 낙랑의 초기무덤인 토광묘의 영향 하에서 조영되었을 것이라는 실마리가 확인되었다. 한편 이들이 분구묘의 영향 하에 조성된 것으로 보고 이를 중국 戰國時代의 秦나라(기원전 249년—기원전 207년)와 연결시켜 보려는 견해도 있다. 영광 군동리의 주구묘의 경우는 黑色磨研土器가 출토되어 주구묘의 상한연대가 적어도 철기시대 전기(기원전 400년—기원전 1년) 중 기원전 1세기를 전후로 한 시기까지 올라간다는 보고도 있었다. 부여 석성면 증산리 십자거리 주구묘에서 출토된 철부(鐵斧)는 제주 용담동, 함안 도항 말산리 고분, 홍천 화촌면 성산리 및 제천 도화리 적석총 등지에서 출토된 것들과 연결되는 것으로 그 연대는 서기 1세기—서기 2세기경까지 올라가는 것으로 보인다. 이들은 북쪽 뽈체(挹婁)에서 나오는 철부들과 꼭 같아 그 기원과 교류를 짐작케 한다. 최근 발굴 조사된 마한의 고분과 집자리 유적으로 다음과 같은 유적들이 있다.

- 인천광역시 계양구 동양동(주구묘)
- 인천광역시 서구 불로 4지구(요지)
- 경기도 화성 향남면 발안리
- 경기도 오산시 수정동·하수동(주구토광묘)
- 경기도 용인 구성면 마북리(주구묘, 환두대도)
- 경기도 화성 기안리(탄요)
- 충청남도 부여 석성 증산리 십자거리(철부)
- 충청남도 부여 은산면 가중리(지사제 풀씨앗)
- 충청남도 부여 부여읍 논치리(제사유적)
- 충청남도 아산 탕정면 명암리 삼성 LCD I지구(철부, 환두대도)

- 충청남도 공주 하봉리
- 충청남도 공주 의당면 수촌리 고분(사적 460호)
- 충청남도 공주 탄천면 장원리
- 충청남도 천안 운전리
- 충청남도 천안 청당동
- 충청남도 서산 음암 부장리(사적 475호)
- 충청남도 서천 봉선리(사적 473호)
- 충청남도 천안 두정동
- 충청남도 천안 성남 용원리
- 충청남도 보령 관창리
- 충청북도 청주 송절동(토광묘)
- 전라북도 고창 아산면 만동 봉덕리
- 전라북도 군산 대야면 산월리 옹관(거치문)
- 전라북도 진도 고군면 오산리(집자리, 거치문)
- 전라남도 나주 금곡리 용호
- 전라남도 나주 복암리(사적 404호)
- 전라남도 광주 북구 신창동(사적 375호)
- 전라남도 광주 광산구 하남 2 택지지구
- 전라남도 진도 오산리(주거지, 거치문)
- 전라남도 영암 선황리 대초(大草) 옹관
- 전라남도 영암 금계리 계천
- 전라남도 승주 대곡리
- 전라남도 승주 낙수리
- 전라남도 광양 광양읍 용강리
- 전라남도 함평 만가촌(전남 기념물 제55호)

- 전라남도 함평 중랑리
- 전라남도 함평 대창리 창서(인물도)
- 전라남도 해남 현산 분토리 836번지 일대(집자리)
- 전라남도 장흥 유치면 탐진댐 내 신풍리 마전, 덕풍리 덕산과 상방(주구묘)
- 전라남도 나주 금곡리 용호
- 전라남도 나주 대안리, 신촌리, 덕산리(사적 76·77·78호) 금동관(국보 295호)
- 전라남도 나주 복암리(사적 제404호)
- 전라남도 무안 몽탄면 양장리(저습지)
- 전라남도 나주 금천면 신가리 당가(요지)
- 전라남도 나주 오량동(요지, 사적 456호)
- 전라남도 나주 영동리
- 전라남도 순천 덕암동
- 전라남도 순천 화장동
- 전라남도 순천 해룡면 성산리 대법마을
- 전라남도 보성 조성면 조성리(토성)
- 전라남도 영광 군동리
- 전라남도 장성군 야은리

토기 표면에 시문된 조족문과 거치문은 토실과 토광묘, 주구묘, 옹관묘의 순으로 발전했던 고분 이외에 또 하나의 마한의 고고학적 특징이라 할 수 있는데, 이들 토기 문양의 분포는 마한 문화의 전통을 시사해 준다. 거치문은 나주 반남면 신촌리 고분 이외에 풍납동토성(사적 제11호), 전주 송천동 및 군산 대야면 산월리와 진도 고군면 오산리에서, 조족문은 청주 신봉동, 홍성 신금성, 평택 자미산성, 나주 반남면 덕산리 4호분과 신촌리 6호분, 설성산성(경기도 기념물 제76호) 등지에서 확인된 바 있다. 이뿐 아니라 청주 정북동 토성(사적 제415호)은 마한의 토성으로 여겨지며, 천안 장산리에서는 마한시대의 관개시설이, 진천 문백면 사양리와 화성 기안리에서는 숯 굽는 탄요(炭窯)가, 나주 금천 신가리 당가와 오량동에서는 토기 가마가, 천안 청당동, 아산 탕정면 명암리와 아산 배방면 갈매리에서는 마형대구(馬形帶鉤)가 확인되는 등 마한문화의 실체를 보여주는 새로운 자료들이 계속 보고되고 있다. 특히 함평 해보면 대창리 창서에서 발견된 마한시대의 인물도(人物圖)는 학계의 지대한 관심을 끌었는데, 그 얼굴 모습은 석굴암에서 보이는 10대 제자, 즉 인도인(유럽인, 코캐소이드인)의 모습과 유사하다. 이는 앞으로 당대의 해외 문화교류까지도 염두에 두어야 할 중요한 자료이다. 지금까지 언급한 마구, 관개시설, 옹관, 탄요, 가마와 토성 등 마한관계 기타 유적들은 다음과 같다.

- 인천광역시 중구 운서동(영종도)
- 경기도 가평 마장리
- 경기도 이천 설성산성(경기도 기념물 76호, 조족문토기)
- 충청남도 천안 청당동(마형대구)
- 충청남도 아산 배방면 갈매리(마형대구 및 유리구슬거푸집) 및 凸자형 집자리, 살인·화장된 남자시체흔적
- 충청남도 아산 탕정 명암리(마형대구)
- 충청남도 연기군 응암리(마형대구)
- 충청남도 천안 봉명동
- 충청남도 천안 장산리 관개시설
- 충청남도 평택 자미산성(조족문토기)
- 충청남도 아산 영인면 구성리
- 충청남도 직산 사산성
- 충청북도 진천 문백면 사양리(탄요)

- 충청북도 청원군 부용면 부강리 남성골산성(서기 340년-서기370년, 서기 470년-서기 490년)
- 충청북도 충주 정북동 토성(사적 415호: 서기 130년-서기 260년)
- 전라북도 김제 벽골제(사적 111호, 서기 330년)

5. 고고학 상으로 본 종교·제사유적 -環壕-

마한의 연구에서 앞으로 주목해야 될 점은 제사유적인 환호이다. 청동기시대에서 철기시대 전기에 걸쳐 나타나는 환호는 크기에 관계없이 시대가 떨어질수록 늘어나 셋까지 나타난다. 그들의 수로 하나에서 셋까지 발전해 나가는 편년을 잡을 수도 있겠다. 이는 巫敎(shamanism, 薩滿敎)과 관계된 것으로 보인다. 울산 북구 연암동, 파주 탄현 갈현리, 안성 원곡 반제리, 부천 고강동, 강릉 사천 방동리, 화성 동탄 동학산, 순천 덕암동 등이 속한다. 환호는 안성 원곡 반제리의 제사유적이 대표된다. 壕는 하나이며 시기는 단면원형의 점토대토기시대에 속한다. 연대도 기원전 5세기-기원전 3세기경 철기시대 전기 초에 해당한다. 이제까지 환호는 경남지역이 조사가 많이 되어 울산 검단리(사적 332호), 진주 대평리 옥방 1·4·7지구 창원 남산을 포함하여 17여 개소에 이른다. 청동기시대부터 이어져 철기시대에도 경기-강원도 지역에만 파주 탄현 갈현리, 화성 동탄 동학산, 강릉 사천 방동리, 부천 고강동, 송파 풍납토성(사적 11호)과 순천 덕암동 등지에서 발견된다. 그중에서 이곳 안성 반제리의 것은 철기시대 전기 중 앞선 것으로 보인다. 청동기시대의 것으로 제사유적으로 언급된 것은 울산시 북구 연암동이나, 철기시대의 것들 중 구릉에 위치한 것은 거의 대부분 종교·제사유적으로 보인다. 이는 청동기시대의 전통에 이어 철기시대에는 환호와 관련된 지역이 주거지로 보다 종교·제사유적과 관계된 특수지구인 別邑인 蘇塗로 형성된 것 같다. 다시 말해 종교는 劣等自然敎[多靈敎期: 精靈崇拜(animism)→토테미즘(totemism)→巫敎(shamanism, 薩滿敎)→祖上

崇拜(ancestor worship)]→高等自然敎(多神敎, polytheism)→一神敎(monothe-ism)로 발전한다. 한국 고고학 자료도 신석기대의 精靈崇拜(animism)→청동기시대의 토테미즘(totemism)→철기시대의 巫敎(shamanism, 薩滿敎)→祖上崇拜(ancestor worship)를 거쳐 철기시대 전기에는 환호를 중심으로 전문 제사장인 天君이 다스리는 蘇塗로 발전해나감을 알 수 있다. 앞으로 계급사회의 성장과 발전에 따른 종교적인 측면도 고려해야 한다. 소도도 일종의 무교의 형태를 띤 것으로 보인다. 이는 종교의 전문가인 제사장 즉 天君의 무덤으로 여겨지는 토광묘에서 나오는 청동방울, 거울과 세형동검을 비롯한 여러 巫具들로 보아 이 시기의 종교가 巫敎(shamanism, 薩滿敎)의 일종이었을 것으로 짐작된다. 이는『三國志』魏志 東夷傳 弁辰條에 族長격인 渠帥가 있으며 이는 격이나 규모에 따라 신지(臣智), 검측(險側), 번예(樊濊), 살계(殺奚)와 읍차(邑借)로 불리고 있었음을 알 수 있다. 그러나 蘇塗는 당시의 복합·단순 족장사회의 우두머리인 세속 정치 지도자인 신지, 검측, 번예, 살계와 읍차가 다스리는 영역과는 별개의 것으로 보인다. 또 이들은 정치 진화상 같은 시기의 沃沮의 三老, 東濊의 侯, 邑長, 三老, 그리고 挹婁의 大人, 肅愼의 君長[8]과 같은 國邑이

---

8)『三國志』魏志 弁辰條에는 행정적 책임이 있는 族長격인 渠帥(또는 長帥, 主帥라도 함)가 있으며 이는 격이나 규모에 따라 신지(臣智, 또는 秦支·踧支라고도 함), 검측(險側), 번예(樊濊), 살계(殺奚)와 읍차(邑借)로 불리고 있었음을 알 수 있다. 이는 정치 진화상 같은 시기의 沃沮의 三老(東沃沮의 將帥), 濊의 侯, 邑君, 三老, 그리고 挹婁의 大人과 肅愼의 君長도 같은 國邑이나 邑落을 다스리던 혈연을 기반으로 하는 계급사회의 行政의 우두머리인 족장(chief)에 해당한다. 弁韓, 辰韓, 東濊와 沃沮는 혈연을 기반으로 하는 계급사회인 족장사회였으며 삼한사회의 경우 청동기와 철기시대 전기와 달리 가장 늦게 역사서에 나타나는 肅愼(唐 房玄齡/房喬 等撰『晋書』四夷傳)의 君長 경우 복합족장사회(complex chiefdom)란 의미에서 君長사회란 용어를 사용해도 무방할 것이다. 그래서 挹婁-肅愼-勿吉-靺鞨-黑水靺鞨-女眞-生女眞-金(서기 1115년-서기 1234년)-後金(서기 1616년-서기 1626년)-滿洲/淸(서기 1626년-서기 1636년)-大淸(서기 1636년-서기 1911년) 등의 유목민족과 같은 복잡한 배경을 가진다. 그러나 蘇塗는 당시의 복합·단

나 邑落을 다스리던 혈연을 기반으로 하는 계급사회의 行政의 우두머리인 族長(chief)에 해당된다. 그 예는『三國志』魏志 東夷傳 韓條에 나오는 王莽(新, 서기 9년-서기 23년) 地皇 時(서기 20년-서기 22년) 辰韓의 행정적 책임이 있는 최고의 族長격인 右渠帥 廉斯鑡(염사치)와 樂浪 사이의 기록을 들 수 있다. 울주 검단리, 진주 옥방과 창원 서상동에서 확인된 청동기시대 주거지 주위에 설치된 환호(環壕)는 계급사회의 특징 중의 하나인 방어시설로 국가사회 형성 이전의 족장사회의 특징으로 볼 수 있겠다. 그러나 그 기능에 대하여는 앞으로의 연구과제이다. 앞으로 馬韓의 연구에 있어 環壕→木柵→土城→石城의 발전 순에서 비추어『三國志』魏志 東夷傳 韓條에 '馬韓…散在山海間無城郭, 辰韓… 有城柵, 弁辰…亦有城郭' 등의 구절을 비교해보면 앞으로 國邑 또는 天君이 다스리는 蘇塗의 別邑의 모습을 좀 더 구체적으로 이해할 수 있을 것이다.

환호의 대부분은 안성 반제리 유적 등과 같이 철기시대 전기(기원전 400년-기원전 1년)에 속한다. 여기에는 단면 원형의 점토대토기가 중심이 된다. 최근 점토대토기의 상한 연대가 기원전 5세기 까지 올라가나, 이곳 반제리에서는 강릉 송림동과 같이 기원전 8세기-기원전 7세기까지 좀 더 연대가 올라간다. 그리고 만약 그 상한 연대가 그대로 인정된다면 기원전 2,000년-기원전 1,500년경 신석기시대 말기에 청동기시대 조기와 약 500년간 공존했듯이 청동기시대 후기에도 철기시대 전기의 점토대토기와 공존했다고도 해석해 볼 수

순 족장사회의 우두머리인 세속정치 지도자인 신지, 검측, 번예, 살계와 읍차가 다스리는 영역과는 별개의 것으로 보인다. 울주 검단리, 진주 옥방과 창원 서상동에서 확인된 청동기시대 주거지 주위에 설치된 환호(環壕)는 계급사회의 특징 중의 하나인 방어시설로 국가사회 형성 이전의 족장사회의 특징으로 볼 수 있겠다. 이러한 別邑 또는 蘇塗의 전신으로 생각되는 환호 또는 별읍을 중심으로 하여 직업적인 제사장이 다스리던 神政政治(theocracy)도 가능했을 것이다. 그 다음 삼국시대 전기에는 世俗王權政治(secularism)가 당연히 이어졌을 것이다.

있겠다. 그렇다면 환호와 관련된 종교유적은 울산 북구 연암동의 경우와 같이 청동기시대부터 그대로 이어져 내려오는 전통으로 볼 수 있겠다. 이 점은 앞으로 연구 과제로 현재로서는 기원전 5세기를 철기시대의 상한으로 보는 것이 무난하다. 또 그리고 환호 안팎에 형성된 주거지들은 전문직의 제사장과 제사에 관련된 사람들이 살던 특수구역인 別邑으로 이것이 기반으로 하는 계급사회의 行政의 우두머리인 族長(chief)에 해당된다. 그 예는『三國志』위지 동이전에 나오는 蘇塗일 가능성이 많다. 大木을 세운 蘇塗는 邑落의 경계 표시이고, 신성지역인 別邑(asylum)으로 여겨져 왔으며, 天君을 중심으로 다스리던 祭政分離의 사회를 반영한다. 철기시대 전기에는 북쪽 평양 근처에 衛滿朝鮮이라는 최초의 국가가 형성되었고 남쪽 馬韓의 고지에는 기원전 3세기−기원전 2세기부터의 단순 족장사회와 좀 더 발달한 복합족장사회가 공존하던 마한이 있었다. 이는 族長격인 거수(渠帥)내에 격에 따른 신지(臣智), 검측(險側), 번예(樊濊), 살계(殺奚)와 읍차(邑借)의 순이 있었음으로도 알 수 있다. 그리고 마한의 경우 이들을 대표하는 王이 다스리는 국가단계의 目支國도 있었다. 이는 기원전 18년 백제의 국가형성 당시 溫祚가 영역을 할당받기 위해 사신을 보낸 나라는 馬韓王이 다스리던 목지국이었고 이러한 관계 속에서 마한과 백제와의 역사적 맥락이 형성되었던 것이다. 비록 철기시대 전기에 祭·政이 기록상으로는 분리되고 있었지만 행정의 우두머리인 족장격인 渠帥와 別邑인 蘇塗의 전신으로 생각되는 環壕 내의 주인인 天君이 함께 다스리던 신정정치(theocracy)도 가능했을 것이다. 그 다음 삼국시대 전기에는 세속왕권정치(secularism)가 당연히 이어졌을 것이다. 안성 원곡 반제리 유적을 포함한 宗教·祭祀遺蹟들은 한국고고학·고대사에 있어서 철기시대 전기의 종교·제사유적이라는 점과 이의 정치·문화사적 배경은 앞으로 연구할 만한 가치가 매우 크다.

6. 마한의 목지국

고고학적인 측면에서 마한−목지국 문화의 성격을 살펴보기 위해서는 먼저 전남지방에서 조사된 마한관계 유적의 성격을 정리해 볼 필요가 있다. 전남지방에서 발견된 마한−목지국 관련 유적으로는 고인돌[支石墓]과 독무덤[甕棺墓]으로 대별되는 분묘유적과 생활유적인 집자리 유적이 있다. 마한시대에 해당하는 철기시대 후기의 집자리 유적이 조사된 예는 없었다. 그런데 서기 1986년−서기 1989년에 걸쳐 이루어진 주암댐 수몰지구 발굴조사에서 승주군 낙수리와 대곡리 도롱 부락에서 대규모 집단취락 유적이 확인되었다. 이들 유적에서 조사된 철기시대 후기의 주거지들은 전남지방에서 최초로 발견된 마한의 집자리들로 마한사회를 이해하는데 많은 자료를 제공하였다. 여기서 철기시대 후기(서기 1년−서기 300년)는 필자의 한국고고학의 時代區分 案에 제시된 삼국시대 전기를 말하는데 이는 종래의 원삼국시대이다. 그런데 전남지방의 경우 아직까지 이 시기를 삼국 중의 어느 한 국가와 연관 지을 수 있는 고고학적 증거가 확인된 바 없으나 목지국의 존재로 보아 삼국시대 전기나 철기시대 후기란 시대명칭을 사용하는 것이 보다 타당할 듯하다. 한편 분묘유적으로는 석관묘와 함께 우리나라 청동기시대의 대표적인 묘제로, 특히 전남지방에 2만여 기가 무리를 이루면서 집중적으로 분포하고 있는 고인돌과 청동기시대 후기부터 등장하기 시작하여 철기시대 전기가 되면 지배적인 묘제가 되어 백제시대까지 사용된 독무덤이 있다. 전남지방의 고인돌은 청동기시대 후기부터 철기시대 전기에 이르기까지 축조되었는데, 이들은 당시의 정치·사회상을 밝히는데 매우 귀중한 자료를 제공하고 있다. 고인돌사회에는 전문장인이 존재했으며, 각 지역 간에는 기술의 전파 및 물품의 교역이 이루어졌다. 고인돌 사회에서 성역화 된 묘역을 가진 조상숭배 단계에 이르게 되면 사회진화 단계상으로 갈등론(conflict theory)에서 이야기하는 계층사회(stratified society)인 복합 족장사회(complex chiefdom society) 단계에 도달했다.[9] 앞으로 고인돌의 공간적인 분포에 따른 세력권 또는 문화권이 설정되고, 전남지방 고인돌이 지니는 독자적인 성격이 구명(究明)되면, 차후 이 지방에 등장하는 사회의 성격을 파악하는데 커다란 도움이 될 것이다.

대형 독무덤이 집중적으로 분포하는 영산강 유역의 반남면 일대를 포함하는 나주지역은 전주와 함께 전라도라는 지명의 유래가 되었을 만큼 고대 한반도 남서부지방에서 정치·군사·경제·문화적으로 중추적인 역할을 담당해 왔다. 사서에 의하면 羅州는 백제시대에는 발라군(發羅郡)으로, 통일신라 경덕왕(景德王) 때에는 금산(錦山)으로 불렸으며, 나주라는 현 지명이 처음 사용된 것은 고려시대에 이르러서이다. 통일신라시대의 나주는 전남지역의 주치소(州治所)인 무주에 예속된 하나의 군에 지나지 않았다. 그런데 고려가 지방제도를 정비하면서 나주에 12목(牧)의 하나를 설치하게 되면서 나주는 고려 및 조선조에 걸쳐 영산강 유역 정치·경제의 중심지가 되었다(현재 羅州 邑城은 사적 337호로 지정되어 있으며 동문인 東漸門과 客舍인 錦鍼館은 복원되어 있음). 그런데 통일신라 이전, 더 나아가 삼국시대에 이 지역이 백제의 영역으로 편입되기 이전의 상황에 관한 기록은 찾아보기 어려우며, 당시 나주 일대의 성격을 살펴볼 수 있는 자료로는 반남면 일대에 집중적으로 분포하는 고분군이 있을 뿐이다. 반남면 신촌리 9호분에서 출토된 금동관(국보 295호)을 비롯한 여러 유물들을

---

9) 인류학의 엘만 서비스(Elman Service)의 모델인 統合論(Integration theory)에서는 인류사회는 경제나 기술이 아닌 조직이나 구조에 기반을 두어 군집사회(band)−부족사회(tribe)−족장사회(chiefdom)−고대국가(ancient state)로 구분하고 있다. 그리고 기본 자원에 대한 불평등한 접근에서 일어나는 갈등에 기반을 둔 모톤 프리드(Morton Fried)의 갈등론(Conflict theory)의 도식인 평등사회(egalitarian society)−서열사회(ranked society)−계층사회(stratified society)−국가(state)라는 발전단계도 만들어진다. 서비스는 국가단계에 앞선 족장사회를 잉여생산에 기반을 둔 어느 정도 전문화된 세습지위들로 조직된 위계사회이며 재분배 체계를 경제의 근간으로 한다고 규정한 바 있다.

통해 볼 때, 당시 이 지역에는 강력한 왕권을 중심으로 하는 정치체제가 존재할 수 있는 기반이 있었음을 알 수 있다. 물질적·문화적 기반은 반남면 일대를 포함하는 나주 지역에 마한 54국의 하나인 목지국을 비정하는 가설을 가능하게 한다. 그런데 학자마다 서로 견해가 달라 부미국(不彌國), 포미지국(布彌支國), 신미국(新彌國), 치리국(哆唎國) 등의 마한소국(馬韓小國)들이 이 일대에 존재했던 것으로 추정하고 있는데 현재로서는 이를 확인할 만한 자료가 부족하다. 비록 그 국명(國名)은 확실하지 않지만 나주지역, 특히 반남면 대안리·덕산리·신촌리·복암리(사적 404호)와 고흥 포두면 길두리 안동에 분포된 고분군들의 연대로 볼 때 백제 초기에 이미 국가단계의 정치체제가 이 일대에 존재했었음을 쉽게 알 수 있다.

반남면을 비롯한 영산강 유역 소재의 대형 독무덤들은 이 일대가 실질적으로 백제의 영향권 내로 편입되기 이전에 자리 잡고 있던 마한의 지배층들의 분묘들로 보인다. 철기시대 전기 이후 새로운 철기문화를 수용함으로써 농업생산력을 증대시키고 사회적인 발전을 이룩한 마한의 소국들은 그들의 통치권력을 확대·팽창시키면서 소형 독무덤을 거대화시켰던 것이다.

영산강 유역에 밀집 분포하는 대형 독무덤들의 피장자들은 마한 제소국의 지배층들이었을 것으로 추정된다. 특히 금동관이 출토된 신촌리 9호분의 피장자는 목지국 말기의 지배자 또는 목지국의 전통을 이은 지방 호족이었을 것으로 추정된다. 따라서 백제가 남천하게 됨에 따라 백제의 지배영역이 남쪽으로 팽창함으로써 그 세력이 축소된 목지국의 최종 근거지는 영산강 유역의 나주 반남면 일대로 비정될 수 있을 것이다. 이러한 추정은 지금까지 발견 조사된 금동관들이 당시의 정치체제하에서 국가단계를 나타내는 최고 지도자 또는 왕의 상징물(status symbol)로서 인정되는 것으로도 그 타당성을 인정받을 수 있다.

서기 1996년 나주 복암리 3호분(사적 제404호) 석실 내부 옹관 4호에서 출토된 금동제 신발, 서기 1997년 석실 7호에서 출토된 금판 관모 장식, 금동제이식, 三葉/三頭環頭大刀(고리자루큰칼) 등이 이를 뒷받침해준다. 그리고 서기 1998년도 3월에 발굴된 5호와 16호 횡혈식 석실 2기에서는 은제관식(銀製冠飾)이 출토된 바 있다[여기에서 출토된 인골들은 석실 17호 널길(연도)에서 화장된 채로 발견된 32세 이상으로 추정되는 남복(男僕)의 경우를 제외하고는 모두 앙와신전장(仰臥申展葬)을 취하고 있었는데, 석실은 40세 이상 가족성원의 가족장(家族葬) 또는 추가장(追加葬)을 위해 조성된 것으로 여겨진다]. 이는 부여 하황리, 논산 육곡리 7호분, 남원 척문리, 나주 흥덕리와 부여 능산리 공설운동장 예정 부지 내에서 발굴된 36호 우측[인골 편은 남아 있지 않으나 좌측에 남아 있는 부인의 것으로 여겨지는 인골의 나이는 40세 이상으로 추정된다] 인골에서 발견된 은제 관식에 이어 한반도에서 여섯 번째로 확인된 것이다. 피장자의 신분은 백제 16관등 중 6품인 나솔(奈率) 이상에 해당되는데, 이는 대안리 5호분의 백제식 석실분의 경우와 함께 피장자가 나주지역 백제의 행정체제 내로 편입되어 가는 과정을 보여주는 자료이다. 그리고 무엇보다도 중요한 것은 금동관과 함께 나온 금동 신발인데 이는 신촌리 9호분, 익산 입점리(사적 347호), 서산 음암 부장리(사적 475호), 공주 의당 수촌리(사적 460호)와 공주 무령왕릉(사적 13호 공주 송산리고분군 내)에 이어 백제지역에서 여섯 번째, 나주에서는 두 번째로 확인된 것이다. 또 1998년 4월 나주 복암리 3호분 제8호 석곽 옹관에서는 주칠(朱漆)의 역만자문(逆卍字文, 이와 같은 문양이 춘천시 근화동 559번지 일대 경춘선 춘천정거장 예정부지에서 출토한 고려시대 도기편에도 보인다.)이 시문된 제8호 옹관 출토 개배(蓋杯)와 함께 일본 고분시대 말기에 보이는 圭頭大刀가 제5호 석실 연도 가까이의 현실(玄室) 벽에 기대어 놓인 채로 확인되었다. 출토 상황으로 보아 이 칼은 현실에 묻힌 피장자의 것이라기보다는 장례 행사에 참석했던 피장자와 가까운 손님이 마지막으로 끌러놓은 장송예물(葬送禮物)이었던 것으로 여겨진다. 참고로 역만자문(逆卍字文)은 '파(巴)'로 읽어야 하며, 그 의미는 죽음[死]을 뜻한다고 한다. 그렇다면 불교의 영향 하에 만들어졌다는 견해는 재고되어야 할 것이다. 또 규두대도는 경남 창녕 출토로 전하는 고구라[小倉] 컬렉션 4호와 한국 출토로 알려진 동경국립박물관 소장 장도 두 점이 알려져 있어 일본제보다도 한국제일 가능성이 높다. 복암리 3호분의 내부에서는 옹관묘, 수혈식 석곽, 횡혈식 석실, 횡구식 석곽, 횡구식 석실과 석곽, 옹관 등 34기에 이르는 매장유구가 확인되었다. 이 고분은 서기 3세기-서기 7세기의 약 300-400여 년에 이르는 기간에 걸쳐 한 집안의 가족묘지[世葬山]로 조성되었던 것으로 추정되는데, 오늘날과 같은 분구는 마지막으로 5호 석실분을 쓰면서 각각의 무덤에 조성된 봉토가 합쳐져 자연스럽게 형성되었던 것 같다. 그 피장자들은 과거 목지국의 지배층을 형성하는 토호들로 후일 이 지역이 백제의 행정구역으로 편입되어 가는 과정에서 백제 왕실이 하사한 벼슬을 받았으며, 자신들의 무덤에도 백제양식을 채택했던 것으로 여겨진다. 최근 발굴 조사된 나주 영동리 고분군에서 백제양식의 무덤인 2호와 3호 석실에서 각각 5개체의 인골이 확인되었다. 그리고 인골의 출토양상으로 보아 3-4회의 추가장이 이루어졌음이 확인되었다. 이러한 고분은 나주 흥덕리, 함평 월야면 월계리 석계부락과 전라북도 완주군 은하리의 석실분을 들 수 있다. 복암리 3호분에서는 5호 석실에서 피장자가 4인 확인되었고, 또한 2-3차례의 追加葬이 확인되기도 하였다. 이는 옹관고분의 가족묘지전통에 따른 다장제의 장제가 지속되어 유지되고 있었음을 말한다. 이 고분의 피장자들이 외래의 파견 관료, 또는 지배자가 아니라 철기시대 전기에서 마한에 걸쳐 살아왔던 과거 목지국의 토호들임을 시사한다. 특히 이들의 위상과 대외활동에 대해서는 복암리 고분의 규두대도를 통해 시사되는 일본과의 문화적 교류 등과 함께 앞으로의 연구를 통해 밝혀야 할 것이다. 은제 관식의 연대를 서기 6세기 후반에서 서기 7세기 초로 볼 수 있다면 목지국의 잔여세력인 토착세력은 거의 백제 멸망 시까지 존속했던 것으로 보인다. 그리고 순천 서면 운평리와 여천 화장동유적의 경우 서기 470년(21대 蓋鹵王 16년)-서기 512년(25대 武寧王 12년)에 마한과 大伽倻가 서로 공존하고 있었음이 밝혀지고 있다. 이러한 점들을 통해 볼 때 目支國을 맹주국으로 하는 마한 제소국은 고구려, 백제, 신라 삼국과 空時的으로 상호 대등한 수준의 관계를 맺어 왔다고 보는 것이 타당할 것이다.

7. 마한의 멸망

『日本書紀』神功紀(神功皇后) 49年條의 기록으로 보아 서기 369년에 마한이 백제에 의해 멸망되었다고 추론하고 이후 마한이 백제로 편입되었다는 입장이 있어왔다. 그러나 이 지역은 천안 용원리를 중심으로 한 곳이고 그 후 익산이나 나주로 이동해 거의 백제의 멸망에 이르기까지 공존해온 것으로 생각된다. 이는 나주 오량동과 금천면 신가리 당가 요지, 그리고 나주 대안리 5호분과 같은 무덤에서 마한의 멸망 시기를 유추해 볼 수 있다. 주로 백제시대와 공존하는 것으로, 역사적으로 본다면 서기 369년 근초고왕의 천안 근처의 마한세력 토벌 이후의 시기에 해당되겠다. 정치적인 중심체인 목지국의 백제세력의 유입기인 기원후 4세기 이후에서 공주 의당면 수촌리(사적 460호)를 거쳐 나주 반남면 대안리, 덕산리와 신촌리(사적 76·77·78호)와 복암리 고분(사적 404호)에 이르는 거의 통일신라 이전까지를 포함하는 시기인 삼국시대 후기(서기 300년-서기 660년/668년)의 대표적인 유적으로는 옹관묘, 주구묘와 석실묘 등을 들 수 있다. 석실묘(돌방무덤)는 최근 지표조사와 발굴을 통해 자료가 증가되는 추세에 있어 이들의 성격에 대한 연구도 관심의 대상이 되고 있다. 돌방무덤은 영산강 유역을 비롯한 나주 함평, 장성, 광주 등 전남 내륙지역과 해남, 장흥, 고흥(고흥 포두면 길두리 안동의 5세기 전반의 석실묘와 갑옷 출토) 등 서남해안지역 그리고 도서지방에서 발견되고 있는데, 나주 대안리 5호분 등을 위시한 이들 돌방무덤들은 이 지역이 실질적으로 백제의 통치권 하에 편입되는 5세기 말 6세기 초부터 축조되기 시작하여 백제 말기까지 존속한 묘제로 생각된다. 그리고 최근 발굴된 나주 복암리 3호분의 경우 돌방(석실) 내에 독무덤의 존재로 보아 백제의 통치시대에도 마한·목지국의 토호로서의 독자적인 세력과 문화전통이 유지되고 있었음을 보여준다. 그리고 순천 서면 운평리와 여천 화장동 유적의 경우 서기 470년(21대 蓋鹵王 16년)−서기 512년(25대 武寧王 12년) 사이 馬韓과 大伽倻(서기 42년−서기 562년)가 서로 공존하고 있었음이 밝혀지고 있다. 그리고 이 지역은 『日本書紀』 卷 17 繼體天皇 6년(서기 512년)條에 나오는 백제 25대 武寧王(서기 501년−서기 523년)이 사신을 보내 요구한 任那(大伽倻) 4 県(上哆唎·下哆唎·娑陀·牟婁) 중 娑陀로 추정하고 있다. 이 기록 또한 나주 오량동(사적 456호)과 금천면 신가리 당가요지와 함께 마한 존속 연대의 하한이 서기 6세기 초경임을 알려주고 있다. 즉 마한이 정치·행정적으로는 백제에 편입되었으나 문화적으로는 아직까지 완전히 흡수되지 않았음을 나타내 준다. 또 최근 들어서 이 지역에서 주목받는 묘제로 長鼓墳(前方後圓形墳)이 있다. 반남면 신촌리 6호와 덕산리 2호를 비롯한 함평 월야면 예덕리 신덕부락, 해남 북일면 장구봉, 영암 도포면 태간리 등지에서 전방후원분이 조사되었고, 최근에는 광주시에서 조성하고 있는 첨단기지공단부지인 광산구 월계동과 명화동에서도 조사되어 주목을 끈다. 이들 묘제는 近肖古王이 24년(서기 369년)에 마한의 잔여세력을 토벌하는 과정에서 백제의 요청에 의해 일본[倭]과의 정식 통교가 이루어졌다는 역사적 기록(『日本書紀』 神功皇后 49년 條)과도 무관하지 않을 것이다. 우리나라에서 일본에 전래된 문화내용은 일본문화의 사상적 기반을 마련해 준 유교와 불교를 비롯하여 천문, 지리, 역법, 토기제작 기술, 조선술, 축성술, 회화, 종이, 붓 만들기에 이르기까지 다양하다. 이는 일본의 史書 『古事記』, 『日本書紀』와 『續日本書紀』에 나타나는 王仁(和邇吉師)으로 대표된다. 그가 실재했던 역사적 인물이라면 백제 14대 근구수왕(서기 375년−384년) 때의 학자로 일본에서 파견한 아라다와께[荒田別]와 가가와께[鹿野別] 장군 등의 요청에 응해 論語와 千字文을 갖고 가서 일본의 조정에 봉사하면서 문화발전에 공헌을 하였던 것으로도 볼 수 있겠다[『古事記』의 원문: '百濟國 若有賢人者貢上 故

受命以貢上人名 和邇吉師 即論語十卷 千字文一卷 幷十一卷付是人即貢進'(이는 확실치 않지만 15대 應神天皇時로 왕의 재위는 현재 서기 270년−서기 310년경으로 보고 있다.)]. 아라다와께[荒田別]와 가가와께[鹿野別] 장군 등의 명칭은『日本書紀』神功皇后 49년(己巳年, 近肖古王 24년 서기 369년)條에 나오는데 이 기사를 馬韓의 멸망과 관련지어 이야기하기도 한다.

8. 후언

앞으로 검증되어야 할 가설이기는 하지만, 지금까지의 고고학 자료를 근거로 마한 문화의 성격을 논의하기 위해서는,

1) 史書에 등장하는 馬韓의 실체를 인정해야만 하는 시점에 이르렀다. 마한의 존속 기간, 즉 그 상한과 하한을 파악하고 자체 내에서 고고학 자료를 통한 구체적인 시기구분(編年)이 이루어져야 한다.

2) 역사상에 존재했던 마한 54국의 지역적 범위를 파악하고 그 자체 내에서 문화적 특성 및 차이를 파악해야 한다.

3) 필연적으로 마한의 정치체제 진화과정을 파악해야 한다. 현 시점에서 볼 때 마한 54국으로 표출된 크고 작은 여러 족장사회(族長社會, chiefdom society)로 시작된 마한은 백제가 그 영역을 확장하는 과정에서 그 영역이 축소 개편되었다. 그 과정에서 각각의 족 장사회는 通商圈(Interaction Sphere)을 형성하면서 복합족장사회(complex chiefdoms)로 발전되었고, 마지막 단계에 이르러 目支國이라는 국가 체제(state)로 성장했던 것으로 여겨진다.『三國史記』에 보이는 신라 및 백제와의 관계기사를 고려해볼 때, 늦어도 기원전 1세기경에는 馬韓이 국가사회로 성장했던 것으로 추정되는데, 물론 이 과정이 고고학적으로 밝혀져야 한다.

4) 마한의 始原은 한반도에서 기원전 1500년부터 토착사회를 이루던 지석묘사회가 해체되기 시작하는 철기시대 전기(기원전 400년−기원전 1년)까지 올

라가지만 한국선사 고고학의 입장보다는 시간적으로 삼국시대 전기(철기시대 후기: 서기 1년-서기 300년)에 그 중심을 두고 역사 고고학적인 측면에서 연구되는 것이 보다 바람직하다. 이는 마한의 연구는 백제와의 역사적 관계 속에서 중심지의 변천 및 54국과의 관계 등을 항시 고려하면서 진행되어야 하기 때문이다. 다시 말해 백제의 역사와 문화가 영역의 확장 및 도읍의 변천에 따라 漢城→熊津(公州)→泗沘(扶餘)의 세 시기로 구분되듯이 마한의 경우도 백제의 영향 하에 이루어진 중심지의 이동 및 변천에 따라 天安→益山→羅州의 세 시기로 구분해 고려되어야 할 것이다. 이러한 부분에 대한 고려가 선행될 때 비로소 마한 연구의 올바른 방향이 설정될 수 있다. 한편 최근 상당량의 고고학 자료가 한꺼번에 쏟아져 나오게 되면서 量的 자료에 대한 質的 解釋이 무엇보다도 시급하며, 최근 보고되고 있는 상당량의 마한관계 자료를 검토해 볼 때 다시금 마한에 관한 고고학적 연구가 이제야 시작되었음을 실감하게 된다.

5) 기원전 3세기-기원전 2세기경부터 마한이 존재해 있었으며 이를 바탕으로 백제의 국가 형성이 조성된다. 현재까지의 마한의 고고학 자료로는 토실(土室), 굴립주(掘立柱)건물, 주구묘(周溝墓 또는 周溝土壙墓) 그리고 조족문(鳥足文) 및 거치문(鋸齒文)토기 등을 들 수 있다. 그리고 마한의 54국은 각자의 지리적 환경, 잉여농산물의 확보와 통상권의 이 점 등을 활용하여 각기 발전의 궤도를 달리한 것 같다. 百濟와 馬韓은 처음부터 거의 전 기간 共存한다. 그러나 백제의 세력이 커감에 따라 마한의 세력은 축소되어 서기 5세기 말-서기 6세기 초 마한은 멸망한다. 중심지의 변천도 백제의 漢城→熊津(公州)→泗沘(扶餘)로 천도함에 따라 마한도 天安→益山→羅州로 옮겨간다. 마한 54국도 정치와 지리적 환경과 여건의 이점을 최대한 활용함에 따라 각기 발전 속도에서 차이가 있었을 것이다. 따라서 단순 족장사회에서부터 목지국과 같은 국가단계도 공존했을 것이다.

6) 신석기시대의 精靈崇拜(animism)→청동기시대의 토테미즘(totemism)

→철기시대의 巫敎(shamanism, 薩滿敎)와 조상숭배(ancestor worship)를 거쳐 環壕를 중심으로 專門祭司長인 天君이 다스리는 別邑인 蘇塗가 나타난다. 이 것도 일종의 무교의 형태를 띤 것으로 보인다. 마한의 고지에는 기원전 3세기 −기원전 2세기부터의 단순 족장사회에서 좀 더 발달한 복합족장사회인 마한이 있었다.

이는 『三國志』 魏志 弁辰 條에 族長격인 渠帥가 있으며 이는 격이나 규모에 따라 신지(臣智), 검측(險側), 번예(樊濊), 살계(殺奚)와 읍차(邑借)로 불리고 있었음을 알 수 있다. 그리고 마한에도 마찬가지 경우로 생각되나, 이들을 대표하는 王이 다스리는 국가단계의 目支國도 있었다. 그러나 天君이 다스리는 종교적 別邑인 蘇塗는, 당시의 단순·복합 족장사회의 우두머리인 渠帥의 격이나 규모에 따른 이름인 신지, 검측, 번예, 살계와 읍차가 다스리는 세속적 영역과는 별개의 것으로 보인다.

그러나 마한의 고고학적 문화에 대한 연구는 최근에 발굴이 활발히 진행되고 있지만 아직 그 국가적 성격이나 문헌과의 적극적인 대입을 할 수 있을 만큼 자료가 충분하지는 않다. 마한의 고고학적 문화의 성격을 밝히는 작업은 이제부터 시작이라고 할 수 있는데, 다른 지역과 비교되는 독자적인 특징을 나타내고 있을 뿐만 아니라 마한의 54국 자체 내에서도 지역적인 문화 특징을 보이고 있어 흥미롭다. 지역문화의 변천과 성격에 대한 연구는 한국고대문화의 정확한 성격구명을 위해서도 시급히 활성화되어야 할 것으로 생각되며, 이의 대표적인 예가 마한의 바탕 위에선 백제의 건국과 함께 馬韓−目支國에 대한 연구가 될 것이다. 앞으로 馬韓의 硏究에서 밝혀져야 할 課題로서는,

첫째, 지석묘(고인돌)사회와 마한사회와의 관계,
둘째, 마한사회의 기원과 존속 그리고 멸망시기,
셋째, 마한의 위치,

넷째, 마한 54국의 실체와 문화,

다섯째, 마한과 목지국과의 관계 등을 들 수 있다.

여섯째, 馬韓과 百濟, 樂浪, 東濊, 沃沮(北沃沮, 團結, 끄로우노브까), 挹婁
(뿔체), 肅愼, 六朝 등과의 國際關係를 살피는 것이 중요하다.

특히 마한의 실체와 문화에서는 마한 54국내의 문화적 차이 즉 예를 들어
광주 충효동, 무안 성동리와 보성 조성 동촌리의 지석묘에서 보여주는 조상숭
배, 순천 덕암동의 環壕가 보여주는 天君이 다스리는 別邑의 巫敎, 그리고 주
구묘, 옹관묘와 석실묘를 바탕으로 하는 사회적 배경 등은 족장사회에서 고대
국가로 발전하는 政治体에서 일련의 진화과정을 잘 보여준다. 여기에는 조상
숭배(ancestor worship)가 기본이 되는 철기시대 전기의 巫敎(shamanism, 薩
滿敎)라는 宗敎·來世觀이 큰 原動力(prime mover)이 된다. 이러한 여섯 가지
의 큰 문제들은 앞으로 발굴·조사되는 고고학적인 자료가 기반이 될 것이다.

참고문헌

강원고고문화연구원

2009 경춘선 춘천정거장 예정부지 내 문화재 발굴조사 2차 지도위원회의
　　　자료

강릉대학교 박물관

2000 발굴 유적 유물 도록

강원문화재연구소

2004 동해 송정지구 주택건설사업지구 내 문화유적 −시굴조사 지도위원
　　　회의 자료−

2006 홍천 철정리 유적 Ⅱ −지도위원회자료−

2006 홍천 철정리 유적 Ⅱ−2차 지도위원회 자료−

2006 춘천 율문리 생물산업단지 조성사업부지내 유적(2차)발굴조사 지도
　　　위원회자료

2006 춘천 거두2지구 택지개발 사업지구 내 유적 발굴조사 2차 및 3차 지
　　　도위원회 자료

2006 원주 가현동 유적 −국군원주병원 신축부지 발굴조사 3차 지도위원
　　　회의 자료−

2006 춘천−동홍천 간 고속도로건설공사 문화유적 지도위원회 자료

2006 서울−춘천 고속도로 7공구 강촌 I.C.구간 내 유적 발굴조사 지도위
　　　원회 자료

2006 춘천 우두동 유적 −춘천 우두동 직업훈련원 진입도로 확장구간 내
　　　유적 발굴조사3차 지도위원회의 자료−

2006 춘천 거두 2지구 택지개발사업지구 내(북 지구) 유적 발굴조사 2차

지도위원회의자료

2006 홍천 구성포 −두촌간 도로 확·포장공사내 유적발굴조사, 홍천 철정리유적 Ⅱ−

2006 외삼포리유적 −고속국도 제60호선 춘천−동홍천간(4공구) 건설공사구간내 지도위 위원회자료−

2006 정선 아우라지유적 −정선 아우라지선사유적 공원조성부지 2차 발굴조사 1차지도위원회자료−

2008 춘천−동홍천간 건설공사 구간 내 유적 발굴조사 지도위원회자료

2008 춘천−동홍천간 고속도로 건설공사구간 내 문화유적(성산리) 발굴조사 2차 지도위원회의자료

경기도박물관

1999 파주 주월리 유적

2001 포천 자작리 유적 긴급발굴조사 −지도위원회 자료−

2002 연천 학곡리 개수공사지역 내 학곡리 적석총 발굴조사

2003 고양 멱절산 유적 발굴조사

2003 월롱산성

2004 안성 공도 택지개발사업부지 내 유적 발굴조사 1차 지도위원회 자료(5·6지점)

2004 평택 현곡지방산업단지 내 문화유적 발굴조사 3차 지도위원회자료집

2004 포천 자작리 유적(Ⅱ) 시굴조사보고서

국립공주박물관·충청남도역사문화원

2006 4−5세기 백제유물특별전 −한성에서 웅진으로−

국립문화재연구소 한성백제학술조사단

2004 풍납동 재건축부지(410번지외) 발굴(시굴)조사 자문회의 자료

2004 풍납토성(사적 11호) 197번지 일대(구 미래마을 부지) 발굴조사 지

도위원 회 회의자료

2006 풍납토성 197번지 일대 3차 발굴조사

국립부여박물관

2007 부여 구룡 우회도로 사업구간 내 부여 논치리 제사유적, 유적조사 보고 제 12책

군산대학교 박물관

2002 군산 산월리 유적

金貞培

1985 目支國小攷, 千寬宇先生 還曆紀念 韓國史學論叢, 서울: 正音文化社

기전문화재연구원

2001 기흥 구갈(3) 택지개발 예정지구 내 구갈리 유적 발굴조사 설명회 자료

2001 기흥 구갈(3) 택지개발 예정지구 내 구갈리 유적 발굴조사

2001 화성 발안 택지개발지구 내 유적 발굴조사 개요

2002 안양시 관양동 선사유적 발굴조사 지도위원회 자료

2002 연천 학곡제 개수공사지역 내 학곡리 적석총 발굴조사

2002 용인 보정리 수지빌라트 신축공사부지 내 유적 시·발굴조사 4차 지도위원회 자료

2003 서울 EMS테크센터부지내 유적 발굴조사 지도위원회 자료

2003 용인 보정리 수지빌라트 신축공사부지 내 유적시·발굴조사 5차 지도위원회 자료(4지점)

2003 하남 시가지우회도로 확·포장구간 유적 발굴조사보고서

2003 화성 발안리마을 유적·제철유적 발굴조사

2003 화성 발안리마을 유적·기안리 제철유적발굴조사, 현장설명회 자료

2004 경춘선 복선전철 사업구간(제4공구) 내 대성리 유적 발굴조사

2004 안성 공도 택지개발사업부지 내 유적 발굴조사 1차 지도위원회 자료(5·6 지점)

2004 안성 공도 택지개발사업부지 내 유적 발굴조사 2차 지도위원회 자료(1·3·5 지점)

2004 안양 관양동 선사유적 발굴조사보고서

2004 평택 현곡 지방산업단지 내 문화유적 발굴조사 3차 지도위원회 자료집

2004 화성 동탄지구 내 석우리 먹실 유적 발굴조사 Ⅱ

2004 경춘선 복선전철 사업구간(제4공구) 내 대성리 유적 발굴조사

2005 화성 신영통 현대타운 2·3 단지 건설공사부지 문화재 발굴조사 지도위원회자료

2005 안성 공도 택지개발사업지구 내 유적 발굴조사 : 3차 지도위원회 회의자료(3지점선공사지역·4지점)

2005 경춘선 복선전철 사업구간(제4공구) 내 대성리 발굴조사 제2차 지도위원회 자료

2005 안성공도 택지개발사업지구 내 유적 발굴조사 4차 지도위원회 자료(2지점)

2006 성남−장호원 도로건설(2공구) 문화유적 시굴조사 지도위원회 자료

남도문화재연구원

2005 전라선 성산−신풍간 철도개량구간(대법유물산포지) 내 문화유적 발굴조사

2006 순천 코아루 럭스 아파트 부지내 문화유적 발굴조사

盧重國

1990 目支國에 대한 一考察, 百濟論叢 2

2000 탐진 다목적댐 수몰지역 내 문화유적 발굴조사 지도위원회 및 현장

설명회 자료

단국대학교 매장문화재연구소

1999 이천 설봉산성 1차 발굴조사보고서

2001 안성 죽주산성 지표 및 발굴조사 완료 약보고서

2001 이천 설봉산성 2차 발굴조사보고서

2001 이천 설성산성 1차 발굴조사 지도위원회 자료

2001 포천 고모리산성 지표조사완료약보고서 및 보고서

2001 포천 반월산성 5차 발굴조사보고서

2002 이천 설성산성 2차 발굴조사 지도위원회 자료집

2003 연천 은대리성 지표 및 발굴조사 지도위원회 자료집

2003 이천 설봉산성 4차 발굴조사 지도위원회 자료집

2003 이천 설성산성 3차 발굴조사 지도위원회 자료집

2004 안성 죽주산성 남벽정비구간 발굴조사 지도위원회 자료집

2004 평택 서부 관방산성 시·발굴조사 지도위원회 자료집

2005 의당 ICD 진입로 개설공사구간 연장 발굴조사 1차 지도위원회 자료집

동양대학교 박물관

2005 국도 5호선 확장공사부지 내 안동 저전리 유적

동아대학교

2000 사천 늑도 유적 3차 발굴조사 자료

동신대학교 박물관

2005 나주 영동리 고분군 발굴조사 약보고

목포대학교 박물관

1995 서해안고속도로(무안─목포)구간 문화유적 발굴조사 약보고

1999 나주지역 고대사회의 성격

　2000　영산강 유역 고대사회의 새로운 조명

　2000　자미산성

　2001　탐진 다목적(가물막이)댐 수몰지역 내 문화유적 발굴조사 개요

　2002　지방도 819호선 확·포장공사구간 내 문화유적

　2002　탐진 다목적댐 수몰지역 내 문화유적 발굴조사(2차) 지도위원회 및
　　　　현장설명회 자료

목포대학교 박물관·동신대학교 박물관

　2001　금천−시계간 국가지원 지방도 사업구간 내 문화재 발굴조사 지도
　　　　위원회와 현장설명회 자료

　2002　나주 오량동 가마유적 지도위원회 회의 자료

閔賢九

　1975　羅州邑誌解題, 羅州邑誌, 光州: 全南大學校 史學科

서울대학교 박물관

　2013　석촌동고분군 Ⅰ

서울대학교 박물관·구리시

　2013　시루봉보루 Ⅱ

成洛俊

　1983　榮山江流域의 甕棺墓研究, 百濟文化 15

成周鐸 外

　1990　神衿城 南門址 및 周邊 貝殼層 精密調査, 忠南大學校 博物館, 大田

成周鐸·車勇杰

　1985　稷山 蛇山城 發掘調査 中間報告書, 百濟研究 16

　1994　稷山 蛇山城, 백제문화개발연구원

세종대학교 박물관

　2000　평택 지제동 유적

2001 하남 미사동 선사유적 주변지역 시굴조사

2002 연천 고인돌조사 현장설명회 자료

2002 하남 망월동

2003 포천−영중간 도로 확장구간 내 유적(금주리 유적) 문화유적 발굴조
      사 약보고

2005 하남 덕풍골 유적 −청동기시대의 집터·제의유적 및 고분조사−

2006 하남 덕풍골 유적

수원대학교 박물관

2005 화성 장안리 유적 −이화−상계간 도로 확·포장공사구간 내 문화유
      적 발굴조사−

순천대학교 박물관

2000 여수 화장동 문화유적 2차 발굴조사

2001 광양 용강리 택지개발지구 2차 발굴조사회의자료

2001 보성 조성리토성 발굴조사 현장설명회 및 지도위원회 자료

2002 여천 화양경지정리지구 문화유적 발굴조사

2001 여수고락산성 2차 발굴조사

2002 광양 마노산성 2차 발굴조사 지도위원회 및 현장설명회 자료

2004 광양 마로산성 3차 발굴조사 현장설명회 자료

2006 순천 운평리 고분 발굴조사 자문위원회 자료

2008 순천 운평리 고분 2차 발굴조사 현장 발표회 자료

신대곤

1999 부여 논치리 제사유적 발굴조사, 제2회 국립박물관 동원학술전국대
      회, 한국고고미술연구소

원광대학교 마한·백제문화연구소

2005 익산 신동리 간이 골프장 시설부지 내 문화유적 발굴조사 보고서

Ⅰ, 익산 신동리유적 −5·6·7지구−

李基白·李基東

　1982　韓國史講座 1 −古代篇−, 서울: 一朝閣

李丙燾

　1956　두계잡필, 서울: 일조각

　1959　韓國史 古代篇, 서울: 乙酉文化社

　1976　韓國古代史研究, 서울: 博英社

李榮文

　1978　榮山江下流地域의 古墳群, 羅州大安里 5號 百濟石室墳 發掘調査報
　　　　告書, 羅州: 羅州郡廳,

　1987　昇州 九山里 遺蹟과 出土唯物, 三佛 金元龍敎授 停年退任紀念論叢
　　　　Ⅰ(考古學篇), 서울: 一志社,

　2002　全南地方 支石墓社會의 硏究, 서울: 학연문화사

李榮文·曺根佑

　1996a　全南의 支石墓, 서울: 學研文化社

　1996b　全南의 支石墓, 全南의 古代墓制, 광주: 全羅南道·木浦大學校博物館

이훈

　2001　공주 장선리 유적발굴조사 개요, 제44회 전국역사학대회 발표요지

이훈·강종원

　2001　공주 장선리 토실 유적에 대한 시론, 한국상고사학보 34호

이훈·양혜진

　2004　청양 학암리 유적, 제28회 한국고고학 전국대회 발표요지

인천시립박물관

　1994　영종·용유지구 지표조사보고서

인하대학교 박물관

2000 인천 문학경기장 내 청동기 유적 발굴조사 현장설명회 자료

2001 영종 운서토지구획 정리사업지구 내 문화유적 시굴조사

전남문화재연구원

2004 진도 오산리 유적

이동희

2005 전남 동부지역 복합사회 형성과정의 고고학적 연구, 성균관대 대학원 박사학위 논문

전남대학교 박물관

1998 함평군 월계리 석계고분 발굴조사 중간보고

2001 함평 예덕리 만가촌고분군 2차 발굴조사

전남문화재연구원

2003 진도 고군지구 경지정리 사업구역 내 문화유적 시굴조사 지도위원회 회의 자료

2004 나주 복암리 고분전시관 건립부지 내 문화유적 발굴조사 지도위원회 회의 자료

2004 진도 오산리 유적, 학술총서 14집

2007 해남 남창–삼산간 국도 확·포장 공사구간 내 문화유적 발굴조사 – 해남 분토리 유적–

全北大博物館

1985 細田里出土土器, 全州: 全北大 博物館

전주대학교 박물관

2002 구이–전주간 도로 확·포장공사구간 내 문화재발굴조사 현장설명회 자료

전주대학교 박물관·전북대학교 박물관

2002 전주 송천동 토지구획정리사업지구 내 문화재발굴조사 현장설명회

자료

최몽룡

1978 전남지방소재 지석묘의 형식과 분류, 역사학보 78, pp.1-50

1981 全南地方支石墓社會와 階級의 發生, 韓國史研究 35, pp.1-14

1986 고인돌과 독무덤, 全南文化의 性格과 課題, 第一回 全南古文化 심
포지움 발표요지(전남고문화 심포지움, 2월 23일)

1988 반남면 고분군의 의의, 나주반남면 고분군, 광주박물관 학술총서 13
책, pp.197-206

1989 삼국시대 전기의 전남지방문화, 성곡논총 20집, pp.729-769

1990 전남지방 삼국시대 전기의 고고학연구현황, 한국고고학보 24집,
pp.29-47

1991 마한목지국의 제 문제, 최몽룡·심정보 편, 백제사의 이해, 서울: 학
연문화사

1994 고고학 상으로 본 마한의 연구, 논총간행위원회 편, 문산 김삼룡 박
사 고희 기념논총: 마한·백제문화와 미륵사상, 익산: 원광대학교 출
판국, pp.91-98

1997 백제의 향로, 제사유적 및 신화, 도시·문명·국가, 서울: 서울대학교
출판부, pp.117-130

1998 다시 보는 百濟史, 서울: 周留城

1998 나주지역 고대문화의 성격 -반남면 고분군과 목지국-, 박물관연보
제 7호, 목포대 박물관, pp.19-27

1999 한국 지석묘(고인돌)유적종합조사, 문화재청, 서울: 주류성

2000 흙과 인류, 서울: 주류성

2002 百濟都城의 變遷과 研究上의 問題點, 第3回 文化財研究 學術大會
基調講演, 國立扶餘文化財研究所, pp.7-11 및 2003, 백제도성의

변천과 연구 상의 문제점, 국립부여문화재연구소: 서경, pp.9-20

2002 풍납동토성의 발굴과 문화유적의 보존, 풍납토성 —잃어버린「王都」
를 찾아서—, 서울 역사박물관: 풍납토성, pp.140-143

2003 考古學으로 본 馬韓, 益山文化圈研究의 成果와 課題, 원광대학교 마
한·백제 문화연구소 창립 30주년 기념 학술대회(16회 국제학술회
의, 5월 23일) 및 2004, 마한·백제문화 16집, 익산: 마한·백제문화
연구소, pp.23-34

2003 백제도성의 변천과 문제점, 서울 역사박물관 연구논문집 창간호,
pp.9-18

2003 한성시대의 백제와 마한, 문화재, 36호, pp.5-38

2004 한국문화의 계통, 동북아 청동기문화연구, 서울: 주류성

2006 최근의 고고학 자료로 본 한국고고학·고대사의 신 연구, 서울: 주류성

2006 위만조선 연구의 신국면을 맞아, 계간 한국의고고학 창간호, pp.6-
13

2006 다원론의 입장에서 본 한국문화의 기원과 시베리아, 한·러 공동발
굴특별전 아무르·연해주의 신비 강연회 자료집, pp.3-30

2006 영산강유역의 고대문화, 영산강문화권 발전을 위한 연구와 과제, 동
신대학교, pp.7-36

2006 철기시대연구의 새로운 경향, 강원고고학회, pp.7-35

2007 고구려와 중원문화, 제 1회 중원문화 학술대회, 충주대학교 박물관,
pp.69-85

2007 마한·백제 문화의 성격, 마한·백제문화의 성격과 주거생활, 목포대
학교 박물관·영암군, pp.7-28

2008 한국청동기·철기시대와 고대사회의 복원, 서울: 주류성

2009 마한 연구의 새로운 방향과 과제, 박물관에서 만나는 우리문화, 세

계문화, 전주: 국립전주박물관, pp.30-74

2010 韓國 文化起源의 多元性 -구석기시대에서 철기시대까지 동아시아 의 諸 文化·文明으로부터 傳播-, 동아시아의 문명 기원과 교류, 단 국대학교 동양학연구소, 제 40회 동양학 국제학술대회, pp.1-45 및 2011, 韓國 文化起源의 多元성 -구석기시대에서 철기시대까지 동 아시아의 제 문화·문명으로부터 전승, 동북아시아의 문명 기원과 교류, 단국대학교동양학연구원 엮음, 동아시아 문명교류사 1, 동아 시아 청동기문화의 교류와 국가형성, 학연문화사,pp.21-88(ISBN 9-788955-082500)

2010 扶餘 松菊里 遺蹟의 새로운 編年, 38회 한국상고사학회 학술발표대 회(10월 1일, 금), 부여 송국리로 본 한국 청동기사회, pp.7-14 및 2011, 한국고고학 연구의 제 문제, 서울: 주류성, pp.207-223

2011 二聖山城과 百濟, 이성산성에 관한 학술대회, 하남시 문화원 제 3회 학술대회(10월 7일, 금), pp.11-37 및 韓國 考古學 研究의 諸 問題, 서울: 주류성, pp.341-388

2011 창원 성산패총 발굴의 회고, 전망과 재평가, 동·철산지인 창원의 역 사적 배경〈야철제례의 학술세미나〉(7월 1일), 창원시·창원문화원, pp.1-16 및 2011, 韓國 考古學 研究의 諸 問題, 서울: 주류성, pp.225-248

2011 韓國 考古學 研究의 諸 問題, 서울: 주류성

2011 韓國 文化起源의 多元性 -구석기시대에서 철기시대까지 동아시아 의 제 문화·문명으로부터 전승, 동북아시아의 문명 기원과 교류, 단 국대학교동양학연구원, 동아시아 문명교류사 1, pp.1-45 및 동아 시아 청동기문화의 교류와 국가형성, 서울: 학연문화사, pp.21-88(ISBN 9-788955-082500)

2011 청동기·철기시대와 한국문화, 동아시아 청동기문화의 교류와 국가형성, 단국대학교 동양학연구소, 제 41회 동양학 국제학술대회단국대학교 동양학연구원, pp.1-28 및 2012, 청동기·철기시대와 한국문화, 단국대학교 동양학연구원 엮음, 동아시아 문명교류사 2, 동아시아 청동기문화의 교류와 국가형성, 서울: 학연문화사, pp.147-185(ISBN 978-89-5508-287-6 94910)

2012 강과 문명 −인류문명발달사−, 전상인·박양호 공편, 강과 한국인의 삶, 서울: 나남신서 1624, pp. 81-115

2012 스키타이, 흉노와 한국고대문화 −한국문화기원의 다양성−, 국립중앙박물관·부경대학교 인문사회과학연구소, 흉노와 그 동쪽의 이웃들, pp.7-31

2012 한국고고학·고대사에서 종교·제사유적의 의의 −환호와 암각화−, 제 40회 한국상 고사학회 학술발표대회, 한국 동남해안의 선사와 고대문화, 포항시 청소년 수련관, pp.7-43 및 하남문화원 제 4회 학술대회, 한국의 고대신앙 과 백제불교, 하남시 문화원, pp.1-38(하남시 문화원, 위례문화, 2012, 15호, pp.79-118)

2012 중원문화와 철 −철 생산과 삼국의 각축−; 국립중원문화재연구소 개소 5주년 기념 중원의 제철문화 학술대회, pp.9-22

2013 한국선사고고학의 연구동향, 겨레 창간호, 겨레문화유산연구원, pp.7-37

2013 인류문명발달사(개정 5판), 서울: 주류성

최몽룡·권오영

1985 고고학적 자료를 통해본 백제 초기의 영역고찰 −도성 및 영역문제를 중심으로 본 한성시대 백제의 성장과정−, 천관우 선생 환력기념 한국사학 논총, 서울: 정음문화사, pp.83-120

崔夢龍·金庚澤

1990   全南地方의 馬韓·百濟時代의 住居址硏究, 韓國上古史學報 4호, pp.1-91

2005   한성시대의 백제와 마한, 서울: 주류성

崔夢龍·白種伍

2011   高句麗 積石塚과 百濟의 建國(공저), 최몽룡 편저, 21세기의 한국고고학 vol. Ⅴ, pp.1-41

최몽룡·심정보

1991   백제사의 이해, 서울: 학연문화사

최몽룡·이선복·안승모·박순발

1993   한강유역사, 서울: 민음사

崔夢龍·李淸圭·盧赫眞

1979   羅州 潘南面 大安里 5號 百濟石室墳發掘調査, 文化財 12, pp.90-104

최몽룡·최성락

1997   한국고대국가형성론, 서울: 서울대학교출판부

최몽룡·김선우

2000   한국지석묘 연구이론과 방법 -계급사회의 발생-, 서울: 주류성

최몽룡·김경택·홍형우

2004   동북아 청동기시대 문화 연구, 서울: 주류성

崔盛洛

1986a   靈岩 長川里 住居址 Ⅰ, 木浦大學博物館, 木浦

1986b   靈岩 長川里 住居址 Ⅱ, 木浦大學博物館, 木浦

1992   韓國 原三國文化의 硏究 -全南地方을 中心으로, 서울: 학연문화사

2001   고고학여정, 서울: 주류성

2002 삼국의 성립과 발전기의 영산강 유역, 한국상고사학보 37호

2002 전남지역 선사고고학의 연구 성과, 고문화 59집

2007 마한·백제시기의 주거생활, 마한·백제문화의 성격과 주거생활, 영
암: 목포대학교박물관·영암군, pp.29−40

2007 고고학 연구의 진전, 백제사 총론, 충청남도 역사문화연구원

최성락·김건수

2002 철기시대 패총의 형성배경, 호남고고학보 15집

千寬宇

1979 馬韓 諸小國의 位置試論, 東洋學 9

1979 目支國考, 韓國史研究

충청남도역사문화원

2002 부여 백제역사재현단지 조성부지 내 문화유적 조사 발굴약보고

2002 부여 증산리 유적 발굴조사 개요 −부여 석성 십자거리 우회도로 개
설예정부지 내 문화유적 발굴조사−

2003 공주 의당농공단지 조성부지 내 발굴조사 : 공주 수촌리 유적

2003 서천−공주간(6−2) 고속도로 건설구간 내 문화유적 발굴조사 중간
설명회

2003 서천−공주간(6−2) 고속도로 건설구간 내 봉선리 유적

2004 금산 백령산성 문화유적 발굴조사 개략보고서

2004 서산 음암 임대아파트 신축공사부지 내 서산 부장리 유적 현장설명
회 자료

2004 아산시 배방면 갈매리 아파트 신축공사부지 내 아산 갈매리 유적 현
장설명회 자료

2005 공주 우성 씨에스 장기공장신축부지 내 문화유적 발굴조사 개략보
고서

2005 계룡 포스코 The # 아파트 신축공사부지 내 문화유적 시굴조사 현
장설명회

2005 서산 기지리 유적

2005 서산 음암 임대아파트 신축공사부지내 서산 부장리 유적 현장설명
회자료

2006 당진 채운리 공동주택부지 내 문화유적 발굴조사 현장설명회자료

2006 아산 탕정 LCD단지 조성부지(2구역) 내 문화유적 시굴조사 현장설
명회

2011 공주 수촌리 고분군 문화유적 발굴조사 자문위원회 자료집

한국국방문화재연구원

2007 이천 이치리 피엘디 덕평 2차 물류센터부지 문화유적 시굴조사 현
정설명회자료

2008 이천 이치리 피엘디 덕평 이차 유한회사 물류창고 부지내 유적발굴
현장설명회자료

한국문화재보호재단

2000 청주 송절동 유적

2000 청주 용암 유적 Ⅰ · Ⅱ

2002 시흥 목감중학교 시설사업 예정부지 문화유적 발굴조사 지도위원회
자료

2002 인천 검단 2지구 1·2구역 문화유적 시굴조사 지도위원회 자료

2002 인천 원당지구 1·2구역 문화유적 발굴조사 1차 지도위원회 자료

2002 제천 신월 토지구획정리사업지구 내 문화유적발굴조사 지도위원회
자료

2003 울산권 확장 상수도(대곡댐)사업 평입부지 내 3차 발굴 및 4차 시굴
조사 약보고서

2003 인천 검단 2지구 2구역 문화유적 발굴조사 지도위원회 자료

2003 인천 불로지구 문화유적 시굴조사 지도위원회 자료-

2003 인천 원당지구 4구역 문화유적 발굴조사 4차 지도위원회 자료

2004 인천 동양택지개발사업지구(1지구) 문화유적 발굴조사 지도위원회
      자료

2004 인천 원당지구 4구역 문화유적 발굴조사 6차 지도위원회 자료

2004/2006 신갈-수지간 도로 확·포장공사 예정구간 문화유적 발굴조사
      3차 및 6차지도위원회의 자료

2004 성남 판교지구 문화유적 시굴조사 1차 시굴·2차 시굴 및 2차 시굴 1
      차 지도위 원회자료

한백문화재연구원

2006 청평-현리 도로공사 예정구간 문화재발굴조사(A-다 지구) 지도위
      원회 자료집

한림대학교 박물관

2003 경춘선 복선 전철 제 6공구 가평역사부지내 문화유적 발굴조사 지
      도위원회의 자료

2005 청평-현리 도로공사구간 중 매장문화재 발굴조사(C지구)지도위원
      회의 자료집

2006 춘천 천전리 121-16번지 내 문화유적 발굴조사 지도위원회 자료집

한국토지공사 토지박물관

2001 연천 군남제 개수공사지역 문화재 시굴조사 지도위원회 자료

2002 용인 죽전지구 4지점 문화유적 발굴조사 지도위원회 자료

韓南大學校 博物館

1987 鎭川 山水里 百濟土器 가마터 發掘調査 略報告, 대전: 韓南大學校
      博物館

한얼문화재연구원

  2008 화성시 봉담읍 동화리 다세대 주택부지 문화재 발굴(시굴)조사 지
       도위원회자료

행정중심 복합도시 건설청

  2008 행정중심복합도시 문화유적발굴 2008, 문화보존연구센터 연구총서 2

호남문화재연구원

  2005 익산-장수 간 고속도로 건설구간 내 발굴조사, 익산 사덕유적

  2006 장성-원덕 간 도로확장공사 구간 내 문화유적 발굴조사

  2006 광주광역시 광주 하남2지구 택지개발사업 문화유적 발굴조사 약보고

  2006 영광군 법성면 용덕리 태양광발전소 부지 내 시굴조사 약보고(1-3차)

  2008 익산 배산유적

  2008 익산 장신리 유적

  2008 익산 배산지구 택지개발사업내 문화유적 발굴조사 지도위원 회의자
       료(1차)

홍형우

  2006 아무르강 유역 및 연해주의 철기시대, 한·러 공동 발굴 특별전, 아
       무르·연해주의신비 강연회 자료집, 문화재연구소

穴澤口禾光·馬目順一

  1973 羅州潘南面古墳群, 古代學硏究 70, 古代學

有光敎一

  1940 羅州潘南古墳の發掘調査, 昭和13年度 古蹟調査報告, 朝鮮總督府

  1980 羅州 潘南面 新村里 第九號墳 發掘調査記錄, 朝鮮學報 94, pp.
       119-166

岡內三眞 編

  1996 韓國の前方後圓形墳, 東京: 雄山閣

田中俊明

　1997　熊津時代 百濟의 領域再編과 王·侯制, 百濟의 中央과 地方, 충남대
　　　　　백제연구소, 대전

谷井濟一

　1920　京畿道 廣州, 高陽, 楊州, 忠淸南道 天安, 公州, 扶餘, 靑陽, 論山,
　　　　　全羅北道 益山及全羅南道羅州郡古墳調査略報告, 大正六年度(1917)
　　　　　古墳調査報告, 朝鮮總督府

渡邊素舟

　1971　東洋文樣史, 東京: 富山房, p.78

金烈圭

　1976　韓國의 神話, 서울: 一朝閣

A study of Mahan in association
with archaeological and historical context

Mahan(馬韓), which was established in the Gyeonggi-do, Chungcheong-do and Jeolla-do provinces around 3 cen. B.C. - 2 cen. B.C. about 1-2 centuries earlier than the Baekje state formation in 18 B.C on the territory of Mahan, has been annihilated and annexed by the Baekje dynasty later between the late of 5 cen. A.D. and the early of 6 cen. A.D. according to the expansion of territory and the transfer of the final capital to Buyeo(538 A,D.- 660 A,D.) from Gongju of Baekje dynasty(475 A.D.-538 A.D.) in 538 A.D. We can say that the chronology of Mahan is based mainly upon between the period of the Iron Age(400 B.C. - 1 B.C.)/Former Three Kingdoms period(1 A.D.- 300 A.D) and Later Three Kingdoms Period(300 A.D.- 660/668 A.D.) according to the Korean Archaeological Chronology, and it can be divided into three periods to the movement of its socio-political center(capital). They are as follows: Cheonan(天安)/稷山(Jiksan)/成歡(Seonghwan), Iksan(益山) and Naju(羅州) Period. The transfer of Mahan's socio-political center is closely related to the military power and territorial expansion of the Baekje dynasty(18 B.C. - 660 A.D.). Mahan and Baekje had coexisted for a about 5-600 years long, and the recent increase of archaeological evidence made it possible for both Korean archaeologists and ancient historians together to begin Mahan study with full-scale.

Mahan culture is characterized such archaeological traits as deep subterranean pit house named 'Tosil'(土室), whose bottom can be reached by ladder from the mound-shaped ceiling with entrance similar to the 'flat roofed building of Çatal Hüyük' of Anatolia, Turkey in addition to the Jugumyo(周溝墓) burial site with moat around it, wooden building with post holes stuck into the ground(堀立柱, 四柱式建物), saw-teethed wheel designs on the surface of pottery(鋸齒文) and bird's footprint designs(鳥足文). Chinese Historical books(『後漢書』,『三國志』魏志 東夷傳 韓傳) tell us the religious aspect of the Mahan society in which Sodo(蘇塗) with its apex of Cheongun(天君) religious leader, was the ancient asylum as a culmination of Mahan people's shamanism and ancestor worship religions indicating separating between state and religious center of Sodo forming a theocracy during the Iron Age(400 B.C. - 1 B.C.). Their secular leaders as chiefs of Samhan(三韓) chiefdom society based upon clan and hierarchy are Geosu(渠帥), Sinji(臣智), Geomcheuk(險側), Beonye(樊濊), Salgye(殺奚), and finally Eupcha(邑借) as orders in terms of each status and territory controlled. We believe that all the names of Samno(三老) of Okjeo(沃沮), Jangsu (將帥) of Dongokjeo (東沃沮), Hu(侯), Eupgun(邑君), Samno(三老) of Ye(濊)/東濊(Dongye), Daein(大人) of Eupnu(挹婁), and Gunjang(君長) of Suksin(肅愼) did as same status of chief in their chiefdoms as in Samhan(三韓).

Korean academic circles came to realize that comprehensive understanding of Mahan(馬韓) society, one of the Three Han(三韓: 馬韓, 弁韓, 辰韓) Society was to be more than essential in the study of Baekje. According to historical records and archaeological data, Mahan Society represented by Mokjiguk(目支國) ruled by King Jin(辰王) has been located in the middle and southwestern parts of the Korean peninsula from the 3 cen. B.C. or 2 cen. B.C. to the end of the 5 cen. A.D. or early 6 cen. A.D. Mahan had already occupied central portion of the Korean peninsula, including the Han River Valley when King Onjo(溫祚) first set up the capital of Baekje Kingdom at Wiryeseong(慰禮城), considered to be the Pungnap-dong toseong(風納土城, historical site no.11) near Han River Valley. The population who had built solely stone-made-cairn(積石塚), which is oval, square and rectangular in shape and a representative of the early Koguryo(高句麗, 37 B.C. - 668 A.D.) tomb was the main group of the Baekje(百濟, 18 B.C.- 660 A.D.) state formation, whose founder was the king Onjo(溫祚王, reign:18 B.C. - 28 A.D.), allegedly the 3rd son of king Jumong(朱蒙/東明王, reign: 37 B.C.-19 B.C.) of the founder of Koguryo Dynasty according to the historical documents of the Samguksasgi(三國史記). King Onjo with his elder brother Biryu(沸流) had moved Habuk Uiryeseong(河北慰禮城, 중랑구 면목동과 광진구 중곡동 의 中浪川 一帶에 比定, 溫祚王 元年, 기원전 18년-온조왕 14년, 기원전 5년까지 거주했으며, 기원전 5년에 사적 11호 風納土城인 河南慰禮城으로 옮김, 현재 臨津江유역 漣川郡 일대로 추정) from northern part of Koguryo/Buyo (夫餘) area to avoid a struggle for the supremacy against the 2nd king Yuri(瑠璃王, reign: B.C.19-A.D.18) of Koguryo dynasty.

Such archaeological material as chinas of Han/Lolang china(漢/樂浪陶器, 1100℃-1200℃), glass-beads and iron artefacts of the early Three Kingdoms period(三國時代) excavated from stone cairn nationwide and even the historical, legendary and mythological documents make it possible for archaeologists and ancient historians establish the mutual interaction sphere, confirm again and revalue that the historical materials of the Samguksagi are reliable in connection with the archaeological data and the history of the Three Kingdoms. We can demonstrate archaeologically a proposition that stone cairns originated from Koguryo during later part of the Former Iron Age had made important role to establish Baekje state formation.

From the beginning of the Baekje history, there had been quite close inter-relationships between Mahan and Baekje, and it had lasted for around 500 years. In other words, it is impossible to attempt to understand and study Hanseong period of Baekje, without considering the historical and archaeological identity of Mahan. And due to the archaeological evidence recently excavated, we can safely indicate that Mahan had been not only making the domestic interaction sphere among Mahan's 54 chiefdoms each other, but also forming international interaction sphere between Mahan and surrounding foreign states such as Sunwu(孫吳), Dongjin(東晋), Liang(梁) of 6 Nanchao(南朝) Dinasties, Wiman-joseon(衛滿朝鮮, 194 B.C. - 108 B.C.), Koguryo(高句麗, B.C. 37-A.D 668), Baekje(百濟) states and even chiefdoms like Okjeo(沃沮), 東沃沮(Dongokjeo), Ye(濊)/Dongye(東濊), Byeonjin(弁辰), Kronovsky(北沃沮, 團結) and Poltze(挹婁), forming itself "Horizon" based upon "spatial continuity represented by cultural traits and assemblages" as in the Chavin and Tiahuanaco Horizons in South America. It was natural process that Mahan had adapted to its environ-mental niches and tried to seek the survival strategies among the international relationships with chaotic conditions in those days. However, further studies and archaeological evidence are needed to confirm the rise and fall of the Mahan in association with the historical documents in Korean peninsula.

Without full acceptance of the early records of the Samguksagi, it is impos-sible to obtain any scholarly productive outcomes in the study of the ancient Korea. Quite for a long time, Korean archaeological circles have used a concept and term of Proto-Three Kingdom Period(原三國時代), whose term had been fortunately abolished by the National Museum of Korea since November

13(Tuesday), 2009. However, it is time to replace the inappropriate and illogical term and concept, the Proto-Three Kingdom Period with the Later Iron Age or Former Three Kingdoms Period. Author, who have attempted to combine historical records and archaeological data in order to reconstruct the history and archaeological culture of the early Mahan and Baekje as a whole have held positive and favorable attitude to the early records of the Samguksaki as much as possible.

XII. 高句麗 積石塚과 百濟의 國家形成

百濟國은 기원전 3세기–기원전 2세기에 성립된 馬韓의 바탕 위에 기원전 18년에 성립되었다.[1] 이는 물론 『三國史記』 초기의 백제 기록을 믿고 또 최근 조사된 적석총의 연대가 기원전 2세기–기원전 1세기로 올라간다는 것을 인정한다는 전제에 따른 것이다.[2] 마한으로부터 臨津江과 漢江유역의 영역을 할양

---

1) 필자가 '전남지방 소재 지석묘의 형식과 분류'(최몽룡 1978, 역사학보 78집, pp.1–50), '고고학 측면에서 본 마한'(최몽룡 1986, 원광대학교 마한·백제연구소, 백제연구 9, pp.5–16)과 '考古學上으로 본 馬韓研究'(최몽룡 1994, 원광대학교 마한·백제문화연구소 주최 학술 심포지엄, pp.71–98)라는 글에서 "한국청동기·철기시대 土着人들의 支石墓社會는 鐵器시대가 해체되면서 점차 馬韓사회로 바뀌어 나갔다."는 요지를 처음 발표할 때만 하더라도 한국고고학계에서 '馬韓'이란 용어는 그리 익숙한 표현이 아니었다. 그러나 최근 경기도, 충청남북도 및 전라남북도 지역에서 확인되고 있는 고고학적 유적 및 문화의 설명에 있어 지난 수십 년간 명확한 개념정의 없이 통용되어 오던 原三國時代란 용어가 '馬韓時代' 또는 '馬韓文化'란 용어로 대체되는 경향이 생겨나고 있는데, 이는 마한을 포함한 三韓社會 및 문화에 대한 학계의 관심이 증폭되고, 또 이를 뒷받침할 만한 고고학 자료가 많아졌음에 따른 것이다. 지석묘사회의 해체 시기는 철기시대 전기로 기원전 400년–기원전 1년 사이에 속한다. 최근에 발굴 조사된 철기시대 전기에 속하는 유적으로 전라남도 여수 화양면 화동리 안골과 영암 서호면 엄길리 지석묘를 들 수 있다. 여천 화양면 화동리 안골 지석묘는 기원전 480년–기원전 70년 사이에 축조되었다. 그리고 영암 엄길리의 경우 이중의 개석 구조를 가진 지석묘로 그 아래에서 흑도 장경호가 나오고 있어 그 연대는 기원전 3세기–기원전 2세기경으로 추정된다. 그리고 부여 송국리 유적(사적 249호)의 경우도 청동기시대 후기에서 철기시대 전기로 넘어

받으면서[3] 점차 정치적 국가체로 발전할 수 있었던 백제는 초기의 문화적 양상이 마한의 것과 거의 다르지 않았을 것으로 생각된다. 이러한 흔적은 백제시대의 무덤과 유구에서 찾을 수 있는데 積石塚, 土壙墓, 甕棺墓, 馬韓土室의 변형인 福주머니 형태의 지하저장고 등이 해당된다.[4] 이 가운데 積石塚은 高

오면서 마한사회에로 이행이 되고 있다(최몽룡 2011, 부여 송국리 유적의 새로운 편년, 21세기의 한국고고학 Ⅳ, pp.211-226). 馬韓사회는 고고학 상으로 기원전 3/기원전 2세기에서 서기 5세기 말/서기 6세기 초에 속하는 것으로 보인다. 마한은 한고국고고학 편년 상 철기시대 전기에서 삼국시대 후기(서기 300년-서기 660/668년)까지 걸치며, 百濟보다 앞서 나타나서 백제와 거의 같은 시기에 共存하다가 마지막에 백제에 행정적으로 흡수·통합되었다. 『三國志』 魏志 東夷傳 弁辰條에 族長격인 渠帥(또는 長帥, 主帥라도 함)가 있으며 이는 격이나 규모에 따라 신지(臣智, 또는 秦支·踧支라고도 함), 검측(險側), 번예(樊濊), 살계(殺奚)와 읍차(邑借)로 불리어지고 있었음을 알 수 있다. 이는 정치진화상 같은 시기의 沃沮의 三老, 東濊의 侯, 邑長, 三老, 挹婁의 大人, 肅愼의 君長과 같은 國邑이나 邑落을 다스리던 혈연을 기반으로 하는 계급사회의 行政의 우두머리인 族長(chief)에 해당된다.

그리고 『三國史記』 권 제1 신라본기 시조 赫居世 居西干 38년(기원전 20년) 및 39년(기원전 19년)조에 보이는 마한왕(馬韓王) 혹은 서한왕(西韓王)의 기록(三十八年春二月, 遣瓠公聘於馬韓, 馬韓王讓瓠公曰 辰卞二韓爲我屬國, 比年不輸職貢, 事大之禮, 其若是乎 對曰我國自二聖肇興, 人事修, 天時和, 倉庾充實, 人民敬讓, 自辰韓遺民, 以至卞韓樂浪倭人, 無不畏懷, 而吾王謙虛, 遣下臣修聘, 可謂過於禮矣. 而大王赫怒, 劫之以兵, 是何意耶 王憤欲殺之, 左右諫止, 乃許歸. 前此中國之人, 苦秦亂, 東來者衆. 多處馬韓東, 與辰卞雜居, 至是寢盛, 故馬韓忌之, 有責焉. 瓠公者未詳其族姓, 本倭人, 初以瓠繫腰, 度海而來, 故稱瓠公. 三十九年, 馬韓王薨. 或說上曰西韓王前辱我使, 今當其喪征之, 其國不足平也 上曰幸人之災, 不仁也 不從. 乃遣使弔慰.)과 『三國史記』 백제본기 권 제23 시조 溫祚王 13년 조(기원전 6년)의 馬韓에 사신을 보내 강역을 정했다는 기록(八月, 遣使馬韓告遷都. 遂畫定疆場, 北至浿河, 南限熊川, 西窮大海, 東極走壤) 등은 마한이 늦어도 기원전 1세기경에는 왕을 중심으로 하는 국가체계를 갖추었던, 신라와 백제보다 앞서 형성되었던 국가였음을 알려 준다.

2) 백제의 건국연대가 『三國史記』의 기록대로 기원전 18년으로 올라간다. 이는 문화재연구소에서 서기 1999년 실시한 서울 풍납동 토성(사적 11호)의 성벽 발굴 최하층에서 확인한 제례용으로 埋納된 硬質無文土器의 연대는 『三國史記』 溫祚王 41년條(서기 23년) '...發漢水東北諸部落人年十五歲以上 修營慰禮城...'이란 성벽(동벽과 서벽)의 축조연대

句麗 이주 세력의 분묘로 백제 초기의 지배세력에 의해 축조되었으며, 당시 백제의 성격을 이해하는데 매우 유용한 자료이다.[5] 적석총이 축조되던 시기는 기원전 2세기-기원전 1세기경으로 韓國考古學 編年上 鐵器時代 前期(기원전 400년-기원전 1년) 末이며 이를 통해 百濟의 建國이 형성되고 三國時代 前期(서

와 함께 기원전 1세기-서기 1세기경으로 추측할 수 있는 데에서도 알 수 있다. 그리고 春川 中島의 硬質(糟質)無文土器도 기원전 15±90년(1935±90 B.P., 기원전 105년-서기 75년)으로 경질무문토기의 하한은 늦어도 기원전 1세기-서기 1세기경이 될 것이다. 여기에 덧붙여 '...十五年春正月 作新宮室 儉而不陋 華而不侈.'라는 궁궐의 신축은 溫祚王 15년(기원전 4년)에 이루어졌음도 믿을 수 있는 연대임을 알 수 있다. 또 이 근처에서 孫吳/東吳(서기 222년-서기 280년)의 지역인 鎭江 근처에서 발견되는 獸面文 수막새를 포함한 여러 종류의 개와의 출토 례도 백제 건국의 연대를 올릴 수 있는 증거가 된다.

3) 백제초기의 유적은 충청북도 충주시 금릉동 백제초기 유적, 칠금동 탄금대 백제토성 (철 생산 유적), 장미산성(사적 400호), 가금면 탑평리 집자리 1호(서기 355년, 365년, 385년)와 강원도 홍천 하화계리, 원주 법천리, 춘천 천전리, 화천군 하남 원천리에서 발견되고 있는데, 이들은 『三國史記』 百濟本紀 I 溫祚王 13년條(기원전 6년)의 '...遣使馬韓 告遷都 遂畫疆場 北至浿河 南限熊川 西窮大海 東極走壤...'이란 기록을 뒷받침해주고 있다.

4) 土室의 유적들은 경기도, 충청남북도 그리고 전라남북도 일대에 분포하는데, 이들 유적들은 馬韓의 세 시기 중 천안(I기)-익산(II기)의 두 시기에 속한다고 볼 수 있겠다. 토실은 단실(單室)과 두 개 이상을 장방형 수혈주거와 묶어 만든 복합형의 두 형식으로 구분되는데, 전자의 예는 남한산성, 용인 죽전과 공주 의당면 수촌리(사적 460호 자리)에서, 후자의 경우는 용인 보정리, 익산 사덕과 공주 탄현면 장선리(사적 433호) 등지에서 확인된 바 있다. 이는 토실들을 외형을 기준으로 형식 분류할 수 있음을 의미하며, 이외에도 암반을 깎아 판 것과 군산 내흥동의 경우처럼 저습지에 조성된 것도 있어, 토실을 분류할 때에는 지역에 따른 환경에의 적응 및 기능도 고려해야 한다. 용인 보정리와 익산 여산리 유성의 경우에서는 불을 피웠던 흔적이 확인되었고, 가구시설이 발견되었음을 고려할 때 토실의 주된 기능은 실제 주거였을 것이다. 현재까지 나온 토실의 형식을 분류해보면 土室의 깊이가 깊은 것(가. 단실형, 나. 두 개 이상의 토실이 합쳐져 연결된 복합형, 다. 원형의 토실과 장방형 수혈주거와의 결합형)-토실의 깊이가 얕은 것-백제 초기의 福주머니형태의 순으로 발전하는 것으로 추측된다(최몽룡, 호남의 고고학-

기 1년-서기 300년)에로 進入하게된다.

백제 적석총은 크게 無基壇式과 基壇式 적석총으로 나뉜다. 무기단식 적석총은 多槨式 무기단식 적석총과 이음식 적석총으로 축조되었으며, 기단식 적석총은 階段(層段)식 적석총으로 발전되어진다. 고구려의 무덤도 石墓(돌무덤)와 土墓(흙무덤)으로 나누어진다. 석묘는 적석묘(돌각담무덤)와 封石墓(돌간돌무덤)으로 세분되며 積石墓(積石塚)는 다시 무기단식적석총(계단상의 축조가 없는 것)과 기단식 적석총(돌기단무덤)[6]으로 구분되어 백제 적석총과 유사함을 알 수 있다. 독로강 유역의 심귀리와 로남리 남파동, 간파동, 연상리와 풍청리 하천장, 압록강유역의 조아리, 서해리, 법동리 하구비와 신풍동, 연풍리, 토성리, 장성리 등지에서 발견되는 강돌 돌각담무덤의 연대는 철기시대에 속하는 平北 時中郡 魯南里와 寧邊郡 細竹里 출토의 유물과 같은 것으로 보아 기원전 2세기-기원전 1세기로 추정하였다(정찬영 1973, pp.40-41). 백제 적석총에 대한 발굴·조사는 서기 1970년대 양평 서종면 문호리(1974)와 서울 石村洞을 시작으로 춘천 中島, 제원 청풍면 桃花里·陽坪里(1983)가 차례로 이루어졌으며

철기시대 전·후기와 마한-, 21세기의 한국고고학 Ⅳ, 서울: 주류성, p.38).

5) 여기에 대해서는 필자는 서기 1985년 '고고학적 자료를 통해본 백제초기의 영역고찰,-도성 및 영역문제를 중심으로 본 한성시대 백제의 성장과정'(최몽룡·권오영 1985, 천관우 선생 환력기념 한국사학 논총, pp.83-120 및 최몽룡 1987, 한국고대사의 제 문제(유인물), 관악사, pp.151-187)란 글을 통해 '高句麗의 積石塚을 만들던 사람들이 南下해 百濟를 건국하는 土體가 되었다'는 요지의 글을 발표한 바 있었다. 그리고 그 이후 26년간 새로이 발굴·조사된 적석총들과 출토 유물들을 통해 볼 때 필자의 견해가 틀리지 않았음을 확인하고, 적석총 상한연대가 기원전 2세기-기원전 1세기로 올라간다는 생각과 당시의 정치적 상황을 보완하여 이 글을 다시 작성하게 되었다. 이러한 생각은 『三國史記』의 초기기록과 부합된다.

6) 정찬영 1973, 기원 4세기까지의 고구려묘제에 관한 연구, 고고민속 논문집 5, p.2.

서기 1980년대까지는 주로 한강을 중심으로 진행되었다. 서기 1990년대 이후
에는 임진강유역의 연천 중면 삼곶리 적석총(1994)이 새롭게 조사되면서 최근
까지 이 지역에서 조사가 활발히 이루어졌다. 특히 개성 장학리, 연천 中面 三
串里와 白鶴面 鶴谷里(2004), 中面 橫山里(2009-2010) 등이 발굴되면서 초기 백
제의 적석총에 대해 보다 자세히 알 수 있게 되었다. 현재까지 백제 적석총 연
구의 쟁점은 성격과 용어문제, 기원 및 피장자의 출자, 연대, 고구려와 초기
백제와의 관련성 등으로 정리된다.[7]

최근에 이루어진 적석총의 發掘 調査現況은 다음과 같다.

1. 개성 장학리 적석총[8]

개성시 장풍군 장학리에
자리한 장학리 적석총은 천
광산 줄기 끝 약간 높은 지대
에 위치한다. 강돌과 막돌로
축조한 무덤의 규모는 기단
길이 17m, 높이 2.7m이다.
평면은 장방형이며 북쪽과
동쪽에 5단의 기단이 잔존하
여 階段式 積石塚으로 파악
된다. 墓槨은 두 개가 확인

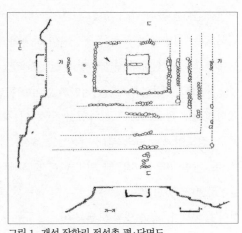

그림 1. 개성 장학리 적석총 평·단면도

되었으며 길이 2.25m, 너비는 각각 1m, 0.95m이다. 묘곽의 바닥에는 자갈층

---

7) 이동희 2008, 최근 연구 성과로 본 한강·임진강유역 적석총의 성격, 한국사학보 32호,
   고려사학회, p.12.

8) 조선유적유물도감편찬위원회 1996, 朝鮮遺蹟遺物圖鑑 20, 평양: 외국문종합출판사.

이며 내부에서 승문이 시문된 적회색 토기 편, 관 못, 쇠칼 등 철제유물, 구슬
과 식물종자 등이 출토되었다.

2. 연천 삼곶리 적석총[9)

경기도 연천군 중면 삼곶리에 소재한 삼곶리 적석총은 임진강변의 충적대
지상에 돌출된 모래언덕 위에 자리한다. 서기 1992년 국립문화재연구소에 의
해 발굴조사 되었는데 모래 구릉의 상면을 정지하고 정지면 위에 지름 0.4m-
0.5m의 큰 강돌(川石)을 1벌 깔아 기초를 만들었다. 이 기초면 위에 적석 분구
(墳丘)를 장방형(長方形)에 가깝게 2-3단의 높이로 조성하였고 돌무지 분구의
북편으로는 자갈돌을 기초 바닥면에 한 번 더 깔아 일종의 제단과 같은 부석
시설(敷石施設)을 마련해 두었다. 분구는 단일하게 조성된 것이 아니라 동서로
접해 있는 장방형의 적석이 결합되어 하나의 세장(細長)한 적석처럼 보인다.
후대에 교란이 심하게 진행된 탓에 돌무지 축조방법을 복원해 보기 어렵고 형
태조차 명확히 정의하기 어렵지만 서편이나 동편의 분구 모두 희미하게나마 2
단의 方壇階段式으로 조성하였다. 동편의 제1방단은 길이, 너비가 15m×
6.5m 정도이고 서편의 제1방단은 12m×6m 정도이다. 제1방단보다 6m, 혹
은 9m 가량이나 들어와 제2의 방단이 축조되는데, 제2방단의 상면에 덧널을
설치하였다. 동편 분구와 서편 분구의 덧널은 서로 맞대어 마주보도록 축조한
것이 특이하다. 양쪽 덧널 모두 길이는 2.5m-2.7m 정도이고 너비는 1.4m 가
량 된다. 일종의 구덩식 돌덧널과 같은 구조라고 하겠는데 바닥에는 특별한 시
설이 없고, 나무로 뚜껑을 한 듯 덧널은 함몰된 양상으로 나타난다. 출토유물
은 유리, 호박, 마노 등의 소옥으로 만들어진 목걸이 2점이 양쪽 덧널에서 각
각 출토되었고, 철촉도 1점씩 나왔다. 나머지 타날문 토기편이 부석시설, 분

---

9) 文化財管理局 文化財研究所 1994, 漣川 三串里 百濟積石塚 發掘調査報告書.

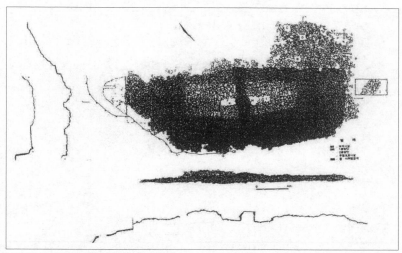

그림 2. 연천 삼곶리 적석총 평·단면도

구의 보강적석시설 등에서 출토되었다. 삼곶리 적석총은 방단계단식이라는 점
에서 고구려의 적석총과 유사하며 이음식 적석총과 제단이 있는 점은 桓仁県
古力墓子村 M19호와도 연관이 있어 보인다.

3. 연천 학곡리 적석총[10]

경기도 연천군 백학면 학곡리의 임진강변 단구상 충적대지에 입지한 학곡
리 적석총은 기전문화재연구원에 의해 서기 2002년에 발굴·조사되었다. 전체
규모는 동서 25m, 남북 10m, 북동—남서방향으로 길게 조성하였다. 이 무덤
은 무기단식 적석총으로 적석부와 즙석시설로 이루어졌다. 적석부의 평면 형
태는 부정형의 장타원형이었을 것으로 추정되며, 중앙 경계면을 중심으로 동

---

10) 기전문화재연구원 2004, 연천 학곡리 적석총 및 경기문화재연구원·경기도박물관,
2009, 경기 발굴 10년의 발자취.

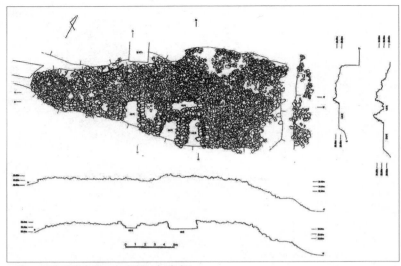

그림 3. 연천 백학면 학곡리 적석총 평·단면도

반부와 서반부로 구분되는데, 동반부에 서반부를 연접시킨 구조이다. 묘곽은 동반부에서 3기, 서반부에서 1기 등 모두 4기가 확인되었다. 묘곽은 2호곽→3호곽→1호곽→4호곽 순으로 축조된 것으로 보이며, 이 가운데 1호·2호·3호곽은 서로 한 벽을 격벽삼아 연접된 구조이다. 묘곽을 축조하는데 사용된 석재는 전혀 가공하지 않은 30㎝−50㎝ 크기의 하천석을 사용하였다. 축조방식은 하천석의 길이 방향이 서로 맞대도록 연결하면서 縱으로 쌓았다. 묘곽 바닥에는 시상을 위한 시설은 확인되지 않았다. 묘곽의 평면 형태는 대부분 남벽이 유실되었으나 잔존형태로 미루어 장방형이었을 것으로 추정된다. 묘곽 바닥에서는 특별한 시설이 확인되지 않았다. 즙석시설은 자연사구 전면에 걸쳐 깔지 않고, 물의 영향을 직접적으로 받는 사구의 남사면과 동쪽 경사면에만 시설하였던 것으로 여겨진다. 유물은 묘곽과 적석부, 즙석시설 등에서 소량의 타날문토기와 낙랑도기편, 구슬(마노, 유리제), 청동방울, 청동환 등이 출토되었다.

4. 연천 횡산리 적석총[11]

경기도 연천군 중면 횡산리 233번지에 위치한 횡산리 적석총은 서기 2009년-서기 2010년에 걸쳐 국방문화재연구원에 의해 조사되었다. 유적의 입지는 하천변 자연제방 위 나지막한 구릉(해발 39m-42m)을 이용하여 조성하였다. 규모는 남북방향 기저부 폭 58m, 동서방향 기저부 폭 28m, 높이(동)5.8m-(서)3.5m으로 파악되었으며, 경사는 약 (동)40°~(서)52°를 이루고 있다. 매장주체부는 훼손되어 규모와 형태를 알기 어려우나 현지 주민의 전언과 중면 삼곶리와 백학면 학곡리 적석총의 규모로 추정해 볼 때 적석부의 높이는 1.5m 내외 가량 되었을 것으로 추정된다. 추정 근거는 서기 1985년경 유적 상부에 군부대 시설이 자리하여 유적이 파괴되었고 계단·쓰레기 구덩이 있었다는 제보가 있었으며, 특히 권영우(78세)의 증언에 따르면 서기 1950년 겨울에는 현재보다 약 1.5m 높았다고 전한 바 있다.

출토유물들은 타날문토기편, 토기 구연부편, 철겸·철촉·철모 등 철기류, 관옥 등이 확인되었는데 대부분 적석총 가장자리와 사면에서 수습되었으며, 매장주체부가 위치했을 것으로 추정되는 상면 중앙부에서는 유물이 찾아지지 않았다.

유경편병철촉(고구려 초기, 평북 용천 신암리 고구려 층, 연천 삼곶리)과 철겸, 철모(충북 제원 桃花里, 청원 송대리, 완주 갈동, 고창 만동, 평남 강서군 태성리 토광묘 6·8·15호), 碧玉제 관옥(대롱구슬) 등은 鐵器時代 前期 末에 해당하는 시기에 쓰인 것으로 추정되며 고구려와 낙랑의 영향을 많이 받은 유물로 생각된다. 따

---

11) 국방문화재연구원 2010.4, 연천 군남 홍수조절지 내 횡산리 적석총 발굴조사 3차 지도위원회의 자료.

그림 4. 연천 중면 횡산리 적석총 전경사진(국방문화재연구원 서기 2009년 9월 발굴 중 항공촬영)

라서 유적의 조성연대는 대략 기원전 2세기–기원전 1세기경인 철기시대 전기 (기원전 400년–기원전 1년) 말에 해당할 것으로 추정된다. 이 무덤의 축조주체는 고구려에서 남하한 백제건국자(高句麗 出自의 百濟건국자들의 墓)로 파악된다.

이 유적은 임진강변의 얕은 구릉 위에 위치한 신석기 유적(황해도 봉산 智塔里와 평남 해운면 弓山里와 유사한 유적)을 파괴하고, 정지한 후 모래를 쌓아 올리고 그 위에 積石을 하여 多槨式 無基壇 積石塚을 축조한 특징을 갖고 있다.

적석총 상부에는 돌을 이용하여 원형으로 축조한 신석기시대의 爐址가 확인되었다. 이러한 노지는 신석기시대 말기–청동기시대 조기에 5각형(원주 태장 4지구, 충주 조동리, 회녕 오동, 영월 연당 쌍굴, 파주 문산 당동)을 이루었으며 청동기시대에 이르러 사각형로 변천해 나갔다.

5. 양평 신원리 적석총[12)

경기도 楊平군 양서면 新院里 554번지 일대에 위치한 신원리 적석총은 남한강 북안의 경사면에 자리한다. 중앙선 복선전철화 공사구간에 해당되어 경기대학교 박물관에 의해 서기 2003년-서기 2004년에 조사 되었으며 조사결과 적석총 1기가 발굴되었다.

이 적석총의 규모는 남북 16.5m, 동서 15.8m, 높이 20㎝-50㎝이다. 평면 형태는 서남쪽 일부가 파손되었으나 방형에 가깝고, 내부에서 단곽의 묘실이 조사되었다. 상부에는 부정형 판석과 할석 등으로 적석하여 마무리하였으며, 유구 동쪽에는 등고선과 평행하게 부석시설이 노출되었다. 적석총의 중심부 에는 대형 할석을 일정한 간격으로 배치하였고, 이들 할석 사이에는 소형의 부 정형 할석과 판석을 평적하여 270㎝×130㎝×55㎝ 크기의 묘실을 축조하였 다. 그리고 적석총의 동북부에는 등고선과 평행하게 할석을 700㎝ 폭으로 얇 게 깔아 부석시설을 하였다. 유구의 층위를 보면 맨 아래층에 지형에 따라 할 석을 약 20㎝-40㎝ 두께로 積石하였으며, 바로 위에 다시 10㎝ 정도 두께로 점토다짐을 하였고, 맨 위층에는 다시 부정형 판석과 할석이 혼합된 상태의 30㎝-40㎝ 두께 로 적석하였다.

유물은 적석 사이에 서 흑갈색 연질토기편 이, 서북쪽에서 타날문 토기 호가 출토되었다. 토기편은 단경호로 추 정되는데 외부 표면에

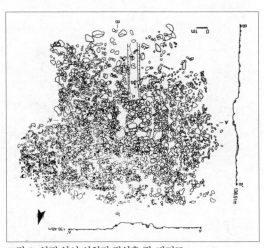

그림 5. 양평 양서 신원리 적석총 평·단면도

<hr />

12) 유태용 2007, 양평 신원리 백제 적석총의 연구, 경기도의 고고학, 최몽룡 편저, 서울: 주류성, pp.163-193.

격자문이 타날되어 있다. 이와 같은 유형의 토기는 연천 중면 삼곶리와 백학면 학곡리 적석총 등에서 확인된 바 있다.

신원리 적석총은 안쪽에 점토를 채우고 외면에는 석재로 석축하고 외면에

표 1. 漢江·臨津江유역의 積石塚 발굴조사 현황

연번	유적명	수계	입지	분구규모 (단위:m)	형식	축조 재료	매장 주체부 형식	매장 주체 부수	출토유물	비고
1	서울 석촌동 1호분(남분)	한강 하류	평지	9.8×9.6×(1.1)	기단식	할석	석곽	4	소형은제품	
2	서울 석촌동 1호분(북분)	〃	〃	9.9×8.9×(1.0)	〃	〃	석곽	미상		
3	서울 석촌동 2호분	〃	〃	17.4×16.2×3.8	〃	〃	목관	1	단경호, 도자편, 철검편, 무개고배 등	
4	서울 석촌동 3호분	〃	〃	50.8×48.4×(4.5)	〃	〃	석곽	1	東晋대자기편, 금제영락	
5	서울 석촌동 4호분	〃	〃	17.2×17.2×2.1	〃	〃	미상	미상		
6	춘천 중도	북한강	강안 충적 대지	15×15×2	무기단식	천석	석곽	1	철도자, 철촉, 청동환, 타날문토기	
7	양평 서종 문호리	〃	〃	11×11×2.7	기단식	천석	석곽	1	꺽쇠, 철도자, 청동방울, 관옥, 타날문토기	
8	제원 청풍 도화리	남한강	〃	30×25×4.5	무기단식	천석	석곽	1	철겸, 철부, 철도자, 구슬, 청동환, 청동팔찌, 樂浪陶器	
9	제원 청풍 양평리 1호분	〃	〃	28×24×7.5	무기단식	천석	?	?	철도자, 청동환, 타날문토기편	
10	제원 청풍 양평리 2호분	〃	〃	60×57×9	무기단식	천석	석곽(?)	?	철부, 철도자, 청동환, 청동방울, 관옥, 타날문토기편	
11	개성 장학리	임진강	〃	17×?×2.7	기단식	천석 판석	석곽	2	철도자, 관정, 구슬, 타날문토기편	
12	연천 중면 삼곶리	〃	〃	28×11×1.3	기단식	천석	석곽	2	단경호, 철촉, 청동환, 구슬	
13	연천 백학 학곡리	〃	〃	25×11×0.7	무기단식	천석 할석	석곽	4	철겸, 청동방울, 청동환, 구슬, 타날문토기편, 樂浪陶器	
14	연천 중면 횡산리	〃	〃	45×24×6	무기단식				타날문토기편, 樂浪陶器, 철겸·철촉·철모, 관옥	
15	양평 양서 신원리	한강		16.5×5.8×0.2~0.5	기단식	할석 판석	석곽	1	흑갈색 연질토기편, 타날문토기 호	

대형할석으로 기단을 세운 基壇式 方形 積石塚이며, 내부구조에 있어서는 묘실이 하나인 단곽식으로 분류된다. 하지만 적석총의 상층부가 매우 심하게 교란되어 단순히 기단만 있는 형식인지, 방형의 계단형 기단 적석총인지의 여부는 알 수 없다.

백제 초기 주변지역 政治體의 현황은 다음과 같다. 우선 衛滿朝鮮[13](기원전

---

13) 한반도 최초의 고대국가는 衛滿朝鮮(기원전 194년–기원전 108년)이다. 국가는 무력, 경제력과 이념(종교)이 바탕이 되며, 무력을 합법적으로 사용하고 중앙집권적이고 전문화된 정부조직을 갖고 있다. 세계에서 도시·문명·국가는 청동기시대에 나타나는데 우리나라의 경우 중국의 영향 하에 성립되는 이차적인 국가가 되며, 또 세계적인 추세에 비해 훨씬 늦은 철기시대 전기에 나타난다. 고인돌은 기원전 1500년에서부터 시작하여 경상남도, 전라남도와 제주도에서는 철기시대기 말까지 존속한 한국토착사회의 묘제로서 그 사회는 혈연을 기반으로 하는 계급사회인 족장사회로, 교역, 재분배 경제, 직업의 전문화, 조상숭배 등을 바탕으로 하고 있었다. 그리고 그 다음에 오는 고대국가의 기원은 앞으로 고고학적인 자료의 증가에 따라 단군조선에 까지 더욱더 소급될 수도 있으나, 문헌에 나타나는 사회조직, 직업적인 행정관료, 조직화된 군사력, 신분의 계층화, 행정중심지로서의 왕검성(평양 일대로 추정)의 존재, 왕권의 세습화, 전문적인 직업인의 존재 등의 기록으로 보아서 위만조선이 현재로는 한반도 내 최초의 국가체제를 유지하고 있었던 것으로 보인다. 또한 국가형성에 중요한 역할을 차지하는 시장경제와 무역의 경우 위만조선 이전의 고조선에서도 교역이 있었으며, 변진과 마한, 왜, 예 등은 철을 중심으로 교역이 행해졌던 것으로 보인다. 위만조선의 경우 한반도 북쪽의 지리적인 요충지에 자리잡음으로 해서, 그 지리적인 이점을 최대한으로 이용한 '중심지무역'으로 이익을 얻고, 이것이 국가를 성립시키고 성장하는데 중요한 요인이 되었을 것이다. 漢 高祖 12년(기원전 195년) 燕王 盧綰이 漢나라에 叛하여 匈奴로 도망감에 따라 부하였던 衛滿은 입국할 때에 상투를 틀고 조선인의 옷을 입고 있었던 것으로 보아 연나라에서 살던 조선인으로 생각된다. 위만은 나라 이름 그대로 조선이라 하였고, 그의 정권에는 토착민 출신으로 높은 지위에 오른 자가 많았다. 따라서 위만의 고조선은 단군의 고조선을 계승한 것으로 볼 수 있다. 그리고 국가가 되기 위해서는 '무력의 합법적인 사용과 중앙 관료체제의 확립'이나 '전문화나 전문화된 정부 체제를 지닌 사회'라는 조건을 갖추어야 하는데 위만조

194년-기원전 108년)이 있다. 그리고 위만조선에 이어 漢四郡이 기원전 108년에 들어선다. 주로 경기도[樂浪 漢 武帝 元封 3년(기원전 108년)-晉 建興 元年/美川王 14년(서기 313년), 帶方 獻帝 建安(서기 196년-서기 220년)-서기 313년]과 강원도[臨屯, 漢 武帝 元封 4년(기원전 108년漢 武帝 元封 3년 기원전 108년 설치-기원전

선의 경우 이에 해당한다고 하겠다. 따라서 위만조선은 중국의『史記』와『漢書』등의 기록에 의하면 우리나라에서 처음으로 확실한 국가의 체제를 갖추었다고 하겠다. 고조선의 발전과 관련하여 기자조선에 대한 기록이 있다. 중국 사서에는 周의 武王이 箕子를 조선에 봉하였다고 되어 있다. 그리고 그 연대를 기원전 12세기경(기원전 1122년)으로 추정하기도 한다. 그러나 기자조선을 조선의 발전 과정에서 사회 내부에 등장한 새로운 지배 세력을 가리키는 것으로, 또는 동이족의 이동 과정에서 기자로 상징되는 어떤 부족이 고조선의 변방에서 정치 세력을 잡은 것으로 보는 견해가 많다. 위만은 입국할 때에 상투를 틀고 조선인의 옷을 입고 있었던 것으로 보아 연나라에서 살던 조선인으로 생각된다. 위만은 나라 이름 그대로 조선이라 하였고, 그의 정권에는 토착민 출신으로 높은 지위에 오른 자가 많았다.

고조선은 초기에는 야오닝(辽宁) 지방에 중심을 두었으나, 후에 와서 대동강유역의 왕검성을 중심으로 독자적인 문화를 이룩하면서 발전하였다. 고조선은 연나라의 침입을 받아 한때 세력이 약해지기도 하였다. 4대 87년간은 존속했던 위만조선은 衛滿에서 이름이 전해지지 않는 아들을 거쳐 손자인 右渠에 이르는 혈연에 의한 세습왕권이었다. 위만과 우거 이외에 기록에 나타나는 裨王長, 朝鮮相 路人, 相 韓陶(韓陰), 大臣 成己, 尼谿相 參, 將軍 王唊, 歷谿卿, 濊君 南閭 등은 그러한 세습왕권을 유지하는 고위각료들이었던 것으로 생각되며 이들이 곧 전문화된 군사·행정집단인 것으로 보인다. 또한 朝鮮相 路人의 아들 最가 등장하는 것으로 보아 왕위와 마찬가지로 상류층에서도 지위세습이 존재했으며 그러한 상위계층에 대응하는 하나 이상의 하위 신분계층이 더 존재했을 가능성을 시사해주고 있다. 이러한 신분체계와 아울러 기록을 통해서 알 수 있는 위만조선의 사회구조에 관한 것은 내부의 부족 구성과 인구수 등이다. 위만조선의 인구규모는『漢書』와『後漢書』의 기록을 종합해 볼 때 약 50만에 이른 것으로 추정된다. 족장단계(chiefdom society)를 넘어서는 이러한 인구규모를 통제하기 위해서는 경제적 배경이나 영토, 이외에 법령과 치안을 담당할 군대도 필요하다.『漢書』지리지에는 한의 풍속이 영향을 미친 이후 80여 조에 달하는 法令이 제정되었다는 기록이 있고,『後漢書』東夷傳 濊條에도 역시 그와 유사한 기록이 있다. 위만조선(衛滿朝鮮)의 멸망과 한사군(漢四郡)의 설치는『史記』의 편찬자인 사마천이 살아있을

82년 임둔을 파하여 현도에 합침. 玄菟(기원전 107년-기원전 75년 興京·老城지방으로 옮김)-현도군에 합쳤던 임둔의 고지는 昭帝 5년(기원전 82년) 낙랑군에 귀속시킴]와 濊(또는 東濊)지역에 집중해서 낙랑도기가 나오고 있어 그들이 설치된 위치를 파악할 수 있다. 적석총에서 낙랑도기편들이 나오고 있는 점은 고구려계통의 적석총이 남하하면서 낙랑과 임둔의 影響을 잘 받아들이고 있음을 보여주고 있다 하겠다. 그리고 남쪽에 마한(馬韓, 기원전 3/기원전 2세기-서기 5세기말/서기 6세기 초), 북쪽에 그로우노프까(기원전 5세기-기원전 2세기, 北沃沮, 團結문화)와 뽈체(기원전 7세기-기원전 4세기, 挹婁)가 상호 通商圈(interaction sphere)을 형성하고 있었다.

衛滿朝鮮이 漢나라 7대 武帝(기원전 140년-기원전 87년 재위)의 원정군에 의해 멸망한 해는 기원전 108년으로 『史記』를 편찬한 사마천(司馬遷, 기원전 145년-기원전 87년)이 37세 때이다. 위만조선의 도읍지였던 평양에 樂浪, 그 아래 지역에 帶方이 설치되었고, 이들을 통해 한나라의 발달된 문물이 한반도로 쏟아져 들어온다. 한나라로부터 유입된 대표적인 문물로 土壙墓와 漢字를 꼽을 수 있으며, 秦나라와 漢나라에서 사용되던 무기, 특히 戈와 漢式陶器의 유입 역시 당시 상황을 고고학적으로 입증해준다. 가평 달전 2리에서 확인된 토광묘에서는 前漢代(기원전 206년-서기 24년)의 鐵戈[극(戟)으로 이야기할 수도 있으나 최근 중국 西安博物館에서 戈로 표현함]와 한식도기 그리고 위만조선시대의 화분형토기가 출토되었다. 강원도의 강릉 안인리, 병산동, 동해 송정동과 춘천 율문리를 비롯해 경기도 가평 대성리 '철(凸)'자형 집자리에서는 경질무문토기(700℃-850℃에서 구워짐)와 낙랑도기가 함께 출토되었으며, 양평군 양수리 상

때 일어난 사건으로, 위만조선과 낙랑·대방의 존재는 역사적 사실로 인정되어야 하며 위만조선의 왕검성(王儉城)과 낙랑(樂浪)은 오늘날의 평양 일대로 보아야 한다.

석정, 가평 대성리와 상면 덕현리와 연천 청산면 초성리에서 '철(凸)'자형, '여(呂)'자형 및 팔각형 집자리에서 한나라 도기가 여러 점이 보고 되었는데, 華城 旗安里(풍성아파트) 製鐵遺蹟에서도 같은 양상이 확인되었다. 또 연천 학곡리 적석총에서 출토된 한나라도기의 연대는 공반유물을 통해 기원전 1세기경으로 추정되었으며, 연천 중면 삼곶리와 군남면 牛井里에서도 적석총이 발굴되어 같은 양상을 보인다.

기원전 108년 위만조선이 漢武帝의 원정군에 망한 후 그 자리에 남아있던 衛滿朝鮮의 원주민과 중국 戰國時代(기원전 475년-기원전 221년)의 亂을 피해온 亡命人들인 漢人(樂浪人)들과의 관계에 대한 고고학 자료의 입증은 土壙墓, 화분형(花盆形)토기, 細形銅劍(韓國式銅劍) 관계 일괄유물들과 漢나라 인들이 가져온 漢式陶器(樂浪陶器[14])들의 분포지 파악 등으로 이루어 질 수 있다.

최근 漢式陶器(樂浪陶器)가 나오는 유적은 풍납동토성(사적 11호), 경기도 漣川 硝城里와 鶴谷里, 加平 大成里, 達田 2리와 上面 德峴里, 楊州 兩水里 上石亭, 河南市 二聖山城(사적 422호), 華城 旗安里, 廣州市 墻枝洞, 강원도 江陵 安仁里와 柄山洞, 東海 松亭洞, 旌善 禮美里, 春川 牛頭洞과 栗文里, 충청남도 牙山 湯井 鳴岩里와 경상남도 泗川 勒島 등 십여 군데에 이른다. 주로 강원도(臨屯 기원전 108년-기원전 82년, 濊, 東濊 지역)와 경기도(樂浪 기원전 108년-서기 313년, 帶方지역)지역에 집중해서 樂浪陶器/漢式陶器[15]가 나오고 있으며 이 점

---

14) 500℃-700℃(엄밀한 의미에서는 700℃~850℃)의 화도에서 소성된 무문토기 또는 경질 토기로 이를 사용하던 철기시대 전기의 주민들에게는 화도가 1000℃~1100℃에 이르는 樂浪陶器(china)는 상당한 문화적 충격이었을 것이다.

15) 토기, 도기류를 통칭하는 쎄라믹(ceramic)이란 말은 어원상 "불에 타버린 물질"을 뜻한다. Prudence M. Rice(1987, p.5)는 Terra-cotta(1000℃ 이하), Earthenware(폭넓게 900℃-1200℃ 사이), China(1100-1200℃), Stoneware(약 1200℃-1350℃), Porcelain(1300℃-1450℃)으로 구분해 사용한다. 우리나라에서는 土器(500℃-850℃)-

은 樂浪과 臨屯의 영향을 잘 보여 준다. 현재까지 樂浪陶器/漢式陶器가 나오는 유적들은 다음과 같다.

가. 서울 송파구 風納土城(사적 11호)

나. 경기도 연천 청산면 哨城里

다. 경기도 연천 백학면 鶴谷里

라. 경기도 가평 達田 2里(漢戟, 衛滿朝鮮土器)

마. 경기도 가평 청평면 大成里 驛舍(기전, 겨레에서 발굴)

바. 경기도 양평 兩水里 上石亭[가장 연대가 올라가는 것은 A10-S1(A-10호
      주거지 중앙기둥)으로 2150±60 B.P. 보정연대는 기원전 330년 또는 기원
      전 170년이 된다.]

사. 경기도 하남시 二聖山城(사적 422호)

아. 경기도 화성 발안면 旗安里

자. 강원도 강릉시 安仁里와 柄山洞

차. 강원도 춘천 槿花洞(驛舍), 牛頭洞과 栗文里

카. 강원도 동해 松亭洞

타. 강원도 정선 禮美里

파. 충청북도 제원 청풍면 桃花里(사적 2호인 金海貝塚에서 나오는 회청색 樂
      浪陶器가 출토)

하. 경상남도 사천 勒島(史勿國, 半兩錢: 기원전 221년-기원전 118년, 7대 漢

陶器(1100℃ 전후)-炻器(stoneware 1200℃ 전후)-磁器(1300℃ 전후)로 분류하며 無文土
器, 樂浪陶器, 新羅炻器, 高麗靑瓷(celadon), 朝鮮白磁(white porcelain) 등으로 부른
다. 燒成度는 지붕이 없는 仰天窯(open kiln)에서 지붕이 있는 登窯(tunnel kiln,
climbing oven)에 이르는 가마(窯)제작의 기술적인 발달과정에 따른다.

武帝 元狩 5년, 樂浪陶器와 彌生土器가 공존)

경기도 지역에서 확인된 적석총은 백제의 건국신화와 아울러 백제가 고구려로부터 남하한 세력인 점과 부합한다. 또 적석총의 분포상은 한성시대 백제 초기의 영역과 밀접한 관련이 있는 고고학 자료이기도 하다. 이런 점에서 철기시대 전기(기원전 400년–기원전 1년) 중 단면 삼각형이 나오는 III기(후기) 기원전 2세기–기원전 1세기의 고고학적 유적과 유물의 검토도 필요하다.[16] 그리고 경기도 加平 淸平面(옛 外西面) 淸平 4里, 경기도 廣州市 墻枝洞, 강원도 橫城 公根面 鶴潭里와 춘천 擧頭里와 泉田里에서 출토된 해무리굽과 유사한 바닥을 지닌 경질무문토기는 아무르강 중류 리도프카 문화와 끄로우노프카(北

---

16) 慶州 蘿井(사적 245호)은 발굴 결과 철기시대 전기의 유적으로, 수원 고색동, 파주 탄현, 갈현리 등지의 점토대토기 유적에서 나오는 台脚에 굵은 豆形土器도 보이는 점토대토기 문화가 바탕 되었음이 들어났다. 따라서 기원전 57년 신라가 건국했던 연대도 이들의 시기와 일치한다. 또 실제 그곳에는 朴赫居世의 신당(神堂), 또는 서술성모의 신궁이 팔각(八角)형태의 건물로 지어져 있었음으로 신라의 개국연대가 기원전 57년이라는 것도 믿을 수 있게 되었다. 그리고 秋史 金正喜의 海東碑攷에 나오는 신라 30대 文武王(서기 661년–서기 681년 재위)의 비문(2009년 9월 4일, 金, 碑의 상부가 다시 발견됨)에 의하면 慶州 金氏는 匈奴의 후예이고 碑文에 보이는 星漢王(15대조, 金閼智, 서기 65년 – ?)은 흉노의 秺侯(투후) 休屠王의 太子 祭天之胤 金日磾(김일제, 기원전 135년–기원전 85년)로부터 7대손이 된다. 그리고 13대 味鄒王(서기 262년–284년, 金閼智–勢漢–阿道–首留–郁甫–仇道–味鄒王,『三國史記』제2, 新羅本紀 제2)은 경주 김씨 김알지의 7대손으로 이야기된다. 따라서 경주 김씨의 出自는 匈奴–東胡–烏桓–鮮卑–突厥–吐蕃–위굴(回紇, 維吾爾)–契丹–蒙古/元–金(서기 1115년–서기 1234년)–後金(서기 1616년–서기 1626년)–滿洲/淸(서기 1616년–서기 1636년)–大淸(서기 1636년–서기 1911년) 등의 유목민족과 같은 복잡한 배경을 가진다. 휴도왕의 나라는 본래 중국 북서부 현 甘肅省 武威市로, 이는 新羅 積石木槨墳의 기원도 중국 辽宁省 朝陽에서 보이는 鮮卑족의 무덤·출토유물과 관련하여 생각해 볼 가능성이 열리게 되었다. 결국 초원의 스키타이인(Scythian)들이 쓰던 쿠르간 封土墳과의 관련도 배제할 수 없게 되었다(최몽룡 1993, 한국문화의 원류를 찾아서, 서울: 학연문화사, p.134).

沃沮, 黑龍江省 東宁県 団結村 團結文化)에서도 보이므로 한반도의 철기시대에 러시아 문화의 영향을 고려할 필요가 있다. 그리고 春川 泉田里, 新梅里와 牛頭洞 등지에서 최근 발견되는 리도프카(기원전 10세기-기원전 5세기)의 주걱칼, 따가르의 철도자(鐵刀子)도 이와 관련해 주목을 받아야 한다.

한나라가 현재의 평양으로 추정되는 衛滿朝鮮의 고지(故地)에 설치했던 樂浪과 후일의 帶方郡과의 직접적인 접촉을 통한 무역 또는 通商圈의 관계는『三國志』魏志 東夷傳(晋初 陳壽, 서기 233년-서기 297년)에 자세히 기록되어 있으며, 그 기록은 최근 고고학적 자료를 통해서도 입증되고 있다. 즉, 경남 사천 늑도(史勿國)에서도 진시황이 중국을 통일한 해인 기원전 221년부터 한나라 7대 무제 5년 기원전 118년까지 사용되었던 반량전(半兩錢), 회청색 경질도기를 비롯한 한나라도기, 무문토기와 일본의 야요이[彌生] 토기 등이 함께 출토된 바 있는데, 이러한 共伴관계는 위지 동이전의 기록을 고고학적으로 입증해 주는 고고학 자료임은 물론 기존 학계에서 통용되던 한국 철기시대 전기의 문화상과 편년을 재고할 필요성을 강력하게 제기한다.[17]

---

17) 半兩錢(기원전 221년-기원전 118년)과 五洙錢(기원전 118년, 7대 漢 武帝 5년 鑄造를 시작하여 後漢 光武帝 建武 6년 서기 30년까지 사용)을 포함한 중국 秦-漢대의 동전은 오늘날의 세계 基軸貨인 달라[美貨]에 해당하는 당시 교역 수단으로 당시 활발했던 국제 무역에 관한 고고학적 증거들이다. 기원전 1세기경으로 편년되는 경상남도 泗川 勒島(史勿國)유적에서는 경질무문토기, 일본 彌生土器, 樂浪陶器, 漢式硬質陶器 등과 함께 半兩錢이 같은 층위에서 출토되었다. 반량전은 기원전 221년 진시황의 중국 통일이후 주조되어 기원전 118년까지 사용된 동전으로 알려져 있다. 이외에도 중국 동전은 해남 군곡리, 나주 오량동 시량, 제주 산지항, 금성리, 김해, 고성과 창원 성산패총 등지에서도 출토되었다. 이는『三國志』魏志 東夷傳 弁辰條의 '國出鐵 韓濊倭皆從取之 諸市買皆用鐵如中國用錢又以供給二郡'의 기사와 倭人傳에 보이는 海(水)路萬里의 무역로(trade route, exchange system, interaction spheres, barter, logistics)를 감안해 볼 때 樂浪(帶方)-海南 郡谷里-泗川 勒島(史勿國)-固城(古史浦)-昌原 城山(骨浦國)-金海(狗邪韓國)-제주도 山地港-對馬島(國)-壹岐國(一支國)-末盧國-伊都國-奴

그리고 이 시기의 특징 중 한 가지 간과해서는 안 될 것은 사회진화과정상 혈연을 기반으로 하는 계급사회인 족장사회(chiefdom society)에서 혈연을 기반으로 하지 않는 계급사회인 고대국가(ancient state)로 발전하는 가운데 나타나는 필연적인 원동력(prime mover)의 하나인 종교적인 측면도 강조되어야 하는 점이다. 그런 점에서 최근 조사된 청동기시대 중기를 대표하는 경기도 楊平 楊西 新院里의 종교·제사유적은 철기시대 전기의 蘇塗인 安城 元谷 盤諸里 유적[18]과 함께 한국고고학 고대사에 있어서 정치 문화사적 연구에서 매우 중요하다. 안성 반제리, 부산 기장 일광면 청광리와 같은 환호와 관련된 종교유적은 울산 북구 연암동과 경주 충효동의 경우와 같이 청동기시대부터 그대로 이어져 내려오는 전통으로 볼 수 있겠다. 그리고 환호 안팎에 형성된 집자리들은 전문직의 제사장과 제사에 관련된 사람들이 살던 특수구역인 別邑(asylum)으로 이것이 『三國志』 魏志 東夷傳에 나오는 蘇塗일 가능성이 많다. 솟대(大木)를 세운 蘇塗는 邑落의 경계표시이고, 신성지역인 別邑으로 여겨져 왔으며, 天君을 중심으로 다스리던 祭政分離의 사회를 반영한다. 철기시대 전기 말에는 북쪽 평양 근처에 衛滿朝鮮(기원전 194년−기원전 108년)이라는 최초의 국가가 형성되었다. 그리고 남쪽 馬韓의 고지에는 기원전 1500년이래 한반도의 토착세력을 형성하던 支石墓社會의 정치기반인 族長社會(chiefdom society)가 기원전 3세기−기원전 2세기 마한의 시작 단계에까지 그대로 존속해 와서 점차 복잡해진 사회진화의 발전과 더불어 單純 族長社會(simple

---

國−邪馬臺國으로 이어지는 바닷길이 예상될 것이다. 이외에도 국가 발생의 원동력 중의 하나인 무역에 관한 고고학 증거는 계속 증가하고 있다.

18) 최몽룡 2006, 한국고고학·고대사에서 양평 양서 신월리와 안성 원곡 반제리의 종교·제사유적의 의의, 최근 자료로 본 한국 고고학·고대사의 신 연구, 서울: 주류성, pp.155−198 및 이상엽 2007, 경기지역 환호의 성격검토, 최몽룡 편저, 경기도의 고고학, pp.97−124.

chiefdom)와 이보다 좀 더 발달한 複合 族長社會(complex chiefdom)도 공존해 있었다. 『三國志』魏志 東夷傳 弁辰條에는 族長격인 渠帥(또는 長帥, 主帥라도 함)가 있으며 이는 격이나 규모에 따라 臣智(또는 秦支·踧支라고도 함), 險側, 樊濊, 殺奚와 邑借로 불리고 있었음을 알 수 있다. 이는 정치 진화상 같은 시기의 沃沮의 三老, 東濊의 侯, 邑長, 三老, 그리고 挹婁의 大人, 肅愼의 君長(唐房喬 等 撰의 晉書 四夷傳)과 같은 國邑이나 邑落을 다스리던 혈연을 기반으로 하는 계급사회의 행정의 우두머리인 족장(族長, chief)에 해당된다. 여기에는 별읍의 우두머리인 天君과 달리 단순 족장사회(simple chiefdom)의 우두머리는 정치진화론 상 族長으로, 그리고 복합 족장사회(complex chiefdom)의 우두머리는 『三國志』魏志 東夷傳의 기록대로 渠帥·侯·大人으로도 불릴 수 있겠다. 여기에는 영토의 규모나 혈연의 서열 또는 순서대로 군장격인 족장의 渠帥 밑에 臣智, 險側, 樊濊, 殺奚와 邑借가 있었다. 또 여러 복합 족장사회들을 대표하는 王이 다스리는 국가단계의 目支國도 있었다. 이는 기원전 18년 백제의 국가형성 당시 溫祚가 영역을 할당받기 위해 사신을 보낸 나라는 馬韓王이[19] 다

─────────────────

19) 『三國史記』 권 제1 新羅本紀 始祖 赫居世 居西干 38년(기원전 20년) 및 39년(기원전 19년)조에 보이는 馬韓王 혹은 西韓王의 기록과 『三國史記』 백제본기 권 제23 시조 溫祚王 13년 조(기원전 6년)의 마한에 사신을 보내 강역을 정했다는 기록(遣使馬韓告遷都. 遂畫定疆場, 北至浿河, 南限熊川, 西窮大海, 東極走壤 九月立城闕. 十四年春正月遷都 二月王巡撫部落 務勸農事 秋九月 築城漢江西北 分漢城民.(기원전 5년)) 등은 마한이 늦어도 기원전 1세기경에는 왕을 중심으로 신라와 백제보다 앞서 국가체제를 갖추었음을 알려준다. 그리고 이 기록에서 필자는 河北慰禮城은 中浪川(최몽룡 외 1985, 고고학 자료를 통해본 백제 초기의 영역고찰-도성 및 영역문제를 중심으로 본 한성시대 백제의 성장과정, 천관우 선생 환력기념 한국사학 논총, pp.83-120 및 한성시대 백제의 도읍지와 영역, 최몽룡·심정보 편저, 1991, 백제사의 이해, 서울: 학연문화사, p.82)으로 비정하였는데 현재는 연천군 중면 삼곶리(1994년 발굴, 이음식 돌무지무덤과 제단. 桓仁 古力墓子村 M19와 유사), 연천 군남면 우정리(2001), 연천 백학면 학곡리(2004), 연천 중면 횡산리(2009)와 임진강변에 산재한 아직 조사되지 않은 많은 수의 적석총의 존재로 보아 臨津江변의 漣川郡 일대로

스리던 목지국이었고 이러한 관계 속에서 마한과 백제와의 역사적 맥락도 형성되었던 것이다. 비록 철기시대 전기에 祭政이 기록상으로는 이미 분리되고 있었지만 이러한 別邑 또는 蘇塗의 전신으로 생각되는 환호를 중심으로 직업적인 祭司長이 다스리던 神政政治(theocracy)도 가능했을 것이다. 그 다음 삼국시대 전기에는 世俗王權政治(secularism)가 당연히 이어졌을 것이다. 즉 고고학 자료로 본 한국의 종교는 신석기시대의 精靈崇拜(animism)-청동기시대의 토테미즘(totemism)-철기시대의 巫敎(shamanism)와 祖上崇拜(ancestor worship)로 이어지면서 별읍의 환호와 같은 전문 종교인인 天君이 이 다스리는 소도의 형태로 발전하는 것으로 보면 무리가 없을 것이다. 따라서 적석총을 축조하던 사회는 血緣을 기반으로 하던 階級社會(hierarchical society)인 족장사회로 우두머리는 族長이었을 것이다. 이 사회가 다음 혈연을 기반으로 하지 않는 계급사회인 百濟國으로 발전하게 된다.[20]

비정하려고 한다. 그리고 西窮大海는 강화도 교동 華蓋山城, 東極走壤은 춘천을 넘어 화천 하남면 원촌리까지 이어지고, 南限熊川은 안성천, 평택, 성환과 직산보다는 천안 용원리, 공주 의당 수촌리(사적 460호)와 장선리(사적 433호), 서산 음암 부장리(사적 475호) 근처로 확대 해석하고, 北至浿河는 예성강으로 보다 臨津江으로 추정하고자 한다. 이는 현재 발굴·조사된 고고학 자료와 비교해 볼 때 가능하다.

20) 族長社會와 國家는 階級社會이면서도 血緣의 기반에 의해 세분된다. Elman Service의 모델인 統合論(Integration theory)에서는 인류사회는 경제나 기술이 아닌 조직이나 구조에 기반을 두어 군집사회(band)-부족사회(tribe)-족장사회(chiefdom)-고대국가(ancient state)로 구분하고 있다. 그리고 기본자원에 대한 불평등한 접근에서 일어나는 갈등에 기반을 둔 Morton Fried의 갈등론(Conflict theory)의 도식인 평등사회(egalitarian society)-서열사회(ranked society)-계층사회(stratified society)-국가(state)라는 발전단계도 만들어진다. 서비스는 국가단계에 앞선 족장사회를 잉여생산에 기반을 둔 어느 정도 전문화된 세습지위들로 조직된 위계사회이며 재분배 체계를 경제의 근간으로 한다고 규정한 바 있다. 족장사회에서는 부족사회 이래 계승된 전통적이며 정기적인 의식행위(calendric ritual, ritual ceremony, ritualism)가 중요한 역할을 하는데, 의식(ritualism)과 상징(symbolism)은 최근 후기/탈과정주의 고고학

적석총을 통해 본 초기 백제의 성격은 문헌의 기록으로 파악할 수 있다. 백제의 건국자는 朱蒙(高朱蒙/東明聖王, 기원전 37년-기원전 19년 재위)의 셋째 아들인 溫祚(기원전 18년-서기 28년 재위)이다. 그는 아버지인 주몽을 찾아 부여에서 내려온 첫째 아들 琉璃(禮氏子孺留)王子(고구려의 제2대왕, 기원전 19년 서기 18년 재위)의 존재에 신분의 위협을 느껴 漢 成帝 鴻嘉 3년(기원전 18년) 형인 沸流와 함께 남하하여 河北慰禮城(중랑구 면목동과 광진구 중곡동 의 中浪川 一帶에 比定, 溫祚王 元年, 기원전 18년-기원전 5년, 그리고 온조왕 14년/기원전 5년에 옮긴 河南慰禮城은 송파구에 위치한 사적 11호 風納土城으로 추정됨, ...遂至漢山, 登負兒嶽, 望可居之地...惟此河南之地, 北帶漢水, 東據高岳, 南望沃澤, 西阻大海. 其天險地利, 難得之勢, 作都於斯, 不亦宜乎?....)에 도읍을 정하고, 형인 비류는 미추홀(彌

(post-processual archaeology)의 주요 주제이기도 하다. 국가단계 사회에 이르면 권력(power), 경제(economy)와 함께 종교형태를 띤 이념(ideology)이 발전하게 된다. Timothy Earle은 국가를 '무력을 합법적으로 사용하고 통치권을 행사할 수 있는 지배체제의 존재와 힘/무력(power)·경제(economy)와 이념(ideology, 또는 religion)을 바탕으로 한 중앙집권화 되고 전문화된 정부제도'라 정의하였다. 한편 Kent Flannery는 '법률, 도시, 직업의 분화, 징병제도, 세금징수, 왕권과 사회신분의 계층화'를 국가를 특징짓는 요소들로 추가로 하였다. Timothy Earle, Jonathan Haas와 Yale Ferguson과 같은 절충론(eclecticism)자들도 "경제·이념·무력의 중앙화, 그리고 새로운 영역(new territorial bounds)과 정부의 공식적인 제도로 특징지어지는 정치진화 발전상 뚜렷한 단계"가 있는 것으로 정의한다. 도시(city, urban)는 Clyde Kluckhohn이 언급하듯이 약 5,000명 이상 주민, 문자와 기념비적인 종교 중심지 중 두 가지만 있어도 정의할 수 있다고 한다. 또 그들 사이에 있어 노동의 분화, 복잡한 계급제도와 사회계층의 분화, 중앙집권화 된 정부구조, 기념비적인 건물의 존재, 그리고 문자가 없는 경우 부호화된 상징체계나 당시 풍미했던 미술양식과 지역 간의 교역의 존재"를 통해 찾아질 수 있다. 그리고 이를 유지해 나가기 위해 사회신분의 계층화를 비롯해 조세와 징병제도, 법률의 제정과 아울러 혈연을 기반으로 하지 않는 왕의 존재와 왕권, 그의 집무소, 공공건물 등이 상징적으로 부가된다(최몽룡 2013, 인류문명발달사(개정 5판), pp.40-43).

鄒忽, 인천)에 근거를 삼는다. 이들 형제는 『三國遺事』에 의하면 고구려의 건국자인 朱蒙의 아들로(卞韓 百濟....謂溫祚之系, 出自東明故云耳....), 그리고 『三國史記』 百濟本紀 別傳(권 23)에는 그의 어머니인 召西奴가 처음 優台의 부인이었다가 나중에 주몽에게 개가하기 때문에 주몽의 셋째 아들로 기록된다. 溫祚는 天孫인 解慕漱, 용왕의 딸인 河伯女인 柳花의 신화적인 요소와, 알에서 태어난 주몽의 탄생과 같은 난생설화가 없이, 처음부터 朱蒙–召西奴–優台라는 구체적이고 실존적인 인물들 사이에서 태어난다. 그래서 백제에는 부여나 고구려다운 건국신화나 시조신화가 없다. 이것이 백제가 어버이의 나라인 고구려에 항상 열등의식을 지녀온 요소가 될 수 있을 것이다. 이 점은 온조왕 원년에 東明王廟를 세운 것이나,[21] 백제 13대 近肖古王(서기 346년–서기 375년 재위)이 서기 371년 평양으로 쳐들어가 고구려 16대 故國原王(서기 331년–서기 371년 재위)을 사살하지만 평양을 백제의 영토로 편입시키는 노력을 기울이지 않고 漢城으로 되돌아오는 점 등에서 이해된다. 그래서 백제의 왕실은 고구려 왕실에 대한 열등감의 극복과 아울러 왕실의 정통성을 부여하려고 애를 써왔던 것으로 보인다. 이와 같이 고구려와 백제는 朱蒙(東明聖王)과 溫祚王의 父子之間의 나라로,[22] 이는 神話와 文獻을 통해 알 수 있다.

---

21) 『三國史記』 百濟本紀 1에 溫祚王이 기원전 18년에 나라를 세우고, 그해 5월 여름 아버지인 朱蒙을 위해 東明王廟를(元年夏五月, 立東明王廟), 또 17년(기원전 2년) 어머니 召西奴의 묘를 세워(十七年夏四月, 立廟以祀國母) 제사 지내는 기록이 보인다.

22) 『三國史記』 百濟本紀 1 百濟始祖溫祚王, 其父鄒牟, 或云朱蒙. 自北扶餘逃難, 至卒本扶餘. 扶餘王無子, 只有三女子, 見朱蒙, 知非常人, 以第二女妻之. 未幾, 扶餘王薨, 朱蒙嗣位. 生二子, 長曰沸流, 次曰溫祚. 或云朱蒙卒本 娶越郡女, 生二子. 及朱蒙在北扶餘所生子來爲太子, 沸流溫祚恐爲太子所不容, 遂與烏干馬黎等十臣南行, 百姓從之者多. 遂至漢山, 登負兒嶽, 望可居之地, 沸流欲居於海濱. 十臣諫曰 惟此河南之地, 北帶漢水, 東據高岳, 南望沃澤, 西阻大海. 其天險地利, 難得之勢, 作都於斯, 不亦宜乎?......一云始祖沸流王, 其父優台, 北扶餘王解扶婁庶孫, 母召西奴, 卒本人延陀勃之

그리고 문헌과 신화 상으로 볼 때 고구려 및 백제와 같은 계통이라는 추정이 가능하며 이는 고고학 자료로도 입증된다. 석촌동에서 제일 거대한 3호분은 방형 기단형식의 돌무덤이다. 계단은 3단까지 확인되었으며, 그 시기는 서기 3세기 중엽에서 서기 4세기에 축조된 것으로 보인다. 4호분은 방형으로 初層 1면에 세 개미만의 호석(護石. 받침돌, 보강제 등의 명칭)으로 받쳐 놓아 장군총(將軍塚)과 같은 고구려의 계단식 적석총 축조수법과 유사하다(新羅의 경우 31대 神文王陵(사적 181호)과 33대 聖德王陵(사적 28호)에서 이와 같은 호석들이 보인다). 석촌동 4호분의 연대는 서기 198년(10대 山上王 2년, 서기 197년-서기 227년 재위)에서 서기 313년(15대 美川王 14년, 서기 300년-서기 331년 재위) 사이에 축조된 것으로 추정된다. 그러나 이 연대는 3호분과 비슷하거나 약간 늦은 것으로 추측된다. 왜냐하면 적석총보다 앞선 시기부터 존재했을 토광묘와 판축기법을 가미하여 축조했기 때문에 순수 고구려 양식에서 약간 벗어난 모습을 보여주기 때문이다. 여기에는 사적 11호 풍납토성의 경당지구에서 출토된 것과 같은 漢-樂浪 계통으로 보이는 기와 편이 많이 수습되었다. 이는 집안(集安, 輯安)의 太王陵, 將軍塚과 千秋塚 등의 석실이 있는 계단식 적석총의 상부에서 발견된 건물터나 건물의 지붕에 얹은 기와 편들로부터 구조상 상당한 유사점을 찾을 수 있다.[23] 즉 고구려의 적석총은 무덤(墓)인 동시에 제사를 지낼 수

女, 始歸于優台, 生子二人, 長曰沸流, 次曰溫祚. 優台死, 寡居于卒本. 後, 朱蒙不容於扶餘, 以前漢建昭二年(元帝, 기원전 37년) 春二月, 南奔至卒本, 立都號高句麗, 娶召西奴爲妃. 其於開基創業, 頗有內助, 故朱蒙寵接之特厚, 待沸流等如己子. 及朱蒙在扶餘所生, 禮氏子孺留來, 立之爲太子, 以至嗣位焉. 於是沸流謂弟溫祚曰 始大王避扶餘之難, 逃歸至此, 我母氏傾家財, 助成邦業, 其勸勞多矣. 及大王厭世, 國家屬於孺留, 吾等徒在此, 鬱鬱如疣贅, 不如奉母氏, 南遊卜地, 別立國都. 遂與弟率黨類, 渡浿·帶二水, 至弥鄒忽以居之. 北史及隋書皆云 東明之後, 仇台 篤於仁信, 初立國于帶方故地, 漢辽東太守公孫度以女妻之, 遂爲東夷强國 未知孰是.

23) 세계문화유산으로 등재된 고대 고구려 도읍지와 무덤군(Capital Cities and Tombs of

있는 廟의 기능인 享堂의 구조를 무덤의 상부에 가지고 있었다. 이런 점에서
羨道가 있는 석실/석곽을 가진 석촌동 4호분 적석총도 축조 연대만 문제가 될
뿐 고구려의 적석총과 같은 기능을 가지고 있었던 고구려 계통의 무덤 양식인
것이다. 석촌동 1호분의 경우 왕릉급의 대형 쌍분임이 확인되었다. 그 쌍분 전

---

the Ancient Goguryo Kingdom : 문화, 2004)에는 옛 고구려시대의(기원전 37년–서기 668
년) 수도인 吉林省 輯安 3개 도시의 40기의 무덤(14기 왕릉과 26기 貴族陵)군이 있다. 여
기에는 대부분 서기 472년(長壽王 15년, 서기 413년–서기 491년 재위) 평양으로 천도하기
이전의 고분군인 요녕성 桓仁 오녀산성, 길림성 集安시 丸都山城과 國內城, 通口고분
군, 將軍塚, 太王陵과 好太王碑, 五盔(塊)墳 1–5호, 산성하 고분군(積石塚)·王子墓, 角
抵塚·舞踊塚, 장천 1·2호, 牟頭婁총(冉牟墓)·서대묘·千秋墓 등 모두 43건이 위치한
다. 그중에는 將軍塚, 太王陵과 好太王碑, 산성하 고분군(積石塚)들은 적석총이다.
이들 적석총의 기원은 세계문화유산으로 등재된 진시황릉(Mausoleum of the First
Qin Emperor: 문화, 1987)에서 찾아볼 수 있다. 秦始皇은 진나라를 기원전 246년–기
원전 210년에 통치하였으며 기원전 221년 戰國時代를 통일하였다. 그의 무덤은 섬서
성 임동현 여산(陝西省 臨潼県 驪山)에 위치하며 발굴에서는 보병의 1호(11열로 배치, 1
열은 230m임), 각렬의 보병, 궁수·전차와 기마부대의 2호, 그리고 지휘통솔부의 3호
의 兵馬坑이 확인되었다. 그리고 최근 중앙 왕릉 근처에서 발견된 80여 개의 坑중 이
어 만든 갑옷인 石製札甲만 수백 벌을 매장한 坑이 새로이 발굴·조사 중이다. 이는
진시황이 전사자들의 영혼을 위로하기 위해 매장한 것으로 추측된다. 그리고 이 묘
는 진시황이 기원전 247년 13세로 등극하자마자 만들기 시작해 50세에 죽을 때까지
완성을 보지 못하였다. 그리고 그의 능도 기원전 207년 楚의 霸王 項羽(또는 項籍: 기
원전 232년–기원전 202년)에 의해 도굴 당했으며 그 속에서 가져온 보물의 일부는 애첩
虞美人에게로 흘러들어 간 것으로 여겨진다. 그리고 秦始皇帝의 兵馬坑은 다음 漢나
라에서도 계속 만들어졌는데 陝西省 咸陽市 楊家灣에서 발견된 4·5호묘(이들은 周勃
과 周亞夫 父子묘로 기원전 195년 죽은 漢高祖무덤인 長陵의 陪葬墓로 추정된다. 서기 1970년
–서기 1976년 발굴)와 江蘇省 蘇州 西樵山에서 서기 1988년–서기 1995년 발굴된 諸侯
國 楚나라 3대 왕인 劉禹(기원전 155년에 일어난 吳楚七國의 亂이 실패하여 기원전 154년 35
세 나이로 자살, 이때는 西漢 6대 景帝 劉啓 前元 3년임)의 것이 잘 알려져 있다. 기원전 247
년부터 만들기 시작해 38년이 걸린 전체 면적 56.25㎢내 封土墳만 25만㎡의 범위를
가진 秦始皇陵의 地下高樓(궁전, 무덤)를 찾기 위한 물리적 탐사가 서기 1981년 水銀
의 함유량 조사 이후 계속 진행되고 있는데 서기 2002년부터 836물리탐사계획 탐사

통은 압록강 유역의 桓仁県 古力墓子村에 보이는 이음식 돌무지무덤과 연결되어 있어 백제 지배세력이 고구려와 관계가 깊다는 것에 또 하나의 증거를 보태준다. 자강도 시중군 로남리, 집안 양민과 하치 등지의 고구려 초기의 무기단식 적석총과 그 다음에 나타나는 집안 통구 우산하(禹山下), 환도산성하 통구(洞溝)와 자강도 자성군 서해리 등지의 기단식 적석총들은 서울 석촌동뿐만 아니라 남한강 및 북한강의 유역에서 많이 발견되고 있다. 남한강 상류에는 평창군 여만리와 응암리, 堤原郡 清風面 陽坪里와 桃花里 등지에서 발견된 바 있으며, 북한강 상류에서는 화천군 간척리와, 춘성군 천전리, 춘천 중도에서도

(단장은 劉士毅, 考古隊長은 段清波임)에서 진시황릉의 槨室(墓室) 주위에 보안과 봉토를 쉽게 쌓기 위한 동서 145m, 남북 120m, 높이 30m의 담장을 두르고 그 위에 전체 三段의 구획에 각 단 3개의 계단을 갖은 모두 9개의 層段(무덤 하변의 폭 500m, 묘실바닥에서 봉토까지 전체높이 115m, 계단 한 층의 높이 3m, 각 계단 폭 2.5m)을 갖고 각 계단의 끝 에는 개와를 덮은 極數인 9층의 樓閣지붕을 가진 목조건물의 피라미드 구조가 확인되고 있다. 그 구조 위에는 6–7cm로 다진 版築의 細夯土(封土下 30–40cm에서 발견됨, 묘실 위에는 40–60cm의 두께의 粗夯土로 덮여 있음)로 다진 후 봉토로 덮고 그 위에 享堂(王堂)의 祭祀用 목조 건물을 세운 것으로 밝혀지고 있다. 이는 中國社會科學院 考古研究所 楊鴻勛 研究員의 생각이기도 하다. 이와 같은 형태는 기원전 323년의 河北省 平山県 城北 靈山 下에서 서기 1974년–서기 1978년에 발굴된 戰國 말기 中山國 5대 중산왕릉에서 그 기원을 찾아볼 수 있다고 한다. 이 중산왕릉이 만들어진 50년 후 진시황릉이 만들어지게 된다. 그렇다면 高句麗 輯安의 將軍塚(廣開土王陵으로 추정, 서기 391년–서기 413년 재위)의 기원도 밝혀질 수 있을 것이다. 묘실 안에는 司馬遷의『史記』秦始皇 本紀 第 六에서 언급된 바와 같이 인부 70만 명을 동원해 세 개의 모래층을 판 穿三泉을 한 후 槨(묘실)을 만들고 천장에서 天文(보석으로 별자리를 만든 것으로 추측), 바닥은 水銀(100톤 이상으로 추산)으로 中國의 지형에 따라 강과 바다를 만들고 人魚膏(고래기름)로 長明燈의 불을 밝혀 오래 가도록 하였다. 그리고 弓矢를 장착해 문이 열릴 때 자동적으로 발사하도록 장치를 갖추었다한다. 수은은 지형 상 바다가 면한 동북쪽과 동쪽에서 많이 含有된 중국의 水界分布를 나타내고 있음이 밝혀졌다. 이는 시체와 부장품들의 腐敗를 防止하기 위한 목적도 있다. 현재 황릉에 대한 다각적인 연구가 진행 중이다.

보고되었다. 또한 경기도 漣川郡 中面 三串里(경기도 기념물 146호)와 橫山里를 비롯해, 郡南面 牛井里와 白鶴面 鶴谷里(경기도 기념물 212호)에서는 이보다 앞서는 백제의 초기 무기단식 적석총이 발견되었다. 임진강변인 漣川郡 中面 橫山里에서도 무기단식 적석총이 발견되었다는 것은 백제 적석총이 북에서 남하했다는 설을 재삼 확인시켜주는 것이며, 아울러 백제 적석총에 대한 많은 시사를 한다고 볼 수 있다. 그러나 고구려인이 남한강을 따라 남하하면서 만든 것으로 추측되는 丹陽郡 永春面 斜只院里〈傳 溫達(?-서기 590년 26대 嬰陽王 1년)將軍墓(方壇積石遺構, 충북기념물 135호)〉의 적석총이 발굴되었는데 이것은 山淸에 소재한 가야의 마지막 왕인 仇衡王陵(사적 214호)의 기단식 적석구조와 같이 편년이나 계통에 대한 아직 학계의 정확한 고증을 받지 못하고 있다. 그러나 한강유역의 각지에 퍼져있는 적석총의 분포상황으로 볼 때 고구려에서 나타나는 무기단식, 기단식과 계단식 적석총이 모두 나오고 있다. 이들은 당시 백제는 『三國史記』 溫祚王 13년(기원전 6년)의 기록에서 보이는 바와 같이 동으로는 走壤(춘천, 춘천을 넘어 화천 하남면 원촌리), 서로 仁川(西窮大海, 彌鄒忽, 강화도 교동 華蓋山城), 남으로는 熊川(안성천, 안성천, 평택, 성환과 직산보다는 천안 용원리, 공주 의당 수촌리(사적 460호)와 장선리(사적 433호)), 북으로는 浿河(예성강, 예성강으로 보다 臨津江으로 추정)에까지 세력을 확보하고 있었음을 확인시켜준다. 이와 같이 한강유역에 분포한 백제 초기의 적석총들은 이러한 백제초기의 영역을 알려주는 고고학적 자료의 하나이며, 이는 오히려 고구려와 백제와의 역사적 백락에 대한 문헌과 신화의 기록을 보충해주고 있다 하겠다.

한성시대 백제의 대표적인 묘제는, 적석총, 토광묘, 옹관묘, 석곽묘와 석실분(방이동 고분 사적 270호) 등으로 나눌 수 있다. 적석총은 고구려 이주세력의 분묘로 보이며, 초기 백제의 지배세력이 사용한 것으로 보인다. 또한 무기단식 적석총과 기단식 적석총으로 대별된다. 한강지역의 적석총에서는 무기단식이 보이지 않는데, 이것은 기단식을 축조할 때 남하해왔거나, 아니면 하천 근처에 있던 무기단식 적석총이 모두 물에 의해서 없어진 것 때문으로 보인다. 석촌동 고분군(石村洞 古墳群, 사적 243호)이 있는 석촌동에는 백제시대의 대형 적석총 7기와 함께 토광묘, 옹관묘 등이 30여 기 이상 확인되었다. 고구려의 영향인 돌무지무덤이 석촌동에 산재한다는 것은 고구려와 문화적으로 한성백제의 건국세력과 밀접한 관계에 있었음을 보여준다. 또 이 고분군에는 3·4호분(서기 198년, 山上王 2년-서기 313년, 美川王 14년 사이 축조로 추정됨)과 같은 대형분 이외에도 소형의 토광묘와 같은 평민이나 일반 관리들의 것도 섞여 있으며, 서로 시기를 달리하면서 중복되게 형성된 것도 있어서 석촌동 일대에는 오랜 기간 동안 다양한 계급의 사람의 묘지가 써진 것으로 보인다. 이는 백제가 기원전 18년 앞서 살고 있던 마한의 기반 위에 건국하고 있기 때문이다. 다시 말해 여기에는 기원전 18년 건국한 백제에 앞서 마한이 존재했으며 백제인은 그들 토착세력과 공존해 살았기 때문에 여러 가지 묘제가 혼재하고 있는 것으로 보인다. 백제 건국 전부터 있어 왔던 토광묘가 후일 석곽묘로 발전해 나간다든지, 석곽묘·석실묘의 기원과 그들의 선후관계를 밝히는 것은 앞으로 풀어야 할 고고학계의 과제이다. 아마도 이들 묘제의 변화는 한성시대 백제의 성장에 따른 토착세력인 마한의 축소와 관련이 있으며, 그 시작은 13대 근초고왕이 서기 369년 천안 龍院里를 중심으로 하는 목지국(目支國)으로 대표되는 마한세력을 토벌하고, 마한의 중심세력이 公州 儀當面 水村里(사적 460호)나 익산 永登洞 쪽으로 옮겨지는 것과 무관하지 않다. 마지막의 마한의 目支國은 나주 반남면 大安里·德山里·新村里(사적 76·77·78호)와 伏岩里(사적 404호) 일대에 위치하게 되며, 그 멸망 연대는 서기 5세기 말이나 6세기 초가 된다. 이는 羅州 錦川面 新加里 唐加 窯址(서기 2001년 동신대 박물관 발굴)와 나주 五良洞 토기 가마(사적 456호)에서 확인된다. 청동기시대의 세장방형-장방형-방형-원형의 수혈움집을 거쳐 나타나는 철기시대 전기-철기시대 후기(삼국시대 전기)의 凸자-呂자-백제시대의 육각형 수혈움집의 변천과정과 아울러 토광묘-주구토광묘-옹관묘의 발달과정, 그리고 최근 公州 灘川面 長善里(사적 433호), 龍仁市 器興邑 舊葛里와 논산 院北里의 土室과의 상호 문화적 관계를 좀 더 구체적으로 살펴보면 鐵器時代 前期(기원전 400년-기원전 1년)와 後期(삼국시대 전기, 서기 1년-서기 300년)에 걸쳐 나타나는 東濊, 沃沮, 弁韓, 辰韓, 馬韓, 挹婁와 肅愼 그리고 이들을 기반으로 하여 형성된 고구려, 백제, 신라와 伽倻 등 기록에 나타나는 구체적이고 역사적인 국가의 형성과 발전도 고고학적으로 입증해낼 수 있을 것이다. 최근 抱川 半月城(사적 403호), 漣川 瓠蘆古壘城(사적 467호), 堂浦城(사적 468호), 隱垈里城(사적 469호), 하남 二聖山城(사적 422호), 이천 雪峰山城(사적 423호), 雪城山城(경기도 기념물 76호), 연기 雲舟城과 淸原 芙蓉面 芙江里 남성골 산성(서기 340년-서기 370년, 서기 470년-서기 490년의 두 연대측정치가 나옴)의 발굴은 백제 초축(13대 近肖古王 26년)-고구려 증축(서기 475년: 고구려 20대 長壽王 63년)-新羅 보축(서기 553년: 24대 眞興王 14년)-統一新羅-高麗-朝鮮 등 여러 역사적 사건이 얽혀진 맥락을 보여 준다. 이는 고구려의 國內城과 丸都山城에서 영향을 받아 만들어졌던 사적 422호인 河南市 二城山城에서 찾아 볼 수 있다. 이 산성은 백제 13대 近肖古王(서기 346년-서기 375년 재위)이 서기 371년 평양전투에서 고구려 16대 故國原王(서기 331년-서기 371년 재위)을 사살하고[24] 고구려의 보복을 막기 위해 쌓은 백제 최초의 百濟

---

24) 『三國史記』 百濟本紀 近肖古王條 …近肖古王 二十六年 高句麗擧兵來 王聞之 伏兵於 浿河上, 俟其至急擊之, 高句麗兵敗北 冬 王與太子帥精兵三萬 侵高句麗 攻平壤城 麗 王斯由 力戰拒之 中流矢死, 王引軍退. 移都漢山(서기 371년). 近仇首王(一云諱〈須〉)條, 近肖古王之子 先是, 高句麗國岡王斯由親來侵, 近肖古遣太者拒之 至半乞壤將戰 高句 麗人斯紀 本百濟人 誤傷國馬蹄, 懼罪奔於彼 至是環來 告太子曰 彼師雖多 皆備數疑 兵而已 其驍勇唯赤旗 若先破之 其餘不攻自潰 太子從之 進擊 大敗之, 追奔逐北, 至於 水谷城之西北. 將軍莫古解諫曰 嘗聞道家之言 知足不辱, 知止不殆 今所得多矣, 何必 求多 太子善之止焉 乃積石爲表, 登其上 顧左右曰 今日之後 疇克再至於此乎 其地有

石城인 '漢山'[서기 371년(13대 近肖古王 26년)에 축조해서 서기 391년(16대 辰斯王 7년, 17대 阿莘王 卽位年)에 하남시 春宮里 일대에 比定되는 '漢城'으로 옮겨감]으로 볼 수 있다. 고구려는 2대 瑠璃王 22년(서기 3년)에 집안의 國內城을 축조하고 10대 山上王 2년(서기 198년)에 丸都山城을 쌓았기 때문에 근초고왕이 석성의 축조를 받아들인 것 같다. 현재까지 발굴 조사된 風納土城(사적 11호)[25]과 夢村土城(사적 297호)은 中國에서 영향을 받아 만든 版築 土城이다. 고고학 유적의 발굴결과가 『三國史記』 초기 기록의 신빙성을 높여주고 있다 하겠다.

비록 백제 적석총의 기원이 고구려 압록강지역에 있다고 하더라도, 한강 유역에서 나타나는 것은 고구려의 영향을 받은 백제시대 초기의 것으로 볼 수 있다. 이들은 석촌동 3호분과 같이 백제 건국자들이 남하했던 역사적 사실을 뒷받침 해준다. 그리고 석촌동 4호분의 경우 3단의 基壇式 積石塚으로 위에 石室과 형식상의 羨道가 남아 있는 것으로 보아, 석실묘 이전의 단계로 적석총으로서는 가장 발전된 모습이다. 이것은 서기 475년(21대 蓋鹵王 21년) 백제의

巖石罅若馬蹄者 他人至今呼爲太子馬迹 近肖古在位三十年(서기 375년)薨, 卽位. 여기에서 將軍莫古解諫曰하는 "知足不辱, 知止不殆"란 구절은 老子의 名與身(44장)에 나오는 글로 이미 서기 371년에 도교가 백제에 들어와 있음을 입증한다(최몽룡 1997, '백제의 향로, 제사유적 및 신화', 도시·문명·국가, 서울: 서울대학교 출판부, pp.117-130).

25) 서기 2011년 6월 20일(월) 문화재연구소가 실시하는 풍납토성 8차 발굴(풍납동 197번지)에서 발견된 施釉陶器는 중국의 六朝 중 孫吳(서기 222년-서기 280년)로부터 수입되었을 가능성이 많다. 馬韓의 土室과 竪穴石槨墓가 발굴된 공주 의당면 수촌리(사적 460호)유적은 현재 이곳에서 나온 5점의 중국도자기로 서기 4세기 후반-서기 5세기 중반으로 편년되고 있는 마한 54국 중의 하나로 여겨진다. 그러나 최근 같은 도자가가 나오는 南京 江寧 上坊 孫吳墓(전축분)가 서기 264년-서기 280년으로 편년되고 있어 적어도 1세기를 올리는 연대의 상향조정도 필요하리라 생각된다(南京市 博物館 2006, 南京 上坊 孫吳墓, 南京: 南京市 博物館 및 2008, 南京 江寧 上坊 孫吳墓 發掘簡報, 北京: 文物, 2008년 12호, pp.4-34).

蓋鹵王이 욱리하(郁里河: 지금의 한강)에서 대석을 캐어 석곽을 만들고 아버지를 묻었다는 『三國史記』의 기록과도 부합될 수 있는 것으로, 축조연대는 서기 3세기-서기 4세기 정도로 여겨진다. 석촌동 3호와 4호의 경우 고구려 10대 山上王 2년(서기 198년)에서 15대 美川王 14년(서기 313년) 사이에 축조된 것으로 추정된다. 忠北 堤原郡 淸風面 桃花里 적석총의 경우, 3단의 기단은 갖추어져 있으나 석촌동 4호분에서와 같이 羨道와 石室은 만들어지지 않았다. 桃花里의 축조연대는 출토유물 중 樂浪陶器, 철제무기, 경질 무문토기 편들로 보아 기원전 2세기-기원전 1세기로 추측된다. 적석총들은 특히 남·북한강 유역에 주로 분포되어 있다. 시기도 백제가 公州로 천도하기 이전의 기간인 기원전 18년-서기 475년의 약 500년 동안으로, 漢城時代 百濟라는 지리적인 위치와도 관련을 맺고 있다. 이 유적들은 백제 초기 한성시대의 연구에 중요한 실마리를 제공해주고 있다. 또한 『三國史記』의 초기 기록을 신뢰하지 않더라도 이미 이 시기에는 북부지역에서 고구려가 고대국가를 형성하면서, 자강도에 적석총을 축조되게 된다. 그 연대는 기원전 3세기까지도 올라간다고 한다. 이러한 고구려 계통의 적석총이 남하하면서 임진강, 남한강, 북한강유역에 적석총이 축조된다. 그 대표적인 예로 경기도 연천 군남면 우정리, 중면 삼곶리와 횡산리, 백학면 학곡리, 제천 청풍면 도화리의 기원전 2세기-기원전 1세기경의 적석총들을 들 수 있다. 적석총 발굴·조사의 고고학적 성과를 통해 역사적 맥락에서 본 초기 백제의 성격은 고구려의 문화를 계승한 이주민의 문화로 파악된다. 이들은 마한의 영역 내에서 왕국으로 점차 성장하는 과정에서 적석총을 축조하였으며 공주(熊津) 천도 이전까지 漢城時代 百濟(기원전 18년-서기 475년) 왕실의 대표 묘제로 자리매김하였다. 다시 한번 강조하고 싶은 점은 백제 적석총 가운데 無基壇式 積石塚은 『三國史記』에 기록된 백제 초기기역사의 신빙성을 높여주는 가장 유력한 단서이다. 그러나 이는 철기시대 전기(기원전 400년-기원전 1년) 말의 衛滿朝鮮(기원전 194년-기원전 108년)부터 기원 전후까지의 백제 주변의 국제정세를 이해해야 풀릴 수 있다고 생각한다.[26] 다시 말해 적석 총이 사용되던 시기는 기원전 2세기-기원전 1세기경으로 韓國考古學 編年 上 鐵器時代 前期 末이며 이를 통해 百濟의 建國이 형성되어 三國時代로 進入하

---

26) 선사시대(prehistory)는 문자로 역사적 사실들을 기록하기 시작한 이전의 시대로 문자를 사용하고 있는 역사시대(history)라는 용어와 대칭되는 개념이다. 그리고 선사시대와 역사시대 사이의 과도기 시대를 원사시대(protohistory)라고 설정한다. 이러한 개념의 용어가 최초로 사용되어 학계에 공인 받게 된 것은 영국의 지질학자 찰스 라이엘(Lyell, Sir Charles)이 1968년 지질학개론(Principles of Geology, 1868년 10판)에서 에브버리 경(Avbury 경, Sir Lord Lubbock)의 『Prehistoric Times』(1865-1913년 7판)의 'Palaeolithic과 Neolithic'란 용어를 채택하는데서부터 비롯되었다. 그러나 실제 이보다 앞선 1851년 스콧틀랜드-캐나다 계인 윌슨(Daniel Wilson, The Archaeology and Prehistoric Annals of Scotland)이 'Prehistory'를, 프랑스에서는 1831년 투흐날(Paul Tournal)이 처음으로 'Préhistorique'란 단어를 사용했었다. 그리고 선사시대에서 역사시대로 넘어가는 과도기시대인 원사시대(protohistory)도 중요하게 다루어지며, 또 역사시대에 있어서도 일반 문헌을 다루는 역사학자들이 다룰 수 없는 물질문화의 분야도 중요한 연구대상이 된다. 원사시대는 기록이나 고문서가 나오기 이전으로 거슬러 올라가는 인류역사의 일부를 지칭하기 위해 만들어진 것인데 프랑스의 투흐날의 '선사시대' 개념에서 비롯되었다. 원사시대란 한 문화집단이 자체의 문자를 가지고 있지 못할 때 주변의 선진 문화집단이 외부의 입장에서 역사기록을 남겨놓는 과도기적인 경우이다. 예를 들어 문자가 없는 집단인 삼한(三韓)에 대해 중국 측에서 『三國志』 위서 동이전을 기술한 것이 이 경우에 해당한다.

선사시대의 종말과 역사시대의 발생은 도시·문명·국가의 발생(도시혁명, Urban revolution)과 아울러 문자의 출현을 기준으로 할 때, 가장 이른 지역은 중동지역으로서 세계 최초의 수메르 문명이 나타나는 기원전 3000년경이다. 중국은 기원전 1750년대인 상(商), 영국은 로마(시저의 기원전 56년, 클라우디우스의 서기 43년 등)가 침입하는 서력기원 전후시기, 신대륙은 유럽인들이 들어온 서기 14세기 이후(아즈텍은 에르난 코르테즈/Hernan Cortez의 서기 1325년-서기 1521년 8월 13일, 잉카는 프란시스코 피자로/Francisco Pizzaro가 서기 1438년-서기 1532년 11월 16일에 침입)가 역사시대로 된다.

한반도의 경우, 이런 선사시대의 개념을 적용시킨다면 구석기시대·신석기시대·청동기시대(기원전 2000/1500년-기원전 400년)가 선사시대에 속하며 그 다음에 오는 철기시대 전기(기원전 400년-기원전 1년)는 선사시대-역사시대에, 철기시대 후기(서기 1년-

XII. 高句麗 積石塚과 百濟의 國家形成 | 523

게된다. 衛滿朝鮮 때부터 한국고고학에 있어서 先史時代를 벗어나 世俗王權政治(secularism)를 바탕으로 한 진정한 歷史時代가 시작되며 백제의 건국은 고구려, 신라와 더불어 三國時代의 開始를 열고 있다. 積石塚이 갖는 考古學

서기 300년, 삼국시대 전기, 삼한시대)는 원사시대−역사시대에 해당한다고 할 수 있다. 그러나 철기시대 전기에 우리나라 최초의 고대국가인 위만조선(衛滿朝鮮, 기원전 194년−기원전 108년)이 들어서서, 실제 역사시대의 시작은 철기시대 전기 말인 기원전 194년부터라고 할 수 있다.

고고학에 있어서 선사시대를 다루는 연구 분야를 선사학 또는 선사고고학이라 하며 이는 선사고고학자가 담당하고 있다. 이와 대비해 문자기록이 나타난 이후의 시기를 다루는 분야를 역사고고학자라 칭한다. 그러나 역사시대에 들어와서도 문자로만 사회·문화 변동을 해석할 수 없을 때 당시의 유물을 가지고 연구하는 고고학자들의 도움을 받기도 한다. 선사시대에 대한 연구는 문자가 없으므로 거의 전적으로 지상 또는 물밑에 남겨진 유적과 유물을 중심으로 진행할 수밖에 없다. 연구방법으로는 유적·유물의 형태적 분석, 분포관계를 밝히는 지리적 분석, 선사시대와 비슷한 상황에서 도구를 제작해보는 실험적 분석, 현존 미개·원시집단의 생활 자료로부터 선사시대의 생활을 추정하는 민족지적(民族誌的)인 유추방법 등이 있다. 또한 선사시대 인간들은 자연환경에 적응해 살아나가기 때문에 당시의 의·식·주가 중심이 되는 문화를 복원하는데 있어 당시의 환경을 다루는 생태학적 연구도 자연히 중요한 자리를 차지하고 있다. 이에는 지질학·고생물학·물리학과 생화학 등의 자연과학적 뒷받침이 절대적으로 필요하다.

한반도의 선사시대는 각 시대별로 시기가 세분되어 있다. 구석기시대는 전기·중기·후기로, 신석기시대는 조기·전기·중기·후기로, 그리고 청동기시대(기원전 2000/1500년−기원전 400년)는 조기·전기·중기·후기로, 철기시대는 전기(기원전 400년−기원전 1년, 초기 철기시대)와 후기(서기 1년−서기 300년, 삼국시대 전기)로 각각 구분되고 있다. 현재까지의 전기구석기 유적의 연대는 단양 금굴이 70만년, 충북 청원(강외면) 만수리가 55만 년 전, 경기 연천 전곡리가 35−30만 년 전, 후기 구석기시대 유적인 경기 남양주 호평동이 3만년−16000년 전(1문화층은 30000년−27000년 전, 2문화층은 24000년−16000년 전)으로 나오고 있다. 그리고 신석기시대는 1. 기원전 8000년−기원전 6000년: 원시무문/민무늬토기(原始無文土器: 高山里), 2. 기원전 6000년−기원전 5000년: 돋을무늬토기(隆起文土器: 牛峰里), 3. 기원전 5000년−기원전 4000년: 누름무늬토기(押印文土器: 蘊山里), 4. 기원전 4000년−기원전 3000년: 빗살무늬토기(櫛目文土器: 東三洞), 5.

과 古代史的인 意味와 重要性이 바로 여기에 있다.

기원전 3000년-기원전 2000년: 부분빗살무늬(部分櫛目文土器: 鳳溪里), 6. 기원전 2000
년-기원전 1500년: 부분빗살문토기와 청동기시대의 돌대문토기(突帶文土器: 春城 內
坪里)가 공존하는 과도기인 청동기시대 조기(기원전 2000년-기원전 1500년)로 편년한다.

XII. 高句麗 積石塚과 百濟의 國家形成 │ 525

참고문헌

겨레문화유산연구원

　　2009　경춘선 복선전철 제4공구 대성리 유적 발굴조사 2차 지도위원회자료

과학백과사전 출판사

　　1977　조선고고학개요

　　과학원출판사

　　1957　궁산 원시유적 발굴보고, 유적발굴보고 제 2집

　　1959　태성리 고분군 발굴보고, 유적발굴보고 제 5집

　　1961　지탑리 원시유적 발굴보고, 유적발굴보고 제 8집

경남문화재연구원

　　2011　부산 기장군 월드컵 빌리지 및 에코파크 조성사업 구간 내 문화유적
　　　　　발굴조사 자문위원회(3차)

국립전주박물관

　　2009　마한−숨 쉬는 기록, 서울: 통천문화사

국립중앙박물관

　　2001　낙랑, 서울: 삼화인쇄주식회사

기전문화재연구원

　　2004　연천 학곡리 적석총 −연천 학곡제 개수공사지역 내 발굴조사보고
　　　　　서−, 학술조사보고 제 38책

　　2004　경춘선 복선전철 사업구간(제 4공구)내 대성리 유적 발굴조사

김용간·리순진

　　1966　1965년도 신암리 유적발굴보고, 고고민속 1966년 3월, p.24

리창언

1991 최근에 조사 발굴된 압록강유역의 돌각담 무덤들에서 주목되는 몇 가지문제, 조선고고연구 3호, pp.41-44

1993 압록강유역에서 고구려 돌칸흙무덤의 발생과 연대, 조선고고연구 2호, pp.13-16

문화재관리국 문화재연구소

1994 연천 삼곶리 백제적석총

박진욱

1964 3국 시기의 창에 대한 약간의 고찰, 고고민속 1964년 1호, pp.20-28

1964 삼국시기의 활과 화살, 고고민속 1964년 3호, pp.3-18

1967 우리나라 활촉의 형태와 그 변천, 고고민속 1967년 1호, pp.29-32

배기동

1983 제원 양평리 A지구 유적발굴 약보, 충북대학교 박물관, 1983 충주댐 수몰지구 문화유적 발굴조사보고서, pp.299-314

서울대학교 박물관·고고학과

1975 석촌동 적석총 발굴조사보고, 서울대학교 고고인류학총간 제 6책

유태용

2007 양평 신원리 백제 적석총의 연구, 최몽룡 편저, 경기도의 고고학, 주류성, pp.163-193

육군사관학교 화랑대연구소·수자원개발공사

2004 군남 홍수 조절지 사업구역 수몰예정지구 문화재 지표조사보고서

이동희

1998 남한지역의 고구려계 적석총에 대한 재고, 한국상고사학보 28집, pp.95-146

2008 최근 연구성과로 본 한강·임진강유역 적석총의 성격, 고려사학회,

한국사학보 32호, pp.9-60

이주업

    2010 석촌동 4호분 출토 기와의 용도와 제작시기, 최몽룡 편저, 21세기의
           한국고고학 vol. Ⅲ, 서울: 주류성, 229-274

이현혜·정인성 외

    2008 일본에 있는 낙랑유물, 서울: 학연문화사

전주농

    1958 고구려 시기의 무기와 무장(Ⅰ) -고분 벽화 자료를 주로 하여-, 조
           선민주주 의 인민공화국 과학원 출판사, 문화유산 5, pp.25-45

정찬영

    1961 고구려 적석총에 관하여, 문화유산 5호, pp.25-45

    1962 자성군 조아리, 서해리, 법동리, 송암리, 고구려 고분발굴보고, 각
           지 유적정리보고, 사회과학출판사, pp.102-135

    1973 기원 4세기까지의 고구려묘제에 관한 연구, 고고민속 논문집 5,
           pp.1-62

    1983 압록강, 독로강 류역 고구려유적발굴보고, 유적발굴보고 13집, 평
           양: 평양종합인쇄공장

조선유적유물도감편찬위원회

    1996 朝鮮遺蹟遺物圖鑑 20, 평양: 외국문종합출판사

주영헌

    1962 고구려적석무덤에 관한 연구, 문화유산 2호, pp.61-80

최몽룡

    1978 전남지방 소재 지석묘의 형식과 분류, 역사학보 78집, pp.1-50

    1985 한성시대 백제의 도읍지와 영역, 한국 문화 심포지움-백제초기문
           화의 종합적 검토-, 서울: 진단학회 및 진단학보 제 60호, pp.215-

220

1986　고고학 측면에서 본 마한 고고학 측면에서 본 마한, 마한·백제문화
　　　9집, 원광대학교 마한·백제문화연구소, pp.5-15

1987　'考古學上으로 본 馬韓研究' 고고학 측면에서 본 마한, 제 9회 마한·
　　　백제문화 국제학술회의, 마한·백제문화의 성과와 과제

1989　마한·목지국연구의 제 문제, 한국상고사 -연구현황과 과제, 서울:
　　　민음사, pp.129-136

1991　馬韓 -目支國 研究의 諸 問題-, 최몽룡·심정보 편저, 백제사의 이
　　　해, 서울: 학연문화사, pp.7-28

1993　호남지방 고대문화의 성격, 한국문화원연합회 전라남도지부, 호남
　　　의 자연환경과 문화적 성격, pp.23-32

1994　고고학 상으로 본 마한의 연구, 원광대학교 마한·백제문화연구소
　　　주최 학술 심포지엄, pp.71-98 및 논총간행위원회 편, 문산 김삼룡
　　　박사 고희기념논총: 마한·백제문화와 미륵사상, 익산: 원광대학교
　　　출판국, pp.129-136

2000　전남지방 마한·목지국 연구의 문제점, 흙과 인류, 서울: 주류성,
　　　pp.117-129

2003　한성시대의 백제와 마한, 문화재 36호, pp.5-38

2003　考古學으로 본 馬韓, 益山文化圈研究의 成果와 課題, 원광대학교 마
　　　한·백제문화연구소 창립 30주년 기념 학술대회, 16회 국제학술회의
　　　(5월 23일) 및 2004 마한·백제 문화 16집, 익산: 마한·백제문화연구
　　　소, pp.23-34

2004　고고학으로 본 마한, 마한·백제문화 16집, 원광대학교 마한·백제문
　　　화연구소, pp.23-34

2004　한국문화의 계통, 동북아 청동기시대 문화연구, 서울: 주류성,

pp. 11-46

2005 한성시대 백제와 마한, 서울: 주류성

2006 최근의 고고학 자료로 본 한국고고학·고대사의 신 연구, 서울: 주류성

2006 마한연구의 새로운 방향과 과제, 충청남도역사문화원(12월 21일, 목), pp. 1-35

2007 마한·백제문화의 성격, 목포대학교박물관·영암군, 마한·백제문화의 성격과 주거생활, pp. 7-27

2007 나주 반남면 고분군과 마한, 계간 한국의 고고학 여름호, 추류성, pp. 56-71

2008 한국청동기·철기시대와 고대사회의 복원, 서울: 주류성

2009 남한강 중원문화와 고구려, 최몽룡 편저, 21세기의 한국고고학 vol. II, 서울: 주류성, pp. 13-40

2009 중국 허무두(浙江省 余姚縣 河姆渡) 신석기 유적, Unearth 계간 한국의 고고학, 가을호, pp. 14-15

2009 馬韓硏究의 새로운 方向과 課題, 전주박물관 마한전시회 도록, 마한-숨 쉬는 기록, 서울: 통천문화사, pp. 4-19

2010 호남의 고고학, 21세기의 한국고고학 vol. III, 서울: 주류성, pp. 19-87

2010 한국 문화기원의 다양성 ―구석기시대에서 철기시대까지 동아시아의 제 문화·문명으로부터의 전파―, 단국대학교 동양학연구소, 동아시아 문명 기원과 교류, pp. 1-45

2011 부여 송국리 유적의 새로운 편년, 한국고고학 연구의 제 문제, 서울: 주류성, pp. 207-223

2011 고등학교 국사교과서 교사용 지도서 ―II. 선사시대의 문화와 국가의 형성(고등학교)―, 21세기의 한국고고학 vol. IV, 주류성, pp. 27-130

2011 한국에서 토기의 자연과학적 분석과 전망, 국립나주문화재연구소
      의 학술대회 제1주제 "자연과학에서의 대형옹관과 제작기법",
      pp.9-25

2011 창원 성산 패총 발굴의 회고, 전망과 재평가, 창원: 창원문화원,
      pp.1-16

2011 二聖山城과 百濟, 이성산성에 관한 학술대회, 하남시 문화원 제 3회
      학술대회(10월 7일, 금), pp.11-37

2011 韓國考古學研究의 諸 問題, 서울: 주류성

2012 스키타이, 흉노와 한국고대문화 −한국문화기원의 다양성−, 국립중
      앙박물관·부경대학교 인문사회과학연구소, 흉노와 그 동쪽의 이웃
      들. 국립중앙박물관 강당, pp.7-31

2012 한국고고학·고대사에서 종교·제사유적의 의의 −환호와 암각화−,
      제 40회 한국상고사학회 학술발표대회, 한국 동남해안의 선사와 고
      대문화, 포항시 청소년수련관, pp.7-43

2012 청동기·철기시대와 한국문화, 단국대학교 동양학연구원 엮음, 동아
      시아 문명교류사 2, 동아시아 청동기문화의 교류와 국가형성, 학연
      문화사(ISBN 978-89-5508-287-6 94910), pp.147-185

2012 중원문화와 철 −철 생산과 삼국의 각축−, 국립중원문화재연구소
      개소 5주년 기념 중원의 제철문화 학술대회, 국립한국교통대학,
      pp.9-22

2013 마한 −연구 방향과 과제−, 益山, 마한·백제연구의 새로운 중심, 원
      광대학교 마한·백제문화 연구소, pp.9-29, 馬韓·百濟文化 第22輯
      故 全榮來教授 追慕 特輯, 원광대학교 마한·백제문화연구소,
      pp.57-114

2013 인류문명발달사(5판 개정판), 서울: 주류성

최몽룡·이헌종·강인욱

  2003   시베리아의 선사고고학, 서울: 주류성

최몽룡·이희준·박양진

  1983   제원 도화리지구 유적발굴 약보고, 충북대학교 박물관, 1983 충주
          댐 수몰지구 문화유적 발굴조사보고서, pp.315-328

최몽룡·권오영

  1985   고고학적 자료를 통해본 백제초기의 영역고찰 -도성 및 영역문제
          를 중심으로 본 한성시대 백제의 성장과정-, 천관우선생 환력기념
          한국사학 논총, pp.83-120

한국토지공사 토지박물관·서울지방국토관리청

  2001   연천 군남제 개수공사지역 문화재시굴조사 및 삼거리고분 발굴조사
          약보고서

한양대학교문화재연구소·농업기반공사

  2004   연천 횡산지구 경지정리사업 구역 내 문화재 현황조사 보고서

한양대학교박물관·단양군

  2002   단양 사지원리 태장이묘 제 2차 발굴조사보고서

황기덕·박진욱·정찬영

  1971   기원전 5세기-기원 3세기 서북조선의 문화, 고고민속논문집 3, 사
          회과학출판사

황용훈

  1974   양평군 문호리지구 유적발굴보고, 문화공보부 문화재관리국, 팔당·
          소양댐 수몰지구 유적발굴 종합조사보고서, pp.327-378

徐光輝

  1993   高句麗積石墓研究, 吉林大學考古學係編, 吉林大學考古專業成立二
          十年考古論文集, 北京: 知識出版社, pp.349-360

陣大爲

    1960   桓仁縣考古調査發掘簡報, 考古 1期, pp.5-10

    1981   試論桓仁高句麗積石墓類型, 年代及其演變, 辽宁省考古博物館學會
            成立大會會刊

曹正榕·朱涵康

    1962   吉林楫安榆林河流域高句麗古墓調査, 考古 11期, pp.572-574

楫安縣文物保管所

    1979   楫安兩座高句麗積石墓的淸理, 考古 1期, pp.27-32

福岡市立歷 史資料館

    1986   早良王墓とその時代, 福岡: ダイヤモンド印刷株式會社

Joussame, R.

    1998   Dolmens for Dead : Megalith-building through the World.
            translated by A. Chippindale and C. Chippindale. Ithaca:
            Cornwell University Press.

Peacock, J. E.

    1962   Pasema Megalithic Historical, Functional and Conceptual
            Interrelationship. Bulletin of the Institute of Ethnology No.
            19.

Prudence Rice

    1987   Pottery Analysis-A source book-, Chicago & London: Uni-
            versity of Chicago

Stone Cairn of the Koguryo and State Formation of the Baekje Dynasty

The population who had built solely stone-made-cairn(積石塚), which is oval, square and rectangular in shape and a representative of the early Koguryo(高句麗, B.C.37-A.D.668) tomb was the main group of the Baekje(百濟, B.C.18-A.D.660) state formation, whose founder was the king Onjo(溫祚王, reign: B.C.18-A.D.28), allegedly the 3rd son of king Jumong(朱蒙/東明王, reign: B.C.37-B.C.19) of the founder of Koguryo Dynasty according to the historical documents of the Samguksasgi(三國史記). King Onjo with his elder brother Biryu(沸流) had moved Habuk Uiryeseong(河北慰禮城, 중랑구 면목동과 광진구 중곡동 의 中浪川 一帶에 比定, 溫祚王 元年, 기원전 18년-온조왕 14년, 기원전 5년까지 거주했으며, 기원전 5년에 사적 11호 風納土城인 河南慰禮城으로 옮김) from northern part of Koguryo/Buyo(夫餘) area to avoid a struggle for the supremacy against the 2nd king Yuri(瑠璃王, reign: B.C.19-A.D.18) of Koguryo dynasty. And due to the such archaeological evidence as the excavation of the stone cairns done recently in Korean peninsula and historical documents, we can safely indicate that Baekje dynasty had been not only forming a fraternal friendship with Koguryo, but also forming international interaction sphere among the foreign states such as Mahan(馬韓, B.C. 3cen.-B.C. 2 cen. -A.D. 5 cen. - A.D. 6 cen.), Wimanjoseon(衛滿朝鮮, B.C.194-B.C.108), Silla(新羅, B.C.57-A.D.935), Lolang(樂浪, B.C.108-A.D.313), and even chiefdoms like Okjeo(沃沮), 東沃沮(Dongokjeo), Ye(濊)/Dongye(東濊), Byeonjin(弁辰),

Kronovsky(北沃沮, 團結) and Poltze(挹婁). Such archaeological material as chinas of Han/Lolang china(漢/樂浪陶器, 1100℃-1200℃), glass-beads and iron artefact of the early Three Kingdoms period(三國時代) excavated from stone cairn nationwide and even the historical, legendary and mythological documents make it possible for archaeologists and historians establish the mutual interaction sphere, confirm again and revalue that the historical materials of the Samguksagi are reliable in connection with the archaeological data and the history of the Three Kingdoms. We can demonstrate archaeologically a proposition that stone cairns orginated from Koguryo during later part of the Former Iron Age(B.C. 400-B.C.1) had made important role to establish Baekje state formation.

XIII. 고고학으로 본 중원문화

1. 中原文化의 정의

'中原文化'[1]란 충청북도 忠州市를 중심으로 百濟 13대 近肖古王(서기 346년
-서기 375년), 高句麗 20대 長壽王(서기 413년-서기 491년)과 新羅 24대 眞興王
(서기 540년-서기 576년) 12년(551년) 사이 즉 서기 371년[2]에서 551년 사이에 삼

---

1) 충북 忠州市(1908년 이곳에 자리하던 도청소재지는 청주로 옮겨가고 서기 1956년 7월 시로 승
격되었다.) 일대는 삼국시대 이래 한반도 내륙의 중심이라는 지역적 특성으로 인해 그
중요성이 인식되어 왔다. 충주는 고구려의 國原城을 거쳐 통일신라시대 때 中原[淨土
寺法鏡大師(서기 879년-서기 941년)자등탑비에는 中原府란 명칭이 나옴]이란 행정구역의 명
칭으로 사용된 이래 고려시대는 제원군 獅子頻迅寺址석탑(보물 94호, 고려 8대 현종 13
년, 서기 1022년)명에 보이는 中州로 불렸다. 그리고 고려 成宗 2년(983년)에는 12牧의
하나가 되었다. 이 일대가 학계의 관심을 끌게 된 것은 1981년 정부에서 慶州圈·伽倻
圈·中西部古都文化圈 등 전국을 5대 고도문화권으로 나누어 계획을 수립하면서 中原
文化圈이란 명칭이 다시 떠오르게 된 이후이다. 서기 1983년 10월 8일-9일 충주시에
서 한국미술사학회의 주관으로 '중원문화학술회의'를 개최하면서 전문가들이 모여 기
존의 연구성과를 종합적으로 검토하고 앞으로의 연구방향을 제시함으로써 중원문화
권이란 명칭과 함께 연구의 새로운 전기가 마련되었다. 그리고 다시 서기 1995년 4월
28일(금)-9일(토) 양일과 서기 2007년 12월 5일(수)에 각각 '중원문화의 위상정립과 발
전방향'과 '중원문화의 발전방향'(충주대학교 박물관 제1회 중원문화 학술회의)이란 학술회
의가 열림으로써 그 명칭이 학계에 거의 공인되기에 이르렀다. 그리고 이러한 중요성
때문에 서기 2007년 12월 이곳에 국립중원문화재연구소가 설립되기에 이르렀다.
2) 서기 371년은 백제 13대 近肖古王 26년 평양에서 고구려 16대 故國原王(斯由)을 화살

국의 각축이 일어난 역사적으로 주목받은 시기의 문화를 말한다. 그 문화중심지의 忠州시는 칠금동 탄금대 철 생산지를 중심으로 하는 백제·고구려·신라의 각축장이었으며, 여기에 백제, 고구려, 신라의 삼국문화가 중첩·복합적으로 나타나고 있는 것도 이러한 역사적 맥락에서 이해가 된다. 이 점이 '남한강의 중원문화'가 지니는 역사적 의미가 되며, 그 역사적 중요성은 서기 371년에서 서기 551년의 180년간에 해당할 수 있을 것이다.[3] 그러나 중원문화 이전의 선사시대나 이후의 역사시대는 중원문화와 아무런 관련이 없기보다는 중원문화의 형성과 계승 쪽에 脈絡을 이어가는 생각이 수월하다. 그 범위는 충주시를 중심으로 하는 범남한강유역이 될 것이다.

2. 중원문화유적의 편년

필자는 서기 1988년-서기 2012년의 제5·6·7차 고등학교 교과서에서부터 서기 1997년-서기 2002년 국사편찬위원회에서 간행한 『한국사』 1-4권에 이르기까지 초기 철기시대와 원삼국시대[4]란 용어 대신 철기시대와 삼국시대 전

로 戰死시키고 南下해 漢山으로 移都한 해이다. 한산은 백제 최초의 石城인 河南 二聖山城(史蹟 422호)을 가리킨다. 이 시기와 관련된 유적은 여주 언양 하거리, 진천 석장리, 원주 법천리, 홍천 하화계리, 충주 가금면 장천리의 장미산성(사적 400호), 가금면 탑평리와 칠금면 탄금대 등지가 있다.

3) '중원문화'의 정의에 대한 기존의 발표는 1) '고구려와 중원문화', 제 1회 중원문화 학술대회 '중원문화의 발전 방향'[서기 2007년 12월 5일(수), 국립한국교통대학교 박물관], pp.69-85, 2) '남한강 중원문화와 고구려-탄금대 철 생산과 삼국의 각축-', 제 2회 학술대회인 '중원문화와 한강'[서기 2008년 11월 25일(화), 국립한국교통대학교 박물관], pp.13-32, 3) '중원문화와 철-철 생산과 삼국의 각축-,국립중원문화재연구소 개소 5주년 기념 중원의 제철문화 학술대회'[서기 2012년 11월 9일(금), 국립한국교통대학], pp.9-22의 세 기조강연에서이다. 그리고 이 생각의 기본적인 출전은 필자의 『한국청동기·철기시대와 고대사회의 복원』(2008, 주류성, pp.419-557)과 『21세기의 한국고고학 Ⅱ』(2009, 주류성, pp.13-40)으로부터이다.

기라는 새로운 編年을 設定해 사용해오고 있다. 한국고고학편년은 구석기시대-신석기시대-청동기시대(기원전 2000년-기원전 400년)-철기시대(기원전 400년-기원전 1년)-철기시대 후기(삼국시대 전기 또는 삼한시대: 서기 1년-서기 300년: 종래의 원삼국시대)-삼국시대 후기(서기 300년-서기 660/668년)-통일신라시대(서기 668년-서기 918년)-고려시대(서기 918년-서기 1392년)-조선시대(서기 1392년-서기 1910년)로 설정된다. 그러나 지역문화를 대표하는 일례인 중원문화를 언급할 때 남한강유역의 선사문화(구석기시대-철기시대 후기)와 중원문화(삼국시대 후기)를 따로 구별하여 언급할 필요가 있다고 생각된다. 충주시를 중심으로 하여 현재까지 확인·조사된 고고학·미술사자료들을 한국고고학의 시대구분과 실제 연대에 적용해보면 다음과 같이 정리된다.

1) 남한강유역의 선사시대(구석기·신석기·청동기·철기시대)

① 구석기시대

구석기시대를 전기·중기·후기로 구분하는 데에는 별다른 이견이 없으나

---

4) 원삼국시대란 용어를 삼국시대전기(또는 철기시대 후기, 서기 1년-서기 300년)라는 용어로 대체해 사용하자는 주장은 서기 1987년부터이다(최몽룡 1987, 한국고고학의 시대구분에 대한 약간의 제언, 최영희 선생 회갑기념 한국사학논총, 서울: 탐구당, pp.783-788). 그리고 국립중앙박물관에서도 서기 2009년 11월 3일(화)부터 이 용어를 공식적으로 사용하지 않기로 결정하였다. 그리고 衛滿朝鮮(기원전 194년-기원전 108년)을 포함한 古朝鮮을 인정하면 原三國時代 대신 三國時代 前期라는 용어가 타당하며 현재 고고학과 역사학계는 그렇게 인식해나가고 있는 추세이다. 서기 2012년 2월 21일(화)에 열린 국립문화재연구소 주최 한국사 시대구분론-외부전문가 초청포럼- 학술대회에도 그러한 경향을 보이고 있다. 특히 송호정은 '청동기시대에서 철기시대에로의 이행시기에 대한 역사서술과 연구방법론'에서 고대를 고조선(시대)-삼국시대-남북국시대 순으로 보고 있다(p.25).

전기 구석기시대의 상한에 대해서는 연구자들 사이에 상당한 이견이 있다. 전기 구석기시대유적들로는 평양 상원 검은모루, 경기도 연천 전곡리[2003년 5월 5일 日本 同志社大學 松藤和人 교수팀에 의해 최하층이 30만 년~35만 년 전으로 측정됨. 산소동위원소층서/단계(Oxygen Istope Stage, 사적 268호) 또는 해양동위원소층서/단계(Marine Istope Stage)로는 9기(334,000 B.P.~301,000 B.P.)에 해당함, 사적 268호], 충북 단양 금굴과 청원 강외면 만수리, 파주 교하읍 와동유적 등이 있으나 그 상한은 학자에 따라 70~20만 년 전으로 보는 등 상당한 이견이 있다. 최근 충청북도 청원군 강외면 만수리(오송 만수리) 4지점의 제5문화층의 연대가 우주기원 핵종을 이용한 연대측정[dating by cosmogenic nuclides 26Al/10Be(Aluminium/Beryllium)]으로 479000±153000년 전, 407000±119000년 전으로 측정되어 만수리 유적 구석기제작 연대가 50만 년 전 가까이 올라갈 수 있음이 추정되고 있다. 그리고 아직 발표가 확실하지 않지만 만수리의 석기가 나온 층은 산소동위원소층서/단계(Oxygen Isotope Stage, 有孔蟲의 O¹⁶/O¹⁸ 포함으로 결정), 또는 해양동위원소층서/단계(Marine Isotope Stage, MIS)로는 14기(568000~528000년 B.P.)에 해당한다고도 한다. 그러나 광학여기형광법[OSL(Optically Stimulated Luminescence)]에 의한 연대는 103000±8000년 B.P.로 측정되어 구석기시대의 상한연대는 아직도 미해결로 남아있다. 그리고 후기에 속하는 남양주 호평동에서는 벽옥(jasper), 옥수(chalcedony)를 비롯한 흑요석(obsidian)으로 만들어진 석기들이 많이 출토되었으며, 유적의 연대는 30000 B.P.~16000 B.P.로 후기 구석기시대에 속하는데 응회암제 돌날, 석영제 밀개가 나오는 1문화층(30000 B.P.~27000년 B.P.)과 흑요석제석기와 좀돌날제작이 이루어진 2문화층(24000 B.P.~16000 B.P.)의 두 층으로 나누어진다. 그리고 지금까지 사적으로 지정된 구석기시대유적은 연천 전곡리(사적 268호), 공주 석장리(사적 334호), 파주 가월리·주월리(사적 389호)와 단양 수양개(사적 398호)가 있다. 이들과 비교해본 중원지방의 구석기유적은 다음과 같다.

전기　충청북도 단양 도담 금굴 1문화층(Ⅷ 지층)70만년전, Ⅱ 문화층
　　　ESR(電子스핀共鳴年代測定) 연대로 185,870 B.P.

　　　충청북도 청원군 강외면 만수리(오송 만수리) 구석기시대 제5문화층
　　　55만 년 전

중기　청원 문의면 노현리 두루봉 동굴유적 2굴, 9굴, 15굴, 새굴, 처녀굴
　　　(제2굴 중기홍적세, 20-30만 년 전)

　　　제천 점말 용굴(66,000±30,000/18,000 B.P.)

　　　단양 금굴(3문화층 17,450 B.P.)

　　　청주 봉명동(49,860±2710 B.P., 48,450±1,370 B.P.)

　　　단양 적성면 애곡리 수양개유적 Ⅴ층

후기　단양 금굴 4(Ⅱ층)·5문화층

　　　단양 상시 Ⅰ 바위그늘 7-5 지층 30,000±7,000 B.P.

　　　단양 적성면 애곡리 수양개유적(사적 398호, 후기 구석기문화층 Ⅳ층은
　　　18630, 16400, 15410±130 B.P.)

　　　단양 가곡면 여천리 구낭굴(12,500±1,200 B.P.)

　　　청원 문의면 노현리 홍수굴

　　　충주 금릉동(23,500 B.P.)

　　　제천 창내, 명오리의 한데유적

　　　여주 연양리유적(63,000, 67,000 B.P.)

② 신석기시대

　기원전 10,000/8,000년-기원전 2000/1500년. 신석기시대의 경우 제주도
한경면 고산리유적(사적 제412호)에서 우리나라에서 가장 연대가 올라가는 기
원전 8,000년(10,500 B.P.)이란 연대측정결과가 나왔는데, 이 유적에서는 융기
문토기와 유경삼각석촉이 공반되고 있다(또 이와 유사한 성격의 유적이 제주시 오

등동 병문천 제4저류지에서도 발견되고 있다). 강원도 고성 문암리(사적 제426호)와 양양 오산리유적(사적 394호, 기원전 6,000년/기원전 5200년)은 이와 비슷한 시기에 속한다. 부산 동삼동(사적 266호)의 최하층(Ⅰ층, 조기)의 연대는 기원전 6,000년-기원전 5000년에 속한다(조기층은 5,910±50, 6,910±60 B.C./기원전 5,785년, 기원전 5,650년임, 그리고 그 다음의 전기층은 5640±90, 5540±40 B.C./기원전 4450년, 기원전 4395년임). 그리고 전형적인 빗살문토기가 나오는 서울 암사동(사적 267호)유적의 연대는 기원전 4000년경이다. 그러나 이 유적들은 아무르 강 중부 평원 북부의 범위에 있는 11,000-12,000 B.P.(기원전 10000년 전후)의 오시포프카 문화에 속하는 가샤 유적(12960±120 B.P.), 우스티-울마 Ⅰ, 훔미 유적(13,260±120 B.P.), 바이칼 호 근처의 우스트 카랭카(기원전 7000년경), 그리고 일본 長崎県 北松浦郡 吉井町 福井동굴(12,700, 10,750 B.P.), 佐世保市 泉福寺동굴이나 愛媛県 上浮穴郡 美川村 上黒岩(12,165, 10,125 B.P.)岩陰유적들과 비교해 볼 때 한반도 내에서도 상한연대가 비슷한 유적들이 출현할 가능성이 많다 하겠다. 이제까지 알려진 중원지방의 신석기유적은 매우 적다.

충청북도 충주 동량면 早洞里 51호(3구덩, 5,295±545 B.P./기원전 3,325년, 6,140, 6,200 B.P./기원전 4,190, 4,250년)
단양 垂楊介
제천 신월동(신석기시대 말기-청동기시대 조기, 기원전 2,050년)

③ 청동기시대

기원전 2,000년-기원전 400년. 기원전 1,500년은 남북한 모두에 적용되는 청동기시대 전기의 상한이며, 연해주지방(자이사노프카, 리도프카 유적 등)-아무르 하류지역, 만주지방과 한반도 내의 최근 유적발굴조사의 성과에 따라 이에 앞서는 청동기시대 조기는 기원전 2000년까지 올라간다. 이 시기에는 빗살문토기와 무문토기의 결합으로 과도기적인 토기가 나오고 있는데 인천 옹진 백령도 말등패총, 시흥 능곡동, 가평 청평면 대성리와 산청 단성면 소남리가 대표적이다. 또 현재까지 확인된 고고학자료에 따르면 빗살문토기시대 말기에 약 500년간 청동기시대의 시작을 알려주는 돌대문토기가 공반하며[청동기시대 조기: 기원전 2000년–기원전 1500년, 돌대문/각목돌대문(덧띠새김무늬)토기의 경우 小珠山유적의 상층(신석기시대 후기)에 해당하는 大連市 石灰窯村, 交流島 蛤皮地, 辽宁省 瓦房店市 長興島 三堂村유적(이상 기원전 2450년–기원전 2040년), 吉林省 和龍県 東城乡 興城村 三社(早期 興城三期, 기원전 2050년–기원전 1750년)에서, 그리고 연해주의 보이즈만 신석기시대 말기인 자이사노프카의 올레니와 시니가이 유적(이상 기원전 3420년–기원전 1550년)과 아무르 강의 보즈네세노프카, 리도프카와 우릴 문화(우릴 문화는 철기시대로 기원전 15세기까지 올라가는 연대가 나오고 있어 주목을 받고 있다)], 그리고 우리나라에서는 돌대문토기가 강원도 춘성군 내평, 정선 북면 여량 2리(아우라지), 춘천 천전리(기원전 1440년), 홍천 두촌면 철정리, 홍천 화촌면 외삼포리(기원전 1330년, 기원전 1350년), 평창 천동리, 경주 충효동, 경기도 가평 상면 연하리와 인천 계양구 동양동, 충청남도 금남면 대평리(기원전 1300년–기원전 1120년)와 대전 용산동유적을 비롯한 여러 곳에서 새로이 나타나고 있기 때문이다. 그리고 지석묘는 기원전 1500년에서부터 시작하여 철기시대 전기 말, 기원전 1년까지 존속한 한국토착사회의 묘제이다. 현재까지 확인된 고고학자료에 따르면 櫛文土器시대 말기에 약 500년간 청동기시대의 시작을 알려주는 突帶文(덧띠새김무늬)토기가 공반하며(청동기시대 조기: 기원전 2000년–기원전 1500년), 그 다음 單斜線文이 있는 二重口緣토기(청동기시대 전기: 기원전 1500년–기원전 1000년), 구순각목이 있는 孔列토기(청동기시대 중기: 기원전 1000년–기원전 600년)와 硬質무문토기(청동기시대 후기: 기원전 600년–기원전 400년)로의 이행과정이 나타나고 있다. 그리고 지석묘는 기원전 1500년에서부터 시작하여 철기시대 전기 말, 기원전 1년까지 존속한 한국토착사회의 묘제로서 이 시기의 多源(元)的인 문화요소를 수용하고 있다. 급변하는 청동기시대의 상한 조정과 편년에 대입해본 중원지방의 청동기시대유적은 다음과 같다.

전기(기원전 1500년-기원전 1000년: 단사선문이 있는 이중구연토기)
　　　충청북도 충주 동량면 조동리(1호: 2700±165 B.P., 2995±135 B.P./기
　　　원전 1045년경)
중기(기원전 1000년-기원전 600년: 공렬토기, 구순각목토기)
　　　충청북도 충주 동량면 조동리(7호 기원전 2715 B.P., 기원전 765년, 2,700
　　　B.P., 기원전 750년)
후기(기원전 600년-기원전 400년)
　　　충주 가주동 고인돌 2기(홍도 출토)
　　　충주 하천리 지석묘(기원전 6세기경)
　　　제천 황석리 고인돌(2360 B.P./기원전 410년)

④ 철기시대

기원전 400년-기원전 1년. 종래의 초기 철기시대. 최근 粘土帶토기 관계 유적의 출현과 관련하여 기원전 400년으로 상한을 잡는다. 이 시기는 점토대 토기의 단면 형태 즉 원형, 방형(타원형)과 삼각형에 따라 Ⅰ기(전기), Ⅱ기(중기)와 Ⅲ기(후기)의 세 시기로 나누어진다. 그리고 마지막 Ⅲ기(후기)에 구연부 斷面 三角形 粘土帶토기와 함께 다리가 짧고 굵은 豆形토기가 나오는데 이 시기에게 新羅와 같은 古代國家가 형성된다. 이 중 우리나라 최초의 고대국가와 문명의 형성을 이루는 衛滿朝鮮(기원전 194년-기원전 108년)은 철기시대 전기 중 Ⅲ기(후기)에 속한다. '중원문화'의 직전단계인 철기시대 전기와 후기의 유적은 다음과 같다. 이시기에는 북쪽 고구려지방에서 내려오는 적석총[5]이 뚜렷한 유적으로 이 주체세력이 백제의 건국과 밀접한 관련이 있다.

전기(기원전 400년–기원전 1년)

　　충주 본리 세형동검

　　단양 垂楊介 凸형 집자리유적 15기(기원전 1세기 전후)

　　제원 양평리

　　제원 도화리: 기원전 2세기–기원전 1세기 고구려계통의 백제 건국자

---

5) 또한『三國史記』의 초기 기록을 신뢰하지 않더라도 이미 이 시기에는 북부지역에서 고구려가 온전한 고대국가의 형태를 가지게 되며, 자강도에 積石塚이 축조되게 된다. 고구려계통의 적석총이 남하하면서 임진강, 남한강, 북한강유역에 적석총이 축조되며 그 세력이 백제의 건국을 형성하게 된다. 그 대표적인 예로 경기도 연천 군남면 우정리, 중면 삼곶리와 횡산리(橫山里), 백학면 학곡리, 충북 제원군 청풍면 도화리(堤原 淸風面 桃花里) 등의 기원전 2세기–기원전 1세기경의 적석총을 들 수 있다. 한편 남부지역에서도 三韓社會가 古代國家로 발돋움하게 된다. 그리고 최근 국방문화재연구원에 의해 발굴된 경기도 연천군 중면 횡산리의 적석총은 무기단식 적석총(돌각담무덤, 적석총) 중 다곽식 무기단식 적석총에 해당한다. 고구려무덤은 석묘(돌무덤)와 토묘(흙무덤)로 나누어지며, 석묘는 적석묘(돌각담무덤: 적석총)와 봉석묘(돌간돌무덤)로 적석묘(적석총)는 무기단적석총(계단상의 축조가 없는 것)과 기단식 적석총으로 분류된다(정찬영 1973, p.2). 그리고 각 무덤의 명칭은 봉토석실분(돌간흙무덤), 적석총(돌각담무덤), 기단적석총(돌기단무덤), 봉석묘(돌간돌무덤)으로 불리며 축조순서는 다곽식 무기단적석총–이음식 적석총–기단식 적석총–계단(층단)식 적석총으로 발전한다. 필자는 연천군 중면 삼곶리(1994년 발굴, 이음식 돌무지무덤과 제단. 桓仁 古力墓子村 M19와 유사), 연천 군남면 우정리(2001), 연천 백학면 학곡리(2004), 연천 중면 횡산리(2009)와 임진강변에 산재한 아직 조사되지 않은 많은 수의 적석총의 존재로 보아 臨津江변의 漣川郡 일대로 비정하려고 한다. 그리고『三國史記』백제본기 권 제23 시조 溫祚王 13년 조(기원전 6년)의 마한에 사신을 보내 강역을 정했다는 기록 "遣使馬韓告遷都. 遂畫定疆場, 北至浿河, 南限熊川, 西窮大海, 東極走壤 九月立城闕. 十四年春正月遷都 二月王巡撫部落 務勸農事 秋九月 築城漢江西北 分漢城民"(기원전 5년)에서 西窮大海는 강화도 교동 華蓋山城, 東極走壤은 춘천을 넘어 화천 하남면 원촌리까지 이어지고, 南限熊川은 안성천, 평택, 성환과 직산보다는 천안 용원리, 공주 의당 수촌리(사적 460호)와 장선리(사적 433호), 서산 음암 부장리(사적 475호) 근처로 확대 해석하고, 北至浿河는 예성강으로 보다 臨津江으로 추정하고자 한다. 이는 현재 발굴·조사된 고고학 자료와 비교해 볼 때 가능하다.

들의 적석총. 낙랑도기와 함께 현재 유물은 청주박물관
에 전시되어 있음.[6)]

후기(서기 1년-서기 300년) 철기시대 후기: 서기 1년-300년. 또는 삼국시대
전기/삼한시대

충주 금릉동 백제초기 유적

충주 가금면 탑평리 백제·고구려·신라유적

　가. 백제유적: 凸자형 구조를 가진 집자리로 대장간과 같은 철제무
　　　기를 만들던 工房으로 연대는 서기 355년, 서기 365년, 서기
　　　385년이 나옴

　나. 고구려유적: 壁煖爐(페치카, pechika/neyka)

　다. 신라유적: 回廊과 같은 구조물

---

6) 현재까지 樂浪陶器/漢式陶器가 나오는 유적들은 다음과 같다.

　가. 서울 송파구 風納土城(사적 11호)

　나. 경기도 연천 청산면 哨城里

　다. 경기도 연천 백학면 鶴谷里

　라. 경기도 가평 達田 2里(漢戟, 衛滿朝鮮土器)

　마. 경기도 가평 청평면 大成里 驛舍(기전, 겨레에서 발굴)

　바. 경기도 양평 兩水里 上石亭[가장 연대가 올라가는 것은 A10-S1(A-10호 주거지 중앙기
　　　둥)으로 2150±60 B.P. 보정연대는 기원전 330년 또는 기원전 170년이 된다.]

　사. 경기도 하남시 二聖山城(사적 422호)

　아. 경기도 화성 발안면 旗安里

　자. 강원도 강릉시 安仁里와 柄山洞

　차. 강원도 춘천 槿花洞(驛舍), 牛頭洞과 栗文里

　카. 강원도 동해 松亭洞

　타. 강원도 정선 禮美里

　파. 충청북도 제원 청풍면 桃花里(사적 2호인 金海貝塚에서 나오는 회청색 樂浪陶器가 출토)

　하. 경상남도 사천 勒島(勿國, 半兩錢: 기원전 221년-기원전 118년, 7대 漢 武帝 元狩 5년, 樂
　　　浪陶器와 彌生土器가 공존)

충주 칠금면 탄금대 백제토성(철 생산유적)

충주 칠금면 창동과 주덕의 철광산

충주시 목걸동 滑席(talc) 광산

2) 삼국시대 후기(중원문화: 서기 369년-서기 551년)

이 시기는 '중원문화'가 형성되는 시기로 삼국의 각축장이 된다.

청주 흥덕구 신봉동(사적 319호, 서기 4-서기 6세기)

청원 문의면 米川里(서기 5-서기 6세기 신라고분)

충주 龍貫洞(6세기 후반 신라)과 丹月洞 고분군

충주시 가금면 장천리 장미산성(사적 400호, 백제)

충주 가금면 樓岩里(사적 463호, 서기 6세기 후반, 신라, 中原京이 만들어지는

진흥왕 18년 서기 557년 이후의 무덤)

중원 신니면 견학리 토성(기단이 없는 판축토성, 백제 초축)

단양군 영춘면 사지원리[傳 溫達 (?-서기 590년 영양왕 1년) 장군묘]의 적석총

문경 마성면 신현리(서기 5세기경, 신라고분)

단양 온달산성(사적 264호)·적성(사적 265호)·忠州山城

三年山城(신라 자비왕 13년, 470년, 사적 235호)

丹陽 赤城碑(국보 198호, 진흥왕 12년, 서기 551년)

中原 高句麗碑(국보 205호, 장수왕 69년, 서기481년)

중원 鳳凰里 햇골산 반가사유상을 主尊으로 하는 마애군상(보물 1401호)

3) 서기 551년[新羅 24대 眞興王(서기 540년-서기 576년) 12년]-
서기 1910년(조선시대 말)

건조물, 倉과 불교유적 등 많은 유적들이 남한강유역에서 보이지만 여기

에서는 구체적인 지명의 나열은 생략하기로 한다.

청원 飛中里 삼존석불, 충주 철불좌상(보물 98호)

가금면 塔坪里寺址의 칠층석탑(中央塔, 국보 6호)

정토사법경대사자등탑비(보물 17호)

향산리 삼층석탑(보물 405호)

중원 미륵리사지(사적 317호)

3. 충주시와 중원문화의 지리·역사적 배경

중원문화에 속하는 지역은 충주시가 가장 중심이 되지만 제천시와 단양군도 포함시키고 있다. 즉 중원문화는 경기도 양수리(두물머리)로부터 시작되는 충주 중심의 南漢江유역권으로도 설정되고 있다.[7] 그러나 이 지역은 다른 지역과 달리 왕조의 개념이 포함된 古都文化圈이 아닌 것이 특징이다. 그러나 교통과 지역의 중요성으로 삼국시대 百濟·高句麗와 新羅의 角逐場이 되었다. 여기에는 충주시 칠금동 彈琴臺토성에서 나오는 鐵(덩이쇠)과 충주시의 滑石(talc)[8]이 이 지역의 확보에 대한 가속화를 부채질했을 것으로 보인다. 이러한

---

7) 서기 2009년 1월 3일부터 12월 23일까지 강원고고문화연구원, 예맥문화재연구원와 강원문화재연구소가 발굴하고 있는 춘천시 槿花동 驛舍부지의 고고학적 성과는, 가. 臨屯(기원전 108년–기원전 82년), 나. 이사부의 실직주(서기 504년)에서 선덕여왕 6년(서기 637년) 牛首州 설립 사이의 신라의 남·북한강유역의 진출, 다. 고려 성종 1년(서기 992년) 昭陽江 漕倉의 설립, 라. 조선 고종 24년(서기 1887년) 춘천 留守郡과 離宮의 설치 등 역사적 脈絡과 관련이 있으며 특히 신라의 한강 진출과 관련하여 新羅土器에 서해로부터 들어온 이란의 사산 왕조(Sassan, 서기 224년–서기 652년)의 영향이 미치고 있음이 주목된다.

8) 滑石은 청동기제작의 鎔范/鑄型으로 직접 이용이 되고 있지만 무쇠솥과 같은 철제품의 제작에서 가루로 鑄型/주틀과 鑄物을 분리하는데 이용된다.

철 생산은 고려시대까지 이어졌다. 중원문화재연구원이 서기 2008년 10월 14일(화) 발굴결과의 발표에서 충주시 이류면 535-10번지 노계마을이 『高麗史』지리지 충주목에 나오는 '多仁鐵所'임을 밝히고 있다. 이곳은 高宗 42년(서기 1255년) '다인철소' 사람들이 몽고군을 막아내는데 공로가 있어 所를 익안현으로 승격시켰다는 기록을 뒷받침하고 있다.

중원문화의 중심지로 인식되는 충주 일원은 수로로는 南漢江을 통해 경기도 양평 양수리(두물머리)를 거쳐 서울-강원도(남한강의 상류는 강원도 오대산 西臺 于洞水/于筒水임)의 영월로 연결되고, 뭍으로는 鳥嶺(문경-충주사적, 조령 3관문은 사적 147호)街道와 竹嶺街道(丹陽-제천, 명승 30호)와도 이어지는 교통의 요지였다. 이는 조선시대까지 이용되던 당시의 고속도로인 남한강 수로를 이용한 漕運과 漕倉(고려 13조창의 하나인 德興倉과 조선의 可興倉이 있었음)의 경영으로 증명된다. 따라서 충주 일원은 일찍이 삼국시대부터 그 전략적 중요성이 인식되어 잦은 분쟁이 있어 왔다. 즉 삼국 초기에는 한강 이남을 중심으로 한 백제가 이 일대를 점령하였으나, 서기 475년(長壽王 63년) 고구려의 남하 이후 國原城이 설치되어 영남지방 진출의 교두보 역할을 수행하다가, 24대 진흥왕이 丹陽 赤城碑(국보 198호, 진흥왕 12년 서기 551년)를 설립한 이후 이 일대를 점유해 오면서 통일신라시대로 이어지게 된다. 이곳에서의 삼국의 관계는 백제 13대 近肖古王(서기 346년-서기 375년), 고구려 20대 長壽王(서기 413년-서기 491년)과 신라 24대 眞興王(서기 540년-서기 576년)대 서기 371년에서 서기 551년 사이에 가장 활발하였다. 신라는 이곳에 中原京(9州 5小京 중의 하나, 진흥왕 18년 서기 557년 국원소경에서 중원경으로 바뀜)을 설치하여 삼국통일의 기반을 마련하는 근거가 되었다. 그러나 고구려가 국원성을 포함한 이 지역의 중요성을 다시 인식해 平原王(서기 559년-서기 589년) 사위인 溫達장군으로 탈환하게끔 노력하였으나 온달장군의 전사로 실패를 하였다. 악사인 于勒과 문장가인 强首도 이곳을 중심으로 활약을 하였다.

충주시 칠금동 탄금대를 중심으로 하는 中原지역은 남한강의 중심지로 백제·고구려와 신라의 철의 확보와 영토확장에 대한 시발점이다. 한강은 경기도 양평군 양수리(두물머리)를 기점으로 북한강과 남한강으로 나누어진다. 그중 한강과 임진강을 포함하고 있는 경기도는 한국고고학편년상 철기시대 전기(기원전 400년-기원전 1년) 중에 나타나는 한국 최초의 국가이며 역사시대의 시작이 되는 衛滿朝鮮(기원전 194년-기원전 108년)부터 한반도에 있어서 중요한 무대가 된다. 특히 그 다음의 삼국시대가 되면 父子之間의 나라로 알려진 高句麗와 百濟의 각축전이 전개된다. 이러한 관계는 백제는 13대 근초고왕(서기 346년-서기 375년) 때, 고구려에서는 가장 강성한 왕인 19대 광개토왕(서기 391년-서기 413년)과 20대 장수왕(서기 413년-서기 491년), 그리고 신라는 24대 眞興王(서기 540년-서기 576년) 14년(서기 553년) 한강유역에 진출할 때까지 지속된다.

4. 맺음말

이들 中原지방에서 나타나는 유적들과 자료들의 고고학적 배경을 살펴보면 『三國史記』의 기록대로 백제·고구려·신라는 역사적으로 긴밀한 관계를 갖게 되며, 이는 시계의 톱니바퀴처럼 서로 엇물려 있다. 이런 의미에서 중원지방에 진출한 백제·고구려·신라의 역사와 남겨진 유적·유물들은 새로운 역사적 맥락에서 다시 한 번 검토를 거쳐야 할 필요가 생긴다. 다시 말해 충주는 칠금동 탄금대 철 생산지를 중심으로 하는 백제·고구려·신라의 각축장이었으며, 근초고왕 26년(서기 371년)에서 진흥왕 12년(서기 551년) 사이가 역사적으로 주목받고 있다. 백제, 고구려와 신라의 삼국문화가 중첩·복합적으로 나타나고 있는 것도 이러한 역사적 맥락에서 이해가 된다. 이 점이 '중원문화'가 지니는 역사적 의미가 되며, 그 역사적 중요성은 서기 371년에서 서기 551년 사이의 180년간으로부터 나올 수 있을 것이다.

참고문헌

강동석·이희인

    2002   강화도 교동 대룡리 패총, 임진강유역의 고대사회, 인하대학교 박
          물관

강원문화재연구소

    2003   국도 44호선(구성포-어론간) 도로확장구간 내 철정·역내리유적

    2004   천전리유적

경기문화재단

    2003   경기도의 성곽, 기전문화예술총서 13

경기도박물관

    1999   파주 주월리유적

    2003   월롱산성

    2003   고양 멱절산유적 발굴조사

    2004   포천 자작리유적 Ⅱ -시굴조사보고서-

    2005   파주 육계토성 시굴조사 지도위원회자료

    2007   경기도의 고구려문화유산

광진구

    1998   아차산성 '96 보수구간 내 실측 및 수습발굴조사보고서

고려대학교 고고환경연구소

    2005   홍련봉 2보루 1차 발굴조사 약보고

    2005   아차산 3보루 1차 발굴조사 약보고

고려대학교 매장문화재연구소

    2004   홍련봉 1보루 2차 발굴조사 약보고

공석구

    1998   고구려 영역확장사 연구, 서경문화사

국립경주문화재연구소

    2006   월성해자

국립경주박물관

    1995   냉수리고분

국립부여문화재연구소

    2008   백제왕흥사지

    2008   부여 왕흥사지 출토 사리감의 의미

국립문화재연구소 유적조사실

    1991   청원 미천리 고분군 발굴조사 지도위원회 회의자료

    1992   중원문화권 발굴조사 지도위원회의 자료(청원 문의면 미천리)

    2007   남한의 고구려유적

    2007   아차산 4보루 성벽 발굴조사

국립중원문화재연구소

    2008   중원 누암리 고분군 발굴조사 −약보고서−

    2010   충주 탑평리(중원경 추정지역) 제 3차 연도 시굴조사

    2011   충주 탑평리유적 발굴조사(중원경 추정지역)

국립중앙박물관

    2000   원주 법천리 고분군−제2차 학술발굴조사−

    2000   원주 법천리 Ⅰ, 고적조사보고 31책

기전문화재연구원

    2002   연천 학곡제 개수공사지역 내 학곡리 적석총 발굴조사

단국대학교 매장문화재연구소

    2001   포천 고모리산성지표조사 완료약보고서 및 보고서(총서 11책)

2002-5   이천 설성산성 2-4차 발굴조사 지도위원회자료집

2001   안성 죽주산성 지표 및 발굴조사 완료 약보고서

2001   포천 반월산성 5차 발굴조사보고서

2003   연천 은대리성 지표 및 발굴조사 지도위원회자료집

2003   이천 설봉산성 4차 발굴조사 지도위원회자료집

2004   평택 서부관방산성 시·발굴조사 지도위원회자료집

2004   안성 죽주산성 남벽 정비구간 발굴조사 지도위원회자료집

2005   안성 망이산성 3차 발굴조사 지도위원회자료집

목포대학교·동신대학교 박물관

2001   금천-시계간 국가지원 지방도 사업구간 내 문화재발굴조사 지도위
       원회현장설명회자료

박대재

2005   중국의 한국사 왜곡, 국사교과서 순환 교원연수 교재, 국사편찬위
       원회

배기동

1983   제원 양평리 A지구 유적발굴 약보

백종오

2002   임진강유역 고구려 관방체계, 임진강유역의 고대사회, 인하대학교
       박물관

2003   고구려와 신라기와 비교연구 -경기지역 고구려성곽 출토품을 중심
       으로-, 백산학보 67, 백산학회

2003   朝鮮半島臨津江流域的高句麗關防體系硏究, 東北亞歷史與考古信息
       總第40期

2004   포천 성동리산성의 변천과정 검토, 선사와 고대 20, 한국고대학회

2004   백제 한성기산성의 현황과 특징, 백산학보 69, 백산학회

2004 임진강유역 고구려 평기와 연구, 문화사학 21, 한국문화사학회

2005 고구려 기와연구, 단국대 대학원 박사학위 논문

2005 최근 발견 경기지역 고구려유적, 북방사논총 7

2006 남녘의 고구려 문화유산, 서울: 서경

2006 고구려기와의 성립과 왕권, 서울: 주류성

백종오·김병희·신영문

2004 한국 성곽 연구논저총람, 서울: 서경

백종오·신영문

2005 고구려유적의 보고: 경기도, 용인: 경기도박물관

서울대학교 박물관

1975 석촌동 적석총 발굴조사보고

2000 아차산성

2000 아차산 제4보루

2002 아차산 시루봉보루

2006 용마산 2보루

2013 석촌동고분군 Ⅰ

서울대학교 박물관·경기도박물관

2000 고구려: 한강유역의 요새

서울대학교 박물관·구리시

2013 시루봉보루 Ⅱ

세종대학교 박물관

2001 하남 미사동 선사유적 주변지역 시굴조사

수원대학교 박물관

2005 화성 장안리유적

순천대학교 박물관

2004 광양 마로산성 3차 발굴조사 현장설명회자료

2005 광양마로산성 4차 발굴조사 현장설명회자료

2005 광양 마노산성 I

육군사관학교 화랑대연구소 국방유적연구실

2003 정선 애산리산성 지표조사보고서

2003 연천 당포성 지표 및 발굴조사 지도위원회자료집

2004 파주 덕진산성 시굴조사 지도위원회자료

육군사관학교 화랑대연구소·경기도박물관

2006 연천 당포성 2차 발굴조사 현장설명회자료

이융조

2006 충북의 선사문화, 청주: 충청북도 충북학연구소

2006 중원지역의 구석기문화, 충주: 충북대학교중원문화연구소

2007 중원문화와 선사문화 −구석기문화연구를 위한 제언−, 중원문화의
발전방향, 제1회 중원문화학술대회

이융조·우종윤

1995 단양 수양개유적 발굴조사개보, 한국고고학의 반세기

2005 수양개와 그 이웃들, 제10회 학술발표회의

이종욱

2005 고구려의 역사, 서울: 김영사

인하대학교 박물관

2000 인천 문학경기장 내 청동기유적 발굴조사 현장설명회자료

장준식

1998 신라 중원경 연구, 학연문화사

조태섭

2008 중원문화와 한강 −새로 찾은 선사유적들을 중심으로−, 중원과 한

강, 제2회 중원문화학술회의

정찬영

1961 고구려 적석총에 관하여, 문화유산 5호

1962 자성군 조아리, 서해리, 법동리, 송암리, 고구려 고분발굴보고, 각 지유적정리보고, 사회과학출판사

1973 기원 4세기까지의 고구려묘제에 관한 연구, 고고민속 논문집 5

제천시·연세대학교 박물관

2009 제천 점말 동굴유적 종합조사보고서, 서울: 혜안

중원문화재연구원

2004 충주 장미산성 발굴조사 현장설명회 자료집

2005 문경 신현리 고분군 발굴조사

2006 충주 장미산성 −1차 발굴조사 보고서−

2007 충주 탄금대토성 −발굴조사 약보고서−

차용걸

2003 충청지역 고구려계 유물출토 유적에 대한 소고 −남성골유적을 중심으로−, 호운 최근묵 교수 정년기념 간행위원회

최몽룡

1983 한국고대국가의 형성에 대한 일 고찰 −위만조선의 예−, 김철준교수 회갑기념 사학논총, 서울: 지식산업사, pp.61−77

1985 고대국가성장과 무역 −위만조선의 예−, 한국고대의 국가와 사회, 서울: 일조각, pp.55−76

1987 한국고고학의 시대구분에 대한 약간의 제언, 최영희 교수 회갑기념 학국사학논총, 서울: 탐구당, pp.783−788

1989 삼국시대 전기의 전남지방문화, 성곡논총 20집

1989 역사고고학연구의 방향, 한국상고사 연구현황과 과제, 서울: 민음사

1990 전남지방 삼국시대 전기의 고고학연구현황, 한국고고학보 24집

1990 고고학에의 접근, 서울: 신서원

1991 중원문화권과 중원문화, 제3회 중원문화 학술발표회, 충주문화원·예성동우회(10월 19일, 충주문화원 회의실)

1993 철기시대: 최근 15년간의 연구 성과, 한국사론 23집, 서울: 국사편찬위원회

1993 한국 철기시대의 시대구분, 국사관논총 50, 서울: 국사편찬위원회

1997 청동기문화와 철기문화, 한국사 3, 국사편찬위원회

2000 21세기의 한국고고학: 선사시대에서 고대국가의 형성까지, 한국사론 30, 국사편찬위원회

2002 21세기의 한국고고학의 새로운 조류와 전망, 한국상고사학회 27회 학술발표대회 기조강연(4월 26일)

2002 고고학으로 본 문화계통 —문화계통의 다원론적인 입장—, 한국사 1, 국사편찬위원회

2003 백제도성의 변천과 문제점, 서울역사박물관 연구논문집 창간호

2003 고고학으로 본 마한, 익산문화권 연구의 성과와 과제(16회 국제학술회의, 5월 23일), 마한·백제문화연구소

2003 한성시대의 백제와 마한, 문화재 36호

2004 동북아 청동기시대 문화연구, 주류성

2004 朝鮮半島の文明化 —鐵器文化와 衛滿朝鮮—, 日本 國立歷史民俗博物館研究報告 119輯

2004 통시적으로 본 경기도의 통상권, 한국상고사학회 32회 학술발표대회기조강연(10월 29일)

2004 역사적 맥락에서 본 경기도 소재 고구려유적의 중요성, 경기지역 고구려유적 정비·활용을 위한 학술토론회, 서울경기고고학회·기전문

화재연구원(12월 9일)

2005 한성시대 백제와 마한, 서울: 주류성

2006 최근 경기도에서 발굴·조사된 고구려유적과 그 역사적 맥락, 경기
       도박물관, 경기도의 문화유산

2006 최근의 자료로 본 한국 고고학·고대사의 신 연구, 주류성

2007 고구려와 중원문화, 제 1회 중원문화 학술대회, 충주대학교 박물관

2008 한국청동기·철기시대와 고대사회의 복원, 주류성

2008 남한강 중원문화와 고구려 −탄금대 철 생산과 삼국의 각축−, 제2
       회 중원문화학술대회, 충주대학교박물관

2009 남한강 중원문화와 고구려 −탄금대의 철 생산과 삼국의 각축−, 21
       세기의 한국고고학 Ⅱ, 권두논문, 서울: 주류성, pp.13−40

2012 스키타이, 흉노와 한국고대문화 −한국문화기원의 다양성−, 국립중
       앙박물관·부경대학교 인문사회과학연구소, 흉노와 그 동족의 이웃
       들. pp.7−31

2012 한국고고학·고대사에서 종교·제사유적의 의의 −환호와 암각화−,
       제 40회 한국상고사학회 학술발표대회, 한국 동남해안의 선사와 고
       대문화, pp.7−43

2013 인류문명발달사(개정 5판), 서울: 주류성

최몽룡·백종오

2011 고구려 적석총과 백제의 건국, 21세기의 한국고고학 vol. Ⅴ, 권두논
       문, 서울: 주류성, pp.67−107

최몽룡·이희준·박양진

1983 제원 도화리지구 유적 발굴 약보고, 충북대학교 박물관,

1983 충주댐 수몰지구 문화유적 발굴조사보고서

최몽룡·권오영

1985 고고학 자료를 통해본 백제 초기의 영역고찰 −도성 및 영역문제를 중심으로 본 한성시대 백제의 성장과정−, 천관우 선생 환력기념 한국사학 논총, 서울: 정음문화사, pp.83−120

최종택

2014 아차산 보루와 고구려 남진경영, 한국고고학 환경연구소 학술총서 11, 서울: 서경문화사

충주대학교 박물관

2007 중원문화의 발전방향, 제1회 중원문화학술대회

2008 중원과 한강, 제2회 중원문화학술회의

충주시청 문화체육과

2005 조동리 선사유적 박물관, 충주: 슬라이드 뱅크

충청남도역사문화원

2001 연기 운주산성 발굴조사 개략보고서

2003 서천−공주간(6−2) 고속도로 건설구간 내 봉선리유적

충북대학교 박물관

1983 충주댐 수몰지구 문화유적 발굴조사보고서

1989 중원 누암리 고분군 발굴조사 지도위원 회의자료

1990 중원 누암리 고분군 발굴조사 지도위원 및 조사위원 회의자료

1991 중원 누암리 고분군 발굴조사 지도위원 및 조사위원 회의자료

1991 중원 견학리유적 발굴조사 지도위원 및 조사위원 회의자료

1992 청주 신봉동 백제고분군 발굴조사 지도위원·조사위원 합동회의자료

1996 충주 조동리유적 발굴조사 현장설명회

1997 충주 조동리 선사유적 제2차 발굴조사 현장설명회

1997 단양 수양개유적 발굴조사 현장설명회자료

1998 충북대학교 박물관, 서울: 학연문화사

2002   청원 I.C.-부용간 도로확장 및 포장공사구간 충북 청원 부강리 남
       성골유적

충주공업전문대학

1991   충주 용관동 고분 발굴조사 지도위원·조사위원 회의자료

충청매장문화재연구원

2001   대전 월평동산성

충청북도·충북대학교 호서문화연구소

1995   중원문화학술회의 보고서: 중원문화권의 위상정립과 발전방향, 연
       구총서 제8책

하문식·백종오·김병희

2003   백제 한성기 모락산성에 관한 연구, 선사와 고대 18, 한국고대학회

한국국방문화재연구원

2007   이천 이치리 피엘디 덕평 2차 물류센터부지 문화유적 시굴조사 현
       정설명회자료

2008   이천 이치리 피엘디 덕평 이차 유한회사 물류창고 부지 내 유적 발
       굴 현장설명회자료

한국문화재보호재단

1999   창원 오창 과학산업단지 내 문화유적 2차 발굴조사 지도위원회의
       자료

2001   하남 천왕사지 시굴조사 -지도위원회 자료-

2002   제천 신월토지구획정리사업지구 내 문화유적 발굴조사 -지도위원
       회자료-

2007   성남판교지구 문화유적 2차 발굴조사 -5차 지도위원회의 자료-

2008   성남판교지구 문화유적 2차 발굴조사 -6차 지도위원회의 자료-

한국선사문화연구원

2007 청원 오송생명과학단지 조성부지 내 문화유적(A-3구역) 만수리 구석기유적 1-2(원평 1-가)지점 발굴조사 현장설명회(4차)자료

한국토지공사 오송사업단·한국선사문화연구원

2007 청원 만수리 구석기유적, 제1회 선사문화세미나

한국토지공사 토지박물관

2001 연천 호로고루 -지도위원회자료-

2001 연천 군남제 개수공사지역 문화재시굴조사 -지도위원회 자료-

2003 연천 신답리고분

한얼문화유산연구원

2008 김포 하성 근린공원(태산패밀리파크 포함) 문화재 지표조사 현장설명회자료

한양대학교 문화재연구소

2007 경기도 용인시 기흥구 보정동 신축부지 내 문화재발굴(확인)조사 지도위원회 자료집

한양대학교 박물관

2000 이성산성, 제8차 발굴조사보고서

2001 단양 사지원리 태장이묘 발굴조사 지도위원회자료집

2002 단양 사지원리 태장이묘 제2차 발굴조사보고서

2001 이성산성, 제9차 발굴조사보고서

2002 이성산성, 제10차 발굴조사보고서

2005 풍납과 이성: 한강의 백제와 신라문화, 한양대학교 개교 66주년 기념 특별전

홍미영

2006 구석기시대, 한국고대사입문 I, 서울: 신서원

2008 남양주 호평동 구석기유적 I·II, 서울: 기전문화재연구원

檀原 徹

　　2007　韓國・中國の旧石器遺跡で検出された火山ガラスとそ広域テフラ
　　　　　対比の試み, 東アジアにおける古環境変遷と旧石器編年, 同志社大
　　　　　学: 協和印刷株式會社

松藤和人・麻柄一志・中川和哉・津村宏臣・黃昭姬

　　2007　レス-古土壌編年による東アジア旧石器編年の再構築, 東アジアに
　　　　　おける古環境変遷と旧石器編年, 同志社大学: 協和印刷株式會社

'Jungwueon Culture' in association with archaeological and historical context

This keynote address paper "Goguryeo State(高句麗, 37 B.C.- 668 A.D.) and Jungwon Culture Area" given at the "Symposium with the topics of the Jungwueon Culture Area" had emphasized on the historical context in relationship with such archaeological sites so far excavated as fortresses and tombs in the Han(南·北漢江) and Imjin(臨津江) river basin located in Gyeonggi-do province(京畿道), Chungcheong Bukdo province(忠淸北道), and Jian(集安) in Liaoning province, in which Chinese and DPRK archaeologists had made chronology in terms of the historical records from the Samguksagi(三國史記), a historical book about the Three Kingdoms of Goguryeo, Baekje(百濟) and Silla(新羅) Kingdoms/Dynasties. But some archaeologists and ancient historians in Korea did not originally and completely trust the historical records of the Samguksagi before the kings of Taejo(太祖, reign: 53 A.D. -146 A.D.), Namul(奈勿, reign: 356 A.D.-402 A.D.) and Goi(古爾, reign: 234 A.D.-286 A.D.) in the name of historical materials criticism, which they assert are incredible, and rather coined the term, "Proto-Three Kingdoms Period"(原三國時代) instead of using the formal "Former Three Kingdoms Period" during 1 A.D.-300 A.D. Since the November 3(Tuesday), 2009, the term, "Proto-Three Kingdoms Period" has been abolished from the National Museum in Seoul(國立中央博物館). But archaeological sites and artefacts recently excavated in the area of Korean peninsula and Liaonig(辽宁) in China make it possible for archaeologists and historians confirm again and revalue that the historical materials of the Samguksagi are reliable in comparison with the archaeological data, which means that the history of the Three Kingdoms goes in gear with each other forming a genuine historical context like the toothed wheels inside watch. Especially the archeological facts recently excavated from Chungju(忠州) area, a central city of Jungwueon Culture Area, reveal that it was the arena of competition among the Three Kingdoms to gain access to the Tangeumdae(彈琴臺) iron ore produced from mines located in that city during the period from the 26th year of the king Geunchogo(近肖古王, 13th king of Baekje Dynasty, 371 A.D.) to 12th year of the king Jinheung(眞興王, 24th king of Silla Dynasty, 551 A.D.), which is the another evidence of archaeological and historical context for the accuracy of the Samguksagi(三國史記) documents. And so it is possible for archaeologists and historians to christen and define the newly coined term 'Jungweon culture'(中原文化) after this deadly battling period with its co-related cultural trace between 371 A.D. and 551 A.D. among the three kingdoms mentioned above.

XIV. 二聖山城과 百濟
- 고고학과 문헌으로 본 한성시대 백제 -

    사적 422호인 河南市 二聖山城[1]은 백제 13대 近肖古王(서기 346년-서기 375년 재위)이 서기 371년 평양전투에서 고구려 16대 故國原王(서기 331년-서기 371년 재위)을 사살하고[2] 고구려의 보복을 막기 위해 쌓은 백제 최초의 百濟 石城

---

[1] 이 산성은 1986년부터 한양대학교 박물관에 의해 발굴이 되어 1987년부터 현재까지 10차 발굴조사보고서가 출간되었다. 보고서와 특별전시도록은 다음과 같다.

    1987, 이성산성-발굴중간보고서

    1987, 이성산성-2차 발굴조사보고서

    1991, 이성산성-3차 발굴조사보고서

    1991, 이성산성-4차 발굴조사보고서

    1998, 이성산성-5차 발굴조사보고서

    1999, 이성산성-6차 발굴조사보고서

    2000, 이성산성-7차 발굴조사보고서

    2000, 이성산성-제8차 발굴조사보고서

    2001, 이성산성-제9차 발굴조사보고서

    2002, 이성산성-제10차 발굴조사보고서

    2005, 풍납과 이성: 한강의 백제와 신라문화-한양대학교 개교 66주년 기념특별전도록

    2006, 이성산성 발굴20주년 기념특별전도록

그러나 이 산성이 백제시대 서기 371년에 初築되었다고 처음 언급된 것은 필자에 의해서이다(최몽룡 외 1985, 고고학 자료를 통해본 백제 초기의 영역고찰-도성 및 영역문제를 중심으로 본 한성시대 백제의 성장과정, 천관우 선생 환력기념 한국사학 논총, 서울: 탐구당, pp.83-120).

[2] ...近肖古王 二十六年 高句麗擧兵來 王聞之 伏兵於浿河上, 俟其至急擊之, 高句麗兵敗

이다. 이는 고구려의 國內城과 丸都山城에서 영향을 받아 만들어졌다. 고구려는 2대 瑠璃王 22년(서기 3년)에 집안의 國內城을 축조하고 10대 山上王 2년(서기 198년)에 丸都山城을 쌓았다. 현재까지 발굴조사된 風納土城(사적 11호)[3]과

北 冬 王與太子帥精兵三萬 侵高句麗 攻平壤城 麗王斯由 力戰拒之 中流矢死, 王引軍退. 移都漢山(서기 371년). 近仇首王(一云諱〈須〉), 近肖古王之子 先是, 高句麗國岡王斯由 親來侵, 近肖古遣太子拒之 至半乞壤將戰 高句麗人斯紀 本百濟人 誤傷國馬蹄, 懼罪奔於彼 至是還來 告太子曰 彼師雖多 皆備數疑兵而已其驍勇唯赤旗 若先破之 其餘不攻自潰 太子從之 進擊 大敗之, 追奔逐北, 至於水谷城之西北, 將軍莫古解諫曰 嘗聞道家之言 知足不辱, 知止不殆 今所得多矣, 何必求多 太子善之止焉 乃積石爲表, 登其上 顧左右曰 今日之後 疇克再至於此乎 其地有巖石磈若馬蹄者 他人至今呼爲太子馬迹 近肖古在位三十年(서기 375년)薨, 卽位. 여기에서 將軍莫古解諫曰하는 "知足不辱, 知止不殆"란 구절은 老子의 名與身(44장)에 나오는 글로 이미 서기 371년에 도교가 백제에 들어와 있음을 입증한다(최몽룡 1997, '백제의 향로, 제사유적 및 신화', 도시·문명·국가, 서울: 서울대학교 출판부, pp.117~130).

3) 서기 2011년 6월 20일(월) 문화재연구소가 실시하는 풍납토성 8차 발굴(풍납동 197번지)에서 발견된 施釉陶器는 중국의 六朝 중 孫吳(서기 222년~서기 280년)로부터 수입되었을 가능성이 많다. 공주 의당면 수촌리(사적 460호)유적은 현재 이곳에서 나온 5점의 중국도자기로 서기 4세기 후반~서기 5세기 중반으로 편년되고 있는 마한 54국 중의 하나로 여겨진다. 그러나 최근 같은 도자가 나오는 南京 江寧 上坊 孫吳墓(전축분)가 서기 264년~서기 280년으로 편년되고 있어 연대의 상향조정도 필요하리라 생각된다(南京市 博物館 2006, 南京 上坊 孫吳墓, 南京: 南京市 博物館 및 2008, 「南京 江寧 上坊 孫吳墓 發掘簡報」, 北京: 文物 2008년 12호, pp.4~34). 여기에 덧붙여 '…十五年春正月 作新宮室 儉而不陋 華而不侈.'라는 溫祚王 15년(기원전 4년)에 궁궐의 신축은 이 근처에서 孫吳(서기 222년~서기 280년)의 지역인 鎭江 근처에서 발견되는 獸面文 수막새를 포함한 여러 종류의 개와의 출토 례를 보아 백제 건국의 연대가 올라갈 수 있는 증거가 된다.

4) 문화재연구소에서 1999년 실시한 발굴에서 확인한 서울 풍납토성(사적 11호)의 성벽 최하층에 제례용으로 埋納된 硬質無文土器의 연대는『三國史記』溫祚王 41년條(서기 23년) '…發漢水東北諸部落人年十五歲以上 修營慰禮城…'이란 기록으로 보아 성벽(동벽과 서벽)의 축조연대와 함께 서기 23년으로 추측된다. 그리고 이와 같은 春川 中島의 硬質(糟質)無文土器도 기원전 15±90년(1935±90 B.P.)으로 경질무문토기의 하한은 늦어도 기원전 1세기~서기 1세기경이 될 것이다. 그리고 '…十五年春正月 作新宮室 儉

夢村土城(사적 297호)은 中國에서 영향을 받아 만든 版築 土城[4]이다. 『三國史記』百濟本紀에서 보이는 漢城時代 百濟(기원전 18년-서기 475년)의 都邑地 變遷은 河北慰禮城(溫祚王 元年, 기원전 18년, 중랑구 면목동과 광진구 중곡동의 中浪川 一帶에 比定)→河南慰禮城(온조왕 14년, 기원전 5년, 사적 11호 風納土城에 比定)[5]→漢山(근초고왕 26년, 서기 371년, 사적 422호 二聖山城에 比定)→漢城(阿莘王 卽位年, 辰斯王 7년, 서기 391년, 하남시 春宮里 일대에 比定)으로 알려져 있다.[6] 이

而不陋 華而不侈.'라는 궁궐의 신축은 溫祚王 15년(기원전 4년) 이루어졌다.

5) 『三國史記』百濟本紀 第一 始祖溫祚王. 十三年(기원전 6년) 春二月, 王都老嫗化爲男. 五虎入城. 王母薨, 年六十一歲. 夏五月, 王謂臣下日 國家東有樂浪 北有靺鞨 侵軼疆境 少有寧日 況今妖祥屢見 國母棄養 勢不自安 必將遷國. 予昨出巡 觀漢水之南 土壤膏腴 宜都於彼 以圖久安之計 秋七月就漢山下立柵 移慰禮城民戶 八月遣使馬韓告遷都 遂畫 定疆場, 北至浿河 南限熊川 西窮大海 東極走壤 九月立城闕. 十四年(기원전 5년) 春正月 遷都 二月王巡撫部落 務勸農事 秋九月 築城漢江西北 分漢城民. 필자는 河北慰禮城은 中浪川(최몽룡 외 1985, '고고학 자료를 통해본 백제 초기의 영역고찰-도성 및 영역문제를 중심 으로 본 한성시대 백제의 성장과정', 천관우 선생 환력기념 한국사학 논총, pp.83-120 및 '한성 시대 백제의 도읍지와 영역', 최몽룡·심정보 편저 1991, 백제사의 이해, 서울: 학연문화사, p.82) 으로 河南慰禮城은 종래 夢村土城(사적 297호)으로 비정하였으나 최근의 발굴로 風納 土城(사적 11호)으로 바꾸어 비정하였다(최몽룡 2000, '풍납토성의 발굴과 문화유적보존', 흙 과 인류, 서울: 주류성, pp.277-285). 그리고 필자는 河北慰禮城은 中浪川(최몽룡 외 1985, '고고학 자료를 통해본 백제 초기의 영역고찰-도성 및 영역문제를 중심으로 본 한성시대 백제의 성장과정', 천관우 선생 환력기념 한국사학 논총, pp.83-120 및 '한성시대 백제의 도읍지와 영 역', 최몽룡·심정보 편저 1991, 백제사의 이해, 서울: 학연문화사, p.82)으로 비정하였는데 현 재는 연천군 중면 삼곶리(1994년 발굴, 이음식 돌무지무덤과 제단. 桓仁 古力墓子村 M19와 유사), 연천 군남면 우정리(2001), 연천 백학면 학곡리(2004), 연천 중면 횡산리(2009)와 임진강변에 산재한 아직 조사되지 않은 많은 수의 적석총의 존재로 보아 臨津江변의 漣川郡 일대로 비정하려고 한다. 그리고 西窮大海는 강화도 교동 華蓋山城., 東極走壤 은 춘천을 넘어 화천 하남면 원촌리까지 이어지고, 南限熊川은 안성천, 평택, 성환과 직산보다는 천안 용원리, 공주 의당 수촌리(사적 460호)와 장선리(사적 433호), 서산 음 암 부장리(사적 475호) 근처로 확대 해석하고, 北至浿河는 예성강으로 보다 臨津江으로 추정하고자 한다. 이는 현재 발굴·조사된 고고학 자료와 비교해 볼 때 가능하다.

기원전 18년에서 백제 21대 蓋鹵王(서기 455년-서기 475년 재위)이 고구려 20대
長壽王(서기 413년-서기 491년 재위)에 의해 패해 한성시대의 백제가 없어지고
22대 文周王(서기 475년-서기 477년 재위)이 公州로 遷都하는 서기 475년까지의
493년간의 漢城時代 百濟에 포함된 중요한 역사적 사건 중의 하나이다.

二聖山城(사적 제422호)은 C지구 貯水池[7] 7층 最下層과 C지구 건물지 시굴
갱(트렌치) 1에서 출토한 유물(8차 조사)에서 보면 孔列土器, 반월형석도, 마제
석기, 紅陶가 나오는 청동기시대 중기(기원전 1000년-기원전 600년)와 豆形土器
(8차 조사, C지구 저수지)와 樂浪陶器(한양대 박물관 전시)[8]가 나오는 鐵器時代 前

---

6) 『三國史記』百濟本紀 第一 始祖溫祚王…遂至漢山 登負兒嶽 望可居之地…惟此河南之
地 北帶漢水 東據高岳 南望沃澤 西田大海 其天險地利 難得之勢, 作都於斯 不亦宜
乎?(기원전 18년). 溫祚王十四年(기원전 5년)…十四年春正月遷都. 十五年(기원전 4년)春
正月 作新宮室 儉而不陋, 華而不侈…百濟本紀 第二 近肖古王二十六年(서기 371년)….
遷都. 王引軍退移都漢山……百濟本紀 第三 辰斯王七年(서기 391년)春正月 重修宮室 穿
池造山 以養奇禽異卉…

7) 백제산성에서 발견되는 集水池/貯水池는 二聖山城(사적 422호) 이외에도 공주 公山城
(사적 12호), 佰嶺山城(잣고개, 서기 597년 丁巳년 27대 威德王이 쌓음, 충남 기념물 83호), 대
전 鷄足山城(사적 355호), 대전 月坪洞山城(충남 기념물 7호), 이천 雪城山城[경기도 기념
물 76호, 4차 조사 때의 가속질량연대분석(AMS: Accelerator Mass Spectrometry)은 서기
370년-서기 410년], 순천 檢丹山城(사적 418호), 여수 鼓樂山城(전라남도 시도기념물 244호)
과 광양 馬老山城(사적 492호) 등에서이며 기타 부여 관북리 궁궐터(사적 428호)에서도
볼 수 있다.

8) 土器, 陶器류를 통칭하는 쎄라믹(ceramic)이란 말은 어원상 "불에 타버린 물질"을 뜻
한다. Prudence M. Rice(1987, p.5)는 Terra-cotta(1000℃ 이하), Earthenware(폭넓
게 900℃ -1200℃ 사 이), China(1100℃-1200℃), Stoneware(약 1200℃-1350℃),
Porcelain(1300℃-1450℃)으로 구분해 사용한다. 우리나라에서는 土器(500℃-850℃)-
陶器(1100℃ 전후)-炻器(stoneware 1200℃ 전후)-磁器(1300℃ 전후)로 분류하며 無文土
器, 樂浪陶器, 新羅炻器, 高麗靑瓷(celadon), 朝鮮白磁(white porcelain) 등으로 부른
다. 燒成度는 지붕이 없는 仰天窯(open kiln)에서 지붕이 있는 登窯(tunnel kiln,
climbing oven)에 이르는 가마(窯)제작의 기술적인 발달과정에 따른다. 1100℃ 전후에

期(기원전 400년-기원전 1년, 粘土帶土器출토 시기)末頃[9])에서부터 사람이 살기 시작하였음을 보여준다. 그리고 이후 백제 근초고왕대의 석성의 축조[서기 371년, 初築은 5차 조사(사진 204, 도면 182)와 7차 조사의 서쪽 4구간] 후 고구려 長壽王에 의한 한성백제의 쇠망[서기 475년, 초축의 성벽위에 다시 쌓은 2차 성벽으로 8

서 구워져 한반도 철기시대 전기(기원전 400년-기원전 1년) 문화에 직수입된 樂浪陶器는 경기도 하남시 이성산성을 비롯해 송파구 풍납토성, 경기도 양평 양수리 상석정, 연천 청산면 초성리, 가평 상면 덕현리, 화성 기안리, 가평 달전 2리와 대성리, 강원도 홍천 철정리, 정선 신동읍 예미리, 강릉 안인리와 병산동, 동해 송정동, 춘천 근화동, 율문리와 거두리 등지에서 출토하였다. 그리고 경기도 광주시 장지동(기전문화재연구소)과 충청남도 아산시 탕정면 명암동 LCD 단지 I 지점(충남역사연구원) 등지에서 확인된 위만조선계통의 화분형토기나 漢나라 또는 樂浪계통의 陶器들은 당시의 토착사회인 무문토기사회에 여과되지 않은 채 직수입된 중국의 문물이 끼친 영향이 어떠했는가를 엿볼 수 있는 좋은 자료들이다.

9) 한국고고학편년은 구석기시대-신석기시대-청동기시대(조기: 기원전 2000년-기원전 1500년, 전기: 기원전 1500년-기원전 1000년, 중기: 기원전 1000년-기원전 600년, 후기: 기원전 600년-기원전 400년)-철기시대 전기(기원전 400년-기원전 1년)-철기시대 후기(삼국시대전기 또는 삼한시대 : 서기 1년-서기 300년)-삼국시대 후기(서기 300년-서기 660/668년)로 설정된다. 이러한 편년에 따르면 고구려사의 시작(기원전 37년)은 삼국시대 전기에 속하며, 이성산성의 축조와 사용은 삼국시대 후기 초에 속한다. 그러나 한국역사고고학의 시작은 衛滿朝鮮(기원전 194년-기원전 108년) 때부터이다. 그중 철기시대 전기에 속하며 기원전 400년에서 기원전 1년까지의 약 400년의 기간은 한국고고학과 고대사에 있어서 매우 복잡하다. 이 시기에는 한국고대사에 있어서 중국의 영향을 받아 漢字를 알게 되고 國家가 형성되는 등 역사시대가 시작되고 있다. 청동기시대에 도시·문명·국가가 발생하는 전 세계적인 추세에 비추어 우리나라에서는 국가가 이보다 늦은 철기시대 전기에 나타난다. 衛滿朝鮮은 漢나라 7대 武帝(기원전 141년-기원전 87년)가 보낸 원정군에 의해 망한다. 이때는 『史記』의 저자인 사마천의 나이 37세이다. 그의 기록에 의하면 평양 근처의 왕검성에 자리하던 위만조선이 문헌상에 뚜렷이 나타나는 한국 최초의 고대국가를 형성하고 있었다. 위만조선은 衛滿-이름을 알 수 없는 아들-손자 右渠-太子 長을 거치는 4대(또는 3대도 가능) 87년간 존속하다가 중국 漢나라에 의해 망한다. 그리고 樂浪, 臨屯(漢 武帝 元封 3년 기원전 108년 설치-기원전 82년 임둔을 파하여 현도에 합침), 眞番(기원전 108년 설치-기원전 82년 진번을 폐하고 낙랑에 합침)과 玄

차 조사시 나타난 基壇石과 犬齒石('삼각형고임돌', 8차 보고서 도표 1)이 고구려의 축성양식에 따라 축조된 고구려의 특징을 보여준다. p.296], 신라 24대 眞興王의 한강진출(서기 551/553년, 8차 조사시의 3차 성벽, 화보 5)의 역사와 함께 하면서, 출토되는 유물의 출토로 볼 때 統一新羅時代(서기 660/668년-서기 918년), 高麗(서기

茋(기원전 107년-기원전 75년 興京·老城지방으로 옮김)의 한사군이 들어서는데, 오늘날 평양 낙랑구역에 樂浪이, 그리고 황해도와 경기도 북부에 帶方(처음 낙랑군에 속하다가 獻帝 建安 서기 196년-서기 220년간 대방군이 됨)이 위치한다. 이들은 기원전 3세기-기원전 2세기경부터 존재하고 있던 馬韓과 기원전 18년 마한의 바탕 위에 나라가 선 백제, 그리고 동쪽의 東穢, 남쪽의 辰韓과 弁韓에 막대한 영향을 끼쳤다. 최근의 자료는 철기시대의 상한이 점토대토기의 출현과 관련이 있고 늦어도 기원전 5세기로 올라가고 있다. 최근의 가속질량연대분석(AMS)에 의한 결과 강릉 송림리유적이 기원전 700년-기원전 400년경, 안성 원곡 반제리의 경우 기원전 875년-기원전 450년, 양양 지리의 경우 기원전 480년-기원전 420년(2430±50 B.P, 2370±50 B.P.), 횡성군 갑천면 중금리 기원전 800년-기원전 600년 그리고 홍천 두촌면 철정리(A-58호 단조 철편, 55호 단면 직사각형 점토대토기)의 경우 기원전 640년과 기원전 620년이 나오고 있기 때문이다. 그리고 최근의 고고학적 자료에 의하면 철기시대의 기원지로 연해주의 뽈체(挹婁)와 끄로우노브까(北沃沮, 團結) 문화도 들 수 있다. 철기시대문화의 기원은 청동기시대와 마찬가지로 多元的이라고 말할 수 있다. 그리고 필자는 1971년 5-6월에 있었던 강원도 춘성군 내평 2리의 발굴을 기반으로 하여, 2004년 12월 17일(금) 한양대 주최 〈선사와 고대의 의례고고학〉이란 학술대회에서 발표된 기조강연 '부천 고강동유적 발굴조사를 통해 본 청기시대·철기시대 전기와 후기의 새로운 연구방향'이란 글에서 한국 청동기시대 부期의 새로운 편년설정과 아울러 상한의 연대를 기원전 2000년-기원전 1500년으로 주장할 수 있게 되었다. 이 유적은 한반도 청동기시대 상한문제와 아울러, 앞선전면 또는 부분빗살문토기와 부분적으로 공반하는 돌대문토기로 신석기시대에서 청동기시대에로 이행과정 중에 나타나는 계승성문제도 새로운 연구방향이 되었다. 최근의 발굴조사에 의하면 한반도의 청동기시대의 시작이 기원전 20세기-기원전 15세기를 오른다. 이는 청동기시대 전기(기원전 1500년-기원전 1000년)의 이중구연토기와 중기(기원전 1000년-기원전 600년)의 공렬토기에 앞서는 돌대문(덧띠새김무늬)토기가 강원도 춘천 천전리(기원전 1440년), 춘천 하중도 D-E지구, 춘성 내평, 정선 북면 여량 2리(아우라지, 기원전 1240년), 강릉시 초당동 391번지 허균·허난설헌 자료관 건립부지, 홍천 두촌면 철정리, 홍천 화촌면 외삼포리, 경기도 가평 상면 연하리, 인천 계양구 동양동,

918년-서기 1392년), 朝鮮(서기 1392년-서기 1910년)으로 이어져 내려오면서 계속 사용되어 왔었음을 확인할 수 있다. 이들은 이성산성을 둘러싼 一連의 歷史的 脈絡을 이해하는데 매우 중요한 고고학적 단서들이다.[10] 이 성은 風納土

충청남도 연기군 금남면 대평리, 대전시 용산동(단사선문이 있는 돌대문토기로 조기 말), 경상남도 진주 남강댐 내 옥방 5지구(동아대·선문대 등 조사단 구역, 기원전 1590년-기원전 1310년, 기원전 1620년-기원전 1400년의 연대가 나왔으나 돌대문토기와의 관련은 아직 부정확함)와 경주 충효동유적을 비롯한 여러 곳에서 새로이 나타나고 있기 때문이다. 각목돌대문(덧띠새김무늬)토기의 경우 中國 辽宁省 小珠山유적의 상층(신석기시대 후기)과 같거나 약간 앞서는 것으로 생각되는 大連市 郊區 石灰窯村, 辽東彎연안 交流島 蛤皮址, 長興島 三堂유적(기원전 2450년-기원전 1950년경으로 여겨짐), 吉林省 和龍県 東城乡 興城村 三社(早期 興城三期, 기원전 2050년-기원전 1750년), 그리고 연해주의 신석기시대 문화인 보이즈만의 말기 자이사노프카의 올레니와 시니가이 유적(이상 기원전 3420년-기원전 1550년)에서 발견되고 있어 서쪽과 동쪽의 두 군데에서 영향을 받았을 가능성이 많다. 이들 유적들은 모두 신석기시대 말기에서 청동기시대 조기에 속한다. 그러나 원삼국시대란 용어를 삼국시대 전기(또는 철기시대 후기, 서기 1년-서기 300년)라는 용어로 대체해 사용하자는 주장은 1987년부터이다(최몽룡 1987, 한국고고학의 시대구분에 대한 약간의 제언, 최영희 선생 회갑기념 한국사학논총, 서울: 탐구당, pp.783-788). 그리고 국립중앙박물관에서도 서기 2009년 11월 3일(화)부터 이 용어를 공식적으로 사용하지 않기로 결정하였다. 한국고고학에 있어 馬韓에 대한 고고학적 연구는 이제 시작이라고 해도 과언이 아니다. 이는 약간의 단편적인 文獻資料 이외에는 고고학적 자료가 극히 적기 때문이다. 필자가 '전남지방 소재 지석묘의 형식과 분류'(최몽룡 1978, 역사학보 78집, pp.1-50), '고고학 측면에서 본 마한'(최몽룡 1986, 원광대학교 마한·백제연구소, 백제연구 9, pp.5-16)과 '考古學上으로 본 馬韓硏究'(최몽룡 1994, 원광대학교 마한·백제문화연구소 주최 학술심포지엄, pp.71-98)라는 글에서 "한국청동기·철기시대 土着人들의 支石墓社會는 鐵器시대가 해체되면서 점차 馬韓사회로 바뀌어 나갔다."는 요지를 처음 발표할 때만 하더라도 한국고고학계에서 '馬韓'이란 용어는 그리 익숙한 표현이 아니었다. 그러나 최근 경기도, 충청남북도 및 전라남북도 지역에서 확인되고 있는 고고학적 유적 및 문화의 설명에 있어 지난 수십 년간 명확한 개념정의 없이 통용되어 오던 原三國時代란 용어가 '馬韓時代' 또는 '馬韓文化'란 용어로 대체되는 경향이 생겨나고 있는데, 이는 마한을 포함한 三韓社會 및 문화에 대한 학계의 관심이 증폭되고, 또 이를 뒷받침할 만한 고고학자료가 많아졌음에 따른 것이다. 지석묘사회의 해체시기는 철기시대

城(사적 11호), 夢村土城(사적 297호) 등과 인접해 있을 뿐만 아니라 한강본류와 南漢江·北漢江이 만나는 兩水里(두물머리) 아래의 삼거리에 위치하여, 북쪽으로는 한강주변의 여러 성을 한 눈에 조망할 수 있고 남쪽과 동쪽은 南漢山·檢斷山, 서쪽은 야산으로 겹겹이 막혀 있어 배후의 평야지역과 한강유역을 방어

전기로 기원전 400년–기원전 1년 사이에 속한다. 최근에 발굴조사된 철기시대 전기에 속하는 유적으로 전라남도 여수 화양면 화동리 안골과 영암 서호면 엄길리 지석묘를 들 수 있다. 여천 화양면 화동리 안골 지석묘는 기원전 480년–기원전 70년 사이에 축조되었다. 그리고 영암 엄길리의 경우 이중의 개석구조를 가진 지석묘로 그 아래에서 흑도장경호가 나오고 있어 그 연대는 기원전 3세기–기원전 2세기경으로 추정된다. 그리고 부여 송국리유적(사적 249호)의 경우도 청동기시대 후기에서 철기시대 전기로 넘어오면서 마한사회에로 이행이 되고 있다(최몽룡 2011, 부여 송국리유적의 새로운 편년, 21세기의 한국고고학 Ⅳ, pp.211–226). 馬韓사회는 고고학상으로 기원전 3/기원전 2세기에서 서기 5세기 말/서기 6세기 초에 속하는 것으로 보인다. 마한은 한고국고고학편년상 철기시대 전기에서 삼국시대 후기(서기 300년–서기 660/668년)까지 걸치며, 百濟보다 앞서 나타나서 백제와 거의 같은 시기에 共存하다가 마지막에 백제에 행정적으로 흡수·통합되었다. 『三國志』魏志 東夷傳 弁辰條에 族長격인 渠帥(또는 長帥, 主帥라도 함)가 있으며 이는 격이나 규모에 따라 신지(臣智, 또는 秦支·踧支라고도 함), 검측(險側), 번예(樊濊), 살계(殺奚)와 읍차(邑借)로 불리고 있었음을 알 수 있다. 이는 정치진화상같은 시기의 沃沮의 三老, 東濊의 侯, 邑長, 三老, 挹婁의 大人, 肅愼의 君長과 같은 國邑이나 邑落을 다스리던 혈연을 기반으로 하는 계급사회의 行政의 우두머리인 族長(chief)에 해당된다.

10) 이는 충주시 칠금동 彈琴臺를 중심으로 하는 中原지역의 모습과 유사하다. 충주시는 남한강의 중심지로 백제·고구려와 신라의 철의 확보와 영토확장에 대한 시발점이다. 이 지역은 다른 지역과 달리 왕조의 개념이 포함된 古都文化圈이 아닌 것이 특징이다. 그러나 교통과 지역의 중요성으로 삼국시대 百濟·高句麗와 新羅의 角逐場이 되었다. 여기에는 충주시 칠금동 彈琴臺토성에서 나오는 鐵(덩이쇠)과 충주시의 滑石이 이 지역의 확보에 대한 가속화를 부채질했을 것으로 보인다. 한강은 경기도 양평군 양수리(두물머리)를 기점으로 북한강과 남한강으로 나누어진다. 그중 한강과 임진강을 포함하고 있는 경기도는 한국고고학편년상 철기시대 전기(기원전 400년–기원전 1년) 중에 나타나는 한국 최초의 국가이며 역사시대의 시작이 되는 衛滿朝鮮(기원전 194년–기원전 108년)부터 한반도에 있어서 중요한 무대가 된다. 특히 그 다음의 삼국

하기에 매우 유리한 입지조건을 갖추고 있는 戰略的 要衝地이다. 다시 말해 이는 이성산성이 先史時代이래 계속되어온 時代 및 占有勢力을 달리하면서 장기간 전략적 요충지의 역할을 수행해 왔음을 의미한다. 즉 이성산성은 경기도 하남시 春宮洞과 초일동에 걸쳐 있는 금암산줄기의 정상(二聖山城, 해발 209.8m)에 위치한 석성이다. 산성은 S자 모양의 포곡형(包谷形)산성으로 규모는 성벽 높이 4-5m 정도에 이르는데, 둘레 1,925m, 성 내부면적 약 155,025㎡이다. 그리고 8차 발굴에서 확인된 둘레 약 2㎞의 성벽을 옥수수알처럼 다듬은 돌로 쌓은 점(3차 성벽)이 특이하다. 제4지점에서 城門址가 확인되었다. 한양대학교 박물관은 서기 1986년 이래 서기 2002년까지 10차에 걸쳐 이성산성의 발굴을 담당해 왔다. 서기 1986년 1차 발굴에서 건물지 2동, 신앙/제사유구 4기, 저장혈 3기, 소형석곽묘 등의 유구가 확인되고 다량의 유물이 출토되었다. 산성의 축조연대를 추정할 수 있는 자료는 발견되지 않았지만, 토기와 개와 등의 유물로 볼 때 漢城時代 百濟의 後期에 축조되었으며, 삼국의 정치 및 군사적 상황에 따라 고구려와 신라에 의해 점유되면서 수백 년 동안 개축되어 사용되어오다가 통일신라시대에 이르러 그 효용가치가 점차 상실되어 廢城化될 위기에 처해진 것으로 여겨지나 성으로서의 기능은 고려나 조선시대까지 축소되어 그 명맥을 유지해왔던 것 같다.

이성산성은 백제의 제13대 近肖古王이 서기 371년(재위 26년) 고구려의 침략에 대비하여 일시적으로 천도를 단행했던 漢山에 비정될 수 있다는 점에서 특히 그 역사적 의미가 있다. 그리고 제사유구[천단(天壇)]로 추정되는 12각형

시대가 되면 父子之間의 나라로 알려진 高句麗와 百濟의 각축전이 전개된다. 이러한 관계는 백제는 13대 近肖古王(서기 346년-서기 375년) 때, 고구려에서는 가장 강성한 왕인 19대 廣開土王(서기 391년-서기 413년)과 20대 長壽王(서기 413년-서기 491년), 그리고 신라는 서기 551년-서기 553년 24대 眞興王(서기 540년-서기 576년)이 한강유역에 진출할 때까지 지속된다.

의 건물지가 산성에서 확인되었는데, 이와 유사한 건물지는 순천대학교 박물관이 1998년 조사한 순천시 성산리 檢丹山城(사적 제 418호)에서도 확인된 바 있다. 검단산성이 백제시대에 축조된 성임을 고려할 때 이러한 12각형의 제사유구가 백제시대부터 축조되었음을 알 수 있다. 제8·9·10차 발굴에서 백제시대의 유구와 유물이 확인되는 등 이성산성에서는 백제, 고구려, 신라와 관련된 유구와 유물이 다량으로 확인되었는데, 이들은 이성산성이 백제 제13대 近肖古王이 서기 371년 정치적·군사적 목적으로 천도해 20여 년 동안 한성백제의 도성이었던 漢山(서기 371년−서기 391년)일 개연성을 높여주는 고고학적 증거라 할 수 있다. 한성백제 초기부터 축조되어 사용되어 오던 土城은 近肖古王의 활발한 정복사업과 고구려의 영향으로 石城으로 전환되었다고 여겨지는데, 토성에서 석성으로의 전환이 이성산성에서 시작되었을 가능성이 높다. 한편 서기 2001년과 서기 2002년 실시된 9차와 10차 조사시 懸門式 東門址에 대한 발굴은 한성시대 백제의 마지막 왕이었던 제21대 蓋鹵王(서기 455년−서기 475년 재위)이 이성산성에서 벌어진 고구려와의 전투에 패해 적군에게 잡혀 아차산성에서 처형되었을 가능성을 제시해 주었다. 즉, 이성산성이 한성시대 백제의 최후 격전지였을 가능성이 높다고 하겠다.

임진강과 한탄강이 지류들과 합류하는 강안대지에 형성된 漣川의 瓠蘆古壘(사적 467호), 堂浦城(사적 468호), 隱垈里城(사적 469호) 등은 모두 고구려의 남방침투의 거점으로 활용된 중요한 성곽이었다. 이들은 모두 고구려가 남방의 신라나 백제를 견제할 목적으로 구축한 漢江−臨津江유역의 고구려 관방유적군 가운데에서도 대규모에 속하는 성곽이며 廣開土王−長壽王대에 이르는 시기에 추진된 남진정책의 배후기지로 활용되었다. 유적의 보존상태 또한 매우 양호하다. 연천 호로고루에서는 잘 보존된 성벽이 확인되었고, 남한 내에서는 그 유례를 찾을 수 없을 만큼 많은 양의 고구려기와가 출토되어 학계의 비상한 관심을 모은 바 있다. 연천 당포성은 고구려 축성양식을 밝힐 수 있는 폭 6m, 깊이 3m의 대형 埈字를 비롯하여 동벽 상단부위에 이른바 '柱洞'들이 확인되고, 성벽에 일정한 간격으로 수직홈이 파여져 있고 그 끝에 동그랗게 판 礎돌이 연결되어 있다는 점 등에서 중요성이 부각되고 있다. 이와 같은 주동은 서울 광진구 중곡동 용마산 2보루에서도 보이고 있는 전형적인 고구려양식이며, 전남 광양시 광양 용강리에 있는 백제의 馬老山城(사적 492호) 開据式 남문과 동문, 검단산성(사적 408호), 고락산성(전라남도 시도기념물 244호)과도 비교가 된다. 이것은 앞으로 조사가 더 진행되어야 알겠지만 아마도 성문이 처음 開据式에서 이성산성 동문과 금산 佰嶺山城(잣고개, 서기 597년 丁巳년 27대 威德王이 쌓음, 충남 기념물 83호)에서 보이는 것과 같은 懸門式으로 바뀌었음이 아닌가 생각된다. 그리고 남문의 성벽축조에서 고구려의 영향으로 보이는 '삼각형고임'이나 성벽기초부터 위로 올라갈수록 한 단계씩 뒤로 물러가는 '퇴물림'축조수법도 나타난다. 이는 파주 德津山城(경기도 기념물 218호)과 안성 望夷山城(경기도 기념물 138호)에서도 보인다. 은대리성(사적 469호)은 본래 동벽과 북벽 단면에서 보이는 바와 같이 처음에는 백제의 版築土城이었다가 서기 475년 이후 고구려에 넘어가 石城으로 개조된 비교적 원형을 잘 보존하고 있는 성곽으로 이 일대 고구려성곽 중에서 규모가 가장 큰 것에 속한다. 이 성은 지역 거점이거나 治所城의 성격을 가지고 있는 것으로 파악된다.

그리고 서기 1986년부터 여러 차례 발굴조사를 하여 직사각형의 樓閣型 건물터와 8각·9각·12각 건물터(1차 조사) 등 주로 신라시대라고 주장되는 삼국시대의 다각형건물터와 신앙유적 4개소, 부대시설로 門址와 排水口 등이 발견되었다. 산성의 정상 가까이에는 8각·9각·12각 건물이 직사각형 건물을 사이에 두고 동서로 배치되어 있는데, 이 중 직사각형 건물은 兵營이나 倉庫 등 산성의 주요시설물이었을 것으로 보이며 동쪽의 9각 건물은 하늘에 제사를 지내는 천단, 서쪽의 8각 건물은 社稷壇으로 추정된다. 이밖에 성벽(남쪽, 6차와 7차 조사시 初築과 改築을 확인), 대규모 貯水池(2차 조사, A지구에서 두 곳의 저수지가 확인)와 간지가 기록된 목간(木簡), 鐵製馬, 철제 도끼, 화살촉과 낫(8차 조사), 청동방울과 빗치개(4차 조사), 목제 빗, 토제어망추, 唐尺(29.8㎝, 7차 조사), 高句麗尺(35.6㎝, 8차 조사), 腰鼓(장고, 8차 조사), 목제 염주알, 목제 부지깽이와 叩板(8차 조사)들을 비롯하여, 백제의 회백색연질 타날문토기(1차 조사, A지구 저수지 10문화층, C지구 저수지 5문화층, 8차 보고서 p.276에서는 '백제토기'란 용어 대신 '삼국시대 전기 토기'로 언급함), 고구려의 黑陶(한양대 박물관 전시)와 道敎의 桃花를 의미하는 것으로 추정되는 井자가 새겨진 토기편, 신라─통일신라시대의 印花文이 시문된 그릇 뚜껑(蓋, 1─10차 조사 때 모두 신라─통일신라시대 토기가 나오며, 3차─7차 조사 때 이 산성이 신라시대 24대 眞興王의 서기 553년(眞興王 14년) 한강유역 진출 이후 축조되고 통일신라시대에도 계속 점유된 것으로 확인지었음), 고려시대의 개와편, 조선시대의 백자편 등 모두 3,352점의 유물이 출토되었다. 신라토기 중에는 皇龍寺址(사적 6호)와 雁鴨池(사적 18호, 臨海殿址)에서 출토된 토기들과 비슷한 통일신라 때의 것들이 많이 보인다. 특히 목간에서는 "辛卯五月八日向..北吳...前襦薩...六月九日.."과 "戊辰年正月十二日朋南漢城道使"(3차 조사, A지구 저수지)라는 墨書銘이 발견되어 이 산성이 서기 511년(고구려 21대 長壽王의 손자인 文咨明王/文咨王 20년, 서기 491년─서기 519년 재위)과 서기 608년(신라 26대 眞平王 40년, 서기 579년─서기 632년 재위)에 사용되고 있었음을 알려주고 있다.

서기 2005년 가을 하남 德風─감북 간 도로 확·포장구간 중 제 4차 구간인 하남시 廣岩洞 산 26─6번지 二聖山城(사적 422호) 서쪽 산록하에서 세종대학교 박물관에 의해 발굴된 백제시대 서기 4세기대의 橫穴式石室墳(돌방무덤) 1·2호에서 直口短頸壺와 廣口短頸壺가 출토되었는데. 이들의 연대는 서기 3세기 말에서 서기 4세기 말에 속한다(하문식·황보경 2007, pp.195─225). 이 고분과 출토 백제토기들은 이성산성이 백제 13대 近肖古王 26년(서기 371년)에 축조되었다는 설을 뒷받침해준다.

백제의 시작은 고구려로부터 온 溫祚王일행과 그들의 묘제인 積石塚으로 부터이다. 시체를 넣은 돌널 위를 봉토를 덮지 않고 돌만으로 쌓아올린 무덤을 적석총이라고 한다. 우리나라 선사시대부터 역사시대의 고구려·백제 초기에 나타나는 묘제 중의 하나이다. 선사시대의 것은 구덩이를 파거나 구덩이 없이 시체를 놓고 그 위에 흙 대신 돌을 덮는 가장 원시적인 묘제이다. 인천 矢島, 제원 청풍면 양평리, 춘천시 泉田洞 등지에서 발견되고 있다. 특히, 천전동의 경우 중심부에 2, 3개의 석곽이나 석관을 두고 커다란 석괴를 덮은 것으로 청동기시대 후기에서 철기시대 전기에 걸쳐 나타난다. 고구려와 백제 초기 단계에서 보이는 적석총은 桓仁県 高力子村, 자강도 시중 심귀리, 자성 조아리·서해리·법동리·송암리 등지의 압록강유역에서 보이는 것들과, 경기도 양평 문호리, 서울 석촌동, 강원도 춘천 중도, 충청북도 제천 양평리·교리·도화리 등지의 남한강유역에서 보이는 것들이 이에 해당한다. 고구려무덤은 석묘(돌무덤)와 토묘(흙무덤)로 나누어지며, 석묘는 적석묘(돌각담무덤, 적석총)와 봉석묘(돌간돌무덤)로, 그중 적석묘(적석총)는 무기단적석총(계단상의 축조가 없는 것)과 기단식 적석총으로 분류된다. 그 각각의 명칭은 봉토석실분(돌간흙무덤), 적석총(돌각담무덤), 기단적석총(돌기단무덤), 봉석묘(돌간돌무덤)으로 불린다. 그리고 축조순서도 다곽식 무기단적석총－이음식 적석총－기단식－계단(층단)식 적석총[11]의 순서로 발전한다. 적석총을 석분(石墳)의 범주에 넣어 적석묘·

---

11) 세계문화유산으로 등재된 고대 고구려 도읍지와 무덤군(Capital Cities and Tombs of the Ancient Goguryo Kingdom : 문화, 2004)에는 옛고구려시대의(기원전 37년－서기 668년)수도인 吉林省 輯安 3개 도시의 40기의 무덤(14기 왕릉과 26기 貴族陵)군이 있다. 여기에는 대부분 서기 472년(長壽王 15년) 평양으로 천도하기 이전의 고분군인 요령성 桓仁 오녀산성, 길림성 集安시 丸都山城과 國內城, 通口고분군, 將軍塚, 太王陵과 好

방단적석묘(方壇積石墓)·방단계단석실묘(方壇階段石室墓)·봉석석실묘(封石石室墓) 등으로도 세분하고 있다. 또는 무기단식·기단식·연도와 석실이 있는 기단식 적석총 등 셋으로 세분하기도 한다. 다시 말해 압록강과 한강유역에 보이는 고구려와 백제의 돌무지무덤은 형태상 무기단식 적석총(돌각담무덤, 적석

太王碑, 五盔(塊)墳 1–5호, 산성하고분군(積石塚)·王子墓, 角抵塚·舞踊塚, 장천 1·2호, 牟頭婁총(冉牟墓)·서대묘·千秋墓 등 모두 43건이 위치한다. 그중에는 將軍塚, 太王陵과 好太王碑, 산성하고분군(積石塚)들은 적석총이다.

이들 적석총의 기원은 세계문화유산으로 등재된 진시황릉(Mausoleum of the First Qin Emperor : 문화, 1987)에서 찾아볼 수 있다. 秦始皇은 진나라를 기원전 246년–기원전 210년에 통치하였으며 기원전 221년 戰國時代를 통일하였다. 그의 무덤은 섬서성 임동현 여산(陝西省 臨潼県 驪山)에 위치하며 발굴에서는 보병의 1호(11열로 배치, 1열은 230m임), 각렬의 보병, 궁수·전차와 기마부대의 2호, 그리고 지휘통솔부의 3호의 兵馬坑이 확인되었다. 그리고 최근 중앙 왕릉 근처에서 발견된 80여 개의 坑 중이어 만든 갑옷인 石製札甲만 수백 벌을 매장한 坑이 새로이 발굴·조사 중이다. 이는 진시황이 전사자들의 영혼을 위로하기 위해 매장한 것으로 추측된다. 그리고 이 묘는 진시황이 기원전 247년 13세로 등극하자마자 만들기 시작해 50세에 죽을 때까지 완성을 보지 못하였다. 그리고 그의 능도 기원전 207년 楚의 霸王 項羽(또는 項籍: 기원전 232년–기원전 202년)에 의해 도굴당했으며 그 속에서 가져온 보물의 일부는 애첩 虞美人에게로 흘러들어간 것으로 여겨진다. 그리고 秦始皇帝의 兵馬坑은 다음 漢나라에서도 계속 만들어졌는데 陝西省 咸陽市 楊家灣에서 발견된 4·5호묘(이들은 周勃과 周亞夫 父子묘로 기원전 195년 죽은 漢高祖무덤인 長陵의 陪葬墓로 추정된다. 서기 1970년–서기 1976년 발굴)와 江蘇省 蘇州 西樵山에서 서기 1988년–서기 1995년 발굴된 諸侯國 楚나라 3대 왕인 劉禹(기원전 155년에 일어난 吳楚七國의 亂이 실패하여 기원전 154년 35세 나이로 자살, 이때는 西漢 6대 景帝 劉啓 前元 3년임)의 것이 잘 알려져 있다. 기원전 247년부터 만들기 시작해 38년이 걸린 전체 면적 56.25㎢내 封土墳만 25만㎡의 범위를 가진 秦始皇陵의 地下高樓(궁전, 무덤)를 찾기 위한 물리적 탐사가 서기 1981년 水銀의 함유량조사 이후 계속 진행되고 있는데 서기 2002년부터 836물리탐사계획 탐사(단장은 劉土毅, 考古隊長은 段淸波임)에서 진시황릉의 槨室(墓室) 주위에 보안과 봉토를 쉽게 쌓기 위한 동서 145m, 남북 120m, 높이 30m의 담장을 두르고 그 위에 전체 三段의 구획에 각 단 3개의 계단을 갖은 모두 9개의 層段(무덤 하변의 폭 500m, 묘실바닥에서 봉토까지 전체높이 115m, 계단 한 층의 높이 3m, 각 계단 폭 2.5m)을 갖고 각 계단의

총)-다곽식 무기단식 적석총이다. 그런데 무기단식의 경우 기원전 3세기-기원전 1세기부터, 기단식은 서력 기원전후부터 발생하며, 연도와 석실이 있는 기단식 적석총을 석실묘에로의 이행과정양식으로 설명한다. 이러한 적석총의 축조자들은 고구려를 세운 장본인으로 보고 있다.

이제까지 발굴·조사된 적석총은 다음과 같다.

가. 양평 서종면 문호리(1974)

나. 제원 청풍면 양평리(1983)

다. 제원 청풍면 도화리(1983) 보고서의 하한연대는 서기 2세기나 기원전 2세기/기원전 1세기로 연대의 상향조정이 필요하다. 이곳에서 함께 출토한 樂浪陶器와 함께 현재 유물은 청주박물관에 전시되어 있음.

라. 연천 중면 삼곶리(1994) 1993년 12월 지도위원회 이음식 돌무지무덤

끝에는 개와를 덮은 極數인 9층의 樓閣지붕을 가진 목조건물의 피라미드구조가 확인되고 있다. 그 구조 위에는 6-7㎝로 다진 版築의 細芬土(封土下 30-40㎝에서 발견됨, 묘실 위에는 40-60㎝의 두께의 粗芬土로 덮여있음)로 다진 후 봉토로 덮고 그 위에 享堂(王堂)의 祭祀用 목조건물을 세운 것으로 밝혀지고 있다. 이는 中國社會科學院 考古研究所 楊鴻勛 硏究員의 생각이기도하다. 이와 같은 형태는 기원전 323년의 河北省平山縣 城北 靈山 下에서 서기 1974년-서기 1978년에 발굴된 戰國 말기 中山國 5대 중산왕릉에서 그 기원을 찾아볼 수 있다고 한다. 이 중산왕릉이 만들어진 50년 후 진시황릉이 만들어지게 된다. 그렇다면 高句麗 輯安의 將軍塚의 기원도 밝혀질 수 있을 것이다. 묘실 안에는 司馬遷의『史記』秦始皇 本紀 第六에서 언급된 바와 같이 인부 70만 명을 동원해 세 개의 모래층을 판 穿三泉을 한 후 槨(묘실)을 만들고 천장에서 天文(보석으로 별자리를 만든 것으로 추측), 바닥은 水銀(100톤 이상으로 추산)으로 中國의 지형에 따라 강과 바다를 만들고 人魚膏(고래기름)로 長明燈의 불을 밝혀 오래 가도록 하였다. 그리고 弓矢를 장착해 문이 열릴 때 자동적으로 발사하도록 장치를 갖추었다 한다. 수은은 지형상 바다가 면한 동북쪽과 동쪽에서 많이 含有된 중국의 水界分布를 나타내고 있음이 밝혀졌다. 이는 시체와 부장품들의 腐敗를 防止하기 위한 목적도 있다. 현재 황릉에 대한 다각적인 연구가 진행 중이다.

과 제단. 桓仁 古力墓子村 M19와 유사

마. 연천 군남면 우정리(2001)

바. 연천 백학면 학곡리(2004)

사. 양평 양서면 신원리(2007)

아. 연천 중면 횡산리(2009)

비록 이러한 적석총의 기원이 고구려지역에 있다고 하더라도, 한강유역에
서 나타나는 것은 고구려의 영향을 받은 백제시대의 것으로 볼 수 있다.[12] 이

---

12) 이와 같은 예로 고구려벽화고분 중 三足烏를 들 수 있다. 그리고 이와 아울러 최근
발견되는 고구려 관계 유적·유물의 기원에 대한 새로운 검토가 필요하다. 그중 하나
가 고구려 벽화분의 해와 달을 상징하는 三足烏와 두꺼비의 기원문제가 다시 검토되
어야 한다. 두꺼비(蟾蜍)와 토끼(玉兎)는 漢語大詞典에 '后用爲月亮的對稱', '傳說月中
有蟾蜍, 因借指月亮', '指神話中月亮里的白兎'과 같이 나오는 것으로 보아 달을 지칭
하는 다른 이름으로 보아도 된다. 그리고 三足烏는 古代傳說中 神鳥로 '爲西王母取食
之鳥', '日中有三足烏', '태양을 실어 나르는 새'(爾雅) 등으로 언급되고 있어 태양(해)
속에 있는 三足烏와 태양은 불가분의 관계로 표현된다. 鳥夷족은 先秦時 중국 동부
근해에서 살던 사람들을 칭하는 이름으로 이야기하기도 하는데(『史記』 五帝本紀), 그들
은 이 삼족오의 신앙과도 관련이 있다. 해와 달의 신앙은 중국 측의 기록에서 볼 때
삼황오제(伏羲, 神農, 女媧/燧人, 黃帝/少昊, 帝嚳, 顓頊, 堯, 舜) 때부터의 일이다. 중국신
화에서 인류의 선조는 伏羲와 女媧이며 西王母는 중국의 女仙人으로 長生不老의 상
징으로 되어 있다. 이들은 우리의 신화하고는 거리가 멀다. 단지 고구려 廣開土王(서
기 391–서기 412년)시 大使者(6품) 벼슬을 한 牟頭婁(또는 冉牟)墓의 묘지명에서 朱蒙(東
明王)을 '日月之子'로 표현하고 있다. 그러나 五盔(塊)분 4호의 伏羲와 女媧가 떠받치
는 日月神像圖는 중국적인 요소가 강하다. 그리고 우리의 고구려 고분벽화와 시간적
으로 너무 차이가 난다. 馬王堆 漢墓와도 약 500년간의 시차가 있다. 三皇五帝시절
부터 내려오던 중국인의 神話와 來世觀이 고구려 고분벽화에 끼친 영향은 너무나 뚜
렷하다. 그것은 馬王堆 漢墓 중 신추의 1호와 3호묘의 내관 덮개인 T자형 彩繪帛畵
에 나타난 해와 달의 모습이 고구려의 고분벽화에 나타남으로써 한국문화의 기원이
나 원류의 하나가 중국에 있다는 사실을 알 수 있게 되었다. 이 고분은 서기 1972년

들은 석촌동 3호분과 같이 고식으로 백제 건국자들이 남하했던 역사적 사실을 뒷받침해준다. 그리고 석촌동 4호분의 경우 3단의 기단식 적석총으로 위에 석실과 형식상의 연도가 남아 있는 것으로 보아, 석실묘 이전의 단계로 적석총으로서는 가장 발전된 모습이다. 이것은 서기 475년(21대 蓋鹵王 21년, 서기 455년

-서기 1974년에 湖南省 長沙市(漢나라 당시의 이름은 臨湘임) 東郊 馬王堆路 馬王堆 省馬王堆療養阮옆에서 발견된 것으로, 이곳에는 중국 前漢(기원전 206년-서기 8년) 장사국의 재상(長沙丞相)이며 700戶를 分封받은 초대 軟侯인 利蒼(2호, 呂后/呂雉 2년 기원전 186년에 죽음, 대후는 4대로 利蒼-利豨-利彭祖-利秩의 순으로 이어짐), 부인 辛追의 무덤(1호, 2대 대후인 利豨년간인 기원전 160년경에 50세 전후로 죽음)과 그들의 아들의 무덤(3호, 30세 가량의 利蒼과 辛追의 아들로 文帝 12년 기원전 168년에 죽음. 文帝 15년 기원전 165년에 죽은 2대 대후인 利豨의 동생으로 여겨짐)의 세 무덤으로 이루어지고 있다. 발굴보고자들은 이 셋의 무덤이 기원전 186년에서 기원전 160년경 사이에 축조된 것으로 보고 있다. 고구려의 벽화에서 日月圖가 뚜렷이 보이는 것만도 현재 20여 기나 되는데, 원래 고구려의 벽화고분을 축조할 때 처음부터 일월도가 그려져 있었던 것으로 보아도 무리가 없겠다. 馬王堆 漢墓의 T자형 彩繪帛畵에 나타난 것과 주제가 같은 태양과 달의 모습을 그린 고구려의 벽화고분들은 아래와 같다.

 덕흥리 고분(서기 408년, 평남 남포시 강서구역 덕흥동)
 안악 1호 고분(서기 4세기 말, 황해남도 안악군 대추리)
 무용총(서기 4세기 말-5세기 초, 길림성 집안)
 각저총(4세기말-5세기 초, 길림성 집안)
 약수리 고분(5세기 초, 평안남도 강서군 약수리)
 성총(5세기 중엽, 남포시 와우도구역 신령리)
 천왕지신총(5세기 중엽, 평안남도 순천시 북창리)
 장천 1호 고분(5세기 중엽, 길림성 집안)
 수렵총(5세기 말, 남포시 용강군 용강읍)
 쌍영총 고분(서기 5세기 후반, 평안남도 용강군 용강읍)
 대안리 1호 고분(서기 5세기 후반, 평안남도 용강군 대안리)
 덕화리 1호 고분(서기 5세기 말-서기 6세기 초, 평안남도 대동군 덕화리)
 덕화리 2호 고분(서기 6세기 전반, 평안남도 대동군 덕화리)
 개마총(서기 6세기, 평양시 삼석구역 노산리)
 내리 1호(서기 6세기, 평양시 삼석구역 노산리)

─서기 475년 재위) 백제의 개로왕이 郁里河(지금의 한강)에서 대석을 캐어 石槨을 만들고 아버지를 묻었다는『三國史記』의 기록과도 부합될 수 있는 것으로, 축조 시기는 대개 서기 2세기─서기 4세기 정도로 여겨진다. 石村洞에서 제일 거대한 3호분은 방형 기단형식의 돌무덤으로, 계단은 3단까지 확인되었으며, 그 축조시기는 서기 3세기─서기 4세기 사이에 축조된 것으로 보인다. 그리고 석촌동 4호분은 방형으로 初層을 1면 세 개 미만의 호석(護石, 받침돌, 보강제 등의 명칭)으로 받쳐놓아 將軍塚과 같은 고구려의 계단식 적석총 축조수법과 유사하다. 신라의 경우 31대 神文王陵(사적 181호)과 33대 聖德王陵(사적 28호)에서 이와 같은 호석들이 보여 주목된다. 석촌동 4호분의 연대는 서기 198년(10대 山上王 2년)에서 서기 313년(15대 美川王 14년) 사이에 축조된 것으로 추정된다. 그러나 그 연대는 3호분과 비슷하거나 약간 늦은 것으로 추측된다. 왜냐하면 적석총보다 앞선 시기부터 존재했을 토광묘와 판축기법을 가미하여 축조했기 때문에 순수 고구려양식에서 약간 벗어난 모습을 보여주기 때문이다. 여기에는 사적11호 풍납토성 내 경당지구에서 출토된 것과 같은 한─낙랑(漢─樂浪)계통으로 보이는 기와편이 많이 수습되었다. 이는 集安의 太王陵, 將軍塚과 千秋塚 등의 석실이 있는 계단식 적석총의 상부에서 발견된 건물터나 건물의 지붕에 얹은 기와편들로부터 구조상 상당한 유사점을 찾을 수 있다. 즉 고구려의 적석총은 무덤(墓)인 동시에 제사를 지낼 수 있는 廟의 기능인 享堂의 구조를 무덤의 상부에 가지고 있었다. 이런 점에서 羨道(널길)가 있는 석실/석곽을 가진 석촌동 4호분 적석총도 축조연대만 문제가 될 뿐 고구려의 적석총과 같은

진파리 4호 고분(서기 6세기, 평양시 역포구역 용산리)

진파리 7호 고분출토 금동보관장식(평양시 역포구역 용산리)

사신총(서기 6세기, 길림성 집안)

五盔(塊)墳 4호 및 5호(서기 6세기 후반, 길림성 집안)

강서 중묘(서기 6세기 후반─7세기 초, 평안남도 강서군 삼묘리)

기능을 가지고 있었던 고구려계통의 무덤양식인 것이다. 석촌동 1호분의 경우 왕릉급의 대형雙墳임이 확인되었다. 그 쌍분전통은 압록강유역의 환인현 고력묘자촌에 보이는 이음식 돌무지무덤과 연결되고 있어 백제지배세력이 고구려와 관계가 깊다는 것에 또 하나의 증거를 보태준다. 자강도 시중군 로남리, 집안 양민과 하치 등지의 고구려 초기의 무기단식 적석총과 그 다음에 나타나는 집안 통구 禹山下, 환도산성하 洞溝와 자강도 자성군 서해리 등지의 기단식 적석총들은 서울 석촌동뿐만 아니라 남한강 및 북한강유역에서 많이 발견되고 있다. 제원 청풍면 도화리 적석총의 경우, 3단의 기단은 갖추어져 있으나 석촌동 4호분에서와 같이 연도와 석실은 만들어지지 않았다. 도화리의 축조연대는 출토유물 중 樂浪陶器, 철제무기, 경질무문토기편[13]들로 보아 기원전 2세기-기원전 1세기로 추측된다. 적석총들은 특히 남·북한강유역에 주로 분포되어 있다. 이 시기도 백제가 공주로 천도하기 이전의 기간인 기원전 18년-서기 475년의 약 500년 동안으로, 한성(漢城)백제라는 지리적인 위치와도 관련을 맺고 있다. 이 유적들은 백제 초기인 한성도읍시대의 연구에 중요한 실마리를 제공해주고 있다. 또한『三國史記』의 초기 기록을 신뢰하지 않더라도 이미 이 시기에는 북부지역에서 고구려가 고대국가의 형태를 가지며, 자강도에 적석총이 축조되게 된다. 고구려계통의 적석총이 남하하면서 임진강, 남한강, 북한강유

---

13) 백제의 건국연대가『三國史記』의 기록대로 기원전 18년으로 올라간다. 이는 문화재연구소에서 서기 1999년 실시한 서울 풍납토성(사적 11호)의 성벽 발굴 최하층에서 확인한 제례용으로 埋納된 硬質無文土器의 연대는『三國史記』溫祚王 41년條(서기 23년) '...發漢水東北諸部落人年十五歲以上 修營慰禮城...'이란 성벽(동벽과 서벽)의 축조연대와 함께 기원전 1세기-서기 1세기경으로 추측할 수 있는 데에서도 알 수 있다. 그리고 春川 中島의 硬質(糟質)無文土器도 기원전 15±90년(1935±90 B.P.)으로 경질무문토기의 하한은 늦어도 기원전 1세기-서기 1세기경이 될 것이다. 여기에 덧붙여 '...十五年春正月 作新宮室 儉而不陋 華而不侈.'라는 궁궐의 신축은 溫祚王 15년(기원전 4년) 이루어졌음도 믿을 수 있는 연대임을 알 수 있다.

역에 적석총이 축조된다. 그 대표적인 예로 경기도 연천 군남면 牛井里, 삼곶
리, 학곡리, 中面 橫山里, 충북 堤原 淸風面 桃花里의 기원전 2세기-기원전 1
세기경에 축조된 적석총들을 들 수 있다.

이 적석총은 백제의 건국자인 朱蒙(高朱蒙/東明聖王)의 셋째 아들인 溫祚(기
원전 18년-서기 28년 재위)의 南下神話와도 연결된다. 백제의 건국자는 朱蒙(高
朱蒙/東明聖王)의 셋째 아들인 溫祚(기원전 18년-서기 28년 재위)이다. 그는 아버
지인 주몽을 찾아 부여에서 내려온 瑠璃王子(고구려의 제2대 왕) 존재에 신분의
위협을 느껴 漢 成帝 鴻嘉 3년(기원전 18년) 형인 沸流와 함께 남하하여 하북위
례성(현 중랑천 근처이며, 온조왕 14년, 기원전 5년에 옮긴 하남위례성은 송파구에 위
치한 사적11호인 風納土城으로 추정됨)에 도읍을 정하고, 형인 비류는 彌鄒忽(인
천)에 근거를 삼는다. 이들 형제는 『삼국유사』에 의하면 고구려의 건국자인 주
몽의 아들로, 그리고 『三國史記』 百濟本紀 별전(권23)에는 그의 어머니인 召西
奴가 처음 優台의 부인이었다가 나중에 주몽에게 개가하기 때문에 주몽의 셋
째 아들로 기록된다. 온조는 天孫인 解慕漱, 용왕의 딸인 河伯女(柳花)의 신화
적인 요소와, 알에서 태어난 주몽의 탄생과 같은 난생설화가 없이, 처음부터 朱
蒙-召西奴-優台라는 구체적이고 실존적인 인물들 사이에서 태어난다. 그래서
백제에는 부여나 고구려다운 建國神話나 始祖神話가 없다. 이것이 백제가 어
버이나라인 고구려에 항상 열등의식을 지녀온 요소가 될 수 있을 것이다. 이 점
은 온조왕 원년(기원전 18년)에 東明王廟, 17년(기원전 2년)에 어머니 召西奴의
묘[14]를 세운 것이나, 백제 13대 근초고왕(서기 346년-서기 375년)이 서기 371년
평양으로 쳐들어가 고구려 16대 故國原王(서기 331년-서기 371년)을 사살하지만

---

[14] 『三國史記』 百濟本紀 1에 溫祚王이 기원전 18년 나라를 세우고, 그해 5월 여름 아버
　　지인 朱蒙을 위해 東明王廟를(元年夏五月. 立東明王廟), 또 온조왕 17년(기원전 2년)에
　　어머니 召西奴의 묘를 세워(十七年夏四月. 立廟以祀國母) 제사지내는 기록이 보인다.

평양을 백제의 영토로 편입시키는 노력을 기울이지 않고 한성으로 되돌아오는 점 등에서 이해된다. 그래서 백제왕실은 고구려왕실에 대한 열등감의 극복과 아울러 왕실의 정통성을 부여하려고 애를 써왔던 것으로 보인다. 이와 같이 고구려와 백제는 父子之間의 나라로 신화와 문헌을 통해서 알 수 있다.

즉 문헌과 신화상으로 볼 때 적석총이 고구려 및 백제와 같은 계통이라는 추정이 가능하며 이는 고고학자료로도 입증되고 있다. 남한강 상류에는 평창군 여만리와 응암리, 제천시 양평리와 도화리 등에서 발견된 바 있으며, 북한강 상류에서는 화천군 간척리와, 춘성군 천전리, 춘천 중도에서도 보고되었다. 또한 경기도 연천군 중면 삼곶리를 비롯해, 군남면 우정리와 학곡리에서는 이보다 앞서는 백제시대의 초기 무기단식 적석총이 발견되었다. 임진강변인 연천 중면 횡산리에서도 무기단식 적석총이 발견되었다는 것은 백제 적석총이 북에서 남하했다는 설을 재삼 확인시켜주는 것이며, 아울러 백제 적석총에 대한 많은 시사를 한다고 볼 수 있다. 그러나 고구려인이 남한강을 따라 남하하면서 만든 것으로 추측되는 단양군 영춘면 사지원리[傳 온달(傳 溫達, ?―서기 590년 26대 嬰陽王 1년) 將軍墓]의 적석총이 발굴되었는데 이것은 산청에 소재한 가야의 마지막 왕인 구형왕릉(仇衡王陵, 사적 214호)의 기단식 적석구조와 같이 편년이나 계통에 대한 아직 학계의 정확한 고증을 받지 못하고 있다. 그러나 한강유역의 각지에 퍼져있는 적석총의 분포상황으로 볼 때 고구려에서 나타나는 무기단식, 기단식과 계단식 적석총이 모두 나오고 있다. 이들은 당시 백제는 『三國史記』溫祚王 13년(기원전 6년)의 기록에서 보이는 바와 같이 동으로는 주양(走壤, 춘천), 남으로는 웅천(熊川, 안성천), 북으로는 패하(浿河, 예성강)에까지 세력을 확보하고 있었음을 확인시켜준다. 한성시대의 백제의 영역은 13대 近肖古王 때가 가장 강성했으며 그 영역도 경기도 여주 연양리와 하거리, 진천 석장리, 삼용리(사적 344호)와 산수리(사적 325호)를 넘어 충청북도 충주시 금릉동(백제초기 유적), 칠금동 탄금대(백제토성과 철 생산유적), 장미산성(사적 400호), 가금면 탑평리(백제시대의 집자리), 강원도 홍천 하화계리, 원주 법천리, 춘천 천전리, 화천군 하남 원천리(백제시대의 집자리)에서 발견되고 있어 『三國史記』의 기록을 뒷받침해주고 있다.[15] 이와 같이 한강유역에 분포한 백제 초기의 적석총들은 백제 초기의 영역을 알려주는 고고학적 자료의 하나이며, 이는 오히려 고구려와 백제와의 역사적 맥락에 대한 문헌과 신화의 기록을 보충해 주고 있다 하겠다.

또 적석총들에서 기원전 108년 한무제의 한사군 설치를 계기로 낙랑과 대방을 통해 고도로 발달한 한의 문물과 함께 철기시대 전기 말에 무문토기사회에 유입된 한식도기(漢式陶器) 또는 낙랑도기(樂浪陶器)가 예외없이 나타난다. 최근 한식도기(낙랑도기)가 나오는 유적은 풍납토성(사적 11호), 경기도 연천 초성리, 가평 대성리, 달전 2리와 상면 덕현리, 양주 양수리 상석정, 하남시 이성산성(사적 422호), 화성 기안리, 광주읍 장지동, 강원도 강릉 안인리와 병산동, 동해 송정동, 정선 예미리, 춘천 우두동과 거두 2리와 율문리, 충청남도 아산 탕정 명암리와 경상남도 사천 늑도 등 십여 군데에 이른다. 500℃-700℃(엄밀한 의미에서는 700℃-850℃)의 화도에서 소성된 무문토기 또는 경질무문토기를 사용하던 철기시대 전기의 주민들에게 화도가 1000℃-1100℃에 이르는 樂浪陶器와 炻器(stoneware)는 상당한 문화적 충격적이었다. 발견된 樂浪陶器 출토지는 다음과 같다.

---

15) 백제초기의 유적은 충청북도 충주시 금릉동 백제초기 유적, 칠금동 탄금대 백제토성 (철 생산 유적), 장미산성(사적 400호), 가금면 탑평리 집자리(凸자형 구조를 가진 철제무기를 만들던 대장간과 같은 工房으로 서기 355년, 서기 365년, 서기 380년의 연대가 나옴)와 창동 철광산 강원도 홍천 하화계리, 원주 법천리, 춘천 천전리, 화천군 하남 원천리에서 발견되고 있는데, 이들은 『三國史記』百濟本紀 I 溫祚王 13년條(기원전 6년)의 '... 遺使馬韓 告遷都 遂畫疆場 北至浿河 南限熊川 西窮大海 東極走壤...'이란 기록을 뒷받침해주고 있다.

가. 서울 송파구 풍납토성(사적 11호)

나. 연천 청산면 초성리

다. 연천 백학면 학곡리

라. 가평 달전 2리(漢戟, 衛滿朝鮮土器)

마. 가평 청평면 대성리 驛舍(기전, 겨레에서 발굴)

바. 양평 양수리 상석정[가장 연대가 올라가는 것은 A10−S1(A−10호 주
   거지 중앙기둥)으로 2150±60 B.P. 보정연대는 330 B.C. 또는 170
   B.C.가 된다.]

사. 하남시 이성산성(사적 422호)

아. 화성 발안면 기안리

자. 강릉 안인리와 병산동

차. 춘천 근화동(驛舍), 우두동과 율문리

카. 동해 송정동

타. 정선 여미리

파. 충청북도 제원 청풍면 도화리(사적 2호인 金海貝塚에서 나오는 회청색 樂
   浪陶器가 출토)

하. 경상남도 사천 늑도(史勿國, 半兩錢: 기원전 221년−기원전 118년, 7대 漢
   武帝 元狩 5년, 낙랑도기와 彌生土器가 공존)

이들은 주로 경기도[樂浪 漢 武帝 元封 3년(기원전 108년)−晉 建興 元年/美川王 14년(서기 313년), 帶方 獻帝 建安(서기 196년−서기 220년)−서기 313년]과 강원도[臨屯 漢 武帝 元封 3년(기원전 108년) 설치−기원전 82년 임둔을 파하여 현도에 합침, 玄菟(기원전 107년−기원전 75년 興京·老城지방으로 옮김)−昭帝 5년(기원전 82년)] 濊, 東濊지역에 집중해서 낙랑도기가 나오고 있다. 이 점은 고구려계통의 적석총이 남하하면서 낙랑과 임둔의 影響을 잘 받아들이고 있음을 보여주고 있다 하

겠다.

　문헌상 보이는 백제의 특징은 부여 또는 고구려로부터 이주한 정권으로서 나름대로 정통성을 확보해 나가는 동시에 주위 마한(馬韓王 또는 西韓王이 통치, 赫居世 38년과 39년 즉 기원전 20년과 기원전 19년)에 대한 정복을 강화하여서 조금씩 세력을 확장해 나가는 것이다. 그들의 세력확장은 고고학적 유적인 산성이나 고분을 통해 알 수 있다. 백제는 기원전 3세기—기원전 2세기에 성립한 앞선 馬韓의 바탕 위에서 성립한다. 그래서 삼국시대 전기에 속하는 백제 초기의 문화적 양상은 마한의 것과 그리 크게 다르지 않다. 그리고 백제의 건국은 『三國史記』 百濟本紀의 기록대로 기원전 18년으로 보아도 된다. 한강유역에서 마한으로부터 할양받은 조그만 영역에서 출발한 백제가 점차 강성해져 영역을 확장해 나가는 동시 마한은 그 범위가 축소되어 稷山, 成歡과 天安 龍院里 일대(서기 369년 백제 近肖古王 26년에 점령당함)—公州·益山—羅州로 그 중심지가 이동이 됨을 볼 수 있다. 백제를 포함한 『三國史記』의 초기 기록을 인정해야만 현재의 한국고대사가 제대로 풀려나갈 수 있다. 이는 최근 문제가 되는 고구려 초기 역사와 신라·백제와의 歷史的 脈絡에서 살펴볼 수 있다. 그리고 한성시대 백제(기원 18년—서기 475년)의 성기 371년 이후 石城이 존재해 있었으며 이는 하남시 二聖山城(사적 422호)을 필두로 하여, 이천 雪峰山城(사적 423호), 雪城山城[경기도 기념물 76호, 4차 조사시의 가속질량연대분석(AMS: Accelerator Mass Spectrometry)은 서기 370년—서기 410년 사이의 축조임을 알려줌], 안성 竹州山城(경기도 기념물 69호)과 望夷山城(경기도 기념물 138호, 현재까지의 조사로는 토성만이 백제의 것으로 확인됨)에서 볼 수 있다. 백제 석성 축조의 기원은 13대 近肖古王이 서기 371년 평양에서 벌인 16대 故國原王과의 전투에서부터로 볼 수 있다. 청주 부용면 부강리 남성골 산성의 발굴의 결과 이 성이 고구려군에 의한 함락이 서기 475년이 그 하한이 되는 점도 이러한 역사적 맥락을 잘 보여준다. 이곳의 방사성탄소(C14)연대는 서기 340년-서기 370년과 서기 470년-서기 490년의 두 시기로 나온다. 이 남성골산성은 청주 井北洞土城(사적 415호: 서기 130년-서기 260년경 축조)과 같이 아마도 馬韓時代의 初築으로 후일 百濟城이 되었다가 서기 475년경 20대 長壽王 63년 高句麗軍에 함락당한 것으로 여겨진다. 한성시대 백제의 영역에 속하는 지역에서의 백제성은 抱川 半月城(사적 403호), 漣川 堂浦城(사적 468호), 隱垈里城(사적 469호), 瓠蘆古壘城(사적 467호)과 연기 雲舟城 등이 있다. 호로고루성은 발굴결과 처음에는 백제시대의 판축으로 이루어진 토성으로 그 후 고구려의 석성으로 대체되었던 것으로 보인다. 이는 연천군 전곡읍 隱垈里토성(사적 469호)이 원래 백제의 版築土城이었는데 서기 475년경 고구려군의 침입으로 고구려석성으로 바뀐 것과 역사적 맥락을 함께 한다. 그리고 최근 조사된 연천 당포성(堂浦城, 사적 468호) 동벽도 역시 백제의 판축토성을 이용하여 高句麗城을 쌓은 것으로 확인되었다. 이들은 13대 근초고왕의 북진정책과 19대 廣開土王과 20대 長壽王의 남하정책과 관련이 있다. 그리고 이들 모두 漢城時代 百濟가 망하는 서기 475년경 전후의 역사적인 맥락을 알려주는 중요한 유적이다. 파주 舟月里(六溪土城, 경기도 기념물 217호, 서기 260년-서기 400년, 서기 240년-서기 425년)와 포천 자작리의 백제시대 집자리의 존재는 이들을 입증해준다. 한성시대의 백제의 영역은 13대 近肖古王 때가 가장 강성했으며 그 영역도 경기도 여주 연양리와 하거리, 진천 석장리, 삼룡리(사적 344호)와 산수리(사적 325호)를 넘어 충청북도 충주시 금릉동, 칠금동 탄금대, 薔薇山城(사적 400호), 가금면 탑평리, 강원도 홍천 하화계리, 원주 법천리, 춘천 천전리, 화천군 하남 원천리에서도 발견되고 있다. 또 충남 연기 雲舟山城의 경우 이제까지 통일신라시대의 성으로 추정되었으나 발굴결과 백제시대의 初築인 석성으로 밝혀지고 있다. 백제시대의의 석성으로는 하남시 二聖山城(사적 422호), 이천 雪峰山城(사적 423호), 雪城山城(경기도 기념물 76호), 안성 竹州山城(경기도 기념물 69호), 평택 慈美山城,

그리고 충주의 薔薇山城(사적 400호)과 彈琴臺의 토성(철정/덩이쇠가 나옴) 등이 알려져 있어 서로 비교가 된다. 그리고 파주 月籠山城(경기도 기념물 196호), 의왕시 慕洛山城(경기도 기념물 216호)과, 고양시 법곶동 멱절산성(경기도 기념물 195호)유적 등도 모두 백제시대에 만들어졌다. 그리고 당시 무역항구나 대외창구의 하나로 여겨진 화성 장안 3리와 멀리 광양 馬老山城(사적 492호)에서도 고구려 유물이 발견되거나, 그 영향이 확인된다. 최근 새로이 발견된 유적들로 서울 근교의 삼성동토성, 아차산성(사적 234호, 아차산 일대 고구려보루군은 사적 455호임), 광동리, 태봉산, 도락산, 불곡산, 수락산, 국사봉, 망우산, 용마산, 아차산, 홍련봉, 구의동, 자양동, 시루봉 보루, 연천 무등리 2보루 등을 들 수 있으며, 이들을 통해 한성시대 백제의 멸망 당시 고구려군의 남하한 육로를 알 수 있다.

백제는 13대 近肖古王(서기 346년~서기 375년), 고구려는 19대 廣開土王(서기 391년~서기 413년)과 20대 長壽王(서기 413년~서기 491년), 그리고 신라는 24대 眞興王(서기 540~서기 576년 재위) 때 가장 활발한 영토확장을 꾀한다. 신라는 眞興王 12년(서기 551년) 또는 14년(서기 553년) 한강유역에 진출하여 新州를 형성한다. 백제는 근초고왕 때(서기 369년경) 천안 龍院里에 있던 馬韓의 目支國세력을 남쪽으로 몰아내고, 북으로 평양에서 16대 고국원왕을 전사시킨다. 그 보복으로 고구려의 廣開土王─長壽王은 海路로 강화도 대룡리에 있던 것으로 추정되는 華蓋山城과 寅火里 分水嶺과 백제시대의 인천 영종도 퇴뫼재토성을 거쳐 한강과 임진강이 서로 만나는 지점인 해발 119m, 길이 620m의 퇴뫼식 산성인 關彌城(사적 351호 坡州 烏頭山城 또는 華蓋山城으로 추정, 서기 392년 고구려 광개토왕에 의해 함락됨)을 접수한다. 강화도 교동 대룡리 華蓋山城앞 갯벌에서 백제와 고구려시대의 유물이 발굴·조사되었으며, 이는『三國史記』百濟本紀 제3, 16대 辰斯王 8년(阿莘王 元年 서기 392년, 고구려 廣開土王 2년) "冬十月高句麗攻拔關彌城"의 기록과 관련이 있다. 그리고 강화 교동 화개산성에서 파주 鳥頭山城에 이르는 寅火里-分水嶺의 길목인 교통의 요지에 위치한 김포시 하성면 석탄리의 童城山城(해발 90-100m, 퇴뫼식 석성)도 앞으로 주목해야 할 곳 중의 하나이다. 고구려군은 육로로 漣川 堂浦城(사적 468호), 隱岱里城(사적 469호), 瓠蘆古壘城(사적 467호), 왕징면 무등리(2보루, 장대봉), 파주 月籠山城과 德津山城을 거쳐 임진강과 한강을 관장하고 계속 남하하여 하남 二聖山城(사적 422호)까지 다다른다. 그리고 고구려군은 남한강을 따라 영토를 확장하여 中原(충주: 고구려의 國原城) 고구려비(국보 205호, 長壽王 69년 서기 481년), 정선 애산성지, 포항 냉수리, 경주 호우총(경주 호우총의 경우 國岡上廣開土地好太王壺杅十이라는 명문이 나와 고구려에서 얻어온 祭器가 부장된 것으로 보인다)과 부산 福泉洞에 이른다. 그리고 신라 21대 炤知王 10년(서기 488년)에 月城(사적 16호)을 수리하고 大宮을 설치하여 궁궐을 옮긴 월성의 해자유적에서 고구려의 기와(수막새)와 玄武와 力士像이 양각으로 새겨져 있는 土製方鼎이 발굴되었다. 이는 長壽王 69년(서기 481년)에 고구려가 경주부근에까지 진출하였다는 설을 뒷받침한다. 토제방정의 역사상은 순흥 於宿墓에서, 현무는 서기 427년 평양천도 후 고구려벽화분에서 발견되는 것과 비슷하다. 고구려의 묘제 중 석실묘는 연천 신답리(방사선 탄소연대는 서기 520/535년이 나옴), 연천 무등리, 여주 매룡리, 포항 냉수리와 춘천 천전리에서도 나타난다. 고구려의 영향을 받거나 고구려의 것으로 추측될지 모르는 것으로는 영풍 순흥 태장리(乙卯於宿知述干墓, 서기 499/559년, 사적 238호)와 순흥 읍내리(사적 313호)벽화분들을 들 수 있으며, 고구려유물이 나온 곳은 맞졸임(귀죽임, 抹角藻井)천장이 있는 두 기의 석실묘가 조사된 경기도 용인시 기흥구 보정동, 성남시 판교 16지구, 경기도 이천 나정면 이치리, 대전 월평동산성, 화성 장안 3리, 서천 봉선리(사적 473호)와 홍천 두촌면 역내리유적, 경기도 연천군 왕징면 강내리 등이 있다. 이곳들은 고구려가 가장 강하던 19대 廣開土王(서기 391년-서기 413년)과 20대 長壽王(서기 413-서기 491년 재위) 때의 남쪽 경계선이라고 해도 무방하다. 이는 서기

4세기−서기 5세기 때의 삼국시대 후기(서기 300년−서기 660/668년) 때의 일이다. 廣開土王과 長壽王 때 백제를 침공하기 위한 해로와 육로의 경유지를 살펴보면 선사시대 이래 형성된 羅濟通門과 같은 通商圈(interaction sphere) 또는 貿易路와도 부합한다. 주로 당시의 고속도로인 바다나 강을 이용한 水運이 절대적이다. 이러한 관계는 고구려 小獸林王(서기 372년), 백제 枕流王(서기 384년)과 신라 23대 法興王(서기 527년) 때 정치적 기반을 굳히게 하기 위한 佛敎의 수용과 전파를 통해 확대된다. 아직 발굴결과가 확실하지 않지만 서기 384년(백제 15대 枕流王 元年) 이후 백제의 불교수용 초기 절터로 하남 天王寺址를 추정해볼 수 있다.

충주시 칠금동 彈琴臺(명승 42호)를 중심으로 하는 中原지역은 남한강의 중심지로 백제·고구려와 신라의 鐵의 확보와 領土 擴張에 대한 시발점이다. 한강은 양평군 兩水里(두물머리)를 기점으로 北漢江과 南漢江으로 나누어진다. 한강과 임진강을 포함하고 있는 경기도는 한국고고학편년상 철기시대 전기(기원전 400년−기원전 1년) 중에 나타나는 한국 최초의 국가이며 역사시대의 시작이 되는 衛滿朝鮮(기원전 194년−기원전 108년)부터 한반도에 있어서 중요한 무대가 된다. 그 다음의 삼국시대가 되면 高句麗와 百濟의 각축전이 전개된다. 中原文化의 중심지로 인식되는 충주 일원은 수로로는 경기도 양평 양수리를 통해 南漢江을 지나 서울−강원도(남한강의 상류는 강원도 오대산 西臺 于洞水/于筒水임)의 영월로 연결되고, 육로(뭍)로는 鳥嶺(문경−충주사적, 조령 3관문은 사적 147호)街道와 竹嶺街道(丹陽−제천, 명승 30호)와도 이어지는 교통의 요지였다. 이는 조선시대까지 이용되던 당시의 고속도로인 수로를 이용한 漕運과 漕倉(고려 13조창의 하나인 德興倉과 조선의 可興倉이 있었음)의 경영으로 증명된다. 따라서 충주 일원은 일찍이 삼국시대부터 그 전략적 중요성이 인식되어 잦은 분쟁이 있어 왔다. 즉 삼국시대 후기에는 한강 이남을 중심으로 한 백제가 이 일대를 점령하였으나, 서기 475년(長壽王 63년) 고구려의 남하 이후 國原城이 설치되어 영남지방 진출의 교두보 역할을 수행하다가, 24대 진흥왕이 丹陽 赤城碑(국보 198호, 진흥왕 12년 서기 551년)를 설립한 이후 이 일대를 점유해 오면서 통일신라시대로 이어지게 된다. 이곳에서의 삼국의 관계는 백제 13대 近肖古王(서기 346년－서기 375년), 고구려 20대 長壽王(서기 413년－서기 491년)과 신라 24대 眞興王(서기 540년－서기 576년)대 서기 369년에서 서기 551년 사이에 가장 활발하였다. 신라는 이곳에 中原京(9州 5小京 중의 하나, 24대 眞興王 18년 서기 557년 국원소경에서 중원경으로 바뀜)을 설치하여 삼국통일의 기반을 마련하는 근거가 되었다. 그러나 고구려가 국원성을 포함한 이 지역의 중요성을 다시 인식해 25대 平原王(서기 559년－서기 589년) 사위인 溫達장군으로 탈환하게끔 노력하였으나 온달장군의 전사로 실패를 하였다.[16] 이때가 고고학편년상 삼국시대 후기에 속한다. 이들 中原지방에서 나타나는 유적들과 자료들의 고고학적 배경을 살펴보면『三國史記』의 기록대로 백제·고구려·신라는 역사적으로 긴밀한 관계를 갖게 된다. 다시 말해 충주는 칠금동 탄금대 철 생산과 확

---

16) 악사인 于勒과 문장가인 强首도 이곳을 중심으로 활약을 하였다. 이곳에는 가금면 塔坪里寺址의 칠층석탑(中央塔, 국보 6호), 中原 高句麗碑(국보 205호, 長壽王 69년 서기 481년), 丹陽 赤城碑(국보 198호, 진흥왕 12년 서기 551년), 중원 鳳凰里 햇골산 반가사유상을 主尊으로 하는 마애군상(보물 1401호), 청원 飛中里 삼존석불, 충주 철불좌상(보물 98호), 정토사법경대사자등탑비(보물 17호), 중원 미륵리사지(사적 317호), 충주시 칠금동 탄금대 백제토성과 장미산성(사적 400호), 三年山城(신라 20대 慈悲王 13년, 470년, 사적 235호), 단양군 영춘면 사지원리[傳 溫達 (?－서기 590년 영양왕 1년) 장군묘]의 적석총, 단양 온달산성(사적 264호)·적성(사적 265호)·향산리 삼층석탑(보물 405호), 忠州山城, 중원 樓岩里(사적 463호)·청원 米川里·충주 龍貫洞과 丹月洞고분군 등이 지상에서 뚜렷이 보이는 삼국시대 후기(서기 300년－서기 660/668년)의 고고학적 증거이다. 이는 고구려에서는 가장 강성한 왕인 19대 廣開土王(서기 391년－서기 413년)과 20대 長壽王(서기 413년－서기 491년), 그리고 백제는 13대 近肖古王(서기 346년－서기 375년) 때의 일이다. 이러한 관계는 서기 553년 신라의 24대 眞興王(서기 540년－서기 576년) 14년 한강유역에 진출할 때까지 지속된다.

보를 위한 백제·고구려·신라의 각축장이었고 이를 통해 중원문화가 형성되었다. 그래서 백제 13대 近肖古王 26년(서기 371년)에서 신라 24대 眞興王 12년(서기 551년) 사이의 연대가 역사적으로 주목받고 있다. 백제, 고구려와 신라의 삼국문화가 중첩·복합적으로 나타나고 있는 것도 이러한 역사적 맥락에서 이해가 된다. 이 점이 '中原文化'가 지니는 意味가 되며. 그 重要性은 서기 371년에서 서기 551년 사이의 180년간의 歷史的 脈絡에서 찾을 수 있을 것이다. 이 시기는 三國時代 後期에 속한다.

최근 서울, 경기도와 충청도에서 발견되는 많은 수의 백제, 고구려와 신라 유적들은 고구려의 최남단 전진기지이자 백제와 신라의 접경지로 백제, 고구려와 신라 간에 대한 歷史的 脈絡을 살펴 균형있는 연구가 진행될 수 있는 곳이다. 일시적인 유행으로 남한 내 고구려유적의 중요성만을 강조하다 보면 비교적으로 상대적인 열세를 면치못하고 있는 백제사연구는 뒷전으로 밀리게 되어 이 지역에서 백제사 특히 漢城時代 百濟 연구는 불모의 과제로 남을 수밖에 없다. 風納土城(사적 11호)과 夢村土城(사적 297호)이 위치한 서울 송파구 일대는 한성시대 백제 초기(삼국시대 전기)에는 首都로, 삼국시대 후기 이후에는 삼국의 한강유역 확보를 위한 쟁탈의 장으로서 한성시대 백제를 연구하는데 빼놓아서는 안 될 곳이다. 그래서 이 시기의 유적 또는 성벽의 발굴시 그 유적이 속하는 한 시기와 한 시대에 편중해 연구하지 말고 역사적 맥락 속에서 有機體的인 解釋이 선행되어야 한다. 이는 정복에 따라 행해지는 앞 시대에 만들어진 城內 건물지나 성벽 등 유구에 대한 철저한 파괴, 또는 이들의 再活用에 따른 改築과 補修 등을 고려해야 하기 때문이다. 그리고 반면에 백제사만을 강조한다면 그나마 제대로 남아 있는 고구려유적에 대한 연구의 앞날도 매우 불투명하게 될 것이다. 요컨대 고구려유적의 연구는 초기 한성시대 백제의 중심지인 서울과 경기도의 역사적 의미를 살려 진행되어야 한다. 이를 배제시킨 고구려 편향의 조사연구결과는 불완전해질 수밖에 없는 것이다. 최근 경기도에서 조사된 고구려유적들을 통하여 衛滿朝鮮, 樂浪과 高句麗, 그리고 馬韓과 百濟와의 歷史的 關係와 脈絡에 좀 더 신중히 고려하여 균형이 있는 연구가 필요할 때가 되었다. 다시 말하여 임진강과 남한강유역에 만들어진 고구려의 유적의 주 대상(主敵)이 原三國時代가 아닌 歷史上의 實體인 百濟와 新羅로 이들은 三國時代 前期에 속한다. 그중 고구려와 백제 간의 끊임 없는 투쟁의 역사는 長壽王과 蓋鹵王 사이에 일어난 한성시대 백제의 멸망으로 이어졌고, 그 해가 서기 475년이었다. 그리고 中原지방에서 나타나는 유적들과 자료들의 고고학적 배경을 살펴보면『三國史記』의 기록대로 백제·고구려·신라는 역사적으로 긴밀한 관계를 갖게 되기 때문에, 시계의 톱니바퀴처럼 서로 엇물려 있어 한 치의 어긋남도 있을 수 없다. 철 생산과 확보라는 삼국의 치열한 각축의 결과로 만들어진 中原文化의 예에서 보다시피 三國時代 前期와 後期에 백제, 고구려와 신라의 삼국문화가 중첩·복합적으로 나타나고 있는 것도 이러한 歷史的 脈絡에서 이해가 되어야 한다.

그리고 高句麗 出自의 百濟건국자들의 墓인 적석총을 통해 당시의 衛滿朝鮮(기원전 194년−기원전 108년), 樂浪(기원전 108년−서기 313년), 臨屯(漢 武帝 元封 3년, 기원전 108년 설치−기원전 82년 臨屯을 파하여 玄菟에 합침), 馬韓(기원전 3/기원전 2세기−서기 5세기 말/6세기 초)과 끄로우노프까(기원전 5세기−기원전 2세기, 北沃沮, 團結문화), 뽈체(기원전 7세기−기원전 4세기, 挹婁) 사이의 國際關係를 살펴보는 것도 중요하다. 또『三國志』魏志 東夷傳 韓條과 弁辰條에 그 사회의 정치적 우두머리인 族長인 渠帥(韓의 渠帥, 또는 將帥, 臣智, 邑借, 主帥)라는 명칭이 나타나고 있으며 이는 족장의 격이나 규모에 따라 臣智, 險側, 樊濊, 殺奚와 邑借로 불리고 있었음을 알 수 있다. 그리고 같은 시기에 존재했던 沃沮의 三老(東沃沮의 將帥), 濊의 侯, 邑君, 三老, 그리고 挹婁의 大人, 肅愼의 君長(唐 房喬 등 撰의『晉書』)도 비슷한 역할을 했던 족장(chief)에 해당한다. 그러나 天君이 다스리는 종교적 別邑인 蘇塗는, 당시의 血緣을 기반으로 한 階級社會(clan based hierarchical society)인 단순·복합 族長社會(chiefdom)의 우두머리인 渠帥격에 해당하나 규모에 따른 이름인 신지, 검측, 번예, 살계와 읍차가 다스리는 세속적 영역과는 별개의 宗敎的인 것으로 보인다. 『三國志』魏志東夷傳 韓條에 나오는 王莽(新 서기 9년—서기 25년, 왕망은 서기 23년 사망)地皇時(서기 20년—서기 23년) 辰韓의 右渠帥인 廉斯鑡를 들 수 있다. 그래서 이들의 政治的關係와 役割을 살펴보는 것도 중요하다. 한국 최초의 古代國家이었던 衛滿朝鮮(기원전 194년—기원전 108년, 위만—이름을 알 수 없는 아들—손자 右渠—太子 長의 3/4대 87년)의 멸망과 漢四郡의 설치[漢 7대 武帝(기원전 141년—기원전 87년) 元封 3년]는 『史記』의 편찬자인 司馬遷(기원전 145년—기원전 87년)이 37세에 일어난 사건으로, 위만조선, 樂浪과 그 다음을 잇는 帶方의 존재들은 모두 歷史的 事實로 인정되어야 한다. 그렇다면 衛滿朝鮮의 王儉城과 樂浪의 위치는 오늘날의 평양 일대로 보아야 당연하다. 이들 국제관계, 정치적 역할과 사회·경제·문화적 바탕은 모두 韓國考古學 編年上 철기시대 전기(기원전 400년—기원전 1년)에 형성된 것이다. 이 시기에는 기원전 1500년부터 한국의 土着勢力을 형성하고 있던 支石墓社會가 해체되어 三韓社會로 이행하고 있었다. 이러한 國際·政治的 力學關係위에서 나타난 것이 漢城時代 백제의 건국이며 이는 三國時代 前期(鐵器時代 後期, 서기 1년—서기 300년)에 해당한다. 그리고 한성시대 백제의 본격적인 성장과 발전의 상징인 二聖山城의 初築은 서기 371년으로 三國時代 後期(서기 300년—서기 660/668년) 때 나타난 중요한 歷史的 事件 중의 하나이다.

참고문헌

강동석·이희인

  2002 강화도 교동 대룡리 패총, 임진강유역의 고대사회, 인하대학교 박
       물관

강원문화재연구소

  2003 국도 44호선(구성포−어론간) 도로확장구간 내 철정·역내리유적

  2004 천전리유적

  2010 4대강(북한강) 살리기 사업 춘천 중도동 하중도지구 문화재발굴(시
       굴)조사 지도위원회의 자료집

  2011 4대강(북한강) 살리기 사업 춘천 하중도 D−E지구 문화재발굴조사
       학술자문회의 자료집

경기도박물관

  1999 파주 주월리유적

  2003 월롱산성

  2003 고양 멱절산유적 발굴조사

  2004 포천 자작리유적 Ⅱ −시굴조사보고서−

  2005 파주 육계토성 시굴조사 지도위원회자료

  2007 경기도의 고구려 문화유산

경기문화재단

  2002 연천 학곡제 개수공사지역 내 학곡리 적석총 발굴조사

  2003 경기도의 성곽, 기전문화예술총서 13

  2004 연천 학곡리 적석총 −연천 학곡제 개수공사지역내 발굴조사보고서
       −, 학술조사보고 제 38책

고려대학교 고고환경연구소

    2005   홍련봉 2보루 1차 발굴조사 약보고

    2005   아차산 3보루 1차 발굴조사 약보고

고려대학교 매장문화재연구소

    2004   홍련봉 1보루 2차 발굴조사 약보고

공석구

    1998   고구려 영역 확장사 연구, 서울: 서경문화사

광진구

    1998   아차산성 '96 보수구간 내 실측 및 수습발굴조사보고서

국립경주문화재연구소

    2006   월성해자

국립경주박물관

    1995   냉수리고분

국립문화재연구소 고고연구실(유적조사실)

    1994   연천 삼곶리 백제적석총

    2007   남한의 고구려유적

    2007   아차산 4보루 성벽 발굴조사

    2007   남한의 고구려유적

    2010   풍납동토성 −2010년 풍납동 197번지일대 발굴조사 현장설명회자료−

    2011   풍납동토성 −2011년 풍납동 197번지일대 발굴조사 현장설명회자료−

국립부여문화재연구소

    2008   백제왕흥사지

    2008   부여 왕흥사지 출토 사리감의 의미

국립전주박물관

    2009   마한−숨쉬는 기록, 서울: 통천문화사

국립중원문화재연구소

    2008 중원 누암리 고분군 발굴조사 −약보고서−

    2010 충주 탑평리유적(중원경 추정지)제3차 시굴조사

국립중앙박물관

    2000 원주 법천리 고분군 −제2차 학술발굴조사−

    2000 원주 법천리 Ⅰ(고적조사보고 31책)

    2005 낙랑, 서울: 삼화인쇄주식회사

경기도박물관

    1999 파주 주월리유적

    2003 월롱산성

    2003 고양 멱절산유적 발굴조사

    2004 포천 자작리유적 Ⅱ −시굴조사보고서−

    2005 파주 육계토성 시굴조사 지도위원회자료

    2007 경기도의 고구려문화유산

김용간·리순진

    1966 1965년도 신암리 유적발굴보고, 고고민속 1966년 3호

단국대학교 매장문화재연구소

    2001 포천 고모리산성 지표조사 완료약보고서 및 보고서, 총서 11책

    2002−5,   이천 설성산성 2−4차 발굴조사 지도위원회자료집

    2001 안성 죽주산성 지표 및 발굴조사 완료약보고서

    2001 포천 반월산성 5차 발굴조사보고서

    2003 연천 은대리성 지표 및 발굴조사 지도위원회자료집

    2003 이천 설봉산성 4차 발굴조사 지도위원회자료집

    2004 평택 서부관방산성 시·발굴조사 지도위원회자료집

    2004 안성 죽주산성 남벽 정비구간 발굴조사 지도위원회자료집

2005 안성 망이산성 3차 발굴조사 지도위원회자료집

리창언

1991 최근에 조사 발굴된 압록강류역의 돌각담 무덤들에서 주목되는 몇
      가지 문제, 조선고고연구 3호

1993 압록강 류역에서 고구려 돌칸흙무덤의 발생과 연대, 조선고고연구
      2호

목포대학교·동신대학교 박물관

2001 금천—시계간 국가지원 지방도 사업구간 내 문화재발굴조사 지도위
      원회현장설명회자료

박대재

2005 중국의 한국사 왜곡, 국사교과서 순환 교원연수 교재, 국사편찬위
      원회

박진욱

1964 3국 시기의 창에 대한 약간의 고찰, 고고민속 1964년 1호

1964 삼국시기의 활과 화살, 고고민속 1964년 3호

1967 우리나라 활촉의 형태와 그 변천, 고고민속 1967년 1호

배기동

1983 제원 양평리 A지구 유적발굴 약보, 충북대학교 박물관, 1983 충주
      댐 수몰지구 문화유적 발굴조사보고서

백종오

2002 임진강유역 고구려 관방체계, 임진강유역의 고대사회, 인하대학교
      박물관

2003 고구려와 신라기와 비교연구 —경기지역 고구려성곽 출토품을 중심
      으로—, 백산학보 67, 백산학회

2003 朝鮮半島臨津江流域的高句麗關防體系硏究, 東北亞歷史與考古信息,

總第40期

2004 포천 성동리산성의 변천과정 검토, 선사와 고대 20, 한국고대학회

2004 백제 한성기산성의 현황과 특징, 백산학보 69, 백산학회

2004 임진강유역 고구려 평기와 연구, 문화사학 21, 한국문화사학회

2005 고구려 기와연구, 단국대 대학원 박사학위 논문

2005 최근 발견 경기지역 고구려유적, 북방사논총 7

2006 남녘의 고구려문화유산

2006 고구려기와의 성립과 왕권, 주류성

백종오·김병희·신영문

2004 한국성곽연구 논저 총람, 서울: 서경

백종오·신영문

2005 고구려유적의 보고, 경기도: 경기도박물관

서울대학교 박물관

1975 석촌동 적석총 발굴조사보고

2000 아차산성

2000 아차산 제4보루

2002 아차산 시루봉보루

2006 용마산 2보루

2007 아차산 4보루 성벽 발굴조사

2011 연천 무등리 2보루 2차 발굴조사 현장설명회자료집

서울대학교 박물관·경기도박물관

2000 고구려: 한강유역의 요새

서울대학교 박물관·고고학과

1975 석촌동 적석총 발굴조사보고, 서울대학교 고고인류학총간 제6책

수원대학교 박물관

　　　2005　화성 장안리유적

순천대학교 박물관

　　　2003 여수 고락산성 Ⅰ

　　　2004 여수 고락산성 Ⅱ

　　　2004 순천 검단산성 Ⅰ

　　　2005 광양 마로산성 Ⅰ

　　　2009 광양 마노산성 Ⅱ

　　　2010 순천 검단산성 Ⅱ

　　　2011 여수 고락산성 Ⅲ

예맥문화재연구원

　　　2010　화천 원천리유적

유태용

　　　2007　양평 신월리 백제 적석총의 연구, 최몽룡 편저, 경기도의 고고학,
　　　　　　서울: 주류성

육군사관학교 화랑대연구소 국방유적연구실

　　　2003　정선 애산리산성 지표조사보고서

　　　2003　연천 당포성 지표 및 발굴조사 지도위원회자료집

　　　2004　파주 덕진산성 시굴조사 지도위원회자료

육군사관학교 화랑대연구소·경기도박물관

　　　2006　연천 당포성 2차 발굴조사 현장설명회자료

　　　2008　연천 당포성 Ⅱ -시굴조사보고서-

육군사관학교 화랑대연구소·수자원개발공사

　　　2004　군남 홍수 조절지 사업구역 수몰예정지구 문화재 지표조사보고서

이동희

　　　1998　남한지역의 고구려계 적석총에 대한 재고, 한국상고사학보 28집

2008 최근 연구 성과로 본 한강·임진강유역 적석총의 성격, 고려사학회 한국사학보 32호

이종욱

2005 고구려의 역사, 서울: 김영사

이주업

2010 석촌동 4호분 출토 기와의 용도와 제작시기, 최몽룡 편저, 21세기의 한국고고학 vol. Ⅲ, 서울: 주류성, pp.229-274

이현혜 외

2008 일본에 있는 낙랑유물, 서울: 학연문화사

인하대학교 박물관

2000 인천 문학경기장 내 청동기유적 발굴조사 현장설명회자료

장준식

1998 신라 중원경 연구, 학연문화사

전주농

1958 고구려 시기의 무기와 무장(1) -고분 벽화 자료를 주로 하여-, 조선민주주의 인민공화국 과학원 출판사, 문화유산 5

정찬영

1961 고구려 적석총에 관하여, 문화유산 5호

1962 자성군 조아리, 서해리, 법동리, 송암리, 고구려 고분발굴보고, 각 지유적정리보고, 사회과학출판사

1973 기원 4세기까지의 고구려묘제에 관한 연구, 고고민속 논문집 5

주영헌

1962 고구려적석무덤에 관한 연구, 문화유산 2호

중원문화재연구원

2004 충주 장미산성 발굴조사 현장설명회 자료집

2006 충주 장미산성 -1차 발굴조사 보고서-

2007 충주 탄금대토성 -발굴조사 약보고서-

차용걸

2003 충청지역 고구려계 유물출토 유적에 대한 소고 -남성골유적을 중심으로-, 호운 최근묵 교수 정년기념 간행위원회

최몽룡

1982 전남지방 지석묘사회의 편년, 진단학보 53·54합집, 서울: 진단학회, pp.1-10

1983 한국고대국가의 형성에 대한 일 고찰 -위만조선의 예-, 김철준교수 회갑기념 사학논총, 서울: 지식산업사, pp.61-77

1985 한성시대 백제의 도읍지와 영역, 한국 문화 심포지움 -백제초기문화의 종합적 검토-, 서울: 진단학회 및 진단학보 제60호, pp.215-220

1985 고고학자료를 통해본 백제 초기의 영역고찰 -도성 및 영역문제를 중심으로 본 한성시대 백제의 성장과정-, 천관우 선생 환력기념 한국사학 논총, 서울: 정음문화사, pp.83-120

1986 고대국가성장과 무역 -위만조선의 예-, 한국고대의 국가와 사회, 서울: 역사학회편, pp.55-76

1987 삼국시대 전기의 전남지방문화, 진단학보 63집, pp.1-9

1987 한국고고학의 시대구분에 대한 약간의 제언, 최영희 교수 회갑기념 학국사학논총, 서울: 탐구당, pp.783-788

1988 몽촌토성과 하남위례성, 백제연구 제19집, 충남대 백제연구소, pp.5-12

1989 삼국시대 전기의 전남지방문화, 성곡논총 20집

1989 역사고고학연구의 방향, 한국상고사 연구현황과 과제, 서울: 민음사

1990 초기철기시대 -학설사적검토-, 국사관논총 16집, 서울: 국사편찬위원회, pp.67-105 및 최몽룡 외, 한국선사고고학사, 서울: 까치, pp.298-359

1990 전남지방 삼국시대 전기의 고고학연구현황, 한국고고학보 24집

1990 고고학에의 접근, 서울: 신서원

1991 중원문화권과 중원문화, 제3회 중원문화 학술발표회, 충주문화원·예성동우회(10월 19일, 충주문화원 회의실)

1991 한성시대 백제의 도읍지와 영역, 최몽룡·심정보 편저, 백제사의 이해, 서울: 학연문화사, pp.79-97

1993 철기시대: 최근 15년간의 연구성과, 한국사론 23집, 서울: 국사편찬위원회, pp.113-166

1993 한국 철기시대의 시대구분, 국사관논총 50, 서울: 국사편찬위원회, pp.23-61

1993 한성시대의 백제, 최몽룡 외, 한강유역사, 서울: 민음사, pp.225-267

1997 청동기문화와 철기문화, 한국사 3, 서울: 국사편찬위원회

1997 도시·문명·국가 -고고학에의 접근-, 서울: 서울대학교 출판부

2000 풍납토성의 발굴과 문화유적의 보존, 흙과 인류, 서울: 주류성, pp.271-285

2000 21세기의 한국고고학: 선사시대에서 고대국가의 형성까지, 한국사론 30, 서울: 국사편찬위원회, pp.29-66

2002 21세기의 한국고고학의 새로운 조류와 전망, 한국상고사학회 27회 학술발표대회 기조강연(4월 26일)

2002 고고학으로 본 문화계통 -문화계통의 다원론적인 입장-, 한국사 1, 국사편찬위원회, pp.89-110

2002 풍납토성의 발굴과 문화유적의 보존 -잃어버린 「王都」를 찾아서-, 서울역사박물관: 풍납토성, pp.140-143

2003 백제도성의 변천과 문제점, 서울역사박물관 연구논문집 창간호, pp.9-18

2003 백제도성의 변천과 연구상의 문제점, 국립부여문화재연구소: 서경, pp.9-20

2003 고고학으로 본 마한, 익산문화권 연구의 성과와 과제(16회 국제학술회의, 5월 23일), 익산: 마한·백제문화연구소

2003 한성시대의 백제와 마한, 문화재 36호, 문화재연구소, pp.5-38

2004 동북아 청동기시대 문화연구, 주류성

2004 朝鮮半島の文明化 -鐵器文化와 衛滿朝鮮-, 日本 國立歷史民俗博物館硏究報告 119輯, pp.231-246

2004 통시적으로 본 경기도의 통상권, 한국상고사학회 32회 학술발표대회기조강연(10월 29일)

2004 역사적 맥락에서 본 경기도 소재 고구려유적의 중요성, 경기지역 고구려유적 정비·활용을 위한 학술토론회, 서울 경기고고학회·기전문화재연구원(12월 9일)

2005 한성시대 백제와 마한, 주류성

2006 최근의 자료로 본 한국 고고학·고대사의 신 연구, 주류성

2007 고구려와 중원문화, 제1회 중원문화 학술대회, 충주대학교 박물관, pp.69-85

2008 한국청동기·철기시대와 고대사회의 복원, 주류성

2008 한국청동기·철기시대와 고대사회의 복원, 서울: 주류성

2008 동북아시아적 관점에서 본 한국청동기·철기시대 연구의 신경향, 최몽룡 편저, 21세기의 한국고고학 vol. I, 서울: 주류성, pp.13-96

2009 중국 허무두(浙江省 余姚県 河姆渡) 신석기유적, Unearth 계간 한국의 고고학, 가을호, pp.14-15

2009 남한강 중원문화와 고구려 -탄금대의 철 생산과 삼국의 각축-, 최몽룡 편저, 21세기의 한국고고학 vol.Ⅱ, 서울: 주류성, pp.13-40

2010 호남의 고고학 -철기시대 전·후기와 마한-, 최몽룡 편저, 21세기의 한국고고학 vol.Ⅲ, 서울: 주류성, pp.19-87

2010 고고학으로 본 중원문화, 중원 문화재 발굴 100년 회고와 전망, 한국고대학회·충주대학교 박물관, pp.29-46

2010 韓國 文化起源의 多元性 -구석기시대에서 철기시대까지 동아시아의 諸 文化·文明으로부터 傳播-, 동아시아의 문명 기원과 교류, 단국대학교 동양학연구소, 제40회 동양학 국제학술대회, pp.1-45

2011 한국에서 토기의 자연과학적 분석과 전망, 자연과학에서의 대형옹관 제작법, 국립나주문화재연구소 제 3회 고대옹관연구 학술대회, pp.9-25

2011 창원 성산패총 발굴의 회고, 전망과 재평가, 동·철산지인 창원의 역사적 배경〈야철제례의 학술세미나〉, 창원시·창원문화원, pp.1-16

2011 고등학교 국사교과서 교사용 지도서 -Ⅱ. 선사시대의 문화와 국가의 형성(고등학교)-, 최몽룡 편저, 21세기의 한국고고학 vol.Ⅳ, 서울: 주류성, pp.27-130

2011 부여 송국리유적의 새로운 편년, 韓國考古學 研究의 諸 問題, 서울: 주류성, pp.207-223

2013 인류문명발달사(개정 5판), 서울: 주류성

최몽룡 외

1990 한국선사고고학사, 서울: 까치

충청남도역사문화원

2001 연기 운주산성 발굴조사 개략보고서

2003 서천-공주간(6-2) 고속도로 건설구간 내 봉선리유적

충북대학교 박물관

2002 청원 I.C.-부용간 도로확장 및 포장공사구간 충북 청원 부강리 남
성골유적

2007 중원문화의 발전방향, 제1회 중원문화학술대회

충청매장문화재연구원

2001 대전 월평동산성

충청북도·충북대학교 호서문화연구소

1995 중원문화학술회의 보고서: 중원문화권의 위상정립과 발전방향, 연
구총서 제8책

하문식·백종오·김병희

2003 백제 한성기 모락산성에 관한 연구, 선사와 고대 18, 한국고대학회

하문식·황보경

2007 하남 광암동 백제 돌방무덤연구, 최몽룡 편저, 경기도의 고고학, 서
울: 주류성

한국국방문화재연구원

2007 이천 이치리 피엘디 덕평 2차 물류센터부지 문화유적 시굴조사 현
정설명회자료

2008 이천 이치리 피엘디 덕평 이차 유한회사 물류창고 부지 내 유적 발
굴 현장설명회자료

한국문화재보호재단

2001 하남 천왕사지 시굴조사 -지도위원회 자료-

2007 성남판교지구 문화유적 2차 발굴조사 -5차 지도위원회의 자료-

2008 성남판교지구 문화유적 2차 발굴조사 -6차 지도위원회의 자료-

한국토지공사 토지박물관

2001 연천 호로고루 −지도위원회자료−

2001 연천 군남제 개수공사지역 문화재 시굴조사 −지도위원회 자료−

2003 연천 신답리고분

한양대학교 박물관

2000 이성산성(제8차 발굴조사보고서)

2001 단양 사지원리 태장이묘 발굴조사 지도위원회 자료집

2001 이성산성(제9차 발굴조사보고서)

2002 이성산성(제10차 발굴조사보고서)

2005 풍납과 이성 : 한강의 백제와 신라문화 : 한양대학교 개교 66주년 기념 특별전

한양대학교 문화재연구소

2007 경기도 용인시 기흥구 보정동 신축부지내 문화재발굴(확인)조사 지도위원회자료집

한얼문화유산연구원

2008 김포 하성 근린공원(태산패밀리파크 포함) 문화재 지표조사 현장설명회자료

황기덕·박진욱·정찬영

1971 기원전 5세기−기원 3세기 서북조선의 문화, 고고민속논문집 3, 사회과학출판사

황용훈

1974 양평군 문호리지구 유적발굴보고, 문화공보부 문화재관리국, 팔당·소양댐 수몰지구 유적 발굴 종합조사보고서

徐光輝

1993 高句麗積石墓硏究, 吉林大學考古學係編, 吉林大學考古專業成立二

十年考古論文集, 北京, 知識出版社

陣大爲

1960 桓仁県考古調査發掘簡報, 考古 1期

1981 試論桓仁高句麗積石墓類型, 年代及其演變, 辽宁省考古博物館學會成立大會會刊

曹正榕·朱涵康

1962 吉林楫安榆林河流域高句麗古墓調査, 考古 11期

楫安県文物保管所

1979 楫安兩座高句麗積石墓的淸理, 考古 1期

福岡市立歷史資料館

1986 早良王墓とその時代, 福岡: ダイヤモンド印刷株式會社

Rice Prudence M.

1987 *Pottery Analysis*, Chicago & London: University of Chicago Press

The Iseong fortification wall in Hanam city in association with the general history of the Hanseong Baekje dynasty

The Iseong fortification wall(二聖山城, historical site no.422), the first castle built with stones during the Baekje dynasty located on the mountain with the height of 209.8m above the sea level. Due to the importance of strategic point from the Three Kingdoms(三國時代)/Dynasties period of Goguryeo(高句麗), Baekje(百濟) and Silla(新羅) through the Unified Silla(統一新羅), Goryeo(高麗), and finally to the Choseon(朝鮮) dynasty, this stone castle had been making use of as a military defense measure. But such recent archaeological results as the excavation of the Baekje tombs built in the Kwangam-dong(廣岩洞) westside of this castle accompanying typical Baekje potteries dated 3 cen. A.D.-4 cen. A.D. and reappraisal of artefacts of Baekje dynasty discovered since the first excavation in the year of 1986 by Hanyang University Museum(漢陽大 博物館), showed that it was first built in the 26th year of Geuncho(近肖古王, 371 A.D.), 13th king of the Baekje dynasty, which coincides with the historical records of Samguksagi(三國史記), in which the king Geuncho had transferred capital to this place after killing the king Gogukwon(故國原王), 16th king of Goguryo dynasty by arrow in Pyongyang(平壤) battlefield and built this stone-castle for keeping away from the Goguryo's military retaliation. This happening was one of the most important historical events occurred during the Hanseong Baekje period(漢城百濟, 18 B.C.-475 A,D.).

But some archaeologists and ancient historians in Korea did not originally and completely trust the historical records of the Samguksagi before the kings of Taejo(太祖, reign: 53 A.D.-146 A.D.), Namul(奈勿, reign: 356 A.D.-402 A.D.) and Goi(古爾, reign: 234 A.D.- 286 A.D.) in the name of historical materials criticism, which they assert are incredible, and rather coined the term, "Proto-Three Kingdoms Period"(原三國時代) instead of using the formal "Former Three Kingdoms Period"(三國時代 前期) during 1 A.D. -300 A.D. But archaeological sites and artefacts recently excavated in the area of the Han river valley(漢江流域) in Gyeonggi-do province(京畿道) including Hanam-si city(河南市) make it possible for archaeologists and historians confirm again and revalue that the historical materials of the Samguksagi are reliable in comparison with the archaeological data, which means that the history of the Three Kingdoms goes in gear with each other forming a genuine historical context like the toothed wheels inside watch.

XV. 考古學으로 본 河南市의 歷史와 文化

한국고고학 편년은 구석기시대-신석기시대-청동기시대(조기: 기원전 2000년-기원전 1500년, 전기: 기원전 1500년-기원전 1000년, 중기: 기원전 1000년-기원전 600년, 후기: 기원전 600년-기원전 400년)-철기시대 전기(기원전 400년-기원전 1년)-철기시대 후기(삼국시대 전기 또는 삼한시대, 종래의 원삼국시대[1]: 서기 1년-서기 300년)-삼국시대 후기(서기 300년-서기 660/668년)-고려(서기 918년-서기 1392년)-조선시대(서기 1392년-서기 1910년)로 설정된다. 이러한 편년에 따르면 高句麗의 시작(기원전 37년이나 신라의 건국연대인 기원전 57년과 같이 삼국시대 전기에 포함)은 삼국시대 전기에 속하며, 河南市 二聖山城의 축조(서기 371년, 13대 近肖古王 26년)는 삼국시대 후기 초에 속한다. 그러나 엄밀한 의미에서 중국

---

1) 원삼국시대란 용어를 삼국시대 전기(또는 철기시대 후기, 서기 1년-서기 300년)라는 용어로 대체해 사용하자는 주장은 1987년부터이다(최몽룡 1987, 한국고고학의 시대구분에 대한 약간의 제언, 최영희 선생 회갑기념 한국사학논총, 서울: 탐구당, pp.783-788). 국립중앙박물관에서도 2009년 11월 3일(화)부터 이 용어를 공식적으로 사용하지 않기로 결정하였다. 그리고 衛滿朝鮮(기원전 194년-기원전 108년)을 포함한 古朝鮮을 인정하면 原三國時代 대신 三國時代 前期라는 용어가 타당하며 현재 고고학과 역사학계는 그렇게 인식해나가고 있는 추세이다. 서기 2012년 2월 21일(화)에 열린 국립문화재연구소 주최 한국사 시대구분론-외부전문가 초청포럼- 학술대회에도 그러한 경향을 보이고 있다. 특히 송호정은 '청동기시대에서 철기시대에로의 이행시기에 대한 역사서술과 연구방법론'에서 고대를 고조선(시대)-삼국시대-남북국시대 순으로 보고 있다(p.25).

의 文字를 차용하거나 중국으로부터 영향을 깊이 받은 韓國歷史考古學의 시작
은 衛滿朝鮮(기원전 194년-기원전 108년)과 馬韓(기원전 3/2세기-서기 5세기 말/6
세기 초)[2] 때부터이다. 그래서 철기시대 전기의 기원전 400년에서 기원전 1년
까지의 약 400년의 기간은 선사시대에서 역사시대로의 移行期間인 原史時代

---

2) 한국 고고학에 있어 馬韓에 대한 고고학적 연구는 이제 시작이라고 해도 과언이 아니
다. 이는 약간의 단편적인 文獻資料 이외에는 고고학적 자료가 극히 적기 때문이다.
필자가 '전남지방 소재 지석묘의 형식과 분류'(최몽룡 1978), '고고학 측면에서 본 마
한'(최몽룡 1986)과 '考古學上으로 본 馬韓의 硏究'(최몽룡 1994)라는 글에서 "한국청동
기·철기시대 土着人들의 支石墓社會는 鐵器시대가 해체되면서 점차 馬韓사회로 바뀌
어 나갔다."는 요지를 처음 발표할 때만 하더라도 한국고고학계에서 '馬韓'이란 용어
는 그리 익숙한 표현이 아니었다. 그러나 최근 경기도, 충청남북도 및 전라남북도 지
역에서 확인되고 있는 고고학적 유적 및 문화의 설명에 있어 지난 수십 년간 명확한
개념정의 없이 통용되어 오던 原三國時代란 용어가 '馬韓時代' 또는 '馬韓文化'란 용어
로 대체되는 경향이 생겨나고 있는데, 이는 마한을 포함한 三韓社會 및 문화에 대한
학계의 관심이 증폭되고, 또 이를 뒷받침할 만한 고고학 자료가 많아졌음에 따른 것이
다. 지석묘사회의 해체 시기는 철기시대 전기로 기원전 400년-기원전 1년 사이에 속
한다. 최근에 발굴 조사된 철기시대 전기에 속하는 유적으로 전라남도 여수 화양면 화
동리 안골과 영암 서호면 엄길리 지석묘를 들 수 있다. 여천 화양면 화동리 안골 지석
묘는 기원전 480년-기원전 70년 사이에 축조되었다. 그리고 영암 엄길리의 경우 이중
의 개석 구조를 가진 지석묘로 그 아래에서 흑도장경호가 나오고 있어 그 연대는 기원
전 3세기-기원전 2세기경으로 추정된다. 그리고 부여 송국리 유적(사적 249호)의 경우
도 청동기시대후기에서 철기시대 전기로 넘어오면서 마한사회에로 이행이 되고 있다
(최몽룡 2011, 부여 송국리 유적의 새로운 편년, 한국고고학 연구의 제 문제, pp.207-223). 『三
國史記』溫祚王 27년(서기 9년) 4월 '마한의 두 성이 항복하자 그 곳의 백성들을 한산 북
쪽으로 이주시켰으며, 마침내 마한이 멸망하였다(… 馬韓遂滅…)'라는 기사는 한성백제
와 당시 천안을 중심으로 자리하고 있던 마한과의 영역다툼과정에서 일어난 사건을
기술한 것으로 볼 수 있겠다. 그러나 馬韓사회는 고고학 상으로 기원전 3세기/기원전
2세기에서 서기 5세기 말/서기 6세기 초에 속하는 것으로 보인다. 마한은 한고국고고
학 편년 상 철기시대 전기에서 삼국시대 후기(서기 300년-서기 660/668년)까지 걸치며,
百濟보다 앞서 나타나서 백제와 거의 같은 시기에 共存하다가 마지막에 백제에 행정
적으로 흡수·통합되었다.

로 한국고고학과 고대사에 있어서 중요하고 또 해석하기가 매우 복잡하다.

河南市는 한강에서 要衝地에 자리잡고 있다. 그래서 삼국시대부터 百濟, 高句麗, 新羅가 이 지역을 차지하기 위해 角逐戰을 벌여 왔다. 백제는 13대 近肖古王(서기 346년–서기375년), 고구려는 19대 廣開土王(서기 391년–서기 413년)과 20대 長壽王(서기 413년–서기 491년), 그리고 신라는 24대 眞興王(서기 540–서기 576년 재위) 때 가장 활발한 영토 확장을 꾀한다. 신라는 眞興王 14년(서기 553년) 한강유역에 진출하여 新州를 형성한다(『三國史記』 百濟本紀 권26 "聖王 三十一年 秋七月 新羅取東北鄙 置新州" 및 『三國史記』 新羅本紀 권4 眞興王 十四年 … 秋七月 取百濟東北鄙 置新州 以阿湌武力爲軍主). 백제는 13대 近肖古王 때(서기 369년경) 천안 龍院里에 있던 馬韓의 目支國세력을 남쪽으로 몰아내고, 북으로 평양에서 16대 故國原王을 戰死시킨다. 그 보복으로 고구려의 廣開土王–長壽王은 海路로 江華島 大龍里에 있던 것으로 추정되는 華蓋山城을 서기 392년(廣開土王 2년)에 함락시키고 寅火里 分水嶺과 백제시대의 인천 영종도 퇴뫼재 토성을 거쳐 한강과 임진강이 서로 만나는 지점인 해발 119m, 길이 620m의 퇴뫼식 산성인 關彌城(사적 351호 坡州 烏頭山城 또는 華蓋山城으로 추정, 서기 392년 광개토왕 2년 고구려에 의해 함락됨)을 접수한다. 강화도 교동 대룡리 華蓋山城 앞 갯벌에서 백제와 고구려시대의 유물이 발굴·조사되었으며, 이는 『三國史記』 百濟本紀 제3, 16대 辰斯王 8년(阿莘王 元年 서기 392년, 고구려 廣開土王 2년) "冬十月高句麗攻拔關彌城"의 기록과 관련이 있다. 그리고 강화 교동 화개산성에서 파주 烏頭山城에 이르는 寅火里–分水嶺의 길목인 교통의 요지에 위치한 김포시 하성면 석탄리의 童城山城(해발 90–100m, 퇴뫼식 석성)도 앞으로 주목해야 할 곳 중의 하나이다. 강화도 교동 대룡리 華蓋山城에서 寅火里–分水嶺에서 關彌城(坡州 烏頭山城)에 다다르고 그곳에서 다시 남쪽으로 가면 고양 멱절산성(해발 30m, 곽산/崞山, 고양시 일산서구 대화동 멱절마을, 경기도 기념물 제

195호)과 幸州山城(사적 56호)을 지나면 風納土城(사적 11호)과 하남 二聖山城(사적 422호)에 이르게 된다. 고구려군은 북으로 길을 택하면 임진강으로 나아가고 그곳에서 육로로 漣川 堂浦城(사적 468호), 隱垈里城(사적 469호), 瓠蘆古壘城(사적 467호), 왕징면 무등리(2보루, 장대봉), 파주 月籠山城과 德津山城을 거쳐 임진강과 한강을 관장하고 계속 남하하여 河南 二聖山城(사적 422호)까지 다다른다. 한강은 경기도 양평군 兩水里(두물머리)를 기점으로 북한강과 남한강으로 나누어진다. 고구려군은 남한강을 따라 영토를 확장하여 中原(충주: 고구려의 國原城) 高句麗碑(국보 205호, 長壽王 69년 481년), 정선 애산성지, 포항 냉수리, 경주 호우총(경주 호우총의 경우 國岡上廣開土地好太王壺杅十이라는 명문이나와 고구려에서 얻어온 祭器가 부장된 것으로 보인다. 그리고 '十'이라는 명문은 慶州 金冠塚 출토 環頭大刀의 아사지왕/尒斯智王의 이름과 함께 보인다)과 부산 福泉洞에 이른다. 그리고 신라 21대 炤知王 10년(서기 488년)에 月城(사적 16호)을 수리하고 大宮을 설치하여 궁궐을 옮긴 월성의 垓字 유적에서 고구려의 기와(숫막새)와 玄武와 力士像이 양각으로 새겨져 있는 土製方鼎이 발굴되었다. 이는 長壽王 69년(서기 481년)에 고구려가 경주 부근에까지 진출하였다는 설을 뒷받침한다. 토제방정의 역사상은 순흥 於宿墓에서, 현무는 서기 427년 평양 천도 후 고구려 벽화분에서 발견되는 것과 비슷하다. 고구려의 묘제 중 석실묘는 연천 신답리(방사선 탄소연대는 서기 520/535년이 나옴), 연천 무등리, 여주 매룡리, 포항 냉수리와 춘천 천전리에서도 나타난다. 고구려의 영향을 받거나 고구려의 것으로 추측될지 모르는 것으로는 영풍 순흥 태장리(乙卯於宿迷干墓, 서기 499/559년, 사적 238호)와 순흥 읍내리(사적 313호) 벽화분들을 들 수 있으며, 고구려 유물이 나온 곳은 맛졸임(귀죽임, 抹角藻井) 천장이 있는 두 기의 석실묘가 조사된 경기도 용인시 기흥구 보정동, 성남시 판교 16지구, 경기도 이천 나정면 이치리, 대전 월평동산성, 화성 장안 3리, 서천 봉선리(사적 473호)와 홍천 두촌면 역내리 유적, 경기도 연천군 왕징면 강내리 등이 있다. 이 곳들은 고구려가 가장 강하던 廣開土王(서기 391년-서기 413년)과 長壽王(서기 413년-서기 491년 재위) 때의 남쪽 경계선이라고 해도 무방하다. 이는 서기 4세기-서기 5세기 때의 三國時代 後期(서기 300년-서기 660/668년) 때의 일이다. 廣開土王과 長壽王 때 백제를 침공하기 위한 해로와 육로의 경유지를 살펴보면 선사시대 이래 형성된 羅濟通門과 같은 通商圈(interaction sphere) 또는 貿易路와도 부합한다. 주로 당시의 高速道路인 바다나 강을 이용한 水運이 절대적이다. 그리고 신라는 서기 553년 24대 眞興王(서기 540년-서기 576년) 14년 한강유역에 진출할 때까지 지속된다. 이때 이란에는 메디아(Medes, 기원전 708년-기원전 550년), 아케메니드(Achemenid, 기원전 559년-기원전 331년), 파르티아(Parthia, 기원전 247년-서기 224년)를 지나 네 번째의 사산(Sassan, 서기 224년-서기 652년) 왕조가 들어서며 이를 통해 신라에 印文陶가 나타난다. 海外文物輸入의 窓口로서 漢江의 중요성이 부각된다.[3] 그리고『三國史記』百濟本紀에서 보이는

---

3) 중국 서북 宁夏[Ningxia, 宁夏回族自治區/Ningxia Hui Autonomous Region (NHAR)]는 비단길(Silk Road)에서 남쪽으로 오르도스(Ordos/Erdos, 鄂尔多斯沙漠, 河套/河南)-平城(大同)과 河西走(廻)廊 도시 중 甘肅省 武威 일부인 凉州/凉州区로, 북쪽으로 長安(西安)-新疆(西安-敦煌-哈密-乌鲁木齐 또는 吐鲁番)-西域으로 가는 天山(Tian Shan) 北路와 西域北路(天山南路)의 매우 중요한 지역이다. 서기 3세기-서기 10세기 사이의 비잔티움(Byzantium), 페르시아의 사산(Sassan Persia, 서기 224년-서기 652년), 소그드(Sogd, 현재의 Tajikistan and Uzbekistan)시대에 속하는 彩陶戰士(Painted pottery figures of warriors, 北周, 서기 557년-서기 581년), 石碑(Fragment of a stone stele, 西夏, 서기 1032년-서기 1227년), 유리제품(Glass bowl, 北周 서기 557년-서기 581년), 목제조각품, 비단 천, 금속공예품, 교역 각국의 금제와 은제 화폐[비잔틴 동로마제국(서기 395/476년-서기 1453년)의 金貨와 페르시아의 銀貨도 포함]와 불교 유물 등 많은 고고학 자료들 100여점(北魏/서기 386년-서기 534년 - 明/서기 1368년-서기 1644년)이 서기 1980년대 이후 30년간의 宁夏 沽源県 原州区(固原市)의 고분발굴에서 출토되어 'The Silk Road in Ningxia'라는 전시가 서기 2008 12월 3일-서기 2009년 3월 15일까지 홍콩대학 박물관·미술관(the University Museum and Art Gallery, The University of Hong Kong)·沽源県博物館·宁夏回族自治區博物館과의 공동으로 홍콩에서 열렸다.

漢城時代 百濟(기원전 18년-서기 475년)의 都邑地 變遷은 河北慰禮城(溫祚王 元年, 기원전 18년, 중랑구 면목동과 광진구 중곡동의 中浪川 一帶에 比定)→河南慰禮城(온조왕 14년, 기원전 5년, 사적 11호 風納土城에 比定)→漢山(13대 근초고왕 26년, 서기 371년, 사적 422호 二聖山城에 比定)→漢城(17대 阿莘王 卽位年, 辰斯王 7년, 서기 391년, 하남시 春宮里 일대에 比定)으로 알려져 있다. 이는 기원전 18년에서 백제 21대 蓋鹵王(서기 455년-서기 475년 재위)이 고구려 20대 長壽王(서기 413년-서기 491년 재위)에 의해 패해 한성시대의 백제가 없어지고 22대 文周王(서기 475년-서기 477년 재위)이 公州(雄津)로 遷都하는 서기 475년까지의 493년간의 漢城時代 百濟에 포함된 중요한 역사적 사건 중의 하나이다. 13대 근초고왕 26년 서기 371년에 築城된 河南 二聖山城은 백제의 漢山에 비정되는 漢江邊에 자리하는 軍事要衝地 겸 임시적으로 王都(수도, 도읍지)의 역할을 한 곳이다.

오늘날의 하남시를 대표하는 선사고고학과 역사고고학(佛敎美術史) 유적은 다음과 같다.

가) 선사고고학 유적

ⓐ 河南市(옛 경기도 廣州읍 동부면 미사리) 渼沙里 先史遺蹟은 신석기에서 백제시대 초기에 걸치는 중요한 유적으로 서기 1979년 사적 제269호로 지정되었다. 서기 1987년-서기 1992년 까지 숭실대학교 박물관의 주관 하에 세 차례에 걸쳐 선사시대부터 역사시대에 이르기까지 層位를 이루는 모두 466기의 유구가 발굴되었다.[4] 전체 8개 층으로 위에서부터 3-8까지가 文化層이다. 3층

---

4) 하남시 미사리 미사보금자리 주택단지 조성지구에서 기원전 10,000년의 후기 구석기 시대의 몸돌과 격지가, 그리고 하남고등학교 뒤편 야산에서는 신석기와 청동기, 철기 시대 전기의 생활유적이 한백문화재연구소에 의해 새로이 발견되었다(조선일보 2013년

은 고려시대, 4층은 백제 경작유구와 서기 4세기경의 六角形의 집자리,[5] 5층은 馬韓/三韓時代, 6·7층은 청동기시대, 8층은 신석기시대에 속한다. 1) 신석기시대는 타원형 내지 원형의 野外爐址가 많으며 빗살무늬토기(櫛文土器), 그물추(漁網錘), 화살촉(石鏃), 돌도끼(石斧)를 비롯한 생활도구와 불에 탄 도토리가 채집되었다. 신석기시대 층의 연대는 방사성 탄소연대(C[14])측정결과 기원전 3303±140년(5253±140 B.P.)으로 나타났다. 2) 住居址(집자리)와 貯藏孔이며 주거지의 평면은 모두 細長方形과 長方形이다. 토기는 孔列土器(孔列文, 구멍무늬토기)＋口脣刻目土器(골아가리토기)가 중심이 되는 청동기시대 중기[6]로 연

10월 24일자).

5) 凸자형 구조를 가진 육각형의 충주 가금면 탑평리 주거지(1호) 백제유적에서 철제무기, 鉗子(집개), 물미, 낫, 도기 철촉, 작두와 낚시 바늘을 만들던 송풍관이 설치된 대장간과 같은 工房으로 연대는 서기 355년, 서기 365년, 서기 385년이 나오며 이 연대는 百濟 13대 近肖古王(서기 346년-서기 375년), 14대 近仇首王(서기 375년-서기 384년)과 15대 枕流王(서기 384년-서기 385년)에 해당한다. 백제 초기의 유적은 이외에도 충청북도 충주시 금릉동 백제 초기 유적, 칠금동 탄금대 백제토성(철 생산 유적), 薔薇山城(사적 400호), 경기도 여주 언양 하거리, 충청북도 진천 석장리, 강원도 홍천 하화계리, 원주 법천리, 춘천 천전리, 화천군 하남 원천리에서 발견되고 있다.

6) 청동기시대 중기(기원전 1000년-기원전 600년)는 孔列土器＋口脣刻目土器가 중심이 되며 지역적인 국한된 모습을 벗어나 한반도 전체(현재로서는 以南地域)로 확산된다. 그리고 韓國化 된 同一性과 正體性(identity)도 이 시기부터 나타난다. 이와 비슷한 연대의 유적들은 驪州郡 占東面 欣岩里 선사유적(경기도 기념물 155호)을 포함하여 다음과 같다.
서울 강남구 역삼동
서울 강동구 명일동(역자식 석촉과 유경식 석촉이 공존)
강원도 강릉 입압동
강원도 속초 조양동(사적 제376호)
강원도 양구군 양구읍 하리 및 고대리
강원도 정선 북면 여량 2리(아우라지, 기원전 970년)
강원도 영월 남면 연당 2리 피난굴(쌍굴, 공렬토기)
강원도 정선 신동읍 예미리

대는 驪州郡 占東面 欣岩里유적과 비교해 볼 때 기원전 1000년-기원전 600년
이 중심이 될 것이다.

강원도 원주 가현동(국군병원) 및 태장동 4지구
강원도 춘성군 내평리[현 소양강댐 내 수몰지구, 2930±60 B.P(기원전 980년), 2590±60
　B.P.(기원전 640년), 2290±60 B.P.(기원전 340년)]
강원도 춘천 거두리(1리 및 2리)
강원도 춘천 우두동 82번지 유치원 부지
강원도 춘천 신매리
강원도 춘천 율문리
강원도 춘천 하중도 D-E지구
강원도 춘천 천전리
강원도 화천 용암리
강원도 화천 하남 원천리(예맥문화재연구원)
강원도 화천 하남면 거례리
강원도 홍천 화촌면 외삼포리
강원도 홍천 화촌면 성산리
강원도 춘천 우두동 직업훈련원 진입도로(비파형동검)
강원도 춘천 삼천동
경기도 하남시(옛 경기도 廣州읍 동부면 미사리) 渼沙里(사적 제269호)
경기도 하남시 德豊 1洞 덕풍골(제사유구)
경기도 하남시 望月洞 龜山
경기도 가평 청평면(외서면) 대성리
경기도 가평 설악면 신천리
경기도 광주시 역동(비파형동검)
경기도 광주시 장지동
경기도 군포 부곡지구
경기도 가평 설악면 신천리
경기도 김포시 양촌면 양곡리·구례리
경기도 성남시 분당구 판교동
경기도 여주 점동면 흔암리(경기도 기념물 155호)
경기도 파주 교하읍 운정리
경기도 하남시 덕풍골(종교·제사유적, 기원전 1065년-기원전 665년)

ⓑ 廣岩洞 支石墓群은 모두 4기로 서북쪽에서 동남쪽으로 일직선상에 놓여 있는데 3기는 거의 원형을 유지한 南方式이며 1기는 원위치에서 약간 이동

경기도 하남시 미사동(사적 제269호 옆)

경기도 하남시 미사동(사적 제269호 옆)

경기도 부천 고강동

경기도 시흥 논곡동 목감중학교

경기도 시흥 능곡동

경기도 안성 공도 만정리

경기도 안성 공도 마정리

경기도 안양 관양동(1호 주거지: 기원전 1276년–기원전 1047년, 기원전 1375년–기원전 945
    년/5호 주거지: 기원전 1185년–940년, 기원전 1255년–기원전 903년)

경기도 의왕시 고천동 의왕 ICD 부근(기원전 990년–기원전 870년)

경기도 양평군 개군면 공세리 대명콘도 앞

경기도 양평군 개군면 상자포리

경기도 양평군 양서면 도곡리

경기도 양평군 양수리(기전문화재연구원 2001년 3월 26일 발굴회의, 공렬 및 구순각목토기
    출토)

경기도 연천 통현리·은대리·학곡리 지석묘

경기도 연천 삼거리 주거지(기원전 1130년, 이중구연과 공렬이 한 토기에 같이 나옴, 청동기
    시대 전기 말 중기 초)

경기도 연천 군남면 강내리(고려문화재연구원)

경기도 용인시 수지읍 죽전 5리 현대아파트 및 어린이 공원 부지(기전문화재연구원
    2001년 3월 26일 및 12월 6일 발굴, 공렬 및 구순각목토기 출토)

경기도 평택 지제동(기원전 830년, 기원전 789년)

경기도 평택 토진 현곡동

경기도 평택 서탄면 수월암리(북방식 지석묘)

경기도 파주 옥석리 고인돌(기원전 640년경)

경기도 화성 천천리(공렬토기가 나오는 7호주거지는 기원전 950년–기원전 820년에 속함, 11
    호주거지는 기원전 1190년으로 연대가 가장 올라감)

경기도 화성 동탄 동학산

경기도 화성군 마도면 쌍송리(환호, 소도)

경기도 화성군 마도면 쌍송리(환호, 소도)

된 것이다. 가장 서북쪽에 위치하고 있는 1호 고인돌이 구릉의 정상부에 자리
하고 있는데. 蓋石은 巨晶花崗岩으로 크기는 길이 270㎝, 폭 196㎝, 두께 60-

인천광역시 연수구 선학동 문학산
인천광역시 서구 검단 2지구
인천광역시 서구 원당 4지구(풍산 김씨 묘역)
인천광역시 서구 불로지구(4구역)
충청북도 청주 용암동(기원전 1119년)
충청북도 충주 동량면 조동리(7호 기원전 750년)
충청북도 제원 양평리(홍도, 기원전 835±165년)
충청남도 천안 백석동(94-B: 기원전 900년-기원전 600년, 95-B: 기원전 890년-기원전 840년)
충청남도 천안 백석동 고재미골
충청남도 천안 운전리
충청남도 천안 입장리 1호 고속국도 IC
충청남도 공주시 장기면 제천리 감나무골
충청남도 운산 여미리
충청남도 아산 명암리(기원전 1040-기원전 940년, 기원전 780-기원전 520년)
충청남도 아산 탕정면 LCD 단지 2지점
충청남도 아산 탕정면 제2 일반 지방산업단지 1지역 1지점
충청남도 아산 탕정면 용두리(기원전 11세기-기원전 10세기경)
충청남도 당진 석문면 통정리(기원전 11세기-기원전 10세기경)
충청남도 청양 학암리
충청남도 보령시 웅천면 구룡리
충청남도 대전 대덕구 비래동 고인돌(기원전 825년, 기원전 795년, 기원전 685년)
충청남도 대전 유성구 관평동·용산동
충청남도 대전 유성구 서둔동·궁동·장대동
충청남도 유성구 자운동·추목동
충청남도 대전 동구 가오동·대성동 일원
충청남도 아산 신창면 남성리
충청남도 서산군 해미면 기지리
대구광역시 달서구 진천동(사적 제411호 옆)
대구광역시 달서구 상인동, 대천동
대구광역시 수성구 상동

88cm에 달한다. 개석의 윗면에 性穴(cup mark)이 6개가 나있다. 개석의 서쪽에는 '平岩洞'이라는 표지가 있으며 근처에서 숫돌(砥石)과 갈돌(石棒)이 支石

경상북도 경주 川北洞 新堂里(황기덕 1964, 우리나라 동북지방의 청동기시대 주민과 남녘의 주민과의 관계, 고고민속 64-1, pp.15-19)

경상북도 경주 내남면 월산동(기원전 1530-기원전 1070년, 기원전 970년-기원전 540년)

경상북도 경주 충효동 640번지와 100-41번지 일원(기원전 1010년-기원전 800년, 기원전 920년-기원전 810년)

경상북도 경주 덕천리

경상북도 경주 충효동

경상북도 안동시 서후면 저전리(저수지, 관개수리시설, 절구 공이)

경북 영주시 가흥동

경상북도 포항시 남구 지곡동

경상북도 포항 호동

경상북도 흥해읍 북구 대련리

경상북도 청도 송읍리

경상북도 청도 화양 진라리

울산광역시 북구 연암동(환호가 있는 종교·제사유적)

울산광역시 북구 신천동

울산광역시 남구 야음동

경상남도 울주 두동면 천전리(국보 제147호), 언양 반구대(국보 제285호) 진입로

경상남도 울주 검단리(사적 제332호)

경상남도 밀양 상동 신안 고래리

전라북도 군산 내흥동

전라북도 진안 오라동

전라북도 진안 모정리 여의곡

전라북도 진안 삼락리 풍암

광주광역시 북구 동림 2 택지

전라남도 고흥 과역 석북리

전라남도 곡성 겸면 현정리

전라남도 광양 원월리

전라남도 구례군 구례읍 봉북리

전라남도 승주 대곡리

주변에서 출토되었다. 지석묘는 巨石文化[7]의 일종으로 우리나라에는 支石墓 (고인돌)와 立石(선돌)의 두 가지가 보인다.

전라남도 승주 죽내리
전라남도 여수 적량동
전라남도 여수 봉계동 월암
전라남도 여수 월내동
전라남도 여천 화장동 화산
전라남도 순천 우산리 내우 지석묘(비파형동검)와 곡천 지석묘
전라남도 해남 현산 분토리 836번지(공렬토기, 구순각목)
제주도 남제주군 신천리 마장굴
제주고 서귀포시 대정읍 상모리
제주시 삼화지구(비파형 동검편)
제주시 삼양동

7) 우리나라의 거석문화는 지석묘(고인돌)와 입석(선돌)의 두 가지로 대표된다. 그러나 기원전 4500년 전후 세계에서 제일 빠른 거석문화의 발생지로 여겨지는 구라파에서는 지석묘(dolmen), 입석(menhir), 스톤써클(stone circle: 영국의 Stonehenge가 대표), 열석(alignment, 불란서의 Carnac이 대표)과 집단묘[collective tomb: 가. 羨道〈널길〉가 있는 묘 passage grave(또는 access passage, 영국의 Maes Howe Chambered Barrow가 대표적임), 나. 연도가 없는 묘 gallery grave, 또는 allée couverte]의 크게 5종 여섯 가지 형태가 나타난다. 이 중 거친 할석으로 만들어지고 죽은 사람을 위한 무덤의 기능을 가진 지석묘는 우리나라에서만 약 29,000기가 발견되고 있다.
이것은 기원전 1500년–기원전 1년 청동기시대와 철기시대 전기 말까지 약 1,500년간 한반도에 살던 토착인들의 무덤이다. 중국의 요녕성 절강성의 것들을 합하면 더욱 더 많아질 것이다. 남한의 고인돌은 北方式, 南方式과 蓋石式의 셋으로 구분하고 발달 순서도 북방식–남방식–개석식으로 생각되고 있다. 그러나 북한의 지석묘는 황주 침촌리와 연탄 오덕리의 두 형식으로 대별되고, 그 발달 순서도 변형의 침촌리식(황해도 황주 침촌리)에서 전형적인 오덕리(황해도 연탄 오덕리)식으로 보고 있다. 여기에 마지막으로 개천 묵방리식이 추가된다. 우리나라의 지석묘 사회는 청동기시대–철기시대 전기 토착사회의 무덤으로 전문직의 발생, 재분배 경제, 조상 숭배와 혈연을 기반으로 하는 계급 사회로 인식되고 있다. 그러나 지석묘의 기원과 전파에 대하여는 연대와 형식의 문제점 때문에 현재로서는 구라파 쪽에서 전파된 것으로 보다 '韓半島 自生設'쪽으로 기울어지고 있는 실정이다. 여기에 비해 한 장씩의 판석으로 짜 상자모양으로 만든 石

ⓒ 하남 德豊洞 수리골 유적은 경기문화재단에서 발굴하여 서기 2005년 보고한 하남시 덕풍동 산 24-1번지에 위치하며 여기에서 청동기시대 주거지 2기(무문토기, 석기), 백제시대 土壙墓 2기(土器, 鐵斧, 鐵矛, 鐵刀子, 鐵鎌 등), 통일신라시대 石槨墓 5기(토기, 銙帶鐶具), 고려시대 및 조선시대 토광묘 29기(磁器, 棺釘, 靑銅匙箸)가 나왔다.

ⓓ 경기도 하남시 望月洞 龜山 기슭은 미사리 선사유적지에서 1.5㎞ 정도 떨어져 있으며 이곳에서 발굴된 청동기시대 유적은 주거지와 청동기시대 중기(기원전 1000년-기원전 600년)의 대표적인 孔列土器이다. 서기 2002년 세종대박물관의 발굴조사 결과 細長方形 주거지 4기와 수혈유구(竪穴遺構) 1기를 확인하였으며, 공렬토기 이외에 土製漁網錘와 石鏃이 발견되었다. 그 외에도 철기시대 전기(기원전 400년-기원전 1년) 초의 斷面 圓形의 粘土帶土器片도 한 점 확인되었다.

ⓔ 하남시 德豊 1洞 덕풍골 구릉유적(해발 100m-110m)은 서기 2005년 세종대 박물관에서 발굴했으며, 여기에서는 孔列土器(孔列文, 구멍무늬토기)＋口脣刻目土器(골아가리토기)가 중심이 되는 청동기시대 중기(기원전 1000년-기원전 600년)의 長方形 주거지 2기(한 변 길이 10.28m), 삼국시대의 석곽 7기와 印文陶가 나오는 신라시대의 橫口式 石室이 확인되었다. 이곳은 精靈崇拜

棺墓 또는 돌널무덤(石箱墳)의 형식이 있다. 아마 이들은 처음 지석묘사회와 공존하다가 차츰 지석묘사회에로 흡수 된 것으로 여겨진다. 석관묘(석상분)와 지석묘의 기원과 전파에 대하여는 선후 문제, 문화 계통 등에 대해 아직 연구의 여지가 많다. 최근 끄로우노프까 강변에서 발견된 얀꼽스키문화(기원전 8세기-기원전 4세기)에서도 고인돌과 유사한 구조와 그 속에서 한반도에서 나오는 석검, 관옥 등 비슷한 유물들이 확인되고 있다.

(animism)를 하던 청동기시대와 신라시대의 野外야외 자연 지형물을 이용하여 山川祭祀를 행하던 祭祀遺溝[8]가 확인되었다. 이는 청동기시대 중기의 공렬토기시기에 행하던 중요한 宗敎·祭祀 유적이다.

---

8) 세계의 宗敎를 통관하면 唯一神敎(monotheism, unitarianism)의 발생에 앞서 나타난 원시종교는 劣等自然敎와 高等自然敎로 나누며 이들을 각기 多靈敎期와 多神敎期로 칭하기도 한다. "그중 열등자연교인 多靈敎는 神이라고 이름 할 수 없는 물건을 숭배의 대상으로 하여 그 本尊目的物로 하는 종교로, 魂魄崇拜 혹은 精靈崇拜라고도 한다. 이는 인간에 길흉화복을 주는 힘이 있는 것으로 사람의 혼백과 같은 영혼을 숭배의 대상으로 삼는 것이다. 이것을 polydemonism이라 한다. 여기에서 더 나아간 것을 多神敎(polytheism)라고 한다(서경보 1969)." 열등자연교 또는 다령교에는 천연숭배, 주물숭배(fetishism), 정령숭배(animism), 토테미즘(totemism)과 원시적 유일신교 등이 속한다. 정령의 힘을 통제할 수 있는 방법을 기준으로 주술의 유형은 呪物崇拜(fetishism), 巫敎/샤마니즘(shamanism, 薩滿敎)과 민간주술(popular magic)의 셋으로 나뉜다. 주물숭배는 "不活性의 사물에도 어떤 힘이 존재한다고 생각하고 그 힘에 의지하려는 태도"를 말한다. 巫敎(샤마니즘)는 "신에 들린 사람이 정령을 마음대로 다루는 힘을 갖게 되어 필요에 따라 정령을 사람의 몸속으로 들어가거나 몸 밖으로 빠져 나가게 한다." 그리고 민간주술은 "개인이나 집단에 정령이 해를 끼치지 못하도록 방지하거나 개인이나 집단의 이익을 위해 그 정령의 도움을 받기 위한 것이며.....속죄 양, 풍요와 다산을 위한 생산주술 등이 포함된다(노스저, 윤이흠 역 1986)." 즉 종교는 劣等自然敎[多靈敎期: 精靈崇拜(animism)→토테미즘(totemism)→巫敎(shamanism)→祖上崇拜(ancestor worship)]→高等自然敎(多神敎, polytheism)→一神敎(monotheism)로 발전한다. 다시 말해 종교는 劣等自然敎[多靈敎期: 精靈崇拜(animism)→토테미즘(totemism)→巫敎(shamanism, 薩滿敎)→祖上崇拜(ancestor worship)]→高等自然敎(多神敎, polytheism)→一神敎(monotheism)로 발전한다. 한국 고고학 자료도 신석기대의 精靈崇拜(animism)→청동기시대의 토테미즘(totemism)→철기시대의 巫敎(shamanism, 薩滿敎)→祖上崇拜(ancestor worship)를 거쳐 철기시대 전기에는 환호를 중심으로 전문 제사장인 天君이 다스리는 蘇塗로 발전해나감을 알 수 있다. 앞으로 계급사회의 성장과 발전에 따른 종교적인 측면도 고려해야 한다. 소도도 일종의 무교의 형태를 띤 것으로 보인다. 이는 종교의 전문가인 제사장 즉 天君의 무덤으로 여겨지는 토광묘에서 나오는 청동방울, 거울과 세형동검을 비롯한 여러 巫具들로 보아 이 시기의 종교가 巫敎(shamanism, 薩滿敎)의 일종이었을 것으로 짐작된다.

『後漢書』東夷傳[南北朝의 宋 范曄(서기 398년-서기 445년)이 씀], 『三國志』魏志 東夷傳[晋初 陳壽(서기 233년-서기 297년)가 씀]와 『晋書』四夷傳(唐 房玄齡/房喬 等 撰)에 마한 사회의 정치적 우두머리인 族長인 渠帥(韓의 渠帥, 또는 將帥,

그리고 사회진화에 관한 인류학계의 성과 중에서 엘만 서비스(Elman Service)의 경제와 기술이 아닌 조직과 구조에 의한 사회발전 모델에 따르면 인류사회는 군집사회 (band society)→부족사회(tribe society)→족장사회(chiefdom society)→고대국가 (ancient state)로 발전해 나가는데, 서비스는 족장사회를 잉여생산에 기반을 둔 어느 정도 전문화된 세습지위들로 조직된 위계사회이며 재분배 체계를 경제의 근간으로 한다고 규정한 바 있다. 족장사회와 국가는 같은 계급사회이면서도 혈연을 기반으로 하면 족장사회 그렇지 않으면 국가단계로 한 단계 높이 간주한다. 족장사회에서는 '부족사회의 기회가 될 때 임시로 갖는 특별한 의식(Ad hoc ritual)'을 계승한 전통적이며 계획적이고 지속적인 의미를 가진 정기적인 의식행위(calendaric ritual, ritual ceremony, ritualism)가 중요한 역할을 하는데, 의식(ritualism)과 상징(symbolism)은 최근 후기/탈과정주의 고고학(post-processual archaeology)의 주요 주제가 되기도 한다. 국가단계 사회에 이르면, 이는 권력(military power)과 경제(economy)와 함께 종교형태를 띤 이념(ideology)으로 발전한다. 족장사회는 혈연 및 지역공동체 개념을 기반으로 한다는 점에 있어서는 부족사회의 일면을 지니나 단순한 지도자(leader)가 아닌 지배자 (ruler)의 지위가 존재하며 계급서열에 따른 불평등 사회라는 점에서는 국가 단계 사회의 일면도 아울러 지닌다. 족장사회는 하나의 정형화된 사회단계가 아니라 평등사회에서 국가사회로 나아가는 한 과정인 지역 정치체(regional polity)라는 유동적 형태로 파악된다. 그리고 여기에는 기념물(monument)과 위세품(prestige goods) 등이 특징으로 나타난다(Timothy Earle 1997).

최근 고고학 상으로 최근 발견·조사된 종교·제사유적은 종래 문헌에 의거한 제천의례, 시조묘제사와 산천제사의 분류와는 달리 고고학적 측면에서 시대 순으로 보면 다음과 같이 분류된다. 그러나 이것은 최근 발견된 영세한 고고학 자료에 의거한 시작단계에 불과하다. 그래서 좀 더 발전된 분류체계를 얻기 위해서는 문화의 기원의 다원성과 다양화가 반드시 고려되어야 한다.

 1. 야외 자연 지형물을 이용한 산천제사: 精靈崇拜(animism)의 장소, 경기도 강화 삼산면 석모리 해골바위, 하남시 德豊 1洞 덕풍골(德豊谷), 화성 마도면 쌍송리, 서울 강남구 내곡동 대모산(산정 해발 150m 알바위)
 2. 암각화: 多産기원의 주술적 聖所 또는 成年式(initiation ceremony)場, 고령 양전동

臣智, 邑借, 主帥)라는 명칭이 나타나고 있으며 이는 족장의 격이나 다스리던 領域의 크기와 人口數의 규모에 따라 臣智, 險側, 樊濊, 殺奚와 邑借로 불리어지고 있었음을 알 수 있다. 그리고 같은 시기에 존재했던 沃沮의 三老(東沃沮의 將帥), 濊의 侯, 邑君, 三老, 그리고 挹婁의 大人, 肅愼의 君長(唐, 房喬 等 撰『晉書』四夷傳)도 비슷한 역할을 했던 行政的인 족장(chief)에 해당한다. 그러나 天君이 다스리는 종교적 別邑인 蘇塗는, 당시의 血緣을 기반으로 한 階級社會

─────────────

(보물 605호), 울주 두동면 천전리 각석[국보 147호, 이 중 書石은 신라 23대 法興王 12년(乙巳) 서기 525년 때부터의 기록임], 울주 언양 대곡리 반구대(국보 285호), 밀양 상동 신안 고래리의 경우 지석묘이면서 성년식의 장소로도 활용

3. 환상열석: 지석묘와 결합된 원형의 의식장소: 양평 신원리

4. 지석묘: 지석묘는 조상숭배(ancestor worship)의 성역화 장소, 창원 동면 덕천리, 마산 진동리(사적 472호), 사천 이금동, 보성 조성면 동촌리, 무안 성동리, 용담 여의곡, 광주 충효동 등

5. 환호: 청동기시대에서 철기시대 전기에 걸친다. 환호는 크기에 관계없이 시대가 떨어질수록 늘어나 셋까지 나타난다. 그들의 수로 하나에서 셋까지 발전해 나가는 편년을 잡을 수도 있겠다.
경기도 파주 탄현 갈현리, 안성 원곡 반제리, 부천 고강동, 화성 동탄 동학산, 화성 마도면 쌍송리, 강원도 강릉 사천 방동리, 부산 기장 일광면 청광리, 울산 북구 연암동, 진주 中川里(Ⅱ-32호 수혈유구, 테라코타/Terra-cotta 人頭形 土器), 전라남도 순천 덕암동(蘇塗, 曲玉과 器臺), 충청남도 부여읍 논치리(제사유적, 철정, 남근상) 등

6. 건물지(신전): 철기시대 전기의 지석묘 단계부터 나타나며 대부분 삼국시대 이후의 것들이다. 경주 나정[蘿井, 사적 245호, 박혁거세의 신당(神堂), 또는 서술성모의 신궁으로 추정되는 팔각(八角)형태의 건물], 경남 사천시 이금동, 하남시 이성산성(사적 422호), 광양 馬老山城(전남기념물 173호/사적 제492호로 승격), 안성 망이산성(경기도 기념물 138호) 등

7. 기타: 완도 장도 청해진유적(신라 제 42대 興德王 3년 서기 828년 설진, 신라 제 46대 文聖王 13년 서기 851년 폐지. 사적 308호) 매납유구, 제주도 용담시, 부안 죽막동 수성당(지방유형문화재 58호), 서울 풍납동 토성(사적 11호) 경당지구 등하남 덕풍골 유적에서 보이는 한국의 종교는 위의 보기 중 1항인 精靈崇拜(animism)에 해당한다.

(clan based hierarchical society)[9]인 單純·複合 族長社會(chiefdom)의 우두머리인 渠帥 격에 해당하나 규모에 따른 이름인 신지, 검측, 번예, 살계와 읍차가 다스리는 세속적 영역과는 별개의 宗敎的인 것으로 보인다. 『三國志 魏志 東夷傳 韓條에 나오는 王莽(新 서기 9년~서기 25년, 왕망은 서기 23년 사망) 地皇時(서기 20년~서기 23년) 辰韓의 右渠帥인 廉斯鑡가 그러한 예를 보여준다. 이곳 덕풍동은 당시 別邑인 蘇塗와 비슷한 성격을 띠었으며 주인은 天君과 같은

9) 族長社會와 國家는 階級社會이면서도 血緣의 기반에 의해 세분된다. Elman Service
의 모델인 統合論(Integration theory)에서는 인류사회는 경제나 기술이 아닌 조직이나
구조에 기반을 두어 군집사회(band)-부족사회(tribe)-족장사회(chiefdom)-고대국가
(ancient state)로 구분하고 있다. 그리고 기본자원에 대한 불평등한 접근에서 일어나
는 갈등에 기반을 둔 Morton Fried의 갈등론(Conflict theory)의 도식인 평등사회
(egalitarian society)-서열사회(ranked society)-계층사회(stratified society)-국가
(state)라는 발전단계도 만들어진다. 서비스는 국가단계에 앞선 족장사회를 잉여생산
에 기반을 둔 어느 정도 전문화된 세습지위들로 조직된 위계사회이며 재분배 체계를
경제의 근간으로 한다고 규정한 바 있다. 족장사회에서는 부족사회 이래 계승된 전통
적이며 정기적인 의식행위(calendric ritual, ritual ceremony, ritualism)가 중요한 역할
을 하는데, 의식(ritualism)과 상징(symbolism)은 최근 후기/탈과정주의 고고학(post-
processual archaeology)의 주요 주제이기도 하다. 국가단계 사회에 이르면 권력
(power), 경제(economy)와 함께 종교형태를 띤 이념(ideology)이 발전하게 된다.
Timothy Earle은 국가를 '무력을 합법적으로 사용하고 통치권을 행사할 수 있는 지
배체제의 존재와 힘/무력(power)·경제(economy)와 이념(ideology, 또는 religion)을 바
탕으로 한 중앙집권화 되고 전문화된 정부제도'라 정의하였다. 한편 Kent Flannery
는 '법률, 도시, 직업의 분화, 징병제도, 세금징수, 왕권과 사회신분의 계층화를 국가
를 특징짓는 요소들로 추가로 하였다. Timothy Earle, Jonathan Haas와 Yale
Ferguson과 같은 절충론(eclecticism)자들도 "경제·이념·무력의 중앙화, 그리고 새로
운 영역(new territorial bounds)과 정부의 공식적인 제도로 특징지어지는 정치진화 발
전상 뚜렷한 단계"가 있는 것으로 정의한다. 도시(city, urban)는 Clyde Kluckhohn
이 언급하듯이 약 5,000명 이상 주민, 문자와 기념비적인 종교 중심지 중 두 가지만 있
어도 정의할 수 있다고 한다. 또 그들 사이에 있어 노동의 분화, 복잡한 계급제도와 사
회계층의 분화, 중앙집권화 된 정부구조, 기념비적인 건물의 존재, 그리고 문자가 없

專門 祭司長이었을 것이다.

나) 역사고고학 유적

필자는 서기 1985년 「고고학적 자료를 통해본 백제초기의 영역고찰―도성 및 영역문제를 중심으로 본 한성시대 백제의 성장과정―」이란 글을 통해 '高句麗의 積石塚을 만들던 사람들이 南下해 百濟를 건국하는 主體가 되었다'는 요지의 글을 발표한 바 있었다. 그리고 그 이후 26년간 새로이 발굴·조사된 적석총들과 출토 유물들을 기반으로 하여 필자의 견해가 틀리지 않았음을 확인하고, 서기 2011년 「高句麗 積石塚과 百濟의 國家形成」이란 글을 발표하고 적석총 상한연대가 기원전 2세기―기원전 1세기로 올라간다는 생각과 당시의 국제적인 관계를 보완하였다. 이러한 생각은 『三國史記』의 백제의 건국에 대한 초기기록과 부합된다. 즉 衛滿朝鮮 때부터 한국고고학에 있어서 先史時代를 벗어나 世俗王權政治(secularism)를 바탕으로 한 진정한 歷史時代가 시작되며 百濟의 건국은 高句麗, 新羅와 더불어 三國時代의 開始를 열고 있다. 積石塚이 백제의 국가형성에 미치는 考古學과 古代史的인 意味와 重要性을 찾을 수 있었다.

백제의 시작은 고구려로부터 온 溫祚王 일행과 그들의 묘제인 積石塚으로부터이다. 시체를 넣은 돌널 위를 봉토를 덮지 않고 돌만으로 쌓아올린 무덤을 적석총이라고 한다. 우리나라 선사시대부터 역사시대의 고구려·백제 초기에 나타나는 묘제 중의 하나이다. 선사시대의 것은 구덩이를 파거나 구덩이가 없

는 경우 부호화된 상징체계나 당시 풍미했던 미술양식과 지역 간의 교역의 존재를 통해 찾아질 수 있다. 그리고 이를 유지해 나가기 위해 사회신분의 계층화를 비롯해 조세와 징병제도, 법률의 제정과 아울러 혈연을 기반으로 하지 않는 왕의 존재와 왕권, 그의 집무소, 공공건물 등이 상징적으로 부가된다[최몽룡 2013, 인류문명발달사(개정 5판), pp.40–43].

이 시체를 놓고 그 위에 흙 대신 돌을 덮는 가장 원시적인 묘제이다. 인천 矢島, 제원 청풍면 양평리, 춘천시 泉田洞 등지에서 발견되고 있다. 특히, 천전동의 경우 중심부에 2, 3개의 석곽이나 석관을 두고 커다란 石塊를 덮은 것으로 청동기시대 후기에서 철기시대 전기에 걸쳐 나타난다. 고구려와 백제 초기단계에서 보이는 적석총은 桓仁縣 高力子村, 자강도 시중 심귀리, 자성 조아리·서해리·법동리·송암리 등지의 압록강유역에서 보이는 것들과, 경기도 양평 문호리, 서울 석촌동, 강원도 춘천 중도, 충청북도 제천 청풍면 양평리·교리·도화리 등지의 남한강유역에서 보이는 것들이 이에 해당한다. 고구려무덤은 석묘(돌무덤)와 토묘(흙무덤)로 나누어지며, 석묘는 적석묘(돌각담무덤, 적석총)와 봉석묘(돌간돌무덤)로, 그중 적석묘(적석총)는 무기단 적석총(계단상의 축조가 없는 것)과 기단식 적석총으로 분류된다. 그 각각의 명칭은 봉토석실분(돌간흙무덤), 적석총(돌각담무덤), 기단적석총(돌기단무덤), 봉석묘(돌간돌무덤)으로 불리운다. 그리고 축조순서도 다곽식 무기단 적석총→이음식 적석총→기단식→계단(층단)식 적석총의 순서로 발전한다. 적석총을 석분(石墳)의 범주에 넣어 적석묘·방단적석묘(方壇積石墓)·방단계단석실묘(方壇階段石室墓)·봉석석실묘(封石石室墓) 등으로도 세분하고 있다. 또는 무기단식·기단식·연도와 석실이 있는 기단식 적석총 등 셋으로 세분하기도 한다. 다시 말해 압록강과 한강유역에 보이는 고구려와 백제의 돌무지무덤은 형태상 무기단식 적석총(돌각담무덤, 적석총)−다곽식 무기단식 적석총이다. 그런데 무기단식의 경우 기원전 3세기−기원전 1세기부터, 기단식은 서력 기원전후 부터 발생하며, 연도와 석실이 있는 기단식 적석총을 석실묘에로의 移行過程 樣式으로 설명한다. 이러한 적석총의 축조자들도 고구려를 세운 장본인으로 보고 있다.

지금까지 발굴·조사된 적석총은 다음과 같다.

가. 양평 서종면 문호리(1974)

나. 제원 청풍면 양평리(1983)

다. 제원 청풍면 도화리(1983) 보고서의 하한연대는 서기 2세기나 기원전 2
   세기/기원전 1세기로 연대의 상향조정이 필요하다. 이곳에서 함께 출
   토한 樂浪陶器와 함께 현재 유물은 청주박물관에 전시되어 있음.

라. 연천 중면 삼곶리(1994) 1993년 12월 지도위원회 이음식 돌무지무덤과
   제단. 桓仁 古力墓子村 M19와 유사

마. 연천 군남면 우정리(2001)

바. 연천 백학면 학곡리(2004)

사. 양평 양서면 신원리(2007)

아. 연천 중면 횡산리(2009)

비록 이러한 적석총의 기원이 고구려 지역에 있다고 하더라도, 한강유역
에서 나타나는 것은 고구려의 영향을 받은 백제시대의 것으로 볼 수 있다.[10]

---

10) 이와 같은 예로 고구려 벽화고분 중 三足烏를 들 수 있다. 그리고 이와 아울러 최근
   발견되는 고구려 관계 유적·유물의 기원에 대한 새로운 검토가 필요하다. 그중 하나
   가 고구려 벽화분의 해와 달을 상징하는 三足烏와 두꺼비의 기원문제가 다시 검토되
   어야 한다. 두꺼비(蟾蜍)와 토끼(玉兎)는 漢語大詞典에 '后用爲月亮的對稱', '傳說月中
   有蟾蜍, 因借指月亮', '指神話中月亮里的白兎'과 같이 나오는 것으로 보아 달을 지칭
   하는 다른 이름으로 보아도 된다. 그리고 三足烏는 古代傳說中 神鳥로 '爲西王母取食
   之鳥', '日中有三足烏', '태양을 실어 나르는 새'(爾雅) 등으로 언급되고 있어 태양(해)
   속에 있는 三足烏와 태양은 불가분의 관계로 표현된다. 鳥夷족은 先秦時 중국 동부
   근해에서 살던 사람들을 칭하는 이름으로 이야기하기도 하는데(『史記』 五帝本紀), 그들
   은 이 삼족오의 신앙과도 관련이 있다. 해와 달의 신앙은 중국 측의 기록에서 볼 때
   삼황오제(伏羲, 神農, 女媧/燧人, 黃帝/少昊, 帝嚳, 顓頊, 堯, 舜) 때부터의 일이다. 중국신
   화에서 인류의 선조는 伏羲와 女媧이며 西王母는 중국의 女仙人으로 長生不老의 상
   징으로 되어 있다. 이들은 우리의 신화하고는 거리가 멀다. 단지 고구려 廣開土王(서
   기 391-서기 412년)시 大使者(6품) 벼슬을 한 牟頭婁(또는 冉牟)墓의 묘지명에서 朱蒙(東
   明王)을 '日月之子'로 표현하고 있다. 그러나 五盔(塊)분 4호의 伏羲와 女媧가 떠받치
   는 日月神像圖는 중국적인 요소가 강하다. 그리고 우리의 고구려 고분벽화와 시간적

이들은 석촌동 3호분과 같이 고식으로 백제 건국자들이 남하했던 역사적 사실을 뒷받침해준다. 그리고 石村洞 4호분의 경우 3단의 기단식 적석총으로 위에 석실과 형식상의 연도가 남아 있는 것으로 보아, 석실묘 이전의 단계로 적석총으로서는 가장 발전된 모습이다. 이것은 서기 475년(21대 蓋鹵王 21년) 백제

으로 너무 차이가 난다. 馬王堆 漢墓와도 약 500년간의 시차가 있다. 三皇五帝시절부터 내려오던 중국인의 神話와 來世觀이 고구려 고분벽화에 끼친 영향은 너무나 뚜렷하다. 그것은 馬王堆 漢墓중 신추의 1호와 3호 묘의 내관 덮개인 T자형 彩繪帛畵에 나타난 해와 달의 모습이 고구려의 고분벽화에 나타남으로써 한국문화의 기원이나 원류의 하나가 중국에 있다는 사실을 알 수 있게 되었다. 이 고분은 서기 1972년−서기 1974년에 湖南省 長沙市(漢나라 당시의 이름은 臨湘임) 東郊 馬王堆路 馬王堆 省馬王堆療養阮 옆에서 발견된 것으로, 이곳에는 중국 前漢(기원전 206년−서기 8년) 장사국의 재상(長沙丞相)이며 700戶를 分封받은 초대 軑侯인 利蒼(2호. 呂后/呂雉 2년 기원전 186년에 죽음, 대후는 4대로 利蒼−利狶−利彭祖−利秩의 순으로 이어짐), 부인 辛追의 무덤(1호, 2대 대후인 利狶년간인 기원전 160년경에 50세 전후로 죽음)과 그들의 아들의 무덤(3호, 30세가량의 利蒼과 辛追의 아들로 文帝 12년 기원전 168년에 죽음. 文帝 15년 기원전 165년에 죽은 2대 대후인 利狶의 동생으로 여겨짐)의 세 무덤으로 이루어지고 있다. 발굴보고자들은 이 셋의 무덤이 기원전 186년에서 기원전 160년경 사이에 축조된 것으로 보고 있다. 고구려의 벽화에서 日月圖가 뚜렷이 보이는 것만도 현재 20여기나 되는데, 원래 고구려의 벽화고분의 축조시 처음부터 일월도가 그려져 있었던 것으로 보아도 무리가 없겠다. 馬王堆 漢墓의 T자형 彩繪帛畵에 나타난 것과 주제가 같은 태양과 달의 모습을 그린 고구려의 벽화고분들은 아래와 같다.
덕흥리 고분(서기 408년, 평남 남포시 강서구역 덕흥동)
안악 1호 고분(서기 4세기 말, 황해남도 안악군 대추리)
무용총(서기 4세기 말−5세기 초, 길림성 집안)
각저총(서기 4세기 말−서기 5세기 초, 길림성 집안)
약수리 고분(서기 5세기 초, 평안남도 강서군 약수리)
성총(서기 5세기 중엽, 남포시 와우도구역 신령리)
천왕지신총(서기 5세기 중엽, 평안남도 순천시 북창리)
장천 1호 고분(서기 5세기 중엽, 길림성 집안)
수렵총(서기 5세기 말, 남포시 용강군 용강읍)
쌍영총 고분(서기 5세기 후반, 평안남도 용강군 용강읍)

의 개로왕이 郁里河(지금의 한강)에서 대석을 캐어 石槨을 만들고 아버지(毘有王, 서기 427년-서기 455년)를 묻었다는 『三國史記』의 기록과도 부합될 수 있는 것으로, 축조 시기는 대개 서기 2세기-서기 4세기 정도로 여겨진다. 石村洞에서 제일 거대한 3호분은 방형 기단형식의 돌무덤으로, 계단은 3단까지 확인되었으며, 그 축조 시기는 서기 3세기-서기 4세기 사이에 축조된 것으로 보인다. 그리고 석촌동 4호분(石村洞百濟初期積石塚, 사적 제243호)은 방형으로 初層을 1면 세 개미만의 호석(護石, 받침돌, 보강제 등의 명칭)으로 받쳐놓아 將軍塚과 같은 고구려의 계단식 적석총 축조수법과 유사하다. 신라의 경우 31대 神文王陵(사적 181호)과 33대 聖德王陵(사적 28호)에서 이와 같은 호석들이 보여 주목된다. 석촌동 4호분의 연대는 서기 198년(10대 山上王 2년)에서 서기 313년(15대 美川王 14년) 사이에 축조된 것으로 추정된다. 그러나 그 연대는 3호분과 비슷하거나 약간 늦은 것으로 추측된다. 왜냐하면 적석총보다 앞선 시기부터 존재했을 토광묘와 판축기법을 가미하여 축조했기 때문에 순수 고구려 양식에서 약간 벗어난 모습을 보여주기 때문이다. 여기에는 사적 11호 풍납토성 내 경당지구에서 출토된 것과 같은 한-낙랑(漢-樂浪) 계통으로 보이는 기와 편이 많이 수습되었다. 이는 集安의 太王陵, 將軍塚과 千秋塚 등의 석실이 있는 계

대안리 1호 고분(서기 5세기 후반, 평안남도 용강군 대안리)

덕화리 1호 고분(서기 5세기 말-서기 6세기 초, 평안남도 대동군 덕화리)

덕화리 2호 고분(서기 6세기 전반, 평안남도 대동군 덕화리)

개마총(서기 6세기, 평양시 삼석구역 노산리)

내리 1호(서기 6세기, 평양시 삼석구역 노산리)

진파리 4호 고분(서기 6세기, 평양시 역포구역 용산리)

진파리 7호 고분출토 금동보관장식(평양시 역포구역 용산리)

사신총(서기 6세기, 길림성 집안)

五盔(塊)墳 4호 및 5호(서기 6세기 후반, 길림성 집안)

강서 중묘(서기 6세기 후반-서기 7세기 초, 평안남도 강서군 삼묘리)

단식 적석총의 상부에서 발견된 건물터나 건물의 지붕에 얹은 기와 편들로부터 구조상 상당한 유사점을 찾을 수 있다. 즉 고구려의 적석총은 무덤(墓)인 동시에 제사를 지낼 수 있는 廟의 기능인 享堂의 구조를 무덤의 상부에 가지고 있었다. 이런 점에서 羨道(널길)가 있는 석실/석곽을 가진 석촌동 4호분 적석총도 축조 연대만 문제가 될 뿐 고구려의 적석총과 같은 기능을 가지고 있었던 고구려 계통의 무덤 양식인 것이다. 석촌동 1호분의 경우 왕릉급의 대형 쌍분임이 확인되었다. 그 쌍분 전통은 압록강 유역의 환인현 고력묘자촌에 보이는 이음식 돌무지무덤과 연결되고 있어 백제 지배세력이 고구려와 관계가 깊다는 것에 또 하나의 증거를 보태준다. 자강도 시중군 로남리, 집안 양민과 하치 등지의 고구려 초기의 무기단식 적석총과 그 다음에 나타나는 집안 통구 禹山下, 환도산성 하 洞溝와 자강도 자성군 서해리 등지의 기단식 적석총들은 서울 석촌동뿐만 아니라 남한강 및 북한강의 유역에서 많이 발견되고 있다. 제원 청풍면 도화리 적석총의 경우, 3단의 기단은 갖추어져 있으나 석촌동 4호분에서와 같이 연도와 석실은 만들어지지 않았다. 제원 도화리 적석총의 축조 연대는 출토유물 중 樂浪陶器, 철제무기, 경질 무문토기 편[11]들로 보아 기원전 2세기—기원전 1세기로 추측된다. 적석총들은 특히 남·북한강 유역에 주로 분포되어 있다. 이 시기도 백제가 공주로 천도하기 이전의 기간인 기원전 18년—

---

11) 백제의 건국연대가『三國史記』의 기록대로 기원전 18년으로 올라간다. 이는 문화재 연구소에서 서기 1999년 실시한 서울 풍납동 토성(사적 11호)의 성벽 발굴 최하층에서 확인한 제례용으로 埋納된 硬質無文土器의 연대는『三國史記』溫祚王 41년條(서기 23년) '...發漢水東北諸部落人年十五歲以上 修營慰禮城...'이란 성벽(동벽과 서벽)의 축조 연대와 함께 기원전 1세기—서기 1세기경으로 추측할 수 있는 데에서도 알 수 있다. 그리고 春川 中島의 硬質(糟質)無文土器도 기원전 15±90년(1935±90 B.P.)으로 경질 무문토기의 하한은 늦어도 기원전 1세기—서기 1세기경이 될 것이다. 여기에 덧붙여 '...十五年春正月 作新宮室 儉而不陋 華而不侈.'라는 궁궐의 신축은 溫祚王 15년(기원전 4년) 이루어졌음도 믿을 수 있는 연대임을 알 수 있다.

서기 475년의 약 500년 동안으로, 한성(漢城)백제라는 지리적인 위치와도 관련을 맺고 있다. 이 유적들은 백제 초기인 한성도읍시대의 연구에 중요한 실마리를 제공해주고 있다. 또한『三國史記』의 초기 기록을 신뢰하지 않더라도 이미 이 시기에는 북부지역에서 고구려가 고대국가의 형태를 가지며, 자강도에 적석총이 축조되게 된다. 고구려 계통의 적석총이 남하하면서 임진강, 남한강, 북한강유역에 적석총이 축조된다. 그 대표적인 예로 경기도 연천 군남면 牛井里, 백학면 鶴谷里, 中面 橫山里와 三串里, 충북 堤原 淸風面 桃花里의 기원전 2세기-기원전 1세기경에 축조된 적석총들을 들 수 있다.

이 적석총을 축조한 백제의 건국자는 朱蒙(高朱蒙/東明聖王)의 셋째 아들인 溫祚(기원전 18년-서기 28년 재위)의 南下神話와도 연결된다. 백제의 건국자는 朱蒙(高朱蒙/東明聖王)의 셋째 아들인 溫祚(기원전 18년-서기 28년 재위)이다. 그는 아버지인 주몽을 찾아 부여에서 내려온 瑠璃王子(고구려의 제 2대왕) 존재에 신분의 위협을 느껴 漢 成帝 鴻嘉 3년(기원전 18년) 형인 沸流와 함께 남하하여 하북위례성(현 중랑천 근처이며, 온조왕 14년, 기원전 5년에 옮긴 하남위례성은 송파구에 위치한 사적 11호인 風納土城으로 추정됨)에 도읍을 정하고, 형인 비류는 彌鄒忽(인천)에 근거를 삼는다. 이들 형제는『삼국유사』에 의하면 고구려의 건국자인 주몽의 아들로(卞韓 百濟....謂溫祚之系, 出自東明故云耳....), 그리고『三國史記』百濟本紀 별전(권23)에는 그의 어머니인 召西奴가 처음 優台의 부인이었다가 나중에 주몽에게 개가하기 때문에 주몽의 셋째 아들로 기록된다. 온조는 天孫인 解慕漱, 용왕의 딸인 河伯女(柳花)의 신화적인 요소와, 알에서 태어난 주몽의 탄생과 같은 난생설화가 없이, 처음부터 朱蒙-召西奴-優台라는 구체적이고 실존적인 인물들 사이에서 태어난다. 그래서 백제에는 부여나 고구려다운 建國神話나 始祖神話가 없다. 이것이 백제가 어버이 나라인 고구려에 항상 열등의식을 지녀온 요소가 될 수 있을 것이다. 이 점은 온조왕 원년(기원전 18년)에 東明王廟, 17년(기원전 2년)에 어머니 召西奴의 묘[12]를 세운 것이나, 백제

13대 근초고왕(서기 346년-서기 375년)이 서기 371년 평양으로 쳐들어가 고구려 16대 故國原王(서기 331년-서기 371년)을 사살하지만 평양을 백제의 영토로 편입시키는 노력을 기울이지 않고 한성으로 되돌아오는 점 등에서 이해된다. 그래서 백제 왕실은 고구려 왕실에 대한 열등감의 극복과 아울러 왕실의 정통성을 부여하려고 애를 써왔던 것으로 보인다. 이와 같이 고구려와 백제와의 관계는 朱蒙(東明聖王)과 溫祚王의 父子之間의 나라로 神話와 文獻을 통해서 알 수 있다.

그리고 高句麗 出自의 百濟건국자들의 墓인 적석총을 통해 당시의 衛滿朝鮮(기원전 194년-기원전 108년), 樂浪(기원전 108년-서기 313년), 臨屯(漢 武帝 元封 3년, 기원전 108년 설치-기원전 82년 臨屯을 파하여 玄菟에 합침), 馬韓(기원전 3/기원전 2세기-서기 5세기 말/6세기 초)과 끄로우노프까(기원전 5세기-기원전 2세기, 北沃沮, 黑龍江省 東寧県 團結村 團結문화), 뽈체(기원전 7세기-기원전 4세기, 挹婁) 사이의 國際關係를 살펴보는 것도 중요하다. 한국 최초의 古代國家이었던 衛滿朝鮮(기원전 194년-기원전 108년, 위만-이름을 알 수 없는 아들-손자 右渠-太子 長의 3/4대 87년)의 멸망과 漢四郡의 설치[漢 7대 武帝(기원전 141년-기원전 87년) 元封 3년]는 『史記』의 편찬자인 司馬遷(기원전 145년-기원전 87년)이 37세에 일어난 사건으로, 위만조선, 樂浪과 그 다음을 잇는 帶方의 존재들은 모두 歷史的 事實로 인정되어야 한다. 그렇다면 衛滿朝鮮의 王儉城과 樂浪의 위치는 오늘날의 평양 일대로 보아야 당연하다. 이들 국제관계, 정치적 역할과 사회·경제·문화적 바탕은 모두 韓國考古學 編年上 철기시대 전기(기원전 400년-기원전 1년)에 형성된 것이다. 이 시기에는 기원전 1500년부터 한국의 土着勢

---

12) 『三國史記』百濟本紀 1에 溫祚王이 기원전 18년 나라를 세우고, 그해 5월 여름 아버지인 朱蒙을 위해 東明王廟를(元年夏五月. 立東明王廟), 또 온조왕 17년(기원전 2년)에 어머니 召西奴의 묘를 세워(十七年夏四月. 立廟以祀國母) 제사 지내는 기록이 보인다.

力을 형성하고 있던 支石墓社會가 해체되어 三韓社會로 이행하고 있었다. 이러한 國際·政治的 力學關係 위에서 나타난 것이 漢城時代 백제의 건국이며 이는 三國時代 前期(鐵器時代 後期, 서기 1년–서기 300년)에 해당한다. 그리고 한성시대 백제의 본격적인 성장과 발전의 상징인 二聖山城의 初築은 서기 371년으로 三國時代 後期(서기 300년–서기 660/668년) 때 나타난 중요한 歷史的 事件 중의 하나이다.

ⓐ 二聖山城(사적 제422호, 서기 371년–서기 391년의 漢山시대, 백제 13대 近肖古王 26년 서기 371년 初築)은 C지구 貯水池[13] 7층 最下層과 C지구 건물지 시굴갱(트렌치) 1에서 출토한 유물에서 보면 孔列土器, 반월형석도, 마제석기, 紅陶가 나오는 청동기시대 중기(기원전 1000년–기원전 600년)와 철기시대 粘土帶土器시대의 高杯에서 발전한 豆形土器와 樂浪陶器(한양대 박물관 전시)[14]가 나

---

13) 백제산성에서 발견되는 集水池/貯水池는 二聖山城(서적 422호) 이외에도 공주 公山城(사적 12호), 佰嶺山城(잣고개, 서기 597년 丁巳년 27대 威德王이 쌓음, 충남 기념물 83호), 대전 鷄足山城(사적 355호), 대전 月坪洞山城(충남 기념물 7호), 이천 雪城山城[경기도 기념물 76호, 4차 조사 시의 가속질량연대분석(AMS: Accelerator Mass Spectrometry)은 서기 370년–서기 410년], 순천 檢丹山城(사적 418호), 여수 鼓樂山城(시도기념물 244호)과 광양 馬老山城(사적 492호) 등에서이며 기타 부여 관북리 궁궐터(사적 428호)에서도 볼 수 있다.

14) 土器, 陶器류를 통칭하는 쎄라믹(ceramic)이란 말은 어원상 "불에 타버린 물질"을 뜻한다. Prudence M. Rice(1987, p.5)는 Terra-cotta(1000℃ 이하), Earthenware(폭넓게 900℃–1200℃ 사이), China(1100℃–1200℃), Stoneware(약 1200℃–1350℃), Porcelain(1300℃–1450℃)으로 구분해 사용한다. 우리나라에서는 土器(500℃–850℃)–陶器(1100℃ 전후)–炻器(stoneware 1200℃ 전후)–磁器(1300℃ 전후)로 분류하며 無文土器, 樂浪陶器, 新羅炻器, 高麗靑瓷(celadon), 朝鮮白磁(white porcelain) 등으로 부른다, 燒成度는 지붕이 없는 仰天窯(open kiln)에서 지붕이 있는 登窯(tunnel kiln, climbing oven)에 이르는 가마(窯)제작의 기술적인 발달과정에 따른다. 1100℃ 전후에서 구워져 한반도 철기시대 전기(기원전 400년–기원전 1년) 문화에 직수입 된 된 樂浪陶器는 경기도 하남시 二聖山城을 비롯해 송파구 풍납동토성, 경기도 양평 양수리

오는 鐵器時代 前期(기원전 400년-기원전 1년, 粘土帶土器출토 시기) 末境[15]에서 부터 사람이 살기 시작하였음을 보여준다.

기원전 108년 위만조선이 漢武帝의 원정군에 망한 후 그 자리에 남아있던 衛滿朝鮮의 원주민과 중국 戰國時代(기원전 475년-기원전 221년)의 亂을 피해온

상석정, 연천 청산면 초성리, 가평 상면 덕현리, 화성 기안리, 가평 달전 2리와 대성리, 강원도 홍천 철정리, 정선 신동읍 예미리, 강릉 안인리와 병산동, 동해 송정동, 춘천 근화동, 율문리와 거두리 등지에서 출토하였다. 그리고 경기도 광주시 장지동(기전문화재연구소)과 충청남도 아산시 탕정면 명암동 LCD 단지 Ⅰ지점(충남역사연구원) 등지에서 확인된 위만조선 계통의 화분형토기나 漢나라 또는 樂浪 계통의 陶器들은 당시의 토착사회인 무문토기 사회에 여과되지 않은 채 직수입된 중국의 문물이 끼친 영향이 어떠했는가를 엿볼 수 있는 좋은 자료들이다.

15) 고구려사의 시작(기원전 37년)은 삼국시대 전기에 속하며, 이산성의 축조와 사용은 삼국시대 후기 초에 속한다. 그러나 한국의 역사고고학 시작은 衛滿朝鮮(기원전 194년-기원전 108년) 때부터이다. 그 중 철기시대 전기에 속하며 기원전 400년에서 기원전 1년까지의 약 400년의 기간은 한국고고학과 고대사에 있어서 매우 복잡하다. 이 시기에는 한국고대사에 있어서 중국의 영향을 받아 漢字를 알게 되고 國家가 형성되는 등 역사시대가 시작되고 있다. 청동기시대에 도시·문명·국가가 발생하는 전 세계적인 추세에 비추어 우리나라에서는 국가가 이보다 늦은 철기시대 전기에 나타난다. 衛滿朝鮮은 漢나라 7대 武帝(기원전 141년-기원전 87년)가 보낸 원정군에 의해 망한다. 이때는 『史記』의 저자인 사마천의 나이 37세이다. 그의 기록에 의하면 평양 근처의 왕검성에 자리하던 위만조선이 문헌상에 뚜렷이 나타나는 한국 최초의 고대국가를 형성하고 있었다. 위만 조선은 衛滿-이름을 알 수 없는 아들-손자 右渠-太子 長을 거치는 4대(또는 3대도 가능) 87년간 존속하다가 중국 漢나라에 의해 망한다. 그리고 樂浪, 臨屯(漢 武帝 元封 3년 기원전 108년 설치-기원전 82년 임둔을 파하여 현도에 합침), 眞番(기원전 108년 설치-기원전 82년 진번을 폐하고 낙랑에 합침)과 玄菟(기원전 107년-기원전 75년 興京·老城지방으로 옮김)의 한사군이 들어서는데, 오늘날 평양 낙랑구역에 樂浪이, 그리고 황해도와 경기도 북부에 帶方(처음 낙랑군에 속하다가 獻帝 建安 서기 196년-서기 220년 간 대방군이 됨)이 위치한다. 이들은 기원전 3세기-기원전 2세기경부터 존재하고 있던 馬韓과 기원전 18년 마한의 바탕 위에 나라가 선 백제, 그리고 동쪽의 東穢, 남쪽의 辰韓과 弁韓에 막대한 영향을 끼치었다. 최근의 자료는 철기시대의 상한이 점토대토기의 출현과 관련이 있고 늦어도 기원전 5세기로 올라가고 있다. 최근

亡命人들인 戰國時代의 漢人(樂浪人)들과의 관계에 대한 고고학 자료의 입증
은 土壙墓, 화분형(花盆形)토기, 細形銅劍(韓國式銅劍) 관계 일괄유물들과 漢나
라 인들이 가져온 漢式陶器(樂浪陶器[16])들의 분포지 파악 등으로 이루어질 수

의 가속질량연대분석(AMS)에 의한 결과 강릉 송림리 유적이 기원전 700년–기원전
400년경, 안성 원곡 반제리의 경우 기원전 875년–기원전 450년, 양양 지리의 경우
기원전 480년–기원전 420년(2430±50 B.P., 2370±50 B.P.), 횡성군 갑천면 중금리 기
원전 800년–기원전 600년 그리고 홍천 두촌면 철정리(A–58호 단조 철편, 55호 단면 직
사각형 점토대토기)의 경우 기원전 640년과 기원전 620년이 나오고 있기 때문이다. 그
리고 최근의 고고학적 자료에 의하면 철기시대의 기원지로 연해주의 뽈체[挹婁]와 끄
로우노브까[北沃沮, 團結]문화도 들 수 있다. 철기시대 문화의 기원은 청동기시대와 마
찬가지로 多元的이라고 말할 수 있다. 그리고 필자는 서기 1971년 5–6월에 있었던
강원도 춘성군 내평 2리의 발굴을 기반으로 하여 서기 2004년 12월 17일(금) 한양대
주최 〈선사와 고대의 의례고고학〉이란 학술대회에서 발표된 기조강연「부천 고강동
유적 발굴조사를 통해본 청기시대·철기시대 전기와 후기의 새로운 연구방향」이란 글
에서 한국 청동기시대 부기의 새로운 편년 설정과 아울러 상한의 연대를 기원전 2000
년–기원전 1500년으로 주장할 수 있게 되었다. 이 유적은 한반도 청동기시대 상한문
제와 아울러, 앞선 전면 또는 부분빗살문토기와 부분적으로 공반하는 돌대문토기로
신석기시대에서 청동기시대에로 이행 과정 중에 나타나는 계승성문제도 새로운 연구
방향이 되었다. 최근의 발굴 조사에 의하면 한반도의 청동기시대의 시작이 기원전 20
세기–기원전 15세기를 오른다. 이는 청동기시대 전기(기원전 1500년–기원전 1000년)의
이중구연토기와 중기(기원전 1000년–기원전 600년)의 공렬토기에 앞서는 돌대문(덧띠새
김무늬)토기가 강원도 춘천 천전리(기원전 1440년), 춘천 하중도 D–E지구, 춘성 내평,
정선 북면 여량 2리(아우라지, 기원전 1240년), 강릉시 초당동 391번지 허균·허난설헌
자료관 건립부지, 홍천 두촌면 철정리, 홍천 화촌면 외삼포리, 경기도 가평 상면 연
하리, 인천 계양구 동양동, 충청남도 연기군 금남면 대평리, 대전시 용산동(단사선문
이 있는 돌대문토기로 조기 말), 경상남도 진주 남강댐 내 옥방 5지구(동아대·선문대 등 조
사단 구역, 기원전 1590년–기원전 1310년, 기원전 1620년–기원전 1400년의 연대가 나왔으나
돌대문토기와의 관련은 아직 부정확함)와 경주 충효동 유적을 비롯한 여러 곳에서 새로
이 나타나고 있기 때문이다. 각목돌대문(덧띠새김무늬)토기의 경우 中國 辽宁省 小珠
山 신석기 후기 유적과 같거나 약간 앞서는 것으로 생각되는 大連市 郊區 石灰窯村,
辽東灣연안 交流島 蛤皮址, 長興島 三堂유적(기원전 2450년–기원전 1950년경으로 여겨

있다. 적석총과 漢式陶器(樂浪陶器)와의 관계는 不可分이라고 말할 수 있다.

최근 漢式陶器(樂浪陶器)가 나오는 유적은 풍납동토성(사적 11호), 경기도 漣川 硝城里와 鶴谷里, 加平 大成里, 達田 2리와 上面 德峴里, 楊州 兩水里 上石亭, 河南市 二聖山城(사적 422호), 華城 旗安里, 廣州市 墻枝洞, 강원도 江陵 安仁里와 柄山洞, 東海 松亭洞, 旌善 禮美里, 春川 牛頭洞과 栗文里, 충청남도 牙山 湯井 鳴岩里와 경상남도 泗川 勒島 등 십여 군데에 이른다. 주로 강원도 (臨屯 기원전 108년-기원전 82년, 濊, 東濊 지역)와 경기도(樂浪 기원전 108년-서기 313년, 帶方지역)지역에 집중해서 樂浪陶器/漢式陶器가 나오고 있으며 이 점은 樂浪과 臨屯의 영향을 잘 보여 준다. 현재까지 樂浪陶器/漢式陶器가 나오는 유적들은 다음과 같다.

가. 서울 송파구 風納土城(사적 11호)

나. 경기도 연천 청산면 硝城里

다. 경기도 연천 백학면 鶴谷里

라. 경기도 가평 達田 2里(漢戟, 衛滿朝鮮土器)

마. 경기도 가평 청평면 大成里 驛舍(기전, 겨레에서 발굴)

바. 경기도 양평 兩水里 上石亭[가장 연대가 올라가는 것은 A10-S1(A-10호 주거지 중앙기둥)으로 2150±60 B.P. 보정연대는 기원전 330년 또는 기원전

짐), 吉林省 和龍県 東城乡 興城村 三社(早期 興城三期, 기원전 2050년-기원전 1750년), 그리고 연해주 보이즈만 신석기 말기의 자이사노프카의 올레니와 시니가이유적(이상 기원전 3420년-기원전 1550년)에서 발견되고 있어 서쪽과 동쪽의 두 군데에서 영향을 받았을 가능성이 많다. 이들 유적들은 모두 신석기시대 말기에서 청동기시대 조기에 속한다.

16) 500℃-700℃(엄밀한 의미에서는 700℃-850℃)의 화도에서 소성된 무문토기 또는 경질 토기로 이를 사용하던 철기시대 전기의 주민들에게는 화도가 1000℃-1100℃에 이르는 樂浪陶器(china)는 상당한 문화적 충격이었을 것이다.

170년이 된다.]

사. 경기도 하남시 二聖山城(사적 422호)

아. 경기도 화성 발안면 旗安里

자. 강원도 강릉시 安仁里와 柄山洞

차. 강원도 춘천 槿花洞(驛舍), 牛頭洞과 栗文里

카. 강원도 동해 松亭洞

타. 강원도 정선 禮美里

파. 충청북도 제원 청풍면 桃花里(사적 2호인 金海貝塚에서 나오는 회청색 樂
浪陶器가 출토)

하. 경상남도 사천 勒島(史勿國, 半兩錢: 기원전 221년-기원전 118년, 7대 漢
武帝 元狩 5년, 樂浪陶器와 彌生土器가 공존)

그리고 이후 백제 13대 近肖古王대의 석성의 축조 후 고구려 長壽王에 의
한 한성백제의 쇠망[서기 475년, 初築의 성벽위에 다시 쌓은 2차 성벽으로 8차 조사
시 나타난 基壇石과 犬齒石(삼각형고임돌)이 고구려의 축성양식에 따라 축조된 고구려
의 특징을 보여준다], 신라 24대 眞興王의 한강 진출(서기 553년)의 역사와 함께
하면서, 출토되는 유물의 출토로 볼 때 統一新羅時代(서기 660/668년-서기 918
년), 高麗(서기 918년-서기 1392년), 朝鮮(서기 1392년-서기 1910년)으로 이어져
내려오면서 계속 사용되어 왔었음을 확인 할 수 있다. 이들은 이성산성을 둘
러싼 一連의 歷史的 脈絡을 이해하는데 매우 중요한 고고학적 단서들이다.[17]

---

17) 이는 충주시 칠금동 彈琴臺를 중심으로 하는 中原지역의 모습과 유사하다. 충주시는
남한강의 중심지로 백제·고구려와 신라의 철의 확보와 영토 확장에 대한 시발점이
다. 이 지역은 다른 지역과 달리 왕조의 개념이 포함된 古都文化圈이 아닌 것이 특징
이다. 그러나 교통과 지역의 중요성으로 삼국시대 百濟·高句麗와 新羅의 角逐場이
되었다. 여기에는 충주시 칠금동 彈琴臺토성에서 나오는 鐵(덩이쇠)과 충주시의 滑石

이 성은 風納土城(사적 11호), 夢村土城(사적 297호) 등과 인접해 있을 뿐만 아니라 한강 본류와 南漢江·北漢江이 만나는 兩水里(두물머리) 아래의 삼거리에 위치하여, 북쪽으로는 한강 주변의 여러 성을 한 눈에 조망할 수 있고 남쪽과 동쪽은 南漢山·檢斷山, 서쪽은 야산으로 겹겹이 막혀 있어 배후의 평야지역과 한강 유역을 방어하기에 매우 유리한 입지조건을 갖추고 있는 戰略的 要衝地이다. 다시 말해 이는 이성산성이 先史時代이래 계속 되어온 時代 및 占有勢力을 달리하면서 장기간 전략적 요충지의 역할을 수행해 왔음을 의미한다. 즉 이성산성은 경기도 하남시 春宮洞과 초일동에 걸쳐 있는 금암산줄기의 정상(二聖山城, 해발 209.8m)에 위치한 석성이다. 산성은 S자 모양의 포곡형(包谷形) 산성으로 규모는 성벽 높이 4~5m 정도에 이르는데, 둘레 1,925m, 성 내부면적 약 155,025㎡이다. 그리고 8차 발굴에서 확인된 둘레 약 2㎞의 성벽을 옥수수 알처럼 다듬은 돌로 쌓은 점(3차 성벽)이 특이하다. 산성의 축조연대를 추정할 수 있는 자료는 발견되지 않았지만, 토기와 개와 등의 유물로 볼 때 漢城時代 百濟의 後期에 축조되었으며, 삼국의 정치 및 군사적 상황에 따라 고구려와 신라에 의해 점유되면서 수백 년 동안 개축되어 사용되어 오다가 통일신라시대에 이르러 그 효용가치가 점차 상실되어 廢城化될 위기에 처해진 것으로 여겨

이 이 지역의 확보에 대한 가속화를 부채질 했을 것으로 보인다. 한강은 경기도 양평군 양수리(두물머리)를 기점으로 북한강과 남한강으로 나누어진다. 그중 한강과 임진강을 포함하고 있는 경기도는 한국고고학 편년 상 철기시대 전기(기원전 400년~기원전 1년) 중에 나타나는 한국 최초의 국가이며 역사시대의 시작이 되는 衛滿朝鮮(기원전 194년~기원전 108년)부터 한반도에 있어서 중요한 무대가 된다. 특히 그 다음의 삼국시대가 되면 父子之間의 나라로 알려진 高句麗와 百濟의 각축전이 전개된다. 이러한 관계는 백제는 13대 近肖古王(서기 346년~서기 375년) 때, 고구려에서는 가장 강성한 왕인 19대 廣開土王(서기 391년~서기 413년)과 20대 長壽王(서기 413년~서기 491년), 그리고 신라는 서기 553년 24대 眞興王(서기 540년~서기 576년) 14년 한강유역에 진출할 때까지 지속된다.

지나 성으로서의 기능은 고려나 조선시대까지 축소되어 그 명맥을 유지해왔던 것 같다.

이성산성은 백제의 13대 近肖古王이 서기 371년(재위 26년) 고구려의 침략에 대비하여 일시적으로 천도를 단행했던 漢山에 비정될 수 있다는 점에서 특히 그 역사적 의미가 있다. 그리고 제사유구[천단(天壇)]로 추정되는 12각형의 건물지가 산성에서 확인되었는데, 이와 유사한 건물지는 순천대학교 박물관이 1998년 조사한 순천시 성산리 檢丹山城(사적 제 418호)에서도 확인된 바 있다. 검단산성이 백제시대에 축조된 성임을 고려할 때 이러한 12각형의 제사유구가 백제시대부터 축조되었음을 알 수 있다. 제 8·9·10차 발굴에서 백제시대의 유구와 유물이 확인되는 등 이성산성에서는 백제, 고구려, 신라와 관련된 유구와 유물이 다량으로 확인되었는데, 이들은 이성산성이 近肖古王이 서기 371년 정치적·군사적 목적으로 천도해 20여 년 동안 한성백제의 도성이었던 漢山(서기 371년-서기 391년)일 개연성을 높여주는 고고학적 증거라 할 수 있다. 한성백제 초기부터 축조되어 사용되어 오던 土城은 近肖古王의 활발한 정복사업과 고구려의 영향으로 石城으로 전환되었다고 여겨지는데, 토성에서 석성으로의 전환이 이성산성에서 시작되었을 가능성이 높다. 한편 懸門式 東門址에 대한 발굴은 한성시대 백제의 마지막 왕이었던 21대 蓋鹵王(서기 455년-서기 475년 재위)이 이성산성에서 벌어진 고구려와의 전투에 패해 적군에게 잡혀 아차산성에서 처형되었을 가능성을 제시해 주었다. 즉, 이성산성이 한성시대 백제의 최후 격전지였을 가능성이 높다고 하겠다. 이성산성은 고구려 17대 小獸林王(서기 372년), 백제 15대 枕流王(서기 384년)과 신라 24대 法興王(서기 527년) 때 정치적 기반을 굳히게 하기 위한 가장 중용한 산성이며 佛敎의 수용과 전파를 통해 확대된다.

ⓑ 광암동 고분은 서기 2005년 가을 하남 德風-감북 간 도로 확·포장구간

중 제 4차 구간인 하남시 廣岩洞 산 26-6번지 二聖山城(사적 422호) 서쪽 산록 하에서 세종대학교 박물관에 의해 발굴되었으며 이곳에서 백제시대의 서기 4세기대의 橫穴式 石室墳(돌방무덤) 1·2호에서 直口短頸壺와 廣口短頸壺가 출토되었는데 이들의 연대는 서기 3세기 말에서 서기 4세기 말에 속한다(하문식·황보경 2007, pp.195-225). 이 고분과 출토 백제토기들은 이성산성이 백제 13대 近肖古王 26년(서기 371년)에 축조되었다는 설을 뒷받침해준다.

ⓒ 하남 天王寺址는 서기 384년(백제 15대 枕流王 元年) 이후 백제의 불교수용 초기 절터로 추정해볼 수 있다. 한성시대 백제의 경우 漢山시대(서기 371년-서기 391년) 중 서기 384년 최초로 지어진 절로 河南市 下司倉洞의 天王寺가 가장 유력하다. 이곳에는 현재 舍利孔이 보이는 木塔[통일신라시대로 추정하나 절터에서 발견된 二重蓮瓣이 표현된 막새는 25대 武寧王陵 출토 銅托銀盞, 王興寺址 출토사리기의 문양과 서기 6세기 후반에서 서기 7세기 전반으로 편년되는 부여 金剛寺址 출토품에서 나타나 이 절의 初創이 늦어도 三國時代 후기 서기 6세기 후반에서 서기 7세기 전반으로 추정되기도 한다]의 하부구조, 보물 제 322호 철불(鐵佛. 국립중앙박물관 소장)이 원래 놓였던 臺座로 추정되는 돌 구조물과 건물터 1동, 담장 및 배수시설 등 모두 9기의 유구가 남아 있다. 이곳에서 天王, 王寺, 官, 又且, 卍, 平, 千의 銘文蓋瓦가 출토하여 왕실과 관련이 있는 중요한 절이었음이 확인되고 있다.

ⓓ 하남시 春宮里 5層石塔(보물 12호, 고려, 사적 352호 하남 춘궁동 桐寺址)

ⓔ 하남시 春宮里 3層石塔(보물 13호, 통일신라, 사적 352호 하남시 春宮洞 桐寺址), 春宮里五層石塔(보물 제12호, 고려 초)

ⓕ하남시 校山洞 善法寺 太平二年銘磨崖藥師佛坐像(보물 981호 고려 초 磨崖佛) 불상은 대좌 왼쪽에 "太平二年丁丑七月十九日賜以重修爲今上皇帝萬歲頌"이라 새겨져 서기 977년(5대 景宗 2년)에 중수하였음을 알 수 있으나 처음 조성한 연대는 분명치 않다.

ⓖ春宮洞 鐵造釋迦如來坐像(보물 332호, 고려 초, 국립중앙박물관 소장)

ⓗ하남시 校山洞 客舍(서기 7세기~서기 9세기로 추정)

다) 역사

하남시에 고려 초기 유적들이 많이 보이는 것은 광주(廣州)의 大豪族으로 벼슬이 大匡(종1품, 제3등급, 武臣階級)이며, 왕실의 외척인 왕규(王規, ?~서기 945년, 경기도 광주 출신으로 太祖에게 賜姓을 받아 王氏가 됨)가 이곳을 기반으로 하였기 때문으로 여겨진다. 그는 자신의 외손자인 광주원군(廣州院君, 太祖의 16妃에서 태어난 왕규의 외손자)을 왕위에 등극시키기 위해 '왕규의 난'을 일으킬 정도의 세력을 갖고 있었다. 왕규의 동태를 미리 알고 있던 3대 定宗이 2대 惠宗의 병이 위독하자 서경(西京: 평양)의 수비대장 왕식렴(王式廉: 태조의 사촌동생이며 정종의 堂叔)과 미리부터 연락을 해두어 왕규의 난이 무난히 수습되었다. 이는 고려 초 왕권이 미약한 데에서 발생한 고려 2대 惠宗 때의 왕위 계승을 둘러싸고 일어난 사건으로 보여진다.

라) 설화

여자가 남편을 위하여 貞節을 지킨 것을 내용으로 한 烈女說話인『三國史記』卷 第四十八 列傳 第八의 都彌夫婦의 說話[18]도 있다. 이 설화는 개루왕[蓋婁王, 백제 4대 왕으로 기루왕(己婁王: 재위 서기 77년~서기 128년)의 아들로 서기 128

년 아버지 개루왕의 뒤를 이어 왕이 되었다] 때의 일로 이야기하지만, 내용은 상당히 모순이 많다고 한다. 그 이유는 당시 개루왕 시대의 백제 주변엔 도미 설화에 나오는 지명 대부분이 개루왕 시대보다 훨씬 후에야 나타나는 지명으로 보이기 때문이라 한다. 여기에 나오는 산산(蒜山)이 이란 지명은 개로왕 이전에는 한자 지명으로 불리지 않았고, 고유 지명인 매시달(買尸達)이란 이름으로 불렸었다. 즉 도미설화 중에 나오는 산산(蒜山)은 『三國史記』 권35 雜志 제4 地理 2 新羅 條에서는 '산산현(蒜山縣)은 본래 고구려의 매시달현(買尸達縣)'으로 교하군(交河郡)의 전신인 '정천군(井泉郡)[19]의 領縣/屬縣'으로 추정되기 때문이다. 오늘날 泉城島 일대를 파주시와 고양시구역으로, 도미부부가 상륙하였던 泉城島를 坡州 鰲頭山(關彌山城 일대)으로 추정하기도 한다. 현재 하남시 배알미동 167번지에는 도미나루가 전해져 온다. 이 때문에 이 설화를 개로왕(蓋鹵王, 21대, 서기 415년-서기 475년, 재위: 서기 455년-서기 475년) 때의 이야기로 보고 있기도 하다. 說話는 神話를 낳고 신화에서 建國神話가 만들어지는데, 이

---

18) 都彌, 百濟人也. 雖編戶小民, 而頗知義理. 其妻美麗, 亦有節行, 爲時人所稱. 蓋妻王聞之, 召都彌與語曰 凡婦人之德, 雖以貞潔爲先. 若在幽昏無人之處, 誘之以巧言, 則能不動心者, 鮮矣乎? 對曰 人之情, 不可測也. 而若臣之妻者, 雖死無貳者也. 王欲試之, 留都彌以事. 使一近臣, 假王衣服馬從, 夜抵其家, 使人先報王來. 謂其婦曰 我久聞爾好, 與都彌博得之. 來日入爾爲宮人, 自此後舉身吾所有也. 逐將亂之. 婦曰 國王無妄語, 吾敢不順? 請大王先入室! 吾更衣乃進. 退而雜飾一婢子薦之. 王後知見欺, 大怒, 誣都彌以罪, 矐其兩眸子. 使人牽出之, 置小船泛之河上. 逐引其婦, 强欲淫之. 婦曰 今良人已失, 單獨一身, 不能自持. 況爲王御, 豈敢相違? 今以月經, 渾身污穢, 請俟他日薰浴而後來. 王信而許之. 婦便逃至江口不能渡, 呼天慟哭. 忽見孤舟隨波而至, 乘至泉城島, 遇其夫未死. 掘草根以喫, 逐與同舟, 至高句麗蒜山之下. 麗人哀之, 丐以衣食. 逐苟活, 終於羈旅.

19) 井泉郡, 本高句麗泉井郡, 文武王二十一年取之, 景德王改名, 築炭項關門, 今湧州. 領縣三蒜山縣, 本高句麗買尸達縣, 景德王改名, 今未詳. 松山縣, 本高句麗夫斯達縣, 景德王改名, 今未詳. 幽居縣, 本高句麗東墟縣, 景德王改名, 今未詳.

설화가 주류를 이루던 건국신화와 달리『三國史記』列傳에 실렸다는 것은 포악한 왕의 유혹과 탄압에도 부부의 의를 지킨 春香傳과 같은 烈女說話의 원형으로 당시 民衆의 긍정적인 인간관을 잘 보여주었기 때문이라 하겠다. 이 글은 五倫行實圖[서기 1434년(4대 世宗 16년)에 설순(偰循)이 지은 三綱行實圖와 서기 1518년(11대 中宗 13년)에 김안국(金安國)이 지은 二倫行實圖를 합해 22대 正祖의 왕명으로 서기 1797년(正祖 21)에 간행한 儒敎倫理를 담은 책]에도 실려 있으며 '우렁이 각시'와 제주도 '산방덕 전설'이 이와 비슷하다.

최근 서울, 경기도와 충청도에서 발견되는 많은 수의 백제, 고구려와 신라 유적들은 고구려의 최남단 전진기지이자 백제와 신라의 접경지로 백제, 고구려와 신라 간에 대한 歷史的 脈絡을 살펴 균형 있는 연구가 진행될 수 있는 곳이다. 일시적인 유행으로 남한 내 고구려 유적의 중요성만을 강조하다 보면 비교적으로 상대적인 열세를 면치 못하고 있는 백제사 연구는 뒷전으로 밀리게되어 이 지역에서 백제사 특히 漢城時代 百濟 연구는 불모의 과제로 남을 수밖에 없다. 風納土城(사적 11호), 夢村土城(사적 297호)과 二聖山城(사적 422호)이 위치한 서울 송파구와 이웃 하남시 일대는 한성시대 백제 초기(삼국시대 전기)에는 首都(도읍지)로, 삼국시대 후기 이후에는 삼국의 한강유역 확보를 위한 쟁탈의 장으로서 한성시대 백제를 연구하는데 빼놓아서는 안 될 곳이다. 그래서 이 시기의 유적 또는 성벽의 발굴 시 그 유적이 속하는 한 시기와 한 시대에 편중해 연구하지 말고 역사적 맥락 속에서 有機體的인 解釋이 선행되어야한다. 이는 정복에 따라 행해지는 앞 시대에 만들어진 城內 건물지나 성벽 등유구에 대한 철저한 파괴, 또는 이들의 再活用에 따른 改築과 補修 등을 고려해야 하기 때문이다. 그리고 반면에 백제사만을 강조한다면 그나마 제대로 남아 있는 고구려 유적에 대한 연구의 앞날도 매우 불투명하게 될 것이다. 요컨대 고구려 유적의 연구는 초기 한성시대 백제의 중심지인 서울과 경기도 하남시의 역사적 의미를 살려 진행되어야 한다. 이를 배제시킨 고구려 편향의 조사 연구결과는 불완전해질 수밖에 없는 것이다. 최근 경기도와 하남시에서 조사된 고구려 유적들을 통하여 衛滿朝鮮, 樂浪, 馬韓, 東濊, 挹婁, 肅愼, 百濟, 高句麗와 新羅 사이의 歷史的 脈絡과 당시의 國際關係에 좀 더 신중히 고려하여 균형이 있는 연구가 필요할 때가 되었다고 생각된다. 다시 말하여 臨津江과 南漢江 유역에 만들어진 고구려 유적의 주 대상(主敵)이 原三國時代가 아닌 歷史上의 實體인 百濟와 新羅로 이들은 三國時代 前期에 속한다. 그중 고구려와 백제간의 끊임 없는 투쟁의 역사는 고구려 20대 長壽王과 백제 21대 蓋鹵王 사이에 일어난 한성시대 백제의 멸망으로 이어졌고, 그 해가 서기 475년이었다. 그리고 中原지방에서 나타나는 유적들과 자료들의 고고학적 배경을 살펴보면 『三國史記』의 기록대로 백제·고구려·신라는 역사적으로 긴밀한 관계를 갖게 되기 때문에, 시계의 톱니바퀴처럼 서로 엇물려 있어 한 치의 어긋남도 있을 수 없다. 鐵 生産과 確保라는 三國의 치열한 角逐의 결과로 만들어진 中原文化의 예에서 보다시피 漢江邊 軍事要衝地인 河南市에서도 三國時代 前期와 後期에 '漢江의 支配力'을 확보하기 위한 백제, 고구려와 신라가 서로 각축하고 이의 결과로 삼국문화가 중첩·복합적으로 나타나고 있는 것도 이러한 歷史的 脈絡에서 이해가 될 것이다.

이러한 점들이 오늘날 河南市가 가지는 歷史와 文化의 중요성이며 이것은 앞으로 계속 발굴되는 考古學的 資料의 증가에 의해 補完·强調될 것이다.

참고문헌

경기문화재연구원

   2005   하남 德豊洞 수리골 유적 -시가지 우회도로 확·포장공사 구간내
          시·발굴조사-, 학술조사보고 제59책

노윤상

   2012   河南 天王寺址 出土 二重蓮瓣 막새의 제작시기 檢討, 新羅文化 第
          39輯, pp.207-237

미사리 선사유적발굴조사단·경기도 공영개발사업단

   1994   미사리 1-5

세종대학교 박물관

   2000   평택 지제동 유적

   2001   하남 미사동 선사유적 주변지역 시굴조사

   2002   하남 망월동

   2005   하남 덕풍골 유적 -청동기시대 집터·제의유적 및 고분조사-

   2006   하남 덕풍골 유적: 시굴조사보고서, 서울: 세종대학교박물관

   2007   하남 덕풍골 유적: 발굴조사보고서, 서울: 세종대학교박물관

심정보

   2012   이성산성 축조시기에 대한 검토, 위례문화 15호, 하남시: 하남문화
          원, pp.35-64

梁起錫

   1986   三國史記 都彌列傳 小考, 李元淳敎授華甲論叢, 서울: 敎學社,
          pp.3-20

최몽룡

1978 전남지방소재 지석묘의 형식과 분류, 역사학보 78, pp.1-50

1986 고고학 측면에서 본 마한, 마한·백제문화 9집, 원광대학교 마한·백
제문화연구소, pp.5-15

1991 마한목지국의 제 문제, 최몽룡·심정보 편, 백제사의 이해, 서울: 학
연문화사

1994 고고학 상으로 본 마한의 연구, 원광대학교 마한·백제문화연구소
주최 학술 심포지엄, pp.71-98 논총간행위원회 편, 및 문산 김삼룡
박사 고희기념논총: 마한·백제문화와 미륵사상, 익산: 원광대학교
출판국, pp.91-98

2009 남한강 중원문화와 고구려 -탄금대의 철 생산과 삼국의 각축-, 최
몽룡 편저, 21세기의 한국고고학 vol.Ⅱ, 서울: 주류성, pp.13-40

2009 고등학교 국사교과서 지도서, 최몽룡 편저, 21세기의 한국 고고학
vol.Ⅱ, 서울: 주류성, pp.27-130

2009 호남고고학연구의 새로운 방향 -철기시대 전·후기와 마한-, 제 17
회 호남고고학회 학술발표회(5월 8일, 금), 호남고고학에서 바라본
생산과 유통, pp.9-50

2009 馬韓研究의 새로운 方向과 課題, 전주박물관 마한전시회 도록, 마
한-숨 쉬는 기록, 서울: 통천문화사, pp.4-19 및 박물관에서 만나
는 우리문화, 세계문화, 전주: 국립전주박물관, pp.30-74

2010 韓國 文化起源의 多元性 -구석기시대에서 철기시대까지 동아시아
의 諸 文化·文明으로부터 傳播-, 동아시아의 문명 기원과 교류, 단
국대학교 동양학연구소, 제 40회 동양학 국제학술대회, pp.1-45 및
2011, 韓國 文化起源의 多元성 -구석기시대에서 철기시대까지 동
아시아의 제 문화·문명으로부터 전승, 동북아시아의 문명 기원과
교류, 단국대학교동양학연구원 엮음, 동아시아 문명교류사 1, 동아

시아 청동기문화의 교류와 국가형성, 학연문화사, pp.21-88(ISBN 9-788955-082500)

2010 扶餘 松菊里 遺蹟의 새로운 編年, 38회 한국상고사학회 학술발표대회(10월 1일, 금), 부여 송국리로 본 한국 청동기사회, pp.7-14 및 2011, 부여 송국리 유적의 새로운 편년, 한국고고학 연구의 제 문제, 서울: 주류성 pp.207-223

2010 호남의 고고학 -철기시대 전·후기와 마한-, 최몽룡 편저, 21세기의 한국고고학 vol.Ⅲ, 서울: 주류성, pp.19-87

2010 고고학으로 본 중원문화, 중원 문화재 발굴 100년 회고와 전망, 한국고대학회·충주대학교 박물관, pp.29-46

2011 二聖山城과 百濟, 이성산성에 관한 학술대회, 하남시 문화원 제 3회 학술대회(10월 7일, 금), pp.11-37 및 위례문화 15호, 하남시: 하남문화원, pp.89-118

2011 창원 성산패총 발굴의 회고, 전망과 재평가, 동·철산지인 창원의 역사적 배경〈야철제례의 학술세미나〉(7월 1일), 창원시·창원문화원, pp.1-16 및 2011, 韓國 考古學 硏究의 諸 問題, 서울: 주류성, pp.225-248

2011 한국에서 토기의 자연과학적 분석과 전망, 자연과학에서의 대형옹관 제작법, 국립 나주문화재연구소 제 3회 고대옹관연구 학술대회 pp.9-25

2011 韓國 考古學 硏究의 諸 問題, 서울: 주류성

2011 韓國 文化起源의 多元性 -구석기시대에서 철기시대까지 동아시아의 제 문화·문명으로부터 전승, 동북아시아의 문명 기원과 교류, 단국대학교동양학연구원, 동아시아 문명교류사 1, pp.1-45 및 동아시아 청동기문화의 교류와 국가형성, 서울: 학연문화사, pp.21-

88(ISBN 9-788955-082500)

2011 청동기·철기시대와 한국문화, 동아시아 청동기문화의 교류와 국가
형성, 단국대학교 동양학연구소, 제 41회 동양학 국제학술대회단국
대학교 동양학연구원, pp.1-28 및 2012, 청동기·철기시대와 한국
문화, 단국대학교 동양학연구원 엮음, 동아시아 문명교류사 2, 동아
시아 청동기문화의 교류와 국가형성, 서울: 학연문화사, pp.147-
185(ISBN 978-89-5508-287-6 94910)

2012 강과 문명 -인류문명발달사-, 전상인·박양호 공편, 강과 한국인의
삶, 서울: 나남신서 1624, pp.81-115

2012 스키타이, 흉노와 한국고대문화 -한국문화기원의 다양성-, 국립중
앙박물관·부경대학교 인문사회과학연구소, 흉노와 그 동쪽의 이웃
들, pp.7-31

2012 한국고고학·고대사에서 종교·제사유적의 의의 -환호와 암각화-,
제 40회 한국상고사학회 학술발표대회, 한국 동남해안의 선사와 고
대문화, 포항시 청소년 수련관, pp.7-43 및 하남문화원 제 4회 학
술대회, 한국의 고대신앙과 백제불교, 하남시 문화원, pp.1-38(하
남시 문화원, 위례문화, 2012, 15호, pp.79-118)

2012 중원문화와 철 -철 생산과 삼국의 각축-, 국립중원문화재연구소
개소 5주년 기념 중원의 제철문화 학술대회. pp.9-22

2013 한국선사고고학의 연구동향, 겨레 창간호, 겨레문화유산연구원,
pp.7-37

2013 인류문명발달사(개정 5판), 서울: 주류성

최몽룡·권오영

1985 고고학적 자료를 통해본 백제 초기의 영역고찰 -도성 및 영역문제
를 중심으로 본 한성시대 백제의 성장과정-, 천관우 선생 환력기념

한국사학 논총, 서울: 정음문화사, pp.83-120 및 최몽룡, 1987, 한국고대사의 제 문제(유인물), 관악사, pp.151-187

崔夢龍·白種伍

2011 高句麗 積石塚과 百濟의 國家形成, 최몽룡 편저, 21세기의 한국고고학 vol. Ⅴ, pp.1-41

최몽룡·신숙정·이동영

1994 미사리 유적의 지질과 출토 토기의 분석, 미사리 1 및 고고학과 자연과학, 서울: 서울대학교출판부, pp.227-338

최몽룡·심정보

1991 백제사의 이해, 서울: 학연문화사

최몽룡·이선복·안승모·박순발

1993 한강유역사, 서울: 민음사

하문식·황보경

2007 하남 광암동 백제 돌방무덤연구, 최몽룡 편저, 경기도의 고고학, 서울: 주류성, pp.195-222

황보경

2011 한강유역 신라고분의 구조적 특징과 성곽과의 관계, 최몽룡 편저, 21세기의 한국고고학 vol.Ⅳ, 서울: 주류성, pp.589-645

Geong Nioradze 저, 李弘稙 역

1976 시베리아 제 민족의 원시종교, 서울: 신구문화사

J. B. Noss 저, 윤이흠 역

1986 세계종교사(상), 서울: 현음사

Jonathan Haas 저, 최몽룡 역

1989 원시국가의 진화, 서울: 민음사

XVI. 한국에서 토기의 자연과학적 분석과 전망

한국에서 토기[1]분석에 관한 최초의 시도는 필자가 1978년 미국 하버드 대학 대학원 인류학과 고고학전공으로 유학 때 배운 분석방법과 해석에 기초하여 만든 'Analyses of Plain Coarse Pottery from Chŏlla Province, and the Implication for Ceramic Technology and so-called 'Yŏngsan River Valley Culture Area'(1980 및 1981, 한국고고학보 9집 및 10-11합집)이다. 이 글이 나온 후 30년이 흘렀으며 발굴보고서 말미에는 의례 토기의 분석에 관한 글이 실리게 될 정도로 보편화되었다. 필자도 1981년 이후 경기도 하남시 미사동과 여주 흔암리, 전라남도 승주군 송광면 대곡리, 충청북도 제원군 청풍면 양평리 등지에서 나온 빗살문, 무문토기와 삼국시대의 토기편들에 대한 과학적 분석을 계속해왔다. 그래서 필자는 이제까지 나온 토기의 과학적 분석에 대한 글들을 종합하여 '한국고고학에 있어서 자연과학적 연구 -인골과 토기분석

---

1) 토기, 도기류를 통칭하는 쎄라믹(ceramic)이란 말은 어원상 "불에 타버린 물질"을 뜻한다. Prudence M. Rice(1987, p.5)는 Terra-cotta(1000℃ 이하), Earthenware(폭넓게 900℃-1200℃ 사이), China(1100℃-1200℃), Stoneware(약 1200℃-1350℃), Porcelain(1300℃-1450℃)으로 구분해 사용한다. 우리나라에서는 土器(500℃-850℃)-陶器(1100℃ 전후)-炻器(stoneware 1200℃ 전후)-磁器(1300℃ 전후)로 분류하며 無文土器, 樂浪陶器, 新羅炻器, 高麗青瓷(celadon), 朝鮮白磁(white porcelain) 등으로 부른다. 燒成度는 지붕이 없는 仰天窯(open kiln)에서 지붕이 있는 登窯(tunnel kiln, climbing oven)에 이르는 가마(窯)제작의 기술적인 발달과정에 따른다.

의 연구현황과 검토-'(1993, 한국상고사학보 13호, pp.7~92)라는 글을 만들어 보게 되었다. 그리고 이를 바탕으로 하여 다음의 두 권을 만들어내게 되었다.

최몽룡·신숙정·이동영

　1996　고고학과 자연과학-토기편, 서울: 서울대학교출판부

최몽룡·최성락·신숙정

　1998　고고학연구방법론-자연과학의 응용, 서울: 서울대학교출판부

　그러나 전공자 이외의 일반 독자들이 이 책들을 매우 어렵다고 생각하고 때로는 고고학을 전공하는 학자들조차 그 효용성을 의문시하고 있어 이 책들에 대한 이해를 돕기 위해서는 토기의 분석과 그 필요성, 이의 과학적 배경을 구체적으로 소개한 입문서나 교재가 절실히 필요함을 느끼게 되었다. 따라서 Prudence M. Rice의 "토기의 분석"(1987 Pottery Analysis. Chicago & London: University of Chicago)이란 책의 번역을 시도한 것이 1997년이었으나 번역만 완성해놓고 출판은 차일피일 미루어지게 되었다. 이 점 앞으로의 숙제이다. 그러나 Caria M. Sinopoli의 Approaches to Archaeological Ceramics(1991, Plenum Publishing Corporation[A])의 책이 이성주의 번역(2008, 진주: 고고)으로 출간되어 토기의 여러 문제를 이해하는데 도움을 주고 있다.

　토기의 분석은 여러 가지 분석원리, 분석방법과 분석기기를 다루어야 하는 학문상의 특성으로 미루어 볼 때 자연과학에 속한다고 할 수 있다. 그러나 그 분석결과를 이해하고 이를 고대사의 흐름 속에서 적용해 해석하는 것은 인문과학도인 고고학자가 할 일이다. 토기분석과 연구의 목적은 분석을 통한 토기 구성물질의 파악, 그들 안에 포함되어있는 물질의 원산지 확인, 그리고 그 결과가 보여주는 고대무역의 존재 및 무역루트의 확인 등에 있으며 이들 연구

또한 인문과학도의 영역에 속한다고 볼 수 있다. 그래서 결과를 올바로 해석하기 위해서는 인문과학도들도 자연과학에서 실시하는 분석방법을 자세히 이해하는 것이 필요하며 가능하면 스스로 분석할 줄 아는 능력을 가질 필요가 있다. 자연과학자와 고고학자와의 공동작업도 바람직하다. 이미 외국에서는 1960년대 신고고학의 발전과 더불어 이러한 작업이 고고학의 한 영역으로 꾸준히 자리잡아 오고 있다. 한국의 경우는 이제 그 걸음마 단계라고 할 수 있다. 그래서 그 어느 때보다 이 관계 문헌이나 책들의 소개가 절실히 필요한 시점에 와 있다. 아마도 앞서 소개한 두 권의 발간은 비록 내용이 이해하기 쉽지 않으나 비단 고고학도뿐만 아니라 문화재보존학과, 요업학과, 무기재료공학과, 미술사학과 관계 여러 사람들의 폭넓은 학문 연구에 도움을 줄 수 있을 것이다.

이러한 연구결과들이 나오기 전 이제까지 우리의 토기분석과 제작에 관한 연구에는 다음과 같은 저서들이 주로 이용되고 있었다.

Anna O. Shepard

    1976 *Ceramics for the Archaeologist*, Washington D.C.: Carnegie Institution of Washington.

W. D. Kingery, H. K. Bowen, and D. R. Uhlmann

    1976 *Introduction to Ceramics*, 2nd ed. New York: John Wiley.

Owen S. Rye

    1981 *Pottery Technology*, Washington D.C.: Taraxacum Inc.

Jacqueline S. Olin and Alan D. Franklin ed.

    1982 *Archaeological Ceramics*, Washington D.C.: Smithsonian Institution Press

Rice Prudence M.

1987 *Pottery Analysis*, Chicago & London: University of
Chicago Press

　토기는 고고학연구의 대상이 되는 물질자료 가운데 가장 많은 양을 차지
하고 있기 때문에 늘 주된 관찰의 대상이 되어 왔다. 관찰과정에 분류(classi-
fication)와 동정(同定/확인: identification)작업이 포함된다. 이 가운데서도 특
히 토기의 크기나 그릇모양, 무늬의 유무 등 생김새에 치중하여 형식분류
(typology)로 이어지는 작업에서는 육안에 의한 관찰이 기본이 되겠지만, 토기
제작에 있어서 기본이 되는 胎土(paste)인 점토(clay) 이외에도 비짐(混入物: 胎
土補强劑 tempering material), 염료(pigment), 화장토(化粧土, slip), 덧칠
(paint), 유약(釉藥, glaze), 수비(水飛, levigation) 등의 이해가 중요하다. 그중
에서 점토를 물에 넣어 잡물을 없애는 水飛["mixing the clay with water and
allowing the coarse particles to wash and settle out of the suspension", "sep-
arating fine from coarser material by mixing with water"(Prudence M. Rice,
1987, p.478)]는 어떠한지, 그리고 화장토/슬립(slip)처리가 어떻게 되어 있는
가, 토기의 바탕흙은 어떤 것인지 등등 물질의 동정에 관계되는 의문은 육안
에 의한 관찰만으로는 해결되지 않는다. 가령 비짐의 경우 토기에 흔히 넣는
석영, 장석 등의 광물이라면 곧 알아보겠지만 어떤 시기에, 어떤 지역에서만
사용된 특이한 광물이라거나 오랫동안 풍화를 받아온 토기에 들어있는 광물이
라면 훈련된 눈이라도 곧 알아보기 어려울 것이다. 나아가 그러한 비짐을 왜
섞어 쓰는지, 또는 토기가 몇 도 정도에서 구워졌을까 하는 제작기술에 대한
의문도 자연과학의 도움이 없이는 해명하기 어렵다. 이렇게 토기를 만드는데
사용된 물질을 확인하고자 할 때나 토기의 제작기술에 관한 의문은 대부분 자
연과학의 지식과 방법에 의존해 해결해나가야 한다.
　자연과학의 도움은 위와 같은 단계에서 더 나아가 물자의 이동이나 교역

의 증거를 찾아내는데 매우 유용하다. 사실상 오늘날의 고고학에서는 유적·유물의 외형을 빠짐없이 관찰하여 그 의미를 되새기고 과거문화사를 복원했다 하더라도 당시의 문화변동과정을 해명하려는 의도가 없다면 시대의 조류에 맞는 연구라고하기는 어렵다. 자연과학의 분석방법을 빌어 토기에 포함된 몇 가지 성분을 확인했다 해도 결과는 마찬가지다. 어떠한 연구가 인류문화사를 총체적이고 역동적으로 파악할 수 있게 하는가 하는 점에서 최근에 가장 각광받는 주제가 交易, 商品과 서비스의 流通(trade, barter, exchange, interaction, logistics[2])일 것이다. 선사시대사회의 교역이란 물건과 물건의 교환뿐만 아니라 이를 통해 온갖 지식과 정보를 교환하며 결국 자원과 물품을 재분배하는 일로 귀결된다는 점에서 매우 생생한 현상임에 틀림없다. 문제는 그와 같은 교역의 증거를 어디에서, 어떻게 찾아내는가 하는 점인데 이 부분에서 특히 자연과학의 역할이 돋보이게 된다. 종래에는 주로 유물의 양식이나 質的인 特性(trace elements)을 가지고 추정하여 異質的으로 보이는 유물은 외부세계로부터 반입된 것(intrusives)이라는 결론을 내려왔다. 그러나 이와 같이 자연과학의 도움이 없는 추정이란 대부분 막연하고 주관적이어서 오류를 갖거나 천편일률적인 해답을 갖게 되기 쉽다. 최근에는 토기를 포함한 유물의 성분분석이 대중화되어, 양식상 비슷해 보이더라도 출토지가 다르거나, 외관상 전혀 다르게 보이지만 같은 곳에서 만든 것이 있다는 등의 분석결과가 나올 가능성이 많아 주의가 필요하다.

그리고 교역의 문제를 알아내는데 가장 흔히 쓰이는 방법은 유물의 성분

---

2) Logistics란 Wikipedia의 사전적 용어대로 해석하면 소비자의 필요에 따라 생산지에서 소비지까지의 상품과 서비스의 이동 관리를 의미한다(the management of the flow of goods and services between the point of origin and the point of consumption in order to requirement of customers).

을 분석하여 그 원료산지나 제작소를 찾아내는 것이다. 위와 같은 식으로 물자교류의 문제를 해명한 몇몇 고전적인 예가 있다. 옥스포드 대학의 연구 중 미노아(Minoa, 기원전 2200년-기원전 1450년/기원전 2000년-기원전 1450년)와 미케네(Mycenae, 기원전 1600년-기원전 1200년/기원전 1550년-기원전 1100년) 양지역에서 보이는 토기의 유사성이 문화적 전파나 이주에 의한 것인지 아니면 교역과 유통에 의한 것인지를 알아보고자 하는 연구가 있었다. 이때 쓰인 분석방법은 발광분광분석법(emission spectrometric analysis)이었고 토기의 주성분을 분석하여 14개의 원산지들이 파악되었다. 그 결과 미노아 지방의 토기는 독자적으로 만들어진 것이고 나머지 그리스 식민도시에서 출토된 것들은 이주민들이 만든 것이 아니라 교역품이었음이 확인되었다. 이 연구는 중동지역 토기분석의 효시를 이루어 그 뒤 토기를 이용한 각종 분석법에 관한 학술대회가 열리게 될 정도였으나 오늘날의 안목으로 보자면 매우 미흡한 것이었다. 발광분광분석법은 가장 오래된 분석방법 가운데 하나이며 실험의 오차가 크다 보니 오늘날 잘 쓰이지 않는데다가, 정량분석도 아닌 주성분분석에 의한 산지추정이란 거의 의미가 없기 때문이다. 분석자들은 나중에 재분석을 한 바 있다. Colin Renfrew 등은 지중해지역에서 나오는 흑요석을 분광·분석하여 아르메니아 원산의 흑요석과 아나톨리아 원산의 흑요석으로 나누고 이 지역의 여러 유적들이 각각 어느 원산지의 흑요석을 가져와서 썼는가를 밝혀내었다. 오늘날의 산지추정연구는 위와 같이 거리와 교역된 유물의 양만의 상관관계를 이차원적으로 표시해주는 데서 벗어나 지형이나 사회경제적 맥락(context)까지도 포괄하여 유물의 분포를 삼차원적으로 표현해 주고 있다. 그리고 최근의 산지추정연구는 이런 방향으로 나아가고 있기도 하다. 흑요석의 산지에 대한 궁금증은 우리 고고학계도 당면한 과제로서, 이를 해명할 수 있다면 후기 구석기와 신석기시대의 교역망(trade route, interaction sphere, exchange system)도 복원해볼 수 있을 것이다. 자연과학은 이와 같이 고고학의 현안문제를 해결하는데 가장 중요한 보조수단의 하나이며 따라서 양자 간의 협조는 매우 긴밀하나 우리나라의 연구단계는 아직 그 정도가 되지 못한다. 한국고고학에 있어서 자연과학을 활용한 연구는 이와 같이 연구의 본류로 다루고 있지 못하고 있다. 그러나 토기분류와 동정을 확인할 때의 애로사항을 해명하기 위해 과학방법을 원용하기 시작했지만 아직도 대부분 각 지역에서 발굴보고서를 펴낼 때 토기분석 등만을 시행하는 수준 정도에 머물고 있다.

우리나라의 과학적 토기분석은 서기 1980년대에 들어와 영산강지역의 무문토기(plain coarse pottery)의 분석을 시작으로 하였다. 분석에는 다음의 여섯 가지 방법이 바탕이 되었다.

1) 광물학적 분석: 암석분석(petrological analysis, 여기에는 thin section/薄片슬라이드와 polarized microscope/偏光顯微鏡이 필요)

2) 전자현미경분석: 주사전자 현미경분석(scanning electron microscopy: SEM), 트랜스미션전자현미경분석(transmission electron microscopy: TEM)

3) 방사선사진술: 현미경 방사선사진술(micro-radiography), 건조 방사선사진술(xero-radiography)

4) 화학분석: X선 회절분석(x-ray diffraction analysis: XRD), 발광분석방법(emission spectrometric analysis), 원자흡광분석(atomic absorption analysis: AA), X선 형광분석(x-ray fluorescence: XRF), 중성자방사화학분석(neutron activation analysis: NAA), 적외선흡수 스펙트럼분석(infra-red absorption spectroscopy), 뫼스바우어 분광분석(Mössbauer spectroscopy), 전자스핀 공명분석(electron spin resonance: ESR)

5) 미량분석(micro-analysis): 전자현미경분석(EPMA/EM-pA), 양자미세탐침분석(proton microprobe)

6) 열분석(thermal analysis): 시차열분석(different thermal analy sis: DTA), 열중량분석(thermal gravity analysis: TGA), 열팽창분석(thermal expansion analysis: TEA)

이 작업은 자연과학적 분석방법과 기기를 사용하여 무문토기 바탕흙의 성분(구성원소), 토기를 구운 온도, 제작기술 등을 알아보고자 한 것이다. 영산강유역의 무문토기분석이 기폭제가 되어 이후 여러 곳의 여러 시대 토기분석이 활발해졌는데 복잡한 양상을 띠는 토기의 분류, 제작기술의 확인 및 그러한 작업에서 부딪치는 여러 재질(바탕흙/태토, 비짐, 페인트 등)의 동정이나 확인, 토기의 물리화학적 성질 −이 가운데 토기소성온도 추정이 가장 대표적이다− 등이 분석되었다. 필자는 영산강유역의 토기를 분석하여 그 지역의 기술 및 문화발달과 토기제작을 전담하는 전문장인의 존재를 확인하고, 이를 통해 이곳의 정치진화발전단계까지 이해하려는 의도로 출발하였던 것이다(Choi 1981). 물론 무문토기제작기술이 일정하다고 하여 곧바로 토기를 만드는 전담 장인이 있었다는 유추를 하기에는 아직 미흡한 점이 있으나, 자연과학이라는 보조수단을 사용하여 당시의 사회·계급구성이나 사회변동을 추적해보려는 시도는 당연히 요청되는 일이었다고 하겠다.

서기 1980년대 끝 무렵에 오면서 토기분석연구가 한 단계 나아가 재료물질의 분석연구로부터 산지추정에 대한 연구로 관심을 돌리게 되었다. 이는 종래의 토기분석 작업이 대중화되어 토기의 재질이나 제작기술에 관한 웬만한 궁금증이 다 풀려나간 현상과 맞물려 있다. 즉 토기의 바탕흙인 찰흙(clay mineral)은 정성·정량 분석되어 그 구성원소와 함량을 다 알게 되었으며 비짐의 종류와 섞는 비율도 웬만큼 알아내게 되었다. 빗살무늬토기나 무문토기는 대개 500℃−850℃ 정도에서 물레(potter's wheel/thrown, lathe, throwing/轆

轆 위에서 回轉板의 사용, mold, templet/型板)를 사용하지 않고 손비짐 (pinching)으로 테쌓기(ring buildig method)나 서리방법(coiling method)으로 만들어 구어짐을 확인할 수 있다. 손비짐으로 제작한 무문토기의 경우 토기의 縮約부분에 남아 있는 꾹꾹 누른 손자국은 여성들이 토기를 제작했을 가능성이 많음을 보여준다. 서기 1980년대 끝 무렵부터 토기의 과학적 분석연구는 새로운 차원으로 나아가게 되었다. 이는 위에서 말했듯이 토기의 재질을 파악하는 종래의 분석방법과 이로 인해 얻게 된 지식이 포화상태에 이르렀다. 다시 말해 새로운 토기를 분석해서 알려진 지식은 이미 알고 있는 범위를 크게 넘어서지 못하였다는 점이다. 즉 자료만 추가될 뿐 해석상의 큰 의미는 없어진 것이다. 더구나 분석연구가 대중화되다 보니 의무적으로 토기를 분석하여 자료는 얻되 그 의미를 모르는 경우나 그 자료를 적절히 해석·인용할 줄 모르는 경우도 생겨나게 되었다. 그러나 본질적으로 중요한 점은 토기분석연구가 궁극적으로 나아갈 방향이 물질의 동정과 제작기술의 확인에서 그치지 않는다는 점이다. 동정이나 확인작업은 당시의 사회변동을 해명하는 데에도 일조를 하겠으나 가장 기여를 하는 것은 역시 '분류'(classification)이기 때문이다. 자연과학을 활용하는 경우에도 분류를 위한 분석 작업이 발달해왔다는 점 또한 한국고고학의 특징이 되겠다. 토기분석은 1981년 초부터이며 당시에는 제작기술을 공유한 장인집단의 존재와 이를 통한 정치제제의 확인이 의도였다. 그 뒤 불과 10년 사이에 분석목적에 맞는 다양한 분석방법들이 채택되어 많은 업적들이 쌓였으나 고고학도들이 추구하는 궁극적인 연구목표에 도달했는지는 아직 불확실하다.

이제 토기 제작기술에 관계되는 의문점들은 상당량 해명되었다고 하겠다. 즉 토기 바탕흙의 주 구성광물은 chlorite(綠泥石), illite(일라이트), kaolinite(高嶺土광물) 등이며 이를 산화물 상태로 표시하면 약 10여 종 된다는 점, 미량성분원소를 알아내는 데에는 주로 중성자방사화분석(NAA)을 쓰며 이들을 다시 주성분분석법(principal component analysis: PCA) 등으로 처리하여 산지추정을 하는 기초로 쓰고 있다는 점이 새로이 밝혀지고 있다. 그리고 토기를 구운 온도는 열분석(시차열분석 DTA, 열중량분석 TGA, 열팽창분석 TEA)을 하여 알아내는데 빗살무늬토기-무문토기(plain coarse pottery)의 燒成溫度는 500℃-850℃, 陶器(china)는 1100℃ 전후, 炻器(stoneware)는 1200℃ 전후, 磁器(celadon, porcelain)는 1300℃ 전후가 된다는 점도 밝혀지고 있다. 그래서 無文土器, 樂浪陶器, 新羅炻器, 高麗靑瓷(celadon), 朝鮮白磁(white porcelain) 등이 燒成溫度라는 점만으로도 編年이 가능하게 되었다. 조선시대 자기를 만드는 초벌구이토기(earthenware)도 대략 1000℃-1100℃를 넘어가지 않았다는 점 등이 보편적으로 알려진 사실이다. 그리고 모든 화학분석의 기본은 X선회절분석(x-ray diffraction analysis: XRD)으로 행해졌으며 그밖에 관찰을 보완하기 위해 현미경을 쓰는데 특히 주사전자현미경(SEM) 등이 있다. 토기의 구운 온도 추정할 수 있는 방법은 구성광물 중에서 점토광물 중의 하나인 고령토광물(kaolinite)과 석영에 의하여 부분적인 온도추정도 가능하다. 고령토광물은 점토의 주요성분 중의 하나이면서 온도가 550℃ 이상에서는 격자가 완전히 파괴되어 무정형으로 변한다(450℃-550℃에서 metakaolin이 형성된다). 따라서 X-ray분석 결과 여러 점토광물이 포함되어 있는 토기에서 고령토가 나타나지 않으면 이는 토기를 구울 당시의 온도가 550℃ 이상이었음을 지시해주고 있다. 또 다른 온도의 지시 광물인 석영은 상온에서 안정되나 열을 가하면 573℃에서 다른 형태의 석영광물을 형성한다(high Quartz). 다시 냉각이 되면 high Quartz는 573℃에서 자발적으로 low Quartz로 전이한다. 또 Quartz는 867/870℃에서 Tridymite로 바뀌는데 Tridymite는 육방대칭을 보이나 격자형태는 석영의 것과는 매우 다르다. 즉 Tridymite의 형성은 867/870℃, mullite는 975℃/1100℃(Prudence M Rice 1987, p.103), α-christobaite는 1250℃에서이다. Tridymite는 870-1470℃에서는 안정하며,

1470℃에서는 다시 Cristobalite로 변한다. 그리고 綠泥石에는 고사녹니석(penninite)과 단사녹니석(clinochlore)이 있는데 녹니석은 400℃-700℃에서 고사녹니석은 800℃에서 안정하며, 단사녹니석은 850℃에서 olivine(橄欖石)으로 전이된다. calcite(方解石)도 이산화탄소를 내면서 이산화칼슘으로 분해되는 현상은 700℃-850℃로 이들을 슬라이드박편(thin section)을 만들어 偏光顯微鏡을 통해서 보면 잘 관찰할 수 있다. 유약(glaze)을 바르는 청자와 백자에서 燒成時 calcination(煆燒)과 vitrification[燒結/透化/琉璃質化: "The action or process of becoming glass" 그러나 'calcination'과 비슷하게 사용되는 'sinter'의 의미는 "a process of adhesion and densification of particular material upon heating close to but below the melting point" (Prudence M. Rice, 1987: p.482 및 p.484)로 완전한 燒結/vitrification이 아님을 말해준다]의 현상이 일어나는데 이들을 관찰하면 다른 土器· 炻器와의 구분도 가능하다. 1712℃ 이상에서는 광물의 형태를 띠지 못하며 용융되어 버린다. 예를 들어 유리의 주성분인 SiO_2는 1712℃에서 용융된다. 그러나 여기에 소다(soda, natron)라는 촉매제가 가미되면 용융점(melting point)이 1000℃ 이하로 떨어진다. 이와 같이 온도에 따라 전이되는 석영의 종류와 고령토의 특징을 기준으로 토기제작온도를 추정할 수 있다. 따라서 이와 같은 암석을 다루는 지질학은 지구상 新生代 중 鮮新世(제3기의 最新世, Pliocene)에 출현한 인류의 기원에서부터 新石器時代이래 사용되어온 토기[3]의 분석에 이르기까지 고고학과 밀접한 관련을 맺고 있다.

---

3) 3만 년 전으로 추정되는 후기구석기시대 벨기에(Belgium)의 르 뒤두도베르(Le Touc-dudobert)와 체코(Czech)의 돌니 베스토니체(Dolni Vestonice) 동굴유적에서 진흙으로 빚었으나 燒成되지 않은 들소와 비너스상이 만들어지고 있다.

우리나라에서 토기의 제작기술에 관한 분석에 대한 시도는 橫山將三郎(1933)와 김양옥(1976)에서 찾아볼 수 있지만 당시 분석기기의 존재와 분석의 방법과 목적에 부합시켜 볼 때 현대적 의미의 분석과는 동떨어진 매우 피상적이고 형식적인데 그치고 있다. 그래도 요꼬야마는 부산 동삼동패총(사적 266호)의 출토의 토기가 570℃-870℃ 사이로 보았고, 김양옥은 분류의 기준을 위해 입자분석·굳기·흡수율 등 여러 가지 계측방법을 사용하였다. 그러나 1980년대에 들어와 필자에 의해 X선회절분석(XRD), 발광분광분석(emission spec-trometric analysis), 전자현미경분석(EPMA/EM-pA) 등의 방법으로 본격적인 자연과학분석이 이루어졌다. 암석분석과 화학분석을 통해 빗살무늬토기-무문토기의 바탕흙은 거의 같으며 주로 고령토, montmorillonite(smectite, 녹점석), 녹니석(chlorite) 등임을 밝혀졌다. 바탕흙의 조성을 산화물 상태로 표시하면 약 10여 종의 주 구성광물이 찾아진다. 미량성분원소를 알아내는 데는 주로 중성자방사화분석(NAA)을 쓰며 이들을 다시 주성분분석법(principal component analysis: PCA) 등으로 처리하여 산지추정을 하는데 기초로 쓰고 있다. 그리고 화학분석상 유의할 점은 더 있다. 즉 화학분석 값은 언제나 산화물상태로 나오게 되지만 실제로는 전혀 다른 상태의 화합물로 존재할 수 있는 것이다. 예를 들면 철(Fe)과 유황(S)은 언제나 Fe_2O_3, SO_2의 산화물로 따로 있는 것이 아니라 원래는 유화철(FeS) 상태였을 수 있는 것이다. 조선시대 토기의 광물조성을 알아보기 위해 실시한 화학분석에서 MgO와 SO_2로 분리된 화합물은 가상의 상태이며 원래는 $MgSO_4$임이 밝혀진 바도 있다. 그러므로 화학분석과 다른 분석의 결과를 종합하여 판단해야 추론의 개연성을 높일 수 있다.

우리나라 유적에서 발견된 토기분석의 대표 예들은 다음과 같다(최몽룡 외 1996).

1. 전라남도 광주시 송암동, 우치동, 충효동, 장흥 건산리

2. 전남 승주 대곡리 출토 토기편의 분석

3. 전남 승주 여천지역 무문토기의 과학적 분석

4. 충청북도 제원군 청풍면 양평리의 홍도(835±165 B.C.)

5. 경기도 여주 흔암리 토기의 과학적 분석

6. 경기도 하남시 미사리 출토 즐문토기

7. 경기도 일산 새도시지역 출토 토기

8. 전라남도 영암 장천리 주거지 출토 무문토기

9. 경상남도 삼천포시 늑도 토기편

10. 경상남도 청도군 오진리 바위그늘유적

일산지역과 미사리유적에서는 그 지역들에 대한 지질분석이 병행되어 행운이었는데, 주변 토양 및 암석과의 비교고찰을 통해 비짐의 사용여부를 확인하고 또 원료토양의 산출지를 추정할 수 있어 성과가 컸다. 미사리 빗살무늬 토기에 있어서 종래 미사리 근처의 토양에 풍부하여 바탕흙에 그냥 들어있는 것이지 비짐은 아니라고 보아온 '운모'(mica) 등이 대표적인 비짐이며, 한편 유적 주위의 환경으로 보아 이들 토기의 원료 흙은 대개 팔당 쪽의 산록에서 가져온 것으로 추정되었다. 일산지역에서는 유적 주위의 주엽고토양이 토기원료로 밝혀졌다. 이렇게 볼 때 역시 지질분석의 효용성이 크다는 것을 알 수 있다. 소성온도문제는 토기제작실험을 통해, 암석분석이나 물리적 성질분석을 통해 간접적으로, 그리고 X선회절분석, 뫼스바우어분광분석, 특히 일련의 열분석(DTA-TGA-TEA) 등을 통해 燒成구간이 거의 정해졌다고 보인다. 지금까지의 분석사례들을 모아볼 때 우리나라 빗살무늬-무문토기를 구운 온도는 500℃-850℃ 사이, 철기시대 이후의 토기는 800℃-1000℃ 혹은 그보다 더 높은데 초벌구이를 하는 토기(earthenware)에 있어서는 조선시대에도 대략 1000℃-1100℃를 넘어가지 않는다고 나타났다. 영암 내동리·사창리 출토 옹관의 예에서와 같이 옹관 한 개체의 부분에 따라서도 추정온도가 다를 수 있다(안희균 외, 1986). 그러다보니 때로는 여러 방법을 써서 실험한 뒤에도 온도 추정에 대해 극단적으로 회의적인 입장도 나타나게 된다.

　토기의 물리적 성질에 대하여는 우리나라에서 흡수율조사가 몇 번 이루어졌고 영암 내동리유적에서 비중, 곡강도 등의 몇 가지 물성을 조사한 바 있다. 이것은 토기를 분류하는데 그다지 유용하지 않는다고 보아 그다지 주목받지 못했던 것이다. 그러나 토기의 성분분석과 구운 온도추정이 어느 정도 밝혀지자 토기의 실제 쓰임새 문제가 크게 돋보여지면서 새로이 주목을 받고 있다. 이 가운데 특히 최근에 주목받는 성질이 굳기(hardness : 硬度)에 관한 것인데, 즉 청동기시대의 무문토기와 철기시대의 경질무문토기의 차이가 과연 말 그대로 '경도'상에서 차이가 나고 있는가 하는 점에서 비롯된다. 우리나라 토기분석은 무문/경질무문토기의 분류로부터 출발하고 있음을 볼 수 있다. 경도/굳기분석도 몇 차례 재어졌으나, 찰흙과 굵은 광물이 뒤섞여있는 조질(粗質)토기에 대한 경도/굳기측정이란 경도계가 어느 부위(광물 혹은 찰흙)를 재는가에 따라 너무나 큰 차이가 나게 된다는 점에서 사실상 의미가 적으나 구운 온도 등을 보완하는 것으로 효용성을 부여할 수 있다.

　앞으로 중요한 문제가 될 것으로는 철기시대의 연질토기들이 주로 침적토(뻘, silt)로 만들어졌다는 점이다. 빗살무늬토기와 무문토기는 바탕흙-소성온도 등에서 제작수법이 같다가 철기시대에 들어가면 구운 온도가 매우 올라가는 등 달라지고 있다. 그러나 가장 큰 차이점은 토기 바탕흙에 있어서 퇴적점토에서 보이는 침적토질(silt) 토양[4]을 써 다른 토기와 확연히 구별되는 종류가 출토된다는 점이다. 이는 경기도 미사리와 일산지역에서 확인되고 있는데(이

---

4) 입자의 크기에 따라 clay(점토)-silt(침적토, 뻘)-sand(모래)-gavel(자갈)의 순으로 된다.

희수 외 1994) 울산 중산리의 와질토기에서도 비슷한 현상이 지적된 바 있다. 이러한 사실의 발견은 앞으로 와질과 도질토기의 구분에도 시사를 해줄 것으로 보인다. 지금까지 토기가 색깔(회색, 회청색, 적갈색 등)과 질감(瓦質, 軟質, 陶質 등)으로 나누어지는 것은 가마의 차이, 가마분위기의 차이, 소성온도의 차이 등 제작수법의 차이 때문이라는 논의가 중심이 되어 왔지만 이에 선행해서 바탕흙 자체를 달리 선택해서 구웠기 때문에 차이가 나는 가능성도 있을지 모르는 것이다. 그러므로 앞으로 도질, 경질토기나 와질내지 연질토기의 바탕흙에 대한 본격적인 분석이 있어야 할 것이다. 아울러 침적토의 열변성에 대한 연구도 있어야 할 것이다.

그밖에 지금까지 紅陶(붉은간토기)[5]는 주성분이 산화철(Fe_2O_3)이며 붉은 칠은 토기를 굽기 전에 하는 것과 구운 뒤 칠하여 쉽게 벗겨지는 것이 있다는 것 정도가 알려져 있었으나 암석분석과 X선회절분석으로 충북 제원 청풍면 양평리의 홍도(835±165 B.C. : 공렬문토기로 대표되는 청동기시대 중기 기원전 1000년-기원전 600년에 속함)들은 먼저 굽고, 산화철 성분으로 붉은 칠(red pottery coated with iron oxide)을 하여 酸化焰 (oxidizing fire)으로 다시 구웠으며, 또 입자들의 배열이 매우 나란하여 물레(potter's wheel)를 사용했을 것으로 여겨진다는 추정을 하게 된 것이다. 이 생각은 매우 흥미있는 것으로 앞으로 홍도, 물레사용 토기, 재벌구이토기들의 분석 예를 늘려나가 서로 비교해보는 것이 필요하다.

토기의 원산지추정에 대한 연구가 몇 예가 있으나 이것이 의미가 있으려면 원료산지, 제작소, 출토지 등이 갖추어져야 하는데 이 세 가지 요소를 갖춘다는 것이 선사시대 토기연구에 있어 무척 어렵다. 가장 찾아지지 않는 것이

---

5) 紅陶(붉은간토기)는 酸化焰(oxidizing fire)으로 黑陶는 還元焰(reducing fire)으로 구움.

토기가마터인 仰天窯이다. 토기의 산지추정이 비교적 활발한 일본의 경우에도 繩文토기나 彌生토기에 대한 산지추정연구는 거의 없고 주 대상은 土師器나 須惠器에 머물러 있는데 원인은 가마존재의 여부 때문인 것이다. 1985년 부산대학교에서 발굴한 경상남도 삼천포시 늑도 출토 彌生토기의 분석결과는 기형으로 보면 일본의 야요이식 토기이지만 태토는 현지에서 채취해 만들어진 것으로 밝혀졌다(최몽룡·유한일 1986 및 최몽룡 외 1996). 그리고 앞에서 잠깐 언급했듯이 지질분석을 통해 미사리와 일산지역의 빗살무늬-무문토기의 원료 흙 산지를 추정할 수 있었다는 점만 해도 진일보한 것이다. 산지추정연구는 역시 위의 세 요소를 고루 갖춘 역사시대 토기의 경우 그 가능성이 높다. 우리나라 토기의 최초 산지추정은 고령지방 고분에서 출토되는 대가야토기에 대한 것이나 아직 다분히 시험적인 것이다. 최근에 나온 탁월한 산지추정연구가 있는데, 이는 중성자방사화분석과 다변량해석법으로 울산 중산리의 토기를 분류한 결과 와질토기, 고식도질토기, 신라토기 등 4개의 확실한 군으로 분류되었으며 수공업에 의한 제작단계까지 추정되고 있다. 이러한 연구는 앞으로 더욱 진보할 것으로 보인다.

이러한 분석결과로 각 시기 및 지역 간의 차이나 기형에 따른 제작기법의 차이 등을 밝히기에는 아직까지 무문토기의 분석 예가 많지 않은 탓에 그리 만족할 만한 성과는 나오고 있지 않다. 무문토기의 경우 주요한 분석 예는 다음의 표와 같다.

최근의 토기를 자연과학적으로 분석하는 목적과 필요성, 분석방법, 분석의 예들은 서기 1981년 초보다 기술적으로 많은 발전을 이루었으며, 이제는 토기분석이 대부분의 보고서 말미에서 한몫을 차지하게 되어 토기분석이 고고학과 관계 자연과학자들에게 많이 대중화되었음을 보게 된다. 그러나 이러한 사실들이 토기분석에 대한 이해를 증진시켰다고 보기는 아직도 어렵다. 예컨대 토기를 분석하여 보고한 글들을 보면 자연과학적 지식을 이해하고 인용하

인용문헌	분석의 목적	분석방법	결과
(1)	광물입자 확인 소성온도 파악	XRD XRF SEM	사용된 점토는 모두 Montmorillonite. α-석영의 존재로 보아 소성온도는 573℃이하로 추정함. 胎土補强劑로는 14성분이 확인되었으나 석영과 장석이 주류. 높은 Porosity, Shrinkage는 원래 토기가 건조한 곡물저장용이었음을 알려주며 용량추정공식 에 대입해본 결과 기껏해야 1kg 내외가 됨을 알 수 있다.
(2)	광물입자 확인	암석분석	석영,장석이 주광물. 홍도에는 석영이 압도적 (93-94%)
	찰흙·광물종류 확인	XRD	홍도: α-석영 무문토기: illite, montmorillonite(≒영산강)
	주요원소	발광분광분석	16개 원소 확인(≒영산강)
	구운조건	SEM	토기는 낮은 온도에서 구워졌음을 보여준다. 573℃ 이하로 추정
(3)	광물조성 석영. 장석의 비율	XRD	α-석영, 사장석, 양질의 찰흙으로 만듦. 석영:장석 60-80:20-40 muscovite, montmorillonite 확인
	구운온도 추정	TMA KSL 3120	시료 1,2,3,4,6 : 750℃-850℃ 시료 5: 950±20℃ 5번 토기가 요리하는데 여러 번 이용되어 본래보다 더 단단해짐.
(4)	찰흙. 광물종류 확인	XRD OES	α-석영, montmorillonite
	광물입자 확인	암석분석	석영:장석 60-75:25-40
	토기 구운 조건	SEM	낮은 온도에서 구워진 것임.
	쓰임새		흡수율 10%, 수축율 15-20% 마른 곡물 저장 용기
(5)	태토의 성분 파악과 소성온도 규명. 비교	XRF XRD DTA	석영, 녹니석, γ-알루미나가 검출. 녹니석의 존재로 빗살무늬토기 소성온도는 400℃-700℃ 사이 추측, 무문토기는 870℃이하. DTA에 의하면 530℃-560℃ 사이로 나타나기 때문에 두 토기의 소성 온도는 큰 차이가 존재하지 않을 수도 있다.
(6)	토기를 만든 과정 추적 -바탕흙과 토기를 구운 온도 파악	XRF DTA	무문토기 구성광물은 석영, 일라이트, 미사장석이며 구성비율은 8:1:1. 홍도의 표면은 석영과 적철광의 8:2 혼합물이며 속심은 석영, 일라이트, 미사장석의 6:2:2 혼합물. 黑陶의 속심은 석영과 방해석이 주종을 이루고 있고 표면은 석영과 미사장석의 8:2 혼합물. 빗살무늬 토기는 칼슘을 다량 함유한 각섬석이 주종을 이루며석영과 미사장석이 확인되었는데 각각 7-3:2-6:1 의 비율.
	여러 종류의 토기를 분류할 수 있는 과학적·객관적 기준	비선형도시법 선형판별식분석법	각각의 토기가 나름대로 뚜렷한 군으로 나누어짐을 볼 수 있었고 그것을 수행하는데 적절한 원소를 확인
(7)	바탕흙 조성	암석분석	바탕흙: 비짐 70-80:20-30 비짐으로는 심성암, 변성암, 화산암 약간. 운곡리-전북 전 지역에 흔히 보이는 황적색 찰흙이 선사시대 토기제작에 쓰이지 않음.
(8)	바탕흙과 소성온도	XRD,DTA,TMA SEM	무문토기의 온도 650±50℃ 지역 차에 따라 사용원료의 차이가 있음.

는데 오류가 있거나 앞뒤의 말이 맞지 않거나, 왜 이를 시행했는지 연구의 목적이 뚜렷하지 않은 경우가 종종 발견되고 있는 것이다. 다시 말해 분석 그 자체만 중요시하고 분석에서 보이는 결과를 문화사적 맥락과 의미를 창출해내는 데 연결시키지 못하는 않은 경우가 많다. 그래서 토기분석의 결과가 고고학자들에게 그다지 흥미를 불러일으키지 못하고 있는 것 같다. 이런 현상의 가장 큰 이유는 아마도 고고학자와 자연과학자들 사이에 충분한 의사소통과 협력의 부족에서 기인한다 하겠다. 분석과정에서 보자면 한쪽은 분석결과만 넘겨주기 쉽고, 다른 쪽에서는 지나친 기대를 하고 있는 경우가 많다. 이런 현상은 외국의 경우도 마찬가지인 모양으로, 고고학자들이 고고유물에 대한 분석을 매우 따분하게 여기고 있다거나, 시료를 채택할 시초부터 고고학적 이해를 증진시킬 수 있도록 문제와 목적의식을 철저히 내세우지 못하고 있기 때문으로 여겨진다. 최근 토기의 과학적 분석을 통해 '전라남도 나주 오량동요지(사적 456호) 출토 대형옹관의 복원'(국립나주문화재연구소 2009)과 '현대고고학에서 생산기술(produdction technology, 조대연 2009)을 통해 당시의 생산·유통·소비에 관한 연구'로까지 발전해나가는 경향도 보여주고 있다. 그 외에도 천안·아산 출토의 삼국시대 전기 중 馬韓토기의 중심소성온도가 850℃-950℃, 樂浪 陶器의 영향을 받은 회색경질토기(土器라는 명칭대신 陶器로 부르는 것이 타당할 듯하다)는 1100℃-1200℃ 사이로 종래의 생각을 다시 한 번 확인시켜주고 있고(정제원 2010), 토기연구자들의 저변확산을 위한 '토기연구법' 번역서의 출간 (Caria M. Sinopoli 저·이성주 역 2008) 등의 성과가 눈에 띈다. 앞으로 한국고고학에 있어서 고고학자들이 토기의 자연과학적 분석과 이해, 量的인 資料의 質的인 解釋과 함께 이를 文化史的 脈絡에 맞추어 연구할 수 있는 관심과 흥미를 가져야 한국고고학이 더욱 더 발전할 것으로 생각된다.

참고문헌

국립나주문화재연구소

    2009   대형옹관제작 고대기술 복원 프로젝트(유인물)

김양옥

    1976   한반도 철기시대 토기의 연구, 백산학보 20호

안희균·강형태

    1986   영암 내동리 발굴 옹관의 과학적 고찰, 영암내동리 초분골고분, 광
            주: 광주박물관

양삼열·조영배

    1986   옹관의 소성온도 및 물성조사, 영암 내동리 초분골고분, 광주: 광주
            박물관

이송래

    1984   아산지구유적 유물의 과학적 분석, 전주: 고창·아산지구 지석묘발
            굴조사보고서

이융조·신숙정

    1987   제원 황석리유적 출토의 붉은간토기와 가지무늬토기의 고찰, 삼불
            김원룡 교수 정년기념논총

이희수·박충래·신숙정

    1994   조선시대 토기의 성분분석, 한국상고사학보 제15집

정제원

    2010   원삼국시대 출토 토기의 재질분석을 통한 토기문화 연구 −천안·아
            산지역을 중심으로−, 한서대학교 대학원 문화재보존학과 석사학위
            청구논문

조기정·김윤주

　　1986　옹관의 과학적 분석에 의한 제작방법 검토, 영암 내동리 초분골고
　　　　　분, 광주: 광주박물관

조대연

　　2009　생산·유통·소비연구의 제문제 −최근 동향을 중심으로−, 제17회 호
　　　　　남고고학회 학술대회

최몽룡

　　1980　전남 선사유적 출토 무문토기의 과학적 분석(요약), 한국고고학보 9
　　　　　집, pp.79−80

　　1987　驪州 欣岩里 先史聚落址의 性格, 삼불 김원용교수 정년퇴임 기념논
　　　　　총(Ⅰ), pp.85−102

　　1991　고고학과 토기분석, 요업재료의 과학과 기술 vol.6, no.1, pp.86−89

　　1993　한국고고학에 있어서 자연과학적 연구 −인골과 토기분석의 연구현
　　　　　황과 검토−, 한국상고사학보 13호, pp.7−92

　　2001　고고학과 자연과학, 자연과학 2001 가을 제11호, pp.59−68

　　2006　최근의 고고학 자료로 본 한국고고학·고대사의 신 연구, 서울: 주류성

최몽룡·강경인

　　1986　靈巖 長川里 住居址 出土 無文土器片의 科學的 分析, 靈巖 長川里
　　　　　住居址 Ⅱ, 木浦大學校博物館

최몽룡·강형태

　　1989　渼沙里 出土 土器의 科學的 分析, 龍巖 車文燮博士回甲紀念 史學論
　　　　　叢, pp.805−816

최몽룡·강형태·신숙정

　　1992　미사리 출토 토기의 과학적 분석(Ⅱ), 考古歷史學志 제8집

최몽룡·강형태·이성주·김승원

1995 신라·가야토기의 생산과 분배에 관한 연구, 한국상고사학보 제18
호, pp.157-207

최몽룡·박양진

1984 驪州 欣岩里 土器의 科學的 分析 −남한강유역의 선사문화연구(6)−,
古文化 제25집, pp.3-7

최몽룡·신숙정

1988 한국고고학에 있어서 토기의 과학분석에 대한 검토, 한국상고사학
보 제1호, pp.1-36

최몽룡·신숙정

1995 한국 고고학에 있어서 자연과학적 연구: 토기편 −토기분석연구의
추이와 최근의 경향−, 국사관논총 제 62집

최몽룡·이영문·정창주·강경인

1993 전남 승주·여천지역 무문토기의 과학적 분석, 한국상고사학보 제14집

최몽룡·신숙정·이동영

1996 고고학과 자연과학 −토기편−, 서울: 서울대학교 출판부

최몽룡·유한일

1986 삼천포시 늑도 토기편의 과학적 분석, 제29회 전국역사학대회 발표
요지, pp.231-232

1987 삼천포시 늑도 토기편의 과학적 분석, 삼불 김원용 교수 정년퇴임
기념논총(Ⅰ), pp.241-242

최몽룡·윤동석·이영남

1985 忠北 堤原 楊坪里·桃花里 出土 紅陶 및 鐵製品의 科學的 分析 −남
한강유역의 선사문화연구(4)−, 尹武炳博士 回甲紀念論叢, pp.143-
168

최몽룡·최성락·신숙정

1998 고고학연구방법론 –자연과학의 응용–, 서울: 서울대학교 출판부

Caria M. Sinopoli 저·이성주 역

2008 토기연구법, 진주: 고고

Anna O. Shepard

1976 *Ceramics for the Archaeologist*, Washington D.C.: Carnegie
Institution of Washington

Choi Mong–Lyong

1981 *Analysis of 'Plain Coarse Pottery' from Chŏlla Province, and
Implication for Ceramics Technology and so–called Yŏngsan
River Valley Cultural Area*, 韓國考古學報 제10·11합집,
pp.261–276

1983 *The Analysis of Plain and Red–painted Polished Korean
Pottery sherds excavated at Yangp'yŏngni, Chewŏn–gun
County, Chungch'ŏng Pukto Province–A Study of the Han
River valley culture–*, 東亞文化 제21호, pp.155–173

1984 *A Study of the Yŏngsan River Valley Culture–The Rise of
Chiefdom Society and State in Ancient Korea–*, Seoul: Dong
Sŏng Sa

Grim Ralph E.

1962 *Applied Clay Mineralogy*, New York: McGraw–Hill Book co.

W. D. Kingery, H. K. Bowen, and D. R. Uhlmann

1976 *Introduction to Ceramics*, 2nd ed. New York: John Wiley

Jacqueline S. Olin and Alan D. Franklin ed.

1982 *Archaeological Ceramics*, Washington D.C.: Smithsonian
Institution Press

Owen S. Rye

    1981   *Pottery Technology*, Washington D.C.: Taraxacum Inc.

Rice Prudence M.

    1987   *Pottery Analysis*, Chicago & London: University of Chicago
          Press

Sayers Robert

    1987   *The Korean Onggi Potter*(Smithsonian Folklife Studies,
          Number 5), Washington D.C.: Smithsonian Institute Press

Tite, M. S.

    1972   *Methods of Physical Examination in Archaeology*, London
          and New York: Seminar Press

橫山將三郎

    1933   釜山府絕影島東三洞貝塚報告, 史前學雜誌 5卷 4號

古文化財編輯委員會編

    1980   考古學·美術史の自然科學的研究, 東京: 東京プレス

大阪文化財センタ

    1971   陶邑 第1輯, 大阪: 大阪敎育委員會

三辻利一

    1983   古代土器の産地推定法, 考古學ライブラリー14, 東京: New
          Science co.

大山柏

    1985   土器製作基礎的研究, 東京: 第一書房

Perspectives of the Scientific Analyses of Pottery in Korea

30-year of scientific analyses of pottery discovered from the sites in Korea has been passed since the pioneer work of the author publicated in 1980 and 1981 Journal of Korean Archaeology, and culminating in the research of Archaeology and Natural Science-Pottery-(Choi, Mong-Lyong et al. 1996, Seoul National Univ. Press). Since the appearance of this book, it has also been popularized by other archaeologists in association with scientific analysts concerned. The aims of these analyses emphasize on the identification of material mixed in the sherds of pottery, the comparison of original sources of materials, and finally the verification of the existence and route of trade forming interaction spheres and logistics. In analysing the pottery sherds, the identification of the firing temperature/condition of terra-cotta(below 1000℃), earthenware(between 500℃- 850℃ in case of Korean pottery), china(陶器 ca. 1100℃), stoneware(炻器 ca. 1200℃), celadon(靑磁) and porcelain(磁器 ca. 1300℃) based upon the technological developments from open kiln having without doomed ceiling to the tunnel kiln had made Korean archaeologists establish the chronological order of Korean ceramics through the ages, and acquire the knowledge from which the original sources of productivity had come. But what is more important thing for the analysts and archaeologists concerned with scientific analytic methods to do is that they should give valuable clues to explain 'cultural context' or to find out some 'meanings', whose results are shown such various researches as not only 'the reconstruction of large jar coffin' excavated from Oryang-dong in Naju city(historical site no. 456) and reaffirmation of firing condition/temperature of Mahan(馬韓) pottery excavated from Asan and Cheonan area between 850℃ and 950℃, but also introduction of foreign pottery analysis book and of 'production technology' approach into the Korean archaeoloy today in connection with the cultural history of Korea.

XVII. 고등학교 국사교과서 교사용 지도서[*]
- Ⅱ. 선사시대의 문화와 국가의 형성(고등학교) -

1. 편년

필자는 서기 1988년-서기 2012년의 제5·6·7차 고등학교 교과서에서부터 서기 1997년-서기 2002년 국사편찬위원회에서 간행한 『한국사』 1-3권에 이르기까지 초기 철기시대와 원삼국시대란 용어 대신 철기시대와 삼국시대 전기라는 새로운 編年을 設定해 사용해오고 있다. 한국고고학은 구석기시대-신석기시대-청동기시대(기원전 2000년-기원전 400년)-철기시대(기원전 400년-기원전

---

[*] 이 글은 1988년부터 2012년까지 통용되어온 고등학교 국사교과서(國定教科書, 교육인적자원부, 5·6·7차) 중 Ⅱ장 선사시대의 문화와 국가의 형성[pp.14-41: 교과서의 본문은 제 5차 국사교과서 편찬위원장으로 있던 서울대학교 인문대학 국사학과 故 邊太燮(1925년-2009년 3월 8일) 교수가 1986년 5월 2일(금) 집필을 권유한데서 만들어지게 되었다]과 2012년 3월부터 통용될 중학교 역사(상) Ⅰ장 문명의 형성과 고조선의 성립(檢認定教科書, 교학사, pp.10-47)의 교사지도서이다. 이 내용은 교과서의 해설서일 뿐만 아니라 한국고고학의 현주소를 말할 수 있는 내용으로 이 『21세기의 한국고고학 Ⅳ』의 권두논문으로 삼고자 하였다. 그리고 이들에 대한 해설은 국사편찬위원회에서 매년 겨울과 여름방학 등 2회에 걸쳐 실시하는 고등학교 역사교과서(한국문화사) 교원연수를 통해 이루어져 왔다(예를 들어 2009학년도의 경우 최몽룡 2009, 한국선사고고학의 발굴성과와 연구동향, 국사편찬위원회, pp.25-51를 참조할 것). 그리고 2010년 5월 6일(목) 한국교육평가원의 검정심사 결과에서 'Ⅰ장 문명의 형성과 고조선의 성립'이 실려 있는 〈중학교 역사 (상)〉(교학사, 집필 대표 최병도)가 전체적으로 불합격판정을 받았다. 그래서 본 내용은 현재 통용 중인 고등학교 국사교과서를 중심으로 언급하기로 하였다.

1년)─철기시대 후기(삼국시대 전기 또는 삼한시대: 서기 1년─서기 300년: 종래의 원삼국시대)─삼국시대 후기(서기 300년─서기 660/668년)로 설정된다. 그래서 새로이 설정한 한국고고학의 시대구분 및 그 실제 연대는 다음과 같이 정리된다.

◇구석기시대: 구석기시대를 기술과 경제행위를 바탕으로 하여 구석기시대를 전기·중기·후기의 세 시기로 또는 이른 시기(전기)와 늦은 시기(후기)의 두 시기로 구분하는 데에는 별다른 이견이 없으나 전기 구석기시대의 상한에 대해서는 연구자들 사이에 상당한 이견이 있다. 전기 구석기시대 유적들로는 평양 상원 검은모루, 경기도 연천 전곡리(최하층의 연대는 35만 년 전까지 올라간다)와 충북 단양 금굴 등이 있으나 그 상한은 학자에 따라 70만 년─20만 년 전으로 보는 등 상당한 이견을 보인다. 전기 구석기시대 유적들로는 평양 상원 검은 모루, 경기도 연천 전곡리[사적 268호, 서기 2003년 5월 5일 日本 同志社大學 松藤和人 교수팀에 의해 최하층이 30만 년─35만 년 전으로 측정됨. 산소동위원소층서/단계(Oxygen Istope Stage) 또는 해양동위원소층서/단계(Marine Istope Stage)로는 9기(334000─301000년 B.P.)에 해당함], 충북 단양 금굴과 청원 강외면 만수리 등이 있으나 그 상한은 학자에 따라 70─20만 년 전으로 보는 등 상당한 이견이 있다. 최근 충청북도 청원군 강외면 만수리(오송 만수리) 4지점의 제5문화층의 연대가 우주기원 핵종을 이용한 연대측정[dating by cosmogenic nuclides 26Al/10Be(Aluminium/Beryllium)]으로 479000±153000년 전, 407000±119000년 전으로 측정되어 만수리 유적 구석기제작 연대가 50만 년 전 가까이 올라갈 수 있음이 추정되고 있다. 그리고 아직 발표가 확실하지 않지만 만수리의 석기가 나온 층은 산소동위원소층서/단계(Oxygen Isotope Stage, 有孔蟲의 O^{16}/O^{18} 포함으로 결정), 또는 해양동위원소층서/단계(Marine Isotope Stage, MIS)로는 14기(568000─528000년 B.P.)에 해당한다고도 한다. 그러나 광학여기형광법[OSL(Optically Stimulated Luminescence)]에 의한 연대는 103000±

8000년 B.P.로 측정되어 구석기시대의 상한연대는 아직도 미해결로 남아있다. 그리고 후기에 속하는 남양주 호평동에서는 벽옥(jasper), 옥수(chalcedony)를 비롯한 흑요석(obsidian)으로 만들어진 석기들이 많이 출토되었으며, 유적의 연대는 30000−16000년 B.P.로 후기 구석기시대에 속하는데 응회암제 돌날과 슴베찌르개 그리고 석영제 밀개가 나오는 1문화층(30000−27000년 B.P.)과 흑요석제석기와 좀돌날 제작이 이루어진 2문화층(24000−16000년 B.P.)의 두 층으로 나누어진다. 지금까지 사적으로 지정된 구석기시대 유적은 연천 전곡리(사적 268호), 공주 석장리(사적 334호), 파주 가월리·주월리(사적 389호)와 단양 수양개(사적 398호)가 있다.

◇신석기시대: 기원전 10000년/8000년 전−기원전 2000년/기원전 1500년. 신석기시대의 경우 제주도 한경면 고산리유적(사적 제412호)에서 우리나라에서 가장 연대가 올라가는 기원전 8000년(10500 B.P.)이란 연대측정결과가 나왔는데, 이 유적에서는 융기문토기와 유경삼각석촉이 공반되고 있다. 강원도 고성 문암리유적(사적 제426호)은 이와 비슷한 시기에 속한다. 그리고 양양 오산리(사적 394호)의 유적은 최근의 가속질량연대분석(AMS)로 기원전 6000년−기원전 5200년이 나왔다. 그리고 전형적인 빗살문토기가 나오는 암사동(사적 267호)유적은 기원전 4000년−기원전 3000년경에 해당한다.

◇청동기시대: 기원전 2000년/1500년−기원전 400년. 기원전 1500년은 남북한 모두에 적용되는 청동기시대의 상한이며 연해주지방(자이사노프카 등)−아무르 하류지역, 만주지방과 한반도 내의 최근 유적 발굴조사의 성과에 따라 청동기시대 조기는 기원전 20세기까지 올라간다. 현재까지 확인된 고고학자료에 따르면 빗살문토기시대 말기에 약 500년간 청동기시대의 시작을 알려주는 돌대문(덧띠새김무늬)토기가 공반한다. 다시 말해 櫛文土器시대 말기에 약

500년간 청동기시대의 시작을 알려주는 突帶文토기가 공반하며(청동기시대 조기: 기원전 2000년-기원전 1500년), 그 다음 單斜線文이 있는 二重口緣토기(청동기시대 전기: 기원전 1500년-기원전 1000년), 구순각목이 있는 孔列文토기(청동기시대 중기: 기원전 1000년-기원전 600년)와 硬質무문토기(청동기시대 후기: 기원전 600년-기원전 400년)로의 이행과정이 나타나고 있다. 그리고 지석묘는 기원전 1500년에서부터 시작하여 철기시대 전기 말, 즉 기원전 1년까지 존속한 한국 토착사회의 묘제로서 이 시기 북에서부터의 多源(元)的인 문화요소를 수용하고 있다.

◇철기시대 전기: 기원전 400년-기원전 1년. 종래의 초기 철기시대. 최근 점토대토기 관계유적의 출현과 관련하여 종래의 기원전 300년에서 기원전 400년으로 상한을 100년 더 올려 잡는다. 점토대토기의 출현은 철기시대의 시작과 관련이 있다. 이 시기는 점토대토기의 단면의 형태 즉 원형, 방형과 삼각형에 따라 Ⅰ기(전기), Ⅱ기(중기)와 Ⅲ기(후기)의 세 시기로 나뉜다. 그리고 마지막 Ⅲ기(후기)에 구연부 斷面 三角形 粘土帶토기와 함께 다리가 짧고 굵은 豆形토기가 나오는데 이 시기에 新羅와 같은 古代國家가 형성된다. 이 중 한반도 최초의 고대국가인 衛滿朝鮮(기원전 194년-기원전 108년)은 철기시대 전기 중 Ⅲ기(중-후기)에 속한다. 그 기원으로는 중국의 심양 정가와자유적과 아울러 러시아 연해주의 뽈체 문화가 주목된다.

◇철기시대 후기: 서기 1년-서기 300년. 또는 "三國時代 前期"로 종래의 원삼국시대/삼한시대 그리고 신라, 고구려와 백제가 고대국가로서의 위상이 더욱 더 뚜렷해진다. 그런데 이시기를 원삼국시대라는 한국고대사 기록과 부합되지 않는 애매한 시기설정 대신에 마한과 백제라는 시기구분이 등장하여 이 시기의 성격이 명확하게 설명되고 있음은 최근 우리 고고학계의 성과 중의

하나이다. 그리고 철기시대 후기는 철기시대 전기의 위만조선과 마찬가지로 역사시대로 편입된다.

◇삼국시대 후기: 서기 300년–서기 660년/668년

◇통일신라시대: 서기 668년–서기 918년 통일신라시대

2. 환경

환경의 지배를 많이 받았고, 그러면서도 이를 잘 극복하고 적응해 나간 옛 사람들의 삶을 이해하려면 그 당시의 자연환경을 아는 것이 필수적이다.[1] 인류가 지구상에 처음으로 출현한 때를 문화사적으로는 구석기시대라고 하는데, 이를 지질시대와 대비시키면 홍적세(갱신세: Pleistocene)에 해당한다. 지구의 역사는 선캄브리아(Precambrian)라고 하는 시생대와 원생대를 지나 고생대, 중생대의 시기가 있으며, 마지막이 신생대라 불리는 시기로 이루어진다. 신생대는 제3기(Tertiary)와 제4기(Quaternary)로 구분되며, 제4기는 다시 홍적세(更新世: Pleistocene)와 충적세(全新世: Holocene)로 나누어진다. 홍적세는 학자마다 차이가 있으나 약 180만 년 전부터 시작된다고 한다. 이에 따라 종전에는 보통 사람의 역사는 약 200만 년 전후가 된다고 하였으나, 최근에는 신생대 중 약 500만 년 전부터 시작되는 선신세(鮮新世, 제3기의 최신세: Pliocene)부터 우리의 조상인 화석인류가 나타나고 있음이 밝혀지고 있다.

구석기시대에 이 땅의 자연환경이 지금과 비슷하거나 같았다면 그다지 연

---

1) 문화는 인류가 지구상의 환경에 적응하여 살아남자고 하는 전략으로 의·식·주로 표현된다. 그러나 문명의 문화에서 질적·양적으로 발전한 단계이며 도시와 문자를 필요·충분조건으로 갖춘다. 이 단계는 청동기시대에 처음으로 나타난다.

구할 필요가 적겠으나, 전 세계적으로 구석기시대는 자연환경의 변화가 무척 심했던 시기이며, 신석기시대에도 지금과 상당히 다른 모습을 띠었기 때문에 이들을 잘 파악해야 사람들이 살아갔던 모습을 제대로 이해할 수 있다. 오늘날은 지질학, 지리학, 기후학, 해양생태학, 고생물학 및 연대측정법 등 각종 과학의 발달로 선사시대에 대해 거의 복원해 놓았다고 할 수 있다. 구석기시대에 환경의 변화가 심했던 가장 큰 원인은 이 기간에 빙하시대가 있었기 때문이다. 구석기시대는 흔히 빙하시대로 불리는데, 이 기간 동안에 전 세계가 빙하로 뒤덮였다고 오해하는 경우가 많으므로 이에 대한 정확한 인식이 필요하다. 빙하라는 것은 제3기 말의 기온저하현상으로 양극(남극, 북극)지방과 북반구대륙의 일부, 그리고 고산지방(알프스, 히말라야)을 녹지 않은 빙하가 형성되고 확장되어, 상당한 지역들이 한랭한 기후를 겪었다는 뜻이 되겠다. 홍적세(갱신세) 동안에는 지역마다 상당한 차이가 있기는 하지만 보통 4차례의 길고 커다란 빙하기가 있었고 그 사이에 수만 년씩 지속된 기온 상승기(간빙기: interglacial)가 세 번 있었다. 간빙기에는 기온이 지금보다 더 올라가기도 하였다. 또, 빙하기 동안에도 짧은 동안의 기온상승효과가 나타나는 몇 차례의 빙온기(interstadial)가 있었다.[2] 빙하의 확장은 대기에 존재하는 수분의 심한 증발이 전제가 되며, 결국에는 해수면의 저하현상과 동시에 육지면적의 확대를 가져온다. 해수면은 가장 추웠던 마지막 빙하기 때가 가장 낮아서 평균 100m 정도가 낮아졌다. 빙하기의 추운 기후와 해수면의 저하현상은 생태환경의 변화를 가져오는데, 식물분포선이 남하하고, 또 고지대에서 낮은 곳으로

---

2) 이제까지 알프스의 제4기 동안 4번의 빙하기가 일어났다는 것을 들어 전 세계적으로 4번의 큰 빙하기의 존재를 말하고 있으나 최근의 연구결과로는 각 나라별로도 그 수가 다르며 태평양의 솔로몬 고원의 경우 22번, 중국의 경우 37번의 기후변동이 일어났다고 알려지고 있다.

내려옴에 따라 이에 적응하고 있던 동물들의 이동, 인류의 이주현상을 가져왔다. 이리하여 빙하기와 간빙기를 거치는 동안 한난기(寒暖期)가 교체하며, 따라서 동물, 식물에 절멸종과 신종이 교체하게 되고, 시대에 따라 특징적인 동물상이 나타나게 되었다. 당시의 동물상은 유적에서 발굴되는 짐승화석을 통해, 그리고 식물상은 꽃가루(花粉)분석을 통해 알아낸다. 이들은 구석기사람들의 사냥, 채집의 대상이었으므로 이들이 곧 당시의 생태계를 보여준다고는 할 수 없겠다. 전체 동식물군의 성격과, 일부 멸종되거나 다른 기후구로 옮아간 특수종들에 대한 검토와 확인은 그 당시의 기후 특성과 유적의 편년을 가늠하는데 가장 큰 도움을 준다.

기원전 10000년 무렵 빙하기가 끝나면서 전 세계적으로 후빙기가 시작되어 기후는 매우 따뜻해져 갔다. 추운 환경에 적응했던 구석기시대의 생활방식도 끝나게 되었고, 지역에 따라 새로운 기후에 적응한 중석기―신석기문화가 시작되었다. 여기에서의 중석기시대는 유럽 위주의 편년으로 농경의 시작과 세석기를 이어 만든 결합도구(composite tool)의 존재로 특징지어지는데, 최근에는 극동지역에서 구석기시대에서 신석기시대로 넘어가는 과정에 이런 유럽식 중석기문화 특징이 나타나고 있지 않다는 견해 때문에 중석기시대와 중석기문화라는 용어 대신 전환시대란 용어로 대치하는 경향이 있다. 여하튼 농경과 어로에 대한 관심의 증가, 토기제작 등으로 신석기시대의 정착생활방식으로 바뀌어간 것도 이러한 기후변화와 밀접히 관계되어 있을 것으로 보인다. 기원전 5000년에서 기원전 3000년에 이르는 기간이 되자 기온은 가장 상승했으며 이와 함께 해수면도 매우 높아졌다. 기원전 1000년 전후부터는 다시 해면이 낮아져 대체로 현재와 같은 해안선이 형성되었다. 이후로는 소규모의 기후변화는 있었으나, 크게 보아 지금과 대차가 없다고 여겨지고 있다.

3. 한반도와 홍적세

구석기시대의 전 기간은 지질학상으로 홍적세(갱신세, Pleistocene)라고 불린다. 이 기간에 우리나라에도 빙하가 엄습하여 왔는지에 대해서, 종래 만주와 한반도 일부에 빙하의 영향을 받은 흔적이 있다는 주장이 있었으나 최근에는 부정되고 있다. 예를 들어 관모봉 일대의 마모흔적은 빙하의 영향이라기보다는 多雨의 현상으로 받아들이는 것이 최근의 경향이다. 그리고 우리나라는 빙하지역의 외곽에 위치한 주빙하(周氷河: periglacial)지역으로 여겨지고 있다.

주빙하지역이라 하더라도 해수면 저하현상은 뚜렷하다. 해수면이 낮아지면 중국과 우리나라, 일본처럼 대륙붕으로 연결되거나 수심이 얼마 되지 않는 지역들은 연륙(連陸: land bridge)되는 현상이 일어날 수 있으며 이런 현상은 구석기시대 사람들의 이동이나 분포와도 관계된다. 지금까지 연구된 바에 따르면 제3빙하기 무렵(중기 홍적세 끝 무렵)이나 후기 홍적세 추울 무렵에 우리나라는 여러 차례 중국 및 일본과 연륙되어 있었던 것으로 여겨진다.

한편 우리나라의 구석기유적에서 나오는 동물의 뼈는 코뿔소, 코끼리, 큰뿔사슴 등의 큰 짐승으로부터 작은 갈밭쥐뼈에 이르기까지 크기가 매우 다양하다. 코뿔소나 코끼리, 원숭이 등은 지금은 이 땅에서 살지 않으며 따뜻한 기후를 알려주는 짐승으로서 간빙기시기에 금굴, 점말, 두루봉 등에서 볼 수 있는 것들이다. 한편 털코끼리나 털코뿔소 등은 제4빙하기에 동관진 등에서 출토되는 것들이다. 아직까지 환경복원에 대한 연구가 만족스러운 단계는 아니므로 앞으로 이들을 위해 지질학적 연구, 고동물 연구, 동물분류, 병리현상연구, 퇴적층에 보관되어 있는 꽃가루에 대한 연구들이 계속 이루어져 나가야 할 것이다.

4. 인류의 등장

이 땅 위에 인류가 처음 등장한 것은 지금부터 약 440만 년 전으로 알려져 있다. 최초의 인류는 아프리카에서 화석으로 발견된 아르디피테쿠스 라미두스3)였는데, 이들은 오늘날의 사람들과는 외모가 매우 달라 원숭이에 가까운 모습이었다. 하지만 이들은 두 발로 서서 걸을 수 있었기 때문에 자유로운 두 팔과 손을 이용하여 도구를 만들어 사용할 수 있었으며, 시간이 흐르면서 점점 더 큰 두뇌 용량을 가지게 되면서 더 발전한 모습을 보여 주었다. 인류는 動物界(kingdom)－脊椎動物門(phylum)－哺乳類綱(class)－靈長類目(order, 7000만 년 전)－類人猿 亞目(sub-order)－人超科(supra-family, hominoidea/hominoids: gorilla와 chimpanzee)－人科(family, hominidae/hominids: Ausr-talopithcus)－人亞科[sub-family, homininae/hominines/euhominid(Broom과 Robinson이 Swatkranson 847 hominid cranium의 유사성에서 이 명칭을 사용): Java man to homo sapiens]－人類屬(人屬, genus, homo/man)－人類種(人種,

---

3) 지금은 Sahalenthropus tchadensis(Tumai, Michel Brunet와 Brigitte Senut가 Chad의 Jurab 사막계곡에서 발견, Tumai인, 7-6백 만 년 전)－Orrorin tugenensis(Martin Pickford, Kenya)－Ardipithecus ramidus(Tim White, Ethiopia, 440만 년 전)－Australopithcus anamensis(Meave leakey, Kenya)－Australopithecus afarensis (Lucy, 350만 년 전, Donald Johanson)－Laetoli(Mary Leakey, Tanzania, 320만 년 전)－Homo rudolfensis(Richard Leakey, 1470호, Koobi Fora, 240만 년-180만 년 전)－Homo habilis－Homo ergaster－Homo georgicus－Homo erectus－Homo heidelber-gensis－Homo neanderthalensis－Homo sapiens 등의 발견으로 인류의 기원이 6-7백 만 년 전으로 거슬러 올라가, 현재로서는 인류의 직계조상은 아르디피테쿠스 라미두스로 보고 있다. 진화론상 인간과 침판지와의 분리는 약 5-600만 년 전으로 이로써 거의 모든 화석인류가 발견된 셈이다. 이제까지 알려진 인류 최고의 화석은 탄자니아의 라에톨리에서 발견된 직립원인의 발자국과 이티오피아 하다르의 오스트랄로피테쿠스 아파렌시스(일명 루시)로 그 연대는 300-350만 년 전으로 알려지고 있으나, 최근 이디오피아 아라미스에서 발견된 '아르디피테쿠스 라미두스'가 인류 최고의 화석으로 밝혀지고 있으며 그 연대는 440만 년 전이다. 인류 최초로 도구를 사용하고 육식을 한 것은 이디오피아 보우리에서 발견된 오스트랄로피테쿠스 가르히로 밝혀졌으며 그 연대도 250만 년 전이다.

species, homo sapiens/modern man)으로 진화해 나온다.

이후 인류는 지혜가 발달하면서 불을 사용하게 되었는데 불은 음식을 조리하거나 추위를 견디거나 또 위험한 동물을 쫓는데 매우 유용하였다. 이때의 사람들은 주로 사냥을 하거나, 곡물과 과일을 따서 식량을 마련하였으며, 사람이 죽으면 시체를 매장하기도 하였다.

오늘날과 비슷한 모습의 인류가 등장한 것은 약 4만 년 전부터이다. 이들을 호모 사피엔스 사피엔스(신인/현생 인류)라고 부르는 크로마뇽인인데, 두뇌의 용량을 비롯하여 체질상의 특징이 오늘날의 사람과 거의 같아서 오늘날 세계 여러 인종의 조상으로 추정하고 있다.

인류가 지구상에 등장하여 현대인으로 진화하기까지를 알아보는 데는 형질 인류학, 분자 생물학, 여러 가지 연대측정법의 발달 등이 도움이 된다. 이러한 방법 등의 도움을 받아 인류(人超科 supra-family, hominoidea/ hominoids: gorilla와 chimpanzee)가 지구상에 출현한 것이 신생대 제3기의 선신세(Pliocene)기간으로, 약 450만 년 전쯤으로 보고 있다. 즉, 발이나 무릎 뼈 등의 생김새로 보아 두발걷기(直立步行)는 사람과 같으나, 송곳니, 머리뼈 등의 생김새는 아직 침팬지[4]와 비슷하여 사람과 침팬지의 중간형태쯤으로 여겨진다. 제일 첫 번째의 인류는 이디오피아 아라미스에서 발견된 아르디피테쿠스 라미두스(Ardipithecus ramidus)로 그 연대는 440만 년 전으로 추정된다. 침팬지와 인류 사이의 징검다리인 화석인류가 계속 발견되고 있는 셈이다. 그 다음이 남방의 원숭이란 뜻의 오스트랄로피테쿠스(人科 family, hominidae/ hominids: Ausrtalopithcus)이다. 이들은 간단한 석기제작 능력도 갖추고 있어, 생각하고

---

4) 인류의 진화상 영장류-유인원 아목(亞目)에서 갈라져 나온 오랑우탕(1600만 년 전), 고릴라(1000만 년 전)와 침팬지(600-700만 년 전)가 우리와 가까운데 그중 침팬지가 가장 가깝다.

이를 실행에 옮길 수 있는 인간적인 특징을 갖추었음을 보여준다.

다음 단계는 人類屬(人屬, genus, homo/man)과 人類種(人種, species, homo sapiens/modern man)으로 이미 머리 부피가 800cc 정도나 되며 오스트랄로피테쿠스와는 완전히 결별한 호모 하빌리스(Homo habilis: 손쓰는 사람 또는 기술 있는 인간: 북한에서는 능인이라고 함)이며, 이들에서 다시 체질적 특징과 머리부피 등이 진화하는 가운데 전기 구석기문화를 담당한 호모 에렉투스(Homo erectus: 곧선사람: 원인)들이 나타나게 되었다. 중기 구석기시대를 이끌어 간 사람들은 호모 사피엔스(Homo sapiens: 슬기사람: 인류 종/인종, 고인)이며, 약 3만 년−4만 년 전이 되면 해부학상 우리와 같은 체질을 소유한 현생인류로서의 호모 사피엔스 사피엔스(Homo sapiens sapiens: 슬기 슬기 사람: 신인)의 출현을 볼 수 있다. 이들은 아르디피테쿠스 라미두스(440만 년 전)−오스트랄로피테쿠스(인과단계의 남방의 원숭이: 400만 년−300만 년 전: 아파렌시스와 라에톨리인)−호모 하빌리스(인과단계의 기술있는 인간으로 처음으로 도구사용: 최근의 오스트랄로 피테쿠스 가르히인으로서 연대는 250만 년 전으로 올라간다)−호모 사피엔스(人類屬/人屬, genus, homo/ man, 인류속단계의 고인 또는 슬기인: 네안데르탈인이 대표적이나 최근 DNA분석으로 인류의 조상이 되기에는 여러 가지 의문점이 나타나고 있다)−호모 사피엔스 사피엔스(人類種/人種, 현생인류 단계의 신인 또는 슬기 슬기인)의 순서로 정리된다.

오스트랄로피테쿠스는 두뇌의 용량이 현생인류의 3분의 1 정도였으나, 직립보행을 하여 두 손으로 간단하고 조잡한 도구를 사용할 수 있었다. 인류의 구석기문화가 시작되는 것은 호모 하빌리스와 호모 에렉투스(人科/family, 원인 또는 곧선사람)의 활동으로부터이다.

구석기시대의 전기에 호모 하빌리스에 뒤이어 호모 에렉투스가 출현하였다. 자바인과 베이징인이 이에 속하였으며, 이들은 불을 사용하고 사냥과 채집을 하며 살았다. 구석기시대의 중기에 호모 하빌리스에 호모 사피엔스(人類

屬/人屬, 고인 또는 슬기사람)에 속하는 네안데르탈인이 나타났다. 이들은 여러 종류의 석기를 만들어 사용하였으며, 처음으로 시체를 매장하는 풍습을 보여 주었다. 약 4만 년 전부터 진정한 의미의 현생인류인 호모 사피엔스 사피엔스 (人類種/人種, 현생인류 단계의 신인 또는 슬기 슬기인)가 구석기시대의 후기에 출현하였다. 이들은 두뇌용량을 비롯한 체질상의 특징이 오늘날의 인류와 거의 같으며, 현생인류에 속하는 여러 인종들의 직계조상으로 추정되고 있다. 특히, 유럽의 현생 인류인 크로마뇽인은 프랑스의 남부(라스코 동굴벽화 등)와 에스파냐 북부 일대에 훌륭한 동굴벽화를 많이 남겼다. 구석기시대에는 무리(군집, 群集)을 이루어 큰 사냥감을 찾아다니며 무리생활을 하였다. 무리 가운데 경험이 많고 지혜로운 사람이 지도자가 되었으나, 권력을 가지지는 못하였으며 모든 사람이 평등한 공동체적 생활을 하였다.

5. 우리 민족의 기원

이 땅에서 사람이 살았던 흔적이 구석기시대[5]부터 나타나기 때문에 이들 구석기시대 사람들이 우리의 직접 조상인지 아닌지에 대해서 알아보아야 할 것이다. 그동안 이들이 우리의 조상은 아니며 살다가 어디론가 이주해 가버렸다고 하는 주장이 유력했었다. 그러나 이러한 논의는 먼저 구석기시대의 사람들에 대한 것과, 우리나라에 살았던 구석기시대 사람들 및 그들의 형질인류학적 특징 등을 알아보고, 그리고 신석기시대 이후 이 땅에서 살았던 사람들과

---

5) 경기도 연천 전곡리에서 나오는 우리의 역석기문화전통을 예니세이 강 상류의 카멘니 로그와 라즈로그 Ⅱ(민델-리스 간빙기층으로 20-40만 년 전까지 거슬러 올라갈 수 있다)유적, 몽고령의 고르노 알타이 지역 사간 아부이 동굴, 몽고자치구 호와호트 大窯읍 투얼산 사도구 유적, 요령성 榮口 金牛山유적과 비교해 보는 것도 좋을 듯 하다. 그러면 시베리아의 예니세이 강 상류-몽고(알타이)-내몽고-요령(만주)-연천 전곡리로 이어지는 문화전파의 루트도 만들어질 수 있을 것이다.

의 비교 등의 작업이 선행되어야 할 것이다. 조상에 대한 논의와 추정 등은 그 다음에 이루어져야 할 일이다.

우리 조상들은 만주와 연해주를 포함하는 동북아시아에 넓게 분포하여 살았는데, 이곳은 지금 중국의 랴오닝과 지린성이 있는 만주와 우리가 살고 있는 한반도를 포함하는 지역이다. 이 지역에서는 약 70만 년 전인 구석기시대부터 사람이 살기 시작하였으며, 이들이 신석기시대에서 청동기시대를 거쳐 오면서 오늘날 우리 민족의 기틀을 이루었다.

어느 민족이나 주변에 사는 민족과 교류도 하고 경쟁도 하면서 자기 민족만의 독특한 문화와 민족성을 형성한다. 황인종으로서 몽골인종(북몽골)에 속하며, 언어학적으로는 터키어, 몽골어 등과 함께 원시한반도어의 모체가 되는 알타이어족에 가까운 우리 민족 역시 농경을 중심으로 주변지역과 구별되는 독자적인 문화를 이루어왔다.

우리나라에 구석기인들이 살기 시작한 것은 약 70만 년 전 전기 구석기시대부터로 주장되고 있으나, 이때 살았던 사람의 뼈나 동물의 화석증거는 찾지 못했다. 사람화석으로서 가장 오래된 것은 덕천 승리산동굴에서 나온 것, 그리고 단양 상시동굴에서 발견된 뼈로서 모두 슬기사람의 범주에 드는 특징들을 가지고 있다.[6]

후기 구석기시대에 해당하는 슬기슬기(신인)인의 뼈는 많이 찾아졌으며, 대표적인 것으로는 평안남도 덕천 승리산동굴의 위층에서 나온 승리산사람,

---

6) 승리산 아래층에서 나온 사람뼈는 어금니 2개와 어깨뼈로서 어금니의 크기와 돌기 모양으로 '고인'으로 분류되었다. 그 이름은 덕천사람으로 명명되었다. 대현동에서는 7-8살 정도 되는 어린아이의 화석이지만, 앞머리뼈의 경사가 느리며 눈두덩이 불룩하게 발달되어 있는 점으로 '고인'의 특징이 나타난다고 보았다. 상시에서는 머리뼈와 어깨뼈, 그리고 앞팔뼈가 나왔는데, 특히 머리뼈의 특징을 볼 때 곧선사람과 슬기슬기사람의 특징을 다 가지고 있다고 논의되기도 한다.

평양시 상원군 용곡동굴에서 나온 용곡사람, 충청북도 청원군 두루봉 흥수굴 어린이 등이 있다.[7] 이밖에 오랫동안 '신인'이라고 여겨져 왔으나, 최근에 머리 높이나 이마 기울기 등이 '신인' 가운데서도 늦은 시기의, 현대인에 가까운 발전된 모습을 지니고 있다고 하여 중석기시대 사람으로 새로이 설정된, 평양시 승호구역 만달동굴에서 나온 만달인이 있다. 이러한 자료들을 볼 때 구석기시대에 많은 사람이 퍼져 살았음을 알 수 있다.

우리나라에서 지금까지 찾아진 사람화석들이 우리의 직접 조상인가 아니가 하는 논의는 후기 구석기사람들에 직접 관계되는 것인데, 남한에서는 앞에서 말한 대로 부정적인 견해가 많았다. 그러나 석장리유적에서는 약 28,000년 전에 살았던 사람의 머리털이 나왔는데 이것이 황색몽고인종의 것으로 밝혀진 바 있고, 단양 상시유적과 나아가 북한의 평양시 역포 대현동, 승리산, 만달, 용곡 등의 유적에서 찾아진 뼈화석들을 참고할 때 이들이 지금 우리나라 사람들과 체질상 크게 차이나는 점을 찾아 볼 수 없다 하여 구석기시대의 사람들과 우리 사이에 일정한 관계가 있음을 시사하는 의견들도 많은 편이다. 문화사적으로 보더라도 최근의 연구에 의하면 후기 구석기시대의 늦은 시기(단양 수양개, 거창 임불리유적 등이 대표)와 신석기시대의 이른 시기의 연대차이가 점

---

7) 승리산의 위층에서는 아래턱뼈가 나왔는데, 슬기슬기사람의 뚜렷한 특징인 아래턱 불루기가 발달되어 있으며, 나이는 35살 정도로 추정된다. 용곡동굴에서는 완전한 머리뼈가 나왔는데, 처음의 발굴 보고와는 달리 신인단계에 해당된다고 수정되었으며, 실제로 용곡사람은 현생인류의 특징을 고루 갖추고 있다. 충북대 이융조 교수가 서기 1981년-서기 1982년 충북 청원군 문의면 노현리 흥수굴에서 발굴해 충북대 박물관에 구석기시대 후기에 속하는 "흥수굴아이"라는 명칭으로 전시되어있는 5-6세의 어린아이의 인골은 늑골에서 채취한 시료로 C^{14} 연대측정을 해본 결과 서기 1630년-서기 1891년 사이에 속하는 것으로 밝혀졌다(Henry de Lumley et al. 2011, p.270 및 p.571). 그래서 흥수아이는 남한에서 최초로 복원된 것이나 학술적인 것으로 받아들이기에는 문제의 여지가 많이 있다.

점 줄어들고 있는데, 그렇다면 이 땅에도 구석기시대를 이은 중석기시대 또는 전환기시대와 그 문화가 있었음이 밝혀지게 되었으므로 모든 주민이 갑작스럽게 어디론가 이주해 갔다는 주장은 신빙성이 약한 셈이다. 구석기시대 이래로 이 땅에서 살던 모든 주민들이 연결된다고 가장 강하게 제기하는 곳은 북한이다. 그들은 현대 조선인의 직접조상으로서 '조선옛유형인'의 존재를 설정한다. 그리고 이들은 신석기시대에 형성되었는데, 중기 구석기시대(덕천과 역포인), 후기 구석기시대(승리산과 용곡인), 중석기시대 사람(만달인)을 거쳐 신석기시대에 와서 조선옛유형인이 형성되었다고 하였다. 이것이 조선옛유형인의 '본토기원설'이다. 그러나 조선옛유형인에 대한 논의를 검토해 보기 전에, 신석기시대에 해당하는 인골화석이 아직 나오지 않았다는 결정적인 취약점이 있다.

구석기시대 이후의 주민에 대한 남한의 논의 가운데 가장 널리 인용되어 온 것은 신석기시대까지는 빗살무늬토기를 만들어 쓰던 고아시아족, 다음 시기인 청동기시대에는 민무늬토기를 만들어 쓰던 예맥퉁구스족들이 시베리아와 요서, 요동의 만주, 그리고 한반도를 중심으로 하여 퍼져 살며, 오늘날 우리 민족을 형성하는 근간이 되었다고 말해지는 것이다.[8] 이것도 토기를 이용하여 주민 집단의 정체성(正體性, Identity, 우리나라의 경우 청동기시대 중기 기원

---

8) 엄밀히 말한다면 시베리아라는 지역은 서쪽으로는 우랄 산맥, 동쪽으로는 바이칼 호 연안지역을 포괄한다. 그리고 극동지역은 바이칼 호 이동지역에서 태평양에 맞닿는 지역을 포괄한다. 시베리아의 황인종(Mongoloid)에는 고아시아족(Palaeoasiatic people, Palaeosiberian)과 퉁구스(Tungus, Neoasiatic people)족이 있다. 고아시아족에는 축치, 꼬략, 캄차달, 유카기르, 이텔만, 켓트, 길랴끄(니비크)가, 퉁구스에는 골디(혁철), 에벤키, 에벤, 라무트, 부리야트, 우에지, 사모예드가 있다. 그리고 시베리아와 만주(요령성, 길림성과 흑룡강성)지역에서는 역사적으로 가)挹婁-肅愼-勿吉-靺鞨-黑水靺鞨-女眞-生女眞-金(서기 1115년-서기 1234년)-後金(서기 1616년-서기 1626년)-滿洲/淸(서기 1626년-서기 1636년)-大淸(서기 1636년-서기 1911년), 나)흉노-동호-오환-선비-돌궐-위굴-걸안-몽고-원, 다)예-고조선, 맥-부여-고구려-백제/신라로 이어진다.

전 1000년–기원전 600년 공렬토기단계부터 시작)을 추정한다는 점에서 실제의 증거는 없으며, 인종을 규명하기 위해서 최근에 많이 이용하는 자연과학적 방법에 대한 고려는 거의 없는 편이다. 민족의 기원과 형성에 대한 추적은 위에서 보았듯이 어떤 한 가지 방법, 하나의 학문만으로는 부족하다. 우리 민족의 기원을 밝히기 위해서는 역사학(동양사와 고대사), 형질인류학, 언어학, 고고학을 비롯하여 분자생물학 또는 생화학까지도 필요하다. 분자생물학의 경우 조직합성항원(HLA)의 연구로 우리의 조상이 13,000년 전 빙하기 후기 기후가 따뜻해지면서 바이칼 호 연안지역으로부터 이주해왔을 가능성도 제시하고 있다. 이 경우 부리야트족이 체질상 우리와 가장 가까운 것으로 알려져 있다. 지금까지의 많은 관심에 비해 뚜렷한 해답이 제시되지 못한 만큼 자료를 찾기 위한 발굴 작업과 다양한 과학적 방법을 동원하여 문제해결에 접근해가야 할 것이다.

6. 구석기시대: 뗀석기를 사용한 사람들

1) 세계의 구석기시대

처음 등장한 인류는 돌을 가지고 여러 가지 도구를 만들어 사용하였다. 이 시대를 석기시대라고 하는데 도구를 만드는 방법에 따라서 구석기시대와 신석기시대로 나눈다. 구석기시대는 인류의 탄생과 함께 시작하였다. 구석기시대 사람들은 돌을 쳐서 깨뜨려 생긴 날카로운 날을 도구로 사용하였는데, 이와 같은 도구를 뗀석기라고 한다. 사람들은 뗀석기를 이용하여 짐승을 잡거나, 과일, 나무 등을 따고 베는 등 의식주에 필요한 일을 하였을 뿐 아니라 맹수로부터 자신을 보호하기도 하였다. 이들은 주로 강가에 막집을 짓거나 동굴에 살았다. 사냥을 하고 물고기를 잡고 산과 들에 있는 과일과 채소 등을 따 먹으며 생활하였는데, 사냥한 짐승의 가죽으로는 옷을 지어 입었다. 하지만 사냥감이

늘 일정하게 잡히는 것이 아니어서 계절에 따라 이동하며 생활하였다.

2) 뗀석기(打製石器)

뗀석기란, 인간이 자연환경에 적응하는 과정에서 그들의 인지활동과 손을 쓰는 동작이 합해져서 그 결과로 생겨난 산물이다. 따라서 하나의 석기에는 구석기시대 사람들이 사냥하기 위해, 혹은 잡은 것을 해체하기 위해 필요한 연장을 고안해낸 동안의 사고능력, 필요한 석재를 골라내기까지의 경험과 관찰 및 시행착오, 그리고 주먹도끼·찍개 등 머리 속에 그려진 영상을 형상화시킬 수 있는 공작능력까지의 이야기를 담고 있음을 이해해야 한다. 그리고 이렇게 만들어진 결과인 뗀석기는 형식에 따라 편년을 설정하게 하는 근거를 만들어 준다.

구석기시대는 석기를 다듬는 수법이 발달하는 데에 따라 전기, 중기, 후기의 세 시기로 나뉘고 있다. 전기에는 큰 한 개의 석기를 가지고 여러 용도에 쓴 주먹도끼·찍개 등이 주로 만들어졌고 따라서 이들은 '만능석기'라는 이름도 가지게 되나 차츰 나중 시기로 가면서 큰 몸돌(石核)에서 떼어낸 격지(flake)들을 가지고 잔손질을 하여 석기를 만들었으므로 밀개, 긁개, 새기개, 자르개, 찌르개 등 크기는 작아지고 한 개의 석기가 하나의 쓰임새를 갖게 되었다. 후기에 가면 지금까지 단순히 몸돌의 가장자리를 내리쳐 깨거나 돌의 한 끝을 쳐서 떼어내어 직접 석기를 만들던 방법과는 달리 쐐기 등을 대고 간접떼기를 하거나 눌러떼기를 하여 규칙적인 돌날(blade)을 만드는 데까지 발달하였다.

석기는 좁은 의미에서 대개 사냥행위에 직접 쓰이는 것과 잡은 것을 해체하는 행위에 쓰이는 것으로 나눌 수 있는데, 주먹도끼나 찍개 등은 대표적인 사냥도구인 반면에 긁개, 칼 등은 가죽을 벗기고 살을 발라내는 등의 조리용 도구로 여겨지고 있다. 이러한 도구들의 기능을 모두 밝히면 구석기시대인들도 현대인이 생활에 필요로 하는 대부분의 도구를 만들어냈음을 알 수 있다.

3) 우리나라의 구석기시대

구석기시대는 오늘날의 기후와는 달리 춥고 긴 빙하기 사이에 따뜻하고 짧은 간빙기가 몇 차례 있었다. 빙하기 때에는 바닷물이 얼어서 육지가 크게 드러났는데 이때 황해는 중국과 이어졌었고, 남해는 일본과 연결되었으며, 일본의 북쪽지방은 러시아땅과 맞닿아 있었다. 동해는 마치 커다란 호수와 같았다. 그래서 유라시아대륙과 한반도, 그리고 일본에서는 서로 비슷한 동물들이 발견되기도 한다. 우리나라에 구석기인들이 살기 시작한 것은 약 70만 년 전부터이다. 구석기시대는 석기를 다듬는 수법에 따라 전기, 중기, 후기의 세 시기로 나누어진다. 전기에는 한 개의 큰 석기를 가지고 여러 용도에 썼으나, 중기에는 큰 몸돌에서 떼어 낸 격지들을 가지고 잔손질을 하여 석기를 만들었으므로 크기는 작아지고 한 개의 석기가 하나의 쓰임새를 가지게 되었다. 후기에 와서는 쐐기 등을 대고 같은 형태의 여러 개의 돌날격지를 만드는 데까지 발달하였다.

우리나라 전기 구석기시대의 대표적인 유적으로는 평남 상원 검은모루동굴, 충북 청원(강외) 만수리 유적, 경기도 연천 전곡리 유적(사적 268호) 등이 있으며, 중기 유적으로는 함북 웅기 굴포리 유적, 강원도 양구 상무룡리 유적 등이 있다. 후기 유적 가운데에는 충남 공주 석장리 유적(사적 334호), 충북 단양 수양개(사적 398호)와 경기 남양주 호평동9)유적 등이 유명하다. 이들 유적에서는 다양한 동물의 뼈화석이 발견되었는데 이것을 통해 당시 사람들은 쌍코뿔이나 멧돼지, 코끼리, 넓은뿔사슴, 원숭이 등을 사냥하였던 것을 알 수 있다.

---

9) 현재까지의 전기 구석기유적의 연대는 단양 금굴이 70만 년, 충북 청원(강외면) 만수리가 55만 년 전, 경기 연천 전곡리가 35만 년−30만 년 전, 후기 구석기유적인 경기 남양주 호평동이 3만 년−16,000년 전(1문화층은 30,000년−27,000년 전, 2문화층은 24,000년−16,000년 전)으로 나오고 있다.

그리고 이들 유적에서 석기들과 함께 사람과 동물의 뼈화석, 동물뼈로 만든 도구 등이 출토되어 구석기시대의 생활상이 밝혀지게 되었다.

구석기인은 처음에는 찍개같은 도구를 가지고 여러 가지 용도로 썼으나 점차 기술이 발달하면서 용도에 따른 석기를 만들어 사용하였다. 주먹도끼나 찍개, 팔매돌 등은 사냥도구이며, 긁개, 밀개 등은 조리도구이다. 또 짐승의 뼈나 작은 돌을 이용하여 물고기나 고래 등을 새긴 조각품을 만들기도 하였다.

4) 구석기시대의 생활

구석기인들은 동물의 뼈나 뿔로 만든 뼈도구와 뗀석기를 가지고 사냥과 채집을 하여 생활을 영위하였다. 처음에는 찍개 등의 도구를 가지고 여러 용도에 썼으나, 차츰 뗀석기를 제작하는 기술이 발달함에 따라 용도가 뚜렷한 작은 석기들을 만들게 되었다. 이 중 주먹도끼, 찍개, 팔매돌 등이 주로 사냥도구라면 긁개, 밀개 등은 대표적인 조리도구이다.

구석기시대 끝 무렵이 되면 빙하기가 지나고 다시 기후가 따뜻해지면서, 사람들은 새로운 자연 환경에 대응하는 생활방법을 찾으려 노력하였다. 그들은 이제 큰 짐승 대신에 토끼, 여우, 새 등 작고 빠른 짐승을 잡기 위해 활 등을 사용하였다. 이 시기의 석기들은 더욱 작게 만들어진 잔석기로서, 한 개 또는 여러 개의 석기를 나무나 뼈에 꽂아 쓰는 이음도구를 만들게 되었다. 이음도구에는 톱이나 활, 창 등이 있었다. 한편, 따뜻한 기후로 식물들이 번성하게 되면서 이 시기 사람들은 식물의 채취와 물고기잡이를 많이 하게 되었다. 우리나라에는 전기 구석기시대부터 후기 구석기시대까지의 전 기간에 걸쳐 사람이 살았던 것으로 보인다. 구석기시대의 시기구분은 석기의 제작수법을 주로 고려하여 이루어지지만, 최근에는 구석기시대를 담당해 나간 주체(사람)들을 중심으로 전환되는 경향이 나타난다. 아직까지 전기 구석기시대의 존재여부를 명확히 이야기할 수 있는 단계는 아니지만, 이 시대로 추정되는 대표적인 유적으로는 평남 상원 검은모루동굴, 충청북도 단양 금굴, 경기도 연천 전곡리 등이 있다. 금굴에서는 거친 수법의 옛 주먹도끼, 양날찍개와 주먹괭이(pick) 등 이른 시기의 특징을 나타내는 석기들이 많이 나오며, 이와 함께 많은 짐승화석과 뼈도구들이 출토되어 당시 사냥과 채집을 주로 했던 사람들의 생활상을 잘 보여주고 있다. 하지만 구석기시대 학계에서는 이들 유적에 따라 구석기시대의 유적이 아니거나 혹은 매우 젊은 나이를 가진 유적으로 각각 평가하고 있다. 전기 구석기시대 유적들로는 평양 상원 검은모루, 경기도 연천 전곡리(최하층의 연대는 35만 년 전까지 올라간다)와 충북 단양 금굴 등이 있으나 그 상한은 학자에 따라 70만 년-20만 년 전으로 보는 등 상당한 이견을 보인다. 최근 충청북도 청원군 강외면 만수리(오송 만수리) 구석기시대 제1문화층의 연대가 日本 同志社大學 松藤和人 敎授팀에 의해 55만 년 전의 연대가 나와 그곳 만수리와 파주 교하읍 와동 출토 주먹도끼의 제작연대가 50만 년 전 가까이 갈 수 있음이 추정되고 있다.

중기 구석기시대의 유적으로는 양구 상무룡리유적이나 금굴의 중기문화층, 공주 석장리, 충북 청원 두루봉동굴 등이 있다. 후기 구석기시대가 되면 전국 각지에서 매우 많은 유적들이 나오고 있는데, 이 가운데 특히 충북 단양 수양개 유적은 대단위 석기제작소를 포함한 주거유적으로서 매우 중요하다. 후기 구석기시대 유적으로는 공주 석장리의 후기 구석기문화층, 금굴의 후기 문화층, 흑요석기가 많이 출토되었던 강원도 상무룡리 유적 등이 특징이 있으며 이 무렵이면 종래 구석기시대가 존재하지 않는다고 여기던 전남지방과 경남지방에서도 유적이 찾아지는데 우산리 곡천, 신평리 금평, 화순 대전, 거창 임불리 등에서 발견된 유적들이 그 예이다. 우리나라의 구석기시대의 유적은 전국 어디에서든 발견되고 있으며 앞으로 계속 늘어날 것으로 보인다.

7. 중석기시대

구석기시대의 석기제작기술이 점점 발달하여 그 정점에 달하는 것이 후기 구석기시대이며 그 다음 시기를 중석기시대라고 한다. 우리나라에서도 유럽의 편년체계를 받아들여 구석기시대의 석기제작이 점점 발달하여 그 정점에 달하는 것이 후기 구석기시대이며 그 다음 시기를 중석기시대라고 불렀다. 이 시기는 구석기문화에 이어지면서 신석기로 넘어가는 과도기로 파악되는데 빙하기가 물러가고 기후가 따뜻해지자 사람들이 새로운 자연환경에 대응하는 생활방법을 찾으려 노력하는 가운데 이루어진 것이다. 후빙기가 되면서 종래의 추운 기후에 적응해있던 털코뿔소, 털코끼리 등의 짐승군이 북방으로 이동하게 되자 사람들은 그 대신 따뜻한 기후에 번성하는 작은 짐승들과 식물자원에 주목하게 되었고 이러는 동안에 주위 환경에 대해 재적응(readaptation)하게 되었다. 이 재적응과정에서 문화양상도 다양하게 변화하였다.

최근 들어 우리나라에서 중석기시대의 존재여부에 대해서 두 가지 주장이 있다. 홍천 하화계리를 필두로 하여 통영의 상노대도 최하층, 공주 석장리 최상층 등지에 중석기층이 있다고 보고되고 있다. 그리고 최근에 작은 석기들이 출토되는 경우가 많아 앞으로 '중석기'로 보고되는 유적이 늘어날 전망이다. 북한에서는 종래 후기 구석기 늦은 시기로 보던 만달유적과 웅기 부포리유적을 중석기유적으로 보고 있다. 이러한 생활방식의 결과로 나타난 문화를 중석기시대문화라고 한다. 이 시기는 구석기시대에서 신석기시대로 넘어가는 과도기적인 단계로, 유럽에서는 중석기시대로 부르고 있다. 그러나 우리나라에서 중석기시대를 설정하는 것이 아직 문제로 남아 있다. 북한에서는 웅기 부포리와 평양 만달리유적을 중석기시대로 보고 있으며, 남한에서는 통영 상노대도 조개더미의 최하층, 거창 임불리와 홍천 하화계리 등을 중석기시대의 유적으로 보고 있다.

이러한 경향은 유럽의 중석기시대에 대한 무비판적 수용의 결과로서 동북아시아 전역에서 이루어진 보편적인 것이었다. 그러나 최근 동북아시아 전역에서 나타나는 다양한 문화변동과 특성은 이 시기를 하나의 시대로 평가하기보다는 구석기시대에서 신석기시대로 넘어가는 '과도기시대'(transitional period)로 보는 것이 더 바람직하다는 연구결과가 발표되고 있다. 가장 대표적인 이유는 유럽식의 석기문화가 발견된 예가 없으며, 신석기시대의 산물인 토기가 갱신세 최말기에 나타난다는 점이다. 이러한 주장을 가능케 하는 유적은 동북아시아의 여러 지점에 위치하고 있다. 우리나라에서도 제주도 한경면에 위치한 고산리유적은 이러한 전환기 또는 과도기의 문화적 성격을 잘 보여준다.

이상 한국 구석기-중석기시대를 통관해 볼 때 나타나는 여러 가지 문제점 중 앞으로 해결되어야 할 점은 다음과 같다.

1) 한국 구석기시대 문화의 기원이나 자체발달과정의 연구는 한민족의 기원이 시베리아의 북방설이나 북한학자들이 주장하는 '본토기원설'(자체형성설)과도 밀접한 관련이 있지만 이러한 가설들을 입증하기에는 고고학적 자료가 뒤따르지 못한다.

2) 그리고 우리나라에서 발견·조사된 구석기시대유적의 편년연구 중에서도 전기 구석기유적들의 퇴적시기 규명, 그리고 중기와 후기문화의 구분은 어느 정도 가능하나 전기와 중기 문화의 구분 기준의 설정이 아직도 문제점으로 남아 있다.

3) 그리고 후기 구석기시대 바로 그 다음에 이어지는 중석기시대 또는 전환기 또는 과도기시대의 존재 및 성격 규정도 아직 미흡하다 하겠다.

8. 신석기시대: 간석기를 사용한 사람들

1) 세계의 신석기시대

약 1만 년 전 빙하기가 끝나고 기온이 따뜻해지면서 오늘날과 거의 비슷한 기후가 되었다. 이때 새로운 도구가 등장하는데 그것이 바로 간석기와 토기이며, 이것을 사용한 시대를 신석기시대라고 한다. 간석기는 돌을 갈아 만든 것으로 뗀석기에 비해 더 작고 더 정교한 도구를 만들 수 있었으며, 또 무뎌진 날을 갈아서 다시 날카롭게 할 수도 있어서 일을 하는데 훨씬 효율적이었다. 그리고 토기는 흙으로 빚은 후 불에 구워 만든 것으로, 식량을 저장하거나 음식을 조리하는 데에 큰 도움이 되었다. 그리고 자연환경의 변화와 도구의 발달은 인류생활에 큰 변화를 가져왔다. 신석기인은 구석기인과는 달리 사냥과 채집활동 외에도 정착생활을 하면서 농사와 목축을 더불어 하기 시작하였다. 이 것은 인간이 식량을 계획적으로 생산하고 저장할 수 있게 되었다는 것이다. 즉, 인간이 자연에 의존하는 단계를 넘어 이제 자연을 이용하게 되었다는 것이다. 그리고 농사와 목축의 결과물을 얻기 위해 오랜 기간 동안 한 곳에 머물러 기다려야 할 필요가 생겼고, 그래서 이전보다는 더 발전한 움집을 짓고 한 곳에 정착하여 살기 시작하였다. 또한 동물이나 식물로부터 섬유를 뽑아내어 옷을 지어 입을 수도 있게 되었다. 정착생활을 한 인류는 생활이 더욱 안정되었다. 따라서 인구가 증가하였으며, 나아가 이전보다 더 큰 공동체사회를 이루어 나가게 되었다. 처음에는 친인척을 중심으로 한 혈연중심의 촌락에서 점차 지역을 단위로 하는 공동체를 이루어 살게 되었다.

2) 우리나라의 신석기시대의 유적과 유물

기원전 1만 년경에 빙하기가 끝나고 후빙기가 시작되면서, 인류의 생활은 환경의 변화에 적응하여 또다시 바뀌었다. 이에 구석기시대가 끝나고, 과도기적인 중석기시대를 거쳐 점차 신석기시대가 전개되었다. 우리나라의 신석기시대는 기원전 8000년경부터 시작되었다. 신석기인은 주로 강가나 바닷가에 살면서 사냥을 하거나 물고기를 잡아 생활하는 한편 농사를 짓고 가축을 기르며 생활하였다. 대표적인 유적은 제주도 한경면 고산리(사적 제412호), 고성 문암리(사적 제426호), 부산 동삼동(사적 266호), 양양 오산리(사적 394호)과 서울 암사동(사적 267호) 등이다. 이 시기에 주로 쓰인 도구로는 돌괭이, 돌삽, 돌갈판과 같은 농경도구가 있는데, 이것을 이용하여 조나 피 등의 농사를 짓고 음식을 조리하였다. 이때부터 사람들은 돌을 갈아서 여러 가지의 형태와 용도를 가진 간석기를 만들어 사용하였다. 그리하여 부러지거나 무디어진 도구도 다시 갈아 손쉽게 쓸 수 있게 되었으며, 단단한 돌이나 무른 석질의 돌을 모두 이용하게 되었다. 또, 진흙을 불에 구워서 만든 토기를 사용하여 음식물을 조리하거나 저장할 수 있게 됨에 따라 생활이 보다 나아지게 되었다.

지금까지 한반도에서 발견된 신석기시대 유적들의 시대구분(편년)은 다음과 같이 되겠다.

1. 기원전 8000년-기원전 6000년(8,000년-10,000년 전)-原始無文(원시민무늬)土器: 高山里
2. 기원전 6000년-기원전 5000년-隆起文(돋을무늬)土器: 牛峰里
3. 기원전 5000년-기원전 4000년-押印文(누름무늬)土器: 蘊山里
4. 기원전 4000년-기원전 3000년-櫛目文(빗살무늬)土器: 東三洞
5. 기원전 3000년-기원전 2000년-部分櫛目文(부분빗살무늬)土器: 鳳溪里
6. 기원전 2000년-기원전 1500년-부분빗살문토기와 청동기시대의 돌대문토기가 공존하는 과도기: 春城 內坪里

신석기시대의 경우 제주도 한경면 고산리 유적에서 우리나라에서 가장 연대가 올라가는 기원전 8000년(10500 B.P.)이란 연대측정결과가 나왔는데, 이 유적에서는 융기문토기와 유경삼각석촉이 공반되고 있다. 강원도 고성 문암리 유적은 이와 비슷한 시기에 속한다. 그리고 양양 오산리의 유적은 최근의 가속 질량연대분석(AMS)으로 기원전 6000년/5200년이 나왔다. 제주도 한경면 고산리에서 최고의 신석기시대유적이 발견됨으로써 한국 신석기시대의 상한은 8,000년-10,000년 전까지 올라가는 것으로 인정되고 있다.[10] 이때부터 사람들은 돌을 갈아서 여러 가지의 형태와 용도를 가진 간석기를 만들어 사용하였다. 그리하여 부러지거나 무디어진 도구도 다시 갈아 손쉽게 쓸 수 있게 되었으며, 단단한 돌이나 무른 석질의 돌을 모두 이용하게 되었다. 또 진흙을 불에 구워서 만든 토기를 사용하여 음식물을 조리하거나 저장할 수 있게 됨에 따라 생활이 좀 더 나아지게 되었다. 이러한 간석기와 토기는 신석기시대를 특징짓는 유물이다. 우리나라 신석기시대의 대표적 토기는 빗살무늬토기이다.[11] 빗살무늬

---

10) 필자는 이 유적을 세 시기로 나누어 보고 있다. 즉 1)세석기와 석핵이 나오는 후기 구석기시대, 2)융기문토기와 무경삼각촉이 나오는 신석기 Ⅰ기와, 3)유경석촉이 나오는 신석기 Ⅱ기의 세 시기로 나누어지며, 신석기 Ⅰ기의 경우 13,000년 전까지 올라가는 러시아 아무르 강 유역의 가샤 유적이 중심이 되는 오시포프카 문화 등과 비교해 볼 때 적어도 10,000년 전후가 그 중심연대가 될 수 있을 것이다.

11) 우리나라 신석기시대의 대표적인 토기는 빗살무늬토기이다. 그러나 최근 들어 이들보다 앞서는 시기의 토기들이 발견되는 예가 늘어나고 있는데, 이들은 무늬가 없거나 토기 몸체에 덧살을 덧붙인 것으로 각각 이른 민무늬토기 혹은 덧무늬토기로 불린다. 함북 웅기 서포항, 강원도 양양 오산리, 부산 동삼동 조개더미, 통영 상노대도·연대도·욕지도 등에서는 이른 민무늬토기나 덧무늬토기 등이 나오며, 이들은 빗살무늬토기보다 더 이른 시기에 만들어져 쓰였던 것으로 나타난다. 이들이 우리나라에서 나오는 가장 이른 시기의 토기들이다. 이 토기를 만들어 쓴 사람들은 농사를 짓기보다는 주로 바닷가나, 강물과 바닷물이 합쳐지는 어귀에서 연어와 같은 회귀성이 강한 물고기를 중심으로 하여 어로와 관계된 생업을 영위해 나간 것으로 보인다. 빗살무늬토기의 시기가 되면 유적은 전국 각지에 걸쳐 널리 분포하게 된다. 대표적인 유적은 평남 온천 궁산리, 평양시 남경(기원전 1034년, 기원전 992년), 황해도 봉산 지탑

토기의 시기가 되면 유적은 전국 각지에 걸쳐 널리 분포하게 된다. 대표적인 유적은 평남 온천 궁산리, 평양 남경, 황해도 봉산 지탑리, 서울 암사동과 하남시 미사동, 부산 동삼동, 김해 수가리, 강원도 양양 오산리 등이며 모두 강가나 바닷가에 자리잡고 있다. 빗살무늬토기는 도토리나 달걀모양의 뾰족밑 또는 둥근밑모양을 하고 있으며 크기도 다양하다. 빗살무늬토기의 사용은 농사를 지어 식량을 생산하고 저장하게 되었음을 보여주는 것이다. 신석기시대부터 농경생활이 시작되었다. 봉산 지탑리와 평양의 남경유적에서는 탄화된 좁쌀이 발견되어 잡곡류가 이미 신석기시대에 경작되었음을 알 수 있다. 이 시기에 이용된 주요 농기구로는 돌(뿔)괭이, 돌삽, 돌보습, 돌낫, 반달칼, 갈돌 등이 있다. 그리고 현재 자료로 남아 있지 않으나 주변 중국이나 일본의 경우를 보면 우리나라에서도 나무로 만든 농경구가 사용되었을 가능성도 있다. 비록 화전민식 농경(slash and burn cultivation, bush-fallow cultivation)이나 집 근처 '텃밭'에서 행한 간단한 농경이겠지만, 농경기술이 점차 발달하게 되면서 짐승사냥과 물고기잡이가 경제생활에서 차지하는 비중은 줄어들었을 것으로 짐작이 된다. 그래도 사냥은 전통적으로 여전히 식량의 큰 몫을 차지하였다. 사냥은 주로 활이나 창을 이용하여 사슴류와 멧돼지 등을 잡았고, 물고기잡이에는 여러 가지 크기의 그물과 작살, 돌이나 뼈로 만든 낚시 등을 이용하였다. 통나무배를 타고 바다에 나가서 깊은 바다에 사는 물고기나 바다짐승을 잡기도 하였다. 또 굴, 홍합 등 많은 조개류를 먹었는데 신석기인들이 식용한 조개류는 40-50여 종에 달한다. 때로는 깊은 곳에 사는 조개류를 따서 장식으로도 이용하였다. 농경도구나 토기의 제작 이외에 원시적 수공업 생산도 이루어졌

리, 서울 암사동과 하남시 미사동, 부산 동삼동, 김해 수가리, 강원도 양양 오산리 등이며, 모두 강가나 바닷가에 자리 잡고 있다. 빗살무늬토기는 도토리나 달걀모양의 뾰족밑 또는 둥근밑모양을 하고 있으며 크기도 다양하다.

다. 가락바퀴나 뼈바늘이 출토되는 것으로 보아 의복이나 그물을 만들어 썼음을 알 수 있다.

3) 신석기시대의 집자리

일반적으로 구석기시대 사람들이 동굴이나 내륙의 강가 및 바닷가의 단구와 낮은 구릉위에서 주로 살았다면 신석기시대에 들어와서는 강가나 바닷가로 나와 움집을 짓고 살았다고 볼 수 있다. 한편 웅기 굴포리 서포항에서처럼 때로는 굳어진 조개더미를 다져서 그 안에다 집을 짓는 경우도 나타나게 되었다. 그러나 대개는 둥근 모양으로 깊이 1−0.5m 정도의 움을 파고 바닥을 다진 후 벽체와 지붕을 올려 집을 지었던 것으로 보인다. 집의 크기는 직경 5m짜리가 보편적이며 한 집에서 대개 5사람 정도가 살 수 있었을 것으로 여겨진다. 서포항이나 암사동, 그밖에 여러 대규모 취락지들을 보면 한 유적에서 10여 기 이상씩 발견되나 이들도 전체를 다 나타낸 것은 아니다. 한편 신석기시대에도 여전히 동굴생활을 한 사람들이 있는데 그들의 자취는 예상보다 많은 편이다. 발굴된 유적만 하더라도 평북 의주 미송리, 평양 용곡 동굴, 춘천 교동, 단양 금굴, 단양 상시, 춘천교동, 부산 금곡동 율리 등이 있다. 인공 동굴인 교동의 예만 빼면 이들은 대개 석회암동굴이 발달한 평양지역이나 충북 쪽에 위치하고 있어 환경에 적응한 신석기시대 사람들의 삶을 그려볼 수 있다. 신석기시대라 하더라도 동굴생활을 하던 사람들의 살림살이는 사냥·채집에 의존했을 것으로 보인다.

4) 신석기시대의 농경문제

우리나라 신석기시대의 생활상을 이해하는데 농경은 가장 중요한 문제가 될 것이다. 지금까지 나타난 자료들을 종합해 볼 때 우리나라 신석기시대의 농사짓기는 평안남도 궁산, 봉산 지탑리와 서울 암사동 등 서해안의 대동강−한강유역을 중심으로 신석기 전기 늦은 무렵(기원전 4000년 무렵)부터 이루어졌을 것으로 보인다. 이곳은 이른바 빗살무늬토기의 원래 분포지역이며 이곳에서는 그 저평한 지형과, 좁쌀 등의 실물자료, 그리고 농사짓기에 관계되는 온갖 도구들이 출토되고 있는 것이다. 그리고 신석기 중기 이후에는 전국적으로 농사짓기가 보급되어 갔을 것으로 보인다. 신석기시대부터 농사를 지었다고 하더라도, 유적에서 출토되는 다양한 생업도구들로 보면 농사짓기에 사냥, 채집과 어로 등의 폭 넓은 경제행위(broad spectrum에서 seasonality와 scheduling이 바탕이 되는 narrow spectrum으로 바뀜)가 더해진 것으로 이해해야 할 것이다. 다시 말해 농경의 시작과 더불어 가축의 사육과 함께 밀, 보리, 옥수수 등 폭이 좁은 경제행위(narrow spectrum)으로 바뀌어간다. 이는 수렵과 채집인들이 계절성(seasonality)과 계획성(scheduling)의 경제행위에 의해 더욱 더 박차를 가하게 된다. 즉 어느 것에 더 비중을 두었는가는 주변 환경이나 계절에 따라 제공해 줄 수 있는 자원이 달라지므로 그에 따라 달랐을 것이다. 한편 농사는 많은 투자를 하고도 소출을 얻으려면 오래 기다려야 하며 위험부담율이 큰 점에서 사냥·채집보다 반드시 유리했다고는 할 수 없음에도 불구하고 왜 등장하게 되었는지에 대한 많은 논쟁이 있었다. 최근에는 그 원인을 후기 구석기 이후의 인구 증가로 인해 생겨난 인구압(demographic stress)에서 찾고 있다. 즉, 가용자원의 한계를 넘어서는 인구 증가 때문에 사람들이 효율 높은 경제행위를 추구하였고, 그 결과 농사가 발명되었다는 것이다. 우리나라 신석기시대의 농사짓기에 대한 연구도 이러한 관점을 고려해서 이루어져야 그 실체에 다가갈 것으로 보인다.

5) 신석기시대의 사회 구성

신석기시대에는 부족사회를 이루었는데 부족은 씨족을 기본 구성단위로 하며 씨족은 혈연을 바탕으로 하고 있다. 씨족은 각각 폐쇄적인 독립사회를 이

루고 있었으며, 점차 다른 씨족과의 족외혼을 통하여 부족을 이루었다. 부족
사회는 평등사회라고는 하나 집단 내에서의 출생에 따른 지위 같은 것이 있어
서 서열사회(ranked society)라고도 한다. 신석기시대 부족의 규모가 얼마나
되었는가 하는 것은 시기나 환경에 따라, 그리고 생업의 종류에 따라 편차가
무척 클 것으로 보인다. 고고학적인 방법으로는 대규모 취락지를 발굴하여 살
았던 사람 수를 추정하는 것이며 그밖에 민족지학, 인류학적 방법을 동원하여
추정하는데, 부족의 규모를 300~1000명 정도로 대규모로 보는 경우부터 30~
40명 정도로 아주 작게 보는 경우도 있다. 우리나라에서는 아직 대규모의 큰
부족사회는 없었던 듯하다. 물고기잡이를 주로 하는 도서지방의 경우라면 30~
40명 정도의 인구규모였을 것으로 예상된다.

6) 신석기시대의 신앙형태

신석기시대 사람들의 종교의식은 그들의 실제 생활과 밀착되어 있으며 또
예술품과도 관련되어 있겠는데, 그 가운데 부적과 같은 호신부, 치레걸이 등
에는 여성을 상징한 것, 사람 얼굴(혹은 가면), 뱀, 망아지 등을 표현한 것들이
있다. 여성을 나타낸 것은 풍요와 다산에 대한 기원으로 보여지며 그밖에 주
술적 신앙, 무속신앙적인 요소를 찾아 볼 수 있을 것이다. 이러한 신앙형태는
애니미즘(정령숭배신앙), 샤머니즘(무속신앙), 토테미즘(토템숭배신앙) 등으로 나
타나게 되었다. 그러나 우리나라의 신석기시대에 이러한 애니미즘이나 샤머
니즘을 증명할 만한 물질적 자료가 충분치 않아 위의 신앙체계의 존재여부는
아직 많은 반론에 부딪치고 있다.

그리고 이들은 빗살문토기를 공통분모를 지닌 문화가 凡北方文化圈에 속
한다. 그리고 한강유역의 첨저토기와 함경도의 평저토기도 원래는 한 뿌리로
알타이지역을 포함하는 바이칼 호 주변이 그 기원지가 될 가능성이 많다고 한
다. 그러나 최근 들어 이들보다 앞서는 시기의 토기들이 발견되는 예가 늘어

나고 있는데 이들은 무늬가 없거나 토기 몸체에 덧살을 덧붙인 것으로 각각 이른 민무늬토기 혹은 덧무늬토기로 불린다. 함북 웅기 서포항, 강원도 양양 오산리, 부산 동삼동 조개더미 등에서는 이른 민무늬토기나, 덧무늬토기 등이 나오고 있다. 최근에는 이 융기문토기보다 앞선 이른 시기의 토기가 발견되고 있어서 더욱 주목된다. 고산리유적에서 발견된 토기들은 동북아시아에서 발견되고 있는 원시토기들과 많은 유사성을 가지고 있다. 이러한 구석기시대의 문화적 성격을 가지고 있으면서 토기를 동반하는 유적들이 앞으로 계속 발견된다면 신석기시대의 개시기가 지금보다 상당히 앞설 것으로 보인다. 신석기인이 사용한 대표적인 토기는 빗살무늬토기인데 이것은 그릇 아래가 달걀처럼 뾰족하거나 둥근 모양을 하고 있으며, 크기도 매우 다양하다. 이 토기가 나온 유적은 주로 강가나 바닷가로 전국에서 매우 많이 발견되고 있다. 우리나라 신석기시대의 대표적인 토기는 빗살무늬토기이다. 이들 토기는 제주도 한경 고산리, 강원도 고성 문암리와 양양 오산리, 함북 웅기 서포항, 부산 동삼동 조개더미 등에서 발견되었다.[12] 신석기시대에는 이전보다 수공업이 발달하여 가락바퀴 등으로 실을 뽑아 뼈바늘을 이용하여 옷이나 그물을 만들어 사용하였다. 또 땅을 파고 그 위에 지붕을 세우고 바닥 가운데 화덕을 둔 움집을 지어 살았는데 이전보다 규모가 컸을 뿐만 아니라 난방에도 효과적이었다.

지금까지 벼농사에 대해서는 주로 중국으로부터의 전파경로에 치중하여 연구되어 왔는데, 이는 반달칼이나 홈자귀(有溝石斧)의 분포를 보아서 또는 해

---

12) 우리나라 신석기시대 기원은 종래 생각했던 것보다 적어도 2000년 이상 올라가는 기원전 8000년경으로 보고 있다. 이의 대표적인 유적이 제주도 한경면 고산리에서 발견되었다. 그곳에서 세석기(細石器)와 함께 덧무늬(隆起文)토기가 나오는데 이와 유사한 유적으로 오시포프카 문화에 속하는 러시아 아무르 강 가샤 지구 사카치 알리안 유적과 일본 나가사끼(長崎)縣 후꾸이(福井) 동굴유적 등이 있으며 이들의 연대는 지금으로부터 11,000년-12,000년 전이다.

류나 계절풍의 진행경로 등으로 유추한 것이다. 그러나 최근에 오면서 평양시 남경 36호 집자리와 여주 흔암리 12호 집자리 등에서 탄화미가 출토되며, 무안 가흥리에서는 벼꽃의 꽃가루가 나와 대략 기원전 1500년–기원전 1000년경 공렬문토기가 나오는 청동기시대 중기에는 우리나라 거의 전역에서 벼농사가 보급되었음을 알게 되어 이들은 청동기시대의 인구증가와 집약농경의 발전과도 무관하지 않을 것으로 추측된다. 이의 증거로 최근 울산 무거동 옥현, 충남 논산시 연무읍 마전리, 진주 대평면 대평리 옥방 2·3·4지구에서 청동기시대의 경작지들이 속속 조사·보고되고 있다. 최근에는 벼의 형태에 따라 다양한 전파경로를 추정하고 있다. 현재 벼농사의 전래는 浙江省 余姚県 河姆渡유적(기원전 5000년–기원전 3300년경에 속하며, 早期와 晩期의 두 시기로 나누어진다)이 중심이 되는 양자강 중류로부터 서해를 경유하거나 화북·만주를 거쳐 우리나라로 들어온 것으로 파악하고 있다. 앞으로 벼 자체의 특성과 성장조건 등에 대한 연구를 비롯하여 '벼' 중심의 고정관념에서 벗어나 여러 곡물과 그들의 특성 등을 고루 참고해서 우리나라의 곡물 생산에 대한 이해를 넓혀가야 할 것이다.

농경기술이 발달하면서 사냥과 물고기잡이가 경제생활에서 차지하는 비중은 줄어들었지만, 여전히 식량의 큰 몫을 차지하였다. 사냥은 주로 활이나 창을 이용하여 사슴류와 멧돼지 등을 잡았고, 물고기잡이에는 여러 가지 크기의 그물과 작살, 돌이나 뼈로 만든 낚시 등을 이용하였다. 또 굴, 홍합 등 많은 조개류를 먹었는데, 때로는 깊은 곳에 사는 조개류를 따서 장식으로도 이용하였다. 농경도구나 토기의 제작 이외에 원시적인 수공업 생산도 이루어졌다. 가락바퀴나 뼈바늘이 출토되는 것으로 보아 의복이나 그물을 만들어 썼음을 알 수 있다. 도구의 발달과 농경의 시작으로 주거생활도 개선되어 갔다. 집자리는 대개 움집인데, 바닥은 원형이나 모가 둥근 방형이며, 중앙에 불씨보관용, 취사와 난방을 위한 화덕이 위치하고 있다. 햇빛을 많이 받는 남쪽으로 출입문을 내었으며, 화덕이나 출입문 옆에는 저장구덩을 만들어 식량이나 도구를 저장하였다. 그 규모는 4명-5명 정도가 살기에 적당한 크기였다.

신석기시대에는 部族사회를 이루고 있었다. 부족은 혈연을 바탕으로 한 씨족을 기본 구성단위로 하였다. 이들 씨족은 점차 다른 씨족과의 족외혼을 통하여 부족을 이루었다. 그러나 부족사회도 앞선 구석기시대의 무리(군집)사회와 같이 아직 지배, 피지배의 관계가 발생하지 않은 연장자나 경험이 많은 자가 자기 부족을 이끌어 나가는 평등사회였다. 신석기인은 움집을 짓고 같은 씨족끼리 모여 살면서 마을을 형성하고, 나아가 여러 개의 씨족이 모여 부족을 이루고 살았다. 이 사회는 평등사회로 나이와 경험이 많은 어른(우두머리)이 부족의 중요한 일을 맡아 운영해나갔다. 농경과 정착생활을 하게 되면서 인간은 자연의 섭리를 생각하게 되었다. 그리하여 농사에 큰 영향을 끼치는 자연현상이나 자연물에도 정령이 있다고 믿는 애니미즘이 생겨나게 되었다. 豊饒와 多産이 그 중심에 자리잡고 있다 하겠다. 그중에서도 태양과 물에 대한 숭배가 으뜸이 되었다. 또 사람이 죽어도 영혼은 없어지지 않는다고 생각하여 영혼숭배와 조상숭배가 나타났고, 인간과 영혼 또는 하늘을 연결시켜주는 존재인 무당과 그 주술을 믿는 샤머니즘도 있었다. 그리고 자기 부족의 기원을 특정 동식물과 연결시켜 그것을 숭배하는 토테미즘도 있었다. 이 시대의 예술품으로는 주로 흙으로 빚어 구운 얼굴 모습이나 동물의 모양을 새긴 조각품, 조개껍데기 가면, 조가비로 만든 치레걸이, 짐승의 뼈나 이빨로 만든 장신구 등이 있었다. 신석기시대 문화는 농경과 목축의 시작, 간석기와 토기의 사용, 정착생활과 촌락공동체의 형성 등을 특징으로 하였다. 특히, 구석기시대 사람들이 식량채집생활을 영위한 것과는 달리, 신석기시대 사람들은 농경과 목축을 시작하여 식량생산의 경제활동을 전개함으로써 인류의 생활양식은 크게 변하였다. 이를 신석기혁명이라고도 한다. 이러한 획기적인 변화는 중동지방의 '비옥한 초승달지대', 터키의 아나토리아 고원, 동부 지중해 연안의 레반트 지역, 중국과 동남 아시아 등지에서 기원전 8000년경에 시작된 것으로 추정되며, 이후 신석기시대 농경문화는 세계 각 지역으로 확산되었다.

어느 나라의 역사에 있어서나, 모든 종족은 인근의 종족과 교류를 하면서 문화를 발전시키고 민족을 형성해왔다. 동아시아에서는 선사시대에 여러 민족이 문화의 꽃을 피웠는데, 그중에서도 우리 민족은 독특한 문화를 이루고 있었다. 인종상으로는 황인종(몽고로이드) 중 신아시아인 중 예맥 퉁구스에 속하고, 언어학상으로는 알타이어계에 속하는 우리 민족은, 오래 전부터 하나의 민족단위를 형성하고, 농경생활을 바탕으로 하여 독자적인 문화를 이룩하였다. 우리 조상들은 대체로 만주(랴오닝성과 지린성)와 한반도를 중심으로 한 동북아시아에 넓게 분포되어 있었다. 우리나라에 사람이 살기 시작한 것은 구석기시대부터이며, 신석기시대에서 청동기시대를 거치는 과정에서 민족의 기틀이 이루어지게 되었다.

9. 문명의 발생과 국가의 성립

기원전 3000년경을 전후하여 현 이라크 영토인 메소포타미아의 티그리스와 유프라테스 강, 이집트의 나일 강, 인도(현 파키스탄령)의 인더스 강, 중국의 황허 유역에서 문명이 탄생하였다. 이들 큰 강 유역에서는 관개농업과 같은 농경의 발달과 더불어 청동기의 사용, 도시의 출현, 문자의 사용과 국가의 형성 등의 발전이 급속히 이룩되었다. 이들이 청동기시대에 일어났다. 이로써 인류는 선사시대를 지나 역사시대로 접어들게 되었다. 직립보행(bipedal locomotion)을 하고 양팔(brachiation)을 쓰는 인류가 지구상에 처음 나타난 사건 이후 농업의 발생(식량생산), 도시의 발생(urbanism)과 아울러 산업혁명(1760년경 시작)이 가장 큰 사건으로 꼽히고 있다. 그중 도시의 발생 또는 도시혁명(urban revolution)은 국가와 문명과 같이 청동기시대에 나타난다. 도시, 국가 그리고 문명의 발생은 계란과 닭의 관계처럼 그 순서를 밝히기가 매우 어렵고 복잡하다. 도시와 국가는 문명발생의 부산물로 보는 학자도 있을 정도로 문명의 발생은 매우 중요하다. 그래서 1960년대 이래 미국과 유럽에서 고고학연구의 주제로, "농업의 기원"과 마찬가지로 "문명의 발생"이 커다란 주류를 형성해 왔다. 최근에는 생태학적인 연구에 힘입어 그들의 발생은 독립적인 것보다 오히려 상호 보완적인 점에서 찾는 쪽으로 나아가고 있다. 고고학의 연구목적은 의·식·주를 포함하는 생활양식의 복원, 문화과정과 문화사의 복원에 있다.

문명의 정의는 미국 하버드 대학의 故 張光直(Chang Kwang-Chih, 1931-2001) 교수의 이야기대로 "기념물이나 종교적 예술과 같은 고고학적 자료 즉 물질문화에서 특징적으로 대표되는 양식(style)이며 하나의 질(quality)"이라고 할 수 있다. 그는 또 中國文化의 예를 들어 중국문화의 특성 가운데 하나로 설정된 "政治的 側面에서의 理解"만이 중국을 이해하는 첩경이며, 古代 中國에 있어서 藝術·神話·儀式 등은 모두 정치적 권위에 이르는 과정으로 이야기할 수 있다고까지 언급하기도 한다. 다시 말하여 문화는 인간이 환경에 적응해서 나타난 결과인 모든 생활양식의 표현이며, 衣·食·住로 대표된다. 생태학적으로 문화란 인간이 환경에 적응해 살아남자고 하는 전략이라고도 할 수 있다. 이와 같이 어떤 민족이나 종족에게서 볼 수 있는 보편적인 것이 문화이다.

이들도 時·空을 달리해도 衣·食·住를 중심으로 하는 문화를 가지고 있었다. 이와는 달리, 문명이란 이러한 보편적인 문화가 질적, 양적으로 발전하여 도시나 문자에 기반을 둔 인간문화의 발전단계로 이해된다. 따라서 문명의 정의에는 도시와 문자가 필수적으로 언급되어야 한다. 여기서 도시란 "한 지역에 5,000명 이상의 인구가 긴밀한 문화체계 안에서 유기적인 연관을 갖고, 또 그들 사이에 있어 노동의 분화, 복잡한 계급제도와 사회계층의 분화, 중앙집권화된 정부구조, 기념비적인 건물의 존재, 그리고 문자가 없는 경우 부호화된 상징체계나 당시 풍미했던 미술양식과 지역 간의 교역의 존재"를 통해 찾아질 수 있다. 그리고 국가란 지리학에서 '국민, 영토와 주권'을 국가의 기본으로 삼는다. 그러나 인류학의 엘만 서비스(Elman Service)의 모델인 統合論(In-tegration theory)에서는 인류사회는 경제나 기술이 아닌 조직이나 구조에 기반을 두어 군집사회(band)-부족사회(tribe)-족장사회(chiefdom)-고대국가(ancient state)로 구분하고 있다. 그리고 기본자원에 대한 불평등한 접근에서 일어나는 갈등에 기반을 둔 Morton Fried의 갈등론(Conflict theory)의 도식인 평등사회(egalitarian society)-서열사회(ranked society)-계층사회(strat-ified society)-국가(state)라는 발전단계도 만들어진다. 서비스는 국가단계에 앞선 족장사회를 잉여생산에 기반을 둔 어느 정도 전문화된 세습지위들로 조직된 위계사회이며 재분배체계를 경제의 근간으로 한다고 규정한 바 있다. 족장사회에서는 부족사회 이래 계승된 전통적이며 정기적인 의식행위(calendric ritual, ritual ceremony, ritualism)가 중요한 역할을 하는데, 의식(ritualism)과 상징(symbolism)은 최근 후기/탈과정주의고고학(post-processual)의 주요 주제이기도 하다. 국가단계사회에 이르면, 이는 권력(power)과 경제(economy)와 함께 종교형태를 띤 이념(ideology)으로 발전한다. Jonathan Haas나 Timothy Earle과 같은 절충론(eclecticism)자들은 "무력을 합법적으로 사용하고 통치권을 행사할 수 있는 지배체제의 존재 힘/무력(power)·경제(economy)와 이념(ideology, 또는 religion)을 바탕으로 한 중앙집권화되고 전문화된 정부제도", 또는 "경제·이념·무력의 중앙화, 그리고 새로운 영역(new territorial bounds)과 정부의 공식적인 제도로 특징지어지는 정치진화발전상 뚜렷한 단계"가 있는 것으로 정의한다. 크라이드 크락크혼(Clyde Kluckhohn)은 약 5,000명 이상 주민, 문자와 기념비적인 종교중심지 중 두 가지만 있어도 도시(city, urban)라 정의할 수 있다고 한다. 그리고 이를 유지해 나가기 위해 사회신분의 계층화를 비롯해 조세와 징병제도, 법률의 제정과 아울러 혈연을 기반으로 하지 않는 왕의 존재와 왕권, 그의 집무소, 공공건물 등이 상징적으로 부가된다. 따라서 도시, 국가와 문명은 상호유기체적이고 보완적인 것으로, 이것들을 따로 떼어내서 독립적으로 연구할 수 없는 불가분의 것이다.

큰 강 유역에서 관개농업에 의존하여 발생하였다 하여 칼 빗트포겔(Karl Wittfogel)에 의해 불려진 "관개문명"(Hydraulic theory/civilization) 또는 "4대 하천문명"을 포함한 일차적인 고대문명(primary civilization)은 7개나 된다. 이들은 시간과 공간에 관계없이 전 세계적으로 발생하였는데, 수메르(기원전 3000년-기원전 2370년 아카드의 사르곤 왕의 통치 이후 기원전 1720년까지 우르 3왕조가 존속), 이집트(기원전 3000년경-기원전 30년, 기원전 2993년 상·하이집트가 통일되었다는 설도 있음), 인더스(기원전 2500년-기원전 1800년), 상(기원전 1750년-기원전 1100년 또는 기원전 1046년), 마야(고전기: 서기 300년-700년), 아즈텍(후기 고전기: 서기 1325년-1521년)과 잉카(후기 고전기: 서기 1438년-1532년)가 바로 그들이다.

이러한 문명이란 사전적인 용어의 해석대로 인류역사상 문화발전의 한 단계이며 엄밀한 의미에서 도시와 문자의 사용을 필요·충분조건으로 삼고, 여기에 고고학상의 특징적인 문화인 공공건물(기념물), 시장, 장거리무역, 전쟁, 인구증가와 기술의 발전같은 것에 근거를 두게 된다. 이들 상호작용에 의한 승수효과(multiplier effect)가 都市, 文明과 國家를 형성하게 된다. 이들의 연구는 歐美학계에서 1960년대 이후 신고고학(New Archaeology)에서 Leslie White와 Julian Steward의 新進化論(neo-evolutionary approach; a systems view of culture)과 체계이론(system theory)을 받아들임으로써 더욱 더 발전하게 된다. 이들 연구의 주제는 農耕의 起源과 文明의 發生으로 대표된다. 이들의 관점은 生態學的인 接近에서 나타난 自然全體觀(holistic view)으로 物理的環境(physical environment), 生物相(biota; fauna, flora)과 文化(culture)와의 相互 적응하는 생태체계(ecosystem)로 이루어진다. 즉 文化는 환경에 적응해 나타난 結果이다. 보편적인 문화에서 量的·質的으로 變化하는 다음 段階, 즉 都市와 文字가 나타나면 文明인 것이다. 여기에 武力을 合法的으로 使用하고 中央集權體制가 갖추어져 있거나, 힘/武力(power), 경제(economy)와 이념(ideology)이 함께 나타나면 國家段階의 出現을 이야기한다. 따라서 都市, 文明과 國家는 거의 동시에 나타난다고 본다.

문명이란 의·식·주와 같은 보편적인 인류의 생활문화가 한 단계 더 발전하여 만들어진 물질문화를 말한다. 문명은 이전보다 더 복잡한 사회구조와 더 다양한 인간활동을 통해 생겨났다. 청동기와 문자의 사용, 도시의 형성을 통해 문명은 더욱 발달하였다. 청동기의 제작[13]은 석기를 비롯한 다른 도구의 발달을 가져와 농업생산량이 크게 증가하였다. 식량이 풍부해지자 인구도 증가하여 공동체의 규모는 이전보다 더욱 커져갔다. 전쟁무기도 다양해지면서 다른 부족을 정복하여 사회는 이전보다 더 커지고 또한 복잡한 구조를 형성하였다. 이 사회는 농민을 비롯하여 상인, 장인 등이 주된 구성원이었는데, 이들 중에 일부가 가난하여 빚을 지고 갚지 못하면 노예가 되기도 하였다. 전쟁에서 잡혀온 포로들 또한 주로 노예가 되었다. 힘이 센 사람이 정치적 권력을 차지하였고, 제사를 맡은 성직자들 또한 지배층이 되었다. 그리하여 이전 사회의 평등한 관계가 무너지면서 계급사회가 발생하였다. 지배자들은 복잡해진 사회 속에서 다양한 계급의 사람들을 다스리기 위해서 법과 제도를 만들었다. 그리고 이 법을 알리고 집행하기 위해서 문자를 만들어 사용하기 시작하였다. 그리하여 도시가 등장하였고, 이 도시와 문자를 중심으로 문명이 형성되었다. 세계 4대 문명[14]은 모두 큰 강 유역에서 발달하였다. 이곳은 토지가 비옥하고

---

13) 구리에 아연, 주석이나 비소를 가해 청동기를 제작하는 복잡한 야금기술(유리 1712℃, 철 1525/1537℃, 구리 1083℃, 금 1063℃, 은 960℃, 주석 232℃, 납 327℃, 청동은 950℃에서 용융됨)이 발전하였다.

14) 세계 4대 문명을 포함한 일차적인 고대 문명은 7개나 된다. 이들은 시간과 공간에 관계없이 전 세계적으로 발생하였는데, 수메르(기원전 3000년-기원전 2370년, 아카드의 사르곤 왕의 통치 이후 기원전 1720년까지 우르 3왕조가 존속), 이집트(기원전 3000년경-기원전

농사에 필요한 물을 얻기 쉬웠을 뿐만 아니라 강을 교통로로 이용할 수 있어 다른 지역과의 교류가 쉬웠기 때문에 많은 사람들이 모여 살기에 알맞은 곳이 었다. 이곳의 많은 사람들은 강의 범람이나 가뭄에 대비하여 제방을 쌓거나 수 로를 내는 일에 필요한 노동력을 제공하였으며, 이들을 효율적으로 조직하고 부리기 위해 사회조직과 제도가 만들어지면서 초기형태의 국가가 탄생하였다. 문명의 발생과 함께 형성된 도시 또는 국가에서는 이념적, 종교적인 것도 중 요한 역할을 담당하였다. 문명이 발생한 곳마다 지역의 특성에 따라 다양한 종 교가 성립하였으며, 이들 종교는 정치권력자의 이념적 토대를 제공하여 통치 에 도움을 주었다.

1) 메소포타미아 문명

페르시아 만에서 유프라테스 강과 티그리스 강을 따라 북서쪽으로 길게 뻗 은 지역을 메소포타미아라고 하는데, 이것은 '두 강 사이의 땅'이라는 뜻이다. 이곳과 그 왼쪽의 지중해 연안지역을 합쳐서 '비옥한 초승달지대'라고 하며, 이곳이 바로 세계 최초의 문명이 발생한 지역이다. 이 지역은 토지가 비옥하 고, 물이 풍부하여 농사짓기에 알맞은 조건을 갖추고 있었다. 하지만 두 강이 불규칙하게 범람하였기 때문에 일찍부터 수로를 만들고 제방을 쌓아 물을 관 리하였다. 따라서 농업 생산량도 크게 증가하였으며, 식량이 풍부해지자 인구 또한 증가하였다. 한편 이 지역에서 부족한 청동기의 재료를 얻기 위하여 물 길을 따라 주변 파키스탄·아프가니스탄·인더스 지역과 활발하게 교역을 함으

30년, 기원전 2993년 상·하이집트가 통일되었다는 설도 있음), 인더스(기원전 2500년-기원전 1800년), 상(기원전 1750년-기원전 1100년 또는 기원전 1046년), 마야(고전기: 서기 300년- 700년), 아즈텍(후기 고전기: 서기 1325년-1521년 8월 13일)과 잉카(후기 고전기: 서기 1438 년-1532년 11월 16일)가 바로 그들이다. 기원전 3100년에서 서기 1325년까지 약 4500 년간의 시간적인 차이와 근동지방에서 신대륙에 이르기까지의 공간적인 차이가 있다.

로써 상업 또한 발달하였다. 그 결과 여러 곳에 도시가 형성되었으며, 도시를 다스리는 지배자와 각 도시의 신을 섬기는 제사장, 전쟁을 담당하는 군인 등 다양한 계급의 사람들이 생겨나게 되었다. 메소포타미아 지역에서는 많은 민족이 나라를 세웠다가 사라져갔다. 수메르인은 이 지역에서 문명을 일으킨 최초의 사람들이었다. 이들은 기원전 약 3000년경에 도시를 세우고 농경을 중심으로 한 문명을 일구었다. 수메르인은 그 지역에서 쉽게 구할 수 있는 진흙으로 벽돌을 구워 궁전과 성벽을 쌓았으며, 지구라트라는 신전도 만들었다. 이들은 문자 또한 진흙판에 쐐기모양으로 새겨 사용하였다.[15] 또 이들은 달의 움직임을 중심으로 한 태음력을 만들고, 60진법을 사용하는 등 천문학과 수학을 발달시켰다. 수메르인의 뒤를 이어 메소포타미아 지역을 지배한 사람들은 아카드인이었으나 오래가지 못하였으며 이후에 등장한 나라가 바빌로니아 왕국이었다. 바빌로니아 왕국은 기원전 1800년경에 크게 번영하였는데 함무라비

---

15) 설형문자의 해독은, 이란 케르만샤-하마단 길 옆 베히스툰 또는 비소툰(Bisotun) 바위에 아케메니드 왕조의 3대왕인 다리우스대제(기원전 521년-기원전 486년)에 의해 기원전 516년 설형문자, 옛페르시아어, 엘라마이트어와 바빌로니아어로 부조의 형태로 새긴 비가, 로린손(Rawlison, Lt. col. Henry Creswicke에 의해 1835년-1847년 조사)에 의해 판독됨으로 가능해졌다. 이로써 메소포타미아 전역에서 발견되는 설형문자를 통해 그 연구의 실마리가 이루어지게 되었다. 그리고 그리스의 역사가 Herodotus에 의하면 다리우스 1세(기원전 522년-기원전 486년 재위)의 운하(Darius I's Canal)는 앞선 이집트 26왕조의 파라오인 Necho II세(Nekau, 기원전 610년-기원전 595년)의 계획을 완공시킨 것으로 당시 Greater Bitter Lake 호수 남쪽 이집트의 Shaluf(Chalouf) 마을 외곽의 Heroopolite Gulf와 홍해 사이에 나있던 실개천과 같은 물길을 확장해 당시 3단 櫓의 갤리선(galley)과 같은 노 젓는 두 척의 배인 트라이림(trireme)이 다닐 수 있을 정도의 폭을 가지고 한 번 횡단하는데 4일이 소요되었다고 한다. 다리우스 왕은 운하의 완공을 기념해 Kabret와 수에즈 북쪽 수마일 떨어진 곳에 비를 세웠다. 살루프 비석(Shaluf stele)이라고 알려진 비는 서기 1866년 Charles de Lesseps에 의해 발견되었으며 비문은 페르시아 고어, 메디아, 앗시리아와 이집트어로 쓰여졌음이 밝혀져 비소툰비와 더불어 페르시아를 연구하는데 중요하다.

왕 때 메소포타미아 지역을 통일하였다. 함무라비 왕은 중앙집권적인 통치를 하였으며, 이전의 법전을 정리하여 함무라비법전을 만들었다. 이 법전은 보복법의 성격을 지니고 있어, 오랫동안 이 지역의 법률에 영향을 주었다.

2) 이집트 문명

그리스의 역사가 헤로도토스는 '이집트는 나일 강의 선물'이라고 하였다. 에티오피아 고원에서 시작된 몇 개의 물줄기가 모여 남쪽에서 북쪽으로 흐르는 나일 강(블루나일 강, Blue Nile)은 하류지역에 넓은 퇴적지를 이루고 지중해로 흘러 들어간다. 해마다 규칙적으로 범람하는 나일 강은 강 주변의 땅을 충분히 적시고 풍부한 퇴적물을 쌓아 놓았다. 더불어 온화한 기후는 농사를 지으며 살기에 적합한 조건이 되었다. 또 나일 강이 도시를 연결하고 물자를 교역하는 중요한 기능을 하면서 이 강을 따라 마을이 생겨나고 도시가 형성되었다. 나일 강 서쪽의 사막지대와 나일 강 남쪽의 여러 폭포들, 그리고 동쪽 사막과 산맥은 자연적인 방어막을 형성하여 이집트는 외부의 침입으로부터 3000년이라는 비교적 오랫동안 통일된 왕국을 유지할 수 있었다. 한편 지중해연안의 평탄한 북동쪽을 이용하여 메소포타미아 문명 지역과 교류할 수 있었다. 이집트인들은 여러 신을 믿었지만 그중에서 태양을 가장 중요하게 여겨 최고의 신으로 섬겼으며, 왕인 파라오를 태양신의 아들로 여겼다. 따라서 파라오는 정치와 종교를 주관하는 강력한 권력을 가지고 있었다. 또 사후세계가 있어 사람이 죽어도 영혼은 사라지지 않는다고 믿었으며, 따라서 사람이 죽으면 미라로 만들어 보존하였다. 그리고 돌을 이용하여 미라를 안치하기 위한 피라미드와 이 피라미드를 보호하기 위한 스핑크스와 같은 커다란 건축물을 쌓기도 하였다. 이집트인들은 정기적인 나일 강의 범람시기를 알기 위하여 태양력을 만들어 사용하였는데, 이것은 태양의 움직임에 따라 날짜를 계산하여 1년을 365일로 하였다. 또 나일 강이 범람하고 난 후의 토지를 측량하기 위하여 측량술과 기하학이 발달하였다. 이집트인들은 그림문자를 사용하였는데 이것을 파피루스로 만든 종이에 기록하였다.

3) 인더스 문명

티벳 고원 서쪽에서 시작한 인더스 강은 히말라야 산맥과 펀자브 지방을 지나 아라비아 해로 흘러들면서 농경에 적합한 비옥한 토지를 만들었다. 기원전 2500년경 이곳에서 매우 발달한 도시문명이 생겨났는데, 하라파·모헨조다로와 최근 잘 알려진 돌라비라의 유적을 통해서 잘 알 수 있다. 이 문명을 일으킨 민족은 드라비다인인데 진흙으로 벽돌을 구워 성을 쌓고 그 안에는 구역을 잘 나누어 도로를 포장하고 건물을 지었다. 그리고 생활에 필요한 하수도와 곡식 창고 및 종교의식을 위한 공동목욕탕 등의 시설을 갖추었다. 또한 우수한 청동기를 만들어 사용하였고, 그림문자를 사용하였으며, 바닷길을 통해 메소포타미아 지역과 무역을 하였다. 그러나 기원전 1800년경 서북쪽(폴란드·체코와 북부 독일 비스툴라와 엘베 강 쪽)에서 아리아인이 이동해 오면서 이 지역을 차지하였다. 아리아인은 우수한 철제도구를 사용하며 농경과 목축생활을 하였으며, 기원전 1000년경에는 인도 동북쪽의 갠지스 강 유역에 진출하여 정착하였다. 이들이 현재 인도인의 주류를 이루고 있다. 아리아인들은 브라만교와 카스트제도와 태양, 하늘, 땅, 바람, 비 등 자연물을 숭배하는 다신교신앙을 가지고 있었으며, 이것이 기원전 10세기경에 브라만교로 발전하였다. 브라만교의 경전은 신을 찬미하는 글을 모아 놓은 '베다'였으며, 제사의식을 담당하는 브라만을 최고 우두머리로 삼았다. 브라만은 자신들의 특권을 유지하고, 정복한 원주민을 다스리기 위하여 엄격한 신분제도를 마련하였는데, 이것을 카스트제도라고 한다. 카스트는 종교를 담당하는 사제인 브라만, 정치와 전쟁을 담당하는 귀족과 군인인 크샤트리아, 농경과 목축을 담당하는 평민인 바이샤, 그리고 천민인 수드라로 구성되었으며, 태어날 때 정해진 계급은 평생 바꿀 수 없었다. 아리아인들은 가부장을 중심으로 가정을 형성하고 운영하였다.

4) 황허 유역에서 발생한 商문명

중국 내륙의 티벳(靑藏) 고원 三江源에서 시작한 황하는 중·하류유역에 이르러 넓은 황토지대를 만들어 놓았는데 이곳은 토지가 비옥하고 물이 풍부하여 농사를 짓기에 적합한 곳이었다. 이곳에서는 일찍부터 농경과 목축이 발달하고 토기를 만들어 사용하였으며, 기원전 2500년경 龍山문화에는 청동기를 사용하면서 도시국가가 발달하였다. 이곳에서 성립한 최초의 왕조는 물을 잘 다스려 왕이 되었다는 전설 속의 우 임금이 연 하(夏)왕조이다.[16] 그러나 상(황허)문명이 크게 발달한 것은 기원전 1750년경 때였다. 상나라는 사마천이 지은 『史記』에 그 역사가 실려 있을 뿐 아니라 상의 후기 마지막 수도유적인 殷墟에서 많은 유적과 유물이 발견되어 역사적으로 존재했던 중국 최초의 국가로 알려져 있다. 상나라에서는 왕이 죽으면 커다란 무덤을 짓고, 많은 사람을 함께 묻었다. 또 청동을 이용하여 다양한 무기와 제사용기를 만들어 사용하였으며, 달력을 만들어 농사에 이용하였다. 상나라 마지막 도읍지인 은허[하남성 안양(安陽)]에서 발견된 갑골문은 거북이의 껍질이나 동물의 뼈로 점친 내용을 적은 것인데, 후에 한자의 기원이 되었다. 갑골문의 내용은 건강, 사냥의 허락, 기후의 변화, 전쟁에 참가여부 등에 이르기까지 다양하여 상나라 일상의 모습을 알 수 있으며, 상나라의 왕은 이것을 통해 자기의 통치를 정당화할 수

---

16) 夏나라의 경우 수도는 王城崗−陽城−偃師 二里頭(亳)의 순으로 옮긴 것으로 추정된다. 그 다음 상나라의 경우 언사 이리두(亳)−鄭州 二里崗(隞)−安陽 小屯(殷墟)으로 도읍을 옮겨 발전해 왔다고 한다. 상의 뒤를 이은 周나라는 그의 수도를 처음에는 위수지역 서안(西安)의 남서쪽 호경(鎬京)에 두었다가(이때를 西周라 함), 북방 이민족의 침입으로 그 수도를 洛陽으로 옮겼다. 이때를 東周라 하며 그 기간은 기원전 771년−기원전 221년 사이이다.

있었다. 황하유역에서 상나라 다음에 일어난 주나라는 상의 서쪽에서 성장하여, 청동기기술을 바탕으로 세력을 키웠다. 마침내 기원전 11세기 무렵(기원전 1100년 또는 기원전 1046년) 상나라를 무너뜨리고 동쪽으로 영토를 넓혀 나갔다.

주나라는 새로 얻은 영토에는 왕의 친척이나 공신을 제후로 삼아 보내어 다스리게 하고 왕은 수도인 호경을 중심으로 한 지역만을 다스렸다. 이것을 봉건제도라고 한다. 즉, 왕은 각 지역의 제후에게 영토와 백성을 다스릴 수 있는 권력을 주고, 대신에 제후들은 왕에게 각종 세금납부와 충성 및 복종의 의무를 지는 것이다. 주나라는 하늘의 명령을 받은 자가 왕이 된다는 천명사상을 통해 나라를 다스렸는데, 이것은 이후에 중국의 기본적인 통치이념이 되었다. 그러나 시간이 지남에 따라 주나라는 왕실과 제후들 사이의 관계가 느슨해지면서 왕실의 권위가 약해졌다. 기원전 8세기 무렵이 되자 서북쪽에서 침입해 온 유목민족의 공격을 받은 주나라는 수도를 동쪽으로 옮겼는데, 이때부터를 동주시대 또는 춘추전국시대라고 한다.

10. 고조선: 청동기문화의 발달과 고조선의 형성

청동기시대의 유적은 중국의 랴오닝성, 지린성 지방을 포함하는 만주지역으로부터 한반도에 걸쳐 널리 분포되어 있다.[17] 이 시기의 전형적인 유물로는 반달돌칼, 바퀴날도끼 등의 석기와 비파형(또는 요령식, 만주식, 고조선식), 동검, 거친무늬거울, 화살촉, 부채형도끼 등의 청동제품 그리고 미송리식 토기[18]와 각 지역에 따라 특징이 있는 민무늬토기 등이 있는데, 이들은 청동기시대

---

17) 한반도의 대표적인 청동기시대 유적으로는 함북 회령 오동리, 나진 초도, 평북 강계 공귀리, 의주 미송리, 평양시 사동 구역 금탄리와 남경, 경기도 여주 흔암리, 파주 덕은리, 강화 부근리, 충남 부여 송국리, 충북 제천 황석리, 전북 고창 죽림리와 상갑리, 전남 화순 도곡 효산리와 대신리, 순천 대곡리, 경남 울주 검단리, 창원 동면 덕천리, 강원도 속초시 조양동과 강릉시 교동 등을 들 수 있다.

의 집자리를 비롯하여 고인돌, 돌널무덤과 돌무지무덤 등 당시의 무덤에서도 나오고 있다. 이 시기의 대표적인 동검인 비파형동검은 만주지역으로부터 한반도 전역에 걸쳐 분포하며, 이러한 동검의 분포는 미송리식 토기 등과 함께 이 지역이 청동기시대에 같은 문화권에 속하고 있음을 보여준다.

1) 우리나라의 청동기문화

신석기시대에 이어 청동기시대는 기원전 2000년-기원전 400년에 속한다. 기원전 1500년은 남북한 모두에 적용되는 청동기시대 전기의 상한이며, 연해주지방(자이사노프카, 리도프카 유적 등)-아무르 하류지역, 만주지방과 한반도 내의 최근 유적 발굴조사의 성과에 따라 이에 앞서는 청동기시대 조기는 기원전 2000년까지 올라간다. 현재까지 확인된 고고학자료에 따르면 빗살문토기 시대 말기에 약 500년간 청동기시대의 시작을 알려주는 돌대문토기가 공반하며(청동기시대 조기: 기원전 2000년-기원전 1500년), 돌대문/각목돌대문(덧띠새김무늬)토기의 경우 小珠山 유적의 상층(신석기시대 후기)에 해당하는 大連市 石灰窯村, 交流島 蛤皮地, 長興島 三堂유적(이상 기원전 2450년-기원전 2040년), 吉林省 和龍県 東城乡 興城村 三社(早期 興城三期, 기원전 2050년-기원전 1750년)에서, 그리고 연해주 보이즈만 신석기시대 후기의 자이사노프카의 올레니와 시니가이 유적(이상 기원전 3420년-기원전 1550년)과 아무르 강의 보즈네세노

---

18) 고조선의 세력범위는 청동기시대를 특징짓는 유물인 비파형동검, 거친무늬거울, 미송리식 토기와 고인돌 등이 분포하는 지역과 거의 일치하고 있다. 한편 동이족의 분포는 고대의 한민족이라 할 수 있는 예, 맥, 부여, 고구려, 북옥저, 읍루 등을 아우르는 지역으로 추정되고 있다. 미송리식 토기(미송리형단지)는 평북 의주 미송리동굴에서 처음 나타났다. 납작밑항아리 양쪽 옆으로 손잡이가 하나씩 달리고 목이 넓게 올라가서 다시 안으로 오므라들고, 표면에 集線무늬가 있는 것이 특징이며, 주로 청천강 이북, 랴오닝성(辽宁省)과 지린성(吉林省) 일대에 분포한다. 그리고 이 토기는 고인돌, 거친무늬거울, 비파형동검과 함께 고조선의 특징있는 유물로 본다.

프까, 리도프카와 우릴 문화(우릴 문화는 철기시대로 기원전 15세기까지 올라가는 연대가 나오고 있어 주목을 받고 있다), 그리고 우리나라에서는 돌대문토기가 강원도 춘성군 내평리, 정선 북면 여량 2리(아우라지), 춘천 천전리(기원전 1440년), 춘천 산천리, 춘천 신매리, 춘천 우두동, 춘천 현암리, 강릉시 초당동 391번지 허균·허난설헌 자료관 건립부지, 홍천 두촌면 철정리, 홍천 화촌면 외삼포리(기원전 1330년, 기원전 1350년), 평창 평창읍 천동리, 경상남도 진주 남강댐 내 옥방경주 충효동, 경기도 가평 상면 연하리와 인천 계양구 동양동유적을 비롯한 여러 곳에서 새로이 나타나고 있기 때문이다. 그 다음 단사선문이 있는 이중구연토기(청동기시대 전기: 기원전 1500년-기원전 1000년), 구순각목이 있는 공렬문토기(청동기시대 중기: 기원전 1000년-기원전 600년)와 경질무문토기(청동기시대 후기: 기원전 600년-기원전 400년)에로의 이행과정이 나타나고 있다. 그리고 지석묘는 기원전 1500년에서부터 시작하여 철기시대 전기 말, 기원전 1년까지 존속한 한국토착사회의 묘제로서 이 시기의 多源(元)的인 문화요소를 수용하고 있다. 이 지석묘사회가 철기시대까지 이어지다가 철기시대 전기 말(기원전 3세기-기원전 2세기경)에 해체되어 마한을 대표하는 삼한사회로 이행된다. 한반도에서는 기원전 2000년-기원전 1500년경에, 만주에서는 이보다 앞선 기원전 2500년-기원전 1500년 청동기시대가 시작되었다. 그러나 기원전 1500년경에는 한반도 전역에 본격적으로 청동기시대가 시작된다. 청동기시대에는 생산경제가 더욱 발달하고 직업의 전문화나 분업이 이루어지면서 사유재산과 계급이 나타나게 되었다. 이에 따라 사회 전반에 걸쳐 큰 변화가 일어나게 되었다. 이와 같이 청동기시대라고 하면 일반적으로는 청동기가 제작되고 사용되는 사회를 의미한다. 그러나 우리나라의 경우는 그러한 개념을 그대로 적용하기 어렵다. 일반적으로 한국에서는 '청동기시대=무문토기시대'라는 생각이 통용되고 있는데, 무문토기가 사용됨과 동시에 청동기가 사용되었다는 증거는 거의 없다. 북한에서는 팽이형토기유적인 평양시 사동구역 금탄리 8호 주거지에서 청동끌이 출토되었고, 평안북도 용천군 신암리에서 칼과 청동단추, 황해북도 봉산군 봉산읍 신흥동 7호 집자리에서 청동단추가 출토되었으며, 함경북도 나진 초도에서는 청동방울과 원판형기가 출토되었으며, 북한학자들은 이들 유적이 북한의 청동기의 시작이라고 보고 그 연대를 기원전 2000년 초반으로 잡고 있다. 또한 초기 철기시대에 세형동검, 주조철부 등과 공반되는 점토대토기는 철기시대 전기의 500년간 사용된 경질무문토기(700℃-850℃ 사이에 소성됨)의 일종이다. 청동기시대의 유적 가운데 비슷한 성격의 유물군이 요령, 길림성지방을 포함하는 중국 동북지역으로부터 한반도에 걸쳐 널리 분포되어 있다. 이 시기의 전형적인 유물로는 반달돌칼, 바퀴날도끼를 포함하는 석기와 비파형동검, 거친무늬거울, 화살촉 등의 청동제품, 그리고 미송리식 토기나 각 지역에 따라 특징적인 민무늬토기 등이 있으며, 이들은 고인돌, 돌무지무덤, 돌널무덤 등에서 나오고 있다. 비파형동검은 중국 동북부로부터 한반도 전역에 걸쳐 분포하며, 이러한 동검의 분포는 이 지역이 청동기시대에 같은 문화권에 속하고 있었음을 보여준다. 청동기시대의 대표적인 토기인 민무늬토기는 지역에 따라 다른 모양을 보이고 있으나, 밑바닥이 좁은 팽이형과 밑바닥이 판판한 원통모양의 화분형이 기본적인 것이며 빛깔은 적갈색이다.

이 시기의 전형적 유물 가운데 특히 비파형동검은 요령, 길림성지방을 포함한 중국 동북부와 한반도 전역에 걸쳐 나오고 있어, 이 지역은 청동기시대에 하나의 문화권을 이루고 있었음을 보여준다.

청동기시대가 혈연을 기반으로 하는 계급사회(족장사회, chiefdom)라는 것은 고인돌을 통해서 잘 알 수 있다. 고인돌은 한반도 전역에 걸쳐 있으며 그 형태도 다양하다. 규모가 큰 수십 톤 이상의 덮개돌은 채석에서부터 운반하고 설치하기까지에 많은 인력이 필요하였다. 그러므로 고인돌은 경제력이 있거나, 정치권력을 가진 지배층 및 가족의 무덤으로서, 당시의 사회구조를 잘 반영해

준다고 보는 것이다. 최근의 고인돌 연구는 고인돌을 만드는데 소요되는 노동력, 사람 수, 거기에 따른 취락규모의 추정 등으로 고인돌 만드는 사회의 복원쪽으로 관심의 방향과 폭을 넓혀가고 있다. 계급의 분화는 사후에까지 영향을 끼쳐 무덤의 크기와 껴묻거리의 내용에도 반영되었다. 계급사회의 발생을 보여주는 당시의 무덤으로 대표적인 것이 고인돌이다. 고인돌은 정치권력이 있거나 경제력을 가진 지배층의 무덤으로, 그 형태는 보통 북방식에서 보는 바와 같이 4개의 판석형태의 굄돌을 세워 돌방을 만들고 그 위에 거대하고 편평한 덮개돌을 얹어 놓은 것이 전형적이다. 이 고인돌은 덮개돌과 돌방이 지상에 나타나 있으면 북방식, 덮개돌과 굄돌은 지상에 돌방은 지하에 숨어 있으면 남방식, 그리고 덮개돌밑에 굄돌이 없이 돌방이 그대로 지하에 묻혀 있으면 개석식으로 불린다. 이러한 북방식이 남쪽으로 내려가면서, 또 시대가 내려오면서 돌방이 지하로 숨어 들어가는 남방식과 개석식으로 바뀐다. 그리고 여러 개의 받침돌이나 돌무지로 덮개돌을 받친 형태도 나타났다.

한반도와 만주지역에서 청동기문화가 발달한 것은 우리나라 신석기시대의 빗살무늬토기 말기인 기원전 2000년에서 기원전 1500년경 사이 중국의 랴오닝과 지린성, 러시아의 연해주지방 등지에서 들어온 덧띠새김무늬(돌대문토기)토기시기이다.[19] 청동기는 구리와 주석, 비소, 아연과 납 등의 재료를 합금한

---

19) 고고학 자료에 따르면 빗살무늬토기시대 말기 약 500년간 청동기시대의 시작을 알려주는 덧띠새김무늬토기(돌대문토기 또는 각목돌대문토기)가 공반하며(청동기시대 조기: 기원전 2000년–기원전 1500년), 덧띠새김무늬토기의 경우 중국의 랴오닝성, 지린성, 러시아의 연해주 그리고 우리나라에서는 강원도 강릉시 초당동, 춘성군 내평, 정선 북면 여량 2리(아우라지), 춘천 천전리, 산천리, 신매리, 우두동, 현암리, 홍천 두촌면 철정리, 홍천 화촌면 외삼포리, 평창 천동리, 충남 연기 금남면 대평리, 경북 경주 충효동, 경남 진주 남강댐 내 옥방, 경기도 가평 상면 연하리와 인천 계양구 동양동유적 등지에서 나타나고 있다. 그리고 청동기시대에 나타나는 한반도의 토착 사회를 형성하는 고인돌(지석묘)사회는 북방 內蒙古 紅山이나 요령성 일대로부터 다

것으로 각각의 재료를 구하기가 쉽지 않고, 만들기도 어려워서 누구나 가질 수는 없었다. 따라서 대부분의 사람들은 여전히 석기를 만들어 사용하였으며, 청동기는 지배계급이 자신의 권위를 드러내거나, 무기로 사용하기 위해 만들었다.

청동기문화를 대표하는 유물로는 비파형동검(古朝鮮式銅劍, 만주식 동검), 거친무늬거울과 같은 청동기를 비롯하여 미송리(平北 義州 美松里)식 토기, 민무늬토기와 같은 토기가 있다. 그 주된 지역은 이들 유물들의 분포로 보아 난하 아래, 송화강 이동의 랴오닝과 지린성이다. 더불어 반달돌칼, 바퀴날도끼 등과 같은 석기도 청동기시대에 널리 사용한 도구이다. 이 유물들은 청동기시대의 집터를 비롯하여 고인돌, 돌널무덤, 돌무지무덤과 같은 유적에서 발견되고 있다.

원적인 문화를 수용하고 있다. 일본의 전형적인 신석기시대는 죠몽시대로, 그 죠몽토기 가운데 소바타토기가 우리나라의 빗살무늬토기와 비슷하다. 그 연대는 기원전 3000년경이다. 또 한반도에서 청동기를 비롯하여 민무늬토기·쌀·고인돌(지석묘) 등이 일본으로 전파되었다. 그러나 선토기시대(일본의 구석기시대)에서 죠몽시대를 거쳐 야요이와 고훈시대가 되면 한일 문화교류가 긴밀히 이루어지고 있었음을 잘 반영해 준 고고학적 자료가 양적 및 질적으로 눈에 띄게 증가하고 있다. 우리나라의 경우 청동기시대를 기원전 2000년부터 기원전 400년까지로, 그리고 철기시대 전기를 기원전 400년부터 기원전 1년까지로 편년한다. 그러나 청동기시대가 본격적으로 발전하는 시기는 기원전 1500년경부터이다. 그리고 청동기시대는 비파형(고조선식, 요령식, 또는 만주식: 한반도에서 이 동검이 출현하는 연대는 현재까지의 자료에 의하면 청동기시대 전기 말─청동기시대 중기 초, 즉 기원전 11세기─기원전 9세기경이다.)동검과 거친무늬거울, 철기시대 전기는 세형(한국식)동검과 잔무늬거울이라는 표식적인 유물의 조합 상으로 구분된다. 단군조선(고조선)의 세력범위는 청동기시대를 특징짓는 유물인 비파형동검, 거친무늬거울, 미송리식 토기와 고인돌 등이 분포하는 지역과 거의 일치하고 있다. 그리고 동이족의 분포는 고대의 한민족이라 할 수 있는 예, 맥, 부여, 고구려, 북옥저, 읍루 등을 아우르는 지역으로 추정되고 있다.

2) 청동기시대의 생활 모습과 예술

청동기시대에는 이전보다 나은 도구가 등장하여 경제생활도 좀 더 발달하였다. 괭이, 홈자귀, 반달돌칼과 같은 농기구를 이용하여 조, 보리, 콩, 수수와 같은 밭농사를 지었다. 사냥이나 고기잡이도 여전히 하고 있었지만 농경의 발달로 점차 그 비중이 줄어들었고, 돼지, 소, 말 등 가축을 기르는 일이 이전보다 더 늘어나게 되었다. 사람들은 앞쪽에는 시냇물이 흐르고, 뒤쪽에는 나지막한 야산이 바람을 막아줄 수 있는 곳에 우물을 중심으로 모여 살았다. 집은 대체로 직사각형이었으며, 이전 시대보다 땅을 깊이 파지 않고 지었다. 집의 크기도 커졌을 뿐만 아니라 마을의 규모도 커져, 주거용건물 외에 창고, 집회소, 공동작업장, 공동의식장소 등도 만들었다. 청동기시대에는 경제가 발전하고 인구가 증가하면서 이전과는 다른 전문직이 바탕이 되는 계급사회를 이루었다. 부족을 통솔하는 족장[20]을 중심으로 자기 부족을 스스로 하늘의 자손이라고 믿는 선민사상을 갖고, 주변의 약한 부족을 정복하거나 통합하였다. 이를 계기로 지배자와 지배를 받는 자의 구분이 뚜렷해졌는데, 고인돌[21]은 이와 같은 계급의 발생을 보여주는 대표적인 무덤유적이다. 이 시대의 지배자는 정

---

20) 국가 이전 단계의 계급사회인 청동기시대와 철기시대에 부족을 통솔하는 族長의 명칭으로『三國志』魏志 東夷傳에 나와 있는 三韓의 거수(渠帥), 신지(臣智), 검측(險側), 번예(樊濊), 살계(殺奚), 읍차(邑借), 沃沮의 삼노(三老), 東沃沮의 장수(將帥), 濊(東濊)의 후(侯), 읍군(邑君)과 삼노(三老), 挹婁의 대인(大人), 肅愼의 군장(君長) 등을 들 수 있다.

21) 세계 거석문화의 하나인 고인돌(지석묘)은 기원전 1500년부터 나타나는 우리나라 청동기시대의 대표적 무덤으로 전라남도, 경상남도와 제주도에서는 철기시대 전기(기원전 400년–기원전 1년)까지 사용되었다. 그리고 이들을 만들던 사람은 혈연을 기반으로 하는 계급사회(족장사회)를 형성하였으며, 또 이들은 한반도 토착세력을 이루었다. 이들 사회는 철기시대에 해체되면서 삼한사회로 발전하였다. 그리고 우리나라의 고인돌은 북방식·남방식·개석식의 세 종류가 있으며 축조된 순서도 북에서부터 북방식·남방식·개석식이 된다.

치, 경제, 군사와 하늘에 제사를 지내는 종교의식도 주관하면서 강한 권력을 가지게 되었다. 이때 신을 접견하고(見靈者), 예언하며 의술도 행하는 무교(샤마니즘)가 시베리아로부터 들어오고 여기에 조상숭배가 함께 나타났다. 청동기시대에 사회, 경제의 발달에 따라 예술활동도 활발해졌다. 이 시기의 예술은 종교 및 정치적 요구와 밀착되어 있었다. 그것은 당시 제사장이나 족장들이 사용했던 칼, 거울, 방패 등의 청동제품이나 토제품, 바위그림 등에 반영되어 있다. 청동제도구들은 그 모양이나 장식에 당시 사람들의 미의식과 생활모습이 표현되어 있다. 또, 지배층의 무덤인 돌널무덤 등에서 출토된 청동제의기들은 말이나 호랑이, 사슴, 사람 손 모양 등을 사실적으로 조각하거나 기하학 무늬를 정교하게 새겨 놓았다. 이들은 주술적 의미를 가진 것으로, 어떤 의식을 행하는데 사용된 것으로 보인다. 흙으로 빚은 짐승이나 사람모양의 토우·장식 역시 장식으로서의 용도 외에도 풍요와 다산을 기원하는 주술적 의미를 가지고 있었다. 바위면을 쪼아 새긴 바위그림은 당시 사람들의 활기에 찬 생활상을 보여 주고 있다. 울주의 바위그림에는 거북, 사슴, 호랑이, 새 등의 동물과 작살이 꽂힌 고래, 그물에 걸린 동물, 우리 안의 동물 등 여러 가지의 그림이 새겨져 있다. 이것은 사냥과 물고기 잡이의 성공과 풍성한 수확을 비는 염원의 표현으로 보인다. 고령의 바위그림에는 동심원, 십자형, 삼각형 등의 기하학무늬가 새겨져 있다. 동심원은 태양을 상징하는 것으로, 이들 바위그림 유적은 다른 청동기시대의 농업사회에서의 태양 숭배와 같이 풍요와 다산을 비는 제사터와 같은 의미를 지니고 있다.

3) 족장사회(chiefdom society)[22]

청동기시대 및 철기시대의 사회에 대해 종래 부족사회–부족국가–부족연

---

22) 우리나라에서는 현재 철기시대 전기(초기 철기시대, 기원전 400년–기원전 1년) 사회

맹-고대국가의 도식이 있었으나 부족과 국가가 서로 접속될 수 없음을 지적하고 인류학에서의 사회발달의 진화이론을 받아들이는 가운데 엘만 서비스(Elman Service)의 모델을 한국사에 적용해보게 되었는데 거기에 따르면 군집사회(band society)-부족사회(tribe society)-족장사회(chiefdom society)-국가(state)로 나타난다. 미국의 신진화론의 맥을 이은 문화생태학자들은 중·남미 고고학자료를 이들을 기술과 경제에 바탕을 두어 편년한 구석기-신석기-청동기-철기시대 또는 리식(lithic)-아케익(archaic)-휘마티브(formative)-크라식(classic)-포스트크라식(post-classic)이란 명칭에 대입해 쓰기도 한다. 서비스에 의하면 족장사회란 잉여생산을 바탕으로 어느 정도 전문화된 세습적인 지위들로 조직된 위계사회이며, 경제활동에서는 재분배체계를 갖춘다. 족장사회는 혈연에 기초하고 지역공동체의 개념을 기반으로 하는 점에서는 부족과 공통적이나, 단순한 지도자(leader)가 아닌 지배자(ruler)의 지위이며 계급서열에 의한 불평등한 사회라는 점에서는 국가단계와 공통된다. 따라서 족장사회는 하나의 정형화된 사회단계가 아니라 평등사회에서 계급사회로 나아가는 한 과정의 유동적인 모습으로 파악될 수 있다. 한국사에 실제로 적용해 본 것으로는 고인돌축조사회를 족장사회단계로 보거나 위만조선을 우리나라 최초의 고대국가를 예로 들 수 있다. 마산 진동리(사적 472호)와 창원 동면 덕천리에서 발굴된 고인돌이 조상숭배(ancestor worship)를 위한 성역화한 기념물로 당시의 족장사회의 성격을 잘 나타내 준다고 하겠다. 또 여기에는 계급사회특징 중의 하나인 방어시설이 등장한다. 우리나라에서 청동기시대 주거지

의 우두머리에 대한 칭호는 '족장'이, 그리고 그 다음 단계인 철기시대 후기(서기 1년-서기 300년, 이 시대는 삼국시대 전기 또는 마한으로 대표되는 삼한시대라 불린다. 그러나 종전까지 사용해 오던 원삼국시대란 용어는 식민지사관에 의한 결과로 이 시기에 적용하기에는 부적절하다.

주위에 설치한 環濠가 이를 입증한다. 이들은 울주 검단리와 창원 서상동이 대표적이다. 족장사회는 혈연 및 지역공동체개념을 기반으로 한다는 점에 있어서는 부족사회의 일면을 지니나 단순한 지도자(leader)가 아닌 지배자(ruler)의 지위가 존재하며 계급서열에 따른 불평등사회라는 점에서는 국가단계사회의 일면을 지닌다. 족장사회는 하나의 정형화된 사회단계가 아니라 평등사회에서 국가사회로 나아가는 한 과정이라는 유동적 형태로 파악된다. 고인돌축조사회를 족장사회단계로 보거나 위만조선을 우리나라 최초의 고대국가로 본 사례는 이 모델을 한국사에 실제로 적용해 본 예들이다.

4) 고조선의 형성: 단군조선

우리나라에서 고고학과 역사학이 결합할 수 있는 부분은 檀君朝鮮시대부터이지만 『三國遺事』·『帝王韻記』·『朝鮮王朝實錄』地理志에 실린 기록은 神話의 차원에만 머무를 뿐 실제 역사학과 고고학에서 활용되지는 못하고 있다. 단군조선의 존재연대를 살펴보면 『三國遺事』紀異編 古朝鮮條에 인용된 『魏書』에는 단군조선이 阿斯達에 건국한 때는 당고(唐古, 堯)와 동시기이며, 같은 책의 고기에는 당고가 즉위한 지 50년인 해가 庚寅年(실지 그 해는 丁巳年임)이라 하고 있어 실제 단군조선이 있었다면 현재까지의 문헌상으로 보아 기원전 2333년에서 은(殷/商)의 箕子가 武王 때 조선으로 온 해인 기원전 1122년(周武王 元年 乙卯年)까지이다(그러나 董作賓의 견해에 따르면 武王 11년 즉 기원전 1111년에 해당한다.).[23] 그래서 만약 기자조선이 실재하여 고고학과 결부된다면 이

---

23) 檀君朝鮮의 건국연대는 徐居正의 『東國通鑑』, 劉恕의 『資治通鑑外紀』, 安鼎福의 『東史綱目』과 李承休의 『帝王韻記』 東國君王開國年代 前朝鮮紀(卷下)에서 기원전 2333년(戊辰년의 건국연대는 기원전 2313년이나 殷/商나라 武丁8년 乙未년까지 단군이 다스리던 기간이 1,028년이 아닌 1,048년으로 본다면 20년이 올라간 기원전 2333년이 된다), 그리고 『三國遺事』에서 건국연대는 기원전 2311년(唐高, 堯 즉위 후 50년 庚寅/丁巳년. 皇甫謐의 설에

시기는 우리나라의 고고학 편년상 신석기시대 후-말기에 해당된다. 그러나 최근의 러시아와 중국의 고고학 자료들에 의해서 청동기시대 조기(기원전 2000년-기원전 1500년)가 이 시기까지 거슬러 올라갈 수 있음이 밝혀졌다. 따라서 단군조선 시기에 있어서 역사학과 고고학의 결합은 현재까지 어려운 실정이나 앞으로 학제적 연구 등에 의해 더 나아질 가능성이 많다. 그러나 북한의 사회과학원에서는 평양 근교 강동군 강동읍의 서북쪽 대박산 기슭에서 단군릉을 발굴하고 조선중앙방송과 조선통신을 통해 무덤구조, 金銅冠片과 단군의 뼈(5011년 B.P., 기원전 3018년)라고 주장하는 인골을 공개하고, 이에 입각하여 집안에 있는 광개토왕릉과 유사한 대규모의 단군릉을 복원하는 등의 거국적인 사업을 시행하고 있다. 이를 살펴보면, 고조선의 중심지는 평양 강동군 대박산 단군릉을 중심으로 하는 평양 일대이며, 평양 근처에는 검은모루봉인(원인)-역포인과 덕천인(고인)-승리산인(신인)-만달인(중석기인)-신석기인(조선옛유형인)이 발견되는데, 이로 알 수 있듯이 평양은 옛날부터 인류의 조상이 계속 살아온 유구한 전통을 지니고 있다는 것이다. 또한 고조선의 문화는 지석묘(고인돌)과 비파형동검(古朝鮮式銅劍, 요동식 또는 만주식 동검)으로 대표되는데, 고인돌과 비파형동검의 연대로 볼 때 고조선의 시작이 기원전 30세기로 거슬러 올라간다고 한다. 그리고 고조선사회를 종전의 주장대로 노예제사회(국가 또는 대동강문명)로 보고 있으며, 이의 증거로 평안남도 成川郡 龍山里(5069년 B.P.)의 殉葬墓를 들고 있다. 이러한 주장은 일견 논지가 일관되어 합리적인 것으로 보이지만 다음과 같은 문제점을 가지고 있다. 첫째는 연대문제로 기원전 2333년에서 기원전 194년까지 존속했던 단군-기자조선이 실존했었는지

따르면 기원전 2307년이 된다) 등 그 설도 다양하다. 이는 『史記』 五帝 本紀 주석에서 皇甫謐이 唐堯(帝堯)가 甲申년(기원전 2377년)에 태어나서 甲辰년에 즉위(기원전 2357년)했다고 하는 여러 설에서 기인되기도 한다.

의 여부도 파악하기 힘들며, 실존했다 하더라도 그 연대가 한국고고학편년에 대입시켜보면 신석기 말기 즉 기원전 2000년에서 기원전 1500년으로 청동기시대 조기와 겹친다. 둘째는 지리적인 문제로 고조선의 대표적인 유물인 고인돌과 비파형동검의 출토지역을 중심으로 살펴보면 중심지는 오늘날 행정구역상 요령성과 길림성 일대로 평양이 고조선의 중심지일 가능성은 거의 없다는 것이다. 세 번째는 단군릉에서 발굴된 인골의 연대적용문제이다. 출토 인골의 연대분석으로 기원전 3018년이란 연대가 나왔는데, 이는 단군의 건국 연대인 기원전 2333년보다 685(1993년 기준)년이나 앞선다는 문제점과 함께 연대측정에 이용된 전자스핀공명법(electron spin resonance)은 수십에서 수 백 만년 이전의 유물인 경우에 정확한 연대를 측정하는 것으로 알려져 있다. 넷째로 인골이 출토된 유구가 평행삼각고인 천정에 연도가 중심에 위치한 돌칸흙무덤(石室封土墳)이라고 하는데, 그 시기의 대표적인 무덤형식은 적석총이나 고인돌이다. 따라서 무덤 자체의 형식으로 보아서는 이 단군릉이 고구려 하대의 무덤이지 그보다 연대가 훨씬 올라가는 단군의 무덤이라고 할 수 없다는 것이다. 다섯째는 유구 내부에서 출토되었다고 하는 도금된 金銅冠片으로 이는 무덤의 구조와 마찬가지로 고구려의 유물일 가능성이 큰 것이다. 따라서 이 유구에 묻힌 인골은 기자조선 또는 단군조선시대의 인물과는 거리가 먼 것으로 보아야 할 것이다. 여섯째는 단군의 실존 여부의 문제이다. 단군이 실재했는지는 현재로서는 알 수 없고, 단군 그 자체는 단지 몽고침입이 잦았던 고려 말이나 일제 침입이 있었던 조선 말 민족의 구원자겸 구심점으로 三韓一統的인 민족의 상징적인 역할을 했던 것으로 보인다. 이런 점을 고려할 때 단군릉은 주인공의 존재를 잃어 벌인 고구려의 무덤이 후대에 단군릉으로 변조된 것으로 볼 수 있을 것이다. 이와 같이 단군릉의 발굴에 대한 북한 측의 견해는 학문적이라기보다는 그들의 정통성 확보를 위한 정치적인 면을 보이는 것이라 할 수 있을 것이다.

한국고고학의 경우 歷史學와 考古學의 결합은『史記』朝鮮列傳과『漢書』朝鮮傳에 나타나는 衛滿朝鮮(기원전 194년-기원전 108년)을 그 시작으로 삼을 수 있다. 그 시기는 우리나라 고고학 상 철기시대 전기(기원전 400년-기원전 1년)로서 당시의 문화내용이 어느 정도 밝혀지고 있다. 그 이후 삼한시대까지는 문헌의 보조를 받아야 하는 原史시대에 해당될 수 있다. 원사시대란 해당지역에는 문자가 사용되지 않았지만 그 주변지역은 문자가 이미 보편화되어 그 영향을 받던 부차적 선사시대로서, 이 시대의 연구는 단순한 고고학적 방법뿐만 아니라 역사학이나 문헌학 등에 의해 보조를 받을 수 있다. 즉 이는 고고학과 고대사학이 결부될 수 있는 시기를 말한다. 우리나라의 경우 발달된 철기유물과 토기제작기술로 대표되는 三國時代 前期(철기시대 후기, 서기 1년-서기 300년)가 이에 해당되는데, 이 시대는『三國志』위지동이전 등, 역사적 문헌과 화천·동경 등 고고학적 증거에 의하여 특징지어진다. 이 시기에는 문헌으로 보면 高句麗(기원전 37년)·百濟(기원전 18년)·新羅(기원전 57년)라는 국가가 이미 성립되어 있었다. 이와 같은 철기시대 전기와 후기(삼국시대 전기, 종전의 원삼국시대, 서기 1년-300년)는 역사학에서 고대사의 범주에 속하는 시기로 우리는 이 시기에 대해 아직 모르고 있는 점이 많고 문헌과 고고학적 유물·유적을 일치시키기에는 좀 더 많은 연구가 필요하다. 그러나 최근 고고학과 고대사학의 연구 방향은 가능하면 신빙성있는 문헌을 통해 고대사를 새로이 해석하려고 하는 것이다. 그래서 이러한 문헌에 의거하여 국가의 기원 및 체제·사회내용 등에 대하여 파악하려고 노력하고 있다. 족장사회가 출현하면 세력이 강한 족장은 주변의 여러 사회를 통합하고 점차 국가로 발전시켜 나아간다. 여기에 가장 앞섰던 것이 고조선이다. 고조선은 檀君王儉에 의해 건국되었다고 한다(기원전 2333년). 단군왕검이란 당시 지배자의 칭호였다. 고조선은 요령지방을 중심으로 성장하여, 점차 인접한 족장사회들을 통합하면서 한반도까지 발전하였다고 보이는데 이와 같은 사실은 고인돌과 비파형동검, 미송리식 단지 등 출토되는 유적과 유물의 공통성 및 분포에서 알 수 있다.[24] 환웅부족과 곰 토템 부족의 결합, 제정일치의 사회, 농사를 중시하는 점 등이 큰 줄기임을 알 수 있다. 이러한 고조선은 기원전 4세기 말엽에는 왕을 칭하고 왕위를 세습하였으며 관직도 두게 되었다. 한편 전국시대 이후 중국이 혼란에 휩싸이자 유이민

---

24) 고조선의 건국 사실을 전하는 단군이야기는 우리 민족의 시조신화로 널리 알려져 있다. 단군이야기는 오랜 세월을 거치면서 전승되어 기록으로 남겨진 것이다. 그러는 사이에 어떤 요소는 후대로 가면서 새로이 첨가되기도 하고 때로는 없어지기도 하였다. 이것은 모든 신화에 공통된 속성의 하나로서, 신화는 그 시대의 사람들의 관심을 반영하는 것이기 때문에 역사적인 의미가 있다. 단군의 기록은 청동기시대의 문화를 배경으로 한 고조선의 성립이라는 역사적 사실을 반영하고 있다. 이러한 내용은 신석기시대 말기에서 청동기시대로 발전하는 시기에 계급의 분화와 함께 지배자가 등장하면서 다른 새로운 사회질서가 성립되는 과정을 잘 보여 준다. "널리 인간을 이롭게 한다(弘益人間)"는 것도 새로운 질서의 성립을 의미하는 것이다. 이 시기에는 사람들이 구릉지대에 거주하면서 농경생활을 하고 있었다. 이때, 환웅부족은 태백산의 신시를 중심으로 세력을 이루었고, 이들은 하늘의 자손임을 내세워 자기 부족의 우월성을 과시하였다. 또, 풍백, 우사, 운사를 두어 바람, 비, 구름 등 농경에 관계되는 것을 주관하게 하였으며, 사유재산의 성립과 계급의 분화에 따라 지배계급은 농사와 형벌 등의 사회생활을 주도 하였다. 선진적 환웅부족은 주위의 다른 부족을 통합하고 지배하여 갔다. 곰을 숭배하는 부족은 환웅부족과 연합하여 고조선을 형성하였으나, 호랑이를 숭배하는 부족은 연합에서 배제되었다. 단군은 제정일치의 지배자로 고조선의 성장과 더불어 주변의 부족을 통합하고 지배하기 위해 자신들의 조상을 하늘에 연결시켰다. 즉, 각 부족 고유의 신앙체계를 총괄하면서 주변 부족을 지배하고자 하였던 것이다. 고조선은 초기에는 랴오닝(遼宁) 지방에 중심을 두었으나, 후에 와서 대동강유역의 왕검성을 중심으로 독자적인 문화를 이룩하면서 발전하였다. 고조선은 연나라의 침입을 받아 한때 세력이 약해지기도 하였다. 漢 高祖 12년(기원전 195년) 燕王 盧綰이 漢나라에 叛하여 匈奴로 도망감에 따라 부하였던 衛滿은 입국할 때에 상투를 틀고 조선인의 옷을 입고 있었던 것으로 보아 연나라에서 살던 조선인으로 생각된다. 위만은 나라 이름 그대로 조선이라 하였고, 그의 정권에는 토착민출신으로 높은 지위에 오른 자가 많았다. 따라서 위만의 고조선은 단군의 고조선을 계승한 것으로 볼 수 있다. 4대 87년간을 존속했던 위만조선은 衛滿에서 이름이 전해지지 않는 아들을 거쳐 손자인 右渠에 이르는 혈연에 의한 세습왕권이었다. 위만과 우거

들이 대거 우리나라로 넘어와 살게 되었다.

 5) 고조선의 강역 문제

 고조선연구에서 가장 논란이 많았던 부분은 역시 고조선의 위치비정에 대해서이다. 고조선의 중심지에 대한 주장은 1.대동강중심설, 2.요동중심설로 대별되는데 이러한 주장은 사실상 고려시대부터 있어 왔다. 근대 역사학의 성립 이후, 대동강중심설 가운데 가장 대표적인 것이 이병도설이다. 요동중심설은 주로 민족주의 역사학 계열인 신채호, 정인보 등이 주장하였고 최근에 윤내현 등이 동조하였다. 최근에 와서 고조선의 초기 중심지는 요동에 있었는데 후기에 대동강유역으로 중심지가 옮겨졌다는 일종의 절충설도 나왔다. 남한학계의 정리된 견해를 보면 고조선은 초기에는 요하 동쪽 해평 개성현에 중심을 두었으나 후에 와서 왕검성을 중심으로 독자적인 문화를 이룩하면서 발전하였다. 그리하여 기원전 3세기경에는 否王, 準王과 같은 강력한 왕이 등장하여 왕위를 세습하였으며, 그 밑에 相, 大夫, 將軍 등의 관직도 두었다. 또 요하를 경계선으로 하여 중국의 燕과 서로 대립할 만큼 강성하였다. 북한학계에 있

이외에 기록에 나타나는 裨王長, 朝鮮相 路人, 相 韓陶(韓陰), 大臣 成己, 尼鷄相 參, 將軍 王唊, 歷谿卿, 濊君 南閭 등은 그러한 세습왕권을 유지하는 고위각료들이었던 것으로 생각되며 이들이 곧 전문화된 군사·행정집단인 것으로 보인다. 또한 朝鮮相 路人의 아들 最가 등장하는 것으로 보아 왕위와 마찬가지로 상류층에서도 지위세습이 존재했으며 그러한 상위계층에 대응하는 하나 이상의 하위 신분계층이 더 존재했을 가능성을 시사해주고 있다. 이러한 신분체계와 아울러 기록을 통해서 알 수 있는 위만조선의 사회구조에 관한 것은 내부의 부족구성와 인구수 등이다. 위만조선의 인구규모는 『漢書』와 『後漢書』의 기록을 종합해 볼 때 약 50만에 이른 것으로 추정된다. 족장단계(chiefdom society)를 넘어서는 이러한 인구규모를 통제하기 위해서는 경제적 배경이나 영토, 이외에 법령과 치안을 담당할 군대도 필요하다. 『漢書』 지리지에는 한의 풍속이 영향을 미친 이후 80여 조에 달하는 法令이 제정되었다는 기록이 있고, 『後漢書』 「東夷傳」 濊條에도 역시 그와 유사한 기록이 있다.

어서도 고조선 문제 가운데 강역문제가 최대의 관심사인 것으로 보인다. 이들은 영역문제를 대단히 폭 넓고 치밀하게 논의하였는데 특히 고조선의 서쪽 경계에 치중하여 건국 초기의 서변은 요하와 혼하 하류였다가 기원전 2세기 말경이 되면 대릉하가 경계라고 이해하고 있다. 북한학계의 연구의 특징은 고조선의 중심을 만주에 두는 견해가 정설로 되어 있는 점이다. 하지만 당시의 사회발전수준과 관련하여 고조선이 그렇게 넓은 지역을 포괄할 수 있었는지 충분히 설명되지 못하였다. 또 비파형동검을 중심으로 한 유물분포를 바탕으로 설정된 문화영역이 곧 고조선이라는 단일 정치 세력권으로 대입될 수 있는가 하는 문제점도 있다. 1980년대에 들어와서는 새로이 大連 于家村 砣頭 積石塚 (1호주거지: 기원전 1185년과 1280년/ 3호주거지: 기원전 1600년과 1705년/ 3호주거지 지면하: 기원전 2015년과 2135년, 기원전 1680년/기원전 1330년)과 新錦県 雙房 16호 주거지(기원전 2060년/기원전 1170년)에서 연대가 기원전 12세기-21세기 경으로 올라가는 연대가 나와 이곳에서 공반하는 이른식의 비파형동검과 미송리식 토기가 나옴에 따라 고조선 성립 이전부터 비파형동검이 사용되었다고 보고 있다. 따라서 한국의 청동기시대 상한도 종래의 기원전 10세기경에서 기원전 20세기-기원전 15세기 이전으로 올라갈 가능성이 충분히 있다. 미송리식 단지(토기), 거친무늬거울, 비파형동검과 지석묘는 고조선을 대표하는 표식적인 유적·유물이다. 그 연대의 상한이 기원전 15세기경으로 소급된다. 그리고 지석묘와 비슷한 배경을 갖고 나타나는 석관묘(돌널무덤)는 청동기시대에 시베리아로부터 滿蒙지방을 거쳐 한반도 전역에 걸쳐 분포하고 있다. 이는 평안북도 용천 신암리와 개천 용흥리 출토의 靑銅刀子로 보아 시베리아의 안드로노보와 카라수크의 청동기문화(기원전 1300년-기원전 1000년)와 관련을 말해준다. 여기에 관련지어 울주군 두동면 천전리 암각화(국보 147호), 울주 언양면 대곡리 반구대(국보 285호)와 고령 양전동(보물 605호) 등지의 암각화와 이의 계통으로 여겨지는 암각화들이 멀리 남원 대곡리의 내륙에까지 분포되어 있는데, 이들의 기원지로는 시베리아 아무르 강 유역의 사카치 알리안 유적이 거론될 수 있겠다. 양쪽의 연대가 맞지 않는 것이 현재 문제점으로 남아 있지만 한국문화의 원류 중의 하나인 암각화의 기원이 10,000년-13,000년 전으로 거슬러 올라가는 아무르 강 유역의 가샤 유적(오시포프카 문화)신석기 Ⅰ기 원시무문토기단계에서처럼 아무르 지역에서 海路로 울산-포항(형산강구)지역으로 직접 들어왔을 가능성도 배제할 수 없다.

6) 기자조선에 대한 이해

고조선의 발전과 관련하여 기자조선에 대한 기록이 있다. 사서에는 周의 武王이 기자를 조선에 봉하였다고 나와 있다. 그 연대는 서기전 12세기 말경으로 추정된다. 그러나 중국 先秦시대 문헌에는 기자와 조선이 별개로 취급되었다가 진한대 이후에 양쪽이 관련되어 동래설로 등장하는 만큼, 그 사실성을 인정하기 힘들다고 하는 견해가 많다. 남한학계에서는 일찍이 기자조선의 허구성을 논증하고 이를 부정해 왔으며, 북한학계에서도 "대국주의 사상에 입각한 중국인들에 의해 후대에 조작된 것"이라 하여 부정하고 있다.

현재, 기자 자체가 본래 왕을 뜻하는 우리나라 고유의 칭호였다고 해석하는 견해, 기자조선을 고조선의 발전과정에 있어서 사회내부에서 새로이 등장한 지배세력을 가리키는 것으로 보는 견해(=예맥조선), 또는 동이족의 이동과정에서 기자로 상징되는 어떤 부족이 중국의 商周 교체기에 중국 하북에서 대릉하, 남만주를 거쳐 대동강유역의 고조선으로 이동해 와 정치세력을 잡은 것으로 보는 견해 등이 있다.

7) 위만의 집권

중국이 전국시대 이후로 혼란에 휩싸이게 되자 유이민들이 대거 고조선으로 넘어오게 되었다. 고조선은 그들을 받아들여 서쪽지역에 안배하여 살게 하였다. 그 뒤, 진·한교체기에 또 한 차례의 유이민집단이 이주하여 왔다. 그중 衛滿은 무리 1,000여 명을 이끌고 고조선으로 들어왔다. 위만은 처음에 준왕에게 고조선의 서쪽 변경에 거주할 것을 청하여 허락을 받았으며, 그 뒤에 준왕의 신임을 받아 서쪽 변경을 수비하는 임무를 맡게 되었다. 이때, 위만은 그곳에 거주하는 이주민세력을 통솔하게 되었고, 그것을 기반으로 하여 자신의 세력을 점차 확대하여 나갔다. 그 후, 위만은 수도인 왕검성에 쳐들어가 준왕을 몰아내고 스스로 왕이 되었다(기원전 194년). 위만조선은 활발한 정복사업으로 광대한 영토를 차지하였고 중앙정치조직을 갖추고 있었으며 지리적 이점을 이용하여 濊나 남방의 辰이 중국과 직접 교역하는 것을 막고, 중계무역의 이득을 독점하다가 결국 한무제의 침략을 받아 멸망하였다. 한은 그 지역에 군현을 설치하였다. 최근에는 위만조선을 중앙정치조직을 갖춘 강력한 국가로 보고 있는데 이때에는 국가란 무엇인가라는 개념정의가 필요하다. 이것은 앞절의 족장사회에 대한 논의와도 연결되는 문제이다. 국가에 대한 정의로서 마샬 살린스(M. Sahlins)는 무력의 합법적인 사용과 중앙집권화된 조직의 두 가지를 들고 있는데, 이것은 최근까지도 가장 공약수가 많은 견해이다. 켄트 플래너리(K. Flannery)는 위의 특징 외에 법률, 도시, 직업의 분화, 징병제도, 세금징수, 왕권, 사회신분의 계층화 등을 들고 있는데 이러한 제 특징들이 위만조선 관계기사에도 나타나고 있는 것이다. 『사기』 조선열전에는 직업적인 계급을 가진 중앙관료정부와 막강한 군사력, 계층화된 신분조직, 행정중심지로서의 왕검성, 왕권의 세습화 등의 요소가 모두 나타나고 있는 것이다. 이러한 위만조선은 초기에 주위의 유이민집단을 정복해 나가다 차츰 시간이 흐를수록 완벽한 국가체제를 갖추었다고 하겠다. 그리고 위만조선을 정복국가로 보는 견해가 많고, 또 한편으로 '무역'에 기초하여 성장한 국가라고 보기도 하는데 최근에는 후자가 가장 중요하다고 보는 견해가 우세하다. 이에 의하면 변진과 마한, 왜, 예 등, 철을 중심으로 하는 교역이 남부지방에 행해지고 있을 때 위만조선은 한반도 북쪽의 지리적인 요충지에 자리잡아 그 지리적 이점을 최대한으로 이용한 중심지무역을 전개하면서 막대한 흑자를 보고, 이를 토대로 국가를 성립시킴과 아울러 세력을 확장, 강화시켰다는 것이다. 당시의 무역로는 명도전의 출토지로 보아 난평-요양-무순-위원, 강계-평양이 될 것으로 추정되며 산동반도를 지나는 바닷길도 고려될 수 있다.

8) 고조선의 사회

위만조선이 망한 다음 한은 고조선지역에 군현을 설치하고 토착세력의 성장을 저지하기 위해 분리·회유정책을 썼다. 그러나 한군현의 통치에 대한 저항운동은 계속되었고, 이를 축출하기 위한 운동은 한편으로는 주위 족장사회의 내적 발전을 촉진하게 되었다. 기록을 보면 역계경과 함께 망명한 2천 호, 예군 남려의 28만 명 등이 언급되어 고조선은 적어도 몇 개 이상의 부족으로 이루어진 국가라는 것을 알 수 있다. 일찍이 고조선의 인구에 대한 중국역사서의 기록이 있으나 그 숫자가 엄청나거나 하여 믿기 어려운 경우가 많다. 위만조선의 경우는 일찍이 중국과의 교류가 있어 왔기 때문에 위만조선지역에 대한 인구의 수에 대해서는 비교적 정확하다고 볼 수 있다. 『漢書』 지리지와 『後漢書』의 자료를 종합하면 위만조선 당시의 인구는 적어도 25만-30만 명 정도 될 것으로 보인다. 요동, 현토군 등은 아마도 위만조선 주위의 여러 소국을 포괄한 것으로 보인다. 이는 상당히 많은 인구이며 그들을 통제하기 위한 복잡한 사회조직이 이루어졌을 것은 충분히 짐작할 수 있다. 이들 기록에 나타나는 지도자들 밑에는 각각 800명-3,000명 정도의 부족이 있었으며, 그 밑으로는 군집의 단위로 이루어진다. 위만왕조의 고조선은 철기문화를 본격적으로 수용하였다. 철기를 사용함으로써 농업과 무기생산을 중심으로 한 수공업이 더욱 성하게 되었고, 그에 따라 상업과 무역도 발달하였다. 이 무렵, 고조선은 사회, 경제의 발전을 기반으로 중앙정치조직을 갖춘 강력한 국가로 성장하였다. 그리고 우세한 무력을 바탕으로 활발한 정복사업을 전개하여 광대한 영토를 차지하였다. 또, 지리적인 이점을 이용하여 아직도 족장(族長)사회의 수준에 머물러 있던 濊나 남방의 辰이 중국 漢나라와 직접 교역하는 것을 막고, 중계무역의 이득을 독점하려 하였다. 이러한 경제적, 군사적 발전을 기반으로 고조선은 한과 대립하게 되었다. 이에 불안을 느낀 漢 7대 무제(武帝, 기원전 141년–기원전 87년)는 수륙 양면으로 50,000명의 대규모의 무력침략을 감행하였다. 고조선은 1차의 접전에서 대승을 거두었고, 이후 약 1년에 걸쳐 한의 군대에 완강하게 대항하였으나, 내분에 의해 왕검성이 함락되어 멸망하였다(기원전 108년). 고조선이 멸망하자, 한은 고조선의 일부 지역에 군현을 설치하여 지배하였으나, 토착민의 강력한 반발에 부딪혔다. 그리하여 그 세력은 점차 약화되었고, 드디어 고구려의 공격을 받아 소멸되었다(서기 313년).

고조선의 사회상을 알려주는 것으로 8조의 법이 있었다. 그중에서 3개 조목의 내용만이 전해지고 있는데, 그것은 사람을 죽인 자는 사형에 처하며, 상처를 입힌 자는 곡물로써 배상하게 하고, 남의 물건을 훔친 자는 노비로 삼는다는 것이다. 이러한 내용으로 보아, 당시 사회에서는 생명과 사유재산을 중히 여기고 보호하였음을 알 수 있다. 또, 이것은 당시 사회에 권력과 경제력에 차이가 생겨나고 재산의 사유가 이루어지면서 형벌과 노비도 발생하였음을 보여주는 것이다. 그리고 사람들은 죄를 짓는 것을 수치로 여겨 남의 물건을 훔치지 않아 문을 걸어 둘 필요가 없었다고 하며, 여자는 정절을 귀하게 여겼다고 하는 데에서 가부장제적인 가족제도가 확립되었음도 알 수 있다. 한의 군현이 설치되어 억압과 수탈을 가하게 되자, 토착민들은 이를 피하여 이주하거나 단결하여 한군현에 대항하였다. 이에 한군현은 엄한 율령을 시행하여 자신들의 생명과 재산을 보호하려 하였다. 그에 따라 법조항도 60여 조로 증가되었고, 풍속도 각박해졌다. 이러한 많은 인구를 지닌 사회를 통제하기 위해서는 어떠한 수단이 필요했을 것이다. 그것은 크게 두 가지로 생각되는데 첫 번째가 법의 존재이다. 『漢書』地理志에 따르면 고조선에는 기자가 만든 팔조금법이 있었는데, 이것이 후에 한나라의 영향이 미치면서 풍속이 어지러워져 60여 조의 법령이 제정되었다고 한다. 처음에 제정되었다는 팔조금법은 만민법(jus gentium)적인 성격을 띠고 있으며, 위만조선의 국가형성단계에 와서 사회가 복잡해지고 여러 법령이 제정되었을 것으로 보인다. 또한 늘어난 법은 8조 법금처럼 공동체에서 자연적으로 지켜지는 만민법이 아니라 복잡한 사회에 따른 여러 가지 인위적인 규정들로 이루어졌을 것이다. 이러한 법률을 시행하고 통제하기 위해서는 군사력과 경찰력이 합법적으로 사용되어야 한다. 이러한 법의 강제적 집행을 위한 군사력은 앞에서 살펴본 바와 같이 고고학적으로 발견되는 무기로 보아 충분히 갖추었으리라 여겨진다. 고조선은 청동기문화를 바탕으로 등장한 우리 겨레 최초의 나라이다. 『三國遺事』 등의 기록에 따르면 단군왕검이 고조선을 건국하였다고 한다. 고조선의 건국 사실을 전하는 단군이야기는 우리 겨레의 시조신화로 널리 알려져 있다. 신화는 그 시대 사람들의 관심이 반영된 것으로, 그 안에는 역사적인 의미가 담겨져 있다. 단군의 이야기도 청동기시대를 배경으로 하는 고조선의 성립이라는 역사적 사실을 담고 있다.[25]

---

25) 철기시대에는 우리나라 역사상 잘 알려져 있는 위만조선의 성립(기원전 194년)과 한무제에 의한 낙랑군, 임둔, 진번(기원전 108년), 현도(기원전 108년-기원전 82년)의 설치라는 역사적 사건들이 나타나고 있다. 만약 단군과 기자조선을 역사적 실체로 인정하여 단군과 기자조선을 고고학적인 편년과 비교한다면 단군조선(기원전 2333년-기원전 1122년경)은 신석기시대 말 또는 청동기시대 조기-중기로, 기자조선(기원전 1122년경-기원전 194년)은 청동기시대 중기에서 철기시대 전기에 속할 것이다. 그러나 단군의 건국에 관한 기록은 『三國遺事』, 『帝王韻紀』, 『應制詩註』, 『世宗實錄 地理志』, 『東國輿地勝覽』 등에 나타나고 있다. 천신의 아들이 내려와 건국하였다고 하는 단군건국의 기록은 우리나라 건국과정에 대한 역사적 사실과 홍익인간의 이념을 밝혀주고 있다. 단군조선과 단군은 건국신화를 바탕으로 하여 고려, 조선, 근대를 거치면서 나

환웅부족은 태백산을 중심으로 세력을 이루었고, 또 농사를 주된 생업으로 하였다. 사유재산이 있었으며 계급이 나누어졌고, 홍익인간이라는 통치 이념을 갖고 있었다. 환웅부족은 곰을 숭배하는 부족과 연합하여 고조선을 형성하였으나, 호랑이를 숭배하는 부족은 연합에서 제외되었다. 단군왕검은 제정일치의 지배자로 정치와 제사를 함께 맡아 보았다.

9) 고조선의 변화

고조선은 요령지방과 대동강유역을 중심으로 독자적인 문화를 이룩하며 발전하였다. 기원전 3세기경에는 왕위를 세습하였으며, 왕 아래 상, 대부, 장군 등의 관직도 두었다. 이때 고조선은 요서지방을 경계로 하여 중국 전국시대의 연나라와 대립할 만큼 힘이 강하였다.

기원전 2세기경 중국에서 진과 한이 교체되던 시기에 많은 사람들이 혼란을 피하여 고조선으로 넘어왔다. 고조선의 준왕은 그들에게 서쪽 경계의 땅을 내어주며 그 곳을 지키도록 하였다. 그중에서 위만이 자신의 세력을 키워 마침내 평양 일대로 추정되는 왕검성에 쳐들어가 준왕을 내몰고 스스로 왕이 되

라와 민족이 어려운 처지에 있을 때마다 우리 민족의 전통과 문화의 정신적 지주가 되어 왔다. 특히 몽고난이 심했던 고려시대의 경우와 같이 역사흐름의 구심점이 되어왔다. 다시 말해 단군신화는 민족의 정신적 지도자와 민족단결로서의 역할이 실제의 역사적인 사실보다 더욱 더 중요할 때가 많았다. 북한의 고고학과 고대사학자들은 1993년 평양시 강동구 대박산의 단군릉의 발굴을 계기로 고조선=단군조선=평양시 강동구 황대성의 도읍지=고인돌·석관묘·청동제무기의 사용=청동기의 시작=기원전 30세기=노예소유주국가=최초의 고대국가 겸 문명사회라는 등식의 성립과 함께 세계 최초의 문명이라고도 말할 수 있는 대동강문명이란 용어를 만들어내었다. 그러나 이러한 견해는 종래의 『조선전사』의 견해와 틀린 학문적이라기보다는 단군과 단군릉의 발굴을 정치 쪽에 이용한 감이 짙어 앞으로 북한학자들의 연구를 계속 지켜볼 필요가 있다.

었다. (기원전 194년) 衛滿朝鮮王朝[26]의 고조선 때에는 철기문화[27]가 크게 발달하였다. 철기의 사용은 농업을 발달시켰을 뿐만 아니라 무기생산을 중심으로 한 수공업도 발전시켰다. 나아가 상업과 무역이 더욱 활발하게 되었다. 이를 바탕으로 고조선은 활발한 정복사업을 펼쳐 넓은 영토를 차지하였다. 또 지리

---

26) 한반도 최초의 고대국가는 위만조선(기원전 194년-기원전 108년)이다. 국가는 무력, 경제력과 이념(종교)이 바탕이 되며, 무력을 합법적으로 사용하고 중앙집권적이고 전문화된 정부조직을 갖고 있다. 세계에서 도시·문명·국가는 청동기시대에 나타나는데 우리나라의 경우 중국의 영향하에 성립되는 이차적인 국가가 되며, 또 세계적인 추세에 비해 훨씬 늦은 철기시대 전기에 나타난다. 고인돌은 기원전 1500년에서부터 시작하여 경상남도, 전라남도와 제주도에서는 철기시대기 말까지 존속한 한국토착사회의 묘제로서 그 사회는 혈연을 기반으로 하는 계급사회인 족장사회로, 교역, 재분배경제, 직업의 전문화, 조상숭배 등을 바탕으로 하고 있었다. 그리고 그 다음에 오는 고대국가의 기원은 앞으로 고고학적인 자료의 증가에 따라 단군조선에까지 더욱 더 소급될 수도 있으나, 문헌에 나타나는 사회조직, 직업적인 행정관료, 조직화된 군사력, 신분의 계층화, 행정중심지로서의 왕검성(평양 일대로 추정)의 존재, 왕권의 세습화, 전문적인 직업인의 존재 등의 기록으로 보아서 위만조선이 현재로는 한반도 내 최초의 국가체제를 유지하고 있었던 것으로 보인다. 또한 국가형성에 중요한 역할을 차지하는 시장경제와 무역의 경우 위만조선 이전의 고조선에서도 교역이 있었으며, 변진과 마한, 왜, 예 등은 철을 중심으로 교역이 행해졌던 것으로 보인다. 위만조선의 경우 한반도 북쪽의 지리적인 요충지에 자리잡음으로 해서, 그 지리적인 이점을 최대한으로 이용한 '중심지무역'으로 이익을 얻고, 이것이 국가를 성립시키고 성장하는데 중요한 요인이 되었을 것이다. 위만은 입국할 때에 상투를 틀고 조선인의 옷을 입고 있었던 것으로 보아 연나라에서 살던 조선인으로 생각된다. 위만은 나라이름 그대로 조선이라 하였고, 그의 정권에는 토착민출신으로 높은 지위에 오른 자가 많았다. 따라서 위만의 고조선은 단군의 고조선을 계승한 것으로 볼 수 있다. 그리고 국가가 되기 위해서는 '무력의 합법적인 사용과 중앙관료체제의 확립'이나 '전문화나 전문화된 정부체제를 지닌 사회'라는 조건을 갖추어야 하는데 위만조선의 경우 이에 해당한다고 하겠다. 따라서 위만조선은 중국의『史記』와『漢書』등의 기록에 의하면 우리나라에서 처음으로 확실한 국가의 체제를 갖추었다고 하겠다. 고조선의 발전과 관련하여 기자조선에 대한 기록이 있다. 중국 사서에는 周의 武王이 箕子를 조선에 봉하였다고 되어 있다. 그리고 그 연대를 기원전 12세기경으로 추정하기도 한

적 이점을 이용하여 한반도 남쪽의 진이나 동쪽의 예가 중국의 한과 교역하는 것을 중계함으로써 많은 이익을 누리게 되었다. 고조선이 경제적, 군사적으로 크게 성장하자 중국의 한은 불안을 느꼈고, 결국 한의 무제는 군사를 크게 일으켜 고조선을 공격하였다. 고조선은 첫 싸움에서 대승을 거두었으며, 이후 약 1년에 걸쳐 한의 군대와 맞서 싸웠다. 그러나 오랜 전쟁으로 지배층 사이에

다. 그러나 기자조선을 조선의 발전과정에서 사회 내부에 등장한 새로운 지배세력을 가리키는 것으로, 또는 동이족의 이동과정에서 기자로 상징되는 어떤 부족이 고조선의 변방에서 정치세력을 잡은 것으로 보는 견해가 많다. 위만은 입국할 때에 상투를 틀고 조선인의 옷을 입고 있었던 것으로 보아 연나라에서 살던 조선인으로 생각된다. 위만은 나라이름 그대로 조선이라 하였고, 그의 정권에는 토착민출신으로 높은 지위에 오른 자가 많았다.

27) 우리나라의 철기시대문화를 다루는데 있어 기존의 시대구분을 따르면 철기시대는 철기시대 전기와 후기(또는 삼국시대 전기) 즉, 기원전 400년부터 서기 300년까지 약 700년의 기간에 해당된다. 이의 기원은 중국의 랴오닝성과 러시아의 아무르 강 유역으로부터이다. 끄로우노프까(北沃沮, 黑龍江省 東宁県 団結村 團結文化)와 挹婁(뽈체, 철기시대로 그 상한은 기원전 7세기까지 올라간다) 문화들이 바로 그러하다. 현재 우리나라의 철기시대 전기의 상한연대가 기원전 5세기에서 더욱 더 올라갈 가능성도 있다. 철기시대는 덧띠토기(점토대토기)의 등장과 함께 시작되는데, 현재까지 가장 이른 유적은 심양 정가와자유적이며 그 연대는 기원전 5세기까지 올라간다. 그리고 이 시기는 청천강 이북을 포함한 요동지역에 분포하는 영변 세죽리─랴오닝 무순 연화보유형의 유적들과 관련도 있다. 이 시기에는 청동기와 고인돌 등 청동기시대의 몇몇 문화요소들이 점차 소멸되는 반면 자체수요를 넘어서 잉여를 생산할 정도로 철기생산이 본격화되고 새로운 토기(종전의 민무늬토기보다 좀더 단단하게 구운 경질민무늬토기 700℃─850℃와 한나라와 낙랑도기의 영향을 받은 1000℃ 정도에서 구워진 타날문토기)가 나타나게 된다. 이외에도 석곽묘와 상류계급층의 목곽묘의 발달, 농경, 특히 稻作의 발달 등이 철기시대 후기의 문화적인 특색으로 꼽힐 수 있다. 이미 이 시기에는 북부지역에서 고구려가 고대국가의 형태를 가지면서 각지에 돌무지무덤을 축조하게 된다. 한편 남부지역에서 고인돌사회에서 해체되어 나타난 삼한사회를 바탕으로 하는 신라·백제와 같은 고대국가도 나타나게 된다. 우리나라 최초의 고대국가와 문명의 형성을 이루는 위만조선도 철기시대에 속한다.

분열이 일어나 수도인 왕검성(현 평양 근처로 추정됨)이 함락되어 고조선을 멸망하였다(기원전 108년). 고조선이 무너진 후 한은 고조선의 일부 지역에 군현을 설치하여 지배하고자 하였으나 고조선 사람들의 강력한 반발에 부딪혔으며, 결국 고구려에 의해 소멸되었다.

11. 철기시대: 철기의 보급과 여러 나라의 성장

1) 철기의 사용과 문화

우리나라 선사시대 철기문화를 다루는데 있어 기존의 시대구분을 따르면 철기시대는 철기시대 전기와 후기(원삼국시대 또는 삼국시대 전기) 즉, 기원전 400년부터 서기 300년까지 700년의 기간에 해당된다. 이의 기원은 중국의 요령성과 러시아의 아무르 강 유역으로부터이다. 끄로우노프카(沃沮, 團結)와 挹婁(뿔체, 철기시대로 그 상한은 기원전 7세기까지 올라간다)문화가 바로 그러하다. 이 시기는 이전에 청동기 Ⅱ기로 지칭되었을 만큼 청동기제작기술이 비약적으로 발전하여 비록 실용성이 상실되기는 했지만, 청동기가 銅劍, 銅鏡, 銅矛, 銅戈, 八鈴具 등으로 다양하고 정교한 청동제품이 제작되었다. 또한 細形銅劍 (韓國式銅劍)과 精文式細文鏡(잔무늬거울)으로 대표되는 이 시기의 청동기문화는 琵琶形銅劍(古朝鮮式銅劍, 요령식 동검, 만주식 동검)을 대표로 하는 요령지방의 그것과는 구별되는 한국화된 것이다. 따라서 철기시대 전기의 標識的인 유물로는 세형동검과 잔무늬거울의 두 가지 청동기유물이 널리 통용되고 있다.

철기시대 전기는 철기의 사용이 시작된 때부터 청동기가 완전히 소멸되고 전국적으로 본격적인 철 생산이 시작될 무렵까지의 시기로 절대연대로는 기원전 400년을 전후한 시기부터 기원을 전후한 시기에 해당된다. 이것은 최근 점토대토기 관계유적의 출현과 관련하여 종래의 기원전 300년에서 기원전 400년으로 상한을 100년 더 올려 잡을 수 있다. 점토대토기의 출현은 철기시대의 시작과 관련이 있다. 최근의 가속질량분석(AMS: Accelerator Mass Spec-trometry)에 의한 결과 강릉 송림리 유적이 기원전 700년-기원전 400년경, 안성 원곡 반제리의 경우 기원전 875년-기원전 450년, 양양 지리의 경우 기원전 480년-기원전 420년(2430±50 B.P., 2370±50 B.P.), 횡성군 갑천면 중금리 기원전 800년-기원전 600년 그리고 홍천 두촌면 철정리(A-58호 단조 철편, 55호 단면 직사각형 점토대토기)의 경우 기원전 640년과 기원전 620년이 나오고 있어 철기시대 전기의 상한 연대가 기원전 5세기에서 더욱 더 올라갈 가능성도 있다는 것이다. 철기시대는 점토대토기의 등장과 함께 시작되는데, 현재까지 가장 이른 유적은 심양 정가와자유적이며 그 연대는 기원전 5세기까지 올라간다. 이 시기는 점토대토기의 단면의 원형, 직사각형과 삼각형의 형태에 따라 I기(전기), II기(중기)와 III기(후기)의 세 시기로 나뉜다. 그리고 마지막 III기(후기)에 구연부 斷面 三角形 粘土帶토기와 함께 다리가 짧고 굵은 豆形토기가 나오는데 이 시기에 新羅와 같은 古代國家가 형성된다.[28] 이 중 한반도 최초의 고대국가인 衛滿朝鮮(기원전 194년-기원전 108년)은 철기시대 전기 중 III기(중-후기)에 속한다. 그 기원으로는 중국의 심양 정가와자유적과 아울러 러시아 연해주의 뽈체(挹婁) 문화가 주목된다. 그리고 이 시기는 청천강 이북을 포함한 요동지역에 분포하는 영변 細竹里-요령 무순 蓮花堡유형의 유적들과도 관련이 있다. 이들 유적에서는 구들시설을 가진 지상가옥의 흔적이 발견되었으며, 또한 호미, 괭이, 삽, 낫, 도끼, 손칼 등의 철제 농공구류와 함께 회색의 태토에 승석문을 打捺한 토기가 나타났다. 주조철부를 비롯한 鐵製利器들은 대체

---

28) 경주 蘿井(사적 245호)의 경우 구연부 단면 삼각형의 점토대토기와 함께 다리가 굵고 짧은 豆形토기가 나오고 있으며 이 시기는 기원전 57년 朴赫居世의 新羅建國과 밀접한 관련을 맺고 있기 때문이다. 그래서 최근 발견되고 있는 경기도 가평 달전 2리, 경기도 광주시 장지동, 충청남도 아산 탕정면 명암리, 전라북도 완주 이서면 반교리 갈동과 경상북도 성주군 성주읍 예산리유적 등은 매우 중요하다.

로 중국계인 것으로 보이는데 중국에서도 초기의 주조기술에 의해 제작된 농공구류가 먼저 발달한 양상은 양자의 공통점을 보여주는 일례라 할 수 있다. 무엇보다도 중국 철기문화의 영향을 잘 보여주는 적극적인 증거는 이들 유적에서 많을 경우 1000매 이상씩 발견되는 明刀錢이다. 이는 戰國時代 燕나라 때의 화폐로 그 출토범위는 요령지역에서부터 압록강 중류유역 및 독로강유역을 거쳐 청천강유역에 이른다. 화살촉, 비수, 창끝 등 철제 무기류의 예가 일부 보이기는 하지만 이 시기에는 전반적으로 농공구류는 철기로 대체된 반면 무기류는 여전히 청동제가 주류를 이룬다. 세형동검, 세문경을 비롯하여 동모, 동과, 팔령구, 동물형대구, 농경문청동기 등 정교한 청동기가 제작되는 등 전술한 바와 같이 초기 철기시대의 대부분에 걸쳐 청동기가 성용하게 된다. 그런 중에 세형동검과 세문경은 이 시기의 표식적인 유물로 이해되고 있다. 이러한 철기시대 전기는 세형동검의 형식변화와 철기제조기술의 발전에 주목하여 두 시기로 나누어 볼 수 있다. 먼저 1기는 I식의 세형동검(韓國式銅劍), 정문식(잔무늬) 세문경, 동부, 동과, 동모, 동착 등의 청동기류, 철부를 비롯한 주조철제 농공구류, 토기로는 단면 원형의 점토대토기를 그 대표적인 문화적 특색으로 하는데, 그 연대는 기원전 5세기−기원전 4세기부터 기원전 100년경을 전후한 시기에 해당된다. 그리고 2기가 되면 II식의 세형동검과 단조철기가 등장하며, 세문경을 대신하여 車馬具가 부장되고, 점토대토기의 단면의 형태가 삼각형으로 변하게 된다. 이 시기에는 청동기와 고인돌 등 청동기시대의 몇몇 문화요소들이 소멸되는 반면 자체수요를 넘어서 잉여를 생산할 정도로 철기생산이 본격화되고 새로운 토기가 나타나게 된다. 이외에도 석곽묘의 발전, 상류계급층의 목곽묘의 발달, 농경, 특히 稻作의 발달 등이 철기시대 후기의 문화적인 특색으로 꼽힐 수 있다. 또한『三國史記』의 초기 기록을 신뢰하지 않더라도 이미 이 시기에는 북부지역에서 고구려가 온전한 고대국가의 형태를 가지게 되며, 각지에 積石塚이 축조되게 된다.[29] 한편 남부지역에서 三韓社會

가 古代國家로 발돋움하게 된다.

2) 철기의 사용

우리나라는 기원전 5세기경부터 중국 랴오닝(遼寧)성과 러시아의 연해주

---

29) 시체를 넣은 돌널 위를 봉토를 덮지 않고 돌만으로 쌓아올린 무덤을 적석총(積石塚)이라고 한다. 우리나라 선사시대부터 역사시대의 고구려·백제 초기에 나타나는 묘제 중의 하나이다. 선사시대의 것은 구덩이를 파거나 구덩이 없이 시체를 놓고 그 위에 흙 대신 돌을 덮는 가장 원시적인 묘제이다. 인천 시도, 제원 청풍면 양평리, 춘천시 천전동 등지에서 발견되고 있다. 특히, 천전동의 경우 중심부에 2, 3개의 석곽이나 석관을 두고 커다란 석괴를 덮은 것으로 청동기시대 후기에서 철기시대 전기에 걸쳐 나타난다. 고구려와 백제 초기단계에서 보이는 적석총은 환인현(桓仁縣) 고력묘자촌(高力墓子村), 자강도 시중 심귀리, 자성 조아리·서해리·법동리·송암리 등지의 압록강유역에서 보이는 것들과, 경기도 양평 서종면 문호리, 서울 석촌동, 강원도 춘천 중도, 충청북도 제천 청풍면 양평리·교리·도화리 등지의 남한강유역에서 보이는 것들이 이에 해당한다.

고구려무덤은 석묘(돌무덤)와 토묘(흙무덤)로 나누어지며, 석묘는 적석묘(돌각담무덤, 적석총)와 봉석묘(돌간돌무덤)로, 그중 적석묘(적석총)는 기단식 적석총과 무기단적석(계단상의 축조가 없는 것)으로 분류된다. 그 각각의 명칭은 봉토석실분(돌간흙무덤), 적석총(돌각담무덤), 기단적석총(돌기단무덤), 봉석묘(돌간돌무덤)으로 불린다. 그리고 축조순서도 다곽식 무기단적석총—이음식 적석총—기단—계단(충단)식 적석총의 순서로 발전한다. 적석총을 석분(石墳)의 범주에 넣어 적석묘·방단적석묘(方壇積石墓)·방단계단석실묘(方壇階段石室墓)·봉석석실묘(封石石室墓) 등으로도 세분하고 있다. 또는 무기단식·기단식·연도와 석실이 있는 기단식 적석총 등 셋으로 세분하기도 한다. 다시 말해 압록강과 한강유역에 보이는 고구려와 백제의 돌무지무덤은 형태상 무기단식 적석총(돌각담무덤, 적석총)—다곽식 무기단식 적석총이다. 그런데 무기단식의 경우 기원전 3세기—기원전 1세기부터, 기단식은 서력 기원전후부터 발생하며, 연도와 석실이 있는 기단식 적석총을 석실묘에로의 이행과정양식으로 설명한다. 이러한 적석총의 축조자들은 고구려를 세운 장본인으로 보고 있다.

이제까지 남한에서 발굴된 적석총은 경기도 양평 서종면 문호리(발굴 연도는 1974년), 충청북도 제원 청풍면 양평리(1983)와 도화리(1983, 현재 출토유물은 청주박물관에 전시되어 있음), 경기도 연천 중면삼곶리(1994, 이음식 돌무지무덤과 제단, 桓仁 古力墓子村 M19

지역의 영향을 받아 철기시대로 접어들었다. 철기의 재료가 되는 철광석이 널리 퍼져 있는데다가 청동기보다 더 단단하여 철기가 실생활에 더 유용하였다. 따라서 청동기는 점차 의식용 도구로 변해갔다. 철기시대에는 이전에 사용하던 나무나 돌로 만든 도구와 더불어 삽, 낫, 괭이와 같은 농기구, 칼, 창, 화살

와 유사, 경기도 기념물 126호), 연천 중면 횡산리(2009, 다곽식 무기단식 적석총), 연천 군남면 우정리(2001), 연천 백학면 학곡리(2004), 양평 양서면 신월리(2007)의 8개소이다. 비록 이러한 적석총의 기원이 고구려지역에 있다고 하더라도, 한강유역에서 나타나는 것은 고구려의 영향을 받은 백제시대의 것으로 볼 수 있다. 이들은 석촌동 3호분과 같이 고식으로 백제 건국자들이 남하했던 역사적 사실을 뒷받침해준다. 그리고 석촌동 4호분의 경우 3단의 기단식 적석총으로 위에 석실과 형식상의 연도가 남아 있는 것으로 보아, 석실묘 이전의 단계로 적석총으로서는 가장 발전된 모습이다. 이것은 서기 475년(개로왕 21년) 백제의 개로왕이 욱리하(郁里河: 지금의 한강)에서 대석을 캐어 석곽을 만들고 아버지를 묻었다는 『三國史記』의 기록과도 부합될 수 있는 것으로, 축조연대는 서기 3세기-4세기 정도로 여겨진다. 제원 청풍면 도화리 적석총의 경우, 3단의 기단은 갖추어져 있으나 석촌동 4호분에서와 같이 연도와 석실은 만들어지지 않았다. 도화리의 축조연대는 출토유물 중 낙랑도기(樂浪陶器), 철제무기, 경질무문토기 편들로 보아 기원전 2세기-기원전 1세기로 추측된다.

특히 이들은 남·북한강유역에 주로 분포되어 있다. 시기도 백제가 공주로 천도하기 이전의 기간인 기원전 18년-서기 475년의 약 500년 동안으로, 한성(漢城)백제라는 지리적인 위치와도 관련을 맺고 있다. 이 유적들은 백제 초기인 한성도읍시대의 연구에 중요한 실마리를 제공해주고 있다. 또한 『三國史記』의 초기 기록을 신뢰하지 않더라도 이미 이 시기에는 북부지역에서 고구려가 고대국가의 형태를 가지며, 자강도에 적석총이 축조되게 된다. 고구려계통의 적석총이 남하하면서 임진강, 남한강, 북한강유역에 적석총이 축조된다. 그 대표적인 예로 경기도 연천 군남면 우정리, 중면 삼곶리와 횡산리(中面 橫山里), 백학면 학곡리, 충북 제원 청풍면 도화리(堤原 淸風面 桃花里)의 기원전 2세기-기원전 1세기경의 적석총을 들 수 있다.

이 적석총은 백제의 건국자는 주몽(朱蒙, 高朱蒙/東明聖王)의 셋째 아들인 온조(溫祚, 기원전 18년-서기 28년 재위)의 남하신화(南下神話)와도 연결된다. 즉 문헌과 신화상으로 볼 때 적석총이 고구려 및 백제와 같은 계통이라는 추정이 가능하며 이는 고고학 자료로도 입증되고 있다. 석촌동에서 제일 거대한 3호분은 방형기단형식의 돌무덤이다. 계단은 3단까지 확인되었으며, 그 시기는 서기 3세기-서기 4세기 사이에 축조된

촉과 같은 무기 등을 철로 만들어 사용하였다. 이와 함께 청동기기술도 더욱
발전하여 한국식 동검인 세형동검(韓國式銅劍)과 잔무늬거울을 만들었다. 토기
는 입구에 원형 등의 덧띠를 붙인 덧띠토기(점토대토기)[30]와 검은간토기 등을

것으로 보인다. 4호분은 방형으로 초층을 1면 세 개미만의 호석(護石, 받침돌, 보강제
등의 명칭)으로 받쳐놓아 장군총(將軍塚)과 같은 고구려의 계단식 적석총 축조수법과
유사하다. 신라의 경우 31대 신문왕릉(사적 181호)과 33대 성덕왕릉(사적 28호)에서 이
와 같은 호석들이 보여 주목된다. 석촌동 4호분의 연대는 서기 198년(산상왕 2년)에서
서기 313년(미천왕 14년) 사이에 축조된 것으로 추정된다. 그러나 그 연대는 3호분과
비슷하거나 약간 늦은 것으로 추측된다. 왜냐하면 적석총보다 앞선 시기부터 존재했
을 토광묘와 판축기법을 가미하여 축조했기 때문에 순수 고구려양식에서 약간 벗어
난 모습을 보여주기 때문이다. 여기에는 사적11호 풍납토성의 경당지구에서 출토된
것과 같은 한–낙랑(漢–樂浪)계통으로 보이는 기와편이 많이 수습되었다. 이는 집안
(集安)의 태왕릉(太王陵), 장군총(將軍塚)과 천추총(千秋塚) 등의 석실이 있는 계단식 적
석총의 상부에서 발견된 건물터나 건물의 지붕에 얹은 기와 편들로부터 구조상 상당
한 유사점을 찾을 수 있다. 즉 고구려의 적석총은 무덤(墓)인 동시에 제사를 지낼 수
있는 묘(廟)의 기능인 향당(享堂)의 구조를 무덤의 상부에 가지고 있었다. 이런 점에서
연도가 있는 석실/석곽을 가진 석촌동 4호분 적석총도 축조연대만 문제가 될 뿐 고
구려의 적석총과 같은 기능을 가지고 있었던 고구려계통의 무덤양식인 것이다. 석촌
동 1호분의 경우 왕릉급의 대형쌍분임이 확인되었다. 그 쌍분전통은 압록강유역의
환인현 古力墓子村에 보이는 이음식 돌무지무덤과 연결되고 있어 백제지배세력이 고
구려와 관계가 깊다는 것에 또 하나의 증거를 보태준다. 자강도 시중군 로남리, 집안
양민과 하치 등지의 고구려 초기의 무기단식 적석총과 그 다음에 나타나는 집안 통
구 우산하(禹山下), 환도산성하 동구(洞溝)와 자강도 자성군 서해리 등지의 기단식 적
석총들은 서울 석촌동뿐만 아니라 남한강 및 북한강의 유역에서 많이 발견되고 있다.
남한강상류에는 평창군 여만리와 응암리, 제원 청풍면 양평리와 도화리 등에서 발견
된 바 있으며, 북한강 상류에서는 화천군 간척리와, 춘성군 천전리, 춘천 중도에서도
보고되었다. 또한 경기도 연천군 중면 삼곶리를 비롯해, 군남면 우정리와 백학면 학
곡리에서는 이보다 앞서는 백제시대의 초기 무기단식 적석총이 발견되었다. 河北慰
禮城으로 추정되는 臨津江변인 연천 중면 횡산리에서도 무기단식 적석총이 발견되었
다는 것은 백제적석총이 북에서 남하했다는 설을 재삼 확인시켜주는 것이며, 아울러
백제적석총에 대한 많은 시사를 한다고 볼 수 있다. 그러나 고구려인이 남한강을 따

사용하였다. 이 덧띠토기의 말기에는 한반도에 고대국가가 나타난다. 그리고
북쪽에서는 위만조선(기원전 194년-기원전 108년)이란 국가가 이미 형성되었다.
특히, 철제 농기구의 사용으로 농업이 발달하여 경제기반이 확대되었다. 철제

라 남하하면서 만든 것으로 추측되는 단양군 영춘면 사지원리[傳 온달(傳 溫達, ?-서기
590년 영양왕 1년)장군묘]의 적석총이 발굴되었는데 이것은 산청에 소재한 가야의 마지
막 왕인 구형왕릉(仇衡王陵, 사적 214호)의 기단식 적석구조와 같이 편년이나 계통에
대한 아직 학계의 정확한 고증을 받지 못하고 있다. 그러나 한강유역의 각지에 퍼져
있는 적석총의 분포상황으로 볼 때 고구려에서 나타나는 무기단식, 기단식과 계단식
적석총이 모두 나오고 있다. 이들은 당시 백제는 『三國史記』 온조왕대(溫祚王 13년, 기
원전 6년)의 기록에서 보이는 바와 같이 동으로는 주양(走壤, 춘천), 남으로는 웅천(熊
川, 안성천), 북으로는 패하(浿河, 예성강, 현재 臨津江으로 추정)에까지 세력을 확보하고
있었음을 확인시켜준다. 백제 초기 집자리들이 강원도 화천 하남 원천리, 홍천 하화
계리, 원주 법천리, 충주 가금 탑평리, 강화도 교동 대룡리, 포천 자작리 등지에서도
확인되어 『三國史記』 기록을 뒷받침해주고 있다. 이와 같이 한강유역에 분포한 백제
초기의 적석총들은 백제 초기의 영역을 알려주는 고고학적 자료의 하나이며, 이는 오
히려 고구려와 백제와의 역사적 맥락에 대한 문헌과 신화의 기록을 보충해주고 있다
하겠다.
또 적석총들에서 기원전 108년 漢 武帝의 한사군 설치를 계기로 낙랑과 대방을 통해
고도로 발달한 한의 문물과 함께 철기시대 전기 말에 무문토기사회에 유입된 한식도
기(漢式陶器) 또는 낙랑도기(樂浪陶器)가 예외 없이 나타난다. 최근 한식도기(낙랑도기)
가 나오는 유적은 풍납토성(사적 11호), 경기도 연천 초성리, 가평 대성리, 달전 2리와
상면 덕현리, 양주 양수리 상석정, 하남시 이성산성(사적 422호), 화성 기안리, 광주읍
장지동, 강원도 강릉 안인리와 병산동, 동해 송정동, 정선 예미리, 춘천 우두동과 거
두 2리와 율문리, 충청남도 아산 탕정 명암리와 경상남도 사천 늑도 등 십여 군데에
이른다. 주로 경기도(樂浪 기원전 108년-서기 313년, 帶方지역)와 강원도[臨屯 漢 武帝 元
封 4년(기원전 108년漢 武帝 元封 3년 기원전 108년 설치-기원전 82년 임둔을 파하여 현도에
합침, 玄菟(기원전 107년-기원전 75년 興京·老城지방으로 옮김)-昭帝 5년(기원전 82년)]의
濊, 東濊지역에 집중해서 낙랑도기가 나오고 있다. 이 점은 고구려계통의 적석총이
남하하면서 낙랑과 임둔의 影響을 잘 받아들이고 있음을 보여주고 있다 하겠다.
30) 덧띠토기(점토대토기)에는 아가리 입구에 원형·방형·삼각형의 세 종류의 덧띠를 붙이
고 있다. 그중 삼각형의 것이 가장 늦은데 신라 시조 박혁거세와 관련된 경주 나정

무기와 철제연모의 사용으로 종래 사용해 오던 청동기는 儀器化하였다. 철기와 함께 중국 화폐인 明刀錢 등이 사용되어 당시 중국과 활발한 교역관계를 보여준다. 경남 창원 다호리유적에서는 붓이 발견되어 이 시기에 우리나라에서도 한자가 사용되고 있었음을 알 수 있다. 그리고 이 시기에 이르러 청동기문화도 더욱 활짝 펴, 한반도 안에서는 독자적인 발전을 이룩하였다. 비파형동검은 한국식 동검인 세형동검으로, 거친무늬거울은 잔무늬거울로 그 형태가 변하여 갔다. 그리고 청동제품을 제작하던 틀인 거푸집도 전국의 여러 유적에서 발견되고 있다. 토기도 민무늬토기 외에 붉은 간토기(紅陶), 입술 단면에 원형 또는 타원형(또는 삼각형)의 덧띠가 붙여진 덧띠토기, 검은간토기 등이 사용되었다.

3) 철기시대의 생활

청동기시대부터 주요한 생산도구로 사용되던 간석기가 매우 다양해지고 기능도 개선되었으며, 이에 따라 생산경제도 더욱 발달하였다. 이 시기의 사람들은 농경을 더욱 발전시켜 돌도끼나 홈자귀, 괭이, 그리고 나무로 만든 농기구로 땅을 개간하여 곡식을 심고 가을에는 반달돌칼로 이삭을 잘라 추수를 하였다. 농업은 조, 보리, 콩, 수수 등 밭농사가 중심이었지만, 저습지에서는 벼농사가 이루어졌다. 사냥이나 물고기잡이도 여전히 행해졌으나, 농경의 발달로 점차 그 비중이 낮아지고 돼지, 소, 말 등의 가축의 사육이 이전보다 늘어났다. 이 생활이 철기시대까지 지속·발전되었다. 철기시대 전기[31]에는 집자

유적에서도 이 시기의 豆形토기가 나오고 있다.

31) 종전에 사용하던 초기 철기시대는 한국고고학의 편년에서 사용하고 있는 특수한 용어로서 청동기시대 다음에 오는 시대로 이는 앞선 청동기시대에 이은 2차 청동기시대로도 언급될 수도 있다. 그러나 최근 철기시대 앞에 붙는 '초기'란 말의 혼란과 이 시기에 이미 철기가 사용됨을 들어 '초기 철기시대'란 용어 대신 '철기시대 전기'(기원

리의 형태는 직사각형움집인데, 점차 지상가옥으로 바뀌어 갔다. 움집 중앙에 있던 화덕은 한쪽 벽으로 옮겨지고, 저장구덩도 따로 설치하거나 한쪽 벽면을 밖으로 돌출시켜 만들어 놓았으며 또 창고와 같은 독립된 저장시설을 집밖에 따로 만들기도 하였다. 그리고 움집을 세우는데 주춧돌을 이용하기도 하였다. 집자리는 넓은 지역에 많은 수가 밀집되어 있어 취락형태를 이루고 있다. 이것은 농경의 발달, 과인구의 증가로 정착생활의 규모가 잠차 확대되었음을 보여주는 것이다. 또, 같은 지역의 집자리라 하더라도 그 넓이가 다양한 것으로 보아, 주거용 외에도 창고, 공동작업장, 집회소, 공공의식장소 등도 만들었음을 알 수 있다. 이는 점차 사회조직의 발달과 복잡함을 나타내준다. 그리고 보통의 집자리는 4명-8명 정도의 핵가족이 살 수 있는 크기로서, 이것은 부부를 중심으로 한 가족용으로 만들어진 것이다. 이러한 환경에서 여성은 주로 집안에서 집안일을 담당하게 되었고, 남성은 농경, 전쟁과 같은 바깥일에 종사하게 되었다. 한편, 생산의 증가에 따른 잉여생산물의 축적과 분배, 사적 소유로 인해 빈부의 차와 계급의 분화 촉진되었다.

기원전 5세기경부터 철기가 쓰이기 시작하였다. 특히, 철제농기구의 사용으로 농업이 발달하여 경제기반이 확대되었다. 철제무기와 도구의 사용으로 인하여 종래 사용해 오던 청동기는 儀器化 하였다. 청동기시대의 대표적 유물인 비파형동검은 한국식 동검이라 불리는 세형동검으로, 거친무늬거울은 잔무늬거울로 그 형태가 변하여 갔다. 이와 같이 이 시기에는 청동기문화도 더욱 활짝 펴, 한반도 안에서는 독자적인 발전을 이룩하였다. 그리고 청동제품

전 400년-기원전 1년)로 대치해 나가고 있다. 참고로 '철기시대 후기'(또는 '삼국시대 전기', 삼한시대, 서기 1년-서기 300년)는 종래의 '원삼국시대'에 해당한다. 철기시대 전기의 특징적인 유물로는 청동제의 세형동검과 잔무늬거울을 들 수 있다. 이와 같이 이 시대에는 특징적인 청동제유물이 많이 쓰이고 있으면서도 철기가 처음으로 함께 나타나고 있다.

을 제작하던 틀인 거푸집도 전국의 여러 유적에서 발견되고 있다. 토기도 청동기시대의 대표적인 토기인 민무늬토기 이외에 붉은간토기, 입술 단면에 원형 또는 타원형의 덧띠가 붙여진 덧띠토기, 검은간토기 등이 나타나고 있다. 기원전 300년경부터 철기가 유입되면서 중국 연나라 화폐인 明刀錢, 五銖錢 등이 사용되어 당시의 활발한 교역관계를 보여주고 있다. 또 경남 의창군 다호리유적에서는 붓이 나와 중국의 한자가 사용되고 있었음을 보여준다. 이 시기의 사람들은 농업을 더욱 발전시켜 조, 기장, 숯 등의 밭농사와 벼농사를 행하였다. 집의 형태는 대개 장방형움집인데 점차 지상가옥으로 바뀌어져서 온돌구조가 나타나며 농경의 발달과 인구증가로 정착생활의 규모가 확대되었다. 철기는 이전의 도구들에 비해 더 단단하고 날카롭기 때문에 효율성이 높았다. 경작지를 개간하기가 더 쉬워졌고, 농업기술도 발달하여 농업생산량이 크게 늘어났으며, 이에 따라 인구도 증가하였다. 또한 무기도 발달하여 철제무기를 잘 이용한 부족은 다른 부족을 정복함으로써 세력을 크게 키울 수 있었다. 더불어 직업이 전문화되고, 사회의 계급이 뚜렷이 구분되면서 국가의 모습을 갖추어 나아갔는데, 이때 만주와 한반도 일대에는 새로운 나라들이 많이 등장하였다. 철기시대유적에서는 다양한 철기와 함께 중국의 화폐(왕망전·화천·오수전·반량전 등)가 많이 출토되는데, 이것은 초기의 국가들이 중국과 활발하게 교류하였음을 말해 준다. 철기시대의 무덤으로는 널무덤과 독무덤 등이 있다. 널무덤은 구덩이를 파고 나무로 널을 만들어 넣은 것으로, 평안도 지역에서 만들어지다가 남부로 전파되어 낙동강유역에서 많이 만들었다. 독무덤은 두 개의 항아리 입구를 맞대어 만든 것으로, 영산강유역에서는 대규모의 독무덤이 발견되기도 한다.

12. 여러 나라의 모습

고조선 말기인 기원전 2세기 무렵이 되면 만주와 한반도 북부에서는 우리 겨레의 또 다른 부족집단이 세력을 키워갔다. 이들은 철기문화를 바탕으로 하여 다른 부족을 정복하거나 또는 연합하여 초기국가의 모습을 갖추었다. 만주에서는 지금의 지린성 일대를 중심으로 한 쑹화강유역의 평야지대에서 부여가 성장하였으며, 부여의 한 갈래인 고구려가 압록강의 지류인 동가강유역의 홀본(졸본)지방에서 자리를 잡았다. 한반도에서는 동해안 북부지방을 중심으로 옥저와 동예가 위치하였으며, 한강이남지역에는 일찍부터 마한이 존재하여 남방 여러 족장사회 가운데 중심세력이 되었는데, 고조선 멸망 이후 그 유민들의 이주로 인하여 사회가 분화·발전하면서 마한, 진한, 변한의 삼한을 이루었다. 마한에는 54개의 작은 나라들이 있었으며, 진한과 변한에는 각각 12개의 작은 나라가 있어 연맹체를 이루었다. 삼한 가운데 마한의 세력이 가장 컸으며 그 가운데 하나인 목지국의 지배자가 馬韓王(西韓王 護?) 또는 진왕으로 추대되어 삼한의 영도세력이 되었다. 삼한에는 정치지배자 외에 종교전문가인 天君이 있었고 신성지역으로 蘇塗라는 별읍이 있었다. 천군은 농경과 종교에 대한 의례를 주관하였다. 변한에서는 철이 많이 생산되어 중국, 일본 등지에 수출하였는데 화폐처럼 쓰이기도 하였다. 철기문화의 발전으로 삼한사회는 점차 변화하여 지금의 한강유역에서는 백제국이 커지면서 마한지역을 통합해갔다. 낙동강지역에서는 가야국이, 그 동쪽에서는 사로국이 성장하여 고대국가 성립의 기반을 마련하여 나갔다.

1) 부여

부여(夫餘)는 만주 송화강유역 오늘날의 농안 일대의 평야지대를 중심으로 성장하였다. 농경과 목축을 주로 하였고, 특산물로는 말, 주옥, 모피 등이 유명하였다. 부여는 이미 서기 1세기 초에 왕호를 사용하였고, 중국과 외교관계를 맺는 등 발전된 국가의 모습을 보였다. 그러나 북쪽으로는 선비족, 남쪽으로는 고구려와 접하고 있다가 3세기 말 선비족의 침략을 받아 크게 쇠퇴하였고, 결국 새로이 일어나는 勿吉의 위협을 받자 왕족이 고구려에 투항하여 결국은 고구려에 편입되었다(서기 494년). 왕 아래에 가축의 이름을 딴 마가, 우가, 저가, 구가와 대사자, 사자 등의 여러 加와 관리들이 따로 사출도를 다스리고 있었는데 이들이 왕을 직접 선출하기도 하였다. 이때의 왕은 아직 세습되지 않는 것으로 보아 그 세력이 확고했다고는 보기 어렵다. 이들 加는 따로 행정구획인 왕이 나온 대표부족의 세력은 매우 강해서 궁궐, 성책, 감옥, 창고 등의 시설을 갖추고 있었으며, 왕이 죽으면 많은 사람들을 껴묻거리와 함께 묻는 순장의 풍습이 있었다. 부여의 법으로는 4조목이 전해지고 있다. 그 내용은, 살인자는 사형에 처하고 그 가족은 노비로 하며, 남의 물건을 훔쳤을 때에는 물건 값의 12배를 배상하게 하고, 간음한 자와 투기가 심한 부인은 사형에 처한다는 것이었다. 이는 결국 고조선의 8조의 법과 같은 종류임을 알 수 있다. 부여의 풍속에는 정월(殷曆)에 迎鼓라는 제천행사가 있었다. 이것은 농경사회의 전통을 보여주는 것으로 12월에 열렸다. 이때에는 하늘에 제사를 지내고 가무를 즐기며, 죄수를 풀어 주기도 하였다. 전쟁이 일어났을 때에는 제천의식을 행하고 소를 죽여 그 굽으로 길흉을 점쳤다. 우리나라 사람들이 점을 치는 풍습은 선사시대의 고고학자료에서도 찾아지는데 이는 무산 범의 구석에서 나온 점뼈(卜骨)에서 드러난다. 점뼈는 대개 사슴 등의 초식동물의 어깨뼈를 지져서 그 갈라지는 모양새를 가지고 길흉을 점쳤던 것으로 보인다. 이러한 풍습은 우리나라의 남단에서도 여전히 찾아지는 바, 예를 들면 웅천 자마산 패총과 해남 군곡리에서 나온 복골로 보아 삼한사회에서도 점복의 풍습이 있었음을 유추할 수 있다. 앞에서 말했듯이 당시에 한반도에 동시기에 존재하던 여러 국가들은 대개 비슷한 풍습을 갖고 있었음이 틀림없다. 부여에서는 왕이 죽으면 많은 부장품과 함께 순장을 행하였다. 많을 때는 100여 명이나 껴묻었다고 한다. 영혼의 불멸을 믿어서, 죽음은 영원히 없어지는 것이 아니라 다른 세계로 이어지는 것이라고 생각하였기 때문에 장례를 후하게 한 것은 이 시대의 공통된 관습이었다. 그러므로 순장은 부여사회의 풍속만은 아니다. 신라 지증왕 3년(502년)에 순장을 금한 기록이 있을 뿐 아니라 최근에 찾아진 발굴자료 및 연구에 의하면 고조선을 비롯하여 고구려, 가야, 신라, 삼한 등지에서 순장이 이루어졌던 것으로 나타나며 따라서 나머지 지역에도 해당될 것으로 생각된다. 부여는 고조선에 이어 두 번째로 세워진 우리 겨레의 나라이자, 고구려와 백제의 뿌리가 된다는 점에서 역사상 중요한 의미를 가지고 있다.

2) 고구려

고구려는 부여로부터 남하한 주몽에 의해 압록강의 지류인 동가강유역에 건국되었다(기원전 37년). 주몽은 부여의 지배계급 내의 분열, 대립과정에서 박해를 피해서 남하하여 독자적으로 고구려를 건국하였다. 고구려는 압록강의 지류인 동가강유역의 졸본(환인)지방에 자리잡았다. 이 지역은 대부분 큰 산과 깊은 계곡으로 된 산악지대로서, 토지가 척박하여 힘써 일을 하여도 양식이 모자랐다. 그래서 고구려는 건국 초기부터 주변의 소국들을 정복하고 평야지대로 진출하고자 하였다. 그리하여 압록강변의 국내성(통구)으로 옮겨 5부족연맹을 토대로 발전하였다. 그후 활발한 정복전쟁으로 한의 군현을 공략하여 요동지방으로 진출하였고, 또 동쪽으로는 부전고원을 넘어 옥저를 정복하여 공물을 받았다. 고구려 역시 부여와 마찬가지로 왕 아래 대가들이 있었으며, 이들은 각기 사자, 조의, 선인 등 관리를 거느리고 독립된 세력을 유지하였다. 그리고 중대한 범죄자가 있으면 제가회의에 의해 사형에 처하고, 그 가족을 노비로 삼았다. 또, 고구려에는 서옥제(사윗집)라는 데릴사위의 결혼풍속이 있었다. 그리고 건국시조인 주몽과 그 어머니 유화부인을 조상신으로 섬겨 제사를 지냈고, 10월에는 추수감사제인 東盟이라는 제천행사를 성대하게 하였다. 한편, 고구려에서도 부여와 같은 점복의 풍습이 있었다. 고구려는 기원전 37년에 건국되어 초기부터 주변의 소국들을 정복하였고 통구로 옮겨오면서 5부족연맹을 이루고 고대국가로 발전하였다고 한다. 주몽설화에 등장하는 주몽의 어머니 유화부인은 河伯女로서, 여기서도 하나의 탄생을 생명의 근원인 물에 연결시키는 고대인의 사유를 엿볼 수 있다. 주몽설화는 이러한 물과 日光에 감응한 卵生형식의 설화가 결합되어 생겨난 것으로 보이며, 고구려가 확대·통합되어 가는 과정에서 한 부족의 설화가 —이것은 또 부여의 설화를 차용한 것으로 보인다.— 부족 전체의 설화로 격상하여 갔음을 추측할 수 있다. 주몽이 어머니 유화부인과 헤어질 때 오곡의 종자를 받았고 그 후 잊고 두고 온 보리 종자를 비둘기가 입에 물어 날라다 주었다는 이야기에서 穀母적인 지모신(mother-goddess)사상이 있었음도 엿볼 수 있다. 동맹축제 때의 곡신의례의 원류는 이러한 곡모적인 지모신사상에서 찾을 수 있을 것이다.

3) 옥저와 동예

일반으로 옥저와 동예는 동해안에 치우쳐 있어 선진문화의 수용이 늦었으며 일찍부터 주위의 압박과 수탈을 받아 크게 성장하지는 못하였다고 말해진다. 확실히 이들은 외진 곳에 자리 잡고 있기 때문에 그러할 가능성이 높아 보이기는 한다. 그러나 현재까지 드러난 고고학자료들은 위의 논의들과 다른 면모를 보여준다. 최근의 발굴성과에 의하면 함남 금야 소라리토성, 북청 하세동리, 함흥시 리화동 등지에서 같은 시기의 서북조선, 즉 고조선—고구려의 문화발달상과 다를 바 없는 유물들이 출토되고 있다. 그 이전 시기인 청동기시대에 있어서도 북청 토성리, 금야읍, 나진 초도 등의 유적에서 보자면 일찍부터 발달된 청동유물들이 출토되고 있다. 유물과 유적들로 보아 이들은 아마 청동기문화—족장사회단계까지는 정상적으로 발달되어 나갔다고 여겨진다. 따라서 옥저와 동예는 고조선—고구려의 대를 잇는 대외무역 장악 및 정복정책 등으로 인한 수탈과 착취로 인하여 성장하지 못했다고 해석함이 나을 듯하다. 沃沮는 어물과 소금 등 해산물이 풍부하였고, 토지가 비옥하여 농사가 잘 되었다. 옥저는 고구려의 압력으로 소금, 어물 등 해산물을 공납으로 바쳐야 했다. 옥저인은 고구려인과 같이 부여족의 한 갈래였으나, 풍속이 달랐으며 민며느리제가 있었다. 그리고 가족이 죽으면 시체를 가매장하였다가 나중에 그 뼈를 추려서 가족 공동의 무덤인 커다란 목곽에 안치하였다. 또, 죽은 자의 양식으로 쌀을 담은 항아리를 매달아 놓기도 하였다. 東濊도 토지가 비옥하고 해산물이 풍부하여 농경, 어로 등 경제생활이 윤택하였다. 특히, 누에를 쳐서 명주를 짜고 삼베도 짜는 등 방직 기술이 발달하였다. 특산물로는 단궁이라는 활과 과하마, 반어피 등이 유명하였다. 동예에서는 매년 10월에 舞天이라는 제천 행사를 열었다. 그리고 동성(씨족)끼리는 결혼을 하지 않은 族外婚이 있어 엄격하게 지켰다. 그리고 산천을 중시하여 각 부족의 영역을 함부로 침범하지 못하게 하였다. 만약, 다른 부족의 생활권을 침범하면 책화라 하여 노비와 소, 말로 변상하게 하였다. 이들 각 부락에는 邑君(邑長)이나 三老라는 족장이 있어서 자기 부족을 다스렸다. 그리고 동예에서는 산천을 경계로 각 부족의 영역을 함부로 침범하지 못하게 하였다. 다른 부족의 생활권을 침범하면 '책화'라고 하는 배상의 요구가 있었다. 민족지자료를 통해 퉁구스나 아이누족에도 책화 같은 풍습이 있다고 지적되기도 하나, 여기에서는 두 가지 측면을 엿볼 수 있다. 첫째로, 영역을 중시한다는 구절은 『三國志』부여전 등에서도 찾아볼 수 있듯이 어느 족장사회나 국가단계에서라도 중요하게 생각되는 부분이며 이를 어기면 징벌하는 계율이 있었을 것이다. 둘째로는 하나의 단위 안에서도 아직 각 부족의 영역을 매우 존중하였다는 점에서 혈연적인 단위의 해체 등이 아직 완전하지 않음을 보여준다. 즉 동예와 옥저가 정치적으로 미발달했음을 유추할 수 있다. 따라서 주위의 고조선-고구려-부여 등이 국가 단계로 들어갈 때도 아직 족장사회 단계로 남아 있었음을 추정할 수 있는 것이다. 함경도 및 강원도 북부의 동해안지방에 위치한 옥저와 동예는 선진문화의 수용이 늦었으며, 일찍부터 고구려의 압박과 수탈로 인하여 크게 성장하지 못하였다.

4) 삼한

고조선사회의 변동에 따라 대거 남하해오는 유이민에 의해 새로운 문화가 보급되어 토착문화와 융합되면서 사회가 더욱 발전하였다. 그리하여 마한, 진한, 변하의 연맹체들이 나타나게 되었다. 그중 마한은 천안, 익산, 나주지역을 중심으로 하여 경기, 충청, 전라도지방에서 발전하였다. 마한은 54개의 소국으로 이루어졌는데, 그중에서도 큰 것은 만여 호, 작은 것은 수천 호로 총 10여 만 호였다. 이런 관점에서 인류학의 신진화론을 도입하여 대입하여 삼한 소국의 성격을 이해하고자 하기도 하였다. 삼한사회는 인구가 평균 만 명 정도이며, 天君이 주관하는 蘇塗 등의 존재로 보아 '족장사회'단계라는 연구도 그 하나이다. 그러나 사로국과 같은 나라들이 있던 삼한사회는 이미 기원전 2세기경에 성읍국가단계로 발전하고 있었으므로 이같은 사회를 국가형성 이전 단계인 족장(여기에서 족장, 군장 또는 추장사회는 영어의 chiefdom society를 의미한다)사회로 비정하고 있다. 또 신라역사에서 국가단계에 이르는 과정을 촌락사회단계(사로 6촌의 추장사회)-촌락사회연맹단계-사로소국단계-진한소국연맹단계-사로국의 진한제소국 정복단계를 거쳐 발전해왔다는 논리 역시 신진화론의 대입과 지석묘라는 고고학자료가 그 밑받침이 된다. 마한은 지금의 경기, 충청, 전라지방에서 발전하였다. 마한의 각 소국들은 수천-1만 호로 이루어져 있었는데 모두 10여 만 호였다. 변한은 김해, 마산지역을 중심으로, 진한은 대구, 경주지역을 중심으로 발전하였다. 각 소국들은 수백-수천 호로 이루어져 있었으며, 모두 4만-5만 호였다. 삼한 중에는 마한이 가장 강하였으며, 마한을 이루고 있는 소국 중의 하나인 목지국[32]이 마한왕 또는 진왕으로 추대

---

32) 마한은 기원전 3세기/기원전 2세기경에서 서기 5세기 말/서기 6세기 초까지 존재하였으며 상당 기간 백제와 공존하였다. 마한인이 공립하여 세운 진왕이 다스리는 수도인 목지국은 처음에 성환, 직산과 천안지역을 중심으로 발달하였으나, 백제의 성

되어 삼한 전체를 주관하였다. 삼한의 족장 중에서 세력이 큰 것은 신지, 작은 것은 읍차라고 불렀다. 백제성립 이전 기원전 3세기−기원전 2세기부터 존속했던 마한은 맹주국인 目支國의 위치를 전남지방에 비정하는 견해가 나왔다. 馬韓(기원전 3/2세기−서기 5세기 말 6세기 초)은 한국고고학편년상 철기시대 전기에서 삼국시대 후기에 걸치며, 百濟보다 앞서 나타나서 백제와 거의 같은 시기에 공존하다가 마지막에 백제에 행정적으로 흡수·통합되었다. 그러나 전라남도 羅州 潘南面 일대에서는 目支國이란 이름으로 토착세력을 형성하고 있었다. 그 내용도 『三國志』 魏志 東夷傳과 『後漢書』에 잘 보인다. 또 최근 土室과 같은 고고학자료도 많이 나와 그 실체를 파악할 수 있게 되었다. 그래서 마한은 衛滿朝鮮(기원전 194년−기원전 108년)과 마찬가지로 한국고고학상 역사고고학의 시작을 이룬다. 그러나 편년설정, 백제와 구분되는 특징적인 문화내용, 54국의 위치비정과 상호 간의 通商圈(Interaction Sphere), 목지국의 위치와 이동, 정치체제와 종교문제 등 앞으로 연구해야 될 과제가 많다. 『三國志』[晋初 陳壽(서기 233년−297년)가 씀] 위서 동이전 및 『後漢書』[南北朝의 宋范曄(서기 398년−445년)이 씀] 동이열전 한조(韓條)에 기록된 辰韓 노인에 관한 기사는 秦나라(기원전 249−기원전 207년 : 기원전 211년 진시황이 통일)의 고역(苦役)을 피해 한나라에 왔고, 마한에서 동쪽 국경의 땅을 분할하여 주었다는 내용인데(辰韓在馬韓之東其耆老傳世自言古之亡人避秦役來適韓國馬韓割其東界地與之有城柵...), 이 기록은 마한의 上限이 늦어도 기원전 3세기−기원전 2세기까지는 소급될 수

장과 지배영역의 확대에 따라 남쪽으로 옮겨 공주−익산지역을 거쳐 마지막에 나주 부근(현 대안리, 덕산리, 신촌리와 복암리)에 자리잡았을 것으로 추정된다. 왕을 칭하던 국가 단계의 목지국이 근초고왕이 천안지역을 병합하는 4세기 후반까지 공존하였고 그 이후 마한이 멸망하는 서기 5세기 말−서기 6세기 초까지 백제의 정치세력과 공존하는 토착세력으로 자리 잡았을 것으로 보인다. 마한의 고고학적인 유적·유물로는 공주 장선리(사적 433호)의 土室, 周溝墓, 토기의 鳥足文과 鋸齒文 등을 들 수 있다.

있음을 보여준다. 그리고 『三國史記』 권 제1 신라본기 시조 赫居世 居西干 38년(기원전 20년) 및 39년(기원전 19년)조에 보이는 馬韓王 혹은 西韓王의 기록과 『三國史記』 백제본기 권 제23 시조 온조왕 13년 조(기원전 6년)의 馬韓王에게 사신을 보내 강역을 정했다는 기록 등은 마한이 늦어도 기원전 1세기경에는 왕을 중심으로 하는 국가체계를 갖추었던, 신라와 백제보다 앞서 형성되었던 국가였음을 알려 준다. 『三國志』 魏志 東夷傳 한조에 王莽(기원전 45년생−서기 23년 歿, 서기 9년−서기 23년 집권, 新나라는 25년까지 존속)時 辰의 右渠帥 廉斯鑡와 後漢 桓帝(서기 147년−서기 167년)와 靈帝(서기 168년−188년)의 "...桓靈之末韓濊彊盛..."이란 기록으로 보아 기원전 108년 漢四郡의 설립 이후 255년−296년 후인 서기 147년−188년에는 삼한이 매우 강성해지고 있음을 알 수 있다. 또 魏志 東夷傳에는 辰王이 통치했던 목지국[월지국(月支國)으로도 쓸 수 있으나 본고에서는 목지국으로 통일함]은 마한을 구성하는 54국이 共立하여 세운 나라였다는 기록이 있다. 다시 말해 마한의 상한은 기원전 3세기−기원전 2세기까지 거슬러 올라갈 수 있고, 『三國史記』의 기록은 마한이 기원전 1세기대에 신라 및 백제와 통교했음을 알려 주고 있어, 마한의 중심연대는 기원전 2세기−기원전 1세기경이었다고 상정할 수 있겠다. 마한의 하한연대에 대하여는 적지 않은 이견이 있지만, 동신대학교 박물관이 발굴조사한 나주 금천면 신가리 당가의 토기 가마를 통해 볼 때 서기 5세기 말 또는 6세기 초경이 아니었나 생각된다. 따라서 마한의 존속시기는 기원전 3세기−기원전 2세기경부터 서기 5세기 말−6세기 초까지 대략 700년 정도로 볼 수 있는데, 이 시간대는 한국고고학편년상 철기시대 전기(기원전 400년−기원전 1년), 철기시대 후기 또는 삼국시대 전기(서기 1년−서기 300년) 그리고 삼국시대 후기(서기 300년−서기 660/668년경)에 해당된다. 즉 시기상으로 어느 정도 차이가 있기는 하지만, 마한의 존속시기는 백제의 역사와 그 궤를 같이 한다고 할 수 있다. 백제가 강성해져 그 영역이 확대됨에 따라 마한의 영역은 축소되었다. 그리고 서기 369년 근초고왕

때의 마한세력의 정벌은 나주 일대의 마한세력이 아니라 천안 일대, 다시 말해 마한 Ⅰ기의 중심지였던 천안(용원리, 청당동과 운전리를 중심) 일대의 마한세력을 멸한 것으로, 마한의 중심세력은 다시 공주(사적 460호 공주 의당면 수촌리 일대), 익산으로 이동하였던 것으로 해석할 수 있겠다. 참고로 한성시대 백제의 강역이 가장 넓었던 시기는 제13대 근초고왕대로 여겨진다. 최근 확인된 고고학 자료를 통해 볼 때 당시 한성백제의 실제 영역은 서쪽으로 강화도 교동 대룡리 및 인천 문학산 일대까지, 동쪽으로는 여주 하거리와 연양리, 진천 석장리, 산수리(사적 제325호)와 삼룡리(사적 제344호)를 넘어 원주 법천리와 춘천 거두리, 홍천 하화계리와 화천 하남 원천리까지 확대되었으며, 북쪽으로는 포천 자작리와 파주 주월리(백제 육계토성 내)와 인천 계양구 동양동, 군포 부곡동과 탄현 갈현리(토광묘) 일대까지 그리고 남쪽으로는 평택 자미산성과 천안 성남 용원리에 중심을 둔 마한과 경계를 두는 정도에 이르게 되었던 것으로 해석된다.[33]

---

33) 백제 초기의 유적은 충청북도 충주시 금릉동 백제 초기 유적, 칠금동 탄금대 백제토성(철 생산유적), 장미산성(사적 400호), 가금면 탑평리 집자리와 강원도 홍천 하화계리, 원주 법천리, 춘천 천전리, 화천군 하남 원천리에서 발견되고 있는데, 이들은『三國史記』百濟本紀 Ⅰ 溫祚王 13년條(기원전 6년)의 '...遣使馬韓 告遷都 遂畫疆場 北至 浿河 南限熊川 西窮大海 東極走壤...'이란 기록을 뒷받침해주고 있다.
『三國史記』百濟本紀 第一 始祖溫祚王. 十三年(기원전 6년) 春二月, 王都老嫗化爲男. 五虎入城. 王母薨, 年六十一歲. 夏五月, 王謂臣下曰 國家東有樂浪 北有靺鞨 侵軼疆境 少有寧日 況今妖祥屢見 國母棄養 勢不自安 必將遷國. 子昨出巡 觀漢水之南 土壤膏腴 宜都於彼 以圖久安之計 秋七月就漢山下立柵 移慰禮城民戶 八月遣使馬韓告遷都 遂畫定疆場, 北至浿河 南限熊川 西窮大海 東極走壤 九月立城闕. 十四年(기원전 5년)春正月遷都 二月王巡撫部落 務勸農事 秋九月 築城漢江西北 分漢城民. 이라는 기록에서 필자는 河北慰禮城은 中浪川(최몽룡 외 1985, 고고학 자료를 통해본 백제 초기의 영역고찰-도성 및 영역문제를 중심으로 본 한성시대 백제의 성장과정, 천관우 선생 환력기념 한국사학 논총, pp.83-120 및 한성시대 백제의 도읍지와 영역, 최몽룡·심정보 편저 1991, 백제사의

앞으로 보다 많은 고고학 자료를 통해 검증되어야 하는 가설수준이기는 하지만, 지금까지의 고고학 자료를 통해 시기에 따른 마한의 중심지를 추정해 볼 수 있다. 즉 한성시대 백제(기원전 18년-서기 475년) 시기의 마한영역은 천안 성남 용원리, 청당동 및 평택·성환·직산을 포함하는 지역이었을 것으로 추정되며, 백제의 공주 천도 이후(서기 475년-서기 538년) 마한의 중심지는 익산 영등동, 신동리와 여산면 유성, 전주 송천동과 평화동, 군산 내흥동과 산월리 그리고 남원 세전리, 고창 정읍 신정동 일대로 이동되었다. 마지막으로 부여 천도 후(서기 538년-서기 660년)에는 나주 반남면 대안리, 신촌리와 덕산리(사적 제76·77·78호)와 보성 조성 조성리(금평패총 포함)와 진도 고군면 오산리 일대가 마한의 중심지였던 것으로 추정된다. 다시 말해 그 중심지역의 변천에 따라 마한은 천안-익산-나주의 세 시기로 구분하여 생각해 볼 수 있다. 『三國史記』 온조왕 27년(서기 9년) 4월 '마한의 두 성이 항복하자 그곳의 백성들을 한산 북쪽으로 이주시켰으며, 마침내 마한이 멸망하였다(… 馬韓遂滅)'라는 기사는 한성백제와 당시 천안을 중심으로 자리하고 있던 마한과의 영역다툼과정에서 일어난 사건을 기술한 것으로 볼 수 있겠다. 한편 近肖古王 24년(서기 369년) 마한의 고지를 盡有했다는 나주 일대의 마한세력을 멸망시킨 것이 아니라 천안 일대, 다시 말해 마한 Ⅰ기의 중심지였던 천안(용원리, 청당동과 운전리를 중심)

이해, 서울: 학연문화사, p.82)으로 비정하였는데 현재는 연천군 중면 삼곶리(1994년 발굴, 이음식 돌무지무덤과 제단. 桓仁 古力墓子村 M19와 유사), 연천 군남면 우정리(2001), 연천 백학면 학곡리(2004), 연천 중면 횡산리(2009)와 임진강변에 산재한 아직 조사되지 않은 많은 수의 적석총의 존재로 보아 臨津江변의 漣川郡 일대로 비정하려고 한다. 그리고 西窮大海는 강화도 교동 華蓋山城, 東極走壤은 춘천을 넘어 화천 하남면 원촌리까지 이어지고, 南限熊川은 안성천, 평택, 성환과 직산보다는 천안 용원리, 공주 의당 수촌리(사적 460호)와 장선리(사적 433호), 서산 음암 부장리(사적 475호) 근처로 확대·해석하고, 北至浿河는 예성강보다 臨津江으로 추정하고자 한다. 이는 현재 발굴·조사된 고고학 자료와 비교해 볼 때 가능하다.

일대의 마한세력을 공주 의당면 수촌리(사적 460호), 서산 음암면 부장리(사적 475호)과 익산지역과 같은 남쪽으로 몰아냈던 사건을 기술한 것으로 해석하는 것이 보다 합리적이다. 이후 진왕이 다스리던 마한의 목지국은 익산을 거쳐 최종적으로 나주 일대로 그 중심을 옮겨갔을 것이다. 따라서 종래의 입장, 즉 마한을 삼한시대 또는 삼국시대 전기에 존속했던 사회정치체제의 하나로만 인식했던 단편적이고 지역적이었던 시각 또는 관점에서 탈피하여 마한사회를 전면적으로 재검토해야 할 시점에 다다른 것이다. 마한의 존재를 보여주는 고고학자료로는 토실, 수혈움집, 굴립주가 설치된 집자리, 토성 그리고 주구묘를 포함한 고분 등이 있으며, 또 승석문, 타날격자문, 조족문과 거치문 등은 마한의 특징적인 토기문양들이다. 승석문과 타날격자문은 마한뿐 아니라 백제지역에서도 채택되었던 토기문양으로 인식되는데, 이러한 문양이 시문된 토기는 기원전 108년 한사군 설치와 함께 유입된 중국계 회청색경질도기 및 印文도기 등의 영향하에 제작되었던 것으로 여겨진다. 이후 마한과 백제지역도 고온소성이 가능한 가마를 수용하여 회청색경질토기를 제작하게 되었다. 승석문 및 격자문이 시문된 연질 및 경질토기는 재래의 토착적인 경질무문토기(화도 700℃-850℃)와 한때 같이 사용되기도 했다. 그러나 한반도에서 중국제경질도기를 모방하기 시작하면서 이들이 한반도 전역으로 확산되었는데, 그 시기는 서기 1세기-서기 2세기경이었던 것으로 추정된다. 최근 용인 보정리 수지 빌라트지역(4지점) 남측 14호 저장공에서 이들이 함께 출토되었는데, 그 하한연대는 서기 2세기-3세기경으로 보고되었다. 이들 중 가장 두드러진 마한의 고고학적 자료는 토실[土室 또는 토옥(土屋)]인데, 이는 마한인들의 집이 마치 무덤과 같으며 입구가 위쪽에 있다는 『후한서』 동이전 한전에 보이는 '邑落雜居亦無城郭作土室形如塚開戶在上'이라는 기록과 『三國志』魏志 東夷傳 韓傳의 '居處作草屋土室形如塚其戶在上'이라는 기록과도 상통한다. 이러한 토실은 지금까지 20여 지점에서 확인되었는데, 종래에 竪穴坑 또는 저장공(구덩)으로 보고 된 사례들을 포함하면 그 수는 훨씬 늘어날 것이다. 목지국은 처음에 성환과 직산지역을 중심으로 발달하였으나 백제의 성장과 지배영역의 확대에 따라서 남쪽으로 옮겨 익산, 예산지역을 거쳐 나주 반남면 부근에 자리 잡았을 것으로 추정되고 있다. 목지국이 언제 망하였는지는 잘 알 수 없으나 나주지역에는 대형고분이 집중적으로 분포되어 있고, 금동관이 출토되기도 하여 이곳이 마한이나 목지국의 전통을 이어온 곳으로 보았고, 목지국은 근초고왕이 마한을 토벌하는 4세기 후반까지 존속하였을 것으로 추정되고 있다. 이의 고고학적 증거로는 최근 알려지기 시작한 周溝墓와 鳥足文의 분포를 들 수 있다. 즉 목지국은 고대국가의 하나로 고구려, 백제, 신라의 삼국과 공존하고 있었다는 것이 된다. 고고학적 성과를 토대로 보여 『삼국사기』와 낙랑군에 대한 재검토가 가능하다. 따라서 『삼국사기』의 초기 기록도 신빙할 수 있겠다.

삼한에는 제사장인 天君이 있어 蘇塗를 다스렸는데 이곳에서 농경과 제사에 관한 일을 맡아 하였다. 해마다 5월과 10월에는 하늘에 제사를 지냈는데, 이때 온 나라 사람들이 모여 날마다 음식과 술을 마시며 노래를 부르고 춤을 추며 즐겼다. 삼한은 철기문화를 바탕으로 한 농경사회였다. 변한은 철을 많이 생산하여 주변 나라에 수출하였으며, 이를 화폐로도 사용하였다. 또, 철제농기구를 이용하여 벼농사를 지었다. 한강유역에서 기원전 18년에 성립한 백제국이 성장하면서 마한지역을 구축·통합해 갔으며, 낙동강유역에서는 구야국이, 그 동쪽에서는 사로국이 성장하여 각각 가야연맹과 신라로 발전해 나갔다.

한편, 삼한에서는 정치적 지배자 외에 제사장인 천군이 있었다. 그리고 신성지역으로 소도라는 곳이 있었는데, 이곳에서 천군은 농경과 종교에 대한 의례를 주관하였다. 천군이 주관하는 소도는 족장의 세력이 미치지 못하는 곳으로, 죄인이라도 도망을 하여 이곳에 숨으면 잡아가지 못하였다. 이러한 제사장의 존재에서 원시신앙의 변화와 제정의 분리를 엿볼 수 있다. 소국의 일반민들은 읍락에 살면서 농업과 수공업의 생산을 담당하였다. 이들은 초가지붕의 반움집이나 귀틀집에서 살았다. 또, 공동체적인 전통을 보여주는 두레조직을 통하여 여러 가지 공동작업을 하였다. 삼한에서는 해마다 씨를 뿌리고 난 뒤인 5월의 수릿날과 가을 곡식을 거두어들이는 10월에 季節祭를 열어 하늘에 제사를 지냈다. 이러한 제천행사 때에는 온 나라 사람들이 모두 모여서 연일 음식과 술을 마련하여 노래를 부르고 춤을 추며 즐겼다. 삼한사회는 철기문화를 바탕으로 하는 농경사회였다. 철제농기구의 사용으로 농경이 발달하였고, 벼농사가 널리 행해졌다. 특히, 농경을 위한 저수지가 많이 만들어졌다. 김제 벽골제, 밀양 수산제, 제천 의림지 등은 삼한시대 이래의 저수지들이다. 변한에서는 철이 많이 생산되어 낙랑, 일본 등에 수출하였다. 철은 교역에서 화폐처럼 사용되기도 하였다. 삼한 중에서 마한의 세력이 가장 컸으며, 마한을 이루고 있는 소국의 하나인 목지국의 지배자가 마한왕 또는 진왕으로 추대되어 삼한 전체의 영도세력이 되었다. 삼한의 지배자 중 세력이 큰 것은 신지, 견지 등으로 불렸고, 작은 것은 번예, 읍차 등으로 불렸다. 그리고 진한은 대구, 경주 지역을 중심으로, 변한은 김해, 마산 지역을 중심으로 발전하였다. 변한과 진한은 각기 12개국으로 이루어졌는데, 큰 것은 4천-5천 호, 작은 것은 5백-7백 호로 모두 4만-5만 호였다. 이와 같은 철기시대 후기(서기 1년-300년) 문화의 발전은 삼한 사회의 변동을 가져와, 지금의 한강유역에서는 백제국이 커지면서 마한지역을 통합해 갔다. 또, 낙동강유역에서는 가야국이, 그 동쪽에서는 사로국이 성장하여 중앙집권국가의 기반을 마련하면서 각각 가야연맹체와 신라의 기틀을 다져 나갔다.

5) 가야의 성장

가야[伽倻]시대 서기 42년-서기 532년(신라 法興王19년/가야 10대 仇衡王/仇亥王(서기 521년-서기 532년)의 서기 532년/서기 562년 大伽倻의 멸망은 신라 眞興王 23년/대가야 16대 道設智王(서기 6세기 중엽-서기 562년) 서기 562년)]는 신라와 백제

두 강성한 세력 사이에서 침략을 당하여 결국 쇠퇴하고 말았으며 『삼국사기』 등의 기록조차도 신라 위주이기 때문에 신라에 복속당한 가야를 매우 소홀하게 다루어 놓았으나 그 문화적인 업적을 고려한다면 매우 눈부신 측면이 있다. 가야에 대한 기록이 매우 적기 때문에 이들에 대해서는 대부분 고고학적 자료들을 놓고 판단하게 되는데 최근에 가야지방에서 찾아지는 유적과 유물은 매우 규모가 크고 뛰어남을 보여준다. 가야가 이렇게 성장할 수 있는 원동력은 변한지방의 철 생산 때문이었다고 여겨진다. 실제로 대부분의 가야가 위치한 김해지방은 약 2,000여 년 전만 하더라도 삼각주의 평야지대가 아니었다는 지리학측의 연구결과가 나와 있는 만큼, 농사를 기반으로 한 문명이었다고 보기는 어렵다. 가야의 철 생산은 기원전후의 변한시대부터 발달하여 낙랑, 왜 등과 활발히 교역하였는데 마산 성산 야철지 등의 유적이 이를 증명해주고 있다. 서기 1980년부터 본격적으로 발굴된 부산 복천동고분의 경우 철제갑옷, 마구류 및 덩이쇠 등이 가야의 수준 높은 철기문화와 기마전의 전투양식도 보여주고 있다. 덩이쇠는 이 당시의 화폐로서 교역에 쓰였을 것으로 여겨진다. 순장의 증거를 보여주는 고령 지산동 고분군을 보더라도 그 무덤 규모는 참으로 웅대하다. 한편 다양한 가야토기들은 널리 알려진 대로 신라토기의 원형이 되었던 것이다. 가야의 유적은 앞으로도 많이 찾아질 것으로 기대되는 바, 한국고대사회에 있어서의 가야의 비중을 기억해야 할 것이다.

6) 철기시대의 사회상

철기시대에는 환호와 관련된 지역이 주거지로 보다 종교제사유적과 관계된 특수지구인 別邑인 蘇塗로 형성된 것 같다. 다시 말해 신석기시대의 精靈崇拜(animism), 청동기시대의 토테미즘(totemism)을 거쳐 철기시대의 巫敎(shamanism)와 祖上崇拜(ancestor worship)와 함께 환호를 중심으로 하는 전문 제사장인 天君이 다스리는 蘇塗가 나타난다. 소도도 일종의 무교의 형태를 띤 것으로 보인다. 이는 종교의 전문가인 제사장 즉 天君의 무덤으로 여겨지는 토광묘에서 나오는 청동방울, 거울과 세형동검을 비롯한 여러 巫具들로 보아 이 시기의 종교가 巫敎(shamanism)의 일종이었을 것으로 짐작된다. 이는 『三國志』魏志 弁辰條에 族長격인 渠帥가 있으며 이는 격이나 규모에 따라 臣智, 險側, 樊濊, 殺奚와 邑借로 불리고 있었음을 알 수 있다. 그리고 이들을 대표하는 王이 다스리는 국가단계의 目支國도 있었다. 이는 정치진화상 같은 시기의 沃沮의 三老, 東沃沮의 長帥, 濊(東濊)의 侯, 邑君, 三老, 挹婁의 大人, 肅愼의 君長같은 國邑이나 邑落을 다스리던 혈연을 기반으로 하는 계급사회의 行政의 우두머리인 族長(chief)에 해당된다. 그러나 蘇塗는 당시의 복합단순 족장사회의 우두머리인 세속정치 지도자인 신지, 검측, 번예, 살계와 읍차가 다스리는 영역과는 별개의 것으로 보인다. 울주 검단리, 진주 옥방과 창원 서상동에서 확인된 청동기시대 주거지 주위에 설치된 環濠는 계급사회의 특징 중의 하나인 방어시설로 국가사회형성 이전의 족장사회의 특징으로 볼 수 있겠다. 이러한 별읍 또는 소도의 전신으로 생각되는 환호 또는 별읍을 중심으로 하여 직업적인 제사장이 다스리던 신정정치(theocracy)도 가능했을 것이다. 그 다음 삼국시대 전기에는 세속왕권정치(secularism)가 당연히 이어졌을 것이다. 즉 고고학 자료로 본 한국의 종교는 신석기시대의 정령숭배(animism), 청동기시대의 토테미즘(totemism), 철기시대의 巫敎(shamanism)와 조상숭배(ancestor worship)로 이어지면서 별읍의 환호와 같은 전문 종교인인 천군이이 다스리는 소도의 형태로 발전한다. 앞으로 계급사회의 성장과 발전에 따른 종교적인 측면도 고려해야 될 때이다.

최근 양평 신월리에서 발견조사된 청동기시대 중기(기원전 10세기–기원전 7세기)의 환상열석도 환호와 관련지어 생각하면 앞으로 제사유적의 발전관계를 설명하는데 도움을 줄 것이다. 이런 유적은 하남시 덕풍동과 마찬가지로 우리나라에서 처음 나타나는 것이다. 유사한 환상의 제사유적과 제단은 중국 요령성 凌源, 建平과 喀左縣의 牛河梁과 東山嘴유적의 紅山문화에서 보이며, 그 연대는 기원전 3600년-기원전 3000년경이다. 일본에서도 이러한 성격의 環狀列石이 繩文時代後期末에 北海道 小樽市 忍路, 靑森縣 小牧野, 秋田縣 鹿角市 大湯, 野中堂과 万座, 鷹巢町 伊勢堂岱, 岩木山 大森, 岩手縣 西田와 風張, 靜岡縣 上白岩 등 동북지역에서 발굴조사된 바 있다. 그중 秋田縣 伊勢堂岱유적이 양평 신월리 것과 비슷하나 앞으로 유적의 기원, 성격 및 선후관계를 밝힐 조사연구가 필요하다.

13. 후언

우리나라의 여러 고대국가들은 국내외적으로 복잡한 정치적 상관관계 속에서 발전하여 갔다. 특히 이 국가들은 위만조선이 일찍부터 중국의 영향권에 있었던 것처럼 대부분 그들의 정치, 경제, 사회, 문화 전반에 걸쳐서 중국과 긴밀한 연관관계를 맺게 되었다. 그 영향권은 전국적인 분포를 보이는데 예를 들자면 중국 연나라 화폐인 明刀錢, 五銖錢[34]의 등장, 해남 군곡리의 화폐와 창원 다호리의 붓의 발견 등은 중국과의 밀접한 관계를 반증해 주는 자료라고 할 수 있다. 삼국시대에 접어들면 중국에서부터 한자, 불교, 토광묘와 철기의 유

---

34) 五銖錢은 漢 武帝 당시 도량형의 一標準으로 3.35g에 해당한다. 오수전은 동제와 철제의 두 가지가 있으며 銅製五銖錢은 그 기원이 한 무제 元狩 5년(기원전 118년)이며 鐵製五銖錢은 後漢 光武帝 建武 6년(興龍 6년, 서기 30년)에서부터 시작한다. 동제오수전의 종류로는 穿上橫文(神爵年間 기원전 61년-기원전 58년), 四角決文, 穿上半星, 穿下半星, 內好周郭, 四出文(後漢 靈帝 中平 3년, 서기 186년), 傳形과 大文의 五銖錢 등이 있다(水野淸一·小林行雄編 1959, 圖解考古學辭典, 東京: 創元社, pp.345-346). 성산패총 출토 오수전은 전면 穿上 위에 두 개의 점(星點)이 있고 배면은 內好周郭과 흡사하다. 그러나 오수전이 발견된 층위의 방사성탄소연대가 기원전 250년, 기원전 175년이 나와 야철지의 연대는 銅製 五銖錢과 관계없이 기원전 2세기-기원전 1세기에 속한다고 말할 수 있다.

입은 우리나라의 학문, 정신세계, 심지어는 묘제양식에 이르기까지 많은 영향을 준다. 최근 역사고고학자들은 기존의 전통적인 청동기·철기시대의 시기구분에 대해 고대사와의 접목을 시도하는 가운데 몇 가지 수정을 가하고 있다. 즉 청동기시대의 하한선은 기원전 400년으로 한정하고 기원전 400년부터 기원전 1년까지를 철기시대 전기로 보고 있는데 이는 종래의 초기 철기시대에 해당한다. 삼국시대 전기 또는 철기시대 후기는 서기 1년부터 서기 300년까지로 설정한다. 이 시기는 종래의 원삼국시대에 해당한다. 서기 300년부터 600년까지는 고고학의 편년체계 없이도 시기구분이 가능한 시기이므로 삼국시대 후기로 명명하였다. 이러한 구분은 종래에 복잡하게 설정되어 있는 기원전 300년부터 서기 600년까지의 시기구분을 통합, 단순화한 것이며 기존의 고고학적인 연구성과를 포함한 것이어서 많은 지지를 얻고 있다. 앞으로 이 시기구분은 각 지역별로 다르게 나타나는 시간차를 극복하는 것이 과제로 남아있다.

아울러 21세기에는 한국고고학에 있어서 여러 가지 구제발굴에서 얻어지는 고고학 자료들의 양보다 질적인 분석과 해석이 절실히 요구되는 시기가 되겠다. 이것은 이웃의 미국이나 일본의 경우에서 잘 볼 수 있는 것이다. 절대연대를 산출하는 가속질량연대분석(AMS)과 해양동위원소층서/단계(MIS)[35], 유

---

35) 전기 구석기시대 유적들로는 평양 상원 검은모루, 경기도 연천 전곡리[서기 2003년 5월 5일 日本 同志社大學 松藤和人 교수팀에 의해 최하층이 30만 년-35만 년 전으로 측정됨. 산소동위원소층서/단계(Oxygen Istope Stage, 사적 268호) 또는 해양동위원소층서/단계(Marine Istope Stage)로는 9기(334000년 B.P.-301000 B.P.)에 해당함. 사적 268호], 충북 단양 금굴과 청원 강외면 만수리, 파주 교하읍 와동유적 등이 있으나 그 상한은 학자에 따라 70~20만 년 전으로 보는 등 상당한 이견이 있다. 최근 충청북도 청원군 강외면 만수리(오송 만수리) 구석기시대 제5문화층의 연대가 日本 同志社大學 松藤和人 敎授팀에 의해 55만 년 전의 연대가 나와 그곳 만수리와 파주 교하읍 와동 출토 주먹도끼의 제작연대가 50만 년 전 가까이 갈 수 있음이 추정되고 있다. 산소동위원소층서/단계(Oxygen Isotope Stage, 有孔蟲의 O¹⁶/O¹⁸ 포함으로 결정), 또는 해양동위원소층서/

적조사를 위한 마이크로파(전자파)영상센서, 유물의 내부형상이나 재질까지 구명하는 X선컴퓨터 단층촬영(CT), 비문해독을 위한 컴퓨터를 통한 적외선촬영 사진분석과 당시의 기후와 연대를 알 수 있는 나이테연구 등 우리가 고고학에 응용해야 할 최근에 눈부신 속도로 발전하고 있는 자연과학의 분야가 너무 많다. 이제까지의 토기나 금속의 분석에서 한층 더 나아가 유물이 만들어지던 재질과 원산지의 확인, 이에 따라 무역로의 입증, 그리고 당시의 기후, 환경과 연대를 정확하게 이야기해줄 수 있는 자연과학의 연구를 이용해야 현재의 한국고고학이 한층 더 학문으로서의 입지가 강화될 것이다. 특히 구석기시대의 편년과 문화의 연구는 지질학과 고생물학 등과 같은 자연과학의 도움이 절대적으로 필요하다. 이것이 21세기의 고고학이 안고 있는 가장 중요한 과제 중의 하나이다. 21세기를 열어 가는 한국고고학의 현재는 너무나 모르는 것이 많고, 해야 할 과제가 쌓여 있다. 일일이 지적하기에는 한이 없다. 구석기시대부터 고대국가의 형성에 이르기까지 해결해야 될 분야는 각 분야를 전공하는 사람이 잘 알고 있을 것이다. 그중에서 누구나 공감할 수 있는 약속과 같은 형식분류(typology)와 편년(chronology, 지역편년도 포함)의 기반 위에서 문화의 해석에 치중해야 한다. 이는 서기 2000년 6월 15일 남북합의 성명에 바탕을 둔 남북통일과 그 일환으로 야기될 고고학연구의 공통기반조성과도 관계가 있을 것이다. 통일에 대비한 고고학편년과 문화적 해석이 문제가 될 것이다. 특히 1993년 평양 강동구 대박산 단군릉의 발굴과 1995년 이의 복원에 바탕을 둔 대동강유역문명론이 쟁점이 될 것이다. 그리고 마지막으로 한국의 21세기 고고학은 형식분류와 편년의 연구수준에서 하루 빨리 벗어나 단단한 이론적 배경을 갖고 유물을 해석하고 있는 구미고고학을 뒤좇아 이제까지의 격차를 줄이는데 노력해야 할 것이다. 그래야 한국의 고고학도 학문다운 수준을 유지할

단계(Marine Isotope Stage, MIS)로는 14기(568000년 B.P.−528000년 B.P.)에 해당한다.

수 있을 것이다. 최근의 일본고고학계도 구미의 앞선 이론들을 받아들여 일본 고대사의 사회발전을 이해하는데 많은 시간을 할애하고 있다. 이들을 좀더 이해하기 위하여 한국상고사의 흐름뿐만 아니라 지질학·고생물학·민족지·형질인류학·언어학 등 인접학문의 성과까지도 구체적으로 파악하고 있어야 한다. 그렇다고『三國史記』나『三國遺事』등 문헌에 의거하여 다루어지는 역사시대와는 달리 한국의 선사시대의 내용전개는 어디까지나 여러 가지 긍정적이고 說得力있는 가설에 입각한 서술이지, 그 자체가 정설이라고 말할 수 없는 경우가 많다. 물론 역사시대 서술의 기본이 되는『三國史記』와 같은 문헌의 초기 기록들의 신빙성에 관해 여러 가지 異見이 많아 상고사의 흐름을 이해하는데 많은 장애가 되어 오고 있는 것도 사실이다. 이는 日帝時代 서기 1932년─서기 1938년 朝鮮史編修會가 朝鮮史(본 책 35권)를 만들어내기까지의 과정에서 만들어진 한국의 문화의 半島性, 他律性, 停滯性과 事大性에 기반을 두어 韓半島 統治의 適法性·正當性을 찾아가겠다는 植民地史觀때문이다. 여기에는 內鮮一體, 滿鮮史觀도 가미되었다. 일본에서 東京大와 京都大學校 출신의 黑板勝美, 稻葉岩吉, 今西龍을 비롯해 末松保和, 白鳥庫吉, 津田左右吉, 濱田耕作과 梅原末治 등의 일본학자들이 中心役割을 하였다. 그러나 가설의 단계에 머무르고 있는 韓國上古史의 올바른 이해를 위해 형질인류학·언어학·고고학 심지어는 생화학의 분야에서까지 꾸준한 학제적 연구를 계속해 오고 있다.

참고문헌

국립문화재연구소

　　1999　금파리 구석기유적

국립박물관

　　1995　알타이문명전

국립전주박물관

　　2009　마한−숨쉬는 기록, 서울: 통천문화사

국사편찬위원회

　　2002　한국사 1 −총설−

　　1997　한국사 2 −구석기문화와 신석기문화−

　　1997　한국사 3 −청동기와 철기문화−

　　1997　한국사 4 −초기국가−고조선·부여·삼한−

경상남도·남강유적발굴조사단

　　1998　남강 선사유적

김원용

　　1984　한국 청동기시대의 신앙과 예술, 한국사론 13

　　1986　한국 고고학 개설(제3판), 서울: 일지사

김정배

　　1981　한국인의 형성, 한국사 연구 입문

　　1973　한국 민족문화의 기원, 고려대 출판부

　　1979　군장단계 발전단계 시론, 백제문화 12

　　2000　한국고대사와 고고학, 신서원

김정학

1958 한국에 있어서 구석기문화의 문제, 고려대학교 문리 논집 3

김철준

1975 동명왕편에 보이는 신모의 성격, 한국고대사회의 연구

노태돈

2000 단군과 고조선사, 서울: 사계절

미사리 선사유적 발굴단

1994 미사리

박선주

1994 체질인류학, 서울: 민음사

박영철

1983 자연환경 조사, 한국사론 12

1992 한국의 구석기문화 -유적의 현황과 편년문제-, 한국고고학보 28집

박진욱 외

1987 비파형단검문화에 관한 연구

박희현

1983 동물상과 식물상, 한국사론 12

배기동

1983 구석기시대, 한국 고고학 연보 10

1989 전곡리

사회과학원 고고학연구소 편

1989 조선고고학개요, 서울: 도서출판 새날

사회과학원 력사연구소·고고학연구소

1991 조선전사 1 -원시편-

손보기

1983 인종과 주거지, 한국사론 12

1988 한국 구석기학 연구의 길잡이, 연세대학교 출판부

1989 체질학상으로 본 한국 사람의 뿌리, 국사관 논총 4집

1990 구석기유적-한국, 만주-, 한국선사문화연구소

1993 석장리 선사유적, 서울: 동아출판사

신숙정

1994 우리나라 남해안 지방의 신석기문화 연구, 서울: 학연

1998 한국신석기 -청동기시대의 전환과정에 대하여-, 서울대학교 박물
관 연보 10

예술의 전당·울산광역시

2000 울산 암각화발견 30주년 기념 암각화 국제 학술대회 논문집

윤이흠 외

2000 단군 -그 이해와 자료(3판)-, 서울: 서울대학교 출판부

이동영

1987 한반도 제4기 지층의 층서적 고찰, 한국 4기 학회지 1

1999 한국 제4기학 연구, 고 이동영박사 추모집 간행위원회, 서울: 혜안

이병도

1979 한국 고대사 연구, 서울: 박영사

이성주

1998 한국의 환호취락, 환호취락과 농경사회의 형성, 영남고고학회

1998 신라, 가야사회의 기원과 성장, 서울: 학연

이종욱

1982 신라국가 형성사 연구, 서울: 일조각

1993 고조선사 연구, 일조각

1999 한국 초기국가 발전론, 서울: 새문사

이청규

1992   청동기문화를 통해본 고조선, 국사관 논총 33

이현혜

1984   삼한사회 형성과정 연구, 서울: 일조각

이홍규·박경숙

1989   한민족의 뿌리, 한민족 1

조선민주주의 인민공화국

1989   조선유적유물도감, 덕성문화사

지현병

2000   강원 영동지방의 철기시대 주거문화 연구, 단국대학교 사학과 박사
        학위 청구논문

천관우

1974   기자고, 동방학지 15

최몽룡

1984   *A Study of the Yŏngsan River Valley Culture–The Rise of
        Chiefdom Society and State in Ancient Korea–*, Seoul: Dong
        Sŏng Sa

1988-2011   선사시대의 문화와 국가의 형성, 고등학교 국사, 서울: 교육
            인적자원부

1989   청동기시대(日文), 한국의 고고학, 東京: 講談社

1993   한국문화의 원류를 찾아서, 서울: 학연.

1997   한국문화사개관, 한국의 문화유산, 서울: 한국문화재 보호재단

1997   도시·문명·국가, 서울: 서울대학교 출판부

1997   한국고대국가 형성론, 서울: 서울대학교 출판부

2000   21세기의 한국고고학, 한국사론 30, 서울: 국사편찬위원회

2000   흙과 인류, 서울: 주류성

2006 최근 고고학 자료로 본 한국고고학·고대사의 신 연구, 서울: 주류성

2007 경기도의 고고학, 서울: 주류성

2008-2011 21세기의 한국고고학 Ⅰ·Ⅱ·Ⅲ·Ⅳ·Ⅴ, 서울: 주류성

2008 한국 청동기·철기시대와 고대사회의 복원, 서울: 주류성

2011 한국고고학 연구의 제 문제, 서울: 주류성

2013 인류문명 발달사 −考古學으로 본 世界文化史−(개정 5판), 서울: 주류성

최몽룡·김경택

2006 한성시대 백제와 마한, 서울: 주류성

최몽룡·김경택·홍형우

2004 동북아 청동기시대 문화연구, 서울: 주류성

최몽룡·김선우

2000 한국 지석묘 연구 이론과 방법, 서울: 주류성

최몽룡·신숙정·이동영

1996 고고학과 자연과학, 서울: 서울대학교 출판부

최몽룡·최성락·신숙정

1998 고고학연구 방법론, 서울: 서울대학교 출판부

최몽룡·최성락

2007 인물로 본 고고학사(개정판), 서울: 한울

최몽룡·이헌종·강인욱

2003 시베리아의 선사고고학, 서울: 주류성

최복규

1983 중석기문화, 한국사론 12

최성락

1993 한국 원삼국문화의 연구, 서울: 학연

하문식

　　1999　고조선 지역의 고인돌 연구, 서울: 백산자료원

한영희

　　1983　신석기시대, 한국 고고학 연보 10

황용훈

　　1983　예술과 신앙, 한국사론 13

한창균

　　1983　제4기의 지질 및 자연환경, 한국사론 12

　　1994　북한의 구석기문화 연구 30년, 북한의 고대사 연구와 성과

한창균·신숙정·장호수

　　1995　북한 선사문화 연구, 서울: 백산자료원

홍미영

　　2006　구석기시대, 한국고대사입문 Ⅰ, 서울: 신서원

　　2008　남양주 호평동 구석기유적 Ⅰ·Ⅱ, 서울: 기전문화재연구원

Keiji Imamura

　　1996　*Prehistoric Japan*, Honolulu: University of Hawai'Press

Kent Flannery

　　1972　*The Cultural Evolytion of Civilization*, Annual Review of
　　　　　Ecology & Systematics vol.3

Melvin Aikens & Takyasu Higuchi

　　1982　*Prehistory of Japan*, New York: Academic Press

Timothy Earle

　　1991　*Chiefdom: Power, Economy, and Ideology*, Cambridge:
　　　　　Cambridge University Press

　　1997　*How Chiefs come to power*, California: Stanford University

Press

Timothy Taylor

    1996   *The Prehistory of Sex*, New York Toronto: Bantam Books

William Sanders & Joseph Marino

    1970   *New World Prehistory*, Englewood Cliffs, New Jersey: Prentice—Hall, INC

William W. Fitzhugh & Aron Crowell

    1988   *Crossroads of Continents*, Washington D.C.: Smithonian Institution Press

Yale H. Ferguson

    1991   *Chiefdom to city—states: The Greek experience in Chief doms: Power*, Economy & Ideology ed. by Timothy Earle Cambridge: Cambridge University Press, pp. 169—192

Prudence Rice

    1987   *Pottery Analysis—A source book—*, Chicago & London: University of Chicago

藤尾愼一郎

    2002   朝鮮半島의 突帶文土器, 韓半島考古學論叢, 東京: すずさわ書店

中山淸隆

    2002   繩文文化と大陸系文物, 繩文時代の渡來文化, 東京: 雄山閣

孫祖初

    1991   論小珠山中層文化的分期及各地比較, 辽海文物學刊 1

陳全家·陳國慶

    1992   三堂新石器時代遺址分期及相關問題, 考古 3

辽宁省文物考古研究所 編

    1994   辽東半島石棚, 辽宁: 辽宁科學技術出版社

辽宁省文物考古研究所·吉林大學考古系·旅順博物館

    1992   辽宁省瓦房店市長興島三堂村新石器時代遺址, 考古 2

吉林省文物考古研究所·延邊朝鮮族自治區博物館

    2001   和龍興城, 北京: 文物出版社

A Guide paper for high-school teachers
to teach prehistoric part of history text-book

This paper introduces briefly not only as a guide for teachers of middle and high school who are responsible for teaching prehistoric part of history text-book, but also represents Korean archaeology today. I have been writing chapter II from high-school history text-book(state text-book, pp.14-47: 國定教科書) since 1988 and chapter I from middle-school one to be circulated again since 2012 on[an authorized text-book published by Gyohagsa Pb. Co., pp.10-47: 檢認定教科書, 그러나 2010년 5월 6일(목) 한국교육평가원의 검정심사 결과에서 'I장 문명의 형성과 고조선의 성립'이 실려 있는 「중학교 역사 (상)」(교학사, 집필 대표 최병도)가 전체적으로 불합격판정을 받았다. 그래서 본 내용은 현재 통용중인 고등학교 국사교과서를 중심으로 언급하기로 하였다.]with new supplement on the rise and fall of such civilizations as Sumer, Egypt, Indus and Shang upon which Karl Wittfogel's 'hydraulic hypothesis or hydraulic society' with the formation of 'oriental despotism' that point out 'simultaneous occurrence of early civilizations in regions where large-scale irrigation agriculture was practiced' based. The contents comprise condensed Korean prehistory from the palaeolithic age to the first formation of ancient state, 'Wimanjoseon(Wiman Chosun. 衛滿朝鮮)'(194 B.C. - 108 B.C.) during the 'Former Iron Age'(400 B.C. - 1 B.C.). The main ideas for this paper are based upon culture-historical aspects, and evolutionary points of view in terms of chronology with tradition (time, temporal, diachronic, lineal) depth and horizon (space, spatial, synchronic, collateral) concept.

These aspects can be traced back to such northern places adjacent to the Korean peninsula as the Amur river valley region and the Maritime Province of Siberia including the Ussuri river basin, Mongolia, and the Manchuria(the north-eastern three provincess, 滿洲) of northern China, which means that surrounding northern part of the Korean peninsula is to be revalued as the places of the origin and diffusion of Korean prehistoric culture, as already shown from the recently found archeological remains and artefacts in the whole Korean territory. And also especially new perspectives in the Bronze and Iron Age of Korean Archaeology in terms of polyhedral theory has made it possible that analysis and synthesis of archaeological data from the various sites so far excavated by several institutes nationwide and abroad provided a critical opportunity to reconsider archaeological cultures and chronology of the Korean Bronze, Iron Ages and Former Three Kingdoms Period, and I have tried to present my own chronology and sub-periodization of the Korean Bronze and Iron Ages with some suggestions, including a new perspective for future studies in this field. : Palaeolithic/Mesolithic Age(or Transitional Age/Period, 10000 B.C. - 8000 B.C.), Neolithic Age (8000 B.C. - 2000 B.C./1500 B.C.), Bronze Age(2000 B.C./1500 B.C. - 400 B.C.), Former Iron Age(400 B.C. - 1 B.C.), Later Iron Age or Former Three Kingdoms Period(1 A.D. - 300 A.D.), Later Three Kingdoms Period(300 A.D. - 660/668 A.D.) and Unified Silla Period(660 A.D. - 918 A.D.).

The chronology newly established in the Korean archaeology today is as follows:

Palaeolithic Age: between 700,000 and 16000 years ago

Mesolitic Age (transitional age/period between palaeolithic and neolithic age, 16,000 - 10,000 years ago)

Neolithic Age

1. 8000 B.C. - 6000 B.C. (8,000 - 10,000 years ago) - primitive plain coarse pottery

2. 6000 B.C. - 5000 B.C. - appliqué decoration pottery

3. 5000 B.C. - 4000 B.C. - stamped and pressed decoration pottery

4. 4000 B.C. - 3000 B.C. - Jeulmun comb pattern pottery

5. 3000 B.C. - 2000 B.C. - partial-Julmun comb pattern pottery

6. 2000 B.C. - 1500 B.C. - coexistance period of partial-Julmun comb pattern pottery and plain coarse pottery with band appliqué decoration on the rim

Bronze Age

1. Initial Bronze Age(2000 B.C. - 1500 B.C.) : a pottery type in the transitional stage from Jeulmun comb pattern pottery to plain coarse pottery with double rim or Jeulmun pottery without having any decoration.

2. Early Bronze Age(1500 B.C. - 1000 B.C.) : double rimmed plain coarse pottery with incised short slant line design on the rim.

3. Middle Bronze Age(1000 B.C. - 600 B.C.) : pottery with a chain of hole-shaped decoration on the rim and pottery with dentate design on the rim.

4. Late Bronze Age(600 B.C. - 400 B.C.) : high temperature fired plain coarse pottery(700℃ - 850℃).

Iron Age

The Former Iron Age(400 B.C. - 1 B.C.) can be divided into two phases based on distinctive set of artifacts as follows as well :

1. Iron Age A(earlier phase) : pottery types such as high temperature fired plain coarse pottery(700℃ - 850℃) and pottery with clay strip decoration on the rim(section : round), mould-made iron implements and bronze implements such as phase Ⅰ Korean style dagger, dagger-axe, fine liner design mirror, ax, spear and chisel.

2. Iron Age B(later phase) : bronze implements such as type Ⅱ Korean style dagger, horse equipments and chariots, forged iron implements and pottery with clay strip decoration on the rim(section: triangle).

韓國 考古學 研究

지은이 | 최몽룡

펴낸이 | 최병식

펴낸날 | 2014년 4월 25일

펴낸곳 | 주류성출판사

　　　　서울시 서초구 강남대로 435(서초동 1305-5)

　　　　전화 | 02-3481-1024 / 전송 | 02-3482-0656

　　　　www.juluesung.co.kr

　　　　e-mail | juluesung@daum.net

책 값 | 30,000원

ISBN 978-89-6246-214-2 93910